第8版

國際去來法

李基秀 · 申昌燮 著

세창출판사

International Trade Law

Eighth Edition

by

Dr. iur. KI-SU LEE

Professor emeritus of Law
Korea University

J. D., LL. M. CHANG-SOP SHIN

Professor of Law
Korea University

2023

Sechang Publishing Company
Seoul, Korea

第8版 머리말

국제상업회의소는 국제무역 실무의 변화를 반영하기 위해 대략 10년을 주기로 INCOTERMS를 개정한다. 이러한 노력의 일환으로 국제상업회의소는 2020년에 INCOTERMS를 일부 개정하였다.

이번 개정에서는 국제물품매매계약에 관한 국제연합협약의 서술 부분에서 일부 내용을 수정 보완하는 외에는, 대체로 2020년 INCOTERMS의 새로이 개정된 부분을 반영하는 데 치중하였다.

이번 개정 과정에서는 고려대학교 대학원 법학과 박사과정에 있는 임효정 조교가 교정을 책임져 주었다. 논문 준비 등으로 바쁜 중에도 기꺼이 개정 작업에 참여해 준 임 조교에게 고마움을 표한다.

2023년 2월
공저자

머리말

하나의 새로운 학문분야를 체계화하여 교재로 펴내는 일이 얼마나 어려운 작업인가를 새삼 느끼게 해주는 책이 바로 이 국제거래법이다. 독일에서 상법을 주된 연구대상으로 공부하면서 틈틈이 경제법, 지식재산권법과 함께 연구한 분야가 바로 국제거래법이었으며, 그래서 1983년에 귀국하여 고려대학교 대학원에서, 그리고 연이어 학부에서 이 강좌를 개설하여 가르쳐 온 것이 벌써 15년이란 세월이 흘렀기 때문이다. WTO체제를 준비하고 있던 1990년에 들어와서는 국제거래법을 연구하고 있는 교수, 관련부서의 전문인과 법조인들이 중심이 되어 국제거래법학회를 창립하여 이 분야의 연구를 위하여 매월 그때마다 문제가 되는 주제를 선정하여 월례 발표회를 가지면서 하나씩 체계화해 나갔다. 이러한 노력의 결과로 국제거래법이 경제법, 지식재산권법과 함께 1997년도부터 사법시험 1차시험의 선택과목으로 지정되었다. 이러한 오랜 기간의 노력으로 만들어진 이 책은 대학에서 국제거래법을 배우는 학생들과 사법시험 1차 시험 선택과목으로 채택된 국제거래법을 공부하는 수험생들 그리고 국제거래를 담당하는 실무자들에게 기본토대를 제공해 주기 위하여 다음과 같은 점에 중점을 두었다.

첫째, 사법시험 1차시험의 선택과목인 국제계약법의 출제내용이 국제물품매매계약법, 대금결제 및 운송 분야로 한정되어 있으므로 국제계약법에 관하여는 이 책으로써 충분한 대비가 되도록 하였다.

국제거래 관련법규는 넓은 의미로 이해할 때, 그 성질에 따라 거래당사자 간의 권리 · 의무관계를 규율하는 사법적 성질을 갖는 법규, 사인 간의 거래를 국가가 규율하는 공법적 성질 및 국가의 무역규제법을 규율하는 국제법적 성질을 갖는 법규로 구분하여 볼 수 있다. 그중 국제거래의 당사자 간의 권리 · 의무관계를 규율하는 법규를 국제거래법, 사인 간의 거래를 산업정책 등 일정한 국가목적을 위해서 규율하는 법규를 통상법, 각 국가의 무역규제법, 즉 통상법을 규율하는 국제법규를 국제경제법이라고 보는 것이 통설이다.

국제거래법 내에서도 그 규율대상에 따라 물품의 매매를 규율하는 법영역과 서비스 또는 지식재산권의 매매를 규율하는 법영역이 다르다. 더 나아가서 국제금융 또는 투자를 규율하는 법영역은 또 다른 하나이다.

국제거래에서 중심적인 위치에 있는 국제물품매매, 즉 협의의 국제거래와 관련하여 발생하는 법적 문제를 규율하는 법규를 이 책의 주된 논의의 대상으로 하였다. 제1장에서 국제거래와 관련해서 발생하는 법적 문제점과 이를 규율하기 위한 법규를 개괄한 다음, 제2장에서는 국제물품매매계약에 관한 UN협약을 기초로 하여 국제물품매매계약법을 설명하고, 특히 매도인과 매수인의 권리 · 의무, 계약위반시 구제수단 등을 상세히 다루었다. 제3장에시는 국제물품매매계약에서 사용되는 정형거래조건을 INCOTERMS를 중심으로 설명하였는데, 그중에서도 가장 흔히 사용되는 FOB조건과 CIF조건을 주된 대상으로 하였다. 이어서 제4장에서는 국제물품매매에 필수적으로 수반되는 국제운송을 해상운송, 항공운송 및 육상운송으로 나누어 그 각각을 규율하는 국제협약의 내용을 중심으로 설명하고 최근 점차 그 사용빈도가 늘고 있는 복합운송도 함께 고찰하였다. 제5장에서는 국제운송과 관련해서 운송물품의 멸실 · 훼손으로 인한 손실을 보상해주는 제도인 해상보험을 살펴보았는데, 특히 그 준거법으로 흔히 지정되는 영국해상보험법을 중심으로 하여 설명하였다. 제6장은 국제물품매매에 있어서 물품의 인도와 함께 가장 중요한 내용을 구성하는 국제대금결제의 여러 가지 방식을 설명하면서, 특히 거의 모든 국제물품매매에서 대금결제방식으로 사용되고 있는 신용장방식을 면밀히 연구하였다. 또한 국제어음법 · 수표법도 소개하였다. 마지막으로 제7장은 국제거래에서 발생하는 분쟁의 해결방식인 국제소송과 중재에 관하여 구분하여 설명하였다.

둘째, 이들 분야를 공부하기 위하여 필수적으로 참조되어야 할 국제협약, 즉 「국제물품매매계약에 관한 UN협약」(Vienna협약), 「UN해상물품운송조약」, 「바르샤바조약」, 「INCOTERMS」(발췌), 「ICC신용장통일규칙」, 「외국중재판정의 승인 및 집행에 관한 협약」(1958년 뉴욕협약), 「UNCITRAL모범중재법」을 국문으로 부록에 실었다.

셋째, 국제거래법을 깊이 있게 연구하고자 하는 독자들을 위하여 참고문헌과 각 장마다 국내에서 발표된 논문목록을 정리하였고, 또한 공부하고자 하는 부분을 쉽게 찾을 수 있도록 색인을 작성하여 부록 다음에 실었다.

이 책을 펴내는 데는 많은 분들의 도움이 있었다. 우선 저자에게 국제거래법에 정진하게 해주신 분들에게 감사드린다. Tübingen 대학교의 Dietrich Rothoeft 교수는 저자가 공부한 6년 동안 이 분야의 강의를 해주셨고 세미나에서의 토론에 참석하게 해주셨기에 우선 감사드린다. 그리고 1981년 San Diego 대학 London

Summer School에서 78세의 고령에도 불구하고 아주 정열적으로 쉽게 상사중재법을 가르쳐주신 City of London Polytechnic의 Clive M. Schmitthoff 교수와 비교회사법을 강의해준 Berkeley 대학교의 Richard M. Buxbaum 교수에게 특히 감사드린다. 저자가 귀국 후에 대학원과 학부에서의 국제거래법 강의의 주교재가 바로 Schmitthoff 교수의 「Export Trade－The Law and Practice of International Trade」였음은 贅言을 요하지 아니한다. 이때의 인연으로 Buxbaum 교수와는 계속 학문적 교류를 맺고 있으나, Schmitthoff 교수는 1992년에 작고함으로써 인연이 단절되었다. 국제거래법이라는 새로운 학문체계를 완성하고 UN 산하에 UNCITRAL이라는 국제기구의 필요성을 인식하여 이를 창립한 故 Schmitthoff 교수의 큰 업적을 흠모하면서 명복을 빈다. 또한 이때에 London School of Economics에서 해상 · 보험법을 공부하고 있던 蔡利植 교수가 어려운 유학생활에서도 2개월여 함께 기거할 수 있도록 배려해 주었다. 함께 고생한 蔡 교수의 가족에게 감사의 말씀을 드린다.

1980년대 후반기에 들어와서부터는 독일과 미국에서 여러 분야를 연구할 수 있는 기회가 많았다. 이때마다 저자를 초청해준 기관과 초청자 그리고 재정지원을 해준 기관을 소개함으로써 감사의 인사를 대신한다: Tübingen 대학교의 Wolfgang Zöllner 교수[1986년, 1988년, 1991년~1992년, 1995년, 1996년, 1998년, 1999년; 문교부(현 교육부), Konrad Adenauer 재단, DFG, Deutsch-Ostasiatisches Wissenschaftsforum e. V.], Mainz 대학교의 Horst Konzen 교수(1990년: Konrad Adenauer 재단), Harvard Law School의 Willliam Alford 교수(1995년~1996년; 연암문화재단), Marburg 대학교의 Volker Beuthien 교수와 Herbert Leßmann 교수(1997년, 1999년; Hessen 주 정부와 Marburg 대학교, DAAD), München Max-Planck 연구소의 Gerhard Schricker 교수(1997년; Max-Planck 연구소), Wisconsin Madison Law School의 Charles R. Irish 교수(1998년; 우정재단). 이 중에서도 WTO와 협상학을 연구할 수 있는 기회가 부여된 Harvard Law School, 비교법적 관점에서 우리나라 상법 · 경제법 · 지식재산권법에 관하여 강의하고 세미나를 주재할 수 있도록 초청해준 Marburg 대학교 및 Wisconsin 대학교의 Irish 교수에게 특히 감사한다.

이 책을 펴내는 데 도움을 준 저자의 제자들에게 또한 감사한다. 원고정리와 집필작업은 법학박사학위를 취득한 申昌燮 서울시립대 교수, 崔秉珪 한경대 교수, 李大熙 배재대 교수 및 尹南順 서울시립대 강사가 각각 부분을 나누어서 맡아 주었다. 특히 申 교수는 이 책을 기획한 단계에서부터 초교의 용어를 정리하고 체계를 잡는 일 등 종합정리하는 작업, 그리고 부록에 실어야 할 국제협약선정 등에 있어서 항상 저자의 토론의 상대였다. 국제거래법 강의를 듣던 특출한 학생이 청출어람한 교수로 성장함을 보면서 공자님께서 느끼셨던 三樂 중 하나가 바로 이 느낌이 아닐까 한다. 문헌목록 · 색인작성과 교정작업은 법학박사학위를 취득한 李鎬烈 성신여대 강사, 李東原 고려대 강사, 李東承 광운대 강사, 法學博士學位課程을 이수하고 있는 鄭炳德, 金聖虎 및 姜憲 法學碩士가 맡아주었다.

이 책의 출간은 고려대학교 법과대학을 졸업하고 「창작과 권리」라는 지식재산권관련 전문학술지를 발간하는 등 출판사업에 큰 뜻을 품고 있는 세창출판사의 李邦源 사장님과 林吉男 상무님께서 맡아주었다. 이분들에게 깊이 감사드린다.

이 책이 대학에서 국제거래법을 공부하는 학생들과 사법시험 준비생에게 지침서가 되고, 국제거래 실무가들에게도 기본토대를 제공해주는 입문서가 되기를 기대하며, 잘못된 부분에 대한 학문적 비판을 감사하는 마음으로 받아들이겠다.

두 번째 外孫子 浚墉을 얻은 1998년 10월 28일에

고려대 법대 연구실에서

橫川 李 基 秀

차 례

제1장 국제거래의 개관

제2장 국제물품매매계약에 관한 국제연합협약

제3장 정형거래조건

제6장 국제대금결제

제7장 국제거래에 있어서 분쟁해결

〈부 록〉

참고문헌

[한국문헌]

강원진, 『국제상무론』, 제2판, 법문사, 2000.
권오, 『국제무역운송론』, 청록출판사, 2012.
김정호, 『국제거래법』, 고려대학교 출판부, 2002.
박상조 · 주기종 · 윤종진, 『국제상사중재법론』, 한올출판사, 1997.
박훤일, 『국제거래법』, 한국경영법무연구소, 1996.
서헌제, 『국제거래법』, 제4판, 법문사, 2006.
______, 『콘테이너 복합운송인의 책임법리』, 삼지원, 1986.
석광현, 『국제사법과 국제소송』, 제1권, 박영사, 2001.
신창섭, 『국제사법』, 제4판, 세창출판사, 2018.
심재두, 『해상운송법』, 길안사, 1997.
양승규, 『보험법』, 제2판, 삼지원, 1996.
오원석, 『국제운송론』, 제2개정판, 박영사, 1994.
이기수 · 최병규, 『상법총칙 · 상행위법학』, 제6판, 박영사, 2008.
______________, 『어음 · 수표법』, 제7판, 박영사, 2009.
이기수 · 최병규 · 김인현, 『보험 · 해상법』, 제8판, 박영사, 2008.
이기수 · 최병규 · 조지현, 『회사법』, 제8판, 박영사, 2009.
이태희, 『국제계약법』, 전정판, 법문사, 2001.
임홍근, 『하환신용장의 법적 구조』, 삼지원, 1991.
임홍근 · 이태희 공편, 『국제물품매매계약에 관한 UN협약상의 제문제』, 삼지원, 1991.
정찬형, 『상법강의 (下)』, 제15판, 박영사, 2013.
______, 『어음 · 수표법 강의』, 제7판, 박영사, 2009.
채동헌, 『국제거래와 법』, 청림출판, 2004.
최기원, 『어음 · 수표법』, 제5증보판, 박영사, 2008.
최준선, 『국제거래법』, 제4판, 삼영사, 2004.

[영미문헌]

Bridge, M. G., *The Sale of Goods* (1997, Clarendon Press).

Brook, James, *Sales And Leases: Examples And Explanations* (1994, Little Brown & Co.).

Campbell, D. & C. Rohwer, *Legal Aspects of International Business Transactions* I, II (1984, Elsevier Science Publishing B. V.).

Carr, Indira, *Principles of International Trade Law* (2nd ed., 1999, Cavendish Publishing Ltd.).

Cheng, Chia-Jui (ed.), *Clive M. Schmitthoff's Select Essays on International Trade Law (1988,* Martinus Nijhoff Publishers/Graham & Trotman).

Colinvaux, Raoul, *Carver's Carriage by Sea* (13th ed., 2 vols, 1982, Stevens & Sons).

Collins, L., Adrian Briggs, Jonathan Hill, J.D. McClean & C. G.J. Morse, *Dicey and Morris on The Conflict of Laws* (13th ed., 2000, Sweet & Maxwell).

Day, D. M., & Bernardette Griffin, *Law of International Trade* (2nd ed., 1993, Butterworths).

Del Duca, Louis F., Egon Guttman, & Alphonse M. Squillante, *Problems And Materials On Sales Under The Uniform Commercial Code And The Convention On International Sale Of Goods* (1993, Anderson Publishing Co.).

Dolan, John F., *Commercial Law: Essential Terms And Transactions* (2nd ed., 1997, Aspen Law & Business).

_____________, *The Law of Letters of Credit: Commercial and Standby Credits (*revised ed., 1996, Warren, Gorham & Lamont).

Farnsworth, E. Allan, *Commercial Paper* (1984, Foundation Press Inc.).

__________________, John Honnold, Steven Harris & Charles Mooney, Jr., *Cases And Materials On Commercial Law* (1993, Foundation Press).

Folsom, Ralph H., Michael W. Gordon, & John A. Spanogle, Jr., *International Business Transactions: A Problem Oriented Coursebook* (3rd ed., 1995, West Publishing Co.).

Goode, Roy, *Guide To The ICC Uniform Rules For Demand Guarantees* (1992, International Chamber of Commerce).

Honnold, John O., *Uniform Law for International Sales* (1987, Kluwer Law and Taxation Publishers).

Houtte, Hans van, *The Law of International Trade* (1995, Sweet & Maxwell).

Ivamy, E. R. Hardy, *Marine Insurance* (4th ed., 1985, Butterworths Insurance Library).

Jackson, John H. & William J. Davey, *Legal Problems of International Economic Relations – Cases, Materials and Text* (2nd ed., 1986, West Publishing Co.).

Kindred, Hugh M. & Mary R. Brooks, *Multimodal Transport Rules* (1997, Kluwer Law International).

Lawrence, William H. & William H. Henning, *Understanding Sales And Leases Of Goods* (1996, Time Mirro Co.).

Lowenfeld, Andreas F., *International Litigation and Arbitration* (2nd ed., 2002, West Group).

McCullough, Burton V., *Letters of Credit* (1994, Matthew Bender).

McGovern, Edward, *International Trade Regulation* (1995, Globefield Press).

Murray, John E. & Harry M. Fletchtner, *Sales And Leases: Problems And Materials On National And International Transactions* (1994, West Publishing Co.).

O'May, Donald & Julian Hill, *Marine Insurance, Law and Policy* (1993, Sweet & Maxwell).

Rosenthal, Morris S., *Techniques of International Trade* (1950, McGraw-Hill Book Companies, Inc.).

Sassoon, David M., *C.I.F. And F.O.B. Contracts* (4th ed., 1995, Sweet & Maxwell).

Schaffer, Richard, Beverley Earle & Filiberto Agusti, *International Business Law And Its Environment* (3rd ed., 1996, West Publishing Co.).

Schlechtriem, Peter, *Commentary on the UN Convention of the International Sale of Goods(CISG)* (1998, C. H. Beck/Oxford University Press).

Schmitthoff, Clive M., *Schmitthoff's Export Trade* (9th ed., 1990, Stevens & Sons).

__________________ & John Adams, *Export Trade – The Law and Practice of International Trade* (9th ed., 1990, Stevens & Sons).

Schwartz, Alan & Robert E. Scott, *Commercial Transactions: Principles And Policies* (1991, Foundation Press).

Scott, Hal S. & Phillip A. Wellons, *International Finance: Transactions, Policy And Regulation* (1995, Foundation Press).

Stephen, Paul B. III, Don Wallace, Jr., & Julie A. Roin, *International Business And Economics: Law and Policy* (1993, Michie Co.).

United Nations, *United Nations Convention On Independent Guarantees And Stand-by Letters Of Credit* (1996, UN).

Whaley, Douglas J., *Problems And Materials On Commercial Law* (4th ed., 1995, Little Brown & Co.).

White & Summers, *Uniform Commercial Code* (4th ed., vol. 3, 1995, West Publishing).

[독일문헌]

von Caemmerer/Schlechtriem, Kommentar zum Einheitliches UN-Kaufrecht. Das Übereinkommen der Vereinten Nationen über Verträge über internationalen Warenkauf – CISG – Kommentar – 2. Aufl., 1995, C.H. Beck.

Enge, Hans J., Transportversicherung, 1987.

Herdegen, Matthias, Internationales Wirtschaftsrecht, 2.Aufl., 1995, C.H. Beck.

Huber, Günter, Kaufverträge, 1988.

Prüßmann/Rabe, Seehandelsrecht, 1983.

제1장

국제거래의 개관

제1절 국제거래와 위험

국제거래는 제2차 세계대전 후 비약적으로 확대되었다. 국제거래의 확대에는 다양한 원인이 있지만, 주요 원인으로 1948년 GATT를 통해 시작된 자유무역주의의 확산, 개발도상국이 보여준 무역정책의 자유화와 외국투자규제의 완화 및 신기술의 개발 그리고 소비자주의와 소비자의식의 발전이 급속히 이루어진 점 등을 들 수 있다. 지난 50여 년간의 괄목할 만한 국제거래의 확대가 향후에도 지속가능한 것인지는 환경문제에 대한 우려가 커짐에 따라 논란과 추측의 대상이 되고 있다. 그러나 환경보존의 필요 때문에 보호주의적 조치가 다시 도입될 가능성이 존재하는 것은 사실이지만 국제거래를 크게 저해하는 수준에 이르지는 않을 것이라는 것이 일반적 견해이다.[1)]

이처럼 국제경제에서 중요한 지위를 차지하는 국제거래는 그 거래가 문화, 언어, 관습 및 법체제를 달리하는 서로 다른 국가에 소재하는 당사자 간에 이루어진다는 점에서 여러 가지 복잡한 법적 문제를 수반한다.

최근 세계경제가 국제화되어 감에 따라 언어와 문화의 차이로 인한 장애가 감소하고 있는 것이 사실이지만, 그럼에도 불구하고 거래당사자 간에 어떤 언어가 사용되는가, 또 일정한 용어가 당해 문화권에서 어떻게 이해되고 있는가 하는 점 등은 실제에 있어서 여전히 중요하다. 이 때문에 문화적 또는 언어상의 차이에

---

1) Indira Carr, *Principles of International Trade Law* (2nd ed., 1999, Cavendish Publishing Ltd.), xlix.

기한 어려움을 극복하기 위해서 대리상이나 위탁판매인 등을 사용하는 것은 국제거래에서 잘 알려져 있다.

또한 국제거래에서는 통화위험도 중요한 위험요소이다. 통화위험은 외국의 통화를 보유하거나 또는 외국의 통화를 사용하여 거래할 때 발생할 수 있는 위험이며, 한 국가의 통화를 다른 국가의 통화로 바꾸고자 할 때 흔히 발생한다. 통화위험은 다시 환율위험과 통화통제위험으로 나누어 볼 수 있는데, 환율위험은 통화가 국제금융시장에서 매도 또는 매수되는 경우에 외국통화에 대한 상대적인 가치가 변동함으로써 발생한다. 실제에 있어서 모든 국제거래는 환율변동의 영향을 받는다고 할 것인데, 특히 상대방의 통화로 거래하는 당사자는 환율변동의 위험에 직접적으로 노출된다.

일부 국가는 여러 가지 이유로 자국통화와 외국통화의 자유로운 교환을 금지하거나 또는 일정한 제한을 두기도 한다. 이러한 외환상의 규제가 있는 경우에 수입상이 거래를 위해 필요한 외국통화를 구하지 못하고, 반대로 수출상은 계약에서 정한 통화로 대금지급을 받지 못하는 문제가 생길 수 있다.

국제거래와 관련하여 발생할 수 있는 위험에는 정치적 위험도 있다. 즉 평화적 정권교체를 통해서 또는 혁명을 통해서 한 국가의 정부가 바뀌는 경우에 통상 · 투자 · 조세 등 주요 경제정책에 있어서 커다란 변화가 있을 수 있다. 이러한 기본경제정책의 변화는 국제거래에서 일반적으로 예상하지 못한 위험을 야기한다. 예를 들어, 이전 정부에서는 물품이나 서비스의 자유로운 국제거래가 허용되었다가 다음 정부가 들어섬과 함께 국제거래에 대한 엄격한 규제가 실시된다고 하면, 동 국가의 거래당사자와 지속적인 거래관계에 있던 외국의 거래당사자는 심각한 타격을 입게 될 것이다.

국제거래에서 가장 중요한 지위를 차지하고 있는 국제물품매매에는 이와 같이 국제거래에 있어서 일반적으로 발생하는 위험 외에도 그에 고유한 위험이 수반한다. 즉 국제물품매매는 본질적으로 물품의 매매이며, 따라서 물품의 매매에 내재하는 모든 상사적 또는 법적 문제를 드러낸다. 국제물품매매거래가 갖는 특성은 매도인과 매수인이 서로 다른 국가에 소재하고 있다는 간단한 사실로부터 기인한다.

이러한 원격지성 때문에 매도인은 대금지급을 확보하기 위해 물품에 일종의 담보권을 가지지 않는 한 물품을 선적하지 않으려 하고, 마찬가지로 매수인은 물품에 대한 일단의 법적 권리를 갖지 않는 한 물품의 인수 전에 대금을 지급하지 않으려 한다. 더구나 양 당사자는 모두 물품이 운송 중에 있는 동안 자본이 묶이는 것을 원하지 않는다. 국제거래에서는 그 원격지성 때문에 국내거래에서보다 이러한 문제가 더욱 심각하다.

요컨대 매도인으로서 대금지급을 확보하고자 하는 것은 당연한 것인데, 매수인이 적용될 법원칙의 내용을 달리하는 외국에 있는 경우에 대금지급에 대한 우려는 더욱 커지게 마련인 것이다. 이러한 우려의 근거를 보다 구체적으로 설명한다면, 첫째, 매도인은 매수인의 재정상태, 신용 또는 평판 등을 잘 알지 못한다. 둘째, 매수인이 대금지급의무를 이행하지 않음으로 말미암아 매도인이 법적 수단을 통해 대금을 지급받으려고 할 때, 매도인의 국내법이 아닌 매수인의 국내법 또는 기타 외국법이 적용되는 경우가 흔하다. 매도인이 흔히 매매계약에 자국 내 은행에서 대금지급을 청구할 수 있는 권리를 부여하는 대금지급방식을 명시하려고 하는 것은 이 때문이다.

마찬가지로 국내거래라면 매도인은 정치적 불안정 등의 이유로 모든 매매행위나 대금지급이 금지되는 경우와 같은 극단적 상황을 염려하지는 않을 것이다. 그러나 국제거래에 있어서 매도인은 그러한 상황을 우려하지 않을 수 없다. 또한 매도인은 수출입허가나 외환규제 등의 문제에 대해서도 고려해야 한다. 자국 내 은행이 대금지급을 보증하도록 하거나 정부가 지원하는 수출신용보증(government-sponsored export credit guarantee)의 보호를 구하여 정치적 이유로 발생하는 손해에 대해서 보험을 들어 두는 방법 등은 이러한 위험을 피하기 위한 방안의 예라고 할 것이다.

국제물품매매거래에서 매매의 목적인 물품은 매도인으로부터 매수인에게로 운송되어야 한다. 따라서 운송은 국제매매거래에 있어서 가장 중요한 분야 중 하나이다. 물품을 매수인에게 운송하기 위한 제반 준비는 국내거래에서보다 국제거래에서 훨씬 중요한 의미를 갖는다. 운송방식은 여러 고려요인에 의해 결정되는데, 물품의 성질이 그 중 하나이다. 예를 들어 물품의 부패성, 내구성, 가액, 중량 또는 특별한 취급의 요구 등에 따라 사용될 운송방식이 결정되는 것이다. 이 외에도 매수인이 물품을 신속히 인도받기를 원하는지 여부도 운송방식을 결정하는 데 고려되는 중요한 요소이다.

물품운송과 밀접한 관련을 맺고 있는 것이 운송보험의 문제이다. 매매의 목적으로 된 물품이 장거리에 걸쳐 또는 다양한 운송방식을 사용해서 운송되어야 하기 때문에 이들 물품은 멸실 또는 훼손될 위험이 큰데, 일반적으로 매수인과 매도인은 그러한 멸실이나 훼손으로부터 자기 자신을 보호하기 위해서 일정한 보험을 이용한다.

국제거래에는 이러한 여러 가지 요소들이 결부되기 때문에 국제물품매매거래에는 매도인과 매수인 간의 매매계약 외에도 은행, 운송인 및 보험자와의 계약 등이 부속적으로 체결되게 마련이다. 이러한 계약은 대부분 보험중개인이나 운송주선인 등 중개인을 통해서 체결된다. 이들 중개인의 기능이나 이들이 대리하는 당사자와의 관계는 체결되는 계약의 모습에 영향을 미친다. 그러므로 일견 단일한 거래로 보이는 경우도 실제에 있어서는 여러 계약으로 구성되어 있고, 각 계약이 각각 다른 당사자를 포함하고 있으며 또한 상이한 법의 규제대상으로 되지만, 동시에 이들 모든 계약은 그 모든 계약의 중심에 서 있는 국제물품매매계약과 긴밀한 관련을 맺고 있는 것이다.

이러한 계약 대부분은 상업송장, 선하증권, 보험증권, 환어음 및 신용장 등과 같은 중요한 서류를 포함하게 된다. 많은 경우 물품, 운송, 보험 및 대금지급 등과 관련한 법적 권리는 이들 서류의 단순한 인도 또는 배서와 교부의 형태를 통해 이전한다. 이러한 법적 권리의 서류에 의한 인도는 상대방의 이행의 담보나 운송 중 물품의 멸실 등 국제매매거래에 내재하는 문제들을 극복하는 데 중요한 역할을 한다.

그러나 모든 문제가 계약의 영역에서만 존재하는 것은 아니다. 계약의 이행에 관해서 분쟁이 발생하는 경우에는 어느 국가의 법원이 재판관할권을 갖는지를 결정하는 것이 필요하다. 또한 재판관할권을 갖는 법원이 결정되었다 하더라도 법원이 어느 국가의 법을 적용할 것인지의 문제가 또한 해결되어야 한다. 이러한 문제를 규율하는 법이 국제사법(conflict of laws or private international law)으로 국제거래의 영역에서 중요한 역할을 한다. 또한 많은 경우에 국제거래에서 발생하는 분쟁은 소송단계로 들어가기 전에 중재를 거치는데, 중재와 관련하여 중재인의 선정, 중재절차를 규율할 법의 지정 및 중재판정의 효력 등도 역시 국제거래에 있어서 분쟁해결과 관련하여 중요한 문제로서 논의된다.

제2절 국제거래의 규율 법규

Ⅰ. 의 의

위에서 설명한 위험들은 모두 국제거래의 증진에 대한 장애가 되고 있고, 따라서 각 국가는 이러한 위험과 그로 인한 국제거래의 불확실성을 제거하기 위해서 국제거래를 규율하는 법규를 제정하는 등 다양한 노력을 하고 있다. 또한「국제물품매매계약에 관한 국제연합협약」(United Nations Convention on Contracts for the International Sale of Goods: 비엔나협약 또는 CISG)이나 해상운송에 관한 헤이그 규칙 등의 조약이나 또는 국제상업회의소(International Chamber of Commerce: ICC)가 제정한「거래조건의 해석에 관한 국제규칙」(International Rules for the Interpretation of Trade Terms: INCOTERMS)이나「신용장통일규칙」(Uniform Customs and Practice for Documentary Credits: UCP) 등과 같은 국제규범도 국제거래의 통일적 규율을 통한 국제거래의 원활한 진행을 그 목적으로 한다.

그러나 각 국가는 국제거래를 규율하는 법규를 제정함에 있어서 국제거래에서 발생할 수 있는 위험과 불확실성을 제거하기 위한 목적이 아닌 다른 목적을 위해서 국제거래를 규율하는 법규를 만들기도 한다. 예를 들어 많은 국가가 자국의 산업정책 또는 통화정책의 일환으로 무역, 외환 또는 관세 등을 규제하는 다양한 법규를 두고 있다. 우리나라의 관세법, 외환규제법이나 미국의 반덤핑법, 상계관세법, 그리고 긴급수입제한절차, 제301조 절차, 제337조 절차 등이 그러한 예이다. 이들 법규들은 정당한 산업정책 또는 통화정책상의 목적을 위한 것으로 일반적으로 그 정당성이 인정된다고 할 것이나, 많은 경우에 보호주의적인 목적에서 오로지 자국의 산업을 보호하고 외국의 물품을 차별하려는 목적을 갖거나 또는 그러한 효과를 갖도록 집행되기도 한다.「관세 및 무역에 관한 일반협정」(General Agreement on Tariffs and Trade: GATT)이나 그 뒤를 이은 세계무역기구(World Trade Organization: WTO)와 동 기구가 집행하는 다양한 WTO 협정들은 이러한 부당한 목적을 갖는 무역규제 관련 법규의 제정이나 또는 무역규제 관련 법규의 부당한 집행을 감시하고 규제하기 위해서 설립되고 제정된 것이다.

II. 국제거래와 관련한 법규의 구분

국제거래에 관련된 법규는 그 성질에 따라 거래당사자 간의 권리·의무관계를 규율하는 사법적 성질을 갖는 법규와 사인 간의 국제거래를 국가가 규율하는 공법적 성질 또는 국가의 무역규제 관련 법규를 규율하는 국제법적 성질을 갖는 법규로 구분하여 볼 수 있는데, 국제거래의 당사자 간의 권리·의무관계를 규율하는 법규를 국제거래법, 사인 간의 국제거래를 산업정책 등 일정한 국가목적을 위해서 규율하는 법규를 통상법 또는 무역규제법, 그리고 각 국가의 통상법이나 정책을 규율하는 국제법규를 국제경제법 또는 국제무역규제법이라 부를 수 있을 것이다.

이 책에서 다루는 내용은 이른바 국제거래법, 즉 국제거래, 특히 국제물품매매와 관련하여 발생하는 법적 문제를 규율하는 제반 법규를 그 주된 논의대상으로 한다.

III. 국제거래법의 법원

국제거래법의 법원(sources of law)으로는 국제조약, 국제관습법, 국내법, 통일규칙 및 상인법(lex mercatoria) 등을 들 수 있다.

1. 조 약

조약(treaties)은[2] 국제거래법의 가장 중요한 법원이다. 국가가 어떤 조약에 가입하여 이를 비준하면, 그 조약은 그 국가의 국내법으로 된다. 조약은 두 개의 국가 간에 체결되는 양자간 조약(bilateral treaties)과 그 이상의 국가 간에 체결되는 다자간 조약(multilateral treaties)으로 나뉜다.

국제거래를 규율하는 조약은 다양한 목적을 갖는데, 예를 들어 WTO 협정이나 자유무역지역협정(free trade area agreements: FTA) 등의 조약은 체약국 간의 무역 자유화나 또는 경제적 통합의 실현 등을 그 목적으로 한다. 이들 조약은 대체로 공법적 성질을 가지며, 주로 국제경제법의 논의대상으로 된다.

국제거래를 규율하는 조약에는 법의 통일을 그 목적으로 하는 조약도 있다.

2) 조약은 헌장(charter), 협약(convention), 규칙(rules) 또는 의정서(protocol) 등 다양한 다른 명칭으로 지칭된다.

이들 조약은 사인 간의 법률관계를 규율하는 실체법규의 통일을 목적으로 하는데, 국제해상운송을 규율하는 헤이그규칙의 예와 같이 국제거래의 특정 분야를 규율하는 규범을 제시하는 것이 일반적이지만, 어음법의 통일에 관한 협약의 경우와 같이 국내거래에도 적용되는 실체법규의 통일을 목적으로 하기도 한다. 이들 조약은 대체로 사법적 성질을 가지며, 주로 국제거래법의 논의대상으로 된다.

또 다른 조약은 바로 체약국의 국내법으로서 국제거래를 직접 규율하기도 한다. 우리나라도 가입한 비엔나협약(CISG)이 좋은 예이다. 이러한 형태의 조약 역시 대체로 사법적 성질을 가지기 때문에 국제거래법의 논의대상으로 된다.

2. 국제관습법

국제관습법(international customary law)은 국제거래에서 일정한 관행이 오랫동안 계속되어 특정 거래계에서 법으로 인식되기에 이른 관습이다. 국제거래법의 많은 법원칙들이 관습을 통해서 발전되었는바, 선하증권의 권리증권성, 각종의 정형거래조건 및 신용장 제도 등이 좋은 예가 될 것이다.

국제관습법은 조약이나 통일규칙의 형태로 성문화되기도 하는데, 헤이그규칙이나 국제상업회의소의 INCOTERMS 등이 상관습이 성문법화된 좋은 예이다.

3. 국내법

국내법은 본질적으로 당해 국가 내에서만 적용될 것으로 의도된 것이므로 국제거래에 당연히 적용되는 것은 아니다. 그러나 국제거래라 하더라도 대부분 국제사법의 적용에 의해서 준거법으로 확정된 국내법의 규율을 받는다. 예를 들어 국제해상운송계약이 체결되었는데, 국제사법 규정에 의해서 우리나라법이 준거법으로 되었다면, 그 국제해상운송계약에는 우리나라 상법이 적용되는 것이다.

일정한 경우에는 특정 국가의 국내법이 일정한 국제거래 분야에서 표준규범의 역할을 함으로써 국제거래법의 법원이 되기도 하는데, 계약 당사자들의 준거법 합의를 통해서 거의 모든 국제해상보험계약에 적용되는 영국의 1906년 해상보험법과 해상보험 관련 판례는 국제거래법의 중요한 법원이다.

4. 통일규칙

통일규칙은 국제상업회의소와 같은 국제민간기구가 국제거래의 관행을 성문화한 것이다. 통일규칙은 조약이나 국내법과는 달리 계약당사자가 준거규칙으로 하기로 합의한 때 비로소 그 당사자 간 계약관계를 규율하지만, 국제상업회의소의 신용장통일규칙과 같은 통일규칙은 신용장거래에서 매우 광범위하게 적용되고 있으므로 국제거래법의 중요한 법원이 된다.

5. 상인법

국제거래 자체의 고유 규범으로 정의되는 상인법(lex mercatoria)은 국제거래의 참가자들에 의해서 자발적으로 형성되며, 국제거래의 관습, 표준조항, 통일법, 법의 일반원칙 및 개별적 계약 등에 기초해서 발전된다.[3)]

상인법 원칙은 국제거래에서 계약의 일부로서 흔히 편입되며, 영국 물품매매법이 상관습에서 발전된 개념인 권리증권의 개념을 인정한 데서 볼 수 있는 것처럼 국내법의 발전에 영향을 미치기도 한다. 또한 상인법은 국제상사중재에서 분쟁해결에 준거법으로서 적용되기도 한다.[4)] 이러한 점에서 상인법은 제한적인 범위에서 국제거래법의 법원이 된다고 할 것이다. 비엔나협약은 그 협약이 명시적으로 규정하고 있지 아니한 때에는 그 협약이 근거하고 있는 일반원칙에 따른다고 규정하고 있는바(비엔나협약 제7조 제2항), 이는 상인법을 국제거래법의 법원으로서 인정한 경우라고 할 수 있다.

제3절 국제물품매매의 규제

Ⅰ. 국제물품매매

국제거래에서 가장 중심적인 지위를 차지하는 거래는 국제물품매매이다. 여느 국제거래와 마찬가지로 국제물품매매도 서로 다른 국가에 위치하는 당사자 간, 즉 매도인과 매수인 간에 이루어지는 거래이다. 많은 경우에 국제물품매매를 위한 계약의 구체적 내용은 당사자 간 합의에 의해서 정해진다. 실제로 제3장에서 설명하는 정형거래조건은 국제물품매매계약에 있어서 매우 중요한 역할을 하며, 사용된 정형거래조건에 따라 매도인과 매수인의 권리 · 의무 내용이 비교적 상세

---

3) 상인법에 관한 상세한 설명은 신창섭, "상인법의 국제계약에의 적용에 관한 연구," 『경영법률』 제17집 제3호(한국경영법률학회, 2007.4) 참조.

4) 국제상사중재에서 상인법의 역할에 관한 상세한 설명은 상게 논문 참조.

히 확정되게 마련이다. 그럼에도 불구하고 물품매매와 관련한 모든 사항을 계약에 명시하기란 현실적으로 불가능하다. 이와 같이 사전에 합의가 이루어지지 못한 부분에 관하여는 문제의 국제물품매매를 규율하는 법이 적용되어야 할 것인바, 이때 적용되는 법은 당사자 간 합의 또는 국제사법 규정에 의해서 지정되는 준거법국가의 국내법을 의미할 것이다.

국제물품매매를 규율할 준거법의 지정과 관련해서 문제로 되는 것은 국제물품매매에 관한 법률이 국가마다 서로 커다란 차이를 갖고 있고, 이들 법률이 동일한 법률용어를 사용하고 있다고 할지라도 동 용어의 구체적 해석에 있어서는 국가마다 서로 다른 입장을 보이기도 한다는 점이다. 이는 결국 동일한 내용의 국제물품매매라 할지라도 어느 국가의 법이 준거법으로 되는가에 따라 거래당사자의 권리 · 의무의 내용이 달라질 수 있다는 것을 의미한다. 이는 국제물품매매의 당사자로 하여금 매매계약으로부터 자기의 권리 · 의무의 구체적 내용을 예측하는 것을 어렵게 하고, 이러한 불확실성은 국제물품매매의 원활을 해치는 결과를 가져온다. 따라서 국제거래를 규율하는 통일적 규범이 있다면, 이는 국제물품매매에 존재하는 불확실성을 제거할 것이고, 결국 국제물품매매거래의 증진에 기여할 것이다.

앞에서 설명한 바와 같이, 국제거래에서 물품매매계약의 당사자들은 운송계약이나 보험계약 등에도 밀접히 관련되는 경우가 많다. 그러나 이러한 관련 계약의 당사자들이 곧 매매계약의 당사자는 아니며, 따라서 이들은 매매계약의 직접적 영향을 받지 않고 당해 계약에 의해 규율될 뿐이다. 그러므로 매매의 목적으로 된 물품의 운송인은 매수인이 운송계약의 당사자인 경우에 물품이 운송상의 과실로 하자 있는 상태로 도착한 때에는 매수인에 대해 책임을 지게 될 것이나, 매매계약에 따른 물품의 하자에 대해서는 매매계약의 당사자가 아니기 때문에 아무런 책임을 부담하지 않는다. 마찬가지로 대금지급의 한 당사자로서 매도인이나 매수인과 계약을 체결한 은행도 일반적으로 대금지급계약의 원인이 되는 매매계약이나 다른 관련 계약과는 직접적 관련을 갖지 않는다.

이처럼 국제물품매매계약은 매도인이 인도해야 할 물품과 매수인이 지급해야 할 대금을 구체적으로 정할 뿐 아니라 국제운송, 운송 중 물품의 부보, 대금지급방식 등 다른 문제도 확정해야 하는데, 매도인과 매수인 간에 거래와 관련한 비용과 책임의 분담에는 다양한 방법이 있다. 그러나 실제에 있어서 매도인과 매수인은 널리 알려져 있고 확립되어 있는 계약 형태를 택하게 되는데, 그러한 정형화된 계약방식을 취하는 경우에 반대의 특약이 없는 한 당사자가 부담하는 의무나 비용이 정형계약에 따라 자동적으로 정해지는 까닭에 계약체결의 수고와 비용을 줄일 수 있기 때문이다.

물론 이러한 정형화된 계약형태가 사용된다고 해서 계약당사자의 권리 · 의무의 내용에 관해서 분쟁의 소지가 완전히 사라지는 것은 아니다. 우선 이들 정형계약의 요소 중에는 그 법적 성격에 관해서 학계와 거래계에서 아직 이견이 있는 경우가 많고, 무엇보다도 계약당사자들이 정형계약의 내용을 임의로 변경할 수 있기 때문에 그 한도에서 그러한 변경이 갖는 법적 의미가 불분명해질 수도 있다. 또한 이들 정형계약에 대해서 서로 다른 법체계가 상이한 법적 효과를 부여하는 경우도 있다.

최소한 국제매매의 분야에서 국제적으로 그리고 통일적으로 적용될 수 있는 국제통일매매법을 만드려는 노력이 20세기 초부터 본격적으로 있어 왔다. 특히 국제거래에 관한 사법의 발전 및 법전화의 제고와 국제거래 관련 통일법의 확산을 위해 1966년 12월 UN국제거래법위원회(United Nations Commission on International Trade Law), 즉 UNCITRAL이 설립되었는바, 1968년 UNCITRAL 회의에서는 기존의 헤이그협약을 대체할 새로운 국제통일매매법을 제정하기로 하고 실무위원회를 구성하여 새 통일법 제정에 착수하였다. UNCITRAL이 작성한 통일매매법 초안에 기초해서 1980년 3월 10일 비엔나에서 개최된 외교회의(Diplomatic Conference)에서 「국제물품매매계약에 관한 국제연합협약」, 즉 비엔나협약이 제정되어 1988년 1월 1일부터 발효하였다.

국제물품매매를 둘러싼 분쟁을 없애기 위한 노력은 국제통일매매법의 제정 분야뿐 아니라 이른바 정형거래조건의 통일 분야에서도 이루어졌다. 즉 국제물품거래에서 흔히 사용되는 정형거래조건에 대한 각국의 서로 다른 해석과 관행은 당사자 간의 분쟁의 원인이 되고 국제거래의 원활한 수행에 장애가 되었는데, 이러한 무역거래상의 분쟁을 없애고 국제무역의 확대를 도모하기 위해서 무역거래에 관한 관습과 용어의 통일화 운동이 제1차 세계대전 이후 주로 국제상업회의소와 국제법률협회(International Law Association)의 주도로 활발히 전개되어 왔다. 그리고 1936년 1월 국제상업회의소의 부역거래소건위원회(Trade Terms Committee)의 조사를 토대로 「거래조건의 해석에 관한 국제규칙」, 즉 INCOTERMS를 국제상업회의소 이사회가 채택함으로써 INCOTERMS가 탄생하였다. INCOTERMS는 이후 국제거래의 발달과 거래관습의 변화를 반영하기 위해 1953년, 1967년, 1976년,

1980년, 1990년, 2000년, 2010년 및 2020년에 각각 개정되어 오늘에 이르고 있다.

Ⅱ. 국제운송

1. 해상운송

최근 여러 형태의 운송방식이 발달하고 있지만, 아직도 해상운송은 물품을 해외로 운송하는 가장 보편적인 운송방식이다. 중량을 기준으로 할 때 전세계에서 국제거래로 매매되는 물품의 90% 이상이 해상운송의 방식으로 운송된다. 국제매매계약에 있어 해상운송계약의 중요성은 운송 중 매매계약의 목적으로 되는 물품은 운송인의 관리 하에 있고 매도인이나 매수인은 물품에 대한 직접적인 통제를 하지 못한다는 사실에서 찾아볼 수 있다. 해상운송은 몇 개월에 걸쳐 이루어지는 경우가 많은데, 그 동안 물품은 해상운송에 고유한 위험에 노출된다. 따라서 운송인이 매도인(또는 송하인)이나 매수인(또는 수하인)에 대해 어떤 책임을 부담하고 또한 이들이 어떤 계약상의 권리를 운송인에 대해 갖는가를 확실히 하는 것은 중요한 의미를 갖는다.

매도인은 일반적으로 운송인과 직접 운송계약을 체결하지는 않는다. 매도인은 거의 모든 경우에 운송주선인으로 하여금 운송을 위한 제반조치를 취하도록 한다. 한편 운송인 또는 그의 대리인은 선하증권에 서명하여 이를 송하인 또는 그 대리인에게 인도한다.

가장 중요한 선적서류인 선하증권은 운송인과 송하인 간에 체결된 운송계약의 증거, 물품인수의 영수증 그리고 물품에 대한 권리증권으로서의 기능을 한다. 선하증권의 권리증권성은 물품에 대한 권리가 선하증권의 인도 또는 배서교부로 이전될 수 있고, 또한 해상에 있는 물품의 인도, 재판매 또는 대출을 위한 담보로서 사용될 수 있음을 의미한다.

대량 화물의 경우에는 송하인은 선박 전체를 항해를 위해 또는 일정한 기간 동안 용선하는 방법으로 물품을 운송할 수도 있을 것인데, 이러한 경우 송하인은 용선인이 되며, 선박소유자와의 관계는 용선계약에 의해 규율된다.

해상운송을 규율하는 중요한 협약으로는 1924년 「헤이그규칙」(International Convention for the Unification of Certain Rules of Law Relating to Bills of Lading)과 이를 개정한 1968년 「헤이그 · 비스비규칙」이 있고, 그 외에도 헤이그규칙체제가 운송인의 보호에 치중하고 있는 점을 개선하기 위하여 UNCITRAL의 주도로 제정된 1978년 「함부르크규칙」(UN Convention on the Carriage of Goods by Sea) 등이 있다.

한편 UNCITRAL은 2008년에 함부르크규칙을 대체해서 「국제물품해상운송계약에 관한 UN협약」(United Nations Convention on Contracts for the International Carriage of Goods Wholly or Partly by Sea), 즉 「로테르담규칙」(Rotterdam Rules)을 제정하였다. 로테르담규칙은 헤이그규칙, 헤이그-비스비규칙 및 함부르크규칙에 기초하면서, 이들 일련의 규칙에 대한 현대적 대안을 제공하기 위한 것이다.

2. 항공운송

항공운송은 항공기의 항복에 승객, 우편 또는 화물을 탑재하고 국내외 항로로 다른 공항까지 운송하는 운송방식이다. 항공운송은 해상운송이나 육상운송에 비해 최근에 도입된 운송방식이지만, 이들 전통적 운송방식보다 신속하게 운송물을 운송할 수 있기 때문에 점차 활발하게 사용되고 있다.

항공운송은 매도인을 위해 운송주선인이 주선할 수도 있으나, 흔히 매도인이 항공운송인과 직접 거래를 하기도 한다. 항공운송에 있어서 물품인수의 영수증은 항공운송장이다. 선하증권과는 달리 항공운송장은 권리증권이 아니다.

항공운송을 규율하는 중요 협약으로는 1929년 「바르샤바협약」(Convention for the Unification of Certain Rules Relating to International Carriage by Air) 및 이를 개정한 일련의 협약이 있다.

3. 육상운송

육상운송은 주로 해상운송 또는 항공운송에 부수되어 사용되는 보완적 운송방식이지만, 유럽 등의 지역에서는 독립한 국제운송방식으로서 활발히 사용되고 있다.

국제육상운송은 흔히 도로운송과 철도운송으로 구분되는데, 국제도로운송이란 일정 국가의 어느 지점으로부터 다른 국가의 어느 지점까지 도로로 운송되는 경우를 말한다. 유럽에서 국제도로운송은 「도로에 의한 국제물품운송에 관한 협약」(Convention on the Contract for the International Carriage of Goods by Road: CMR협약)의 규제를 받는다. 한편, 국제철도운송은 철도를 통한 국제육상운송방식으로 유럽 국가간 운송에서 많이 이용되고 있다. 국제철도운송에 관한 협약으로는 「철도에 의한 국제물품운송에 관한 협약」(Convention Concerning International Carriage of Goods by Rail: COTIF협약)이 있다.

국제육상운송은 국제복합운송의 발전에 따라 택배운송을 위한 중요한 연계운송방식이 되고 있다.

4. 복합운송

복합운송은 복수의 운송방식이 결합되어 사용되는 운송방식인데, 최근 그 사용빈도가 늘고 있으며 특히 물품이 컨테이너로 운송될 때 많이 사용된다. 복합운송에서 그 구체적 운송방식이 어떠하든 물품을 매도인으로부터 매수인에게로 운송하는 데 사용되는 모든 운송방식은 복합운송인이 이를 주관하며, 따라서 복합운송인은 각 해당 운송인과 모든 단계의 운송을 주선하는 역할을 한다. 복합운송인은 그 자신이 운송인일 수도 있고 또는 단순히 운송주선인에 그칠 수도 있다. 매도인은 복합운송인과 전운송구간에 대해서 단 한 번 계약을 체결할 뿐이다. 복합운송에서 발행되는 서류는 복합운송증권인데, 이 서류는 경우에 따라 권리증권일 수도 또는 아닐 수도 있다.

복합운송을 규율하는 중요한 국제규범으로는 「1992년 복합운송증권에 관한 UNCTAD/ICC규칙」(UNCTAD/ICC Rules for Multimodal Transport Documents 1992)과 「국제물품복합운송에 관한 UN협약」(UN Convention on International Multimodal Transport of Goods) 등이 있다.

Ⅲ. 해상보험

물품이 운송되고 있는 동안 물품은 운송과 관련한 여러 가지 위험에 노출된다. 운송계약에 의하면 운송인은 자기의 책임 하에 있는 동안 물품에 발생한 멸실 또는 훼손에 관하여 물품의 소유자에 대해 책임을 진다. 그러나 운송물의 멸실이나 훼손이 언제나 운송인 또는 그 사용인의 과실에 기인하는 것은 아니며, 설사 이들의 과실에 기인한 경우에도 운송인은 해상법 또는 운송계약에 따라 면책되거나 또는 제한된 범위에서만 책임을 부담한다. 따라서 국제거래의 목적으로 된 물품은 거의 모든 경우에 운송기간 동안 보험에 부보되게 마련인데, 이러한 보험을 매도인이 부보하는지 또는 매수인이 부보하는지는 당사자 간에 체결된 매매계약의 내용에 따라 정해진다. 예를 들어, FOB조건 매매계약에 있어서는 물품이 선적된 때 멸실위험이 매수인에게 이전하고, 따라서 매수인이 물품을 부보해야 할 것이다. 그러나 FOB조건 매매에서도 계약당사자들이 매수인의 비용으로 매도인이 보험을 들도록 하는 등 계약에서 달리 정할 수 있음은 물론이다. 한편 CIF조건 매매계약에서는 보험계약을 체결하고 보험료를 지급하는 것은 매매계약의 일부로서 매도인의 의무이며, 보험증권은 매도인이 자기의 계약상 의무에 따라 매수인에게 인도해야 하는 선적서류의 하나이다.

물품이 해상으로 운송되어야 하는 경우에 체결되는 보험계약의 형태는 해상보험계약이다. 해상보험계약은 일반적으로 해상운송뿐 아니라 매도인의 영업지로부터 선적항, 그리고 양륙항으로부터 매수인의 영업지까지의 부수적 운송도 부보한다. 항공으로 운송될 물품에 관한 항공보험계약도 대체로 해상보험계약의 내용에 기초한 약관을 사용하여 체결되는 것이 현실이다.

국제물품매매와 관련해서 체결되는 해상보험 형태인 적하보험계약에서 발행되는 보험증권은 양도가 가능한 지시식 또는 유통성 유가증권의 형태로 발행되기 때문에, 매도인은 자기의 이름으로 보험계약을 체결한 후 그 보험증권을 매수인에게 양도할 수 있고, 매수인은 그 물품의 멸실위험이 자기에게 이전한 후에 물품이 멸실 또는 훼손되었다면 그 보험증권에 따라 보험자에게 보험금을 청구할 수 있다.

국제매매거래에서 일반적으로 사용되는 보험서류는 보험증권이지만, 일정한 경우에는 보험자가 발행하는 보험증서가 사용되기도 한다.

국제해상보험계약의 준거법은 일반적으로 보험증권의 준거법조항을 통해 영국의 1906년 해상보험법(Marine Insurance Act of 1906)과 영국의 해상보험 관련 판례가 된다.

IV. 국제대금결제

앞에서 설명한 바와 같이, 국제물품매매계약에서 대금지급방식은 매도인이 대금지급이나 지급담보 없이 물품을 이전하는 것을 꺼리고, 또한 매수인은 물품을 인수하거나 또는 물품에 대한 권리를 인도받지 못한 상태에서는 대금을 지급하기를 꺼린다는 사실을 반영하고 있다. 당사자들이 서로를 잘 알고 또한 신뢰하는 때에는 대금지급은 송금수표 또는 전신환 등의 방식을 사용하여 간단하고도 직접적인 방식으로 이루어질 수 있을 것이다.

그러나 일반적으로 대금지급방식은 이보다 더 복잡하며, 다양한 선적서류가 사용된다. 이러한 선적서류들은 국제거래에서 체결된 계약과 관련된 모든 권리가 양수인에게 이전되는 것이 가능하도록 양도가능한 지시식 또는 유통성 유가증권이다. 예를 들어 선하증권의 소지는 소지인에게 운송물에 대한 권리뿐 아니라 운송인에 대해 소송을 제기할 수 있는 권리도 부여하며, 보험증권의 소지는 소지인에게 보험증권이 부보하는 물품에 발생한 멸실 또는 훼손에 기초해서 보험자에게 보상을 요구할 수 있는 권리를 부여한다. 특히 선하증권은 물품에 대한 권리를 표창하기 때문에 물품을 대신하여 매매의 목적이 되거나 또는 대금지급을 위한 담보로서 사용될 수도 있다.

국제물품매매계약에서 사용되는 가장 보편적이고도 유용한 대금지급방식은 신용장방식이다. 이 방식에 의하면 매수인(개설의뢰인)은 자국에 있는 은행(개설은행)에 매도인을 위해 신용장을 개설하여 줄 것을 요청하고, 개설은행은 매도인의 국가에 있는 은행(통지은행)에 매도인(수익자)을 위해 신용장의 개설을 통지할 것을 지시한다. 매수인은 신용장의 개설을 의뢰할 때 매도인이 신용장조건이 정한 선적서류의 제시에 의해서만 신용장에 근거해 신용장금액을 지급받을 수 있도록 한다. 따라서 매도인은 신용장에서 요구되는 선적서류를 제시하는 한 자국의 은행으로부터 지급받을 것을 확신할 수 있고, 매수인은 매도인이 은행에 물품에 대한 권리를 표창하는 선적서류를 인도할 때까지는 대금지급이 이루어지지 않을 것을 확신할 수 있다. 한편 은행은 담보로서의 선적서류에 관심을 가질 뿐, 선적서류가 표창하는 물품 자체에는 관심이 없기 때문에 선적서류가 매우 사소한 부분에 이르기까지 매수인이 정한 요건을 만족하지 못하는 때에는 이를 인수하지 않는다.

신용장거래의 준거법은 일반적으로 거래당사자의 합의에 의해서 국제상업회의소의 신용장통일규칙이 된다.

V. 국제분쟁의 해결

국제거래에서는 분쟁이 발생하게 마련이고, 따라서 이를 어떻게 해결하는가 하는 문제는 국제거래법에서 중요한 논의 대상이다. 국제거래에서 발생하는 분쟁을 해결하기 위한 제도로는 크게 국제소송과 소송 외의 분쟁해결제도로서 중요한 의미를 갖는 국제상사중재가 있다.

1. 국제소송

국제소송과 관련해서 우선 문제되는 것은 법정지 법원이 재판관할권을 갖는가 하는 문제이다. 일반적으로 국제거래에 있어서 재판관할권에 관한 각 국가의 법규는 피고의 주소지에 기초한 재판관할권의 행사를 일반적으로 인정하며 또한 계약이나 불법행위에 기초하거나 외국인인 피고의 명시적 또는 묵시적인 동의에 기초한 특정 재판관할권의 존재를 긍정한다. 이 외에도 이들 법규는 원고의 국적, 피고의 재산 또는 법정지에 피고가 소재하고 있다는 사실 등에 의해서도 재판관할권을 인정할 수 있다고 하고 있다.

또 다른 문제는 법원이 적용할 법, 즉 준거법의 지정에 관한 문제이다. 이는 강학상 국제사법의 일부로 다루어지고 있기 때문에 이 책에서 상세히 다루지는 않지만, 강학상의 분류를 별론으로 한다면, 준거법의 지정은 거래당사자의 실체적 법률관계, 구체적으로 권리 · 의무관계를 확정함에 있어서 핵심적이기 때문에 국제거래에서 발생하는 분쟁의 해결에 있어서 결정적 역할을 하는 경우가 많다.

이 외에도 소송절차상의 중요한 문제로서 송달 및 증거조사 등의 문제가 있는데, 이에 관해서는 1965년 「민사 및 상사문제에 관한 재판상 및 재판외 서류의 해외송달에 관한 협약」(Convention on Service Abroad of Judicial and Extrajudicial Documents in Civil and Commercial Matters)과 1968년 「민사 및 상사문제에 관한 해외증거조사에 관한 협약」(Convention on the Taking of Evidence Abroad in Civil or Commercial Matters)이 규율하고 있다.

마지막으로 외국에서 이루어진 판결의 승인 및 집행의 문제가 있는데, 한 국가에서 국제거래와 관련한 분쟁에 관하여 판결이 이루어졌으나 다른 국가에서 그 판결의 효력이 인정되지 않는다면 국제분쟁의 해결을 위한 수단으로서의 소송의 역할은 매우 제한될 수밖에 없다. 외국판결의 승인 및 집행에 관해서는 유럽연합의 「민사 및 상사문제에 있어서 재판관할권 및 판결의 집행에 관한 EC협약」(EC Convention on Jurisdiction and the Enforcement of Judgments in Civil and Commercial Matters: 브뤼셀협약)과 「민사 및 상사문제에 있어서 재판관할권 및 판결의 승인과 집행에 관한 유럽연합 이사회규칙」(Council Regulation (EC) No 44/2001 of 22 December 2000 on Jurisdiction and the Recognition and Enforcement of Judgments in Civil and Commercial Matters: 브뤼셀규칙) 등 일부 협약이 있으나, 이는 가입국의 판결이 다른 가입국에서 승인 및 집행될 것을 요구할 뿐이며, 일반적으로 외국판결의 승인 및 집행의 문제는 이른바 상호주의원칙에 의해서 해결되고 있다. 즉 대부분의 국가들은 상대국이 자국의 판결을 승인하고 집행하는 때에 한해 자국도 상대국의 판결을 승인하고 집행하겠다는 상호주의(reciprocity)의 입장을 견지하고 있는 것이다.

2. 국제상사중재

상사중재는 가장 중요한 소송 외 분쟁해결방법이다. 국제거래의 당사자들은 일반적으로 계약관계와 관련하여 발생하는 분쟁을 소송이 아닌 중재를 통해서 해결하기로 계약상 합의한다.

상사중재는 소송에 비교하여 시간과 비용이 절약되고, 증거제출에 대한 규칙에 비교적 융통성이 있으며, 중재절차는 일반적으로 공개되지 않기 때문에 증거제출의 과정에서 영업비밀 등이 유출되는 것을 막을 수 있는 등의 장점을 갖는다.

국제상사중재도 통일된 원칙과 절차에 따라 진행되는 것이 이상적이므로 국제상사중재를 규율하는 조약을 만들려는 노력이 꾸준히 있어 왔는데, 주요 「UNCITRAL 중재규칙」(UNCITRAL Arbitration Rules) 그리고 「국제상사중재에 관한 UNCITRAL 모범법」(UNCITRAL Model Law on International Commercial Arbitration) 등이 있다.

제2장 국제물품매매계약에 관한 국제연합협약

제1절 서 설

Ⅰ. 통일국제매매법의 필요성

제1장에서 살펴본 바와 같이, 국제거래에 있어서 가장 중심적인 지위를 차지하는 거래는 국제물품매매이다. 여느 국제거래와 마찬가지로 국제물품매매도 서로 다른 국가에 소재하는 당사자 간, 즉 매도인과 매수인 간에 이루어지는 거래이다. 많은 경우에 국제물품매매를 위한 계약의 구체적 내용은 당사자 간 합의에 의해서 정해진다. 실제로 제3장에서 설명하는 정형거래조건은 국제물품매매계약에 있어서 매우 중요한 역할을 하며, 사용된 특정 정형거래조건에 따라 매도인과 매수인의 권리 · 의무 내용이 상세히 확정된다. 그럼에도 불구하고 물품매매와 관련한 모든 사항을 계약서에 명시적으로 규정하기란 현실적으로 매우 어렵다. 이처럼 사전에 합의가 이루어지지 못한 부분에 관해서는 문제의 국제물품매매를 규율하는 법이 적용되어야 할 것인바, 이때 적용되는 법은 일반적으로 당사자 간 합의 또는 국제사법 규정에 의해서 지정되는 준거법국가의 국내법을 의미할 것이다.

국제물품매매를 규율할 준거법과 관련해서 문제되는 것은 국제물품매매에 관한 법이 국가마다 서로 다르고, 심지어 동일한 법률용어가 사용되는 경우에도 그 용어의 구체적 의미에 있어서는 서로 다른 해석을 보이기도 한다는 점이다. 결국 동일한 내용의 국제물품매매라고 할지라도 어느 국가의 법이 준거법으로 되는가에 따라 거래당사자의 권리 · 의무의 내용이 달라질 수 있는바, 이는 국제물품매매의 당사자로 하여금 그러한 매매계약으로부터 자기가 갖는 권리 · 의무의 구체적 내용을 예측하는 것을 어렵게 하고, 이러한 불확실성은 국제물품매매의 원활을 해치는 결과를 가져온다.

국제거래를 규율하는 통일적 규범이 있다면, 국제물품매매에 존재하는 이러한 불합리성을 제거할 수 있고, 이는 결국 국제물품매매거래의 증진에 기여할 것이다.

II. 통일국제매매법으로서 비엔나협약의 성립과정

1. 통일국제매매법의 발전

국제물품매매를 규율하는 통일매매법을 제정하는 데 있어서 선도적인 노력을 기울인 사람은 독일의 법학자 에른스트 라벨(Ernst Rabel)이다. 라벨은 1929년에 사법통일을 위한 국제협회(International Institute for the Unification of Private Law), 즉 UNIDROIT에 통일매매법의 가능성에 관한 보고서를 제출하였다. 그는 이 보고서에서 매매에 관한 각국의 실체법의 통일이 바람직할 뿐 아니라 실제로도 가능하다고 주장하였다.[1)]

이 보고서를 검토한 후 UNIDROIT는 독일, 프랑스, 영국 등 유럽 국가의 전문가들로 구성된 전문위원회를 구성하였다. UNIDROIT 전문위원회는 1935년에 통일국제매매법의 제1초안을 완성하고, 이를 각 회원국에 송부하여 의견을 구한 후에, 그 의견을 참작하여 1939년에 제2초안을 완성하였다. 그러나 이 작업은 제2차 세계대전의 발발로 중단되었다.

한편 UNIDROIT는 1934년에 계약의 성립에 관한 연구를 위하여 별도의 위원회를 구성하였다. 이 위원회는 1936년에 국제매매계약의 성립에 관한 통일법 초안을 마련하였으나, 이 작업 역시 제2차 세계대전의 발발로 중단되었다.

통일국제매매법에 관한 이들 양 초안은 후에 이루어진 통일법 제정작업에 커다란 영향을 미쳤다. 예를 들어 통일법이 몇몇 주요 국가의 매매법의 내용을 적당히 취사선택한 규정들의 집합체로 그쳐서는 안 되고, 상인들의 현실적인 수요를 충족시킬 수 있는 새롭고 포괄적인 법체계이어야 한다는 원칙을 채택한 것, 통일법의 대상을 국내매매를 제외한 국제매매로 한정하기로 한 것, 사적 자치의 원칙을 존중하여 매매계약 당사자의 합의에 의하여 통일법의 전부 또는 일부의 적용

1) 김건식, "총설: 비엔나협약의 역사, 현상, 장래," 『국제물품매매계약에 관한 UN협약상의 제문제』(임홍근 · 이태희 공편, 삼지원, 1991), 24면.

을 배제할 수 있도록 한 것 등은 모두 이들 초안에서 확립되어 비엔나협약에 반영된 주요 원칙들이다.

이 외에도 계약이 상사적 성질을 갖는지 여부나 계약당사자가 상인인지 여부 등을 불문하고 통일매매법의 적용을 받도록 한 것, 매매목적물의 소유권의 이전에 관하여는 각국의 법이 매우 다양하게 규정하고 있기 때문에 이를 각국의 법에 맡기고 통일매매법은 이를 규율하지 않기로 한 것, 위험의 이전과 소유권의 이전을 별개의 문제로 인식하여 위험이전에 관해서 따로 규정을 둔 것 등도 이들 초안에서 나타난 주요한 특징의 일단이며, 비엔나협약의 구제수단에 관한 규정 등에서 분명히 드러나는 바와 같이 일단 계약이 성립하면 가급적 계약의 내용대로 이행이 이루어지도록 하려는 계약유지의 원칙 등도 역시 이들 초안에서 그 기원을 찾을 수 있다.

2. 헤이그협약의 성립

1951년 11월에 헤이그에서 열린 국제사법회의(Hague Conference of Private International Law)는 1939년 초안을 토대로 새로운 초안을 만들기로 결의하고 전문위원회를 새로 구성하였다. 이 전문위원회는 1956년에 새로운 초안을 완성하여 이를 각국정부와 국제기구에 배포, 의견을 구하는 과정을 거쳐 1963년에 최종안을 확정하였다.

한편 1951년 회의는 계약의 성립에 관한 초안도 마련할 것을 아울러 권고하였고, 이에 따라 UNIDROIT는 1956년에 계약의 성립에 관한 초안을 작성하기 시작하여 1958년에 이를 완성하였다. 흔히 헤이그협약으로 불리는 이 두 협약, 즉 「국제물품매매에 관한 통일법협약」(Hague Convention Relating to a Uniform Law on the International Sale of Goods of 1964)과 「국제물품매매계약의 성립에 관한 통일법협약」(Hague Convention Relating to a Uniform Law on the Formation of Contracts for the International Sale of Goods of 1964)은 1964년 4월에 네덜란드의 헤이그에서 28개국의 대표들이 참석한 가운데 최종 확정되었다.

3. 비엔나협약의 성립

1965년에 제20차 유엔총회에서는 국제상거래에 관한 사법의 발전 및 법전화를 위한 연구에 대한 결의안이 채택되었다. 이 결의안에 따라 유엔 사무총장은 1966년 제21차 유엔총회에 보고서를 제출하였고, 총회는 이 보고서를 채택하여 1966년 12

월 UN국제거래법위원회(United Nations Commission on Internationl Trade Law), 즉 UNCITRAL이 탄생하였다.

1968년에 UNCITRAL 회의에서는 그때까지 겨우 3개국만이 비준한 헤이그 협약을 대체할 새로운 통일국제매매법을 제정하기로 하고 실무위원회를 구성하여 새 통일법 제정에 착수하였다. 통일국제매매법 초안은 1976년에 완성되어, 1978년에 완성된 매매계약의 성립에 관한 협약 초안과 함께 1978년 6월에 UNCITRAL 회의에 검토를 위하여 상정되었다. UNCITRAL은 이들 두 협약을 하나의 협약으로 통합하고, 이 통합된 초안을 새로운 통일매매법 초안으로 채택하였다.

새로운 통일매매법 초안은 1980년 3월 10일에 비엔나에서 개최된 외교회의(Diplomatic Conference)에서 토의를 거쳐 많은 규정이 수정·보완된 후 1980년 4월 11일, 6개 공용어로[2] 작성된 협약이 확정됨으로써 「국제물품매매계약에 관한 국제연합협약」(United Nations Convention on Contracts for the International Sale of Goods: 비엔나협약 또는 CISG)이 성립되어 1988년 1월 1일부터 발효하였고, 미국·독일·프랑스·캐나다·러시아·중국·칠레·멕시코 등을 포함해서 2014년 10월 현재 83개 국가가 가입하였다.[3] 우리나라도 2004년 2월 17일에 가입서를 UN 사무총장에게 기탁하였고,[4] 비엔나협약 제99조 제2항에 따라 동 협약은 2005년 3월 1일부로 우리나라에서 국내법으로서 발효하였다. 우리나라가 비엔나협약의 체약국이 됨으로써 이제 미국이나 중국에 영업소를 둔 당사자와 우리나라에 영업소를 둔 당사자 간에 물품거래가 있는 경우에는 비엔나협약이 우선적으로 적용될 것이기 때문에 우리나라에서 비엔나협약이 갖는 중요성은 매우 커졌다고 하겠다.

---

2) 아랍어, 영어, 러시아어, 스페인어, 중국어 및 프랑스어.

3) 주요 무역 국가 중 그동안 가입하고 있지 않았던 일본은 2008년에 가입하였고, 이에 따라 비엔나협약은 일본에서 2009년 8월 1일 발효하였다. 신창섭, "국제물품매매계약에 관한 UN협약의 적용상 몇 가지 논점에 관한 소고—서울동부지방법원 2007.11.16. 선고 2006가합6384 판결에 대한 평석," 『안암법학』 통권 제27호(안암법학회, 2009.5), 336면.

4) 비엔나협약 제89조 참조.

제2절 비엔나협약의 성격

Ⅰ. 비엔나협약의 내용

비엔나협약의 내용을 개괄해 보면, 제1편 적용범위 및 총칙(일반규정)에서 제1장 적용범위(협약 제1조 내지 제6조)와 제2장 총칙(일반규정; 협약 제7조 내지 제13조)을 두고 있고, 제2편 계약의 성립에서 계약의 성립(협약 제14조 내지 제24조)에 관하여 상세한 규정을 두고 있다.

이어서 제3편 물품매매에서는 제1장 총칙(일반규정; 협약 제25조 내지 제29조), 제2장 매도인의 의무(협약 제30조 내지 제52조), 제3장 매수인의 의무(협약 제53조 내지 제65조), 제4장 위험의 이전(협약 제66조 내지 제70조), 그리고 제5장에서는 매도인 및 매수인의 의무에 공통으로 적용되는 규정으로서 구체적으로 이행기 전 계약위반과 분할인도계약(협약 제71조 내지 제73조), 손해(협약 제74조 내지 제77조), 이자(협약 제78조), 면책(협약 제79조 내지 제80조), 계약해제의 효과(협약 제81조 내지 제84조) 및 물품의 보관(협약 제85조 내지 제88조) 등을 세부적으로 규정하고 있다.

마지막으로 제4편 최종 규정(협약 제89조 내지 제101조)에서는 비엔나협약의 가입 및 탈퇴와 비엔나협약의 일부 규정에 대한 유보 등 절차적 규정을 두고 있다.

이들 내용은 헤이그협약과 비교해 볼 때 전체적으로 합리적인 내용이 많이 규정되어 있고, 많은 분야에서 매수인에게 더욱 유리한 방향으로 개정되었는데, 이는 초안작성과정에 참여한 개발도상국들이 국제거래에서 주로 매수인의 입장에 서는 까닭에 매수인의 권리를 강화하기 위하여 많은 노력을 한 결과이다.

Ⅱ. 비엔나협약의 특징

비엔나협약은 헤이그협약에 비하여 실용적이고 유연한 태도를 취하고 있는데, 이는 기본적으로 국제거래의 원활한 움직임에 도움이 되어야 한다는 비엔나협약의 이념에 기인한 것이다. 또한 미국 등이 초안 작성에 적극적으로 참여함으로써 성문법 규정에 있어서도 구체적으로 규정하기를 선호하는 영미법적인 요소가 많이 가미된 데도 그 이유가 있다.

1. 적용범위

비엔나협약은 국제물품매매, 즉 영업소가 다른 국가에 소재하는 당사자 간의 물품매매계약을 그 적용대상으로 한다(협약 제1조). 이처럼 적용범위를 국제물품매매에 한정한 이유는 통일법의 필요가 가장 시급한 분야가 바로 국제물품매매분야였고, 국내물품매매까지 그 적용대상으로 하는 경우에는 다수의 국가들의 지지를 얻기가 어려웠기 때문이었다.

2. 해석상의 원칙

비엔나협약은 각국의 매매법의 비통일성을 극복하기 위해서 제정된 것이다. 통일매매법이 있다고 할지라도 각국 법원이 이를 달리 해석한다면 통일매매법의 취지는 심각하게 훼손될 것이다. 이러한 이유에서 비엔나협약은 그것이 각국 법원에서 서로 다른 내용으로 해석되는 것을 막기 위해서 다양한 배려를 하고 있다. 우선 기본원칙으로서 비엔나협약은 동 협약의 해석에 있어서 그 국제적 성격 및 적용상의 통일을 증진할 필요를 고려해야 한다고 하고 있다(협약 제7조 제1항). 또한 비엔나협약에 의하여 규율될 사항에 관해서 비엔나협약이 명시적 규정을 두고 있지 않은 경우에 먼저 동 협약이 기초하고 있는 일반원칙에 따라 해결하여야 하고, 그러한 원칙이 없는 경우에 비로소 국제사법 규칙에 의하여 적용될 법에 따라 해결할 것을 규정하고 있다(협약 제7조 제2항).

둘째, 비엔나협약은 국제조약의 성격상 그 개정이 쉽지 않은 점을 고려하여 규정의 해석을 통해서 상황의 변화를 수용할 수 있는 여지를 남겨 두고 있다. 이러한 점은 비엔나협약이 당사자 간 합의가 동 협약의 규정에 우선함을 명시함으로써(협약 제6조) 당사자들이 변화하고 있는 상황에 스스로 대처할 수 있도록 한 데서도 볼 수 있다.

셋째, 비엔나협약은 계약에 명시적인 규정이 없는 경우에는 당사자들이 합의한 관행과 그들 간에 확립된 관례의 적용을 받는다고 하고 있다(협약 제9조 제1항). 나아가 당사자들은 국제거래상 널리 알려지고 일반적으로 준수되고 있는 관행이 그들 간의 계약에 적용되는 데 묵시적으로 합의한 것으로 볼 수 있도록 하고(협약 제9조 제2항), 비엔나협약의 해석에 있어서 국제거래상 신의의 준수를 증진할 필요를 고려하게 되어 있는 점(협약 제7조 제1항)도 비엔나협약이 상황변화에 따라 유연하게 해석되는 것을 가능하게 한다.

3. 계약의 성립

비엔나협약은 계약의 성립에 관해서 상세한 규정을 두고 있다. 이들 규정은 대체로 계약법상 일반원칙을 충실히 반영하고 있기 때문에 이해하는 데 별다른 어려움을 야기하지는 않으나, 영미법계에서 철회불능인 청약이 유효하기 위해서는 약인(consideration)이 요구되는 데 대하여 비엔나협약은 청약자의 명시 또는 묵시의 의사표시만으로 충분하다고 함으로써(협약 제16조 제2항 나호) 약인의 존부에 관한 분쟁의 소지를 없앤 점이 특기할 만하다.

4. 계약위반시 구제수단

비엔나협약은 계약위반의 유형을 기준으로 허용되는 구제수단을 정하는 대신에 계약위반이 매도인에 의한 것인지 아니면 매수인에 의한 것인지에 따라 구제수단을 규정하였다(협약 제45조 및 제61조).

대륙법계 계약법에서 채무불이행으로 인해서 손해배상책임이 존재하기 위해서는 채무자의 고의 또는 과실이 요구되지만(우리나라 민법 제390조 참조), 비엔나협약은 피해당사자가 위반당사자에게 책임을 묻기 위한 요건으로 의무의 위반이 위반당사자의 고의나 과실에 의할 것을 요구하지 않는다(협약 제45조 및 제61조 참조).[5)]

5. 계약해제의 제한

일단 체결된 계약의 해제를 허용할 것인지 여부에 관한 문제는 국제매매에서 매우 중요한 의미를 갖는다. 격지자 간의 물품운송에는 많은 비용이 초래되고, 또한 외국에서 수령이 거절된 물품을 처분하는 것은 간단한 일이 아니기 때문이다.

비엔나협약은 계약의 해제를 가급적 제한한다. 즉 비엔나협약은 계약의 본질에 이르지 않는 위반을 치유할 수 있는 권리를 광범위하게 인정하고(협약 제34조, 제37조 및 제48조), 또한 매도인이나 매수인의 의무불이행이 본질적 계약위반에 해당하는 경우에 한하여 계약의 해제를 허용한다(협약 제25조, 제49조 및 제64조).

6. 멸실위험의 분배

비엔나협약의 위험분배에 관한 규정은 위험을 보다 잘 처리할 수 있는 당사자에게 위험을 부담시킨다는 원칙을 채택하고 있다(협약 제67조 내지 제69조 참조).

---

5) 다만 불가항력으로 인하여 의무를 위반한 당사자는 손해배상책임만을 면하도록 하고 있다(협약 제79조).

제3절 비엔나협약의 적용범위

비엔나협약은 국제물품매매를 규율하지만, 모든 국제물품매매에 적용되는 것은 아니다. 비엔나협약은 그 적용범위를 일정한 형태의 매매로 제한하고 있는데, 우선 협약은 영업소가 다른 국가에 소재하는 당사자들 사이의 계약에 적용된다고 규정하고 있다(협약 제1조). 즉 비엔나협약은 협약이 적용되는 국제물품매매가 되기 위해서는 매매거래 당사자의 영업소가 서로 다른 국가에 소재하면 그로써 충분하고, 계약 당사자의 국적이 서로 달라야 한다든가 문제의 계약이 국경간(cross-border) 체결되어야 한다거나 물품의 인도가 한 국가에서 다른 국가로 있어야 한다거나 하는 등의 다른 국제성의 표지가 요구되지 않음을 분명히 하고 있다.[6] 이러한 사실은 당사자의 국적이나 상인성 또는 적용 대상 계약의 상사성 등이 비엔나협약의 적용가능성의 판단과 관련하여 고려되지 않는다고 한 협약 제1조 제3항의 규정에 의해서 더욱 분명히 표현되고 있다.

비엔나협약은 궁극적으로 체약국에 대해서만 효력을 갖는 조약이다. 이러한 이유로 협약은 위의 국제성 요건을 충족한 때에도 당사자의 영업소가 모두 체약국 내에 있거나, 법정지국의 국제사법 규칙(규정)에 의하여 체약국의 법이 적용되는 경우로 그 적용범위를 한정하고 있다(협약 제1조 제1항).

비엔나협약의 적용범위에 관한 규정인 협약 제1조의 규정에도 불구하고, 협약이 합의에 의한 적용을 명시적으로 금지하고 있지는 않기 때문에 원칙적으로 협약이 적용되지 않는 계약이라고 할지라도 당사자들이 협약을 당해 거래에 적용하기로 합의하는 경우에는 그 적용이 가능할 것이다.

Ⅰ. 비엔나협약의 직접적용

비엔나협약 제1조 제1항은 협약이 직접적으로 적용되기 위해서는 적용대상인 계약이 물품의 매매계약이고, 당사자가 상이한 국가에 영업소 또는 상거소를 두고 있고, 국제성에 대한 인식가능성이 있으며, 당사자의 본거지가 있는 국가가

---

6) 비엔나협약의 적용범위에 관해서 상세한 것은 신창섭, "국제물품매매계약에 관한 UN협약의 적용범위에 관한 미국 판례의 동향," 『하촌 정동윤 선생 화갑기념논집－21세기 상사법의 전개』 (법문사, 1999) 참조.

체약국이어야 한다고 규정하고 있다. 이때 비엔나협약의 배제에 관해서 당사자 간 합의가 없어야 하는 것은 물론이다(협약 제6조).

1. 물품의 매매계약일 것

근본적으로 비엔나협약이 적용되는 계약은 "매매계약(contracts of sale)"이다. 비엔나협약은 매매계약에 대한 정의를 두고 있지 않으나, 매도인과 매수인의 의무를 규정하고 있는 협약의 규정들을 살펴볼 때, 매매계약은 매도인이 물품을 인도하고, 필요한 경우에 물품과 관련한 서류를 인도하며, 물품에 대한 소유권을 이전할 의무를 부담하는 데 대하여 매수인은 물품에 대한 가격을 지급하고, 계약이 요구하는 방식으로 협력할 의무를 부담하는 계약이라고 정의할 수 있을 것이다. 따라서 물품교환계약(barter contracts) 등은 비엔나협약의 적용대상이 되지 않는다.

또한 비엔나협약이 적용되는 매매계약은 "물품(goods)"의 매매계약이다. 비엔나협약의 입법취지를 고려할 때, 물품의 개념은 상사매매계약의 목적을 구성하는 모든 목적물을 포함하도록 가장 넓게 이해되어야 할 것이다. 따라서 콤팩트디스크(Compact Disk: CD) 등 유형의 매체에 화체된 컴퓨터 프로그램(소프트웨어)도 비엔나협약이 적용되는 물품으로 이해되어야 할 것이다.[7] 그러나 유형의 매체에 고착되지 않은 노하우(know-how)의 매매는 그것이 물품의 개념과 아무런 관련을 갖지 않기 때문에 비엔나협약이 적용되는 형태의 매매라고 할 수 없을 것이다. 비엔나협약이 적용되는 물품은 언제나 움직일 수 있는 것, 즉 동산이어야 한다. 이러한 물품의 이동성 또는 동산성은 농작물의 경우와 같이 매매의 결과로서 갖추게 되거나 또는 인도 당시에 갖추는 것으로 충분하다.

[관련외국판례] 독일 11/7/1996 Unilex 6 U 152/95

당사자 간에 독점판매권계약이 체결되어 이에 기하여 물품이 여러 차례 인도된 경우 위 계약에서 대리가 주된 요소라면 협약은 이에는 적용되지 않고 그 계약에 기하여 체결된 개개의 매매계약에 대하여는 적용된다. 따라서 매도인의 매매대금지급청구에 대하여는 협약이 적용되나, 매도인의 독점판매권계약 위반에 대한 매수인의 손해배상청구에 대하여는 협약이 적용되지 않는다.

---

7) 비엔나협약의 소프트웨어거래에의 적용가능성에 관해서 상세한 것은 신창섭, "국제물품매매계약에 관한 UN협약의 국제 소프트웨어거래에의 적용가능성에 관한 연구," 『지적소유권법연구』 제2집(지적소유권학회, 1998) 참조.

2. 영업소가 상이한 국가에 소재할 것

비엔나협약이 적용되기 위해서는 우선 계약당사자가 상이한 국가에 영업소(place of business)를 가지고 있거나 또는 영업소를 갖고 있지 않은 경우에는 그 상거소(habitual residence)를 가지고 있어야 한다(협약 제1조 제1항 본문 및 제10조 나호). 이때 계약당사자의 국적 등은 묻지 않는다. 이때 영업소가 당사자의 영업활동의 중심지일 것은 요구되지 않으며, 비엔나협약 제10조의 취지를 고려할 때 당사자가 거래를 위해 문제의 장소를 사용하고 있고, 그 장소가 일정한 정도의 영속성 및 독립성을 갖고 있다면 그 장소는 당사자의 영업소로 보아야 할 것이다.

한 당사자가 둘 이상의 영업소를 가지는 경우에 비엔나협약이 적용되기 위한 전제로서 상이한 국가에 영업소가 있는지 여부를 판단하기 위한 기준이 되는 영업소는 당사자의 주영업소가 아닌, 계약의 체결시 또는 그 이전에 당사자들이 알았거나 또는 그들이 예기(contemplate)한 상황을 고려하여 계약 및 그 이행과 가장 밀접한 관련을 갖는 영업소로 한다(협약 제10조 가호).

[관련외국판례] 독일 28/2/2000; Unilex 5 U 118/99

매도인 독일 회사와 스페인 매수인 간의 이 사건에서 매수인은 계약 협상과정에 스페인 주식회사가 개입되었으므로 그 주식회사가 실제 계약 당사자인 매도인이라고 주장한 반면 매도인은 위 주식회사는 계약을 체결할 권한이 없는 상사대리인에 불과하다고 주장하였는바, 협약 제8조 제1항 및 제3항에 따라 당사자의 진술과 행위를 해석하고 가격과 같은 계약의 주요 조건이 독일 회사와 매수인 간에 직접 협상된 사실을 고려할 때 독일 회사가 매도인이므로 협약 제1조 제1항 가호에 의하여 이 사건에 협약이 적용된다. 더욱이 영업소라 함은 영업이 실제로 상당히 이루어져서 어느 정도의 영속성과 독립적인 권한을 가지고 있는 장소를 의미하는데, 위 주식회사는 독일 회사를 대신하여 계약을 체결할 권한이 없어 영업소로서의 요건을 갖추지 못하였다.

당사자가 상이한 국가에 영업소 또는 상거소를 가지는 경우라고 할지라도 비엔나협약이 적용되기 위해서는 이들 당사자의 영업소가 소재하는 국가가 모두 비엔나협약의 체약국이어야 한다(협약 제1조 제1항 가호). 당사자의 영업소가 소재하는 이들 국가가 체약국이어야 하는 시점에 관해서는 계약의 성립에 관한 때에는 계약청약 시점에 당사국이 체약국인 것으로 충분하지만(협약 제100조 제1항), 매매의 효력에 관한 때에는 계약체결 시점에 당사국이 체약국이어야 한다(협약 제100조 제2항).

3. 당사자 간에 계약의 국제성에 대한 인식가능성이 있을 것

비엔나협약이 적용되기 위해서는 당사자가 상이한 국가에 영업소를 가지고 있다는 사실만으로는 충분하지 아니하고, 당사자들이 다른 국가에 영업소를 갖고 있다는 사실이 당해 계약으로부터 또는 계약체결 전이나 그 체결시에 당사자 간의 거래관계 또는 당사자가 제시한 정보로부터 드러나야 한다(협약 제1조 제2항). 이는 계약당사자들이 상이한 국가에 영업소를 가지고 있어서 당해 계약이 국제물품매매계약이라는 사실을 당사자들이 모두 알거나 알 수 있었을 때 비로소 비엔나협약이 그 국제물품매매계약에 적용되도록 하는 것이 당사자들의 기대에 반하지 않을 것이기 때문이다.

비엔나협약 제1조 제2항이 정한 국제성의 표지의 예로서는 외국의 주소지로 물품이 인도되거나 외국어로 계약서가 작성된 사실 등을 들 수 있을 것이다. 또한 당사자 간에 계약체결과정에서 교환된 서신이나 계약문언 자체로부터 국제성을 추단할 수 있는 경우도 있을 것이다.

비엔나협약 제1조 제2항에서 영업소가 상이한 국가에 소재한다는 사실이 드러난다(appear)는 의미는, 위의 상이성이 외형상 분명히 나타나야 한다는(discernable) 의미로 해석되기보다는 감춰지지 않았어야 한다는(not concealed) 의미로 해석되어야 한다는 주장이 있다.[8] 이 주장에 따르면 국제성의 인식가능성에 대한 증명책임은 영업소가 상이한 국가에 소재한다는 사실을 인식하지 못하였음을 주장하는 당사자가 부담해야 할 것이다.

II. 비엔나협약의 간접적용

비엔나협약은 당사국이 체약국이 아니라고 할지라도 일정한 경우에는 동 협약이 적용될 수 있도록 하고 있다. 즉 계약의 당사자가 상이한 국가에 영업소를 가지는 경우로서 당해 국가가 비체약국인 때에도 법정지국의 국제사법의 규칙에 의하여 체약국의 법이 준거법이 되는 경우에는 비엔나협약이 적용된다(협약 제1조 제1항 나호). 주의할 것은 이 규정은 직접적용의 경우에서 당사자의 영업소가 소재하고 있는 국가가 모두 체약국이어야 한다는 요건만을 완화하는 것일 뿐, 문제의 계약의 물품매매계약성, 영업소의 상이한 국가에의 소재 및 당사자에게 국제성에 대한 인

8) *Commentary on the UN Convention on the International Sale of Goods* (*ed.* Peter Schlechtriem, *trans.* Geoffrey Thomas, 2d ed., 1998, Clarendon Press), p.28.

식가능성의 존재 등의 요건 등은 비엔나협약의 적용을 위해서 여전히 요구하고 있다는 점이다.

국제사법에서 당사자자치의 원칙은 중요한 원칙 중의 하나이다.[9] 따라서 비엔나협약의 간접적용이 인정되는 결과, 거래당사자가 비엔나협약의 체약국의 법을 적용하기로 합의한 때에도 비엔나협약이 적용될 수 있을 것이다.[10]

한편 비엔나협약은 체약국이 비준서, 수락서, 승인서 또는 가입서 등을 기탁할 때에 동 협약 제1조 제1항 나호의 규정에 구속되지 않는다는 취지의 선언을 할 수 있도록 허용함으로써 비체약국과의 거래에서는 비엔나협약의 적용을 배제할 수 있도록 허용한다(협약 제95조).[11]

각국의 국제사법이 계약의 성립과 계약의 이행에 관해서 서로 다른 국가의 법을 준거법으로 지정하는 경우가 많은데, 이러한 경우에 국제사법에 따라 비엔나협약이 적용되도록 하는 것은 동일한 계약에 관한 분쟁이 그 성립에 관한 것인지 또는 그 이행에 관한 것인지에 따라 협약이 적용되거나 적용되지 않는 등의 혼란이 야기될 수 있다. 이러한 사정을 고려하여, 비엔나협약은 체약국으로 하여금 제95조의 유보를 통해서 간접적용을 해제할 수 있도록 한 것이다.

[관련외국판례] 미국 29/1/2003; Unilex 01 C 5938

당사자 간의 매매계약에 포함된 준거법 선택 조항이 일방 당사자 국가(캐나다 온타리오주)의 법을 준거법으로 지정하고 있다고 하더라도 이것이 위 매매계약에 협약의 적용을 배제하는 것은 아니며 국제매매에 관한 캐나다의 실질법 체계의 일부를 구성하는 협약이 위 매매계약에 적용된다.

[관련외국판례] 프랑스 26/4/1995; Unilex RG 93/4879

당사자 간에 중고 옷걸이의 매매 및 해체작업을 하는 계약을 체결한 경우, 매도인 국가의 국제사법에 따르면 체약국인 같은 국가의 법이 적용되므로(협약 제1조 제1항 나호) 위 계약에 대하여 협약이 적용되고, 매도인에 의한 옷걸이의 해체가 매도인의 의무의 주된 부분이 아니므로(이 부분에 대한 비용은 전체 계약가격의 약 25%임) 협약 제3조 제2

9) 예를 들어 우리나라 국제사법 제25조는 계약의 준거법에 있어서 당사자자치의 원칙을 광범위하게 인정하고 있다. 신창섭, 『국제사법』(제34판, 세창출판사, 20158), 22538-23043면.

10) CLOUT case No.238 [Oberster Gerichtshof, Austria, 12 February 1998].
비엔나협약의 간접적용에 관하여 상세한 것은 신창섭, "국제물품매매계약에 관한 UN협약의 적용범위—국제사법규정에 의한 국제물품매매계약에 관한 UN협약의 적용에 관한 이탈리아 사건의 판례평석," 『국제거래법연구』 제7집(국제거래법학회, 1998.11) 참조.

11) 예를 들어 미국과 중국은 비엔나협약 가입시에 비엔나협약 제95조의 유보를 하였다.

항에 따라 위 계약은 매매계약으로 볼 수 있다.

비엔나협약 제95조의 유보를 한 체약국의 법원은 매매계약의 당사자가 서로 다른 체약국에 영업소를 둔 때에만 비엔나협약을 적용해야 한다. 따라서 법원은 자국에 영업소를 둔 당사자와 비체약국에 영업소를 둔 당사자 간의 계약에 적용될 준거법을 정함에 있어서 자국의 국제사법에 따라 자국의 법이 준거법으로 된 때에는 비엔나협약이 아닌 국내 매매법을 적용해야 한다. 그러나 자국의 국제사법이 제95조 유보를 하지 않은 체약국의 법을 준거법으로 지정한 때에는 여전히 비엔나협약이 적용되어야 할 것이다.

다른 한편 법정지국의 국제사법에 따라 비엔나협약 제95조 유보를 한 체약국의 법이 당해 국제거래의 준거법으로 지정된 때에 문제의 계약이 체약국에 영업소를 둔 당사자와 비체약국에 영업소를 둔 당사자 간에 체결되었거나 또는 비체약국에 영업소를 둔 당사자들 간에 체결된 경우에는 비엔나협약이 적용되는 대신 그 유보 체약국의 매매에 관한 국내법이 적용되어야 한다. 그러나 문제의 계약이 체약국에 영업소를 둔 당사자들 간에 체결된 것이라면, 비엔나협약은 여전히 적용되어야 할 것이다. 왜냐하면 제95조 유보의 취지는 체약국에 영업소를 둔 당사자와 비체약국에 영업소를 둔 당사자 간에 체결되었거나 또는 비체약국에 영업소를 둔 당사자들 간에 체결된 경우라면, 국제사법의 적용을 통해 제95조 유보를 한 체약국의 법이 지정되었다고 해도 비엔나협약이 적용되지는 않도록 함으로써 비엔나협약의 적용 범위가 과도하게 확장되는 것을 제한하자는 데 있는 것이기 때문이다.

III. 비엔나협약의 적용배제

비엔나협약의 적용범위에 관한 규정은 인적, 지역적, 시간적 및 물적 적용범위로 구분할 수 있다. 우선 인적 적용범위를 살펴보면 상이한 국가 내에 영업소를 두는 두 당사자 간의 물품매매계약일 것이 요구될 뿐(협약 제1조 제1항), 당사자의 국적이나 상인 · 비상인 여부는 이를 묻지 않는다(협약 제1조 제3항).

비엔나협약의 지역적 적용범위에 관해서는 당사자의 영업소가 상이한 국가 내에 있어야 한다(협약 제1조 제1항).

비엔나협약의 시간적 적용범위에 관해서는 협약 제99조는 동 협약이 10번째 국가의 비준서, 수락서, 승인서 또는 가입서의 기탁일로부터 12개월이 지난 다음 달 1일에 발효한다고 규정하고 있는바, 이 규정에 따라 비엔나협약은 1988년 1월 1일부터 발효하였다(협약 제99조 제1항). 또한 비엔나협약은 협약이 체약국에 적용이 개시되는 시점에 관해서 10번째 국가의 비준서, 수락서, 승인서 또는 가입서의 기탁이 있은 후에 협약을 비준 · 수락 · 승인 또는 가입하는 국가에 대해서는 기탁일로부터 12개월이 경과한 다음 달 1일에 발효한다고 규정하고 있다(협약 제99조 제2항).

비엔나협약의 물적 적용범위에 관해서는 적용이 배제되는 매매의 대상이 되는 물품이나 거래형태를 열거하는 방법으로 협약 제2조 내지 제5조에서 규정하고 있는바, 이하에서 상세히 다루기로 한다.

1. 소비자의 구입

비상용(非商用)의 구입, 즉 개인용 · 가족용 또는 가정용으로 구입한 물품 등 소비자매매에 대해서는 비엔나협약이 적용되지 않는다(협약 제2조 가호). 따라서 비엔나협약은 실질적으로 상사매매의 성질을 갖는 매매를 그 적용대상으로 한다. 주의할 것은 이것이 비엔나협약의 적용대상이 되는 매매계약이 법적으로 상사매매의 성질을 가질 것을 요구하는 것으로 해석되어서는 안 된다는 점이다(협약 제1조 제3항 참조). 왜냐하면 비엔나협약 제1조 제3항은 비엔나협약의 적용대상이 되는 매매계약이 상인의 매매계약이나 상사매매에 국한되지 않음을 분명히 밝히고 있기 때문이다. 따라서 이때 비상용성은 거래의 법적 성질이 아닌, 실제적 성질을 고려해서 판단되어야 한다. 한편 비엔나협약의 적용이 배제되기 위한 요건으로서 비상용성은 문제의 매매 전체에 해당되어야 한다. 따라서 매매의 일부가 비상용의 목적으로 이루어진 데 불과한 때에는 비엔나협약의 적용이 배제되지 않는다.

소비자가 해외에서 직접 구입하는 경우는 그다지 많지 않고 또한 일반적으로 각 국가는 자국의 소비자를 보호하기 위해서 소비자보호법과 같은 특별법을 두고 있는바, 이 규정은 비엔나협약이 공공목적을 갖고 있어서 강행법규적 성질을 갖는 이들 국내법과 충돌하는 경우를 피하기 위한 것이다.

문제의 물품매매가 비상용의 목적으로 이루어진 때에도 매도인이 계약의 체결시 또는 그 이전에 물품이 그런 용도로 매수된다는 사실을 알지 못하였거나 또는 알았어야 했던 것이 아닌 경우에는 비엔나협약이 적용된다(협약 제2조 가호 단서). 이때 "알았어야 했던 것이 아닌 경우"라 함은 결국 알지 못한 데 중과실(gross negligence)이 없는 경우를 의미한다.[12] 매수인은 비엔나협약의 적용배제를 원하는 경우에 개인적 용도로 물품을 구입하고자 하는 의사를 갖고 있었음을 증명해야 하고, 매도인은 비엔나협약의 적용을 원하는 경우에 매수인의 그러한 의사를 알지 못했거나 알지 못한 데 중대한 과실이 없었음을 증명해야 한다.13)

2. 경매, 강제집행, 그 밖의 법령에 의한 매매 및 주식, 지분, 투자증권, 유통증권 또는 통화의 매매

비엔나협약은 경매, 강제집행, 그 밖의 법령에 의한 매매에는 적용되지 않는다(협약 제2조 나호 및 다호). 이러한 형식의 매매는 비엔나협약이 그 적용을 예정하고 있는 통상적인 거래방법에 의한 물품매매라고 할 수 없고, 따라서 이러한 특별한 형식의 매매가 이루어지는 체약국의 국내법이 적용되도록 하는 것이 오히려 바람직하기 때문이다.

또한 주식, 지분, 투자증권, 유통증권 또는 통화의 매매에도 비엔나협약은 적용되지 않는다(협약 제2조 라호). 이들 유가증권의 매매에 대해서는 대부분의 국가에서 특별법을 통해서 별도의 규제를 하고 있는 까닭이다. 그러나 CIF조건의 매매계약과 같이 물품에 대한 권리의 인도가 선하증권 등 권리증권의 인도로써 이루어지는 거래라 할지라도 그 본질에 있어서 물품매매계약인 거래에는 비엔나협약이 그대로 적용된다.

3. 선박, 소선, 부선 및 항공기의 매매

비엔나협약은 선박(ships), 소선(vessels), 부선(hovercraft) 및 항공기의 매매에 적용되지 않는다(협약 제2조 마호). 이는 선박, 소선, 부선 및 항공기 등은 각 체약국이 선박법이나 항공법 등과 같은 강행법적 성질을 갖는 특별법을 통해서 등기 또는 등록 등 따라야 할 절차를 별도로 규정하는 경우가 많을 뿐 아니라, 그 거래의 범위 또는 법적 성질 등에 대해서도 서로 다르게 규정하고 있는 경우가 많기 때문이다. 이때 선박, 소선 또는 부선에 요트나 노도선과 같은 소규모의 선박까지 포함되는지에 대해서는 이론이 있으나 비엔나협약 제7조 제1항이 추구하는 바의 비엔나협약의 적용의 통일성을 제고한다는 관점에서 긍정해야 할 것이다.14)

---

12) Schlechtriem, *supra* note 8, p.32.

13) *Ibid.*, p.33; John O. Honnold, *Uniform Law for International Sales under the 1980 United Nations Convention* (3rd ed., 1999, Kluwer Law International), p.47.

14) Honnold, *Ibid.*, p.54.

4. 전기의 매매

비엔나협약은 전기(electricity)의 매매에는 적용되지 않는다(협약 제2조 바호). 이는 각 체약국이 자국의 산업정책상 전기의 공급을 특별법을 통해서 규제하는 경우가 많기 때문이다. 그러나 전기의 공급에 관한 거래는 적용법규의 논의가 필요 없을 정도로 상세히 계약에서 그 내용을 정하는 것이 일반적이기 때문에 비엔나협약이 전기의 매매에 적용되지 않는다는 사실은 실제에 있어서 큰 의미를 갖지 않는다.

5. 주문생산계약 및 서비스매매

비엔나협약은 물품을 제조 또는 생산하여 공급하는 계약은 이를 매매로 보기 때문에 이들 계약에도 협약은 적용된다(협약 제3조 제1항 본문). 그러나 비엔나협약은 동시에 그러한 물품을 주문한 당사자가 그 제조 또는 생산에 필요한 재료의 중요한 부분(substantial part)을 공급하는 경우에는 협약이 적용되지 않는다고 규정하고 있다(협약 제3조 제1항 단서). 구체적으로 매수인이 공급한 부분이 "중요한 부분"을 구성하는지 여부는 근본적으로 수량적 가치를 기준으로 판단하기보다는 매수인의 재료 제공으로 말미암아 문제의 계약이 물품매매계약의 성질보다 도급계약과 같은 다른 계약의 성질을 더 갖게 되는지의 질적 가치를 기준으로 판단하여야 할 것이다. 이 규정은 매수인이 재료의 중요한 부분을 공급하는 때에는 그와 함께 물품 제작에 필요한 사양을 제공하는 경우가 대부분일 것이고, 그러한 경우에 물품매매계약의 성질보다는 물품의 제작을 내용으로 하는 도급계약의 성질이 보다 중요한 의미를 갖는 것으로 판단해서 비엔나협약의 적용을 배제한 것이다. 물론 이때에도 매수인이 제공한 재료의 가치와 매도인이 물품 제작을 통해서 재료에 부가한 가치를 비교하는 것은 매수인이 제공한 재료가 중요한 부분을 구성하는지 여부를 판단하는데 중요한 기준이 될 것이다.15)

주문생산계약에서 중요한 부분이나 서비스매매에서 주된 부분의 구성 여부의 증명책임은 비엔나협약의 적용배제를 주장하는 자가 부담한다.

---

15) 이 경우에도 수량적 비교를 해야 한다는 입장으로는 CLOUT case No.164 [Arbitration-Arbitration Court attached to the Hungarian Chamber of Commerce and Industry, Hungary, 5 December 1995]. 예를 들어 Honnold 교수는 경우에 따라서는 매수인이 제공한 부분이 전체 가치의 15% 이상에 이른다면 일응 중요한 부분을 구성하는 것으로 판단하는 것이 가능할 것이라고 한다. Honnold, *ibid.*, p.57.

[관련외국중재판정] 5/12/1995; Unilex VB/94131

매수인이 공급한 재료의 가액이 생산될 물품의 총 가액의 약 10%에 해당하는바, 매수인이 공급한 재료가 이 사건 물품의 생산에 필요한 재료의 상당한 부분에 이르지 않으므로 이 사건 계약은 협약의 적용 대상인 매매계약에 해당한다.

비엔나협약은 물품을 제공하는 당사자의 의무의 주된 부분(preponderant part)이 노무 그 밖의 서비스의 공급에 있는 계약에 대해서도 적용되지 않는다(협약 제3조 제2항). 이 규정은 설비건설과 같이 제공되는 노무 그 밖의 서비스의 가치가 공급되는 물품의 가치보다 큰 경우를 예정하고 있다. 한 계약 내에 매매계약의 성질과 서비스공급계약의 성질이 공존하는 경우에 이들 각 계약 부분이 전체 계약에서 차지하는 가치를 판단하는 것은 비교적 용이하다. 따라서 기준이 되는 개념인 "주된 부분"은 가치와 관련이 있는 개념으로[16] 노무 그 밖의 서비스의 가치가 물품을 제공하는 당사자의 의무가 갖는 가치의 50% 이상에 이를 때 주된 부분의 요건을 충족한 것으로 볼 것이다.[17]

[관련외국판례] 덴마크 4/12/2000; Unilex B-1145-00

독일의 매수인은 덴마크의 매도인으로부터 증기기계설비를 임차하고 3월의 임대차기간이 종료되면 할인된 가격으로 이를 매수하는 계약을 체결하였다. 또한 위 설비와 함께 사용할 물품과 다른 목적으로 사용될 물품의 매매계약도 체결하였다. 이 경우 매도인의 이행 중 일부는 위 설비와 무관한 것이므로 당사자 간의 법률관계는 수개의 독립된 계약으로부터 파생된다. 물품의 매매로부터 파생된 법률관계에 대하여는 덴마크와 독일이 체약국이므로 협약이 적용된다. 위 설비의 임대차계약에 대하여는 협약이 적용되지 아니한다.

6. 계약의 효력 및 소유권의 이전

비엔나협약은 국제물품매매계약의 전 영역을 규율할 것을 의도하고 있지 않다. 즉 비엔나협약은 매매계약의 성립 및 그 계약으로부터 발생하는 매도인과 매수인의 권리의무만을 규율한다(협약 제4조). 특히 비엔나협약이 달리 명시적인 규정을 두고 있는 경우 외에는 동 협약의 규정은 계약, 그 조항 또는 관행의 유효성에 대

16) CLOUT case No.327 [Kantonsgericht des Kantons Zug, Switzerland, 25 February 1999].

17) 비엔나협약의 서비스거래에의 적용가능성에 관하여 상세한 것은 신창섭, "국제물품매매계약에 관한 UN협약의 서비스거래에의 적용가능성에 관한 연구," 『경영법률』 제11집(한국경영법률학회, 2000.12) 참조.

해서 적용되지 않는다(협약 제4조 가호). 예를 들어 계약체결능력결여, 착오, 사기, 강박 또는 공서위반 등의 이유로 일단 체결된 매매계약이 무효 또는 취소의 대상이 되는지에 관한 문제는 비엔나협약이 아니라 법정지의 국제사법에 의해서 정해지는 준거법인 국내법에 따른다.

관행의 유효성과 관련하여 주의할 것은 이 규정에 따라 특정 거래계에서 통용되는 관행의 유효성에 관한 문제에 대해서는 비엔나협약이 적용되지 않고 체약국의 국내법에 따라 정해지지만, 그 유효성에 다툼이 없는 관행이 매매거래 당사자를 구속한다든지 또는 당해 매매계약의 해석에 적용된다든지 하는 등 계약해석과 관행간의 관계에 대해서는 여전히 비엔나협약이 적용된다는 점이다(협약 제9조).

또한 비엔나협약은 매매된 물품의 소유권에 대해 계약이 미치는 효력에 대해서도 적용되지 않는다(협약 제4조 나호). 따라서 계약이 유효하게 체결된 경우에 그에 따른 물품의 소유권 이전시기나 방법 또는 소유권의 구체적 내용 등에 관한 문제에 대해서도 비엔나협약은 적용되지 않는다.

[관련외국판례] 오스트리아 25/6/1998; Unilex 8 Ob 364/97 f

매매계약에 대하여는 협약이 적용되지만, 채무인수와 소멸시효에 관한 문제에는 협약이 적용되지 않고 대신 적용되는 국내법에 의하여 해결되어야 한다. 특히, 매수인이 물품에 하자가 있음을 이유로 계약을 해제하거나 대금을 감액할 수 있는 권리가 시효소멸하였는지를 결정하는 데에도 국내법이 적용된다.

[관련외국판례] 미국 28/3/2002; Unilex No. 02 C 0540

매매계약이 소유권유보조항을 포함하고 있고 매수인이 제3자 은행으로부터 매수자금을 융통받음에 있어 은행은 매수인 국가의 국내법에 따라 물품에 대하여 담보권을 유효하게 취득하였다. 매도인은 소유권유보조항에 따라 물품의 반환을 요구하였다. 협약 제4조 나호에 의하여 협약은 매매된 물품의 소유권에 대한 계약의 효력은 규율하지 않는다. 협약은 물품의 소유권에 관한 다툼에 대하여는 적용되지 않고 매수인과 매도인의 의무에 대하여 적용된다. 소유권유보조항의 효력을 판단하기 위하여는 국내법에 의하여야 한다. 다만 그러함에 있어서 협약 제7조 제1항에 따라 협약의 국제적 성격을 고려하여야 하고 협약을 적용함에 있어서 통일성이 유지되도록 하여야 할 것이다. 소유권유보조항에 대하여 국제사법 규칙에 의하여 매수인 국가의 법이 적용된다. 이에 의하면 소유권유보조항은 매도인에게 물품에 대한 담보이익을 유보하는 것에 불과하다. 매수인 국가의 법에 의하면 매도인은 담보이익을 가지는 데 불과하고 담보권을 유효하게 취득하지 못하였고 따라서 은행의 담보권에 우선하지 못한다. 매도인은 물품을 반환받을 수 있는 권리를 가지고 있지 않다.

[관련외국판례] 오스트리아 18/6/1997; Unilex 3 Ob 512/96

갑이 을에게 물품을 주문하였고 병이 물품을 인도하였는바, 병은 갑에게 을이 자신의 대리인으로 행동한 것이니 자신에게 대금을 지급하라고 주장한 데 대하여 갑은 을에게 대금을 이미 지급하였고 자신과 병 사이에는 계약이 체결되지 않았다고 주장한다. 청약자가 상대방이 제3자의 대리인으로 행동하는 것을 알았거나 알 수 있었을 때에는 청약은 제3자 본인에게 도달된 것으로 보아야 할 것이다. 따라서 준거법인 국내법에 따라 을이 본인의 이름으로 행동하는 대리인인지 여부 및 이 사건에 있어서 갑이 이러한 사실을 알았거나 알 수 있었는지 여부를 심리하여야 할 것이다.

[관련외국판례] 오스트리아 22/10/2001; Unilex Ob 77/01g

당사자 간에 매매계약이 체결되었고 제3자가 매도인과의 거래에서 발생한 채권을 매수인에게 이전하였으며 매수인은 이를 가지고 매도인의 대금지급청구에 대하여 상계를 주장한다. 협약 제4조에 따라 협약의 적용 범위를 검토하건대 협약의 규정에 의하여 규율되지 않는 청구권을 가지고 주장된 상계의 유효성의 문제는 본 청구권에 적용될 준거법인 국내법에 의하여 결정되어야 한다. 매수인 국가의 국내법을 적용하건대 상계는 허용되지 않으므로 매수인은 대금을 모두 지급하여야 할 것이다.

7. 인적 손해

비엔나협약은 물품으로 인하여 발생한 사람의 사망 또는 상해에 대한 매도인의 책임에 대해서 적용되지 않는다(협약 제5조). 원래 불법행위로 인해 발생한 인적 손해는 일반적으로 불법행위법의 규율대상이고, 따라서 계약법인 비엔나협약이 인적 손해에 대해서 적용되지 않는 것은 법논리상 당연하다고 할 것이다. 그러나 이 규정에 의해서 물품의 하자 등과 같이 계약위반에 기인한 인적 손해에 대한 매도인의 책임에 대해서도 비엔나협약이 적용되지 않고, 대신에 비엔나협약이 적용되지 않았다면 적용되었을 국내법이 적용된다.

이 규정은 이른바 제조물책임의 법리와 관련을 갖는다. 최근 제조물책임의 법리의 발전으로 물품의 생산자 또는 매도인에게 소비자의 인적 손해에 대해서도 배상책임을 인정하고자 하는 경향이 있다. 그런데 제조물책임의 법리가 불법행위법이 아닌 계약법에 기초하여 구성된 경우에 자칫 비엔나협약과 제조물책임법이 중복해서 적용되어야 하는지 등의 혼란이 발생할 수 있다. 이러한 사정을 고려하여 이 규정은 제조물책임으로부터 발생하는 인적 손해에 대해서 비엔나협약이 적용되지 않음을 명시한 것이다. 인적 손해에 대해서는 법정지국의 국제사법에 따라 정해지는 준거법소속국가의 불법행위법 또는 제조물책임에 관한 법이 적용될 것이다.

Ⅳ. 당사자 간의 합의에 의한 비엔나협약의 적용배제 및 효과변경

당사자는 비엔나협약의 전체 또는 일부 규정의 적용을 배제하거나 그 규정의 효과를 변경할 수 있다(협약 제6조). 이때 적용배제나 효과변경이 한 당사자의 일방적 의사만으로는 허용되지 않고, 당사자 간 합의에 의해서만 가능함은 물론이다. 이때 당사자 간 합의는 계약서에 비엔나협약의 적용을 배제하는 명시적 문언을 삽입하는 등의 직접적 방법으로 이루어지는 것이 일반적이지만, 비체약국의 법을 준거법으로 지정하는 방식처럼 간접적으로 이루어질 수도 있다. 주의할 것은 문제의 매매계약에 INCOTERMS와 같은 정형거래조건의 사용에 합의하였다고 할지라도, 이들 정형거래조건은 매매계약의 일부분에만 적용될 뿐이어서 이들 조건의 사용이 특정 매매법의 적용을 전제로 한다고 볼 수는 없기 때문에, 그러한 사용의 합의가 곧 비엔나협약의 적용배제에 관한 합의로 해석되어서는 안 된다는 점이다.

[관련외국판례] 오스트리아 7/9/2000; Unilex 8 Ob 22/00v

매도인의 표준약관에 의하면 물품이 계약에 적합하지 아니한 경우 매도인은 하자를 보완하거나 물품을 교체하거나 대금을 반환할 수 있으나 매수인은 대금지급을 유보할 수 없다고 규정되어 있다. 이에 따라 매도인은 매수인이 대금지급을 유보할 수 없다고 주장한 데 대하여, 매수인은 표준약관의 위 조항이 유효하지 않으며 협약 제49조 제1항에 의하여 계약해제권을 가지고 있으므로 대금을 지급할 필요가 없다고 주장하였다. 협약 제49조 제1항에 의하여 매수인은 일정한 경우에 계약을 해제할 수 있는 권리가 있으나 당사자는 이 규정을 배제하여 매수인의 해제권을 제한할 수 있다. 다만 그것이 준거법인 국내법에 의하여 유효하여야만 하고 국내법의 규칙이 협약의 기본원칙에 반하여서는 안 된다. 매도인이 부가기간이 경과한 후에도 물품을 인도하지 못하거나 매도인의 보완에도 불구하고 물품이 본질적으로 사용할 수 없는 때에는 매수인은 종국적 구제수단으로서 계약해제권을 갖는다는 것은 협약의 기본원칙 중의 하나이다. 계약해제권을 제한하는 경우에도 매수인의 손해배상청구권은 인정되어야 한다. 준거법인 매도인 국가의 법에 의하면 대금지급유보권의 제한을 포함하는 표준약관은 유효하다. 대금지급유보권의 제한이 매수인의 계약해제권에 영향을 미치지 않으므로 국내법에 의하여 유보권의 제한이 유효하다고 하더라도 이는 협약의 기본원칙에 반하지 않는다 할 것이다. 따라서 매수인은 물품의 계약 부적합의 문제가 해결되지 않았다 하더라도 대금을 지급하여야 한다. 다만 매도인이 물품의 하자를 보완하지 못하거나 대체물품을 공급하지 못하는 경우 매수인이 계약을 해제할 수 있는지 아니면 대금감액권을 가지는 데 그치는지가 문제로 될 것이다.

당사자 간 합의에 의해 비엔나협약의 적용이 배제된 경우에 매매계약의 준거법은 법정지국의 국제사법에 따라 확정되며, 체약국의 법이 준거법으로 지정되는 때에는 그 국내 매매법이 계약을 규율하게 된다.

비엔나협약의 일부 규정에 대해서만 적용이 배제된 경우에 이들 배제된 규정이 국내법 규정으로 대체되어야 하는지의 문제가 발생한다. 이 문제는 근본적으로 당사자의 의사에 따라 해결되어야 할 것이지만, 당사자의 의사가 확실하지 않은 경우에 당사자가 적용이 배제된 비엔나협약의 규정을 규율내용이 상이한 국내법 규정으로 대체하려 했다고 당연히 전제할 수는 없을 것이기 때문에 원칙적으로 비엔나협약에 의한 법률흠결의 보완을 규정하고 있는 동 협약 제7조의 규정에 따라 동 협약이 근거하고 있는 일반원칙으로 흠결된 부분을 보완해야 할 것이다.

비엔나협약의 일부 규정의 적용을 배제하거나 그 효과를 변경하는 때에도 서면 이외의 방식에 의한 매매계약의 체결이나 변경의 허용에 관한 규정의 유보시 그 효과에 대한 규정인 비엔나협약 제12조의 적용배제나 그 효과변경은 허용되지 않는다(협약 제6조 참조). 비엔나협약 제12조는 스스로 적용배제 또는 그 효력의 변경이 허용되지 않는 강행규정임을 규정하고 있다.

Ⅴ. 당사자 간의 합의에 의한 비엔나협약의 적용

비엔나협약의 적용과 관련해서 계약에 국제성이 흠결되었다든지 또는 매매계약의 목적물이 비엔나협약의 물적 적용범위 내에 속하지 않는다든지 하는 등의 사유로 문제의 계약에 비엔나협약이 적용될 수 없는 경우에도 당사자의 합의에 의해서 비엔나협약을 준거법으로 할 수 있는지에 관해서는 입장이 나뉘고 있다. 생각건대 비엔나협약 제6조는 거래당사자들의 합의가 협약의 규정에 우선함을 명시적으로 규정함으로써 당사자자치의 원칙을 천명하고 있는바, 이는 거래당사자들이 그 필요에 따라 그들 간의 권리의무관계를 적절히 조정할 수 있도록 하기 위한 취지를 갖는다. 따라서 거래의 성질에 반하지 않는 한, 당사자 간의 자유로운

합의에 의하여 그들 간 거래에 비엔나협약을 적용하기로 하였다면 이를 막을 이유는 없을 것이다.

제4절 비엔나협약의 해석원칙

비엔나협약은 제7조 내지 제13조에서 협약의 해석상 차이가 발생하는 경우를 최소화하기 위해서 일정한 해석기준을 규정하고 있다.

Ⅰ. 비엔나협약의 통일적 해석

비엔나협약은 국제거래에 각국의 매매법이 적용됨으로 말미암아 동일한 사안에 대해서도 서로 다른 결과를 초래하는 불합리한 결과를 막기 위해서 마련된 통일법이다. 그러나 각 체약국의 법원이 비엔나협약을 서로 자국의 국내 매매법의 해석기준에 따라 해석한다면 통일매매법으로서 비엔나협약이 갖는 의미는 손상될 것이기 때문에 협약의 해석에 있어서 전 세계적인 통일적 해석은 매우 중요한 의미를 갖는다.

비엔나협약은 각 체약국 법원이 협약을 서로 다른 의미로 해석하는 것을 막기 위하여 다양한 해석기준을 정하고 있는바, 특히 통일적 해석을 보장하기 위하여 비엔나협약 제7조 제1항은 협약을 해석함에 있어 그 국제적 성격 및 적용상의 통일과 국제거래에 있어서 신의의 준수를 증진할 필요성을 고려해야 한다고 규정하고 있다.

첫째, 이 규정은 비엔나협약의 통일성을 증진한다는 목적을 달성하기 위해서 협약의 해석에 있어서 협약이 국제조약인 사실을 고려하도록 요구한다. 단일한 사법체계 내에서 확정된 의미를 갖는 법개념에 기초해서 이루어지는 국내법과는 달리 비엔나협약은 여느 국제조약과 마찬가지로 서로 다른 사법체계를 갖는 국가들, 구체적으로 대륙법계와 영미법계 국가 간의 오래된 협상의 결과이다. 따라서 비엔나협약을 해석함에 있어서 단순히 특정 사법체계에 속하는 법개념을 원용하여 해석하는 것은 체약국마다 서로 다른 해석을 하도록 하는 결과를 초래하여 비엔나협약이 추구하는 통일국제매매법의 이상을 훼손할 것이다. 이러한 이유로 이 규정은 비엔나협약을 해석함에 있어서 체약국이 자국의 법개념을 편의적으로 원용하는 것을 금지하고, 오히려 협약의 입법과정 등을 면밀히 고려하도록 요구함으로써 동 협약의 입법취지가 훼손되지 않도록 한 것이다.

둘째, 이 규정은 비엔나협약의 적용에 있어서 통일을 증진할 필요성을 해석기준으로서 제시하고 있는바, 이는 체약국의 법원이 국내법에 근거해서 협약을 해석하는 것을 막기 위한 취지를 갖는다. 이 규정에 의해서 체약국 법원은 비엔나협약을 해석 및 적용함에 있어서 다른 체약국 법원의 비엔나협약에 관한 해석과 판결을 참조하여 그 내용을 존중할 것이 요구된다.[18)]

[관련외국판례] 미국 17/5/1999; Unilex Civ. A. 90-0380

매도인이 인도한 물품이 매수인 국가의 공법이나 규제에 적합하지 않은 이 사건에 있어서 매도인은 협약 제35조에 의할 때 일반적으로 매수인의 영업소에서 시행되고 있는 공법이나 규제에 적합한 물품을 인도할 의무를 지고 있지 않다고 판시한 독일 판례를 원용하면서 다음과 같이 주장하였다. 매수인에게 유리한 결론을 내린 중재판정에 대하여 협약 제35조의 해석에 관한 독일 판례를 따르지 않았고 중재판정은 선량한 풍속 그 밖의 사회질서에 반하고 협약 제7조가 규정하고 있는 바와 같이 협약의 국제적 성격을 고려하여야 하고 적용에 있어서 통일성을 기하여야 함을 명백히 위반한 것이라고 주장하였다. 이에 대하여 법원은 중재판정은 협약 제35조에 관한 독일의 판례를 해석함에 있어서 잘못이 없고 협약 제7조에 따라 협약의 국제적 성격을 고려하였으며 그 적용에 있어서 통일성을 기하였다고 판시하였다. 독일 판례가 선언한 바와 같이 매도인은 일반적으로 매수인의 영업소에서 시행되고 있는 공법이나 규제에 적합한 물품을 인도할 의무를 지지 않는다는 것이 일반 원칙이나 다음 세 가지 사정이 있으면 그러하지 아니하다. (1) 매수인 국가의 공법이나 규제가 매도인 국가의 것과 동일한 경우 (2) 매수인이 매도인에게 공적 규제를 알려주었을 경우 (3) 매도인의 지점이 매수인 국가에 위치한 경우와 같은 특별한 사정으로 인하여 매도인이 문제의 규제에 대하여 알았거나 알 수 있었을 경우. 이 사건에 있어서는 세 번째 사유로 인하여 즉 매도인이 계약의 체결 전에 매수인 국가의 규제를 알았거나 알 수 있었기 때문에 일반원칙은 적용되지 아니한다.

[관련외국판례] 이탈리아 26/11/2002; Unilex 3095

외국 법원이나 중재법정이 내린 협약에 관한 판례를 참고하기로 한다. 국제 판례가 법적인 구속력이 있는 것은 아니지만, 협약의 해석과 적용에 있어서 통일을 기하기 위하여 법관이나 중재인은 위 판례를 참고하여야 할 것이다(협약 제7조 제1항). 이러한 점에서 현재의 데이터베이스와 전문법률저널은 국제 판례를 전파하는 데 중요하다.

---

18) UNCITRAL은 이른바 CLOUT(Case Law On UNCITRAL Texts)를 통해서 UNCITRAL이 주관하는 협약을 해석한 체약국 법원의 판례를 요약하여 정기적으로 공고함으로써 체약국 법원이 협약을 해석하는 데 있어 다른 체약국 법원의 판례를 참고할 수 있는 길을 열어 놓았다.

셋째, 이 규정은 비엔나협약의 해석기준으로서 신의(신의성실)의 준수를 요구하고 있는바, 이는 국제거래에서 신의 있는 상관행(honorable conduct)에 합치하는 행위를 촉진하는 데 그 취지를 두고 있다. 이때 신의의 개념은 국내법적 원칙으로부터 추출되기보다는 국제적으로 인정되는 신의 있는 상관행의 원칙에 근거하여 파악되어야 할 것이다.[19)]

[관련외국중재판정] 23/1/1997; Unilex 8611/HV/JK

협약 제7조 제1항에 규정된 신의성실의 원칙은 협약의 해석에 있어서만 적용되고 계약의 이행과 관련된 당사자의 권리의무의 근거로 원용하여서는 안 된다. 따라서 매도인 국가(독일)의 법에서는 기계의 대량 생산자는 일반적으로 신의성실의 원칙에 따라 보충부품을 생산하여야 할 것이나 협약이 적용되는 경우에는 신의성실의 원칙으로부터 당사자의 2차적인 의무가 발생되지 아니한다.

II. 비엔나협약에 의한 법률흠결의 보완

비엔나협약 제7조 제2항은 협약에 의하여 규율되는 사항으로서 협약이 명시적으로 해결하고 있지 아니한 경우, 즉 법률의 흠결이 있는 경우에는 협약이 기초하고 있는 일반원칙에 따라 해결하여야 하고, 그러한 원칙이 없는 때에는 국제사법 규칙에 의하여 적용되는 법에 따라 이를 해결한다고 규정하고 있다. 이는 법률의 흠결이 있는 경우에 그 해결을 국내법에 의존할 것이 아니라, 비엔나협약이 근거하고 있는 계약법상 일반원칙의 적용을 통해서 해결하도록 하되, 그것이 불가능한 경우에는 부득이 법정지국의 국제사법이 지정하는 준거법에 따라서 해결할 것을 정하고 있는 것이다.

[관련외국판례] 스위스 11/6/1999; Unilex OR 98,00010

대리의 문제는 협약에 의하여 명시적으로 해결되지 아니한다. 협약은 독자적으로 즉 협약 자체의 체계 내에서 해석하여야 하고 흠결이 있으면 협약의 기초가 되는 일반원칙에 따라 보충하여야 하며 그러한 일반원칙이 없는 경우에 한하여 준거법인 국내법에 의하여야 할 것이므로 대리의 문제에 대하여는 매도인의 영업소가 있는 곳의 법인 스위스 법(매수인 국가의 법)이 적용된다.

---

19) Schlechtriem, *supra* note 8, p.63.

[관련외국판례] 미국 6/4/1998; Unilex 96 Civ. 8052 (HB)(THK)

협약을 해석함에 있어서 문언과 협약의 기초가 되는 일반원칙을 살펴보아야 한다(협약 제7조 제2항). 미국 통일상법전 제2조의 해석에 관한 판례는 직접 적용할 수는 없으나 그것과 유사한 문언을 사용하고 있는 협약 조항의 해석에 있어서는 참고로 할 수 있다. 그러나 통일상법전과 협약은 일부 조항에 있어서는 유사하나 서면주의나 구두증거배제의 법칙 등 다른 조항에 있어서는 서로 상이하므로 주요 조항이 서로 상이한 경우에는 협약에 의하여 규율되는 계약을 해석함에 있어서 통일상법전에 관한 판례를 적용하는 것은 부당하다. 계약의 조건을 기재한 서면이 없는 점에 관하여 통일상법전과는 달리 협약 제11조에 의하면 매매계약은 서면으로 체결되어야 할 필요는 없고 협상이나 구두 진술 또는 서면으로 작성되기 전의 합의 등 다른 방법으로도 증명할 수 있다. 따라서 협약 제8조, 제9조의 계약의 해석과 당사자를 구속하는 관행에 관한 규정에 의하면 협약에 의하여 규율되는 계약은 구두증거배제의 법칙의 제한을 받지 않고 부차적인 증거에 의하여 증명될 수 있다. 협약 제8조를 적용하여 살피건대 송장이 매도인에 의하여 일방적으로 작성되었고 매수인이 공장도인도 조건에 이의를 제기한 사실에 비추어 매수인이 다툼이 있는 이 사건 송장의 조건에 구속되기로 합의하였다거나 그러할 의사가 있었다고 볼 수 없다. 매도인이 매수인과의 다른 거래의 조건에 관하여 충분히 입증하지 못하였기 때문에 이 사건 공장도인도 조건이 협약 제9조 제1항에 따라 당사자를 구속하는 당사자간의 관례라고 결론지을 수 없다.

비엔나협약이 기초하고 있는 일반원칙은 비엔나협약의 외교관회의, UNCITRAL 및 실무단(working group) 회의, 헤이그협약 및 그 판례 등에서 그 구체적 내용을 찾을 수 있을 것이고, 또한 비엔나협약의 규정의 배후에 있는 법개념이나 비엔나협약을 적용한 국내법원의 판례 등에서도 그 내용을 찾을 수 있을 것이다. 그 외에 국제거래에서 일반적으로 통용되는 상인법(lex mercatoria)도 일반원칙의 범주에 포함될 것이다. 일반적으로 열거되고 있는 일반원칙의 예로서는 신의성실, 당사자자치 및 상관행의 존중 등의 원칙이 언급되고 있다.[20]

Ⅲ. 당사자 의사의 존중

비엔나협약 제6조는 당사자들의 합의가 협약의 규정에 우선함을 명시적으로 규정하고 있다. 이 규정은 당사자들이 자신들의 필요에 의해서 자신들간의 권리의무관계를 적절히 조정할 수 있도록 하고, 또한 국제거래계의 급격한 변화에 신

---

20) *Ibid.*, pp.65-68.

속히 대처할 수 있도록 하기 위한 취지를 갖는다.

또한 비엔나협약은 협약이 적용되는 국제매매계약의 해석에 있어서 당사자의 의사가 주된 해석기준이 됨을 밝히고 있다. 즉 비엔나협약 제8조 제1항은 협약의 적용에 있어서 당사자의 진술 그 밖의 행위는 상대방이 당사자의 의도를 알았거나 또는 모를 수 없었던(could not have been unaware) 경우에는 그 의도에 따라 해석하여야 한다고 규정하고 있다.

비엔나협약 제8조 제2항은 만약 그 의도를 알지 못하였거나 알 수 없었던 경우에는 당사자의 진술 그 밖의 행위는 상대방과 동일한 부류에 속하는 합리적인 사람이 동일한 상황에서 이해하였을 바에 따라 해석되어야 한다고 하고, 이어서 동조 제3항은 당사자의 의도 또는 합리적인 사람이 이해하였을 정도를 결정함에 있어서 당사자 간의 교섭(negotiating), 당사자 간에 확립된 관례, 관행 및 당사자들의 후속행위를 포함하여 관련된 모든 사항(circumstances)을 적절히 고려해야 한다고 규정함으로써 당사자의 주관적 의사에 의한 해석이 불가능한 경우에 대비한 객관적 해석기준을 마련하고 있다.

국제거래에서는 국제상업회의소나 특정 거래계의 국제거래협회 등이 작성한 표준화된 약관이나 조건이 흔히 사용되는데, 비엔나협약은 객관적 해석기준에 관한 규정을 둠으로써 이들 표준약관이나 조건이 계약해석의 기준으로 사용될 수 있음을 분명히 한 것이다.

[관련외국판례] 독일 8/2/1995; Unilex 11 U 206/93

이탈리아 매도인과 독일 매수인 간의 매매계약서가 이탈리아어로 작성되었다. 매도인이 매매대금채권을 은행에 양도하였고 매수인에게 영어와 불어로 된 서면으로 양도사실을 통지하였다. 매수인이 대금을 지급하지 않자 은행이 대금의 지급을 구하는 소를 제기하였다.

계약체결에 사용된 언어나 수신자의 언어가 아닌 언어로 작성된 통지가 유효한지의 문제는 협약 제8조 제2항 및 제3항에 따라 국제거래에 있어서 준수되는 관행과 관습을 고려하여 통상인이 이해하였을 것을 기준으로 판단하여야 한다.

통지가 계약서에 사용된 언어나 수신자의 언어로 이루어지지 않았다는 사실만으로는 통지가 유효함에 장애가 되지 아니한다. 그 사용된 외국어가 당해 거래 분야에서 통상적으로 사용되는 언어라면 당사자가 이에 대하여 합의한 것으로 볼 여지가 있다 할 것이다. 가사 그렇지 않다 하더라도 이 사건에 있어서와 같이 채무자가 통지의 발송인에게 설명이나 번역을 요구할 것이 합리적으로 기대되는 경우에는 통지는 유효하다 할 것이다.

Ⅳ. 관행 및 관례의 존중

비엔나협약 제9조 제1항은 당사자 간에 합의된 계약이나 비엔나협약 자체에 명시적인 규정이 없는 경우에 대해서 당사자들은 그들이 합의한 관행(usage) 및 그들 간에 확립된 관례(practice)에 구속된다고 규정하고 있는바, 이 규정은 계약의 내용에 관한 한 당사자의 의사가 우선한다는 원칙의 연장으로 당사자의 진술 기타의 행위를 판단함에 있어서 당사자의 의사를 고려할 것을 요구하는 비엔나협약 제8조 제3항과 궤를 같이 한다. 다만 비엔나협약 제8조 제3항이 계약해석의 기준을 정하고 있는 반면에 제9조 제1항은 관행 및 관례를 통해서 흠결된 계약조건을 보완하고자 하는 취지를 갖는다. 비엔나협약 제9조 제1항이 당사자 간 관례에 대해서 구속력을 부여하는 것은 협약의 일반원칙 중의 하나인 신의성실원칙의 한 표현이라고 할 수 있다.

[관련외국판례] 독일 13/4/2000; Unilex 49 C 502/00

매도인이 매수인과의 과거 거래관계에서 두 번에 걸쳐 물품이 손상되어 매수인의 영업소에 도착된 경우 그 부분 대금을 공제하여 주었으나 이 사건에 있어서는 매도인이 대금을 공제하여 주지 않았다.
오랜 거래관계 동안에 단 두 번 대금공제를 받은 것만으로는 관례가 확립되었다고 보기에 부족하므로 협약 제9조에 따라 당사자 사이에 확립된 관례를 근거로 대금공제를 주장할 수는 없다 할 것이다. 협약 제9조의 요건을 충족하려면 정규적으로 준수되고 당해 거래관계에 비추어 상당한 기간 동안 상당한 빈도로 행하여진 행위가 요구된다.

나아가 비엔나협약 제9조 제2항은 다른 합의가 없는 한, 당사자들은 당사자들이 알았거나 알 수 있었던(ought to have known) 관행으로서 국제거래에서 당해 거래와 동종의 계약을 하는 자에게 널리 알려져 있고, 통상적으로 준수되고 있는 관행을 당사자들의 계약 또는 그 성립에 묵시적으로 적용하는 것으로 본다고 규정함으로써 당사자의 명시적 합의가 없는 때에도 일정한 경우에는 이들 당사자 간의 계약에 관행이 적용됨을 정하고 있다. 주의할 것은 일정한 관행이 당사자의 명시적 합의가 없음에도 불구하고 적용되기 위해서는 적용될 관행이 우선 특정 국제거래계에서 널리 알려져 있을 뿐 아니라 일반적으로 준수되고 있어야 한다고 보아야 하므로 국내 또는 일부지역에서 효력을 가질 뿐, 국제거래계에서 일반적으로 널리 준수되고 있지 않은 관행은 외국의 당사자가 그 존재를 알았거나 또는 당연히 알 수 있었다는 이유만으로 그의 거래에 적용될 수는 없다는 점이다. 또한 문제의 관행을 당사자가 알고 있거나 또는 최소한 특정 국제거래계에서 거래를 하는 자로서 동 관행을 당연히 알고 있었어야 함은 물론이다.

[관련외국판례] 미국 26/3/2002; Unilex 00 Civ. 9344 (SHS)

독일 매도인과 미국 매수인간의 매매계약에 있어서 물품의 인도조건을 'CIF New York Seaport'로 하기로 하였고 물건이 운송중 손상되었다. 인코텀즈는 인도조건에 관한 표준개념으로서 국제거래에 있어서 널리 알려지고 준수되고 있으므로 CIF 조건은 인코텀즈에 따라서 해석되어야 한다. 이는 당사자는 국제거래에서 널리 알려지고 준수되는 관행에 구속된다고 규정하는 협약 제9조 제2항에 따른 결과이다.

관행의 존재 여부는 사실의 문제로서 증명되어야 할 것이다. 예를 들어, 국제물품매매와 관련한 분쟁의 상당수가 중재에 의해서 해결되고 있는바, 그러한 경우에 해당 거래분야의 전문가로 구성된 중재판정부로 하여금 관행의 존재 여부를 판단하도록 하는 것이 가능할 것이다. 관행의 존재와 관련하여 주의할 것은 비엔나협약은 관행의 유효성에 관해서 규율을 포기하고 있기 때문에(협약 제4조), 특정 거래계에서 관행이 존재하는지 여부 또는 유효한지 여부의 문제는 그 거래계가 속한 국가의 국내법에 의해서 결정되어야 할 것이라는 점이다.

제5절 계약의 성립

계약은 청약과 승낙이라는 의사의 합치에 의하여 성립한다. 그러나 의사표시로서 효과를 갖기 위해서 청약과 승낙이 어떠한 형식과 내용을 갖추어야 하는지에 대해서는 법제에 따라 차이가 있는바, 비엔나협약은 제2편 제14조 내지 제24조에서 국제물품매매계약의 성립에 관해서 비교적 상세히 규정하고 있다. 구체적으로 협약은 제14조 내지 제17조에서 청약에 관해서 규정하고 있고, 제18조 내지 제22조에서 승낙, 그리고 제23조 및 제24조에서 계약의 성립시기에 관해서 규정하고 있다.

한편 비엔나협약은 제11조 내지 제13조에서 계약의 방식을 규율하고 있다.

Ⅰ. 청 약

청약은 계약체결을 위한 의사표시행위로서 비엔나협약 제14조의 요건을 충족해야 할 뿐 아니라, 법률행위능력이나 대리권의 존재 등과 같은 법률행위의 효력에 적용되는 국내법 규정도 충족해야 한다. 왜냐하면 계약이 유효하게 성립하기 위해서는 청약의 유효성이 전제되어야 할 것인바, 계약의 유효성에 관해서는 비엔나협약이 아닌 국내법이 규율하기 때문이다(협약 제4조 가호). 청약의 선언을 하는 당사자가 필요한 행위능력을 갖는지 또는 대리권이 유효하게 존재하는지 등의 문제는 법정지국의 국제사법에 따라 준거법으로 지정된 국내법에 의해 규율된다.

1. 청약의 의의

비엔나협약 제14조는 1인 또는 그 이상의 특정인에 대한 계약체결의 제안(proposal)은 충분히 확정적이고, 승낙시 그에 구속될 의사표시가 있는 경우에 청약(offer)이 된다고 규정하고 있다(협약 제14조 제1항 제1문). 따라서 청약은 단순히 거래를 맺기 위한 협상의 제안으로는 충분치 아니하고, 상대방이 승낙하면 그것에 구속되겠다고 하는 청약자의 의사를 포함하고 있고, 또한 원칙적으로 특정한 상대방에 대한 것으로서 그 내용이 충분히 확정적인 것이어야 한다.

[관련외국판례] 독일 30/8/2000; Unilex 9 U 13/00

독일 매수인이 인도의 회사로부터 물품을 매수하였다. 이 사건 원고인 스위스에 위치한 위 회사의 자회사가 1998년 3월 초에 위 회사의 요청에 따라 송장을 보낸다는 팩스를 매수인에게 보냈다. 원고는 3월 중순 매수인에게 약속어음을 요구하여 매수인은 즉시 보냈으며 주소란에 인도 회사의 이름과 주소를 기재하였다.
원고가 협약 제14조에 따른 청약을 하지 않았기 때문에 매수인과 원고 사이에 매매계약이 성립되지 않았다 할 것이다. 3월 2일자 팩스는 협약 제14조에서 요구되는 물품의 성질과 수량 및 가격을 정할 방법을 포함하고 있지 않으므로 청약으로 볼 수 없다. 3월 11일에 매수인에게 보내진 송장은 비록 위와 같이 필요한 결정방법을 포함하고 있고 원고가 그것이 청약으로 이해되기를 의도하였더라도, 매수인이 원고의 의도를 몰랐고 알 수도 없었으므로 이것 역시 청약이 아니다. 협약 제8조에 따라 매수인이 송장을 청약으로 이해하여야 하는지 여부는 그의 객관적인 내용에 따라 판단하여야 한다. 이러한 점에서 살펴볼 때 매수인에게 송장을 보낸 팩스에서 원고는 인도 회사의 요청에 따라 조치한 것이라고 명시하고 있으므로 매수인이 이를 청약으로 이해할 수는 없다 할 것이다. 더욱이 3월 2일자 팩스에서도 인도 회사의 요청에 따라 원고가 송장을 작성하였다고 하고 있다.

원고가 매수인에게 약속어음을 보내라고 요구한 팩스도 인도 회사의 요청에 따른 것이라고 기재되어 있어 청약으로 이해될 수 없다 할 것이다.

(1) 상대방의 특정

청약은 우선 1인 이상의 특정인을 상대로 한 의사표시이어야 한다. 신문이나 잡지에 광고의 게재, 카탈로그의 우송 또는 배포 또는 인터넷을 통한 광고 등의 방법으로 불특정 다수인에 대해서 하는 제안인 일반적 청약(general offer)은 일반적으로 단순한 청약의 유인(invitation to make offers)에 지나지 않는다(협약 제14조 제2항). 그러나 불특정 다수인에 대한 제안이라고 할지라도 제안을 하는 자가 단골 고객들에게만 제안하거나 재고정리 차원의 판매임을 표시하는 등의 방법으로 그의 제안이 청약인 의사를 분명히 한 때에는 유효한 청약이 될 수 있을 것이다.

(2) 내용의 확정성

청약이 되기 위해서는 승낙이 있는 경우에 집행가능한 확정된 의무를 수반하는 계약이 성립될 수 있는 정도로 청약자의 제안이 충분히 확정되어 있어야 한다. 비엔나협약 제14조는 청약자의 제안이 충분히 확정된 예를 들면서 청약의 목적인 물품을 표시하고 있고, 또한 명시적 또는 묵시적으로 수량 및 그 가격을 지정하거나 또는 그 결정을 위한 조항을 두고 있는 때에는 충분히 확정적인 것으로 본다고 규정하고 있다(협약 제14조 제1항 제2문). 이때 청약의 확정성을 위한 최소한의 요소로 적시된 물품, 그 수량 및 가격 등은 명시적인 의사표시뿐 아니라 협상과정에서 수치를 언급하는 등의 묵시적인 방법에 의해서도 확정될 수 있다. 주의할 것은 비엔나협약이 예로서 적시한 물품, 그 수량 및 가격 등의 요소만으로 언제나 청약이 충분히 확정되었다고 할 것은 아니고, 경우에 따라서는 인도의 시기와 장소나 포장의 방식 등이 청약의 확정성을 위해 추가적으로 요구될 수도 있다는 점이다. 한편 물품의 수량이나 가격의 결정을 위한 조항의 예로서는 청약자의 가격목록이나 곡물거래의 경우에 인도시의 시장가격 등이 있다.

[관련외국판례] 프랑스 12/6/2001; Unilex

매매계약에 있어 매매의 대상인 물건의 수량을 특정하지 않고 8년에 걸쳐 매수인의 수요에 따라 정하기로 한 경우(framework agreement), 당사자 간에 매매계약이 성립한 것인지 여부를 판단함에 있어 당사자들이 계약에 부여한 해석보다는 당사자 간 합의의 진정한 내용에 주목하여야 한다. 당사자들이 스스로 '제조자'와 '매수인'으로 규정한 사실 이외에 다른 제반 사정들을 고려하여야 할 것인바, 이 사건 계약은 색상, 중량, 포장을 특정함으로써 물품의 질과 양에 대하여 명백한 정함이 있고, 수량을 매수인의 수요에 따라 정한다는 약정을 수량의 정함이 없는 것으로 볼 수는 없고 8년의 기간 동안 인도될 최소한의 수량을 정한 것으로 볼 수 있으며, 매도인은 매수인의 수요에 대비하여 8년의 기간 동안 물품을 제조, 인도하여야 할 의무를 부담하는 것이므로 이에 대하여 매수인은 물품을 수령하고 그 대금을 지급할 의무를 진다고 할 것이다. 그렇지 않다면 매도인은 매도되지 않을 수 있는 다량의 물품을 제조하는 위험을 부담하는 것이 되어 형평에 반하기 때문이다. 결론적으로 이 사건 계약은 협약의 모든 요건을 충족하는 매매계약으로 보아야 한다.

물품, 그 수량 및 가격 등 청약의 확정성을 위한 최소한의 요소가 존재하지 않는 때에는 청약이 있었다고 볼 수 없고, 계약성립의 기초도 존재하지 않는다. 따라서 일반적으로 청약자의 제안에 가격에 관한 사항이 결여되어 있는 경우에 이는 계약의 중요한 내용이 결여되어 있는 경우로서 협약 제14조에 의하여 유효한 청약이 되지 못한다고 보아야 할 것이다. 그러나 비엔나협약은 제55조에서 계약이 유효하게 성립하였으나, 그 가격이 명시적으로 또는 묵시적으로 정하여지지 아니하거나 또는 이를 정하기 위한 조항을 두지 아니한 경우에 당사자는 반대의 표시가 없는 한, 계약체결 당시 당해 거래계에서 유사한 상황에서 동일 물품의 매매에 일반적으로 청구되는 대금을 묵시적으로 계약대금으로 정한 것으로 본다고 규정함으로써 가격에 관한 사항이 결여된 청약에 관해서 예외적으로 그 유효성을 인정할 수 있도록 하였다. 물품가격의 묵시적 확정의 예를 든다면, 당사자 간에 유사한 거래가 상당 기간 동안 지속된 경우로서 당해 거래에서 가격목록표의 특정 항목의 언급은 그 항목이 지시하는 물품, 그 수량 및 가격을 계약내용으로 포함한 경우로 볼 수 있을 것이다.

청약을 위한 제안의 확정성과 관련하여 비엔나협약이 위와 같은 예외를 인정한 것은 동일 당사자 간에 반복되는 거래에 있어서는 가격이 명시적으로 정해지지 않는 경우가 많고, 이러한 때에는 가격에 대한 묵시적 합의가 있는지 여부가 불확실한 경우가 많을 것인바, 이러한 때에도 유효한 청약이 없었다는 이유로 계약의 성립을 부인하는 것은 신뢰가 기초되어야 하는 국제거래를 불확실하게 할 것이라는 점과 또한 계약 당사자가 부당하게 계약상의 의무를 회피하는 기회를 제공할 것이라는 우려 때문이다.

2. 청약의 효력발생시기

비엔나협약 제15조는 청약은 상대방, 즉 피청약자에게 도달한 때에 효력이 발생한다고 규정하고 있다(협약 제15조 제1항). 즉 비엔나협약은 청약의 효력발생시기와 관련해서 이른바 도달주의를 채택하고 있다. 청약은 피청약자에게 도달한 때 비로소 효력을 갖기 때문에, 청약자는 청약이 피청약자에게 도달하기 전 또는 그 도달과 동시에 회수의 의사표시가 도달하도록 함으로써 자기의 청약을 회수(withdraw)할 수 있다(협약 제15조 제2항). 이러한 청약의 회수는 청약이 철회불능(irrevocable)인 경우에도 허용된다(협약 제15조 제2항). 이는 청약이 효력을 갖기 전이기 때문에 청약의 철회불능의 구속력 또한 아직 발생하지 않은 까닭이다.

한편 청약의 의사표시가 상대방에게 도달하여 그 효력이 발생한 후에는 청약의 회수가 아닌 후술하는 청약의 철회 문제가 생긴다.

3. 청약의 철회

비엔나협약 제16조는 청약자는 청약의 의사표시가 상대방, 즉 피청약자에게 도달하여 그 효력이 발생한 때에도 피청약자가 승낙의 통지를 발송하기 전에 청약의 철회의 의사표시가 피청약자에게 먼저 도달하도록 함으로써 자기의 청약을 철회(revoke)할 수 있다고 규정하고 있다(협약 제16조 제1항).[21] 도달주의의 일반원칙에 따라 청약의 철회의 효력은 철회의 의사표시가 피청약자에게 도달한 때에 발생한다. 주의할 것은 청약의 철회의 효력발생시기와는 달리 청약철회권의 소멸시기에 대해서는 발송주의가 적용된다는 점이다. 즉 청약자의 청약철회권은 피청약자의 승낙의 통지가 청약자에게 도달한 때가 아니라, 피청약자가 승낙의 통지를 발송한 때에 소멸한다. 후에 설명하는 바와 같이, 승낙의 의사표시가 청약자에게 도달함으로써 계약이 성립하기 때문에(협약 제23조 참조) 승낙의 도달이 계약을 성립시키는 효력을 갖는다면, 승낙의 발송은 청약철회권을 소멸시키는 효력을 갖는다고 할 것이다. 이러한 청약자의 청약철회권은 청약은 승낙되기 전에는 철회될 수 있다는 약인이론(theory of consideration)에 기초한 전통적인 보통법(common law)상의 원칙에서 유래한다.[22] 증명책임과 관련하여 피청약자는 자기의 승낙이 청약의 철회의 도달 이전에 이루어졌음을 증명해야 하고, 반면에 청약자는 청약의 철회가 피청약자에게 도달한 시점을 증명해야 한다.

---

21) 한편 우리나라 민법 제527조는 계약의 청약은 이를 철회하지 못한다고 규정하고 있다.

22) Honnold, *supra* note 13, p.159.

그러나 청약이 승낙기간을 정하는 등의 방법으로 청약이 철회불능임을 표시한 경우에 청약자는 이 청약을 철회할 수 없다(협약 제16조 제2항 가호). 대륙법계의 계약법과는 달리 영미법계 계약법에서 승낙기간의 지정은 그에 대한 약인이 존재하지 않는 한, 승낙기간이 경과한 후에는 청약의 효력이 소멸할 것을 의미할 뿐, 승낙기간 동안 청약자가 청약에 구속되어 청약을 철회할 수 없다는 것을 의미하지 않는다. 비엔나협약 제16조 제2항은 영미법계 계약법상의 원칙을 수용하여 승낙기간의 지정만으로 승낙기간 동안 청약이 철회불능으로 되지는 않는 것으로 하되, 승낙기간의 지정이 청약을 철회불능으로 하는 의사표시의 한 방법이 될 수 있음을 명시한 것이다. 따라서 승낙기간을 정하여 청약한 때에도 승낙기간의 지정은 그 기간 동안 구속되겠다는 의사의 추정을 만드는 데 지나지 않기 때문에, 청약자는 그 기간을 승낙기간으로서 의도한 것이 아니라 단지 그 기간의 경과로 청약이 효력을 상실한다는 것을 의도하였음을 증명함으로써 그 추정을 깰 수 있다.[23]

또한 피청약자가 합리적으로 청약을 취소불능인 것으로 신뢰하였고, 피청약자가 그 청약을 신뢰하여 행동한 경우에도 청약자는 청약을 철회할 수 없다고 함으로써 영미법계 계약법의 금반언원칙(promissory estoppel doctrine)을 수용하였다(협약 제16조 제2항 나호). 이때 이 규정에 따라 청약이 철회불능이 되려면 피청약자의 신뢰가 합리성의 원칙에 따라 정당화되어야 하고, 나아가 물품생산을 시작하였다거나 필요원자재를 구입하였거나 하는 등의 방법으로 그 청약을 신뢰하여 행동했을 것이 요구된다는 점에 주의해야 한다.

4. 청약의 거절

비엔나협약 제17조는 청약은 철회불능 여부에 상관없이 피청약자가 이를 거절한 때 청약으로서의 효력을 상실하도록 규정하고 있다. 피청약자의 청약을 거절함으로써 계약성립의 의사가 없음을 분명히 한 경우에 청약의 승낙적격상태를 유지시킬 이유가 없고, 청약자로서는 피청약자가 자기와 계약관계에 들어올 의사가 없음을 분명히 한 때에는 대체거래를 할 수 있는 기회를 가져야 하는 까닭이다.

청약의 거절은 명시적으로 이루어지는 것이 일반적이지만, 피청약자가 다른 조건의 청약을 요구하는 경우와 같이 묵시적으로 이루어지는 것도 얼마든지 가능하다. 이 청약거절의 통지도 청약자에게 도달한 때 효력이 생긴다(협약 제17조). 승낙의

23) Schlechtriem, *supra* note 8, p.121.

통지를 발송한 때에도 승낙거절의 통지가 승낙의 통지보다 먼저 청약자에게 도달하도록 함으로써 계약의 성립을 피할 수 있다. 한편 피청약자는 일단 청약을 거절하는 의사표시를 발송하였다고 할지라도, 후에 보다 빠른 통신수단을 이용하여 승낙의 의사표시가 청약자에게 먼저 도달하도록 함으로써 계약이 성립하도록 할 수 있다(협약 제22조 참조).

참고로 비엔나협약이 명시적 규정을 두고 있지는 않으나 승낙기간을 정한 청약의 경우에는 승낙기간이 경과한 때에 청약의 효력이 소멸하는 것으로 보아야 할 것이다(협약 제18조 제2항 제2문 참조). 이때에도 청약자는 승낙기간은 청약의 철회불능에만 적용된다고 표시하는 등의 방법으로 승낙기간이 경과한 경우에 청약이 철회불능에서 철회가능으로 될 뿐, 청약 자체는 여전히 유효한 것으로 할 수 있음은 물론이다.

II. 승 낙

청약의 경우와 마찬가지로 승낙도 계약체결을 위한 의사표시행위로서 비엔나협약 제18조의 요건을 충족해야 할 뿐 아니라, 법률행위능력이나 대리권의 존재 등의 법률행위의 효력에 적용되는 국내법 규정도 충족해야 한다.

1. 승낙의 의의

승낙(acceptance)은 청약에 대하여 그 청약의 내용 또는 조건을 모두 받아들인다는 의사표시인바, 비엔나협약 제18조 제1항은 승낙을 청약에 대한 동의를 표시하는 피청약자의 진술 그 밖의 행위로 규정하고 있다. 승낙이 되기 위해서는 피청약자가 청약 및 그에 담긴 조건에 구속되고자 하는 의사가 나타나야 할 것이므로 단순히 청약의 수령을 확인하거나 청약의 내용에 관심을 표시하는 사정만으로는 승낙이 되지 않는다.

(1) 청약과의 내용적 일치

계약법상 청약에 대한 승낙으로 계약이 성립하려면 승낙은 청약의 모든 사항 또는 조건에 완전히 일치하여야 한다. 비엔나협약은 승낙을 의도한 청약에 대한 응답으로서 청약에 부가·제한 그 밖의 변경을 포함하고 있는 것은 일단 청약에 대한 거절로 되지만, 동시에 새로운 청약, 즉 반대청약(counteroffer)을 구성한다고 규정하였다(협약 제19조 제1항). 이때 반대청약은 새로운 청약이므로 청약, 그 회수 및 철회 등을 규율하는 비엔나협약 제14조 내지 제17조의 규정이 적용되며, 또한 계약의 성립을 위해서는 원래의 청약자에 의해서 승낙되어야 한다.

[관련외국판례] 독일 23/5/1995; Unilex 5 U 209/94

매수인이 3,240켤레의 신발을 주문하였고 매도인은 540켤레가 부족하게 인도하였다. 제1심 법원은 매수인의 3,240켤레의 신발을 주문한 것이 협약 제14조의 청약에 해당하고 매도인이 물품을 인도한 것이 행위에 의한 승낙에 해당한다고(협약 제18조 제3항) 판시하고 있다. 그러나 다른 수량의 물품을 인도한 것은 청약의 조건을 실질적으로 변경하는 것이므로(협약 제19조 제3항), 매도인이 540켤레가 부족하게 인도한 것은 청약을 거절하고 반대청약을 한 것으로 보아야 할 것이다(협약 제19조 제1항). 이 경우 계약은 매도인이 인도한 수량에 한하여 성립한 것이다.

비엔나협약은 승낙을 의도한 청약에 대한 응답으로서 청약에 부가적 조건 또는 상이한 조건을 가한 경우라고 할지라도 그 변경의 내용이 청약의 조건을 실질적으로(materially) 변경하지 아니하는 때에는 그 응답은 청약의 거절로서 반대청약이 되는 것이 아니라 그 자체로서 승낙이 된다고 함으로써 영미법계 계약법상의 이른바 완전일치의 원칙(mirror image rule)을 수정하였다(협약 제19조 제2항 제1문). 이때 청약자가 청약의 조건을 변경하는 승낙에 대해서 아무런 이의를 제기하지 아니하는 경우에는 청약의 조건이 승낙의 조건에 따라 변경되고, 따라서 변경된 내용으로 계약이 성립한다(협약 제19조 제2항 제2문). 그러나 청약자가 부당한 지체 없이(without undue delay) 그 상위(相違)에 대하여 구두로 이의를 제기하거나 또는 그러한 취지의 통지를 발송한 때에는 승낙으로 되지 않는다(협약 제19조 제2항 제1문 단서). 이때 청약자의 이의의 통지는 발송으로 효력을 갖는다는 점을 주의해야 한다.

청약과 승낙의 내용적 일치와 관련해서 어떠한 경우에 조건의 실질적 변경이 있다고 보아야 할 것인지가 문제된다. 비엔나협약은 조건의 실질적 변경의 예로서 대금, 대금지급, 물품의 품질과 수량, 인도의 장소와 시기, 한 당사자의 상대방에 대한 책임의 범위 또는 분쟁해결에 관한 사항을 들고 있는바(협약 제19조 제3항), 이들 사항은 비엔나협약 제19조 제3항이 분명히 하고 있는 바와 같이 예시적인 것에 불과하기 때문에, 이 밖에도 계약에 따라 다른 조건의 변경이 실질적 변경으로 해석될 수 있는 여지는 얼마든지 있다. 담보의 요구, 위약금조항, 철회권, 포장 또는 인도방식의 변경 등은 구체적 상황에 따라 실질적 변경의 예가 될 수 있을 것이다.[24] 그러나 보다 큰 폭의 할인, 무료 운송, 담보기간의 확장 등 피청약자가 청약자에게

24) *Ibid.*, p.140.

유리한 방향으로 청약 내용을 변경한 때에는 그러한 변경이 객관적으로 청약의 실질적 변경이 된다 할지라도 계약성립에 영향을 미치지 않고 변경된 내용에 따라 계약이 체결된다고 할 것이다.

[관련외국판례] 독일 14/8/1991; Unilex 4 O 113/90

매수인의 주문에 대하여 매도인은 서면으로 동의하면서 하자의 통지는 송장의 일자로부터 30일 이내에 이루어져야 한다는 보통거래약관을 원용하였다.
하자의 통지가 송장의 일자로부터 30일 이내에 이루어져야 한다는 승낙에 포함된 조건은 협약 제19조 제2항에 의할 때 청약의 조건을 실질적으로 변경한 것으로 볼 수 없으므로 매도인의 보통거래약관에 규정된 하자통지 기간의 제한은 계약의 일부가 되었다. 따라서 매수인이 송장의 일자로부터 30일 이내에 하자통지를 하지 아니하였으므로 매수인은 판매대금 총액을 지급하여야 한다.

(2) 의사표시의 전달

승낙의 의사표시는 상대방에게 도달되어야 효력이 발생하고(협약 제18조 제2항), 계약을 성립시킨다(협약 제23조). 피청약자는 승낙과 관련한 어떤 의무도 부담하지 않기 때문에(협약 제18조 제1항 제2문) 피청약자가 계약을 성립시킬 의사가 있으면 청약에 대한 승낙 여부를 적극적으로 청약자에게 표시하여야 한다.

승낙의 방식은 청약에 대한 동의를 나타내는 뜻을 표시한 피청약자의 진술 그 밖의 행위이며(협약 제18조 제1항), 이때 승낙의 통지 방식에는 특별한 제한이 없다. 따라서 청약이 서신으로 이루어졌다고 해서 승낙이 서신의 방식으로 행해져야 하는 것은 아니고 구두, 텔렉스 또는 팩스 등의 다른 방식으로 이루어질 수 있다. 다만 청약자가 승낙의 표시를 서신 등 특정 방식으로 할 것을 정한 때에는 정해진 방식으로 승낙이 이루어져야 할 것이며, 다른 방식으로 승낙이 있은 때에는 청약의 조건에 합치하지 않는 것으로서 비엔나협약 제19조의 반대청약의 법리에 따라 해결되어야 한다.

[관련외국판례] 독일 4/3/1994; Unilex 10 U 80/93

스웨덴 회사는 독일 회사가 물품의 판매를 청약할 것을 유인하였다. 독일 회사는 스웨덴 회사가 보내온 서류에 기재된 각 품목에 대하여 가격 및 인도시기를 기재하여 답신하였다. 스웨덴 회사가 주문을 하였는데 당사자 간의 통신에 기재되지 않았던 품목이 추가되어 있었다. 독일 회사는 주문을 받아들이면서 대금의 선급이나 신용장을 개설해 줄 것을 요구하였다. 스웨덴 회사는 견적 송장을 발행해 줄 것을 요구하였고 독일 회사는 주문된 물품 및 저가품에 적용되는 가격을 기재한 견적 송장을 발행하였다. 스웨덴 회사는 견적 송장에 기재된 저가품의 가격으로 주문한 고가품을 요구하였다.
독일 국내법 및 협약(제19조 제1항)에 의할 때 스웨덴 회사는 주문을 하면서 특히 독일 회사의 청약에 기재되지 않은 품목을 요구함으로써 청약을 변경한 것이므로 스웨덴 회사의 주문은 독일회사의 청약을 거절한 것이다. 변경된 승낙은 물품의 품질과 가격에 있어서 충분히 특정되었다면 반대청약이 된다(협약 제14조 제1항). 이 사건에 있어서 주문된 일부 품목의 가격이 명시적으로나 묵시적으로 지정되지 않았고 가격을 결정하기 위한 조항을 두고 있지 않으므로 반대청약은 충분히 확정되지 않았다 할 것이다. 스웨덴 회사가 견적 송장에 포함된 독일 회사의 제안을 명백히 거절하였으므로 이 점에서도 결과적으로 계약은 성립하지 않았다.

[관련외국판례] 독일 4/10/2002; Unilex 8 U 1909/01

독일 매수인이 벨기에 매도인으로부터 물품을 주문하였다. 매도인의 원래 청약에는 킬로미터당 9마르크의 운송비용('Transport costs 9DM per km')을 규정한 조항이 포함되어 있은 반면 매수인의 주문에는 바우슈텔레까지 무료 운송['frei Baustelle' (Free carrier named place)]을 규정한 조항이 포함되어 있었다. 매도인의 주문확인서에는 다시 킬로미터당 9마르크의 운송비용('Transport costs 9DM per km')을 규정한 조항이 포함되어 있었다. 물품이 독일로 인도된 후 매수인은 송장에 대하여 지급하였다. 그 후 매수인은 매도인을 상대로 물품의 하자로 인한 손해배상을 구하는 소를 독일 법원에 제기하였다.
바우슈텔레까지 무료 운송['frei Baustelle'(Free carrier named place)]을 규정한 조항이 포함되어 있는 매수인의 주문은 매도인의 원래의 청약을 변경하는 것이므로 협약 제19조 제1항에 의하여 반대청약에 해당한다. 그 다음 매도인의 주문확인서는 매수인의 반대청약을 승낙한 것이다. 그러나 다시 킬로미터당 9마르크의 운송비용('Transport costs 9DM per km')을 규정한 조항을 포함하고 있으므로 매수인의 주문을 변경한 것이고 반대청약에 해당한다. 그러나 매수인은 매도인의 주문확인서에 포함된 변경에 대하여 이의를 제기하지 아니하였고 위 변경은 청약의 조건을 실질적으로 변경하지 아니한다 할 것이므로 계약은 매도인의 주문확인서에 의하여 변경된 대로 유효하게 성립하였다(협약 제19조 제2항).

비엔나협약은 승낙의 표시가 진술이 아닌 행위(conduct)에 의해서도 이루어질 수 있음을 분명히 하고 있다(협약 제18조 제1항). 승낙이 되는 행위의 예로는 물품 전부 또는 일부의 인도, 인도를 위한 물품의 포장, 대금의 지급 및 신용장의 개설 등을 생각해 볼 수 있다.

이처럼 비엔나협약은 청약에 의하여 또는 당사자 간에 확립된 관례(practice) 또는 관행(usage)에 의하여 청약자에게 통지 없이도 물품을 발송하거나 대금을 지급한다든지 하는 등 행위를 함으로써 승낙의 의사표시를 할 수 있는 경우를 상정하고 있는데(협약 제18조 제3항), 이러한 경우에 승낙은 청약자가 그러한 행위에 대해서 알고 있었는지 여부에 상관없이 그러한 행위가 행해진 때에 효력을 갖는다. 예를 들어 청약에 '즉시 선적요'(ship immediately), 또는 '신속 선적요'(rush shipment) 등의 문구가 포함되어 있다면, 피청약자는 별도의 통지 없이 물품을 선적함으로써 승낙의 의사표시를 할 수 있을 것이다. 또한 당사자 간의 오래된 거래관계를 통해서 확립된 관례에 비추어 청약자에게 별도의 통지가 없더라도 특정 행위를 승낙으로 볼 수 있는 경우도 있을 것이다.

비엔나협약 제18조 제3항에 의해서, 일정한 경우에는 청약자가 알지 못한 상태에서 계약이 체결될 수 있는바, 이러한 경우에 피청약자가 체결된 계약 하에서 청약자에게 계약체결의 사실을 통지할 의무를 부담하는지의 문제가 발생한다. 이 문제는 근본적으로 체결된 계약의 해석 문제이기 때문에 교섭(negotiations), 당사자 간에 확립된 관례, 관행 및 당사자의 후속행위 등에 비추어 당사자의 의사를 해석함으로써 해결되어야 할 것이고(협약 제8조 제3항 참조), 언제나 그러한 통지의 의무가 발생한다고 볼 수는 없다.[25]

한편 피청약자는 청약에 대해서 응답해야 하는 의무를 부담하지 않기 때문에 단순한 침묵 또는 부작위는 그 자체로서 승낙이 되지 않는다(협약 제18조 제1항 제2문). 그러나 비엔나협약은 제9조 제1항에서 당사자들은 그들 간에 합의한 관행 또는 그들 간에 확립된 관례에 구속된다고 하고 있기 때문에, 청약에 대해서 피청약자가 침묵 또는 부작위를 유지했다고 할지라도 승낙이 있다고 인정하기에 충분한 사유 또는 사정이 있는 때에는 침묵 또는 부작위만으로도 승낙을 구성하는 것으로 인정될 수도 있을 것이다. 예를 들어 10년에 걸쳐 매도인이 매수인(청약자)이 주문한 물품을 선적하였지만 그 과정에서 매수인의 주문을 확인하는 등 별도의 절차를 취한 적이 없었다고 하면, 매수인의 청약에 대해서 매도인이 명시적인 거절의 통지를 하지 않은 한 매도인의 침묵은 청약에 대한 승낙으로서 인정될 수 있을 것이다. 다른 예로서 이른바 양해 합의(concession agreement)에 매도인은 14일 내에 매수인의 주문에 대해서 거절의 의사표시를 해야 한다는 내용이 있었다고 하면, 14일을 넘어서까지 매도인이 침묵한 경우에 매도인의 침묵은 역시 승낙으로서 인정될 수 있을 것이다.

---

25) *Ibid.*, p.136.

[관련외국판례] 독일 22/2/1994; Unilex 22 U 202/93

매도인과 독일 매수인은 목재의 매매에 관한 구두합의를 하였다. 다음날 매도인은 합의를 확인하는 서면을 텔레팩스로 보냈다. 물품은 4달 후 선적되었고 그로부터 한 달 뒤 독일에 도착하였다. 그러던 중 물품이 제3자에게 판매되었다. 최종 매수인이 물품을 검사하여 발견된 하자를 매수인에게 통지하였다. 매수인은 즉시 매도인에게 하자를 알렸다. 매도인의 업무담당 이사는 직접 물품을 판매할 생각으로 독일에 가겠다고 응답하였다. 물품의 대금은 지급되지 않았다. 그 후 매도인은 대금채권을 양도하였고 대금채권의 양수인이 매수인에게 대금의 지급을 구하는 소를 제기하였다.
계약은 구두합의로 유효하게 성립하였고 매수인의 확인서는 계약의 존재를 증명하는 것에 불과하다.
협약 제29조 제1항에 의하여 당사자 간의 합의에 의하여 이 사건 계약은 종료되었다 할 것이다. 물품의 계약 부적합의 통지를 받은 후 매도인의 응신은 계약을 종료시키려는 묵시적인 청약에 해당하고 매수인이 이를 묵시적으로 승낙하였다. 협약 제18조 제1항에 의하여 침묵이 그 자체로서는 승낙이 되지 아니하나, 그것이 다른 사정과 함께 살펴보면 승낙이 되는 경우가 있다. 이 사건 사실관계에 의하면 매도인이 물품을 스스로 판매하겠다고 통지한 후에 매수인은 매도인의 계약위반에 대한 협약하의 어떠한 구제방법도 구하지 아니하였다.

2. 승낙의 효력발생

승낙은 승낙기간 내 동의의 의사표시가 청약자에 도달한 때 그 효력이 생기고(협약 제18조 제2항 제1문), 승낙의 효력이 발생한 때 계약이 성립한다(협약 제23조).

승낙의 회수는 청약의 회수의 경우와 마찬가지로(협약 제15조 제2항 참조) 회수의 의사표시가 승낙이 효력을 발생하였을 시점과 동시에 또는 그 이전에 청약자에게 도착한 때에 한해 허용된다(협약 제22조). 그러나 청약이 그 효력을 발생한 때에도 청약자는 피청약자가 승낙의 통지를 발송하기 전에 철회의 의사표시가 피청약자에게 먼저 도달하도록 함으로써 자기의 청약을 철회할 수 있는 것(협약 제16조 제1항 참조)과는 달리, 승낙의 효력발생으로 곧 계약이 성립하기 때문에 일단 승낙의 효력이 발생한 후에는 승낙의 철회는 허용되지 않는다. 이때 승낙의 효력이 발생한 후에는 승낙의 철회가 허용되지 않는다는 것은 비엔나협약의 틀 안에서 그렇다는 의미이다. 따라서 승낙의 의사표시 자체에 사기나 강박 등의 하자가 개재된 경우에는 계약의 유효성 문제를 야기할 것이므로(협약 제4조 참조), 법정지국의 국제사법에 의해 동 계약에 적용되는 국내법에 따라 승낙의 의사표시의 효력을 다툴 수 있음은 물론이다.

청약에 승낙기간이 미리 정하여져 있는 경우에는 승낙의 의사표시는 그 기간 내에 청약자에게 도달해야 효력을 갖는다(협약 제18조 제2항 제2문). 승낙기간의 정함이 없는 경우에는 청약자가 사용한 통신수단의 신속성을 포함한 거래의 상황을 적절히 고려하여, 승낙의 의사표시가 합리적인 기간 내에 도달하지 아니하면 효력이 생기지 않는다(협약 제18조 제2항 제2문). 이때 합리적 기간의 판단은 청약이 피청약자에게 도달하는 데 걸리는 시간, 승낙이 청약자에게 도달하는 데 걸리는 시간 및 피청약자가 승낙 여부를 결정하는 데 걸리는 시간 등을 고려하여 이루어져야 할 것이다. 따라서 청약이 텔렉스, 팩스 또는 이메일 등의 방법으로 이루어졌다면 허용되는 합리적 기간은 매우 짧을 것이다. 합리적 기간의 판단에는 피청약자가 승낙 여부를 결정하는 데 걸리는 시간이 특히 중요한 고려요소가 되는데, 그의 판단을 위해서 계약 내용의 복잡성, 시장가격의 유동성, 물품의 부패성, 판단을 위해 정보의 취득이 요구되는지 여하 또는 공급자나 하청업자, 금융기관과의 협상이 필요한지 여하 또는 계약 체결에 감독기관의 허가가 필요한지 여하 등 제반 사정이 고려되어야 할 것이다.

예외적으로 구두에 의한 청약에 대해서는 특별한 사정이 없는 한, 즉시 승낙하지 않으면 승낙의 효력이 발생하지 않는다(협약 제18조 제2항 제3문). 이때 구두에 의한 청약에는 전화나 인터넷상의 통화의 경우가 포함되는 것으로 이해해야 한다. 특별한 사정의 예로서는 당사자 간 협상의 필요 또는 피청약자가 정보를 취득하거나 제3자로부터 동의를 얻어야 할 필요 등이 있을 것이다. 구두에 의한 청약이라 할지라도 청약에서 승낙기간을 정한 때에는 그 기간 내에 청약이 있으면 되지, 즉시 승낙이 있을 필요가 없음은 물론이다.

청약에 의하여 또는 당사자 간에 확립된 관례나 관행의 결과로 피청약자가 청약자에게 통지함이 없이 물품의 발송이나 대금지급 등의 행위를 함으로써 동의를 표시할 수 있는 경우에도 마찬가지로 승낙기간 내에, 그리고 승낙기간의 정함이 없는 때에는 합리적인 기간 내에 그러한 행위가 행해지지 않으면 승낙의 효력이 발생하지 않는다(협약 제18조 제3항 단서).

승낙기간이 정해져 있는 청약의 경우에 승낙으로 유효하게 계약이 성립하는지 여부를 확정하기 위해서는 승낙기간의 기산시점의 확정이 중요하다. 청약자가 청약에서 승낙기간을 정하면서 승낙기간의 기산시점을 정할 수 있음은 물론이다. 그러나 청약자가 명시적으로 승낙기간의 기산시점을 정하지 아니한 때에 대비하여 비엔나협약은 청약자가 전보 또는 서신의 방법으로 승낙기간을 정한 때에 있어서, 승낙기간은 전보의 경우에는 발송을 위해 교부된 때로부터, 그리고 서신의 경우에는 서신에 표시되어 있는 일자로부터 또는 서신에 일자의 표시가 없는 경우에는 봉투에 표시된 날짜로부터 기산하며(협약 제20조 제1항 제1문), 청약자가 발신과 수신 간에 시간적 간격이 없는 전화, 텔렉스 그 밖의 동시적 통신수단을 사용하여 승낙기간을 정한 때에는 승낙기간은 청약이 피청약자에게 도달한 때로부터 진행한다고 하고 있다(협약 제20조 제1항 제2문).

승낙기간의 경과시점과 관련해서 승낙기간 중 공휴일 또는 비영업일(non-business day)은 기간에 산입되지만, 승낙기간의 말일이 청약자의 영업소 소재지의 공휴일 또는 비영업일에 해당되어 승낙의 통지가 동 기간의 말일에 청약자에게 도달하지 못한 경우에 승낙기간은 말일에 이은 최초의 영업일까지 연장된다(협약 제20조 제2항).

3. 지연된 승낙

앞에서 설명한 바와 같이, 비엔나협약 제18조 제2항에 따라 승낙은 승낙기간 내에 또는 합리적 기간 내에 그 의사표시가 피청약자에게 도달해야 효력을 갖는다. 따라서 승낙의 통지가 있었다고 할지라도 그 승낙의 의사표시가 승낙기간 또는 합리적 기간이 경과한 후에 도달한 경우에 그러한 승낙은 효력을 갖지 않으며 따라서 계약은 성립하지 않는다.

그러나 승낙이 연착된 경우에 승낙의 효력을 부인해서 계약의 성립을 인정하지 않는 것은 유효하게 계약이 성립한 것으로 신뢰한 거래당사자의 이익을 해치고, 나아가 국제거래의 원활을 해칠 수 있다. 이런 이유로 비엔나협약 제21조는 승낙이 연착된 경우에 청약자에게 일종의 선택권을 인정하여서 청약자가 연착된 승낙이라 할지라도 이를 유효한 승낙으로 취급한다는 뜻을 지체 없이(without delay) 피청약자에게 구두로 통고하거나 또는 그 뜻의 통지를 발송한 때에는 그 승낙은 승낙으로서 효력을 갖는다고 함으로써 계약이 성립할 수 있도록 하고 있다(협약 제21조 제1항). 이때 계약의 성립시점은 청약자가 승인의 통지를 발송한 때가 아니라, 지연된 승낙이 청약자에게 도달한 때임을 주의해야 한다.

청약자가 연착된 승낙과 관련하여 통지를 하면서 승낙의 내용을 변경한 때에는 그러한 승인이 연착된 승낙을 거절하고 새로운 청약을 하는 것인지, 아니면 연착된 승낙을 승인함으로써 계약의 성립을 의도하되 성립된 계약의 조건을 변경하자는 제의를 하는 것인지 여부를 판단해야 할 것인바, 이 역시 당사자 간에 확립된 관례나(협약 제8조 제3항 참조) 반대청약에 관한 비엔나협약 제19조에 비추어 해결되어야 할 것이다.

비엔나협약 제21조 제1항의 규정으로 연착된 승낙에 있어서 청약자는 승인을 통해서 계약을 성립시킬지 여부와 관련하여 일방적 선택권을 갖는바, 이러한 선택권은 청약자가 시장 상황에 따라 자기에게 유리한 시기에 피청약자를 상대로 투기를 할 가능성을 수반한다. 이 때문에 비엔나협약은 제21조 제1항에서 연착된 승낙에 대한 승인이 지체 없이 이루어질 것을 요구한 것이다.

국제거래에서는 거의 언제나 의사표시의 교환을 위해서 원격지 통신수단이 사용되는바, 통신수단의 문제 때문에 적기에 의사의 교환이 이루어지지 않아서 계약의 체결이 좌절된다면 이는 국제거래의 원활을 해칠 것이다. 이러한 사정을 고려하여 비엔나협약은 연착된 승낙을 포함하고 있는 서신 그 밖의 서면으로 미루어 보아, 통상의 통신상황이었다면 적기에 도달할 수 있었던 상황에서 승낙을 발송한 것이 인정되는 경우에는 연착된 승낙일지라도 승낙으로서 효력을 갖도록 하였다(협약 제21조 제2항). 다만, 청약자가 적기에 도달하지 아니한 승낙에 의해 자기의 의사에 반하여 계약에 구속되는 결과를 막기 위해서 청약자가 지체 없이 피청약자에 대하여 청약이 효력을 상실하였다는 뜻을 구두로 통고하거나 또는 그 뜻의 통지를 발송한 때에는 연착된 승낙은 승낙으로서 효력을 갖지 않는다(협약 제21조 제2항 단서). 이때 비엔나협약 제21조 제1항의 연착된 승낙에 대해서는 지체 없이 청약자가 연착된 승낙에 대한 승인의 통지를 해야만 승낙이 효력을 갖는 것으로 한 반면, 제21조 제2항의 연착된 승낙에 대해서는 당연히 효력을 갖되 청약자가 지체 없이 청약의 효력 상실의 통지를 한 때에는 승낙으로서의 효력을 갖지 않는 것으로 하였다는 점에 주의해야 한다.

Ⅲ. 계약의 성립

비엔나협약 제23조는 계약은 당사자 간의 청약과 승낙이라는 의사의 합치에 의하여 성립한다는 계약법상의 일반원칙을 수용하여 매매계약은 청약에 대한 승낙의 효력이 발생한 때에 성립한다고 규정하고 있다(협약 제23조). 앞에서 설명한 바와 같이, 비엔나협약상 청약에 대한 승낙은 그 의사표시가 청약자에게 도달한 때에 그 효력이 발생하기 때문에(협약 제18조 제2항), 계약은 승낙의 의사표시가 청약자에게 도달한 때에 성립하게 된다.

비엔나협약 제24조는 계약의 청약 · 승낙 및 이와 관련한 회수 · 철회 · 거절 등의 의사표시에 관하여 그 의사표시가 구두 그 밖의 방법으로 상대방에게 직접 전달되거나 또는 상대방의 영업소나 우편주소 또는 그것이 없는 경우에 그의 상거소에 전달된 때에 동 의사표시가 도달된 것으로 함으로써, 계약성립의 시기와 관련하여 발생할 수 있는 불확실성의 소지를 없앴다(협약 제24조).

한편 국제거래에서 계약의 이행과 관련하여 계약성립의 시기가 중요한 의미를 갖는다고 할 때, 국제사법의 적용이나 손해산정을 위한 시장가격의 확정(협약 제76조 참조) 등과 관련해서 계약성립의 장소가 매우 중요한 의미를 갖는다고 할 것이지만, 비엔나협약은 계약성립의 장소에 관해서는 별도의 규정을 두고 있지 않다. 계약의 성립장소의 확정은 비엔나협약에 의하여 규율되는 사항으로서 협약 중에서 명시적으로 해결하고 있지 아니한 경우로 이해하여 이러한 경우에 관해서 규율하고 있는 협약 제7조 제2항에 따라 협약이 근거하고 있는 일반원칙에 따라 해결되어야 할 것이고, 그러한 원칙이 없는 때에는 국제사법 규칙에 의하여 적용되는 법에 따라 이를 해결하여야 할 것이다. 일반적으로 승낙의 통지가 청약자에게 도착한 장소 또는 승낙으로 된 이행행위가 있었던 곳을 계약체결지로 볼 수 있을 것이다.[26]

Ⅳ. 계약의 방식

비엔나협약은 계약이 서면으로 체결되어야 하는 것은 아니며 계약의 존재를 증명하기 위해서 반드시 서면이 필요한 것도 아니라고 하고 있고, 나아가 계약의 방식에 관하여도 아무런 요건이 필요하지 않다고 함으로써 협약상 매매계약은 불요식의 낙성계약임을 밝히고 있다(협약 제11조 제1문).

그러나 비엔나협약은 매매계약의 체결·변경·해제 또는 그 존재의 증명에 관하여 서면에 의할 것을 요구하고 있는 국가의 입장을 고려하여, 이들 국가는 매매계약에 관한 방식의 자유를 정한 비엔나협약 제11조, 제29조 또는 동 협약 제2편의 규정을 적용하지 아니한다는 선언을 할 수 있도록 허용한다(협약 제96조). 거래당사자가 이러한 선언을 한 체약국에 영업소를 두고 있는 경우에 계약의 방식에 대해서는 유보 체약국의 국내법이 바로 적용된다는 주장도 있지만, 이러한 경우에 계약의 방식은 오히려 법정지의 국제사법에 따라 정해지는 준거법에 의해 규율되어야 한다는 입장이 보다 타당하다.

---

26) *Ibid.*, p.160.

[관련외국판례] 네덜란드 7/11/1997; Unilex 16.436

러시아에 영업소를 두고 있는 벨기에 상인이 네덜란드 생산자를 상대로 물품의 인도를 구하는 소를 제기하여 당사자 간에 공식적으로 계약이 체결된 것은 아니지만 네덜란드 생산자가 대금을 수령함으로써 계약관계가 발생할 수 있다는 충분한 기대가능성이 생겼다고 주장하였다.
제1심 법원은 협약을 적용하였는바, 벨기에 상인이 대금을 지급한 것은 협약 제14조 소정의 청약으로 볼 수 없으므로 당사자 간에 계약이 성립된 것은 아니라고 판단하였다. 항소심 법원은 같은 결론을 유지하였으나, 벨기에 상인이 협약 제96조 및 제12조에 의한 유보선언에 구속되는 러시아에 영업소를 두고 있다는 사실을 주목하였다. 따라서 청약이 서면 이외의 어떤 형식으로도 이루어질 수 있다는 협약 규정은 적용되지 아니하고 이 문제는 준거법인 국내법에 의하여 해결되어야 할 것이다. 그러나 결국은 이 문제는 법정지의 국제사법 규칙이 체약국인 네덜란드의 법을 준거법으로 지정하고 있으므로(협약 제1조 제1항 나호) 협약에 따르더라도 같은 결론으로 결정된다.

비엔나협약 제6조가 당사자들은 합의에 의해 협약의 적용을 배제하거나 또는 그 규정의 효력을 변경할 수 있도록 하고 있음에도 불구하고, 제12조는 강행규정으로서 당사자는 이를 배제하거나 이와는 다른 합의를 할 수 없다(협약 제12조 제2문).

제6절 물품매매에 관한 일반규정

비엔나협약은 제3편에서 물품매매계약의 구체적 내용을 규정하고 있는바, 제1장에서는 제25조 내지 제29조에서 물품매매에 관한 일반규정을 두고, 제2장에서는 제30조 내지 제52조에서 매도인의 의무와 불이행시 매수인의 구제수단을, 그리고 제3장에서는 제53조 내지 제65조에서 매수인의 의무와 불이행시 매도인의 구제수단을 규정하고 있다.

한편 비엔나협약은 제4장에서는 위험의 이전에 관하여 규정하고 있고, 제5장에서는 계약불이행의 효과로서 발생하는 매도인과 매수인에게 공통된 의무 등에 관하여 규정하고 있다.

여기서는 물품매매에 관한 일반규정을 설명한다.

Ⅰ. 본질적 계약위반

계약의 한 당사자가 계약을 위반하는 경우에 상대방은 이로 인해 발생한 손해의 배상을 요구할 수 있다. 그러나 계약위반의 정도가 심한 때에는 이러한 손해배상청구권을 인정하는 정도로는 그 구제가 충분하지 않은 경우가 있다. 따라서 이와 같이 계약위반의 정도가 본질적인 경우에 매수인에게 매도인으로부터의 물품인수를 거절하거나 또는 매도인에게 매수인에의 물품인도를 거절할 수 있도록 허용할 뿐 아니라, 나아가 계약관계로부터 벗어날 수 있도록 허용하는 것이 보다 형평에 맞을 것이다.

비엔나협약은 계약위반에 기해서 의무의 이행을 거절하고, 계약관계로부터 벗어날 수 있는 권리인 계약해제권을 이른바 본질적 계약위반(fundamental breach)이 있는 때에 한해 허용한다(협약 제49조 제1항 및 제64조 제1항). 따라서 비엔나협약이 규정한 구제수단 중 가장 강력한 구제수단인 계약해제의 허용 여부를 판단함에 있어서는 본질적 계약위반의 개념이 중심적인 역할을 한다.

본질적 계약위반의 개념은 비엔나협약의 다른 부분에서도 중요한 역할을 하는데, 예를 들어 협약상 중요한 구제수단의 하나인 대체물의 인도를 청구하기 위해서도 본질적 계약위반이 존재해야 한다(협약 제46조 제2항). 이는 대체물이 인도되어야 하는 경우에는 계약이 해제되는 경우와 마찬가지로 계약에 적합하지 않은 물품은 반환되어야 할 것이므로, 결국 대체물의 인도에 수반되는 경제적 결과와 계약해제에 수반되는 경제적 결과가 유사하다는 점을 반영한 것이다. 또한 매도인이 본질적 계약위반을 한 때에는 멸실위험이 매수인에게 이전한 후에도 매수인은 위 계약위반으로 인한 구제수단을 여전히 갖는다(협약 제70조 참조).

비엔나협약 제25조는 계약해제를 위한 요건인 본질적 계약위반에 관해서 일방당사자의 계약위반은 위반한 당사자가 예견하지 못하였고 동일한 부류의 합리적인 사람이 동일한 상황에서 그러한 결과를 예견하지 못하였을 경우가 아닌 한, 상대방이 그 계약에서 기대할 수 있는 바를 실질적으로 박탈할 정도의 손실을 상대방에게 주는 경우에는 본질적 위반이 된다고 함으로써 본질적 계약위반의 기준으로서 계약상 기대되는 이익의 실질적 박탈(substantial depravity)과 예견가능성(foreseeability)을 규정하고 있다(협약 제25조). 이때 "상대방이 그 계약에서 기대할 수 있는 바를 실질적으로 박탈할 정도의 손실"은 단순히 계약위반으로 인한 손해의 정도를 의미한다기보다는 문제의 계약과 위반된 개별 의무의 내용이 피해당사자에 대해 갖는 이해관계의 중요성을 의미한다. 구체적인 예로서 매도인의 이행불능으로 인해서 또는 매도인의 고의로 물품이 아예 인도되지 않은 것은 거의 언제나 본질적 계약위반이 될 것이다. 또한 특정일까지 인도가 요구되는 경우로서 물품이 계절성 물품인 등의 이유로 그 일자까지 인도가 이루어지는 것이 매수인에게 매우 중요한 때에도 인도지체로 말미암아 실제로 손해가 발생하였는지 여부에 상관없이 위 인도지체는 본질적 계약위반이 될 것이다. 다른 한편 매수인의 고의에 의한 대금지급지체, 매수인의 물품수령의 거절이나 불능 등도 일응 본질적 계약위반을 구성하는 것으로 이해될 수 있을 것이다. 그러나 물품에 하자가 있기는 하지만, 그 물품이 여전히 그 통상의 목적에 사용될 수 있다면, 본질적 계약위반이 있었다고 할 수는 없을 것이다.

한편 본질적 계약위반이 되기 위해서는 계약위반으로 인하여 기대이익을 실질적으로 박탈하는 손실이 상대방에게 발생할 것에 대한 예견가능성이 존재해야 하는바, 비엔나협약은 예견가능성을 판단함에 있어서 위반당사자를 기준으로 하는 주관적 기준과 위반당사자와 동일한 부류의 합리적 사람을 기준으로 하는 객관적 기준을 함께 사용하고 있다(협약 제25조 단서).[27] 예견가능 여부를 판단함에 있어서 이를 계약체결시점을 기준으로 판단할 것인지 아니면 위반사유가 발생한 시점을 기준으로 판단할 것인지에 관해서 비엔나협약은 명시적 규정을 두고 있지는 않으나, 계약에 관한 당사자의 권리 · 의무의 구체적 내용이 계약체결 당시의 합의에 의해 확정된다는 점과 손해배상의 범위를 확정함에 있어서 계약체결시에 예견가능한 손해로 그 범위를 확정하고 있는 비엔나협약 제74조의 취지를 생각할 때, 계약체결시를 기준으로 예견가능성을 판단하는 것이 타당할 것이다.

예견가능성에 대한 증명책임과 관련해서 예견가능성의 요건이 위반당사자로 하여금 본질적 계약위반에 기한 책임을 면하게 하는 면책요건으로서 기능한다는 점을 고려할 때, 위반당사자가 예견가능성의 부재 또는 인식의 부재를 증명해야 할 것이다.[28]

---

27) 예를 들어 매매계약의 내용이 계절성 물품의 인도인 때, 동류의 합리적 공급자라면 계절이 지날 때까지 인도를 지체하는 것이 매수인의 이익을 실질적으로 박탈하리라는 것을 예견할 수 있었을 것이다.

28) Honnold, *supra* note 13, p.209.

II. 계약해제의 선언

비엔나협약 제26조는 계약해제의 의사표시 또는 선언(declaration)은 상대방에게 통지된 때에 한하여 효력을 갖는다고 규정하고 있다(협약 제26조). 별도의 통지 없이 본질적 계약위반이 있는 경우에 당연히 계약이 해제되도록 하는 것은 시장가격의 변화에 따라 계약을 해제하거나 특정이행을 요구하는 등의 피해당사자의 남용행위를 막는 데는 유용하지만, 계약해제시기 및 당사자의 권리·의무관계에 관해서 불확실성을 야기할 것이기 때문에 이러한 불확실성을 없애고 계약관계의 내용을 간명하게 하기 위해서 계약을 해제함에 있어서 통지를 요구한 것이다.

유효한 해제통지가 되기 위해서는 단순히 계약위반의 사실을 통지하는 것으로는 충분하지 않고, 매수인의 경우에는 물품을 인수하거나 보관하지 않겠다는 내용의 통지 그리고 매도인의 경우에는 물품을 인도하지 않겠다거나 또는 이미 인도가 이루어진 때에는 그 반환을 요구하는 내용 등을 담고 있어서 해제의 의사를 명확히 표시하고 있어야 한다.

통지는 상대방에 대해 이루어져야 한다. 따라서 공고 등의 간접적 통지는 효력을 갖지 않는다. 주의할 것은 해제의 통지는 상대방에게 도달한 때에 효력이 발생하는 것이 아니라 발송한 때에 효력이 발생한다는 점이다(협약 제27조 참조). 통지의 형태는 반드시 서면에 의해야 하는 것은 아니며, 구두에 의한 통지도 얼마든지 가능하다.

피해당사자가 자기에게 유리한 시기를 기다려 계약해제 여부를 결정하려는 시도를 하는 것을 막기 위해 비엔나협약은 계약해제의 통지가 효력을 갖기 위해서는 합리적 기간 내에 이루어질 것을 규정하고 있다(협약 제49조 제2항 및 제64조 제2항).

III. 의사전달에 있어서 발송주의

앞에서 설명한 바와 같이, 비엔나협약은 계약의 성립에 관해서 피청약자의 승낙은 정한 기간 내에 청약자에게 도달하지 않는 한 효력을 갖지 못한다고 하여 청약 및 승낙에 관하여 도달주의를 채택하고 있다(협약 제18조 제2항).

이처럼 계약의 성립에 관해서 도달주의를 취하고 있는 것과는 달리 비엔나협약 제27조는 매매거래 당사자의 의무 및 구제수단과 관련한 통지에 대해서는 이 협약 제3편에 달리 규정되지 않는 한, 한 당사자가 제3편에 따라 계약의 구체적 상황에 맞는 적절한 방법으로 통지, 청구 또는 그 밖의 통신을 한 경우에 그 당사자는 통신의 전달 중에 지연이나 오류가 있거나 통신이 도달되지 아니하더라도 그 통신을 주장할 권리를 상실하지 아니한다고 규정함으로써 발송주의를 채택하고 있다(협약 제27조).

비엔나협약이 당사자의 의무 및 구제수단과 관련한 통지에서 발송주의를 채택한 것은 당사자의 권리 · 의무와 관련하여 통지해야 할 필요가 있는 당사자는 계약의무를 위반한 당사자보다는 상대방의 의무위반으로 손해를 입은 피해당사자인 경우가 대부분이라는 점을 고려한 것이다. 왜냐하면 이러한 경우에도 통지의 효력에 관해서 도달주의를 취한다면, 상대방의 의무위반으로 말미암아 통지를 해야 하는 피해당사자에게 불측의 손해가 발생하는 경우가 있을 것이기 때문이다. 예를 들어 물품에 하자가 있다는 매수인의 통지(협약 제39조)가 전달되는 과정에서 문제가 발생한 경우에 도달주의를 따른다면, 이는 잘못 없는 당사자에게 물품의 부적합에 기한 권리를 행사할 기회를 박탈하는 결과를 초래할 것이다. 따라서 이러한 상황에서는 통지를 적절한 방법으로 발송한 것으로도 통지의 의무를 다한 것으로 보는 것이 보다 형평에 합치하기 때문에 당사자의 권리 · 의무와 관련한 통지에 관해서는 발송주의를 채택한 것이다.

당사자의 권리 · 의무와 관련한 통지에 관한 한, 통지를 발송함으로써 의무를 다한 것으로 보는 일반원칙에도 불구하고, 계약을 위반한 매도인의 부가기간 내 불이행의 통지(협약 제47조 제2항), 계약을 위반한 매도인의 하자치유의 통지(협약 제48조 제4항), 매도인의 사양지정요구(협약 제65조 제1항), 매도인의 사양지정통고(협약 제65조 제2항) 및 불가항력적 장애의 통지(협약 제79조 제4항) 등의 경우에는 도달주의를 채택하고 있다. 위의 경우에 도달주의를 채택한 이유는 이들 규정이 대체로 계약을 위반한 당사자가 통지를 해야 하는 경우를 규정하고 있는바, 피해당사자가 통지의 부도달로 불측의 손해를 보는 경우가 발생하지 않도록 하기 위한 것이다.

비엔나협약 제27조가 통지에 있어서 발송주의를 채택하고 있기 때문에 제27조가 적용되는 통지는 발송된 때 효력을 갖는바, 이와 관련해서 문제되는 것은 제27조의 통지가 발생으로 효력을 가질 뿐 아니라 통지를 한 당사자에 대해서 확정적 구속력도 갖는지 여부이다. 즉 제27조의 통지를 한 당사자는 일단 통지를 발송한 이상 이를 취소하거나 변경할 수 없는지가 문제되는 것이다. 비엔나협약 제16조 제1항이 청약이 상대방에게 도착하여 효력이 발생한 때에도 청약자는 피청약자가 승낙의 통지를 발송하기 전에 철회의 통지가 피청약자에게 도착하도록 함으로써 자기의 청약을 철회할 수 있도록 한 것과 궤를 같이하여, 제27조의 통지가 발송으로 효력이 발생한 때에도 통지를 한 당사자는 통지의 상대방이 그에 근거하여 어떤 조치를 취하기 전에 철회 또는 변경의 통지가 상대방에게 도착하도록 함으로써 자기의 통지를 철회하거나 또는 그 내용을 변경할 수 있다고 해야 할 것이다.[29]

Ⅳ. 특정이행과 법정지주의

1. 특정이행에 관한 비엔나협약의 기본원칙

(1) 원칙적 구제수단으로서의 특정이행

비엔나협약이 정하고 있는 구제수단체제는 계약을 위반한 당사자는 자기의 의무를 이행하도록 강제되어야 한다는 전제에 근거하고 있다. 따라서 매도인의 계약위반에 대한 구제수단에 관한 규정이나 매수인의 계약위반에 대한 구제수단에 관한 규정 모두 특정이행(specific performance)에 관한 규정으로 시작하고 있다. 즉 매도인이 자기의 계약 또는 비엔나협약상 의무를 이행하지 않는 경우에(협약 제45조 제1항) 매수인은 매도인에게 의무의 이행을 청구할 수 있고(협약 제46조 제1항), 마찬가지로 매수인이 자기의 의무를 이행하지 않는 경우에(협약 제61조 제1항) 매도인은 매수인에게 대금의 지급, 인도의 수령 또는 그 밖의 의무의 이행을 청구할 수 있다(협약 제62조). 이는 비엔나협약이 원칙적으로 대륙법계 계약법상 구제원칙을 수용하였음을 보여주는 것이다.

(2) 특정이행에 대한 예외와 제한

비엔나협약 제46조는 매수인이 매도인에게 의무의 이행을 청구할 수 있다고 규정하면서 동시에 이에 대한 예외를 규정하고 있다. 즉 계약에 적합(conform)하지 아니한 물품이 인도된 경우로서 특정이행의 한 형태인 대체물의 인도를 청구하고자 하는 때에는 매수인은 적합하지 아니하는 정도가 본질적 계약위반을 구성하는 때에만 대체물의 인도를 요구할 수 있다고 하고 있다(협약 제46조 제2항). 또한 매수인이 매도인에게 물품의 수리를 청구함에 있어서 이러한 요구는 모든 상황을 고려하여 불합리하지 않아야 하며, 하자의 통지와 함께 혹은 하자통지 후 합리적 기간 내에 행해져야 한다(협약 제46조 제3항).

29) Schlechtriem, *supra* note 8, p.197.

(3) 국제거래에서 구제수단으로서 특정이행의 효용성

앞에서 설명한 바와 같이, 비엔나협약 제46조와 제62조는 계약에 따른 구체적 이행, 즉 특정이행을 요구할 수 있음을 규정하고 있는바, 이 광범위한 규정은 대륙법계 계약법의 특정이행에 관한 입장을 반영한 것이다.

현실에 있어서 특정이행의 구제수단은 그 비효율성 때문에 국제거래분야에 있어서 그다지 큰 역할을 하고 있지 못하다. 우선 국제거래에서 이행과 관련하여 계약위반이 인정된다고 할지라도 계약에 따른 이행을 강제하는 데에는 많은 시간이 소요되는 게 현실이다.

또한 분쟁이 소송으로 비화한 경우에 계약위반에 대하여 비난 받는 피고는 오히려 원고의 계약위반을 주장한다든지 또는 불가항력적 장애(협약 제79조 참조) 등을 주장함으로써 자기의 불이행을 정당화하려고 할 것이다. 이 때문에 소송이 장기화되는 경우에 매수인의 물품에 대한 상사적 필요는 충족되지 못할 것이다. 또한 매도인이 매수인에게 물품의 수령을 강제하고자 하는 경우에도 매도인은 매수인이 대금을 지급할 때까지 물품을 보관해야 할 것인데, 이러한 경우에 일반적으로 매수인으로서는 대체물을 신속히 구입하는 것이, 그리고 매도인으로서는 거절된 물품을 신속히 재판매하는 것이 더 효율적일 것이다.

특정이행청구권이 구제수단으로서 갖는 효율성에 대한 이러한 비판은 피해당사자는 대체구입이나 재판매의 방법을 통해서 생산적 거래활동을 계속하면서 손해배상을 청구할 수도 있을 것이라는 점을 고려하면 더욱 타당성을 갖는다. 국제거래의 당사자들은 모두 상인의 속성상 법이론보다는 효율성에 더 관심이 있을 것이라는 점을 생각할 때, 또 대륙법계 국가에서조차 국내거래에서 특정이행의 구제수단이 활용되는 경우는 거의 없다는 현실을 고려하면 국제거래에서 특정이행의 방법이 사용될 가능성은 낮다고 할 것이다.[30)]

2. 국내법에의 예양

계약위반에 대한 구제수단과 관련하여 영미법계 계약법은 대륙법계 계약법과는 달리 금전적 손해배상을 원칙적인 구제수단으로 하고, 피해당사자가 계약에 따른 이행에 특별한 이해관계를 갖거나 계약의 목적인 물품이 피해당사자에게 고

---

30) 그러나 특정이행청구권의 효율성을 지지하는 입장에 관해서는 신창섭, "국제물품매매계약에 관한 UN협약에서 특정이행청구권에 관한 연구," 『경영법률』 제17집 제1호(한국경영법률학회, 2006.10), 717면 이하 참조.

유(unique)한 경우와 같이 손해배상이 충분한 구제수단이 되지 못하는 때에만 예외적으로 구제수단으로서 특정이행을 허용한다.[31)]

이처럼 영미법계 계약법상의 구제수단체제가 비엔나협약의 구제수단체제와는 매우 다르기 때문에, 특정이행이라는 구제수단이 영미법계의 체약국에서 그대로 인정되기에는 법리적 어려움이 있다는 점을 고려해서 비엔나협약 제28조는 이 협약의 규정에 의해 일방 당사자가 상대방에게 특정이행을 요구할 수 있는 경우에도 이 협약이 적용되지 아니하는 유사한 매매계약에 관하여 자국법에 따라 특정이행을 명하는 판결을 하여야 하는 경우가 아닌 한 특정이행을 명하는 판결을 해야 할 의무가 없다고 규정함으로써, 체약국 법원으로 하여금 자국의 국내법이 특정이행을 허용하지 아니하는 경우에 특정이행 대신 다른 구제수단을 명령할 수 있도록 허용하였다.

비엔나협약 제28조에 따르면 특정이행에 관한 국내법이 협약의 규정에 우선하는바, 이러한 경우에 특정이행에 관해서 적용될 준거법의 확정이 문제된다. 비엔나협약은 동 협약의 적용범위에 속하지 않는 문제는 국제사법 규칙에 의해 정해지는 국가의 국내법에 의해 규율될 것을 원칙으로 하고 있지만(협약 제4조 및 제7조 제2항), 특정이행과 관련한 국내법의 확정에 있어서는 예외적으로 제28조에서 법원으로 하여금 협약의 적용을 받지 않는 유사한 매매계약에 있어서 '자국', 즉 법정지국의 국내법을 고려하도록 규정하였다.[32)]

비엔나협약 제28조는 단지 법원에게 특정이행을 명하는 판결을 할 의무가 없음을 규정하고 있을 뿐이기 때문에, 법원은 그 재량에 따라 협약의 특정이행을 명령하거나 또는 자국의 국내법을 따라 특정이행 이외의 다른 구제수단을 명령할 수 있다. 또한 비엔나협약은 법원의 재량에 관한 기준을 정하고 있지 않기 때문에 법원은 재량을 행사함에 있어서 자국의 국내법을 따르게 될 것이다.

비엔나협약 제6조는 당사자 간 합의에 의해서 협약의 규정의 적용을 배제하는 것을 허용하고 있지만, 비엔나협약 제28조는 강행규정으로 당사자의 합의에 의해서 그 적용이 배제될 수 없다고 보아야 한다. 왜냐하면 비엔나협약 제28조는 특정이행과 관련해서 협약의 적용범위를 제한하는 것이고 따라서 협약 제6조의 적용범위도 제한하는 것으로 이해해야 하기 때문이다.

---

31) 예를 들어 미국의 통일상법전 제2-716조 제1항은 "특정이행은 물품이 고유하거나 다른 적절한 상황에서 허용된다"고 규정하고 있다. U.C.C. §2-716.

32) 신창섭(주30), 717면.

V. 계약의 변경

1. 단순 합의에 의한 계약변경 또는 종료

비엔나협약 제29조 제1항은 계약은 당사자의 합의만으로 변경 또는 종료될 수 있다고 규정하고 있다(협약 제29조 제1항).

국제거래의 성격상 국제물품매매계약은 흔히 변경되게 마련이고, 그러한 계약의 변경 중에는 매수인의 사정을 고려하여 대금지급시기를 늦추는 등 한 당사자에게만 이익이 되는 변경도 있게 마련이다. 그런데 영미법계 계약법에 따르면 계약을 변경하는 합의가 한 당사자의 의무를 증가하거나 감소할 뿐이라면, 이 합의는 약인(consideration)이[33] 없기 때문에 무효이다. 따라서 영미법계 국가의 당사자는 비엔나협약 하에서 약인의 교환 없이 단순한 합의로써 계약을 변경 또는 종료할 수 있는지에 대해 의문을 가질 수 있다. 이 때문에 계약변경의 효력과 관련하여 법제간 혼란을 막기 위하여 비엔나협약 제29조 제1항은 협약의 적용을 받는 계약의 변경이나 종료에는 영미법계 계약법상의 약인의 요건이 적용되지 않음을 분명히 함으로써 대금지급의 연기에 대한 합의와 같이 한 당사자에게만 이익이 되는 계약의 변경도 전적으로 유효함을 명시한 것이다.

2. 변경에 관한 계약상의 제한

국제거래에서 체결되는 매매계약에는 계약 변경은 서면에 의해서만 있을 것을 정한 조항이 흔히 포함되어 있다. 비엔나협약 제29조 제2항은 서면에 의한 계약에서 계약의 변경 또는 종료가 서면에 의할 것을 요구하는 조항이 있는 때에는 합의만으로 계약을 변경 또는 종료하지 못한다고 규정하고 있다(협약 제29조 제2항 제1문). 비엔나협약 제29조 제2항 제1문의 '서면(writing)'이 갖는 의미는 법제에 따라 다르다. 이와 관련하여 비엔나협약 제13조는 서면에 전보와 텔렉스가 포함된다고 규정하고 있기 때문에, 당사자 간에 서면에 의한 계약의 변경이나 종료에 대한 합의만 있을 뿐 서면의 구체적 의미에 대해서 별도의 약정이 없었다면 전보나 텔렉스 또는 팩스에 의한 계약의 변경이나 종료가 가능하다고 할 것이다.

당사자의 서명의 존재 등 계약 변경을 위해 단순한 서면의 작성 이외에 추가

---

33) 약인은 대륙법계 계약법에서는 찾아볼 수 없는 영미법에 고유한 계약법상 원칙이다. 약인은 흔히 계약 당사자로 하여금 계약을 체결하도록 유인하는 원인, 동기, 가격 등의 유인 요소(inducement)로서 정의된다. 약인은 당사자에게 법적 구속력을 갖는 유효한 계약이 존재하기 위한 필요 요소이기 때문에 약인이 없는 계약에 대해서 법원은 그 이행에 조력하지 않는다.

적인 요건을 계약에서 정하고 있는 경우에 비엔나협약 제6조가 당사자는 협약의 규정을 자유로이 변경할 수 있다고 규정한 취지에 비추어 볼 때, 당사자들은 계약변경을 위해서는 서면의 작성 외에 당사자 간 정함에 의해서 요구되는 추가적 요건도 충족해야 할 것이다.

한편 비엔나협약 제29조 제2항은 당사자는 상대방이 자신의 행동을 신뢰한 한도까지는 그러한 규정을 원용할 수 없다고 규정함으로써 그러한 계약조항의 효력을 제한하고 있다(협약 제29조 제2항 제2문). 이 규정은 계약변경을 위한 서면요건이 남용되는 것을 방지하기 위한 규정이다. 예를 들어 계약변경은 서면에 의한다는 계약조항에도 불구하고, 한 당사자가 구두로 계약을 변경하였고 상대방이 구두의 계약변경에 동의한 경우에 동의한 당사자가 후에 계약변경이 서면에 의하지 않았음을 이유로 계약변경의 효력을 부인하는 것이 허용된다면 이것이 계약법상의 기본원칙인 신의성실의 원칙에 어긋날 것은 의심의 여지가 없다(협약 제7조 제1항 참조). 비엔나협약 제29조 제2항 제2문은 한 당사자의 행위가 상대방의 신뢰를 야기한 때에는 그 당사자는 자기의 행위의 효력이나 효과를 부인할 수 없도록 한 영미법계 계약법상 금반언의 원칙(estoppel doctrine)을 규정한 것이다.

제7절 매도인의 의무

비엔나협약이 규정하고 있는 당사자의 의무의 전체적인 구조를 개관하면, 기본적으로 매도인은 소유권이전의무 · 물품인도의무 및 서류인도의무 그리고 물품의 계약적합의무를 부담하고, 매수인은 대금지급의무 · 인도수령의무 그리고 물품검사 및 통지의무를 부담한다.

또한 비엔나협약은 제5편에서 매도인과 매수인의 공통의무로서 손실경감의무(협약 제77조), 계약해제로 인한 대금반환에 있어서 이자지급의무(협약 제84조), 면책사유통지의무(협약 제79조), 물품보관의무(협약 제85조 및 제86조) 등을 규정하고 있다. 그러나 이들 규정은 매매계약 자체에서 발생하는 의무가 아니라 일방 당사자가 계약을 위반한 때 발생하는 상대방의 계약해제권이나 손해배상청구권 등에 그 계약위반의 효과로서 부수하는 의무에 지나지 않는다.[34]

34) 이태희, "국제물품매매계약에 관한 UN협약상의 당사자의 의무," 『국제물품매매계약에 관한 UN협약상의 제문제』(임홍근 · 이태희 공편, 삼지원, 1991), 107면.

이처럼 비엔나협약이 우리나라 민법 등 국내법보다 상세히 당사자의 의무를 규정한 것은, 매도인과 매수인의 의무의 내용을 해석에 맡김으로 말미암아 당사자의 의무를 둘러싼 분쟁이 발생할 가능성을 배제하기 위해서이다.

Ⅰ. 소유권이전의무

비엔나협약 제30조는 매도인은 계약 및 이 협약에 따라 물품을 인도하고, 관련 서류를 교부(hand over)하며 또한 물품의 소유권(the property in the goods)을 이전해야 한다고 규정함으로써 매도인의 기본의무를 정하고 있다.

물품매매의 궁극적인 목적은 매도인의 입장에서는 자기가 인도하는 물품에 대한 대가를 취득하는 것이고, 매수인의 입장에서는 인도받은 물품에 대한 소유권을 취득하는 것이라고 할 것이므로 소유권이전의무는 매도인이 부담하는 기본의무의 하나이다.

소유권이전에 관해서는 각 국가마다 이를 규율하는 법이론과 법체계의 내용이 상이하기 때문에 소유권의 구성과 그 이전방식 및 소유권이전의무의 구체적 내용을 통일적으로 규정한다는 것은 실제에 있어 매우 어렵다. 따라서 비엔나협약은 소유권이전의무를 매도인의 기본의무로서 규정하면서도 이전되는 소유권의 구체적인 내용에 대해서는 이를 규율하는 대신 법정지의 국제사법 규칙에 따라 적용될 준거법에 따르도록 하였다(협약 제4조 나호 참조).[35]

Ⅱ. 물품인도의무

매도인은 계약 및 비엔나협약에 따라 매매의 목적물을 인도하여야 하는데(협약 제30조), 이 물품인도의무는 소유권이전의무와는 별개의 의무이므로 설사 물품의 소유권이 다른 방식을 통하여 매수인에게 이전될 수 있는 경우라고 하더라도 매도인은 여전히 계약과 비엔나협약에 따라 물품인도의무를 이행해야 한다.[36] 매도인의 물품인도의무는 매수인의 대금지급의무(협약 제53조)에 상응하는 의무로서(협약 제58조 제1항 참조) 매도인이 부담하는 의무 중 가장 기본적인 의무이다.

---

35) Fritz Enderlein, "Rights and Obligations of the Seller Under the UN Convention on Contracts for the International Sale of Goods," in *International Sale of Goods, Dubrovnik Lectures* (eds. Petar Sarcevic & Paul Volken, 1986, Oceana Publications), p.144.

36) 이태희(주34), 111면.

비엔나협약상 물품의 인도는 특정물의 경우에는 계약에서 정한 특정물 자체를 인도해야 하고, 불특정물의 경우에는 계약에서 정한 물품과 성질상 동일한 종류의 물품을 인도함으로써 이루어진다. 이때 주의할 것은 물품인도의무를 이행하기 위해서 반드시 계약에 적합한 물품이 인도되어야 하는 것은 아니라는 점이다.[37] 따라서 계약내용에 적합하지 않는 물품을 인도한 때에도 일응 물품인도의무를 다한 것으로 된다.[38]

앞에서 설명한 바와 같이, 물품인도의무와 계약적합의무는 별개이기 때문에 물품의 수량이나 품질 등이 계약에서 정한 내용에 적합하지 않은 경우에 이는 물품인도의무위반의 문제가 아니라 계약적합의무위반의 문제이다.

[관련외국판례] 오스트리아 29/6/1999; Unilex 1 Ob 74/99 K

오스트리아 매수인이 독일 매도인으로부터 가공처리된 널빤지를 주문하였다. 이 사건 매매계약의 인도조건은 공장도이므로[frei Werk(ex work)] 매수인이 제조장소에서 물품을 인도받아야 하고 운송 중의 위험도 부담한다. 매도인이 가공처리되지 않은 널빤지를 인도하였으므로 당사자는 널빤지를 반환하기로 합의하였다. 반송된 널빤지가 도착한 때 매도인은 널빤지가 손상되어 있는 것을 발견하였다. 매도인은 손해배상을 구하는 소를 제기하였다.

협약에 의할 때 합의된 것과 다른 물품을(가공처리된 널빤지 대신 가공처리되지 않은 널빤지) 인도한 것은 불이행(불인도)의 문제가 아니라 부적합으로 보아야 한다(협약 제35조).

1. 물품인도의무의 내용 및 인도장소

국제거래에서 물품의 인도가 있어야 하는 장소를 계약에서 정하지 않는 경우는 거의 없다. 이와 같이 당사자가 계약으로 인도장소를 지정한 경우에는 당연히 지정된 장소가 인도장소가 될 것이며, 그 장소에서 물품을 인도해야만 매도인은 물품인도의무를 다한 것으로 된다(협약 제31조 참조).

예외적으로 당사자가 물품의 인도장소를 지정하지 아니한 경우에 비엔나협약은 매매계약에 물품운송이 포함되었는지 여부에 따라 물품인도장소를 달리 규정하고 있다(협약 제31조).

---

37) 상게논문, 111면.

38) 따라서 계약내용에 적합하지 않은 물품의 인도는 비엔나 협약 제49조 제1항 제b나호에 따라 게계약해제를 가능하게 하는 부가기간 내 '불인도'인도를 위한 부가기간의 지정을 가능하게 하는 "불인도"를 구성하지 않는다.

(1) 매매계약에 물품운송이 포함된 경우

매매계약에 물품운송이 포함된 경우에 매도인은 매수인에게 전달(transmission)하기 위하여 제1운송인에게 물품을 교부(hand over)함으로써 물품인도의무를 다한 것으로 된다(협약 제31조 가호). 따라서 제1운송인에게 물품을 현실적으로 교부한 장소가 인도장소가 되는 것이다. 이때 운송계약이 포함된 매매계약은 CIF조건의 매매계약 등과 같이 매수인이 물품을 인수할 수 있도록 매도인이 스스로 운송계약을 체결하거나 또는 운송을 주선해야 하는 매매계약, 즉 송부계약을 의미한다.

비엔나협약 제31조의 운송은 매도인이 물품을 매수인에게 전달할 목적에서 이루어지는 운송인에 의한 운송을 의미한다. 비엔나협약 제31조의 운송인은 전형적으로 물품을 매수인에게 전달하기 위해서 물품의 운송을 수행하는 독립된 운송주체를 의미한다. 따라서 매도인이 자기의 사용인이나 운송수단을 사용해서 스스로 물품을 매수인에게 운송하는 것은 비엔나협약 제31조의 운송이 아니다.[39] 마찬가지로 매수인이 물품을 목적지에 운송하기 위해서 스스로 운송인이 된 때에도 이때의 운송은 비엔나협약 제31조의 운송이 아니다.

매수인에게 전달할 목적으로 제1운송인에게 물품을 교부함으로써 물품인도의무를 다한 것으로 되기 때문에 물품인도의무를 다하기 위해 명문의 합의가 없는 한, 목적지에서 물품을 교부하거나 또는 매수인이 처분할 수 있는 상태에 두는 것은 요구되지 않는다. 이때 교부(hand over)는 운송인이 매도인으로부터 물품을 이전받아 트럭 등 자기의 운송수단에 싣는 등 운송인이 운송의 목적으로 물품에 대한 물리적 점유를 취한 때에 완성된다. 또한 교부는 매수인에게 전달할 목적으로 이루어져야 하는바, 이는 매도인이 운송계약의 당사자, 즉 송하인이 되어야 할 것을 의미한다.

제1운송인에 대한 교부는 CIF조건의 거래의 경우처럼 반드시 선박 등과 같은 운송수단 내에서 교부할 것이 요구되지 아니한다. 따라서 운송인의 창고나 터미널 또는 공항 등 어디서 교부가 이루어지건 상관없다. 복합운송 등의 경우에 있어서도 매도인이 해상운송인에게 인도한 때 비로소 인도의무를 다한 것으로 한다면, 이는 매도인의 의무를 지나치게 과중하게 하는 결과를 초래할 것이다. 이러한 이유 때문에 비엔나협약 제31조는 매도인이 해상운송이 있기 전이라도 달리 운송을 담당하는 제1운송인에게 교부함으로써 인도의무를 다한다는 명문의 규정을 둠

39) Enderlein, *supra* note 35, p.146.

으로써 매도인과 매수인 간 의무의 균형을 이루고자 한 것이다.

한편 매도인이 운송인에게 물품을 창고에 보관하도록 지시하거나 또는 물품을 제1운송인이 아닌 다른 운송인에 의해 운송할 권리를 유보하는 등의 경우에는 매수인에게 전달할 목적의 교부가 있었다고 할 수 없다.

주의할 것은 비엔나협약 제31조는 운송 중 물품의 매매계약에는 적용되지 않는다는 점이다. 이러한 매매계약에서는 운송 중 물품이 소재하는 곳 또는 그 물품의 목적지가 인도장소로 될 것이다.

(2) 매매계약에 물품운송이 포함되지 않는 경우

매매계약에 물품운송이 포함되지 아니하고 또한 인도장소가 계약에서 정해지지도 않은 경우에 인도의무의 내용은 비엔나협약 제31조 나호 또는 다호에 따라 정해진다. 즉 매매계약에 물품운송이 포함되지 아니하는 경우에 있어서는 매매계약의 목적인 물품이 특정물이거나 또는 불특정물이라도 특정한 재고품에서 인출되거나 제조 또는 생산되는 경우로서, 양 당사자가 계약체결 시에 그 물품이 그 장소에 있거나 또는 그 장소에서 제조 또는 생산되는 사실을 알고 있었던 때에는 매도인은 각각 그 물품이 현재 위치하고 있는 장소, 제조 또는 생산되는 장소에서 물품을 매수인의 처분하에 두었을 때 매도인은 인도의무를 다한 것으로 된다(협약 제31조 나호). 당사자가 계약체결시에 그 물품이 특정한 장소에 있거나 또는 특정한 장소에서 제조 또는 생산된다는 사실을 알고 있었어야 하기 때문에 만약 매수인이 보관 또는 생산장소를 계약체결 후에 알게 된 때에는 위에서 언급된 장소가 인도장소로 되지 않고, 따라서 당사자 간 별도의 합의가 없는 한, 인도장소는 불특정물매매에 관한 일반규정인 비엔나협약 제31조 다호에 의해서 결정된다.

매수인의 처분하에 둔다는 것은 매수인의 점유취득이 가능한 상태에 두는 것을 의미하는데, 매도인이 점유이전행위 자체를 할 필요는 없고, 물품을 특정하고 포장하는 등 인도에 필요한 준비를 마친 후에 매수인에게 통지하는 방법 등을 통하여 매수인이 물품을 처분하는 것을 가능하게 하는 것으로 충분하다.[40] 이때의 통지는 적절한 수단으로 발송된 것으로 충분하며, 통지의 전달상의 지연, 오류 또는 부도달의 위험은 매수인이 부담한다(협약 제27조 참조).

비엔나협약 제31조 나호의 규정은 매도인과 매수인이 비교적 근접한 위치에 소재하고 있고, 매수인이 트럭 등 필요한 운송수단을 갖고 있어서 매도인의 영업

40) 이태희(주34), 115면.

소로 쉽게 올 수 있는 경우에 적용될 것이다.

(3) 불특정물매매의 경우

비엔나협약 제31조 나호에서 규정한 형태의 불특정물매매 이외의 경우로서 운송을 포함하지 않는 불특정물매매에 있어서는 계약체결시에 매도인의 영업소가 인도장소가 되며, 그 장소에서 매수인의 처분하에 두었을 때 매도인은 인도의무를 다한 것으로 된다(협약 제31조 다호 참조).[41] 매도인이 복수의 영업소를 두고 있는 때에는 계약과 가장 밀접한 관련이 있는 영업소에서 인도가 이루어져야 할 것이다(협약 제10조 가호 참조).

매도인이 계약이 체결된 후에 영업소를 옮긴 경우에도 그 인도장소는 여전히 계약체결 당시의 매도인의 영업소이다. 다만 매수인에게 비합리적인 정도로 추가적인 비용이 초래되지 않고 또한 매도인이 매수인에게 추가비용을 구상할 의사를 밝혔다면 비엔나협약 제7조 제1항의 신의성실의 원칙에 따라 매도인은 새로운 영업소에서 물품을 매수인의 처분하에 둠으로써 그 인도의무를 이행하는 것이 허용되어야 할 것이다.

2. 인도시기

인도장소의 경우와 마찬가지로 국제거래에서 인도시기를 계약에서 명확히 정하고 있지 않은 경우는 거의 생각할 수 없다. 따라서 계약에 의하여 인도기일이 지정되어 있거나 확정될 수 있는 경우에 매도인은 그 일자에 물품을 인도한 때 비로소 인도의무를 다한 것으로 된다(협약 제33조 가호). 인도기일 이전의 인도에 대해서 매수인은 그 인수를 거절할 수 있고(협약 제52조 제1항), 인도기일 이후의 인도는 계약위반이 될 것이다.

[관련외국판례] 이탈리아 20/3/1998; Unilex 790

1990년 11월 28일 이탈리아 매수인과 홍콩 매도인은 니트 상품의 매매계약을 체결하였는바, "인도일: 1990년 12월 3일, 지급조건: 선급금: 미화 6,000달러, 잔금: 은행 수표"의 조항을 포함하고 있다. 인도일 이전에 매수인은 선급금의 금액에 해당하는 은행 수표를 발행하였으나 물품은 인도되지 아니하였다. 인도일이 경과하자 매수인은 주문을 취소하였다. 1990년 12월 14일 매도인은 대금 전액의 지급을 받은 후 물품을 인도하겠다고 응답하였다.

인도 조항의 분명한 문구에 비추어 볼 때 계약체결 후에도 매도인에게 분명히 한 바대로 연휴기간 이전에 물품을 수령하리라고 기대하였던 매수인에게는 매도인이 인도시기를

41) 따라서 비엔나협약에서 물품인도의무는 원칙적으로 추심채무라고 할 것이다.

정확하게 준수하는 것이 본질적으로 중요하다. 따라서 계약에 정해진 날짜에 인도하지 않은 것은 매도인의 본질적인 계약위반에 해당한다(협약 제25조).
매도인은 협약 제58조 제1항을 근거로 대금 전액의 지급을 물품 인도의 조건으로 할 수 없다. 매도인은 매수인의 해제통지에 대한 응답에서 그 조건을 주장하였다. 매도인은 상대방에게 상당한 손실을 줄 수 있는 방법으로 협약 제58조 제1항에 규정된 권리를 행사하는 것은 본질적 계약위반이 되므로 그러한 행사를 할 수 없다(협약 제25조).

계약에 의하여 인도기일이 정해지는 대신에 인도기간이 지정되어 있거나 확정될 수 있는 경우에 매도인은 그 인도기간 내에 인도해야 하지만, 그 기간 내에서 실제로 인도가 이루어져야 할 인도기일은 이를 자유로이 정할 수 있다(협약 제33조 나호). 다만 매수인이 인도기일을 선택해야 하는 사정이 있는 경우에는 매도인은 매수인이 지정한 일자에 인도해야 한다(협약 제33조 나호 단서). 예를 들어 FOB조건의 매매계약의 경우처럼 매수인이 해상운송계약을 체결하고 지정된 선박, 즉 본선을 매도인에게 통지해야 하는 경우에는 이를 합의된 인도기간 내에서 매수인이 인도기일을 지정해야 하는 경우로 볼 수 있다.

비엔나협약이 이와 같이 인도기일과 별개로 인도기간에 관하여 규정하면서 반대의 약정이 없는 한, 구체적인 일자의 선택권을 매도인에게 부여한 것은 국제물품매매에 있어서 생산, 수출통관절차, 포장 또는 운송준비 등 매도인의 의무가 보다 복잡하기 때문에 구체적인 인도기일을 정함에 있어서 이를 매도인이 정할 수 있도록 하는 것이 보다 형평에 맞는다는 현실을 반영한 것이다.

계약에 물품인도시기가 전혀 지정되어 있지 아니한 경우에는 계약체결 후 합리적인 기간 내에 물품을 인도해야 한다(협약 제33조 다호). 이때 합리적인 기간은 물품의 종류나 거래형태 등에 따라 다를 것이다. 예를 들어 물품이 제조되거나 또는 제3자로부터 구입되어야 한다면, 생산 또는 구입에 일반적으로 소요되는 기간이 합리적 기간의 산정에 포함되어야 할 것이다. 반면에 계약이 재고 중에 있는 물품과 관련한 것으로서 인도를 위해 특별한 준비기간이 필요하지 않다면, 합리적 기간은 그만큼 단축될 것이다. 또한 매수인이 신속한 인도를 요구한다는 것이 명백하다면, 인도시기도 그에 따라 단축되어야 할 것이다.

Ⅲ. 물품인도에 수반하는 의무

비엔나협약 제32조는 매도인의 물품인도에 수반하는 의무로서 물품특정의무, 운송계약체결의무 그리고 운송보험계약을 체결하기 위해 필요한 정보의 제공 의무를 규정하고 있다(협약 제32조). 이와 같은 의무들은 국제거래에서 관습에 의해 인정되어 오던 것을 비엔나협약이 당사자의 의무로서 명시한 것이다.[42)]

매도인이 다수의 매수인에게 CIF조건으로 판매하는 경우와 같이 매매계약의 목적인 물품이 다른 동종의 물품과 함께 단일한 운송인을 통해서 발송되는 경우에 각 매도인이나 그 지시인을 수취인으로 하는 선하증권이 각각 발행되지는 않을 것이기 때문에 운송인에게 인도된 물품이 각 계약에 특정되지 못하는 상황이 발생한다. 이처럼 계약 또는 비엔나협약에 따라 매도인이 운송인에게 물품을 교부하는 경우로서 하인(荷印)이나 선적서류 등의 방법으로 물품이 계약에 명백하게 특정되어 있지 않은 때에 비엔나협약은 매도인으로 하여금 매수인에게 물품을 구체적으로 특정하는 탁송(託送: consignment)의 통지를 할 것을 규정하고 있다(협약 제32조 제1항). 비엔나협약 제32조 제1항은 통지의 시기에 관해서 규정하고 있지 않으나 일반원칙에 따라 물품의 발송 후 합리적 기간 내에 있어야 할 것이다(협약 제7조 제2항 참조). 비엔나협약 제32조 제1항이 적용되는 경우에는 탁송의 통지가 있음으로써 비로소 멸실위험이 매수인에게 이전한다(협약 제67조 제2항).

비엔나협약 제32조 제1항의 규정은 매수인이 물품수령을 위해서 필요한 조치를 취하거나 또는 적절한 운송수단을 정할 수 있도록 하기 위한 것이다. 그러나 FOB조건의 매매계약과 같은 경우에 명시적으로 매도인에게 탁송통지의무를 부과하고 있고, 또한 상관행상 매도인이 매수인에게 탁송의 통지를 하는 것이 일반적이기 때문에 실제에 있어서 이 규정의 의미는 그다지 크지 않다.[43)]

한편 매도인이 운송을 주선해야 하는 경우에는 매도인은 상황에 적절한 운송수단을 선택하여, 운송에서의 통상의 조건으로 지정된 장소까지 물품을 운송하는데 필요한 계약을 체결해야 한다(협약 제32조 제2항). 적절한 운송계약의 체결의무는 운송수단 및 운송로와 관련을 갖는바, 매도인은 통상적 운송로를 통하여 물품을 운송하도록 할 의무를 부담하며, 운송 중 환적이나 분쟁지역을 통과하는 운송로의 선택은 일반적으로 허용되지 않는다. 상황에 적절한 운송수단인지 여부를 판단함에 있어서는 물품의 종류, 수량, 그 포장방법, 운송거리, 계절 및 가능한 운송수단 등이 고려된다.[44)] 통상적 조건에 따라 운송계약을 체결할 의무는 운임 및 운송인의

42) 이태희(주34), 116면.
43) Enderlein, *supra* note 35, pp.149-150.
44) *Ibid.*, pp.148-149.

책임범위와 관련을 갖는다.

비엔나협약 제32조 제2항은 매도인에게 운송의 '주선'을 요구할 뿐, 운송의 '이행'을 요구하는 것은 아니다. 따라서 운송계약체결의무가 있는 경우에 적절한 조건의 운송계약을 체결할 것이 요구될 뿐, 자기의 계산으로 운송계약을 체결할 것까지 요구된 것은 아니다. 따라서 CIF조건이나 CPT조건과 같이 매도인이 운송계약의 당사자가 될 것을 명시적으로 요구하는 경우가 아니라면 운송비용은 어디까지나 매수인의 부담이다.

[관련외국판례] 스위스 20/2/1997; Unilex T.171/95

파나마 회사는 오스트리아 회사(매수인)에게 술을 구매하여 모스크바로 운송해줄 것을 요청하였다. 파나마 회사는 트럭으로 운송해줄 것을 요구하였고 매수인은 이를 수락하였다. 이 합의에 따라 매수인은 리히텐슈타인에 주된 영업소를 둔 스위스 지점(매도인)으로부터 술을 구매하였고 이 지점이 물품을 모스크바로 운송하였다. 매수인은 대금의 일부를 선지급하였으나 합의된 운송수단 및 매수인의 신용장을 개설할 의무에 관한 당사자 간의 분쟁 때문에 물품이 인도되지 아니하였다. 매수인은 대금의 반환을 구하는 소를 제기하였고 매도인은 매수인이 물품인도의 수령을 거절한 것으로 인한 손해배상을 구하였다.

운송수단에 관한 합의에 대한 입증책임의 문제는 협약에 의하여 규율되나 명시적으로 해결되지는 않으므로 준거법인 국내법에 의하여 해결되어야 하고 이에 의하면 매도인은 원고로서 입증책임을 부담한다.

당사자가 운송수단에 관하여 합의를 하였는지가 확인되지 않으므로 협약 제32조 제2항을 적용하는바, 이에 의하면 매도인이 물품의 운송을 주선하여야 하는 경우에 상황에 맞는 가장 적절한 운송수단을 선택하는 것은 매도인에게 달려 있다. 따라서 매도인이 일부는 트럭으로 일부는 열차로 운송을 주선한 것은 계약위반이 아니다.

매수인은 매도인이 합의된 기간 내에 물품을 인도하지 않았다는 이유로 계약을 해제할 수 없다. 당사자의 명시적인 합의가 없는 한 매도인이 선택한 운송수단으로 인도장소에 이르기까지 걸리는 통상의 기간 내에 인도가 이루어져야 한다. 물품이 실제로 인도되었다면 적시에 도착하였을 것이나, 매수인이 신용장 개설에 필요한 조건을 충족하지 못한 결과 인도되지 못하였다.

CIF조건의 매매계약과 같이 매도인이 스스로 운송보험계약을 체결하여야 할 의무가 있는 경우에 매도인은 당연히 물품을 보험에 부보한다. 그러나 FOB조건의 매매계약과 같이 매도인이 스스로 운송보험계약을 체결할 의무가 없는 경우에 매도인은 매수인이 그러한 보험에 가입할 수 있도록 모든 가능한 정보를 제공하여야 한다(협약 제32조 제3항). 왜냐하면 일반적으로 매도인이 운송보험계약을 체결하기 위해 필요한 물품에 관한 모든 정보를 갖고 있기 때문이다.

Ⅳ. 서류교부의무

국제거래에서 매도인과 매수인 간의 신뢰관계에만 의존해서 거래가 이루어지는 경우는 많지 않다. 오히려 선하증권과 같이 물품에 대한 권리를 표창하는 서류를 매개로 물품과 대금의 교환이 이루어지는 것이 일반적이고, 매도인이 매수인의 신용을 신뢰하여 물품을 인도하는 경우에도 보험증권이나 상업송장과 같은 서류의 인도의무를 계약에서 정하는 경우가 대부분이다.

이러한 경우를 상정하여 비엔나협약 제34조는 매도인이 물품에 관한 서류를 인도해야 하는 경우에 매도인은 계약에서 정한 시기, 장소 및 방식에 따라 이를 교부하여야 한다고 규정하고 있다(협약 제34조 제1문). 주의할 것은 비엔나협약은 서류교부의무를 규정할 뿐 그 구체적인 내용에 관하여는 전적으로 당사자 간 계약에 맡기고 있다는 점이다.

한편 비엔나협약은 매도인이 계약에서 정한 기일 이전에 서류를 교부한 경우에 원래의 교부기일까지 서류상 미비점을 보완할 수 있도록 규정함으로써 인도기일 이전에 이루어진 하자 있는 물품의 인도에 있어서 원래의 인도기일까지 하자의 보완을 허용하는 비엔나협약 제37조와 균형을 유지하고 있다(협약 제34조 제2문).

Ⅴ. 물품의 계약적합의무

비엔나협약은 매도인은 수량·품질·종류 및 포장이 계약 및 그 물품의 사용목적에 적합한 물품을 인도해야 할 뿐만 아니라(협약 제35조), 그 물품에 대한 권리의 행사에 아무런 장애가 없는 물품을 인도할 것을 규정하고 있다(협약 제41조).

매매와 관련한 대부분의 분쟁은 물품이 계약에 적합한지 여부에 관한 것이며, 이러한 사정은 국제거래에 있어서도 마찬가지이다. 이러한 분쟁은 계약에 물품에 관한 상세한 조항을 둠으로써 어느 정도 해결될 수 있다고 하겠지만, 그 분쟁의 내용이 물품의 상태에 관한 사실의 문제이기 때문에 아무리 계약에 상세한 조항을 둔다고 해도 그러한 분쟁발생의 여지가 완전히 사라지는 것은 아니다.[45)]

---

45) Honnold, *supra* note 13, p.252.

이러한 점을 고려해서 비엔나협약은 매도인의 계약적합의무에 관해서 비교적 상세한 규정을 두고 있는데, 우선 비엔나협약 제35조 제1항은 매도인이 계약에서 정한 수량 · 품질 및 종류의 물품을 계약에서 정한 방식으로 용기에 담겨지거나 포장되어서 인도할 것을 규정하고 있고, 제41조는 제3자의 권리 또는 권리주장(claim)의 대상이 되지 않는 물품을 인도할 것을 규정하고 있다. 또한 비엔나협약 제35조 제2항은 당사자 간 명시적인 합의가 없는 경우에 물품의 계약적합 여부를 판단하는 기준을 열거하고 있다.

매도인의 계약적합의무에 관한 비엔나협약의 규정은 그 구성에 있어서 미국통일상법전(U.S. Uniform Commercial Code)이 규정하고 있는 담보의무(warranty)에 관한 규정을 모범으로 하고 있다. 즉 미국 통일상법전은 담보의무를 권리담보의무(warranty of title)와 물품담보의무로 구분한 후에 권리담보의무를 제2-312조에서 규정하고, 이어서 물품담보의무에 관해서 제2-313조에서 명시적 담보의무(express warranty)를, 제2-314조에서 상품성의 묵시적 담보의무(implied warranty for merchantability)를, 그리고 제2-315조에서 특별목적의 묵시적 담보의무(implied warranty of fitness for a particular purpose)를 규정하고 있다. 또한 미국통일상법전은 제2-316조에서 담보의무의 배제 및 제한에 관하여 규정하고 있다.[46]

미국통일상법전의 규정을 비엔나협약의 계약적합의무에 관한 규정과 비교하면, 비엔나협약 제35조 제1항은 미국 통일상법전의 명시적 담보의무를 받아들인 것이고, 제35조 제2항은 묵시적 담보의무를, 그리고 제35조 제3항은 담보의무의 배제 및 제한을 각각 받아들인 것으로 이해할 수 있다.

1. 계약에서 정한 수량, 품질 및 종류의 물품을 인도할 의무

매도인은 계약에서 정한 물품을 계약에서 정한 수량만큼 인도하여야 한다(협약 제35조 제1항). 수량에 관해서는 이른바 묵시적 계약적합의무의 위반이 문제되는 경우는 없고, 항상 계약에서 명시한 수량만이 그 기준이 될 것이다.[47] 다만 특정 거래계에서 통상적 수준으로 이해되는 수량차이는 물품수량에 관한 적합의무의 위반을 구성하지 않는다.[48]

매도인은 계약에서 정한 품질과 종류의 물품을 인도하여야 한다(협약 제35조 제1항). 물

---

46) *Ibid.*, pp.252-253.
47) 이태희(주34), 119면.
48) 예를 들어 곡물 거래에서 일반적으로 사용되는 표준계약서는 계약에서 정한 수량에 대한 5% 내외의 차이는 통상적인 것으로 보아 계약위반을 구성하지 않는 것으로 정하고 있다.

품의 품질과 관련해서 계약위반이 되기 위해서는 품질에 차이가 있는 것으로 충분하며, 그러한 품질의 차이가 물품의 사용용도나 가격에 영향을 미치는 정도에 이르러야 하는 것은 아니다.

계약이 특정의 수량, 품질 또는 종류를 요구하는지 여부를 판단하기 위해서는 당사자 간 합의의 내용을 판단하는 데 사용되는 일반원칙이 적용될 것인바, 이러한 일반원칙을 담고 있는 비엔나협약 규정으로는 당사자의 의사를 판단하기 위한 기준을 제시하고 있는 비엔나협약 제8조와 당사자를 구속하는 관행과 관례에 관하여 규정하고 있는 비엔나협약 제9조가 있다.[49]

한편 계약에서 품질을 명시적으로 정하지 아니한 경우에 매도인은 물품의 통상사용목적에 적합한 물품, 특별사용목적에 적합한 물품 또는 견본 및 모형에 적합한 물품을 인도하여야 한다(협약 제35조 제2항).

(1) 통상사용목적에 적합할 의무

매수인이 사용목적을 명시하지 아니하고 물품의 종류만을 지정한 경우에 매도인은 동종 물품의 통상 사용목적에 맞는 물품을 인도하여야 한다(협약 제35조 제2항 가호). 이때 "통상 사용목적에 맞는다"는 것은 당해 거래계에서 동일한 종류의 물품을 구입하는 사람들이 일반적으로 그러한 물품이 가지고 있으리라고 기대하는 성능과 품질을 갖고 있어야 한다는 것을 의미한다. 비엔나협약이 적용되는 물품매매계약은 상사적 성질을 갖기 때문에(협약 제2조 가호 참조) 물품은 우선 상사적 목적에 적합해야 하는데, 이는 곧 그 물품의 재판매가 가능해야 한다는 것을 뜻한다.[50] 통상사용목적에 적합한지 여부를 판단할 때 사용되는 기준은 당사자 간 분명한 합의가 없는 한, 일응 물품이 사용될 국가에서 통용되는 기준일 것이나, 물품이 사용될 국가가 확실하지 않은 때에는 매도인 국가의 기준과 매수인 국가의 기준이 모두 충족되어야 할 것이다.[51]

---

49) 물품의 품질에 관한 당사자 합의의 추단과 관련한 판례로는 독일 법원의 판례가 있는데, 조개의 매매와 관련한 이 사건에서 독일 법원은 조개 내 카드뮴 최고허용치에 관해서 당사자 간 명시적 합의가 없었던 경우에 매도인이 매수인 국가의 카드뮴 권장 최고허용치를 준수하기로 묵시적으로 합의한 것으로 볼 수 없다고 판단하면서 매도인이 매수인 국가에 있는 저장시설로 조개를 인도하기로 하였다는 사실만으로 매수인 국가에서 재판매를 위한 기준을 충족하거나 또는 매수인 국가의 재판매에 관한 행정법규를 준수하겠다는 매도인의 묵시적 합의가 도출되지는 않는다고 판시하였다. CLOUT case No.123 [Bundesgerichtshof, Germany, 8 March 1995].

50) Schlechtriem, *supra* note 8, p.279.

51) *Ibid.*, p.280.

[관련외국판례] 오스트리아 13/4/2000; Unilex 2 Ob 100/00 w

장기간의 거래관계가 있는 오스트리아 매수인과 독일 매도인은 중고 기계의 매매계약을 체결하였다. 매수인은 기계가 유럽연합의 안전 규정에 적합하지 않다고 주장하면서 대금의 일부를 지급하지 않았다. 매수인은 기계에 CE마크가 필요하다고 주장한 반면 매도인은 표시가 필요하지 않다고 주장하였다. 매도인은 매수인을 상대로 나머지 대금을 구하는 소를 제기하였다.

항소법원은 다음과 같이 판단하였다. 물품이 부적합한 경우에 협약 제45조에 의하여 인정되는 구제는 국내법에 의한 구제방법을 배제한다. 특히 이는 협약 제4조 가호에 불구하고 착오를 이유로 한 해제에 있어서도 같다. 물품에 CE마크가 필요한지의 문제는 매수인 국가(오스트리아)의 특별 공법 규제에 따라 해결되어야 한다.

최고법원은 물품의 적합성을(이 사건에 있어서 물품에 CE마크가 필요한지 여부) 판단하기 위하여 매수인 국가의 특별 공법 규제가 적용된다고 판시한 항소심 판결을 취소하였다. 국제 학설과 독일 최고법원의 판례(Germany, Bundesgerichtshof, 8/3/ 1995 in Unilex)를 참고하건대 매도인은 일반적으로 매수인 국가의 특별한 공법 규제를 준수할 의무는 없고 매도인이 물품이 수출될 국가를 알고 있는 경우에도 그러하다. 매도인은 다음의 경우에만 매수인 국가의 공법적 규제를 준수하여야 한다. (1) 같은 규제가 매도인의 국가에도 있는 경우; (2) 당사자가 계약에서 규제의 준수에 합의한 경우; (3) 매수인이 계약체결시에 협약 제35조 제2항 나호에 의하여 규제가 존재함에 대하여 매도인에게 알린 경우

[관련외국판례] 미국 17/5/1999; Unilex Civ. A. 90-0380

이탈리아 매도인과 미국 매수인 간에 매매계약이 체결되었다. 미국 식약청은 행정절차 위반을 이유로 물품을 압수하였다. 미국정부안전규정이 요구하는 허가를 얻는 책임이 누구에게 있는지 여부에 대하여 다툼이 있었다. 매수인은 물품의 계약 부적합을 이유로 계약을 해제하였다.

중재과정에서 매도인은 자신의 계약위반이 '본질적'이지 않으므로 매수인은 협약 제49조에 따라 계약 부적합을 이유로 계약을 해제할 수 없다고 주장하였다. 매도인이 인도한 물품이 매수인 국가의 공법이나 규제에 적합하지 않은 이 사건에 있어서 매도인은 협약 제35조에 의할 때 매도인은 일반적으로 매수인의 영업소에서 시행되고 있는 공법이나 규제에 적합한 물품을 인도할 의무를 지고 있지 않다고 판시한 독일 판례를 원용하면서 다음과 같이 주장하였다. 매수인에게 유리한 결론을 내린 중재판정에 대하여 협약 제35조의 해석에 관한 독일 판례를 따르지 않았고 중재판정은 선량한 풍속 그 밖의 사회질서에 반하고 협약 제7조가 규정하고 있는 바와 같이 협약의 국제적 성격을 고려하여야 하고 적용에 있어서 통일성을 기하여야 함을 명백히 위반한 것이라고 주장하였다. 이에 대하여 법원은 중재판정은 협약 제35조에 관한 독일의 판례를 해석함에 있어서 잘못이 없고 협약 제7조에 따라 협약의 국제적 성격을 고려하였고 그 적용에 있어서 통일성을 기하였다고 판시하였다. 독일 판례가 선언한 매도인은 일반적으로 매수인의 영업소에서

시행되고 있는 공법이나 규제에 적합한 물품을 인도할 의무를 지지 않는다는 것이 일반 원칙이나 다음 세 가지 사정이 있으면 그러하지 아니하다. (1) 매수인 국가의 공법이나 규제가 매도인 국가의 것과 동일한 경우, (2) 매수인이 매도인에게 공적 규제를 알려주었을 경우, (3) 매도인의 지점이 매수인 국가에 위치한 경우와 같은 특별한 사정으로 인하여 매도인이 문제의 규제에 대하여 알았거나 알 수 있었을 경우. 이 사건에 있어서는 세 번째 사유로 인하여 즉 매도인이 계약체결 전에 매수인 국가의 규제를 알았거나 알 수 있었기 때문에 일반원칙은 적용되지 아니한다.

(2) 특별사용목적에 적합할 의무

매도인은 계약체결 당시에 매도인에게 명시적 또는 묵시적으로 알려진 특별한 목적에 맞는 물품을 인도하여야 한다(협약 제35조 제2항 나호). 일반적으로 매수인은 자기가 무엇을 원하는지는 알고 있지만, 그를 위해 구체적으로 어떠한 품질과 성능을 가진 물품이 필요한 것인지를 파악할 능력이 없다. 이러한 경우에 매수인은 물품이 사용될 특별목적을 매도인에게 표시함으로써 자기의 사용목적에 적합한 물품을 공급받을 수 있는 기회를 갖도록 하는 것이 이 규정의 취지이다.[52)]

따라서 제35조 제1항에 따라 계약에서 물품이 특별사용목적에 적합할 것을 정한 때에는 물품이 그 특별사용목적에 적합해야 하는 것은 물론이고, 제35조 제2항 나호에 따라 계약에서 특별한 사용의 목적에 적합할 것을 명시적으로 정하지 않았다고 할지라도 매수인이 그 특별사용목적을 매도인에게 표시하였거나, 또는 실제에 있어서 매도인이 그 특별사용목적을 알지 못했지만 합리적 매도인이라면 그 상황으로부터 특별사용목적을 알 수 있었던 경우라면 매도인은 그 특별사용목적에 적합한 물품을 인도해야 한다. 이때 매수인의 특별사용목적은 계약체결 당시에 매도인이 이를 알고 있을 것이 요구되며, 계약체결 후에 매수인이 자기의 특별사용목적을 매도인에게 통지하는 것으로는 충분하지 아니하다.

매수인이 자기의 특별사용목적을 매도인에게 표시했다고 할지라도 상황으로 미루어 볼 때, 매수인이 매도인의 기술과 판단을 신뢰하지 아니하였거나 또는 신뢰하는 것이 불합리하다고 인정되는 경우에는 매도인은 매수인의 특별사용목적에 적합하지 않은 물품을 인도했다고 하더라도 그에 기한 책임을 지지 아니한다(협약 제35조 제2항 나호 단서).[53)] 일반적으로 매도인이 매수인이 의도한 특별사용목적을 위한 물품

52) 이태희(주34), 121면.

53) 독일 법원은 일반적으로 매수인은 물품과 관련한 수입국의 관련 행정법규에 관하여 매도인이 알고 있을 것을 기대할 수는 없기 때문에 매수인 스스로 이들 규정을 매도인에게 적시하지 않은 한, 그 지식에 관한 매도인의 인식을 신뢰하는 것을 합리적이라고 할 수는 없다고 판시하였

의 제조나 구입에 있어서 전문가이거나 또는 매도인이 스스로 전문가로 자처한 때에는 매도인의 기술과 판단에 대한 매수인의 신뢰가 있었다고 볼 것이다.

(3) 견본 또는 모형에 적합할 의무

견본(sample) 또는 모형(model)에 의한 매매에서 매도인은 제시된 견본 또는 모형과 동일한 품질의 물품을 인도해야 한다(협약 제35조 제2항 다호). 여기서 견본은 당해 매매의 목적인 물품 중에서 추출된 물품을 의미하고, 모형은 매매의 목적이 아닌 물품으로서 검사를 위하여 제시된 물품을 의미한다. 이때 매도인이 계약체결과 관련해서 견본이나 모형을 제시하는 행위가 그와 동일한 품질의 물품을 인도할 의사를 표시한 것으로 볼 수 있는 행위, 즉 구속의사를 갖는 행위이어야 함은 물론이다.

이 규정은 매도인이 견본 또는 모형을 사용해서 계약을 체결한 경우에 이는 매도인이 견본 또는 모형과 동일한 품질의 물품을 인도할 것을 명시적으로 담보한 것으로 함으로써, 견본 또는 모형이 사용된 계약의 경우에 계약에서 정한 물품을 인도할 의무를 규정하고 있는 비엔나협약 제35조 제1항이 적용되는 것을 보다 분명히 하는 의미를 갖는다.[54]

(4) 포 장

비엔나협약은 물품 자체가 계약에 적합할 것을 규정하는 이외에 물품의 포장도 계약에 적합할 것을 규정하고 있다. 즉 계약에서 정한 방법이 있는 경우에 매도인은 그 방법으로 물품을 용기에 담거나 포장해야 한다(협약 제35조 제1항).[55]

포장방법에 관한 합의가 없는 경우에는 동일한 물품에 대하여 통상의 방법으로, 통상의 방법이 없는 경우에는 그 물품을 보존하고 보호하는 데 적절한(adequate) 방법으로 용기에 담겨지거나 포장되어 있어야 한다(협약 제35조 제2항 라호). "통상의 방법"을 정함에 있어서는 당해 물품의 거래계에서 적용되는 관습이나 관행이 고려되어야 하

다. CLOUT case No.123 [Bundesgerichtshof, Germany, 8 March 1995].

다른 한편 핀란드 법원은 매수인이 특정 수준의 비타민 A를 함유한 물품을 구입하고자 했고, 매도인이 그 목적을 충분히 명료한 정도로 인식하고 있었으며, 매수인이 비타민 A의 특정 수준의 함유량 유지에 관한 매도인의 전문성을 신뢰한 경우에 매도인이 점포 전시 기간 동안 비타민 A 함유량을 특정한 수준으로 유지하지 못한 피부보호제를 인도하였다면, 이는 특정사용목적에 적합할 의무를 위반한 것이라고 판시하였다. Helsinki Court of First Instance, Finland, 11 June 1995, affirmed by Helsinki Court of Appeal, Finland, 30 June 1998 (http://www.cisg.law.pace.edu/cisg/wais/db/cases2/980630f5.html).

54) Honnold, *supra* note 13, pp.258-259.

55) 예를 들어 매도인이 매수인 국가에서 재판매될 것을 알고 있는 치즈를 매도하면서 문제의 치즈를 매수인 국가의 제품표시법규를 위반하는 방식으로 포장하여 인도한 경우에 프랑스 법원은 그러한 인도는 비엔나협약 제35조 제2항 라호에 위반한 것이라고 판시하였다. CLOUT case No.202 [Cour d'appel, Grenoble, France, 13 September 1995].

며, 이때 포장의 목적, 즉 운송 중에 물품이 충분히 보호되어야 한다는 요구가 특히 고려되어야 한다.[56] 한편 "물품을 보존하고 보호하는 데 적절한 방법"을 판단함에 있어서는 물품의 성질, 운송의 기간과 형태 및 기후조건 등이 고려되어야 한다.

운송 중에 포장은 훼손되었으나 물품 자체는 훼손되지 않은 경우에 포장이 전적으로 운송 중에 물품을 보호한다는 목적만을 갖는 것이라면 매도인은 아무런 책임을 지지 않는다고 할 것이지만, 포장이 물품의 일부를 구성한다면 매도인은 물품부적합에 기한 책임을 져야 하는 경우가 있을 것이다.

(5) 계약적합 여부의 판단시기

매도인은 원칙적으로 물품의 멸실위험이 매수인에게 이전하는 때에 존재하는 물품과 계약간의 부적합에 대해서 책임을 진다(협약 제36조 제1항). 따라서 위험이전 당시에 부적합의 상태가 존재하는 한, 그 사실이 위험이전 이후에 발견되는 경우에도 매도인은 그에 따른 책임을 부담한다(협약 제36조 제1항). 또한 위험이전 이후에 부적합의 상태가 발생한 경우라도 매도인이 일정기간 물품이 통상사용목적이나 특별사용목적에 적합한 상태를 유지하거나 또는 특정한 품질이나 특성을 유지할 것에 대한 보증(guarantee) 등 매도인이 부담하는 의무의 위반에 기인하여 문제의 부적합이 발생한 때에는 위험 이전 여부에 상관 없이 매도인은 그에 대한 책임을 진다(협약 제36조 제2항).[57]

비엔나협약 제36조에서 부적합에 대한 책임의 존재 여부는 멸실위험이 매수인에게 이전할 당시에 물품의 부적합이 존재하였는지 여부에 좌우되기 때문에 누가 증명책임을 부담하는지의 문제는 당사자의 권리를 확정하는 데 있어서 매우 중요한 의미를 갖는다. 매수인이 이의 없이 물품을 인수한 때에는 멸실위험이 이전할 당시 부적합이 이미 존재하였음을 매수인이 증명해야 한다. 한편 매수인이 담보기간 중에 부적합이 발생하였음을 증명한 때에는 문제의 부적합이 자기의 책임범위 밖에 있는 원인에 기하였음을 매도인이 증명해야 할 것이다.

---

56) Schlechtriem, *supra* note 8, p.283.

57) 예를 들어 오스트리아 법원은 데이지꽃을 구입한 원예업자가 자기의 고객이 문제의 데이지가 여름 내내 꽃을 피우지 않았다고 항의하자, 매도인에 대한 대금지급을 거절한 사건에서 매수인인 원예업자가 (1) 비엔나협약 제36조 제1항에 따라 멸실위험이 매수인에게 이전할 당시에 이미 문제의 데이지에 하자가 있었다는 것을 증명하지 못했고, 또한 (2) 비엔나협약 제36조 제2항에 따라 매도인이 문제의 데이지의 미래 적합성을 보증하였다는 것도 증명하지 못했기 때문에 매수인은 대금지급을 해야 한다고 판시하였다. CLOUT case No.107 [Oberlandesgericht Innsbruck, Austria, 1 July 1994].

[관련외국판례] 독일 9/1/2002; Unilex VIII ZR 304/00

독일 매도인과 네덜란드 매수인은 수 개의 분유의 매매계약을 체결하였다. 계약은 구두로 체결되었고 후에 당사자가 서면으로 확인하였다. 매수인의 확인서에는 표준약관이 포함되어 있었는바, 이에 의하면 매도인의 대금반환의무 이외에는 매도인의 손해배상책임은 인도된 물품의 송장대금을 초과하지 못한다고 되어 있다. 매도인의 확인서에 의하면 이 사건 매매는 매도인의 표준약관만으로 규율되고 이에 상반되는 법률상의 조건 또는 매수인의 표준약관은 배제된다. 더욱이 매도인의 표준약관에 포함된 담보책임조항에 의하면 매수인은 물품의 인도 즉시 검사하여야 하고 인도서류에 하자를 기재하여야 하며 인도시 발견할 수 없는 하자는 기재된 기간 내에만 주장할 수 있다.

매수인은 분유를 알제리 회사와 네덜란드 회사에 재판매하였다. 매수인은 도착된 분유의 표본을 조사하였고 부정적인 결과가 나오지 않자 분유를 알제리와 네덜란드 아루바로 선적하였다. 알제리로 인도된 분유 중 일부가 가공 후에 썩은 맛이 나는 것으로 밝혀졌다. 알제리 회사가 물품의 부적합을 주장하였고 매수인의 고객은 원만한 해결을 위하여 매수인과 매도인을 두 번 만났다. 1998년 8월 24일자 서신에서 매도인은 분유의 일정량이 계약 조건을 충족하지 못하고 매수인은 품질에 대하여 담보책임청구를 할 수 있다고 인정하였다. 그러나 매도인은 그의 표준약관을 원용하면서 그 외의 청구에 대한 책임을 부인하였다. 네덜란드 회사도 일정량의 분유의 부적합을 주장하였고 매수인으로부터 손해배상을 받았다.

매수인은 물품의 부적합이 위험이 이전되는 시점에 이미 존재하였던 하자에 의하여 발생된 것이고 다만 가공 후에 판명되었을 뿐이라고 주장하면서 매도인을 상대로 손해배상을 구하는 소를 제기하였다.

매도인은 협약 제74조, 제75조에 따라 손해를 배상할 책임이 있다.

당사자가 계약을 이행함에 있어서 당사자의 표준약관의 부분적 저촉(서식전쟁)이 계약의 실질적 변경이라고 여기지 아니하였으므로(협약 제19조 제1항, 제3항) 이것이 계약 전체의 성립을 방해하는 것은 아니다.

서식전쟁에 관하여 살피건대 일반적으로 인정되는 학설인 "knock out" 이론을 적용하면 상호 저촉되는 계약조건은 계약의 일부가 되지 못한다 할 것이다. 저촉 여부를 판단함에 있어서는 관련 법리를 체계적으로 해석하는 것으로부터 시작하여야 한다. 따라서 물품의 계약 부적합에 관하여는 매도인이나 매수인의 표준약관이 모두 적용되지 아니하므로 계약 부적합에 대한 매도인의 책임은 협약에 의하여 규율된다 할 것이다.

(6) 매도인의 인도기일 전 계약부적합의 치유권

매도인이 합의한 인도기일 이전에 물품을 인도한 경우에 매도인은 그 인도기일까지는 이미 인도한 물품의 누락분을 인도하거나, 부족한 수량을 보충하거나, 부적합한 물품에 갈음하여 물품을 인도하거나 또는 물품의 부적합을 치유할 수 있다(협약 제37조 제1문). 주의할 것은 이 규정이 매도인의 인도기일 이전의 인도에 대해서 매수인이 이를 수령할 의무를 갖는 것으로 이해되어서는 안 된다는 점이다. 매도인의 인도기일 이전의 인도에 대해서 매수인은 언제나 그 수령을 거절할 수 있다.

매도인이 비엔나협약 제37조의 부적합의 치유권을 갖고 있는 한, 매수인은 비엔나협약 제45조 이하의 구제수단을 주장하는 것이 허용되지 않으며, 인도기일이 도래한 후에 비로소 이들 구제수단을 행사할 권리를 갖는다. 특히 매도인이 인도기일까지 부적합을 치유할 수 있는 권리는 부적합의 치유가 없다면 본질적 계약위반을 구성하는 정도에 이르는 부적합의 경우에도 적용된다고 할 것이기 때문에, 매도인이 부적합을 치유하지 않을 것이 명백하여 비엔나협약 제72조의 이행기전 계약위반을 구성하는 경우 이외에는 인도기일이 지나기까지는 치유 전의 부적합이 본질적 계약위반을 구성한다는 이유로 매수인이 계약을 해제하는 것은 허용되지 않는다.[58)]

이처럼 이행기일이 도래하기까지는 매도인에게 포괄적인 부적합의 치유권이 인정되지만, 부적합의 치유가 있기 전에 이미 발생한 손해가 있거나 매도인의 부적합치유행위가 있었음에도 불구하고 손해가 발생한 경우에 매수인이 그 손해의 배상을 청구할 수 있음은 물론이다(협약 제37조 제2문). 그리고 이러한 손해에는 매도인의 부적합치유행위로 매수인에게 초래된 비용이 당연히 포함된다.

주의할 것은 부적합치유권의 행사가 매수인에게 불합리한 불편이나 비용을 야기해서는 안 된다는 점이다(협약 제37조 제2문 단서). 이 단서 규정은 매도인의 부적합치유행위로 인해 매수인이 불합리한 피해를 입지 아니하도록 배려하는 취지를 갖는다고 할 것인데, 무엇이 불합리한 불편인지는 개별 상황에 따라 다를 것이지만, 매수인이 인도된 기계를 이미 생산라인에 배치한 경우에 그 기계를 장기간에 걸쳐 수리하는 행위는 매수인에게 불합리한 불편이 될 가능성이 크다고 할 것이고, 이러한 때에는 기계의 즉각적인 대체만이 허용될 것이다. 수차에 걸친 부적합의 치유노력에도 불구하고 부적합의 상태가 계속되는 경우에 추가적으로 부적합을 치유하려는 시도 또한 불합리한 불편이 될 수 있다. 한편 매도인이 운송비용을 부담하지 않으면서 매수인으로 하여금 추후 인도를 인수하도록 요구하는 것은 불합리한 비용지출의 예가 될 수 있을 것이다.

(7) 계약적합의무의 면책

매수인이 계약체결 당시에 물품이 계약에 적합하지 않음을 알았거나 모를 수

---

58) Honnold, *supra* note 13, p.269.

없었던 경우에 매수인은 매도인에게 비엔나협약 제35조 제2항의 부적합에 기한 책임을 물을 수 없다(협약 제35조 제3항). 비엔나협약 제35조 제3항의 "모를 수 없었던 경우" (could not have been unaware)는 중과실(gross negligence)보다 더 심각한 과실로서 그 사실이 육안으로도 명백하여 굳이 검사를 하지 않더라도 물품이 계약에 부적합한 사실을 발견할 수 있었던 경우 등을 의미한다. 물품의 부적합이 명백하였는지 여부를 판단함에 있어서는 전적으로 객관적 기준에만 의존할 것은 아니고, 매수인의 상황도 또한 고려되어야 한다.

[관련외국판례] 러시아 22/1/1997; Unilex 155/1996

러시아 무역회사는 독일 회사로부터 82% 지방을 함유한 식탁용 버터 300톤을 CIP 상트페테르부르크의 조건으로 구매하고 선급금을 지급하였다. 매수인은 매도인이 물품을 적시에 인도하지 못하였고 소금과 지방이 무제한으로 함유되어 있고 납 성분이 들어 있어 낮은 품질의 것이라고 주장하였다. 매수인은 실제로 버터 대신 마가린이 인도되었다고 주장하였고 계약가격과 마가린 가격의 차액을 포함하여 부적합한 물품의 인도로 인한 손해배상을 구하면서 물품의 수령을 거절하였다. 매도인은 물품의 품질은 독일에 있는 독립된 연구소에 의하여 확인되었고 증명서에 의하여 증명된다고 주장하면서 매수인의 청구를 받아들이지 아니하였다. 매도인은 매수인이 물품을 수령하지 않음으로써 발생한 비용의 손해배상을 구하는 반소를 제기하였다.
물품의 계약 적합성의 문제를 살피건대 제1계약부속서에 의하면 물품은 러시아어로 "버터"로 되어 있고 영어로 "식탁용 버터"로 되어 있다. 영어와 러시아어로 물품의 품질을 표시한 제2계약부속서에는 물품이 "식탁용 버터, 82% 지방 함량, 신선한 것"으로 표시되어 있는 반면 매도인의 송장에는 물품이 "동물 지방 버터"로 표시되어 있다. 매수인에게 보낸 서신에서 매도인은 벨기에 버터를 인도하는 데 어려움이 있으므로 두 트레일러분의 "완전히 동가의 영국 버터"를 인도하겠다고 제안하였다. 매도인의 서신에 있는 버터의 지정은 "퓨라 식료"라는 영국 회사의 제품인 80% 지방 함량과 0.5, 0.7% 소금 함량의 "퓨라 저가 버터"를 지정한 것이다.
매수인은 퓨라 저가 버터로 지정된 통지를 받고서도 인도하겠다고 제안된 대체품의 지정과 제2계약부속서의 지정의 차이를 알아차리지 못하였고 1995.2.10.자 그의 매도인에 대한 서신에서 물품에 동의하였고 대금감액을 요구하지 아니하였다. 이러한 이유로 협약 제35조와 독일민법 제459조에 의하여 제2계약부속서에 표시된 물품과 퓨라 저가 버터를 "표준 품질의 가정용 마가린"으로 평가한 독립된 연구소의 전문가의 의견을 참작하여 계약가격과 마가린 가격과의 차액만큼의 손해배상을 구하는 매수인의 청구를 기각한다.

주의할 것은 비엔나협약 제35조 제3항이 매수인이 계약체결 이전에 물품을 검사할 의무를 부담하는 것으로 해석되어서는 안 된다는 점이다. 또한 매도인이 계약체결 이전에 물품을 검사할 기회를 매수인에게 제의하였다는 사실만으로 매도인이 불합치에 기한 책임을 면하지도 않는다.

비엔나협약 제35조 제3항은 비엔나협약 제35조 제2항의 부적합에 대해서만 적용된다. 따라서 매도인이 통상사용목적에 합치할 의무, 특정사용목적에 합치할 의무, 견본 또는 모형에 합치할 의무 및 적절한 포장을 할 의무를 위반한 때에만 적용되고, 계약에서 정한 수량·품질 및 종류의 물품을 인도할 의무를 위반한 경우에는 적용되지 않는다.

(8) 증명책임

비엔나협약은 증명책임에 관해서 명시적 규정을 두고 있지 않지만, 증명책임에 관한 일반원칙에 따라 매수인이 물품이 계약에 적합하지 않다는 통지를 한 때에는 매도인은 물품이 멸실위험의 이전 당시에 계약에 적합하였음을 증명해야 한다. 반면에 매수인이 부적합의 통지를 하지 않고 물품을 인수한 때에는 증명책임이 전환되어 매수인이 부적합을 증명해야 한다.[59]

[관련외국판례] 이탈리아 12/7/2000; Unilex 405

입증책임은 묵시적으로 협약의 적용이 배제되고 준거법인 국내법에 의하여 규율될 문제라는 견해(협약 제4조 제1문)는 이를 받아들이지 아니한다. 반대로 입증책임은 협약에 의하여 규율되나 명시적으로 해결되지 않는 문제이므로 협약의 기초가 되는 일반원칙에 따라 결정되어야 할 것이다(제7조 제2항). 원고가 그의 청구를 뒷받침할 증거를 내세우는 것이 협약의 기초가 되는 일반원칙이라 할 것이다. 이러한 원칙은 명시적으로 채무를 이행하지 않은 당사자가 채무불이행책임을 면할 수 있는 사정을 입증하여야 하고 따라서 묵시적으로 타방 당사자가 채무불이행 자체를 입증하여야 한다고 규정한 협약 제79조 제1항으로부터 도출될 수 있다. 따라서 물품이 계약에 부적합하다는 사실과 그로 인한 손해에 대하여는 매수인이 입증하여야 한다.

2. 매수인의 물품검사 및 부적합통지의무

비엔나협약에 있어서 매도인이 인도한 물품이 계약에 적합하지 않은 것에 기한 담보책임을 묻기 위해서는 매수인은 수령한 물품이 계약에 적합한지 여부를 검사하고, 그 결과를 매도인에게 통지하여야 한다(협약 제38조, 제39조 및 제43조).

매수인의 물품검사의무는 비엔나협약 제58조 제3항에 따라 매수인이 대금지급 전에 갖는 물품검사권과는 구별되는 의무로 협약 제39조에 따른 매수인의 부

59) Schlechtriem, *supra* note 8, p.288.

적합통지의무의 기초를 구성한다. 매수인의 물품검사 및 부적합통지의무는 매도인에게 부적합을 치유할 수 있는 기회를 제공하기 위한 것이다(협약 제48조 참조).

매수인의 물품검사 및 통지의무가 매도인의 계약적합의무의 일부로서 규정되어 있는 데서 볼 수 있는 바와 같이, 매수인이 검사 또는 통지의무를 해태하였다고 할지라도 이로 인해 매도인에게 손해배상책임을 지는 것은 아니고, 단지 매도인에게 담보의무불이행에 기한 책임을 물을 수 없다는 것을 의미하기 때문에 매수인의 물품검사 및 통지의무는 법적 요구(regal requirement) 이른바 간접의무(non-actionable duty)에 해당한다.

(1) 물품검사의무

매수인은 그 상황에서 실행가능한 단기간 내에(within as short a period as is practicable in the circumstances) 물품을 검사하거나 또는 검사하게 하여야 한다(협약 제38조 제1항). 일반적으로 검사방식은 당사자 간 합의 또는 관습 및 관행에 따라 정해질 것이나, 이들 기준이 존재하지 않는 경우에 요구되는 검사의 정도는 합리적 수준의 검사라고 할 것이다.[60] 합리적 수준의 검사 여부를 판단함에 있어서는 물품의 형태, 포장 및 당해 거래계에서의 일반적 매수인의 능력 등이 고려될 것이다.[61] 결국 매수인의 검사의무는 통상적인 검사에 한하며, 고비용의 전문적인 기술을 동원하여 검사할 것은 요구되지 않는다. 이때 도착지에서의 통상적인 검사는 컨테이너의 수량 또는 육안으로 감식이 가능한 물품의 상태 등을 확인하는 정도의 검사를 의미한다.

[관련외국판례] 오스트리아 27/8/1999; Unilex 1 Ob 223/99x

이탈리아 매도인과 오스트리아 매수인은 여행용 신발의 매매계약을 체결하였다. 매수인의 요구에 따라 매도인은 일부 신발을 스칸디나비아 회사로 바로 인도하였고 일부 송장으로 매수인에게 대금 지급을 구하였다. 매수인은 물품의 부적합을 주장하면서 두 개의 송장을 지급하지 않았다. 매도인은 매수인이나 스칸디나비아 수하인이 부적합의 통지를 적시에 하지 않았다고 주장하면서 대금의 지급을 구하는 소를 제기하였다.

제3자에게 수회 분할 인도하는 경우에는 협약 제38조에 의한 검사기간은 각 분할 인도에 대하여 개별적으로 진행하고 제3자(이 사건에 있어서 스칸디나비아 회사)의 인도장소에 물품이 도착한 때로부터 진행한다. 매수인은 중개인으로서 스스로 물품을 검사하거나 제3자로 하여금 검사하게 하여야 할 의무가 있다.

60) Oberster Gerichtshof, Austria, 27 August 1999 (http://www.cisg.at/1_22399x.htm).

61) CLOUT case No.230 [Oberlandesgericht Karlsruhe, Germany, 25 June 1997].

협약 제38조, 제39조에 의한 검사 및 통지 기간에 관하여 살피건대 이러한 비교적 짧은 기간은 구체적 사건의 객관적, 주관적 상황에 따라 변경되어야 한다. 매수인 회사의 규모, 개인적, 사업적 상황, 검사될 물품의 성질과 수량, 검사에 드는 노력, 선택된 법적 구제방법 등에 따라 달라진다. 달리 특별한 사정이 없는 한 합리적인 검사와 통지의 기간은 약 14일이다. 특별한 사정이 없는 이 사건에 있어서는 매수인은 매도인에게 적시의 통지를 하지 않았다.
검사의 방법에 관하여 살피건대 당사자 간에 특별히 합의한 바가 없다면 검사방법은 거래관행이나 관습에 비추어 결정될 수 있다. 고비용의 검사를 할 필요는 없으나 물품의 성질상 검사하기 어려운 경우에도 철저하고 전문적이며 합당한 노력이 든 검사이어야 한다. 대량의 물품을 구매하는 경우에는 매수인은 물품검사의무를 다하기 위하여 광의의 전문가(이 사건에 있어서 신발거래의 전문가)의 도움을 받아야 한다.
부적합의 통지가 적시에 올바르게 이루어졌음을 입증할 책임은 매수인에게 있다. 이 사건에 있어서 매수인은 뒤에 발견된 하자가 전문적인 표본조사로도 발견될 수 없었음을 증명하지 못하였다. 따라서 매수인은 부적합의 통지를 올바른 방법으로 하지 못하였다.
매수인은 부적합을 주장할 권리를 상실하였고 그 결과 협약 제45조에 규정된 구제를 받을 수 없다.

[관련외국판례] 독일 25/6/1996; Unilex 7 O 147/94

프랑스 매도인과 독일 매수인은 후자가 그의 제품인 블라인드 부품의 제조에 사용될 플라스틱(피브이씨)의 인도 계약을 체결하였다. 그 후 매수인은 그의 제품을 제3자(블라인드 제조자)에게 매도하였다. 일부 블라인드가 햇빛을 효과적으로 차단하지 못한다는 고객의 불평을 듣고 제3자는 매수인에게 손해배상을 구하였다. 그 결과 매수인은 피브이씨 대금의 일부만 지급하였다. 매도인은 대금 전액의 지급을 구하는 소를 제기하였고 매수인은 부적합으로 인한 손해로 상계를 주장하였다.
하자 없는 블라인드를 제조하기에 충분한 농도의 물질을 포함하도록 계약에서 합의하였으나 인도된 피브이씨의 한 종류에는 이에 못 미치는 농도의 물질이 포함되어 있었다. 따라서 매도인은 적합한 물품을 인도할 의무를 위반하였다. 더욱이, 매수인이 그의 고객으로부터 불평을 듣기 전에 피브이씨를 검사하지 않았고 부적합의 통지를 매도인에게 하지 않았다 하더라도 부적합을 주장할 권리를 상실하는 것은 아니다(협약 제38조 제1항, 제39조 제1항). 피브이씨의 하자 있는 성분은 특수한 화학 검사를 통하여만 발견될 수 있고 매수인이 이를 시행할 의무가 없다.
피브이씨가 계약의 지정에 부합하였다면 매수인은 손해를 입지 않았을 것이므로 매수인은 그의 손해배상청구로써 매도인의 나머지 대금 청구를 상계할 수 있다.

비엔나협약은 검사시기에 관해서 매수인은 구체적 상황에서 실행가능한 단기간 내에 물품을 검사하거나 또는 검사하게 해야 한다고 규정하고 있다(협약 제38조 제1항).

검사기간의 개시시점은 물품의 인도시이다. "실행가능한 단기간 내"는 비엔나협약 제71조 제3항의 이행기 전 계약위반시 매도인이 하는 이행정지의 통지시기인 "즉시"(immediately)보다는 완화된 개념이나 물품인도시기나 계약해제 및 하자의 통지시기인 "합리적 기간 내"(within a reasonable time)보다는 엄격한 개념으로[62] 구체적으로 개별적인 거래의 내용과 물품의 성질, 거래관행, 검사의 장소·시설·능력, 대행물품검사에 소요되는 통상적인 기간 기타 모든 사정을 고려하여 결정해야 된다.[63] 따라서 물품의 개수 확인 등은 물품이 인도된 후에 지체 없이 검사해야 할 것이지만, 봉인된 컨테이너의 내용물이라든지 기계의 작동상태 등 그 불합치를 쉽게 발견하기 어려운 경우에는 봉인된 컨테이너가 최종 목적지에 도착하여 개봉된 후에 그 내용물인 물품을 검사한다든지 또는 기계를 상당 기간 동안 작동한 후 기계의 이상을 발견하였다든지 하더라도 "실행가능한 단기간 내"에 검사의무를 다한 것으로 해석될 것이다.[64]

[관련외국판례] 스위스 15/1/1998; Unilex 12.97.00193

스위스 매도인과 이탈리아 매수인은 가나산 카카오 열매의 매매계약을 체결하였다. 계약에는 매도인이 가나로부터 이탈리아까지 물품의 해상운송을 주선하기로 하는 인코텀즈 CIF조항이 들어 있었다. 대금은 독립된 검사 당국의 당사자가 합의한 물품의 품질을 증명하는 증명서와 함께 은행에 제시되면 지급되는 취소불가능한 신용장으로 지급하기로 하였다. 선적하기 전에 검사 당국의 물품이(표본을 검사함) 합의된 품질을 갖추고 있다는 증명서가 발행되었다. 3주후 물품이 컨테이너에 담겨져서 가나로부터 운송되었다. 매도인은 품질증명서와 신용장을 제출하여 은행으로부터 대금을 지급받았다. 물품이 선적후 한 달이 지나서 이탈리아에 있는 목적지에 도착하였다. 물품을 수령한 매수인이 한 검사에서 물품의 품질이 합의된 허용범위보다 낮은 것이 발견되었다. 매수인은 매도인에게 부가기간 내에 대체물을 인도해줄 것을 요구하는 부적합의 통지를 하였다. 매도인이 이에 응하지 않자 매수인은 계약해제를 선언하고 매도인을 상대로 대금의 반환과 이자를 구하는 소를 제기하였다.

협약 제67조에 의하여 매매에 물품의 운송이 포함되어 있으므로 특정된 물품이 운송을 위하여 가나에 있는 운송인에게 교부된 때 위험이 매수인에게 이전한다. 물품은 이를 사

62) Honnold, *supra* note 13, pp.272-273.

63) Enderlein, *supra* note 35, p.167.

64) 독일 법원은 한 사건에서 일반적으로 매수인은 물품이 인도된 후 1주일 내에 물품검사를 해야 한다고 판시하였다. CLOUT case No.285 [Oberlandesgericht Koblenz, Germany 11 September 1998]. 그러나 다른 사건에서는 2-3일을 검사기간으로 판단하거나 또는 1개월을 검사기간으로 판단한 경우도 있다. CLOUT case No.230 [Oberlandesgericht Karlsruhe, Germany 25 June 1997] and CLOUT case No.284 [Oberlandesgericht Köln, Germany 21 August 1997].

용할 수 없을 정도의 상태로 이탈리아에 있는 목적지에 도착하였다. 그러나 이 사건에 있어서 물품이 잠재적으로 또는 분명히 적합하지 않은지(협약 제36조)와 어느 당사자가 이에 대한 입증책임을 지는지를 판단하여야 한다.
협약은 물품의 계약 적합에 관한 입증책임문제를 명시적으로 해결해 주지는 않는다(협약 제7조 제2항). 일부 학설은 이 문제는 협약에 의하여 규율되지만 명시적으로 해결되지는 않는바, 협약 제35조 이하는 협약의 흠결을 보충할 수 있는 일반원칙을 표현한 것이고 이에 의하면 입증책임은 매수인에게 있다고 한다. 다른 학설은 일반원칙이 없으므로 이 문제는 국제사법 규칙이 지정하는 준거법인 국내법인 이 사건에 있어서는 스위스법에 따라 결정되어야 한다고 한다. 스위스 국내법에 의하더라도 입증책임은 매수인에 있다.
선적하기 전에 검사 당국이 물품의 적합성을 확인하였다는 사실이 매수인이 물품을 그 상태대로 수령하겠다는 증거가 될 수는 없다. 품질증명서는 매도인이 신용장으로 대금을 지급받는 데 사용될 목적으로 작성된 것이고 협약 제38조에 따라 매수인은 물품이 이탈리아 항구에 도착하면 이를 검사할 수 있고 부적합의 통지를 할 수 있다.
매도인은 인도 후 매수인에게 보낸 서신에서 묵시적으로 선적시 물품이 부적합하였다는 것과 운송중에 더 손상될 수 없었다는 것을 인정하였다.
따라서 선적전의 검사에 오류가 있었든, 물품이 컨테이너에 담겨져서 선적되기전 3주간의 기간 동안 손상되었든, 물품이 위험이 이전된 시점에 부적합하였으나 목적항에 도착한 후 하자가 분명하여졌든 어느 경우에나 물품이 운송을 위하여 운송인에게 교부된 때 하자가 있었으므로 매도인은 부적합에 대한 책임이 있다.

계약에 물품운송이 포함되어 있는 경우에 매수인으로서는 물품이 도착한 후가 아니면 검사할 기회를 갖지 못하는 것이 일반적이므로 이러한 경우의 검사는 물품이 목적지에 도착한 후까지 연기될 수 있다(협약 제38조 제2항).[65]

운송 중에 매수인이 검사를 할 합리적 기회를 갖지 못한 채 매수인이 물품의 목적지를 변경하거나 물품을 전송(轉送, redispatch)한 경우로서 계약체결 당시에 매도인이 그러한 목적지의 변경 또는 물품의 전송의 가능성을 알았거나 알 수 있었던(ought to have known) 경우에는 검사는 물품이 새로운 목적지에 도착한 후까지로 연기될 수 있다(협약 제38조 제3항). 이 규정은 매수인이 최종소비자인 경우는 많지 아니하고 물품이 계속 전매될 것이 일반적으로 예상되는 국제거래에서 매수인은 봉인된 컨테이너에 선적된 물품을 구매 후에 곧 전송하는 경우에 목적지 도착시까지

65) 예를 들어 물품이 에스토니아의 탈린에서 아랍에미리트의 아부다비까지 운송될 것을 포함하는 매매계약에서 핀란드 법원은 비록 계약상 인도조건이 FOB 탈린이지만 매수인은 물품이 아부다비에 도착한 후까지 검사를 연기할 수 있다고 판시하였다. (Helsinki Court of Appeal, Finland, 29 January 1998 (http://www.utu.fi/oik/tdk/xcisg/tap4.html#engl).

검사를 연기할 수 있도록 함으로써, 물품이 최종목적지에 도달하기 전에 매수인이 검사의무를 이행하기 위해 물품의 포장을 해체해야 하는 등의 수고를 덜어 주고 또한 매수인으로 하여금 충분한 시간적 여유를 갖고 물품이 계약에 적합한지 여부를 판단할 기회를 갖도록 배려하는 취지를 갖는다.[66] 다만 검사가 연기되는 경우에 매도인은 보다 나중에 부적합의 통지를 받게 될 것이기 때문에 비엔나협약은 매도인이 계약체결 당시에 그러한 목적지의 변경 또는 물품의 전송 가능성을 알았거나 또는 알 수 있었을 것을 요구하고 있다.

[관련외국판례] 독일 13/1/1993; Unilex 1 U 69/92

프랑스 매도인과 거래관계가 있는 독일 매수인은 고객에게 재판매하기 위하여 매도인이 생산하는 문을 주문하였다. 매도인은 매수인에게 "하자의 통지는 인도일로부터 8일 이내에 이루어져야만 효력이 있다"는 표준약관을 포함한(이면에 인쇄되어 있음) 매도확인서를 보냈다. 매수인은 물품의 부적합을 주장하면서 지급을 거절하였다. 매도인은 대금 전액의 지급을 구하는 소를 제기하였다. 매도인은 매수인이 협약 제38조 제1항, 제39조 제1항에 따라 물품을 검사하고 부적합의 통지를 하지 아니하였으므로 물품의 부적합을 주장할 권리가 없다고 주장하였다. 매수인은 한편으로 물품이 즉시 검사하는 것이 불가능하지는 않더라도 적어도 극히 비경제적인 방법으로 포장이 되어 있고(문이 플라스틱으로 싸여져 있음) 다른 한편 물품이 제3자에게 재판매되기 위하여 창고에 보관되어 있었으므로 협약 제38조 제3항에 따라 검사를 할 필요가 없으므로 물품을 검사할 의무가 없다고 주장하였다. 마지막으로 매수인은 이러한 유형의 거래에는 물품을 즉시 검사하는 것이 요구되지 않는 특별한 관행이 존재한다고 주장하였다.
당사자 간에는 매매계약이 유효하게 성립되었다. 매수인이 물품을 수령한 것은 청약에 대하여 동의를 표시하는 행위에 해당한다고 할 것이고 따라서 매도인이 보낸 확인서에 포함된 표준약관을 묵시적으로 승낙한 것이다(협약 제18조 제1항).
매수인이 부적합을 충분히 특정하지 아니한 점을 차치하고라도(협약 제39조 제1항) 그 상황에서 실행가능한 단기간 내에 물품을 검사하지 아니하였고(협약 제38조 제1항) 매도인이 마지막 인도 후 두 달 반 이상이 지나서 부적합의 통지를 받았으므로 적시의 부적합의 통지를 하지 아니하였다(협약 제39조 제1항). 매수인은 적시의 통지를 하지 못한 데 대하여 합리적인 이유가 있음을 증명하지 못하였으므로 협약 제44조를 원용할 수도 없다.
인도 후 즉시 물품을 검사하는 것이 포장 때문에 불가능한 것은 아니었다. 하자가 되풀

66) 비엔나협약 제38조 제3항의 적용범위와 관련해서 독일 법원은 이 규정이 물품이 매도인에게서 최종고객(end customer)에게로 직접 인도되거나 또는 매수인이 단순히 매도인과 최종고객의 중개인으로서 활동하는 때에만 적용되며, 매수인이 향후 물품을 어떻게 처리할지 알지 못한 채 물품을 받아 자기 창고에 보관한 때에는 적용되지 않는다고 판시하였다. CLOUT case No.292 [Oberlandesgericht Saarbrücken, Germany, 13 January 1993].

이되는 것이고 쉽게 인식할 수 있는 것이므로 매수인은 물품의 표본을 검사함으로써 하자를 발견할 수 있었을 것이다.
또한 매수인이 운송중에 물품의 목적지를 변경하거나 물품을 전송하는 경우에 검사는 물품이 새로운 목적지에 도착한 후까지 연기될 수 있다고 규정한 협약 제38조 제3항을 매수인은 원용할 수 없다. 이 조항에 규정된 법리는 매수인이 단순한 중개인이거나 물품이 직접 최종 고객에게 인도되는 경우에만 적용이 있고 이 사건과 같이 매수인이 고객에게 재판매할 물품의 수량과 시기를 미리 알지 못한 채 그의 창고에서 물품의 인도를 수령한 때에는 적용이 없다.

일반적으로 검사장소는 매도인이 인도의무를 이행하는 장소가 될 것이다. 그러나 계약에 물품운송이 포함되어 있는 경우에는 그 목적지에서 검사가 행해질 수 있고(협약 제38조 제2항 참조), 운송 중에 물품의 목적지가 변경되거나 물품이 전송되는 경우에는 새로운 도착지가 검사장소가 된다(협약 제38조 제3항).

(2) 부적합통지의무

매수인이 물품을 인수하고 이의 없이 이를 보관 · 사용 또는 재판매한 후에 물품이 계약에 부적합하다는 이유에서 대금을 지급하기를 거절하거나 손해배상을 청구하는 경우에 그러한 부적합이 멸실위험이 매수인에게 이전하기 전에 발생하였는지 아니면 그 후에 발생하였는지 여부를 정확히 확정하는 것이 용이하지 않기 때문에 매도인으로서는 매수인의 주장이 정당한지 여부를 판단하는 데 어려움을 겪을 것이다.

따라서 비엔나협약은 부적합이 발생한 경우에 매수인으로 하여금 이러한 사실을 매도인에게 통지하도록 함으로써 매도인으로 하여금 적기에 부적합 여부 및 그 발생시기를 확정하기 위한 조치를 취할 수 있도록 배려하고 있다. 즉 비엔나협약 제39조 제1항은 매수인으로 하여금 물품이 계약에 적합하지 않음을 이유로 매도인에게 책임을 묻기 위해서는 물품의 부적합을 발견하였거나, 또는 발견할 수 있었던 때(ought to have discovered)로부터 합리적인 기간 내에 물품의 부적합한 성질을 특정하여 이를 통지하도록 요구하고 있으며, 이러한 의무를 해태한 때에는 물품의 부적합을 주장할 권리, 즉 부적합에 기한 구제수단을 행사할 수 있는 권리를 상실한다고 규정하고 있다(협약 제39조 제1항).

1) 통지의 내용

매수인이 통지해야 하는 내용은 물품이 계약에 적합하지 않은 부분이다. 비록 비엔나협약 제39조는 물품의 부적합을 통지의 내용으로 한다고 규정하고 있으나, CIF조건의 매매계약의 경우와 같이 매도인이 서류의 인도로써 그 의무를 이행해야 하는 경우에는 계약에 적합한 서류의 인도가 물품인도의무의 일부를 구성하기 때문에 물품의 수량, 품질, 사양 및 포장 등에 있어서 부적합뿐만 아니라 서류의 부적합도 통지되어야 한다.[67)]

통지에서 부적합을 특정해야 하는 정도는 물품의 성질이나 매도인과 매수인의 거래 상황 등을 고려해서 정해진다.[68)] 그러나 무엇보다도 부적합의 통지를 함에 있어서 부적합한 성질을 특정하도록 한 것은 매도인으로 하여금 부적합의 내용을 이해하고, 그에 기초해서 부적합의 내용을 검사하기 위해 자기 직원을 보낸다거나 분쟁을 위한 증거를 확보하거나 대체물인도 또는 수리를 위한 준비를 하거나 또는 자기의 공급자에게 구상을 요구하는 등 적절한 조치를 취하도록 하기 위한 취지를 갖는다는 점이 고려되어야 한다.[69)]

[관련외국판례] 독일 4/12/1996; Unilex VIII ZR 306/95

독일 매도인과 오스트리아 매수인은 관련 소프트웨어를 포함한 여러 부분으로 구성된 인쇄기계의 매매계약을 체결하였다. 매수인의 확인서에는 기계에 관한 보증조항이 들어 있었다. 설치후 곧 매수인은 매도인에게 기계에 관한 서류의 부족을 주장하는 부적합의 통지를 하였다. 매수인은 매도인에게 그 서류의 인도를 위한 부가기간을 정하였다. 부가기간 내에 매도인이 이행을 하지 못하자 매수인은 대금 지급을 거절하였고 계약해제를 선언하였다.
부적합의 통지에서 다만 기계를 전체적으로 언급하였을 뿐 모니터 또는 중앙장치와 같

---

67) Honnold, *supra* note 13, p.280.

68) 한 판례는 단순히 부적합의 통지로는 불충분하며, 매수인은 하자의 정확한 성질을 특정해야 한다고 하였다. Landgericht Hannover, Germany, 1 December 1993, Unilex. 또 다른 판례는 통지는 부적합의 성질과 정도를 모두 표시해야 하며 매수인의 물품검사의 결과를 전달하는 것이어야 한다고 하였다. CLOUT case No.344 [Landgericht Erfurt, Germany, 29 July 1998]. 또 다른 판례는 통지는 매도인이 하자에 관한 이해를 분명히 하고, 매수인의 의사를 이해하는 데 어려움이 없을 정도로 충분히 상세한 것이어야 한다고 하였다. CLOUT case No.229 [Bundesgerichtshof, Germany, 4 December 1996].
충분히 특정한 통지의 예를 들어본다면, 오스트리아 법원은 매수인이 신발 매도인에게 매수인 고객의 물품에 대한 불만 접수가 상당한 수에 이르고, 신발에 구멍이 나 있으며, 아동용 신발이 바깥창과 뒷굽이 쉽게 떨어져 나간다는 내용의 통지를 한 경우에 이는 충분히 특정한 통지라고 판시하였다. Oberster Gerichtshof, Austria, 27 August 1999, Unilex. 그러나 천의 품질이 열악하다는 내용의 통지나 가구에 잘못된 부품이 있고, 파손이 심하다는 정도의 통지는 충분한 특정성을 갖추지 못한 통지로 판시되었다. Rechtbank van Koophandel Kortrijk, Belgium, 16 December 1996, Unilex; CLOUT case No.220 [Kantonsgericht Nidwalden, Switzerland, 3 December 1997].

69) CLOUT case No.229 [Bundesgerichtshof, Germany, 4 December 1996].

은 기계의 개개의 구성 부분을 언급하지 아니하였으므로 매수인은 협약 제39조에 따라 부적합을 충분히 특정하지 아니하였다.

[관련외국판례] 독일 3/11/1999; Unilex VIII ZR 287/98

스위스 매수인은 독일 매도인으로부터 종이 제품을 제조하기 위하여 연마기를 구매하였다. 제품은 다시 다른 스위스 회사에 판매되어 완제품으로 가공되었다. 연마기를 사용한 후 매수인은 그의 장비와 연마기에 모두 손상이 발생하였음을 확인하였다. 약 20일 후 위 다른 스위스 회사도 매수인의 종이 제품을 사용하여 제조한 티슈에 하자가 발생하였다고 불평하였다. 이에 전문가의 검사를 의뢰하였다. 검사 결과를 받은 후 매수인은 인도된 기계의 하자를 매도인에게 통지하였다. 위 다른 회사가 매수인의 손해배상청구권의 양수인으로서 매도인을 상대로 소를 제기하였다.
부적합의 통지는 시기에 늦지 않았다.
이 사건에 있어서 매수인은 인도시 또는 손해가 발생하기 이전에 구매한 물품을 통상적으로 검사함으로써 하자를 발견할 수 없었다. 손해의 원인을 판단하기 어려웠던 점을 고려하면 매수인이 손해의 원인을 발견하고 어떠한 조치를 취하여야 하는지를 고려할 수 있도록 일주일의 기간이 더 주어져야 한다. 여기에 전문가의 검사기간 2주일이 부가되고 그 후 합리적인 통지기간이 부가되는바 이는 통상 한 달에 이른다. 따라서 손해를 발견한 후 7주는 합리적인 기간이라고 볼 수 있다.
매수인의 통지는 또한 부적합의 성질을 정확하게 특정하여야 한다는 요건을 충족하였다. 기계와 기술적 장비의 경우에는 하자의 원인을 특정할 필요는 없고 하자를 기술하면 충분하다.

2) 통지의 시기

매수인은 물품의 계약부적합을 발견하였거나 또는 발견할 수 있었던 때로부터 합리적인 기간 내에 매도인에게 부적합의 내용을 통지하여야 한다(협약 제39조 제1항).

부적합의 통지기간과 앞에서 설명한 검사기간은 구별되는 개념이다. 비엔나 협약은 매수인의 검사의무에 관해서는 이를 "실행가능한 단기간 내"에 하도록 요구하는 반면에 매수인의 부적합 통지의무에 관해서는 이를 "합리적인 기간 내"에 하면 충분한 것으로 하고 있다. 이때 합리적인 기간은 개별거래 내용과 목적물의 성질, 거래관행, 시설, 능력, 검사에 소요되는 기간 및 주변사정 등을 고려하여 판단해야 할 것이다.

[관련외국판례] 벨기에 27/6/1997; Unilex 4992

프랑스 매수인과 벨기에 매도인 간에 직물의 매매계약이 체결되었다. 매수인은 인도를 받았으나 3개월 후 직물에 하자가 있다고 주장하면서 대금 지급을 거절하였다. 매도인은 대금 전액을 구하는 소를 제기하였다.
물품의 부적합에 관하여 살피건대 매수인이 하자를 발견하였거나 발견하였어야 하는 때로부터 합리적인 기간 내에 매도인에게 통지를 하지 아니하였으므로 부적합을 주장할 권리가 없다(협약 제39조). 하자를 발견하기 전에 변형되어야 하는 물품의 경우에는(예를 들어 직조해야 하는 직물) 검사와 통지를 위하여 일정한 기간이 요구된다 할 것이나 인도 후 3개월 이상은 합리적이라고 보기에 너무 길다. 또한 매수인이 대리인을 통하여 그 전에 구두로 불평을 표시하였다고 하더라도 매도인이 응답을 하지 않았으므로 매수인은 서면으로 가능한 한 빨리 확인하였어야 한다. 매도인은 대금과 이자를 지급받을 수 있다.

통지시기의 개시시점인 "발견하였거나 또는 발견할 수 있었던 때"의 해석과 관련해서 "발견할 수 있었던 때"(ought to have discovered)는 일반적으로 매수인과 비슷한 지위에 있는 자로서 그와 같은 입장에 있었다면 당연히 발견하였을 것으로 판단되는 때를 의미한다. 예를 들어 검사를 하였더라면 그 부적합을 발견할 수 있는 경우라면 매수인이 물품을 검사하거나 검사했어야 하는 때가 될 것이며, 요구되는 통상적인 검사를 통해서는 발견할 수 없었다고 할지라도 사용개시 후 그 사용을 통해 발견할 수 있었다면 그 발견가능한 때가 될 것이다.[70]

비엔나협약 제39조 제2항은 어느 경우에도 통지기간은 물품이 매수인에게 현실로 교부된 날로부터 2년을 초과하지 못한다고 규정함으로써(협약 제39조 제2항), 장기간이 지난 후 매수인이 부적합의 통지를 함으로써 매도인이 불측의 손해를 입게 되는 경우를 방지하고자 하였다. 이때 장기의 보증기간을 설정하는 등 당사자간 합의로써 이 기간을 변경할 수 있음은 물론이다(협약 제39조 제2항 단서). 2년의 제척기간의 기산시점을 인도일이 아닌, 물품의 매수인이 물품을 실제로 교부(hand over)받은 날로 한 까닭은 수 개월에 이를 수도 있는 운송기간이 동 기간에 산입되는 것을 막기 위해서이다.[71] 이 규정은 물품의 교부가 있은 후 2년이 경과한 때에는 매도인을 부적합에 기한 책임으로부터 면책하는 효과를 갖는다.

3) 통지의 방식 및 상대방

비엔나협약은 매수인이 부적합에 관한 통지를 함에 있어서 특별한 형식을 취할 것을 요구하지 않는다. 따라서 당사자의 권리·의무의 이행과 관련한 통지에 관해서 일반원칙을 규정하고 비엔나협약 제27조의 규정에 따라 구체적 상황에 맞

70) 이태희(주34), 134면.
71) Honnold, *supra* note 13, p.282.

는 적절한 방법으로 통지하면 그로써 충분하다고 할 것이며, 적절한 방법으로 통지를 한 이상, 그 통신의 전달에 있어서 지연이나 오류가 있거나 또는 통지가 매도인에게 도달하지 아니하였다고 할지라도 매수인은 이로 인해 부적합에 기해 매도인에게 책임을 물을 수 있는 권리를 박탈당하지 않는다(협약 제27조 참조).[72]

[관련외국판례] 오스트리아 15/10/1998; Unilex 2 Ob 191/98 X

오스트리아 매도인과 이탈리아에 영업소를 두고 있는 오스트리아 매수인은 장기간 목재 거래관계가 있었다. 매수인이 인도된 물품의 계약 부적합을 주장하면서 대금지급을 거절하였다. 매도인은 대금 지급을 구하는 소를 제기하였다. 매도인은 매수인이 적법한 계약 부적합의 통지를 하지 않았다고 주장하였다. 이에 매수인은 인도 후 즉시 계약 부적합을 구두로 통지하였다고 주장하였다.
매도인은 당사자가 모두 오스트리아 사람이므로 매수인은 목재거래에 적용되는 오스트리아 관행에 따라서 계약 부적합의 통지를 하여야 하고 그 관행에 의하면 물품을 인도받은 후 7일 내에 서면으로 통지하여야 한다고 주장하였다. 이에 대하여 매수인은 협약 제38조 및 제39조에 따라 계약 부적합의 통지를 유효하게 하였다고 주장하였다.
협약 제39조에 의하면 계약 부적합의 통지는 협약 제27조가 규정하는 바와 같이 적절히 전달되어 상대방이 이해할 수 있다면 구두통지로도 무방하다. 더욱이 협약 제39조에 의하면 계약 부적합의 통지는 합리적인 기간 내에 이루어져야 하고 대부분의 독일판례에 의할 때 사정에 따라서는 인도 후 1개월이 지난 후의 통지도 합리적이라고 볼 수 있다. 이 사건에 있어서 일반적으로 계약 부적합의 통지를 할 합리적인 기간을 신축할 다른 사정이 없는 한 체약국 간의 법제도의 차이를 고려한다면 협약하에서 14일의 기간은 합리적인 기간이라고 볼 수 있다.
목재거래에 있어서의 오스트리아 관행이 적용된다면 이것이 협약의 규정에 우선할 것인바, 협약 제38조 및 제39조에서 규정한 요건과 상이한 목재거래에 있어서 계약 부적합의 통지기간에 관한 오스트리아 관행이 협약 제9조 제2항의 요건을 충족하는지 특히 그 관행이 당해 거래에서 널리 알려지고 정규적으로 준수되는지를 판단하여야 할 것이다.

[관련외국판례] 독일 15/2/1996; Unilex 11 O 4185/95

이탈리아 매도인과 독일 매수인은 매수인의 지정에 따라 생산될 대리석 타일의 매매계약을 체결하였다. 매수인은 당사자 간의 계약체결에 있어서 중개인 역할을 하였던 제3

72) 하자의 통지는 서면에 의하는 것이 일반적일 것이나, 반드시 서면으로 해야 하는 것은 아니고 전화통화 등 구두에 의한 통지도 가능하다. 그러나 구두에 의한 통지의 경우에는 실제로 통지를 하였다는 것을 증명하는 데 어려움이 있을 것이다. 예를 들어 독일 법원은 전화로 통지를 하였음을 주장하는 매수인은 통화가 있은 때, 통화 상대방 및 통화 내용 등을 증명해야 하며, 이 증명책임을 다하지 못한 매수인은 비엔나협약 제39조의 통지요건을 충족하지 못한 것이라고 판시하였다. Landgericht Frankfurt, Germany, 13 July 1994, Unilex.

자에게 전화로 물품의 부적합을 통보하였다고 주장하면서 대금지급을 거절하였다. 매도인은 통보를 받지 못하였고 대금의 지급을 구하는 소를 제기하였다.
매수인은 인도 후 합리적인 기간 내에 매도인에게 통지를 하지 아니하였으므로 부적합을 주장할 수 없다(협약 제39조 제1항). 특히 더 이상 매도인과 관계를 가지고 있지 않는 독립된 중개인에게 통지를 한 것은 상황에 맞는 적절한 방법으로 통지한 것으로 볼 수 없고(협약 제27조) 그러한 이유에서 매수인은 통지가 매도인에게 도달하지 않은 위험을 부담하여야 한다. 따라서 매도인은 매매대금을 지급받을 수 있다.

매수인이 부적합의 통지를 해야 하는 상대방은 매도인이다. 따라서 매도인의 대리인에 대한 통지는 유효한 통지가 될 것이나 통지수령의 권한을 갖지 못하는 매도인의 사용인에 대한 통지는 유효한 통지가 되지 못할 것이다.[73]

4) 통지의무 불이행의 효과

비엔나협약 제39조는 매수인이 협약에 규정된 기간 내에 정하여진 방식으로 매도인에게 부적합에 관한 통지를 하지 아니한 경우에 부적합에 기한 책임을 매도인에게 물을 수 없도록 하고 있다. 즉 매수인은 물품이 계약내용에 적합하지 않다는 이유로 손해배상을 청구하거나(협약 제74조 내지 제77조), 계약을 해제하거나(협약 제51조 제2항), 대금을 감액하거나(협약 제50조), 또는 대체물의 인도나 수리 등을 포함한 특정이행을 청구할 수 없다(협약 제46조). 그러나 앞에서 설명한 바와 같이, 일단 통지가 발송된 이상 그 통지가 매수인의 귀책사유 없이 도달하지 아니하거나 또는 지연도달한 경우라도 통지의무를 다한 것으로 된다(협약 제27조). 이러한 부적합의 통지는 물품에 대한 권리의 내용이 계약에 부적합한 경우에도 요구된다(협약 제43조 제1항).

물품의 부적합이 매도인이 알았거나 또는 모를 수 없었던(could not have been unaware) 사실에 관한 것이고, 매도인이 매수인에게 이를 밝히지 않은 경우에[74] 매도인은 매수인의 물품검사 및 통지에 관한 비엔나협약 제38조와 제39조의

73) Landgericht Bochum, Germany, 24 January 1996, Unilex.

74) 매도인이 하자를 모를 수 없었던 경우로는 매도인이 기망행위를 하거나 또는 신의성실에 위반한 행위를 하는 경우가 있을 것이고, 또한 물품의 수량의 부족 등 물품 불합치의 사실이 육안으로도 쉽게 파악되는 경우 등이 있을 것이다. CLOUT case No.237 [Arbitration Institute of the Stockholm Chamber of Commerce, 5 June 1998].
그 외에도 한 중재판정부는 동일하거나 유사한 물품의 부적합이 과거에 사고를 유발하였고, 매도인이 이 사실에 대해서 보고받은 적이 있는 경우에는 매도인이 문제의 물품의 부적합을 알았거나 모를 수 없었다고 보아야 한다고 하였다. *Ibid.*
다른 한편 독일 법원은 매도인이 현대 장비에 사용하기에 적합한 표준 제품을 판매하였지만 매수인이 이를 매우 노후된 장비에서 처리하는 동안 문제의 제품이 파손된 경우에 매수인이 노후된 처리장비를 사용할 것을 매도인에게 통지한 바가 없다면, 이를 매도인이 알았거나 모를 수 없었던 경우로 볼 수 없다고 판시하였다. CLOUT case No.285 [Oberlandesgericht Koblenz,

규정을 원용할 수 없고(협약 제40조), 따라서 매도인은 매수인이 검사 또는 통지의무를 해태하였다는 이유로 부적합에 기한 자기의 책임을 면할 수 없으며, 2년의 제척기간도 적용되지 아니한다. 마찬가지로 매수인이 권리부적합의 통지를 게을리한 때에도 매도인이 제3자의 권리나 권리주장 및 그 성질을 알고 있었던 경우에는 매수인의 통지의 해태를 이유로 자기의 책임을 면할 수 없다(협약 제43조 제2항). 이때 주의할 것은 권리부적합의 경우에 있어서 통지의무의 해태에 대한 면책은 매도인이 실제로 인식한 경우에만 적용되고 "매도인이 모를 수 없었던 경우"에 대해서는 적용되지 않는다는 점이다. 왜냐하면 매도인이 물품의 부적합을 모를 수 없었는지 여부의 판단과는 달리 매도인이 자기의 권리의 부적합을 모를 수 없었는지 여부는 그 확정이 용이하지 않기 때문이다.

비엔나협약 제39조 제1항의 규정에도 불구하고, 매수인이 통지의무를 해태하였다고 할지라도 그에 대한 합리적인 이유가 있는 경우에는 매수인은 구제수단 중 비엔나협약 제50조에 따라 대금을 감액하거나 손해배상을 청구할 수 있다(협약 제44조). 다만 손해배상의 범위와 관련해서 이익의 상실에 대해서는 손해배상을 청구할 수 없고(협약 제44조), 또한 특정이행을 청구하거나 계약을 해제할 수 없으며, 부적합을 이유로 멸실위험의 이전이 연기되지도 않는다.[75]

매수인이 통지의무를 불이행한 데에 합리적인 이유가 있다고 할지라도, 비엔나협약 제44조가 동 협약 제39조 제2항을 포함하고 있지 않기 때문에 2년의 제척기간은 그대로 진행하고, 따라서 제척기간의 경과 후에는 매수인은 대금감액이나 손해배상청구도 할 수 없다(협약 제44조 참조).

매수인이 부적합의 사실을 발견한 후에 합리적인 기간 내에 통지를 하지 않은 데 합리적인 이유가 있는 경우는 일반적으로 생각하기 어려우나, 매수인이 물품의 부적합을 최초로 안 때에는 이를 사소한 부적합으로 생각하였다가 기계의 고장 등의 사유로 그 부적합의 중대성을 안 경우 등을 통지불이행의 합리적인 이유로서 생각해 볼 수 있다.[76]

Germany, 11 September 1998].

75) Honnold, *supra* note 13, pp.283-284.

76) *Ibid.*, p.283. 매수인에게 합리적 이유를 인정한 예로 ICC 중재판정부는 매매계약의 목적인 코크연료가 선적될 때 매도인과 매수인이 공동으로 지명한 독립 검사인이 이를 검사하고 분석증명서를 발급하였으나, 물품이 도착한 후 매수인이 인도된 물품이 수량과 품질에서 모두 분석증명서의 내용과 다른 것을 발견하고 이 사실을 매도인에게 통지한 사안에서 매수인의 통지는 비엔나협약 제39조 제1항에 따른 적기의 통지가 되지 못했으나, 그 통지의 지체는 분석증명서의 오류에 기인한 것이기 때문에 통지를 지체한 데 매수인에게 합리적 이유가 존재한다고 하였

VI. 권리의 계약적합의무

비엔나협약 제41조는 매수인이 제3자의 권리나 권리주장(claims)의 대상이 된 물품을 수령하는 데 동의하지 않은 한, 매도인은 제3자의 권리 또는 권리주장의 대상이 아닌 물품을 인도해야 한다고 규정함으로써 매수인이 매매의 목적으로 된 물품으로 인해 소송 등 소유권을 둘러싼 분쟁에 휩싸이지 않을 기대를 보호한다(협약 제41조). 인도된 물품이 제3자의 권리 또는 권리주장의 대상인지 여부의 판단을 위한 기준시점은 물품의 인도시점이 될 것이다. 주의할 점은 인도 후에 제3자가 그의 권리나 권리주장을 제기하는 경우에도 그 원인이 인도 전에 발생한 때에는, 제3자의 권리 또는 권리주장의 대상이 된 물품을 인도한 것으로 된다는 것이다.

매도인은 매수인이 제3자의 권리 또는 권리주장의 대상이 된 물품을 수령하기로 동의한 경우를 제외하고는 그러한 권리 또는 권리주장의 목적이 되지 않는 물품을 인도해야 하는데(협약 제41조) 여기서 권리는 종국적인 구속력을 갖는 법적으로 확정된 제3자의 청구권을 의미한다.[77] 권리주장은 계쟁 중인 사건에서 제3자가 제기한 아직 해결 또는 확정되지 아니한 주장을 말하며, 제3자가 제기한 권리주장이 유효한 경우, 즉 제3자가 물품에 대하여 적법한 권리를 가지고 있는 경우뿐만 아니라 적법한 권리 없이 제3자가 물품에 관하여 권리주장을 제기한 경우에도 매수인이 방어해야 할 필요가 있는 경우라면 매도인은 비엔나협약 제41조의 권리의 계약적합의무에 위반한 것으로 된다.[78] 왜냐하면 그 어느 경우에도 제3자의 주장이 제기된 경우에 매수인은 소송으로 인한 시간과 비용을 부담해야 하고, 이로 말미암아 매수인은 물품을 사용하거나 재판매를 함에 있어서 제한을 받기 때문이다.

비엔나협약은 제3자의 권리나 권리주장이 저작권, 특허권 또는 상표권 등과 같은 지적재산권에 기초하고 있는 경우에 대해서 제42조에서 별도의 규정을 두고 있다. 이처럼 지적재산권과 관련한 제3자의 권리나 권리주장에 대해서 별도의 규정을 둔 것은 지적재산권이 영토적 제한을 갖고 있어서 전세계에서 제3자의 권리나 권리주장의 대상이 아닌 물품을 인도하는 것이 가능하지 않다는 점에서 물품의 소유권과 근본적으로 다르기 때문이다.[79] 비엔나협약 제42조에 따르면, 우선 당사자 쌍방이 계약체결시에 물품이 어느 국가에서 전매되거나 그 밖의 방법으로

다. ICC Arbitration No.9187, June 1999, Unilex.

77) 제3자의 권리의 전형적인 예로서는 매도인의 채권자의 담보권을 들 수 있을 것이다.

78) 이태희(주34), 125면.

79) Schlechtriem, *supra* note 8, p.335.

사용될 것을 예상하였던 경우에는 그 물품이 전매되거나 그 밖의 방법으로 사용될 국가의 법의 적용에 의해 인정되는 지적재산권을 기초로 한 권리 또는 권리주장의 대상이 아닌 물품을 인도해야 한다(협약 제42조 제1항 가호). 왜냐하면 매수인의 입장에서는 궁극적으로 물품이 전매되거나 소비될 국가에서 지적재산권의 침해로 인한 손해배상소송 등의 대상으로 되지 않는 것이 중요하기 때문이다.

물품이 어느 국가에서 전매되거나 그 밖의 방법으로 사용될 것이 예상되지 않았던 경우에는 일응 물품이 매수인의 영업소에서 사용되거나 전매될 것으로 예상할 수 있기 때문에, 그러한 경우에는 매수인의 영업소가 소재하고 있는 국가의 법의 적용에 의해 지적재산권을 기초로 한 권리 또는 권리주장의 대상이 아닌 물품을 인도해야 한다(협약 제42조 제1항 나호).

주의할 것은 비엔나협약 제35조의 물품의 계약적합의무나 비엔나협약 제41조의 권리의 계약적합의무의 경우와는 달리, 매도인이 비엔나협약 제42조 제1항의 지적재산권을 기초로 한 제3자의 권리나 권리주장의 대상이 아닌 물품을 인도할 의무를 부담하기 위해서는 계약체결 당시에 이들 권리나 권리주장의 존재를 알았거나 또는 모를 수 없었어야 한다는 점이다(협약 제42조 제1항). 왜냐하면 매도인의 입장에서 물품이 전매되거나 사용되는 국가나 또는 매수인의 영업소가 소재하는 국가에서 그 물품이 어떤 지적재산권의 대상이 되는지 여부를 정확히 파악할 수 없는 경우가 대부분이기 때문이다.

다른 한편 계약체결시에 매수인이 지적재산권에 기초한 권리 또는 권리주장의 존재를 알았거나 모를 수 없었던 경우 및 매수인이 제공한 기술설계, 디자인, 방식 그 밖의 지정에 매도인이 따른 결과로 인하여 위의 권리 또는 권리주장이 발생한 경우에는 매도인의 이러한 의무는 존재하지 않는다(협약 제42조 제2항). 이러한 경우에는 매수인을 보호해야 할 이유가 없기 때문이다. 이때 주의할 점은 물품에 대한 지적재산권과 관련한 권리의 계약적합의무가 인정되기 위해서는 매수인이 그러한 권리 또는 권리주장의 존재를 알지 못했거나, 또는 모를 수 없었을 것으로 충분한 반면에(협약 제42조 제2항 참조) 기타 권리의 계약적합의무가 인정되기 위해서는 매수인이 제3자의 권리나 권리주장의 대상이 된 물품을 수령하는 데 동의하지 않았을 것이 요구된다는 것이다(협약 제41조 제1문 단서 참조).

권리의 부적합이 있는 경우에 물품의 부적합이 있은 때와 마찬가지로 매수인은 제3자의 권리 또는 권리주장을 알았거나, 또는 알았어야 하던 때로부터 합리적인 기간 내에 그러한 권리 또는 주장의 성질을 특정하여 매도인에게 통지하지 않으면 매도인이 권리의 계약적합의무를 이행하지 않았음을 이유로 구제수단을 사용할 수 없다(협약 제43조 제1항). 그러나 매도인이 제3자의 권리 또는 권리주장의 존재 또는 그 성질을 이미 알고 있었던 경우에는 제1항을 원용할 수 없다(협약 제43조 제2항). 주의할 것은 물품의 부적합의 경우와는 달리 매도인이 제3자의 권리 또는 권리주장의 존재 또는 그 성질을 모를 수 없었던 경우에도 여전히 매수인은 부적합의 통지의무를 부담한다는 점이다(협약 제40조 및 제43조 제2항 참조). 왜냐하면 매도인이 물품의 부적합을 모를 수 없었는지 여부의 판단과는 달리 매도인이 자기의 권리의 부적합을 모를 수 없었는지 여부는 그 확정이 용이하지 않기 때문이다.

물품의 계약적합의무와 경우와는 달리 권리의 계약적합의무의 경우에는 통지기간에 있어서 2년의 제척기간이 존재하지 않는다(협약 제39조 제2항 참조). 물품의 계약적합의무와 관련해서 제척기간을 둔 것은 물품인도 후 장기간이 지난 뒤에 매수인이 물품의 부적합을 주장하는 경우에 매도인의 입장에서는 물품의 부적합과 관련해서 자기에게 아무런 의무위반이 없었다고 할지라도 이를 증명하기 어려울 것이라는 현실을 고려한 결과인데, 권리의 계약적합의무의 경우에는 이러한 사정이 일반적으로 존재하지 않기 때문에 후자의 경우에 제척기간을 두지 않은 것이다.

비엔나협약 제43조 제1항의 규정에도 불구하고, 매수인이 통지의무를 해태하였으나 그에 대한 합리적인 이유가 있는 경우라면 매수인은 구제수단 중 비엔나협약 제50조에 따라 대금을 감액하거나 손해배상을 청구할 수 있다(협약 제44조). 다만 손해배상의 범위와 관련해서 이익의 상실에 대해서는 손해배상을 청구할 수 없고(협약 제44조), 또한 특정이행을 청구하거나 계약을 해제할 수 없으며, 부적합을 이유로 멸실위험의 이전이 연기되지도 않는다.

제8절 매도인의 계약위반에 대한 구제수단

Ⅰ. 의 의

계약의 위반이 있는 경우에 전형적인 구제수단으로는 현실적 이행을 강제하는 방법과 발생한 손해를 배상하도록 하는 방법이 있다. 전통적으로 대륙법계 국가에서는 가능한 한, 계약에서 약속되었던 급부의 내용이 그대로 실현되도록 함이 계약 본래의 취지에 맞는다는 이유로 현실적 이행강제를 원칙으로 하고, 예외적으로 손해배상에 의한 구제방식을 채택한다.[80] 이에 반해서 영미법계 국가에서는 계약위반의 경우에 약속된 채무에 대체되는 수단으로서의 보상적 구제, 즉 금전의 배상을 명하는 손해배상을 원칙으로 하고 예외적으로 현실적 이행강제를 허용한다.

비엔나협약은 대륙법계의 입장과 영미법계의 입장을 조율하여 구제수단의 목적을 계약위반의 방지보다는 위반으로 발생한 손해의 전보에 두고, 계약이 그 내용대로 이행되었더라면 피해당사자가 처했을 위치로 되돌려놓은 것, 즉 그가 계약으로부터 기대한 이익의 전적인 회복을 구제의 기준으로 한다. 비엔나협약은 구제수단에 대한 이러한 이해를 바탕으로 현실적 이행강제의 방식인 특정이행(specific performance)을 가장 원칙적인 구제수단으로 하되, 영미법계 국가의 경우에는 그 법원이 자국법에 따라 특정이행의 판결을 해야 하는 경우가 아니라면 이를 허용하지 않을 수 있도록 배려하였다(협약 제28조).[81]

비엔나협약의 구제수단에 관한 규정이 갖는 또 다른 중요한 특징은 의무위반이 고의나 과실에 의한 것임을 요구하지 아니한다는 점이다(협약 제45조 제1항 및 제61조 제1항 참조). 우리나라 민법을 포함하여 대륙법계 국가의 매매법에서는 과실책임주의의 원칙에 따라 채무불이행의 요건으로서 채무자의 귀책사유가 있을 것을 요구하지만,[82] 비엔나협약은 계약위반에 기한 책임을 묻기 위해서 위반당사자의 과실 유무를 묻지 않는바, 이는 비엔나협약이 국제거래에 관한 통일된 규범으로서 오늘날 과실책임주의의 원칙이 크게 변질되고 있는 일반적인 경향을 수용한 결과라고 볼 수 있다.[83] 비엔나협약이 이른바 무과실책임주의를 채택하고 있기 때문에 매도인이 그의 의무를 이행할 수 없게 된 원인이 그의 지배를 벗어난 불가항력적 장애인 때에도 여전히 매도인은 그의 불이행에 기한 책임을 부담하고, 따라서 매수인은 계약을 해제하는 등의 구제수단을 행사할 수 있으며, 단지 비엔나협약 제79조 제4항에 따라 손해배상청구권만을 행사할 수 없을 뿐이다(협약 제79조).

비엔나협약은 구제수단에 관한 규정을 당사자별로 구분하여, 매도인의 계약위반을 근거로 한 구제에 관한 규정(협약 제45조 내지 제52조)과 매수인의 계약위반을 근거로 한 구제에 관한 규정(협약 제61조 내지 제65조)을 별도로 둔 다음, 보충적으로 양 당사자에게 모두 적

---

80) 민법 제389조. 김형배 · 김규완 · 김명숙, 『민법학강의』(제8판, 신조사, 2009), 889면.

81) 조경근, "국제물품매매협약에 있어서 당사자의 권리구제," 『국제물품매매계약에 관한 UN협약상의 제문제』(임홍근 · 이태희 공편, 삼지원, 1991), 170면.

82) 민법 제390조. 김형배 · 김규완 · 김명숙(주80), 915-916면.

83) Honnold, *supra* note 13, pp.297-298.

용될 규정, 즉 이행의 정지와 이행기 전의 계약위반(협약 제71조 및 제72조), 손해배상 및 면책(협약 제74조 내지 제77조, 제79조 및 제80조) 그리고 계약의 해제(협약 제81조 내지 제84조) 등을 따로 규정하고 있다.[84]

비엔나협약이 이와 같이 간명하고도 평범한 방식으로 구제수단을 규정한 이유는 그 규정이 지나치게 추상적이고 애매한 경우에 이는 국제매매계약에 관한 통일매매법을 발전시키는 데 장애가 될 것이라는 지적에 따라 법률전문가뿐만 아니라 물품매매거래의 실무자들도 쉽게 이해할 수 있도록 하고 또한 해석에 있어서도 체약국마다 다르지 않도록 하기 위한 것이다.

이하에서는 매도인이 계약을 위반한 경우에 매수인이 갖는 구제수단을 설명하고, 매수인의 계약위반의 경우에 매도인이 갖는 구제수단에 관해서는 "제10절 매수인의 계약위반에 대한 구제수단"에서 따로 설명한다.

비엔나협약 제45조는 매도인이 계약을 위반한 경우에 매수인이 갖는 구제수단을 열거하고 있는바, 매도인의 계약위반에 대해서 매수인이 갖는 구제수단에 관한 일반규정이라고 할 수 있는 이 규정에 따르면, 매수인은 특정이행(협약 제46조 제1항), 대체물의 인도(협약 제46조 제2항) 및 물품의 수리를 통한 부적합의 치유(협약 제46조 제3항)를 청구할 수 있고 또한 부가기간을 정하거나(협약 제47조) 계약을 해제할 수 있으며(협약 제49조), 이에 더하여 대금을 감액하거나(협약 제50조) 또는 비엔나협약 제74조 내지 제76조에서 정한 방식에 따라 손해의 배상을 청구할 수 있다(협약 제45조 제1항).

위의 여러 가지 구제수단이 중복되어 행사될 수 있는지 여부에 관해서 비엔나협약의 초안과정에서 많은 논란이 있었는데, 비엔나협약 제45조 제2항은 위의 구제수단 중 손해배상청구권은 다른 구제수단과 중복하여 행사할 수 있도록 명시적으로 규정하였다. 따라서 매수인은 매도인에게 특정이행을 요구하면서(협약 제46조) 동시에 이행지체 또는 그 이행상의 하자 등으로 인하여 발생한 손해의 배상을 따로 청구할 수 있고(협약 제74조) 또는 계약을 해제하면서(협약 제49조) 동시에 계약위반으로 발생된 손해의 배상을 따로 청구할 수 있다.[85] 그러나 손해배상청구권 외에 특정이행청구권, 계약해제권 및 대금감액권 등의 구제수단이 서로 중복하여 행사될 수 있는지에 대해서는 이들 구제수단의 법적 결과의 병존이 불가능하다는 근거에서 허용되지 않는다고 보는 것이 일반적인 입장이다.[86] 따라서 매수인이 특정이행을 청구하면서 동시에 계약을 해제하려고 한다든지, 또는 대금감액권을 행사하면서

84) 비엔나협약의 구제수단에 관하여 상세한 것은 신창섭, "국제물품매매계약에 관한 UN협약에 있어서 구제수단에 관한 연구," 『성곡논총』 제30집(성곡학술문화재단, 1998.8) 참조.

85) Honnold, *supra* note 13, pp.302-303.

86) Schlechtriem, *supra* note 8, p.362.

대체물의 인도를 청구한다든지 등의 중복적 행사는 허용되지 않는다.

비엔나협약 제45조 제3항은 법원 또는 중재판정부가 계약을 위반한 매도인에게 매수인의 구제수단의 행사가 잠정적으로 정지되는 유예기간(period of grace)을 부여할 수 없도록 규정하였다. 이 규정은 유예기간의 허용은 국제거래의 현실에 비추어 적절하지 않다는 데 근거하고 있다. 또한 이 규정은 체약국의 법원이나 중재판정부가 유예기간의 허용을 절차법적인 문제로 이해해서, 자국의 국내법을 적용하여 이를 허용할 가능성을[87] 차단하는 취지를 갖는다.[88]

II. 특정이행청구권

1. 특정이행의 일반적 허용

매도인이 계약을 이행하지 않는 경우에 매수인은 계약대로 이행할 것을 청구할 수 있다(협약 제46조 제1항). 앞에서 설명한 바와 같이, 대륙법계 국가는 계약 당사자에게 그 계약상 의무의 이행을 강제할 수 있도록 일반적으로 허용하고 있는 반면에, 영미법계 국가에서는 일반적인 구제수단으로서 손해배상만을 인정할 뿐이며, 다만 금전보상으로는 피해당사자에게 충분한 구제가 이루어지지 못한다고 인정되는 예외적인 경우에만 계약대로의 특정이행을 허용한다. 따라서 구제수단으로서 계약의 현실적 이행을 강조하여 특정이행을 일반적으로 요구할 수 있도록 허용하고, 또한 이를 다른 구제수단에 우선하여 가장 먼저 규정하고 있는 비엔나협약 제46조 제1항은 비엔나협약이 구제수단체제와 관련해서 계약관계는 가능한 한 그대로 유지되어야 한다는 대륙법계 계약법원칙을 수용하였다는 사실을 잘 보여준다.[89]

비엔나협약 제46조 제1항은 특정이행의 요구와 양립할 수 없는 구제수단을 사용하는 때에는 특정이행을 요구할 수 없다고 규정하고 있는바, 예를 들어 비엔나협약 제49조 제1항에 따라 계약을 해제한 경우에 매수인은 매도인에 대해 특정이행을 청구할 권리를 상실한다. 특정이행을 청구할 권리와 계약을 해제할 권리가 병존할 수 없음은 비엔나협약 제81조가 계약해제는 당사자들로 하여금 계약상의 의무로부터 해방하며, 손해배상책임만 남도록 한다고 규정하고 있는 데서 분

87) 예를 들어 프랑스 민법 제1184조 제3항 및 제1244조는 명문으로 유예기간의 부과를 허용한다.

88) Schlechtriem, *supra* note 8, p.369.

89) Oberster Gerichtshof, 7 September 2000 (http://www.cisg.at/8_2200v.htm).

명히 볼 수 있다(협약 제81조 참조).

특정이행청구권과 관련해서 주의할 것은 각국의 법원이 비엔나협약이 적용되지 아니하는 유사한 매매계약에 대하여 자국법에 따라 특정이행을 명하는 판결을 하게 될 경우가 아니면 법원은 특정이행을 명하는 판결을 할 의무가 없다는 점이다(협약 제28조 참조). 이는 영미법계 국가에서 금전에 의한 보상이 충분하지 아니한 예외적인 경우에 한하여 특정이행을 명하는 관행을 고려한 것이다. 따라서 각국 법원은 자국의 국내법에 따라 특정이행을 명하는 판결을 하여야 할 경우가 아닌 이상 반드시 특정이행을 명하는 판결을 할 필요가 없다.

[관련외국판례] 미국 7/12/1999; Unilex 99 C 5153

미국 판매상은 우크라이나 생산자가 생산하는 강철봉을 구매하기 위하여 독일 상인과 협상에 들어갔다. 협상과정에서 당사자는 매도인의 미국 매수인과 우크라이나 생산자 사이에서 중개인으로서의 역할, 물품의 수량, 판매 대금 및 지급 방법, 제조에 관한 지시 등 여러 가지 문제에 합의하였다. 매수인이 지급을 위하여 발행한 신용장을 변경해줄 것을 거절하자 매도인은 그의 계약상의 의무를 이행하지 않겠고 물품을 타처에 처분하겠다고 하여 분쟁이 발생하였다. 매수인은 손해배상과 매도인의 의무의 특정이행을 주장하며 이행기전 계약위반을 이유로 소를 제기하였다.
특정이행을 구하는 매수인의 청구에 관하여 살피건대 특정이행은 협약하에서(협약 제46조 제1항) 일반적으로 허용된다. 다만, 법원은 자국의 계약법에 따라 특정이행을 명하여야 하는 경우가 아닌 한 특정이행을 명하는 판결을 할 의무는 없다(협약 제28조). 미국통일상법전[U.C.C. 2 716(1)]의 해석에 따를 때 매수인이 시장에서 유사한 물품을 구매하기 어렵다면 특정이행은 허용될 수 있다는 점을 고려하여 매수인의 청구를 인용한다.

2. 대체물인도청구권

비엔나협약은 제46조 제2항에서 특정이행청구권의 한 형태로 대체물인도청구권을 규정하고 있다. 즉 불특정물매매의 경우로서 인도된 물품이 계약에 적합하지 않은 경우에 매수인은 매도인에 대해서 대체물을 인도할 것을 청구할 수 있다(협약 제46조 제2항). 이때 부적합의 정도가 심각하지 않은 경우에도 매도인으로 하여금 이미 인도된 물품을 회수하고, 다시 새로운 물품을 인도하도록 강제하는 것은 매도인에게 지나친 부담이 된다고 할 것이기 때문에 비엔나협약은 물품이 계약에 부적합한 정도가 본질적 계약위반에 이르렀을 때에 한해서 매수인이 매도인에게 대체물의 인도를 청구할 수 있도록 하였다(협약 제46조 제2항 단서).[90] 또한 대체물의 인도를 청구할 수 있기 위해서는 매수인은 비엔나협약 제39조에 따른 부적합의 통지와 동시에 대체물의 인도를 청구하거나, 또는 통지 후 합리적인 기간 내에 대체물의 인도를 청구했어야 한다(협약 제46조 제2항 단서).

이미 수령한 물품을 수령한 상태와 실질적으로 동일한 상태로 반환할 수 없는 경우에 원칙적으로 매수인은 대체물의 인도를 청구할 수 없다(협약 제82조 제1항).[91]

3. 물품수리청구권

인도된 물품의 부적합의 정도가 그다지 심하지 않은 경우에 매수인으로서는 대체물을 청구하는 것보다는 물품을 수리한다거나 하자 있는 부품을 교체한다거나, 또는 결손부품을 설치한다거나 하는 등의 방법으로 물품을 수선하여 바로 사용하는 것이 보다 효율적인 구제수단이 될 수 있다. 따라서 비엔나협약 제46조 제3항은 매수인으로 하여금 매도인에 대해서 물품을 수리하여 그 부적합을 치유할 것을 청구할 수 있도록 하였다(협약 제46조 제3항 제1문). 주의할 것은 모든 사정을 고려하여 그러한 수리의 청구가 매도인에 대해 불합리한 경우에는 매수인은 수리를 요구할 수 없다는 점이다(협약 제46조 제3항 제1문 단서). 수리의 청구가 불합리한 예로서는 수리비용이 대체물을 인도하는 비용보다 더 높거나 수리에 소요되는 비용이 수리를 통해서 매수인이 얻을 이익에 비해 과도한 등 수리에 의해서 매도인에게 초래될 비용이 불합리한 정도에 이른다거나, 또는 매수인은 쉽게 수리할 수 있는 위치에 있는 반면에 매도인은 그 수리시설이 외국에 있는 등의 사정으로 수리에 어려움이 있는 경우 등을 생각해 볼 수 있다.[92]

대체물인도청구권의 경우와 마찬가지로, 수리에 의한 부적합의 치유를 청구할 수 있기 위해서는 매수인은 비엔나협약 제39조에 따른 부적합의 통지를 할 때 수리를 청구하거나, 또는 통지 후 합리적인 기간 내에 수리를 청구했어야 한다(협약 제46조 제3항 제2문).

---

90) 주의할 것은 매수인이 계약에 부적합한 물품의 인도를 거절하고, 계약에 적합한 다른 물품을 인도할 것을 요구한 경우에 매수인의 요구는 비엔나협약 제46조 제1항에 따른 것이며, 비엔나협약 제46조 제2항에 따라 대체물의 인도를 요구한 것이 아니기 때문에 본질적 계약위반의 요건에 구속되지 않는다는 점이다.

91) 물품이 일부만 인도되거나 또는 인도된 물품의 일부만이 계약에 적합한 경우에는 미인도된 부분이나 계약에 부적합한 부분에 대해서만 인도를 청구할 수 있는데(협약 제51조), 이는 기본적으로 특정이행청구권 일반을 규정한 비엔나협약 제46조 제1항이 적용되는 경우이고, 대체물인도청구권을 규정한 비엔나협약 제46조 제2항이 적용되는 경우가 아니기 때문에 본질적 계약위반의 요건을 충족할 필요가 없다는 점에 주의해야 한다.

92) Honnold, *supra* note 13, p.309.

4. 특정이행청구권에 대한 제한

특정이행청구권이 일반적으로 허용된다고 해서 매수인이 이를 언제나 행사할 수 있는 것은 아니다. 예를 들어 매도인이 불가항력적 장애로 인하여 이행할 수 없게 되었고, 그 장애가 항구적인 때에는 매수인은 특정이행청구권을 행사할 수 없다(협약 제79조 참조). 또한 물품이 멸실되거나 또는 매도인이 물품에 대한 소유권을 상실하는 등의 사유로 매도인이 물품을 인도할 수 없게 된 때에도 그러한 사유에 대해서 매도인에게 책임이 없는 한, 매수인은 특정이행청구권을 행사할 수 없다. 그러나 이들 경우에 매수인은 특정이행청구권만 행사할 수 없을 뿐이고, 다른 구제수단은 이를 여전히 행사할 수 있음은 물론이다.

이 외에도 매수인이 물품보관의무나 긴급매각의무(협약 제86조 및 제88조 제2항) 또는 손실경감의무(협약 제77조) 등을 이행하지 않은 결과, 특정이행을 요구할 수 없게 되는 경우도 있을 것이다. 또한 비엔나협약 제7조의 신의원칙이 적용되는 결과, 이행지체로 말미암아 한 당사자가 다른 당사자의 부담으로 투기를 할 수 있는 지위에 있는 경우에 그 당사자가 특정이행을 요구하는 때에는, 신의의무를 위반하는 것으로서 이를 허용하지 않을 수도 있다. 예를 들어 매수인이 가격의 급등이 있은 후에 손해배상을 청구하는 대신에 물품인도의 특정이행을 요구한다든지, 또는 매도인이 가격의 폭락이 있은 후 손해배상을 청구하는 대신 대금지급의 특정이행을 요구하는 경우 등을 생각해 볼 수 있을 것이다.[93]

5. 특정이행청구권의 평가

실제 거래에 있어서는 매수인이 특정이행을 원한다기보다는 오히려 매도인이 자기의 고객에 대한 신용을 지키기 위해서 또는 손해배상책임을 경감하거나 계약의 해제라는 극한상황을 피하기 위해 기꺼이 물품을 대체하거나 수리할 것을 매수인에게 제의하는 게 일반적인 현실임을 생각할 때, 매수인을 위한 구제수단으로서 특정이행청구권이 갖는 효용은 실제로 그다지 크지 않다고 할 수 있다.

다른 한편 매도인에게 자기의 의무를 이행할 의사가 없는 경우에, 매도인에게 그 이행을 강제하는 것은 필연적으로 많은 시일을 초래할 것이므로 매수인으로 하여금 다른 곳에서 대체물을 구입하도록 하는 것보다도 오히려 비효율적이라고 할 것이다. 국내거래에서조차 이행을 강제하는 조치가 많은 시일을 요구하는

---

93) *Ibid.*, pp.309-310.

상황임을 감안하면 국제거래에서 이러한 상황이 더욱 심각하리라는 점은 의심의 여지가 없기 때문이다. 따라서 매도인이 그 의무를 이행하기를 원하지 않는 경우에 매수인으로서는 계약을 해제한 후에 대체물을 다른 경로를 통해 확보하고, 이 과정에서 손해가 발생하였다면 그 배상을 청구하는 방식을 취하는 것이(협약 제75조) 보다 일반적이며, 또한 효과적이라는 점을 생각하면 이 점에서도 특정이행청구권이 매수인에 대해 갖는 효용은 제한적이다.[94] 다만 예외적으로 매도인이 파산 직전에 있는 등의 사유로 후에 손해배상을 청구하는 것이 현실적이지 않은 때에는 특정이행을 청구하는 것이 매수인에게 더 효과적일 수도 있을 것이다.

Ⅲ. 부가기간설정권

비엔나협약 제47조 제1항은 매수인은 매도인의 의무이행을 위하여 합리적인 부가기간을 설정할 수 있다고 규정하고 있다(협약 제47조 제1항). 이 규정은 독일 민법의 부가기간(Nachfrist)에 근거한 규정이다.

비엔나협약의 부가기간에 관한 규정은 매수인의 계약해제에 관한 규정인 비엔나협약 제49조 제1항의 적용과 관련해서 중요한 의미를 갖는다. 즉 비엔나협약 제49조 제1항 나호는 매수인이 설정한 부가기간 내에 매도인이 물품을 인도하지 않는 인도불이행이 있는 경우에, 매수인은 매도인의 계약위반 또는 그 부가기간의 경과가 본질적 계약위반이 되는지 여부에 상관없이 매수인은 계약을 해제할 수 있다고 규정하고 있다. 매수인으로 하여금 매도인의 인도불이행이 본질적 계약위반이 되는지 여부를 증명해야 하는 어려움을 피할 수 있도록 해주는 취지를 갖는 이 규정의 적용에서 부가기간의 설정은 인도불이행의 경우에 계약의 해제를 용이하게 하기 위한 전단계로서 중요한 의미를 갖는다.[95]

[관련외국판례] 프랑스 29/1/1998; Unilex 56

1990년 이탈리아 매도인과 프랑스 매수인은 하이테크 기계 두 대의 매매계약을 체결하였다. 1993년 매수인은 부적합을 이유로 계약해제를 선언하는 소장을 매도인에게 송달하였다. 매도인은 매수인의 해제선언이 협약 제39조, 제46조 제3항, 제47조, 제49조 제2항 나호에 규정된 합리적인 기간의 요건에 따르지 않았다고 주장하였다.

---

94) *Ibid.*, pp.311-312.
95) Schlechtriem, *supra* note 8, pp.394-395.

합리적인 기간 내에 부적합의 통지가 이루어졌다. 이 사건에 있어서 매도인의 영업소에서 임시 검사가 있은 후 2주가 지나서 매수인은 프랑스에 있는 매도인의 대리인에게 서신을 보냈고 임시 검사를 통하여 매도인이 부적합을 알게 되었고 다시 검사하기 전에 무엇이 개선되어야 하는지 특정되었다. 두 번째 검사 후 한 달이 지나서 매수인은 기계가 변경되지 않는 한 수령을 거절하겠다고 알리는 또 다른 서신을 매도인에게 보냈다. 그 후 매도인이 매수인의 영업소에서 기계를 검사하겠다는 요청에 따라 기계 두 대는 인도되었고 설치되었다. 매수인은 첫 번째 기계가 인도된 후 6개월이 지나서 두 번째 기계가 인도된 후 11개월이 지나서 하자를 특정하여 서신을 추가로 보냈다. 이러한 부적합의 통지는 송달의 방법으로 통지되어야 할 것을 요구하지 않는 협약 제39조의 요건을 충족한다.
협약 제46조 제3항에 따라 매수인은 부적합의 통지와 동시에 매도인에게 하자를 수리하여 줄 것을 청구하였다. 또한 매수인은 매도인이 기계를 수리할 의사가 있다고 통지하였으므로 매도인에게 그의 의무이행을 위한 부가기간을 부여하였다. 수리에 수반된 어려움을 고려하더라도 부가기간은 합리적이고 따라서 협약 제47조 제1항의 요건을 충족한다.
매도인은 매수인이 정한 합리적인 부가기간 내에 그의 의무를 이행하지 아니하였다. 하자가 계약에서 매수인이 기대할 수 있는 바를 실질적으로 박탈하였으므로 매수인은 계약을 해제할 수 있다. 실제로 매수인이 하자 있는 기계를 기대한 대로 사용할 수 없었다.
매수인의 해제 선언은 협약 제49조 제2항 나호 제2목에 따라 부가기간의 경과후 합리적인 기간 내에 이루어졌다.

한편 당사자는 자기가 요구한 이행을 거절할 수 없다는, 이른바 금반언의 원칙(estoppel doctrine)에 따라 비엔나협약은 매수인은 매도인으로부터 그와 같이 설정된 기간 내에 이행을 하지 않겠다는 통지를 수령하지 않은 한, 그 기간 중에는 계약위반에 기한 구제수단을 사용할 수 없도록 하였다(협약 제47조 제2항 제1문). 따라서 매수인은 부가기간이 경과할 때까지는 계약해제, 대금감액 또는 손해배상청구 등의 구제수단을 행사할 수 없다. 그러나 부가기간 내에 매도인의 이행이 있었다고 할지라도, 그것이 계약내용에 비추어 이행지체에 해당하는 때에는 부가기간의 경과 후에 매수인이 이행지체에 기한 손해의 배상을 청구할 수 있음은 물론이다(협약 제47조 제2항 제2문). 마찬가지로 부가기간을 설정하기 전에 이미 매수인이 부가기간 내 매도인의 이행으로 보상될 수 없는 손해를 입은 경우에도, 매수인은 단순히 부가기간을 설정했다는 사실 때문에 그 손해의 배상을 청구할 권리를 상실하지 않는다.

매수인은 부가기간을 설정함에 있어서 합리적인 기간을 정하여,[96] 확정적이

96) 예를 들어 독일 법원은 독일에서 이집트까지 3대의 인쇄기계를 인도함에 있어서 2주의 기간은 부가기간으로서 지나치게 짧은 것이지만, 7주의 기간은 합리적인 기간이라고 판시하였다. CLOUT case No.136 [Oberlandesgericht Celle, Germany, 24 May 1995].

고도 최종적인 인도일자를 특정하고 그 기간 내 이행을 요구함으로써 그것이 부가기간의 설정임을 명백히 해야 한다.[97] 단순히 특정일까지 인도하기를 요망한다는 독촉을 한 정도로는 부가기간의 설정이 되지 않는다.[98]

Ⅳ. 매도인의 계약부적합의 치유권

매도인이 계약을 위반한 경우에도 비엔나협약 제37조는 매도인으로 하여금 인도기일까지 그 부적합을 치유할 수 있는 권리를 부여하고 있는데, 이에 더하여 협약 제48조는 인도기일 이후에도 계약부적합을 치유할 수 있는 권리를 제한적으로 매도인에게 허용하고 있다. 이는 비엔나협약이 국제매매거래가 당사자 간의 협력과 양보를 바탕으로 한 상호관계임에 비추어 합의된 인도기일이 지난 후에도 일정한 조건하에서는 그 이행 중에 발생한 부적합의 치유를 가능하게 함으로써 가능한 한 계약을 유지하고자 하는 계약유지이념을 표현한 것이다.

비엔나협약 제48조 제1항은 본질적 계약위반 등의 사유로 매수인이 계약을 해제하지 않는 한, 매도인은 인도기일 이후라 할지라도 자기 비용으로 그 의무의 불이행을 치유할 수 있도록 규정하고 있다(협약 제48조 제1항 제1문). 의무의 불이행을 치유하는 방법에는 물품의 대체 또는 하자 있는 부품의 수리나 대체 등 여러 방법이 있을 것인데, 이때 이들 다양한 치유방법 중에서 실제로 사용될 치유방법의 선택권은 매도인에게 있다. 다만 그러한 의무불이행의 치유가 불합리한 지체 없이 행해질 수 있고, 또한 매수인에게 불합리한 불편을 초래하거나 또는 매수인이 비용을 선급하는 경우에 매도인이 이를 상환할 것이 불안(uncertain)하지 않아야 한다(협약 제48조 제1항 제1문 단서).[99]

---

97) Official Records of the United Nations Conference on Contracts for the International Sale of Goods, Vienna, 10 March-11 April 1980 (United Nations publication, Sales No.E.81.IV.3), 39, paras.6-7. 이 문서는 유효한 부가기간의 설정이 되기 위해서는 "최종인도일: 2002년 9월 30일" 정도로 충분하다고 한다. *Ibid.*, para.7.

98) Honnold, *supra* note 13, p.315.

99) 매수인이 비용을 선급하는 예로서는, 매수인이 물품을 반환하거나 또는 매수인의 작업장에서 생산이 중단됨으로써 매수인에게 비용이 초래되는 경우를 생각해 볼 수 있을 것이다. 이러한 경우에 매도인이 그러한 비용을 상환할 것인지 여부에 의심이 있는 때에는, 비엔나협약 제48조 제1항 제1문 단서 규정에 따라 매도인은 그러한 비용에 대해 담보를 제공한 때에 비로소 부적합 치유의 권리를 갖는다고 할 것이다.

[관련외국판례] 스위스 10/2/1999; Unilex HG 970238.1

스위스 매수인과 이탈리아 매도인은 미술 책과 카탈로그를 인쇄, 제본하여 인도하는 계약을 체결하였다. 매수인이 대금 전액을 지급하지 아니하자 매도인은 소를 제기하였다. 매수인은 당사자가 대금 지급을 연기하기로 합의하였다고 주장하였다. 더욱이 매도인이 합의된 것보다 질이 나쁜 종이를 사용하였고 일부 카탈로그가 전시에 지체되어 인도된 사실로부터 발생하는 손해로 매도인의 청구를 상계한다고 주장하였다.
매도인이 물품을 운송인에게 적시에 인도하였고(협약 제31조) 운송을 할 계약상의 의무가 없는 경우에는 매도인은 운송인이 운송계약에 의한 의무를 이행하지 못한 것에 대한 책임이 없으므로(협약 제79조 제2항) 매수인은 불이행으로 인한 손해의 배상을(협약 제45조 제1항 가호) 구할 수 없다.
매수인은 또한 협약 제50조에 따라 대금감액을 구할 수 없다. 매도인이 불이행을 치유하였거나 불합리하게 지체하거나 매수인에게 다른 불편을 초래하지 않음에도 매도인의 보완 제의를 매수인이 거절한 경우에는 매수인은 대금감액을 구할 수 없다.

[관련외국판례] 독일 23/6/1995; Unilex

이탈리아 매도인과 독일 매수인은 의약품의 생산에 사용될 일정량의 화학물질의 매매계약을 체결하였다. 물품이 매수인의 영업소에 인도된 후 매수인은 이를 그의 고객에게 송부하였다. 인도된 물질이 의약품의 생산을 시작하기에 충분히 정제되어 있지 않다는 고객의 불평을 듣고 당사자는 매도인이 이탈리아에서 하자 있는 물품을 치유하기로 합의하였다. 물품은 매도인이 지정한 독일 운송인에 의하여 이탈리아로 반송하기로 하였고 매도인의 비용으로 곧바로 매도인에게 인도하기로 하였다. 매수인이 독일 운송인에게 전화하였을 때 물품이 아직 이탈리아로 발송되지 않았다는 것을 알게 되었고 이를 매도인에게 통지하였다. 매수인은 고객이 물품이 없이는 의약품의 생산을 재개할 수 없으므로 즉시 물품을 처리하여야 한다고 주장하면서 자신의 비용으로 독일에서 물품을 처리하였다. 매수인은 판매대금에서 처리비용을 공제하였다. 매도인은 물품이 이탈리아에 적시에 도착하였다면 이탈리아에서 더 낮은 비용으로 처리하였을 것이라고 주장하면서 판매대금 전액의 지급을 주장하였다.
협약 제48조 제1항에 의하여 매도인은 불합리하게 지체하지 아니하는 경우에는 자신의 비용으로 의무의 불이행을 치유할 수 있다.
물품이 적시에 이탈리아에 도착하지 아니하였으므로 매도인은 하자를 치유하지 못하였다. 매수인의 고객이 물품이 치유되는 기간 동안 생산을 중단하여야 하고 이로 인하여 매수인의 고객이 손해배상을 구하게 되므로 더 이상의 처리의 지체는 불합리하다.
협약 제47조에 규정된 대로 매도인의 이행을 위한 부가기간을 정하는 것이 협약에서 손해배상을 구할 수 있는 조건이 되지 아니하므로 매수인은 부가기간을 정할 필요가 없다. 매수인은 물품을 이탈리아로 전송함에 관한 매도인의 지시를 따랐고 운송인의 의무의 이행에 대하여 책임이 없으므로 자신의 작위 또는 부작위로 인하여 손해배상청구권을 상실하지 아니한다(협약 제80조). 매도인이 불이행에 대한 보완권을 행사하는 것이므로 운송인의 의무 이행에 대하여 매도인이 책임을 진다. 매도인이 예견할 수 있었으므로 매수인은 하자 있는 물품의 처리비용을 손해로서 배상받을 수 있다(협약 제74조).

이처럼 이행기일 이후라고 할지라도 매도인에게 부적합의 치유권이 인정되지만, 매도인의 부적합의 치유행위가 있었음에도 불구하고, 여전히 손해가 발생한 경우에 매수인이 그 손해의 배상을 청구할 수 있음은 물론이다(협약 제48조 제1항 제2문). 그리고 이러한 손해에는 매도인의 부적합의 치유행위로 매수인에게 초래된 비용이 당연히 포함된다.

이 규정은 매도인의 계약불이행이 발생한 모든 경우에 적용될 것이므로 이론적으로는 인도의 지체가 있는 경우에도 일응 적용된다고 할 것이지만, 인도지체를 치유한다는 것은 성질상 불가능하기 때문에 인도지체의 경우에 이 규정이 적용될 수 있는 경우는 거의 없을 것이며, 따라서 물품이 계약에 부적합한 경우인 물품하자의 경우에 주로 적용될 것이다.[100]

매도인이 매수인에게 의무불이행의 치유의 추후 이행을 수락할 것인지 여부를 알릴 것을 요청하였으나 매수인이 합리적인 기간 내에 그 수락 여부를 통지하지 않은 경우에, 매도인은 자기의 요구에서 정한 기간 내에 이행을 할 수 있다(협약 제48조 제2항 제1문). 따라서 매수인은 그 기간 중에 매도인의 이행과 양립할 수 없는 구제수단을 사용할 수 없다(협약 제48조 제2항 제2문). 이와 관련해서 매도인이 특정한 기간 내에 이행하겠다고 통지한 때에는 매수인에게 그 수락 여부를 통지할 것을 요구한 것으로 본다(협약 제48조 제3항).

앞에서 설명한 바와 같이, 비엔나협약 제27조는 계약상 의무이행과 관련한 통지에 관해서 당사자가 상황에 적절한 방법으로 통지를 발송함으로써 그의 통지의무는 완수되고, 지연이나 부도달의 위험은 수신인이 부담하는 발송주의를 일반원칙으로 선언하였으나, 비엔나협약 제48조 제4항은 매도인의 인도기일 이후의 의무불이행치유의 통지에 대해서는 매수인에 의해 수령되지 않는 한 효력이 없다고 함으로써 예외적으로 도달주의를 선언하고 있는바, 이는 통지를 하는 매도인이 계약위반의 당사자이므로 통지의 부도달로 인한 위험을 매도인이 부담하도록 함으로써 당사자 간 이해의 조정을 도모한 것이다.

---

100) Honnold, *supra* note 13, p.319.

V. 계약해제권

비엔나협약은 피해당사자가 갖는 구제수단의 하나로서 계약해제권을 인정하고 있으나, 일단 체결된 계약은 가능한 한 유지하도록 한다는 계약유지의 이념에 근거해서 그 성립요건 및 행사방법 등에 관하여 일정한 제한을 두고 있다.

비엔나협약은 본질적 계약위반을 계약해제사유로 규정하고(협약 제49조 제1항 가호) 또한 인도불이행의 경우에 부가기간을 설정한 후 그 기간 내에 이행이 없는 경우에 매수인으로 하여금 문제의 인도불이행이 본질적 계약위반이 되는 것을 증명하지 않고도 계약을 해제할 수 있도록 하였다(협약 제49조 제1항 나호). 또한 이행기 전 계약위반이나 분할인도 계약위반의 경우에도 계약의 해제가 인정된다(협약 제72조 제1항 및 제73조).

계약의 해제는 상대방에게 통지하는 방법으로 하며(협약 제26조), 해제의 사유가 발생한 후 합리적 기간 내에 행사되지 않으면 계약해제권은 소멸한다(협약 제49조 제2항).

계약해제의 효과에 관해서 비엔나협약은 원상회복의무를 인정하는 한편, 계약해제권의 행사와 손해배상청구권의 양립을 인정하였다(협약 제81조 및 제82조).

1. 계약해제사유

(1) 본질적 계약위반

비엔나협약 제49조 제1항 가호는 매수인은 매도인의 계약 또는 비엔나협약상 의무의 불이행이 제25조가 정한 본질적 계약위반을 구성하는 경우에 계약을 해제할 수 있다고 규정하고 있다. 이 규정에 따라 매도인이 계약의 목적인 물품을 인도하지 않았거나, 또는 인도한 물품이 계약에 적합하지 아니하고, 그 불인도 또는 부적합이 본질적 계약위반의 정도에 이르렀을 때 매수인은 계약을 해제할 수 있다.[101)]

---

101) 일반적으로 매도인의 확정적 불인도는 본질적 계약위반을 구성한다. CLOUT case No.90 [Pretura circondariale de Parma, Italy, 24 November 1989]. 반면에 분할인도계약에서 한 번의 불인도가 있었던 경우와 같이 계약의 일부만이 확정적으로 불이행된 때에는 본질적 계약위반이 있었다고 할 수 없다. CLOUT case No.275 [Oberlandesgericht Düsseldorf Germany, 24 April, 1997]. 일반적으로 단순한 이행지체는 본질적 계약위반이 되지 않는다. Landgericht Oldenburg, Germany, 23 March 1996, Unilex. 그러나 당사자 간에 이행기일에 관한 합의가 있는 경우나 계절성 상품의 매매의 경우와 같이 확정기매매로서 이행기일의 준수가 중요한 때에는 이행지체만으로도 본질적 계약위반이 될 수 있다. CLOUT case No.277 [Oberlandesgericht Hamburg, Germany, 28 February 1997]; Corte di Appello di Milano, Italy, 20 March 1998, Unilex.

물품의 하자는 매수인이 불합리한 불편 없이 물품을 사용할 수 있거나 할인가격으로나마 물품을

[관련외국판례] 독일 18/1/1994; Unilex 5 U 15/93

1991년 독일 매수인과 이탈리아 매도인은 여자용 신발의 매매계약을 체결하였다. 매수인은 매도인이 합의된 기간 내에 물품을 인도하지 않았고 물품이 계약에 적합하지 않다고 주장하면서 대금의 일부를 지급하지 않았다. 매도인은 나머지 대금의 지급을 구하는 소를 제기하였다.
인도지체를 이유로 계약을 해제하려면 매수인은 매도인의 의무이행을 위하여 부가기간을 정하여야 한다. 또한 그 기간이 매도인의 의무이행 없이 경과되어야 한다(협약 제49조 제1항 나호, 제47조 제1항). 이 사건에 있어서 매수인은 그 부가기간을 정하였다는 증거를 제시하지 못하였다.
물품의 계약 부적합에 관한 매수인의 주장에 관하여 살피건대 물품의 계약 부적합이 본질적인 계약위반에 해당하는 경우에 한하여 매수인은 계약을 해제할 수 있다(협약 제49조 제1항 가호). 예를 들어 하자로 인하여 매수인이 물품을 합리적으로 사용할 수 없게 되는 경우가 아니라면 위 요건은 충족되지 아니한다. 이 사건에 있어서 매수인은 이 사건 물품인 신발이 '하자'가 있고 당사자가 합의한 재료가 아닌 다른 재료로 만들어졌다고 주장하였으나 신발이 하자로 인하여 합리적으로 사용될 수 없음을 증명하지는 못하였다.

[관련외국판례] 프랑스 4/6/2004; Unilex 2002/18702

포르투갈 매도인과 프랑스 매수인은 압력 요리기구를 프랑스 슈퍼마켓 체인에 공급하는 계약을 체결하였다. 인도 후 일부 요리기구에서 사용하는 것을 위험하게 할 만한 하자가 발견되었다. 이에 매수인과 판매상은 매도인을 상대로 각 계약 종료와 손해배상을 구하는 소를 제기하였다.
제1심 법원은 계약이 종료되었고 매도인은 손해배상을 하여야 한다고 판시하였다. 더욱이 제1심 법원은 모든 물품이 시장에서 회수되어야 한다고 명령하였다. 매도인은 하자가 있는 요리기구에 한해서만 계약이 종료되어야 하고 하자가 있는 요리기구는 참조번호로 구별해 낼 수 있다고 주장하면서 항소하였다.
매도인의 주장을 배척하기로 한다. 하자가 있는 압력 요리기구의 수가 거의 전체의 3분

재판매할 수 있었다면 본질적 계약위반이 되지 않는다. CLOUT case No.171 [Bundesgerichtshof, Germany, 3 April 1996]. 예를 들어 스위스 법원은 인도된 냉동육의 지방과 수분 함유도가 높아서 문제의 냉동육이 계약 가격의 74.5%의 가치밖에 갖지 않게 된 경우에 매수인에게 낮은 가격에 재판매하거나 또는 달리 처리할 수 있는 기회가 있었다고 하면서 이를 본질적 계약위반이 되지 않는다고 판시하였다. CLOUT case No.248 [Schweizerisches Bundesgericht, Switzerland, 28 October 1998]. 반면에 하자 있는 물품이 사용될 수 없거나 또는 합리적 노력으로 재판매될 수 없는 경우 또는 하자가 심각하고, 수리될 수도 없는 경우에는 본질적 계약위반이 존재한다. CLOUT case No.150 [Cour de Cassation, France, 23 January 1996]; CLOUT case No.107 [Oberlandesgericht Innsbruck, Austria, 1 July 1994].
서류의 하자도 그 하자가 매수인이 물품을 유통할 수 있는 가능성을 본질적으로 훼손하는 때에는 본질적 계약위반을 구성한다. CLOUT case No.152 [Cour d'appel, Grenoble, France, 26 April 1995].

의 1에 달하므로 매도인의 계약위반(협약 제35조에 따른)은 협약 제49조의 본질적인 위반이라고 할 것이다(물품의 종류 및 사용에 있어서의 안전의 필요). 더욱이 매도인은 하자 있는 물품은 다른 참조번호를 가지고 있다고 주장하지만 송장에는 동일한 번호가 붙어 있을 뿐이다. 매도인이 달리 하자 있는 물품을 가려낼 방법을 제시하지 못하였다. 따라서 일부 종료는 인정되지 아니한다.

계약에 적합하지 아니한 물품을 인도한 매도인은 인도기일 전에는 매수인에게 불합리한 불편이나 비용을 발생시키지 아니하는 한 부적합한 물품을 대체하는 등 하자를 치유할 수 있고(협약 제37조), 인도기일 후라 하더라도 불합리하게 지체되지 않고, 매수인에게 불합리한 불편을 초래하지 않거나 매수인이 선급한 비용을 상환받을 확실성이 있다면 자기의 비용으로 위와 같은 불이행을 치유할 수 있기 때문에(협약 제48조 제1항), 비록 매도인이 본질적 계약위반을 하였다고 할지라도 매수인이 이에 기해서 계약을 해제하기 전에 매도인이 그 부적합을 치유하였다면 본질적 계약위반의 상태가 더 이상 존재하지 아니하므로 매수인은 계약을 해제할 수 없다.

(2) 부가기간 내의 인도불이행

비엔나협약은 제49조 제1항에서 인도불이행(non-delivery)의 경우로서 제47조 제1항에 따라 매수인이 부가기간을 설정하였으나 그 기간 내에 매도인이 물품을 인도하지 않거나 또는 그 기간 내에 인도하지 않을 것을 선언한 경우에는 매수인이 별도로 본질적 계약위반을 증명하지 않고도 계약을 해제할 수 있도록 규정하고 있다(협약 제49조 제1항 나호). 이 규정은 당사자 일방이 그 채무를 이행하지 아니하는 때에는 상대방은 상당한 기간을 정하여 그 이행을 최고하고 그 기간 내에 이행하지 아니한 때에는 계약을 해제할 수 있다고 규정한 우리 민법 제544조에 유사한 규정이다.[102]

물품의 부적합의 경우에는 부가기간 후 계약해제권을 인정하지 아니하고, 인도불이행, 즉 물품의 불인도의 경우에만 계약해제권을 인정한 것은 전자의 경우에 단순히 부가기간을 설정한 후 그 기간 내 인도한 물품의 계약 부적합을 이유로 그 부적합의 정도가 본질적 계약위반에 이르지 아니함에도 불구하고 계약을 해제하는 등 남용의 소지가 크기 때문이다.

부가기간 내에 인도가 없는 경우에 계약의 해제를 허용하는 것은 합리적인 부가기간의 설정이 있는 때에는 이 기간이 계약상 중요한 것으로 되어 이의 위반

---

102) 김형배 · 김규완 · 김명숙(주80), 1224-1226면.

은 당연히 본질적 계약위반이 된다는 근거에서이다. 물론 물품의 가격이 급격히 변동하고 있는 시장에서 인도지체가 있는 등 상황에 비추어 인도지체가 곧 본질적 위반이 되는 경우에는 매수인은 매도인에게 부가기간을 설정하지 않고도 바로 본질적 계약위반을 이유로 계약을 해제할 수 있을 것이다.[103)]

2. 계약해제권의 행사방법

계약의 해제는 상대방에게 통지된 때에만 효력이 있다(협약 제26조). 즉 본질적 계약위반이나 부가기간의 경과로 자동적으로 계약이 해제되는 것이 아니고, 매수인이 계약을 해제하겠다는 의사를 매도인에게 통지해야만 계약이 해제된다. 주의할 것은 비엔나협약 제27조가 발신주의를 채택하고 있기 때문에 해제의 의사표시가 적절한 통신수단으로 표시된 이상, 그 의사표시가 매도인에게 도달하지 않았더라도 계약해제의 효과는 발생한다는 점이다.

[관련외국판례] 스페인 3/10/2002; Unilex AC 2002/1851

스페인 매도인과 요르단 매수인은 스페인 항구로부터 선적되는 냉동 건어물에 대하여 CIF 조건으로 계약을 체결하였다. 물품이 요르단 보건 당국의 기준에 따라 요르단으로 수입에 부적합한 경우에는 매도인이 책임을 진다는 것이 계약의 명시적 조건이었다. 요르단의 항구에 도착하였을 때 물품은 요르단 보건 당국에 의하여 사람의 식용에 적합하지 않는 것이 밝혀졌고 요르단으로 수입이 금지되었다. 매수인은 매도인에게 물품이 요르단으로 수입하기에 부적합하여 이를 수령거절한다고 통지하였다. 그 후 물품은 에스토니아의 다른 매수인에게 재판매되었고 매도인은 판매대금에서 요르단 항구로부터 스페인 항구로 다시 에스토니아 항구까지의 운송비용을 공제한 나머지 금액을 요르단 매수인에게 상환하였다. 요르단 매수인은 공제된 금액의 반환을 구하는 소를 제기하였다. 매도인은 계약해제를 수용하였다 할 것이다. 협약은 국내법과는 달리 해제에 어떠한 형식을 요구하지 아니하므로 계약은 매수인의 협약 제26조에 따른 단순한 해제선언으로써 해제되었다 할 것이다. 따라서 매도인은 공제한 운송비용 및 이자를 매수인에게 반

103) Honnold, *supra* note 13, p.329. 참고로 우리 민법 제545조도 "계약의 성질 또는 당사자의 의사표시에 의하여 일정한 시일 또는 일정한 기간 내에 이행하지 아니하면 계약의 목적을 달성할 수 없을 경우에 당사자 일방이 그 시기에 이행하지 아니한 때에는 상대방은 전조(제544조)의 최고를 하지 아니하고 계약을 해제할 수 있다"고 규정함으로써 일정한 경우에는 이행지체 후 최고 없이 바로 계약을 해제할 수 있도록 허용하고 있다. 나아가 우리 상법 제68조는 "상인 간의 매매에 있어서 매매의 성질 또는 당사자의 의사표시에 의하여 일정한 일시 또는 일정한 기간 내에 이행하지 아니하면 계약의 목적을 달성할 수 없는 경우에 당사자의 일방이 이행시기를 경과한 때에는 상대방은 즉시 그 이행을 청구하지 아니하면 계약을 해제한 것으로 본다"고 규정함으로써 상사매매에 있어서 일정한 경우에는 이행지체 후 당연히 계약이 해제되는 것으로 하였다.

환하여야 한다.

3. 계약해제권행사의 시기

계약해제의 시기는 물품의 관리 및 처분의 책임과 관련하여 중요한 의미를 갖는다. 예를 들어 매수인이 물품이 목적지에 도달하였음을 안 후 계약해제의사를 갖고 있으면서도 계약해제의 선언을 지체하는 경우에는 매도인이 부담해야 하는 체선료나 보관비용 등이 증가할 것이고, 동시에 물품은 불필요한 멸실위험에 노출되거나 또는 그 시장가격이 하락할 수도 있다. 또한 매수인이 물품을 수령한 후 물품이 계약에 부적합한 것을 이유로 계약해제의사를 갖고 있으면서도 계약해제의 선언을 지체하는 경우에도 매도인은 물품을 적기에 수리하거나 처분할 기회를 잃게 되고, 따라서 그가 부담해야 하는 비용이나 위험이 증가할 것이다.[104]

이러한 이유 때문에 비엔나협약은 매수인이 계약해제권을 행사함에 있어서 시간적 제한을 두고 있다(협약 제49조 제2항). 우선 매도인이 물품을 인도한 경우로서 매수인이 인도지체를 이유로 계약을 해제하려고 하는 경우에는 매수인은 인도의 사실을 안 때로부터 합리적 기간 내에 계약을 해제하여야 한다(협약 제49조 제2항 가호). 또한 역시 매도인이 물품을 인도한 경우로서 인도지체 이외의 계약위반을 이유로 해제하려고 하는 경우에는 매수인은 ① 그 위반사실을 알았거나 또는 알 수 있었던 때,[105] ② 매수인이 정한 부가기간(협약 제47조 제1항 참조)이 경과하거나 또는 매도인이 그 부가기간 내 의무를 이행하지 않겠다고 선언한 때 또는 ③ 매도인이 통지한 부적합의 치유기간(협약 제48조 제2항 참조)이 경과하거나 또는 매수인이 이행을 수령하지 않겠다고 선언한 때로부터 합리적인 기간 내에 계약을 해제하여야 한다(협약 제49조 제2항 나호). 이때 주의할 것은 매수인이 계약을 해제할 수 있기 위해서는 계약위반 또는 계약부적합의 사실을 발견하거나 또는 발견했어야 하는 때로부터 합리적 기간 내에 부적합의 통지를 해야 하는데(협약 제39조 제1항 참조), 이 부적합의 통지는 계약해제의 통지와는 별개로 이루어져야 한다는 점이다.

[관련외국판례] 스페인 3/11/1997; Unilex

당사자는 용수철의 매매계약을 체결하였다. 매수인의 주문에 의하면 물품은 절반씩 각

104) *Ibid.*, p.330.
105) 매수인이 본질적 계약위반의 사실을 알았어야 하는 때를 확정함에 있어서 매수인이 비엔나협약 제38조의 물품검사의무를 했어야 하는 때가 중요한 기준이 될 것이다.

각 다른 인도기일이 지정되어 있었다. 매도인은 그 조건을 확정된 일자라고 받아들였다. 첫 번째 세 번의 선적된 물품이 지체되어 인도되자 매수인은 이미 인도된 것을 제외하고 아직 인도되지 아니한 10,000개의 용수철에 대하여 계약취소를 요구하였다. 매도인은 용수철 생산에 필요한 철을 이미 구입하였고 그 철은 다른 용도로 사용될 수 없다고 주장하면서 해제 요구를 거절하면서 대금 지급을 구하는 소를 제기하였다.

계약에 의하면 6,000개의 용수철이 4월 중순까지 인도되어야 하나 1,000개만이 5월 중순까지 인도되었고 3,000개가 6월 중순까지 인도되었을 뿐이다.

협약 제33조, 제49조에 의할 때 매수인은 본질적 계약위반에 해당하는 이행지체에 대하여 계약을 해제할 권리가 있다. 지체된 인도가 매수인의 생산공정에 영향을 미쳤으므로 이는 분명히 본질적 위반에 해당한다.

협약 제47조에 의하여 첫 번째 인도를 수령한 것은 그 분할부분의 이행을 위한 부가기간을 묵시적으로 부여한 것일 뿐이다. 매수인은 인도가 계속하여 지체되자 매도인에게 장래 분할급부부분에 대하여 해제선언에 해당하는 서신을 보냈다. 또한 서신을 마지막 지체된 인도로부터 48시간 내에 보냈으므로 협약 제49조 제2항, 제73조에 의하여 합리적인 기간 내에 보냈다 할 것이다.

[관련외국판례] 핀란드 12/4/2002; Unilex

독일 매수인과 핀란드 매도인은 매수인의 수목 차량에 부착할 여러 부품의 매매계약을 체결하였다. 매도인이 판매한 장비에 하자가 있는 것으로 밝혀졌고 이에 매수인은 매도인을 상대로 손해배상을 구하고 계약해제를 주장하는 소를 제기하였다. 매도인은 그의 표준약관에 의하면 물품의 하자의 통지는 발견 후 한 달 내에 이루어져야 함에도 매수인은 그 기간이 경과된 후 통지하였다고 항변하였다. 매수인은 매도인의 표준약관에 포함된 담보조항은 너무 편파적이고 적절하지 않으므로 구속력이 없다고 주장하였다.

당사자 간에 확립된 관례에 비추어(협약 제9조) 문제가 된 담보조항이 매수인에게 지나치게 편파적이고 적절하지 못한 것은 아니라 할 것이므로 유효하게 계약의 일부가 되었다. 그러나 매도인이 매수인의 통지를 수령한 후 매수인에게 물품의 하자를 배상하겠다고 하였으므로 매도인은 매수인의 통지가 시기에 늦었다고 주장할 수 없다. 매수인이 청구한 손해액에 관하여 살피건대 협약이 이 문제를 규율하지 아니하므로 준거법인 핀란드법에 따라(협약 제4조) 합리적이라고 보여지는 담보조항에서 정해진 금액을 초과할 수 없다. 매수인이 합리적인 기간 내에 해제하지 아니하였으므로 매수인의 해제에 관한 청구를 배척한다(협약 제49조 제2항).

비엔나협약은 매도인이 물품을 인도하지 아니한 경우에 있어서 매수인이 계약을 해제할 수 있는 시기에 관해서는 규정을 두고 있지 않다. 이는 물품인도가 없는 때에도 계약해제권을 행사할 수 있는 기간을 제한한다고 하면, 물품인도가 없는 인도지체의 상황이 어느 정도에까지 이르러야 본질적 계약위반이 되는지에 관한 불확실성 때문에 매수인으로서는 계약해제시기를 확정하는 데 어려움을 가질 것이라는 사정을 고려하여 인도불이행의 경우에는 계약의 해제시기와 관련하여 매수인에게 폭넓은 재량을 인정한 것이다.

4. 계약해제의 효과

매수인이 계약을 해제하면 당사자는 더 이상 계약에 구속을 받지 아니하여 아직 이행하지 아니한 부분은 이행할 의무를 면하고, 이미 이행한 부분에 관하여는 원상회복의무가 생기며, 그 밖에 원상회복 후에도 해제사유에 기한 손해가 있는 경우에는 이에 대해서 손해배상의 청구를 할 수 있다(협약 제81조 참조).

계약해제의 효과에 관해서는 "제12절 매도인과 매수인의 의무에 공통된 조항, Ⅷ. 계약해제의 효과"에서 설명한다.

Ⅵ. 대금감액권

비엔나협약 제50조는 물품이 계약에 부적합한 경우에 대금의 지급 여부에 관계없이 매수인은 현실로 인도된 물품이 인도시에 가지고 있던 가액이 계약에 적합한 물품이 그때에 가지고 있었을 가액에 대하여 가지는 비율에 따라 대금을 감액할 수 있다고 규정하고 있다(협약 제50조 제1문).[106] 그러나 매도인이 그의 의무불이행을 치유하였거나 매수인이 매도인의 합리적인 치유제의를 거절한 경우에는 매수인은 대금을 감액할 수 없다(협약 제50조 제2문). 이 대금감액권은 대륙법계 국가에서만 인정되고,[107] 영미법계 국가에서는 찾아볼 수 없는 구제수단이다.

주의할 것은 매수인이 대금감액권을 행사하기 위해서 별도로 매도인에 대해

---

106) 감액되는 금액의 산정에 기준이 되는 감액가격을 산정하기 위한 수식은 다음과 같을 것이다.

$$\text{감액가격} = \frac{\text{실제 인도된 물품의 가액} \times \text{계약가격}}{\text{합치하는 물품의 가상 가액}}$$

107) 참고로 우리 민법 제574조는 제572조의 준용을 통해서 특정물매매에서 매매의 목적물이 부족하거나 매매목적물의 일부가 멸실된 경우에 대금감액을 허용한다. 김형배 · 김규완 · 김명숙(주80), 1290-1292면. 우리나라 민법체계상 대금감액청구권은 담보책임의 법리에 따라 인정되기 때문에 매도인의 귀책사유가 요구되지 않는다. 상게서, 1283면.

한편 상법 제69조도 상사매매에서 매매의 목적물의 하자 또는 수량부족의 경우에 대금감액을 허용한다.

주의할 것은 민법 제574조와 상법 제69조의 경우 모두 상대방에게 대금감액을 청구할 수 있을 뿐이지, 비엔나협약 제50조의 경우처럼 매수인이 스스로 대금을 감액할 수 있는 것은 아니라는 점이다.

서 대금감액의 의사표시를 할 필요가 없다는 점이다.108) 따라서 아직 대금지급을 하지 않았다면 매수인은 비엔나협약 제50조가 정한 방식에 따라 산정된 금액만큼 감액한 대금을 지급하면 되고, 이미 대금지급을 하였다면 매도인에 대해 감액되는 금액의 반환을 청구하면 되는 것이다. 매수인이 대금감액권을 행사하기 위해서 비엔나협약 제39조의 부적합의 통지를 해야 하는 것은 물론이다.109)

[관련외국판례] 독일 3/4/1990; Unilex 41 O 198/89

이탈리아 매도인과 독일 매수인은 신발의 매매계약을 체결하였다. 매수인은 매도인이 계약과는 달리 발가락 부분에 은색 리벳을 부착한 신발을 인도하였다고 주장하면서 일방적으로 대금을 반으로 감액하였다. 매도인은 나머지 대금의 지급을 구하는 소를 제기하였다.

매수인은 물품을 실행가능한 단기간 내에, 이 사건에 있어서는 물품이 인도된 날에 검사하였고 매도인에게 인도 다음날 부적합의 성질을 특정하여 통지하였으므로 협약 제38조, 제39조에 규정된 의무에 적합하게 행동하였다. 결과적으로 매수인은 협약 제50조에 따라 대금을 감액할 권리가 있다.

비엔나협약 제50조의 대금감액권은 대체로 손해배상청구권의 특별한 형태로 이해할 수 있을 것이고, 따라서 매수인은 대금감액권과 손해배상청구권 중 한 구제수단을 선택하여 행사할 것이지만, 대금감액권을 행사한다고 하여 손해배상청구권을 상실하는 것은 아니기 때문에(협약 제45조 제2항) 매수인은 대금감액권을 행사한 후 결과적 손해나 전문가보고비용(cost of an expert's report) 등 다른 손해에 대한 배상을 청구할 수 있다.110) 대금감액권은 매도인의 이행할 수 없는 사유가 그의 귀책사유가 아닌 불가항력적 장애인 경우에 특히 유용하다. 왜냐하면 매도인이 불가항력적인 장애로 자기의 의무를 이행하지 못한 경우에 비엔나협약 제79조에 따라 매도인이 면책되어 매수인은 매도인에게 손해배상청구권을 행사할 수 없지만, 매수인은 비엔나협약 제50조에 따라 대금감액권을 행사할 수 있기 때문이다.111)

---

108) 신창섭, "Declaration of Price Reduction Under the CISG Article 50 Price Reduction Remedy," *UNCITRAL Conference, Celebrating Success: 25 Years United Nations Convention on Contracts for the International Sale of Goods and 20 Years UNCITRAL Model Law on International Commercial Arbitration* (March 15-18, 2005, Vienna).

109) CLOUT case No.56 [Canton of Ticino Pretore di Locarno Campagna, Switzerland, 27 April 1992].

110) Schlechtriem, *supra* note 8, p.444.

111) *Ibid.*, p.438.

대금감액권은 감액할 금액을 산정함에 있어서 실제 인도가 있었던 시점에서 인도된 물품의 가액을 기준으로 하기 때문에 손해배상청구권상 손해의 산정에 있어서 계약체결시 예견할 수 있었던 사정을 기준으로 하는 것과 다르다. 따라서 계약체결 당시에 예견할 수 없는 사정으로 물품의 인도시 시장가격이 계약체결시 시장가격에 비해 하락한 경우에는 대금감액권을 행사하는 것이 유리할 것이다. 이 외에도 매수인이 손해를 증명하는 데 어려움이 있는 경우에도 대금감액권의 행사가 유리할 것이다.[112]

다른 한편 손해배상의 범위에는 이익의 상실이 당연히 포함되며, 또한 결과적 손해도 그것이 계약체결 당시에 예견가능했다면 이를 배상받을 수 있지만, 대금감액권은 단순히 대금의 감액을 요구할 수 있는 데 지나지 않기 때문에 이익의 상실 등 결과적 손해의 배상을 받을 수 있는 경우에는 대금감액권보다는 손해배상청구권을 행사하는 것이 보다 간명할 것이다.

[관련외국판례] 스위스 27/4/1992; Unilex 6252

1988년 이탈리아 매도인과 스위스 매수인은 가구의 매매계약을 체결하였다. 매수인은 거실 가구 한 세트를 고객에게 판매하였고 그 후 즉시 물품에 하자가 있다는(소파에 앉으면 쿠션이 앞으로 밀림) 불평을 들었다. 매수인은 매도인의 쿠션의 재료를 교체하여 수리해 주겠다는 제안을 받아들이지 않고 계약을 해제하였다. 매수인은 또한 매도인이 인도한 다른 거실 세트도 하자가 있다고 주장하였고 매도인이 수리해 줄 것을 거절하자 수리비의 반환을 청구하였다. 매도인은 판매된 모든 가구의 대금 전액의 지급을 구하는 소를 제기하였다.
첫 번째 가구 세트에 관하여는 매수인은 협약 제38조, 제39조에 따라 물품을 검사하여 부적합의 통지를 하지 아니하였으므로 계약을 해제할 수 없다. 당사자가 모두 상인이므로 매수인은 인도시에 물품을 검사하였어야 하고 하자가 명백하였으므로 매수인은 고객의 불평이 있었을 때가 아니라 즉시 부적합의 통지를 하였어야 한다.
매수인은 협약 제48조에 따라 쿠션의 재료를 교체하여 수리하여 주겠다는 매도인의 청약을 받아들였어야 한다.
두 번째 가구 세트에 관하여는 매수인은 협약 제50조에 규정된 대로 계산하여(현실로 인도된 물품이 인도시에 가지고 있던 가액이 계약에 적합한 물품이 그때에 가지고 있었을 가액에 대하여 가지는 비율에 따라) 대금감액을 구할 수 있다. 반대의 증거가 없다면 적합한 물품이 가지고 있었을 가액은 계약에서 약정한 가격이다. 대금이 감액될 액수는 매수인이 현실로 지출한 수리비에 상응하는 것은 아니다.

---

112) *Ibid.*, pp.438-439.

Ⅶ. 물품의 일부인도 및 일부부적합

매도인이 물품의 일부만 인도하거나 또는 인도된 물품 중 일부가 계약에 적합하지 않은 경우에 오로지 계약 전체에 비추어서만 구제수단이 허용 여부가 정해지는 것인지 아니면 계약의 일부에 대해서만 판단해서 구제수단이 허용될 수도 있는지의 문제가 발생한다.113)

비엔나협약은 위의 경우에 미인도 부분 및 부적합한 부분에 대해서 매수인의 구제수단에 관한 비엔나협약 제46조 내지 제50조까지의 규정이 적용된다고 규정하고 있다(협약 제51조 제1항). 따라서 매수인은 미인도 부분 또는 인도된 물품의 부적합한 부분과 관련해서 매도인에게 특정이행(협약 제46조 제1항), 대체물의 인도(협약 제46조 제2항), 하자 있는 물품의 수리(협약 제46조 제3항), 부가기간의 설정(협약 제47조), 계약의 해제(협약 제49조) 또는 대금의 감액(협약 제50조) 등을 요구할 수 있으며(협약 제51조 제1항), 이와 병행하여 손해배상을 청구할 수 있다(협약 제45조 제2항).

비엔나협약 제51조 제1항의 규정은 매도인이 물품의 일부만 인도하거나 또는 인도된 물품 중 일부만이 계약에 적합하지 않은 경우에, 미인도되거나 부적합한 부분에 국한해서 계약을 해제하는 것이 가능하다는 점을 분명히 하였다는 점에서 의미를 갖는다.

한편 매도인이 물품의 일부를 인도하였거나 또는 인도된 물품 중 일부만이 계약에 적합하지 않지만, 그러한 일부인도 또는 일부부적합 때문에 매수인이 문제의 계약을 통해서 기대한 목적을 달성할 수 없게 된 때에도114) 매수인이 미인도 또는 부적합 부분에 대해서만 계약을 해제할 수 있다고 하면, 피해당사자인 매수인의 구제는 충분히 이루어지지 못하게 된다. 따라서 비엔나협약은 이러한 경우에 매도인이 완전하게 또는 계약에 적합하게 인도하지 못한 것이 그 계약 전체의 본질적 위반을 구성하는 때에는 매수인은 계약 전체를 해제할 수 있도록 하였다

---

113) 주의할 것은 이 규정은 철강재 100톤을 인도하는 내용의 계약에서 10톤에 대해서 계약부적합이 있거나 면 100포대를 인도하는 내용의 계약에서 20포대가 인도되지 않은 경우와 같이 단일계약이지만 인도되는 물품이 분할가능한 물품인 경우에 적용될 것을 예정한 규정이며, 따라서 자동차 1대의 인도를 내용으로 하는 계약에서 문제의 자동차의 엔진이나 브레이크 부분 등 일부 부품에 하자가 있는 경우 등에는 적용되지 않는다는 점이다. 또한 분할인도계약에 대해서는 이 규정이 적용되지 않고, 비엔나협약 제73조가 별도로 적용된다는 점에 주의해야 한다.

114) 그러한 예로서는 공장시설의 일부로 여러 대의 컨베이어를 인도하기로 한 계약에서 몇 대의 컨베이어에 발생한 하자로 말미암아 공장 전체를 가동할 수 없게 된 경우 등을 생각해 볼 수 있을 것이다.

(협약 제51조 제2항). 일부인도 또는 일부부적합이 본질적 계약위반을 구성하는지 여부를 판단함에 있어서는 그러한 일부인도 또는 일부부적합이 잔여 물품의 사용이나 판매에 미치는 영향 등이 고려될 것이다.

Ⅷ. 기일 전 인도 및 초과인도

매매계약에서 인도기일에 관하여 합의한 바가 있다면 매도인은 그 정한 인도기일에 인도하는 것이 원칙이다. 그러나 여러 가지 사정으로 매도인이 합의된 인도기일 전에 물품을 인도하는 경우가 있다. 이처럼 매도인이 인도기일 이전에 물품을 인도한 경우에 매수인은 이를 수령하거나 또는 거절할 수 있다(협약 제52조 제1항). 매수인이 수령을 거절한 때에는 매도인은 정해진 인도기일에 다시 인도해야 한다. 이때 인도기일 전에 인도된 물품에 대해서 매수인은 매도인을 위하여 이를 보관하는 등 합리적인 보관조치를 취해야 한다(협약 제86조 참조). 보관조치와 관련하여 비용이 초래된 경우에 매수인이 매도인에 대해서 이를 손해로서 배상청구할 수 있음은 물론이다. 기일 전 인도가 그 자체로 본질적 계약위반이 되는 경우는 거의 없기 때문에 매수인은 물품의 수령을 거절할 수 있을 뿐 계약 자체를 해제할 수는 없는 없을 것이다. 따라서 매도인은 계약에서 합의된 인도기일까지 그 물품을 다시 인도할 수 있다.

매수인이 인도기일 이전에 인도된 물품을 수령한 경우에는 매수인은 매도인에게 대금을 지급해야 한다.[115] 이때 매수인에게 추가 보관비용 등 손해가 발생하였다면 매수인은 그 손해의 배상을 요구할 수 있을 것이다.[116]

한편 매도인은 계약에서 정한 수량의 물품을 인도해야 한다. 그러나 계약체결 후 시장가격이 폭락하는 등의 경우에 매도인은 높은 계약가격을 이용하기 위해서 계약이 정하고 있는 수량보다 많은 수량의 물품을 인도하는 경우가 있는데, 이러한 경우에 매수인은 초과 부분을 수령하거나 또는 이를 거절할 수 있다(협약 제52조 제2항 제1문). 주의할 것은 초과 인도도 계약부적합의 한 형태이기 때문에 초과부분

115) CLOUT case No.141 [Arbitration-Tribunal of International Commercial Arbitration at the Russian Federation Chamber of Commerce and Industry, award No.200/1994 of 25 April 1995].

116) Official Records of the United Nations Conference on Contracts for the International Sale of Goods, Vienna, 10 March-11 April 1980 (United Nations publication, Sales No.E.81.IV.3), 44, para.6.

을 거절하기 위해서는 매수인은 비엔나협약 제39조에 따라 부적합의 통지를 해야 한다는 점이다. 기일 전 인도의 경우와 마찬가지로 매수인이 초과부분을 거절한 때에는 초과인도된 물품에 대해서 매수인은 매도인을 위하여 이를 보관하는 등 합리적인 보관조치를 취해야 한다(협약 제86조 참조). 역시 기일 전 인도의 경우와 마찬가지 이유에서 초과인도가 그 자체로 본질적 계약위반이 되는 경우는 거의 없을 것이고, 따라서 매수인은 초과부분의 수령을 거절할 수 있을 뿐, 계약 자체를 해제할 수는 없다고 보아야 할 것이다.

매수인이 초과부분의 전부 또는 일부를 수령한 경우에는 계약대금의 비율에 따라 정해지는 대금을 지급해야 한다(협약 제52조 제2항 제2문). 초과부분의 수령은 계약변경의 효과를 가지며 또한 초과부분의 인도로 인한 부적합을 소급적으로 치유한다.[117] 따라서 손해배상의 문제도 발생하지 않는다.

초과인도가 있은 경우에 단일한 선하증권이나 신용장이 사용되는 등의 사유로 매수인이 초과부분에 대한 수령거절 등의 선택권을 행사하는 것이 불가능한 경우에는 그러한 초과인도는 본질적 계약위반으로 되어 계약해제사유가 될 것이다.[118]

IX. 손해배상청구권

매도인이 자기의 의무를 이행하지 않는 경우에 매수인은 그로 인해 발생한 손해의 배상을 청구할 수 있으며, 이 손해배상청구권은 다른 구제수단과 병존한다(협약 제45조 제2항).

손해배상에 관해서는 "제12절 매도인과 매수인의 의무에 공통된 조항, III. 손해" 부분에서 설명한다.

제9절 매수인의 의무

비엔나협약은 제30조에서 매도인의 의무를 일반적으로 규정하고 있는 것에 대응하여 제53조에서 매수인의 의무를 일반적으로 규정하고 있는바, 이 규정에

117) Schlechtriem, *supra* note 8, p.453.
118) Honnold, *supra* note 13, p.348.

따르면 매수인은 계약 및 협약에 따라 물품의 대금을 지급하고 물품의 인도를 수령해야 한다. 즉 매수인의 의무는 기본적으로 대금지급의무와 물품인도수령의무로 구성되어 있다고 하겠는데,[119] 비엔나협약은 제54조 내지 제59조에서 대금지급의무의 내용을, 제60조에서 물품인도수령의무의 내용을 규정한 후에 제61조 내지 제65조에서 매수인이 의무를 위반한 경우에 매도인이 갖는 구제수단의 내용을 규정하였다.

Ⅰ. 대금지급의무

비엔나협약은 매수인은 계약 및 협약에 따라 물품의 대금을 지급하여야 한다고 규정하고 있다(협약 제53조). 매수인의 대금지급의무는 매도인의 물품인도의무에 상응하는 의무로서(협약 제58조 제1항 참조) 매수인이 부담하는 의무 중 가장 기본적인 의무이다. 뒤에서 설명하는 바와 같이, 비엔나협약은 제54조 내지 제59조에서 대금의 결정방법 · 지급시기 및 지급장소 등에 관하여 규정을 두고 있지만, 대금지급이 당사자 간에 합의된 방법으로 또는 국제거래관행에 따른 방법으로 지급될 것을 예정하여 구체적인 대금지급방법에 관해서는 별다른 규정을 두고 있지 않다.[120]

1. 대금지급을 위한 준비의무

비엔나협약은 대금지급의무의 내용과 관련해서 대금지급의무는 그 지급을 위하여 계약 또는 법령에서 정한 조치를 취하고 절차를 따르는 것을 포함한다고 규정하고 있다(협약 제54조). 이러한 대금지급을 위한 준비의무는 국제거래에서 일반적인 관행으로 인정되어 온 의무를 명문으로 규정한 것으로 그 예로는 신용장개설 · 은행지급보증신청 · 수입허가신청 또는 해외송금허가신청 등이 있다.

2. 대금의 확정

일반적으로 물품대금은 당사자의 합의에 의하여 결정될 것이지만, 계약은 유

119) 물론 이러한 기본적 의무 외에도 계약의 구체적 내용에 따라 매수인은 물품대금의 지급을 담보하기 위한 담보의 설정, 물품의 제조 또는 생산에 필요한 재료의 공급(협약 제3조 제1항 참조) 또는 물품의 형태, 규격 또는 그 밖의 특징의 지정(협약 제65조 참조) 등 부수적 의무를 부담하는 경우가 있을 것이다. 다른 한편 매수인은 자기의 구제수단을 행사하기 위한 전제로서 물품검사의무(협약 제38조)와 물품부적합의 통지의무(협약 제39조)를 부담한다.

120) 이태희(주34), 127면.

효하게 체결되었으나 명시적 또는 묵시적으로 대금을 정하고 있지 아니하거나 이를 정하기 위한 조항을 두지 아니한 경우에 비엔나협약 제55조는 반대의 표시가 없는 한, 당사자는 계약체결시에 당해 거래계와 유사한 상황에서 매도되는 그러한 종류의 동일한 물품에 대하여 일반적으로 청구되는 대금을[121] 묵시적으로 정한 것으로 본다고 규정하고 있다.

비엔나협약 제55조가 적용되기 위해서는 계약의 성립에 관한 규정인 제14조 내지 제24조가 정한 바에 따라 또는 다른 방식으로 매매계약이 유효하게 체결되었어야 한다. 국제거래를 하면서 계약에서 명시적 또는 묵시적으로 대금을 약정하지 않는 경우는 많지 않을 것이고, 그와 같이 명시적 또는 묵시적인 대금약정이 없었다고 하면 비엔나협약 제14조 제1항의 청약의 확정성 요건을 충족하는지 여부에 의심이 야기되는 경우가 많을 것이기 때문에 비엔나협약 제55조는 지속적인 거래관계에 있는 당사자 간의 거래 등 매우 제한적인 경우에만 적용될 것이다.[122] 또한 청약과 승낙의 방식이 아닌 방식으로 계약이 체결되었거나, 청약과 승낙의 방식에 의해 계약이 체결되었더라도 청약자가 계약의 이행을 이미 완료한 경우와 같이 청약자의 법적 구속의사가 확인될 수 있는 경우 등에도 비엔나협약 제55조가 적용될 수 있을 것이다.[123]

비엔나협약 제55조가 상정하고 있는 "반대의 표시가 있는 경우"의 예로서는 가격변동의 폭이 극심한 시장에서 당사자 간에 가격에 대한 합의가 없는 경우를 들 수 있는데, 이때에는 가격결정을 위한 기준시점을 계약체결시점이 아닌 인도시점으로 하는 반대의 표시가 있는 경우로 생각해 볼 수 있을 것이다.

한편 비엔나협약 제56조는 대금이 물품의 중량에 따라 정하여지는 경우에 의심이 있는 때에는 순중량에 의하여 대금을 결정하는 것으로 한다고 규정하고 있다.

---

121) 따라서 비엔나협약 제55조가 적용되기 위해서는 참조할 수 있는 시장가격이 존재해야 한다. 예를 들어 헝가리 법원은 가격을 정하지 않은 채 비행기엔진의 매매가 이루어진 거래에서 문제의 비행기엔진의 시장가격이 존재하지 않기 때문에 비엔나협약 제55조가 적용될 수 없다고 판시하였다. CLOUT case No.53 [Legfelsobb Birosag, Hungary, 25 September 1992].

122) Leif Sevon, "Obligations of the Buyer Under the UN Convention on Contracts for the International Sale of Goods" in *International Sale of Goods, Dubrovnik Lectures* (*eds.* Petar Sarcevic & Paul Volken, Oceana Publications, 1986), pp.208-211.

123) 이기수 · 이병준, "매매대금의 합의와 계약의 성립요건—비엔나 매매법 제14조 제1항 제2문과 제55조의 해석을 중심으로,"『국제거래법연구』 제7집 제1호(국제거래법학회, 1998), 29면.

3. 대금지급장소

많은 국가가 외환거래를 규제하고 있는 현실을 생각할 때, 물품대금의 지급이 어디서 이루어지는가는 국제거래에서 중요한 의미를 갖는다. 비엔나협약 제57조 제1항은 당사자가 합의한 대금지급장소가 있으면 그 장소에서 지급해야 할 것이지만, 그러한 합의된 장소가 없는 경우에는 매도인의 영업소에서 지급하는 것을 원칙으로 하되(가호),[124] 물품 또는 서류의 교부와 대금지급이 동시에 이루어져야 하는 때에는[125] 그 물품 또는 서류의[126] 교부가 이루어지는 장소에서 대금지급이 있어야 한다고 규정하고 있다(나호).

한편 당사자 간 합의에 의해 또는 비엔나협약 제57조 제1항에 따라 매도인의 영업소가 대금지급장소로 되었지만 계약체결 후 매도인이 자기의 영업소를 변경한 경우에 변경된 매도인의 영업소에서 대금지급을 해야 하는 매수인으로서는 대금지급과 관련해서 추가비용을 부담해야 하는 수가 있다. 따라서 비엔나협약 제57조 제2항은 계약체결 후 매도인이 영업소를 변경한 경우에는 그로 인하여 발생하는 대금지급에 대한 부수비용의 증가액은 이를 매도인이 부담하여야 한다고 규정하고 있다.

4. 대금지급시기

대금지급시기에 관해서 매매계약상 합의가 있는 경우에 매수인은 당연히 합의된 지급시기에 대금을 지급해야 할 것이다. 이와 관련해서 비엔나협약 제59조는 매수인은 매도인의 요구 여부나 절차요건의 구비에 상관없이 계약 또는 협약에 의하여 지정되거나 확정될 수 있는 기일에 대금을 지급하여야 한다고 규정하고 있다. 따라서 매수인은 지급기일이 도래하면 매도인이 별도로 지급을 요구하지 않더라도 대금을 지급해야 하기 때문에 매수인이 지급기일에 대금을 지급하지 아니하면 매도인의 지급요구나 최고통지 없이도 곧바로 이행지체가 되며,[127] 지

124) 예를 들어 매도인이 물품을 먼저 발송하고, 매수인은 물품을 수령한 후에 대금지급을 하는 경우 또는 물품인수대금지급조건의 합의가 있는 매매계약의 경우 등을 생각해 볼 수 있다.

125) 예를 들어 매도인이 자기의 영업소에서 물품을 매수인이 처분할 수 있는 상태에 둠으로써 자기의 인도의무를 다하고(협약 제31조 다호 참조) 그와 동시에 매수인이 대금지급을 해야 하는 경우, 서류상환대금지급(cash against documents) 조건의 거래에서 매수인 국가의 은행에서 서류제시와 상환으로 대금지급이 이루어지는 경우 또는 신용장 조건의 거래로서 매도인 국가의 통지은행에서 서류제시가 이루어지고, 그에 대해서 대금지급이 이루어지는 경우 등을 생각해 볼 수 있다.

126) 이때의 서류는 비엔나협약 제58조의 물품처분권증서와 같은 의미를 갖는다. 선하증권이 그 전형적 예가 될 것이다.

급기일이 도래한 때로부터 비엔나협약 제78조의 이자가 발생하기 시작한다.[128]

지급시기에 관한 약정이 없는 경우에는 비엔나협약 제58조 제1항은 매도인이 계약 또는 협약에 따라 물품 또는 그 처분을 지배하는 서류를[129] 매수인의 처분하에 두는 때에 매수인은 대금을 지급해야 한다고 규정하고 있다(협약 제58조 제1항 제1문). 운송이나 특정물매매 등 특별한 사정이 존재하지 않는 경우에 매도인의 인도의무는 그의 영업소에서 물품을 매수인의 처분하에 두는 것인바, 이 규정은 매수인은 매도인이 물품을 매수인의 처분하에 둘 때까지 대금을 지급할 의무를 지지 않는다고 함으로써 물품인도와 대금지급이 동시이행의 관계에 있음을 확인한 것이다.

한편 매도인은 대금지급을 조건으로 물품 또는 그 처분을 지배하는 서류를 교부하기로 정할 수 있으며(협약 제58조 제1항 제2문), 계약에 물품운송이 포함된 경우에는 대금지급과 상환하여서만 물품 또는 그 처분을 지배하는 서류를 교부한다는 조건을 붙여 물품을 발송할 수도 있다(협약 제58조 제2항). 이러한 경우에는 물품의 처분권은 매수인이 대금을 지급할 때까지 매도인에게 유보된다. 이 규정 역시 계약이 달리 정하고 있지 않는 한, 물품인도와 대금지급은 동시이행의 관계에 있다는 원칙에 근거하고 있다.[130]

비엔나협약 제58조 제3항은 매수인은 물품을 검사할 기회를 가질 때까지 대금을 지급할 의무가 없다고 규정하고 있다(협약 제58조 제3항). 이때 매수인의 검사의 기회는 당사자 간 합의된 인도 또는 지급절차와 양립할 수 있는 것이어야 한다. 따라서 서류상환대금지급(cash against documents)조건이나 CIF조건의 매매의 경우에는 서류의 인도가 있을 때에 매수인은 대금을 지급해야 하기 때문에 물품을 검사할 기회를 가질 때까지 대금의 지급을 연기할 수 있도록 하는 것은 당사자 간에 합의된 인도 또는 지급절차에 어긋나는 것이므로 매수인은 물품검사의 기회를 갖지 못했다는 이유로 대금지급을 거절할 수는 없다.

II. 물품인도수령의무

매도인은 매수인이 운송인으로부터 즉시 물품을 수령할 것을 원한다. 그렇지

---

127) CLOUT case No.281 [Oberlandesgericht Koblenz, Germany, 17 September 1993].

128) Oberlandesgericht Rostock, Germany, 25 September 2002 (http://www.cisg-online.ch/cisg/urteile/672.htm).

129) 일반적으로 물품을 인도받을 권리를 표창하는 선하증권이나 창고증권이 전형적인 예이다.

130) Honnold, *supra* note 13, p.364.

않으면 매도인은 운송료 및 지체료를 운송인에게 지급해야 하는 까닭이다. 따라서 비엔나협약 제53조는 매수인에게 계약과 협약이 정하는 바에 따라 계약의 목적인 물품을 수령할 의무를 부과하고 있다.

매수인의 물품인도수령의무의 내용은 구체적으로 물품을 실제로 수령할 의무(협약 제60조 나호)[131] 외에 매도인의 물품인도를 가능하게 하기 위하여 합리적으로 기대될 수 있는 모든 조치를 수행할 의무(협약 제60조 가호), 즉 매도인의 물품인도와 관련한 협력의무를 포함한다(협약 제60조). 이러한 협력의무의 예로서는 목적항의 지정, 목적항에서 물품을 수령할 매수인의 대리인의 대기, FOB조건 또는 FCA조건의 매매계약인 경우에 운송수단의 확보, 수입허가의 확보, 수입통관서류의 준비 및 물품의 보관을 위한 준비 등이 있을 것이다.

매수인이 물품을 실제로 수령할 의무와 관련하여 주의할 것은 매도인의 인도가 있는 경우에 매수인이 언제나 물품을 수령해야 하는 것은 아니라는 점이다. 즉 매수인은 이행기 전 인도(협약 제52조 제1항)나 초과인도(협약 제52조 제2항)를 거절할 수 있고 또한 대체물의 인도를 청구할 수 있거나(협약 제46조 제2항 참조) 계약을 해제할 수 있는 때에도(협약 제49조 제1항 가호) 당연히 물품의 수령을 거절할 수 있다. 그러나 단순히 이행지체가 있었던 경우나 인도된 물품의 하자가 본질적 계약위반에 이르지 않는 경우 등에는 매수인은 일단 물품을 수령한 후에 수리의 청구, 대금감액권의 행사 또는 손해배상의 청구 등의 구제수단을 사용해야 한다.

제10절 매수인의 계약위반에 대한 구제수단

Ⅰ. 의 의

비엔나협약 제3편 제3장 제3절은 매수인이 그의 의무를 이행하지 않는 경우에 매도인이 갖는 구제수단에 관해서 규정하고 있는바, 우선 비엔나협약은 제61조에서 매도인의 구제수단을 전반적으로 규정하고, 이어서 제62조 내지 제65조에서 각 구제수단의 내용을 설명하고 있다.[132] 즉 비엔나협약 제61조는 매수인이 계

131) 물품을 수령할 의무에는 매도인이 교부해야 하는 서류(협약 제34조 참조)나 물품의 처분을 지배하는 서류(협약 제57조 및 제58조 참조)를 수령할 의무가 포함된다.

132) 이는 매수인의 구제수단과 관련하여 비엔나협약이 제45조에서 매수인의 구제수단을 전반적으로 정한 후, 제46조 내지 제52조에서 각 구제수단의 내용을 설명하는 것과 동일한 방식을 취

약 또는 협약에 따른 의무를 이행하지 않는 경우에 매도인으로 하여금 비엔나협약 제62조 내지 제65조에서 정한 구제수단을 사용할 수 있도록 하고(협약 제61조 제1항 가호) 또한 손해가 있는 경우에는 손해배상청구권을 행사할 수 있도록 규정하고 있는데(협약 제61조 제1항 나호), 특히 손해배상청구권은 다른 구제수단과 병행하여 행사할 수 있다고 규정하고 있다(협약 제61조 제2항).

이어서 비엔나협약은 제62조에서 매수인의 계약상 의무이행을 강제할 수 있는 매도인의 권리를 규정하고, 제63조에서 대금지급이나 인도수령 등과 관련해서 매수인이 그 의무의 이행을 해태하는 경우에 매도인에게 합리적인 부가기간을 설정할 수 있는 권리를 부여하며, 제64조에서 매도인이 일정한 요건 아래 계약을 해제할 수 있는 근거를 두고 있고, 제65조에서는 매수인에게 사양(specifications)의 지정권이 있는 매매의 경우에 매도인의 구제수단으로서 사양지정권을 인정하고 있다.

또한 비엔나협약은 법원이나 중재판정부가 계약을 위반한 매수인에게 이행을 위한 유예기간을 허용할 수 없도록 규정하였다(협약 제61조 제3항).

II. 특정이행청구권

비엔나협약 제62조는 매수인이 대금지급의무를 이행하지 않는 경우에 매도인으로 하여금 매수인에 대하여 대금의 지급, 인도의 수령 또는 그 밖의 다른 의무의 이행 등 특정이행을 할 것을 요구할 수 있도록 규정하고 있다. 다만 매도인이 특정이행을 청구하기 위해서는 계약해제권의 행사 또는 부가기간의 설정 등과 같이 특정이행의 청구와 모순되는 구제수단을 행사하지 않았어야 한다(협약 제62조 단서). 비엔나협약 제62조가 규정하고 있는 매도인의 특정이행청구권은 비엔나협약 제46조의 매수인의 특정이행청구권(협약 제46조 참조)에 대응하는 구제수단이다.

한편 매도인의 특정이행청구권을 법정지의 법원이 허용할 수 없을 때, 법원이 이를 허용하지 않을 수 있음은 물론이다(협약 제28조).[133]

한 것이다.

133) 매도인의 특정이행청구권에 비엔나협약 제28조를 적용함에 있어서 주의할 것은 영미법에서는 일반적으로 대금지급을 위한 소송은 특정이행을 구하는 소송으로서 이해되고 있지 않다는 점이다(Schlechtriem, *supra* note 8, p.484). 그럼에도 불구하고, 비엔나협약이 대금지급을 구하는 것을 특정이행의 한 형태로 이해하고 있는 이상(협약 제62조 참조), 매도인의 대금지급청구권에도 비엔나협약 제28조가 적용되는 것으로 보아야 할 것이다.

매수인이 물품을 수령하고 이를 인수한 경우에 비엔나협약 제62조에 따라 매도인이 매수인에게 대금지급의 특정이행을 요구할 수 있음에는 의문의 여지가 없지만, 매수인이 아직 물품을 수령하고 있지 않거나 또는 수령을 거절함으로 말미암아 매도인이 물품을 계속 점유하고 있는 경우에도 매수인으로 하여금 물품을 수령하도록 한 후에 대금지급을 강제할 수 있는지 여부가 문제된다.[134] 매수인의 특정이행청구권을 규정하고 있는 비엔나협약 제46조의 규정에 따라 매수인이 대금지급 전에도 매도인으로 하여금 물품인도의 특정이행을 요구할 수 있는 점을 고려하면, 비엔나협약 제62조는 위의 경우에도 매수인에게 대금지급의 특정이행을 허용하는 것으로 해석할 수 있을 것이다.[135]

비엔나협약 제46조의 논의에서 언급한 이유와 마찬가지 이유에서 비엔나협약 제62조의 특정이행청구권의 효용에는 의문이 있다. 우선 매도인이 물품을 원하지 않는 매수인에게 물품의 인수를 강제하는 경우는 많지 않을 것이다. 그러한 경우에 매도인으로서는 매수인으로부터 대금을 지급받는 데 어려움을 겪을 것이기 때문이다. 또한 매도인이 특정이행의 방법으로 대금지급을 받을 것을 고집하는 경우에는 비엔나협약 제85조에 따라 매수인이 물품을 인수하고 그 대금을 지급할 때까지 물품을 보관하기 위한 합리적인 조치를 취해야 하는데, 이로 말미암아 발생하는 보관료, 물품의 노후 또는 멸실위험 등 제반 사정을 고려할 때 특정이행의 구제수단은 매도인의 입장에서는 매우 위험한 구제수단이다. 따라서 일반적인 경우에 매도인으로서는 문제로 된 물품을 비엔나협약 제75조에 따른 재판매를 함으로써 손해발생의 위험을 경감하는 것이 보다 효율적이라고 할 수 있다. 그러한 경우에도 손해가 있는 때에는 매도인은 그 손해의 배상을 받을 수 있다는 점을 고려하면 더욱 그러하다.[136]

134) 예를 들어 영국의 1979년 물품매매법(Sale of Goods Act of 1979) 제49조 제1항 및 제2항에 따르면 물품의 소유권이 매수인에게 이전하거나 또는 인도 여부에 상관없이 특정기일에 대금이 지급되어야 하는 경우에만 대금지급을 위한 소송이 제기될 수 있다. 따라서 예를 들어 FOB 조건의 거래에서 매수인이 선박을 지정하지 아니한 때에는 매도인은 대금지급소송을 제기할 수 없다(*Colley v. Overseas Exporter* [1921] 3 KB 302). 한편 미국의 통일상법전(Uniform Commercial Code)은 매수인이 물품을 아직 인수하지 않았고 동 물품이 다른 곳에서 용이하게 판매될 수 있는 때에는 매도인은 대금지급청구권을 갖지 않는다고 규정하고 있다(U.C.C. § 2-709(1)).

135) Honnold, *supra* note 13, p.379.

136) *Ibid.*, pp.382-383.

Ⅲ. 부가기간의 설정

매수인이 대금지급의무나 물품수령의무를 이행하지 아니하는 경우에 바로 그 불이행을 이유로 계약을 해제하거나, 또는 손해배상을 청구하는 등의 구제수단을 사용하도록 하기보다는 계약유지의 이념을 살려 매수인에게 자기의 의무를 이행할 수 있는 기회를 제공하는 것이 바람직할 것이다. 따라서 비엔나협약 제63조 제1항은 매도인으로 하여금 매수인에 대해서 합리적인 부가기간을 정하여 그 이행을 요구할 수 있도록 규정하고 있다. 이는 매수인에게 부가기간을 설정할 권리를 인정한 비엔나협약 제47조에 대응한 규정이다.

한편 당사자는 자기가 요구한 이행을 거절할 수 없다는 이른바 금반언의 원칙에 따라 매도인은 매수인으로부터 그와 같이 설정된 부가기간 내에 이행을 하지 않겠다는 통지를 받지 않은 한, 그 부가기간 중에는 계약위반에 기한 구제수단을 사용할 수 없다(협약 제63조 제2항 제1문). 따라서 매도인은 부가기간이 경과할 때까지는 계약의 해제나 손해배상의 요구 등의 구제수단을 행사할 수 없다. 그러나 부가기간 내에 매수인의 이행이 있었다고 할지라도, 그것이 계약내용에 비추어 이행지체에 해당하는 때에는 부가기간의 경과 후에 매도인은 이행지체에 기한 손해의 배상을 청구할 수 있음은 물론이다(협약 제63조 제2항 제2문).

매수인이 부가기간 내에 그 의무를 이행하지 않는 경우에 매도인은 매수인의 계약위반이 본질적이라는 사실을 증명할 필요 없이 바로 계약을 해제할 수 있다(협약 제64조 제1항 나호). 다만 매도인이 부가기간 내 물품인도의무를 불이행한 경우에만 매수인에게 계약해제가 허용되는 것(협약 제49조 제1항 나호 참조)과 동일한 이유에서 매도인이 부가기간을 설정하였으나, 그 기간 내 이행이 없음을 이유로 매도인이 계약을 해제할 수 있는 경우는 매수인의 의무의 핵심을 이루는 물품수령 및 대금지급의 의무를 매수인이 부가기간 내 이행하지 않거나 또는 이를 이행하지 않겠다고 선언한 때에 한한다(협약 제64조 제1항 나호). 따라서 물품사양지정의무(협약 제65조) 등의 경우에는 부가기간의 설정이 있고, 그 기간 내에 그러한 의무의 이행이 없다는 이유로 매도인이 바로 계약을 해제하는 것은 허용되지 아니하고, 그 계약위반이 본질적인 경우에 한하여 계약해제가 허용된다.[137]

---

137) *Ibid.*, pp.384-385.

[관련외국중재판정] 00/00/1992; Unilex 7585/1992

당사자는 생산기계의 매매계약을 체결하였다. 대금지급방법에 관하여는 당사자는 매수인이 기계를 검사한 뒤 매도인 명의로 신용장을 개설하기로 하였다. 매수인이 합의된 때에 신용장을 개설하지 못하였다. 석 달 반이 지나서 매도인은 계약해제를 선언하였다. 신용장의 개설이 지체된 것이 항상 본질적 계약위반이 되는 것은 아니나 이 사건에 있어서는 매도인은 계약을 해제할 수 있다. 매도인이 계약해제를 선언하기 전에 몇 달을 기다린 사실은 협약 제63조에 의하여 이행을 위한 부가기간을 정한 것으로 볼 수 있고 매수인이 그 기간 내에 이행하지 않았으므로 매도인은 협약 제64조 제1항 나호에 의하여 계약을 해제할 수 있다.

매도인이 부가기간의 설정과 함께 상대방에게 추가적이고도 최종적인 이행기간을 준다는 취지를 분명히 해야지만 부가기간 내 이행이 없음을 이유로 계약을 해제할 수 있다는 점에 대해서는 비엔나협약 제47조와 관련하여 살펴본 바와 같다.

IV. 계약해제권

매도인의 계약해제는 일반적으로 매수인이 대금지급을 지체하는 경우에 있게 된다. 물론 매도인은 매수인이 대금을 지급할 때까지 물품인도를 연기할 수 있지만(협약 제58조 제1항 참조), 계약을 해제함으로써 물품을 인도할 필요가 없게 되고 또한 장래가 불투명한 계약관계를 신속히 소멸시킴으로써 재판매 등의 다른 해결책을 구할 수 있게 된다.

비엔나협약 제64조 제1항은 매수인의 계약 또는 협약에 따른 의무의 불이행이 본질적 계약위반에 이르는 경우와(제가호)[138] 설정한 부가기간 내에 매수인이 대

138) 일반적으로 합의된 지급기일에 대금지급을 하지 않는 것은 그 자체 본질적 계약위반이 되지는 않을 것이다. 이는 일반적으로 지급이 지체된다고 해서 매도인의 대금수령에 대해 갖는 이익이 본질적으로 훼손되지는 않을 것이기 때문이다. 그러나 대금지급통화가 매수인 국가의 통화이고, 매수인 국가의 통화와 매도인 국가의 통화 간 환율의 변동이 극심한 경우에는 대금지급이 적기에 이루어지는 것이 매우 중요한 의미를 가질 것이므로 이러한 때에는 대금지급의 지체가 그 자체 본질적 계약위반을 구성할 수 있을 것이다.
물품인도수령의무의 위반도 그 자체 본질적 계약위반이 되지는 않을 것이다. 그러나 매도인이 자기의 창고를 긴급히 정리해야 한다든가 또는 운송 차량에서 정시에 물품을 하역해야 한다든가 하는 등의 사정이 있어 매수인이 계약에서 정한 때에 물품을 수령하는 것이 매우 중요한 의미를 갖는다면 그러한 때에는 매수인의 물품인도수령의무의 위반은 본질적 계약위반을 구성할 수도 있을 것이다.

금지급 또는 물품수령의무를 이행하지 아니하거나 또는 부가기간 내에 이를 이행하지 않겠다는 선언을 한 경우에는(제나호) 매도인이 계약을 해제할 수 있도록 허용하고 있다. 이때 대금지급의무에는 대금지급을 가능하게 하기 위한 조치를 취할 의무까지도 포함되기 때문에(협약 제54조 참조) 매수인이 신용장을 개설할 의무를 이행하지 않는 경우 등에도 그 계약불이행의 상태가 부가기간이 경과할 때까지 계속되는 때에는 매도인은 그 위반이 본질적 계약위반이 되는지 여부를 판단할 필요 없이, 부가기간의 경과와 함께 바로 계약을 해제할 수 있다고 할 것이다.[139] 또한 물품인도수령의무에는 물품을 실제로 수령할 의무뿐 아니라 매도인의 인도가 가능하도록 합리적인 범위 내에서 협력할 의무가 포함되기 때문에(협약 제60조 참조), 매수인이 부가기간이 경과할 때까지 물품을 특정하지 않는 등의 경우에도 부가기간의 경과와 함께 매도인은 계약을 해제할 수 있다고 할 것이다.

[관련판례] 大判 2013.11.28. 2011다103977

'국제물품매매계약에 관한 국제연합 협약'(United Nations Convention on Contracts for the International Sale of Goods, 이하 '협약'이라고만 한다)에 의하면, 매수인은 계약과 협약에 따라 물품대금을 지급할 의무가 있고(제53조), 매수인의 대금지급의무에는 그 지급을 위하여 계약 또는 법령에서 정한 조치를 취하고 절차를 따르는 것이 포함된다(제54조). 그리고 당사자 일방의 계약위반이 그 계약에서 상대방이 기대할 수 있는 바를 실질적으로 박탈할 정도의 손실을 상대방에게 주는 경우 이는 본질적인 계약위반이 되며(제25조), 매도인은 계약 또는 협약상 매수인의 의무 불이행이 본질적인 계약위반으로 되는 경우 계약을 해제할 수 있다(제64조 제1항 가호). 따라서 협약이 준거법으로 적용되는 국제물품매매계약에서 당사자가 대금의 지급을 신용장에 의하기로 한 경우 매수인은 계약에서 합의된 조건에 따라 신용장을 개설할 의무가 있고, 매수인이 단순히 신용장의 개설을 지체한 것이 아니라 계약에서 합의된 조건에 따른 신용장의 개설을 거절한 경우 이는 계약에서 매도인이 기대할 수 있는 바를 실질적으로 박탈하는 것으로서 협약 제25조가 규정한 본질적인 계약위반에 해당하므로, 매도인은 계약을 해제할 수 있다.

[관련외국판례] 호주 28/4/1995; Unilex 57 FCR 216

당사자는 알루미늄 텐트 골조, 대형 텐트용 커버, 기타 부속품의 매매계약을 체결하였는바, 일부 선급금을 지급하고 나머지 대금은 물품을 인도받은 후 분할지급하기로 하였다. 매도인은 물품을 인도하였으나 매수인은 대금 지급을 지체하였고 자금난을 겪으면서 법정관리를 받게 되었다. 매도인은 소를 제기하였고 계약에 대금이 완제될 때까지 매도인은 물품에 대한 소유권을 보유한다는 소유권유보조항이 포함되어 있다고 주장하면서 물

139) Honnold, *supra* note 13, p.387.

품의 소유권이 자신에게 있다는 선언과 물품의 반환과 매수인의 계약위반 및 물품의 부당한 유치로 인한 손해배상을 구하였다.
당사자 간의 협상, 협상과정에서 교환된 서류, 통신의 내용, 당사자의 진술서의 기재 등이 사건의 제반사정과 협약 제8조, 제11조, 제15조, 제18조 및 제29조의 법리를 고려하면 당사자는 물품의 소유권은 매수인이 대금을 완제한 때 매수인에게 이전한다는 소유권유보조항에 합의하였다 할 것이다.
매수인이 계약을 이행하지 아니한 점에 관하여 살피건대 매수인 스스로 지급불능임을 인정한 것으로 볼 수 있는 매수인의 법정관리인 선임 및 회사의 법정관리는 이 사건의 제반사정을 고려할 때 매도인의 해제선언을 정당화하는 협약 제25조의 의미의 본질적 계약위반에 해당한다. 왜냐하면 이러한 사실들은 상대방이 계약으로부터 기대할 수 있었던 바를 실질적으로 박탈하는 정도의 손실을 가져왔기 때문이다. 매수인이 소유권유보조항의 존재를 부인한 것 또한 그러하다.

계약해제권의 행사시기와 관련하여 주의할 것은 매수인이 대금을 지급한 경우로서 매수인이 그 이행을 지체한 때에는 매도인은 매수인의 지체된 이행이 있었음을 알기 전에 계약을 해제해야 한다는 점이다(협약 제64조 제2항 가호). 또한 매수인이 대금을 지급한 경우로서 매수인이 이행지체 이외의 계약위반을 한 경우에는 매수인의 계약위반을 알았거나 알 수 있었던 때, 매도인이 설정한 부가기간이 경과한 때에 또는 매수인이 부가기간 내 의무이행을 하지 않을 것을 선언한 때로부터 합리적인 기간 내에 매도인은 계약을 해제해야 한다(협약 제64조 제2항 나호).

비엔나협약은 매수인이 대금을 지급하지 아니한 경우에 있어서 매도인이 계약을 해제할 수 있는 시기에 관해서는 규정을 두고 있지 않은데, 이는 대금지급이 없는 때에도 계약해제권을 행사할 수 있는 기간을 제한한다고 하면, 대금지급이 없는 상황이 어느 정도에까지 이르러야 본질적 계약위반이 되는지에 관한 불확실성 때문에 매도인으로서는 계약해제시기를 확정하는 데 어려움을 가질 것이라는 사정을 고려하여 매도인에게 계약의 해제와 관련하여 폭넓은 재량을 인정한 것이다.[140)]

Ⅴ. 물품사양지정권

국제거래에서는 매매의 목적으로 되는 물품과 관련해서 기본적인 사항만을 합의하고 물품의 색상이나 형태 등 상세한 내용은 후에 따로 정하기로 하되, 이를

140) *Ibid.*, pp.389-390.

매수인이 확정하기로 하는 계약이 흔히 체결된다. 이러한 계약에서 계약체결 후 시장가격의 하락 등의 사유로 그 물품의 구매를 원하지 않는 경우에 매수인은 구체적 사양을 지정하지 아니함으로써 매도인의 이행에 협조하지 아니하는 경우가 있다.

비엔나협약 제65조 제1항은 이러한 경우에 대해서 계약에 따라 매수인이 물품의 형태·규격 그 밖의 특징을 지정해야 함에도 불구하고 매수인이 합의된 기일에, 또는 매도인의 요구를 받은 때로부터 합리적 기간 내에 그 지정을 하지 아니한 경우에 매도인은 자기가 알고 있는 바의 매수인의 필요에 따라 스스로 이를 지정할 수 있도록 하고 있다. 이때 주의할 것은 매도인이 스스로 물품사양지정권을 행사한다고 해서 매수인이 지정을 하지 않은 데 기인해서 갖는 구제수단을 상실하지는 않는다는 점이다(협약 제65조 제1항 본문).

물품사양지정권은 매도인이 매수인의 필요라고 알고 있는 바에 따라 지정해서 물품의 생산을 계속할 수 있도록 해서 물품 생산이 이루어지지 않음으로써 손해의 산정이 어려워지는 문제를 해결하고 또한 매도인으로 하여금 완성한 물품을 매수인에게 인도제시함으로써 그의 대금지급의무이행을 요구할 수 있도록 해주거나, 또는 이를 재판매함으로써 손해액을 확정할 수 있도록 해주는 기능을 한다.[141] 주의할 것은 매도인이 물품사양지정권을 행사해서 물품의 생산을 계속한다고 해서 이것이 비엔나협약 제77조의 손실경감의무의 위반이 되지는 않는다는 점이다.

매도인이 물품사양지정권을 행사하여 스스로 지정하는 경우에 매수인에게 그 상세한 사정을 통고하고 매수인이 매도인의 지정과 다른 지정을 할 수 있는 합리적인 기간을 정해야 한다(협약 제65조 제2항 제1문). 매수인이 지정의 통고를 받은 후 정한 기간 내에 달리 지정하지 않은 경우에 매도인의 지정은 매수인에 대해서 구속력을 갖는다(협약 제65조 제2항 제2문).

VI. 손해배상청구권

매수인이 자기의 의무를 이행하지 않는 경우에 매도인은 그로 인해 발생한 손해의 배상을 청구할 수 있으며, 이 손해배상청구권은 다른 구제수단과 병존한

141) *Ibid.*, pp.391-392.

다(협약 제61조 제2항).

손해배상에 관한 상세한 설명은 "제12절 매도인과 매수인의 의무에 공통된 조항, Ⅲ. 손해" 부분에서 설명한다.

제11절 멸실위험의 이전

Ⅰ. 의 의

매매계약에 있어서 멸실위험(risk of loss)의 이전은 계약체결시부터 그 이행이 완료되기까지의 기간 동안, 즉 물품이 매도인으로부터 매수인에게 이전되는 동안에 발생하는 물품의 멸실 또는 훼손에 대한 경제적 책임의 분배에 관한 것이다. 물품은 운송인의 태만이나 절도 등과 같은 인위적 사유 또는 화재나 홍수 또는 선박의 침몰 등과 같은 천재지변의 사유로 멸실될 수 있는바, 이때 물품의 멸실위험은 ① 물품이 멸실되거나 훼손될 당시 소유권을 갖는 당사자가 그로 인한 손해를 부담하거나, ② 두 당사자가 손해를 비율에 따라 분담하거나, ③ 물품이 멸실되거나 훼손된 때에 물품을 관리하고 있던 당사자가 그 손해를 부담하거나, 또는 ④ 물품이 멸실되거나 훼손된 때에 계약을 위반한 당사자가 그 손해를 부담하기로 하는 등의 다양한 방법으로 분배될 수 있다. 또한 당사자 간 합의에 의해서 멸실위험을 분배하는 방법도 얼마든지 가능하다.[142]

멸실위험의 이전은 법적으로 중요한 의미를 갖는다. 예를 들어 매도인이 물품이 멸실될 당시에 멸실위험을 부담하고 있었다면 매도인은 불인도에 기인한 손해를 배상하거나 또는 대체물을 제공해야 할 것이다. 마찬가지로 만약 매수인이 물품이 멸실될 당시 멸실위험을 부담하고 있었다면 매수인은 물품을 받지 못했음에도 불구하고 물품대금 전액을 지급해야 할 것이다.

비엔나협약은 멸실위험에 대해서 통상적으로 보험에 부보하거나 또는 최소한 보험에 부보할 수 있는 지위에 있는 당사자에게 멸실위험을 부담시킨다는 입장을 취하고 있다. 이러한 접근방법은 국제거래의 실제를 반영하고자 하는 비엔

142) 비엔나협약과 미국 통일상법전에서 멸실위험의 분배에 관한 자세한 논의는 신창섭, "국제물품매매계약에 관한 UN협약과 미국 통일상법전에 있어서 멸실위험의 이전에 관한 연구,"『상사법연구』 제17집 제1호(한국상사법학회, 1998.6) 참조.

나협약의 입장을 반영한 것이다.

II. 멸실위험의 이전에 관한 비엔나협약의 규정

계약당사자들이 최소한의 간섭으로 그들 간의 계약관계를 형성할 수 있어야 한다는 것은 계약자유의 원칙의 핵심이다. 따라서 멸실위험의 이전에 관해서도 계약당사자들이 정형거래조건을 사용하는 등의 방법으로 그 구체적 내용에 관해서 합의를 한 때에는 그들 간에 있어서는 합의된 멸실위험의 분배가 구속력을 가짐은 물론이다. 즉 비엔나협약의 다른 규정과 마찬가지로 멸실위험에 관한 규정도 당사자 간의 반대의 약정이 없는 경우에만 기본 규정으로서 적용될 뿐이다(협약 제6조, 제8조 및 제9조 참조).

멸실위험에 관해서 비엔나협약은 제66조 내지 제70조에서 규정하고 있다. 비엔나협약 제66조는 위험이 매수인에게 이전된 이후에는 물품이 멸실 또는 훼손되더라도 매수인은 대금지급의무를 면하지 못한다고 규정함으로써 멸실위험의 이전 후에는 멸실 또는 훼손으로 인한 손해를 매수인이 부담해야 한다는 멸실위험의 이전의 효과를 정하고 있다. 다만 멸실위험의 이전 후에 멸실 또는 훼손이 발생한 경우에도 그 멸실이나 훼손이 매도인의 작위 또는 부작위로 인한 때에는 매도인이 멸실이나 훼손에 대한 책임을 진다(협약 제66조 단서).[143] 주의할 것은 작위 또는 부작위는 계약위반을 구성하는 경우에 국한되지 않는다는 점이다.

비엔나협약의 멸실위험에 관한 규정은 물품의 멸실 또는 훼손의 위험에 대해서만 적용될 뿐, 물품의 몰수 또는 수출입 규제 등 국가행위의 위험에 대해서는 적용되지 않는다(협약 제66조 참조).

---

143) 일반적으로 비엔나협약 제66조 단서의 매도인의 작위 또는 부작위는 매도인의 계약위반행위를 의미하는 경우가 많을 것이지만, 비엔나협약 제66조 단서의 매도인의 작위 또는 부작위와 비엔나협약 제36조 제2항의 매도인의 의무위반행위는 엄연히 구분되는 개념이다. 따라서 매도인이 운송정지권을 행사하거나 물품에 하자가 있을 것을 의심하여 물품을 검사하게 하였는데, 그로 말미암아 물품이 멸실되거나 훼손된 경우에 매도인에게 계약위반의 사실은 없었다고 할지라도 그의 행위로 인하여 물품이 멸실되거나 훼손된 것이므로 비록 그 멸실이나 훼손이 멸실위험이 매수인에게 이전된 후에 발생했다 할지라도 비엔나협약 제66조 단서 규정에 따라 매수인은 대금지급의 책임을 부담하지 않는다.
한편 매도인이 그의 부작위로 인해 책임을 진 예로서는 매도인이 운송 중에 물품 저장을 위해 유지되어야 할 온도에 대해서 운송인에게 적절히 지시하지 않아서 물품이 훼손된 경우에 매도인이 이에 대한 멸실위험을 부담하도록 한 중국의 중재판정이 있다(CIETAC arbitral award, 1995, Unilex).

비엔나협약 제67조는 운송을 포함하는 매매계약의 경우, 제68조는 물품이 운송 중 매매되는 경우 그리고 제69조는 운송을 포함하지 않는 매매계약의 경우에 있어서 멸실위험의 이전시기를 규정하고 있고, 마지막으로 제70조는 매도인의 계약위반이 멸실위험의 이전에 미치는 영향을 규정하고 있다.

1. 물품운송을 포함하는 매매계약

비엔나협약 제67조 제1항은 매매계약에 물품운송이 포함되어 있고, 매도인이 물품을 특정한 장소에서 교부할 의무가 없는 경우에 멸실위험은 매매계약에 따라 매수인에게 전달하기 위하여 물품이 제1운송인에게 교부된 때에 매수인에게 이전한다고 규정하고 있다. 이처럼 운송인에게 교부된 때에 멸실위험이 매수인에게 이전되도록 한 것은 물품이 도착한 후에는 운송 중에 발생한 물품에 대한 손해배상을 청구하기에 매도인보다는 매수인이 나은 지위에 있다는 점을 고려한 것이다.

제1운송인에 대한 교부의 개념은 비엔나협약 제31조 가호에서 매도인의 물품인도의무와 관련하여 규정된 제1운송인에 대한 교부의 개념과 동일하다. 따라서 제1운송인의 확정과 관련해서 매매계약에 육상운송과 해상운송이 동시에 포함되어 있는 경우에 최초의 육상운송인이 매도인으로부터 독립한 운송인이라면, 그가 제1운송인이 될 것이고 또한 교부(hand over)가 되기 위해서는 물품을 본선에 적재(on board or pass the ship's rail)하는 정도까지 요구되는 것은 아니고 물품을 운송인의 관리(custody or charge)에 놓은 것으로 충분하다.[144] 매도인이 자기 소유의 트럭을 사용하여 물품을 부두까지 운송한 후 이를 해상운송인에게 교부한 경우에는 매도인의 사용인에 지나지 아니하는 육상운송인이 제1운송인이 아니라 그로부터 물품을 수령한 해상운송인이 제1운송인이 된다.

국제물품매매계약에서는 CIF조건이나 FOB조건과 같은 정형거래조건이 흔히 사용된다. 이처럼 매매계약에서 정형거래조건을 사용하는 등의 방법으로 매도인이 물품을 운송인에게 교부해야 할 특정한 장소를 지정하고 있는 경우에는, 멸실위험은 그 장소에서 물품이 운송인에게 교부된 때에 매수인에게 이전한다(협약 제67조 제1항 제2문).[145]

물품이 운송인에게 교부된 때에 멸실위험이 매수인에게 이전하는 점은 매도

---

144) Honnold, *supra* note 13, p.401; Schlechtriem, *supra* note 8, p.505.

145) 예를 들어 매매계약이 FOB 부산의 조건으로 체결되었다고 하면, 멸실위험은 육상운송인이 물품을 부산에서 해상운송인에게 교부한 시점에 매수인에게 이전하는 것이다.

인이 물품의 처분을 지배하는 서류를 유보할 권한을 가진 때에도 마찬가지이다(협약 제67조 제1항 제3문).

한편 비엔나협약 제67조 제2항은 하인, 선적서류, 매수인에 대한 통지 그 밖의 방법에 의하여 물품이 계약에 대해서 명확히 특정될 때까지 멸실위험이 매수인에게 이전하지 않는다고 규정함으로써 제67조 제1항의 요건을 충족한 데 더해서 물품의 특정이 있어야만 멸실위험이 이전함을 규정하고 있다(협약 제67조 제2항). 이러한 특정은 일반적으로 물품에 매수인의 이름을 표시하거나 운송인이 매도인을 지시인으로 하는 유통성 선하증권을 발행한다든지 또는 매수인에 대해서 선적의 통지를 발송하는 등의 방법으로 이루어진다. 특정을 위험이전의 요건으로서 요구한 것은 매도인이 물품 훼손 후 그 훼손된 물품이 매수인이 매수한 물품이라고 주장하는 가능성을 막기 위한 것이다. 따라서 이러한 가능성을 막기에 충분한 정도의 특정이라면 비엔나협약 제69조 제2항의 특정의 요건을 만족하는 것으로 볼 것이다.

2. 운송 중 물품의 매매계약

국제거래에 있어서 매수인이 스스로 최종소비자인 경우는 거의 없고 전매를 통해 이익을 추구하는 상인인 경우가 대부분이기 때문에 물품이 운송 중에 있는 동안 복수의 순차적 매매거래의 목적으로 되는 경우가 흔하다. 이처럼 동일 물품을 목적으로 일련의 매매가 있었던 상황에서 운송 중 물품이 멸실 또는 훼손되었다면, 복수의 거래당사자 중 누가 멸실위험을 부담해야 하는지를 확정하는 것은 현실적으로 중요한 문제이다. 특히 최근 컨테이너 운송방식이 많이 사용되기 때문에 물품의 운송 중에 언제 멸실 또는 훼손이 발생하였는지를 정확히 파악하기 어렵다는 점을 생각하면 운송 중 멸실위험의 분배는 국제물품매매에 있어서 매우 중요한 의미를 갖는다.

비엔나협약 제68조는 운송 중에 매도된 물품에 관한 위험은 원칙적으로 계약체결시에 매수인에게 이전한다고 규정하고 있다. 운송 중 물품의 매매가 있는 경우에도 비엔나협약 제67조의 일반원칙에 따라 제1운송인에게 물품이 교부된 때 멸실위험이 매수인에게 이전한다고 하면, 운송 중 물품의 매수인은 자기의 매매계약체결 이전의 멸실위험까지도 부담하는 것으로 되어 타당하지 않다는 이유에서 운송 중 물품의 매수인은 매매계약의 체결시점부터 멸실위험을 부담하는 것으로 한 것이다.

그러나 이 규정은 운송 중 물품의 매매가 있는 경우로서 물품이 멸실 또는 훼손된 때 그 멸실 또는 훼손이 운송 중 물품의 매매계약의 체결 이전에 발생하였는지 또는 그 후에 발생하였는지 여부를 확정해야 하는 문제를 야기하는데, 컨테이너 운송 등의 경우에 그 정확한 발생시점을 확정하기는 매우 어려울 것이기 때문에 운송 중 물품의 매수인으로서는 매우 어려운 증명의 문제에 직면한다. 이러한 점을 고려하여 비엔나협약은 특별한 사정에 있는 경우에는 운송계약을 표창하는 서류를 발행한 운송인에게 목적물이 인도된 때로 소급하여 매수인이 멸실위험을 부담한다고 규정하고 있다(협약 제68조 제2문). 이때 "특별한 사정이 있는 경우"(if the circumstances so indicate)의 의미가 중요하다. 우선 매수인의 멸실위험이 소급하여 이전함으로써 발생하는 문제는 물품이 운송인에게로 인도된 시점부터 운송 중 매매계약이 체결된 시점까지의 멸실위험을 운송 중 매매계약의 매수인이 부담한다는 일견 부당한 결과를 어떻게 이해할 것인가 하는 점이다. 그러나 운송 중 물품의 매매는 현물매매인 경우보다는 CIF조건의 매매와 같이 선적서류의 인도로써 매도인이 그 인도의무를 이행하는 형태의 이른바 서류매매인 경우가 대부분이다. 그러한 경우에 선적서류의 하나인 해상보험증권이 함께 인도되는데, 이때의 보험증권은 당연히 유통성을 가질 것인바, 보험증권을 양수한 매수인은 운송인에게로 인도된 시점부터 운송 중 매매계약의 체결시점까지 멸실위험을 부담하는 이유로 그 기간 동안 피보험이익을 갖고, 따라서 그 기간에 위험이 발생하면 체결된 해상보험계약에 따라 손해를 전보받을 수 있다. 그렇기 때문에 보험증권을 포함한 선적서류의 인도로써 매매가 이루어지는 계약에 있어서는 소급하여 멸실위험을 이전한다고 할지라도 운송 중에 물품을 매수한 매수인이 이 때문에 손해를 입는 일은 없을 것이고, 따라서 멸실위험의 소급 이전도 부당하다고 볼 수 없는 것이다. 이러한 관점에서 볼 때, "특별한 사정이 있는 경우"라 함은 "운송계약을 표창하는 증서를 발행한 운송인"이라는 문언이 암시하는 바와 같이 매도인이 매매계약상 운송계약체결과 보험계약체결의무를 부담하고 그에 따라 유통성을 갖는 지시식 운송증권과 보험증권을 발행받아 이를 매수인에게 배서교부하는 경우 등을 의미하는 것으로 생각할 수 있다.

위의 규정에도 불구하고, 매매계약의 체결시에 매도인이 목적물의 멸실 또는 훼손을 알았거나 또는 알았어야 했던 경우로서 매도인이 매수인에게 이 사실을 고지하지 아니한 때에는 그 멸실 또는 훼손에 관해 매도인이 위험을 부담한다(협약 제68조 제3문). 이는 신의성실에 따라 행위하지 않은 매도인을 보호할 이유는 없을 것이기 때문이다. 이 규정은 운송 중 매매계약의 성립 이전으로 소급하여 위험을 이전하는 비엔나협약 제68조 제2문의 예외의 경우에만 적용된다.

한편 매도인이 부담하는 책임의 범위와 관련해서, 매도인은 최초의 훼손과 인과관계를 갖는 추후의 멸실 또는 훼손에 대해서도 책임을 진다.

3. 물품운송을 포함하지 아니하는 매매계약

비엔나협약 제69조 제1항은 기본적으로 비엔나협약 제67조와 제68조가 적용되지 않는 경우, 즉 매매계약에 물품운송이 포함되어 있지 않거나 또는 운송 중 물품의 매매가 아닌 경우에는[146] 매수인이 물품을 수령한 때, 그리고 매수인이 물품을 적시에 수령하지 아니한 경우에는 물품이 매수인의 처분하에 놓여지고(협약 제31조 나호 참조) 매수인이 이를 수령하지 아니하여 계약을 위반하는 때(협약 제60조 나호 참조), 멸실위험은 매수인에게 이전한다고 규정하고 있다. 물품매매와 관련한 국제거래에서 물품운송을 수반하지 않는 매매계약은 많지 않다는 점을 생각하면 이 규정의 효용은 그다지 크지 아니하고, 단지 보충적인 역할을 할 뿐이라고 할 것이다.

비엔나협약 제69조 제2항은 매수인이 매도인의 영업소 이외의 장소에서 물품을 수령해야 하는 경우에는(협약 제31조 나호 참조), 인도기일이 도래하고 매수인이 그 장소에서 물품이 자기의 처분하에 놓여진 것을 안 때에 멸실위험은 매수인에게 이전한다고 규정하고 있다. 예를 들어 창고에 보관된 물품의 매매의 경우에는 매수인이 창고인에게 물품을 자기에게 인도할 것을 요구할 수 있을 때, 즉 창고인이 매수인의 물품인도청구권을 인정하거나 매도인이 매수인에게 창고증권을 인도한 때에 멸실위험이 이전하는 것이다.[147]

한편 비엔나협약 제69조 제3항은 불특정물에 관한 계약의 경우에 물품이 매수인의 처분하에 있다고 하기 위해서는 물품이 명확히 계약에 특정되었어야 한다고 규정하고 있다.

4. 매도인의 계약위반이 멸실위험에 미치는 효과

매도인의 계약위반이 멸실위험의 분배에 미치는 효과에 관해서 비엔나협약

146) 매매계약에 따라 매수인이 매도인의 영업소나 그의 보관창고에서 물품을 수령해야 하거나 또는 매도인이 자기의 운송수단으로 물품을 매수인의 영업소까지 운송하여야 하는 경우 등이 그 예가 될 것이다(Schlechtriem, *supra* note 8, p.513).

147) *Ibid.*, p.514. 이 외에도 비엔나협약 제69조 제2항은 인도가 매수인의 영업소에서 이루어지거나 또는 매도인의 영업소도 매수인의 영업소도 아닌 제3의 장소에서 인도가 이루어지는 경우에도 적용된다.

은 제66조에서 이를 규율하고 있는바, 동 규정 단서는 물품의 멸실이나 훼손이 매도인의 작위 또는 부작위로 인한 때에는 매도인은 멸실위험의 이전 후에도 여전히 그 멸실이나 훼손에 대해서 책임을 진다고 규정하고 있다.

한편 비엔나협약 제70조는 매도인이 본질적 계약위반을 한 경우에 비엔나협약 제67조, 제68조 및 제69조의 멸실위험의 이전에 관한 규정은 위 계약위반으로 인해 매수인이 행사할 수 있는 구제수단에 영향을 미치지 않는다고 규정하고 있다(협약 제70조). 이 규정은 매도인의 본질적 계약위반이 있는 경우에 멸실위험에 관한 일반원칙을 변경하는 대신에 매수인이 그로 인한 구제수단을 멸실위험의 이전에도 불구하고 상실하지 않고 그대로 갖는다는 사실을 확인하는 방법으로 매수인의 이익을 보호하는 것이다.

비엔나협약 제70조는 매도인의 본질적 계약위반과 물품의 멸실 간에 인과관계가 있는 경우에 대한 규율을 의도한 것이 아니라[148] 매도인의 본질적 계약위반과 물품의 멸실 간에 인과관계가 없는 경우에 대한 규율을 의도한 규정이다.[149] 매매계약의 체결 후에 매도인의 본질적 계약위반이 있었으나 그를 이유로 매수인이 계약을 해제할 기회를 갖기 전에 다른 사유로 물품이 멸실 또는 훼손된 경우에 특히 그러한 멸실이나 훼손이 멸실위험의 이전 후에 발생하였다면 그러한 멸실이나 훼손에도 불구하고 매수인이 대체물의 인도를 요구하거나 또는 계약을 해제할 수 있는지 여부에 관해서 의문이 있을 수 있다. 이에 대해서 비엔나협약은 제70조에서 그러한 경우에도 매수인은 대체물의 인도나 또는 계약의 해제 등 본질적 계약위반에 기인한 구제수단을 행사할 수 있음을 분명히 밝히고 있는 것이다. 그러나 비엔나협약 제70조는 매수인이 기왕에 갖게 된 대체물인도청구권이나 계약해제권을 인정해 줄 뿐, 매수인이 손해배상을 청구할 수 있는 범위를 확장하는 취지는 갖지 않기 때문에 위의 예에서처럼 이미 멸실위험이 매수인에게 이전한 후에 손해가 발생하였다면 이 손해에 대해서는 매도인은 배상의 책임을 지지 않는다는 점에 주의해야 한다.[150]

---

148) 이때에는 비엔나협약 제66조 단서 규정에 따라 누가 멸실위험을 부담하는지 여부에 상관없이 매수인은 당연히 그가 갖는 구제수단을 사용할 수 있기 때문이다.

149) Schlechtriem, *supra* note 8, p.517.

150) 멸실위험이 매수인에게 이전하기 전에 매도인이 본질적이지 않은 계약위반을 한 경우에 매수인이 여전히 물품수리청구권, 대금감액권 또는 손해배상청구권 등을 행사할 수 있는 것은 당연하다. 현실적으로 물품이 멸실되거나 훼손된 경우에 일반적으로 물품수리청구권은 인정되지 않을 것이지만, 매수인은 멸실위험이 이전되기 전에 물품이 계약에 적합하지 않은 정도만큼 대금을 감액할 수 있을 것이고 또한 인도지체로 인한 손실 등과 같이 멸실위험의 이전 전에 발생

제12절 매도인과 매수인의 의무에 공통된 조항

비엔나협약 제3편 제5장은 매도인과 매수인에게 공통적으로 적용되는 규정들을 두고 있다. 우선 제1절에서 이행기 전 계약위반과 분할인도계약을 규율하여 일방 당사자가 그 의무의 실질적 부분을 이행하지 아니할 것이 판명되거나 확실한 경우에 그 상대방은 자기의 의무의 이행을 정지하거나(협약 제71조) 또는 계약을 해제할 수 있도록 하고(협약 제72조), 이어서 분할하여 물품을 인도하는 내용의 계약에서 발생하는 유사한 문제들에 관해서 규율하고 있다(협약 제73조).

이어서 비엔나협약은 제2절에서 손해배상(협약 제74조 내지 제77조)에 관한 규정을 두어서 손해배상의 범위와 산정방법 및 손실경감의무 등에 관해서 규정하고 있으며, 제3절에서 이자(협약 제78조)에 관한 규정을 두어서 지연이자의 지급에 관한 의무를 규정하고 있다.

또한 비엔나협약은 제4절에서 면책(협약 제79조 내지 제80조)에 관한 규정을 두어서 당사자의 합리적인 통제범위 밖에 속하는 이른바 불가항력적 장애에 의한 의무불이행의 경우에 손해배상책임의 면책을 규정하고 있고, 제5절에서는 계약해제의 효과(협약 제81조 내지 제84조)에 관한 규정을 두어서 본질적 계약위반이 있는 경우에 계약관계를 종료시킴으로써 양 당사자들이 그 의무로부터 벗어나도록 하고 있다.

Ⅰ. 이행기 전 계약위반

매도인이 신용으로 물품을 인도하기로 하였는데, 인도기일이 도래하기 전에 매수인이 파산하거나 또는 대금을 지급할 능력이 없는 사정이 발생한다든가 또는 매수인이 물품을 인도받기 전에 먼저 대금을 지급하기로 하였는데, 매수인이 실제로 대금지급을 하기 전에 매도인이 파산하거나 또는 물품을 인도할 수 없음이 명백하게 된 경우 등 매매계약이 체결된 후 사정의 변경으로 말미암아 당사자 일방이 의무를 이행할 수 있는지 여부가 불확실하거나 또는 이행할 수 없는 것이 명백하게 되는 상황이 종종 발생한다. 그런데 그러한 경우에도 그 상대방으로 하여금 그의 의무를 일방적으로 이행하도록 강요하는 것은 형평의 원칙에 맞지 않기

한 손해에 대해서 배상을 청구할 수 있을 것이다(*Ibid.*, pp.518-519).

때문에 비엔나협약은 그러한 경우에 영미법계 계약법상의 이행기 전 계약위반(anticipatory breach)의 법리를 받아들여서 그 상대방이 이행의 정지 또는 계약해제 등의 방법을 통해 대처할 수 있도록 배려하고 있다.[151)]

[관련외국중재판정] 00/1/1997; Unilex 8786

의류 생산자(매도인)는 의류 판매상(매수인)과 일정량의 물품의 매매계약을 체결하였다. 매도인은 인도 한 달 전에 견본을 보냈고 12일 후 매수인은 물품의 품질에 이의를 제기하였다. 매도인은 즉시 다른 견본을 보냈으나 매수인은 계절 의류를 주문한 것이고 따라서 완성품이 적시에 인도되는 것이 본질적으로 중요하므로 주문을 취소한다고 하였다.
견본에 대하여는 인도기한이 예정되어 있지 않았고 견본은 물품이라고 볼 수 없다. 견본의 인도지체가 본질적 계약위반에 해당하는지의 문제는 판단하지 아니하였다. 인도지체는 본질적 계약위반에 해당하고 매도인이 하자 있는 견본을 인도하였으므로 합의된 인도기일에 물품의 인도가 불가능하게 되었고 따라서 이행기전 계약위반 및 본질적 계약위반에 대하여 책임이 있다.
매도인이 적시에 인도하지 못한 것에 대하여 살피건대 협약 제35조, 제39조나 협약 제7조 제1항 어느 쪽도 이 사건에 적용되지 아니한다. 따라서 매수인은 협약 제72조 제1항에 따라 유효하게 계약을 해제하였다.

1. 의무이행의 정지

비엔나협약이 기초하고 있는 중요한 계약법상 원칙 중 하나는 매도인과 매수인은 각자의 의무를 동시에 이행해야 한다는 것이다(협약 제58조 참조). 따라서 한 당사자가 그의 의무를 이행하지 않을 가능성이 있는 경우에 비엔나협약은 다른 당사자에게 이행기가 도래한 그의 의무의 이행을 정지할 수 있도록 허용한다. 구체적으로 비엔나협약 제71조 제1항은 당사자는 계약체결 후 상대방의 이행능력 또는 신용도의 중대한 결함(serious deficiency)이나[152)] 계약의 이행준비 또는 이행에 관한 행위로[153)] 인하여 그 의무의 실질적 부분(substantial part)을 이행하지 않을 것이 판명된(apparent) 경우에 자기의 의무이행을 정지할 수 있다고 규정하고 있다. 이때 실질적 부분이 무엇을 의미하는지는 계약 전체에 비추어 판단되어야 할 것이지만,

---

151) *Ibid.*, p.534.

152) 이행능력의 중대한 결함은 파업 또는 화재 등과 같은 자연재해로 인한 공장시설의 파괴와 같은 이행에 대한 일반적 장애뿐 아니라 일반적으로 적용되는 법적 장애도 포함한다. 한편 신용도상의 중대한 결함은 지급불능이나 지급정지 등의 경우를 의미한다.

153) 계약의 이행준비 또는 이행에 관한 행위의 결과로 의무의 실질적 부분을 이행하지 못하는 경우로서는 매도인이 원자재를 구입하지 못하거나 필요한 허가를 취득하지 못하는 경우를 생각해 볼 수 있을 것이다.

반드시 본질적 계약위반의 정도에 이르러야 의무의 실질적 부분의 불이행이 되는 것은 아니다.[154)]

구체적으로 어느 정도로 불이행이 판명되어야 의무이행을 정지할 수 있는지에 관해서 이행기 전 불이행의 정도가 객관적으로 명백한(clear) 경우에 가장 강력한 구제수단인 계약해제를 허용하고 있는 비엔나협약 제72조의 규정에 비추어 볼 때, "불이행의 판명"의 요건은 그 불이행이 객관적으로 명백한 정도에 이르러야 할 필요는 없고 그 불이행의 개연성이 매우 크다는 사실을 보여 주는 객관적 정황증거가 있는 경우에 충족하는 것으로 이해해야 할 것이다.[155)]

의무의 이행을 정지할 수 있다는 것은 매도인으로서는 인도를 위한 물품을 구입 또는 생산해야 하는 경우에 매수인이 인도를 수령하거나, 또는 대금을 지급할 수 없음이 판명된 때에는, 그러한 구입이나 생산을 중지할 수 있음을 의미하고, 마찬가지로 매수인으로서는 매도인이 물품을 인도할 수 없음이 판명된 때에는 신용장개설과 같은 대금지급을 위한 예비조치를 취하지 않을 수 있음을 의미한다. 그러나 의무의 이행을 정지할 수 있을 뿐이기 때문에 매도인이 매수인에게 인도할 물품을 제3자에게 매도하거나 또는 매수인이 제3자로부터 물품을 대체구입하는 것은 허용되지 않는다. 왜냐하면 그러한 대체거래는 계약을 해제한 때에만 허용되기 때문이다.

비엔나협약 제71조 제3항은 의무의 이행을 정지하는 당사자는 물품의 발송 전후에 관계없이 상대방에게 즉시 그 정지를 통지하여야 하며, 상대방이 그 이행에 관하여 적절한 보장(adequate assurance)을 제공한 경우에는 이행을 계속해야 한다고 규정하고 있다. 이때 적절한 보장이 되기 위해서 저당권이나 질권 · 유치권 또는 보증 등과 같은 강력한 담보의 제공이 요구되는 것은 아니고, 은행보증의 제공이나 제3자 우선권의 유예 등 장래에 계약위반이 있을 것이라는 우려를 불식시키는 정도의 보장이면 충분하다.[156)]

이행을 정지하는 당사자는 그의 이행정지가 정당화되지 않을 위험을 부담한 채 자기의 의무의 이행을 정지하는 것이라는 점을 주의해야 한다. 왜냐하면 만약

---

154) Landgericht Berlin, Germany, 15 September 1994, Unilex. 그러나 본질적 계약위반이 되어야 이행을 정지할 수 있다고 한 판례도 있다(*Shuttle Packaging Systems v. Tsonakis*, [Federal] Western District Court of Michigan, United States, 17 December 2001, 2001 Westlaw 34046276).

155) Honnold, *supra* note 13, pp.429-430.

156) Schlechtriem, *supra* note 8, p.531.

그의 이행정지의 전제조건이 충족되지 않은 것으로 판명된다면, 이행을 정지한 당사자는 그의 이행정지로 말미암아 계약위반의 책임을 부담하게 될 것이기 때문이다.[157]

[관련외국판례] 독일 31/1/1991; Unilex 32 C 1074/90-91

1988년 9월 25일 독일 매수인과 이탈리아 매도인은 독일화 10,107.19마르크의 가격으로 신발의 매매계약을 체결하였다. 당사자는 물품을 매도인의 비용으로 매수인의 영업소에 인도하기로 합의하였다. 또한 당사자는 운송인은 매수인이 대금의 40%를 지급할 때까지 매수인에게 물품을 인도하지 않기로 합의하였다[견련이행조항('Leistung Zug um Zug' clause)]. 나머지 대금은 물품의 인도로부터 60일 내에 지급하기로 하였다. 매도인은 운송인에게 독일화 10,107.19마르크의 송장과 함께 물품을 교부하였다. 그러나 매도인의 요청에 따라 운송인은 물품의 인도를 정지하였고 매수인이 합의된 대금의 40%를 지급한 때인 5개월 후에 인도를 재개하였다. 물품이 인도된 후 매수인은 대금의 나머지 60%를 지급하지 않고 독일화 1,000마르크만을 지급하였다. 매도인은 나머지 판매대금의 지급을 구하는 소를 제기하였다.

매도인의 청구를 기각한다. 협약 제71조 제3항에 의하여 당사자가 이행을 정지하는 경우에는 즉시 상대방에게 정지의 통지를 하여야 한다. 이 사건에 있어서 매도인은 매수인에게 정지의 통지를 하지 아니하였고 따라서 매수인은 협약 제45조 제1항 나호에 따라 손해배상을 구할 수 있다.

2. 물품의 교부저지

비엔나협약 제71조 제1항에서 정한 불이행사유가 명백(evident)해지기 전에 매도인이 이미 물품을 발송한 경우에 매도인으로서는 이미 자기의 물품인도의무를 이행하였기 때문에, 단순히 의무이행을 정지할 수 있도록 허용하는 것은 별다른 도움이 되지 않는다. 따라서 비엔나협약 제71조 제2항은 제1항의 사유가 명백하게 되기 전에 매도인이 물품을 발송한 경우에 매도인으로 하여금 매수인에 대한 물품의 교부를 저지할 수 있도록 허용하고 있다(협약 제71조 제2항 제1문). 비엔나협약 제71조 제2항은 매수인이 선하증권 등 물품을 취득할 수 있는 증서를 소지하고 있는 경우에도 매도인은 매수인에 대한 물품의 교부를 저지할 수 있음을 명시하고 있으나(협약 제71조 제2항 제1문), 매도인이 갖는 이러한 물품교부저지의 권리는 당해 계약의 매수인에 대해서만 효력을 가질 뿐임을 주의해야 한다. 따라서 매수인이 선하증권을 제3자에게 양도한 경우에 운송인은 선하증권을 제시하는 제3자에게 물품의 교부를 거

157) CLOUT case No.51 [Amtsgericht Frankfurt a.M., Germany, 31 January 1991].

절할 수는 없기 때문에, 이러한 때에는 매수인의 물품교부저지의 권리는 별다른 효력을 갖지 아니한다. 비엔나협약 제71조 제2항이 운송 중 물품의 교부저지에 관한 규정은 매매당사자인 매도인과 매수인 간의 물품에 대한 권리관계만을 규율한다고 규정한 것은 이러한 점을 밝힌 것이며(협약 제71조 제2항 제2문), 비엔나협약은 매매계약의 성립 및 그 계약으로 인한 매도인과 매수인의 권리의무만을 규율한다고 한 비엔나협약 제4조의 취지의 연장이라고 할 수 있다.

이행정지의 경우와 마찬가지로 물품의 교부를 저지한 당사자는 상대방에게 즉시 그 정지를 통지하여야 하며, 상대방이 그 이행에 관해서 적절한 보장을 제공한 때에는 이행을 계속해야 한다(협약 제71조 제3항).

3. 적절한 보장 후 이행의 재개

앞에서 설명한 바와 같이, 이행을 정지하는 당사자는 물품의 발송 전후에 관계없이 상대방에게 즉시 이행의 정지를 통지하여야 하며 상대방이 자기 의무의 이행에 관해서 적절한 보장을 제공한 때에는 이행을 계속하여야 한다(협약 제71조 제3항). 이 때 단순히 이행을 보장한다는 내용의 말만으로는 적절한 보장이 되지 못할 것이지만, 반드시 담보권이나 보증이 설정되어야 이행의 적절한 보장이 된다고 볼 필요는 없다. 따라서 대금지급의 재개 또는 취소불능신용장의 개설, 원자재 구입처의 확보 또는 이행을 어렵게 한 노사분쟁의 타결 등, 의무의 실질적 부분을 이행하지 않으리라는 가능성을 제거하는 구체적인 사실이나 행위로서 이행능력을 증명한 때에도 적절한 보장이 있다고 볼 것이다. 또한 의무의 실질적 부분이 이행되지 않을 위험이 있는 때에만 이행의 정지를 허용하는 취지에 비추어 볼 때, 이행이 근소한 정도로 부적합한 경우에도 이행의 적절한 보장이 있는 것으로 보는 것이 타당하다.[158]

상대방의 불이행의 위험 때문에 자기 의무의 이행을 정지해야 했던 당사자가 이행을 재개하는 경우에 원래의 계약에서 정한 인도기일, 또는 대금지급기일 내에 이행을 해야 하는지의 문제에 관해서 비엔나협약은 분명한 규정을 두고 있지 않다. 그러나 원계약에서 정한 기일 내에 의무를 이행해야 한다고 하면, 비엔나협약 제71조가 정한 이행정지권은 그 효용을 상실할 것이기 때문에 이러한 경우에는 최소한 정지했던 기간만큼 이행기일이 연기된다고 보아야 할 것이다.[159]

---

158) Honnold, *supra* note 13, pp.434-435.

159) Schlechtriem, *supra* note 8, p.528.

한편 이행의무자가 적기에 적절한 보장을 제공하지 않는 경우에 이를 그 자체로 제72조 제3항의 이행거절로 볼 수는 없을 것이나 제72조 제1항의 본질적 계약위반을 할 것이 명백한 경우로 보아 이행을 정지한 자는 계약을 해제할 수 있을 것이다.

4. 이행기 전 계약해제

이행기가 도래하기 전에 매매계약의 일방 당사자에게 사정이 발생해서 이행기가 도래하더라도 그 의무를 이행하지 못할 것이 확실하고, 그 불이행이 본질적 계약위반이 되는 경우에 상대방은 이행기일까지 본질적 계약위반에 기한 계약해제를 미룰 필요 없이 즉시 계약을 해제해서 계약 목적의 달성이 불가능하게 된 계약관계로부터 벗어나도록 하는 것이 바람직할 것이다. 따라서 비엔나협약 제72조 제1항은 이행기일 이전에 일방 당사자가 본질적 계약위반을 할 것이 명백한(clear) 경우에는 상대방은 계약을 해제할 수 있도록 하였다. 실제에 있어서 언제 본질적 계약위반을 할 것이 명백한지의 문제는 확정하기 어려울 것이기 때문에 이행기 전 본질적 계약위반을 이유로 계약을 해제하고자 하는 당사자는 이를 신중하게 판단해야 할 것이지만, 일반적으로 이행정지의 통지를 받은 후에도 의무이행의 적절한 보장을 제공하지 않는다거나 또는 매도인이 매수인에게 인도하기로 한 물품을 제3자에게 재판매한다든지, 또는 매도인이 매수인에게 판매하기로 한 물품을 생산하는 공장을 매각한다든지 하는 등의 행위로써 자기 의무를 이행할 의사가 없음을 분명히 한 때, 또는 대금지급을 불가능하게 하는 행정처분 등으로 매수인이 계약을 이행할 수 없는 사정이 객관적으로 확실하게 된 때 등에는 이를 이유로 계약을 해제할 수 있을 것이다.

이행기 전 계약해제의 허용은 계약을 해제한 당사자로 하여금 상대방이 후에 생각을 바꾸거나 또는 이행을 제공하는 경우에 대한 우려 없이 원래 계약의 목적이었던 물품을 제3자에게 재판매하거나, 또는 대체물을 구입하는 등 신속한 조치를 취하도록 허용하는 취지를 갖기 때문에 상대방이 이행하지 않겠다는 의사를 표시한 이상, 후에 생각을 바꾸어 이행할 의사를 밝혔다고 할지라도 그 의사변경 전에 한 계약해제는 여전히 유효하다.

비엔나협약 제72조 제2항은 이행기 전 계약해제권이 남용되는 것을 막기 위해서 이행기 이전에 계약을 해제하려고 하는 당사자는 시간이 허용하는 경우에 상대방에게 합리적인 통지를 하도록 요구함으로써, 그 상대방으로 하여금 적절한 보장을 제공할 수 있는 기회를 부여할 것을 요구한다. 비엔나협약 제72조 제2항의 통지는 상대방으로 하여금 이행의 적절한 보장을 제공할 수 있는 기회를 제공하기 위한 취지를 갖기 때문에 이 통지는 비엔나협약 제26조의 계약해제의 선언과는 구분된다. 따라서 이행기 전 계약해제를 위해서는 비엔나협약 제72조 제2항의 통지 외에 별도로 계약해제의 선언이 있어야 한다.[160] 물론 이때의 통지는 "시간이 허용하는 경우에" 하도록 되어 있으나,[161] 오늘날의 통신기술을 고려할 때 시간상의 이유 때문에 해제하기 전에 통지할 수 없는 경우는 많지 않을 것이다. 따라서 이 규정은 당사자가 이행기 이전의 본질적 계약위반에 기해서 계약을 해제하기 위해서는 언제나 사전에 통지해서 상대방에게 이행을 적절히 보장할 수 있는 기회를 주어야 한다는 의무를 부담시키는 결과로 되는바, 이는 비엔나협약의 계약유지의 이상의 또 다른 표현이라고 할 수 있다.

이행기 이전에 계약을 해제하고자 하는 당사자에게 통지의 의무를 지우는 비엔나협약 제72조 제2항은 상대방이 자기의 의무를 이행하지 않을 것을 선언한 때에는 적용되지 않는다(협약 제72조 제3항). 왜냐하면 일방 당사자가 그의 의무를 이행하지 않을 것을 분명히 한 때에도 상대방에게 통지의 의무를 지우는 것은 무의미하기 때문이다.

II. 분할인도계약의 해제

분할인도계약(installment contract)은 일정한 기간에 걸쳐 물품을 수회에 나누어 분할인도하거나 또는 분할인도할 수 있는 계약이다. 비엔나협약 제73조는 분할인도계약에서 어느 분할인도부분에 대하여 의무불이행이 있는 경우에 계약해제의 범위와 관련해서 그 의무불이행이 당해 분할인도부분, 장래의 분할인도부분 및 이미 이행된 분할인도부분에 대해 갖는 효과에 관하여 각각 구분하여 규정을 두고 있는바, 그 내용은 대체로 일부인도에 관한 규정인 비엔나협약 제51조에 유사하지만 분할인도계약이 갖는 특성에 비추어 보다 상세한 내용을 담고 있다.

우선 비엔나협약 제73조 제1항은 분할인도계약에 있어서 일방 당사자의 어

---

160) ICC award No.8594, September 1996, Unilex; CLOUT case No.130 [Oberlandesgericht Düsseldorf, Germany, 14 January 1994].

161) 시간이 허용하지 않는 경우로서는 인도기간이 매우 짧거나 가격변동이 매우 심해서 계약을 해제하려고 하는 당사자에게 상대방에 대해서 통지를 하느라고 시간을 소비하는 것이 불합리한 부담이 되는 경우 등을 생각해 볼 수 있다.

느 분할부분에 대한 의무불이행이 그 분할부분에 관하여 본질적 계약위반이 되는 경우에 상대방은 그 분할인도부분에 관하여 계약을 해제할 수 있도록 하고 있다. 이 규정은 각 분할인도부분이 상호독립적일 것을 전제로 한다. 이 규정은 일부불이행의 경우에 그 불이행 또는 부적합한 부분에 대해서만 구제수단을 허용하는 비엔나협약 제51조 제1항과 마찬가지로 계약 전체를 해제하기보다는 원칙적으로 본질적 계약위반이 있는 분할인도부분에 대해서만 계약을 해제할 수 있도록 함으로써 가급적 전체로서의 매매계약은 유지되도록 하는 것이 바람직하다는 비엔나협약의 일관된 입장을 반영한다.

한편 비엔나협약 제73조 제2항은 어느 분할부분에 관한 당사자 일방의 의무불이행이 장래의 분할부분에 대한 본질적 계약위반의 발생을 추단하는 데에 충분한 근거(good grounds)가 되는 경우에는 상대방이 장래에 향하여 계약을 해제할 수 있도록 허용한다. 다만 장래의 분할부분에 대한 계약해제는 합리적인 기간 내에 이루어져야 한다(협약 제73조 제2항 단서). 이때 주의할 것은 의무불이행 자체가 본질적 계약위반을 구성할 것은 요구되지 않는다는 점이다. 장래의 분할부분에 대한 계약해제의 요건은 본질적 계약위반의 발생을 추단하는 데에 충분한 근거이다. 이 요건은 비엔나협약 제72조의 이행기 전 계약해제의 요건보다는 완화된 것이지만, 협약 제71조의 이행기전 이행정지를 위한 요건보다는 엄격한 것으로 보아야 한다.[162] 이처럼 그 요건이 완화된 것은 분할인도계약에서 장래의 분할인도부분에 대한 계약해제를 해야 하는 상황에서는 현재 이미 계약위반이 발생하였다는 점을 고려하였기 때문이다.[163] 이때 주의할 것은 이미 이행된 계약 부분은 여전히 유효하다는 점이다.

분할인도계약은 그 성질상 일부의 이행만으로는 계약체결 당시에 의도되었던 계약목적을 달성할 수 없는 경우가 많을 것인바, 전체로서 계약목적을 달성하는 것이 불가능하게 되었는데도 일부분만 계약을 해제하고 나머지 부분에 대해서는 계약관계를 계속해서 유지하도록 하는 것은 피해당사자에게 지나치게 가혹한 결과를 초래한다. 이러한 이유로 비엔나협약 제73조 제3항은 어느 인도에 대하여

162) 장래의 분할부분에 대해서 매수인이 계약을 해제할 수 있는 예로서는 매도인이 대금지급을 받고도 인도를 하지 않는 경우, 매도인이 시장가격의 급등을 이유로 추가인도를 거절하는 경우 또는 매도인이 더 이상 인도를 하지 않겠다고 통지한 경우 등이 있을 것이다.
한편 장래의 분할부분에 대해서 매도인이 계약을 해제할 수 있는 예로서는 매수인이 신용장을 개설하지 않는 경우 또는 특정 시장에서 물품을 판매하는 행위를 금지하는 계약조항을 매수인이 계속해서 위반하는 경우 등이 있을 것이다.

163) Honnold, *supra* note 13, p.443.

계약을 해제하는 경우로서, 이미 행하여진 인도 또는 장래의 인도가 그 인도와의 상호의존관계로 인하여 계약체결시에 당사자 쌍방이 예상했던 목적으로 사용될 수 없는 경우에는,[164] 매수인으로 하여금 당해 분할부분뿐 아니라 이미 이행된 인도 또는 장래에 이행될 인도에 대해서도 동시에 계약을 해제할 수 있도록 하였다. 주의할 것은 비엔나협약 제73조 제1항 및 제2항은 매도인과 매수인의 위반의 경우에 모두 적용될 수 있는 반면, 제73조 제3항은 매도인의 위반의 경우에만 적용된다는 점이다.

비엔나협약 제73조의 각 규정은 계약해제의 시기에 관해서 언급하고 있지 않으나, 이들 규정에 따라 계약을 해제하고자 하는 당사자는 비엔나협약 제49조 제2항 및 제64조 제2항에서 정한 시기에 따라 합리적인 기간 내에 계약을 해제해야 한다.

Ⅲ. 손 해

손해에 관한 일반 규정은 비엔나협약 제3편 제5장 제2절에 규정되어 있다. 우선 비엔나협약은 제74조에서 손해산정에 관한 일반원칙을 정한 후에 제75조 및 제76조에서 매매계약이 해제된 경우에 있어서 손해산정방법을 규정하고 있다. 이어서 비엔나협약은 제77조에서 피해당사자의 손실경감의무를, 그리고 제78조에서는 일방 당사자가 금전지급을 하지 아니하는 경우에 그 지급지체에 기해 상대방이 갖는 이자청구권에 대해서 규정하고 있다.

1. 손해산정의 일반원칙

손해산정에 있어서 일반원칙은 계약위반으로 손해를 입은 당사자로 하여금 위반당사자가 계약을 이행하였더라면 있었을 위치로 되돌려 놓는 것이다(put the breached party back in the place where he would have been but for the breach).[165] 이러한 일반원칙을 반영하여 비엔나협약 제74조는 손해산정의 일반원칙을 밝히면서, 일방 당사자의 계약위반으로 인한 손해배상액은 이익의 상실(loss of profit)을 포함하여 그 위반의 결과 상대방이 입은 손실과 동등한 금액이라고 규정하고

164) 그러한 예로서는 특정 건물의 건축을 위한 건축자재의 공급을 내용으로 하는 분할인도계약이 있을 것이다.

165) CLOUT case No.138 [Federal Court of Appeals for the Second Circuit, United States, 6 December 1993, 3 March 1995].

있다(협약 제74조 제1문). 계약위반이 발생할 수 있는 상황은 매우 다양하기 때문에 모든 경우에 있어서 바로 적용될 수 있는 손해산정원칙을 정한다는 것은 불가능하다는 현실적 이유에서 비엔나협약은 손해산정의 일반원칙을 추상적으로 규정한 데 만족하고 있다.[166]

(1) 손해의 범위

비엔나협약 제74조는 피해당사자가 배상받을 수 있는 손해는 위반당사자가 계약체결시에 알았거나 알 수 있었던 사실과 사정에 비추어 계약위반의 가능한 결과로서 발생할 것을 예견하였거나 또는 예견할 수 있었던 손실을 초과할 수 없다고 규정하고 있다(협약 제74조 제2문).[167] 손해의 범위를 정하기 위하여 예견가능성을 판단함에 있어서 비엔나협약은 위반당사자의 인식 범위를 고려하는 주관적 기준뿐 아니라 위반당사자의 지위에 있는 합리적 사람의 인식 범위를 고려하는 객관적 기준을 함께 사용하고 있다.

예견가능성의 판단을 위해서 기준이 되는 시점은 계약체결 시점이다. 따라서 이 시점에서 위반당사자가 알았거나 또는 알았어야 하는 상황을 고려해서 예견가능성을 판단해야 한다는 점에 주의해야 한다(협약 제74조 제2문).

(2) 손해의 종류

계약위반으로 발생하는 손해는 실제 손해(actual loss) · 부수적 손해(incidental loss) 및 결과적 손해(consequential loss)로 구분할 수 있다.

1) 실제 손해

실제 손해 또는 직접 손해(direct loss)는 일방 당사자의 불이행 또는 부적합한 이행으로 인한 손해이다.

매도인의 실제 손해의 예로서는 매수인이 미지급한 대금과 대금지급이 지체되는 동안의 이자 등이 있을 것이고, 매수인의 실제 손해의 예로서는 물품의 하자로 말미암아 감소된 가치, 인도된 기계가 제대로 작동하지 않음으로 말미암아 발생한 생산의 감소 또는 원자재의 하자로 인하여 제조된 물품 자체에 발생한 하자로 말미암은 제조 물품의 감소된 가치 등이 있을 것이다. 이외에도 매수인이 자기

---

166) 비엔나협약과 미국 통일상법전에서 손해배상의 산정에 관한 상세한 논의는 신창섭, "Measuring Damages Under the Uniform Commercial Code and the 1980 UN Convention on Contracts for the International Sale of Goods," 『상사법연구』 제14집 제2호(한국상사법학회, 1995.12) 참조.

167) 손해배상의 범위를 정함에 있어서 예견가능성을 요구한 최초의 판례는 영국 판례 *Hadley v. Baxendale* (9 Ex 341, 1854)이다.

의 비용으로 하자를 치유한 때에는 그 비용 역시 실제 손해가 될 것이다.

실제 손해의 산정은 물품수리에 초래된 합리적 비용을 기준으로 또는 손해산정 당시 하자 있는 물품의 가치와 그러한 하자가 없었다면 손해산정 당시 그 물품이 가졌을 본래의 가치 간의 차액을 기준으로 가치의 감손을 산정하는 방식에 의한다.[168)]

실제 손해는 거의 언제나 예견가능한 손해일 것이다.

2) 부수적 손해

부수적 손해는 불이행 또는 부적합한 이행의 직접적 결과는 아니지만, 그로 인해서 부수적으로 초래된 비용이다.

매도인에게 초래되는 부수적 손해의 예로서는 매수인이 부당하게 거절한 물품을 인도제시하는 과정에서 매도인에게 초래된 비용이나 매수인이 거절한 물품을 보관하는 과정에서 매도인에게 초래된 비용 등이 있고, 매수인에게 초래되는 부수적 손해의 예로서는 매수인이 정당하게 거절한 물품을 보관하는 과정에서 매수인에게 초래된 비용이나 매도인이 물품을 적절하게 포장하지 않음으로 말미암아 하역과정에서 매수인에게 초래된 비용 등이 있다.[169)]

위의 예가 보여주는 부수적 손해는 일반적으로 예견가능한 손해로 보아야 할 것이다.

3) 결과적 손해

결과적 손해는 불이행이나 부적합한 이행으로 인한 실제 손해의 범위를 넘어서는 손해, 즉 피해당사자의 특별한 상황 또는 그가 제3자와 체결한 약정으로부터 발생하는 추가적 손해이다.

비엔나협약은 결과적 손해의 가장 전형적인 예라고 할 수 있는 이익의 상실을 배상받을 수 있는 손해로서 명문으로 규정하고 있다(협약 제74조 제1문 참조).[170)] 이 규정은 국제거래의 현실에서 당사자들이 상인인 경우가 대부분이고, 이들은 재판매 등 후속 거래를 통해서 이익을 추구하는 자들이기 때문에, 계약위반의 경우에 단순히 통상적인 손해를 배상받도록 하는 것은 많은 경우에 불충분한 손해배상이 될 것

168) Schlechtriem, *supra* note 8, p.559.

169) CLOUT case No.138 [Federal Court of Appeals for the Second Circuit, United States, 6 December 1995]; CLOUT case No.304 [Arbitration-International Chamber of Commerce No.7531 1994].

170) CLOUT case No.476 [Arbitration-Tribunal of International Commercial Arbitration at the Russian Federation Chamber of Commerce and Industry, award No.406/1998 of 6 June 2000].

이라는 점을 고려하여 비엔나협약이 영미법계 계약법상의 결과적 손해를 일반적으로 받아들인다는 점을 천명한 것이다.

결과적 손해의 예로서는 매도인이 물품을 인도하지 않거나 지체함으로 말미암아 매수인이 이를 전매할 수 없었고, 이로 말미암아 기대했던 이익을 얻지 못한 데 더하여 전매의 매수인에 대해서 인도의무의 불이행에 기한 손해를 배상해야 하는 경우, 하자 있는 물품 때문에 매수인의 평판이 훼손된 경우, 하자 있는 물품 때문에 매수인이 제3자에 대해서 손해배상의무를 지게 된 경우 또는 매도인이 인도한 기계설비부품에 하자가 발생하여 매수인이 자기의 공장을 생산계획에 따라 가동할 수 없었고 이로 말미암아 약속했던 납기에 맞추어 생산물품을 공급하지 못한 경우 등이 있다.

손해의 산정과 관련하여 비엔나협약이 요구하는 예견가능성의 요건이 가장 긴요한 의미를 갖는 손해는 결과적 손해이다. 왜냐하면 실제 손해나 부수적 손해와는 달리 결과적 손해는 계약위반으로 말미암아 일반적으로 발생하는 손해로서 당연히 예견되는 것은 아니기 때문이다.

(3) 증명책임

증명책임의 일반원칙에 따라 피해당사자는 계약위반, 손해의 발생 그리고 그 손해가 계약위반으로 말미암아 발생하였음을 증명해야 하고, 위반당사자는 그 손해가 예견할 수 없는 손해였음을 증명해야 한다.[171] 다만 앞에서 설명한 바와 같이, 실제 손해나 부수적 손해와는 달리 결과적 손해는 계약위반으로 말미암아 일반적으로 발생하는 손해로서 당연히 예견되는 것은 아니기 때문에, 결과적 손해에 대해서는 결과적 손해를 주장하는 자가 계약위반, 손해의 발생 및 손해와 계약위반 간의 인과관계뿐 아니라 그 손해가 예견가능한 손해라는 사실도 증명해야 한다. 상대방이 계약을 위반하면 특별한 손해가 발생하게 되리라고 예견되는 경우에는 계약체결시에 이 사실을 계약서에 명기하는 등의 방법을 통해서 상대방에게 분명하게 알려준다면, 그러한 손해가 실제로 발생하였을 때 그 손해가 예견가능한 손해라는 점을 증명하는 데 별 어려움이 없을 것이다.

---

171) *FCF S.A. v. Adriafil Commerciale S.r.l.*, Bundesgericht, Switzerland, 15 September 2000 (http://www.bger.ch.).

2. 계약이 해제된 경우에 있어서 손해산정

(1) 대체거래에 의한 손해산정

비엔나협약 제75조는 계약이 해제된 경우로서 해제 후 합리적인 방법으로 합리적인 기간 내에 매수인이 대체물을 매수하거나, 또는 매도인이 물품을 재매각한 경우에 손해배상을 청구하는 당사자는 계약대금과 대체거래대금과의 차액을 배상받을 수 있고, 이에 더하여 협약 제74조에 따라 인정되는 다른 손해가 있다면 이를 또한 배상받을 수 있다고 규정하고 있다. 이 규정은 대체물의 구입이나 재판매가 있는 경우에 원계약의 목적으로 된 물품의 현재가격 또는 시장가격 등을 증명하는 방법으로 손해를 증명해야 하는 복잡한 절차를 거치지 아니하고 단순히 원계약대금과 대체계약대금과의 차액을 산정하는 방법으로 손해를 산정하도록 손해산정절차를 간소화했다는 데 그 의의가 있다.[172] 대체거래가 있은 때에는 비엔나협약 제74조가 정한 추상적 산정방법에 의한 손해산정은 일응 허용되지 않는다고 할 것이다.[173] 그러나 추가적 손해가 있을 때에는 제74조에 따라 이를 배상받을 수 있음은 물론이다.

[관련외국판례] 독일 30/7/2001; Unilex 21 O 703/01

영국 매도인(피고)과 독일 매수인(원고)은 채소의 매매계약을 체결하였다. 매도인이 물품을 인도하지 않아 매수인은 시장에서 대체품을 구매하여야 하였다. 매수인은 매도인을 상대로 물품의 불인도로 발생한 손해배상을 구하는 소를 제기하였다.

매수인의 손해배상청구는 협약 제45조 제1항 나호, 제75조에 의하여 이유가 있다. 손해배상액에 관하여 살피건대 매수인은 계약가격과 대체거래에서 지급한 가격의 차액을 배상받을 수 있다. 매수인은 대체거래에 관한 입증책임을 다하였다. 손해배상액을 산정함에 있어서 대체품을 구매한 매수인의 자회사의 법적 형태는 문제가 되지 아니한다.

매수인은 손실을 경감하기 위하여 합리적인 조치를 취하였다(협약 제77조). 매수인이 그의 고객과의 계약을 위반하여 대체거래비용보다 적은 위약금을 지급하여야 하는 것은 아니다.

비엔나협약 제75조에 의한 간이화된 손해산정방법을 이용하기 위해서는 대체거래가 합리적인 방법으로 합리적인 기간 내에 있어야 하는데, 대체거래를 수

---

172) 피해당사자가 문제의 매매계약의 목적인 물품과 동종의 물품을 반복적으로 매매하는 경우에는 그 중 어떤 거래가 대체거래인지를 판명하는 데 어려움이 있다. 이러한 경우에는 피해당사자는 어떤 거래가 대체거래로서 의도된 것인지를 증명해야 한다. 이러한 점을 고려해서 피해당사자는 대체거래를 하기 전에 대체거래의 의사를 상대방에게 통지하는 것이 바람직하다.

173) Schlechtriem, *supra* note 8, pp. 1029, 1034.

행함에 있어서 피해당사자가 신중한 상인으로서 행동하였고 당해 거래계의 일반적 관행을 준수했다면 합리적인 방법으로 거래했다고 볼 수 있다.[174] 합리적인 방법에 의한 대체거래는 구체적으로 매수인이 가능한 한 낮은 가격으로 대체물을 구입하려고 노력하거나, 또는 매도인이 가능한 한 높은 가격으로 재판매하려고 노력할 것을 요구한다.[175] 한편 합리적인 기간은 계약해제시점부터 진행하며(협약 제75조), 무엇이 합리적인 기간인지 여부는 문제의 물품의 시장이나 시장가격의 존재 여부 등 제반 사정을 고려해서 판단해야 할 것이다.

[관련외국판례] 독일 28/2/1997; Unilex 1 U 167/95

국제거래에 있어서 신의성실의 준수를 증진할 필요가 있는바(협약 제7조 제1항), 해제가 언제든지 가능하고 대체거래의 성립 이전에 상대방이 그의 의무를 이행하지 않을 것이 명백한 때에(이 사건에 있어서 매도인은 정해진 기간 내에 인도할 수 없음을 명백히 선언하였다) 해제가 협약 제75조를 적용하는 데 전제조건이 되지 않는다.

대체거래가 있었으나 그것이 합리적인 방법으로 또는 합리적인 기간 내에 이루어지지 않았을 때는 비엔나협약 제75조가 정한 손해산정방법은 사용할 수 없고, 후술하는 비엔나협약 제76조에 따라 손해를 산정해야 한다.

비엔나협약 제75조는 대체거래를 했다고 할지라도 추가적인 손해가 있는 경우에는 제74조에 따라 그 손해를 배상받을 수 있음을 규정하고 있기 때문에, 대체거래를 함으로써 운송비용 등 기타 비용이 증가하였다면 그 비용을 손해로서 배상받을 수 있음은 물론이다. 그러나 반대로 대체거래를 함으로써 운송비용 등을 절감할 수 있었던 경우에 위반당사자가 그 절감된 금액이 손해에서 공제될 것을 주장할 수 있는지 여부에 관해서 비엔나협약은 분명한 규정을 두고 있지 않다. 비엔나협약 제75조의 취지가 손해금액산정을 간이화하는 데 목적을 두고 있을 뿐이라는 점을 생각할 때, 형평의 원칙상 이러한 경우에는 절감된 금액만큼 손해배상액이 삭감되는 것이 타당하다. 이것은 매매거래 당사자 간의 권리·의무관계를 형평의 원칙에 맞추어 해결하고자 하는 비엔나협약의 이상에도 부합한다.

(2) 시가에 근거한 손해산정

계약을 해제하였지만, 대체거래를 하지 아니하였거나 또는 대체거래를 하였

174) ICC award No.8128, 1995, Unilex.

175) Supreme Court of Queensland, Australia, 17 November 2000, [2000] QSC 421.

더라도 그것이 합리적 기간 내에 또는 합리적 방법으로 이루어지지 않은 경우 또는 다수의 동종의 거래를 반복하여 어느 것이 해제된 계약의 대체거래에 해당하는지를 확정할 수 없는 등의 경우에 계약을 해제한 당사자는 비엔나협약 제75조의 손해산정방법을 이용할 수는 없고, 따라서 원칙적으로 손해산정의 일반원칙인 비엔나협약 제74조에 따라 손해를 산정해야 할 것이다. 그러나 비엔나협약 제76조 제1항은 이러한 경우에 계약을 해제한 당사자로 하여금 바로 비엔나협약 제74조의 방법에 따라 손해를 산정하도록 요구하는 대신에 원계약대금과 계약해제시의 시가와의 차액을 기준으로 손해를 산정하여 손해배상을 청구할 수 있도록 허용한다.[176] 물론 이때에도 추가적인 손해가 있으면 비엔나협약 제74조에 따라 그 손해를 배상받을 수 있음은 물론이다. 다만 손해배상을 청구하는 당사자가 물품을 수령한 후에 계약을 해제한 경우에는 계약해제시의 시가 대신 물품수령시의 시가를 기준으로 한다(협약 제76조 제1항 제2문).[177] 이는 매수인이 일단 물품을 수령한 후 시장가격이 상승한 때를 기다려 계약을 해제함으로써 매도인의 비용으로 투기를 하는 가능성을 막기 위해서이다.

[관련외국판례] 독일 4/7/1997; Unilex 1 U 143/95 and 410 O 21/95

매도인인 프랑스 회사가 매수인인 독일 회사에 20트럭분의 토마토 농축액을 판매하겠다는 내용의 팩스를 영어로 보냈고 매수인이 이를 받아들이는 팩스를 보냈다. 그러나 그 후 매수인에게 단지 한 트럭분만 인도되었다. 매수인은 계약해제를 선언하였고 매도인이 지급이 지체된 대금의 지급을 구하는 소를 제기하자 매도인의 계약위반으로 인한 손해로 상계를 주장하면서 지급을 거절하였다.
매수인이 거듭하여 이행을 위한 부가기간을 정하였으나 이행되지 아니하였으므로 협약 제49조, 제47조 제1항에 의하여 매수인은 매도인의 위반을 이유로 계약을 해제할 수 있다. 매도인으로부터 이행하지 아니하겠다는 통지를 수령하였으므로 매수인은 이행을 위한 부가기간을 정할 필요도 없다(협약 제47조 제2항).
매수인이 대체거래를 하지 않았으므로 매수인은 계약대금과 해제시의 시가와의 차액의 손해배상을 받을 수 있다(협약 제76조).

---

176) 이때 피해당사자는 계약해제시점을 조정함으로써 배상받을 손해를 극대화하려는 이른바 투기적 시도를 할 수가 있다. 이러한 투기적 시도는 비엔나협약 제77조가 규정한 손실경감의무를 위반한 것으로서 규제할 수 있을 것이다.

177) 이때 계약해제시점에 가격이 상승하여 매수인이 자기의 손해를 충분히 배상받지 못하게 된 경우에 매수인은 배상받지 못한 손해 부분을 추가적 손해로서 배상받을 수 있을 것이다(협약 제76조 제1문 참조).

비엔나협약 제76조 제1항의 시가에 근거한 손해산정의 방식을 사용하기 위해서는 시가가 존재해야 함은 물론이다. 그러나 공식적으로 인용되는 가격이 존재해야 하는 것은 아니고 동종의 물품의 매매가 반복적으로 이루어지는 결과 특정 거래 지역에서 시가가 확립되어 있다면 그로써 충분하다.178) 시가는 동종의 물품과 동일한 조건의 매매계약에 적용되는 시장가격이어야 한다. 만약 당사자 간의 실제 계약의 조건과 기준으로 사용되는 계약의 조건 간에 차이가 있다면 시가에 그에 따른 적절한 조정을 한 후에 비로소 손해의 산정에 사용해야 한다.179)

비엔나협약 제76조 제2항은 시가를 확정하는 장소를 물품이 인도되었어야 했던 장소라고 규정하고, 그 곳에서의 지배적인 가격을 시가로서 인정한다. 격지자 간의 거래를 상정하였을 때 매도인의 인도의무를 규정하고 있는 비엔나협약 제31조에 따르면 물품이 인도되었어야 했던 장소는 매도인과 매수인 간에 다른 특약이 없는 한, 매수인에게 전달하기 위해서 제1운송인에게 교부하는 장소 또는 매도인의 영업소가 될 것이다. 이 장소는 매수인의 계약위반으로 말미암아 계약을 해제한 매도인이 시장가격을 산정하기에는 용이한 장소라 하겠으나, 반대로 매도인의 계약위반으로 말미암아 계약을 해제한 매수인으로서는 매도인이 소속하고 있는 국가의 시장가격을 파악해서 이를 기준으로 손해를 증명해야 한다는 것을 의미하기 때문에 매수인에게는 시장가격을 산정하기 위한 장소로서는 매우 불편한 장소이다. 따라서 후자의 경우에 매수인으로서는 대체거래를 함으로써, 비엔나협약 제75조의 대체거래를 기준으로 하는 손해산정방법을 이용해서 그러한 어려움을 회피하는 것이 바람직하다.180)

한편 인도가 있었어야 했던 장소에서 매매계약의 목적으로 된 물품의 시가가 존재하지 않는 경우에 대비해서 비엔나협약 제76조 제2항은 합리적인 대체장소라고 할 수 있는 다른 장소에서의 시장가격을 기준으로 할 수 있도록 허용하고 있으며, 이러한 경우에는 그 장소에서 인도가 있었어야 했던 장소로 운송하는 데 소요되는 운송비용 등을 고려할 수 있도록 하였다. 합리적인 대체장소도 존재하지 않는 때에는 손해산정에 관한 일반규정인 비엔나협약 제74조의 손해산정방식에 따라 손해가 산정되어야 할 것이다.

---

178) CLOUT case No.318 [Oberlandesgericht Celle, Germany, 2 September 1998].

179) Schlechtriem, *supra* note 8, p.582.

180) *Ibid.*

(3) 이익의 상실 등 추가적 손해의 배상

비엔나협약 제75조와 제76조는 피해당사자로 하여금 대체거래 또는 시장가격을 기준으로 산정된 손해에 더하여 비엔나협약 제74조가 정하는 추가적 손해, 즉 계약위반으로 인하여 발생한 이익의 상실 등 모든 손해를 배상받을 수 있다고 규정하고 있다(협약 제75조 및 제76조 참조). 즉 대체거래 또는 시장가격을 기준으로 산정된 손해는 실제 손해 또는 직접 손해에 해당할 뿐, 계약위반으로 인해 발생한 부수적 손해나 결과적 손해는 포함하지 않기 때문에, 비엔나협약 제74조의 손해산정에 관한 일반원칙이 이익의 상실 등 예견가능한 결과적 손해까지 배상받도록 허용하고 있는 것과 균형을 이루기 위해서 비엔나협약 제75조와 제76조는 비엔나협약 제74조에 따라 인정되는 추가적 손해까지도 배상받을 수 있음을 명문으로 규정한 것이다. 이와 같이 추가로 배상받을 수 있는 손해에는 계약이 이행되었더라면 피해당사자가 얻을 수 있었던 이익, 즉 기대이익 또는 신뢰이익까지 포함된다.

추가손해배상의 문제는 매도인이 완전가동을 통해서 생산을 계속할 수 있는 정도로 계약의 목적이었던 물품에 대한 수요가 있거나, 또는 매수인이 다른 공급자로부터 계약의 목적이었던 물품인 원자재를 쉽게 구입할 수 있는 경우 등에는 발생하지 않을 것이다. 그러나 그렇지 않은 경우에는 계약의 목적으로 된 물품의 가격변동이 없었다고 할지라도 심각한 손해를 초래하는 생산량 감소 등의 문제가 발생할 수 있기 때문에, 단순히 대체거래 또는 시장가격과 계약가격 간의 차액만을 배상받도록 하는 것으로는 이른바 완전배상의 목적을 달성할 수 없게 된다. 따라서 이러한 경우에는 생산감소로 인한 이익의 상실까지도 손해로서 배상받도록 해야만 피해당사자를 계약이 이행되었더라면 있었을 위치로 되돌려 놓는다는 손해배상의 목적을 달성할 수 있을 것이기 때문에 추가손해배상을 인정하는 것이다.

IV. 손실경감의무

비엔나협약 제77조는 계약위반을 주장하는 당사자는 이익의 상실을 포함하여 그 위반으로 인한 손실을 경감하기 위하여 그 상황에서 합리적인 조치를 취하여야 한다고 규정하고 있다(협약 제77조 제1문). 이 손실경감의무는 계약상의 의무는 아니며 피해당사자가 자기의 이익을 위해 취해야 하는 법적 요구(legal requirement), 즉 간접의무(non-actionable duty)에 지나지 않는다. 따라서 피해당사자가 손실경감의무를 위반했다고 할지라도 위반당사자가 피해당사자에게 소를 통해서 손실경감의무의 위반을 이유로 손해배상 등을 주장하는 것은 허용되지 않고, 피해당사자가 그의 손실경감의무를 위반하지 않았더라면 경감되었을 손해부분의 배상을 요구할 수 없을 뿐이다(협약 제77조 제2문).[181)]

손해배상책임을 인정하기 위해서 과실이 있을 것을 요구하는 대륙법계 계약법에서는 형평의 원칙상 필요한 경우에 과실상계 등의 법리에 의해서 손해를 경감함으로써 당사자간 이익의 균형을 도모하지만, 계약위반이 과실 없이 이루어진 경우에도 위반당사자에게 손해배상책임을 인정하는 영미법계 계약법에서는 형평의 원칙에 기해서 피해당사자에게 손실경감의무를 인정하는 방법으로 손해를 경감함으로써 당사자간 이익의 균형을 도모하는 것이다. 비엔나협약은 영미법계 계약법의 입장을 수용해서 위반당사자가 계약위반에 있어서 과실이 없는 경우에도 불이행에 대한 책임을 지우고 있기 때문에(협약 제30조, 제45조 제1항 나호, 제53조 및 제61조 제1항 나호 참조) 형평의 원칙상 피해당사자에게 손실경감의무를 인정한 것이다. 이러한 손실경감의무는 일반적인 상관행을 반영한 것이며, 또한 막을 수 있었던 손해의 발생을 방지함으로써 국제상거래활동의 장기적 이익을 돕는 역할을 한다.

비엔나협약 제77조의 손실경감의무의 해석에서 주의할 것은 손실경감의무는 손해배상을 청구하는 당사자에게 합리적으로 가능한 범위 내에서 자기의 손실을 경감시킬 것을 요구하는 것이지, 가장 저렴한 손해산정기준을 택하거나 또는 위반당사자에게 가장 유리한 구제수단을 선택할 것을 요구하는 것은 아니라는 점이다.[182)]

손실경감의무가 이행기 전 계약위반의 경우에도 적용되는지 여부에 관해서 상대방이 이행기에 본질적 계약위반을 할 것이라는 사실을 이행기 전에 이미 충분히 예견할 수 있을 때에는 당사자는 필요한 절차를 취한 후 계약을 해제하고 제3자와 적절한 대체계약을 체결하는 등의 조치를 취해야 한다는 주장이 있으나, 이행기 전 계약위반의 경우에도 손실경감의무를 인정하는 것은 피해당사자에게 지나치게 부담을 주기 때문에 허용되지 않는다고 보아야 한다.[183)]

---

181) *Ibid.*, p.586.

182) 매매계약에서 계약위반으로 인한 손실을 경감하기 위하여 일반적으로 취해지는 조치는 대체거래를 들 수 있는데, 비엔나협약은 대체물품의 구입 또는 재판매는 해제 후 합리적 기간 내에 행해져야 하고(협약 제75조), 시가는 계약해제시 또는 물품인도시의 시가에 의한다고 함으로써(협약 제76조) 계약을 해제하는 매도인이 매수인의 계약위반 후 시장가격의 하락으로 인한 손해를 매수인이 부담하게 하거나 또는 계약을 해제하는 매수인이 가격의 상승을 매도인에게 부담하게 하는 것을 막는다.

183) Honnold, *supra* note 13, p.459. 예를 들어 이행기 전 계약위반이 존재한다고 믿은 계약당사

피해당사자가 손실경감의무를 다하지 않은 경우에 위반당사자는 경감되었어야 했던 손실액만큼 손해배상액의 감액을 청구할 수 있다(협약 제77조 제2문). 손해배상액의 감액을 청구할 수 있다는 비엔나협약 제77조 제2문의 문언을 고려할 때 피해당사자에게 손실경감의무가 인정되는 것은 손해배상의 경우에만 적용된다는 주장이 있지만, 손실경감의무의 취지가 설사 계약위반이 있었다고 할지라도 부당하게 확대된 손실까지도 손해로서 배상받도록 하는 것은 위반당사자에게 지나치게 가혹하기 때문에 이를 막는 데 있다고 할 것이다. 따라서 손실경감의무를 구제수단으로서 손해배상청구권이 행사되는 경우에만 인정할 논리적 이유는 없다. 따라서 매수인이 물품의 수령을 거절한 경우에 매도인이 계약의 목적으로 된 물품을 재판매할 수 있었음에도 불구하고, 부당하게 매수인에게 물품을 수령하고 대금을 지급할 것을 고집한 때에는 피해당사자인 매도인에게 손실경감의무를 인정해서 매도인이 특정이행을 요구함으로써 발생한 손실만큼 매도인이 주장할 수 있는 손해배상액으로부터 감액해야 할 것이다.[184]

Ⅴ. 이 자

비엔나협약 제78조는 한 당사자가 대금 그 밖의 연체된 금액을 지급하지 않는 경우에 상대방은 그에 대한 이자를 청구할 수 있으며, 이자의 지급을 청구하는 당사자는 비엔나협약 제74조에 따른 손해배상청구권을 상실하지 않는다고 규정하고 있다. 이때 이자의 기산점은 대금 그 밖의 금액의 지급기일이 도래하였으나 지급해야 할 당사자가 이를 지급하지 아니한 때이다.[185] 그 밖의 금액의 예로서는 매수인이 부담해야 하지만 매도인이 선급한 운임과 같이 한 당사자가 다른 당사자를 위하여 부담한 비용 등이 있다.

비엔나협약 제78조는 이자를 손해와 구분되는 별개의 개념으로 이해하는 대륙법계 계약법의 입장을 따르고 있는데, 이 규정에 따라 피해당사자는 계약위반으로 인한 손해배상을 청구할 수 있는 외에 계약에 따라 받아야 할 금액이 있으나

자가 손실경감을 위한 조치를 취한 경우에 후에 이행기 전 계약위반의 요건이 충족되지 못한 것으로 판명된 때에는 손실경감을 위한 조치로 말미암아 오히려 손해가 부당하게 확대되는 결과가 초래될 수 있는 것이다.

184) Schlechtriem, *supra* note 8, pp.588-589.

185) CLOUT case No.217 [Handelsgericht des Kantons Zürich, Switzerland, 21 September 1998].

이를 받지 못한 때에는 그 이자를 청구할 수 있다. 또한 손해금액에 대해서도 손해가 발생한 때로부터 손해의 배상이 있은 때까지 발생한 이자의 지급을 청구할 수 있다.[186] 다른 한편 매도인이 계약을 해제하고, 이에 따라 매도인이 물품과 상환으로 대금을 매수인에게 반환해야 하는 경우 등에는 위반당사자인 매수인도 대금에 대해서 그 동안 발생한 이자를 매도인에게 청구할 수 있을 것이다. 실제로 비엔나협약 제84조 제1항은 매도인이 대금을 반환해야 하는 경우에 그 대금이 지급된 날로부터 발생한 이자도 지급해야 한다고 규정하고 있다.[187]

비엔나협약 제79조에 따라 계약이 정한 의무의 이행이 면책되는 경우에 있어서 면책되는 것은 의무불이행에 기한 손해배상의무뿐이다(협약 제79조 제5항 참조). 따라서 비엔나협약 제78조가 손해배상의무와는 별개의 의무로서 이자지급의무를 규정한 결과, 비엔나협약 제79조에 따라 면책이 인정되는 경우에도 이자지급의무는 그대로 존재한다. 즉 외환 취득을 금지하는 규제 때문에 매수인이 대금지급을 할 수 없게 된 경우에도 그에 대한 이자는 여전히 지급해야 하는 것이다.

이자율에 관해서는 비엔나협약이 따로 규정하고 있지 않다. 여기에는 법정지국 국제사법에 따라 지정된 국내법이 규정하는 이자율을 적용하는 방법과[188] 비엔나협약 제7조 제2항의 정신에 따라 비엔나협약 제74조에 규정된 실제 손해의 배상이라는 손해배상의 일반원칙에 기초해서 국제적으로 통일된 이자율을 정하는 방법이 있을 것이다.[189] 후자의 방법은 적용할 국내법을 지정할 필요가 없도록 하고, 또한 지정된 국내법의 이자에 관한 규정이 비엔나협약의 정신에 합치하는지 여부 등을 따질 필요가 없도록 한다는 장점을 갖지만, 구체적으로 어떻게 국제적으로 통일된 이자율을 발견할 수 있는지에 대해서 만족할만한 대답을 주지 못하기 때문에 현실적으로는 법정지국 국제사법에 따라 지정된 국내법의 이자에 관한 규정에 따라 이자율을 정할 수밖에 없을 것이다.

[관련외국중재판정] 00/00/1993; Unilex 6653/1993

협약은 이자율에 대하여 규정하고 있지 않으므로 이 사건 금전지급이 이루어질 통화에 대하여 현재 국제거래에서 통용되고 있는 이자율에 의할 것이다. 런던국제은행 연이율

186) Schlechtriem, *supra* note 8, p.594.
187) 이 규정은 원상회복과 관련한 규정이라는 점에서 비엔나협약 제77조와는 취지를 달리한다는 데 주의해야 한다.
188) Schlechtriem, *supra* note 8, pp.595-597.
189) Honnold, *supra* note 13, p.467.

을 적용한다.

[관련외국판례] 스위스 15/1/1998; Unilex 12.97.00193

당사자 간의 매매계약에 대하여는 협약이 적용되나, 매수인이 지급한 매매대금 반환 및 이에 대한 이자를 청구함에 있어 이자율에 대하여는 협약이 적용되지 않고 국제사법에 의하여 지정되는 준거법이 적용된다.

[관련외국중재판정] 00/00/1992; Unilex 7197/1992

협약은 이자율에 대하여 명시적으로 규정하고 있지 않으므로 채권자의 영업소 소재지법으로서의 매도인 국가(오스트리아) 법을 원용하기로 한다. 매도인 국가의 법정이율은 5%이나 이자의 형식으로 매도인에게 추가적 손해배상을 인정하기로 하고 종국적인 이자율은 매도인 국가의 상사은행이율인 12%이다.

VI. 면 책

1. 의 의

전쟁, 국가행위, 운송시설의 파괴, 해상봉쇄, 파업, 공급자의 조업중단 또는 파산 등 예측할 수 없는 사정으로 말미암아 계약을 이행할 수 없게 된 때에 그 문제를 어떻게 해결할 것인지는 간단한 일이 아니다. 이 문제는 계약법에서 이른바 불가항력(force majeure, act of God) · 이행불능(impossibility) 또는 계약의 좌절(frustration) 등의 문제로서 다루어지고 있는바, 각 국가의 계약법에 따라 그 규율 내용이 상이하다. 그러나 설사 계약상 의무를 이행하지 못한 데 정당한 사유가 있다고 할지라도 자기 의무를 이행하지 아니한 당사자는 불이행에 대한 책임을 지지 않는 데 그칠 뿐, 상대방으로부터 그의 계약상 의무의 이행을 요구할 수는 없다. 그렇기 때문에 결국 불가항력으로 인한 의무불이행에 있어서 주로 논의되는 것은 불가항력적 장애로 자기의 의무를 이행하지 못한 당사자가 상대방에게 계약위반에 기한 책임을 부담하는지의 문제이다.

비엔나협약 초안의 작성과정에서 주된 논쟁은 대륙법계 계약법상의 개념인 불가항력과 영미법계 계약법상의 개념인 계약의 좌절을 조정하는 것이었다. 계약좌절의 원칙은 계약 전체의 좌절 여부를 따질 뿐, 일부 불이행의 여부를 따지지 않기 때문에 그 효과에 있어서도 계약 전체가 소멸되고, 따라서 이미 이루어진 급부의 조정만이 문제된다. 반면에 불가항력의 원칙은 반드시 계약 전체에 대해서만 적용되는 것은 아니고, 계약 일부에 대해서도 적용되며, 그 효과에 있어서도 계약은 그대로 존속하되 손해배상만이 문제된다.[190] 비엔나협약은 후술하는 제79조를 살펴볼 때 대체로 대륙법계 계약법의 영향을 받은 것으로 보인다.[191]

2. 면책의 내용

비엔나협약 제79조 제1항은 한 당사자가 그 의무의 불이행이 자신이 통제할 수 없는 장애에 기인하였다는 것과 계약체결시에 그 장애를 고려하거나, 또는 그 장애나 그로 인한 결과를 회피하거나 극복하는 것이 합리적으로 기대될 수 없었다는 사실을 증명하는 경우에는 그 의무불이행에 대하여 책임이 없다고 규정하고 있다.

(1) 면책의 요건

국제매매계약의 당사자가 그의 계약상 의무를 이행하지 못하게 된 때에 비엔나협약은 그 당사자가 다음의 요건을 증명한 때에는 그 의무불이행에 기한 책임으로부터 면책된다고 하고 있는바, ① 의무불이행이 그가 통제할 수 없는 장애, 즉 불가항력적 장애로 인할 것, ② 계약체결 당시에 그 장애의 발생을 고려하는 것이 합리적으로 기대될 수 없었을 것 또는 ③ 계약체결 이후 그 장애 또는 그로 인한 결과를 회피하거나 극복하는 것이 합리적으로 기대될 수 없었을 것 등이다(협약 제79조 제1항). 이때 문언적으로 볼 때에는 첫째 요건은 언제나 요구되는 필요적 요건이지만 둘째 요건과 셋째 요건은 그 중 하나의 요건만 충족되면 되는 선택적 요건으로 해석되는 것이 타당하다. 하지만 면책의 일반 법리에 따라 둘째 요건과 셋째 요건도 모두 충족되어야 하는 것으로 새겨야 한다는 것이 학자들의 일반적 입장이다.

"통제할 수 없는 장애"(an impediment beyond his control)는 물품인도나 대금지급과 같은 기본의무의 이행에 대한 장애에 국한되며, 사회통념상 이행을 불능하게 하는 모든 객관적 사정을 의미하는바, 전쟁, 천재지변 또는 법에 의한 수출금지 등이 그 예가 된다.[192] 원자재가격의 급등과 같은 경제적 어려움은 그 자체 이

---

190) 신영무, "UN 국제물품매매협약상 손해배상의무의 내용과 한계," 『국제물품매매계약에 관한 UN협약상의 제문제』(임홍근 · 이태희 공편, 삼지원, 1991), 312면.

191) Oberlandesgericht Hamburg, Germany, 4 July 1997, Unilex; CLOUT case No.166 [Arbitration-Schiedsgericht der Handelskammer Hamburg, 21 March, 21 June 1996].

192) 독일에서 진행된 중재에서 중재판정부는 비엔나협약 제79조의 통제할 수 없는 장애는 불가항력, 경제적 불능이나 과도한 어려움과 같은 통제할 수 없는 위험 또는 전적으로 예외적인 사건을 의미한다고 하였다(CLOUT case No.166 [Arbitration- Schiedsgericht der Handelskammer Hamburg, 21 March, 21 June 1996]).

행에 대한 장애라고 할 수 없기 때문에 불가항력적 장애가 아니지만, 물품 생산에 반드시 필요한 원자재의 품귀와 같은 일반적인 경제적 어려움은 예외적으로 불가항력적 장애가 될 수 있다.[193]

셋째 요건의 "그 장애나 그로 인한 결과를 회피하거나 극복하는 것이 합리적으로 기대될 수 없었을 것"은 불이행당사자로서는 계약상의 의무를 이행하기 위하여 자기가 할 수 있는 모든 조치를 다 취하여야 하고, 계약의 불이행을 초래할 장애의 발생을 방관해서는 안 된다는 취지를 갖는다. 이 요건은 피해당사자에게 인정되는 손실경감의무에 대응하는 것이라고 할 수 있다.[194]

비엔나협약 제79조 제1항은 불이행당사자가 불가항력적 장애의 존재, 예견불가능성 및 장애 또는 그로 인한 결과 방지의 불가능성 등을 증명해야 한다고 규정함으로써 증명책임이 불이행당사자에게 있음을 명시하였다.

(2) 제3자에 기인한 불이행

국제매매계약의 당사자는 계약의 전부 또는 일부를 이행하기 위하여 흔히 이행보조자를 사용한다. 그러한 경우에 그 이행보조자의 불이행으로 인하여 당사자가 계약을 이행하지 못하게 되었으나 그 이행보조자의 불이행이 불가항력적 장애에 기인하는 경우가 있을 수 있는데, 이러한 경우를 당사자가 불가항력적 장애로 인하여 이행할 수 없게 된 경우와 동일하게 취급할 수 있는지 여부가 문제된다.

비엔나협약 제79조 제2항은 한 당사자가 계약의 전부 또는 일부를 이행하기 위하여 제3자를 사용한 경우로서 그의 불이행 때문에 당사자가 이행할 수 없게 된 때에는 ① 불이행당사자 자신이 비엔나협약 제79조 제1항에 의하여 면책되고, ② 불이행당사자가 사용한 제3자에 대해서 비엔나협약 제79조 제1항을 적용했을 때, 그 제3자 역시 면책되는 경우에 한하여 당사자는 불이행으로부터 면책된다고 규정하고 있다. 즉 당사자가 자기의 의무를 이행하기 위하여 이행보조자를 사용하는 경우에 불이행당사자와 이행보조자에 대해서 모두 면책요건이 충족된 때에만 불이행당사자는 불이행의 책임을 면할 수 있고, 단순히 불이행당사자 자신에게만 면책사유가 있는 때에는 불이행당사자는 불이행의 책임을 면하지 못하는 것이다.

비엔나협약 제79조 제2항은 계약을 이행하지 못한 이행보조자가 불이행당사자의 조직의 일부를 구성하지 않고 독립적 지위를 갖는 자인 경우를 염두에 둔 것으로[195] 이행보조자의 불이행이 이행보조자에 대해서는 불가항력적 장애로 인한

193) Honnold, *supra* note 13, p.485.
194) 신영무(주190), 314면.

것이 아니지만, 불이행당사자에 대해서는 불가항력적 장애로 인한 불이행이 되는 경우에 불이행당사자가 자기에 대해서 불가항력적 장애가 있음을 근거로 이행보조자의 불이행에 대해서 면책되는 불합리한 결과를 막기 위한 취지를 갖는다.[196] 이 규정의 적용을 받는 이행보조자의 예로서는 매수인에게 물품을 직접 인도하는 내용의 계약을 매도인과 체결한 물품생산자, 인도의무가 지참채무인 경우에 독립적인 운송인, 대금지급의무가 추심채무인 경우에 은행 등이 있을 수 있다. 그러나 독립적인 제3자라고 할지라도 채무자의 계약채무를 이행하는 자가 아니라면, 여기에 해당하지 않는다. 예를 들어 매도인의 물품생산을 위해서 원료나 부품을 공급하는 자는 채무자(매도인)의 채권자(매수인)에 대한 계약채무를 이행하는 자가 아니다.[197]

(3) 장애 발생의 통지

불이행당사자는 계약의 이행에 대한 장애가 발생한 경우에 장애의 발생 및 그 장애가 자기의 이행능력에 미치는 영향을 상대방에게 통지하여야 한다(협약 제79조 제4항 제1문).

불이행당사자가 장애를 알았거나 알았어야 했던 때로부터 합리적인 기간 내에 상대방이 그 통지를 수령하지 못한 경우에 불이행당사자는 불수령으로 인한 손해에 대한 책임을 부담한다(협약 제79조 제4항 제2문). 이 규정은 통지가 도달하지 아니할 위험은 이를 불이행당사자가 부담하도록 하였는데, 이는 통지의무를 부담하는 당사자가 계약을 이행하지 않는 자임을 고려해서 형평의 원칙상 예외적으로 도달주의를 채택한 것이다.

위 통지의 불수령으로 인하여 불이행당사자가 지는 책임은 통지의 불수령에 기인하여 상대방에게 발생하는 손해에 대한 책임이기 때문에 장애에 의한 불이행으로 인하여 발생한 손해에 대한 책임과는 구별되어야 하고, 따라서 통지의무를 다하지 못했다고 해서 반드시 불이행당사자가 불가항력으로 인한 불이행의 경우로서 면책되었을 손해를 다시 배상해야 하는 것을 의미하는 것은 아니다.

(4) 면책의 범위

비엔나협약 제79조 제5항은 계약의 불이행에 대하여 면책의 요건이 충족된

195) 이행보조자가 불이행당사자의 피용자인 때에는 이른바 이행보조자의 고의, 과실의 법리(우리 민법 제391조 참조)에 따라 불이행당사자는 이행보조자의 불이행에 대해 책임을 질 것이기 때문에 단순히 자기에게 불가항력적 장애가 있다는 이유로 불가항력적 장애로 인하지 않은 이행보조자의 책임을 면할 수는 없고, 이행보조자에게도 면책사유가 있는 때에 비로소 면책된다.

196) Schlechtriem, *supra* note 8, p.615.

197) 법무부, 『국제물품매매계약에 관한 유엔협약 해설』(법무부, 2005), 186면.

경우에 불이행당사자는 손해배상의 책임만을 면한다고 규정하고 있다. 따라서 피해당사자는 대금감액이나 계약해제 등 다른 모든 구제수단은 여전히 행사할 수 있으며, 계약을 해제하는 경우에는 계약상 공급한 물품이나 지급한 대금의 반환을 청구할 수 있다(협약 제81조 제2항 참조). 다만 불가항력적 장애로 말미암아 의무를 이행할 수 없었던 당사자에게 특정이행을 요구하는 것은 부당하기 때문에 불가항력적 장애가 존재하는 동안에는 구제수단으로서 특정이행은 허용되지 않는다.[198]

비엔나협약 제79조 제3항은 불가항력적 장애로 인한 불이행이 있는 경우에 불이행당사자는 그로 인한 손해로부터 완전히 면책되는 것은 아니고, 그 장애가 존재하는 기간 동안 발생한 손해의 배상으로부터 면책될 것을 규정하고 있다. 따라서 불이행당사자는 장애가 없어지면 이행을 계속해야 하고, 이를 위반한 때에는 그로 인한 손해를 배상해야 한다.

VII. 상대방의 작위 또는 부작위에 기한 불이행에 대한 면책

한 당사자가 이행할 수 없게 된 사유가 상대방, 즉 피해당사자의 작위 또는 부작위로 인한 경우에 불이행당사자는 면책되는지, 그리고 면책된다면 그 범위는 어떠한지 등이 문제된다. 비엔나협약 제80조는 당사자는 자기의 불법행위에 근거한 권리를 가질 수 없다는 영미법계 계약법상의 금반언원칙에 따라 당사자는 상대방의 불이행이 자신의 작위 또는 부작위에 기인하는 한, 상대방의 불이행에 근거해서 구제수단을 사용할 수 없도록 하였다. 이 규정은 국제거래에 있어서 신의성실을 준수할 것을 요구하는 비엔나협약 제7조 제1항의 원칙을 일방 당사자의 불법한 행위로 말미암아 그 상대방이 이행할 수 없게 된 경우에 적용한 것이다.[199]

VIII. 계약해제의 효과

본질적 계약위반, 부가기간 내 불이행 또는 이행기 전 불이행의 명백 등의 사유로 계약이 해제되면, 당사자는 더 이상 계약에 구속을 받지 아니하여 아직 이행하지 아니한 부분은 이행할 의무를 면하고 이미 이행한 부분에 관하여는 원상회복의무가 생기며, 이 밖에 원상회복 후에도 해제사유에 기한 손해가 있는 경우에

198) Honnold, *supra* note 13, p.494.
199) *Ibid.*, pp.498-499.

는 계약을 해제한 당사자는 이에 대해서 손해배상을 청구할 수 있다.

1. 계약상 의무의 소멸

비엔나협약 제81조 제1항은 계약해제의 일반적 효과로서 양 당사자는 손해배상책임 이외의 모든 계약상의 의무로부터 면제된다고 규정하고 있다. 따라서 매도인은 더 이상 물품을 인도할 의무가 없고, 매수인은 대금의 지급이나 물품의 수령 기타 그와 관련되는 일체의 이행행위를 할 필요가 없다. 즉 계약의 해제로 계약위반에 기한 손해를 배상할 의무로부터 면제되지는 않지만, 계약에 따른 의무의 이행을 강제당하지는 않는 것이다.

2. 계약해제에도 불구하고 소멸하지 아니하는 의무

계약이 해제된 경우에도 당사자는 계약위반으로 인한 손해배상의 의무로부터 면제되지는 않는다(협약 제81조 제1항 제1문). 따라서 계약을 해제하더라도 계약해제 후에 손해가 있으면 피해당사자는 그 배상을 청구할 수 있다.

또한 계약이 해제된 경우에도 중재조항과 같은 분쟁해결조항 또는 원상회복의무나 물품보관의무 등과 같이 계약의 해제에 기인한 당사자의 권리의무를 규율하는 다른 계약조항은 그대로 효력을 갖는다(협약 제81조 제1항 제2문).

3. 원상회복의무

비엔나협약 제81조 제2항은 계약의 전부 또는 일부를 이미 이행한 당사자는 상대방에게 자신이 계약상 공급 또는 지급한 것의 반환, 즉 원상회복(restitution)을 청구할 수 있도록 하였다(협약 제81조 제2항 제1문).[200] 이때 양 당사자가 원상회복의무를 부담하는 경우에 이들이 부담하는 원상회복의무는 동시이행관계에 있다(협약 제81조 제2항 제2문). 원상회복에 관한 규정은 매수인이 지급불능상태에 빠진 경우에 물품을 이미 인도한 매도인으로 하여금 자기가 인도한 물품 자체의 반환을 요구할 수 있도록 한다는 점에서 매도인에게 특히 유용한 규정이다. 다만 이러한 경우에 대부분 매수인의 채권자들은 파산절차를 개시하는 등의 조치를 취할 것인바, 비엔나협약 제4조는 협약이 매도인과 매수인 간의 권리의무만을 규율할 뿐, 계약이 물품의 소유권에

---

200) 참고로 영미법계 계약법이나 미국 통일상법전에서는 계약이 해제된 경우에 물품을 인도하고 아직 대금을 지급받지 못한 매도인은 금전적 손해배상의 청구권만을 가지며, 물품 자체의 반환은 소유권유보에 관한 합의가 있는 경우 등을 제외하고는 이를 행사할 수 없다 [U.C.C. § 2-709 (1)].

미치는 효력 등은 이를 규율하지 않는다고 하고 있기 때문에 구체적으로 매도인이 인도한 물품의 소유권을 누가 갖는지의 문제는 비엔나협약이 규율하지 아니하고, 각 체약국의 국내법에 그 해결이 맡겨진다.

비엔나협약 제82조 제1항은 매수인이 물품을 수령한 상태와 실질적으로 (substantially) 동일한 상태로 반환할 수 없는 경우에 매수인은 계약을 해제하거나 또는 매도인에게 대체물을 청구할 권리를 상실한다고 규정하고 있다.[201] 그러나 비엔나협약 제82조 제2항은 물품을 반환할 수 없거나 수령한 상태와 실질적으로 동일한 상태로 반환할 수 없는 것이 매수인의 작위 또는 부작위에 기인하지 아니하거나(협약 제82조 제2항 가호), 비엔나협약 제38조가 정한 검사를 행한 결과로서 물품의 전부 또는 일부가 멸실 또는 훼손되거나(협약 제82조 제2항 나호), 또는 매수인이 부적합을 발견하거나 또는 발견하였어야 했던 시점 이전에 물품의 전부 또는 일부가 정상적인 거래과정에서 매각되거나 통상의 용법에 따라 소비 또는 변형된 경우에는(협약 제82조 제2항 다호) 물품을 수령 당시와 실질적으로 동일한 상태로 반환할 수 없다고 할지라도 매수인은 계약을 해제하거나 또는 대체물의 인도를 청구할 수 있도록 규정하였다.

원상회복에 의하여 반환하여야 할 범위와 관련해서 주의할 것은 매도인이 이미 대금의 전액 또는 일부를 지급받아서 이를 반환해야 하는 경우에는 매도인은 대금을 지급받은 날로부터의 이자를 매수인에게 지급해야 하고(협약 제84조 제1항), 매수인이 이미 물품을 인도받아서 이를 반환해야 하는 경우에는 매수인은 그 물품으로부터 발생한 모든 이익을 매도인에게 지급하여야 한다는 점이다(협약 제84조 제2항 가호).[202] 매수인이 물품으로부터 발생한 모든 이익을 매도인에게 지급하여야 하는 것은 매수인이 물품을 반환할 수 없거나, 또는 물품을 수령 당시와 실질적으로 동일한 상태로 반환할 수 없음에도 불구하고 계약을 해제하거나 또는 매도인에게 대체물의 인도를 청구한 때에도 마찬가지이다(협약 제84조 제2항 나호).

이자와 관련해서 비엔나협약 제78조는 당사자가 대금 그 밖의 연체된 금액을 지급하지 아니하는 경우에 상대방은 그 금액에 대한 이자를 청구할 수 있다고 규정하고 있는바, 이때 청구되는 이자는 지급받았어야 하지만 아직 지급받지 못한 금액에 대한 이자라는 점에서 피해당사자가 배상받아야 할 손해의 특수한 형태로

---

201) 물품의 실질적 변형이 있었는지 여부는 비엔나협약 제8조 제2항의 합리적 사람, 당해 거래계의 이해, 물품의 목적 및 문제의 거래와 관련된 제반 상황 등을 고려해서 판단해야 할 것이다 (Schlechtriem, *supra* note 8, p.646).

202) 그러한 이익의 예로서는 물품을 직접 사용하는 데서 오는 이익이나 물품을 제3자에게 임차하여 차임을 받은 데서 오는 이익 등을 생각해 볼 수 있다.

볼 수 있다. 반면에 비엔나협약 제84조 제1항의 이자지급의 요구는 계약이 해제된 경우에 매도인으로 하여금 이미 지급받아서 반환해야 할 대금에 대한 이자의 지급을 요구한다는 점에서 계약위반에 기인한 손해라기보다는 받은 이익의 반환을 요구하는 원상회복의무의 일부이다.

한편 비엔나협약 제83조는 매수인이 수령한 물품을 수령 당시와 실질적으로 동일한 상태로 반환할 수 없어서 계약을 해제하거나 매도인에게 대체물의 인도를 청구할 수 없게 되었다고 할지라도, 매수인은 여전히 손해배상청구권이나 대금감액권 등과 같은 계약 및 협약에 정한 그 밖의 모든 구제수단을 여전히 갖는다고 규정하고 있다.

4. 계약해제권의 소멸

계약해제권을 행사하기 전에 계약해제사유가 소멸하였다면, 당연히 계약해제권도 소멸한다. 예를 들어 본질적 계약위반이 있었으나 사정의 변경으로 그것이 더 이상 본질적 계약위반을 구성하지 않게 된 때, 또는 설정된 부가기간이 경과하였으나 계약해제의 의사표시를 하기 전에 상대방이 이행을 한 때 또는 계약의 부적합이 본질적 계약위반을 구성하였으나 계약해제권을 행사하기 전에 그 부적합을 치유한 때 등의 경우에는 계약해제권이 소멸한다. 또한 비엔나협약 제49조 제2항 및 제64조 제2항에서 정한 기간 내에 계약해제권을 행사하지 아니한 경우에도 계약해제권은 소멸한다.

한편 당사자가 합의에 의하여 또는 계약해제권을 갖는 당사자 일방의 의사표시에 의하여 계약해제권이 포기될 수 있음은 물론이다.

[관련외국판례] 오스트리아 7/9/2000; Unilex 8 Ob 22/00v

매도인의 표준약관에 의하면 물품이 계약에 적합하지 아니한 경우 매도인은 하자를 보완하거나 물품을 교체하거나 대금을 반환할 수 있으나 매수인은 대금지급을 유보할 수 없다고 규정되어 있다. 이에 따라 매도인은 매수인이 대금지급을 유보할 수 없다고 주장한 데 대하여, 매수인은 표준약관의 위 조항이 유효하지 않으며 협약 제49조 제1항에 의하여 계약해제권을 가지고 있으므로 대금을 지급할 필요가 없다고 주장하였다. 협약 제49조 제1항에 의하여 매수인은 일정한 경우에 계약을 해제할 수 있는 권리가 있으나 당사자는 이 규정을 배제하여 매수인의 해제권을 제한할 수 있다. 다만 그것이 준거법인 국내법에 의하여 유효하여야만 하고 국내법의 규칙이 협약의 기본원칙에 반하여서는 안 된다. 매도인이 부가기간이 경과한 후에도 물품을 인도하지 못하거나 매도인의 보완에도 불구하고 물품이 본질적으로 사용할 수 없는 때에는 매수인은 종국적 구제수단으로서 계약해제권을 갖는다는 것은 협약의 기본원칙 중의 하나이다. 계약해제권을 제한하는 경우에도 매수인의 손해배상청구권은 인정되어야 한다. 준거법인 매도인 국가의 법에 의하면 대금지급유보권의 제한을 포함하는 표준약관은 유효하다. 유보권의 제한이 매수인의 계약해제권에 영향을 미치지 않으므로 국내법에 의하여 유보권의 제한이 유효하다고 하더라도 이는 협약의 기본원칙에 반하지 않는다 할 것이다. 따라서 매수인은 물품의 계약 부적합의 문제가 해결되지 않았다 하더라도 대금을 지급하여야 한다. 다만 매도인이 물품의 하자를 보완하지 못하거나 대체물품을 공급하지 못하는 경우 매수인이 계약을 해제할 수 있는지 아니면 대금감액권을 가지는 데 그치는지가 문제로 될 것이다.

IX. 물품의 보관

물품의 보관에 관한 규정은 분쟁이 발생한 경우에 물품의 소유권의 소재, 또는 멸실위험의 이전 여부 등이 불분명함으로 말미암아 물품의 관리가 소홀해져 물품이 멸실되거나 훼손되는 것을 방지하는 취지를 갖는다. 이러한 목적을 달성하기 위해서는 어느 당사자가 계약을 위반했는지 여부에 상관없이 물품을 관리하기에 보다 나은 위치에 있는 당사자가 물품을 관리할 책임을 부담하도록 하는 것이 합리적이다. 따라서 비엔나협약 제85조는 물품매매계약과 관련하여 분쟁이 있는 경우에 계약을 누가 위반했는지 여부 등, 귀책사유와 상관없이 보다 효율적으로 물품을 보관할 수 있는 당사자에게 물품을 관리할 의무를 인정한다. 이는 비엔나협약이 물품의 멸실이나 훼손에 대해서 권리를 보전하기에 보다 나은 위치에 있는 당사자에게 위험을 이전하는 것과 궤를 같이한다(협약 제66조 내지 제70조 참조). 이때 물품을 보관하는 데 초래된 비용은 궁극적으로 위반당사자가 부담해야 할 손해의 범위에 포함될 것이다.

1. 매도인의 물품보관의무

비엔나협약 제85조는 매수인이 물품인도의 수령을 지체하거나, 또는 대금지급과 물품인도가 동시에 이루어져야 함에도 매수인이 대금을 지급하지 아니하는 등의 사유로 매도인이 물품을 점유하거나, 그 밖의 방법으로 그 처분을 지배할 수 있는 경우에 매도인은 물품을 보관하기 위하여 그 상황에서 합리적인 조치를 취해야 한다고 규정하고 있다(협약 제85조 제1문). 이 규정은 매수인이 매도인의 영업소에서 인도를 수령해야 하는데 인도기일에 이를 수령하지 않는 경우 등을 염두에 둔 규정이다. 한편 매도인이 물품을 보관하기 위하여 비용이 초래되었고, 그 비용이 합리적인 범위 내인 경우에 매도인은 매수인이 그 합리적인 비용을 상환할 때까지 그 물품을 보유(retain)할 수 있다(협약 제85조 제2문).

멸실위험의 이전에 관한 비엔나협약 제69조 제1항에 따르면 매수인이 인도를 수령하지 않음으로써 계약을 위반하는 시점에 멸실위험이 매수인에게 이전하는 것으로 하고 있는바(협약 제69조 제1항), 이러한 경우에 비엔나협약 제85조는 멸실위험이 이미 매수인에게 이전하였음에도 불구하고 매도인에게 물품보관을 위한 합리적인 조치를 취할 의무를 지우고, 그 의무를 해태함으로 말미암아 물품이 훼손되는 등 손해가 발생한 경우에 그 책임을 지도록 한 것이다.

비엔나협약은 매도인의 물품보관의무의 예로서 물품을 창고에 보관하거나(협약 제87조) 또는 물품을 재판매하는(협약 제88조) 방법을 규정하고 있다.

2. 매수인의 물품보관의무

비엔나협약 제86조 제1항은 매도인의 물품보관의무에 대응해서 매수인이 물품을 수령한 후에, 계약 또는 협약에 의해 이를 거절할 권리를 행사하고자 하는 경우에 매수인은 물품을 보관하기 위하여 그 상황에서 합리적인 조치를 취해야 한다고 규정하고 있다(협약 제86조 제1항 제1문). 비엔나협약 제85조의 매도인의 물품보관의무에 대응해서 매수인에게 물품보관의무를 인정한 것이다. 이때 매수인은 매도인이 합리적인 비용을 상환할 때까지 물품을 보유할 수 있다(협약 제86조 제1항 제2문).

나아가 비엔나협약 제86조 제2항은 물품이 이미 매수인에게 발송되어 매수인의 처분하에 있는 상황에서 매수인이 거절권을 행사한 경우에 매수인은 매도인을 위하여 그 물품을 점유하고(협약 제86조 제2항 제1문), 물품을 보관하기 위하여 그 상황에서 합리적인 조치를 취할 것을 요구한다(협약 제86조 제2항 제3문). 다만 물품을 보관하기 위해서는 먼저 물품을 점유하고 있어야 하는데, 예를 들어 물품을 점유하기 위해서 매수인이 먼저 대금을 지급해야 하거나 또는 다른 불합리한 불편 또는 불합리한 경비를 초래하는 경우에도 매수인으로 하여금 매도인의 물품을 보관하도록 하는 것은 형평에 맞지 아니하므로, 그러한 경우에는 매수인의 물품점유 및 보관의무는 인정되지 않는다(협약 제86조 제2항 제1문 단서). 또한 매도인 또는 그를 위하여 물품을 관리하는 자(a person authorized to take charge of the goods on his behalf)가 그 목적지에 있는 때에는 굳이 매수인에게 물품을 점유하고 보관하도록 요구할 필요가 없기 때문에 그러한 경우에도 매수인은 매도인을 위해서 물품을 점유하고 보관할 의무를 부담하지 않는다

(협약 제86조 제2항 제2문).

한편 물품보관의무의 성질과 관련해서는 이를 비나협약 제77조의 손실경감의무와 마찬가지로 법적 요구 또는 간접의무로 파악하고, 따라서 물품보관의무를 해태하였다고 해서 애초에 계약을 위반한 상대방에 대해서 이에 기해 손해배상 등 별도의 책임을 지는 것은 아니고, 물품보관의무를 다하지 않음으로써 발생한 손해에 대해서 그 배상을 요구할 수 없는 데 지나지 아니한다고 보는 입장과 물품보관의무는 손실경감의무와는 달리, 비엔나협약이 정한 독립한 의무로 보아야 할 것이고, 따라서 이 의무를 위반하면 그에 따라 손해배상 등 별도의 책임을 지게 된다는 입장이 대립하고 있다.[203]

3. 제3자의 창고에 임치의 허용

비엔나협약 제87조는 협약 제85조 및 제86조에 따라 물품을 보관하기 위한 조치를 취하여야 하는 당사자로 하여금 그 비용이 불합리하지 않은 범위 내에서 상대방의 비용으로 물품을 제3자의 창고에 임치할 수 있도록 허용한다.

거래당사자는 언제나 물품을 스스로 보관할 수 있는 것은 아니기 때문에, 비엔나협약 제85조 및 제86조의 물품보관의무는 이를 부담하는 자에게 과도한 부담이 될 수 있다. 이러한 점을 염두에 두어서 비엔나협약 제87조는 물품보관의무를 지는 당사자로 하여금 물품을 제3자의 창고에 임치할 수 있도록 명시적으로 규정함으로써[204] 제85조 및 제86조의 물품보관의무가 당사자에게 불합리한 부담이 되는 가능성을 없앤 것이다.

4. 물품의 매각

매매계약의 목적이 부패성 물품인 경우에는 단순히 창고에 물품을 보관하는 것만으로는 물품보관을 위한 충분한 조치라고 할 수 없다. 다른 한편 장기간 물품을 보관해야 하는 경우로서 창고료가 물품가액의 상당한 부분에 이르는 때에는 물품보관의무를 부담하는 당사자로서는 후에 보관에 초래된 비용의 환수에 어려움을 겪을 수도 있다. 따라서 이러한 경우에는 수동적으로 물품을 보관하도록 요구하기보다는, 적극적으로 그 물품을 처분할 수 있도록 허용하는 것이 오히려 물품보관의무의 본래 취지에 부합할 수도 있다.

---

203) Schlechtriem, *supra* note 8, pp.663-664.
204) *Ibid.*, p.676.

이러한 이유로 비엔나협약 제88조 제1항은 협약 제85조 또는 제86조에 따라 물품을 보관하여야 하는 당사자로 하여금 상대방이 물품을 점유하거나 반환받거나 또는 대금이나 보관비용을 지급하는 데 불합리하게 지체하는 경우에 적절한 방법으로 물품을 매각할 수 있도록 허용한다. 이 규정은 매각의 권리, 즉 자조매각권을 규정한 것이지, 그 의무를 규정한 것은 아니기 때문에 매각하지 않았다고 해서 물품을 보관해야 하는 당사자가 어떤 불이익을 당하는 것은 아니다. 이때 매각을 위해서는 매각의사에 관한 합리적인 통지를 상대방에게 해야 하는바, 이는 매각하기 전에 매각하겠다는 통지를 할 것을 요구한 것이다(협약 제88조 제1항 단서).

다른 한편 비엔나협약 제88조 제2항은 물품이 급격히 훼손되기 쉽거나 그 보관에 불합리한 경비를 요하는 경우에 비엔나협약 제85조 또는 제86조에 따라 물품을 보관하여야 하는 당사자로 하여금 물품을 매각하기 위하여 합리적인 조치를 취할 것을 요구한다(협약 제88조 제2항 제1문). 이 규정은 매각의 의무, 즉 긴급매각의무를 규정한 것이다. 따라서 급격한 훼손 또는 보관에 있어서 불합리한 비용의 초래 등 일정한 요건이 충족되는 경우에 물품을 보관해야 하는 당사자는 합리적인 방법으로 물품을 매각해야 할 것이고, 이러한 긴급매각을 하지 않음으로써 이 규정을 위반한 때에는 상대방에 대해서 손해배상의무를 진다.[205] 보관에 있어서 불합리한 비용이 초래되는 경우에도 매각의무를 인정한 것은, 물품을 보관하는 당사자는 보관과 관련한 제반 비용을 그 상대방으로부터 상환받을 수 있기 때문에, 보관비용이 과도하게 발생하지 않도록 합리적인 조치를 취할 유인을 갖지 않는다는 점에 주의한 것이다.

위 규정에 따라 물품을 긴급매각하고자 하는 당사자는 가능한 한도에서 상대방에게 매각의사를 통지해야 한다(협약 제88조 제2항 제2문). 이때에는 언제나 매각 전에 매각의사를 통지해야 하는 것은 아니고, 긴급매각의 성격상 경우에 따라서 사전에 매각의사를 통지하지 않고 우선적으로 매각하는 것을 허용한 것이다.

자조매각권의 행사로서 또는 긴급매각의무의 이행으로서 물품을 매각한 당사자는 그 매각대금으로부터 물품보관 및 매각에 소요된 합리적인 비용을 우선적으로 공제할 수 있다(협약 제88조 제3항 제1문). 이때 잔액이 있는 경우에는 이를 상대방에게 반환해야 하는 것은 물론이다(협약 제88조 제3항 제2문).

205) *Ibid.*, p.683. 이때 긴급매각의무는 비엔나협약 제85조 및 제86조의 물품보관의무와는 달리 단순한 간접의무가 아니라 직접의무이다. 따라서 상대방은 그 위반으로 인해서 발생한 손해에 대해서 배상청구권을 갖는다.

제13절 최종 규정

비엔나협약의 제4편 최종 규정은 제89조 내지 제101조에서 국제물품매매계약에 관한 실체법적 규정이 아니라 체약국이 되기 위한 가입절차 및 비엔나협약의 일부 규정의 유보 등 비엔나협약의 운용과 관련한 경과규정을 담고 있다.

Ⅰ. 가입 및 탈퇴절차

비엔나협약의 체약국이 되고자 하는 국가는 비준서, 수락서, 승인서 또는 가입서를 비엔나협약의 수탁자인 국제연합 사무총장에게 기탁해야 한다(협약 제91조 제4항).

어느 국가가 체약국이 되기 위해 비준서, 수락서, 승인서 또는 가입서를 기탁한 경우에 그러한 기탁이 있은 날로부터 12개월이 경과된 다음 달의 1일에 비엔나협약은 그 국가에 대해서 효력을 발생한다(협약 제99조 제2항).

한편 체약국은 수탁자에게 서면으로 공식적인 통고를 함으로써 비엔나협약으로부터 탈퇴할 수 있다(협약 제101조 제1항). 이때 탈퇴의 효력은 수탁자가 통고를 수령한 날로부터 12개월이 경과한 다음 달의 1일에 발생한다(협약 제101조 제2항 제1문). 다만 탈퇴를 하고자 하는 국가는 탈퇴의 통고를 할 때에 12개월 이상이 경과한 후에 탈퇴의 효력이 발생할 것을 정할 수 있다(협약 제101조 제2항 제2문).

Ⅱ. 일부 규정의 유보

체약국은 가입 당시 또는 그 후에 일부 규정에 대해서 그 적용을 유보할 수 있다. 먼저 체약국은 비엔나협약의 제2편 계약의 성립 또는 제3편 물품매매에 대해서 구속되지 않는다는 유보의 선언을 할 수 있다(협약 제92조 제1항).

[관련외국판례] 헝가리 21/5/1996; Unilex 12.G.75.693/1995/38

당사자가 다른 체약국에 각 영업소를 두고 있으며 당사자가 계약을 체결하기 전에 당사국이 협약을 비준하였으므로 당사자 간의 매매계약에 대하여 협약이 적용된다. 다만, 매도인 국가인 스웨덴은 협약 제2편(계약의 성립)을 유보한 채 협약에 가입하였으므로 이 사건 계약의 성립에 대하여는 매수인 국가인 헝가리 국제사법 규정에 의하여 지정된 준거법인 스웨덴 법이 적용된다. 나머지 부분에 대하여는 협약이 적용된다.

체약국은 국제사법 규칙에 의하여 체약국의 법이 적용되는 경우에 비엔나협약이 적용될 수 있도록 한 비엔나협약 제1조 제1항 나호에 구속되지 않는다는 유보의 선언을 할 수 있다(협약 제95조).

체약국은 합의에 의한 매매계약, 그 변경이나 종료 또는 청약이나 승낙 그 밖의 의사표시가 서면 이외의 방법으로 하는 것을 허용하는 비엔나협약 제11조, 제29조 또는 제2편의 규정을 적용하지 아니한다는 뜻의 선언을 제12조의 규정에 따라 언제든지 할 수 있다(협약 제96조).

체약국이 그 헌법에 따라 비엔나협약이 규율하는 사항과 관련하여 서로 다른 법제가 적용되는 2개 이상의 영역을 갖고 있는 경우에 그 체약국은 서명 · 비준 · 수락 · 승인 또는 가입의 시점에 비엔나협약을 전체 영역 또는 일부 영역에만 적용하는 것으로 선언할 수 있고, 언제든지 또 다른 선언으로써 그 선언을 수정할 수 있다(협약 제93조 제1항). 이 선언은 수탁자에게 통지되어야 하며, 비엔나협약이 적용되는 영역을 명시해야 한다(협약 제93조 제2항). 체약국이 이러한 선언을 하지 아니한 때에는 비엔나협약은 그 체약국의 전체 영역에 적용된다(협약 제93조 제4항).

비엔나협약이 규율하는 사항에 관해 동일하거나 또는 서로 밀접하게 관련된 법규를 갖고 있는 2개 이상의 체약국은 당사자들의 영업소가 그러한 국가 내에 있는 경우에 매매계약 또는 그 성립에 비엔나협약을 적용하지 아니한다는 뜻의 선언을 언제든지 할 수 있으며, 그러한 선언은 공동으로 또는 상호간의 일방적 선언으로 할 수 있다(협약 제94조 제1항). 또한 비엔나협약이 규율하는 사항에 관해 하나 또는 둘 이상의 비체약국과 동일하거나 또는 서로 밀접하게 관련된 법규를 갖고 있는 체약국은 당사자들의 영업소가 그러한 국가 내에 있는 경우에 매매계약 또는 그 성립에 비엔나협약을 적용하지 아니한다는 뜻의 선언을 언제든지 할 수 있다(협약 제94조 제2항).

선언 및 선언의 확인은 서면으로 하여야 하고, 또한 수탁자에게 공식적으로 통고되어야 한다(협약 제97조 제2항). 선언은 이를 행한 체약국에 대하여 비엔나협약이 발효함과 동시에 효력을 갖는다(협약 제97조 제3항 제1문). 그러나 비엔나협약이 발효한 후에 수탁자가 공식적으로 통고를 수령한 선언은 수탁자가 이를 수령한 날로부터 6개월이 경과된 다음 달의 1일에 효력이 발생한다(협약 제97조 제3항 제2문).

체약국이 비엔나협약이 명시적으로 허용하는 규정 이외의 규정에 대해서 유보하는 것은 허용되지 않는다(협약 제98조).

제3장 정형거래조건

제1절 서 설

국제물품매매계약에서는 정형거래조건이 흔히 사용된다. 정형거래조건은 매도인과 매수인의 의무, 이행과 관련한 비용의 분담 및 멸실위험의 이전시기 등을 정형적으로 정해 놓은 일종의 약관이다. 국제물품매매계약에서는 그 이행이 서로 다른 국가에서 이루어지고, 해상운송을 포함한 여러 운송방식이 사용되는 까닭에 계약상 물품의 인도장소 및 그 인도방법이 중요한 의미를 갖는다. 이 때문에 국제물품매매 당사자들은 그들간 권리의무의 내용을 사전에 명확히 정하기 위해 정형거래조건을 사용한다.[1)]

이들 거래조건은 국제상관습을 통해 발전하였으며, 국제물품매매계약을 정형화하는 데 크게 기여했다. 상관습을 통해 정형화된 거래조건, 즉 정형거래조건은 물품인도에 관한 매매당사자의 기본의무를 일일이 명시하는 대신에 물품매매계약의 종류를 FOB 또는 CIF 등으로 표시함으로써 계약 당사자의 의무의 구체적 내용을 함축하도록 하여 신속하게 거래를 수행할 수 있게 한다. 정형거래조건은 국제상관습을 기초로 하여 매매당사자의 최소한의 의무를 표시하는 인도조건적 성격과 가격을 표시하는 가격조건적 성격을 동시에 갖고 있다. 이와 같은 정형거래조건은 무역거래에서 상인 간 관습의 형태로 발전해서 일반적으로 사용되기에 이르렀기 때문에 무역관습이라고도 불린다.

---

1) 최근에는 순수한 국내물품매매에서도 정형거래조건이 일반적으로 사용되고 있다. 2010년 INCOTERMS는 이러한 무역환경의 변화를 수용하여 INCOTERMS의 정형거래조건은 국내거래에서도 사용될 수 있음을 분명히 하였다.

이러한 정형화된 거래조건은 각 국가에서 서로 달리 이해되는 경향이 있고, 또한 그 내용이 당사자 간 합의를 통해 또는 특정 지역에서의 관습이나 관행을 통해서 수정되기도 한다. 따라서 사용되고 있는 정형거래조건이 구체적으로 어떤 내용을 담고 있는지를 정확히 이해하는 것이 필요하다고 하겠는데, 국제물품매매거래에서 주로 사용되는 정형거래조건은 국제상업회의소(International Chamber of Commerce: ICC)의「거래조건의 해석에 관한 국제규칙」(International Rules for the Interpretation of Trade Terms: INCOTERMS)이 정하고 있는 조건들이다. 그러나 이 외에도 CIF계약에 관한「바르샤바 · 옥스포드규칙」(Warsaw-Oxford Rules for CIF Contract)이 있고, 미국의 당사자와의 거래에서 흔히 사용되는「개정미국외국무역정의」(Revised American Foreign Trade Definitions) 및 미국 통일상법전(Uniform Commercial Code)의 정형거래조건에 관한 규정 등이 있다.

이하에서는 정형거래조건에 관한 규칙을 간략히 살펴본 후, 2010년 INCOTERMS를 중심으로 국제물품매매거래에서 가장 많이 사용되는 FOB조건과 CIF조건을 상세히 설명하고, 이어서 그 밖의 정형거래조건을 개괄적으로 설명한다.

제2절 정형거래조건에 관한 규칙

Ⅰ. 바르샤바 · 옥스포드규칙

국제법협회(International Law Association: ILA)는 1926년에 국제해상무역에 있어서 매매관습의 통일을 위한 규칙을 제정하기로 결의하였는바, 이 결의에 따라 1928년에 바르샤바 회의에서「바르샤바규칙」(Warsaw Rules)이 제정되었다.

바르샤바규칙은 영국의 무역관습 및 판례를 기초로 CIF계약에 관하여 규정하고 있는데, 동 규칙은 1932년에 옥스포드에서 개최된 회의에서 개정되어서 이른바「바르샤바 · 옥스포드규칙」(Warsaw-Oxford Rules for CIF Contract)이 채택되었다.

「바르샤바 · 옥스포드규칙」은 전문과 21개의 조항으로 구성되어 있으며, CIF계약과 관련하여 선적, 선하증권, 물품 및 보험에 관한 매도인의 의무, 선적시기 및 선적일, 면책, 위험, 소유권, 운임, 수입세 및 그 밖의 비용, 선적통지, 수입 · 수출허가서, 원산지증명서, 품질증명서, 서류의 제공, 선적 후 멸실 또는 훼손, 대금지급에 관한 매수인의 의무, 물품검사에 관한 매수인의 권리 및 구제수단 등에 관하여 규정하고 있다.

II. 미국외국무역정의

FOB계약의 통일을 위한 노력은 이 매매조건이 특이한 발달을 이룬 미국에서 처음으로 시도되었다. 초기에 미국에서는 FOB조건이 화차인도조건으로 사용되었다. 즉 무역용어 또는 거래조건으로서 FOB를 FOR 또는 FOT와 같은 의미로 사용하고, 내륙의 제조공장에서 적재되는 방식(mill shipment)에 의한 수출품의 매매에서는 "FOB point of origin"이라는 형식으로 이 조건을 사용한 것이다. 따라서 FOB조건은 매도인인 제조업자가 매수인의 비용으로 물품을 선적항까지 운송하는 것을 내용으로 하는 거래조건, 즉 공장으로부터 가장 편리한 적재장소에서의 출화역 화차적재인도조건으로 최초에는 FOB mill 또는 FOB works 등으로 불려졌으나 후에 지정지역명만 붙여 FOB Chicago 또는 FOB Detroit 등과 같은 지정지점 적재인도조건(FOB named point)의 형태로 무역거래에서 사용되었다. 이 때문에 미국에서 물품의 수출입과 관련하여 거래조건의 해석에서 생기는 혼란과 미국 내에서 사용되지 아니하는 거래조건으로 표시된 수입가격에 대한 분쟁이 빈번하게 발생하기도 하였다.

이처럼 다기한 내용을 갖는 거래조건을 전국적으로 통일하기 위하여 1914년에 창립된 미국무역협회(National Foreign Trade Council)는 1919년에 미국무역회의(National Foreign Trade Convention)에서 「수출가격조건정의」(Definitions of Export Quotations)를 채택하였다.

그 후 수출가격조건정의는 1941년에 미국무역회의에서 「개정미국외국무역정의」(Revised American Foreign Trade Definitions)가 채택되는 형태로 개정되었다. 이 개정미국외국무역정의는 국제물품매매와 관련한 거래관행의 변화를 수용하고 또한 INCOTERMS를 참조하여 1990년에 다시 개정되었는데, 이것이 1990년 개정미국외국무역정의이다.[2)]

1990년 개정미국외국무역정의는 아래의 표가 보여주는 바와 같이 EXW, FOB, FAS, CFR, CIF 및 DEQ Delivered의 6가지 정형거래조건을 규정하고, FOB

2) 강원진, 『국제상무론』(제2판, 법문사, 2000), 107-110면.

조건을 다시 6가지 조건으로 세분하여 규정하였다.

거래조건	세부 유형	인도의무이행방식
EXW조건	EXW(Ex Works: named place)	지정장소 공장인도조건
FOB조건	FOB(named inland carrier at named inland point of departure)	지정된 내륙출발지에서 지정된 내륙운송인에게 인도하는 조건
	FOB(named inland carrier at named inland point of departure) Freight Prepaid to(named point of exportation)	지정된 내륙출발지에서 지정된 내륙운송인에게 인도하되, 수출지까지의 운임이 사전지급되는 조건
	FOB(named inland carrier at named inland point of departure) Freight Allowed to(named point)	지정된 내륙출발지에서 지정된 내륙운송인에게 인도하되, 지정된 장소까지의 운임이 공제되는 조건
	FOB(named inland carrier at named point of exportation)	지정된 내륙수출지에서 지정된 내륙운송인에게 인도하는 조건
	FOB Vessel(named port of shipment)	지정된 선적항에서 본선에 적재하는 조건
	FOB(named inland point of in the country of importation)	수입국 내 지정된 내륙지점에서 인도하는 조건
FAS조건	FAS Vessel(named port of shipment)	지정된 선적항에서 선측에서 인도하는 조건
CFR조건	CFR(named point of destination)	지정된 목적지까지의 운임을 포함하는 인도조건
CIF조건	CIF(named point of destination)	지정된 목적지까지의 운임 및 보험료를 포함하는 인도조건
DEQ Delivered 조건	Ex Quay(Duty paid)	관세지급 부두인도조건

Ⅲ. 미국 통일상법전

미국의 모든 주에서 성문법전으로 입법되어 물품매매에서 준거법의 역할을 하는 통일상법전(Uniform Commercial Code)은 제2편에서 매매에 관하여 규정하고 있는바, 개정전 통일상법전은 2-319조 내지 2-324조에서 정형거래조건으로서 FOB, FAS, CIF, C&F 및 EX Ship조건을 규정하고, FOB조건을 다시 FOB(place of shipment), FOB(place of destination) 및 FOB(vessel, car or other vehicle)조건으로 세분하였다. 이들 정형거래조건은 국제물품매매를 염두에 두었다기보다는 오히려 국내물품매매를 염두에 두고 규정된 것이었다.

미국법협회(American Law Institute)와 통일주법에 관한 전국위원회의(National Conference of Commissioners on Uniform State Laws)는 2003년에 통일상법전 제2편을 개정하면서 오늘날의 상관행에 부합하지 않는다는 이유에서 이들 정형거래조건에 관한 규정들을 삭제했으나, 이후 2011년 5월 2003년 통일상법전 제2편 개정안을 철회하였다.

Ⅳ. INCOTERMS

1. 연 혁

국제물품매매계약에서 흔히 사용되는 정형거래조건에 대한 각국의 서로 다른 해석과 관행은 당사자 간의 분쟁의 원인이 되는 한편, 국제거래의 원활한 진행에 장애가 되었다. 이러한 국제거래상의 분쟁을 없애고, 국제거래의 확대를 도모하기 위해서 국제거래에 관한 관습과 용어를 통일하려는 노력이 제1차 세계대전 이후 주로 국제상업회의소와 국제법협회에 의해서 활발히 전개되어 오다가, 1936년 1월에 국제상업회의소의 거래조건위원회(Trade Terms Committee)의 조사를 토대로 「거래조건의 해석에 관한 국제규칙」(International Rules for the Interpretation of Trade Terms: INCOTERMS)을 국제상업회의소 이사회가 채택함으로써 1936년 INCOTERMS가 탄생하였다. 1936년 INCOTERMS에는 Ex Works, FOR, Free, FAS, FOB, C&F, CIF, Freight or Carriage Paid to, Free or Free Delivered, Ex Ship 및 Ex Quay 등 11가지 정형거래조건을 두었다.

제2차 세계대전 이후 변화된 국제거래의 상황에 따라 거래조건의 내용을 수정하여 국제거래 당사자들에게 보다 개선된 통일규칙을 제공할 필요에 따라 INCOTERMS

는 1953년에 수정 및 보완되었고, 1967년에 Delivered at Frontier, Delivered Duty Paid조건이 추가되었으며, 1976년에 FOB Airport조건이 추가되었다. 1980년에는 복합운송과 관련하여 Free Carrier, Freight or Carriage Paid to, Freight or Carriage and Insurance Paid to 등 3가지 조건이 개정 또는 추가되었다.

이후에도 INCOTERMS는 대략 10년을 주기로 1990년, 2000년, 2010년 및 2020년에 각각 개정되었는데, 그 개정 내용은 아래에서 보다 상세히 설명한다.

2. 1990년 INCOTERMS

1980년대에 접어들면서 국제거래의 획기적인 증가와 함께 국제거래 관련 서류들의 분량을 줄이기 위한 노력의 일환으로 많은 국가들이 이른바 문서 없는 거래(documentless trade)를 시도하면서 전자자료교환제도를 과감하게 도입하기 시작하였는데, 국제상업회의소도 이러한 변화를 수용하기 위해서 1990년에 INCOTERMS를 개정하였다. 또한 1990년 INCOTERMS는 또한 복합운송의 이용을 일반화하기 위해서 1980년 INCOTERMS의 FOR/FOT와 FOB Airport를 운송인인도조건인 FCA(Free Carrier)로 흡수통합하는 대신 Delivered Duty Paid를 DDP (Delivered Duty Paid)와 DDU(Delivered Duty Unpaid)로 나누어 정형거래조건을 13개의 조건으로 조정하였다.

(1) 1990년 INCOTERMS의 특징

위에서 살펴본 바와 같이, INCOTERMS는 1936년에 제정된 이래 약 10년을 주기로 하여 국제상거래관행과 국제무역환경의 변화에 발맞추어 개정되어 왔다. 이 중 가장 획기적이고 많은 변화를 보인 것이 1990년 INCOTERMS이다. 1990년 INCOTERMS는 최근 국제거래에서 활발히 진행되고 있는 전자통신방식의 일반화와 운송방식이나 형태의 다양화를 반영하고 있을 뿐만 아니라, 종래 무질서하게 나열되어 있던 거래조건을 체계적으로 분류하고 재정리하였다.

1) EDI의 일반화

케이블이나 텔렉스 또는 팩스를 이용한 종래의 통신방식이 최근 인터넷을 통한 전자자료교환(electronic data interchange: EDI) 방식으로 바뀌어 감에 따라 국제거래 당사자 간에 제공 또는 인도되어야 할 선적서류의 형태와 성격도 크게 바뀌어 가고 있다. 이에 따라 문서로 작성된 지시식 또는 유통성 선하증권만을 선적서류로 인정해 오던 종래의 입장을 수정하여 1990년 INCOTERMS는 선하증권, 상업송장, 그 밖의 통관에 필요한 서류가 EDI서류로 작성된 경우에도 이들을 적격서류에 포함시키고, 특히 EDI 선하증권 또는 전자선하증권을[3] 취득한 매수인에게 문서로 작성된 지시식 선하증권을 취득한 자와 동일한 자격을 부여하였다.

2) 운송방식과 형태의 다양화

1990년 INCOTERMS는 또한 운송방식과 형태의 다양화에 적합한 거래조건을 마련하고자 하였다. 즉 컨테이너 사용의 증가로 운송의 단위화(unitization)가 확대되고, 복합운송이 발달하며, 해상운송에서 육상운송수단과의 연계방식이 광범위하게 사용됨으로써 종래 특정 유형의 단일운송에만 사용되던 FOR/FOT조건(철도 및 도로연계운송조건)이나 FOB Airport조건(항공연계운송조건)은 제한된 효용만 갖게 되었다. 따라서 이를 대체하여 서로 다른 다양한 운송방식의 결합에 널리 이용될 수 있는 FCA, CPT 및 CIP조건 등이 새로이 추가되고, FOR/FOT조건과 FOB Airport조건은 폐지되었다.

(2) 1990년 INCOTERMS의 주요 내용

1990년 INCOTERMS는 각 거래조건별로 매매당사자인 매도인과 매수인 간의 법률관계, 즉 권리·의무의 내용을 규정하는 방식으로 상호대칭적으로 규정하고 있다. 그 내용을 살펴보면 크게 매도인과 매수인 간의 멸실위험부담의 분기점, 비용부담의 분기점 및 매도인의 서류제공의무 등의 3가지로 구분하여 볼 수 있다.

1) 멸실위험부담의 분기점

멸실위험의 분배는 물품의 멸실이나 훼손에 대한 책임, 즉 멸실위험이 어느 시점, 그리고 어느 장소에서 매도인으로부터 매수인에게 이전되는지의 문제이다. 그런데 국제물품매매에 있어서는 물품매매계약과 함께 운송계약과 보험계약이 체결되는 것이 일반적이기 때문에 멸실위험부담의 문제는 결국 운송인에 대한 손해배상청구권이나 보험자에 대한 보험금청구권이 누구에게 귀속하는지의 문제로 귀착된다.

2) 비용부담의 분기점

국제거래에서는 물품의 생산지에서부터 최종목적지에 이르기까지 여러 가지 비용이 발생한다. 이들 비용이 어느 시점, 그리고 어느 장소를 기준으로 매도인과 매수인 간에 분배되는지에 관해서 1990년 INCOTERMS는 상세히 규정하였다. 이는 INCOTERMS가 본질적으로 가격에 관한 거래조건인 성질에 기인하는데,[4] 이

3) 우리나라도 2007년 8월 3일 제13차 상법 개정에서 제862조 전자선하증권 조항을 신설하였다.

4) 그 좋은 예로는 CIF계약을 들 수가 있다. CIF라는 용어는 그 약어가 구체적으로 표시하는 바와 같이, 수출원가(cost)에 수입항까지의 해상보험료(insurance)와 해상운임(freight)을 부가한 가격조건으로서 매도인이 물품이 목적항에 도착할 때까지 발생하는 모든 비용을 부담할 의무를

때문에 물품의 수출단가를 정하거나 견적서를 작성하는 데 있어서 정형거래조건은 중요한 의미를 갖는다.

3) 매도인의 제공서류

국제물품매매는 원격지에 소재하는 격지자 간의 거래이기 때문에 운송 중의 물품에 대한 권리를 표창하는 서류가 중요한 의미를 갖는다. 따라서 매도인이 매수인에게 제공해야 할 서류의 종류와 그 적격요건은 계약내용의 중요한 요소인바, 1990년 INCOTERMS는 이에 관한 상세한 규정을 두었다. 매도인이 제공해야 할 서류는 필요적 서류와 임의적 서류로 구별되는데, 전자는 매수인의 특별한 요청이 없더라도 매도인이 자기의 위험과 비용으로 조달하여 당연히 제공해야 하는 서류이며,[5] 후자는 매수인의 요청이 있는 경우에 그의 위험과 비용부담으로 이를 취득하는 데 매도인이 협력할 의무를 부담하는 서류이다.

4) 기타 의무

국제물품매매에서는 물품에 대한 멸실위험부담과 비용부담 및 서류제공의무 이외에도 여러 가지 부수적 의무가 존재한다. 1990년 INCOTERMS는 운송계약체결과 선박의 지정통지의무, 선적(인도)일과 구체적 선적(인도)지점의 확정 및 통지의무, 보험가입의무 등에 관한 규정을 두고 있으며, 또한 이러한 의무를 위반한 경우에 상대방이 취할 수 있는 조치와 추가비용부담을 각 거래조건별로 비교적 상세히 규정하였다.

3. 2000년 INCOTERMS

2000년 INCOTERMS는 1990년 INCOTERMS과는 달리 대대적인 개정을 시도하였다기보다는, 1990년 INCOTERMS가 실제 국제거래에서 사용되는 과정에서 나타난 문제점들을 해결하기 위한 보완을 도모하였다.

(1) 구 성

아래의 표가 보여주는 바와 같이, 2000년 INCOTERMS는 1990년 INCOTERMS와 마찬가지로 모두 13개의 정형거래조건으로 구성되어 있으며, 이를 출발지조건(Group E: Departure), 운송비부지급조건(Group F: Main Carriage Unpaid), 운송비지급조건(Group C: Main Carriage Paid) 및 도착지조건(Group D: Arrival)의 4개 그룹으로 분류함으로써 체계적으로 구성하였다.

진다는 것을 표시한다.

5) 이른바 통상적인 운송서류이다(INCOTERMS CIF A.8 및 FOB A.8 참조).

그 룹	거 래 조 건	세 부 명 칭
Group E: Departure 출발지조건	EXW조건	Ex Works 공장인도조건
Group F: Main Carriage Unpaid 운송비부지급조건	FCA조건	Free Carrier 운송인인도조건
	FAS조건	Free Alongside Ship 선측인도조건
	FOB조건	Free On Board 본선인도조건
Group C: Main Carriage Paid 운송비지급조건	CFR조건	Cost and Freight 운임포함 인도조건
	CIF조건	Cost, Insurance and Freight 운임 및 보험료포함 인도조건
	CPT조건	Carriage Paid To 운송비지급인도조건
	CIP조건	Carriage and Insurance Paid To 운송비 및 보험료지급 인도조건
Group D: Arrival 도착지조건	DAF조건	Delivered At Frontier 국경인도조건
	DES조건	Delivered Ex Ship 착선인도조건
	DEQ조건	Delivered Ex Quay 부두인도조건
	DDU조건	Delivered Duty Unpaid 관세부지급 인도조건
	DDP조건	Delivered Duty Paid 관세지급 인도조건

(2) 2000년 INCOTERMS의 주요 개정내용

1) 통관에 관한 의무의 변경

FAS와 DEQ조건에서 통관의무와 관세지급의무의 내용이 변경되었다. 즉 FAS조건에서 수출통관을 이행하고 수출관세 등을 지급해야 할 의무가 매수인으로부터 매도인에게 이전되었고, DEQ조건에서 수입통관의 이행, 수입관세 등의 지급의무가 매도인으로부터 매수인에게 이전되었다.

원래 통관은 관세선을 넘는 것이고, 해양의 경우에 관세선은 해안선을 의미한다. 따라서 FAS조건에서 선측에 놓인 물품을 선박에 적재해야 하는 매수인이 관세선을 통과하기 때문에 통관의무를 매수인이 부담하도록 하는 것이 이론적으로 타당하다. 그러나 외국의 매수인이 수출통관을 한다는 것은 실제에 있어서 많은 어려움을 야기했기 때문에 2000년 INCOTERMS는 거래현실을 반영하여 통관의무를 매도인이 부담하도록 하고, 이와 동일한 이유로 DEQ조건에서 통관의무를 매수인이 부담하도록 한 것이다.

2) 매도인의 인도의무의 명확화

2000년 INCOTERMS는 특히 FCA조건에서 적재(loading)와 양하(unloading)의 의무를 명확히 규정하였다. 즉 인도장소에 따라 운송수단으로의 적재의무의 내용이 달라지는데, 인도장소가 매도인의 영업소(seller's premises)이면 매수인이 제공한 운송수단에 매도인이 물품을 적재하였을 때 그의 인도의무를 다하는 것이지만, 운송인의 물품하치장 등 그 밖의 다른 장소이면 매도인은 자기의 적재차량에서 물품을 양하하지 않은 상태에서 운송인이나 그 대리인이 처분할 수 있는 상태에 둠으로써 그의 인도의무를 다한 것으로 된다.

3) 용어의 통일

2000년 INCOTERMS는 가능한 한 용어의 일관성을 기하고자 하였다. 즉 동일한 의미를 전달하는 데 상이한 표현을 사용하지 않았고, 또한 가능한 한 국제물품매매계약에 관한 통일법인 국제물품매매계약에 관한 국제연합협약(비엔나협약 또는 CISG)에서 사용하는 용어를 사용하였다.

4) 전자상거래에 대한 배려

2000년 INCOTERMS는 전통적인 선하증권의 기능을 대체하고 이와 동등한 법적 효력을 갖는 전자메시지(electronic message)의 사용에 대비한 규정을 두고 있다. 이때 전자메시지는 거래당사자 간 직접 전송될 수도 있고, BOLERO 서비스와[6] 같은 통신망서비스를 제공하는 제3자를 통해 전송될 수도 있다.

---

6) 1995년 6월에 미국, 영국, 스웨덴, 네덜란드 및 홍콩 등의 국가가 참여해 Project BOLERO (Bills of Lading for Europe)를 가동하였는데, 이 서비스는 해운회사, 은행 및 통신회사의 컨소시엄에 의해 운영되고 있다. BOLERO 서비스는 선하증권과 같은 종이문서가 전자문서로 변환되는 경우에 사용자와 중앙온라인등록기관(centralized online registry) 간에 EDI 메시지의 교환을 인증하는 시스템으로 운송회사, 송하인 및 은행 등의 사용자들이 메시지를 전송하면 등록기관으로부터 동 메시지의 등록을 수신하는 방식으로 이루어진다.

5) 비유통운송서류

2000년 INCOTERMS는 운송 중에 물품을 매매하는 경우를 제외하고는 선하증권을 대신하여 해상화물운송장(sea waybills), 정기선운송장(liner waybills) 및 화물수취증(freight receipts) 등과 같은 비유통성 운송서류가 사용될 수 있도록 허용하였다. 다만 CFR조건과 CIF조건에서는 여전히 운송서류로서 선하증권이 사용되어야 한다.

4. 2010년 INCOTERMS

2010년 INCOTERMS는 INCOTERMS의 정형거래조건이 이제는 국내거래에서도 활발하게 사용되고 있는 점과 최근 물품운송과 관련해서 테러 등 국가안보의 위협요소에 관한 우려가 증대하고 있는 점 등 최근의 변화를 반영하였다.

(1) 구 성

2010년 INCOTERMS는 11개의 정형거래조건을 두고, 이를 모든 운송방식에 사용될 수 있는 조건(Rules for Any Mode or Modes of Transport)과 해상 및 내수로 운송방식에만 사용될 수 있는 조건(Rules for Sea and Inland Waterway Transport)으로 구분하였다.

그 룹	거래조건	세부명칭
Rules for Any Mode or Modes of Transport (모든 운송방식에 사용될 수 있는 조건)	EXW조건	Ex Works 공장인도조건
	FCA조건	Free Carrier 운송인인도조건
	CPT조건	Carriage Paid To 운송비지급인도조건
	CIP조건	Carriage and Insurance Paid to 운송비 및 보험료지급 인도조건
	DAT조건	Delivered At Terminal 도착지 터미널 인도조건
	DAP조건	Delivered At Place 도착지 지정장소 인도조건
	DDP조건	Delivered Duty Paid 관세지급인도조건

Rules for Sea and Inland Waterway Transport (해상 및 내수로운송 방식에만 사용될 수 있는 조건)	FAS조건	Free Alongside Ship 선측인도조건
	FOB조건	Free On Board 본선인도조건
	CFR조건	Cost and Freight 운임포함인도조건
	CIF조건	Cost, Insurance and Freight 운임 및 보험료포함 인도조건

(2) 2010년 INCOTERMS의 주요 개정내용

1) 정형거래조건의 축소 조정

2010년 INCOTERMS는 정형거래조건의 수를 11개로 축소 조정하였다. 즉 2010년 INCOTERMS는 종전의 2000년 INCOTERMS의 DAF, DES, DEQ 및 DDU 조건을 삭제하고, DAT 및 DAP조건을 추가하였다.

DAT조건과 DAP조건에서는 인도가 지정된 도착지에서 있게 된다. 즉 DAT 조건에서는 종전의 DEQ조건과 마찬가지로 도착 운송수단에서 양하되어 매수인의 처분가능한 상태에 둠으로써 인도가 이루어지고, DAP조건에서는 종전의 DAF, DES 및 DDU 조건과 마찬가지로 양하가능한 상태에서 매수인의 처분가능한 상태에 둠으로써 인도가 이루어진다.

2) 정형거래조건 분류의 변경

종전의 2000년 INCOTERMS는 13개의 정형거래조건을 출발지조건(Group E: Departure), 운송비부지급조건(Group F: Main Carriage Unpaid), 운송비지급조건(Group C: Main Carriage Paid) 및 도착지조건(Group D: Arrival)의 4개 그룹으로 분류하였지만, 2010년 INCOTERMS는 11개 정형거래조건을 모든 운송방식에 사용될 수 있는 조건과 해상 및 내수로운송방식에만 사용될 수 있는 조건으로 구분하였다. 모든 운송방식에 사용될 수 있는 조건에는 EXW, FCA, CPT, CIP, DAT, DAP 및 DDP 조건 등이 있고, 해상 및 내수로운송방식에만 사용될 수 있는 조건에는 FAS, FOB, CFR 및 CIF 조건 등이 있다.

3) 적용 영역의 확대

전통적으로 INCOTERMS는 물품이 국경을 넘어 이전하는 국제물품매매에서 주로 사용되었고, 따라서 2000년 INCOTERMS에 이르기까지 수출통관 또는 수입통관의무가 매도인 또는 매수인의 일반의무로 규정되어 있었다. 그러나 최근 국내물품매매에서도 INCOTERMS의 정형거래조건이 흔히 사용되고 있고, 특히 미국에서도 이젠 국내거래에 통일상법전상의 선적 및 인도조건이 아닌, INCOTERMS의 정형거래조건이 흔히 사용됨에 따라, 2010년 INCOTERMS는 부제에서 INCOTERMS의 정형거래조건이 국제거래뿐 아니라 국내거래에서도 사용될 수 있음을 명확히 하고 또한 각 정형거래조건에서 당사자의 의무에 관한 규정에서 수출입허가 등 통관에 관한 의무는 필요한 경우, 즉 국제거래의 경우에만 인정하였다.

4) **전자통신기록 또는 절차의 사용**

종전의 2000년 INCOTERMS는 전자통신문으로 대체될 수 있는 서류를 특정하였다. 그러나 2010년 INCOTERMS는 전자기록 또는 절차에 대해서 당사자 간에 합의가 있거나 관습이 존재하는 한, 문서와 동일한 효력을 부여하였다.

5) **보험가입에 필요한 정보제공의무의 명시**

종전의 2000년 INCOTERMS는 보험가입에 필요한 정보제공의무를 기타 일반의무에 관한 조항에서 규정하였다. 그러나 2010년 INCOTERMS는 이 의무를 운송계약 및 보험계약체결의무를 규정하고 있는 조항에서 통일적으로 규정하는 한편, 그 내용을 명확히 하였다.

6) **국가안보 관련 통관 및 그에 관한 정보**

최근 물품운송에 있어서 국가안보(security)에 관한 우려가 높아지고 있고, 이에 따라 물품이 그 본래적 성질이 아닌 다른 이유로 생명이나 재산에 위협이 되지 않도록 하는 제도적 보장이 요청되고 있다. 2010년 INCOTERMS는 수출입통관을 위해 필요한 국가안보 관련 정보나 문서의 취득 또는 그 취득에 협력할 의무를 매도인과 매수인 간에 분장해서 규정하였다.

7) **터미널 관리비용**

CPT, CIP, CFR, CIF, DAT, DAP 및 DDP 조건에서 매도인은 물품을 합의된 장소까지 운송하기 위한 주선을 해야 한다. 이때 형식적으로는 매도인이 운임(freight)을 지급하지만, 이 운임은 당연히 매도인의 판매가격에 포함될 것이므로 실제에 있어서는 매수인이 운임을 부담하는 것이다. 운송비용(carriage charge)에는 일반적으로 항구 또는 컨테이너 터미널 시설 내에서 물품을 관리하고 이동하는 비용이 포함되고, 운송인이나 터미널 관리인은 이들 비용을 물품을 수령하는 매수인에게 부과하기 마련이다. 이러한 경우에 매수인으로 하여금 터미널 내 관리 및 이동 관련 비용이 이미 포함된 판매금액을 지급한 후에 다시 터미널 관리인 등에게 같은 비용을 지급하도록 하는 것은 부당하다. 2010년 INCOTERMS는 이러한 상황을 막기 위해서 이들 비용을 매도인과 매수인 간에 명확히 분장해서 규정하였다.

8) 연속매매

제조물품매매의 경우와는 달리, 원유나 곡물 등의 매매에 있어서는 물품이 운송 중에 몇 번에 걸쳐 재판매되는 경우가 흔하다. 이때 운송중 물품의 매도인은 물품을 선적하는 방식이 아니라, 이미 선적되어 운송중인 물품을 구입함으로써 매도인에 대한 인도의무를 이행하게 된다. 이러한 현실을 고려해서 2010년 INCOTERMS는 일부 정형거래조건에서 이미 선적된 물품의 구입의무를 물품인도의무의 한 형태로 명시적으로 규정하였다.

5. 2020년 INCOTERMS

2020년 INCOTERMS는 2010년 INCOTERMS의 체제를 대체로 유지하면서 각 조항의 규정순서를 조정하는 한편, ① CIP조건에서 운송보험의 부보범위를 상향조정하고, ② 종래의 DAT조건을 현실에 부합하게 DPU조건으로 변경하며, ③ 운송계약 체결의무를 운송계약을 주선하는 방법으로도 이행할 수 있도록 허용하는 등 그간의 국제거래실무의 변화를 반영하였다.

그 룹	거 래 조 건	세 부 명 칭
Rules for Any Mode or Modes of Transport (모든 운송방식에 사용될 수 있는 조건)	EXW조건	Ex Works 공장인도조건
	FCA조건	Free Carrier 운송인인도조건
	CPT조건	Carriage Paid To 운송비지급인도조건
	CIP조건	Carriage and Insurance Paid to 운송비 및 보험료지급 인도조건
	DAP조건	Delivered At Place 도착지 지정장소 인도조건
	DPU조건	Delivered at Place Unloaded 도착지 지정장소 하역조건
	DDP조건	Delivered Duty Paid

		관세지급인도조건
Rules for Sea and Inland Waterway Transport (해상 및 내수로운송 방식에만 사용될 수 있는 조건)	FAS조건	Free Alongside Ship 선측인도조건
	FOB조건	Free On Board 본선인도조건
	CFR조건	Cost and Freight 운임포함인도조건
	CIF조건	Cost, Insurance and Freight 운임 및 보험료포함 인도조건

제3절 FOB조건(Free On Board named port of shipment: 본선인도조건)

Ⅰ. 의 의

1. 연 혁

역사상 처음으로 해상무역이 시작된 것은 기원전 2,800년경으로 알려져 있는데, 산업혁명 전까지는 범선해상무역시대로 무역에 종사하는 상인은 모험상인(merchant adventurers)이었다. 즉 당시에는 선박의 내항성이 낮고, 해적의 약탈위험이 상존하였기 때문에 상인은 스스로 비용과 위험을 부담하면서 교역물자를 선박에 적재해서 각 항을 순항하면서 교역하였던 것이다. 이러한 해상위험 때문에 양륙지매매에 속하는 도착지조건(on arrival terms)의 거래가 관습으로 행해졌다. 그러나 이러한 형태의 매매에서는 매도인이 도착시기를 좌우함으로써 도착지의 시장시세를 자기에게 유리하도록 이용한 결과, 매수인은 상대적으로 불리한 지위에 있었다. 이 때문에 10세기 전반에는 주로 지중해를 중심으로 지정선박에 의한 착선매매(着船賣買)의 형태가 창안되어 매매의 한 당사자가 선박을 지정하고 그 선박에 적재된 운송물이 도착한 때 매도인이 물품제공의무를 부담하는 조건의 매매가 이루어졌다.

19세기 후반에 기선항해가 보급되고 항해의 안전이 확보됨에 따라 각 항로에 대해서 선박의 항해기간이 대체로 일정하게 되어서, 선박을 지정하는 것은 매도인뿐 아니라 매수인에게도 별다른 이익이 되지 않게 되었다. 이에 매수인은 선박 대신 선적기간을 지정함으로써 물품인도에 매도인의 자의가 작용할 수 있는 여지를 없앴다. 반면에 매도인은 미리 지정한 선박에 선적할 필요가 없게 되었고, 지정된 기간 내에 타인이 선적한 운송물을 매수하여 이를 인도함으로써 자기의 의무를 이행할 수 있게 되었다. 이러한 이유로 지정선박에 의한 착선매매에 이어 불특정선박에 의한 착선매매가 보급되었다.

18세기 말과 19세기 초에는 아직 정기선제도가 확립되지 않았고, 선적서류가 운송 중인 물품의 상징으로 아직 널리 인식되지 않았을 뿐 아니라, 현대적인 전신, 라디오 및 우편체제도 아직 갖추어지지 않았다. 따라서 상인들은 많은 경우에 용선계약을 체결한 후에 물품을 구입하기 위하여 용선한 선박으로 외국의 항구를 방문해야만 했고, 상인 스스로 또는 그 대리인이 전 항해구간을 직접 승선함으로써 모험을 감수해야 했다. 이 방식에 의하면, 상인은 적절한 물품이 발견되면 선박에 이를 인도하도록 하고, 그 선상에서 최종적인 검사를 행한 후에 대금이나 그 밖의 대가를 지급하는 것이다.

19세기 후반에 이르러 기선항해의 보급으로 매수인이 직접 매매계약의 목적인 물품이 소재하고 있는 선적항까지 항해하여 그곳에서 본선상에서 물품을 인수하는 오늘날의 FOB조건의 매매와 같은 출발지 또는 선적지매매가 널리 사용되기 시작하였다. FOB조건의 선적지매매는 양륙지매매보다 매수인의 부담이 가중되기 때문에 멸실위험의 분산 또는 전가라는 측면에서 해상보험이 불가피하게 되었고, 이에 따라 영국을 중심으로 운송물을 해상보험에 부보하는 관습이 일반화되었다.

CIF계약의 등장으로 기존에 주로 사용되었던 FOB계약은 CIF계약으로 대체되어서 20세기 초까지 CIF조건으로 거래되었던 무역량은 다른 어느 거래조건의 거래량보다 훨씬 많았다. 제1차 세계대전으로 선복량이 부족해짐에 따라 운임변동이 심해지고 선박확보도 어려워지자 매도인이 선복수배의 책임을 지지 않으려고 했기 때문에 FOB조건의 국제물품거래가 다시 증가하였지만, 종전 후 선복수배의 어려움이 완화됨에 따라 CIF조건은 제1차 세계대전 전의 우위를 되찾았다. 그 후 제2차 세계대전이 발발하자 제1차 세계대전시와 같이 FOB조건을 선호하는 현상이 일시 생기기도 하였으나, 종전 후에는 다시 CIF조건이 활발하게 사용되었다. 다만 제2차 세계대전이 끝날 무렵 FOB계약을 선호하도록 하는 새로운 요인이 생겼는데, 즉 일부 개발도상국들이 자국의 해상운송산업 및 보험산업의 육성과 외환보유고를 늘리기 위하여 FOB조건의 수입계약에 대해서만 외환사용을 허락함으로써 수입자에게 자국 시장에서 자국 통화로 운송 및 보험계약을 체결하도록 강요하는 현상이 그것이다.

2. FOB조건의 정의 및 특징

(1) 선적지인도조건

FOB조건에 의한 매매계약, 즉 FOB계약은 선적지에서 인도가 이루어지는 매매계약이다. FOB계약에서 FOB Busan이라고 표시하는 경우에 FOB 다음에 표기된 "Busan"은 계약의 목적인 물품의 선적장소 또는 인도장소이며, 동시에 당사자 간에 멸실위험 및 비용부담의 분기점이 된다. 이 때문에 FOB조건은 선적지인도조건인 동시에 선적지가격조건이다. 실제에 있어서는 선적항까지 매수인의 지배력이 미치지는 못하기 때문에 운송계약의 체결을 통하여 운송인이 매수인의 수탁자로서 선적항에서 물품을 인수하게 된다. 즉 FOB계약에서 계약의 이행, 즉 물품의 인도가 이루어지는 장소는 선적지의 항구가 되는 것인데, 이는 당사자 간에 분쟁이 발생하였을 때 분쟁에 적용될 준거법의 확정과 관련해서 중요한 의미를 갖는다.

(2) 본선인도조건

FOB조건에서는 선적항에서 인도가 이루어지는데, 구체적인 인도장소는 매수인이 지정한 본선의 선상이다.

2020년 INCOTERMS는 본선인도를 규정하면서 "그 항구의 관습적인 방법으로(in the manner customary at the port)"라는 문언을 둠으로써 본선적재에 의한 물품인도의 해석에 유연성을 부여하였다.

본선인도시점을 기준으로 산정된 가격이 FOB가격이며 실무적 관점에서 FOB계약이란 본선인도(free on board)라는 인도조건을 가격산정의 기초로 한 FOB가격에 의해 체결된 물품매매계약이다. FOB조건에서 매도인은 해상운송계약이나 해상보험계약을 체결할 의무를 부담하지 않는다. 따라서 FOB가격은 운임이나 보험료를 포함하지 않는 선적지가격조건이고, 따라서 운임과 보험료를 포함하는 CIF가격보다 낮다.

(3) 현실인도조건

FOB조건은 현실인도조건으로 매도인은 매수인 또는 매수인이 지정하는 운송인에게 현실적으로 물품의 점유를 이전함으로써 자기의 물품인도의무를 이행한다. FOB조건에서 매도인은 보통 물품을 운송인에게 인도하게 되는데, 이 경우에 운송인은 매도인에 대한 관계에서 매수인의 이행보조자이다.[7]

매수인이 선박의 지정을 게을리하거나 또는 그 이행보조자인 운송인의 귀책사유에 의하여 선적이 불가능하게 된 경우에 매수인은 매도인에 대하여 매도인의 의무위반을 주장할 수 없고, 선적을 하지 못함으로 말미암아 매도인에게 손해가 생긴 때에는 매수인은 손해배상 등의 책임을 진다.

현실인도조건인 FOB조건의 매매계약에서는 본선적재와 동시에 인도가 완료되기 때문에 이에 대하여 매수인은 대금을 지급해야 한다. 즉 당사자 간에 특약이 없는 한, 물품인도와 대금지급은 동시이행의 관계에 있다. 따라서 매수인의 물품검사권 또는 물품인수거절권과 상관없이 매수인이 물품을 인수한 때 매수인의 대금지급의무가 발생한다.

3. FOB조건과 해상운송

FOB조건의 계약은 본선인도조건의 성질상 매도인이 선적항에서 물품을 본선에 적재함으로써 그의 인도의무를 이행하는 해상매매계약이다. 이 계약에서는 본선상에서 인도가 이루어지며, 그 이후의 비용과 위험은 매수인에게 귀속되기 때문에 당해 선박으로 하여금 계약의 목적인 물품을 도착지까지 운송하도록 하기 위한 해상운송계약은 매수인 스스로 또는 매수인의 이행보조자가 이를 체결해야 한다.

매도인이 본선상에서 선장에게 물품을 인도하는 경우에 선장은 해상운송인의 대리인인 동시에 하주 또는 송하인인 매수인의 수탁자(bailee)이다.[8] 또한 해상운송인 및 그 피용자는 매도인에 대한 관계에서는 매수인의 이행보조자이다. 이때 매매계약을 주계약이라고 한다면 운송계약이나 보험계약은 주계약의 내용에 따라 계약당사자와 계약내용이 달라지는 부수적 계약이라고 할 수 있다.

해상운송방식을 사용하는 물품매매를 전제로 한 FOB조건을 운송구간이 확장되거나 컨테이너운송 또는 항공운송 등이 추가적으로 사용되는 경우에는 여러 가지 문제가 발생한다. 이 때문에 2010년 INCOTERMS는 FOB조건이 해상 및 내수로운송방식이 사용되는 물품매매거래에만 사용될 수 있음을 명시하였다.

---

7) 예를 들어 영국 물품매매법(Sale of Goods Act of 1979) 제32조 제1항은 "매수인에게 이전할 목적으로 한 운송인에게의 물품의 인도는 매수인에게의 인도로 추정한다"고 규정하고 있다.

8) *Wait v. Baker* (1848) 2 Ex. 1. 17. L. J. Ex. 307; *Gabarron v. Kreeft*, (1875) L. R. 10 Ex. 274.

현실인도조건인 FOB조건은 물품의 인도와 대금의 지급이 동시에 행해지는 동시이행조건이지만 현실적으로는 서류거래 등의 방식을 통해서 매도인이 선하증권을 포함한 서류를 담보로 하여 은행에 화환어음을 매도함으로써 물품대금을 회수하는 것이 일반적인 관행이다. 이러한 관행은 매매계약과 운송계약과의 관계에 영향을 미치게 되는데, 고유의 FOB조건에서는[9] 매수인이 송하인이 되지만, 매도인이 운송계약을 체결하기로 하는 추가서비스(with additional services) 또는 추가의무(with additional duties) FOB조건에서는 매도인이 송하인이 된다.

II. 2020년 INCOTERMS상의 FOB조건

FOB조건은 해상운송 및 내수로운송에만 사용될 수 있다.

FOB조건에서 매도인은 물품을 지정된 선적항에서 매수인이 지정한 선박, 즉 본선에 적재(on board the vessel)하거나 또는 이미 인도된 물품을 구입(procure)함으로써 매수인에 대한 그의 인도의무를 다한다. 이때 구입의무는 연속매매 또는 재판매의 경우에 본선적재의무를 대신하는 인도의무이다.

FOB조건은 물품인도가 터미널에서 있게 되는 컨테이너 운송 등과 같이 물품이 본선에 적재되기 전에 운송인에게 이전되는 경우에는 적합하지 않다. 그러한 경우에는 FCA조건이 사용되어야 한다.

1. 매도인의 의무

매도인은 매매계약에 적합한 물품을 인도해야 한다. 구체적으로 매도인은 매매계약에 적합한 물품을 선적항에서 매수인이 지정한 선박에 적재해야 하며, 그때까지 물품과 관련한 일체의 비용과 그때까지의 멸실위험을 부담한다. FOB계약에서 매도인의 의무는 물품의 현실인도라는 점에서 CIF계약에서 매도인의 의무가 운송서류 또는 선적서류의 인도인 것과 구별된다.

(1) 매도인의 일반의무(INCOTERMS FOB A.1)

매도인은 매매계약에 따라 물품과 상업송장(commercial invoice) 및 계약상 요구되는 계약적합의 다른 증거를 제공해야 한다. 매도인의 의무와 관련한 모든 문서는 당사자 간에 합의가 있거나 또는 관습이 존재하는 한, 전자기록 또는 절차

---

9) 고유의 FOB조건은 고전적(classic), 엄격한(strict) 또는 본래(proper)의 FOB조건 등으로도 불린다.

(equivalent electronic record or procedure)로 대체가능하다. 매도인의 물품제공의무는 매도인의 의무의 핵심을 이루며, 다른 의무는 물품제공의무의 이행을 돕는 부수적 의무이다.

2020년 INCOTERMS는 FOB계약에서 물품의 소유권 이전에 관한 규정을 두고 있지 않다. 따라서 소유권의 이전은 당사자가 계약에서 정한 바에 따라 이루어진다. 선박에 선적된 대량화물 또는 산적화물(散積貨物; bulk cargo)이 여러 매수인에게 분산매도되는 경우와 같이 계약의 목적인 물품이 불특정물인 경우에는 이들 각 매수인에게 인도될 물품이 계약에 특정되지 않는 한 선적만으로는 소유권이 이전되지 않으며, 특정에 의해 비로소 소유권의 이전이 가능하다.

매도인으로서는 물품대금의 지급을 확보하기 위하여 소유권의 이전을 물품대금지급의 시기까지 유보할 필요가 있을 수 있다. 따라서 FOB계약의 경우에도 매도인과 매수인 간의 합의에 따라 매도인이 운송계약을 체결하고 선하증권을 취득하는 경우에는 선적서류의 교부와 상환으로 대금의 지급이 있을 때까지 소유권의 이전이 유보된다고 보는 것이 타당하다. 또한 명시적으로 소유권을 유보하지 아니한 때에도 일정한 경우에는 매도인은 물품에 대한 유치권이나 운송정지권을 행사할 수 있다.

(2) 인 도(INCOTERMS FOB A.2)

매도인은 지정된 선적항에서 매수인이 지정한 적재지점(loading point)에서 매수인이 지정한 선박에 물품을 적재하거나 또는 그렇게 인도된 물품을 구입함으로써 물품을 인도해야 한다. 매수인이 적재지점을 지정하지 않는 때에는 매도인은 지정된 선적항에서 선적에 가장 적절한 지점을 선택할 수 있다.

매도인은 합의된 일자 또는 합의된 기간 내에 그 항구의 관습적인 방식으로(in the manner customary at the port) 물품을 인도해야 한다. 2020년 INCOTERMS는 본선인도와 관련하여 "그 항구의 관습적인 방법으로" 인도할 수 있도록 규정함으로써 본선인도방법에 관하여 개별 항구의 관습이 매도인의 본선인도의무의 범위를 정하는 데 중요한 역할을 하도록 하였다. 본선인도의 의미는 매수인의 운송수탁자인 지정된 본선의 선장에게로의 인도를 의미한다. 물품이 계약에 특정되는 한 본선에의 적재에 의한 인도는 매수인에 대한 인도로 되고, 이로써 매도인은 그의 물품인도의무를 다한 것으로 된다.

본인인도를 선적항의 관습적인 방법으로 이행될 수 있도록 하고 있기 때문에 본선인도 여부는 그 항구의 관습을 중시하여 구체적 사정을 고려하여 융통성 있게 판단된다. 실무적으로 FOB계약에서 본선인도는 본선에서 물품이 수령된 사실을 증명하면 될 것이므로 일반적으로 선장으로부터 본선수취증(mate's receipt)을 발행받는 방식으로 이루어진다. 또한 흔히 본선에서의 물품인도에 의해 물품이 계약에 특정되며, 그 시점에서 운송 중 멸실위험이 매수인에게 이전한다.

(3) 멸실위험의 이전(INCOTERMS FOB A.3)

매도인은 물품인도가 있을 때까지 물품의 멸실 또는 훼손에 대한 모든 위험을 부담한다. 이때 물품인도가 있었다 할지라도 물품이 계약에 특정되기까지는 멸실위험이 매수인에게로 이전하지 않는다는 점을 주의해야 한다.[10] 멸실위험이 매수인에게 이전된 후에도 물품이 계약에 적합하지 않음으로써 손해가 발생한 때에는 매도인은 손해배상의 책임을 진다.[11]

종전의 2000년 INCOTERMS는 FOB계약상 당사자 간의 멸실위험의 분기점은 본선의 난간이었고, 본선의 난간은 선박의 외측 경계를 의미하기 때문에 이론적으로는 기중기로 화물을 들어 올려 선적하는 도중에 사고가 난 경우에 난간을 경과했는지 여부에 따라 위험부담의 소재가 달라지는지 등의 문제가 발생했다. 이때에도 일반적으로 물품의 난간 통과 등의 우연적 사실에 기하여 법률효과가 달라지는 것은 불합리하다는 근거에서 매도인의 물품인도의무는 선박에서 안전하게 인도됨으로써 완료되는 것으로 이해하여서 그 도중에 사고가 생긴 경우에는 매도인이 책임을 지도록 하는 것이 타당하다는 입장이 일반적이었는데, 2020년 INCOTERMS는 멸실위험이 매도인이 그의 인도의무를 다한 때 이전하는 것으로 명시함으로써 멸실위험의 이전시점과 관련한 논란을 없앴다.

주의할 것은 이러한 멸실위험의 분기점은 매도인과 매수인 간에 멸실위험의 이전시점을 정하는 것일 뿐, 운송인에 대해서 적용되는 것은 아니라는 점이다. 즉 해상운송계약에서 선적작업은 전체 운송작업의 일부로 분리될 수 없고,[12] 따라서

---

10) 예를 들어 비엔나협약 제67조 제2항은 물품이 하인(shipping mark), 선적서류, 매수인에 대한 통지 그 밖의 방법에 의하여 계약상 명확히 특정될 때까지 멸실위험이 매수인에게 이전하지 않는다고 규정함으로써 물품의 특정이 있어야만 멸실위험이 이전함을 규정하고 있다.

11) 예를 들어 비엔나협약 제66조는 위험이 매수인에게 이전한 후에 물품이 멸실 또는 훼손되더라도 매수인은 대금지급의무를 면하지 못한다고 규정함으로써 멸실위험의 이전 후에는 멸실 또는 훼손으로 인한 손해를 매수인이 부담해야 한다는 멸실위험의 이전에 관한 일반원칙을 밝히면서도, 멸실위험의 이전 후에 멸실 또는 훼손이 발생한 경우에도 그 멸실이나 훼손이 매도인의 작위 또는 부작위로 인한 경우에는 매도인이 그 멸실이나 훼손에 대한 책임을 진다는 점을 분명히 하고 있다.

12) *Pyrene Co., Ltd. v. Scindia Navigation Co., Ltd., Queens Bench*, 1954 [All England Law Reports, vol.1954, pt.2, p.158 (1954)].

운송인이 선적작업 중에 주의의무위반으로 물품을 멸실 또는 훼손한 때에는 그 위반행위가 적재 전후에 있었는지에 상관없이 운송인은 당연히 그에 대한 책임을 진다.[13)]

매수인이 선박의 지정을 통지하지 아니하거나 또는 지정된 선박이 적기에 도착하지 아니하는 등의 경우에는 물품의 인도가 없었다고 할지라도 계약에서 정한 인도기일에 멸실위험은 매수인에게 이전한다.

(4) **운송계약**(INCOTERMS FOB A.4)

매도인은 CIF계약의 경우와는 달리 운송계약을 체결할 의무를 부담하지 않는다. 그러나 매수인의 요청이 있는 경우에 또는 그러한 상사관행이 있고 매수인이 적기에 반대의 지시를 하지 않은 경우에 매도인은 매수인의 위험과 비용으로 목적항까지 물품을 운송하는 것을 내용으로 하는 운송계약을 체결할 수 있다. 운송계약을 체결한 경우에 매도인은 즉시 매수인에게 통지해야 한다.

(5) **보험계약**(INCOTERMS FOB A.5)

매도인은 보험계약을 체결할 의무를 부담하지 않는다. 그러나 매도인은 매수인의 요청이 있는 경우에 매수인의 위험과 비용으로 그가 보험계약을 체결하는 데 필요한 정보를 제공해야 한다.[14)] 매수인은 선적될 물품에 관한 충분한 정보를 갖고 있지 않으면 그 물품을 부보하는 데 어려움을 겪을 것이므로 매도인으로 하여금 매수인이 보험계약의 체결을 쉽게 할 수 있도록 해상보험에 부보하는 데 필요한 정보를 매수인에게 제공하도록 한 것이다.

(6) **인도서류**(INCOTERMS FOB A.6)

매도인은 자기의 비용으로 물품의 인도가 있었다는 통상적 증명(usual proof)을 매수인에게 제공하여야 한다.

물품인도를 증명하는 서류가 운송서류(transport document)[15)]가 아닌 경우에는 매도인은 매수인의 요청이 있는 경우에 그의 비용과 위험으로 운송서류를 취득할 수 있도록 매수인에게 협력해야 한다. 예를 들어, 매도인이 운송인으로부터 선하증권이 아닌 본선수취증을 받은 경우에 매도인은 매수인의 요청이 있는 때에는 매수인의 위험과 비용으로 선적서류를 취득하는 데 협력해야 하는 것이다. 이 규정은 FOB계약은 CIF계약과 달리 물품의 현실인도계약이기 때문에 권리증권인

13) 헤이그규칙 제3조와 우리나라 상법 제794조 및 제795조 참조.
14) 비엔나협약 제32조 제3항 참조.
15) 유통성 선하증권, 비유통성 해상화물운송장, 내수로 운송서류 또는 복합운송증권 등이 이러한 운송서류 또는 선적서류의 예이다.

선하증권의 제공을 매도인의 의무로 규정하고 있지는 않으나 매수인이 요청하는 경우에 선하증권 등 선적서류의 취득에 협조할 의무를 규정한 것이다.

(7) 허가 등(INCOTERMS FOB A.7)

국제거래인 경우에 매도인은 자기의 위험과 비용으로 모든 수출허가(export license), 수출안보허가(security clearance for export), 선적전 검사 또는 그 밖의 공적 허가(official authorization)를 취득하고, 물품의 수출에 필요한 제반 통관(customs formalities)을 이행해야 한다.

또한 매도인은 매수인의 요청이 있는 경우에 그의 비용과 위험으로 수입국이 요구하는 국가안보 관련 요구 및 선적전 검사를 포함해서 물품의 수입 및/또는 최종목적지로의 운송을 위해 필요한 모든 서류와 정보를 매수인이 취득하는 데 협조해야 한다.

(8) 검사, 포장 및 표시(INCOTERMS FOB A.8)

매도인은 물품인도를 위하여 필요한 품질검사, 측정(measuring), 중량검사 및 수량검사 등 물품인도를 위한 검사의 비용을 부담해야 한다.

매도인은 물품을 포장되지 아니한 상태로 선적하는 것이 해당 거래계의 관습이 아닌 한, 자기의 비용으로 물품운송에 필요한 포장을 해야 한다. 매도인은 매수인이 그에게 계약체결 전에 특정한 포장의 요구를 통지하지 않은 한, 당해 운송에 적절한 방식으로 물품을 포장할 수 있다. 포장에는 적절한 표시가 있어야 한다.

이때 포장은 내항성포장(seaworthy packing)이어야 한다. 즉 해상운송에 적합한 포장이어야 하고, 수출국의 수출검사관련법에 의한 적격의 포장이어야 하며, 해상보험에 부보되는 화물에 요구되는 정도의 포장이어야 한다. 특히 해상보험에서 요구되는 수준의 포장을 요구하는 것은 선적시에 물품의 포장이 내항성을 갖추지 못한 때에는 물품이 해상보험에 부보되었다고 할지라도 발생한 손해에 대해서 보험자가 면책되는 까닭에 피보험자는 손해를 보상받지 못하기 때문이다.[16] 또한 운송계약을 체결하고 선적했다고 하더라도 불충분한 포장은 운송인의 면책사유에 속하기 때문에[17] 이로 인한 손해는 매도인이 부담해야 한다. 포장이 충분한지 여부의 판단은 당사자 간에 합의된 구체적인 포장조건을 고려하여 해당 거

16) 적하보험에서 사용되는 협회적하약관은 다음과 같이 규정하고 있다. ICC (A), (B), (C) General Exclusions Clause 4.3. In no case this insurance covers loss damage or expense caused by insufficiency or unsuitability of packing.

17) 헤이그규칙은 제4조 제2항 제n호에서 운송인은 포장의 불충분성으로 인한 손실이나 손해에 대해서 책임을 지지 않는다고 규정하고 있다.

래계의 관습에 따라 합리적으로 이루어져야 할 것이다.[18)]

(9) 비용의 분배(INCOTERMS FOB A.9)

FOB계약상에서 비용부담의 분기점은 물품의 인도시점이다. 즉 매도인은 지정된 선적항에서 물품이 인도될 때까지 물품과 관련한 모든 비용, 물품인도의 증명을 위한 비용, 수출관세 및 수출안보허가와 관련한 비용 및 수출국이 요구하는 선적전 검사비용 등을 부담한다. 또한 매도인은 매수인이 수출안보 관련 요구와 관련한 제반 서류나 정보를 취득하는 데 초래한 비용을 매수인에게 지급해야 한다.

그러나 매수인이 선박지정의 통지의무 등 그의 통지의무를 해태하거나 지정된 선박이 적기에 도착하지 아니하는 등의 경우에는 계약에서 정한 인도기일부터 발생하는 창고료나 보험료 등의 추가비용은 매수인이 부담해야 한다.

(10) 매수인에 대한 통지(INCOTERMS FOB A.10)

매도인은 매수인의 위험과 비용으로 계약에서 정한 바에 따라 물품이 인도되었다는 사실 또는 선박이 합의된 기간 내에 물품을 수령하지 못했다는 사실 등에 관한 충분한 통지를 매수인에게 해야 한다. 이때 충분한 통지(sufficient notice)는 매수인에게 멸실위험과 비용부담의 이전을 인식시키고 또한 매수인이 인도수령을 위한 준비를 적절히 할 수 있도록 하는 정도의 통지를 의미한다.

2. 매수인의 의무

매수인은 계약에서 정한 바에 따라 대금을 지급해야 한다. 또한 매수인은 자기의 비용으로 운송계약을 체결하고, 매도인으로부터 물품을 인수받아야 하며, 매도인의 인도가 있은 때로부터 발생하는 모든 비용과 멸실위험을 부담한다. 아래에서 살펴보는 바와 같이, FOB계약에서 매수인의 가장 중요한 의무는 대금지급의무와 함께 선박의 지정 및 통지의무이다.

(1) 매수인의 일반의무(INCOTERMS FOB B.1)

매수인은 계약에서 정한 대금을 지급하여야 한다. 매수인의 의무와 관련한 모든 문서는 당사자 간에 합의가 있거나 또는 관습이 존재하는 한, 전자기록 또는 절차로 대체가능하다.

FOB계약에서 매도인의 물품제공의무와 매수인의 대금지급의무는 동시이행의

18) 비엔나협약 제35조 제1항 참조; *Manbre Saccharine Co. v. Corn Products Co.* (1919) 1 K.B. 198.

관계에 있기 때문에 매도인은 대금을 지급받기 위해서 물품제공, 구체적으로 물품의 인도를 완료했다는 것을 증명해야 한다. 이 증명을 위하여 필요한 것이 본선수취증이나 선적선하증권인바, 매수인의 대급지급의무의 이행은 매도인이 매매계약의 목적인 물품을 인도하였다는 증거로서 선하증권이나 본선수취증을 제시한 때에 이와 상환으로 대금을 지급하는 방식으로 이루어진다.

비엔나협약은 매수인이 물품을 검사할 때까지 대금을 지급할 의무를 부담하지 않는다고 규정하고 있으나,[19] FOB계약의 경우에 매수인이 물품검사권이나 물품인수거절권을 행사했는지 여부와 상관없이 물품인도시점에 즉시 매수인의 대금지급의무가 발생한다는 것이 일반적 입장이다.[20]

(2) 물품의 수령(INCOTERMS FOB B.2)

매수인은 매도인의 물품인도를 수령해야 한다. 매수인의 물품수령의무는 매도인의 인도의무의 이행을 가능하게 하기 위한 협조의무로서 규정되었다.

(3) 멸실위험의 이전(INCOTERMS FOB B.3)

매수인은 물품이 인도된 때부터 물품의 멸실 또는 훼손에 대한 모든 위험을 부담한다.

매수인이 선박의 이름, 양륙항 및 인도시기에 관하여 통지를 하지 않은 때 또는 매수인이 지정한 선박이 적기에 도착하지 못하거나, 물품을 선적할 수 없었거나 또는 계약에서 정한 날짜보다 일찍 화물선적을 마감한 때에는 매수인은 합의된 인도기일, 인도기간의 종료일, 합의된 기간 내에 제A.10조에 따라 매도인이 통지한 날 또는 인도기간의 종료일로부터 물품의 멸실 또는 훼손에 대한 모든 위험을 부담한다. 다만 물품이 계약에서 정한 물품으로서 특정되지 아니한 경우에는 그러하지 아니하다.[21]

(4) 운송계약(INCOTERMS FOB B.4)

매수인은 자기의 비용으로 지정된 선적항으로부터 물품을 운송하는 내용의 운송계약을 체결해야 한다. 따라서 매도인이 추가적 서비스의 하나로서 목적항까지의 운송계약을 체결하더라도 이는 매수인의 위험과 비용으로 하는 것이다.

---

19) 비엔나협약 제58조 제3항 참조.
20) D. M. Sassoon, *CIF and FOB Contracts* (4th ed., Sweet and Maxwell, 1995), p.415.
21) 비엔나협약 제67조 제2항 참조.

[관련판례] 大判 1996.2.9, 94다27144

본선인도조건(FOB)으로 체결된 수출입매매계약에 있어서는 당사자 사이에 특별한 약정이 없는 한, 매수인이 용선계약을 체결하거나 기타 선복을 확보하여 화물을 선적할 선박을 매도인에게 통지하여 줄 의무가 있는 것이고, 매도인에게는 스스로 확보하여 화물을 선적할 의무가 없는 것이므로, 매도인과 매수인이 본선인도조건(FOB)으로 수출입매매계약을 체결하면서도 매수인이 선복을 확보하지 않고 매도인이 수출지에서 선복을 확보하여 운송계약을 체결하되, 운임은 후불로 하여 운임후불(Freight Collect)로 된 선하증권을 발행받아, 매수인이 수하인 또는 선하증권의 소지인으로서 화물을 수령할 때 운송인에게 그 운임을 지급하기로 약정하였다면, 이는 매수인이 매도인과의 내부관계에서는 운임을 부담하되, 운송인과의 관계에서는 매도인이 매수인의 대리인이 아닌 본인으로서 운송계약을 체결하는 것으로 볼 것이 아니라, 매수인이 매도인에게 자신을 대리하여 운송계약을 체결하는 권한까지 부여하였다고 봄이 상당하다.

(5) 보험계약(INCOTERMS FOB B.5)

매수인은 보험계약을 체결할 의무를 부담하지 않는다.

(6) 인도의 증명(INCOTERMS FOB B.6)

매수인은 매도인이 선적서류 등 인도의무의 이행으로서 제시하는 인도의 증명(proof of delivery)을 수령하여야 한다. 그러나 적합한 인도의 증명이 되지 못하는 서류, 예를 들어 물품수량의 부족 또는 포장의 하자가 기재되어 있는 유보선하증권(claused B/L) 등이 인도되는 때에는 매수인은 이를 수령할 의무를 부담하지 않는다.

매수인의 서류수령의무는 매도인의 인도의무이행에 따른 서류인도의무의 이행을 가능하게 하기 위한 협조의무로서 규정되었다.

(7) 허가 등(INCOTERMS FOB B.7)

국제거래인 경우에 매수인은 자기의 위험과 비용으로 모든 수입허가import license), 수입안보허가(security clearance for import), 선적전 검사 또는 그 밖의 공적 허가(official authorization)를 취득하고, 물품의 수입에 필요한 제반 통관(customs formalities)을 이행해야 한다.

또한 매수인은 매도인의 요청이 있는 경우에 그의 비용과 위험으로 수출국이 요구하는 국가안보 관련 요구 및 선적전 검사를 포함해서 수출통관을 위해 필요한 모든 서류와 정보를 매도인이 취득하는 데 협조해야 한다.

(8) 물품의 검사(INCOTERMS FOB B.8)

매수인은 검사의무를 부담하지 않는다.

(9) 비용의 분배(INCOTERMS FOB B.9)

매수인은 물품이 인도된 때로부터 발생한 물품에 관련된 모든 비용을 부담하며, 여기에는 선적 이후의 해상운임이나 해상보험료 등이 포함된다. 다만 수출에 필요한 통관비용과 수출에 부과될 수 있는 제반 조세 및 공적 수수료(charges)는 여전히 매도인이 부담한다. 또한 매수인은 매도인이 수입안보 관련 요구와 관련한 제반 서류나 정보를 취득하는 데 초래한 비용을 매도인에게 지급해야 한다.

국제거래인 경우에 매수인은 물품수입시 그리고 필요한 경우에는 제3국 통과시 지급되어야 하는 통관비용 및 제반 조세와 공적 수수료를 부담한다.

매수인은 지정한 선박이 적기에 도착하지 못하거나, 물품을 선적할 수 없었거나, 계약에서 정한 날짜보다 일찍 화물선적을 마감하였거나 또는 매수인이 선박의 이름, 양륙항 및 인도시기에 관한 통지를 해태한 때에는 그로 인해 발생한 모든 추가적 비용을 부담한다.

(10) 매도인에 대한 통지(INCOTERMS FOB B.10)

매수인은 선박의 이름, 적재지점 및 필요한 경우에는 인도기간 내 지정된 인도기일에 관하여 매도인에게 충분한 통지를 해야 한다.

매수인의 선박지정의무는 FOB계약에서 물품을 선적할 매도인의 의무에 대한 정지조건(condition precedent)을 구성하기 때문에[22] 매수인이 합리적인 기간 내에 이를 이행하지 않은 경우에는 매도인이 선적의무를 이행하지 않더라도 매수인은 그로 인한 계약위반을 주장할 수 없다. 반면에 매수인의 선박지정의무위반은 계약위반을 구성하기 때문에 매도인은 계약을 해제하거나 손해배상을 청구할 수 있다.

매수인이 통지해야 하는 선박은 계약의 목적인 물품을 운송하기에 적절한 선박이어야 하며, 이때 적절한 선박이라 함은 일반적으로 문제의 선박이 선적항에서 목적항까지 물품을 운송할 준비를 갖추고 있고, 문제의 운송을 감당할 능력을 갖고 있으며, 또한 운송의 의사를 가지고 있을 것을 의미한다. 이는 해상법상의 감항능력과 동일한 개념이라고 할 수 있다. 또한 지정된 선박은 감항능력의 일부로서 계약의 목적인 물품을 운송하기에 필요한 시설, 즉 감하능력을 갖추고 있어

22) Sassoon, *supra* note 20, p.298.

야 한다. 예를 들어 신선한 야채를 운송하기 위해 냉장시설이 필요한 경우에 문제의 선박이 불충분한 냉장시설을 갖추고 있다면 이는 적절한 선박이라 할 수 없다.

매수인의 통지는 매도인이 지정된 선박에 선적을 준비할 수 있는 적절한 시기에 있어야 한다. 계약에 선적기간이 정해져 있는 경우에 매수인은 그 기간 내에 선적이 가능하도록 선박을 지정하여야 한다. 다만 실무적인 편의를 위하여 매수인의 선박지정에 앞서 매도인이 선적준비가 되어 있음을 통지하도록 계약에서 정하고 있는 경우가 많다. 앞에서 설명한 바와 같이, 매수인이 계약에서 정한 기간 내에 선박을 지정하지 않거나 또는 정한 기간이 없는 경우에 합리적 기간 내에 선박을 지정하지 않으면, 이는 본질적 계약위반이 될 것이므로 매도인은 계약을 해제할 수 있을 것이다.

제4절 CIF조건(Cost, Insurance and Freight named port of destination: 운임 및 보험료포함 인도조건)

Ⅰ. 의 의

CIF조건은 정형거래조건 중에서 가장 널리 사용되는 거래조건이다. 또 다른 중요한 거래조건인 FOB조건과 CIF조건 중에서 어느 거래조건을 사용할 것인가는 여러 가지 요소에 의해 결정되는데, 예를 들어 매도인으로서는 선박의 확보가능성이라든가 운임 또는 보험료가 자기에게 유리한 때에는 CIF조건을 선호할 것이며, 반대로 매수인으로서는 자국이 엄격한 외환통제를 하고 있다든가 또는 자국의 선박이나 보험회사를 사용할 것을 법으로 요구하고 있는 경우 등에는 FOB조건을 사용할 것이다.

1. 연 혁

CIF조건에 의한 매매계약, 즉 CIF계약은 해상국인 영국에서 최초로 사용되기 시작하였다. CIF계약은 선적서류의 인도를 그 내용으로 하고 있기 때문에 이 형태의 계약의 발전은 선하증권과 보험증권의 발전과 밀접한 관계를 갖는다.

영국에서 가장 오래된 선하증권은 1538년의 토마스(Thomas)호에 적재한 물품에 대한 것이라고 하며, 가장 오래된 보험증권은 1613년에 작성된 것이라고 한다. 한편 1981년에 개정되어 현재 사용되고 있는 로이즈 보험증권(Lloyd's S. G. Policy)은 1779년에 최초로 작성되었다고 한다. 이러한 증권은 먼저 거래계에서 어느 정도 널리 사용된 후에 이들 서류를 매매계약에서 정한 물품의 인도나 대금의 지급에 사용하는 관행이 점차 확립되었으며, 이와 같은 무역관습이 국제거래계에서 널리 보급됨에 따라 선적서류의 인도를 물품매매계약의 이행방법으로 하는 CIF계약 형태가 나타나게 된 것이다.

CIF계약의 생성배경은 다음과 같은 사실에서 찾을 수 있는데, 즉 기술진보와 통신수단의 발달로 인한 국제무역환경의 변화, 정기선 운송제도의 확립, 정보취득의 용이성 및 외국 당사자와의 계약체결의 용이성 등이 그것이다. 또한 선하증권에 권리증권성을 부여하는 상관습이 확립됨에 따라 영국의 1855년 선하증권법(Bills of Lading Act of 1855)은 선하증권의 소지인에게 물품에 대한 권리를 명문으로 인정하기에 이르렀다. 이 외에도 새로운 무역금융수단이 창안되어 수출입대금의 결제에 은행이 중요한 역할을 하게 되었고 또한 선하증권을 포함한 선적서류를 화환어음결제의 담보로 인정하는 상관습이 발전된 것도 서류인도조건인 CIF계약의 발전에 일조하였다.

CIF계약에서 매수인은 해상보험의 부보와 선복수배의 책임을 부담하지 않기 때문에 CIF계약을 체결하면, 매수인은 해상보험계약이나 해상운송계약 등을 스스로 체결하지 않으면서도 운송 중에 손해가 발생하는 때에는 매도인이 체결한 해상보험을 통하여 그 손해를 보상받을 수 있다.

FOB계약으로부터 발전된 CIF계약은 해상무역에서 FOB계약을 대신하여 사용되기 시작해서 20세기 초에는 CIF계약의 거래량이 다른 정형거래조건을 사용한 계약의 거래량을 훨씬 넘어섰다. 제1차 세계대전이 발발하자 선복확보가 어려워 CIF계약에 의한 거래가 위축되기도 하였으나 종전 후 정상적인 선박수급상태가 회복되자 CIF계약은 다시 우위를 누리게 되었다. 제2차 세계대전 중에 위의 현상이 반복되기도 했지만, 종전 후 CIF계약의 거래량은 다시 이전 수준을 회복하였다. 다만 전후 개발도상국을 중심으로 외환부족현상 때문에 FOB계약으로 수입하도록 하여 외환의 사용을 제한하는 한편, 자국의 해운업이나 보험업을 육성하기 위하여 CIF계약을 이용하여 수출하도록 하는 산업진흥정책을 사용함에 따라 FOB계약의 거래량이 증가한 결과, 오늘날 CIF계약과 FOB계약은 가장 중요한 국제물품매매계약의 형태로 자리잡기에 이르렀다.

2. CIF조건의 정의 및 기능

(1) 정 의

CIF조건은 매도인이 지정된 목적지까지 물품을 운송하기 위한 운송계약을 체결하는 동시에 운송 중의 물품의 멸실 또는 훼손의 위험에 대비하여 해상보험을 부보하여 보험료를 지급하는 것을 내용으로 하는 거래조건이다. CIF조건은 FOB조건과 마찬가지로 물품매매를 내용으로 하는 거래조건으로서 CIF조건의 본질은 매도인이 운송계약과 보험계약을 체결하고, 이를 증명하는 선하증권과 보험증권을 취득한 후에 이들 서류를 다른 선적서류와 함께 대금지급과 상환으로 매수인에게 교부하는 데 있다. 거래실무에서는 편의상 CIF조건에 따른 계약은 물품 그 자체의 매매가 아니라 물품에 관련된 선적서류의 매매라고 설명되기도 하지만, CIF조건은 FOB조건과 마찬가지로 물품매매를 내용으로 하는 거래조건이라는 점에 주의해야 한다.

CIF는 “Cost, Insurance and Freight”의 약어로 운임 및 보험료를 포함하는 거래조건이다. CIF조건은 가격구성요소를 약어로 하고 있지만, 단순한 가격산정조건만을 정한 것은 아니고 계약당사자 간 멸실위험 및 비용의 분배와 계약상 의무의 이행방법 등에 있어서 상세한 내용을 담고 있는 거래조건이다.

CIF계약은 3개의 계약요소로 구성되어 있다. 즉 계약당사자 간의 물품매매계약을 주된 계약으로 하되, 이에 부수하여 매도인은 해상운송계약과 해상보험계약을 체결한다. CIF조건은 FOB조건과는 달리 멸실위험의 이전시점과 비용부담의 이전시점이 일치하지 않는 복잡한 내용을 갖는다.

국제거래의 실제에 있어서 거래의 구체적인 필요에 따라 INCOTERMS에서 정의된 CIF조건의 내용을 변경하여 사용하는 경우가 있다. 계약자유의 원칙이 광범위하게 인정되는 국제거래에 있어서 이는 당연히 허용되지만, 그러한 변경이 CIF조건의 본질적인 내용을 침해해서는 안 된다. 예를 들어 매도인이 선하증권 대신에 목적항에서 자기의 대리인에 대해서 물품인도를 청구하는 것을 내용으로 하는 하도지시서(인도지시서; delivery order)로써 인도할 수 있도록 하거나 또는 물품 자체를 인도할 수 있다는 등의 내용을 둠으로써 인도되는 선적서류의 성질을 본질적으로 변경하는 경우에는 비록 CIF조건이라는 용어를 사용한다고 할지라도 이는 CIF조건의 본질을 훼손하는 변경으로 문제의 계약은 CIF계약이 아니다.[23]

---

23) Clive M. Schmitthoff, *Schmitthoff's Export Trade* (9th ed., 1990, Stevens & Sons), p.36.

일반적으로 CIF조건의 본질적인 내용으로 인정되고 있는 요소로는 매수인의 대금지급과 상환으로 매도인의 선적서류의 인도가 있어야 한다는 점과 운송계약과 보험계약의 당사자인 매도인의 이들 계약상의 모든 권리·의무가 선적서류의 이전을 통해 매수인에게 양도됨으로써 매수인과 운송인 및 보험자 간에 직접적인 법률관계가 형성되어 운송물이 멸실 또는 훼손된 경우에 매수인이 운송인 또는 보험자에 대하여 직접 손해배상 또는 보험금지급의 청구를 할 수 있어야 한다는 점 등을 들 수 있다.

(2) 기 능

국제거래에서 매수인 자신이 최종소비자인 경우는 거의 없고, 매수인은 신속히 물품의 처분권을 취득하여 그 물품을 전매하거나 또는 그를 담보로 은행으로부터 신용을 얻고자 하는 경우가 많다. 반면에 매도인으로서는 물품의 매매에 더하여 매수인에게 운송이나 보험 서비스를 제공함으로써 자기의 이익을 증가시키려고 하는 한편, 대금과 상환으로만 물품의 처분권을 매수인에게 양도하고 나아가 물품이 멸실되거나 훼손되는 경우에 그 책임을 부담하지 않으려고 한다.

CIF조건은 매도인과 매수인의 그러한 목적에 부합하는 계약형태이다. 즉 CIF조건에 따른 계약에서는 선적서류를 통하여 운송 중인 물품을 자유로이 매매할 수 있기 때문에 매도인으로서는 선적서류와 상환으로 물품이 목적지에 도착하기 전이라도 대금을 지급받을 수 있는 이점이 있고, 매수인으로서는 선적서류의 양도를 통해서 실제로 물품이 도착하기 전이라도 이를 제3자에게 전매할 수 있다는 이점이 있다. 특히 매도인이 운송계약과 보험계약을 체결하기 때문에 매도인으로서는 계약의 목적인 물품에 가장 적합한 운송인과 보험자를 선택할 수 있을 뿐 아니라, 운임과 보험료를 자국 시장에 유보하면서도 위험은 선적과 동시에 매수인에게 이전할 수 있게 된다. 이 때문에 매도인은 흔히 CIF조건의 계약을 선호한다.

3. CIF조건의 특징

(1) 서류인도조건

CIF조건의 가장 주된 특징은 계약에 따른 매도인의 의무이행이 물품의 현실인도가 아닌 서류의 인도로써 이루어진다는 점이다. 따라서 매수인은 매도인에 대해 선적서류의 인도를 요구할 수 있을 뿐이다. CIF조건의 계약에서 매수인은 서류를 거절하면서 물품 자체를 요구할 수 없고, 매도인도 서류를 인도하지 아니하고 물품만을 인도할 수는 없다. 즉 CIF계약에서는 매도인이 제시한 선적서류가 계약에 합치한다면, 매수인은 물품의 도착 여부에 상관없이 대금을 지급해야 한다. 반대로 물품이 목적항에 무사히 도착했다고 해도 매도인이 계약에 합치하는 선적서류를 인도하지 못했다면 매수인은 물품의 인수를 거절할 수 있다.

매수인은 선적서류, 특히 선하증권의 양도를 통해서 물품을 자유롭게 처분할 수 있기 때문에 CIF조건은 물품의 운송 중에도 계속적인 매매가 가능하도록 해준다. 이 때문에 CIF계약에서 선하증권은 지시식 또는 유통성으로 발행된다.

CIF조건의 서류인도적 성질을 강조하여 CIF조건의 계약을 서류매매계약이라고 보는 입장도 있지만,[24] 앞에서 설명한 것처럼 CIF계약에서도 매도인이 유효한 선적서류를 제시했다 하더라도 매수인은 물품이 계약에 적합하지 않은 경우에 부적합에 기한 구제수단을 행사할 수 있다는 점에서 CIF계약은 여전히 물품매매계약이다.[25] 다만 계약의 목적인 물품의 인도는 물품에 대한 권리를 표창하는 선하증권 등 선적서류의 인도를 필요적 요건으로 물품의 현실인도가 아닌 선적서류의 인도에 의하여 물품인도의무가 이행되며, 그로써 물품에 대한 권리가 매도인으로부터 매수인에게로 이전되는 것일 뿐이다.

(2) 선적지인도조건

CIF 용어 뒤에 목적항이 기재됨에도 불구하고, CIF조건은 FOB조건과 마찬가지로 매도인이 선적항에서 본선상에서 물품을 인도해야 하는 선적지인도조건이며, 멸실위험도 FOB조건의 경우와 같이 물품이 인도된 때에 매수인에게 이전한다. 주의할 것은 매매계약 중에 CIF라는 용어가 사용되었다는 이유만으로 그 계약을 선적지인도계약이라고 할 수는 없고, 매매계약 중에 CIF조건의 본질을 해치는 조항이 포함되어 있는 경우에는 CIF를 단순히 가격조건으로 취급하고 계약 자체는 이를 도착지매매로 보아야 할 경우도 있다는 점이다.[26]

(3) 도착지가격조건

CIF조건에서 멸실위험은 선적항에서 물품이 인도된 때에 매수인에게 이전하

---

24) *Arnhold Karberg & Co. v. Blythe, Green, Jourdain & Co.* (1916) 1 K.B. 510; *Biddell Bros Co. v. E. Clemens Horst Co.* (1911) 1 K.B. 214; *Manbre, Saccharine Co. Ltd. v. Corn Products Co. Ltd.* (1919), 1 K.B. 198.

25) D. M. Day & Bernardette Griffin, *The Law of International Trade* (2nd ed., 1993, Butterworths), p.58.

26) 예를 들어 가격조건 중에 CIF라는 용어가 사용되었다고 하더라도 계약내용에 "The goods are to be at the risk of seller until actual delivery to the buyer" 등의 문언이 포함되어 있는 경우에는 이 계약은 도착지매매계약으로 보아야 하며, 따라서 진정한 CIF계약이라고 할 수 없다.

지만, 물품이 인도된 후의 비용, 즉 운임과 보험료는 계약가격에 포함되어 있어서 실제로는 매도인이 이를 부담한다. 이처럼 CIF조건은 물품이 양륙항 또는 목적항에 도착할 때까지의 비용을 매도인이 부담하는 도착지가격을 표시하기 때문에[27] FOB조건과는 달리 CIF조건에서는 멸실위험의 분기점과 비용의 분기점이 다르다.

II. 2020년 INCOTERMS상의 CIF조건

CIF조건은 해상운송 및 내수로운송에만 사용될 수 있다.

CIF조건에서 계약의 목적인 물품이 선적항에서 본선에 적재된 때에 매도인은 그의 인도의무를 다하지만, 동시에 지정된 목적항까지 물품을 운송하는 데 필요한 비용 및 운임을 부담한다. 그러나 물품이 인도된 후에 발생하는 물품의 멸실이나 훼손의 위험 및 추가적 비용은 매수인이 이를 부담한다.

CIF조건에서는 멸실위험의 이전시점과 비용의 분기점이 다르다. CIF계약은 언제나 목적항을 표시하지만, 멸실위험의 이전지점이 되는 선적항은 명시하지 않을 수 있다. 따라서 매수인으로서 멸실위험의 이전지점을 확실히 하기를 원하는 때에는 계약 자체에 가능한 한 구체적으로 선적항을 확정해 놓는 것이 바람직하다.

CIF조건에서 매도인은 매수인이 부담하는 운송중의 멸실 또는 훼손의 위험을 해상보험에 부보해야 한다. 따라서 매도인은 해상보험계약을 체결하고 보험료를 지급한다. CIF조건에서 매도인은 단지 최소수준의 해상보험계약을 체결하는 것으로 그의 보험계약체결의무를 다하는 것이기 때문에 매수인은 보다 포괄적인 내용의 보험계약을 원하는 경우에는 매매계약에서 매도인과 명시적인 합의를 하거나 또는 스스로 별도의 보험계약을 체결해야 한다.

1. 매도인의 의무

CIF조건은 물품의 가격(cost), 보험료(insurance) 및 운임(freight) 등 3가지 요소가 포함된 거래조건이다. CIF계약은 매도인이 스스로 체결한 운송계약에 따라 물품을 선적하고 운송 중의 멸실위험에 대하여 해상보험에 부보한 후에 상업송장, 선하증권 및 보험증권 등 선적서류를 구비하여 이를 매수인에게 제시하면, 매수인은 매도인으로부터 인도받은 선적서류와 상환으로 물품대금을 지급하는 서

27) CIF가격에는 운임과 보험료가 포함되어 있기 때문에 CIF조건은 복합가격조건이라고도 불린다.

류인도계약이다. 그러므로 진정한 CIF계약에서는 선적 후에 물품이 멸실된 때에도 매도인은 선적서류의 제시에 의해서 대금을 지급받는다.

(1) 매도인의 일반의무(INCOTERMS CIF A.1)

매도인은 매매계약에 따라 물품과 상업송장 및 계약상 요구되는 계약적합의 다른 증거를 제공해야 한다. 매도인의 의무와 관련한 모든 문서는 당사자 간에 합의가 있거나 또는 관습이 존재하는 한, 전자기록 또는 절차로 대체가능하다.

이 의무는 FOB조건에서 매도인의 일반의무와 동일하다.

(2) 인도(INCOTERMS CIF A.2)

매도인은 물품을 본선에 적재함으로써 인도하거나 또는 그렇게 인도된 물품을 구입함으로써 물품을 인도해야 한다. 어느 경우에나 매도인은 합의된 일자 또는 합의된 기간 내에 그리고 그 항구의 관습적인 방법으로 물품을 인도해야 한다.

CIF계약은 본질적으로 물품매매계약이기 때문에 FOB계약의 경우와 마찬가지로 매도인은 물품의 인도의무를 부담하는 것이다.

(3) 멸실위험의 이전(INCOTERMS CIF A.3)

매도인은 물품인도가 있을 때까지 물품의 멸실 또는 훼손에 대한 모든 위험을 부담한다. 이 규정은 FOB조건의 경우와 같이 멸실위험부담의 분기점을 물품의 인도가 있은 때로 하고 있다.

CIF조건에서는 매도인이 운임과 보험료를 부담하더라도 위험의 이전은 FOB조건의 경우와 마찬가지로 인도가 이루어진 때에 매수인에게 이전된다. 이와 같이 CIF조건에서는 FOB조건과는 달리 멸실위험부담의 분기점과 비용부담의 분기점이 다른 것이 특징이다.

(4) 운송계약(INCOTERMS CIF A.4)

매도인은 인도지 또는 합의가 있는 경우 그 안의 일정한 인도지점으로부터 지정된 목적항 또는 합의가 있는 경우 그 안의 일정한 지점까지 물품운송을 위한 계약을 체결하거나 또는 그러한 계약을 구입해야 한다. 운송계약은 매도인의 비용으로 통상적 조건으로 체결되어야 하며, 당해 물품의 운송에 통상 사용되는 형태의 선박으로 통상의 항로(usual route)의 운송을 정하고 있어야 한다. 또한 매도인은 목적지로의 운송을 위한 제반 운송 관련 국가안보요구를 준수해야 한다.

CIF계약에서 매도인은 계약의 목적인 물품의 운송에 적절한 운송인을 선택하여 운송계약을 체결해야 한다. 즉 매도인은 단지 선적지 또는 인도지에서 합의된 기간 내에 계약에서 정한 품질과 수량의 물품을 선적해야 할 뿐 아니라, 적절한 운송계약을 체결하고 그 계약에 따라 선하증권을 취득해야 하는 것이다.

[관련판례] 大判 1995.6.26, 93다61543

CIF매매계약에 있어서 선적기간의 표기는 불가결하고 중요한 계약요건이 되며, 더욱이 매매의 목적물이 매매 당시에 가격변동이 심한 원자재이고, 매수인은 수출입을 주된 업무로 하는 종합상사로서 전매를 목적으로 하여 매매계약을 체결할 경우에는 보통 수입상은 수입원자재의 재고량, 수요, 공급상황, 국제 및 국내의 가격동향, 선적지로부터 양륙지까지의 물품의 항해일수 등을 감안하여 가장 유리한 시점에 물품이 수입항에 도착되도록 수출상과 교섭하여 선적기일을 정하는 것이므로 선적기일에 관한 약정은 계약상 특히 중요한 의미를 가지며, 선적이 늦어지는 경우에는 사정에 따라서는 매수인이 손해를 볼 우려가 있으며, 또 매매대금은 매도인을 수익자로 하는 신용장을 개설하는 방법에 의하여 결제하기로 하였으며, 매도인으로서는 계약상 내지 신용장 개설은행에 제시하여야만 은행으로부터 그 대금을 지급받을 수 있다는 등의 사정을 종합하면 이 사건 알루미늄매매계약은 그 성질 또는 당사자의 의사표시에 의하여 약정된 선적기간 내에 선적되지 아니하면 계약의 목적을 달성할 수 없는 상법 제68조 소정의 이른바 확정기매매에 해당한다고 봄이 상당하다.

CIF계약에서 운송항로가 지정되어 있는 경우에는 매도인은 그 항로를 통하여 목적지로 향하는 선박에 물품을 선적해야 한다. 이러한 운송항로는 물품의 도착시기, 해상보험 및 매도인이 부담하는 운임 및 보험료 등과 밀접한 관계가 있기 때문에 불가항력에 의하여 매도인이 합의된 항로를 통하여 물품을 목적지로 운송할 수 없는 경우에는 계약위반이 된다.

(5) 보험계약(INCOTERMS CIF A.5)

달리 합의하거나 또는 당해 거래계에 다른 관습이 있는 경우가 아니라면, 매도인은 자기의 비용으로 최소한 협회적하약관[Institute Cargo Clauses(LMA/ IUA)]의 약관 (C)나 그에 유사한 약관이 제공하는 최소한의 부보(minimum cover) 수준의 적하보험을 체결해야 한다. 보험은 평판이 좋은(of good repute) 보험인수인(underwriters) 또는 보험회사(insurance company)와 체결되어야 하며, 매수인 또는 물품에 대해 피보험이익을 갖는 자로 하여금 보험자에게 직접 보험금을 청구할 권리를 제공해야 한다.

매수인이 요청하는 경우에 매도인은 그가 요구하는 필요한 정보를 매수인이 제공하는 것을 조건으로 매수인의 비용으로 협회전쟁약관(Institute War Clauses) 및/또는 협회파업약관(Institute Strike Clauses) 또는 그에 유사한 약관이 제공하는 부보와 같은 추가부보를 제공해야 한다.

보험계약은 최소한 계약가격의 110%를 부보하고 또한 계약상의 통화로 부보되어야 한다. 매도인은 인도지점부터 최소한 목적항까지 물품을 부보해야 한다. 매도인은 매수인에게 보험증권 또는 다른 부보의 증거를 제공해야 한다.

매수인의 요청이 있는 경우에 그의 위험과 비용으로 매도인은 매수인이 추가보험을 구입하는 데 필요한 정보를 제공해야 한다.

(6) 인도서류(INCOTERMS CIF A.6)

매도인은 자기의 비용으로 합의된 목적항을 위한 통상적 운송서류를 매수인에게 제공해야 한다.

운송서류는 계약물품을 표시하고, 합의된 선적기일 내 일자로 되어 있으며, 매수인에게 목적항에서 운송인에게 물품의 인도를 청구할 수 있는 권리를 제공해야 하고 또한 달리 합의되지 않는 한, 매수인으로 하여금 운송서류의 교부나 운송인에 대한 통지에 의해서 운송중 물품을 판매할 수 있도록 해야 한다. 이때 CIF계약에서 대금지급과 동시이행의 관계에 있는 것은 운송서류의 인도이지, 물품 그 자체의 인도가 아니라는 점에 주의해야 한다.

운송서류가 지시식으로 수통의 원본으로 발행되는 경우에는 원본 모두가 매수인에게 제공되어야 한다.

1) 상업송장

FOB조건의 경우와 마찬가지로 매도인은 매수인에게 매매계약에 따라 물품을 인도하고, 인도되는 물품이 계약에 적합하다는 증명을 제공해야 하는데, 이것이 상업송장(commercial invoice)이다. 이 상업송장은 매도인의 입장에서 보면 인도되는 물품의 명세서, 판매계산서 및 대금청구서이고, 매수인의 입장에서 보면 물품의 구매서가 된다. 상업송장은 계약금액의 기준으로서 중요한 의미를 갖는데, 화환어음의 결제시에 매도인이 발행하는 환어음금액은 일반적으로 송장금액(full invoice value)을 그 금액으로 한다.

상업송장은 계약에 엄격하게 합치하도록 작성되어야 하는데, 이는 특히 신용장거래에서 이른바 엄격일치의 원칙에 따라 상업송장의 내용이 신용장의 내용과 약간의 차이만 있어도 개설은행 또는 매입은행이 그 상업송장의 인수를 거절하면서 신용장금액의 지급을 거절할 수 있기 때문이다(UCP 600 제18조 제c항).

흔히 매도인은 견적송장(pro forma invoice)을 매수인에게 보내기도 하는데, 이는 앞으로 매수인 앞으로 송부될 물품의 정보를 사전에 알려 주는 것이며, 매도인이 매매계약을 이행할 방법에 대한 정보를 제공할 뿐, 그 자체 상업송장의 지위를 갖지는 않는다.

2) 선하증권

선하증권(bill of lading: B/L)은 운송물의 인도청구권을 표창하는 유가증권으로서 운송계약의 증거, 운송물 수령의 영수증 및 운송물에 대한 권리를 표창하는 권리증권으로서의 기능을 한다. 선하증권의 권리증권성은 선하증권의 교부로써 운송물에 대한 권리가 매도인으로부터 매수인에게 이전될 수 있도록 한다는 점에서 특히 중요한 의미를 갖는다(상법 제131조 및 제815조 참조). CIF계약에서 매도인이 제공하는 선하증권은 운송인이 운송물을 외견상 양호한 상태(in an apparently good order)로 수령하지 않았다는 운송인의 기재가 문면상 나타나지 아니하는 무유보선하증권(clean B/L)이어야 한다.

CIF조건에서 물품에 대한 권리는 일반적으로 선하증권이 매수인에게 양도되거나 또는 신용장에 의한 대금결제의 경우에는 개설은행에 선하증권이 양도되는 때에 매수인에게 이전된다. 다만 선하증권이 매수인에게 양도된 때에도 매도인이 명시적으로 대금지급을 받을 때까지 처분권을 유보함을 표시한 때에는 물품에 대한 권리는 매수인에게 이전하지 않는다.

물품에 대한 권리의 이전으로 매수인은 물품에 대한 처분권을 취득하지만, 이는 검사에 의해 물품이 계약에 적합할 것을 해제조건으로 하는 조건적 권리이다. 이는 CIF계약이 본질적으로 물품의 매매를 내용으로 하기 때문에 인도된 물품이 계약에 부적합한 경우에는 그 물품을 매도인에게 반환할 수 있고, 반대로 매수인이 대금지급을 거절하는 경우에 매도인이 이를 제3자에게 매각할 수도 있는 까닭이다.

3) 보험서류

해상보험증권(marine insurance policy) 또는 보험증명서(certificate of insurance)는 운송 중에 물품이 멸실 또는 훼손된 경우에 매수인이 보험자에게 보험금을 청구하기 위해 사용하는 서류이다. CIF계약에서 매도인은 매수인을 피보험자로 하는 제3자를 위한 보험계약의 형식으로 체결하거나 또는 지시식 보험증권을 발행받아 이를 매수인에게 배서양도하게 된다.

인도되는 보험증권은 유효한 것이어야 한다. 예를 들어 부실고지 또는 계약체결 후 담보의무의 위반 등으로 보험자가 계약을 해제할 권리를 갖거나 또는 보험자가 면책된다면, 이러한 보험증권은 CIF조건상의 적격한 선적서류라고 볼 수 없다. 선하증권과 마찬가지로 보험증권은 당해 CIF계약의 내용인 물품만을 부보해야 하며, 다른 물품을 함께 부보해서는 안 된다. 왜냐하면 이러한 경우에 매수인은 계약의 목적인 물품이 멸실 또는 훼손된 때 보험증권상의 권리를 행사함에 있어서 다른 피보험자와 함께 권리행사를 해야 하는 등 복잡한 문제가 발생하기 때문이다.

4) 기타 선적서류

CIF계약의 당사자는 이들 서류 이외에 다른 선적서류를 인도하기로 합의할 수 있는데, 다른 선적서류의 예로는 원산지증명서(certificate of origin), 품질증명서(certificate of quality) 또는 검사증명서 등이 있다. 이들 서류는 CIF계약의 필요적 선적서류는 아니지만, 계약에 따라 요구되는 이상, 필요적 선적서류와 마찬가지로 계약에 적합해야 하는 것은 물론이다.

원산지증명서는 매수인이 자국의 관세법 또는 수입규제와 관련하여 문제의 물품이 특정 국가 또는 지역의 산물임을 증명하는 서류이다. 품질증명서는 일반적으로 계약에서 지정한 개인이나 기관이 물품이 계약에서 정한 품질을 갖추고 있음을 인증하는 서명된 서류이다. 흔히 계약상의 합의에 따라 품질증명서는 물품의 품질에 관해서 반증이 허용되지 아니하는 확정적 증거로 된다.

(7) 허가 등(INCOTERMS CIF A.7)

국제거래인 경우에 매도인은 자기의 위험과 비용으로 모든 수출허가(export license), 수출안보허가(security clearance for export), 선적전 검사 또는 그 밖의 공적 허가(official authorization)를 취득하고, 물품의 수출에 필요한 제반 통관(customs formalities)을 이행해야 한다.

또한 매도인은 매수인의 요청이 있는 경우에 그의 비용과 위험으로 수입국이 요구하는 국가안보 관련 요구 및 선적전 검사를 포함해서 물품의 수입 및/또는 최종목적지로의 운송을 위해 필요한 모든 서류와 정보를 매수인이 취득하는 데 협조해야 한다.

이 의무는 FOB조건에서 매도인의 허가취득의무와 동일하다.

(8) 검사, 포장 및 표시(INCOTERMS CIF A.8)

매도인은 물품인도를 위하여 필요한 품질검사, 측정(measuring), 중량검사 및 수량검사 등 물품인도를 위한 검사의 비용을 부담해야 한다.

매도인은 물품을 포장되지 아니한 상태로 선적하는 것이 해당 거래계의 관습이 아닌 한, 자기의 비용으로 물품운송에 필요한 포장을 해야 한다. 매도인은 매수인이 그에게 계약체결 전에 특정한 포장의 요구를 통지하지 않은 한, 당해 운송에 적절한 방식으로 물품을 포장할 수 있다. 포장에는 적절한 표시가 있어야 한다.

(9) 비용의 분배(INCOTERMS CIF A.9)

매도인은 물품이 인도될 때까지 물품에 관련된 모든 비용을 부담한다. 또한 매도인은 운임 및 운송계약에 따라 그가 부담해야 하는 적재비용(costs of loading) 및 운송과 관련한 국가안보비용, 운송계약에 따라 그가 부담해야 하는 목적항에서 양하를 위한 수수료 및 운송계약에 따라 매도인이 부담해야 하는 운송비용(cost of transit)을 부담해야 한다. 매도인은 보험계약체결의 결과 발생하는 보험비용(costs of insurance)을 부담해야 한다.

또한 국제거래인 경우에 매도인은 수출에 필요한 통관비용 및 관세나 조세 또는 수출에 부과될 수 있는 기타 공적 수수료를 지급해야 한다. 또한 매도인은 매수인이 수출안보 관련 요구와 관련한 제반 서류나 정보를 취득하는 데 초래한 비용을 매수인에게 지급해야 한다.

CIF조건은 매도인에게 물품인도의무, 목적항까지 운임과 보험료의 부담 및 선적서류의 제공 등을 매매계약상의 의무로 부과하고 있다. 따라서 CIF조건으로 수출하는 경우에는 매도인은 수출자와 송하인의 지위를 겸하며, 물품을 선적하여 외국에 송부하기 위하여 관세법에 따라 수출통관을 이행해야 한다. 이 때문에 CIF계약에 의하여 매도인이 부담해야 하는 비용에는 ① 물품을 선적할 때까지의 모든 비용, ② 해상운임과 해상보험료, ③ 선적서류의 준비와 제공에 필요한 모든 비용 및 ④ 수출통관절차에 수반되는 모든 비용 등이 포함된다.

(10) 매수인에 대한 통지(INCOTERMS CIF A.10)

매도인은 그의 물품인도의무에 따라 물품의 인도가 이루어졌음을 매수인에게 통지해야 한다. 또한 매도인은 매수인이 목적항에서 물품수령을 위해 통상적으로 필요한 조치를 취하는 데 필요한 모든 통지를 매수인에게 해야 한다.

2. 매수인의 의무

(1) 매수인의 일반의무(INCOTERMS CIF B.1)

매수인은 계약에서 정한 대금을 지급하여야 한다. 매수인의 의무와 관련한 모든 문서는 당사자 간에 합의가 있거나 또는 관습이 존재하는 한, 전자기록 또는 절차로 대체가능하다.

CIF조건에서 인도는 선적서류의 인도를 의미하기 때문에 매수인은 선적서류를 인도받은 이상 물품이 목적지에 도착하거나 물품의 검사가 끝날 때까지 대금의 지급을 연기할 수 없다. 계약에 물품이 도착한 후에 매수인이 대금을 지급한다는 내용의 별도의 합의가 있는 경우에는 매도인은 매수인에 대하여 대금지급 전에 실행가능한 예비검사(preliminary inspection)를 용인해야 한다. 주의할 것은 이러한 특약은 대금지급시기를 연기한 것에 불과하고, 물품의 도착을 대금지급의 조건으로 해서는 안 된다는 점이다.

(2) 물품의 수령(INCOTERMS CIF B.2)

매도인의 의무 제A.2조에 따라 물품이 인도된 때에는 매수인은 그 인도를 인수해야 하며, 목적항에서 운송인으로부터 물품을 수령해야 한다.

CIF계약에서 매도인은 서류의 인도로써 자기의 의무를 이행하기 때문에 매수인은 선적서류가 제공되면 그것이 계약에 적합한지 여부를 조사한 후, 그 서류를 수령하고 또한 계약에 정한 대금을 지급해야 한다. 그럼에도 불구하고 CIF계약은 여전히 서류매매계약이 아니라 물품매매계약이기 때문에 CIF계약에서도 매수인은 FOB계약의 경우와 마찬가지로 물품수령의무를 부담하는 것이다.

(3) 멸실위험의 이전(INCOTERMS CIF B.3)

매수인은 물품이 인도된 때부터 물품의 멸실 또는 훼손에 대한 모든 위험을 부담한다.

매수인은 합의된 선적일 또는 목적항 내에서 수령지점 등에 관한 그의 통지의무를 다하지 않은 경우에는 선적일 또는 선적기간의 종료일부터 물품의 멸실 또는 훼손에 대한 모든 위험을 부담한다. 다만 물품이 계약의 목적인 물품으로 특정되지 아니한 경우에는 그러하지 아니하다.

(4) 운송계약(INCOTERMS CIF B.4)

매수인은 운송계약을 체결할 의무를 부담하지 않는다.

(5) 보험계약(INCOTERMS CIF B.5)

매수인은 운송계약을 체결할 의무를 부담하지 않는다. 그러나 매수인은 매도인의 요청이 있는 경우에 매수인이 요구하는 추가보험을 구입하는 데 필요한 정보를 매도인에게 제공해야 한다.

(6) 인도서류(INCOTERMS CIF B.6)

매수인은 매도인이 제시하는 운송서류가 계약에 적합한 때에는 이를 수령해야 한다.

CIF계약에서 운송서류가 제시되면 매수인은 그와 상환으로 대금의 지급, 환어음의 인수 또는 그에 대한 지급을 통해서 자기의 의무를 이행하지만, 후에 도착한 물품에 하자나 수량부족과 같은 계약부적합이 발견되면 매수인은 계약의 해제, 대금의 감액 또는 손해배상의 청구 등의 구제수단을 행사할 수 있다. 왜냐하면 CIF계약은 여전히 물품매매계약이기 때문이다.

(7) 허가 등(INCOTERMS CIF B.7)

국제거래인 경우에 매수인은 자기의 위험과 비용으로 모든 수입허가import license), 수입안보허가(security clearance for import), 선적전 검사 또는 그 밖의 공적 허가(official authorization)를 취득하고, 물품의 수입에 필요한 제반 통관(customs formalities)을 이행해야 한다.

또한 매수인은 매도인의 요청이 있는 경우에 그의 비용과 위험으로 수출국이 요구하는 국가안보 관련 요구 및 선적전 검사를 포함해서 수출통관을 위해 필요한 모든 서류와 정보를 매도인이 취득하는 데 협조해야 한다.

이 규정은 FOB조건의 경우와 동일하다.

(8) 검사, 포장 및 표시(INCOTERMS CIF B.8)

매수인은 검사, 포장 및 표시와 관련한 어떤 의무도 부담하지 않는다.

(9) 비용의 분배(INCOTERMS CIF B.9)

매도인이 부담해야 하는 운임 및 보험료를 제외하고 매수인은 물품이 인도된 때로부터 물품과 관련한 모든 비용을 부담한다. 매도인은 운송계약상 매도인이 부담하지 않는 전적비용(cost of transit) 및 목적항에서 양하를 위한 비용을 부담해야 한다. 매수인은 그의 요구에 따라 추가 부보가 있었던 경우에 그로 인한 추가 보험료를 부담해야 한다. 또한 매수인은 매도인이 수입안보 관련 요구와 관련한 제반 서류나 정보를 취득하는 데 초래한 비용을 매도인에게 지급해야 한다.

국제거래인 경우에 매수인은 물품수입시 지급되어야 하는 통관절차비용 및 제반 조세와 공적 수수료와 제3국 통과를 위한 비용을 부담한다.

매수인이 합의된 선적일 또는 목적항 내에서 수령지점 등에 관한 그의 통지 의무를 다하지 않은 경우에는 매수인은 선적일 또는 선적기간의 종료일로부터 물품과 관련해서 발생하는 추가적 비용을 부담한다. 다만 물품이 계약의 목적인 물품으로 특정되지 아니한 경우에는 그러하지 아니하다.

(10) 매도인에 대한 통지(INCOTERMS CIF B.10)

매수인에게 물품의 선적일 및/또는 목적항 내 물품수령지점을 지정할 권리가 있는 경우에 매수인은 매도인에게 그에 관한 충분한 통지를 하여야 한다. 이러한 통지의 의무를 이행하지 아니한 경우에 매수인은 선적일 또는 선적기간의 종료일로부터 물품에 대한 모든 위험과 추가적 비용을 부담한다.

제5절 기타의 거래조건

Ⅰ. 모든 운송방식에 사용될 수 있는 조건

이하에서 설명하는 정형거래조건은 복합운송을 포함하여 운송방식에 상관없이 사용될 수 있다.

(1) EXW조건(Ex Works named place: 공장인도조건)

EXW조건은 매도인이 그의 영업소 또는 작업장, 공장이나 창고 등 계약에서 정한 장소에서 매수인이 처분할 수 있는 상태에 둔 때 인도한 것으로 하는 거래조건이다. 매도인은 물품을 집하차량(collecting vehicle)에 적재할 의무를 부담하지 않고, 또한 수출통관 등이 필요한 경우에도 이를 이행할 것이 요구되지도 않는다.

매수인은 매도인의 영업소로부터 물품을 운송하는 데 소요되는 모든 비용을 부담한다. 따라서 매도인으로 하여금 출발시 물품의 적재를 책임지고, 그러한 적재와 관련한 모든 위험 및 비용을 부담하도록 하고자 하는 때에는 매매계약에 그러한 내용이 명시되어야 한다.

이 조건은 매도인의 의무의 범위가 가장 적은 조건으로, 국내거래에 적당하다. 국제거래에는 일반적으로 FCA조건이 보다 적절하다.

1) 당사자의 의무

매도인은 매매계약에 적합한 물품을 계약에서 정한 일자와 장소에서 집하차량(collecting vehicle)에 적재하지 아니한 상태로 매수인의 처분가능한 상태에 둠으로써 인도하고, 물품이 계약에 적합함을 증명하는 상업송장 및 계약상 요구되는 계약적합의 다른 증명을 제공해야 한다(EXW A.1). 매도인은 매수인이 물품의 인도를 수령하기 위해 필요한 모든 통지를 매수인에게 해야 한다(EXW A.10). 국제거래인 경우에 매도인은 매수인의 요청이 있는 때에는 매수인의 위험과 비용으로 물품의 수출에 필요한 수출허가 또는 그 밖의 다른 공적 허가를 취득하는 데 협력해야 한다(EXW A.7).

한편 매수인은 대금을 지급하고, 물품을 수령하며, 수령의 증명을 매도인에게 제공해야 한다(EXW B.1,B.2 및 B.6). 국제거래인 경우에 매수인은 자기의 위험과 비용으로 모든 수출 및 수입허가 또는 그 밖의 다른 공적 허가를 취득해야 하며, 필요한 경우에는 물품수출을 위한 모든 통관을 이행해야 한다(EXW B.7).

2) 멸실위험 및 비용부담의 분기점

멸실위험과 비용의 부담은 매도인이 물품을 계약에서 정한 일자나 기간 내에 지정된 인도장소에서 매수인의 처분가능한 상태에 둔 때에 매수인에게 이전한다(EXW A.3 및 B.3). 따라서 매도인은 물품제조, 포장 및 검사 등의 비용을 부담할 뿐이며, 이후 물품을 집하차량에 적재하고 수입국의 목적지까지 운반하는 데 소요되는 일체의 비용과 위험은 매수인이 이를 부담한다.

(2) FCA조건(Free Carrier named place: 운송인인도조건)

FCA조건은 매도인의 영업소 또는 다른 지정된 장소에서 매수인이 지정하는 운송인 등에게 인도하는 것을 내용으로 하는 거래조건이다. 이때 운송인은 운송계약에 따라 철도, 도로, 항공, 해상 또는 내수로운송 또는 복합운송의 방식으로 운송할 의무를 지는 자를 의미한다. 매수인이 물품을 수령할 자로서 운송주선인(freight forwarder) 등 운송인 이외의 자를 지정하는 경우에는 매도인은 물품을 그에게 인도한 때 인도의무를 이행한 것으로 된다.

국제거래인 경우에 매도인은 수출통관을 해야 하지만, 수입통관을 하거나 수입관세를 지급하거나 또는 다른 수입통관절차를 행할 의무를 부담하지 않는다.

FCA조건은 매도인이 지정된 장소에서 지정된 운송인 등에게 인도하는 것을 내용으로 하는 부분을 제외하면, 선적항에서 본선에 물품을 적재함으로써 인도하는 FOB조건과 그 내용에 있어서 동일하다.

1) 당사자의 의무

매도인은 계약에 적합한 물품을 계약에서 정한 일자와 장소에서 매수인이 지정한 운송인 등에게 인도해야 한다(FCA A.1 및 A.2). 이때 인도는 인도장소가 매도인의 영업소인 경우에는 매수인이 제공한 운송수단에 적재함으로써, 그 외의 경우에는 물품이 지정된 장소에서 매도인의 운송수단으로부터 양하를 위한 준비를 갖춘 채 운송인 등의 처분가능한 상태에 둠으로써 이루어진다(FCA A.2). 매수인은 물품의 인도지점을 정확히 지정해야 하며, 물품인도지점을 지정하지 않은 때에는 매도인은 지정된 장소 내에서 자기에게 유리한 지점을 선택할 수 있다(FCA A.2).

매도인은 자기의 비용으로 수출허가 또는 그 밖의 공적 허가를 취득하고, 수출통관을 이행하며, 상업송장 및 계약상 요구되는 계약적합의 다른 증명을 제공해야 한다(FCA A.1, A.6 및 A.7). 또한 매도인은 자기의 비용으로 물품이 제A.2조에 따라 인도되었다는 통상적 증명을 제공해야 하며, 매수인의 요청이 있은 때에는 그의 위험과 비용으로 운송서류를 취득하는 데 협력해야 한다(FCA A.6).

한편 매수인은 대금을 지급하고, 물품을 수령해야 한다(FCA B.1 및 B.2). 매수인은 자기의 위험과 비용으로 수입허가 또는 그 밖의 공적 허가를 취득하여야 하며, 물품의 수입을 위한 통관을 이행해야 한다(FCA B.7). 또한 매수인은 운송계약을 체결하거나 자기의 비용으로 이를 주선하는 한편, 매도인이 물품을 인도할 수 있도록 운송인과 운송방식, 그리고 물품의 인도기일 및 장소를 통지해야 한다(FCA B.4 및 B.10).

2) 멸실위험 및 비용부담의 분기점

멸실위험 및 비용의 부담은 매도인이 계약에서 정한 일자나 기간에 지정된 장소에서 매수인이 지정한 운송인 등에게 물품을 인도한 때에 매수인에게 이전한다(FCA A.3 및 B.3). 매수인의 요청이 있거나 상관행에 따라 매도인이 운송계약을 체결하는 경우에 이는 매수인의 위험과 비용으로 행해지는 것이다(FCA A.4).

(3) CPT조건(Carriage Paid To named place of destination: 운송비지급 인도조건)

CPT조건은 매도인이 지정된 장소에서 물품을 그가 지정한 운송인 등에게 인도하면서, 물품을 지정된 목적지까지 운송하는 데 필요한 운송계약을 체결하고, 운송비를 부담하는 것을 내용으로 하는 거래조건이다.

CPT조건은 매도인이 목적지까지 운송계약을 체결하고 운송비를 지급한다는 점에서 CFR조건과 동일하지만, 물품의 인도를 본선에 적재하는 것이 아니라 운송인에게 인도함으로써 이행한다는 점에서 다르다. 또한 CPT조건에서 매도인은 CFR조건의 경우와 달리 반드시 선적서류를 인도해야 하는 것은 아니고, 사용되는 운송방식에서 관습적인 경우에 한해 통상적 운송서류를 인도하면 된다.

1) 당사자의 의무

매도인은 계약에 따른 물품과 상업송장 및 계약상 요구되는 계약적합의 다른 증명을 제공하고, 자기의 비용으로 물품운송을 위해 통상적인 운송로와 관습적인 방법으로 물품을 목적지까지 운송하는 내용의 운송계약을 체결하며, 물품을 운송인에게[28] 인도해야 한다(CPT A.1, A.2, A.4 및 A.6). 또한 매도인은 관습이 있거나 매수인의 요청이 있는 때에는 매도인의 비용으로 운송서류를 제공해야 하고, 국제거래인 경우에 자기의 비용으로 수출허가 또는 그 밖의 공적 허가를 취득하고, 수출통관을 이

28) 복수의 운송인이 있는 경우에는 최초의 운송인 또는 제1운송인.

행해야 한다(CPT A.6 및 A.7).

한편 매수인은 대금을 지급하고, 목적지에서 운송인으로부터 물품의 인도를 수령하고, 운송서류를 수령해야 한다(CPT B.1, B.2 및 B.6). 국제거래인 경우에 매수인은 자기의 위험과 비용으로 수입허가 또는 그 밖의 공적 허가를 취득하고, 물품의 수입을 위해 필요한 통관을 이행해야 한다(CPT B.7).

2) **멸실위험 및 비용부담의 분기점**

CPT조건에서는 CIF조건이나 CFR조건과 마찬가지로 멸실위험의 분기점과 비용부담의 분기점이 일치하지 않는다. 매도인은 물품을 운송인에게 인도할 때까지 멸실위험을 부담하기 때문에 멸실위험의 분기점은 물품이 운송인에게 인도된 때이다(CPT A.2 및 B.3).[29] 그러나 매도인은 물품이 운송인에게 인도될 때까지의 물품에 관련된 모든 비용에 목적지까지의 운송비를 추가하여 부담한다(CPT A.9).

한편 매수인은 목적지까지의 운송비를 제외하고, 물품이 운송인에게 인도된 때로부터 물품에 관련된 모든 비용을 부담한다(CPT B.9).

(4) CIP조건(Carriage and Insurance Paid To named place of destination: 운송비 및 보험료지급 인도조건)

CIP조건은 매도인이 스스로 지정한 운송인 등에게 물품을 인도하되, 지정된 목적지까지 물품을 운송하는 데 필요한 운송계약을 체결하고 운송비를 부담하며, 이에 더하여 운송중 물품의 멸실 또는 훼손의 위험에 대하여 보험계약을 체결하고 보험료를 부담하는 것을 내용으로 하는 거래조건이다. 보험계약의 체결과 관련하여 매도인은 협회적하약관이나 이에 준하는 약관의 최소담보조건으로 물품을 보험에 부보하는 것으로 충분하다.

CIP조건은 매도인이 목적지까지 운송계약 및 보험계약을 체결하고 이에 따른 운송비와 보험료를 지급한다는 점에서 CIF조건과 동일하지만, 물품의 인도를 본선에 적재하는 것이 아니라 운송인에게 인도함으로써 이행한다는 점에서 다르다. 또한 CIP조건에서 매도인은 CIF조건과는 달리 반드시 선적서류를 인도해야 하는 것은 아니고, 사용되는 운송방식에서 관습적인 경우에 한해 통상적 운송서류를 인도하면 된다.

1) **당사자의 의무**

매도인은 계약에 따른 물품 및 상업송장, 그리고 계약상 요구되는 계약적합

29) 복수의 운송인이 있는 때에는 최초의 운송인 또는 제1운송인에게 인도된 때.

의 다른 증명을 제공하고, 자기의 비용으로 통상적인 운송로와 관습적인 방법으로 물품을 목적지까지 운송하는 내용의 운송계약을 체결하며, 계약에서 정한 일자 또는 기간 내에 물품을 운송인에게 인도해야 한다(CIP A.1, A.2 및 A.6). 국제거래인 경우에 매도인은 자기의 비용으로 수출허가 또는 그 밖의 공적 허가를 취득하고, 수출통관을 이행해야 한다(CIP A.7).

매도인은 자기의 비용으로 평판이 좋은 보험자와 목적지까지의 운송을 위한 보험계약을 체결하고 보험료를 지급해야 한다(CIP A.5). 이때 보험계약은 최소한 협회적하약관의 약관(A)이나 사용되는 운송수단에 적절한 유사한 조항에 적합한 조건으로 최소한 계약가격의 110%를 계약상의 통화로 부보해야 한다. 다만 매수인의 요청이 있을 때에는 매도인은 매수인의 비용으로 가능한 범위 내에서 전쟁, 파업, 소요 또는 폭동위험도 부보해야 한다. 이때 매도인은 매수인에게 보험증권 또는 부보의 다른 증거를 제공해야 한다.

관습이 있거나 또는 매수인의 요청이 있는 경우에 매도인은 자기의 비용으로 매도인에게 통상적 운송서류[30]를 제공해야 한다(CIP A.6).

한편 매수인은 대금을 지급하고, 목적지에서 운송인으로부터 물품의 인도를 수령하고, 운송서류를 수령해야 한다(CIP B.1, B.2 및 B.6). 국제거래인 경우에 매수인은 자기의 위험과 비용으로 수입허가 또는 그 밖의 공적 허가를 취득해야 하고, 물품의 수입을 위해 필요한 통관을 이행해야 한다(CIP B.7).

2) **멸실위험 및 비용부담의 분기점**

CIP조건에서는 CIF조건, CFR조건 및 CPT조건 등과 마찬가지로 멸실위험의 분기점과 비용부담의 분기점이 일치하지 않는다. 우선 매도인은 물품이 운송인에게 인도될 때까지 멸실위험을 부담하기 때문에 위험부담의 분기점은 물품이 운송인에게 인도된 때이다(CIP A.2 및 B.2). 그러나 매도인은 물품이 운송인에게 인도될 때까지의 물품에 관련된 제반 비용에 목적지까지의 운송비와 보험료를 추가하여 부담한다(CIP A.9).

한편 매수인은 목적지까지의 운송비와 보험료를 제외하고, 물품이 운송인에게 인도된 때로부터 물품에 관련된 제반 비용을 부담한다(CIP B.9).

30) 유통성 선하증권, 해상화물운송장, 내수로운송서류, 항공화물운송장, 철도화물운송장, 도로화물운송장 또는 복합운송증권 등.

(5) DAP조건(Delivered At Place: 도착지 지정장소 인도조건)

DAP조건은 매도인이 지정된 목적지 또는 목적지 내 합의된 장소에서 양하의 준비가 되어 있는 도착한 운송수단에서 물품을 매수인의 처분가능한 상태에 둔 때에 그의 인도의무를 다한 것으로 되는 거래조건이다.

1) 당사자의 의무

매도인은 계약에 따른 물품과 상업송장 및 계약상 요구되는 계약적합의 다른 증거를 제공해야 한다(DAP A.1). 매도인은 자기의 비용으로 지정된 목적지 또는 목적지 내 합의된 장소로 물품을 운송하기 위한 계약을 체결하고, 양하의 준비가 되어 있는 도착한 운송수단에서 물품을 매수인의 처분가능한 상태에 둠으로써 인도해야 한다(DAP A.1 및 A.2). 매도인은 자기의 위험과 비용으로 인도 전의 수출허가나 그 밖의 공적 허가를 취득해야 하고, 수출통관을 이행해야 한다(DAP A.7). 또한 매도인은 매수인이 물품의 인도를 수령할 수 있도록 하는 서류를 제공해야 한다(DAP A.6).

한편 매수인은 대금을 지급하고, 인도되는 물품을 수령하며, 인도서류를 인수해야 한다(DAP B.1, B.2 및 B.6). 또한 매수인은 자기의 비용으로 수입허가 또는 그 밖의 공적 허가를 취득하고, 수입통관을 이행해야 한다(DAP B.7).

2) 멸실위험 및 비용부담의 분기점

멸실위험 및 비용부담의 분기점은 매도인이 계약에서 정한 기일 또는 기간 내에 지정된 목적지 또는 목적지 내 합의된 장소에서 양하의 준비가 되어 있는 도착한 운송수단에서 물품을 매수인의 처분가능한 상태에 둔 때에 매수인에게 이전한다(DAP A.3 및 B.3). 따라서 매도인은 운송비와 함께 지정된 목적지 또는 목적지 내 합의된 장소에서 물품이 인도될 때까지의 물품과 관련한 모든 비용과 수출허가, 수출통관 및 제3국 통과의 비용, 관세, 조세 및 그 밖의 공적 수수료를 부담하는 반면에 매수인은 물품이 인도된 때로부터의 물품과 관련한 모든 비용과 수입허가, 수입통관 및 후속되는 운송을 위한 모든 통관비용, 관세, 조세 및 그 밖의 공적 수수료 등을 부담한다.

(6) DPU조건(Delivered at Place Unloaded: 도착지 지정장소 하역조건)

DPU조건은 지정된 목적지 또는 목적지 내 합의된 장소에 도착한 운송수단에서 양하된 상태에서 물품을 매수인의 처분가능한 상태에 둔 때 그의 인도의무를 다한 것으로 되는 거래조건이다. 이때 지정된 목적지 내 합의된 장소는 부두, 창고, 컨테이너장 또는 도로, 철도, 항공운송 운송물 터미널 등 제반 장소이다.

1) 당사자의 의무

매도인은 계약에 따른 물품과 상업송장 및 계약상 요구되는 계약적합의 다른 증거를 제공해야 한다(DPU A.1). 매도인은 자기의 비용으로 지정된 목적지 또는 목적지 내 합의된 장소로 물품을 운송하기 위한 계약을 체결하고, 도착한 운송수단으로부터 물품을 양하하여 목적지 또는 목적지 내 합의된 장소에서 매수인의 처분가능한 상태에 둠으로써 인도해야 한다(DPU A.2). 매도인은 자기의 위험과 비용으로 인도전의 수출허가나 그 밖의 공적 허가를 취득해야 하고, 수출통관을 이행해야 한다(DPU A.7). 또한 매도인은 매수인이 물품의 인도를 수령할 수 있도록 하는 서류를 제공해야 한다(DPU A.6).

한편 매수인은 대금을 지급하고, 인도되는 물품을 수령하며, 인도서류를 인수해야 한다(DPU B.1, B.2 및 B.6). 또한 매수인은 자기의 비용으로 수입허가 또는 그 밖의 공적 허가를 취득하고, 수입통관을 이행해야 한다(DPU B.7).

2) 멸실위험 및 비용부담의 분기점

멸실위험 및 비용부담의 분기점은 매도인이 계약에서 정한 기일 또는 기간 내에 지정된 목적지 또는 목적지 내 합의된 장소에서 물품을 운송수단으로부터 양하하여 매수인의 처분가능한 상태에 둔 때에 매수인에게 이전한다(DPU A.5, A.3 및 B.3). 따라서 매도인은 운송비와 함께 지정된 목적지 또는 목적지 내 합의된 장소에서 물품이 인도될 때까지의 물품과 관련한 모든 비용과 수출허가, 수출통관 및 제3국 통과의 비용, 관세, 조세 및 그 밖의 공적 수수료를 부담하는 반면에 매수인은 물품이 인도된 때로부터의 물품과 관련한 모든 비용과 수입허가, 수입통관 및 후속되는 운송을 위한 모든 통관비용, 관세, 조세 및 그 밖의 공적 수수료 등을 부담한다.

(7) DDP조건(Delivered Duty Paid named place of destination: 관세지급 인도조건)

DDP조건은 매도인이 물품을 수입통관하고, 지정된 목적지 또는 목적지 내 합의된 장소에서 양하의 준비가 되어 있는 도착한 운송수단에서 물품을 매수인의 처분가능한 상태에 둔 때에 그의 인도의무를 다한 것으로 되는 거래조건이다. 매도인은 수출통관뿐 아니라 수입통관까지 이행하고, 수출관세 및 수입관세 등 제반 비용을 부담하는 등 물품을 지정된 목적지까지 운반하는 데 관련된 모든 위험과 비용을 부담한다.

EXW조건에서 매도인이 최소한의 의무를 부담한다면, DDP조건에서 매도인은 최대한의 의무를 부담한다.

1) 당사자의 의무

매도인은 계약에 따른 물품과 상업송장 및 계약상 요구되는 계약적합의 다른 증거를 제공해야 한다(DDF A.1). 매도인은 자기의 비용으로 지정된 목적지 또는 목적지 내 합의된 장소로 물품을 운송하기 위한 운송계약을 체결하고, 지정된 목적지 또는 목적지 내 합의된 장소에서 양하의 준비가 되어 있는 도착한 운송수단에서 물품을 매수인의 처분가능한 상태에 둠으로써 인도해야 한다(DDP A.2 및 A.4). 매도인은 자기의 위험과 비용으로 수출입허가나 그 밖의 공적 허가를 취득해야 하고, 수출입통관을 이행해야 한다(DDF A.2). 또한 매도인은 매수인이 물품의 인도를 수령할 수 있도록 하는 서류를 제공해야 한다(DDF A.6).

한편 매수인은 대금을 지급하고, 인도되는 물품을 수령하며, 인도서류를 인수해야 한다(DDP B.1, B.2 및 B.6). 매수인은 매도인의 요청이 있는 때에는 그의 위험과 비용으로 수입허가 또는 그 밖의 공적 허가를 취득하는 데 협력해야 한다(DDF B.7).

2) 멸실위험 및 비용부담의 분기점

멸실위험 및 비용부담의 분기점은 매도인이 계약에서 정한 기일 또는 기간 내에 지정된 목적지 또는 목적지 내 합의된 장소에서 양하의 준비가 되어 있는 도착한 운송수단에서 물품을 매수인의 처분가능한 상태에 둔 때에 매수인에게 이전한다(DDP A.3 및 B.3). 따라서 매도인은 지정된 목적지 또는 목적지 내 합의된 장소에서 물품이 인도될 때까지의 물품과 관련한 모든 비용과 운송계약상 매도인의 계산인 목적지에서 양하를 위한 모든 비용 및 수출입허가, 수출입통관 및 제3국 통과의 비용, 관세, 조세 및 그 밖의 공적 수수료를 부담하는 반면에 매수인은 물품이 인도된 때로부터의 물품과 관련한 모든 비용과 운송계약상 매도인이 부담하지 않는 양하를 위한 모든 비용을 부담한다.

II. 해상운송 및 내수로운송방식에만 사용될 수 있는 조건

FAS조건은 FOB, CFR 또는 CIF조건과 같이 해상운송 또는 내수로운송에만 사용될 수 있으며, 본선적재비용이 큰 산적화물(bulk cargo)의 매매에 주로 사용된다.

(1) FAS조건(Free Alongside Ship named port of shipment: 선측인도조건)

FAS조건은 매도인이 물품을 수출통관하여 지정된 선적항에서 매수인이 지정한 선박의 선측(alongside the vessel)에 놓음으로써 인도하는 것을 내용으로 하는 거래조건이다. 이때 본선의 선측은 본선이 부두에 접안하고 있든지 또는 외항에 정박

하고 있든지 여부에 상관없이 본선이 사용하는 양하기(winch)나 양하구(tackle) 등 선적용구가 도달하는 장소를 의미한다.

1) 당사자의 의무

매도인은 계약에 따른 물품을 지정된 선적항에서 매수인이 지정한 적재장소에서 매수인이 지정한 선박의 선측에 물품을 놓거나 또는 그렇게 인도된 물품을 구입함으로써 인도하고, 이 사실을 매수인에게 통지해야 한다(FAS A.1, A.2 및 A.10). 매도인은 자기의 위험과 비용으로 수출허가 또는 그 밖의 공적 허가를 취득하고, 수출통관을 이행해야 한다(FAS A.7). 매도인은 자기의 비용으로 물품의 인도를 증명하는 통상적인 서류를 매수인에게 제공해야 한다(FAS A.6). 이때 제공되는 서류가 운송서류가 아닌 경우에 매도인은 매수인의 요청이 있는 때에는 그의 위험과 비용으로 운송서류를 취득하는 데 협력해야 한다(FAS A.6). 또한 매도인은 매수인의 요청이 있는 경우에 그의 위험과 비용으로 국가안보 관련 정보를 포함하여 물품의 수입통관이나 및/또는 최종 목적지로의 운송을 위해 매도인이 필요로 하는 모든 서류와 정보를 제공하거나 또는 취득하는 데 협력해야 한다(FAS A.7).

한편 매수인은 대금을 지급하고, 물품의 인도를 수령해야 한다(FAS B.1 및 B.2). 또한 매수인은 자기의 비용으로 지정된 선적항으로부터의 운송계약을 체결하고, 선박명, 적재장소 및 선적기일 등을 매도인에게 통지해야 한다(FAS B.4 및 B.10). 매수인은 자기의 위험과 비용으로 수입허가 또는 그 밖의 공적 허가를 취득하고, 수입통관을 이행해야 한다(FAS B.7).

2) 멸실위험 및 비용부담의 분기점

멸실위험 및 비용의 부담은 물품이 인도된 때, 즉 계약에서 정한 시기에 선적항의 지정된 적재장소에서 본선의 선측에 놓여진 때에 매수인에게 이전한다(FAS A.3 및 B.3). 따라서 매도인은 물품제조, 선적항까지의 운송비, 항구세(port duties), 부두사용료(wharfage), 부두인부임(stevedorage), 창고료, 본선 선측까지의 운반료(porterage) 및 부선료(lighterage) 등 물품이 인도될 때까지 물품과 관련한 비용을 부담하며, 또한 수출허가와 수출통관에 소요되는 비용도 부담한다(FAS A.10).

한편 매수인은 본선적재비용(loading costs), 선내적부 및 정돈비(stowage and trimming charges), 운임 및 보험료, 목적항에서의 양륙비용 및 수입통관비용 등 물품이 인도된 이후에 발생하는 물품과 관련한 비용을 부담한다(FAS B.10).

(2) CFR조건(Cost and Freight named port of destination: 운임포함 인도조건)

CFR조건은 매도인이 목적항까지 물품을 운반하는 데 필요한 운송계약을 체결하고, 운임을 지급하되, 물품에 대한 모든 위험과 그 밖의 추가적 비용은 물품이 선적항에서 본선에 적재된 때에 매도인으로부터 매수인에게 이전하는 것을 내용으로 하는 거래조건이다. 따라서 CFR조건에서는 매도인이 물품의 수출통관을 이행한다.

CFR조건은 선적항이 지정되지 아니하고, 매도인이 목적항까지 운송계약을 체결하고 운임을 지급한다는 점에서 FOB조건과 다르지만, 추가적 비용과 멸실위험은 물품이 선적항에서 본선의 난간을 통과한 때에 매수인에게 이전한다는 점에서 FOB조건과 동일하다.

한편 CFR조건은 매도인이 목적항까지의 해상보험계약을 체결할 의무를 지지 아니하고 따라서 보험료를 부담하지 아니한다는 점에서 CIF조건과 다르지만, 지정된 목적항까지의 운임이 포함된 복합가격조건이며 또한 서류인도조건이라는 점에서 CIF조건과 동일하다.

1) 당사자의 의무

매도인은 계약에 따라 물품과 상업송장 또는 계약상 요구되는 계약적합의 다른 증거를 제공해야 하고, 자기의 비용으로 물품운송을 위해 통상적인 선박 및 항로로 인도지에서 지정된 목적항까지 물품을 운송하는 내용의 운송계약을 체결하고, 선적항에서 본선에 적재하여 인도하며, 자기의 비용으로 통상적 운송서류를 지체 없이 매수인에게 제공해야 한다(CFR A.1, A.2, A.4 및 A.6). 또한 매도인은 자기의 위험과 비용으로 수출허가 또는 그 밖의 공적 허가를 취득해야 하고, 수출통관을 이행해야 한다(CFR A.7).

한편 매수인은 대금을 지급하고, 목적항에서 운송인으로부터 물품을 수령하고, 운송서류를 인수해야 한다(CFR B.1, B.2 및 B.6). 또한 매수인은 자기의 위험과 비용으로 수입허가 또는 그 밖의 공적 허가를 취득해야 하고, 물품의 수입 및 제3국 통과를 위해 필요한 통관을 이행해야 한다(CFR B.7).

2) 멸실위험 및 비용부담의 분기점

CIF조건과 마찬가지로 CFR조건에서 멸실위험의 분기점과 비용부담의 분기점은 일치하지 않는다. 우선 매도인은 물품을 지정된 선적항에서 본선에 적재한 때에 그 인도의무를 이행한 것으로 되고, 멸실위험도 그 시점에서 매수인에게 이전된다(CFR A.3 및 B.3).

매도인은 선적항에서 물품을 본선에 적재하여 인도할 때까지 물품에 관련된 제반 비용에 더하여 목적항까지의 운임을 추가하여 부담한다(CFR A.9). 한편 매수인은 목적항까지의 운임을 제외하고, 해상보험료 등 운송 중에 발생하는 비용, 부선료나 부두사용료 등 양하비용 및 수입관세 등 물품이 선적항에서 본선에 적재되어 인도된 때로부터 자기에게 인도될 때까지 발생하는 물품에 관련된 모든 비용을 부담한다(CFR B.9).

제4장 국제운송

제1절 서 설

국제거래, 특히 물품의 국제매매는 원격지에 소재하는 당사자 간의 거래이기 때문에 그 이행을 위하여 국제운송이 필수적이다. 일반적으로 국제물품운송은 해상운송에 의하는 것이 일반적이지만, 긴급을 요하는 경우나 부피가 크지 아니한 고가품인 경우에는 항공운송이 흔히 이용된다. 최근에는 생산기술의 발달로 인하여 부피는 작으나 고가인 첨단기술제품이 늘어나고 신속운송의 필요가 커짐에 따라서 국제운송에서 항공운송이 차지하는 비중이 점차 증가하고 있다. 또한 컨테이너에 의한 일관운송이 발달함에 따라 해상운송, 육상운송 또는 항공운송 등이 복수로 사용되는 복합운송이 일반화되고 있다. 도로나 철도를 이용한 육상운송은 유럽에서는 활발히 이용되고 있으나, 우리나라의 경우에는 남북분단이라는 특수한 상황 때문에 국제운송방식으로서 이용되지 않고 있다.

운송계약의 당사자는 국제물품매매계약에서 사용되는 정형거래조건에 따라 달라지는데, 예를 들어 CIF조건의 계약인 경우에는 매도인이 운송계약을 체결하지만, FOB조건의 계약인 경우에는 매수인이 이를 체결한다. 그러나 운임의 부담과 운송계약의 주체가 동일할 필요는 없으므로 FOB조건의 계약인 경우에도 별도의 특약을 통해서 매도인이 매수인의 계산으로 운송계약을 체결하는 경우가 많다.

[관련판례] 大判 1996.2.9, 94다27144

본선인도조건(FOB)으로 체결된 수출입매매계약에 있어서는 당사자 사이에 특별한 약정이 없는 한, 매수인이 용선계약을 체결하거나 기타 선복을 확보하여 화물을 선적할 선박을 매도인에게 통지하여 줄 의무가 있는 것이고, 매도인에게는 스스로 확보하여 화물을 선적할 의무가 없는 것이므로, 매도인과 매수인이 본선인도조건(FOB)으로 수출입매매계약을 체결하면서도 매수인이 선복을 확보하지 않고 매도인이 수출지에서 선복을 확보하여 운송계약을 체결하되, 운임은 후불로 하여 운임후불(Freight Collect)로 된 선하증권을 발행받아, 매수인이 수하인 또는 선하증권의 소지인으로서 화물을 수령할 때 운송인에게 그 운임을 지급하기로 약정하였다면, 이는 매수인이 매도인과의 내부관계에서는 운임을 부담하되, 운송인과의 관계에서는 매도인이 매수인의 대리인이 아닌 본인으로서 운송계약을 체결하는 것으로 볼 것이 아니라, 매수인이 매도인에게 자신을 대리하여 운송계약을 체결하는 권한까지 부여하였다고 봄이 상당하다.

Ⅰ. 국제운송의 발전과 종류

1. 운송수단의 발전

국제운송을 처음으로 가능하게 했던 운송방식은 해상운송이다. 고대 지중해 무역에서부터 중세와 근대 무역에 이르기까지, 즉 산업사회 이전의 시기는 범선이 해상운송을 주도했으며, 산업혁명으로 기선이 출현한 이후부터 20세기 중반까지는 증기선이 주축이 되었다.

이러한 해상운송의 눈부신 발전과 더불어 1960년대부터 컨테이너운송에 의한 일관운송(unit load transportation)이 가능해짐으로써 육상, 해상 또는 항공운송방식이 함께 사용되는 복합운송이라는 또 하나의 국제적인 교통혁명이 이루어졌다.

또한 운송기술분야에서도 커다란 발전을 이루어 육상의 컨테이너트럭과 화차뿐만 아니라, 해상에서 컨테이너선, 전용선,[1] 항공에서 대형 항공화물기 등의 출현과 각종 하역기기 및 운반기기 등의 발전이 이루어졌다.

2. 운송방식의 종류

운송방식은 크게 나누어 육상운송, 해상운송 및 항공운송 등으로 구분할 수 있고, 육상운송은 다시 철도운송과 도로운송으로 세분할 수 있다. 이하에서 해상운송, 항공운송, 육상운송 및 이들 운송방식이 함께 사용되는 복합운송으로 구분하여 살펴본다.

국제운송방식을 선택함에 있어서 ① 운송물량, ② 운임, ③ 기후, ④ 운송의 안전성, ⑤ 일관운송과 복합운송의 여부, ⑥ 중량, ⑦ 물적 유통 측면[2] 등을 고려

---

1) 예를 들어 오일탱커, LPG선 또는 산적화물 전용운송선(bulk carrier) 등.

하여 가장 합리적인 운송방식이 결정된다.

II. 국제운송을 규율하는 국제규범

국제운송 분야에는 많은 국제조약이 제정되어 있다. 이들 조약은 당사자 간의 권리의무관계, 특히 운송인의 책임근거와 그 책임제한에 관하여 주로 규정하고 있다. 이들 조약은 규율대상인 운송방식에 따라 서로 다른 내용의 규정을 두고 있는데, 이는 각 운송방식에 내재하는 위험의 성질이 서로 다르고, 따라서 국제조약이 제정되기 이전에 상이한 상관습이 발전하였기 때문이다.

국제운송에 관한 조약들은 각 운송방식에 사용되는 운송서류 또는 운송증권의 효력에 관하여 상세한 규정을 두고 있다. 국제운송의 초기단계에서는 국제운송에 많은 시간이 소요됨에도 불구하고, 운송기간 동안 매수인은 물품을 처분할 수 없었다. 이는 동일한 물품에 대해서 연속적으로 다수의 거래가 발생하는 국제거래에서 커다란 장애가 되었다. 이러한 불편을 극복하기 위해 운송물을 표창하는 운송증권을 발행하고, 이 운송증권의 양도를 통해서 운송물을 전매하거나 이를 담보로 하여 대금을 조기에 회수할 수 있도록 하는 상관행이 형성되기 시작하였고, 그에 따라 운송증권의 중요성이 일찌감치 인정되어 운송증권의 유통성 등에 관해서 상세한 상관습이 발전하였다. 이러한 이유 때문에 상관습을 성문화하는 국제운송조약은 운송증권에 관해서 상세한 규정을 담고 있다.

해상운송을 규율하는 주요 조약으로는 헤이그규칙, 헤이그·비스비규칙, 함부르크규칙 및 로테르담규칙 등이 있고, 항공운송을 규율하는 조약으로는 바르샤바협약 및 이를 개정한 일련의 협약들이 있다. 또한 육상운송을 규율하는 조약으로는 도로운송을 규율하는 CMR협약과 철도운송을 규율하는 COTIF협약이 있다. 이 외에도 복합운송에 관한 국제규범으로는 국제복합물품운송에 관한 UN협약 등이 있다.

---

2) 하역비, 보관비, 포장비 및 재고관리비 등.

제2절 국제해상운송

Ⅰ. 의 의

1. 해상운송의 개념 및 발전

해상운송(carriage by sea or marine transportation)은 원양항로를[3] 따라 운항하는 선박에 의해 인간 및 재화를 운송하는 것이다.

역사적으로 고대사회의 페니키아, 그리스, 로마 등 도시국가의 해상활동은 지중해를 중심으로 한 상권 획득과 상업식민지 획득을 도모하는 정치적 목적과 결부된 해상운송활동이었다. 중세시대의 이탈리아 자유도시나 한자동맹(Hansa League)의 해상활동은 지중해를 벗어나 북해와 발틱해까지 진출하는 동시에 이른바 본연의 상인선주(merchant carrier)나 자기운송(private carrier)의 형태를 취하게 되었다. 특히 근세에 들어오면서 포르투갈과 스페인에 의한 신항로 개척은 인도양과 대서양을 무대로 한 원양항로 개척의 주된 계기가 되었다.

원양항로가 개척된 이후 본격적으로 무역선의 활동이 강화된 것은 16세기에서 18세기경 중상주의시대에 접어들면서 네덜란드, 영국, 프랑스 등 주요 해상국들이 식민지 개척과 무역활동을 전개한 해상활동시기부터이다. 특히 영국은 일련의 항해법(Navigation Acts)을 제정하고 해상세력을 강화함으로써 기선이 출현할 때까지 범선시대의 해상운송을 주도하였고, 이에 따라 오늘날 해상운송을 규율하는 각종 해상법(海商法), 해상보험제도, 해상매매(海上賣買)의 관습 등이 주로 영국의 해상활동을 중심으로 발전하였다.

18세기 말부터 19세기 초까지 영국이 산업혁명을 완성하면서 원양항해를 위한 선박과 항해기술이 발달하여 해상운송에서는 전업운송(public carrier) 또는 공동운송(common carrier)의 형태가 출현하게 되었다. 이것은 상인선주시대의 부정기선운항에서 정기선운항이 분리되어 공동운송의 형태로 발전하는 계기가 되었다.[4]

---

3) 원양항로는 광의로는 근해구역 이외의 세계의 전해역에 걸친 항로를 의미한다.

4) 정기선운항 발전의 대표적인 예로는 1818년에 Black Ball Line의 개설과 그에 이은 Star Line (1821년), Swallow Tai Line(1822년), Dramatic Line(1836년) 및 Hambourg-America Line (1830년) 등이 범선정기우편항로를 개설한 것과 이를 운영하기 위해 해상기업이 탄생한 것을 들 수 있다.

범선에서 기선으로, 그리고 목선에서 철선으로의 전환은 세계무역의 발전과 더불어 공동운송으로서 정기선이 부정기선에서 분화되어 크게 발전하는 계기가 되었다. 또한 파나마운하와 수에즈운하의 개통에 따른 항로의 개척과 해운동맹의 강화, 그리고 대형 해운기업의 탄생과 해상운송법의 발전으로 제1차 세계대전까지 해상운송은 눈부시게 발전하였다.

제1차 세계대전 이후에는 디젤엔진의 발명과 조선기술의 발달, 그리고 운항기술의 발전에 따라 부정기선 분야는 탱커와 산적화물(散積貨物) 전용운송선(bulk carrier)으로 특화되었으며, 중화학공업의 발달과 기술혁신에 따라 각종 전용선운송이 발전함으로써 선박을 소유하거나 정기용선계약 또는 나용선계약을 이용하여 원자재나 물품을 운송하는 기업형 운송인(industrial carrier)이 출현하게 되었다.

정기해상운송 분야에서는 제2차 세계대전 후 1966년에 미국의 Sea-Land사가 미국 동부/유럽 항로에 컨테이너운송을 시작하면서 정기선항로에 새로운 운송혁명을 가져왔으며 이로 인하여 정기선 분야에서는 기존의 정기선운항과 컨테이너선운항으로 분화되었다. 1970년대에 들어오면서 컨테이너선운항이 크게 발전하면서 이른바 통운송 또는 일관운송과 복합통운송(multimodal transportation)이 발전하게 되었다. 이에 따라 육상, 해상 또는 항공운송방식이 결합하여 사용되는 복합운송이 크게 두각을 나타냈으며, 이로 인하여 국제상관습의 변화까지 초래한 국제복합운송시대가 본격적으로 도래하였다.

2. 해상운송의 특징

해상운송은 ① 안전성,[5] ② 신속성,[6] ③ 정확성,[7] ④ 편리성[8] ⑤ 교통의 자유성,[9] ⑥ 운송비의 저렴성 등의 특징을 갖고 있다. 육상운송에 있어서는 트럭이

해상운송의 역사적 전환점은 범선 정기우편선 운항이 부정기운항에서 분리되어 발전한 것과 Robert Fulton이 기선인 Clermont호를 만든 이후 1824년에 General Steam Navigation Co.(London)가 런던-함부르크-로테르담 간의 기선 정기항로를 개설한 이래 Peninsula Steam Navigation Co.(1834년), Peninsula and Orient Steam Navigation Co.(1840년)이 정기선항로에 진출한 사건이었다.

5) 조선기술의 발달, 항해술의 진보, 해도의 완성, 항로표지의 완비, 각종 항해계기류의 전자 및 자동화, 각종 조명기구의 완비 및 각종 해상안전법의 입법에 따라 해상운송의 안전성이 비약적으로 진전되었다.

6) 현재 기관의 발달로 정기선은 18~33노트, 부정기선은 12~18노트 정도로 속도가 향상되었다.

7) 통신발달과 선박항로의 정확성으로 인하여 해상운송의 정확성이 크게 제고되었다. 특히 컨테이너선의 경우에는 열차시간처럼 정확성을 지니게 되었다.

8) 선박 내의 시설현대화로 화물과 여객을 위한 편리성과 쾌적성이 제고되었다.

9) 최근에는 각 항구의 자유입출항, 선적 및 양륙에서의 평등한 대우, 각종 세금에서 평등한 대

나 철도운송이 안전성, 정확성, 신속성 등을 갖추고 있으나 해상운송은 이에 더하여 자유성, 대량수송성, 저렴성, 국제성, 운송로의 무한정성 및 원거리 편리성 등을 갖춤으로써 국제거래의 주된 운송방식이 되었다. 물론 해상운송이 육상운송에 비해서는 더 위험하다는 단점이 있지만, 각 대륙이 대양에 의해 단절되어 있다는 점과 대량수송에 의한 비용절감이라는 면을 고려할 때, 해상운송은 여전히 국제운송에 있어서 가장 주된 운송방식이다. 세계무역의 80%가 여전히 해상운송에 의존하고 있다는 사실은 국제운송방식으로서 해상운송의 중요성을 잘 보여준다. 최근에는 항공운송도 크게 늘어나고 있지만, 대량수송에 의한 비용저렴성이 없기 때문에 아직은 신속을 요하는 소량화물의 운송에 주로 이용되고 있다.

II. 국제해상운송을 규율하는 조약

해상운송에 관한 국제조약의 가장 중요한 내용은 운송 중에 물품이 멸실 또는 훼손된 경우에 운송인이 어떠한 책임을 부담하는가 하는 운송인의 책임범위에 관한 것이다. 이들 국제조약은 선하증권을 사용하는 개품운송을 주로 규율하며, 송하인과 운송인이 개별적으로 계약을 체결하고, 산적화물(bulk cargo) 또는 대량화물에 주로 사용되는 용선계약에 대해서는 적용되지 않는다.

1. 헤이그규칙

해상운송계약 중 용선계약은 선박의 전부 또는 일부에 대한 이용권을 계약의 내용으로 하기 때문에 계약체결에 있어서 선박소유자나 용선자 중 한 당사자가 상대방에 대해 특별히 우월한 지위를 갖지 않는다. 그러나 개품운송계약 또는 선하증권운송계약에서는 비교적 소량의 물품의 운송을 원하는 송하인은 해상운송인에 대하여 약자의 지위에 서게 된다. 개품운송계약에서 해상운송인은 그 우월적 지위를 이용하여 자기에게 유리한 내용의 약관을 선하증권에 삽입하였고, 19세기 말에 이르러서는 해상운송인이 그의 과실로 인한 손해에 대해서도 스스로를 면책하는 정도에 이르렀으나, 당시 영국 법원은 이른바 계약자유의 원칙을 원용하여 이러한 면책약관을 유효한 것으로 허용하였다.

이처럼 당시 해상운송에 관한 영국 판례법이 지나치게 운송인에게 유리한 방

우, 국기차별대우(國旗差別待遇)의 금지로 해상교통의 자유성이 크게 제고되었다.

향으로 편향되었기 때문에 미국을 위시한 각국의 반발이 컸고, 특히 미국은 1893년 하터법(Harter Act of 1893)을 제정하여 해상운송인의 면책약관의 효력을 제한하였다. 이처럼 미국, 호주, 뉴질랜드 및 캐나다 등 주요 해상무역국에서 일련의 입법을 통해 해상운송인의 면책약관의 효력을 제한하려는 노력이 본격화되자, 영국은 국제법협회의 해상법위원회(Maritime Law Committee)에 협조를 요청하였고, 동 위원회는 1924년 8월 25일에 브뤼셀에서 「선하증권 관련 일부 법규의 통일에 관한 국제협약」(International Convention for the Unification of Certain Rules of Law Relating to Bills of Lading)을 제정하였고,[10] 이 협약, 즉 헤이그규칙(the Hague Rules)은 1931년 6월 2일부터 발효하였다.

미국의 1893년 하터법을 본받은 캐나다의 1910년 해상물품운송법(Canadian Water Carriage of Goods Act of 1910)에 기초하여 제정된 헤이그규칙은 과실책임을 기본원칙으로 하면서 운송인에게 감항능력주의의무와 운송물에 관한 주의의무를 인정하고, 일정한 면책사유와 책임제한을 허용하는 한편, 헤이그규칙이 인정하지 아니하는 면책사유나 책임제한은 이를 무효로 하였다.

헤이그규칙은 매우 광범위하게 수용되고 있는 국제조약 중의 하나로 미국, 독일, 프랑스, 일본, 영국 등 주요 해상국을 포함해서 90여개 국이 가입하고 있다.

2. 헤이그 · 비스비규칙

헤이그규칙이 성립한 이후 해상운송 분야는 컨테이너화 등 비약적인 기술 진보가 이루어졌으며, 운송물의 고액화 및 물가상승 등으로 인하여 헤이그규칙이 정한 손해배상한도액이 비현실적인 것으로 되었다. 이에 따라 헤이그규칙의 골격은 그대로 유지한 채 일부만 개정하여 1968년 2월 23일에 브뤼셀에서 「선하증권 관련 일부 법규의 통일에 관한 국제협약을 개정하기 위한 의정서」(Protocol to Amend the International Convention for the Unification of Certain Rules of Law Relating to Bills of Lading)가 제정되었고, 이 의정서, 즉 헤이그 · 비스비규칙(the Hague/Visby Rules)은 1977년 6월 23일부터 발효하였다.

헤이그 · 비스비규칙은 체약국에서 발행되는 선하증권과 체약국의 항구에서 발항하는 경우의 선하증권에 모두 적용되도록 하였고, 포장당 책임제한규정에 컨테이너에 관한 규정을 신설하였으며, 운송인의 책임한도액을 포장 · 단위당 10,000

10) 심재두, 『해상운송법』(길안사, 1997), 336-337면.

프랑 또는 중량 킬로그램(kilo of gross weight)당 30프랑으로 인상하였으나, 항해과실면책규정은 존치시켰다. 1971년에 금본위제도가 폐지됨에 따라 헤이그·비스비규칙의 책임제한금액은 1979년 「선하증권 관련 법규의 통일에 관한 국제협약을 개정하기 위한 의정서」(Protocol to Amend the International Convention for the Unification of Certain Rules of Law Relating to Bills of Lading)를 통한 재개정을 통해 포장·단위당 666.67 SDR 또는 중량 킬로그램당 2 SDR로 변경되었다.

헤이그·비스비규칙은 영국, 프랑스, 독일, 이태리, 일본 등 주요 해상국을 포함해서 20여개 국이 가입하고 있고, 미국은 비록 가입하지는 않았지만 판례와 학설에 의하여 사실상 이를 수용하고 있기 때문에 헤이그·비스비규칙은 헤이그규칙과 함께 국제해상운송법체제의 기본을 이루고 있다.

3. 함부르크규칙

헤이그규칙이나 이를 부분적으로 보완한 헤이그·비스비규칙은 기본적으로 영미법계 해상운송법을 근간으로 하고 있으며, 여전히 운송인의 보호에 치중되어 있다. 특히 항해과실의 면책 등 많은 면책사유의 인정은 과실책임원칙에 입각한 일반적인 책임법의 영역에서는 찾아볼 수 없는 예외적인 것이어서 많은 비판의 대상이 되었다. 이에 따라 제3세계 국가들을 중심으로 이러한 운송인 위주의 국제해운법질서를 근본적으로 개편하기 위한 새로운 국제해운협약을 추진하여 1978년 3월 30일에 함부르크에서 개최된 UNCITRAL 총회에서 「해상물품운송에 관한 UN협약」(United Nations Convention on the Carriage of Goods by Sea), 즉 함부르크규칙(the Hamburg Rules)이 채택되었다.

함부르크규칙은 항해과실면책 등 면책목록을 없애고 과실책임을 원칙으로 하되, 운송인에게 운송물의 멸실 또는 훼손에 대한 책임이 있는 것으로 추정한 후에, 운송인의 반증에 의하여 이 같은 추정을 번복할 수 있도록 하였다. 또한 함부르크규칙은 계약운송인(contracting carrier)과 실제운송인(actual carrier)을 구분하여 계약운송인은 실제운송인의 운송에 대해서도 책임을 지도록 하는 한편, 운송인의 책임한도를 상향조정하였다.

함부르크규칙은 1992년 11월 1일에 발효되었고, 25개 국가가 가입하고 있지만, 영국, 미국, 일본 등 주요 해운국들이 이를 외면하고 있어 국제해상운송을 규율하는 국제조약으로서의 지위를 얻는 데 실패하였다. 이는 UNCITRAL이 새로운 조약, 즉 후술하는 로테르담규칙을 새로이 제정하는 주된 이유가 되었다.

4. 로테르담규칙

2008년 12월 11일에 UN총회는 「국제물품해상운송계약에 관한 UN협약」(United Nations Convention on Contracts for the International Carriage of Goods Wholly or Partly by Sea), 즉 로테르담규칙(Rotterdam Rules)을 채택하였다. 로테르담규칙은 헤이그규칙, 헤이그 · 비스비규칙 및 함부르크규칙에 기초하면서, 이들 일련의 규칙에 대한 현대적 대안을 제공하기 위한 것이다.

로테르담규칙은 이전 규칙들이 채택된 후에 컨테이너운송의 일반화, 단일계약에 의한 택배운송(door-to-door carriage)의 수요증가 및 전자운송서류의 발전 등 해상운송 분야에서의 다양한 기술적 및 상사적 발전을 고려한 운송법체제를 제공한다. 로테르담규칙은 송하인과 운송인에게 다른 형태의 운송을 포함한 해상운송계약의 기능을 뒷받침하는 구속력 있고 균형된 통일운송법체제를 제공한다.

로테르담규칙은 18개장 96개조로 구성되어 있다. 제1장 총칙(제1조 내지 제4조)에서는 용어의 정의 및 계약해석의 원칙 등을 규정한다. 제2장은 적용범위(제5조 내지 제7조)에 대해 규정하며, 제3장은 전자운송서류(제8조 내지 제10조)에 대하여 규정한다.

이어서 제4장에서 운송인의 의무(제11조 내지 제16조)에 대하여 규정하고 제5장에서는 운송인이 운송물의 멸실, 손상 및 지연에 대하여 지는 책임(제17조 내지 제23조)에 대하여 규정한다. 제6장(제24조 내지 제26조)에서는 이로나 갑판적과 같이 운송의 특정 단계에 관련된 문제를 다루고, 제7장(제27조 내지 제34조)에서는 운송인의 상대방인 송하인(shipper)의 의무에 대하여 규정한다.

제8장(제35조 내지 제42조)에서는 운송서류와 전자운송서류에 대하여 규정하고, 제9장(제43조 내지 제49조)에서는 물품의 수령과 인도에 대하여 규정한다. 제10장(제50조 내지 제56조)에서는 처분권자의 권리에 대해 규정하고, 제11장(제57조 내지 제58조)에서는 권리의 이전을 다룬다.

제12장(제59조 내지 제61조)은 책임의 제한, 제13장(제62조 내지 제65조)은 제소기간, 제14장(제66조 내지 제74조)은 관할, 제15장(제75조 내지 제78조)은 중재, 제16장(제79조 내지 제81조)은 계약 조항의 유효성을 규정하여 이번 규칙이 강행규정임을 명시하고 있다.

제17장(제82조 내지 제86조)은 규칙에서 다루지 않은 사항에 대해 규정하고, 제18장(제87조 내지 제96조)은 최종규정으로 협약의 가입과 탈퇴에 대하여 규정한다.

헤이그규칙과 헤이그 · 비스비규칙이 선하증권이 발행되는 운송계약에 적용되고, 함부르크규칙은 모든 운송계약에 적용되는 데 반해, 로테르담규칙은 해상운송 및 해상운송을 포함하는 복합운송을 그 적용대상으로 한다. 운송인의 책임에 대해 로테르담규칙은 기존의 헤이그 · 비스비 규칙 및 함부르크 규칙과 동일하게 과실추정주의에 입각하여 운송인의 책임을 규정하고 있으며, 항해과실면책을 명시적으로 폐지하였다. 또한 로테르담규칙은 운송인의 책임제한액을 포장·단위당 875 SDR 또는 중량 킬로그램당 3 SDR로 인상하였다.[11)]

로테르담규칙은 20개국이 가입·비준해야 하는데, 현재 21개국이 가입하였다.[12)]

5. 우리나라 상법의 규정

우리나라는 1924년 헤이그규칙이나 1968년 헤이그·비스비규칙 그리고 1978년 함부르크규칙 등에 가입하는 대신에, 헤이그규칙의 일부 규정을 도입하여 운송인의 책임에 관해서 상법 제787조 내지 제790조의 4개 규정에서 규정한 바 있다. 그러나 운송인의 책임한도에 관한 규정을 두지 않은 등 법체계상 혼란이 야기되어 1991년 상법을 개정하면서 헤이그·비스비규칙의 입장을 받아들여 해상운송인의 책임한도액의 설정과 청구권경합 등 종래 학설과 판례에서 논란이 되었던 부분에 대한 규정을 추가하였다.[13)]

2008년 8월 4일부터 상법이 개정되어 시행되고 있다. 개정 전 상법이 실무에서 일어난 변화에 대응하지 못하고, 국제조약과 불일치하는 등의 문제점을 갖는다는 비판을 반영해서 개정 상법은 해상화물운송장(제863조 내지 제864조), 전자선하증권(제862조), 복합운송에 관련된 규정(제816조) 등을 신설함으로써 시대적 변화에 대응하고자 하였다.[14)]

Ⅲ. 선 박

해상운송은 그 물적 설비로서 선박을 필요로 한다. 선박은 일반적으로 사람이나 화물을 싣고 해상을 통하여 장소적 이동을 수행하는 운송수단으로서 적재성, 이동성 및 운반성을 가진 구조물을 의미한다.

---

11) 송옥렬, "해상운송에 관한 로테르담 규칙의 쟁점 및 전망," 『통상법률』 통권88호(법무부, 2009. 8), 66-81면.
12) 주요 가입국으로는 미국, 프랑스, 노르웨이, 스페인, 덴마크, 스위스 등이 있다.
13) 이기수·최병규·김인현, 『보험·해상법』(박영사, 2008), 515-536면.
14) 김인현, 『해상법연구Ⅱ』(삼우사, 2008), 754면.

1. 선박의 의의

(1) 우리나라 상법상 선박

우리나라 상법은 선박의 개념은 규정하지 않고, 다만 상법의 적용대상이 되는 선박의 범위만을 정하고 있다. 상법의 적용대상이 되는 선박은 상행위 기타 영리를 목적으로 항해에 사용되는 선박이다(상법 제740조).

상법이 적용되는 선박이 되기 위해서는 먼저 사회통념상 선박으로 인정되어야 하지만, 일반적으로 수중이나 수상에서 사람 또는 물건의 이동에 사용되는 기구면 충분하다. 그리고 반드시 스스로의 동력에 의하여 이동될 수 있어야만 선박이 되는 것은 아니고, 예인의 방법으로 이동하는 부선(浮船; barge)도 상법상 선박이다. 그러나 전혀 운송에 사용되지 않고 항상 수상에 있는 선상호텔이나 해상작업대 등과 구성물(목재) 자체의 운반을 목적으로 하는 뗏목은 상법상 선박이 아니다.[15]

1) 항해선

상법상 선박은 항해에 사용되는 항해선만을 의미한다. 항해는 해상(海上)의 항행(航行)을 의미하며, 해상이란 호천(湖川) · 항만(港灣)을 제외한 해양을 의미하는데, 이때 호천 · 항만의 범위는 평수구역(平水區域)에 따라 정해진다(상법 제125조 및 부칙 제2조; 상법 제125조 및 부칙 제2조; 상법의 일부 규정의 시행에 관한 규정 제3조).

호천 · 항만 등 내수면만을 항행하는 선박은 해상법(海商法)의 적용을 받지 않는다. 다만 예외적으로 해상법 중 선박충돌과 해양사고구조에 관한 규정은 내수선(內水船)에도 적용된다(상법 제876조 및 제882조). 또한 항해선의 경우에도 공동해손의 분담금과 손해액의 산정에 관한 규정은 연안항행에 대해서 적용되지 않는다(상법 제872조 제2항 단서). 항해선이 일시 내수면에 머물러 있다 하더라도 그 선박이 곧 항해선으로서의 성격을 잃지는 않는다.

2) 영리선

상법상 선박은 상행위 기타 영리를 목적으로 하는 영리선을 의미한다. 영리를 목적으로 한다 함은 선박의 사용 그 자체가 영업의 목적이 되어야 한다는 것을 의미하는 것은 아니고, 상인이 그 선박을 그 영업상의 항해활동의 설비로서 사용하는 것을 의미한다.[16] 이때 상행위는 주로 운송의 인수(상법 제46조 제13호)일 것이지만, 보조적 상행위도 포함한다. 따라서 영업을 위한 것이라면 자기화물운반선, 광물탐사

---

15) 이기수 · 최병규 · 김인현(주13), 396면.

16) 상게서, 397면.

선 또는 어선과 같이 타인의 물품에 관한 운송을 인수하고 그 이행을 위하여 운항하는 선박이 아니더라도 모두 상법상 선박이다. 국공유선박이더라도 영리에 종사하는 경우에는 상법상 선박이다(상법 제2조; 선박법 제29조 단서).

3) 단정(短艇) 또는 노도선(櫓櫂船)이 아닐 것

상법 제5편 해상에 관한 규정은 원칙적으로 근대적 의미의 영리선에만 적용되고, 단정이나 노도로 운전하는 선박에는 적용되지 않는다(상법 제741조 제2항). 이는 이러한 소형선에 대해서 기술적이고 복잡한 해상법을 일률적으로 적용하는 것은 불합리하기 때문이다.

상법은 개별 규정의 적용범위를 정함에 있어서 다시 선박의 범위를 확장 또는 축소하고 있다. 예를 들어 총톤수 20톤 미만의 선박에 대해서는 선박에 관한 권리이전(상법 제743조), 선박의 압류 · 가압류제한(상법 제744조) 등에 관한 규정이 적용되지 않는 반면, 항해선과 내수항행선 간의 충돌에 대해서는 상법상 선박의 충돌로 보아 상법상 선박충돌에 관한 규정을 적용한다(상법 제876조).

(2) 해상충돌예방법 및 국제법상의 선박

해상충돌예방법상 선박은 해상운송수단에 제공되거나 또는 제공될 수 있는 가동체를 의미하기 때문에 부선, 준설선, 등대선, 부유부두(floating dock), 석유시추선 등도 자력 및 예선에 의해 이동될 때는 선박으로 간주된다.

2. 선박의 종류

선박은 용도에 따라 여객선과 화물선으로 구분되며, 화물선은 다시 산적화물전용운송선(bulk carrier)과 탱커(tanker)로 구분된다. 선박은 추진방식에 따라 인력선, 풍력선 또는 기계력선으로 구분되는데, 해상운송에 사용되는 선박은 대부분이 기계력선이다.

3. 선박의 법적 성질

선박은 법적으로 하나의 동산이다. 따라서 상법에 다른 규정이 없는 한, 선박에 관한 권리의무는 민법 또는 상법상 동산의 권리의무에 관한 규정에 의해 정해진다. 그러나 선박은 일반 동산에 비해 고가(高價)이고 빈번한 거래의 목적은 아니기 때문에 부동산과 같은 법적 취급을 받는 경우가 있는데, 즉 선박에 대한 강제집행이나 경매(민사집행법 제172조 이하 및 제269조), 선박등기(선박법 제8조 제1항) 또는 선박저당권(상법 제787조) 등의 경우가 그러한 경우이다. 그러나 총톤수 20톤 미만의 소형선박, 단정이나 노도선은 원래의 성질대로 동산으로 취급된다.

선박은 여러 가지 물건이 결합된 하나의 물건으로 취급되는 합성물이다. 선박을 구성하고 있는 물건 중에는 선체나 기관처럼 선박에 부착되어 분리가 불가능한 물건도 있지만, 양식·유류·해도·각종 공구·구명정 등 기능적으로는 선박과 일체를 이루고 있는 부품이지만 물리적으로는 선박과 분리·독립된 것도 있다.[17] 따라서 이들 속구에 대해서도 선박에 관한 권리의무가 미치는지 여부가 불분명해질 우려가 있기 때문에 이를 분명히 하기 위하여 선박에 부속된 물건의 내역을 기재한 문서인 속구목록을 선박 내에 비치하도록 하고 있다.

이 속구목록에 기재된 것은 선박의 종물로 추정되어(상법 제742조), 선박에 대한 소유권의 이전, 저당권의 설정 및 우선특권의 발생 등의 경우에 그 효력이 속구목록에 기재된 물건에도 미친다(민법 제100조; 상법 제777조, 제787조 제2항). 속구목록에 기재되지 않은 물건에 대해서는 공동해손행위로 인하여 손실이 발생하더라도 공동해손분담금의 청구가 허용되지 않는다(상법 제872조).

민사소송법상 선박 또는 항해에 관하여 선박소유자 기타 선박이용자에 대한 소는 선적소재지 법원에 제기할 수 있고(민사소송법 제11조), 선박채권 기타 선박을 담보로 한 채권에 관한 소는 선박소재지 법원에 제기할 수 있다(민사소송법 제12조). 영미법계 국가에서는 선장을 대표자로 하여 선박을 상대로 한 소송(action in rem; 대물소송)을 제기할 수도 있다. 우리 법에서도 선장은 선적항 외에서는 항해에 필요한 재판상·재판외의 모든 행위를 할 권한을 갖는다(상법 제749조 제1항).

4. 선박에 대한 권리

(1) 소유권

선박소유권의 취득사유는 일반 동산과 마찬가지로 조선계약·양도·합병·상속 등과 해상법에 특유한 보험위부(상법 제710조), 선박공유자지분의 강제매수(상법 제761조 제1항), 국적상실로 인한 지분의 매수나 경매처분(상법 제753조), 매수청구(상법 제762조 제1항), 선장의 경매처분(상법 제753조) 등이 있고, 공법상 포획·몰수(선박법 제25조 및 제26조)·수용 등이 있다. 등기된 선박은 부동산과 마찬가지로 선의취득이 인정되지 않는다. 선박소유권의 상실사유는 위 취득사유와 마찬가지로 상대성을 가지는 사유 외에 구조불능의 침몰·파선·포획·몰수 등이 있다.

---

17) 이들을 속구라 한다.

물건에 대한 소유권의 내용은 민법에 따라 정해지나, 그 소유권의 이전에 대해서는 여러 가지 제한이 있다. 먼저 선박소유자에 관해서 법률상 제한이 가해질 수 있다. 우리나라의 경우를 예로 든다면, 국가나 공공단체, 대한민국 국민, 우리나라 법에 의해 설립된 상사법인으로서 출자의 과반수와 이사회의 의결권의 5분의 3 이상이 대한민국 국민에 속하고 대표자가 대한민국 국민인 법인, 대한민국에 주된 사무소를 둔 법인으로서 그 대표자가 대한민국 국민인 법인 등만이 한국국적의 선박을 소유할 수 있다(선박법 제2조). 그리고 선박의 양도에 대해서도 주의해야 한다. 선박에 대한 소유권은 재산권의 하나이기 때문에 원칙적으로 소유자는 이를 제3자에게 자유로이 양도할 수 있지만, 해운항만청장은 적정한 선복량(船腹量)의 유지 및 항로질서를 위하여 필요하다고 인정할 때에 대한민국 선박을 소유할 수 없는 자와의 매매를 제한할 수 있고(해운업법 제49조 제1항), 선박이 낡아서 운항 또는 지정항로에의 취항이 해운산업의 육성과 공익에 적합하지 않다고 인정하는 경우에는 당해 선박의 대체를 명할 수 있다(해운산업육성법 제18조 제1항). 선박공유자가 지분의 이전 또는 국적상실로 인하여 선박이 대한민국의 국적을 상실한 때에는 다른 공유자가 상당한 대가로 그 지분을 매수하거나 그 경매를 법원에 청구할 수 있다(상법 제760조).

(2) 사용권

선박은 부동산과 마찬가지로 등기를 하지만, 부동산에 대해서 일반적으로 인정되는 지상권이나 전세권과 같은 물권적 사용권의 목적이 되지 않는다. 다만 제3자는 선박소유자와의 계약으로 선박을 사용할 수 있는 채권적 권리를 가질 수 있다. 이러한 사용권으로는 해상사업자가 선박임대차계약에 따라 선박을 이용하는 임차권과 용선자가 용선계약에 따라 선박을 이용할 수 있는 이용권이 있다.

(3) 담보권

선박의 건조나 구입에는 거대한 자금이 소요되기 때문에 선박에 대해서 담보권이 설정되어 있는 경우가 대부분이고, 선주의 채권자는 선박의 운항위험을 고려하여 선박에 대한 담보권 외에 보험증권에 채권자를 위한 제3자 지급약관을 삽입하고 용선료나 운임 등에 대한 질권을 설정하는 것이 일반적이다. 해운법 제49조에 의하면 일정한 사업을 위하여 선박을 수입하거나 용선 또는 건조하는 경우에 선주는 당해 선박에 관한 소유권취득에 관한 등기를 하기 전이라도 그 선박의 소유권을 취득한 후 지체 없이 선박을 담보로 제공할 것을 조건으로 융자받을 수 있다.[18] 선박에 대한 담보권으로는 선박이 부동산과 갖는 유사성으로 인해서 인정되는 저당권 · 질권 · 선박우선특권 · 유치권 등이 있다.

(4) 선박에 대한 권리의 행사

동산인 선박에 대한 권리도 다른 재산권과 마찬가지로 당연히 채권자의 권리 행사의 대상이 된다. 따라서 선박이 질권이나 저당권의 대상이 된 때에는 담보권의 실행 등을 위한 경매의 대상이 되고, 채권자가 집행권원을 얻은 때에는 강제집행의 대상이 된다. 선박에 대한 집행절차기간 중에는 선박을 압류항에 정박하게 하여야 한다(민사집행법 제176조). 그러나 항해준비를 완료한 선박과 그 속구는 압류 또는 가압류의 대상이 되지 않는다(상법 제744조 본문).

5. 선박국적

선박의 국적은 준거법과 공권력을 행사할 국가를 결정하는 데 기준이 된다. 오늘날 우리나라를 포함한 대부분의 국가는 자국민에 의한 소유와 운항을 선박국적취득요건으로 정하고 있으며, 1982년 해양법 제91조에서도 국가와 선박 간에는 진정한 연계(genuine link)가 있어야 하며, 선박은 한 국가의 국기만을 게양하고 항해하여야 한다고 규정되어 있다. 그럼에도 불구하고 절세, 저임금국 선원의 고용 또는 공법적 규제의 회피 등의 목적으로 선진해운국들의 선주들은 위의 진정한 연계도 없는 파나마, 리베리아, 키프로스, 싱가포르 등의 국가에 선박을 등록하여 편의치적(flag of convenience)을 취득하는 경향이 있다. 이러한 편의치적의 취득은 1950년에 전세계대비 4.9%이던 것이 1999년 48%가 되어 편의치적선제도는 상관행의 하나로 되기에 이르렀다고 한다.[19]

Ⅳ. 해상운송의 형태

해상운송은 정해진 항로를 따라 규칙적으로 반복 운항하는 정기선운송과 그렇지 아니한 부정기선운송으로 나눌 수 있다. 원래 해운업의 초기형태는 부정기선 경영형태였으나, 국제간의 무역이 점차 발전하고 조선과 항해기술이 발달함에 따라 정기선이 분화하게 되었고, 오늘날에는 컨테이너의 출현으로 정기선운송이 세계해상운송의 주류를 이루고 있다.

---

18) 이른바 후취담보(後取擔保)의 경우이다.
19) 이기수 · 최병규 · 김인현(주13), 403면.

1. 정기선운송

(1) 정기선운송의 개념

정기선운송은 정해진 항로를 따라 규칙적으로 반복 운항하는 것으로서 산적화물(散積貨物)을 전문적으로 운송하는 부정기선운송과는 달리 제품 및 잡화 등 가공화물의 운송에 주로 이용된다. 따라서 체결되는 계약의 형태도 대부분이 개품운송계약이다.

정기선운송은 자국의 정기선항로와 적정한 선복을 유지함으로써 장기적으로 안정된 운임을 송하인(하주 또는 화주)에게 제공하고, 일정한 기간별로 배선함으로써 수출입 물품을 적기에 운송할 수 있어 국제거래에 편의를 제공하며, 국가 간에 운송수단이 존재하므로 교역을 촉진하여 당사국 간의 경제발전에 기여한다. 그러나 정기선운송은 특정 항로를 일정기간의 스케줄에 의하여 항해횟수를 일정하게 유지하여야 하고 다수의 선박을 경영하는 데 거액의 자본이 소요되기 때문에 단독선으로서 운항할 수 있는 부정기선운송에 비해 그 채산성을 맞추기 힘든 특성을 갖고 있으며, 간단히 연계할 수 없는 정기선의 특성으로 인해 운항상에 어려운 점이 많은 단점을 갖는다.

정기선운송은 ① 항해일정의 공시, ② 화물의 다소불문 취항, ③ 소량화물 및 단위당 컨테이너 화물 대상, ④ 공정운임표(tariff)의 공시 등을 특징으로 한다.

정기선항로의 운송은 본질적으로 사기업의 영업활동이지만, 특정 항로를 개설하는 데서 오는 국위선양 및 무역발전 등 국민경제에 미치는 영향 때문에 국가의 관심이 집중되어 19세기경부터 각국은 지원정책을 실시하였다. 오늘날에도 정기선운송에 대해서는 각국이 지원정책을 펴고 있으며 그 발전에 힘을 기울이고 있다.

(2) 해운동맹

1) 의 의

해운동맹(shipping ring or shipping conference)은 둘 이상의 정기선운송인이 특정 항로에서 상호간에 기업적 독립성을 존중하면서 공정경쟁을 유지하거나 경영기반의 유지 · 발전을 위하여 운임률 및 기타 영업조건 등에 공조하는 해운카르텔이다.

해운동맹은 카르텔협정이 용이한 항로동맹, 운임동맹 또는 계선협정(繫船協定) 등을 총칭한다. 현재 세계의 정기항로에는 운임동맹을 중심으로 약 500개 이상의 해운동맹이 있다. 해운동맹의 지역을 대별하면, 3대 경제권인 미국, 유럽 및 일본을 각각 왕복하는 동맹을 주축으로 이들 경제권과 기타 지역을 연결하는 중소의 왕복항 또는 편도항의 동맹들이 별개로 구성되어 있다. 우리나라도 수출입 물량이 1억 톤을 넘고 해운력이 신장됨에 따라 일본을 중심으로 형성된 동맹에서 큰 비중을 차지하고 있다.

해운동맹은 ① 해운서비스의 개선(정기항해의 유지와 안정운임의 설정 · 유지, 고급 · 고속선의 제공), ② 운항비의 절약, ③ 운임의 합리적 설정, ④ 대 · 소하주에 대한 균등운임의 적용 등의 경제적 의의를 갖는다.

3대 경제권을 중심한 국가들은 각기 해운정책 및 관련법에 따라 해운동맹에 대한 태도를 달리하고 있는데, 대체로 일본과 유럽 국가들은 해운동맹을 긍정적으로 받아들이고 있는 반면에 미국은 자유경쟁원칙을 주장하면서 해운동맹에 대해 부정적 태도를 취하고 있다.

2) 해운동맹의 종류

해운동맹은 그 내부규약상 가입과 탈퇴의 자유 유무에 따라 개방동맹(open conference)과 폐쇄동맹(closed conference)의 두 가지로 분류된다. 폐쇄동맹에 속하는 극동 · 유럽, 극동 · 호주동맹은 내규가 엄격하고 가입탈퇴가 어려운 대신에 항로질서가 안정적으로 유지된다. 극동 · 미국동맹은 미국 해운법(Shipping Act)의 동맹 규제의 영향으로 가입과 탈퇴가 자유스럽다. 우리나라는 이들 동맹에 모두 가입하고 있다.

3) 해운동맹의 장단점

해운동맹은 1875년 영국 · 캘커타동맹(United Kingdom/Calcutta Conference)이 성립된 이후 100년이 지나면서 급속하게 발전되었다. 해운동맹은 다음과 같은 장단점을 갖는다.

해운동맹의 장점으로는 ① 항해의 규칙성, 항해수, 날짜 등 운송기간이 규칙적이어서 하주에게 편리, ② 해운투하자본의 안정성에 따라 서비스의 개선촉진, ③ 운임률의 안정과 운임변동률의 안정, ④ 균일한 운임률 부과, ⑤ 생산지에서 해외시장까지 운임경쟁력 확보, ⑥ 배선의 합리화, ⑦ 각종 화물에 대한 공평운임 부담, ⑧ 무역발전의 촉진, ⑨ 구성원인 선사(船社)의 규제 등을 들 수 있다.

한편 해운동맹의 단점으로는 ① 동맹의 독점성에 따른 초과이윤 획득, ② 운임할인제(fidelity rebate system)가[20] 적용되는 항구에서의 선사의 일방적 통제, ③

---

20) 운임할인제는 하주가 일정한 기간(보통 4개월) 맹외선(盟外船)을 이용하지 않는다는 조건으로 동맹선(同盟船)이 그 기간 중에 그 하주로부터 받았던 운임의 일부를 그 기간 종료 후에 환

동맹의 정책에 따른 운임결정, ④ 독점의 남용, ⑤ 동맹의 집합독점(集合獨占)의 비합리성, ⑥ 기항하는 항구에서의 동맹의 심한 비용절감 경향 등이 있다.

(3) 정기선운송을 규율하는 조약

1) 정기선동맹의 행동규범에 관한 UN협약

(a) 제정배경 1960년대에 해운동맹은 선진해운국에 의하여 독점적 및 배타적으로 운영됨으로써 개발도상국의 해운발전에 장애가 되었다. 즉 선진해운국들은 해운동맹카르텔을 형성하여 운임을 고정시키고 비해운동맹선사와 경쟁하기 위하여 운임을 환급(rebate)하거나 대항선(fighting ship)을 투입하는 등 독점적이고 폐쇄적인 방법으로 해운업을 영위한 결과, 1960년대 후반에 개발도상국은 세계교역량의 65%를 차지하고 있음에도 선복은 8%밖에 보유하지 못하도록 하였다. 그 결과, 개발도상국이 부담하는 운임비중은 높아졌음에도 불구하고 그 무역환경은 상대적으로 악화되었다.

이 때문에 개발도상국은 자국의 무역 및 해운육성의 촉진을 위하여 정기선동맹의 불합리한 운영의 개선을 요구하게 되었고, 1974년에 유엔무역개발회의(United Nations Conference on Trade and Development: UNCTAD)의 다자간 국제협약으로 「정기선동맹의 행동규범에 관한 UN협약」(UN Convention of Plenipotentiaries on a Conduct for Liner Conference)이 채택되었다.

(b) 협약의 내용 이 협약은 ① 세계교역증대에의 기여, ② 국제무역에 적합한 효율적이고 정규적인 정기선 서비스의 발전도모, ③ 해운서비스의 공급자와 수요자의 균등한 이해관계유지 등의 목적하에 전문 및 본문 54개 규정과 부칙 10개 규정으로 구성되어 있다.

전문에서는 기본목적 및 원칙인 동맹관행에 따라 어느 국가를 막론하고 선주, 하주 또는 항로에 대하여 차별을 두어서는 안 되며, 동맹은 공동 이해관계사항에 관하여 하주기관, 하주대표 및 하주와 또한 신청이 있는 경우에는 관계 당국의 참여하에 적절한 협의를 거치는 것을 원칙으로 하고 있다.

본문에서는 ① 무역당사국 선사의 동맹가입의 자유화, ② 무역당사국에 의한 50 : 50 또는 제3국이 있는 경우에는 40 : 40 : 20의 화물적취비율의 유지, ③ 개발도상국 물품의 수출촉진을 위한 장려운임(promotional freight)제도의 도입, ④ 하주와 하주의 협의기구에 대한 당사국 정부의 참여, ⑤ 운임인상에 대한 구체적 절

급해주는 제도이다. 이와 비슷한 조건으로 운임총액의 일정비율을 기말에 환급해주는 연기환급제(deferred rebate system)도 있다.

차 및 유예기간 등의 설정, ⑥ 선주 간 또는 선주와 하주 간 분쟁처리를 위한 국제중재제도의 도입 및 ⑦ 맹외선에 대한 대항선 투입의 금지 등을 규정하고 있다.

이 협약은 1985년 10월 발효되었으며,[21] 미국, 일본 및 영국 등 주요 해운국이 비준하지 않고 있어서 전면적인 실시에 이르지는 못하고 있지만 기존 해운동맹질서에 상당한 영향을 미치고 있다.

2) 미국 해상운송

(a) 제정배경　미국은 전통적으로 자유경쟁체제의 근거에서 해운동맹의 결성을 인정하지 않았으나 1916년 해상운송법(Shipping Act)의 제정으로 해운동맹을 인정하기에 이르렀다. 그러나 이 법이 운임연계제, 경쟁대항선, 하주에 대한 보복조치 및 차별대우 등의 정기선동맹활동을 규제함에 따라 미국 해운산업의 대외경쟁력은 크게 저하되었다.

1974년 정기선동맹의 행동규범에 관한 UN협약의 발효로 미국도 세계해운질서의 변화에 대처하기 위해서 1916년 해상운송법에 의하여 미국 연방해사위원회(Federal Maritime Commission: FMC)의 관할하에서 지나치게 규제를 받아왔던 정기선사에 자유로운 기업활동을 보장하는 한편, 선대의 대형화를 통한 경쟁력의 확보와 해상운임의 자유경쟁을 통한 하주보호정책을 추구하기 시작했다. 특히 미국은 대하주들의 불만을 해소하고 하주들이 운임카르텔인 해운동맹과 대등한 입장에서 운임률을 협상할 수 있도록 하주협의회(shipper's association)를 법적으로 인정하고, 연방해사위원회의 과잉규제에 대한 불만을 완화할 목적으로 1984년 해상운송법(Shipping Act of 1984)을 입법하였다. 총 22개조로 된 1984년 해상운송법의 입법취지는 제2조 정책선언(Declaration of Policy)에서 볼 수 있는바, 동 조는 최소한의 정부간섭과 비용으로 미국 해운에 대한 비차별적 규제절차의 확립, 국제해운질서 및 관행에 맞추어 효율적이고 경제적인 미국해운수송체계의 확립, 국가의 안보요구에 부응할 수 있는 경제적으로 건실하고 효율적인 미국정기선대의 육성촉진 등의 정책을 표명하고 있다.

(b) 1984년 해상운송법의 주요 내용　1984년 해상운송법의 주요 내용을 살펴보면 ① 독점금지법의 적용제외,[22] ② 동맹협정, ③ 독자행사권(I/A)의 의무화, ④

---

21) 이 협약은 비준국이 24개국 이상이 되고 비준한 국가들의 선복량 합계가 세계선복량의 25% 이상이 될 것을 발효요건으로 하고 있는바, 1983년 4월에 서독과 네덜란드가 비준하면서 1983년 발효요건을 갖추었고, 2년간의 준비기간을 거쳐 1985년 10월 정식으로 발효되었다.

22) 독점금지법 제외조항은 운송인의 활동범위를 확대하는 효과를 가졌는데, 특히 복합운송의 운임률결정협정에 대한 독점금지법의 적용제외가 중요한 의미를 갖는다.

기간별 · 물량별 운임률(TVR), ⑤ 서비스 운송계약(S/C), ⑥ 이중운임제, 즉 성실계약제도의 금지, ⑦ 미국선사의 보호, ⑧ 자문위원회의 설치와 본법의 평가, ⑨ 하주협의회, 즉 하주단체의 인정, ⑩ NVOCC(비선박운항정기운송인)의 지위 인정 등이 규정되어 있다.

(c) 정기선운송에 미친 영향 1984년 해상운송법은 북미 관련 정기선항로뿐만 아니라 전세계의 모든 정기선항로에 상당한 영향을 미치고 있다. 선박회사에 대해서는 공동운항의 증가와 선박의 대형화를 촉진시키고, 해운동맹에 대해서는 새로운 운임제도의 도입으로 기존 해운동맹의 통합을 촉진시키는 한편, 하주에 대해서는 선박회사에 대한 교섭력을 강화시켰다. 또한 1984년 해상운송법은 복합운송의 활성화와 집화기지(load center)의 발달에도 기여하였다.

2. 부정기선운송

원래 해운업의 초기 형태는 부정기선운송의 경영 형태였으나, 무역이 증대하고 조선 및 항해기술이 발달함에 따라 정기선운송이 분화하였는바, 오늘날에는 컨테이너의 등장으로 정기선운송이 세계해운의 주류를 이루게 되었다. 그러나 시기적으로 운송 수요가 급증하는 화물, 운임부담력이 약한 화물, 양곡이나 석탄과 같은 대량화물 등의 경우에는 여전히 부정기선의 수요가 크다. 이처럼 정기선운송과 부정기선운송은 상호 보완적이면서도 각기 특징적인 활동분야를 갖고 있어서 현대 해운의 기본형태로서 병존하고 있다.

부정기선을 사용하는 운송의 경우에는 흔히 용선계약이 체결된다. 용선계약은 크게 선복 전부를 빌리는 전부용선계약(whole charterparty)과 일부를 빌리는 일부용선계약(partial charterparty)으로 구분되며, 전부용선계약은 용선형태에 따라 다시 항해용선계약(voyage charterparty), 기간(정기)용선계약(time charterparty) 및 나용선계약(bareboat charterparty) 등으로 구분된다. 항해용선계약은 일정한 항해를 통해서 선박을 이용하는 것을 내용으로 하여 체결되는 반면, 기간용선계약과 나용선계약은 일정한 기간 동안 선박을 이용하는 것을 내용으로 하여 체결된다. 항해용선계약과 기간용선계약은 선주, 즉 선박소유자가 선박의 점유권 및 지배권을 갖는다는 점에서 나용선계약과 차이가 있다.

3. 컨테이너운송

(1) 컨테이너운송의 발전

컨테이너운송은 1920년대에 미국의 철도운송에서 처음 도입되었는데, 트레일러로부터 무개화차(flat car)에 의한 피기백(piggy-back)운송에 처음으로 사용되었다. 그 후 1929년에 영국에서 민간용 컨테이너화물을 유럽대륙에 운송하기 시작하였으며, 제2차 세계대전 후에는 유럽대륙에서 철도운송에 컨테이너가 본격적으로 사용되었다.

(2) 컨테이너운송의 장점

1) 비용의 절감

첫째, 컨테이너운송은 운송비용을 절감시킨다. 즉 컨테이너운송은 품목별 무차별운임의 적용에 따른 비용의 절감과 해상 및 육상을 포괄하는 복합운송을 사용할 수 있도록 함으로써 운송비용의 합리화를 통한 비용의 절감을 가져오는 것이다. 둘째, 컨테이너운송은 포장비를 절감시킨다. 셋째, 컨테이너운송은 보험료의 절감을 가져온다. 넷째, 컨테이너운송은 임해창고(臨海倉庫)에 보관해야 하는 불편을 없애준다. 다섯째, 컨테이너운송은 금리부담의 절감과 자본의 회전성 증대를 가져온다. 즉 컨테이너운송은 고속화를 통해 운송기간을 단축함으로써 투하자본의 조기회수와 금리부담의 경감을 가져오는 것이다.

2) 고객서비스의 향상

컨테이너운송은 화물운송의 신속 및 운송일정의 정확성을 담보함으로써 고객에 대한 서비스를 향상시킨다.

3) 국제복합운송의 가능

컨테이너운송은 육상, 해상 또는 항공의 일관운송과 복합운송을 가능하게 함으로써 택배운송(door to door or point to point system)을 출현시키는 데 중요한 역할을 하였다.

(3) 컨테이너운송을 규율하는 조약

관세행정상 필요에 의한 협약으로서 1956년 「컨테이너 관세협약」(Customs Convention on Container 1956: CCC), 「국제도로운송증권의 담보하에 행하는 물품의 국제운송에 관한 관세협약」(Customs Convention on the International Transport of Goods under Cover to TIR Carnets: TIR협약), 「국제도로운송증권의 담보하에 행하는 화물의 국제운송에 관한 신관세협약」(신 TIR협약), 「국제물품운송에 관한 관세협약」(Customs Convention on the International Transit of Goods) 등이 있다.

「안전한 컨테이너를 위한 국제협약」(International Convention for a Safe Containers: CSC협약 또는 컨테이너 안전협약)은 컨테이너의 운송과 양륙에 있어서 안전성을 담보하기 위하여 1972년에 UN과 국제해사기구(Inter-Governmental Maritime Consultative Organization: IMO)[23] 공동회의에서 채택되었으며, 협약의 구성은 전문, 본문 16개조 및 2개의 부속서로 구성되어 있다. 이 협약은 컨테이너의 취급, 적재 및 운송에 있어서 인명의 안전을 유지하면서 국제컨테이너운송의 발달을 촉진하기 위하여 컨테이너의 구조상의 안전요건을 국제적으로 통일하는 것을 그 목적으로 한다.

Ⅴ. 해상운송계약

1. 해상운송계약의 의의와 종류

해상운송계약은 당사자 일방이 상대방에 대하여 선박에 의한 물품의 해상운송을 인수하고, 상대방이 이에 대하여 보수(운임)를 지급할 것을 약정함으로써 성립하는 계약으로서 그 성질은 민법의 도급계약에 속한다.[24]

(1) 용선계약

용선계약(charterparty or charter)은 해상운송인 또는 선박소유자가 선박의 전부 또는 일부를 운송을 위하여 제공하면서 여기에 적재된 물품을 운송할 것을 약속하고, 상대방인 용선자는 이에 대하여 보수인 용선료를 지급할 것을 약속하는 운송계약이다. 용선계약에서는 선박의 개성이 중요시되고 운송물의 개성은 중시되지 않기 때문에 개품운송계약과는 달리 용선계약의 조건에 반하지 않는 한, 어떠한 운송물을 적재하여도 상관없다.

용선계약은 용선자가 특정 항해를 위해 선박을 이용할 권리를 갖는 항해용선계약과 용선자가 일정한 기간 동안 선박을 이용할 권리를 갖는 기간용선계약으로 나눌 수 있다. 항해용선계약에서는 선박소유자가 선박의 운항·관리권과 선장·선원의 선임·감독권을 가지며, 선박자본비용 외에 항비(港費), 연료비, 도선료·

23) 국제해사기구는 1958년에 설립되어 영국에 본부를 두고 있다. 국제해사기구의 설립목적은 해사기술의 정부간 상호협력, 해사안전 및 오염방지 대책의 수립, 국제간 법률문제의 해결, 개발도상국의 해사기술협력, 정부간 차별조치의 철폐, 해운업체의 불공정한 제한적 관행문제의 심의 등이다. 1982년에 명칭을 IMCO에서 IMO로 변경하였다. 오원석, 『국제운송론』(제2개정판, 박영사, 1994), 13면.

24) 이기수·최병규·김인현(주13), 476면.

예선료 · 보험료, 수선 · 보수비용 등의 비용을 부담하고, 제3자에 대하여 권리의무를 갖는다. 따라서 항해용선계약은 법률상 운송계약의 한 형태로서 이해된다.[25] 항해용선계약은 주로 철광석이나 곡물 등 대량화물 또는 산적화물(bulk cargo)을 운송하는 부정기선운송에서 주로 이용된다.

한편 기간용선계약 중에서 가장 중요한 형태는 정기용선계약(time charter)인데,[26] 정기용선계약은 선박소유자가 용선자에게 선원이 승선하고 항해장비를 갖춘 선박을 일정기간 동안 항해에 사용하게 할 것을 약정하고, 이에 대해서 용선자가 기간으로 정한 용선료를 지급하는 것을 내용으로 한다(상법 제842조 참조). 정기용선계약에 대해서는 용선자가 선박의 상업적 이용에 대한 모든 책임을 인수하고, 일반적으로 연료 및 항해비용을 부담한다는 점에서 운송계약으로 보기 어렵다는 주장이 있지만, 정기용선계약하에서도 선박소유자는 용선자로부터 운송물을 인수받아 자기의 관리 · 점유하에 운송을 수행하고 그에 대하여 일정한 대가를 받는다는 점을 고려할 때, 정기용선계약도 운송계약의 한 형태로 보는 것이 타당할 것이다.[27]

[관련판례] 大判 2003.8.22, 2001다65977

정기용선계약에 있어서 선박의 점유, 선장 및 선원에 대한 임면권, 그리고 선박에 대한 전반적인 지배관리권은 모두 선주에게 있고, 특히 화물의 선적, 보관 및 양하 등에 관련된 상사적인 사항과 달리 선박의 항행 및 관리에 관련된 해기적인 사항에 관한 한 선장 및 선원들에 대한 객관적인 지휘 · 감독권은 달리 특별한 사정이 없는 한 오로지 선주에게 있다고 할 것이므로, 정기용선된 선박의 선장이 항행상의 과실로 충돌사고를 일으켜 제3자에게 손해를 가한 경우 용선자가 아니라 선주가 선장의 사용자로서 상법 제845조 또는 제846조에 의한 배상책임을 부담하는 것이고, 따라서 상법 제766조 제1항이 유추적용될 여지는 없으며, 다만 정기용선자에게 민법상의 일반 불법행위책임 내지는 사용자책임을 부담시킬 만한 귀책사유가 인정되는 때에는 정기용선자도 그에 따른 배상책임을 별도로 부담할 수 있다.

---

25) 상게서, 480면.

26) 정기용선계약 형태가 아닌 순수한 기간용선계약은 선박회사가 부족한 선박을 다른 선박회사로부터 일시 용선하여 자기의 운송사업에 투입하는 경우 등에 주로 이용되며, 이때 용선자는 선박, 선장, 선원, 선용품 및 연료 등에 대해서 전반적인 책임을 지기 때문에 선박임대차계약 또는 나용선계약(demise charter or bareboat charter)의 형태를 갖는다. 선박임대차계약 또는 나용선계약은 법률상 임대차계약의 한 형태로 보아야 하기 때문에 용선계약에 관한 규정이 아닌 선박임대차계약에 관한 규정이 적용된다.

27) 이기수 · 최병규 · 김인현(주13), 415면. 개정전 상법은 정기용선계약에 관한 규정을 물건운송에 관한 규정 부분에 두고 있었으나, 2007년 개정 상법은 정기용선계약을 운송계약의 절에서 분리하여 별도의 절에 편제하였다(상법 제842조 이하).

[관련판례] 大判 1992.2.25, 91다14215

가. 당사자 간에 체결된 정기용선계약이 그 계약 내용에 비추어 선박에 대한 점유권이 용선자에게 이전되는 것은 아니지만, 선박임대차와 유사하게 용선자가 선박의 자유사용권을 취득하고 그에 선원의 노무공급계약적인 요소가 수반되는 것이라면 이는 해상기업활동에서 관행적으로 형성 발전된 특수한 계약관계라 할 것으로서 이 경우 정기용선자는 그 대외적인 책임관계에 있어서 선박임차인에 관한 상법 제766조의 유추적용에 의하여 선박소유자와 동일한 책임을 지는 것이라 할 것이므로, 정기용선자는 선장이 발행한 선하증권상의 운송인으로서의 책임을 부담한다 할 것이다.

나. 위 "가"항의 정기용선계약에 있어 "그 계약이 선박임대차로 해석되지 않는다"는 내용의 기재가 있어도 이는 용선계약의 표준약관의 일부로 포함되어 있는 것으로서 그 규정만으로 용선계약의 성질이 확정되는 것이 아니며, 이는 선박소유자와 용선자 사이의 계약 내용을 규율함에 있어 해석의 기준이 될 수 있을 뿐 제3자의 보호를 주안으로 하는 정기용선계약의 해석론에는 별다른 영향을 미치는 것이 아니다.

(2) 개품운송계약

개품운송계약(contract of affreightment)은 운송인이 개개 물품의 운송을 인수하고, 상대방인 송하인이 이에 대하여 운임을 지급할 것을 약속하는 계약이다. 따라서 용선계약과는 달리 화물의 종류, 성질, 용적 및 중량 등 운송물의 개성이 계약의 중심이 되고, 선박의 개성은 중시되지 아니한다. 컨테이너와 항해기술의 발달로 정기항로가 개설되고 정기선운송이 주된 해상운송수단이 됨에 따라 최근에는 국제거래와 관련하여 개품운송계약이 가장 중요한 운송계약 형태로 되었다. 이 때문에 국제해상운송법은 주로 개품운송계약을 그 규율 대상으로 하고 있다.

용선계약이 화물이 선박을 구하는 관계에 있다면 개품운송계약은 선박이 화물을 구하는 관계에 있다고 할 수 있다. 용선계약이 선박의 개성을 중시하면서 비교적 소형선박에 의한 부정기선운송에서 주로 사용되고 원칙적으로 계약자유의 원칙이 지배하는 데 반하여, 개품운송계약은 선박의 개성을 묻지 아니하고 대형선박에 의한 정기선운송에서 사용되며 당사자 간의 개별적 협상이 어려워서 약관을 사용하는 방법으로 계약이 체결되는 것이 일반적이다.

2. 운송인의 권리와 의무

(1) 운송인의 의무

운송인은 운송계약에 따라 운송물을 수령하여 보관하고 이를 선적한 뒤 지체없이 발항하여 운송을 실행하고 목적지에서 운송물을 양륙하여 이를 인도할 의무를 진다. 이때 운송인은 운송물에 대한 주의의무를 기울여야 하며 만일 이를 다하지 못하여 운송물에 멸실, 훼손 또는 연착 등의 손해가 발생한 경우에는 배상책임이 있다.

헤이그규칙은 운송인의 책임과 관련하여 원칙적으로 과실책임주의를 채택하면서 동시에 광범위한 면책사유를 인정하는데(헤이그규칙 제3조), 우리나라 상법도 이를 받아들였다(상법 제795조 및 제796조).

함부르크규칙도 원칙적으로 과실책임주의를 채택하고 있으나, 증명책임을 전환하여 운송인이 자기에게 과실 없음을 증명할 것을 요구한다(함부르크규칙 제5조 제1항).

로테르담규칙에서도 운송인은 화물의 손해에 대해서 자신에게 과실이 없음을 증명하지 못하는 한 손해배상책임을 지게 된다(로테르담규칙 제17조 제2항).

1) 감항능력주의의무

선박을 사용하는 해상운송에 있어서는 운송계약에서 예정된 항해상의 위험을 견딜 수 있는 물적 · 인적 능력을 갖춘 선박이 제공되어야 한다. 이를 감항능력주의의무(duty of seaworthiness)라고 하며, 선박 자체의 운항능력과 필요 선원의 승선 및 감하능력(勘荷能力)을 그 구체적 내용으로 한다(상법 제794조; 헤이그규칙 제3조 제1항).

함부르크규칙은 감항능력주의의무에 관한 규정을 따로 두지 아니하고 운송인의 일반적인 주의의무에 포함시키고 있다(함부르크규칙 제5조 제1항).

로테르담규칙은 감항능력주의의무를 운송인의 책임발생의 근거 중의 하나로 규정하고 있다(로테르담규칙 제17조 제5항).

(a) 선체능력　　운송인은 선박이 안전하게 항해할 수 있도록 하여야 하는데(상법 제794조 제1호; 헤이그규칙 제3조 제1항 제a호), 이는 선령 · 선급 · 구조 등이 특정 항해를 하는 데 적합해야 하는 것을 의미한다. 선박 자체의 감항능력을 판단함에 있어 주의할 것은 선체의 결함이 항해 중에 신속 · 간편하게 보정될 수 있는가 하는 점이며, 신속 · 간편한 보정이 가능한 때에는 발항 당시 결함 · 불비가 있었다고 할지라도 곧 감항능력이 없는 것으로 되지는 않는다.[28]

(b) 운항능력　　운송인은 선박이 특정 항해를 수행하는 데 필요한 모든 인적 · 물적 설비를 갖추도록 해야 한다. 즉 필요한 선원이 승선하여야 하고, 선박의 의장 및 필수품의 보급이 있어야 한다(상법 제794조 제2호; 헤이그규칙 제3조 제1항 제b호). 이때 필요한 선원의 승선은 당해 항해에 필요한 인원수의 선원을 승선시켜야 하는 것은 물론이고 당해 항

28) 상게서, 496-497면.

로와 선박 및 해상운송에 경험이 있을 뿐 아니라 요구되는 법정자격을 갖춘 선장 및 기타의 법정자격을 갖춘 선원을 승선시켜야 한다는 것을 의미한다.

선박의장은 특정 항해에 필요한 서류와 속구를 비치하고, 기타 장치를 갖추는 것을 의미한다. 필요한 서류에는 주로 선박국적증서 또는 선적증서, 승선원명부 및 항해일지 등이 있다. 선박의 속구는 선박의 구성부분과는 별개의 독립된 물건으로서 선박의 상용에 제공될 목적으로 선박에 계속적으로 부속되는 물건을 의미하는데, 나침반, 단정, 무선전신설비, 항해용구 및 구명구 등이 이에 포함된다.

필수품은 선박이 항해를 수행하는 데 필요한 연료, 식량, 음료수 및 의약품 등을 의미한다.

(c) 감하능력　　선박은 안전하게 항해할 수 있도록 화물을 적재하여야 하고 일정한 설비를 갖추어야 하며, 특별한 물건을 운송하는 때에는 그에 필요한 시설과 장비도 갖추어야 한다. 예를 들어 선창 · 냉장실 기타 운송물을 적재할 선박의 부분을 운송물의 수령, 운송 및 보존을 위하여 적합한 상태에 두어야 한다(상법 제794조 제3호; 헤이그규칙 제3조 제1항 제c호).

(d) 감항능력주의의무의 시기　　운송인이 선박의 감항능력에 관하여 상당한 주의를 하여야 할 시기는 발항 당시이다(상법 제794조 본문; 헤이그규칙 제3조 제1항). 헤이그규칙은 감항능력주의의무의 존재시기를 "발항 전 및 그 당시(before and at the beginning of the voyage)"라고 규정하고 있기 때문에(헤이그규칙 제3조 제1항 참조) 발항 당시란 선적항에서 운송물을 선적한 때로부터 선박이 선적항을 발항할 때까지를 의미하는 것으로 보아야 한다.

(e) 감항능력주의의 정도　　감항능력주의의 정도에 관해서 우리나라 상법 제794조는 단순히 "주의"라고 규정하고 있다. 그러나 상법이 모범으로 하고 있는 헤이그규칙은 운송인의 감항능력주의의 정도를 "상당한 주의"(due diligence)라고 규정하고 있는 점을 고려할 때, 상법 제794조의 주의는 상당한 주의로 해석되어야 하고, 상당한 주의는 선량한 관리자로서의 주의를 의미한다고 보아야 한다.[29)]

(f) 증명책임　　운송인은 감항능력주의의무의 위반으로 인한 운송물의 손해에 대하여 자기 또는 그 사용인이 발항 당시 선박의 감항능력을 확보하기 위하여 상당한 주의를 다하였다는 것을 증명하지 않으면 그 책임을 면할 수 없다(상법 제794조 본문; 헤이그규칙 제4조 제1항 제2문).

손해의 원인인 선박의 불감항사실에 대하여는 증명책임분배의 일반원칙에 따르면 그러한 사실을 주장하는 자, 즉 하주가 증명하여야 한다. 그러나 이 원칙

---

29) 상게서, 501면.

을 엄격히 고수하면 감항능력에 관한 증거자료가 거의 모두 해상운송인의 지배하에 있기 때문에 운송인의 책임을 면제시킬 가능성이 있다. 따라서 송하인은 운송물을 선적할 때에는 양호한 상태였는데 운송인으로부터 인도받은 때에는 운송물이 멸실 · 훼손 또는 연착되었다는 사실, 손해가 발생한 사실 및 그 손해액에 관하여만 증명책임이 있다. 이에 대하여 운송인은 과실이 있는 것으로 추정되고, 따라서 운송인이 선박이 발항 당시에 감항능력이 있었다는 사실 또는 감항능력이 없는 상태라 하더라도 상당한 주의를 다하였다는 것 및 불감항사실과 손해 사이에 인과관계가 존재하지 않는다는 것을 증명하여야 한다.[30]

한편 로테르담규칙에서는 감항능력주의의무 위반에 관한 증명책임이 송하인에게 있음을 명시하고 있다(로테르담규칙 제17조 제5항). 일반적으로 운송인이 감항능력주의의무를 게을리 한 경우에는 화물에 대한 주의와 상관없이 그 발생한 손해에 대해서 배상책임을 지는 것이지만, 헤이그 · 비스비규칙이나 함부르크규칙에서는 그 증명책임을 누가 지는지에 대해서는 명확하게 규정하고 있지 않았다. 그러나 로테르담규칙에서는 명시적으로 그 증명책임을 송하인에게 부과한 것이다. 따라서 송하인이 운송 도중 화물에 대하여 손해가 발생하였음을 증명하면, 운송인은 화물에 대한 주의의무를 다했다거나 또는 면책사유에 해당한다는 점을 증명하면 책임을 면할 수 있고, 이 경우 송하인이 다시 책임을 묻기 위해서는 운송인의 감항능력주의의무 위반을 증명하여야 한다.[31]

2) 운송에 관한 주의의무

운송인은 운송 중에 주의의무를 다해야 한다. 이때 주의의무의 내용으로 되는 운송은 직접적인 선적이나 운송뿐 아니라 운송물의 수령, 적부, 보관, 운항, 하역 및 인도 등을 포함한다(상법 제795조 제1항; 헤이그규칙 제3조 제2항).[32] 특히 운항과 관련하여 선적이 완료되면 정해진 항로에 따라 안전하게 운항해야 하며, 운송 도중에 운송물을 안전하게 관리해야 한다(상법 제795조 제1항; 헤이그규칙 제3조 제2항).

3) 운송물의 인도의무

운송인은 운송종료 후 양륙항에서 운송물을 정당한 수하인(consignee)에게

---

30) 상게서, 503면.

31) 송옥렬(주11), 74-75면.

32) 선적 또는 본선적재(loading)는 운송물을 수령한 후 이를 선박에 적재하는 것을 말하고, 적부(stowage)는 운송물을 선적한 후 선박과 운송물의 안전유지를 위한 계획적인 배치작업을 말한다. 특히 적부와 관련 하여 특약이나 관습이 없는 한, 이를 갑판적(on deck)으로 하는 것은 허용되지 않는다. 함부르크규칙은 제9조 제1항에서 이를 명문으로 규정하고 있다.

인도할 의무를 진다(상법 제795조 제1항; 헤이그규칙 제3조 제2항). 이때 정당한 수하인은 운송계약에서 지정된 운송물의 수하인 또는 선하증권이 발행된 경우에 그 증권의 정당한 소지인을 의미한다. 운송인은 선하증권의 소지인이 그 증권과 상환으로 운송물의 인도를 청구하지 않으면 인도할 의무가 없다(상법 제861조 및 제129조).[33)]

[관련판례] 大判 2007.4.26, 2005다5058

상법 제811조는 "운송인의 용선자, 송하인 또는 수하인에 대한 채권 및 채무는 그 청구원인의 여하에 불구하고, 운송인이 수하인에게 운송물을 인도한 날 또는 인도할 날부터 1년 내에 재판상 청구가 없으면 소멸한다"고 규정하고 있다. 여기서 '운송물을 인도할 날'이라고 함은 통상 운송계약이 그 내용에 좇아 이행되었으면 인도가 행하여져야 했던 날을 말하는바(대법원 1997.11.28. 선고 97다28490 판결 참조), 운송물이 멸실되거나 운송인이 운송물의 인도를 거절하는 등의 사유로 운송물이 인도되지 않은 경우에는 '운송물을 인도할 날'을 기준으로 하여 위 제소기간이 도과하였는지 여부를 판단하여야 할 것이다.

[관련판례] 大判 1996.3.12, 94다55057

화물이 컨테이너 전용장치장에서 반출되어 보세운송된 다음 선하증권상 통지처인 갑 회사의 자가 보세장치장으로 입고된 것이 갑 회사에 대한 화물의 인도라고 볼 것인지 여부는 그 화물에 대한 사실상의 지배가 운송인으로부터 갑 회사로 이전되었는가 하는 사실관계에 터잡아 판단되어야 하고, 갑 회사의 자가 보세장치장에의 입고가 관계 법규에 의해 강제되어 있다거나(만일 강제되어 있다면 운송인이 선하증권과 상환하지 않고 화물을 인도하였다 하더라도 그 책임을 면한다고 볼 여지가 있다), 그 단계에서 인도가 이루어진 것으로 볼 경우 무역거래에 혼란이 초래되거나 자가 보세장치장의 효용이 떨어지게 된다는 사유가 있다고 하여 인도의 시기를 달리 볼 것은 아니며, 또 운송계약상의 인도 목적지에 이르기 전이라도 화물에 대한 사실상의 지배가 갑 회사에게 넘어갔다면 그 순간에 인도가 이루어진 것으로 보아야 한다.

---

33) 그러나 선하증권보다 운송물이 먼저 도착하는 경우에는 운송인은 보증도(保證渡)에 의해 선하증권과 상환하지 아니하고 운송물을 인도하기도 한다. 보증도에 의하면 수하인은 선하증권을 제시하는 대신에 운송인이 선하증권과 상환하지 아니하고 운송물을 인도한 데 대해서 일체의 책임을 묻지 않겠다는 내용의 보증장(保證狀: letter of guarantee)을 작성하여 이를 운송인에게 인도하고 운송물을 인도받는다. 경우에 따라 운송인은 보증장에 은행의 보증을 요구하기도 한다. 이러한 보증도는 동남아나 일본 등으로부터 수입되는 물품에 대해서는 널리 이용되기 때문에 우리나라에서는 상관습으로 확립되었다고 할 수 있다. 다만 대법원은 보증도의 상관습이 있다고 해서 이것이 선하증권의 소지인에 대한 운송인의 책임을 면제하는 것은 아니라는 입장을 취하고 있다(대법원 1992.2.25, 91다30026).

[관련판례] 大判 1990.2.13, 88다카23735

해상운송인이 선하증권의 정당한 소지인에게 선하증권과 상환으로 운송물을 인도하지 아니하고 임의로 운송계약상의 통지선에 인도하고 그가 이를 불법반출 멸실시킨 경우에는 선하증권 소지인의 선하증권에 의한 운송물인도청구권이 이행불능되게 된 것이므로 해상운송인은 운송계약상의 채무불이행으로 인한 손해를 배상할 책임이 있다.
수입화물의 보세운송이나 보세구역에 장치되어 있는 화물에 관하여 관세법상 엄격한 감독과 규제를 받고 세관의 감독과 지배하에 놓이게 된다고 할지라도 이는 관세 확보라는 관세행정목적의 범위 내에서 세관장의 감독을 받는 데 불과한 것이므로 그 자가 보세장치장에 반입된 물품은 입고시킨 자의 점유하에 있다고 할 것이다.
관세법이 수입화물에 관하여 관세확보를 위하여 여러 가지 규제를 하고 있다고 하여도 운송인에게 입항한 선박에 선적된 수입화물의 양륙 자체를 강제하는 것은 아니므로 운송인은 선하증권을 교부받을 때까지 수입하주의 화물양하작업을 적법하게 거부할 수 있다.

[관련판례] 大判 1986.7.22, 82다카1372

수입화물을 운송한 운송인이 그 운송물을 자신이 지정한 보세창고에 반입한 후 그 반출에 필요한 서류를 화주에게 교부하였다면 운송인은 이로써 그 운송물에 대한 인도를 완료한 것으로 보아야 한다.

[관련판례] 大判 1992.2.25, 91다30026

'보증도'의 상관습은 운송인 또는 운송취급인의 정당한 선하증권 소지인에 대한 책임을 면제함을 목적으로 하는 것이 아니고 오히려 '보증도'로 인하여 정당한 선하증권 소지인이 손해를 입게 되는 경우 운송인 또는 운송취급인이 그 손해를 배상하는 것을 전제로 하고 있는 것이므로, 운송인 또는 운송취급인이 '보증도'를 한다고 하여 선하증권과 상환함이 없이 운송물을 인도함으로써 선하증권 소지인의 운송물에 대한 권리를 침해하는 행위가 정당한 행위로 된다거나 운송취급인의 주의의무가 경감 또는 면제된다고 할 수 없고, '보증도'로 인하여 선하증권의 정당한 소지인의 운송물에 대한 권리를 침해하였을 때에는 고의 또는 중대한 과실에 의한 불법행위의 책임을 진다.

[관련판례] 大判 1992.2.14, 91다4249

이른바 '보증도'에 관한 상관습은 운송인 또는 운송취급인의 정당한 선하증권 소지인에 대한 책임을 면제함을 목적으로 하는 것이 아니고 오히려 '보증도'로 인하여 정당한 선하증권 소지인이 손해를 입게 되는 경우 운송인 또는 운송취급인이 그 손해를 배상할 것을 전제로 하고 있는 것이므로 운송인 또는 운송취급인이 선하증권과 상환하지 아니하고 '보증도'에 의하여 운송물을 선하증권 소지인의 운송물에 대한 권리를 침해하였을 때에는 고의 또는 중대한 과실에 의한 불법행위가 성립된다.

상법 제820조, 제129조의 규정은 운송인에게 선하증권의 제시가 없는 운송물 인도청구를 거절할 수 있는 권리와 함께 인도를 거절하여야 할 의무가 있음을 규정한 취지로 해석된다.
'보증도' 등으로 운송물이 멸실된 경우 채무불이행으로 인한 손해배상청구권은 물론 불법행위로 인한 손해배상청구권도 선하증권에 화체되어 선하증권이 양도됨에 따라 선하증권 소지인에게 이전되는 것이므로 운송물이 멸실된 후에 선하증권을 취득(양수)하였다 하더라도 그 선하증권의 소지인이 손해배상채권을 행사할 수 있고, 별도의 양도통지가 필요치 않다.

[관련판례] 大判 1991.4.26, 90다카8098

보증도 등으로 운송물이 멸실된 경우 채무불이행으로 인한 손해배상청구권은 물론, 불법행위로 인한 손해배상청구권도 선하증권에 화체되어 선하증권이 양도됨에 따라 선하증권 소지인에게 이전되고, 가사 선하증권의 취득자가 운송물이 선하증권과 상환하지 아니하고 인도된(보증도) 사실을 알고 있었다고 하더라도 손해배상청구권의 취득에 지장이 없다.

[관련판례] 大判 1993.5.27, 92다32180

원심이 피고회사가 운송계약상의 화물인도의무에 위배하여 수하인이 아닌 수입상에게 직접 이 사건 화물을 인도하여 원고회사의 수출대금에 대한 담보권을 침해함으로써 수출대금상당의 손해를 보았다고 인정한 조치는 정당하고(당원 1988.12.13. 선고, 85다카1358 판결 참조), 원고회사의 수입상에 대한 수출대금채권이 형식적으로 존재한다고 하더라도 기록상 수입상인 소외회사가 화물에 하자 있음을 트집잡아 대금을 지급하지 않고 있음이 분명하므로 담보권의 상실로 인하여 손해가 발생하였다고 봄에 지장이 없다.

4) 운송인의 손해배상책임

(a) 책임의 원칙 운송인은 자기 또는 선박사용인이 감항능력주의의무와 운송물에 관한 주의의무를 해태하지 아니하였음을 증명하지 아니하면 운송물의 멸실, 훼손 또는 연착으로 인한 손해를 배상할 책임이 있다(상법 제794조 및 795조; 헤이그규칙 제4조 제1항).

운송인의 손해배상책임의 성질은 운송 중에 물품에 손해가 발생한 경우에 일응 운송인에게 책임이 있는 것으로 추정되며, 다만 운송인은 손해의 원인이 면책사유에 속한다거나 또는 자기의 주의의무를 해태하지 않았음을 증명해야 그 책임을 면할 수 있는 이른바 증명책임이 전환된 과실책임이다.

(b) 면책사유

(i) 항해과실의 면책 운송인은 선장, 해원, 도선사 또는 기타 선박사용인

의 항해 또는 선박관리에 관한 행위, 이른바 항해과실로 인한 손해에 대하여는 책임을 지지 않는다(상법 제795조 제2항; 헤이그 규칙 제4조 제2항 제a호). 이러한 항해상의 과실을 면책사유로 한 것은 항해와 선박의 관리는 기술적인 사항으로서 선장 등의 사소한 과실에 의해서도 엄청난 손해가 발생할 수 있을 뿐 아니라, 이들 손해가 대부분 선박이 운송인의 통제 밖에 있는 때에 발생하는 경우가 많은바, 이러한 손해에 대해서도 운송인으로 하여금 책임을 지도록 하는 것은 형평에 맞지 않는다는 데 근거한 것이다.

실제에 있어서 항해과실에 대한 운송인의 면책을 인정해도 송하인이나 수하인은 보통 적하보험을 이용하여 손해를 보상받을 수 있기 때문에 송하인이나 수하인에게 특히 부당한 경우가 발생하지는 않는다고 할 것이지만, 항해기술이 획기적으로 발전한 오늘날에 있어서는 항해의 위험성이나 손해의 규모 등의 사유만으로 항해과실의 면책을 인정하는 데는 논리적 근거가 부족하다고 할 것이다.[34] 이러한 이유로 함부르크규칙은 항해과실의 면책을 폐지하였다(함부르크규칙 제5조 참조). 로테르담규칙에서도 이러한 항해과실은 면책이 되지 않는다(로테르담규칙 제17조 제3항).

(ii) 기타 면책사유　　항해과실의 면책 이외에도 우리나라 상법이나 헤이그규칙은 소위 면책카탈로그로 불리는 많은 면책사유들을 규정하고 있다(상법 제796조; 헤이그규칙 제4조 제2항). 이러한 면책사유에는 선박에서의 화재, 해상 기타 항행할 수 있는 수면에서의 위험 또는 사고(perils of the sea), 불가항력(act of God), 또는 전쟁, 폭동 또는 내란, 해적행위 기타 이에 준하는 행위, 또는 재판상의 압류, 검역상의 제한 기타 공권에 의한 제한, 송하인 또는 운송물의 소유자나 그 사용인의 행위, 파업 기타의 쟁의행위 또는 선박폐쇄, 해상에서의 인명이나 재산의 구조행위 또는 이로 인한 이로(離路: deviation) 기타 정당한 이유로 인한 이로, 운송물의 포장의 불충분 또는 기호표시의 불완전, 운송물의 특수한 성질 또는 숨은 하자(latent defects), 선박의 숨은 하자 등이 포함된다.

면책사유의 존재에 관한 증명책임은 이를 원용하는 운송인에게 있다. 즉 운송인은 물품이 그의 과실이 아닌 사유로 멸실되었음을 증명해야 하며, 운송물의 훼손이나 멸실이 면책사유에 속하는 사유에 기인한다는 근거에서 면책됨을 주장하려면 그 사실을 또한 증명해야 한다(상법 제796조; 헤이그규칙 제4조 제1항 제2문).

송하인의 관점에서 볼 때, 면책사유로 인한 운송인의 면책범위가 지나치게 광범위한 데 대한 불만이 있을 수 있다. 그러나 운송인의 면책사유와 해상보험증

34) 이기수 · 최병규 · 김인현(주13), 527-528면.

권 및 이와 함께 사용되는 협회적하약관에서 규정된 부보범위를 비교할 때, 운송인의 과실에 근거하지 아니한 일부 면책사유는 해상보험의 부보범위에 포함된다. 한편 부보범위에 포함되지 아니한 면책사유는 추가보험료의 지급으로 언제든지 부보될 수 있기 때문에 송하인으로서는 운송계약조항과 해상보험조항을 조정함으로써 운송과 관련한 제반 위험으로 인한 멸실이나 훼손에 대한 대비를 해두는 것이 중요하다.[35]

(iii) 면책약관　　운송인은 선하증권의 약관에 자기의 책임을 면제 또는 경감한다는 이른바 면책약관을 삽입하는 경우가 많다. 계약자유의 원칙상 공서 또는 신의칙에 반하지 않는 한 면책약관은 유효하다고 보아야 하겠지만,[36] 우리나라 상법과 헤이그규칙은 계약자유의 원칙을 일부 수정하여 이른바 상사과실, 즉 운송물의 수령, 선적, 적부, 운송, 보관, 양륙 및 인도가 적절하고 신중하게 행해지지 않거나 감항능력주의의무의 위반으로 인하여 발생한 손해에 대해 송하인 또는 선하증권소지인에게 불이익한 면책약관은 모두 무효로 하고 있다(상법 제799조 제1항; 헤이그규칙 제3조 제8항). 또한 우리나라 상법과 헤이그규칙은 보험약관 등에 면책약관을 두는 것도 금지하고 있다(상법 제799조 제1항; 헤이그규칙 제3조 제8항).[37]

한편 헤이그규칙은 선하증권에 그러한 내용이 화체되어 있는 한, 운송인이 자기의 권리나 면책을 포기하거나 또는 자기의 책임을 확장하는 것은 얼마든지 허용한다(헤이그규칙 제5조 제1문). 또한 헤이그규칙은 운송물의 선적 전, 그리고 물품의 양륙 후에 운송물의 관리와 관련하여 발생한 손해에 대한 운송인의 책임을 면책하거나 제한하는 것을 허용한다(헤이그규칙 제7조).

(c) 책임제한

(i) 책임제한　　운송인이 발생한 손해에 대해서 책임을 져야 하는 경우에도 그의 손해배상액은 일정한 한도로 제한된다. 헤이그규칙은 포장 · 단위(package or unit)당 영화(英貨: pound sterling) 100파운드를 책임한도액으로 하였고(헤이그규칙 제4조 제5항), 헤이그 · 비스비규칙은 포장 · 단위당 10,000프랑 또는 중량 킬로그램(kilo of gross weight)당 30프랑 중 높은 금액을 책임한도액으로 하였다(헤이그 · 비스비규칙 제2조 및 헤이그규칙 제4조 제5항 제a호).[38]

---

35) Clive M. Schmitthoff, *Schmitthoff's Export Trade* (9th ed., 1990, Kluwer Law Int'l), p.601.

36) 예를 들어 헤이그규칙 제6조는 통상의 상사운송이 아니고, 선하증권이 발행되지 않으며, 공서에 반하지 않는 한, 운송인이나 그 사용인의 책임 내용을 변경하는 합의를 인정한다.

37) 이 밖에도 우리나라 상법은 운송물의 일부멸실이나 훼손에 관한 수하인의 통지의무에 대해서도 수하인에게 불리한 당사자 간 특약을 무효로 하고 있다(상법 제804조 제5항).

38) 이때 1프랑은 French Gold Franc 또는 France Poincaré를 지칭하고 있는 순도 900/1,000의 금 65.5mg을 의미한다(헤이그 · 비스비규칙 제2조). Franc Poincaré는 1928년 당시 프랑스 수

1979년 개정의정서는 국제통화기금(International Monetary Fund: IMF)의 특별인출권(Special Drawing Right: SDR)을 수용하여 동 조약 제2조에서 운송인의 책임한도액을 포장 · 단위당 666.67 SDR 또는 중량 킬로그램당 2 SDR로 개정하였다. 한편 함부르크규칙은 운송인의 책임한도액을 포장 · 단위당 835 SDR 또는 중량 킬로그램당 2.5 SDR로 상향조정하였으며(함부르크규칙 제6조 제1항 제a호), 로테르담규칙은 이보다 더 상향조정하여 포장 · 단위당 875 SDR 또는 중량 킬로그램당 3 SDR로 규정하였다(로테르담규칙 제59조 제1항).

우리나라 개정전 상법은 기본적으로 헤이그 · 비스비규칙 및 1979년 개정의정서의 책임제한방식을 수용하였지만 우리 해운현실을 감안할 때 그 책임한도가 너무 과다하다는 이유로 중량 킬로그램당 책임제한제는 채택하지 않고, 포장 · 단위당 책임제한액도 다시 축소하여 책임한도액을 운송물의 매 포장당 또는 선적단위당 500 계산단위(SDR)로 정하였다. 그러나 개정 상법은 헤이그 · 비스비규칙과 동일하게 운송인의 책임한도액을 포장 · 단위당 666.67 SDR 또는 중량 킬로그램당 2 SDR로 상향조정하였다(상법 제797조 제1항).

운송인의 책임제한은 운송물에 관한 손해가 운송인 자신의 고의 또는 그 손해가 생길 염려가 있음을 인식하면서 무모하게(recklessly and with knowledge that damage would probably result) 한 작위 또는 부작위로 인하여 생긴 때에는 적용되지 아니한다(상법 제797조 제1항 단서; 헤이그 · 비스비규칙 제2조 및 헤이그규칙 제4조 제5항 제e호).[39]

이러한 법정책임제한은 당사자 간의 합의로 이를 낮출 수는 없지만, 이를 높이는 것은 얼마든지 가능하다(헤이그 · 비스비규칙 제2조 및 헤이그규칙 제4조 제5항 제g호). 또한 물품의 가액을 선하증권에 기재한 경우에는 그 가액 내에서 손해금액이 법정책임한도액을 초과하는 때에도 운송인은 실제 손해금액에 대한 배상책임을 진다(상법 제797조 제3항; 헤이그 · 비스비규칙 제2조 및 헤이그규칙 제4조 제5항 제a호).[40]

앞에서 설명한 바와 같이, 운송인은 우선 면책사유에 의해 보호받고, 다시 책임제한규정에 의해 보호받기 때문에 헤이그규칙 및 헤이그 · 비스비규칙 체제는 지나치게 운송인에게 유리한 것으로 비판되고 있다.

(ii) 컨테이너운송에 대한 특칙　　헤이그규칙이나 우리나라 상법은 책임제한의 기준으로서 포장과 단위를 사용하고 있다. 포장(package)은 해체를 방지하거나 운송에 적합하도록 결집 또는 포장하여 놓은 개별 물품을 의미하고, 단위(unit)

상이었던 M. Poincaré의 성을 따서 붙인 명칭으로서 1928년부터 1938년 폐화될 때까지 프랑스에서 통용된 법정통화이다.

39) 물품이 도착한 후 이를 선하증권 원본을 제시하지 아니한 자에게 인도하는 경우가 한 예가 될 것이다.

40) 물론 이때 송하인은 물품의 가액에 비례해서 정한 운임보다 높은 운임을 지급해야 할 것이다.

는 포장되지 않은 운송물로서 자체의 성질에 의하여 운송에 적합하도록 분리되어 있는 물건을 의미한다.

그런데 최근 정기선에 의한 개품운송에서 컨테이너나 팰릿(pallet)의 이용이 증대함에 따라 컨테이너 또는 팰릿이 하나의 포장 또는 단위인지 아니면 컨테이너 또는 팰릿 내의 각 물품이 각각 하나의 포장 또는 단위인지의 문제가 발생했다. 이는 1924년 헤이그규칙이 제정될 때에는 예상하지 못했던 새로운 문제인바, 미국, 프랑스 및 캐나다 등에서는 이 문제를 다루는 판례가 상당한 정도로 집적되기에 이르렀다. 그 후 1968년의 개정규칙, 즉 헤이그 · 비스비규칙은 이 문제를 명문으로 해결하기 위해서 이른바 컨테이너 조항을 신설하여 컨테이너화 또는 팰릿화된 운송물에 대해서는 선하증권의 문면에 컨테이너의 내용물인 물품의 개수 또는 단위가 표시되어 있는 한, 책임제한의 적용에 있어서 이들 내용물 각각을 하나의 포장 또는 선적단위로 본다고 명시하였다(헤이그 · 비스비규칙 제2조 및 헤이그규칙 제4조 제5항 제c호). 함부르크규칙과 로테르담규칙도 같은 취지의 규정을 두고 있다(함부르크규칙 제6조 제2항; 로테르담규칙 제59조 제2항).

우리나라 상법도 이를 받아들여 컨테이너 기타 이와 유사한 운송용기가 운송물을 통합하기 위하여 사용되는 경우에 그러한 운송용기에 내장된 운송물의 포장 또는 선적단위의 수를 선하증권 기타 운송계약을 증명하는 문서에 기재한 때에는 그 각 포장 또는 선적단위를 하나의 포장 또는 선적단위로 보고, 그 외의 경우에는 이러한 운송용기 내의 운송물 전부를 하나의 포장 또는 선적단위로 본다고 규정하고 있다(상법 제797조 제2항).

(d) 불법행위책임과의 경합　　운송인의 손해배상책임은 원칙적으로 운송계약상의 의무불이행에 기초하는 책임이다. 따라서 운송인 또는 그의 사용인이나 대리인의 의무불이행이 동시에 불법행위의 요건을 갖추게 되는 경우에 운송인 또는 그의 사용인이나 대리인에게 인정되는 면책사유나 책임제한 등에 관한 규정이 불법행위를 이유로 하는 청구에도 적용되는지 여부가 문제된다. 이 문제에 대해서는 적용을 부정하는 청구권경합설과 이를 긍정하는 법조경합설이 대립되고 있다.[41] 그러나 청구원인을 달리하는 것만으로 조약상 운송인을 보호하기 위한 여

41) 청구권경합설에 의하면 운송계약에 기한 책임과 불법행위에 기한 책임은 각각 그 요건과 효과를 달리하는 책임이기 때문에 운송계약에 기한 책임과 불법행위에 기한 책임이 경합하는 경우에 송하인이나 수하인은 선택적으로 권리를 행사할 수 있다. 그런데 운송인의 책임제한은 운송계약에 기한 책임에 대해서만 적용되는 것이기 때문에 운송인은 송하인이나 수하인이 운송계약의 위반에 기초해서 책임을 물을 때에만 책임제한을 원용할 수 있고, 불법행위에 기초해서 책임을 묻는 경우에는 책임제한을 원용할 수 없다고 한다. 한편 법조경합설에 의하면 계약법과 불법행위법은 특별법과 일반법의 관계에 있는 것이고, 따라서 운송인의 의무불이행책임은 운

러 규정의 적용이 배제되는 것은 부당하기 때문에 불법행위에 기한 책임에 대해서도 면책사유와 책임제한을 인정하는 법조경합설이 타당하다.[42)]

헤이그 · 비스비규칙, 함부르크규칙 및 로테르담규칙은 조약에서 정한 항변사유나 책임제한의 이익은 운송인에 대한 손배배상청구소송에서 소송이 계약에 기초하고 있는지 또는 불법행위에 기초하고 있는지를 묻지 않고 적용된다고 규정하고 있으며(헤이그 · 비스비규칙 제3조; 헤이그규칙 제4조의 2 제1항; 함부르크규칙 제7조 제1항; 로테르담규칙 제4조 제1항), 이를 수용한 우리나라 상법도 운송인의 책임에 관한 규정이 운송인의 불법행위로 인한 손해배상책임에도 적용된다고 하였다(상법 제798조 제1항).

[관련판례] 大判 1980.11.11, 80다1812

해상운송인이 고의나 과실로 운송화물을 멸실 · 훼손시킨 때에는 그 원인이 상사과실이거나 항해과실이거나에 관계없이 운송계약상의 채무불이행 책임과 화물소유자에 대한 불법행위책임이 경합하는 것이므로 권리자는 그 중 어느 쪽의 손해배상청구권도 행사할 수 있다.
위의 경우에 운송계약상의 면책약관이나 상법상의 면책조항은 당사자 사이에 명시적이거나 묵시적인 약정이 없는 이상 불법행위를 원인으로 하는 손해배상의 경우에까지 확대하여 적용될 수 없다.

[관련판례] 大判 1983.3.22, 82다카1533

해상운송인이 운송도중 운송인이나 그 사용인 등의 고의 또는 과실로 인하여 운송물을 멸실 또는 훼손시킨 경우에, 운송계약상의 운송물인도청구권과 그 운송물의 소유권을 아울러 가지고 있는 선하증권 소지인은 운송인에 대하여 운송계약상의 채무불이행으로 인한 손해배상청구권과 아울러 소유권침해의 불법행위로 인한 손해배상청구권을 취득하며, 이 두 청구권은 서로 경합하여 병존하고, 운송계약상의 면책특약이나 상법상의 면책조항은 오로지 운송계약상의 채무불이행 책임에만 적용될 뿐, 당사자 사이에 명시적 또는 묵시적 합의가 없는 한 불법행위로 인한 손해배상책임에는 영향을 미치지 않는다.
해상운송인이 발행한 선하증권에 기재된 면책약관은 일반운송계약상의 면책특약과는 달리 운송계약상의 채무불이행 책임뿐만 아니라 그 운송물의 소유권침해로 인한 불법행위책임에 대하여도 이를 적용하기로 하는 당사자 간의 숨은 합의가 포함되어 있다고 보

송계약관계라는 특별한 관계에서 발생하는 책임이라면 운송인의 불법행위책임은 일반적 의무위반으로 발생하는 책임으로 볼 수 있기 때문에 송하인이나 수하인은 운송인에 대해서 운송계약에 기초한 책임만을 물을 수 있다고 한다. 따라서 불법행위에 기한 책임과 운송계약위반에 기한 책임이 경합하는 경우에 운송인은 운송계약위반에 기한 책임만 지게 되는 결과 운송인은 책임제한을 원용할 수 있다.

42) 이기수 · 최병규 · 김인현(주13), 519-521면.

는 것이 타당하므로 별도로 당사자 사이에 위 면책약관을 불법행위책임에도 적용키로 한 합의를 인정할 증거가 없더라도 그 면책약관의 효력은 당연히 운송인의 불법행위책임에까지 미친다고 보아야 한다.
다만 선하증권에 기재된 면책약관이라고 할지라도 특단의 사정이 없는 한 고의 또는 중대한 과실로 인한 불법행위책임에는 적용되지 않는다고 보아야 하는바, 다만 위 상법 제790조는 면책약관 중 전반적인 책임을 제외하거나 또는 특정손해에 대한 책임을 제외하는, 이른바 책임제외약관과 증명책임을 변경하거나 청구에 조건을 붙이는 책임변경약관 등에 적용되고 이와는 달리 책임결과의 일부를 감경하는 배상액 제한약관은 특단의 사정이 없는 한 위 법조에 저촉되지 않는다고 풀이함이 타당하다.(전원합의체)

[관련판례] 大判 1992.2.14, 91다4249

선하증권 이면 약관에 "운송인의 하수인과 대리점은 고용 중 또는 고용과 관련된 행동 중에 자기의 행위, 소홀, 실수로 인하여 직접적 또는 간접적으로 발생하는 멸실 또는 손상에 대하여 어떠한 경우에도 화주에게 책임을 지지 않는다"고 규정되어 있으나 그 후단부에 "이 선하증권상의 모든 면책, 제한, 조건과 자유 그리고 운송인에게 적용되는 모든 권리 · 책임으로부터의 면책, 방어와 면제는 위와 같은 운송인의 하수인이나 대리점을 보호하기 위하여 적용되고 확장될 수 있다"고 규정되어 있고, 그 마지막 부분에 "화주 또는 기타의 자가 운송인의 대리점으로부터 화물의 멸실, 훼손 또는 지연으로 인한 손해를 보상받은 경우에는 운송인은 화주에 대하여 보상금액을 상환받을 수 있는 권한이 있다"고 이른바 순환보상약관을 규정하고 있는 점에 비추어 볼 때 위 약관조항은 운송계약상 운송인의 면책이나 책임감멸에 관한 사항을 운송인의 이행보조자에게도 확장 적용하여 형평을 기하고자 하려는 데 그 취지가 있는 것이고, 위 약관조항의 존재만으로 운송인의 이행보조자와의 사이에 부제소의 합의가 이루어진 것으로 볼 수 없고 위 약관은 면책약관의 성질을 가지는 것이라고 봄이 상당하다.
선하증권에 기재된 면책약관은 고의 또는 중대한 과실로 인한 불법행위책임을 추궁하는 경우에는 적용되지 않는다.

(e) 사용인 등의 항변 및 책임제한 운송인의 이행보조자는 운송인과 송하인 간의 운송계약과 아무런 관련을 갖지 않는다. 그러나 운송물의 이해관계인은 운송인의 이행보조자가 불법행위에 의해서 운송물을 멸실 또는 훼손한 때에는 그에 대해서 불법행위에 기한 손해배상을 청구할 수 있을 것인바, 이 책임의 발생과 범위는 운송인의 운송계약과는 아무런 관련이 없기 때문에 운송인의 이행보조자는 운송계약에 특유한 면책사유나 책임제한의 이익 등을 주장할 수 없게 된다. 그러나 항변과 책임제한에 있어서 운송인의 이행보조자가 운송인보다 불리한 위치에 있다는 것은 형평의 원칙에 맞지 않을 뿐 아니라, 이행보조자의 부담은 궁극적으로 운송인

에게 전가되어 조약상 운송인에게 인정된 면책사유와 책임제한 등은 그 실효를 거두지 못하게 하는 결과를 초래한다.

그렇기 때문에 헤이그·비스비규칙과 함부르크규칙 및 로테르담규칙은 모두 운송인의 사용인 또는 대리인에 대하여 소송이 제기되는 경우에도 사용인 또는 대리인은 조약상 운송인에게 인정된 항변 및 책임제한의 이익을 주장할 수 있다는 이른바 히말라야조항(Himalaya clause)을[43] 두었고(헤이그·비스비규칙 제3조; 헤이그규칙 제4조의2 제2항; 함부르크규칙 제7조 제2항; 로테르담규칙 제19조 제1항), 우리나라 상법도 개정을 통해서 이를 받아들여 운송인의 이행보조자도 그 손해가 직무집행에 관하여 생긴 것인 때에는 운송인이 주장할 수 있는 항변과 책임제한을 원용할 수 있다고 규정하고 있다(상법 제798조 제2항).[44]

운송인의 경우와 마찬가지로 운송인의 사용인 또는 대리인의 책임제한도 운송물에 관한 손해가 사용인 또는 대리인 자신의 고의 또는 그 손해가 생길 염려가 있음을 인식하면서 무모하게 한 작위 또는 부작위로 인하여 생긴 때에는 적용되지 아니한다(상법 제798조 제2항 단서; 헤이그·비스비규칙 제3조; 헤이그규칙 제4조의 2 제4항; 함부르크규칙 제8조 제2항; 로테르담규칙 제61조 제1항).[45]

한편 운송인을 보조하는 독립이행보조자(independent contractors)는 운송인의 사용인이 아니기 때문에 운송인의 사용인이나 대리인을 위한 항변 및 책임제한에 관한 규정의 적용을 받지 않고(헤이그·비스비규칙 제3조 제2항), 따라서 부두하역노동자가 하역하는 도중에 과실로 운송물을 훼손 또는 멸실한 경우에 운송인이나 그 이행보조자에게 항변이나 책임제한을 원용할 수 없다.[46] 운송인이 그가 고용하는 독립이행보조자를 보호하고자 하는 경우에는 운송인은 독립이행보조자가 운송계약에 근거한 항변 및 책임제한을 원용할 수 있다는 내용의 이른바 히말라야조항을 선하증권에 삽입해야 한다. 그러나 로테르담규칙에 따르는 경우에는 이러한 독립이행보조자도 이행당사자(performing party)에 포함되어(로테르담규칙 제1조 제7항), 당연히 책임제한의 이익을 누릴 수 있다(로테르담규칙 제19조 제1항).

---

43) 1955년 영국의 *Himalaya*호 사건 판결로부터 유래한다. *Adler v. Dickson. The Himalaya* (1955) 1Q.B.

44) 우리나라 상법은 이 외에도 운송물의 손해가 실제운송인 또는 그 사용인이나 대리인의 과실로 생긴 경우에 이들도 위의 항변과 책임제한을 원용할 수 있도록 하였다(상법 제798조 제4항).

45) 물품이 도착한 후 선하증권 원본을 제시하지 아니한 자에게 이를 인도하는 경우가 한 예가 될 것이다.

46) Schmitthoff, *supra* note 35, p.605.

[관련판례] 大判 2007.4.27, 2007다4943

[가] 상법 제789조의3 제2항은 '운송인이 주장할 수 있는 책임제한'을 원용할 수 있는 자를 '운송인의 사용인 또는 대리인'으로 제한하고 있어 운송인의 사용인 또는 대리인 이외의 운송관련자에 대하여는 적용되지 아니한다고 할 것이므로, 당사자 사이에서 운송인의 사용인 또는 대리인 이외의 운송관련자의 경우에도 운송인이 주장할 수 있는 책임제한을 원용할 수 있다고 약정하더라도 이를 가리켜 상법 제789조의3의 규정에 반하여 운송인의 의무 또는 책임을 경감하는 특약이라고는 할 수 없고, 따라서 상법 제790조 제1항에 따라 그 효력이 없다고는 할 수 없다.
[나] 이른바 '히말라야 약관'(Himalaya clause)은 운송인의 항변이나 책임제한을 원용할 수 있는 운송관련자의 범위나 책임제한의 한도 등에 관하여 그 구체적인 내용을 달리 하는 경우가 있으나, 해상운송의 위험이나 특수성과 관련하여 선하증권의 뒷면에 일반적으로 기재되어 국제적으로 통용되고 있을 뿐만 아니라, 간접적으로는 운송의뢰인이 부담할 운임과도 관련이 있는 점에 비추어 볼 때, 약관의 규제에 관한 법률 제6조 제1항에서 정하는 '신의성실의 원칙에 반하여 공정을 잃은 조항'이라거나 같은 법 제6조 제2항의 각 호에 해당하는 조항이라고 할 수 없다.

(2) 운송인의 권리

운송인은 상인으로서 운송계약에서 이를 정하고 있지 않더라도 보수청구권을 갖는다(상법 제61조). 따라서 송하인은 운송인에게 운임을 지급하여야 한다.

운송계약은 그 성질상 도급계약이기 때문에 운송인이 운임청구권을 행사하기 위해서는 현실적으로 운송물을 도착지까지 운송해야 한다. 즉 운송이 완료되어 인도가 있은 때에 비로소 운송인은 운임을 청구할 권리를 갖는다. 그러나 특약으로 운임의 전부 또는 일부를 선급으로 할 수 있고, 실제에 있어서 거래관행상 선급이 오히려 일반적이다.

운송의 완료로 운임청구권이 발생하기 때문에 운송 중에 물품이 멸실되면 운임지급의무는 소멸한다. 따라서 운송인은 원칙적으로 운임을 청구하지 못하고, 운임을 선급한 경우에는 이를 반환하여야 한다(상법 제815조 및 제134조). 그러나 운송물의 전부 또는 일부가 운송물의 성질이나 하자 또는 송하인의 과실로 인하여 멸실된 때에는 운송이 완료하지 못했음에도 불구하고 운송인은 운임 전액을 청구할 수 있다(상법 제815조 및 제134조 제2항). 선장이 선박수선료, 해난구조료 기타 항해의 계속에 필요한 비용을 지급하기 위하여 적하를 처분하거나(상법 제750조), 공동해손행위로서 적하를 처분한 경우에도(상법 제813조) 마찬가지이다. 이 외에도 선박의 침몰, 멸실, 포획, 법령위반 및 기타 불가항력으로 인해 계약의 목적을 달성할 수 없게 되어 운송계약이 해지된 때에는 운송인은 운송의 비율에 따른 운임을 청구할 수 있다(상법 제810조 및 제811조).

운송인은 운임을 지급받을 때까지 운송물을 유치할 수 있고, 따라서 그 지급과 상환하지 아니하면 운송물을 인도할 의무가 없다(상법 제807조).

VI. 선하증권

1. 의 의

선하증권(bill of lading: B/L)은[47] 해상물품운송계약에 기초한 운송물의 수령 또는 선적을 증명하고, 동시에 운송인에 대한 운송물의 인도청구권을 표창하는 유가증권이다(상법 제820조 및 제129조; 함부르크규칙 제1조 제7항).[48] 선하증권은 육상운송에 사용되는 화물상환증 또는 화물운송장, 항공운송에 사용되는 항공화물운송장 및 복합운송에서 사용되는 복합운송증권과 함께 운송증권으로 불린다.

선하증권은 운송물의 수령 또는 선적이 있은 후에 용선자 또는 송하인의 청구에 의하여 운송인이 일정한 사항을 기재하고 서명하는 방법으로 발행한다(상법 제852조; 헤이그규칙 제3조 제3항; 함부르크규칙 제14조 제1항; 로테르담규칙 제35조). 선하증권은 물품의 인도청구권을 표창하는 증권으로서 그 양도를 통해서 운송 중인 물품의 처분을 가능하게 한다는 점에서 국제매매에서 중요한 역할을 하며, 특히 CIF조건의 매매에서는 반드시 요구되는 필요적 선적서류이다(INCOTERMS CIF A.8 참조). 선하증권은 물품의 영수증, 운송계약의 증거 및 권리증권으로서의 역할을 하며, 유가증권으로서 지시증권성, 요식증권성, 상환증권성, 인도증권성 및 처분증권성 등을 갖는다.[49]

2. 선하증권의 기재사항

선하증권은 용선자 또는 송하인의 청구에 의하여 운송인이 발행하는데(상법 제852조; 헤이그규칙 제3조 제3항; 함부르크규칙 제14조 제1항; 로테르담규칙 제35조), 발행을 위한 기재사항으로는 선박의 명칭 · 국적과 톤

---

47) 로테르담규칙은 선하증권 대신에 운송증권 또는 운송서류(transport document)라는 용어를 사용한다(로테르담규칙 제35조).

48) 참고로 함부르크규칙은 선하증권을 해상운송계약과 운송인에 의한 물품의 수령 또는 선적을 증명하고, 운송인은 그 제시가 있는 때에 그와 상환으로 물품을 인도할 것을 확약하는 증권으로 정의하고 있다(함부르크규칙 제1조 제7항). 반면에 로테르담규칙은 운송증권 또는 운송서류(transport document)를 운송계약에 근거하여 운송인이 발행하는 증권으로서 (a) 운송인 또는 이행당사자가 운송계약에 근거하여 화물을 수령하였음을 증명하며 (b) 운송계약을 증명하거나 그 내용을 표시하는 서류로 정의한다(로테르담규칙 제1조 제14항).

49) 이기수 · 최병규 · 김인현(주13), 546-549면.

수, 송하인이 서면으로 통지한 운송물의 종류 · 중량 또는 용적 · 포장의 종별 · 개수와 기호, 운송물의 외관상태, 송하인의 성명 또는 상호, 수하인 또는 통지수령인의 성명 또는 상호, 선적항, 양륙항, 운임, 발행지와 그 발행연월일, 수통의 선하증권을 발행한 때에는 그 수 등이 있다(상법 제814조 제1항; 헤이그규칙 제3조 제3항; 함부르크규칙 제15조 제1항; 로테르담규칙 제36조). 또한 선하증권에는 운송인의 기명날인 또는 서명이 있어야 한다(상법 제853조 제1항; 함부르크규칙 제14조 제2항; 로테르담규칙 제38조).

전면에 기재되는 사항 중 특히 중요한 것은 운송물의 명세와 그 외관상태의 기재 및 선적기일의 기재이다. 운송물의 명세는 선적된 물품이 매매계약에서 정한 물품과 동일한 물품인지 여부에 관해서 매수인에게 중요한 정보를 제공한다. 외관상태의 기재는 물품을 직접 검사할 기회를 갖지 못한 채 선하증권상의 기재를 신뢰하여 물품을 매수하는 운송 중 매매의 매수인에게 중요한 의미를 갖는다.

또한 외관상태의 기재는 운송물의 멸실 또는 훼손에 대한 운송인의 책임을 정하는 데 있어서도 중요한 역할을 한다. 운송인은 운송물을 수령한 상태대로 목적지에서 선하증권을 제시하는 자에게 인도해야 하는 의무를 진다. 운송물이 멸실 또는 훼손된 경우에 이 손실의 발생시기가 운송개시 전인지 아니면 그 후인지에 따라 운송인이 손해배상책임을 지는지 여부가 결정되는데, 손실의 발생시기를 정함에 있어서 선하증권상의 운송물 외관상태에 대한 기재가 일응 기준의 역할을 한다. 따라서 운송인은 이 기재가 정확한 것인지를 확인해야 하고, 만일 운송물의 상태를 정확하게 표시하고 있지 않다고 의심할 만한 사유가 있거나 이를 확인할 적당한 방법이 없는 경우에는 그 사실을 기재하거나 운송물의 명세에 관한 기재를 생략하거나 또는 부지조항(unknown clause)을 삽입할 수 있다(상법 제853조 제2항; 함부르크규칙 제16조 제1항; 로테르담규칙 제39조 및 제40조).[50]

선하증권상의 선적기일은 물품의 선적이 완료된 일자를 의미하며, 이는 운송계약 또는 매매계약에서 정한 선적기일에 선적, 즉 인도를 이행했는지 여부를 정하는 기준이 되기 때문에 운송계약, 매매계약[51] 그리고 신용장거래에 있어서 은행과의 관계에서[52] 중요한 역할을 한다.

한편 선하증권의 이면에는 운송계약의 내용을 구성하는 약관이 인쇄되어 있

50) 이 경우에 발행되는 선하증권은 유보선하증권(claused B/L)이 된다.

51) 예를 들어 CIF조건의 매매계약에서 물품이 실제로는 계약에서 정한 인도기일 내에 인도되었다고 할지라도 선하증권상의 선적기일이 계약상의 선적기일에 합치하지 않은 때에는 매수인은 그 선하증권의 인수를 거절하고 계약을 해제할 수 있다.

52) 대금결제가 신용장방식인 경우에 신용장은 신용장의 종료일자와 함께 물품의 선적기일을 정하고 있는 경우가 흔히 있는데, 이때 신용장이 정한 선적기일에 일치하지 않는 선적기일이 기재된 선하증권에 대해서 은행은 그 인수를 거절하고 대금을 지급하지 않을 수 있다(UCP 600 제16조 제a항 참조).

어서 운송인과 송하인 간에 체결된 운송계약의 추정적 증거로서의 역할을 한다. 함부르크규칙은 선하증권이 해상운송계약을 증명하는 증권임을 명문으로 규정하고 있다(함부르크규칙 제1조 제7항).

3. 선하증권의 법적 성질

선하증권은 운송물의 인도청구권이라는 채권을 표창하는 채권증권이며, 동시에 증권을 교부하면 운송물을 인도한 것과 동일한 효력이 인정되는 물권적 효력을 갖는 유가증권이다.

선하증권은 기명식으로 발행된 경우라도 특히 지시금지(non-negotiable)의 문구가 기재되지 않는 한, 법률상 당연한 지시증권으로서, 배서에 의하여 양도될 수 있다(상법 제861조 및 제130조; 함부르크규칙 제1조 제7항 제2문). 또한 무기명식의 경우에는 선하증권의 교부만으로 양도된다. 한편 로테르담규칙은 유통가능 운송증권과 비유통성 운송증권을 구별하고(로테르담규칙 제35조), 운송인의 인도의무와 관련하여 각각에 대하여 다른 법적 효력을 부여한다(로테르담규칙 제45조 내지 제47조).

선하증권은 기재사항이 법정되어 있기 때문에(상법 제853조; 함부르크규칙 제15조 제1항; 로테르담규칙 제36조) 요식증권성을 갖는다. 그러나 선하증권의 요식성은 어음이나 수표의 경우와 같이 엄격하게 볼 것은 아니므로 법정기재사항 중 일부를 흠결하거나 반대로 법정기재사항 이외의 기재가 있다고 할지라도, 그러한 흠결이 선하증권이 운송계약을 증명하고 운송물의 인도청구권을 표창하는 데 장애가 되지 않는 한, 선하증권은 무효로 되지 않는다(함부르크규칙 제15조 제1항; 로테르담규칙 제39조 제1항).

선하증권은 운송인이 운송물을 수령하였음을 원인으로 하여 발행되는 요인증권이며, 증권의 인도로 운송물 자체의 인도와 동일한 효력을 갖게 되는 인도증권의 성질을 갖는다(상법 제861조 및 제132조).

선하증권은 증권과 상환하지 않으면 운송물을 인도할 필요가 없는 상환증권이다(상법 제861조 및 제129조).[53] 또한 선하증권은 증권상에 표시된 운송물을 처분할 경우에는 그 증권을 가지고 하여야 하는 처분증권이다(상법 제861조 및 제132조).

---

53) 다만 앞에서 설명한 바와 같이, 실제 거래계에서 선하증권과 상환하지 않고, 이른바 가도(假渡) 또는 보증도의 방법으로 운송물의 인도가 이루어지는 경우가 있다.

4. 선하증권의 효력

(1) 채권적 효력

선하증권의 채권적 효력은 증권발행자인 운송인과 증권소지인 간의 채권관계를 결정하는 효력을 의미한다. 우선 선하증권은 운송인에 대한 운송물의 인도청구권을 표창한다(상법 제861조 및 제129조; 함부르크규칙 제1조 제7항). 로테르담규칙에서도 유통가능 운송증권은 운송물의 인도청구권을 표창한다(로테르담규칙 제47조).

선하증권이 발행되면 운송인은 그 증권에 기재된 대로 운송물을 수령 또는 선적한 것으로 추정하며, 운송인은 선하증권을 선의로 취득한 제3자에게 대항하지 못한다(상법 제854조; 헤이그규칙 제3조 제4항; 함부르크규칙 제16조 제3항 및 제4항; 로테르담규칙 제41조 제1항 및 제2항). 따라서 선하증권상의 기재가 사실과 다른 경우에 운송인은 운송계약의 당사자인 송하인 또는 선하증권의 악의의 취득자에 대해서는 반증을 통해서 선하증권상의 기재에 따른 책임을 피할 수 있지만, 선의의 제3자에 대해서는 선하증권상의 기재가 확정적 효력을 갖기 때문에 반증에 의해서도 책임을 면할 수 없다.

선하증권에 이처럼 운송인과 소지인 간의 법률관계를 확정하는 효력을 부여한 것은 선하증권이 운송물의 인도청구권을 화체한 유가증권으로서 운송계약의 당사자 이외의 제3자에게 유통될 것을 본래의 사명으로 한다는 점을 중시하여 증권의 기재문언을 신뢰하여 거래한 제3자의 권리를 보호하고, 이를 통해서 선하증권의 유통성을 확보하기 위한 것이다.

(2) 물권적 효력

선하증권의 물권적 효력은 선하증권이 운송물에 대한 권리의 설정 또는 이전에 있어서 갖는 효력을 의미한다. 우리나라 상법은 선하증권에 의하여 운송물을 받을 수 있는 자에게 선하증권을 교부한 때에는 운송물 위에 행사하는 권리의 취득에 관하여 운송물을 인도한 것과 동일한 효력이 있다고 규정하고 있다(상법 제861조 및 제133조).

선하증권에 이러한 효력이 인정되기 때문에 송하인은 운송인이 직접 점유하고 있는 운송 중의 물품에 대하여 선하증권의 교부로 양도나 입질을 할 수 있고, 이를 통해서 운송이 아직 종료되지 않은 때에도 대금을 회수할 수 있다. 선하증권의 중요한 기능의 하나인 권리증권성이 바로 이러한 선하증권의 물권적 효력에서 유래한다.

[관련판례] 大判 1982.9.14, 80다1325

선하증권은 운송물의 인도청구권을 포함하는 유가증권으로서 운송계약에 기하여 운송물을 수령 또는 선적한 후에 교부되는 유인증권이므로 운송물을 수령 또는 선적하지 아니하였음에도 불구하고 발행된 선하증권은 그 원인과 요건을 구비하지 못하여 그 목적물에 흠결이 있는 것으로서 누구에 대하여도 무효라고 봄이 상당하다.

5. 선하증권의 기능

(1) 권리증권으로서의 기능

앞에서 설명한 바와 같이, 선하증권은 운송물의 인도청구권을 표창하는 유가증권, 즉 인도증권으로서 채권적 효력을 가질 뿐 아니라 운송물 자체에 대한 권리를 표창하고 그 양도를 통해서 물품에 대한 권리를 이전할 수 있도록 하는 물권적 효력을 갖고 있기 때문에 권리증권(document of title)으로서 기능한다. 따라서 선하증권의 소지는 운송물을 간접점유(constructive possession)하고 있는 것과 같은 효력을 가지며, 선하증권에 의하여 운송물을 받을 수 있는 자에게 그 증권을 교부한 때에는 운송물 위에 행사하는 권리의 취득에 관하여 운송물을 인도한 것과 동일한 효력이 있다(상법 제861조 및 제132조). 이때 선하증권의 양도가 당연히 운송물에 대한 소유권의 양도를 의미하는 것은 아니고, 양도 당사자 간에 양도하고자 하는 권리만을 양도하는 것임을 주의해야 한다. 예를 들어 수하인 또는 피배서인이 송하인의 대리인인 경우에 그 대리인에게 선하증권을 양도하는 것은 송하인 또는 배서인이 물품인도의 청구권만을 양도할 뿐 소유권 자체를 양도하는 효과를 갖지는 않는다. 마찬가지로 선하증권이 표창하는 물품이 담보의 목적이 된 경우에 그 선하증권을 양도받은 은행은 담보권만을 설정받았을 뿐 그 물품의 소유권을 양도받은 것은 아니다. 이는 선하증권이 어음이나 수표와 같이 권리증권으로서의 성질을 갖기는 하지만, 선하증권의 양도로서 양도되는 권리의 내용이 당사자의 의사에 구속된다는 점에서 완전유가증권인 어음이나 수표와 같은 정도의 권리증권성을 갖지는 못한다는 것을 의미한다.

선하증권의 권리증권성의 당연한 결과로서 선하증권을 소지한 자만이 운송인으로부터 물품의 인도를 요구할 수 있는 권리를 가지며, 진정한 소유자라 할지라도 선하증권을 제시하지 못하면 물품의 인도를 요구할 수 없다. 운송인은 선하증권을 자기에게 최초로 제시하는 소지인에게 물품을 인도하면 면책된다. 이때 운송인은 소지인이 진정한 권리자인지 또는 선하증권의 다른 원본이 있는지 등을 실질적으로 조사할 의무를 부담하지 않는다. 즉 운송인은 선하증권의 문면에 소지인이 정당한 권리자가 아니라는 사실이 나타나지 않는 한, 제시에 따른 인도에 대해 책임을 지지 아니하고, 반대로 선하증권을 소지하지 아니한 자에게 물품을 인도하였는데 정당한 소지인이 선하증권의 제시로써 물품의 인도를 요구하는 경우에는 이에 대해 책임을 져야 한다. 이 점에서 선하증권은 면책증권성을 갖는다.

(2) 영수증으로서의 기능

앞에서 설명한 바와 같이, 선하증권이 발행되면 운송인은 그 증권에 기재된 대로 운송물을 수령 또는 선적한 것으로 추정하며, 운송인은 선하증권을 선의로 취득한 제3자에게 대항하지 못한다(상법 제854조; 헤이그규칙 제3조 제4항; 함부르크규칙 제16조 제3항 및 제4항; 로테르담규칙 제41조). 즉 선하증권은 운송인에게 인도된 물품에 대한 영수증(receipt)으로서의 기능을 갖는 것이다. 따라서 선하증권상의 기재가 사실과 다른 경우에 운송인은 운송계약의 당사자인 송하인 또는 선하증권의 악의의 취득자에 대해서는 반증을 통해서 선하증권상의 기재에 따른 책임을 피할 수 있지만, 선의의 제3자에 대해서는 선하증권상의 기재가 확정적 효력을 갖기 때문에 반증에 의해서도 책임을 면할 수 없다.

(3) 운송계약의 증거로서의 기능

선하증권의 이면에는 운송계약의 내용을 구성하는 약관이 인쇄되어 있어서 운송인과 송하인 간에 체결된 운송계약의 추정적 증거로서의 역할을 한다. 함부르크규칙은 선하증권이 해상운송계약을 증명하는 증권임을 명문으로 규정하고 있다(함부르크규칙 제1조 제7항).

한편 선하증권의 이면에 기재된 약관은 선하증권의 소지인과 운송인 간에는 운송계약의 내용에 관해서 반증을 허용하지 아니하는 확정적 증거로서의 역할을 한다(상법 제861조 및 제131조). 함부르크규칙과 로테르담규칙은 선하증권이 수하인을 포함해서 제3자에게 양도된 때에는 운송인은 반대의 증거로써 선하증권의 내용을 다툴 수 없다고 규정하고 있다(함부르크규칙 제16조 제3항 제b호; 로테르담규칙 제41조).[54]

[관련판례] 大判 2008.2.14, 2006다47585

선하증권은 운송물의 인도청구권을 표창하는 유가증권인바, 이는 운송계약에 기하여 작성되는 유인증권으로 상법은 운송인이 송하인으로부터 실제로 운송물을 수령 또는 선적하고 있는 것을 유효한 선하증권 성립의 전제조건으로 삼고 있으므로 운송물을 수령 또는 선적하지 아니하였는데도 발행된 선하증권은 원인과 요건을 구비하지 못하여 목적물의 흠결이 있는 것으로서 무효라고 봄이 상당하고(대법원 1982.9.14. 선고 80다1325 판

54) 선하증권의 선의의 소지인에 대해서는 선하증권에 기재된 바가 확정적 효력을 갖는다는 함부르크규칙이나 로테르담규칙의 규정은 선하증권 또는 운송증권이 권리증권임을 확인하는 의미를 갖는다.

결 및 대법원 2005.3.24. 선고 2003다5535 판결 참조), 이처럼 무효이어서 담보로서의 가치가 없는 선하증권을 담보로서의 가치가 있는 유효한 것으로 기망을 당한 나머지 그 소지인으로부터 수출환어음과 함께 매입한 은행으로서는 운송물을 수령하지 않고 선하증권을 발행함으로써 위와 같은 기망행위에 가담한 운송인에 대하여 달리 특별한 사정이 없는 한 수출환어음의 매입대금액 상당의 손해배상을 청구할 수 있는 것이며, 설사 함께 매입되었던 수출환어음의 지급인이 사후에 이를 인수하였다 하더라도 위 불법행위와 그로 인한 손해의 발생과 사이의 인과관계가 단절된다고 할 수는 없고, 또한 현실적으로 위 수출환어음의 지급이 이루어지지 아니하는 한 위 불법행위로 인한 은행의 손해가 전보되어 소멸하게 되는 것도 아니라고 할 것이다.

[관련판례] 大判 1982.9.14, 80다1325

선하증권은 운송물의 인도청구권을 포함하는 유가증권인바, 이는 운송계약에 기하여 작성되는 유인증권인 점, 선하증권은 운송물을 '수령한 후' 또는 '선적한 후'에 교부하도록 되어 있는 상법 제813조 1, 2항, 선하증권에 운송물의 종류, 중량, 용적 등을 기재하도록 되어 있는 상법 제814조, 선하증권의 처분증권성, 그 교부의 물권적 효력에 관한 상법 제820조, 제132조, 제133조의 규정취지로 보아 상법은 운송인이 송하인으로부터 실제로 운송물을 수령 또는 선적하고 있는 것을 유효한 선하증권성립의 전제조건으로 삼고 있다고 보이는 점 등에 비추어 볼 때, 위 운송물의 인도청구권은 운송인이 송하인으로부터 실제로 받은 운송물, 즉 특정물에 대한 것이고 따라서 운송물을 수령 또는 선적하지 아니하였음에도 불구하고 선하증권이 발행된 경우에는 그 선하증권은 원인과 요건을 구비하지 못하여 목적물의 흠결이 있는 것으로 이는 누구에 대하여도 무효라고 봄이 상당하다.

[관련판례] 大判 2014.5.16. 2012다23320

해상운송화물은 선하증권과 상환으로 그 소지인에게 인도되어야 하고 선하증권 없이 화물이 적법하게 반출될 수는 없으므로, 선하증권을 제출하지 못하여 운송인으로부터 화물인도지시서를 발급받지 못한 통지처에게 화물을 인도하면 그 화물이 무단 반출되어 선하증권의 소지인이 화물을 인도받지 못하게 될 수 있음을 예견할 수 있다고 할 것이다. 따라서 영업용 보세창고업자가 화물인도지시서나 운송인의 동의를 받지 않고 화물을 인도하였다면 그로 말미암아 선하증권 소지인이 입은 손해에 대하여 불법행위에 기한 손해배상책임을 진다(대법원 2000.11.14. 선고 2000다30950 판결 등 참조).

6. 선하증권의 종류

(1) 무유보선하증권과 유보선하증권

선하증권에는 통상 운송인이 "외관상 양호한 상태로"(in apparent good order and condition) 운송물을 수령 또는 선적하였다는 내용이 인쇄되어 있다. 이러한 문언을 부정 또는 수정하는 부가문언이 기재된 선하증권이 고장 또는 유보선하증권(foul or claused B/L)이고, 운송물에 대해 부가문언이 없는 선하증권이 무고장 또는 무유보선하증권(clean B/L)이다. 즉 무유보선하증권은 선하증권상 운송물의 외관상태에 이상이 있다는 운송인의 기재가 없는 선하증권이며, 유보선하증권은 운송인이 물품을 인수할 당시 물품의 상태를 검사하고 물품에 외관으로 나타나는 이상이 있는 경우에 그 사실을 기재한 선하증권이다.

유보선하증권의 경우에는 문면에 운송인의 기재를 통해서 운송물에 하자가 있다는 사실이 드러나는 것이기 때문에 CIF계약이나 신용장거래에서 매수인이나 개설은행 또는 매입은행이 이를 인수하지 않을 것은 당연하며, INCOTERMS 및 신용장통일규칙상 적격한 선적서류도 되지 않는다(INCOTERMS CIF B.8 및 UCP 600 제14조 참조).

국제거래의 실제에서 매도인은 운송물에 이상이 있는 경우에도 매수인이 물품의 인수를 거절하지 않을 것을 확신하는 때에는[55] 매수인이 물품을 인수하지 아니하는 경우에 그로 인한 손해에 대한 보상을 할 것을 약정하는 보상장(letter of indemnity)을 운송인에게 발행하고 운송인으로부터 무유보선하증권을 발행받아 이를 매수인에게 양도하는 경우가 많다. 거래실무계에서는 유보선하증권이 발행되는 경우는 거의 없고, 물품 또는 포장에 하자가 있더라도 신용장조건을 충족하기 위해서 보상장을 사용하여 무유보선하증권이 발행되는 것이 일반적이라고 한다.

보상장을 사용한 무유보선하증권의 발행이 국제거래계에서 관행이라는 사실은 별론으로 하더라도, 이러한 관행은 송하인과 운송인의 공모에 의한 사기행위와 결부될 위험성이 있으며 이 방법이 남용되는 경우에는 매수인, 은행 또는 적하보험자와 같은 선하증권의 취득자에게 불측의 손해를 끼치게 되고, 그 결과 선하증권의 신용이 실추되어 거래의 안전이 훼손될 가능성이 크다. 따라서 이러한 보상장의 효력을 어떻게 인정할 것인지의 문제가 발생하는데, 우선 보상장이 발행된 경우에도 운송인이 선의의 제3자인 선하증권의 소지인 등에 대하여 선하증권상의 부실기재에 대해 대항할 수 없는 것은, 선하증권이 갖는 영수증으로서의 기능이나 운송계약의 증거로서의 기능에 비추어 볼 때 당연하다. 문제는 선하증권 소지인 또는 적하보험자로부터 화물손해의 주장이 제기되어 이에 대해 손해배상을 한 운송인이 보상장에 기초하여 송하인에 대해 그 손실의 보상을 요구하는 경우에 보상장을 유효한 것으로 인정하여 운송인의 손실보상청구권을 인정할 것인

55) 예를 들어 운송물의 포장은 파손되었지만 정작 그 내용물인 운송물 자체는 아무 이상이 없는 경우 등이 있을 것이다.

지 여부, 즉 보상계약의 유효성 여부이다. 보상장의 관행이 본래 상업상의 편법으로 발생하였지만 실제로는 국제거래에서 유익한 역할을 한다는 점에 비추어 볼 때, 이를 무조건 무효로 하기보다는 사기적인 경우 또는 공서위반의 경우를 제외하고는 원칙으로 유효하다고 보는 것이 타당하다.[56]

(2) 선적선하증권과 수취선하증권

선적선하증권(on board B/L)은 운송물이 본선에 선적된 후에 발행되는 선하증권이고, 수취 또는 수령선하증권(received for shipment B/L)은 운송인이 선적을 위하여 물품을 수령했음을 표시하지만, 물품선적의 사실은 표시하지 아니하는 선하증권이다. 수취선하증권도 적법하고 유효한 선하증권이지만(상법 제852조 제1항), 그 발행 후 선적 이전에 물품이 멸실 또는 훼손되는 것이 가능하기 때문에 CIF계약이나 신용장거래에서는 선적선하증권이 요구되며, 수취선하증권은 당사자 간에 특약이 없는 한, 적격한 선적서류로서 인정되지 아니한다(신용장통일규칙 제23조 제a항 참조). 그러나 오늘날에는 컨테이너운송이나 복합운송이 발달하면서 물품이 선박에 선적되기 이전에 내륙에서 운송인에게 물품이 인도되는 까닭에 송하인은 선적선하증권을 발행받는 것이 불가능한 경우가 많다. 이처럼 컨테이너 또는 복합운송에서는 수취선하증권만이 발행될 수 있기 때문에 그러한 운송방식에서는 수취선하증권도 당연히 적격한 선적서류로 인정된다.[57]

7. 전자선하증권

전자선하증권(electronic bill of lading)은 선하증권을 문서로 작성하여 발행하는 대신에 그 기재내용을 운송인과 송하인 또는 수하인 간에 전자자료교환(electronic

56) 슈미트호프(Schmitthoff)에 따르면, 매도인이나 운송인 모두 선적 당시 물품의 상태에 비추어 무유보선하증권이 발행되어서는 안 된다는 사실을 알고 있으면서도 무유보선하증권을 발행하였다면, 이는 물품이 선적 당시 아무런 하자가 없는 것으로 신뢰하고 선하증권을 인수하고 대금을 지급한 선의의 양수인이나 피배서인을 기망하는 것이기 때문에, 이러한 경우에 보상장의 발행을 목적으로 하는 계약은 위법으로서 무효라고 한다(Schmitthoff, *supra* note 35, p.594). 그러나 물품의 하자의 정도가 매수인이 물품을 거절할 정도는 아니지만 그럼에도 불구하고 운송인으로서는 유보선하증권을 발행할 수밖에 없는 이른바 사소한 하자의 경우에 유보선하증권의 인수가 거절됨으로써 매도인이 입을 피해를 고려한다면 보상장의 제공을 통한 무유보선하증권의 발행은 이를 위법한 것으로서 무효로 하기보다는 거래의 편의를 위한 것으로서 그 유효성을 긍정할 수 있을 것이다. 이는 영국 판례에 의해서도 긍정되고 있다 (*Brown, Jenkinson & Co. Ltd v. Percy Dalton, London Ltd*, [1952] 2 Q.B. 621).

57) Schmitthoff, *ibid.*, p.570. 그러나 컨테이너운송이나 복합운송에서는 복합운송서류가 발행되는 것이 일반적인바, 신용장통일규칙은 신용장거래에서 복합운송서류가 사용되는 경우에 그 적격성에 대해서 제19조에서 따로 규정하고 있다.

data interchange: EDI)방식으로 전송하고 권리의 증명으로서 고유비밀번호(private key)를 사용하는 방법을 통해 발행된 컴퓨터정보(computer information) 형태의 선하증권을 의미한다.

최근 국제거래에서 각종 선적서류를 EDI 등 전자메시지로 대체하는 경향이 두드러지고 있는바, 전자선하증권은 유형적 서류로서의 선적서류가 전자메시지화하는 전형적인 예가 될 것이다. 국제상업회의소는 국제거래에서의 이러한 새로운 경향을 수용하여 1990년에 INCOTERMS를 개정하면서 선하증권, 상업송장, 기타 통관에 필요한 서류가 EDI 서류로 작성된 경우에도 이들을 적격서류로서 인정하였다. 우리나라 개정 상법도 제862조 제1항에서 전자선하증권에 관한 규정을 신설했다.

전자선하증권을 규율하는 국제규범으로는 국제해사위원회(Comitê Maritime International: CMI)가[58] 1990년 6월에 채택한 운송중의 물품에 대한 권리의 전자적 이전을 위한 CMI통일규칙(CMI Uniform Rules for Electronic Transfer of Rights to Goods in Transit)이 있다.

제3절 국제항공운송

Ⅰ. 의 의

1. 항공운송의 개념

항공운송 또는 공중운송(air transportation)은 항공기의 항복(航腹; plane's space)에 화물 또는 승객을 탑재하고 국내외 항공로(air route)로 다른 공항까지 운송하는 운송방식이다. 항공운송은 해상운송이나 육상운송에 비해 최근에 도입된 운송방식이지만, 체계화된 유통체계와 정보체계를 이용하여 물적 유통시스템이 비교적 완벽하게 운영되고 있는 것이 특징이다.

항공운송은 해상운송이나 육상운송보다 신속하게 운송물을 운송할 수 있다는 장점을 갖는다. 따라서 적기에 판매가 이루어지는 것이 중요한 계절유행상품이나 납기가 촉박한 상품 등과 같이 긴급성을 요체로 하는 물품의 운송에 적합한

---

58) 국제해사위원회는 해사관습과 해사실무를 통일하는 해사사법의 조사입법기관으로 1897년 벨기에의 Antwerp에서 창설되었으며, 현재 36개국이 가입하고 있다고 한다. 오원석(주23), 12면.

운송방식이다. 쉽게 멸실 또는 훼손되거나 신속히 운송되어야 하는 물품도 또한 항공운송의 대상이 된다.[59)]

2. 국제항공운송을 규율하는 조약

국제항공운송관계를 규율하는 법체계는 크게 항공운송활동에 대한 규제와 항공운송계약, 특히 항공운송인의 책임에 관한 규제로 나누어진다. 항공운송활동을 규율하는 중요한 조약으로는 1944년 「국제항공운송협정」(International Air Transport Agreement: IATA)이 있다.

한편 항공운송계약 또는 항공운송인의 책임을 규율하는 중요한 조약으로는 1929년 10월 12일에 채택되어 1933년 2월 13일에 발효한 「국제항공운송 관련 일부 법규의 통일에 관한 협약」(Convention for the Unification of Certain Rules Relating to International Carriage by Air), 즉 바르샤바협약과 1955년 9월 28일에 채택되어 1963년 8월 1일에 발효한 「국제항공운송 관련 일부 법규의 통일에 관한 협약을 개정하는 의정서」(Protocol to Amend the Convention for the Unification of Certain Rules Relating to International Carriage by Air), 즉 헤이그의정서 또는 개정 바르샤바협약 그리고 이들 협약을 개정한 일련의 협약이 있다.

여기서는 항공운송계약에 관한 조약만을 다루기로 한다.

(1) 바르샤바협약

항공운송인의 책임에 관한 조약은 1929년 10월 12일에 채택되어 1933년 2월 13일에 발효한 「국제항공운송 관련 일부 법규의 통일에 관한 협약」(Convention for the Unification of Certain Rules Relating to International Carriage by Air), 즉 바르샤바협약과 이를 개정한 일련의 협약이 기본을 이루고 있다.

1929년 바르샤바협약은 해상운송에 관한 헤이그규칙을 모범으로 하여 제정된 협약으로 항공운송인의 추정과실책임과 유한책임원칙을 채택하고 있다(바르샤바협약 제20조 및 제22조).

(2) 헤이그의정서

제2차 세계대전 후 항공기의 발달에 의한 항공운송의 변화를 반영하고 또한 승객의 사망 또는 상해의 경우 책임한도가 지나치게 낮았던 까닭에 이를 상향조정하기 위해서 바르샤바협약을 부분적으로 개정하는 「국제항공운송 관련 일부 법규의 통일에 관한 협약을 개정하는 의정서」(Protocol to Amend the Convention

---

59) 예를 들어 생선, 식료품, 생화, 방사선물질, 신문, 뉴스필름, 원고 또는 선적서류 등.

for the Unification of Certain Rules Relating to International Carriage by Air), 즉 헤이그의정서 또는 개정바르샤바협약이 채택되었다.

1955년 9월 28일에 채택되어 1963년 8월 1일에 발효한 헤이그의정서는 운송증권인 항공운송장에 관한 규정의 수정, 그 동안 해석상 논란이 되었던 규정의 명료화 및 항공운송인의 책임한도액의 조정 등을 주요 개정내용으로 하고 있다.

우리나라는 1967년 7월 13일에 헤이그의정서에 가입하였고, 동 의정서는 1967년 10월 11일부터 우리나라에서 발효하였다.

(3) 과달라하라협약

항공운송의 형태가 다양해짐에 따라 운송계약을 체결한 체약운송인(contracting carrier)과 실제 운송을 담당한 실제운송인(actual carrier)의 책임관계를 규명해야 할 필요가 커졌는바, 바르샤바협약을 보완하는 「체약운송인 이외의 자에 의해 이행되는 국제항공운송 관련 일부 규칙의 통일을 위한 협약」(Convention, supplementary to the Warsaw Convention, for the Unification of Certain Rules Relating to International Carriage by Air performed by a Person other than the Contracting Carrier), 즉 과달라하라(Guadalajara)협약이 채택되었다.

1961년 9월 18일에 채택되어 1964년 5월 1일에 발효한 이 협약은 체약운송인의 경우에 운송계약에 포함된 운송의 전과정을 통해 바르샤바협약의 적용을 받도록 하고, 실제운송인에 대해서는 그가 인수한 운송이 바르샤바협약상의 운송에 해당하는 범위 내에서 체약운송인과 동일하게 바르샤바협약의 적용을 받도록 하였다.

(4) 몬트리올약정 및 기타 항공운송에 관한 협약

1966년 5월 13일 채택된 「바르샤바협약과 헤이그의정서의 책임제한 관련 약정」(Agreement Relating to Liability Limitations of the Warsaw Convention and The Hague Protocol), 즉 몬트리올약정은 바르샤바협약의 내용 중에서 여객에 관한 인적 책임부분을 수정하는 내용의 약정으로 미국에 취항하는 항공사 간의 계약형식으로 체결된 것이다.

몬트리올약정은 기본적으로 1929년 바르샤바협약을 따르되, 여객의 인적 손해에 대한 책임에 있어서는 절대적 책임주의를 채택하고 여객의 사망 또는 상해의 경우에 책임한도액을 상향조정하였다. 다만 이 약정은 여객의 인적 손해 부분만 개정하였을 뿐, 항공운송 분야에 관해서는 개정한 바가 없기 때문에 항공운송 분야에 관한 바르샤바협약체제에는 아무런 변화도 야기하지 않았다.[60]

이 외에도 항공운송에 관한 조약으로는 1971년 3월 8일에 채택된 바르샤바협약 중 여객 및 수하물운송과 관련된 규정을 개정한 과테말라(Guatemala City)의정서(Protocol to Amend the Warsaw Convention as Amended at The Hague on 28 September 1955), 바르샤바협약의 화폐단위를 프랑에서 SDR로 변경한 몬트리올 제1추가의정서(Montreal Protocol No.1), 헤이그의정서의 화폐단위를 SDR로 변경한 몬트리올 제2추가의정서(Montreal Protocol No.2), 과테말라의정서의 화폐단위를 SDR로 변경한 몬트리올 제3추가의정서(Montreal Protocol No.3), 1975년 9월 25일에 과테말라의정서에 보조를 맞추어 화물 및 우편물운송에 관한 규정을 개정한 몬트리올 제4추가의정서(Montreal Protocol No.4 to Amend the Warsaw Convention as Amended by Protocol No.1 at The Hague on 28 September 1955)가 있다. 1999년 6월 30일에 채택되어 2003년 11월 4일에 발효한 「국제항공운송에 있어서의 일부 규칙 통일에 관한 협약」(Convention for the Unification of Certain Rules for International Carrier by Air), 즉 몬트리올협약은 기존의 5개 협약인 1929년 바르샤바협약, 1955년 헤이그 의정서, 1961년 과달라하라협약 1971년 과테말라 의정서 및 1975년 몬트리올 추가의정서 1-4를 하나로 통합하여 현실화시킨 협약이다.[61][62]

(5) 몬트리올협약

ICAO(International Civil Aviation Organization, 국제민간항공기구)는 「국제항공운송에 있어서의 일부 규칙 통일에 관한 협약」(the Convention for the Unification of Certain Rules for International Carriage by Air)을 1999년 5월 몬트리올에서 개최된 국제항공법회의(International Conference of Air Law)에서 채택하였고, 미국을 비롯한 30개국 이상이 비준하여 2003년 11월 4일부터 전세계적으로 발효되었다. 그 후 이 조약에 가입한 국가는 계속 늘어나 2019년 1월 현재 136개국이 가입하고 있다. 이는 ICAO 전체 회원국인 191개국 중에서 71%가 몬트리올협약의 체약국이다. 우리나라는 2007년 10월 30일에 협약에 가입하였고, 2007년 12월 29일 공식 발효되었다.[63]

ICAO의 전체 회원국 중에서 29%는 아직까지 몬트리올협약의 체약국이 아니

60) 김정호, 『국제거래법』(고려대학교 출판부, 2002), 215면.
61) 정찬형, 『상법강의 (下)』(제15판, 박영사, 2013), 998면.
62) 몬트리올협약은 여객의 부상이나 사망에 대한 배상책임제한을 폐지하였으며, 여객의 주거지를 관할의 기준으로 추가하였다(몬트리올협약 제21조 제2항 및 제33조 제2항).
63) https://www.icao.int/secretariat/legal/List%20of%20Parties/Mtl99_EN.pdf 2019년 1월 25일 검색.

다.[64] 이에 따라 예를 들어, 몬트리올협약의 체약국인 싱가포르와 체약국이 아닌 인도네시아[65]를 여행하는 승객의 경우에는 같은 항공편을 이용하더라도 서로 다른 협약이 적용된다. 즉, 싱가포르에서 인도네시아로 왕복여행을 하는 승객에 대해서는 몬트리올협약이 적용되지만, 인도네시아에서 싱가포르로 편도여행을 하는 승객에 대해서는 바르샤바협약이 적용되는 것이다.

또한 같은 항공기에 탑승한 승객에 대하여 서로 다른 협약이 적용되는 불합리한 결과가 발생할 수도 있다.[66] 이는 몬트리올협약의 가입국과 몬트리올협약을 비준하지 아니한 기존협약 가입국 사이의 운송에 몬트리올협약이 적용되지 않기 때문이다. 몬트리올협약에서 국제항공운송은 항공운송계약상 출발지와 도착지가 모두 협약의 체약국에 있는 경우에 적용된다(몬트리올협약 제1조 제2항).

3. 국제항공운송에 관한 우리나라의 법규

우리나라 상법은 제2편과 제5편에서 각각 육상운송계약과 해상운송계약에 관한 규정을 두었으나 몬트리올협약 등 국제조약을 대부분 그대로 수용하여 2011년 5월 개정에서 제6편 항공운송으로 신설되었다.

우리나라는 바르샤바협약에는 가입하지 않고 헤이그의정서에 가입하였다. 헤이그의정서 제21조 제2항 및 제22조 제2항은 바르샤바협약에 가입하고 있지 않은 국가가 헤이그의정서에 가입한 경우에 바르샤바협약을 준수하는 효력을 갖는다고 규정한다. 이러한 점에 비추어 볼 때 우리나라는 바르샤바협약과 헤이그의정서를 포섭하는 바르샤바협약체제를 따르기로 한 것으로 이해된다.[67] 그런데 2007년 몬트리올협약의 가입으로 우리나라와 몬트리올협약의 체약국 사이에는 동 협약이 적용된다.

거래의 실제에 있어서 국내운송이든 국제운송이든 항공운송계약은 항공운송인이 제정한 약관에 의해 규율되고 있는바, 이러한 약관들은 대부분 바르샤바협

---

64) 예를 들어 베트남과 다수의 아프리카 국가들은 아직 몬트리올협약의 체약국이 아니다.

65) 인도네시아는 바르샤바협약의 체약국이다.

66) http://www.iata.org/publications/airlines-international/june-2013/Pages/montreal-convention.aspx.

67) 예를 들어 헤이그의정서는 제2조에서 바르샤바협약체제가 적용될 국제운송(international carriage)을 정의하면서 당사자 간 계약에 따라, 출발지와 도착지가 헤이그의정서의 두 체약국에 있거나 또는 출발지와 도착지가 모두 동일한 체약국에 있는 경우로서 중간기착지가 그 체약국의 영토 밖에 있는 경우에는 헤이그의정서가 적용된다고 규정하고 있을 뿐이어서 바르샤바협약과 헤이그의정서 중 한 협약에만 가입한 국가들 간의 항공운송에 어느 협약이 적용될 것인지에 대한 명확한 규정이 없어 적용상 문제가 되고 있지만, 이러한 경우에는 전체로서의 바르샤바협약체제가 적용되어야 할 것이다.

약과 몬트리올협약에 따라 작성되어 있기 때문에 바르샤바협약이나 몬트리올협약의 해석은 중요하다.

관련판례 大判 1986.7.22, 82다카1372

국제항공운송에 관한 법률관계에 대하여는 일반법인 민법에 대한 특별법으로서 우리 정부도 가입한 1955년 헤이그에서 개정된 바르샤바협약이 우선 적용되어야 한다.
개정된 바르샤바협약 제1조 제2항에서 사용하고 있는 용어인 "체약국"이란 개념은 바르샤바협약과 헤이그의정서에 모두 가입한 국가는 물론, 대한민국과 같이 바르샤바협약에는 가입하지 않고 있다가 헤이그의정서에 가입함으로써 헤이그의정서에는 아직 가입하지 아니한 국가를 모두 포함하는 것으로 보아야 한다.
바르샤바협약 제24조 제1항의 규정에 비추어 보면 국제항공운송인에 대하여 그 항공운송 중에 생긴 화물훼손으로 인한 손해배상을 소구함에 있어서는 그 계약불이행을 원인으로 한 손해배상청구의 소에 있어서 수하인이 화물손괴를 주장하는 경우 채무의 본지에 따른 이행을 하였다는 점에 관한 증명책임을 부담하는 운송인이 그 화물을 송하인으로부터 인도받은 상태대로 수하인에게 인도하였음을 증명하기가 곤란한 경우가 많음을 감안하여 수하인이 이의 없이 화물을 수취한 사실 자체가 채무의 본지에 따른 이행에 대한 일응의 증거(prima facie evidence)가 됨을 규정한 것일 뿐 화물손괴의 사실을 모르고 있었던 운송인에 대하여서만 이의가 필요한 것임을 전제로 한 규정이라고 할 수 없을 뿐만 아니라 같은 조 제4항에서 수하인이 서면에 의한 이의를 함이 없이 소를 제기할 수 있는 경우는 운송인에게 사기가 있는 경우에 한한다고 명백히 규정하고 있으므로 운송인이 화물의 손괴를 미리 알고 있었다 하더라도 서면에 의한 이의 없이 소를 제기할 수 있다고 볼 수는 없다.
바르샤바협약 제2장에서 운송증권으로 승객항공표와 수하물표 및 항공운송장만을 들고 있고, 동 협약 제26조 제3항이 이의의 방법으로 운송증권에의 유보 이외에도 별개의 서면발송을 규정하고 있음에 비추어 동 조항에서 들고 있는 운송증권은 승객항공표와 수하물표 및 항공운송장만을 지칭하는 것으로 해석된다.

[관련판례] 大判 2006.4.28. 2005다30184

국제항공운송에 관한 법률관계에 대하여는 1955년 헤이그에서 개정된 '국제항공운송에 있어서의 일부규칙의 통일에 관한 협약'(이하 '바르샤바 협약'이라고 한다)이 일반법인 민법이나 상법에 우선하여 적용된다(대법원 1986.7.22. 선고 82다카1372 판결, 2004.7.22. 선고 2001다67164 판결 참조).
바르샤바 협약 제18조 제1항은 "운송인은 탁송 수하물 또는 화물의 파괴, 망실 또는 손괴된 경우에 있어서의 손해에 대하여서는 그 손해의 원인이 된 사고가 항공운송 중에(during the carriage) 발생한 것인 때에는 책임을 진다."고 규정하고 있으나, 이는 항공운송 중에 발생된 탁송 수하물 또는 화물의 파괴 등으로 인한 운송인의 손해배상책임에 관하여 정한 것으로, 송하인과 수하인의 화물에 관한 권리를 규정한 바르샤바 협약 제12조, 제13조와는 별개의 규정이므로, 송하인의 화물처분권이나 수하인의 화물인도청구권에 관해서는 손해의 원인이 된 사고가 항공운송 중에 발생하였는지 여부와 상관없이 바르샤바 협약 제12조, 제13조가 적용된다고 할 것이다.
한편, 바르샤바 협약 제12조, 제13조에 의하면, 송하인이 운송인에 대하여 화물처분권을 적법하게 행사하지 않은 이상, 수하인은 화물이 도착지에 도착한 때에는 화물도착의 통지를 받고 수하인용 항공화물운송장의 교부와 화물의 인도를 청구할 권리를 가진다고 할 것이다.
그런데 이 사건에서 화물운송계약의 국내 운송취급인인 피고가 운송인으로부터 아무런 지시도 받지 않고 수하인인 원고에게는 화물도착의 통지를 하지 아니한 채 수입회사의 청구에 따라 수출회사에 화물을 반송함으로써 바르샤바 협약 제13조에 의하여 인정되는 수하인인 원고의 화물인도청구권을 침해하였으므로 그로 인하여 원고가 입은 손해를 배상할 책임이 있다고 할 것이다.

II. 항공운송계약

1. 운송인의 의무

운송인은 송하인으로부터 운송물을 인도받아서 이를 송하인이 지시한 대로 운송하여 정당한 수하인 또는 그로부터 권리를 양수한 자에게 인도하여야 한다. 운송인은 반대의 특약이 없는 한, 화물이 도착지에 도착한 때에는 그 뜻을 수하인 또는 항공운송장에서 통지하기로 합의한 당사자에게 통지할 의무가 있다(바르샤바협약 제13조 제2항).

항공운송인이 운송물을 인도함에 있어서 자신의 항공운임에 관하여 운송물에 대한 유치권을 행사할 수 있는 점은 해상운송인의 경우와 같다(바르샤바협약 제12조 제1항).

2. 운송인의 책임

바르샤바협약체제에서 운송인의 책임은 해상운송의 헤이그규칙, 헤이그·비스비규칙 및 로테르담규칙의 경우와 마찬가지로 원칙적으로 추정적 과실책임주의에 근거하고 있다. 즉 운송인은 자기 또는 그 대리인이 손해를 방지하기 위하여 필요한 모든 조치를 취하였다는 사실 또는 그 조치를 취할 수 없었다는 사실을 증명하지 못한 경우에는 항공운송 중에 생긴 사고로 인한 손해를 배상할 책임을 부담한다(바르샤바협약 제18조 및 제20조). 운송인이 책임을 면하기 위해 "필요한 모든 조치"를 취했을 것을 요구하는 것은 결국 운송인에게 스스로의 무과실을 증명할 책임을 부담지우는 것이어서 손해가 있었음을 주장하는 자인 송하인이 아닌 운송인에게 사실상의 무과실의 증명책임을 부담시키는 점에서 매우 무거운 책임이라고 할 수 있다(바르샤바협약 제20조 제1항). 운송인에게 사실상의 무과실책임을 부담시킨 것은 항공운송에는 항공기 운항과 관련해서 고도의 기술이 사용되는 까닭에 운송인의 과실에 대한 증명책임을 송하인 또는 수하인에게 부담시키는 것은 가혹하기 때문이다. 이때 "항공운송"은 운송물이 공항(aerodome) 내에 있거나 또는 항공기에 적재되었는지 여부에 상관 없이 운송인의 관리하에 있는 전 기간을 포함한다(바르샤바협약 제18조 제2항). 또한 운송이 공항 밖에서 육상, 해상 또는 하상운송의 방식으로 이루어진 때에도 그 운송이 항공운송물을 적재, 인도 또는 환적할 목적으로 이루어진 경우에는 반대의 증거가 없는 한, 운송물에 대한 훼손은 항공운송 중에 발생한 것으로 추정된다(바르샤바협약 제18조 제3항).

원래의 바르샤바협약은 운송물의 멸실 또는 훼손이 조종사의 과실, 항공기의 취급 또는 운항 중의 과실로 인해 발생한 때에는 운송인으로 하여금 책임을 지지 않도록 하였다(바르샤바협약 제20조 제2항). 그러나 이 규정은 헤이그의정서에서 삭제되었고, 대신에 운송물의 고유한 성질에 기인한 손해는 이를 운송인이 책임지지 아니한다는 내용을 약정할 수 있도록 허용할 뿐이어서(헤이그의정서 제10조, 제12조 및 바르샤바협약 제23조) 항공운송에서 항공과실은 면책사유로서 인정되지 않는다.[68]

과달라하라협약은 운송계약을 체결한 체약운송인과 실제운송인이 동일인이 아닌 경우에 책임의 귀속이 불명확해지는 문제점을 보완하기 위해서 실제운송인의 책임에 관해서 규정하였는바, 실제운송인은 자기가 책임지고 있는 운송구간에 있어서는 운송계약의 체약당사자로 간주된다고 규정함으로써 당해 운송구간에서 발생한 손해에 대해서는 체약운송인과 실제운송인이 연대하여 손해배상책임을 지도록 하였다(과달라하라협약 제2조). 여객 및 수하물운송에 관한 조약인 과테말라의정서는 바르샤바협약 제18조를 개정하면서 운송인은 항공운송 중에 발생한 운송물의 멸실이나 훼손으로 인한 손해에 대해서 책임을 진다고 규정함으로써 바르샤바협약체제의 추정적 과실책임주의를 버리고 운송인의 면책사유를 인정하지 아니하는 무과실책임주의를 채택하였다(과테말라의정서 제5조 및 바르샤바협약 제18조). 다만 운송의 지체로 인하여 손해가 발생한 경우에 대해서는 과실책임주의를 유지하고, 또한 운송물의 고유한 성질 또는 하자로 인하여 손해가 발생한 때에는 이에 기한 항변을 운송인에게 인정한다(과테말라의정서 제6조 및 바르샤바협약 제20조).

---

68) 이것은 해상운송 분야에서 헤이그규칙이나 헤이그 · 비스비규칙이 항해과실에 대한 운송인의 면책을 인정하던 데서 함부르크규칙이 항해과실에 대한 운송인의 면책을 삭제한 것과 궤를 같이한다.

몬트리올협약과 우리나라 상법도 과테말라의정서와 마찬가지로 바르샤바협약의 추정적 과실책임주의에서 한발 더 나아가 항공물건운송인에 대해서 무과실책임주의를 채택하였다. 운송물의 멸실·훼손으로 인한 손해에 대하여 육상물건운송인(상법 제135조)과 해상물건운송인(상법 제795조 제1항)은 과실책임을 부담한다. 이러한 항공물건운송인의 책임은 무과실책임이므로 육상물건운송 및 해상물건운송인의 책임과 구별된다.

또한 항공운송인은 운송물의 연착으로 인한 손해에 대하여 책임을 부담한다. 그러나 항공운송인이 자신과 그 사용인 및 대리인이 손해를 방지하기 위하여 합리적으로 요구되는 모든 조치를 하였다는 것이나 그 조치를 하는 것이 불가능하였다는 것을 증명하는 경우에 책임을 면한다(상법 제914조). 이는 항공운송인의 운송물의 연착으로 인한 책임을 몬트리올협약 제19조에 따라 과실추정주의 책임으로 규정한 것이다. 이에 따라 항공운송인은 무과실의 증명책임을 부담한다. 이러한 과실추정주의는 육상물건운송인(상법 제135조)과 해상물건운송인(상법 제795조 제1항)의 책임에 관한 규정과 유사하다.

3. 책임제한

운송인의 책임은 운송물 킬로그램(kilogram)당 17 SDR[69] 또는 추가운임을 지급하면서 신고한 운송물의 가액으로 제한된다(바르샤바협약 제22조 제2항 및 몬트리올협약 제22조 제3항).

그러나 바르샤바협약이 규정하고 있는 바와 같이 고의적 불법행위(willful misconduct)에 의해 손해가 야기되었거나(바르샤바협약 제25조 제1항) 또는 헤이그의정서가 규정하고 있는 바와 같이 항공화물의 손해가 "손해를 발생시킬 의도를 갖고 또는 무모하게 그리고 손해가 생길 염려가 있는 것을 인식하고" 행한 운송인 또는 사용인에 의하여 발생되었음이 증명되는 경우에는 운송인의 책임제한은 인정되지 않는다(헤이그의정서 제13조 및 바르샤바협약 제25조). 헤이그의정서의 "손해를 발생시킬 의도를 갖고 또는 무모하게 그리고 손해가 생길 염려가 있는 것을 인식하고"라는 문언은 영미법상의 고의적 불

69) French Gold Franc 또는 Franc Poincaré를 지칭하고 있는 순도 900/1,000의 금 65.5mg을 의미한다. Franc Poincaré는 1928년 당시 프랑스 수상이었던 M. Poincaré의 성을 따서 붙인 명칭으로서 1928년부터 1938년에 폐화될 때까지 프랑스 국내에서 통용된 법정통화이다. 배상한도액인 French Gold Franc 250은 1929년에 바르샤바협약에 처음 정해진 후 1955년 헤이그의정서 및 1971년 과테말라협약에서도 변경되지 않았다. 1975년 몬트리올 제4의정서에서는 17 SDR로 변경되었으나, 이는 당시 French Gold Franc 250을 금의 공정가격에 의해 계산한 미화 20달러와 동일한 금액이므로 실질적인 배상금액의 상향조정은 없었던 셈이다. 1999년 몬트리올협약도 제정 당시에 책임한도액은 킬로그램당 17 SDR이었다.

법행위(willful misconduct)를 풀어서 규정한 것이기 때문에 적용상 양자 간에 차이가 있는 것은 아니다.

헤이그의정서는 바르샤바협약 제25조를 개정하여 운송인의 사용인이나 대리인에 대해서도 동 협약의 책임제한조항이 적용되도록 함으로써 운송인의 이행보조자도 고용의 범위 내에서 행위한 때에는 협약이 정한 책임제한을 스스로 원용할 수 있도록 허용하였다(헤이그의정서 제11조 및 바르샤바협약 제25조).

[관련판례] 大判 2006.10.13. 2005다3724

1955년 헤이그에서 개정된 국제항공운송에 있어서의 일부 규칙의 통일에 관한 협약(이하 '개정된 바르샤바협약'이라고만 한다) 제22조 제2항 a호 전문에서는 "탁송 수하물 및 화물의 운송에 있어서 운송인의 책임은 1㎏당 250프랑의 금액을 한도로 하고, 다만 승객 또는 송하인이 운송인에게 탁송 수하물 및 화물을 인도할 당시 도착지에서의 이익을 특히 신고하고 또한 필요로 하는 추가요금을 지급한 경우에는 그러하지 아니하다."라고 규정하고 있고, 제25조 전단에서는 "제22조의 책임제한규정은 운송인, 그의 사용인 또는 대리인이 손해를 가할 의사로써 또는 손해가 생길 개연성이 있음을 인식하면서도 무모하게 한(done with intent to cause damage or recklessly and with knowledge that damage would probably result) 작위 또는 부작위로부터 손해가 발생하였다고 증명된 경우에는 적용되지 아니한다."라고 규정하고 있는바, 위 제25조에 규정된 '손해가 생길 개연성이 있음을 인식하면서도 무모하게 한 작위 또는 부작위'라 함은 자신의 행동이 손해를 발생시킬 개연성이 있다는 것을 알면서도 그 결과를 무모하게 무시하면서 하는 의도적인 행위를 말하는 것으로서, 그에 대한 입증책임은 책임제한조항의 적용배제를 구하는 자에게 있고 그에 대한 증명은 정황증거로써도 가능하지만, 손해발생의 개연성에 대한 인식이 없는 한 아무리 과실이 무겁더라도 무모한 행위로 평가될 수는 없다(대법원 2004.7.22. 선고 2001다58269 판결 등 참조).

몬트리올협약과 상법은 운송인의 손해배상책임은 손해가 발생한 해당 운송물의 1킬로그램당 19 계약단위(SDR)[70]의 금액을 한도로 한다(상법 제915조 제1항 본문 전단; 바르샤바협약 제22조 제2항 및 몬트리올협약 제22조 제3항).

또한 운송인이 운송물의 멸실 또는 훼손이 (i) 운송물의 고유한 결함·특수한 성질 또는 숨은 하자, (ii) 운송인 또는 그 사용인이나 대리인 외의 자가 수행한 운송물의 부적절한 포장 또는 불완전한 기호 표시, (iii) 전쟁·폭동·내란 또는 무력충

70) 몬트리올협약은 협약 제24조에 따라 책임한도액을 5년 주기로 심사하여 조정한다. 2009년 12월 30일부터 운송물의 훼손, 멸실, 연착으로 인한 배상금액은 19 SDR, 여객 수화물은 1,131 SDR, 여객의 지연으로 인한 책임한도액은 4,694 SDR, 여객의 사망·상해의 책임은 113,100 SDR이 적용된다. 이에 따라 우리나라 상법도 2014년 5월 20일 개정에서 이를 반영하였다.

돌, (iv) 운송물의 출입국 · 검역 또는 통관과 관련된 공공기관의 행위 또는 (v) 불가항력으로 인하여 발생하였음을 증명하는 경우에 운송인은 면책된다(상법 제913조 제1항 단서).

주의할 것은 해상운송인의 경우에 면책사유가 있는 경우에도 송하인이 해상운송인에게 감항능력주의의무의 위반이나 상사과실로서 운송물의 주의의무위반을 입증하고 이로 인하여 손해가 발생하였다는 점을 증명하면 해상운송인은 책임을 면하지 못하지만(상법 제796조 단서), 항공운송인은 위의 사실을 증명하면 면책된다는 것이다.[71]

4. 손해의 청구

헤이그의정서에 따르면, 수하인은 운송물을 수령한 후 그 상태를 점검하여 14일 이내에 서면으로 이의를 제기하지 않으면 손해배상소송을 제기할 수 없다(헤이그의정서 제15조 및 바르샤바협약 제26조 제2항 제1문). 운송지연의 경우에는 운송물이 수하인의 처분할 수 있는 상태에 있은 날로부터 21일 이내에 이의가 제기되어야 한다(헤이그의정서 제15조 및 바르샤바협약 제26조 제2항 제2문).

몬트리올협약과 상법도 수하인은 운송물의 일부 멸실 또는 훼손을 발견하면 운송물을 수령한 후 지체 없이 그 개요에 관하여 운송인에게 서면 또는 전자문서로 통지를 발송하여야 하는데, 그 멸실 또는 훼손이 즉시 발견할 수 없는 것일 경우에는 수령일부터 14일 이내에 그 통지를 발송하여야 한다(몬트리올협약 제31조 제2항 및 제3항; 상법 제916조). 이러한 통지가 없는 경우에 운송인을 제소할 수 없다(몬트리올협약 제31조 제4항; 상법 제916조 제5항).

운송물에 발생한 손해에 대한 권리는 도착지에의 도착일, 항공기가 도착했어야 하는 날 또는 운송이 중지된 날로부터 2년의 기간 내에 소송이 제기되지 아니하는 경우에는 소멸한다(바르샤바협약 제29조 제1항 및 몬트리올협약 제35조 제1항). 제소기간의 산정은 법정지국의 법에 의한다(바르샤바협약 제29조 제2항 및 몬트리올협약 제35조 제2항).

국제항공운송에서 운송인의 책임을 추궁하는 소송은 대부분 국제소송이기 때문에 재판관할권을 확정하는 데 어려움이 있다. 이에 따라 바르샤바협약은 손해에 관한 소송은 원고의 선택에 따라 운송인의 주소지, 운송인의 주된 영업소소재지, 운송인이 계약을 체결한 영업소소재지 또는 도착지 중 한 곳에서 제기될 수 있다고 규정함으로써 4개의 재판관할결정기준을 인정한다(바르샤바협약 제28조 제1항 및 몬트리올협약 제33조 제1항). 소송절차에 관한 문제는 법정지국의 법에 의한다(바르샤바협약 제28조 제2항 및 몬트리올협약 제33조 제4항).

---

71) 정찬형(주61), 1019면.

Ⅲ. 항공화물운송장

1. 의 의

항공운송에서 발행되는 항공화물운송장(air consignment note or air waybill)은 후술하는 바와 같이 운송물의 수령에 대한 영수증으로서의 기능 및 운송계약의 증거로서의 기능을 수행하는 점에서는 선하증권과 같지만, 권리증권으로서의 기능을 갖지 못하는 점에서 선하증권과 다르다.

2. 항공화물운송장의 발행

운송인은 송하인에 대해 항공화물운송장을 교부할 것을 청구할 수 있고, 송하인은 운송인에 대해 항공화물운송장을 인수할 것을 요구할 수 있다(바르샤바협약 제5조 제1항). 교부된 항공화물운송장은 운송계약의 체결을 추정적으로 증명하는 효력을 갖는다(바르샤바협약 제11조 제1항). 그러나 항공화물운송장이 존재하지 않거나, 일부 흠결이 있거나 또는 멸실되었다고 할지라도 운송계약의 존재나 유효성에는 영향을 미치지 않는다(바르샤바협약 제5조 제2항).

항공화물운송장은 운송인이 아닌 송하인이 작성하며, 운송인이 화물의 인수를 확인하기 위해 항공화물운송장에 서명하는 방식으로 발행된다(바르샤바협약 제6조 제1항 및 제3항). 송하인은 항공화물운송장의 기재의 정확성에 대하여 책임을 지며, 부정확이나 불일치로 인한 운송인의 손해를 배상할 책임이 있다(바르샤바협약 제10조). 이와 같이 항공화물운송장은 송하인이 작성하도록 되어 있기 때문에 만일 운송인이 항공화물운송장을 작성하는 경우에는 반대의 증거가 없는 한, 송하인을 대신하여 작성한 것으로 인정된다(바르샤바협약 제6조 제5항).

항공화물운송장은 3통의 원본으로 작성되는데, 제1원본은 운송인을 위한 것이고, 제2원본은 수하인 그리고 제3원본은 송하인을 위한 것이다. 수하인을 위한 제2원본은 운송물에 첨부되어 목적지로 송부되며, 송하인을 위한 제3원본은 운송물을 인수한 운송인의 서명을 받아 송하인이 보관하며, 송하인이 운송물을 처분할 때 사용되기도 한다(바르샤바협약 제6조 제2항).

몬트리올협약과 상법에서 송하인은 운송인의 청구를 받아 일정한 사항을 적은 '항공화물운송장(airway bill)'을 3부 작성하여 운송인에게 교부한다(몬트리올협약 제4조 제1항, 제7조 제1항; 상법 제923조 제1항). 이러한 항공화물운송장은 '운송에 관한 중요사항과 운송의 당사자 등 법정사항을 기재하고 송하인이 기명날인 또는 서명한 증서'이다.

송하인은 운송인의 청구를 받아 항공화물운송장 3부를 작성하여 운송인에게 교부한다(몬트리올협약 제7조 제1항; 상법 제923조 제1항). 이때 항공물건운송인이 송하인의 청구로 항공화물운송장을 작성한 경우에 송하인을 대신하여 작성한 것으로 추정한다(몬트리올협약 제7조 제4항; 상법 제923조 제2항).

이러한 3부의 항공화물운송장 중 제1원본은 '운송인용'이며, 제2원본은 '수하인용'이며 제3원본은 '송하인용'으로, 운송인은 이러한 항공화물운송장에 기명날인 또는 서명한다(몬트리올협약 제7조 제2항; 상법 제923조 제3항).

세계의 주요 항공회사가 조직한 국제단체인 국제항공운송협회(International Air Transport Association: IATA)는 항공화물운송장의 형식이 통일되지 않은 데서 오는 항공운송상의 장애를 없애고, 국제항공화물운송의 발달을 도모하기 위해서 통일적인 항공화물운송장 양식을 만들었다. IATA의 통일양식은 IATA에 가입하고 있지 않은 항공회사를 포함하여 전세계적으로 사용되고 있다.[72)]

3. 항공화물운송장의 법적 성질

송하인은 운송물이 목적지에 도착하기 전까지는 운송물을 출발지나 도착지의 공항에서 반출하거나, 항공기가 착륙 후 운송 중인 때 이를 중지하거나, 운송물로 하여금 도착지에서 또는 착륙 후 운송 중에 항공화물운송장에 수하인으로 지정된 자 이외의 자에게 인도할 것을 요구하거나 또는 운송물이 출발지의 공항으로 회송될 것 등을 요구할 수 있다(바르샤바협약 제12조 제1항).

송하인의 이러한 처분권 행사에 대해서 운송인이 송하인에게 항공화물운송장의 제시를 요구하지 아니한 채 그 지시를 따른 때에는 운송인은 항공화물운송장의 정당한 소지인에 대해서 책임을 진다(바르샤바협약 제12조 제3항). 따라서 송하인이 그의 처분권을 행사하기 위해서는 운송인에게 항공화물운송장을 제시해야 할 것이기 때문에 그 한도에서 항공화물운송장은 처분증권성을 갖는다고 볼 수 있다. 그러나 증권상에 표시된 운송물을 처분할 경우에는 오직 그 증권을 가지고 하여야 하는 선하증권과는 달리(상법 제820조 및 제132조 참조) 항공화물운송장의 처분증권성은 송하인에 대해서만 인정되기 때문에 항공화물운송장의 처분증권성은 매우 제한된 것이다.

---

72) IATA 표준계약서에 따르면 IATA 계약조항은 바르샤바협약 또는 헤이그의정서의 규정으로부터 일탈할 수 없다. 특히 IATA 표준계약서 제4항은 바르샤바협약이 적용되지 않는 상황에서 운송계약에서 달리 정하고 있거나 또는 운송물의 가액에 대한 신고가 없는 한, 운송인의 책임이 멸실, 훼손 또는 지연된 운송물 1킬로그램에 대해서 미화 20달러를 초과할 수 없다고 규정하고 있다. 이때 미화 20달러는 바르샤바협약이 정하고 있는 책임한도금액인 킬로그램당 250프랑 또는 몬트리올협약이 정한 책임한도금액인 17 SDR에 해당하는 금액으로서 의도되었다(Schmitthoff, *supra* note 35, p.632).

운송물이 목적지에 도착한 때에는 운송인은 수하인에게 통지해야 하고(바르샤바협약 제13조 제2항), 수하인은 운송인에 대해서 운송과 관련한 제 비용을 지급한 후에 운송물과 항공화물운송장을 인도할 것을 요구할 수 있다(바르샤바협약 제13조 제1항). 주의할 것은 이때 수하인이 항공화물운송장을 운송인에게 제시할 것이 요구되지 않고, 운송인도 운송물의 인도를 위해서 수하인으로부터 항공화물운송장을 제시받을 것이 요구되지도 않는다는 점이다. 따라서 항공화물운송장은 선하증권과는 달리 인도증권성을 갖지 못한다. 운송물이 목적지에 도착한 때에 수하인은 운송물에 대한 인도청구권을 갖고(바르샤바협약 제13조 제1항) 송하인은 운송물의 처분권을 상실한다(바르샤바협약 제12조 제4항).

운송인은 항공화물운송장을 제시하면서 처분권을 행사하는 송하인의 지시에 따른 때에는 항공화물운송장의 정당한 소지인에 대해서 면책된다(바르샤바협약 제12조 제3항). 따라서 그 한도에서 항공화물운송장은 면책증권성을 갖는다고 할 것이다. 그러나 목적지에서 운송물을 인도받을 자는 수하인이지, 항공화물운송장의 소지인이 아니기 때문에(바르샤바협약 제13조 제1항 참조) 목적지에서 운송인이 항공화물운송장의 소지인에게 운송물을 인도하였다고 해서 면책되는 것은 아니다. 이 점에서 항공화물운송장의 면책증권성은 매우 제한된 것이다.

항공화물운송장의 요식증권성에 관해서는 바르샤바협약이 일정한 기재요건을 정하고 있는 것은 사실이지만(헤이그의정서 제6조 및 바르샤바협약 제8조), 항공화물운송장이 존재하지 않거나, 일부 흠결이 있거나 또는 멸실된다고 할지라도 운송계약의 존재나 유효성에는 영향을 미치지 않기 때문에(바르샤바협약 제5조 제2항) 항공화물운송장을 굳이 요식증권으로 볼 필요는 없을 것이다.

항공화물운송장은 완전한 인도증권성이나 처분증권성을 갖지 않기 때문에 유통증권성을 갖지 못하고, 거래 실제에 있어서도 기명식으로 발행되는 것이 일반적이다. 헤이그의정서는 유통성을 갖는 항공화물운송장의 발행이 금지되지 않는다는 것을 명시적으로 규정하고 있기 때문에(헤이그의정서 제9조 및 바르샤바협약 제15조) 항공화물운송장을 발행하는 것이 가능하지만, 항공운송의 신속성 때문에 굳이 항공화물운송장을 통해 운송물의 권리를 이전하고자 할 실익이 없다는 점을 생각하면 유통성을 갖는 항공화물운송장이 발전할 가능성은 크지 않다.

[관련판례] 大判 2004.7.22, 2001다67164

[가] 국제항공운송에 관한 법률관계에 대하여는 일반법인 민법이나 상법에 대한 특별법으로서 국제항공운송에있어서의일부규칙의통일에관한협약(개정된 바르샤바협약)이 우

선 적용되는데, 위 협약은 제18조 제1항에 따라 손해의 원인이 된 사고가 항공운송 중에 발생한 경우에 적용되고, 제18조 제2항에 따르면 항공운송중이란 수하물 또는 화물이 비행장 또는 항공기상에서 운송인의 관리하에 있는 기간을 말한다고 규정하고 있는바, 항공화물이 공항을 벗어나 보세장치장에 반입됨으로써 항공운송은 종료된 것이므로, 보세창고업자들이 화물을 항공화물운송장 원본이나 운송주선업체가 발행하는 화물인도지시서를 받지 아니하고 인도함으로써 수하인이 입게 된 손해는 항공운송 중에 발생한 손해라고 볼 수 없고, 결국 손해배상책임에 관하여는 위 협약이 적용되지 아니한다.
[나] 영업용 보세창고업자는 공항에 도착한 항공화물이 수하인에게 인도되기 전까지 운송인을 위하여 화물을 보관하는 자로서 운송인 및 그 국내대리점인 운송취급인에 대하여 통관이 끝날 때까지 화물을 보관하고, 적법한 화물의 수령인에게 화물을 인도하는 등 운송인의 의무이행을 보조하는 지위에 있으나, 원심이 인정한 바와 같은 우리의 항공화물인도절차에 비추어 보면 통상의 경우 그와 같은 항공화물이 입고될 영업용 보세창고의 지정에 운송인 및 운송취급인은 관여하지 아니하고, 세관 혹은 실수입업자에 의하여 보세창고가 지정되며 각 영업용 보세창고는 독립적인 사업자로서의 지위에서 자신의 책임과 판단에 따라 화물을 보관하고 인도하는 업무를 수행할 뿐 일반적으로는 운송인 및 운송취급인으로부터 지휘 · 감독을 받아 그와 같은 화물의 보관 및 인도 업무를 수행하는 것으로 볼 수 없으므로, 특별한 사정이 없는 한 우리의 항공화물인도절차상 운송인 및 그 국내대리점인 운송취급인은 영업용 보세창고업자에 대하여 민법상 사용자의 지위에 있다고는 볼 수 없다.

[관련판례] 大判 1996.9.6, 94다46404

항공운송인 또는 항공운송주선인이 공항에 도착한 수입 항공화물을 통관을 위하여 세관이 지정한 보세창고업자에게 인도하는 것만으로 항공화물이 항공운송인이나 항공운송주선인의 지배를 떠나 수하인에게 인도된 것으로 볼 수는 없다.
수입 항공화물에 대한 통관절차를 마치는 데 필요한 항공화물운송장의 사본은 수하인용 항공화물운송장 원본을 분실하거나 기타 사유로 제출할 수 없을 때 원본과 같은 효력이 있음을 인증받은 사본을 말한다.
운송주선인의 국내 대리점인 운송취급인이 수하인용 항공화물운송장 등 운송서류를 수하인이나 통지처가 아닌 제3자(실수입업자)에게 임의 교부한 경우, 수하인에게 그 운송장 등을 교부하고 수입물품을 인도할 의무가 있는 운송취급인으로서는 제3자에게 통관에 필요한 운송장 등을 교부하면 제3자가 이를 이용하여 수입물품에 대한 통관절차를 마치고 수하인의 승낙 없이 이를 보세창고에서 반출하여 감으로써 수하인이 갖고 있는 수입물품의 인도청구권을 침해하는 결과가 발생할 수 있음을 인식할 수 있었고 만약 그 결과의 발생을 인식하지 못하였다면 그와 같이 인식하지 못하게 된 점에 대하여 운송취급인으로서의 주의의무를 결여한 과실이 있으며, 제3자가 운송취급인으로부터 교부받은 운송장 등을 이용하여 통관절차를 마치고 수입물품을 반출하여 간 이상, 그 운송장 등의 교부로써 운송취급인이 제3자에게 수입물품을 인도한 법적 효력이 발생하였는지 여부와는 상관없이 그와 같은 운송취급인의 과실행위는 수하인의 수입물품에 대한 인도청구권을 침해한 불법행위가 된다.
위의 제3자가 운송취급인으로부터 교부받은 항공화물운송장 등과 스스로 위조한 수입승인서를 이용하여 통관을 마치고 보세창고에서 그 수입물품을 반출하여 간 경우, 운송취급인의 운송장 등 교부행위와 수하인의 손해 사이에는 상당인과관계가 존재한다.

[관련판례] 大判 1995.6.13, 92다19293

항공화물운송장(Air Waybill)이 증거가 되는 "화물의 수취"라 함은 화물에 대한 점유가 현실적으로 송하인으로부터 항공운송인 또는 항공운송주선인에게 이전되는 것, 즉 현실 인도만을 가리키는 것으로 보아야 하고 점유개정이나 반환청구권의 양도 등에 의한 인도방식은 포함되지 않는 것으로 해석하는 것이 타당하다.
항공운송인 또는 항공운송주선인이 항공화물운송장에 기재하는 "on board"는 항공기에 화물이 적재되는 것을 의미하나, 항공운송에 있어서는 해상운송과 비교되지 않을 정도로 신속, 간편한 적재와 운송이 가능한 점에 비추어, 현실적인 적재 전이더라도 화물이 공항에 설치된 보세창고 등에 입고되어 언제든지 항공운송인의 운항계획에 따라 항공기에 적재될 수 있는 준비를 마친 상태도 이에 포함되는 것으로 해석하는 것이 타당하다.
은행이 각 항공화물운송장이 여러 가지 사항에 있어서 신용장의 문언 및 조건과 일치하지 않고 있는 사실을 알았음에도 불구하고 단지 수출업자로부터 그 불일치사항에 관한 각서를 제출받는 데 그치거나 일부 불일치사항에 관하여는 이를 아예 간과하여 문제삼지도 아니한 채 수출업자로부터 화환어음서류를 매입하였다면, 이러한 은행의 과실은 허위의 항공화물운송장을 교부한 항공운송주선인의 손해배상책임의 액을 정함에 있어서 충분히 참작(감액 또는 경우에 따라 책임면제)되어야 할 사유이다.

4. 항공화물운송장의 기능

(1) 운송계약 등의 증거

항공화물운송장은 운송인과 송하인 간의 항공운송계약의 체결, 물품의 수령 및 운송조건에 대한 추정적 증거가 된다(바르샤바협약 제11조 제1항). 주의할 것은 항공화물운송장이 존재하지 않거나, 일부 흠결이 있거나 또는 멸실되었다고 할지라도 운송계약의 존재나 유효성에는 영향을 미치지 않는다는 점이다(바르샤바협약 제5조 제2항).

또한 운송물의 중량, 형태, 포장 및 개수에 관한 항공화물운송장의 기재는 기재된 사항에 대한 추정적 증거가 된다(바르샤바협약 제11조 제2항 제1문). 그러나 운송물의 수량, 용적 및 상태에 관한 기재는 운송인이 송하인의 입회하에 운송물을 점검하고 그 뜻을 항공화물운송장에 기재한 경우 또는 운송물의 외양에 관한 기재의 경우를 제외하고는 운송인에 대하여 불리한 증거를 구성하지 않는다(바르샤바협약 제11조 제2항 제2문). 항공화물운송장의 기재는 추정적 증거에 불과하기 때문에 운송인은 기재의 내용이 사실과 다른 경우에 반증을 통해 송하인에 대해서 책임을 면할 수 있다.

몬트리올협약과 상법은 송하인이 항공화물운송장에 기재하거나 항공물건운송인에게 통지한 운송물의 명세 또는 운송물에 관한 진술이 정확하고 충분함을 운송인에게 담보한 것으로 본다(몬트리올협약 제10조 제1항; 상법 제928조 제1항). 송하인은 이러한 운송물의 명세 또는 운송물에 관한 진술이 정확하지 않거나 불충분하여 항공물건운송인이 손해를 입은 경우에 항공물건운송인에게 배상할 책임이 있다(몬트리올협약 제10조 제2항; 상법 제928조 제2항). 송하인의 이러한 책임은 무과실책임으로 본다.[73]

(2) 운송인의 책임제한의 근거

운송인의 동의하에 항공화물운송장이 발행되지 않거나 또는 항공화물운송장이 발행되었다고 할지라도 바르샤바협약이 적용되어서 운송인의 책임이 제한된다는 내용의 수하인에 대한 통지를 담고 있지 않은 때에는 운송인은 바르샤바협약 제22조 제2항이 규정한 책임제한을 원용할 수 없다(헤이그의정서 제7조 및 바르샤바협약 제9조). 따라서 항공화물운송장은 운송인이 그의 책임을 제한하기 위한 근거가 된다는 점에서 운송인에게 중요한 의미를 갖는다.

그러나 몬트리올 협약 제9조는 항공화물운송장이 발행되지 않거나 이러한 항공운송인의 책임제한에 관한 통지가 이루어지지 않은 경우에도 항공운송계약의 효력이나 존재에 영향을 미치지 않는다고 규정한다. 이에 따라 항공화물운송장이 발행되지 않은 경우에도 여전히 몬트리올협약은 적용된다. 상법에서도 마찬가지로 운송증서의 작성이나 운송증서의 기재사항이 누락된 경우에도 여전히 운송계약의 효력이 인정되며 상법 관련 규정의 적용에 영향을 미치지 않는다(상법 제927조).

5. 기타 서류

(1) 화물수령증

운송인은 항공화물운송장에 기재하여야 할 정보를 전산정보처리조직에 의하여 전자적 형태로 저장하거나 그 밖의 다른 방식으로 보존함으로써 항공화물운송장의 교부에 대체할 수 있다. 이 경우 항공물건운송인은 송하인의 청구에 따라 송하인에게 항공화물운송장에 기재하여야 할 정보를 적은 '화물수령증(cargo receipt)'을 교부하여야 한다(몬트리올협약 제4조 제2항; 상법 제924조 제2항).

73) 정찬형(주61), 1036면.

항공물건운송인이 송하인에게 이러한 화물수령증을 교부하지 아니하거나 운송물과 다른 내용의 화물수령증을 교부하였다고 하여도 이는 운송물에 대한 운송계약의 효력이나 상법의 다른 규정의 적용에 영향을 미치지 아니한다(상법 제927조).

(2) 운송물의 성질을 명시한 서류

'운송물의 성질을 명시한 서류(document relating to the nature of the cargo)'란 세관 · 경찰 등 행정기관이나 그 밖의 공공기관의 절차를 이행하기 위하여 필요한 경우에 송하인이 운송인의 요청을 받아 운송인에게 교부하여야 하는 운송물의 성질을 명시한 서류이다(몬트리올협약 제6조; 상법 제926조). 이러한 운송물의 성질을 명시한 서류도 항공화물운송장이나 화물수령증 등과 같이 증거증권으로 볼 수 있다.[74)]

제4절 국제육상운송

국제육상운송은 도로운송과 철도운송으로 구분된다.

I. 도로운송

1. 의 의

도로운송은 고속도로나 간선도로 또는 지선도로 등 공로망(public road network)의 확충과 운반차량의 발전 및 대형화 추세에 따라 한 국가의 종합운송체계의 핵심적인 역할을 담당하고 있다. 특히 도로운송은 국제복합운송의 발전에 따라 택배운송을 위한 중요한 연계운송방식이 되고 있는바, 물적 유통의 핵심적인 운송방식으로서 택배운송을 시작하고 마감하는 역할을 담당하고 있다.

도로운송 또는 차량운송이 급속히 성장하고 발달하게 된 요인은 다음과 같다. ① 철도운송과는 달리 대규모 고정자본과 특별한 전문성이 소요되지 않고 인구밀집지역인 도심지나 공업단지 또는 상업단지의 문전까지 쉽게 운송할 수 있다. ② 자동차는 소량화물을 철도보다 신속하게 운송할 수 있다. ③ 자동차는 단거리운송에서 철도보다 경제적이다. 왜냐하면 자동차는 정류장비용(terminal expenses), 1회 발차에 필요한 소요동력비, 제반 간접비 또는 1회 운송력의 한계비 등 총운송비에

74) 상게서, 1033면.

서 철도보다 저렴하기 때문이다. ④ 자동차는 규모의 경제에서 오는 이익에 크게 의존하지 않기 때문에 비교적 투자가 용이하다. ⑤ 도로운송은 기본적으로 단거리 운송이기 때문에 화물의 멸실이나 훼손의 위험이 비교적 낮다. ⑥ 도로망의 확충으로 도로운송의 경제성과 편의성이 높아졌다.

2. 국제도로운송을 규율하는 조약

국제도로운송에 관한 조약으로는 1956년 5월 19일에 제네바에서 서명되고 1961년 7월 2일에 발효한 「도로에 의한 국제물품운송에 관한 협약」(Convention on the Contract for the International Carriage of Goods by Road: CMR협약)[75]이 있다. 이 협약에는 오스트리아, 덴마크, 프랑스, 독일, 그리스, 이태리, 룩셈부르크, 네덜란드, 노르웨이, 포르투갈, 폴란드, 러시아, 스페인, 스웨덴, 스위스, 영국 등 유럽 대륙의 거의 모든 국가들이 가입하고 있어서 유럽에서 국제도로운송은 명실공히 CMR협약에 의해서 규율된다. CMR협약은 1978년 7월 5일에 채택되고 1980년 12월 28일에 발효한 CMR의정서(Protocol to the Convention on the Contract for the International Carriage of Goods by Road)에 의해서 개정되었다. 이후 전자화물운송장을 도로운송에 적용하도록 하는 e-CMR추가의정서(Additional Protocol to the Convention on the Contract for the International Carriage of Goods by Road concerning the Electronic Consignment Note)가 2008년 2월 20일 채택되고 2011년 6월 5일에 발효하였다.

CMR협약은 차량에 의한 유상의 도로운송계약으로서 그 계약에서 정한 물품의 인수장소와 인도장소가 서로 다른 국가에 소재하고, 최소한 그 중 한 국가가 체약국인 때에 그 도로운송계약에 적용된다(CMR협약 제1조 제1항). 이때 차량은 1949년 9월 19일에 제정된 도로교통협약(Convention on Road Traffic) 제4조에서 정의된 바의 모터가 장착된 차량(motor vehicles), 트레일러가 장착된 차량(articulated vehicle),[76] 트레일러 및 반트레일러(semi-trailer)를 의미한다(CMR협약 제1조 제2항).

운송물을 적재한 차량이 일부 운송구간에서 해상, 철도, 내수로 또는 항공으로 운송되는 때에도 물품이 차량에서 양하되지 않는다면 전 운송구간에 대해서 CMR협약이 적용된다(CMR협약 제2조 제1항 제1문). 그러나 만일 운송물의 손해나 지연이 도로운송

---

75) CMR은 Convention relative au contrat de transport international de marchandise par route의 약어이다.

76) 김정호(주60), 185면 참조.

인의 작위 또는 부작위에 의하지 아니하였고, 다른 운송구간 중에 발생한 사건에 의한 것으로 증명되면 도로운송인의 책임은 그 운송구간에 적용될 다른 운송방식에 관한 협약의 규율을 받는다(CMR협약 제2조 제1항 제2문). 또한 도로운송인이 동시에 다른 운송방식의 운송인인 때에도 도로운송인의 책임은 CMR협약 제2조 제1항의 방식에 의해서 확정된다(CMR협약 제2조 제2항).

연속운송인(successive carriers)에 관한 규정을 제외한 모든 CMR협약 규정으로부터 직접 또는 간접적으로 일탈하는 계약상 합의는 무효이다(CMR협약 제41조 제1항).

3. 도로운송계약

(1) 운송인의 책임

CMR협약에서 운송인은 운송물을 인수한 때로부터 운송물을 인도할 때까지 운송물의 멸실, 훼손 및 지체로 인한 손해에 대해서 책임을 진다(CMR협약 제17조 제1항). 그러나 손해가 그 배상을 주장하는 자의 불법행위나 과실 또는 그의 지시, 운송물 고유의 악성(inherent vice of the goods) 또는 운송인이 피할 수 없는 상황 및 그가 방지할 수 없는 결과에 의하여 발생한 경우에는 운송인은 면책된다(CMR협약 제17조 제2항).[77] 이때 운송인이 "피할 수 없는 상황 및 방지할 수 없는 결과"에 의해서 손해가 발생하였음을 주장하고자 하는 때에는 그에게 과실이 없었음을 증명하는 것만으로는 충분하지 아니하고, 그 손해가 피할 수 없는 것이었다는 사실도 또한 증명해야 한다.[78] 따라서 CMR협약하에서 운송인의 책임은 무과실책임에 가깝다. 이때 운송인의 면책사유에 대한 증명책임은 운송인이 부담한다(CMR협약 제18조 제1항).

운송인의 책임한도액은 운송물의 가액이 신고되고 이에 대해 추가운임이 지급되지 않았다면(CMR협약 제24조, 제26조 및 제23조 제6항), 중량 킬로그램(kilogram of gross weight short)당 8.33 SDR이다(CMR의정서 제2조 제1항 및 CMR협약 제23조 제3항). 운송인이 고의적 불법행위(willful misconduct)에 의해서 손해를 야기한 때에는 책임한도액의 이익을 향유하지 못한다(CMR협약 제29조 제1항).

운송물에 발생한 손해에 대해서 보상을 받기 위해서는 수하인(consignee)은 운송물의 외관상 손해가 발견되면 인도받은 즉시 그 손해를 운송인에게 통지하여

---

77) 이 외에도 CMR협약은 ① 당사자 간 합의 및 화물운송장에 명시된 바에 따라 개방된 차량(open unsheeted vehicle)으로 운송한 경우, ② 송하인의 포장이 불충분한 경우, ③ 송하인이나 수하인 또는 그의 이행보조자가 운송물을 적절히 취급, 적재, 적부 또는 하역하지 않은 경우, ④ 운송물의 성질이 손해의 원인이 된 경우, ⑤ 운송물의 표시가 불충분한 경우 및 ⑥ 산 동물을 운송하는 경우 등에 기인하는 특별 위험으로부터 발생하는 손해에 대해서는 운송인이 면책됨을 규정하고 있다(CMR협약 제17조 제4항).

78) Schmitthoff, *supra* note 35, p.640.

야 하고, 외관상 그러한 손해가 분명하지 않은 때에는 인도일로부터 7일 이내에 그 손해를 통지하여야 한다(CMR협약 제30조 제1항 및 제2항). 또한 도착지연에 대한 통지는 운송물이 수하인의 처분할 수 있는 상태에 있은 때로부터 21일 내에 있어야 한다(CMR협약 제30조 제3항).

운송물에 발생한 손해를 배상받기 위한 소송은 1년 이내에 제기되어야 하지만, 운송인의 고의적 불법행위에 의하여 손해가 발생한 때에는 제소의 제척기간은 3년이다(CMR협약 제32조). CMR협약은 운송인에게 귀책사유가 있는 손해나 지연에 대하여 수하인이 스스로 소송을 제기할 권리를 인정한다(CMR협약 제13조 제1항 제2문).

(2) 연속운송인의 책임

CMR협약에서 연속운송인(successive carrier)은 자기의 운송구간에서 발생한 운송물의 멸실이나 훼손에 대해서만 손해배상의 책임을 질 것이지만(CMR협약 제17조 제1항 참조), 손해에 대해서 어느 운송인에게 책임이 있는지 여부가 확실하지 않은 때에는 손해금액은 운송인 간에 비례적으로 분배된다(CMR협약 제37조 제c호). 만약 연속운송인 중 1인이 파산상태에 있으면, 그가 부담했어야 할 손해금액은 나머지 운송인 간에 비례적으로 분배된다(CMR협약 제38조).

단일한 운송계약에 의해서 규율되는 도로운송이 연속운송인에 의해서 이행되는 경우에는 각 연속운송인은 전 운송의 이행에 대해서 책임을 지며, 모든 연속운송인은 운송물과 화물운송장을 인수한 때에 운송계약의 당사자가 된다(CMR협약 제34조).

(3) 송하인과 수하인 간의 권리관계

송하인(sender)은 운송인에게 운송 중인 물품의 운송을 중지하거나, 물품의 인도장소를 변경하거나 또는 화물상환증에 표시된 수하인 이외의 수하인에게 물품을 인도할 것을 요구하는 등의 방법으로 물품을 처분할 권리를 갖는다(CMR협약 제12조 제1항).

송하인의 처분권은 수하인이 운송물과 함께 송부된 화물운송장을 인도받거나 운송인에게 운송물의 인도를 요구한 때 소멸하며, 이때부터 운송인은 수하인의 지시를 따라야 한다(CMR협약 제12조 제2항).

4. 화물운송장

CMR협약은 도로운송계약이 화물운송장(consignment note)에 의해 확인될 것을 규정하고 있지만, 화물운송장의 부재 또는 그 하자가 동 협약에 구속되는 운송계약의 유효성에 영향을 미치지는 않는다고 규정하고 있다(CMR협약 제4조).

화물운송장은 3부가 발행되며 송하인과 운송인이 각각 서명하는데, 1부는 송하인, 1부는 운송인, 그리고 나머지 1부는 운송물과 함께 송부된다(CMR협약 제5조). 화물운송장에는 운송계약과 운송물에 관한 일정한 내용이 기재되어 있어야 한다(CMR협약 제6조). 만일 송하인이 제공하는 정보가 불충분하거나 부정확하여 운송인에게 손해나 비용이 발생하면, 송하인은 그에 대해 책임을 진다(CMR협약 제7조 제1항). 또한 화물운송장이 CMR협약에 따른 기재사항인 "본 운송은 CMR협약에 따른다"(The carriage is subject, notwithstanding any clause to the contrary, to the provisions of this Convention)라는 문언을 언급하지 않은 경우에 운송인은 이러한 누락으로 인하여 송하인에게 발생한 비용이나 손해에 대하여 책임을 진다(CMR협약 제7조 제3항).

화물운송장은 운송계약의 체결과 운송인이 화물을 수취했다는 추정적 증거이다(CMR협약 제9조 제1항). 따라서 반증이 없는 한, 운송인이 화물을 수령할 때 화물의 상태가 양호했으며, 포장 수나 하인이 화물운송장의 기재내용과 일치한다고 추정된다(CMR협약 제9조 제2항).

운송물이 도착지에 도착한 때, 수하인은 화물운송장의 제시 없이도 운송인에게 운송물과 화물운송장의 인도를 요구할 수 있기 때문에(CMR협약 제13조 제1항 제1문) 항공화물운송장과 마찬가지로 화물운송장은 권리증권이 아니다. 그러나 이때 수하인은 운송인에게 운송물을 수취했다는 내용의 영수증을 발행해야 한다(CMR협약 제13조 제1항 제1문).

II. 철도운송

1. 의 의

육상운송 가운데 자동차운송보다 먼저 물품을 대량으로 운송하기 시작한 운송방식은 철도운송이었다. 철도운송은 공로의 대대적인 투자와 개발, 그리고 화물차량의 발전과 대량보급에 따라 그 경쟁력이 상대적으로 약화되었지만, 최근에는 트럭과 연계되어 다시 그 이용도가 높아지고 있다. 특히 유럽의 경우에 영불해협을 가로지르는 해저터널의 개통으로 영국이 유럽대륙과 철로로 연결됨으로써 국제운송에서 철도운송이 차지하는 비중이 매우 커지고 있다.[79]

철도는 도로와는 달리 대규모자본이 투자되기 때문에 영업이익이 적정수준을 넘지 못한다고 할지라도, 원래의 투자에 대한 이익의 계속적인 회수가 가능하다면 지속적인 추가투자와 영업활동을 수행하여야 하는 특징이 있다. 이 때문에 많은 국가에서 철도업을 국영 및 공공독점기업으로 운영하고 있다.

79) 김정호(주60), 192면.

철도운송은 ① 장거리일수록 운송비용이 저렴하고, ② 안전도가 높고, ③ 계획운행이 가능하고, ④ 전국적인 수송망을 가지고 있고, ⑤ 운임할인제가 적용되고, ⑥ 기후에 크게 영향을 받지 않고, ⑦ 철도운송의 거점을 중심으로 주변지역에 미치는 경제적 효과가 크다는 장점을 갖는다.[80] 반면에 철도운송은 ① 환적작업이 필요하고, ② 열차편성에 시간이 걸리고, ③ 화차의 소재관리에 어려움이 있고, ④ 배차의 탄력성이 없고, ⑤ 운임설정의 경직성이 있고, ⑥ 중거리나 근거리 운송에 채산성이 떨어지고, ⑦ 적재중량당 용적량이 적다는 단점을 갖는다.

2. 국제철도운송을 규율하는 조약

철도운송은 도로운송과 마찬가지로 유럽대륙에서 많이 이용되고 있으며, 이 경우 준거법으로 「철도에 의한 화물운송에 관한 국제협약」(Convention Internationale concernant le Transport de Marchandise par Chemis de Fer: CIM협약)과 이를 개정한 일련의 협약이 적용되어 왔다. 그러나 「철도에 의한 국제물품운송에 관한 협약」(Convention Concerning International Carriage of Goods by Rail: COTIF협약)이 1980년 5월 9일에 제정되고 1985년 5월 1일에 발효함으로써 CIM협약을 대체하였다.[81] 이때 종래의 CIM협약은 「국제철도화물운송계약 통일규칙」(Uniform Rules Concerning the Contract of International Carriage of Goods by Rail: CIM통일규칙)으로 개정되며 COTIF협약의 부속서 B로 흡수되었다. 이후 COTIF협약은 1990년 12월 20일에 한 차례 개정되고 다시 1999년 7월 6일에 개정되어 2006년 7월 1일에 발효하였다. COTIF협약에는 오스트리아, 프랑스, 독일, 이태리, 그리스, 룩셈부르크, 네덜란드, 노르웨이, 폴란드, 포르투갈, 스페인, 스웨덴, 스위스, 영국 등 거의 대부분의 유럽 국가들이 가입하고 있어서 유럽에서 국제철도운송은 명실공히 COTIF협약에 의해서 규율된다.

CIM통일규칙은 철도를 이용한 유상의 운송계약으로서 그 계약에서 정한 물품의 인수장소와 인도장소가 서로 다른 체약국에 소재하는 때 적용된다(CIM통일규칙 제1조 제1항). 또한 인수장소나 인도장소가 체약국에 소재하지 아니하는 경우에도 당사자가

80) 예를 들어 철도역 주변지역에는 하역업, 보관업, 창고업, 운송업 등이 발전한다. 권오, 『국제무역운송론』(청록출판사, 2012), 209면.

81) 1956년 6월 28일 불가리아에서 구소련연방 중심의 사회주의국가들의 철도관계 장관회의에서 설립된 「철도협력기구」(Organization for Cooperation of Railways)의 「국제철도화물운송협정」(Agreement on International Goods Transport by Rail)도 있다. 동 협정은 아시아와 유럽 국가간 철도화물운송을 규율하며 러시아를 포함한 CIS 국가와 동유럽국가, 중국, 북한, 몽골 등이 체약국이다.

CIM 통일규칙을 적용하기로 합의한 경우에 적용된다(CIM통일규칙 제1조 제2항).

3. 철도운송계약

CIM통일규칙에서 운송계약은 운송인이 화물운송장(consignment note)과 함께 물품을 인수한 때 성립한다(CIM통일규칙 제6조 제2항 제1문). 그러나 화물운송장이 발행되지 않거나 오류가 있거나 분실한 경우에도 운송계약의 효력이나 존재에 영향을 미치지 않는다고 규정한다(CIM통일규칙 제6조 제2항 제2문). 이에 따라 화물운송장이 발행되지 않은 경우에도 여전히 CIM통일규칙은 적용된다.

운송인과 송하인은 화물운송장에 서명한다(CIM통일규칙 제6조 제3항 전단). 이러한 서명은 소인(stamp)을 찍거나 기타의 방식으로 대체가 가능하며(CIM통일규칙 제6조 제3항 후단), 화물운송장은 운송계약의 체결과 그 내용의 증거가 된다(CIM통일규칙 제12조 제1항).

물품을 인수한 운송인은 인도시까지 전 운송구간에 걸쳐 운송에 대한 책임을 진다(CIM통일규칙 제23조 제1항). 운송인은 운송을 위해 물품을 인수한 때로부터 물품을 인도할 때까지 발생한 멸실이나 훼손에 대하여 책임을 진다(CIM통일규칙 제23조 제1항). 그러나 멸실, 훼손 또는 운송지연이 손해를 주장하는 자의 과실(fault)이나 그의 지시, 운송물 고유의 악성(inherent vice of the goods) 또는 운송인이 피할 수 없는 상황 및 그가 방지할 수 없는 결과에 의하여 발생하였다면 운송인은 면책된다(CIM통일규칙 제23조 제2항).[82] 이때 운송인의 면책사유에 대한 증명책임은 운송인이 부담한다(CIM통일규칙 제25조 제1항).

운송물이 목적지에 도착한 후에 수하인은 운송인에게 운송물과 화물상환증을 인도할 것을 요구할 수 있고(CIM통일규칙 제17조 제3항), 운송인은 수하인이 지급해야 하는 비용의 지급과 상환으로 목적지에서 운송물과 화물운송장을 수하인에게 인도해야 한다(CIM통일규칙 제17조 제1항).

---

82) 이 외에도 CIM통일규칙은 ① 당사자 간 합의 및 화물운송장에 명시된 바에 따라 개방된 화차(open wagons)로 운송한 경우, ② 그 성질상 적절히 포장되지 아니하면 멸실 또는 훼손될 위험이 있는 운송물이 포장되지 않았거나 또는 그 포장이 불충분한 경우, ③ 당사자 간 합의 및 화물운송장에 명시된 바에 따라 송하인이나 수하인 또는 그의 이행보조자가 운송물을 적재 또는 하역한 경우, ④ 운송물이 그 성질상 쉽게 멸실되거나 훼손되는 경우, ⑤ 운송물의 표시가 부정확하거나 불충분한 경우, ⑥ 산 동물을 운송하는 경우 및 ⑦ 당사자 간 합의에 따라, 그리고 화물운송장에 명시된 바에 따라 보조인(attendant)이 수행해야 하는 운송으로서 멸실이나 훼손이 보조인이 방지했어야 하는 위험으로부터 발생한 경우 등에 기인하는 특별 위험으로부터 발생하는 손해에 대해서는 운송인이 면책됨을 규정한다(CIM통일규칙 제23조 제3항). 증명책임과 관련해서 운송인이 멸실이나 훼손이 위에 열거된 특별 위험으로부터 발생할 수도 있었음(could have arisen)을 증명한 때에는 멸실이나 훼손은 그 특별 위험으로부터 발생한 것으로 추정한다(CIM통일규칙 제25조 제2항).

수하인이 화물운송장을 점유하거나, 운송물을 인수하기 전까지는 송하인이 운송물에 대한 처분권을 갖지만, 그 시점 이후에는 수하인이 처분권을 가지며 운송인은 수하인의 지시를 따라야 한다(CIM통일규칙 제18조 제2항).

운송물이 멸실되거나 훼손된 때에 운송인은 그에 대한 손해배상의 책임을 지는데, 운송인의 책임한도액은 중량 킬로그램당 17 SDR이다(CIM통일규칙 제30조 제2항). 그러나 손해가 운송인의 고의적 불법행위(willful misconduct)에 의해서 야기된 때에는 운송인은 이 책임제한을 원용할 수 없다(CIM통일규칙 제36조).

운송물에 발생한 손해를 배상받기 위한 소송은 1년 이내에 제기되어야 하지만, 운송인의 고의적 불법행위에 의하여 손해가 발생한 때에는 제소의 제척기간은 2년이다(CIM통일규칙 제48조 제1항).

CIM통일규칙이 규율하는 국제철도운송에서 사용되는 운송서류는 화물운송장(consignment note)이다(CIM통일규칙 제6조 제6항, 제7조). 운송물이 도착지에 도착한 때 수하인은 화물운송장의 제시 없이도 운송인에게 운송물의 인도를 요구할 수 있기 때문에(CIM통일규칙 제17조 제3항 참조) 국제철도운송의 화물운송장도 국제도로운송의 화물운송장과 마찬가지로 권리증권이 아니다.

제5절 국제복합운송

Ⅰ. 의 의

복합운송(multimodal transport or combined transport)은 해상운송과 철도운송 또는 도로운송과 항공운송 등과 같이 서로 다른 2가지 이상의 운송방식이 결합하여 출발지에서 최종목적지까지 일관하여 물품을 운송하는 운송방식을 의미한다. 이때 복합운송인(multimodal transport operator)은 송하인에 대하여 운송의 전 구간에 대해 단일운임을 지급받고, 운송물에 생긴 손해에 대한 책임을 부담하게 된다. 송하인으로부터 운송을 인수받은 복합운송인은 자신이 직접 운송을 담당할 수도 있지만 대개의 경우에 실제 운송을 담당할 운송인과 하수운송계약(下手運送契約)을 체결한다.

복합운송을 이용하게 되면 송하인은 여러 운송구간의 운송인들을 개별적으로 상대하지 않고 1인의 복합운송인과 운송과 관련한 모든 문제를 처리하면 되기 때문에 계약체결이나 운임지급 및 책임추궁 등에 있어서 편리하다. 복합운송은 각 운송구간별 운송방식을 유기적으로 연결할 수 있는 컨테이너 등이 도입되면서 비약적인 발전을 하게 되었다. 컨테이너에 의한 일관운송이 반드시 복합운송을 전제하는 것은 아니지만, 복합운송에서는 거의 언제나 컨테이너가 이용되고 있다. 즉 컨테이너운송과 복합운송이 반드시 동일한 개념이라고는 할 수 없으나, 복합운송은 컨테이너화의 궁극의 목적인 택배서비스(door to door service)를 가능하게 하기 위해서 반드시 필요한 것이다.

복합운송과 구별되는 개념이 통운송(through transportation)인데, 이들 양자는 복수의 운송인이 당사자라는 점에서는 유사하지만, 복합운송이 2가지 이상의 운송방식을 이용하는 데 반해 통운송은 동일한 운송방식을 결합하여 하나의 일관된 운송을 제공하는 점에서 차이가 있다.

II. 국제복합운송을 규율하는 국제규범

1. 통일규범의 필요성

복합운송을 이용하게 되면 앞에서 살펴본 바와 같은 편리한 점이 많지만, 반면에 전 구간의 운송을 인수한 복합운송인에게 어떠한 책임을 부담시킬 것인가 하는 어려운 문제가 발생한다. 즉 육상운송과 해상운송 또는 항공운송이 결합된 복합운송에 있어서 운송인의 책임원칙과 요건 및 책임한도액이 각 운송구간별로 상이하기 때문에 복합운송인의 책임을 무엇을 기준으로 해서 정할 것인지를 판단하기가 곤란한 것이다. 또한 전 구간을 포함하는 하나의 복합운송증권을 발행하여 이를 유통하게 할 필요성도 존재한다. 이러한 이유 때문에 복합운송이 국제운송에 사용되는 경우에 이를 통일적으로 규율할 수 있는 통일규범의 필요성이 인정되었다.[83)]

복합운송에 관한 다자간 규범을 마련하려는 노력은 1950년대에 사법통일을 위한 국제협회(International Institute for the Unification of Private Law: UNIDROIT)에 의해서 최초로 시도되었는바, 1965년에 UNIDROIT는 「국제물품복합운송에 관한 조약」 초안(Project de Convention sur le Contract de Transport International Combiné

83) 특히 컨테이너운송방식이 사용되는 경우에 물품인도 및 위험이전의 분기점은 전통적인 해상운송계약을 기초로 하는 정형거래조건이 정한 것과 다르다. 참고로 2000년 INCOTERMS는 컨테이너운송에 사용되는 정형거래조건을 굳이 구별하여 규정하고 있지는 않으나, 컨테이너운송에 사용될 수 있는 FCA조건이나 CIP조건 등과 같은 정형거래조건을 규정하고 있다.

de Marchandises)을 마련하였다. 또한 1960년대에 국제해사위원회(CMI)가 해상법적 관점에서 복합운송의 규율의 문제를 논의하여서 1969년에 복합운송에 관한 조약 초안인 이른바 동경규칙(Tokyo Rules)을 만들었다.84)

1971년에는 위 두 초안에 기초해서 UN유럽경제위원회(United Nation's Economic Commission for Europe: ECE)가 국제해사기구(IMO)와 함께 복합운송협약 초안(Draft Convention de Transport Combinè de Marchandise: TCM협약초안)을 마련하였으나 각국의 의견이 일치되지 않아 국제조약으로 채택되지는 못했다.85)

2. 국제상업회의소의 복합운송에 관한 규칙

신용장거래에서 복합운송증권의 인정이 불가피해짐에 따라 민간기구인 국제상업회의소는 1975년에 「복합운송에 관한 통일규칙」(Uniform Rules for A Combined Transport of Goods)을 마련하여 계약당사자의 합의에 의해 이를 적용할 수 있도록 하였다.

3. 국제물품복합운송에 관한 UN협약

컨테이너에 의한 복합운송의 발달은 종래 노동집약적인 해운산업을 자본집약적인 산업으로 전환시켰다. 이에 따라 자본력이 우세한 선진산업국의 운송기업들에 의한 복합운송의 지배가 가속화됨에 따라 개발도상국들의 이익을 대변하는 유엔무역개발회의(UNCTAD)를 중심으로 복합운송인의 책임을 강화하는 국제협약을 추진하였다. 그 결과 1980년 5월 24일에 UN총회에서 「국제물품복합운송에 관한 UN협약」(UN Convention on International Multimodal Transport of Goods)이 채택되었으나, 칠레, 멕시코, 노르웨이 등 11개국이 가입하였을 뿐 선진산업국들의 외면으로 아직 발효되지 못하고 있다.86)

4. 1992년 복합운송증권에 관한 UNCTAD/ICC규칙

국제물품복합운송에 관한 UN협약이 주요 교역국에 의해 외면되자, 유엔무역개발회의는 국제물품복합운송을 규율하는 국제규범을 마련하기 위한 새로운 방향을

---

84) 서헌제, 『콘테이너복합운송인의 책임법리』(삼지원, 1986), 41-42면.

85) 오원석(주23), 311면.

86) 협약 제36조에 따르면, 이 협약은 30개국이 가입한 후 12개월이 지나면서부터 발효된다. 그러나 2019년 1월 현재 11개국이 가입하고 있을 뿐이다. https://treaties.un.org/pages/ViewDetails.aspx?src=TREATY&mtdsg_no=XI-E-1&chapter=11&clang=_en

모색하였다.[87] 그 결과 1991년에 유엔무역개발회의(UNCTAD)와 국제상업회의소가 공동으로 「1992년 복합운송증권에 관한 UNCTAD/ICC규칙」(UNCTAD/ICC Rules for Multimodal Transport Documents of 1992)을 제정하여 1992년 1월 1일부터 시행하였다. 국제상업회의소의 복합운송에 관한 통일규칙을 대체한 이 규칙은 해상운송을 위한 헤이그규칙과 헤이그 · 비스비규칙에 기초하고 있고, 추정적 과실책임주의를 바탕으로 한 네트워크책임체제(network liability system)를 채택하고 있다.

이 규칙은 2000년 INCOTERMS나 신용장통일규칙 등 국제상업회의소의 다른 규칙과 마찬가지로 계약당사자의 합의에 의해 적용된다(규칙 제1조 제1항).

5. 국제복합운송에 관한 우리나라의 법규

우리나라 상법은 제2편과 제5편에서 각각 육상운송계약과 해상운송계약에 관한 규정을 두고 있다. 복합운송계약에 대해서는 2007년 개정 상법에 이를 규율하는 조항을 신설하여 해상 이외의 운송구간이 포함된 경우, 손해가 발생된 운송구간에 적용될 법에 따라 운송인은 책임을 부담하고, 그 구간이 불분명한 경우에는 주된 운송인은 운송거리가 가장 긴 구간에 적용되는 법에 따라 책임을 진다고 규정하였다(상법 제816조).[88] 이는 후술하는 복합운송인의 책임에 관한 원칙 중에서 네트워크책임체제를 수용한 것이다.

Ⅲ. 복합운송계약

국제물품운송계약의 당사자들이 복합운송방식, 특히 컨테이너운송방식에 합의한 경우에 물품인도 및 멸실위험의 이전에 있어서 분기점은 전통적인 해상운송방식을 상정하고 있는 운송계약에서의 분기점과 다르다. 예를 들어 FOB계약이나 CIF계약 등과 같은 전통적 물품매매계약에서 분기점은 선적항이지만, 컨테이너운송방식이 사용되는 경우에 멸실위험과 비용의 분기점은 운송인 또는 그 대리인이 물품을 자기의 관리하에 두는 장소이며, 이 장소는 일반적으로 내륙의 컨테이너화물집하장(inland container freight station)이 된다.

복합운송인의 책임에 관해서는 복합운송에 관한 협약으로서 전 세계적인 적

---

87) Hugh M. Kindred & Mary R. Brooks, *Multimodal Transport Rules* (1997, Kluwer Law International), p.39.

88) 이기수 · 최병규 · 김인현(주13), 484면.

용을 갖는 조약이 없는 까닭에 통일적인 적용을 갖는 법체계는 아직 없는 상태이다. 따라서 그 책임의 범위 및 한도는 당사자 간의 계약에 의해 규율된다.

국제거래에서 복합운송방식이 사용되는 경우에 당사자들은 일반적으로 1992년 복합운송증권에 관한 UNCTAD/ICC규칙을 준거규칙으로 한다.[89] 따라서 이하에서는 복합운송인에 대한 책임체제를 설명한 후에 동 규칙의 내용을 중심으로 복합운송인의 책임에 대해서 설명한다.

1. 복합운송인의 책임에 관한 원칙

다양한 형태의 국제운송방식에 적용되는 여러 국제협약은 운송인의 책임의 내용과 그 책임제한에 있어서 매우 다른 규정을 두고 있다. 예를 들어 국제해상운송에 적용되는 헤이그규칙과 헤이그 · 비스비규칙, 국제항공운송을 규율하는 바르샤바협약, 국제육상운송을 규율하는 CMR협약 및 COTIF협약 등이 정하고 있는 운송인의 면책사유와 책임한도액은 모두 다른 것이다. 따라서 손해가 어느 운송구간에서 발생하였는가 하는 우연적 사정에 따라 운송인의 책임범위가 달라지기 때문에 국제복합운송에서 컨테이너로 운송되는 물품이 운송 중에 멸실 또는 훼손되어서 운송인이 이에 대한 책임을 져야 하는 경우에 그 책임범위의 확정에 있어서 어려운 문제가 발생하게 된다. 이러한 어려움은 복합운송 도중 어느 운송구간에서 멸실이나 훼손이 발생하였는지를 확정할 수 없는 경우에 더욱 크다.

위의 문제의 해결과 관련하여 복합운송인의 책임에 있어서 복합운송을 구성하는 여러 구간의 개별운송인 또는 하수운송인의 책임과 복합운송인의 책임을 동일하게 할 것인지 아니면 이들과는 다른 별개의 책임체제에 의할 것인지가 또한 중요한 문제로 된다. 특히 컨테이너운송에 있어서는 운송물에 생긴 손해가 최종목적지에 가서야 발견되는 이른바 숨은 손해(concealed damages)인 경우가 많기 때문에 복합운송인의 책임문제는 더욱 복잡해질 수 있다. 복합운송인과 구간운송인의 책임을 구분하여 다르게 정하는 책임체제를 네트워크책임체제(network system), 이와는 달리 일관된 책임을 부담시키는 책임체제를 통일책임체제(uniform system), 그리고 양자를 절충한 책임체제를 수정통일책임체제(modified uniform system)라고 한다.

---

89) UNCTAD/ICC규칙은 복합운송계약에서 “UNCTAD/ICC Rules for multimodal transport document”를 언급함으로써 동 규칙이 적용될 것이라고 규정하고 있다(규칙 제1조 제1항).

(1) 네트워크책임체제

네트워크책임체제는 발생구간이 확인된 손해(localized damages)와 숨은 손해를 구분해서 각각 다른 책임법규를 적용하는 데 그 특징이 있다. 즉 손해가 발생한 운송구간이 밝혀지지 않은 경우에는 그 손해가 해상운송구간에서 발생한 것으로 추정하여 헤이그규칙을 적용하고, 손해가 발생한 운송구간이 확인된 때에는 그 손해발생구간이 적용될 국제협약(또는 국내법)을 적용한다. 예를 들어 손해가 항공운송구간에서 발생하였으면 바르샤바협약을, 해상운송구간에서 발생하였으면 헤이그규칙을 적용하는 것이다.

국제상업회의소의「복합운송에 관한 통일규칙」과「1992년 복합운송증권에 관한 UNCTAD/ICC규칙」을 비롯하여 국제적인 주요 운송기업들이 사용하는 복합운송증권은 거의 전부 네트워크책임체제를 채택하고 있다.

네트워크책임체제는 복합운송인의 책임을 각 구간운송인의 책임과 일치시킴으로써 복합운송인에게 과중한 부담을 주지 않고 또한 기존 책임법제와 조화를 이룰 수 있다는 장점이 있다. 그러나 복합운송인의 책임체제가 복잡하고 손해발생장소에 따라 복합운송인의 책임범위가 달라지게 때문에 송하인 또는 하주는 상대적으로 불확정한 지위에 있게 된다.

(2) 통일책임체제

통일책임체제는 운송물의 멸실, 훼손 또는 지연으로 인한 손해가 복합운송의 어느 운송구간에서 발생하였는지를 묻지 않고 동일한 기준에 따라서 책임을 부담시키는 책임체제이다. 통일책임체제는 복합운송이 비록 여러 운송방식으로 구성되어 있지만 송하인의 입장에서 볼 때는 하나의 운송이라는 점을 중시한다. 만일 복합운송인이 각 운송구간마다 서로 다른 책임을 부담한다면 사고가 어디에서 발생하였는가 하는 우연한 사정 때문에 그의 책임범위나 손해배상액이 달라지게 되는 불합리한 점이 생기기 때문에 통일된 기준에 의하여 책임지도록 해야 한다는 것이다.

「국제물품복합운송에 관한 UN협약」은 원칙적으로 통일책임체제를 채용하고 있다(협약 제16조 및 제18조). 즉 동 협약 제16조는 복합운송인은 스스로 또는 그 대리인이 운송물의 멸실 또는 훼손의 발생 또는 그 결과를 회피하기 위해서 합리적으로 요구되는 모든 조치를 취했음을 증명하지 않는 한, 운송물이 자기의 관리하에 있는 동안 발생한 멸실, 훼손 또는 지연으로 인한 손해에 대해 책임을 진다고 규정하고 있다. 또한 복합운송인의 책임한도액과 관련하여 협약 제18조는 포장(package) 또는 선적단위(shipping unit)당 920 SDR 또는 중량 킬로그램(kilogram of gross weight)당 2.75 SDR 중 높은 금액으로 한다고 규정하고 있다. 다만 복합운송이 해상 또는 내수로운송을 포함하지 않는 경우에는 책임한도는 중량 킬로그램당 8.33 SDR로 제한된다(협약 제18조 제3항).[90]

통일책임체제의 문제점은 무엇보다도 복합운송의 이상에 치우쳐 기존의 국제운송 관련 조약을 무시하고 새로운 운송인의 책임체제를 도입함으로써 각 운송구간을 규율하는 조약이나 국내법과 상충할 우려가 있다는 점이다. 특히 복합운송이라고 하여도 그 대부분의 운송구간은 해상운송이라는 점을 고려할 때, 복합운송인의 책임한도가 해상운송인의 책임보다 높게 책정되면 송하인에게 손해를 배상한 복합운송인이 실제 손해를 야기한 해상운송인에게 전액의 구상권을 행사하여도 그의 손해를 전보받을 수 없게 된다. 이러한 측면에서 통일책임체제는 복합운송인의 경제적 부담을 가중시키기 때문에 그 이론적 우수성에도 불구하고 실제 거래계에서 이 책임체제를 채택하고 있는 복합운송증권은 거의 없다.

(3) 수정통일책임체제

수정통일책임체제(modified uniform system)는 네트워크책임체제와 통일책임체제의 타협으로 「국제물품복합운송에 관한 UN협약」이 부분적으로 채택하고 있는 책임체제이다. 즉 동 협약은 손해발생구간의 확인 여부에 상관없이 동일한 책임원칙을 적용한다는 측면에서 통일책임체제를 채택하는 한편, 손해발생구간이 확인되고 그 운송구간에 적용될 조약이나 국내법에 규정된 책임한도액이 동 협약의 책임한도액보다 높은 경우에는 그 책임한도액을 적용함으로써 제한적으로 네트워크책임체제를 수용하고 있다(협약 제19조).

2. 복합운송인의 책임

「1992년 복합운송증권에 관한 UNCTAD/ICC규칙」(UNCTAD/ICC Rules for Multimodal Transport Documents)은 복합운송계약(multimodal transport contract)을 2개 이상의 다른 운송방식에 의해 물품을 운송하기 위한 단일한 계약으로 정의하고, 복합운송인(multimodal transport operator)을 복합운송계약을 체결하고 그 계약에 따라 운송인으로서 책임을 부담하는 자로 정의한다(규칙 제2조 제1항 및 제2항).[91]

90) 후자의 책임한도액은 비교적 낮은 책임한도액을 규정하고 있는 CMR협약을 따른 것이다(CMR 의정서 제2조 제1항 및 CMR협약 제23조 제3항 참조) (Schmitthoff, *supra* note 35, p.614).

91) 한편 「국제물품복합운송에 관한 UN협약」에 따르면 국제복합운송(international multimodal transport)은 복합운송인이 물품을 자기의 관리하에 둔 국가로부터 다른 국가에 소재하는 인도

UNCTAD/ICC규칙에 따르면, 복합운송인의 책임은 복합운송인이 운송물을 자기의 관리하에 둔 때로부터 동 운송물의 인도시점까지 존재한다(규칙 제4조 제1항). 복합운송인은 자기의 사용인이나 대리인 또는 계약의 이행을 위해서 그 서비스를 사용하는 자, 즉 이행보조자의 작위 또는 부작위가 직무범위 내에서 행해진 때에는 그에 대해서도 책임을 진다(규칙 제4조 제2항). 복합운송인은 복합운송증권이 소지인식으로 발행된 때에는 그 소지인, 지시식으로 발행된 때에는 그 복합운송증권을 제시하는 자, 복합운송증권이 비유통식으로 발행된 때에는 그 복합운송증권에서 수하인(consignee)으로 기명된 자에게 운송물을 인도해야 한다(규칙 제4조 제3항). 복합운송증권이 발행되지 아니한 때에는 복합운송인은 송하인(consignor)이 지시하는 자에게 운송물을 인도해야 한다(규칙 제4조 제3항).

복합운송인은 멸실, 훼손 또는 인도지체가 운송물이 자기의 관리하에 있는 동안에 발생한 때에는 그에 대한 손해배상의 책임을 진다(규칙 제5조 제1항). 다만 자기 또는 이행보조자의 과실로 인해 손해가 발생하지 아니하였음을 증명하는 때에는 그러하지 아니하다(규칙 제5조 제1항).

복합운송계약에서 명시적으로 합의된 기간 내에 또는 그러한 합의가 없는 경우에 당해 상황을 고려하여 합리적이라고 인정되는 기간 내에 운송물이 인도되지 아니하는 경우에는 인도지체가 있는 것으로 본다(규칙 제5조 제2항). 운송물이 인도기일로부터 90일 내에 인도되지 아니하는 때에는 반대의 증명이 없는 한, 운송물은 멸실된 것으로 추정한다(규칙 제5조 제3항).

UNCTAD/ICC규칙 제5조 제1항의 규정에도 불구하고, 해상 또는 내수면으로 운송된 운송물에 관하여 그러한 멸실, 훼손 또는 지체가 선장, 항해사, 도선사 또는 운송인의 사용인이 선박의 운항 또는 관리에 있어서 범한 과실로 인한 경우에 또는 화재로 인한 경우에는 복합운송인은 책임을 지지 아니한다(규칙 제5조 제4항). 이때 이러한 항변을 사용할 수 있기 위해서는 복합운송인은 멸실 또는 훼손이 선박의 감항능력의 부존재로 말미암은 때에는 발항 당시 선박이 감항능력을 갖추도록 하는데 있어서 상당한 주의를 행사하였다는 사실을 증명해야 한다(규칙 제5조 제4항 단서).

복합운송인의 책임은 일반적으로 포장 또는 단위당 666.67 SDR 또는 중량

장소까지 복합운송계약에 근거해서 2개 이상의 다른 운송방식에 의해서 그 물품을 운송하는 것이다(협약 제1조 제1항). 또한 복합운송인(multimodal transport operator)은 스스로 또는 그의 대리인을 통해서 복합운송계약을 체결하고, 송하인이나 복합운송작업에 참가하는 운송인의 대리인이 아닌 본인으로서 행동하며, 그 계약의 불이행에 대해서 책임을 부담하는 자이다(협약 제1조 제2항).

킬로그램당 2 SDR 중 높은 금액으로 제한된다(규칙 제6조 제1항).[92] 다만 송하인이 운송물을 복합운송인의 관리하에 놓기 전에 운송물의 성질과 가액을 신고하여 그 내용이 복합운송증권의 내용으로 된 때에는 그러하지 아니하다(규칙 제6조 제1항).

컨테이너, 팰릿(pallet) 또는 유사한 운송도구에 한 포장 또는 단위 이상이 집적된 경우에 복합운송증권에 각 포장이나 단위가 적시된 때에는 각 포장이나 단위를 포장이나 단위로 본다(규칙 제6조 제2항). 그 외에는 컨테이너, 팰릿 또는 운송도구를 포장이나 단위로 본다(규칙 제6조 제2항).

UNCTAD/ICC규칙 제6조 제1항의 규정에도 불구하고, 복합운송에 해상이나 다른 내수면운송이 포함되지 아니한 때에는 책임한도액은 중량 킬로그램당 8.33 SDR을 초과하지 아니하는 금액으로 제한된다.

멸실이나 훼손이 일정한 운송구간에서 발생하였고, 그 운송구간에 다른 국제협약 또는 국내법상의 강행규정에 따라 다른 책임한도가 규정되어 있으며, 그 운송구간에 대해서 별도의 운송계약이 체결되었더라면 그 국제협약 또는 국내법상의 강행규정이 적용되었을 경우에는 복합운송인의 책임한도액은 당해 협약 또는 국내법의 강행규정에 따른다(규칙 제6조 제4항).

복합운송인이 인도지체로 인한 손해나 운송물의 멸실 또는 훼손 이외의 결과적 손해에 대해 손해배상의 책임을 지는 경우에 그에 대한 복합운송인의 책임은 복합운송계약에 따른 운임을 초과하지 않는다(규칙 제6조 제5항).

위의 책임제한에 관한 규정은 복합운송인의 불법행위에 기한 책임에 대해서도 적용된다(규칙 제11조).

복합운송인이 지는 총책임한도는 운송물의 완전멸실에 대한 책임한도액을 초과하지 못한다(규칙 제6조 제6항).

운송물의 멸실, 훼손 또는 인도지체가 복합운송인의 고의에 의하여 또는 무모하게(recklessly) 그리고 그러한 손해가 발생하리라는 사실에 대한 인식으로 복합운송인의 작위 또는 부작위로 인한 사실이 증명되는 때에는 복합운송인은 위에서 정한 책임제한을 주장할 수 없다(규칙 제7조).

3. 송하인의 책임

송하인은 복합운송인에 대해서 운송물의 일반적 성질, 그 표시, 개수, 중량,

92) 이 책임한도액은 해상운송에서 운송인의 책임한도액과 동일한 금액이며, 국제물품복합운송에 관한 UN협약이 규정한 책임한도액에 비해 상당히 낮은 것이다.

부피 및 수량, 또한 운송물이 위험한 성질을 갖고 있는 때에는 그러한 성질 등에 관해서 운송물이 복합운송인의 관리하에 놓인 시점에 복합운송인에게 그 정확성을 담보한 것으로 간주하며(규칙 제8조 제1항), 부실기재로 인한 손해에 대해서 복합운송인에게 책임을 진다(규칙 제8조 제2항).

송하인은 복합운송증권이 타인에게 양도된 때에도 위의 책임을 부담한다(규칙 제8조 제3항).

4. 손해의 통지 및 제소기간

운송물의 인도 당시 수하인이 서면으로 복합운송인에게 멸실 또는 훼손의 일반적 성질을 적시하는 멸실 또는 훼손의 통지를 하지 아니한 때에는 운송물의 인도는 복합운송인이 복합운송증권의 내용에 합치하는 운송물을 인도하였다는 추정적 증거가 된다(규칙 제9조 제1항). 멸실이나 훼손이 분명하지 아니한 때에는 운송물의 인도 후로부터 6일 이내에 위의 통지를 하지 아니하면 역시 복합운송인이 복합운송증권의 내용에 합치하는 운송물을 인도하였다는 추정적 증거가 된다(규칙 제9조 제2항).

운송물의 인도 또는 인도가 있었어야 하는 날로부터 9개월 이내에 소송이 제기되지 아니하면 복합운송인은 모든 책임으로부터 면책된다(규칙 제10조).

IV. 복합운송증권

1. 의 의

복합운송인이 전 운송구간을 포함하기 위해 발행하는 단일한 운송증권이 복합운송증권(multimodal transport document or combined transport document) 또는 복합운송서류이다. 항공운송구간이 포함된 복합운송에서는 유통증권성과 상환증권성이 없는 취지가 명시된 복합운송증권이 발행되는 경우가 많다. 그러나 해상운송이 주가 되는 복합운송에서 발행되는 복합운송증권은 유통증권성과 상환증권성을 갖는 유가증권인 경우가 오히려 일반적이다.

2. 복합운송증권의 효력

UNCTAD/ICC규칙은 복합운송증권을 복합운송계약을 증명하는 서류로서 정의하면서 유통식 또는 수하인을 지정하는 비유통식으로 발행될 수 있다고 규정한다(규칙 제2조 제6항).

UNCTAD/ICC규칙에 따르면, 복합운송증권은 반증이 없는 한 복합운송인이 복합운송증권에 기재된 대로 물품을 수령하였다는 추정적 증거가 된다(규칙 제3조 제1문). 복합운송증권이 수하인에게 양도된 때에는 반증은 받아들여지지 않으며, 따라서 복합운송증권에 기재된 내용은 최종적인 효력을 갖는다(규칙 제3조 제2문).

국제매매계약의 이행의 일부로서 인도되는 선적서류 가운데 복합운송증권이 포함되는 경우가 많아졌기 때문에 신용장거래에 적용되는 신용장통일규칙은 복합운송증권 또는 복합운송서류의 수리요건에 관한 규정을 두고 있다(UCP 600 제19조 참조).

신용장통일규칙에 따르면, 신용장에 다른 정함이 없는 한 ① 문면상 지정운송인 또는 그의 대리인에 의해서 발급되고, ② 물품의 발송, 수령 또는 본선 적재를 표시하고, ③ 1장 이상의 원본으로 발행되는 경우, 송하인 앞으로 발행된 원본 전통으로 구성되어 있고, 또한 ④ 신용장의 다른 모든 규정을 충족시키는 경우에는 은행은 복합운송증권 또는 복합운송서류를 수리하게 된다(UCP 600 제19조).

제5장

해상보험

제1절 서 설

Ⅰ. 의 의

해상보험은 해상의 각종 위험으로 말미암아 발생한 피보험자의 손해를 전보하는 제도이다. 해상운송 중에 있는 선박이나 화물은 다양한 해상위험에 직면한다. 예를 들어 선박이 충돌 또는 좌초하거나 침몰할 수 있고[이른바 해고유의 위험(perils of the sea)], 선박에 화재가 발생할 수도 있으며, 해적의 공격을 받아 화물이나 장비를 전부 약탈당할 수도 있다. 또한 선박이 전쟁 중에 적국의 군함에 피격되거나 나포되거나, 또는 선원이 선박소유자에게 해를 입히고자 선박에 구멍을 뚫어 침몰시키는 등의 악행을 저지를 수도 있다. 이러한 위험에 대비하여 보험자가 피보험자로부터 일정한 보험료를 받고 피보험자의 선박이나 화물이 이러한 위험들로 인하여 멸실 또는 훼손되는 경우에 그 손해를 보상하여 주는 제도가 해상보험제도인 것이다.

해상운송이나 국제무역에서 해상보험은 필수적이라고 할 수 있는바, 해상운송인은 자기의 선박에 대한 사고에 대비하여 선박보험계약을, 국제물품거래의 당사자인 매도인 또는 매수인은 운송 중인 물품에 대한 사고에 대비하여 적하보험계약을 거의 언제나 체결한다.

II. 해상보험의 발전

오늘날의 해상보험은 그리스 · 로마시대부터 지중해 연안에서 행해지고 있던 모험대차 또는 해상대차에서 시작되었다고 한다. 모험대차는 원래 금전소비대차의 일종이었다. 즉 이 제도는 차주인 선주 또는 하주로 하여금 항해가 무사히 수행된 경우에 차입금을 고율의 이자와 함께 상환하도록 하지만, 선박이 항해 중에 사고로 말미암아 전손되었을 때에는 차입금을 상환할 필요가 없도록 하는 제도로 금융과 위험담보의 기능을 동시에 수행하였다. 이 모험대차는 12세기 및 13세기에 이르러서는 지중해 연안뿐 아니라 프랑스, 스페인, 포르투갈의 항구도시에서도 널리 이용되기에 이르렀다고 한다. 그 후 1230년경에 이자징수를 금지하는 교회법에 따라 모험대차는 사실상 금지되었지만, 무상의 소비대차 또는 가장매매계약 등 변형된 형태의 모험대차는 계속되어 14세기 후반에 이르러서는 이탈리아의 항구도시를 중심으로 보험자는 피보험자에 대하여 해상사고에 의하여 발생된 손해를 보상할 것을 약속하고 그 대가로 먼저 보험료를 받는 형태를 취하는 진정한 해상보험계약이 나타나게 되었다.

해상무역의 중심이 지중해에서 영국으로 이동함에 따라 17세기경부터 당시 상거래 장소로 이용되던 커피하우스에서 해상보험거래가 활발하게 이루어졌는데, 그 중 가장 유명한 곳이 로이즈(Lloyd's)였다. 로이즈는 그 신용이 높아감에 따라 명실공히 전세계보험시장의 중심지로 성장하여 오늘에 이르렀다. 로이즈는 그 자체 독립한 보험회사는 아니고 개인보험투자자(underwriters or Names)의 모임으로 이들은 일반적으로 신디케이트(syndicate)에 참가하는 방식으로 위험을 인수한다.

앞에서 설명한 바와 같이, 근대 해상보험은 영국을 중심으로 형성되었는데, 그 중요한 이유는 영국이 지난 수 세기 동안 세계 최강의 전통적인 선주국이었고, 따라서 모든 해상운송활동과 그에 따른 해상보험활동이 영국을 중심으로 이루어진 데 있다. 이 때문에 영국은 해상보험에 관한 수많은 법원의 판례를 축적하여 정비된 해상보험법을 마련할 수 있었다.

III. 해상보험의 준거법

우리나라 상법이 손해보험의 일부로서 해상보험을 규율하는 규정을 두고 있는 바와 같이, 많은 국가의 국내법은 해상보험을 규율하는 법규를 두고 있다. 따라서 국제거래법에서 일관하여 문제로 되는 준거법의 문제가 국제해상보험에서도 발생한다.

앞에서 설명한 바와 같이, 17세기부터 영국에서 해상보험거래가 본격적으로 이루어지고 영국이 해상사업의 중심지가 됨에 따라 해상보험거래가 영국을 중심으로 하여 발전하였고, 해상보험에 관한 상관습이나 판례도 영국에서 주로 발전하였다. 따라서 오늘날 국제해상보험에 관한 한, 영국에서 발전한 상관습이나 영국 법원의 판례가 중심적인 역할을 하고 있다. 이는 영국 런던보험자협회에서 사용하는 해상보험에 관한 보험증권 및 표준협회약관에 영국법을 준거법으로 한다는 조항이 포함되어 있고, 우리나라를 포함한 많은 국가의 해상보험실무에서 사용되고 있는 보험증권이 로이즈 해상보험증권(Lloyd's S. G. Policy)인데, 그 보험증권이 준거법을 영국법으로 하고 있는 데서 잘 나타난다.

영국법을 준거법으로 하는 조항 또는 약관은 거의 모든 해상보험계약에 삽입되어 있다. 영국법은 해상보험에 관해서 풍부하고도 정비된 내용을 갖추고 있어 거의 모든 해상보험사건에 있어서 법원의 판례가 존재하여 분쟁 해결에 대한 지침이 되어 줄 수 있었기 때문에 이 영국법준거약관은 전세계의 해상보험업계에서 수용되고 있다. 우리나라의 대법원도 영국법준거약관을 유효한 것으로 보고 있다.

[관련판례] 大判 1977.1.11, 71다2116

해상보험에서 야기되는 일체의 책임문제는 영국의 법률 및 관습에 의거하여야 한다는 영국준거법약관은 당사자 사이에 유효하다.

[관련판례] 大判 1991.5.14, 90다카25314

해상보험약관의 영국법준거약관은 오랜 기간에 걸쳐 해상보험업계의 중심이 되어 온 영국의 법률과 관습에 따라 당사자 간의 거래관계를 명확하게 하려는 것으로서 우리나라의 공익규정 또는 공서양속에 반하는 것이라거나 보험계약자의 이익을 부당하게 침해하는 것이라고 볼 수 없으므로 유효하고, 따라서 적하보험계약에서 고지의무위반을 이유로 한 보험계약의 해지는 영국해상보험법 제18조가 적용되고, 우리 상법 제651조 소정의 제척기간이나 제655조의 인과관계에 관한 규정은 적용될 여지가 없다.

국제해상보험계약에 영국의 법률, 판례 및 상관습이 적용되고 있는 현실을 반영하여 이하에서는 영국의 1906년 해상보험법(Marine Insurance Act of 1906: MIA)의 해석을 중심으로 해서 해상보험계약을 설명한다.

IV. 영국 해상보험법

국제거래에 관련한 해상보험계약의 해석과 적용에 있어서 중심적인 역할을 하는 영국의 1906년 해상보험법은 영국에서 근대 해상보험이 발달하기 시작한 17세기 말부터 영국 해상보험법의 초안이 마련되는 시점인 19세기 말까지 형성된 약 2,000여 개의 해상보험사건의 판례와 그때까지 확립된 상관습을 정리하여 성문법화한 것이다. 영국의 1906년 해상보험법은 94개 조문으로 구성된 본문이 있고, 여기에 로이즈 보험증권의 표준양식 및 보험증권의 해석에 관한 규칙(Rules for Construction of Policy: RCP)을 부칙으로 두고 있다.

제2절 해상보험계약

I. 의 의

해상보험계약은 보험자가 해상사업(marine adventure)에 관한 사고로 인하여 발생하는 손해, 즉 해상손해를 계약에서 정한 방법과 한도로 피보험자에게 보상하기로 합의하는 계약이다(MIA 제1조; 상법 제693조). 즉 해상보험은 해상사업과 관련한 사고를 보험사고로 하여 보험의 목적인 선박, 적하 또는 운임에 생긴 손해를 보상하는 손해보험의 일종이다. 따라서 설사 해상보험증권을 사용한 보험계약이라고 할지라도 해상사업에 수반되는 손해가 아닌 다른 손해를 보상하기로 하는 보험계약은 해상보험계약이 아니다. 다만 육상이나 내수면에서 발생하는 위험 또는 손해라고 할지라도, 그것이 해상항해에 부수하는 것일 때에는 이를 해상보험으로 부보하는 것이 편리할 것이기 때문에 영국 해상보험법은 해상항해에 부수하는 육상 또는 내수면에서의 위험 또는 손해라면 이를 해상보험으로 부보할 수 있도록 하였는바(MIA 제2조 제1항), 적하보험에서 사용되는 보통보험약관인 협회적하약관(Institute Cargo Clauses: ICC)의 운송조항(transit clause)은 이를 명시적으로 규정하고 있다(ICC (A), (B) 및 (C) 제8조). 또한 영국 해상보험법은 선박건조나 진수 중에 발생하는 위험 또는 손해를 해상보험의 형식으로 부보한 경우에는 성질이 허용하는 한, 동 법이 적용된다고 규정하고 있다(MIA 제2조 제2항).

해상보험은 해상사업에 수반되는 각종 위험에 대한 보험으로서 해상위험

(maritime perils)과 밀접한 관련을 갖는다. 영국 해상보험법은 해상사업이 존재한다고 인정할 수 있는 경우로서 ① 선박, 화물 또는 기타의 동산이 해상위험에 직면하는 경우, ② 피보험재산이 해상위험에 직면함으로써 운임, 수수료, 이윤 또는 기타 금전적 이익의 취득이 위협받거나 또는 선급금, 대부금 또는 비용에 대한 담보의무가 위협받을 경우, ③ 해상위험으로 인하여 피보험재산에 이해관계를 갖거나 책임을 부담하는 자가 제3자에 대하여 책임을 지게 되는 경우 등을 들고 있다(MIA 제3조 제2항).

이와 같이 해상사업을 정의함에 있어서 해상위험이 중심적인 개념이 되고 있는바, 해상위험에 관해서 영국 해상보험법은 이를 해상항해의 결과로서 또는 그에 부수하여 발생하는 위험, 즉 해고유의 위험, 화재, 전쟁위험, 해적, 강도, 절도, 포획, 나포, 국가에 의한 억지 또는 억류, 투하, 선원의 악행 및 그와 같은 종류의 위험 또는 보험증권에 기재된 기타 일체의 위험으로서 정의하고 있다(MIA 제3조 제2항).

II. 해상보험계약의 종류

1. 보험의 목적에 의한 분류

(1) 선박보험

선박보험은 선박을 보험의 목적으로 하는 보험계약으로 선박에 대한 이익을 피보험이익(insurable interest)으로 한다. 선박보험의 대상은 해상법상의 선박에 한정되지 않는다. 선박보험에서는 선박 자체 외에 선박의 속구 · 연료 · 양식 기타 항해에 필요한 모든 물건이 보험의 목적에 포함된 것으로 한다(상법 제696조 제2항 참조).

[관련판례] 大判 1978.12.26, 78다2028

의장품이 선체의 종물이라 할지라도 특히 당사자가 공제계약의 목적물로 삼지 아니하기로 합의한 것이라면 그 법적 운명에 있어서 반드시 선체와 함께 하여야 할 이유는 없다.

(2) 적하보험

적하보험은 해상물품운송의 대상인 운송물을 보험의 목적으로 하여 그 적하에 대한 이익을 피보험이익으로 하는 보험이다(상법 제697조 참조). 적하보험의 대상이 되는 운송물 또는 화물은 해상운송의 객체로서 경제적 가치가 있는 모든 물건이며, 살아 있는 동물도 이에 포함된다.

(3) 운임보험

해상운송계약에서 운송인이 운송의 대가로서 받는 운임은 운송물이 해상위험으로 멸실된 때에는 이를 청구할 수 없다(상법 제815조 및 제134조 참조). 이러한 경우에 대비해서 해상위험으로 인한 운송물의 멸실 때문에 해상운송인이 받을 수 없게 된 운임을 보험의 목적으로 하여 이에 대한 이익을 피보험이익으로 한 보험이 운임보험이다(상법 제706조 제1호 참조).

(4) 희망이익보험

국제물품매매의 거래에서 매수인은 그 물품을 수입하여 재판매함으로써 이윤 또는 이익을 얻을 것을 기대하고 있다. 희망이익은 바로 적하 또는 화물이 목적지에 무사히 도착하면 수하인이 얻으리라고 기대되는 이익을 의미하는바, 이러한 희망이익을 피보험이익으로 하는 보험이 희망이익보험이다(상법 제698조 참조). 일반적으로 이 보험계약은 독립하여 체결되기보다는 선적지의 화물의 가액에 일정률의[1] 가액을 추가하는 방식으로 적하보험과 함께 체결된다.

(5) 선비보험

선비보험은 선박의 의장 기타 선박의 운항에 필요한 모든 비용에 대한 이익을 피보험이익으로 하는 보험이다. 일반적으로 선비는 운임의 취득에 의하여 회수되는 것이 보통이고, 따라서 보통은 선비에 대한 피보험이익은 운임보험에 포함되어 있는 것이지만, 경우에 따라서는 선비만을 따로 보험에 붙일 수도 있는 것이다.

2. 보험기간에 의한 분류

(1) 항해보험

항해보험(voyage policy)은 보험기간이 일정한 항해를 기준으로 정해지는 보험으로 적하보험에서 많이 이용된다. 항해보험은 선적항에서 출항하여 양륙항에 도착할 때까지의 기간에 발생하는 위험을 담보하는 것이지만, 적하보험에서의 항해보험은 일반적으로 협회적하약관의 운송조항을 통해 보험기간을 연장하는 방법으로 화물운송의 개시 시점부터 목적지에서 화물의 인도 시점까지를 보험기간으로 한다.

---

1) 예를 들어 10% 정도. 참고로 INCOTERMS의 CIF조건에서 매도인은 계약금액의 110%를 보험금액으로 해서 보험계약을 체결해야 한다(INCOTERMS CIF A.3). 또한 신용장통일규칙도 신용장거래에서 보험계약은 계약금액의 110%를 보험금액으로 해서 체결될 것을 요구한다(UCP 600 제28조 제6항 제2호).

(2) 기간보험

기간보험(time policy)은 일정한 기간을 기준으로 보험자의 책임이 정해지는 보험이다. 선박보험에서는 흔히 기간보험의 방식이 사용되어 ○년 ○월 ○일까지 또는 ○년 ○월 ○일부터 1년 또는 6개월로 보험기간을 정하는 방식으로 보험기간이 정해진다.

(3) 혼합보험

혼합보험은 항해와 기간의 양자를 기준으로 사용해서 보험기간을 정하는 보험으로서 선박보험에서 많이 이용된다.

3. 예정보험

(1) 예정보험의 의의와 성질

예정보험(floating policy or open policy)은 보험계약의 체결 당시에 선박 또는 화물의 종류나 보험금액 등 보험증권에 기재되어야 하는 보험계약 요건의 일부가 확정되어 있지 않거나 당사자에게 알려져 있지 않은 보험계약 또는 보험계약의 내용의 일부 또는 전부가 보험계약이 체결될 때에 확정되어 있지 아니한 보험계약이다(MIA 제29조 제1항).

예정보험은 보험의 목적 등 계약내용이 확정되지 아니한 상태로 그 손해전보를 포괄적으로 약정하고 그 내용의 확정에 의하여 당연히, 그리고 자동적으로 개별보험계약의 효력이 발생하기 때문에 계약내용이 확정되기 전에는 개별적 보험계약이 성립하지 아니한다. 따라서 예정보험계약은 손해보험계약을 성립시키는 일종의 무명계약으로서 보험계약의 체결시에는 불확정했던 계약내용이 후에 확정된 때에 개별적인 보험계약이 당연히 발생하도록 하는 독립된 보험계약이다.

(2) 예정보험의 효용

예정보험은 보험계약자에게 개별보험계약의 체결에 따른 수수료와 비용을 절약해 준다. 다수의 불특정인과 수종의 화물을 빈번하게 거래·선적하는 무역업자가 매 거래마다 해상보험계약을 체결하는 것은 불편할 뿐 아니라, 많은 비용을 초래한다. 또한 개별보험에서는 화물의 종류·수량·가격, 적재선박의 명칭 등을 확정해야 하는데, 다양한 화물을 수출입하는 상인으로서는 선적시까지 그 수량·가격·적재선박 등을 확인할 수 없는 경우가 많다. 따라서 보험계약의 내용을 확정하지 아니하고 개괄적인 범위 내에 들어오는 화물을 당연히 담보하는 독립된 보험이 필요하게 된 것이다.

한편 예정보험은 보험자에게도 이익을 준다. 예정보험의 경우에 일반적으로 보험기간이 장기이기 때문에 그 기간 내의 피보험자의 운송물은 모두 그 보험자에게 부보하게 되고, 따라서 보험자는 많은 보험료 수입을 확보할 수 있게 된다.

예정보험계약은 불확정한 계약내용이 확정되면 이를 보험자에게 통지하여 예정된 개별적 손해보험계약을 성립시키는 특수한 계약이기 때문에 확정통지가 최대선의로 성실하게 이행되어야 한다. 계약내용의 확정에 의하여 생기는 개별보험관계는 예정보험계약의 효과로서 성립하는바, 화물이 무사히 도착하였는데도 보험계약자 또는 피보험자가 보험료를 내지 않으려고 이를 통지하지 않는다든가 피해 화물만을 확정통지하여 보험금만 받아내려고 한다면 예정보험의 기능이 충분히 발휘되지 않을 것이기 때문이다.

(3) 계약내용의 확정

1) **확정통지의무의 근거와 성질**

불확정한 계약내용이 장래에 확정되면 당연히 보험관계가 발생하는 예정보험에서는 장래의 불확정한 내용이 확정되어야 비로소 보험자의 책임이 개시되고, 보험자는 책임개시의 기초내용을 신속히 알고 위험을 측정하여 보험료를 산정하며 이를 재보험에 가입시켜 위험분산을 도모한다. 따라서 보험계약자 또는 피보험자는 보험자에게 불이익을 주지 않도록 보험자에게 확정된 계약내용을 적기에 통지해야 하고, 확정내용을 통지하여 보험자의 합리적인 보험경영에 협조할 의무를 진다. 예를 들어 선박미확정의 적하예정보험에서는 보험계약자 또는 피보험자가 그 화물 또는 하물이 선적되었음을 안 때에는 지체 없이 보험자에 대하여 그 선박의 명칭·국적과 하물의 종류·수량과 가액을 통지해야 하는 것이다(상법 제704조 제1항 참조).

[관련판례] 大判 1966.1.25, 64다53

선박미확정의 적하해상보험계약에 있어서 화물을 철선에 실을 것을 전제로 하여 이를 기준으로 한 보험료율을 정한 경우에, 실제로 그 화물을 목선에 적재할 때에는 선적 전에 보험자에게 통고하고 목선에 해당되는 추가보험료를 지급하여야만 그 보험계약이 유효하게 존속되는 것이다.[2)]

2) 이 판결에 대해서 적하예정보험계약의 본질을 그르쳤다고 비판하는 견해가 있다. 양승규, 『보험법』(제2판, 삼지원, 1996), 287면.

2) 확정통지의 시기와 내용

확정통지는 보험계약자 또는 피보험자가 그 사실을 안 때에 지체 없이 해야 한다(MIA 제29조 제3항). 지체 없는 통지시기의 기산점은 장래의 불확정한 계약내용이 확정되어 개별보험에 부보할 시점이다. 화물수량 · 선명 · 보험가액 등이 미상인 보험에서 화물에 대한 확정만의 통지를 발송하고 나머지는 그 뒤에 신속하게 발송한 경우에도 그 통지를 유효한 것이라고 보아야 한다. 통지 후의 오기 또는 탈루의 수정은 그것이 선의로 이루어진 경우에는 손해의 발생 또는 도착 후에도 이를 할 수 있다(MIA 제29조 제3항).

확정통지에는 일정한 형식을 요하지 않으며, 그 내용은 예정보험계약에 따라 보험계약자 또는 피보험자가 확정해서 통지해야 하는 사항이다. 예정보험계약은 개별보험계약을 자동적으로 성립시키는 계약이기 때문에 개별보험계약을 성립시키는 예정보험계약상의 기준은 당사자들이 자유롭게 선택할 수 있다. 예를 들어 피보험이익은 손해보험계약의 경우와는 달리 개별적으로 확정되지 아니하고 종류만으로 표시되거나 집합물 전체의 특징만으로 표시되는 것으로 충분하다. 그러나 위험측정이나 보험료의 결정에 중요한 영향을 미치는 사항, 예를 들어 선적선박명, 환적선박명, 보험가액 또는 항해구역 등은 확정통지의 내용에 포함되어야 한다.

3) 확정통지의무위반의 효과

예정보험계약에서 확정통지의무를 위반한 자에 대하여 어떠한 제재를 과할 것인가는 매우 중요하다. 확정통지의무의 성실한 이행은 예정보험계약의 원활한 운용을 도모하는 데 매우 중요한 기능을 수행하기 때문이다. 보험자의 이익을 도모하기 위하여 예정보험계약에 의하여 발생하는 개별보험계약의 이익을 보험계약자 또는 피보험자에게서 전면적으로 박탈하고자 할 때에는 그 계약의 효력을 잃게 할 수 있다.

Ⅲ. 보험의 목적

해상보험의 목적은 해상사업에 관한 위험으로 손해를 입게 될 모든 재산이다. 선박보험에 있어서 선박, 적하보험에 있어서 적하, 운임보험에 있어서 운임 등이 그 예이다.

영국 해상보험법은 보험의 목적, 즉 피보험재산(insurable property)으로서 ① 해상위험에 노출된 선박, 화물 또는 기타의 동산, ② 위의 피보험재산이 해상위험에 노출됨으로써 위험에 처한 운임, 여객운임, 수수료, 이익 또는 기타의 금전적 혜택의 취득, 또는 선급금, 대부금 또는 비용의 담보, ③ 해상위험으로 인하여 피보험재산의 소유자 또는 그에 이해관계를 갖거나 책임을 지는 자가 제3자에게 지는 책임 등을 규정하고 있다(MIA 제3조 제2항). 따라서 선박, 화물 또는 기타의 동산과 같은 유체재산뿐 아니라 운임, 수수료, 이익 또는 제3자에 대한 책임과 같은 무체재산도 그것이 해상위험에 노출되는 한 해상보험의 목적이 된다.

선박에는 선체, 선박자재, 의장구 및 선원의 용품과 식료품 등이 포함되며, 특수사업을 하는 선박의 경우에는 그 사업에 필요한 통상의 의장도 포함된다(MIA RCP 제15조).

화물은 상품(merchandise)의 성질을 갖는 화물을 의미하고, 개인소지품이나 선내에서 사용하기 위한 식료품 및 용품을 포함하지 않는다(MIA RCP 제17조).

운임에는 제3자로부터 지급받을 운임뿐만 아니라 선박소유자가 자신의 선박을 사용하여 자신의 화물 또는 동산을 운송하는 경우에 그로 인하여 얻었을 이익까지 포함되지만 여객운임은 포함되지 않는다(MIA RCP 제16조).[3)]

이러한 보험의 목적은 보험자가 위험의 성질을 충분히 이해할 수 있도록 정확히 기재되어야 하지만(MIA 제26조 제1항), 피보험자가 보험의 목적에 대해서 갖는 이익의 성질이나 범위까지 명시할 필요는 없다(MIA 제26조 제2항).

Ⅳ. 보험기간

보험기간은 해상보험자의 담보책임이 개시되어 종료할 때까지의 기간이다. 보험기간과 관련하여 특히 문제로 되는 것은 위험의 개시시점과 종료시점을 확정하는 것이다.

1. 기간보험

해상보험의 종류에서 설명한 바와 같이, 기간보험은 일정한 기간을 기준으로 보험자의 책임이 정해지는 보험이며, 선박보험에서 많이 이용되는 것으로 ○년 ○월 ○일부터 ○년 ○월 ○일까지 또는 ○년 ○월 ○일부터 1년 등 일정 기간을

---

3) 영국 해상보험법상 여객운임은 운임과는 구분되는 독립한 피보험재산이다(MIA 제3조 제2항 참조).

기준으로 보험기간을 정하는 보험이다. 기간보험에 있어서 위험의 개시시점과 종료시점의 확정은 특별히 어려운 문제를 야기하지 않는다.

2. 항해보험

항해보험은 보험기간이 일정한 항해를 기준으로 정하여지는 보험으로서 적하보험에서 많이 이용된다. 항해보험은 원칙적으로 선적항에서 출항하여 양륙항에 도착할 때까지의 기간에 발생하는 위험을 담보하지만, 해상보험의 종류에서 설명한 바와 같이 협회적하약관의 운송조항을 통해서 적하보험에서의 항해보험은 일반적으로 화물운송의 개시 시점부터 목적지에서 화물의 인도 시점까지를 보험기간으로 한다.

(1) 항해보험의 개시시점

항해보험의 개시시점이 특정장소로"부터"(from)인 경우에는 선박이 부보된 항해를 위하여 떠날 때까지 위험이 개시하지 않는다(MIA RCP 제2조). 한편 개시시점이 특정장소"에서 및 부터"(at and from)인 경우에는 보험의 목적이 그 특정 장소에 안전한 상태로 있는 때로부터 위험이 개시한다(MIA RCP 제3조).

적하보험의 경우에 화물 또는 기타 동산이 "적재시로부터"(from the loading thereof)라는 조건으로 부보된 때에는 화물이나 동산이 실제로 적재된 때 비로소 위험이 개시하며, 보험자는 육지에서 선박으로 운송하는 도중에 일어나는 사고에 관하여 책임을 지지 않는다(MIA RCP 제4조).

일반적으로 화물 또는 기타 동산에 대한 해상보험계약에는 협회적하약관(Institute Cargo Clause)이 사용되는데, 동 약관 제8조는 이른바 운송조항(transit clause)으로 운송이 시작되는 내륙의 지점으로부터 위험이 개시되어 운송이 종료되는 내륙의 지점까지 위험이 존속한다고 규정하고 있다(ICC (A), (B) 및 (C) 제8조). 이 조항에 따르면 화물이 운송을 개시하기 위하여 보험증권에 기재된 장소의 창고 또는 보관지점에서 운송물을 이동하는 때에 위험이 개시한다.

(2) 항해보험의 종료시점

선박보험의 경우에는 선박이 보험증권에서 약정한 목적항 또는 양륙항에 도착하였을 때 위험이 종료한다.

적하보험의 경우에 보험기간은 영국 해상보험법의 보험증권해석에 관한 규칙에 따르면 "안전하게 양륙된 때" 종료한다(MIA RCP 제5조). 보다 구체적으로 협회적하약관은 ① 보험증권에 기재된 목적지에 있는 수하인 또는 기타의 최종 창고 또는 최종

보관지점에 화물의 양하(unloading)가 완료된 때, ② 보험증권에 기재된 목적지 또는 그 이전에 피보험자가 통상의 운송과정이 아닌 보관을 위하여 또는 할당 또는 분배를 위하여 사용하고자 하는 기타의 창고 또는 보관지점에 화물의 양하가 완료된 때 또는 ③ 부보된 화물이 최종 양륙항에서 외항선으로부터 하역(discharge)이 완료된 후 60일이 경과한 때 보험기간이 종료한다고 규정하고 있다(ICC (A), (B) 및 (C) 제8조).

Ⅴ. 고지의무

1. 고지의무의 의의

영국 해상보험법은 해상보험계약이 최대선의계약(contract of the utmost good faith)임을 명시적으로 규정하고 있다(MIA 제17조). 이른바 신의성실의무는 보험계약에서뿐 아니라 모든 계약에 있어서 요구되는 일반의무이지만, 해상보험계약은 해상위험의 발생이라는 우연적 사실에 기초해서 보험금지급이 결정되는 사행성을 갖고 있기 때문에 최대선의성을 특히 요구한 것이다.

해상보험계약의 최대선의계약성은 구체적으로 고지의무에서 나타나는데, 피보험자는 계약이 체결되기 전에 자기가 알고 있는 모든 중요한 사항을 보험자에게 고지해야 한다(MIA 제18조 제1항). 이때 피보험자는 통상적인 거래과정에서 알고 있었어야 하는 사항은 알고 있는 것으로 간주된다(MIA 제8조 제1항). 피보험자가 고지해야 하는 중요한 사항은 보험료를 산정하고 위험의 인수 여부를 결정함에 있어서 신중한 보험자(prudent insurer)의 판단에 영향을 미칠 수 있는 모든 사항이다(MIA 제18조 제2항).

보험계약이 보험중개인이나 피보험자의 다른 대리인에 의하여 체결된 경우에는 피보험자뿐 아니라 이들도 고지의무를 부담한다(MIA 제19조). 이때 보험중개인이나 피보험자의 다른 대리인은 피보험자가 알고 있거나 알고 있었어야 하는 모든 중요한 사항을 고지해야 할 뿐 아니라, 자기가 알고 있거나 알고 있었어야 하는 모든 중요한 사항도 고지해야 한다(MIA 제18조 제a호 및 제b호).

2. 고지의무의 존속기간

피보험자는 보험계약이 체결되기 이전에 보험자에게 모든 중요한 사항을 고지할 의무를 부담하며, 일단 보험계약이 체결된 후에는 별도의 고지의무를 부담하지 않는다(MIA 제18조 제1항). 이는 고지의무의 내용으로 되는 사항이 위험의 인수 여부 및 보험료의 산정을 위해서 필요한 정보에 국한되기 때문이다.

고지의무의 종료시점인 보험계약의 체결시점의 확정과 관련해서 영국 해상보험법은 보험계약의 체결시점을 보험증권의 발행 여부와는 상관없이 보험자가 피보험자의 청약을 승낙한 때라고 규정하면서 구체적으로 보험중개인이 작성한 슬립(slip) 등에 보험자가 서명한 때를 보험계약의 체결시점으로 볼 수 있음을 규정하고 있다(MIA 제21조).

3. 고지의무위반의 효과

피보험자가 고지의무를 위반한 때에는 보험자는 보험계약을 해제(avoid)할 수 있다(MIA 제18조 제1항 제2문). 따라서 고지의무의 위반이 있는 상태에서 보험계약이 체결된 경우로서 보험의 목적에 손해가 발생하였다면, 그 손해가 고지의무위반과 인과관계를 갖지 않는 때에도 보험자는 보험금을 지급할 필요가 없다.[4] 다만 계약을 추인하였다고 볼 수밖에 없을 정도로 장기간 동안 보험자가 보험계약을 해제하지 않는 경우 등에는 피보험자의 고지의무위반에도 불구하고 보험자가 동 보험계약을 추인했다고 보아야 할 것이다.

4. 고지의무의 예외

영국 해상보험법은 다음의 사항에 대해서는 피보험자는 고지의무를 부담하지 않는다고 규정하고 있다(MIA 제18조 제3항).

(1) 위험을 감소하는 사항

위험을 감소하는 사항의 경우에는 피보험자가 이를 고지하지 않았다고 할지라도 보험자가 위험의 인수 및 보험료의 산정에 있어서 특히 피해를 입었다고 볼 수 없는 까닭이다.

(2) 보험자가 알고 있거나 알고 있는 것으로 간주되는 사항

이는 보험자가 이미 알고 있는 사항에 대해서까지 굳이 피보험자에게 고지의무를 부과할 이유가 없는 까닭이다. 이때 보험자는 일반적으로 알려져 있는 사항이나 그의 통상적인 거래과정에서 알고 있었어야 하는 사항에 대해서는 이를 알고 있는 것으로 간주된다.

---

4) 반면에 우리나라 상법은 고지의무에 위반한 사실이 보험사고의 발생에 영향을 미치지 아니하였음이 증명된 때에는 보험자는 보험금액을 지급할 책임을 면하지 못한다고 규정하고 있다(상법 제655조 단서 참조). 이처럼 우리나라 상법이 고지의무위반으로 보험자가 면책되기 위해서 고지의무위반과 발생한 보험사고 간에 인과관계를 요구하는 것에 대해서는 우리나라 학자들도 비판적인 입장이다. 이기수 · 최병규 · 김인현, 『보험 · 해상법』(박영사, 2008), 91면.

(3) 보험자가 고지받기를 포기한 사항

이는 보험자가 고지받기를 포기하였다면, 굳이 피보험자의 고지의무위반을 인정할 필요가 없는 까닭이다.

(4) 명시적 또는 묵시적 담보의무 때문에 고지할 필요가 없는 사항

해상보험계약에서 담보의무는 엄격히 준수되어야 하고, 피보험자가 이를 위반한 때에는 그 시점부터 보험자는 보상책임을 면한다. 따라서 보험자가 피보험자의 담보의무위반 때문에 이미 보상책임을 면한 때에는 고지의무위반을 이유로 별도로 보험자에게 계약해제권을 인정할 실익이 없다.

VI. 보험증권

보험증권은 보험계약의 성립과 그 내용을 증명하기 위하여 보험계약의 내용을 기재하고, 보험자가 기명날인하여 보험계약자에게 교부하는 증권이다. 우리 상법상 보험계약은 불요식의 낙성계약이므로 보험증권이 보험계약의 성립을 위하여 반드시 필요한 것은 아니지만, 국제거래에서 해상보험계약이 일반적으로 준거법으로 지정하고 있는 영국 해상보험법은 해상보험계약은 해상보험증권에 기재되지 않는 한 증거로서 받아들여지지 않는다고 규정함으로써 해상보험증권이 발행되어야만 해상보험계약의 존재 및 효력을 주장할 수 있도록 하고 있다(MIA 제22조).

제3절 피보험이익

I. 의 의

해상보험계약은 해상사업과 관련해서 발생한 사고로 인하여 피보험자가 입은 손해를 전보하여 주는 보상계약이다. 즉 피보험자가 손해를 입어야만 그 손해를 보상해주며, 그것도 그 손해의 한도 내에서만 보상하여 주는 것이다.

피보험자에게 손해가 발생하였다고 하기 위해서는 그 전제로서 피보험자에게 특정한 경제적 이익이 존재해야 한다. 이러한 경제적 이익, 즉 그 이익이 침해됨으로써 피보험자에게 손해가 발생하는 이익을 피보험이익(insurable interest)이라고 하며, 비록 해상보험계약이 체결되었다고 하더라도 피보험자에게 이러한 피

보험이익이 없는 경우라면 그 보험계약은 무효이고 보험자는 보험금지급책임을 면한다. 피보험이익이 없는 보험계약은 피보험자의 손해를 보상한다는 보험계약으로서의 본질적인 구성요소를 결한 것으로 사행계약이 되기 때문이다.

영국 해상보험법은 항해사업에 이해관계가 있는 자는 모두 피보험이익을 갖는다고 하고(MIA 제5조 제1항), 이어서 구체적으로 항해사업에 대해서 또는 위험에 노출된 일체의 피보험재산(insurable property)에 대해서 법적 또는 형평법적 이해관계를 갖고 있고, 그러한 이해관계로 말미암아 피보험재산의 안전 또는 예정에 따른 도착으로 이익을 얻거나 또는 피보험재산의 멸실, 훼손 또는 그 억류로 인하여 손해를 입거나 또는 피보험재산과 관련하여 책임을 부담하는 때에는 그 항해사업에 피보험이익을 갖는다고 규정하고 있다(MIA 제5조 제2항).

요컨대 피보험이익이란 피보험자가 보험의 목적에 관하여 일정한 사고가 발생함으로써 경제상의 손해를 입을 우려가 있는 경우에 그 목적에 대하여 피보험자가 갖는 이해관계라고 할 것이므로 해상보험에 있어서 해상보험의 목적인 선박 또는 적하에 대해서 해상위험의 불발생에 의해 이익을 얻거나 또는 해상위험의 발생으로 손해를 입게 되는 이해관계를 가진 자는 그 선박 또는 적하에 대해서 피보험이익을 갖는다고 할 수 있다.

주의할 것은 보험의 목적인 선박 또는 적하에 대해서 반드시 하나의 피보험이익이 존재하는 것은 아니라는 점이다. 예를 들어 보험의 목적인 특정 선박에 대해서 어떤 자는 소유자로서, 또 어떤 자는 선박저당권자로서 각각 피보험이익을 가질 수 있다. 또한 화물에 대해서도 어떤 자는 그 소유자로서, 또 어떤 자는 보관인 또는 중개인으로서 피보험이익을 가질 수 있다. 이러한 경우에 이들 각자가 자기의 피보험이익에 근거하여 해상보험계약을 체결할 수 있기 때문에 단일한 보험의 목적에 대해서 복수의 해상보험계약이 존재하는 것이 얼마든지 가능하다.

II. 피보험이익의 존재시기

피보험이익은 보험계약체결 당시에는 존재하지 않아도 좋으나 손해발생시점에는 반드시 존재해야 한다(MIA 제6조 제1항). 피보험자에게 손해가 발생한 경우에 그 손해를 보상하는 것이 해상보험계약이기 때문에 피보험이익이 존재해야 하는 시점이 다른 때가 아닌 바로 손해발생시점이어야 함은 당연하다. 예를 들어 선박의 매수인은 그 선박의 소유권이 자기에게 이전된 이후부터 피보험이익을 가질 뿐이므로 소유권이 이전되기 전에 그 선박이 멸실되었다면 멸실 당시에는 피보험이익이 없었던 것이기 때문에 보험자는 보험금을 지급할 의무를 부담하지 않는다.

피보험이익이 손해발생시점에 존재해야 하기 때문에 피보험자가 손해가 이미 발생한 사실을 안 후에는 보험의 목적의 취득 등 어떤 행위에 의하더라도 피보험이익을 취득하지 못한다(MIA 제6조 제2항). 다만 해상보험계약이 "멸실 여하 불문"(lost or not lost) 조건으로 체결된 경우로서 손해발생시에 피보험이익이 존재하지 아니하였다고 할지라도, 계약체결 당시에 피보험자는 그 멸실사실을 알고 있었지만, 보험자는 모르고 있었던 경우가 아닌 한, 보험자는 보상책임을 면할 수 없고 피보험자는 보상을 받을 수 있다(MIA 제6조 제1항 단서). 이러한 경우에는 손해발생 당시에 피보험이익이 존재하지 않더라도 해상보험계약이 사행계약화되는 것을 막고자 하는 피보험이익의 취지가 손상되지는 않기 때문이다.

Ⅲ. 피보험이익의 요건

1. 경제적 이익

보험제도는 우연한 사고에 의해 입게 될 손해의 보상을 그 본질로 하기 때문에 보험에 의해서 보호되는 이익, 즉 피보험이익은 재산적 또는 경제적 이익이다. 따라서 피보험이익은 재산을 구성하는 것으로서 금전으로 평가할 수 있는 금전적 가치를 갖고 있어야 한다.

피보험이익이 경제적 이익이어야 한다고 해서 그 사용목적이 반드시 경제적 목적일 필요는 없다. 따라서 적하보험에 있어서 장식품이나 예술품 등이 보험의 목적이 되는 경우와 같이 상업적 이윤 취득과 직접적 관련이 없는 화물의 경우에도 경제적 이익이 존재한다고 볼 수 있다. 또한 피보험이익이 경제적 이익이어야 한다는 요건은 보험의 목적으로 된 선박이나 적하 자체의 실제 재산가치와도 무관하다.

피보험이익은 경제적 가치를 가지면 족하기 때문에 그 이익이 반드시 법적으로 인정되는 이익일 필요는 없고, 따라서 사실상의 이익도 피보험이익이 될 수 있다. 예를 들어 어떤 화물에 대해서 물권적 또는 채권적 권리를 갖지 않는 경우에도 그 화물을 사실상 이용 또는 처분할 수 있는 지위에 있는 자는 그 화물 또는 적하에 대해서 피보험이익을 갖는다. 따라서 아직 타인의 소유하에 있는 화물이지만 그 화물의 양수에 충분한 기대를 갖는 자는 그 화물에 대해서 피보험이익을 가지며, 화물의 안전한 도착으로 이익을 기대할 수 있는 지위에 있는 자도 그 화물에 대해서 피보험이익을 갖는다.

반대로 법적인 권리를 갖더라도 그 권리에 아무런 경제적 가치가 없는 경우에는 피보험이익이 없다고 할 것이다. 예를 들어 어떤 자가 화물에 대해서 소유권을 갖고는 있지만, 이를 행사할 수 없는 경우에는 법적 이익에도 불구하고 경제적 이익은 존재하지 않기 때문에 이러한 경우에 화물의 명목소유자는 그 화물에 대해서 피보험이익을 갖지 않는다.

2. 확정가능한 이익

피보험이익은 확정가능한 이익이어야 한다. 즉 해상보험에 의해서 부보되는 특정한 해상위험으로 인하여 동 해상보험의 목적인 선박이나 화물에 특정한 손해가 발생할 것이 확정된 때에 비로소 피보험이익은 존재하는 것이다. 따라서 피보험이익은 개별적인 구별이 가능하여 다른 피보험이익과 구별할 수 있어야 하며, 그러한 확정성의 판단시기는 해상보험계약의 체결시점이다.

해상보험계약의 체결시점에 확정이 가능하여야 한다고 해서 피보험이익이 그 시점에 현존하는 것일 필요는 없으며, 장래의 이익인 경우에도 확정이 가능한 피보험이익이 될 수 있다. 장래의 이익의 예로서는 장래의 해상운송에 대비하여 항해에 관한 사고를 부보하거나 또는 해상운송중의 화물을 피보험자가 매수하는 경우 등을 들 수 있다.

3. 적법한 이익

피보험이익이 되기 위해서는 그 이익이 적법한 것이어야 함은 물론이다. 따라서 공서양속에 반하는 도서나 물품을 보험의 목적으로 하거나 또는 밀수 등 항해사업 자체가 불법인 경우와 같이 그 이익의 보호가 법규 또는 공서에 위반하는 때에는 그러한 적하 또는 항해사업에 대해서는 피보험이익이 인정되지 않는다.

피보험이익 자체는 위법이 아니라 할지라도 실정법에 의해서 부보가 금지되는 때에도 역시 피보험이익은 인정되지 않는다.

IV. 주요 피보험이익

1. 선박 또는 화물에 대한 소유권

선박 또는 화물의 소유권을 갖고 있는 자는 그 멸실 또는 훼손으로 손해를 입는 지위에 있기 때문에 당연히 그 선박 또는 화물에 대해서 피보험이익을 갖는다. 그러나 엄밀히 말해서 해상보험에 의해서 보호의 목적으로 되는 것은 소유권 자체가 아니라 일반적으로 소유권의 형태로 표시되는 경제적 지배력이기 때문에 법적인 소유권을 갖지 아니하더라도 선박이나 화물에 대해서 일정한 경제적 지배력을 갖고 있다면 피보험이익이 인정된다.

소유권의 내용이나 그 행사에 제한이 있는 경우에는 그에 따라 피보험이익의 내용도 영향을 받는다. 예를 들어 보험의 목적이 공유되고 있는 경우에는 각 소유권자는 자기의 소유 부분에 대해서만 피보험이익을 갖는다.

정지조건부 이익(contingent interest)이나 해제조건부 이익(defeasible interest)과 같이 해상보험계약체결 당시에는 확정되지 않았을지라도 손해발생 당시에 확정될 수 있는 경우에는 해상보험계약의 체결이 허용된다.

피보험재산의 소유자는 손해발생시 다른 제3자가 그 손해를 보상해 주기로 이미 약정이 되어 있거나 또는 제3자가 그 손해를 보상해야 하는 책임을 부담하더라도 피보험재산의 전체 가액에 대하여 피보험이익을 갖고 이를 부보할 수 있다. 따라서 선박소유자는 비록 용선자(charterer)가 항해 도중에 그 선박이 멸실되는 경우에 손해를 보상하여 주기로 약정하였다고 하더라도 자신의 선박을 부보하고자 할 때에 그의 선박의 가액 전체에 대해서 피보험이익을 갖는다.

주의할 것은 이와 같이 동일한 보험의 목적을 여러 사람이 부보할 경우라도 그 피보험이익이 각각 서로 다른 것이라면 각 보험자들 간에는 대위(subrogation)의 문제만 발생할 뿐, 보험금의 분담(contribution)과 같은 문제는 발생하지 않는다는 점이다.

2. 선박 또는 화물에 대한 담보권

선박 또는 화물이 채권에 대한 담보로 제공된 경우에 담보권자는 선박 또는 화물이 항해사고를 당한 때에는 자기의 담보물을 잃고, 따라서 그의 채권회수 가능성이 희박해지는 것이므로 담보의 목적으로 된 선박 또는 화물에 대하여 당연히 피보험이익을 갖는다. 이때 담보권자는 자신이 변제받아야 할 채권금액에 대하여 피보험이익을 갖는 것이다(MIA 제14조 제1항).

자기의 선박 또는 화물을 담보로 제공한 담보권설정자가 자기 소유인 선박이나 화물의 멸실이나 훼손으로 손해를 입으리라는 것은 당연하므로 역시 그 선박이나 화물에 대해서 피보험이익을 갖는다. 이때 담보권설정자는 그 보험의 목적인 선박이나 화물의 전체 가액에 대하여 피보험이익을 갖는다(MIA 제14조 제1항).

3. 기대이익

화물이 도착항에 안전하게 도착한 때에 그 화물을 매각함으로써 일정한 이익을 얻을 기대를 갖고 있는 자는 항해사고로 인하여 화물이 멸실 또는 훼손되는 경우에 그 기대이익의 상실로 손해를 볼 지위에 있는 자이므로 그 기대이익에 대해서 피보험이익을 갖는다.

4. 운 임

해상운송법상 운임은 운송계약에 기하여 선박을 사용하여 적하를 운송하는 대가로 송하인이 운송인에게 지급하는 보수라고 좁게 정의할 수 있으나, 운임은 보다 포괄적으로 선박의 사용으로 선주가 얻는 이익으로 파악되기도 한다. 해상보험법상 운임에는 협의의 운임뿐 아니라 용선계약에 기하여 선박의 전부 또는 일부 사용에 대하여 용선자가 선주에게 지급할 것을 약속한 용선료 또는 선주가 자기 선박을 사용하여 자기 화물을 운송함으로써 기대되는 이익 등도 포함되는 바, 해상운송의 완수로 이러한 넓은 의미의 운임을 받을 자는 동 운임에 대해서 피보험이익을 갖는다.

한편 선급운임(advance freight)의 경우에 운임을 선급한 자도 손해가 발생한 때에는 운임을 반환받지 못하는 범위 내에서 피보험이익을 갖는다(MIA 제12조).

5. 선 비

항해를 함에 있어서 선주 또는 운송인은 항해에 필요한 연료, 식료, 음료수 및 기타의 소모품, 선원의 급료, 선박 및 선비에 대한 보험료 등의 비용을 지출해야 하는데, 이와 같이 선박을 운항하는 데 필요한 제반 비용이 선비(disbursements)이다.

일반적으로 선주나 운송인이 지출한 선비는 운임의 일부를 구성하고, 운임의 취득에 의하여 회수된다. 그러나 해상위험의 발생으로 운임취득이 불가능한 경우에는 지출된 선비를 회수하는 것이 불가능하기 때문에 운임을 부보하는 것과는 별개로 선비를 부보할 필요가 있고, 따라서 선주나 운송인은 선비에 대해서 피보험이익을 갖는다.

6. 기타의 피보험이익

영국 해상보험법에 따르면 이 외에도 해상보험자는 자기의 보상위험에 대하여 피보험이익을 갖는 자로서 이를 재보험에 부보할 수 있고(MIA 제19조 제1항), 선박담보대차(bottomry) 또는 적하담보대차(respondentia)의 채권자는 자기의 채권에 대해서 피보험이익을 가지며(MIA 제10조), 선장 또는 선원은 자기의 급료에 대해서 피보험이익을 갖는다(MIA 제11조). 또한 피보험자는 해상보험에 부보할 때 소요되는 보험비용에 대해서 피보험이익을 갖는다(MIA 제13조).

제4절 해상위험

Ⅰ. 의 의

해상보험에서 보험자가 부보하는 위험은 이른바 해상위험(maritime perils) 또는 항해에 관한 사고이다. 우리나라 상법 제693조도 해상위험에 대한 해상보험자의 책임에 관해서 해상보험계약의 보험자는 항해에 관한 사고로 인하여 생긴 손해를 보상할 책임이 있다고 하고 있는바, 우리나라 상법상의 항해에 관한 사고가 곧 해상위험을 말한다.

영국 해상보험법은 해상위험을 항해의 결과로서 발생하는 또는 항해에 수반하는 위험이라고 정의하고, 해상위험의 예로서 해고유의 위험 및 항해에 부수하는 위험을 구체적으로 열거한 뒤, 그 동종의 위험 또는 보험증권에 기재된 기타 위험도 해상위험이라고 정의함으로써 침몰, 좌초, 충돌 등 해고유의 위험뿐 아니라 화재, 전쟁, 해적, 도난, 포획, 압류, 투하, 선원의 불법행위 등 항해에 부수하는 위험도 해상위험임을 분명히 하고 있다(MIA 제3조).

국제거래에서 해상보험계약을 체결하였다고 해서 모든 해상위험에 대해서 선박 또는 화물이 당연히 부보되는 것은 아니고, 부보하는 위험의 구체적 범위는 보험자와 피보험자 간의 합의에 의해서 정해진다. 특히 적하보험에서는 협회적하약관(Institute Cargo Clauses) (A), (B) 또는 (C)를 사용하여 부보하는 위험의 범위를 정하게 되는데, 각 협회적하약관이 부보하는 위험의 범위는 다음과 같다.

1. 협회적하약관 (A)

협회적하약관 (A)는 모든 해상위험을 부보한다(ICC (A) 제1조).

2. 협회적하약관 (B)

협회적하약관 (B)는 화재 또는 폭발, 선박 또는 부선의 좌초(stranding), 교사(膠沙; grounding), 침몰 또는 전복, 육상운송수단의 전복 또는 탈선, 선박이나 부선 또는 운송수단과 물 이외의 기타 다른 외부물체와의 충돌 또는 접촉, 조난항에서 화물의 양륙, 지진이나 화산폭발 또는 낙뢰 등의 해상위험과 공동해손희생(general average sacrifice)이나 투하(jettison), 파도에 의한 갑판상의 유실 또는 선박, 부선, 선창, 운송수단, 컨테이너, 리프트밴 또는 보관장소에 해수, 호수 또는 하수의 유입 및 선박 또는 부선에의 선적작업 중 또는 그로부터의 양륙작업 중에 해수면으로 유실되거나 추락되어 발생된 포장의 전손 등의 해상위험을 부보한다(ICC (B) 제1조).

3. 협회적하약관 (C)

협회적하약관 (C)는 협회적하약관 (B)가 정하고 있는 부보위험 중에서 지진이나 화산폭발 또는 낙뢰, 파도에 의한 갑판상의 유실 또는 선박, 부선, 선창, 운송수단, 컨테이너 또는 보관장소에 해수, 하수 또는 하수의 유입 및 선박 또는 부선에의 선적작업 중 또는 그로부터의 양륙작업 중에 해수면으로 유실되거나 추락되어 발생된 포장의 전손 등의 위험을 부보위험으로부터 제외함으로써 협회적하약관 중 가장 부보하는 위험의 범위가 좁다(ICC (C) 제1조).

II. 해상위험의 종류

1. 해고유의 위험

해고유의 위험(perils of the seas)은 해상에서만 발생할 수 있는 위험을 의미한다. 협회적하약관 (A)는 전위험을 부보하므로 당연히 해고유의 위험을 부보한다. 협회적하약관 (B)가 부보하는 선박 또는 부선의 좌초, 교사, 침몰 또는 전복, 선박이나 부선 또는 운송수단과 물 이외의 기타 다른 외부물체와의 충돌 또는 접촉, 선박, 부선, 선창, 운송수단, 컨테이너, 리프트밴 또는 보관장소에 해수, 호수 또는 하수의 유입 등을 해고유의 위험으로 볼 수 있을 것이다.

(1) 좌　초

좌초(stranding)는 선박이 해(海; sea)의 밑바닥이나 암초 등 견고한 물체나 모래 또는 진흙 등의 부드러운 물체에 얹히는 경우를 의미한다. 좌초가 되기 위해서는 항해의 통상적인 과정에서 발생하는 정도이어서는 안 되며, 선박이 외부로부터의 우연한 원인에 의하여 물체에 얹힌 후 상당한 시간 동안 그 위에 정지되어 있어야 한다.

협회적하약관 (A), (B) 및 (C)가 모두 부보하는 위험이다.

[관련판례] 大判 1989.9.12, 87다카3070

선박의 좌초 후 선원의 이선으로 원주민의 약탈이 있은 경우, 그 약탈은 선행의 주된 보험사고라 할 수 있는 좌초의 기회에, 좌초에 기인하여 발생한 것이라는 점에서 좌초와 약탈은 단일사고 특히 동일한 사고로부터 생기는 일련의 손해에 해당한다고 보아야 할 것이다.

(2) 충　돌

충돌(collision)은 선박이 다른 물체와 접촉하는 것을 의미하는데, 이때 그 다른 물체는 선박, 또는 유수・난파물과 같은 부유물 또는 방파제나 부두 등을 의미한다. 충돌은 폭풍이나 조류 등 자연적 원인에 의할 뿐 아니라 선원의 고의 또는 과실에 의해서 발생하였더라도 충돌 그 자체가 해(sea)의 작용, 즉 선박의 통로인 해상에서 해수의 작용을 수반하였다면 해고유의 위험으로 볼 수 있다.

협회적하약관 (A), (B) 및 (C)가 모두 부보하는 위험이다.

(3) 침　몰

침몰(sinking)은 선박이 부력을 잃고 수중으로 가라앉는 것을 의미한다. 선박은 폭풍으로 전복되어 침몰하는 경우와 같이 자연적 위험사정에 의하는 수도 있고, 또는 스커틀링(scuttling)과 같이 인위적 위험사정이 원인이 되어 발생할 수도 있다. 그러나 침몰은 해(sea)의 작용을 반드시 원인으로 해야 하므로 전형적인 해고유의 위험이다.

선박이 침몰했다고 해서 바로 현실전손으로 되지는 않으며, 침몰이 있었다고 할지라도 구조의 가능성이 있는 경우에는 일단 분손이 된다. 다만 일정한 요건을 갖춘 때에는(MIA 제60조 참조) 추정전손이 될 수 있다. 추정전손의 요건을 갖춘 때에는 침몰선박을 보험자에게 위부하여 보험금을 전액 청구할 수 있다.

협회적하약관 (A), (B) 및 (C)가 모두 부보하는 위험이다.

2. 화재 또는 폭발

화재는 주요한 해상위험의 하나이다. 보험자는 화재 자체로 인한 손해뿐 아니라 화재시의 연기 또는 열기에 의한 손해 및 소화작업 중 침수에 의한 손해에 대해서도 보상책임을 진다. 다만 자연발화에 의한 적하의 손해는 적하의 성질에 기한 손해로서 보험자는 보상책임을 지지 않는다.

폭발은 매우 급속한 화학적 또는 원자력의 반응에 의하여 또는 압력을 받고 있던 가스나 증기의 분출에 의하여 야기된 사고를 의미한다.

협회적하약관 (A), (B) 및 (C)가 모두 부보하는 위험이다.

3. 투　하

투하(jettison)는 선박의 좌초나 폭풍 등의 비상시에 그 위험으로부터 벗어나기 위하여 선박을 가볍게 하고자 속구, 선박저장품 또는 여객의 휴대품 등을 선외로 투기하는 것을 의미한다. 투하가 되기 위해서는 투하의 고의가 존재해야 하기 때문에 적하가 풍랑으로 휩쓸려나간 경우 등에는 투하가 있었다고 할 수 없다. 투하는 일반적으로 공동의 위험이 존재하는 경우에 공동의 안전을 위한 구조수단, 즉 공동해손행위(general average act)로서 이루어진다.

협회적하약관 (A), (B) 및 (C)가 모두 부보하는 위험이다.

4. 선장 또는 선원의 악행

선장 또는 선원의 악행(barratry of master or mariners)은 선주 또는 용선자에게 손해를 야기하는 선장 및 선원의 고의에 의한 불법행위를 의미한다(MIA RCP 제11조). 고의에 의할 것을 요구하기 때문에 선주에게 손해를 입혔다고 할지라도 선원의 능력부족 또는 과실로 인한 때에는 악행이 되지 않으며, 또한 선주 또는 용선자에게 손해를 야기할 것이 요구되기 때문에 선주의 지시 또는 그의 묵시적 허락에 의해 선장 또는 선원이 불법행위를 한 때에도 악행이 되지 않는다.

선장 또는 선원의 악행은 선주를 해치고자 하는 선장 또는 선원의 행위를 의미하기 때문에 화물이나 적하와는 아무런 관련을 갖지 않는다. 따라서 협회적하약관 (B) 및 (C)는 선장 또는 선원의 악행을 부보하지 않음을 분명히 규정하고 있다(ICC (B) 및 (C) 제4조 제7항). 다만 협회적하약관 (A)는 모든 위험을 부보하기 때문에 당연히 이를 부보한다.

5. 해적행위

해적행위(piracy)는 자기의 이익을 도모하거나 일신상의 복수를 위하여 약탈・방화・살인 등의 폭력행위를 행하는 것을 의미하며, 여기에는 폭동을 일으키는 선객의 행위 및 해안에서 선박을 공격하는 폭도의 행위가 포함된다(MIA RCP 제8조). 개인적인 이익을 위한다는 목적을 가져야 하기 때문에 공공의 정치적인 목적을 위하여 특정 국가의 재산을 약탈하는 행위는 이를 해적행위로 볼 수 없다.

해상보험에서 해적행위는 공해상뿐 아니라 영해상에서 이루어진 행위도 포함하기 때문에 공해상에서 이루어진 행위만을 의미하는 국제법상의 해적행위와 반드시 일치하는 것은 아니다.

협회적하약관 (B) 및 (C)는 해적행위를 부보하지 않지만, 협회적하약관 (A)는 모든 위험을 부보하므로 당연히 이를 부보한다.

6. 절 도

해상보험상 절도(thieves)는 선박 외부로부터 침입한 자에 의한 폭력을 수반한 절도를 의미하기 때문에 단순한 절도라기보다는 강도에 가까운 개념이다(MIA RCP 제9조). 이때 폭력은 사람에 대한 것만을 의미하는 것은 아니고, 물건에 대한 것도 포함한다.

협회적하약관 (B) 및 (C)는 절도를 부보하지 않으나 협회적하약관 (A)는 모든 위험을 부보하기 때문에 당연히 이를 부보한다.

Ⅲ. 면책위험

1. 의 의

해상보험계약은 부보된 위험으로 인하여 발생한 손해를 보상해 주기로 하는 내용의 계약이다. 이러한 부보위험은 당사자 간 약정에 의하여 결정되는바, 적하보험에 있어서는 협회적하약관에서 정한 정형적인 위험들이 부보위험이 된다.

이러한 부보위험과 관련하여 영국 해상보험법, 협회적하약관 (A), (B) 및 (C)

그리고 협회전쟁약관(Institute War Clauses), 협회파업약관(Institute Strikes, Riots and Civil Commotions Clauses) 등의 협회약관은 일정한 사유에 기인하여 발생한 손해에 대하여 보험자가 보상책임을 부담하지 아니한다는 내용의 면책조항(exclusion clauses)을 두고 있다.

면책조항에는 해상보험법 등 법률로 규정된 법정면책조항과 협회약관 등 약관에 의해 규정된 약정면책조항이 있다. 약정면책조항은 당사자 간 합의에 의한 것이므로 법정면책조항에 우선해서 효력을 갖는다. 한편 법정면책조항은 당사자 간 반대의 특약이 없는 한, 당연히 효력을 갖는다.

국제거래와 관련해서 체결되는 해상보험계약이 일반적으로 준거법으로서 지정하고 있는 영국 해상보험법에 따른 보험자의 면책사유로는 담보의무위반 후의 위험(MIA 제33조 제3항), 항해변경 후의 위험(MIA 제45조 제2항), 이로 후의 위험(MIA 제46조 제1항), 부당한 항해지연 후의 위험(MIA 제48조), 담보의무위반에 의한 감항무능력(MIA 제39조 제5항), 간접손해(MIA 제55조 제1항), 고의에 의한 위험(MIA 제55조 제2항 제a호), 항해의 지연(MIA 제55조 제2항 제b호), 통상적 성질 또는 하자의 위험(MIA 제55조 제2항 제c호), 부보되지 아니하는 위험에 의한 공동해손(MIA 제66조 제6항) 등이 있다.

담보의무 위반, 항해변경, 항해지연 및 이로 등에 관해서는 위험의 변경과 관련해서 후에 따로 설명하고, 이하에서는 고의에 의한 위험, 통상적 성질 또는 하자의 위험 그리고 전쟁 및 파업위험에 관하여 설명한다.

2. 고의의 보험사고

영국 해상보험법은 피보험자의 고의의 불법행위(wilful misconduct)에 기인하는 일체의 손해에 대해서 보험자는 책임을 지지 않는다고 규정하고 있다(MIA 제55조 제2항 제a호). 따라서 선주가 자기의 선박에 고의로 구멍을 뚫어 해수를 침입시켜 선박을 침몰시킨다든가(scuttling) 또는 고의로 화재를 내어 좌초시킨다든가 하는 등의 경우에 보험자는 면책된다. 협회적하약관도 이와 같은 피보험자의 고의의 불법행위를 보험자의 면책사유로서 규정하고 있다(ICC (A), (B) 및 (C) 제4조). 주의할 것은 영국 해상보험법이나 협회적하약관은 고의에 의한 불법행위만을 보험자의 면책사유로서 규정하고 있으나, 영국 판례는 중과실에 의하여 불법행위가 야기된 경우에도 이를 고의에 의한 불법행위로 보아 보험자는 면책된다고 하고 있다는 점이다. 참고로 우리나라 상법은 적하를 보험에 붙인 경우에 보험자는 용선자, 송하인 또는 수하인의 고의 또는 중대한 과실로 인하여 생긴 손해를 배상할 책임이 없다고 규정하고 있다(상법 제706조 제2호).

영국 해상보험법은 선장이나 선원의 불법행위 또는 과실로 인한 손해에 대해서는 보험자가 면책되지 않는다고 하고 있고(MIA 제55조 제2항 제a호 제2문), 모든 위험을 부보하는 협회적하약관 (A)의 경우에도 마찬가지라고 할 것이지만, 협회적하약관 (B) 및 (C)는 선장 또는 선원의 고의의 불법행위를 부보하는 위험으로서 열거하고 있지 않기 때문에 보험자는 이에 대해서 책임을 지지 않는다.

3. 통상의 자연소모, 누손 및 파손

영국 해상보험법은 보험증권에서 달리 규정하고 있지 않은 한, 통상의 자연소모(ordinary wear and tear), 통상의 누손 및 파손(ordinary leakage and breakage), 고유의 하자 또는 성질(inherent vice or nature), 또는 쥐 또는 해충(rats or vermin)에 근인하여 발생하는 손해와 해상위험에 근인하여 발생하지 않은 기계의 손상에 대해서 책임을 지지 않는다고 규정하고 있다(MIA 제55조 제2항 제c호). 이는 선박은 항해 중이나 정박 중에도 바람과 파도의 작용에 의하여 노후해질 수밖에 없는데, 통상적으로 생기는 이러한 자연적인 노후는 필연적으로 일어나는 현상으로서 우연성이 없기 때문에 보험자가 책임을 지지 않도록 한 것이다. 또한 같은 이유에서 통상의 누손 및 파손에 대해서도 보험자는 책임을 지지 않도록 했다.

고유의 하자 또는 성질은 항해에 있어서 외부의 우연한 사고나 재난 등의 개입이 없이 화물이 훼손되는 자연적인 경향을 의미하며, 화물의 포장이 불충분한 것도 고유의 하자에 해당한다. 예를 들어 과일 또는 야채류가 상한다든가 또는 포도주가 변한다든가 하는 것은 과일, 야채류 또는 포도주의 고유한 하자 또는 성질에 기인한 손해로 볼 수 있을 것인데, 이러한 손해는 보험사고의 본질인 우연성을 결하고 있기 때문에 보험자로 하여금 면책되도록 한 것이다.

4. 전쟁 및 파업위험

영국 해상보험법은 전쟁위험이나 파업위험에 대해서 보험자가 면책됨에 대하여 별도의 규정을 두고 있지 않으나, 협회적하약관은 이른바 전쟁면책조항(war exclusion clause)에서 상세한 규정을 두고 있다. 즉 이 조항에 따르면 ① 전쟁(war), 내란(civil war), 혁명(revolution), 모반(rebellion), 반란(insurrection), 그로부터 발생하는 국내투쟁(civil strife) 또는 교전국에 의하거나 교전국에 대한 적대행위, ② 포획(capture), 나포(seizure), 체포(arrest), 억류(restraint), 억지(detainment) 및 그러한 행위의 결과 또는 그러한 행위의 기도 ③ 유기된 기뢰, 어뢰, 폭탄 또는 기타의 유기된 전쟁무기 등으로 인한 멸실이나 훼손 또는 비용에 대해서 보험자는 면책된다(ICC (A), (B) 및 (C) 제6조).

또한 협회적하약관은 파업면책조항(strike exclusion clause)을 두어 파업행위로 인한 손해에 대해서 보험자가 면책됨을 분명히 하고 있는바, ① 파업자나 직장폐쇄를 당한 노동자 또는 노동쟁위, 폭동 및 소요 등에 가담한 자로 인하여 발생하거나, ② 파업, 직장폐쇄, 노동쟁위, 폭동 또는 소요의 결과로 발생하거나 ③ 테러리스트 또는 정치적 동기로 행동하는 자로 인하여 발생한 손해에 대해서는 보험자가 책임을 지지 않음을 규정하고 있다(ICC (A), (B) 및 (C) 제7조).

Ⅳ. 위험의 변경

1. 의 의

보험자는 보험계약체결시에 피보험자가 고지한 위험에 관한 정보에 기하여 위험의 인수 여부를 결정한다. 이 때문에 영국 해상보험법은 보험자의 정확한 판단을 돕기 위해 피보험자에게 위험측정의 자료가 되는 중요한 사실을 고지할 의무, 이른바 고지의무를 부담시키고 있다(MIA 제18조).

보험자는 피보험자에 의한 고지사항의 내용과 자기의 조사 결과를 바탕으로 부보할 위험을 측정하기 때문에 보험계약체결에 있어서 변경되지 아니할 것을 전제로 한 위험사정이 변경되는 경우에 보험계약의 기초를 이루고 있는 보험자의 위험부담과 피보험자가 지급해야 하는 보험료 간의 균형관계가 깨지게 된다. 이와 같이 위험측정의 조건이 변하는 것을 위험의 변경이라고 하는데, 이러한 위험의 변경에 관해서 영국 해상보험법은 몇 가지 규정을 두고 있다.

영국 해상보험법은 피보험자에게 고지의무를 인정하되, 우리나라 상법과는 달리 보험기간 중에 일반적인 위험의 변경 및 증가금지의무를 인정하지 않는다.[5] 즉 영국 해상보험법은 위험의 불변경을 보험계약에 있어서 묵시적 조건(implied condition)으로 이해하는 결과, 위험변경에 관한 포괄적인 규정을 두기 보다는 위험변경의 구체적인 경우에 대해서 상세한 규정을 두는 규정방식을 취했다(MIA 제42조 내지 제49조 참조).

영국 해상보험법에 의하면 위험의 변경이 있은 때에는 그 변경이 있은 때로부터 보험자는 면책되며, 위험의 변경을 초래한 사정이 원상으로 회복되었다고

---

5) 우리나라 상법 제652조 및 제653조 참조.

할지라도 보험자의 책임은 부활하지 않는다. 예를 들어 이로(deviation)를 한 선박이 원래의 항로로 복귀했다고 할지라도 이로가 있은 때 면책된 보험자의 책임이 다시 개시하지는 않는 것이다(MIA 제46조 제1항 참조).

영국 해상보험법은 피보험자의 귀책사유 여하에 상관없이 위험의 변경이 있는 경우에 위험변경의 구체적 사정에 따라 보험자에게 계약해제권을 부여하거나 또는 위험변경시점부터 보험자에게 면책을 인정하거나 또는 보험자의 책임이 개시하지 않는 것으로 하는 등 위험변경의 종류에 따라 상이한 내용의 효과를 인정한다(MIA 제43조 내지 제46조).

2. 항해의 변경

(1) 의 의

항해보험에서 항해는 보험계약에서 정한 발항항에서 도착항까지의 항해를 의미하기 때문에 항해의 변경(change of voyage)이란 그 발항항 또는 도착항의 일방 또는 쌍방을 변경하는 것이다. 선박보험이든 적하보험이든 항해보험에서 보험자는 그 항해에 관한 사고로 인한 손해를 담보할 뿐이기 때문에 보험계약에서 정한 발항항 또는 도착항의 변경은 보험계약에서 정한 위험의 내용에 대한 중대한 변경을 초래한다.

영국 해상보험법은 항해의 변경을 위험개시 후에 선박의 도착항을 보험증권에서 특정된 도착항으로부터 임의로 변경하는 것으로 정의하고 있다(MIA 제45조 제1항). 영국 해상보험법은 보험증권에 발항항 또는 도착항이 명시된 경우로서 명시된 발항항이 아닌 다른 항구에서 발항하는 경우나 또는 처음부터 보험증권이 정한 도착항이 아닌 다른 항구를 향해 항해를 개시하는 경우에는 이를 항해의 변경의 경우로서 규정하고 있지 않다(MIA 제45조 제1항). 그러나 영국 해상보험법은 이와 같이 발항항을 변경하거나 또는 처음부터 보험증권에 명시된 목적항이 아닌 다른 목적항을 향해 발항하는 경우에는 아예 보험자의 책임이 개시하지 않는다고 규정하고 있기 때문에 보험자의 면책을 인정한다는 점에서는 차이가 없고(MIA 제43조 및 제44조), 따라서 항해개시 후 항해변경뿐 아니라 발항항의 변경 또는 다른 목적항을 향한 발항도 광의의 항해변경의 범위에 포함된다고 할 것이다. 참고로 우리나라 상법은 ① 선박이 보험계약에서 정하여진 발항항이 아닌 다른 항에서 출항하거나, ② 선박이 보험계약에서 정하여진 도착항이 아닌 다른 항을 향하여 출항하거나, 또는 ③ 보험자의 책임이 개시된 후에 보험계약에서 정하여진 도착항이 변경된 경우에는 보험자는 책임을 지지 않는다고 규정하고 있다(상법 제701조).

항해의 변경은 발항항 및 도착항의 일방 또는 쌍방을 변경하는 점에서 발항항 및 도착항은 변경되지 않고 일정한 항로만을 변경할 뿐인 이로와 구별된다.

보험자 면책의 효과를 갖는 항해의 변경이 되기 위해서는 항해변경이라는 객관적 사실이 존재하는 것으로는 충분하지 아니하고 항해변경의 임의성, 즉 항해를 변경한다는 주관적 의사가 있어야 하며, 따라서 항해변경의 발생시점도 항해변경의 의사가 명확히 표시되는 시점이 된다(MIA 제45조 제2항).

이러한 항해변경으로 인한 보험자 면책의 문제는 일정한 기간을 정하여 보험자가 위험을 부보하는 기간보험에서는 발생하지 아니하고, 발항항부터 도착항까지의 일정한 항해에서 발생하는 위험을 부보하는 항해보험에서 문제된다.

(2) 항해변경의 효과

1) 보험자의 책임이 개시되기 전의 항해변경

앞에서 설명한 바와 같이, 영국 해상보험법은 피보험자가 발항항을 변경한 경우에 보험자의 책임이 개시하지 않는다고 규정하고 있다(MIA 제43조). 한편 약정된 도착항을 보험자의 책임이 개시하기 전에 변경한 경우, 즉 보험증권에 명시된 도착항이 아닌 다른 항으로의 항해를 의도하거나 또는 그 실행에 착수한 경우에도 그 항해는 보험증권상 부보된 항해가 아니므로 역시 보험자의 책임은 개시하지 않는다(MIA 제44조). 참고로 우리나라 상법에 따르면 선박이 보험계약에서 정하여진 발항항이 아닌 다른 항에서 또는 목적항이 아닌 다른 항을 향하여 출항한 때에는 보험자는 책임을 지지 않는다(상법 제701조 제1항 및 제2항). 항해의 변경에 대한 보험자의 면책은 선박보험이든 적하보험이든 그 변경과 관련해서 보험계약자 또는 피보험자에게 귀책사유가 존재하는지 여부를 불문하고 인정된다. 보험자의 면책은 당연히 인정되기 때문에 보험계약의 해지를 요하지 않는다.

2) 보험자의 책임이 개시된 후의 항해변경

앞에서 설명한 바와 같이, 영국 해상보험법상 항해의 변경이란 협의의 의미로서 위험의 개시, 즉 보험자의 책임이 개시된 후에 목적항을 변경하는 경우를 의미하며, 이러한 경우에 보험자는 항해변경의 시점부터 면책된다(MIA 제45조 제2항).

이로나 항해의 지연의 경우와는 달리 항해의 변경이 있는 경우에는 거기에 합리적 이유가 있는 경우에도 보험자가 책임을 지지 않는다(MIA 제49조 참조). 그러나 항해의 변경에 임의성이 있어야 하기 때문에 우연 또는 강제에 의해서 항해의 변경이 있은 경우에는 보험자가 면책되지 않는다고 보아야 할 것이다(MIA 제45조 제1항). 따라서 악천후를

피하기 위해서 목적항을 변경하거나 또는 예정된 목적항이 봉쇄되어 목적항을 변경하는 경우 등 불가항력적 장애에 의한 항해의 변경은 그 변경에 임의성이 존재하지 않기 때문에 보험자는 면책되지 않는다.

보험자의 면책은 보험계약자 또는 피보험자가 항해를 변경하기로 결정한 때부터 인정되기 때문에 발항 후 일단 도착항의 변경을 결정하였다면, 그 결정 후 아직 원래의 항로를 벗어나지 아니한 상태에서 사고가 발생한 경우라고 할지라도 보험자는 보상책임을 지지 않는다.

3) 항해변경의 합의

해상보험의 당사자인 보험자와 피보험자 간에 항해의 변경에 관해서 합의할 수 있음은 물론이다. 예를 들어 협회적하약관은 "이 보험의 개시 후 목적지가 피보험자에 의하여 변경되는 경우에는 보험자에게 지체 없이 통지할 것을 조건으로 추후에 합의되는 보험료 및 조건에 의하여 계속하여 부보된다"고 규정함으로써(ICC (A), (B) 및 (C) 제10조) 항해의 변경을 원칙적으로 허용하되, 피보험자가 항해를 변경한 때는 이를 지체 없이 보험자에게 통지하도록 하고 또한 보험료의 인상 및 필요한 추가 조건을 정하는 문제에 관해서 합의할 것을 요구하고 있다.

3. 이 로

(1) 의 의

이로(離路; deviation) 또는 항로의 변경은 부보되는 항해의 통상의 항로를 정당한 이유 없이 임의로 이탈하는 것이다. 일반적으로 해상보험의 보험자는 항해가 예정된 항로를 따라 이루어진다는 전제하에 위험을 측정하고 보험계약을 체결한다. 따라서 이로는 보험자가 인수한 위험의 변경을 초래하기 때문에 이러한 경우에도 보험자로 하여금 책임을 지도록 하는 것은 부당하다.

이로가 되기 위해서는 항로의 변경이 있어야 한다. 즉 보험증권에서 항로를 특정한 때에는 그 항로를 변경하거나 또는 그 항로로부터 이탈했어야 하고, 보험증권상 항로가 특정되지 아니한 때에는 통상적이고 관습적인 항로(usual and customary course)로부터의 변경 또는 이탈이 있어야 한다. 따라서 선장이 임의로 항로변경의 의사를 갖고 있거나 또는 선주가 항로변경을 지시했더라도 선박이 현실적으로 정해진 항로에서 벗어나지 않는 한, 단지 항로변경의 의사 또는 계획만으로는 이로를 구성하지 않는다. 많은 경우에 통상적인 항해는 특정 지점 간의 가장 안전한 최단 거리를 항로로 하고 있는바, 이러한 항로를 이탈한 것을 이로라고 할 것이다.

다수의 기항을 예정하고 있는 경우에 보험계약에서 정한 기항순서 또는 지리적인 순서에 따르지 아니한 항해도 이로가 된다. 이러한 경우에 발항항이나 도착항은 변경되지 않았기 때문에 원래의 항해는 유지되고 있지만, 보험계약에서 정한 항로 또는 관습에 따른 항로를 벗어나 항해하는 것은 선박의 항해를 지연시킬 뿐만 아니라 항해에 관한 위험을 현저하게 변경시키기 때문이다.

(2) 이로의 효과

선박이 적법한 또는 정당한 사유 없이 보험증권에서 명시된 항로를 이탈한 경우에는 보험자는 그때부터 책임을 지지 않는다(MIA 제46조 제1항; 상법 제701조의2). 또한 일단 이로가 있은 때에는 선박이 손해발생 전에 원항로로 돌아온 경우에도 보험자는 보상책임을 지지 않는다(MIA 제46조 제1항; 상법 제701조의2).

보험자가 면책되기 위해서는 손해의 발생이 이로로 말미암아 발생해야 하는지에 관해서 영국 해상보험법은 이로에 의해서 위험이 증가하였는지 여부에 상관없이 또한 부보되는 위험의 발생과 이로 간에 인과관계가 전혀 없는 경우에도 보험자가 면책되도록 하고 있다(MIA 제46조 제1항).[6)]

이로가 있었다고 할지라도 그 이로가 적법한 사유로 인한 때에는 보험자는 보상책임을 면하지 못한다(MIA 제49조). 여기서 적법한 사유란 구체적 사정에 기초해서 판단할 사실의 문제인데, 예를 들어 불가항력 때문에 또는 인명의 구조를 위하여 이로한 경우가 이에 해당한다고 할 것이다. 영국 해상보험법은 정당한 사유의 예로서 보험증권상 특약에 의하여 인정되는 경우, 선장 및 사용인의 통제범위를 넘는 사정에 의한 경우, 명시적 및 묵시적 담보의무를 이행하기 위해서 합리적으로 필요한 경우, 선박 또는 보험의 목적의 안전을 위하여 합리적으로 필요한 경우, 인명을 구조하기 위하여 또는 인명과 관계 있는 조난선을 구조하기 위한 경우, 승선자의 치료를 위한 경우 및 부보되는 위험인 선장 또는 선원의 악행에 의한 경우 등을 들고 있다(MIA 제49조).

정당한 사유로 이로를 한 경우에도 그 사유가 없어진 때에는 지체 없이 원항로로 돌아와야 함은 물론이다(MIA 제49조 제2항).

원칙적으로 이로의 문제는 항해보험에서 발생하고 기간보험에서는 발생하지 않으나, 기간보험의 경우에도 보험증권에서 항로를 특정한 때에는 그 특정 항로

6) 이에 반해서 우리나라 상법은 해석상 이로로 인한 위험의 변경과 손해의 발생 간에 인과관계가 존재하지 않을 때에는 보험자의 책임이 계속되는 것으로 하고 있다(상법 제701조의2).

를 벗어나면 이로를 구성한다고 보아야 할 것이다.

4. 항해의 지연

항해의 지연은 기항항에서의 지연 또는 저속운항 등으로 항해기간이 늘어나는 것을 의미한다. 해상보험에서 위험은 선박의 상태, 정해진 항해 또는 항로 등에 따라 달라질 뿐만 아니라 동일한 항해이더라도 그 시기와 기간에 의해서도 영향을 받는다. 따라서 피보험자가 항해보험에서 예정하고 있는 항해기간을 준수하지 않고 부당하게 항해를 지연하는 경우에는 보험계약 체결 당시 보험료 산출의 기준이었던 위험률에 변동이 있는 것이라고 할 것이다(MIA 제48조; 상법 제702조). 따라서 피보험자가 적법한 또는 정당한 사유 없이 항해를 지연한 때에는 보험자는 항해를 지연한 이후의 사고에 대해서 책임을 지지 않는다(MIA 제48조; 상법 제702조).

그러나 적법한 또는 정당한 사유로 항해를 지연한 경우에는 보험자는 보상책임을 면하지 못한다(MIA 제49조 제1항). 적법한 사유의 구체적 예로는 이로의 경우와 마찬가지로 보험증권상 특약에 의하여 인정되는 경우, 선장 및 사용인의 통제범위를 넘는 사정에 의한 경우, 명시적 및 묵시적 담보의무를 이행하기 위해서 합리적으로 필요한 경우, 선박 또는 보험목적의 안전을 위하여 합리적으로 필요한 경우, 인명을 구조하기 위하여 또는 인명과 관계 있는 조난선을 구조하기 위한 경우, 승선자의 치료를 위한 경우 및 부보되는 위험인 선장 또는 선원의 악행에 의한 경우 등을 들 수 있다(MIA 제49조 제1항).

영국 해상보험법은 항해지연이 부보되는 위험에 의해서 야기되었다 하더라도 지연에 의하여 발생된 손해에 대해서 보험자는 면책됨을 명시적으로 규정하고 있다(MIA 제55조 제2항 제b호). 이는 영국 해상보험법이 이른바 근인주의(proximate causation)를 채택하고 있는 결과, 발생한 손해의 근인(近因: proximate cause)이 지연이라면 지연의 원인이 된 부보되는 위험은 발생한 손해와 관련해서는 원인(遠因: remote cause)이라고 할 것이므로 발생한 손해가 부보되는 위험으로 인해서 발생한 것으로 볼 수 없다고 이해하는 까닭이다. 협회적하약관도 일반면책조항에서 지연으로 인한 손해에 대해서는 보험자가 면책됨을 정하고 있다(ICC (A), (B) 및 (C) 제4.5조).

항해의 지연으로 인하여 손해가 발생하였음에도 불구하고 피보험자가 불가항력, 항구의 폐쇄 또는 인명구조의 필요 등 정당한 사유로 발항 또는 항해를 지연한 경우에는 보험자는 보상책임을 면하지 못한다.

주의할 것은 영국 해상보험법은 항해의 지연에 발항, 즉 항해개시의 지연을 포함시키지 않고, 항해개시의 지연을 위험의 개시에 관한 묵시적 조건을 위반한 경우로서 규정함으로써 항해개시일로부터 합리적 기간 내에 항해가 개시되지 않은 경우에 보험자에게 해상보험계약을 해제할 수 있도록 허용하고 있다는 점이다(MIA 제42조 제1항).

5. 선박의 변경

(1) 의 의

선박의 변경은 보험계약에서 정한 선박을 다른 선박으로 변경하는 것을 의미한다. 선박의 감항능력은 보험자가 부담하는 위험의 발생에 중요한 영향을 미치기 때문에 선박보험뿐 아니라 적하보험에 있어서도 선박은 위험측정을 위한 중요한 사항에 속한다. 따라서 영국 해상보험법은 선박의 명칭을 보험증권에 명기할 것을 요구하고 있으며(MIA 제23조), 이러한 사정은 우리 상법에 있어서도 마찬가지인바(상법 제695조), 이와 같이 보험증권에 기재된 선박을 다른 선박으로 변경할 때 선박변경의 문제가 발생한다.

이른바 선박미확정의 적하예정보험(floating policy by ship or ships)의 경우에는 해상보험계약을 체결할 당시에 선박이 확정되지 않은 경우로서(MIA 제29조; 상법 제704조) 이때에는 후에 있는 확정통지에 의해서 선박이 확정되고, 따라서 선박변경의 문제는 확정통지 후에 발생한다.

(2) 선박변경의 효과

선박보험에서는 선박이 바로 보험의 목적이 되므로 피보험자가 그 선박을 다른 선박으로 대체한 때에는 보험자의 동의가 없는 한, 보험계약은 종료한다.

적하보험에서는 선박은 화물의 운송수단에 지나지 않고 그 자체가 보험의 목적이 되는 것은 아니기 때문에 선박이 변경된 경우에 보험계약의 효력 또는 보험자의 책임이 문제된다. 이것은 희망이익보험이나 운임보험의 경우에도 마찬가지이다. 적하보험의 경우에 보험계약자 또는 피보험자의 책임 있는 사유로 인하여 선박을 변경한 때에는 보험자는 그 변경 후의 사고에 대하여 책임을 지지 않는다(상법 제703조). 해상보험에서 보험사고는 선박과 밀접한 관련을 갖기 때문이다. 즉 비록 적하보험에서 선박은 화물의 운송수단에 지나지 않지만 위험률 측정의 중요한 기준으로서 그 개성이 중시되기 때문에 정당한 사유 없이 선박을 변경한 때에는 보험자는 그 변경 후의 사고로 인한 손해에 대하여 보상책임을 지지 않는 것이다. 이 원칙의 적용범위를 확장하여 보험증권에 기재된 선박보다 튼튼하고 안전한 선박으로 변경한 때에도 적용된다는 주장이 있지만, 동 원칙이 인정된 취지를 감안할 때 받아들이기 어렵다.

한편 선박의 변경이 보험계약자 또는 피보험자의 책임 없는 사유로 인한 경우, 예를 들어 항해 중의 사고로 선박이 항해불능이 되어 화물을 다른 선박에 환적하여 운송한 경우 등에는 선박의 변경 후에 발생한 사고에 대해서도 보험자는 보상책임을 지게 된다.

영국 해상보험법은 선박변경의 효과에 대해서 명시적 규정을 두고 있지 않다. 그러나 영국 해상보험법의 해석상 보험증권에서 특정된 선박을 변경해서는 안 된다는 묵시적 조건(implied condition)이 있는 것으로 이해되고 있기 때문에 선박의 변경이 있는 경우에 보험자는 그 때로부터 면책된다고 보아야 할 것이다.

제5절 담보의무

Ⅰ. 의 의

보험계약은 최대선의의 계약으로서 피보험자는 고지의무를 이행하여 모든 중요한 사실을 보험자에게 고지해야 한다. 그러나 보험자가 불고지 또는 부실고지의 사실이 있었음을 증명하는 데는 현실적인 어려움이 있다. 따라서 보험자는 피보험자로 하여금 일정한 사항을 준수할 것을 보험증권에 명시하도록 하는 경우가 있는데, 이때 피보험자가 보험자에 대해서 일정한 사항을 준수하기로 보험증권상에 약속함으로써 발생하는 의무를 담보의무(warranty)라고 한다. 피보험자는 보험증권상에서 스스로 담보한 사항을 반드시 준수해야 하며, 이를 엄격히 준수하지 않는 경우에는 보험자는 그 시점부터 보상책임을 면한다.

영국 해상보험법은 담보의무를 피보험자가 어떤 특정한 일이 행하여지거나 행하여지지 않을 것 또는 어떤 조건이 충족될 것을 약속하거나 또는 특정한 사실상태의 존재를 긍정하거나 부정하는 내용의 확약담보의무(promissory warranty)로서 정의하고 있다(MIA 제33조 제1항).

II. 담보의무위반의 효과

담보의무는 그 보험에서 인수한 위험의 발생과 관련하여 그 의무의 내용의 중요성과 상관없이 엄격히 충족되거나 준수되어야 하는 조건(condition)이다(MIA 제33조 제3항). 따라서 이 조건이 엄격히 충족되거나 준수되지 않으면 담보의무의 위반이 되며, 담보의무의 위반이 있으면 보험증권에서 달리 정하고 있지 않는 한, 보험자는 담보의무위반의 순간부터 보상책임을 면한다(MIA 제33조 제3항).

일단 담보의무의 위반이 있은 때에는 그 후에 그 위반상태가 치유되어 담보의무를 충족하는 상태로 된다고 할지라도 보험자가 면책되는 사실에는 변함이 없다(MIA 제34조 제2항). 다만 사정의 변경으로 더 이상 그 담보의무가 적용될 수 없게 된 경우, 담보의무의 충족이 그 후의 법률에 의하여 위법으로 된 경우 또는 보험자가 스스로 담보의무위반의 이익을 포기하는 경우 등에는 보험자는 담보의무위반의 사실에도 불구하고 면책되지 않는다(MIA 제34조 제1항).

III. 담보의무의 종류

담보의무에는 명시적 담보의무(express warranty)와 묵시적 담보의무(implied warranty)가 있다. 명시적 담보의무는 보험증권에 그 내용이 명시된 담보의무를 의미한다. 묵시적 담보의무는 보험증권에 그 내용이 명시되어 있지 않지만, 당연히 인정되는 담보의무를 의미한다.

1. 명시적 담보의무

보험증권에 그 내용이 명시되는 명시적 담보의무는 담보할 의사가 추정되는 한, 그 기재형식을 묻지 않으며(MIA 제35조 제1항), 묵시적 담보의무와 충돌하지 않는 한, 묵시적 담보의무를 배제하지도 않는다(MIA 제35조 제3항).

명시적 담보의무의 예로서는 영국 해상보험법이 언급하고 있는 선박이 중립국적을 가질 것에 대한 담보의무(warranty of neutrality)와 보험의 목적이 안전할 것에 대한 담보의무(warranty of good safety) 등이 있고, 그외 출항시기에 대한 담보의무(warranty as to time of sailing), 포장의 적정성에 대한 담보의무(warranted professionally packed), 선적 전 검사가 있을 것에 대한 담보의무(warranted surveyed before shipment) 등이 있다.

2. 묵시적 담보의무

묵시적 담보의무는 보험증권에 그 내용이 명시되어 있지 않지만, 당연히 인정되는 담보의무로서 영국 해상보험법은 감항능력에 관한 묵시적 담보의무(warranty of seaworthiness)와 적법성에 관한 묵시적 담보의무(warranty of legality)를 규정하고 있다.

(1) 감항능력에 관한 묵시적 담보의무

1) 의 의

영국 해상보험법은 항해보험에 있어서 항해를 개시할 때 선박이 감항능력(堪航能力; seaworthiness)을 갖추고 있어야 한다는 묵시적 담보의무가 있다고 규정하고 있다(MIA 제39조 제1항). 이때 주의할 것은 감항능력에 관한 묵시적 담보의무는 항해보험에서만 인정될 뿐, 기간보험에서는 원칙적으로 인정되지 않는다는 점이다. 항해보험의 경우에는 보험이 개시할 당시에 선박소유자가 그 선박의 상태를 통제하거나 지배할 수 있음에 반하여 기간보험의 경우에는 보험이 개시할 당시 선박이 항해 중에 있는 등의 사유로 선박소유자가 그 선박의 상태를 통제하거나 지배할 수 없는 때가 많기 때문이다.

감항능력은 절대적으로 충족되어야 하는 담보의무이기 때문에 피보험자가 모든 노력을 다했어도 감항능력이 없는 사실을 발견할 수 없었다든가 하는 등의 사유로도 감항능력담보의무의 위반이 면책되지는 않는다. 또한 피보험자가 감항능력이 없는 사실을 알지 못했다고 할지라도 역시 감항능력담보의무의 위반이 된다.

우리나라 상법도 선박 또는 운임보험의 경우에 선박의 불감항, 즉 발항 당시 안전하게 항해를 하는 데 필요한 준비를 하지 않거나 필요한 서류를 비치하지 않음으로 인하여 생긴 손해에 대하여 보험자가 면책됨을 규정하고 있다(상법 제787조).

[관련판례] 大判 1986.11.25, 85다카2578

상법 제706조 제1호는 선박 또는 운임을 보험에 붙인 경우 보험자의 면책규정으로서 적하를 보험에 붙인 경우에는 적용되지 않는다.

[관련판례] 大判 1995.9.29, 93다53078

어선보통공제약관에서 "공제 목적인 어선이 발항 당시 통상의 해상위험을 사실상 감내할 수 있을 정도로 적합한 상태에 있을 것을 조건으로 하여 공제계약의 청약을 승낙하여 보상책임을 부담합니다"라고 규정하고 있는 경우, "공제의 목적인 어선이 발항 당시 통상의 해상위험을 사실상 감내할 수 있을 정도로 적합한 상태"란 공제의 목적물인 선박이 발항 당시 통상의 해상위험을 사실상 감내할 수 있는 정도의 감항능력을 갖추고 있는 상태를 뜻하고, 이러한 감항능력은 언제나 선체나 기관 등 선박시설이 당해 항해에 있어서 통상의 해상위험을 감내할 수 있는 능력(물적 감항능력)을 구비함과 동시에 그 선박에 승선하고 있는 선원의 기량과 수에 있어서도 그 항해에 있어서 통상의 해상위험을 감내할 수 있을 정도의 상태(인적 감항능력)에 있어야만 완전히 갖추어진다고 보는 것이, 위 약관의 문언과 상법 제706조 제1호의 규정 등에 비추어 정당하다.

2) 감항능력의 내용

감항능력은 어느 선박이 부보된 해상사업에서 통상 일어날 수 있는 해상위험을 견디어낼 수 있을 만큼 모든 점에서 합리적으로 적합한 상태에 있는 것을 의미한다(MIA 제39조 제4항). 이러한 감항능력은 선박이 물리적으로 당해 항해를 수행할 수 있는 물리적 상태를 유지하고 있는 것만을 의미하는 것이 아니라 선원의 수나 그 능력 또는 연료 및 보급품 등에 있어서도 당해 항해를 수행하기에 충분한 준비가 되어 있을 것까지 포함한다.

감항능력을 갖고 있다고 하기 위해서는 당해 해상사업, 즉 항해 전체를 수행할 수 있는 능력을 갖추어야 한다. 다만 항해가 단계별로 이루어지고, 그 단계별로 요구되는 감항능력이 다르다고 한다면 굳이 항해개시시점에 전체 항해에 대한 감항능력을 갖출 것이 요구되지 않고, 각 단계의 항해가 개시될 때 동 단계의 항해를 수행하기에 충분한 감항능력을 갖추면 감항능력담보의무를 다한 것으로 본다(MIA 제39조 제3항).

앞에서 설명한 바와 같이, 기간보험에 있어서는 원칙적으로 항해개시시에 감항능력담보의무가 요구되지 아니하지만, 예외적으로 피보험자가 당해 선박이 감항능력이 없음을 알고 있는 상황에서 감항능력 없는 선박이 항해를 개시하였고, 감항능력이 없음으로 인하여 손해가 발생한 때에는 보험자는 그 손해에 대해서 보상할 책임을 지지 않는다(MIA 제39조 제5항).

적하보험에 있어서는 항해개시시점에 선박이 감항능력을 갖추는 데 더하여 보험의 목적으로 된 화물 또는 물품을 보험증권에 명시된 목적지까지 운송하기에 합리적으로 적합한 상태에 있을 것, 즉 감하능력에 대한 묵시적 담보의무가 존재한다(MIA 제40조 제2항). 이때 주의할 것은 적하보험에 있어서 따로 보험의 목적으로 된 화물이나 물품 자체가 감항능력을 갖출 것에 대한 묵시적 담보의무는 존재하지 않는다는 점이다(MIA 제40조 제1항).

(2) 적법성에 관한 묵시적 담보의무

영국 해상보험법은 부보된 해상사업이 적법하고 또한 피보험자가 사정을 통제할 수 있는 한, 해상사업이 적법한 방법으로 수행될 것에 관한 묵시적 담보의무가 있음을 규정하고 있다(MIA 제41조). 예를 들어 법에 의해 금지된 물품을 판매하기 위해서 물품을 운송하는 것은 적법성에 관한 묵시적 담보의무를 위반한 것이 될 것이다.

제6절 해상손해와 보상

Ⅰ. 의 의

해상보험계약은 부보된 위험으로 인하여 보험의 목적에 발생한 손해를 보상하는 계약인바, 부보된 위험이 발생하였을 때 보험자가 보상해야 하는 책임금액 또는 보험금을 결정하기 위해서는 우선 보험금의 산정근거가 될 손해액을 산정해야 한다.

해상보험계약에서 발생하는 손해는 전손(total loss)과 분손(partial loss)으로 나뉘고, 전손은 다시 현실전손(actual total loss)과 추정전손(constructive total loss)으로 구분된다.

Ⅱ. 전 손

1. 현실전손

영국 해상보험법은 ① 보험의 목적이 멸실된 경우, ② 보험의 목적이 훼손되어 더 이상 부보된 종류의 물건이라고 할 수 없는 경우 그리고 ③ 피보험자가 보험의 목적의 점유를 회복할 수 없을 정도로 박탈당한(irretrievably deprived) 경우에 현실전손이 있다고 규정하고 있다(MIA 제57조 제1항). 이때 부보된 종류의 물건이라고 할 수 없는지 여부의 판단은 당해 거래계의 입장에 기초해서 이루어져야 한다. 따라서 보험의 목적이 원래 선적되었을 때와 동일한 종류의 물건으로서는 더 이상 거래할 수 없는 경우라면 훼손 전의 물건과 훼손 후의 물건을 동일한 종류의 물건이라고 볼 수 없을 것이다. 반면에 보험의 목적이 심하게 훼손되었다고 할지라도 여전히 부보된 물건이라고 인정되는 한, 현실전손이 있었다고 할 수는 없고 단순히 분손이 있는 것에 불과하다. 다만 이러한 경우로서 일정한 요건을 갖춘 때에는 후술하는 추정전손이 될 수 있을 것이다.

피보험자가 보험의 목적의 점유를 박탈당하여 회복할 수 없는 경우로서는 선박이 적국에 나포되어 전리품으로 몰수되어 버린 경우 등을 들 수 있을 것이다. 주의할 것은 회복할 수 없는 정도로 박탈되어야(irretrievably deprived) 하기 때문에 추정전손이 되기 위한 요건인 회복가능성이 크지 않은(unlikely to recover) 경우보다 엄격하게 해석되어야 한다는 점이다.

2. 추정전손

(1) 의 의

영국 해상보험법은 보험의 목적이 현실전손될 것이 불가피한 것으로 인정되거나 또는 현실전손을 피하기 위해서는 비용을 지출해야 하고 그렇게 지출되는 비용이 비용의 지출로 보존된 보험의 목적의 가액을 초과하기 때문에 보험의 목적이 위부(abandonment)에 부쳐지는 것이 합리적인 경우에는 추정전손이 있다고 규정하고 있다(MIA 제60조 제1항). 영국 해상보험법은 추정전손으로 인정되는 구체적인 경우를 열거하고 있는바, ① 피보험자가 부보되는 위험으로 인하여 자기의 선박이나 화물의 점유를 박탈당한 경우로서 그 선박이나 화물을 회복할 수 있을 것 같지 않거나(unlikely to recover) 또는 그 선박이나 화물을 회복하는 데 소요되는 비용이 회복된 선박이나 화물의 가액을 초과할 것으로 예상되는 경우, ② 선박이 훼손된 경우로서 선박이 부보위험으로 인하여 심하게 훼손되어 그 훼손을 수리하는 데 소요되는 비용이 수리된 선박의 가액을 초과할 것으로 예상되는 경우 그리고 ③ 화물이 훼손된 경우로서 그 훼손을 수리하여 화물을 목적지까지 운송하는 데 소요되는 비용이 도착한 화물의 가액을 초과할 것으로 예상되는 경우 등이다(MIA 제60조 제2항).

1) 선박 또는 화물의 점유상실

피보험자가 보험사고로 인하여 자기의 선박 또는 화물의 점유를 상실하여 이를 회복할 가능성이 없거나 또는 회복에 필요한 비용이 회복하였을 때의 선박이나 화물의 가액을 초과할 것으로 예상될 경우에는 이를 위부할 수 있다(MIA 제60조 제2항 제i호; 상법 제710조 제1호). 이때 피보험자가 선박이나 화물의 점유를 상실한 원인은 묻지 않으며 포획이나 압수 등의 경우도 포함된다. 포획은 나포를 의미하고 교전국 또는 교전단체가 전쟁의 목적을 위하여 선박 등의 점유를 빼앗는 것을 의미한다. 포획이 적법한지 여부는 묻지 않는다.

선박 또는 화물이 나포된 경우에 있어서도 피보험자가 위부권을 행사하기 전에 그 목적물이 풀려난 때에는 위부권은 소멸한다. 나포는 전쟁위험의 일종이기 때문에 보험계약에서 전쟁면책약관 또는 포획·나포면책약관이 있는 때에는 선박 또는 화물이 나포되어도 위부를 할 수 없다. 또한 나포가 선박만을 목적으로 한 것이어서 화물은 다른 방법으로 운송이 가능한 때에는 그 화물에 대해서는 위부를 할 수 없다. 그리고 나포의 원인이 선박서류를 비치하지 아니하거나 항행금지구역을 항행하는 경우 등과 같이 피보험자의 고의 또는 중대한 과실에 기인한 경우에도 위부를 할 수 없다고 본다(상법 제659조 참조).

국가기관이 전시 또는 범죄수사 검역상의 필요 등에 따라 선박 또는 화물을 압수함으로써 피보험자가 그를 회복할 가능성이 없거나 회복비용이 그 가액을 초과하리라고 예상되는 경우에도 위부할 수 있다. 그러나 압수의 원인이 포획에서 본 바와 같이 피보험자의 고의 또는 중대한 과실로 말미암은 때에는 위부를 할 수 없다.

2) 선박의 수선비용이 과다한 때

선박이 부보위험 또는 보험사고로 인하여 심하게 훼손되어 이를 수선하기 위한 비용이 수선된 선박의 가액을 초과할 것으로 예상되는 경우에 피보험자는 그 선박을 위부할 수 있다(MIA 제60조 제2항 제ii호; 상법 제710조 제2호). 이때 수선비용은 선박이 보험사고로 훼손된 때에 그 위험한 상태로부터 수선을 통해 감항능력을 갖춘 선박으로 회복하는 데 소요되는 합리적인 모든 비용을 포함한다. 수선비용의 계산에 있어서는 단일사고 또는 동일한 사고에서 생긴 일련의 손해에 관한 비용을 기준으로 하는 것이고, 여러 번의 보험사고로 인한 분손에 대한 수선비용을 누적계산할 수는 없다. 다만 동일한 사고를 원인으로 뒤이어 계속해서 일어난 사고는 동일한 사고에서 생긴 일련의 손해와 비용으로 보아야 한다.

선박이 수선불능으로 된 때에는 원칙으로 이에 적재한 화물을 위부할 수 있다. 그러나 이 경우에 선장이 지체 없이 다른 선박으로 화물의 운송을 계속한 때에는 피보험자는 그 화물을 위부할 수 없다(상법 제712조 참조).

3) 화물의 수선비용이나 운송비용이 과다한 때

화물이 보험사고로 인하여 심하게 훼손되어서 이를 수선하기 위한 비용과 그 화물을 목적지까지 운송하기 위한 비용과의 합계액이 도착 당시 화물의 가액을 초과할 것으로 예상되는 경우에는 피보험자는 그 화물을 위부할 수 있다. 적하보험은 화물을 보험의 목적으로 하고 있지만, 해상보험의 특성상 선박의 항해상의 위험을 담보하고 있다. 따라서 화물의 운송 중에 발생한 해상사업과 관련된 사고, 가령 선박의 충돌이나 좌초 등의 사고로 화물이 훼손된 경우에 이를 다른 선박에 환적하여서 운송하기 위한 비용이나 수선비용이 들게 되는데, 이러한 비용의 합계액이 도착 당시 화물의 가액을 초과할 것으로 예상되는 경우에는 피보험자는 보험자가 이를 위부할 수 있도록 한 것이다(MIA 제60조 제1항 제iii호; 상법 제710조 제3호).

[관련판례] 서울高判 1976.1.12, 74나1939

선박이 좌초되어 구조되지 못하고 선원이 이선한 경우에 그 좌초의 사실만으로 그 선박의 현실전손이 발생하였다고는 볼 수 없고, 다만 선박이 좌초로 입은 손상으로 말미암아 이를 구조하여 수선하더라도 그 비용이 보험금액 또는 보험가액을 초과하는 등의 사정이 인정될 경우에는 그 선박에 대한 위부절차를 취하고 추정전손을 구할 수 있다 할 것이다.

(2) 추정전손의 효과

영국 해상보험법은 추정전손의 경우에 피보험자는 그 선택에 따라 이를 분손으로 취급하거나 또는 이를 현실전손으로 취급할 수 있다고 규정하고 있다(MIA 제61조).

피보험자가 이를 분손으로 취급하고자 하는 때에는 피보험자는 보험의 목적을 포기하지 않은 채 보험금액의 범위 내에서 수리비용을 청구할 수 있을 것이다.

피보험자는 추정전손을 현실전손으로 하고 그에 따라 보험금액 전액을 보상받을 수 있는데, 이때 피보험자는 보험자에게 보험의 목적을 포기한다는 의사표시, 즉 위부(abandonment)의 통지를 해야 한다(MIA 제61조).

(3) 보험위부

1) 의 의

보험위부는 일반적으로 보험의 목적이 전부 멸실한 것과 동일시할 수 있는 일정한 사유가 발생한 경우에 피보험자가 보험의 목적의 포기, 즉 위부의 의사표시를 통해서 보험의 목적에 대한 모든 권리를 포기하고 보험자로 하여금 그 권리를 행사할 수 있도록 허용하는 대신에 보험자에 대해서 보험금액 전액을 청구할 수 있도록 하는 해상보험에 특유한 제도이다.

손해보험은 보험자가 피보험자에게 보험사고로 인하여 현실적으로 발생한 재산상의 손해를 보상하는 것을 목적으로 하기 때문에 피보험자가 보험금의 지급을 청구하기 위해서는 보험사고로 인한 손해를 증명하여야 한다. 이 원칙에 따르면 피보험자는 피보험이익의 전부 또는 일부의 멸실이나 훼손을 증명하지 못하는 한, 손해의 보상을 받을 수 없게 된다. 해상보험에서는 보험의 목적이 보험계약자나 피보험자의 통제범위를 벗어나 광범위한 해역을 이동하므로 손해의 발생 여부가 불분명하거나 그 증명이 용이하지 아니하고, 또한 많은 경우에 손해의 산정 등에 상당한 비용과 시간이 필요하다. 이 때문에 세계적 연락망과 거대한 자금을 갖고 있어서 피보험자보다 위험을 더 잘 파악할 수 있는 지위에 있는 보험자에게 보험의 목적에 대한 관리를 가능한 한 신속히 이전시키는 것이 바람직할 수도 있다. 이러한 이유에서 보험의 목적이 전손된 것으로 보아야 할 경우에는 비록 전손이 확정되지는 아니하였더라도 그 개연성이 충분하다면 법률상 이를 전손으로 보아 피보험자가 보험금액의 전액을 청구할 수 있게 하고, 동시에 피보험자가 보험의 목적에 대해서 갖는 권리를 보험자에게 이전시킬 필요가 있다. 이러한 취지에서 인정된 제도가 바로 보험위부인 것이다.

2) 연 혁

보험위부제도는 해상보험의 역사만큼 오래 되었다. 14세기 말에서 15세기 초에 지중해 지역에서 사용된 보험증권에는 선박 또는 화물이 행방불명이 된 때에는 보험자는 보험금을 지급하지만, 후에 그것이 발견되면 피보험자는 지급받은 보험금을 반환하여야 한다는 조항이 있었는데, 이것이 보험위부제도의 기원인 것으로 이해되고 있다. 원래 모습의 보험위부제도에 따르면 보험의 목적은 이전되지 않으며 여전히 피보험자가 그 소유자로 되고, 따라서 사후에 전손이 없었다는 증명이 있는 때에는 피보험자는 지급받은 보험금을 반환하도록 되어 있었다. 이 때문에 피보험자로서는 지급받은 보험금으로 선박을 건조하는 등 새로운 투자를 하기를 주저할 수밖에 없는 불편이 있었다.

이러한 불편을 없애기 위해 15세기 중반에 오늘날의 보험위부제도에서 볼 수 있는 바와 같이, 피보험자가 보험금을 확정적으로 지급받는 한편, 보험의 목적의 소유권 등 모든 권리는 확정적으로 보험자에게 이전하는 이른바 위부제도가 발전되어 오늘에 이르렀다.

3) 보험위부의 법적 성질

보험위부의 성질에 관해서는 이것이 단독행위인지 아니면 계약인지의 문제가 있다. 상법상으로는 보험위부의 원인이 있으면 피보험자는 보험의 목적을 보험자에게 위부하고 보험금액의 전액을 청구할 수 있기 때문에 보험위부는 피보험자의 일방적 의사표시에 의하여 행해지는 단독행위이고, 법이 정한 요건과 절차

를 갖추면 보험자의 승낙을 요하지 않고도 그 법적 효과가 발생하는 형성권이다.[7)]

피보험자의 위부권은 형성권이고, 그 행사 여부는 피보험자의 재량에 속하기 때문에 앞에서 설명한 바와 같이 위부의 원인이 있더라도 피보험자는 위부를 하지 않고, 실제의 손해를 증명하여 분손으로 보상받을 수 있음은 물론이다.

4) 보험위부의 절차

(a) 위부의 통지

(i) 의 의 피보험자가 보험자에게 보험의 목적을 위부하기 위해서는 위부의 통지를 해야 한다(MIA 제62조 제1항 제1문). 만일 위부의 통지를 하지 않으면 피보험자가 위부의 의사를 가졌는지 여부에 상관없이 발생한 손해는 분손으로 취급된다(MIA 제62조 제1항 제2문).

위부권은 피보험자의 이익을 위한 것이므로 그 행사 여부는 피보험자의 재량에 속한다. 즉 위부의 원인이 있는 경우에 피보험자로서는 보험의 목적을 보험자에게 위부하고 전손에 따른 손해의 보상을 청구하거나 또는 발생한 손해를 분손으로 처리하여 그에 따른 손해의 보상을 청구할 수도 있다. 따라서 영국 해상보험법은 피보험자가 위부권을 행사하기 위해서는 보험의 목적을 위부하고 보험금액 전부를 청구한다는 의사, 즉 위부의 의사를 보험자에게 통지함으로써 자기의 입장을 확정하도록 요구하는 것이다.

피보험자는 위부의 통지를 하여 위부의 효과가 발생한 때에는 일방적인 의사표시에 의하여 그 위부를 철회할 수 없다.

(ii) 통지기간 피보험자가 위부를 하고자 하는 때에는 상당한 기간 내에 보험자에 대하여 그 통지를 발송하여야 한다. 상당한 기간은 피보험자가 위부의 원인이 있음을 안 때로부터 위부의 원인을 증명하고 위부권을 행사하는 데 소요되는 합리적인 기간을 의미한다.

영국 해상보험법은 위부의 통지는 손해에 관해 신뢰할 만한 정보를 받은 후

---

7) 이기수 · 최병규 · 김인현(주4), 242-243면. 한때 보험위부를 계약으로 파악해야 한다는 입장이 있었는데, 이 입장은 위부의 통지에 대한 보험자의 승인 또는 불승인에 의하여 그 효과가 달라진다는 점을 근거로 하였으나 이는 다음과 같은 이유에서 타당하지 않다. 즉 보험위부가 성립하는지 여부는 그 원인이 존재하는지 여부에 달려 있는 것이지, 보험자의 승인 여부에 좌우되는 것이 아니다. 따라서 보험자가 보험위부를 승인한 때에는 보험위부는 확정적으로 되는데, 이때 승인이란 보험위부의 원인이 존재한다는 확인에 지나지 않는다. 그리고 보험자가 승인하지 않는 때에는 소송을 제기할 수 있으나, 이 경우에도 법원의 판결은 보험위부의 조건이 충분함을 확인하는 권리의 선언에 지나지 않는다. 따라서 보험위부는 그 원인이 존재하는 한, 피보험자가 현실전손에 준하여 보험처리를 한다는 선택권의 행사로써 유효하게 성립하기 때문에 보험위부는 피보험자의 단독행위로 보아야 하는 것이다.

합리적으로 신속하게 행해져야 한다고 규정하고(MIA 제62조 제3항), 다만 피보험자가 수령한 정보가 의심스러울 때에는 보험자는 이를 조사할 합리적 기간을 갖도록 허용한다(MIA 제62조 제3항 단서).

(iii) 통지의 방법과 내용　　위부의 통지는 서면으로 하는 것이 일반적이지만, 구두로 하는 것도 허용된다(MIA 제62조 제2항). 또한 위부의 통지에 반드시 위부라는 표현이 사용되어야 하는 것도 아니며, 위부의 의사가 명백히 나타나는 것으로 충분하다(MIA 제62조 제2항).

피보험자가 손해에 관한 정보를 받았을 때, 위부의 통지를 한다고 할지라도 보험자에게 이익이 될 가능성이 없거나(MIA 제62조 제7항) 보험자가 위부의 통지를 포기한 때에는 피보험자는 위부의 통지를 할 필요가 없다(MIA 제62조 제8항). 이때 보험자에게 이익이 될 가능성은 보험의 목적이 보험자에게 위부되어 보험자에게 그 통제권한이 옮겨지게 된다면 보험자가 그 통제권한을 행사하여 그 상황에서 최선의 조치를 할 수 있으리라는 가능성을 의미하며, 보험자가 경제적으로 반드시 보다 나아지리라는 가능성을 의미하는 것은 아니다. 또한 재보험의 경우에도 원보험자는 재보험자에게 위부의 통지를 할 필요가 없다(MIA 제62조 제9항).

(iv) 통지해태의 효과　　피보험자가 위부의 원인이 있는 때로부터 상당한 기간 내에 이를 통지하지 아니한 때에는 위부권을 상실한다. 따라서 발생한 손해는 분손으로 취급되고, 피보험자는 통상의 방법으로 현실의 손해를 증명하여 보험금을 지급받을 수 있을 뿐이다.

(b) 보험위부의 무조건성과 범위

(i) 위부의 무조건성　　위부는 무조건이어야 한다. 보험위부는 피보험자가 보험의 목적에 대해서 갖는 모든 이익을 보험자에게 이전하는 것이기 때문에 피보험자는 위부에 있어서 조건이나 제한을 붙여서는 안 된다. 위부에 조건이나 제한을 붙이는 것을 허용한다면, 이는 신속하고 간단하게 당사자 사이의 법률관계를 종료시키고자 하는 위부제도의 취지에 반할 것이기 때문이다.

(ii) 위부의 범위　　위부는 보험의 목적 전부에 대해서 해야 한다. 위부는 전손과 동일시할 손해가 있는 경우에 인정되므로 원칙적으로 불가분이기 때문이다. 그러나 위부의 원인이 보험의 목적의 일부에 대해서 생긴 때에는 그 부분에 대해서만 위부할 수 있다. 예를 들어 선박과 화물을 함께 보험의 목적으로 한 경우에 화물이 실제로 선적되지 않아서 위험이 선박에만 일어났을 때에는 선박에 대해서만 위부할 수 있는 것이다.

보험가액의 일부를 보험에 붙인 경우에는 위부는 보험금액의 보험가액에 대한 비율에 따라서만 할 수 있다. 그러므로 일부보험의 경우에 위부의 대상이 되는 보험의 목적에 대해서 피보험자가 위부권을 행사하는 때에는 그 목적물에 대해서 보험자와 피보험자는 공유자가 된다.

(c) 보험위부의 승인　　보험자는 위부를 승인한 후에는 그 위부에 대하여 이의를 제기하지 못한다. 보험자가 위부를 승인하면, 피보험자는 위부원인을 구체적으로 증명할 필요 없이 보험금액 전액을 청구할 수 있다.

위부의 승인 여부는 사실의 문제에 속하기 때문에 명시적으로 또는 보험자의 행위에 의하여 이루어져야 한다. 즉 보험위부의 승인 여부는 보험자의 명시적인 의사표시에 의하여 또는 보험금을 지급하는 것과 같은 행위에 의하여 이루어져야 하는 것이다.

보험자가 위부를 승인하지 아니한 때에는 피보험자는 위부의 원인을 증명하지 아니하면 보험금액의 지급을 청구하지 못한다(상법 제717조 참조). 그러므로 보험자가 위부를 승인하지 아니하면 피보험자는 구체적인 증거를 제시하여 그 위부의 원인을 증명하지 아니하면 위부권을 행사할 수 없다.

(d) 보험위부의 효과　　보험위부는 위부의 원인이 있을 때 보험의 목적에 대하여 전손이 있는 것으로 추정해서 피보험자의 보험금청구권을 인정하고, 대신에 보험의 목적에 대한 권리를 보험자에게 이전하는 제도이기 때문에 보험위부에 의해서 피보험자는 보험금액 전액에 대해서 보험금청구권을 행사할 수 있고, 보험자는 보험의 목적에 대한 피보험자의 소유권 및 기타 이익을 포함한 모든 권리를 취득한다(MIA 제63조 제1항).

(i) 피보험자의 권리와 의무　　피보험자는 보험의 목적을 위부한 때에는 보험금액 전액을 청구할 수 있다. 위부의 원인이 보험의 목적의 일부에 대하여 생긴 경우에 이를 위부한 때에는 그 부분에 대한 보험금액 전액을 청구할 수 있다. 보험위부는 일정한 사유가 있는 때에 이를 현실전손에 준하여 피보험자에게 보상하는 제도이기 때문에 보험자는 위부에 의하여 현실전손의 경우와 같이 구체적으로 손해액에 대한 증명이 없어도 보험자는 보험금액 전액을 지급할 의무를 진다.

보험자는 위부로 인하여 피보험자가 보험의 목적에 대해서 갖고 있는 모든 권리를 취득한다. 일부보험의 경우에는 보험금액의 보험가액에 대한 비율에 의하여 그 권리를 취득한다. 위부에 의하여 보험자에게 이전하는 권리는 보험의 목적에 대한 피보험자의 모든 권리이다. 여기서 모든 권리에는 당연히 보험의 목적물이 현존하거나 또는 그 잔존물이 있을 때에는 이에 대한 소유권 그 밖에 보험의 목적에 대해서 피보험자가 갖고 있는 직접의 권리가 포함된다.[8]

(ii) 권리이전시기　위부에 있어서 보험의 목적에 대한 피보험자의 권리가 보험자에게 이전하는 시기는 위부의 의사표시가 보험자에게 도달한 때이다. 따라서 위부에 있어서는 보험자대위의 경우와 달리 보험금의 지급이 요건으로 되어 있지 않기 때문에 보험자는 보험금을 지급하기 이전이라도 피보험자의 권리를 취득한다.

3. 전손의 보상

전손이 있는 경우에 발생한 손해는 보험가액의 전부이므로 보험자가 지급해야 할 보상금액은 보험금액 전액이다(MIA 제68조). 즉 기평가보험에 있어서는 보험증권에서 정한 보험가액(MIA 제68조 제1항), 미평가보험의 경우에는 손해의 발생시 보험의 목적의 보험가액(MIA 제68조 제2항)을 한도로 보험금액 전액이 보험금이 된다. 물론 일부보험의 경우에는 보험자는 보험금액의 보험가액에 대한 비율에 따라 산정된 금액을 보상하게 된다.

Ⅲ. 분　손

분손(partial loss)은 보험에 붙여진 피보험이익에 발생한 일부의 손해를 의미하는데, 전손에 해당되지 아니하는 모든 손해는 분손이다(MIA 제56조 제1항).

분손에 있어서는 손해액의 산정이 특히 중요한데, 영국 해상보험법은 선박보험, 적하보험 및 운임보험에 있어서 각각 손해액의 산정방법을 별도로 규정하고 있다.

---

8) 위부의 원인인 손해가 제3자의 행위에 의하여 생긴 경우에 피보험자가 제3자에 대하여 취득하는 권리, 예를 들어 선박의 충돌에 의한 손해배상청구권 또는 공동해손분담청구권이 이에 포함되느냐에 관하여는 학설이 나뉘고 있다. 여기에는 위의 제3자에 대한 채권도 모든 권리 가운데 포함된다는 적극설과 피보험자가 제3자에 대하여 가지는 권리는 위부에 의하여 이전하는 것이 아니라 보험자가 보험금을 지급한 때에 보험자대위에 관한 일반규정에 의하여 이전하는 것이라고 주장하는 소극설이 있다. 보험위부는 보험의 목적물에 관한 완전한 손해의 보상을 손해의 증명 없이 받고자 하는 특유한 제도이므로 보험자는 위부된 물건에 관하여 피보험자와 동일한 지위에 서서 피보험자가 제3자에 대하여 가지는 권리도 취득한다고 풀이하는 것이 옳다고 본다. 다만 선박보험에서 피보험자의 운임청구권은 그 권리에 포함되지 않는다. 운임은 독립하여 보험의 목적이 되고 선박보험의 목적이 아니기 때문이다.

1. 선박보험에 있어서 분손

선박이 훼손되었으나 완전히 멸실되지는 않은 경우로서 선박이 수선된 때에는 수선비를 기초로 해서 손해액을 산정하고, 수선이 되지 않은 때에는 미수선상태에서의 선박의 감가액을 기초로 손해액을 산정한다(MIA 제69조). 다만 실제에 있어서 미수선부분의 손해액을 선박의 감가액 자체를 평가해서 산정하는 것은 사실상 불가능하기 때문에 실무적으로 선박의 훼손에 의한 감가액은 훼손된 부분의 수선에 소요될 것으로 예상되는 비용을 기초로 산정된다. 영국 해상보험법은 수선되지 아니한 선박의 감가액이 예상되는 수선비를 초과할 수 없도록 규정하고 있다(MIA 제69조 제2항 및 제3항 참조).

2. 적하보험에 있어서 분손

일부 화물이 전부 멸실된 경우에 기평가보험에 있어서는 합의된 보험가액에 미평가보험의 경우에 사용되는 방법에 의해 확정된 멸실된 부분의 보험가액이 화물 전체의 보험가액에 대해 갖는 비율을 곱한 가액이 손해액이 되고(MIA 제71조 제1항), 미평가보험에 있어서는 전손의 경우에 사용되는 방법에 의해 확정된 멸실된 부분의 보험가액이 손해액이 된다(MIA 제71조 제2항).

화물의 일부가 훼손된 상태로 목적지에서 인도된 때에는 도착지에서 훼손되지 아니하였을 때의 화물 전체의 가액과 훼손된 부분의 가액의 차액이 훼손되지 아니하였을 때의 화물 전체의 가액에 대해서 갖는 비율에 기평가보험에 있어서는 합의보험가액을, 미평가보험에 있어서는 보험가액을 곱한 금액이 손해액이 된다(MIA 제71조 제3항).

3. 운임보험에 있어서 분손

운임의 분손이 있는 경우에 피보험자가 상실한 운임이 운임 전체에 대해서 갖는 비율에 기평가보험에 있어서는 합의보험가액을, 미평가보험에 있어서는 보험가액을 곱한 금액이 손해액이 된다(MIA 제70조).

제7절 해상보험약관

1981년 7월 런던 적하보험공동위원회(Joint Cargo Committee, Lloyd's와 ILU의 공동위원회)는 새로운 1982년 로이즈 해상보험증권을 제정 · 발표하고, 동시에 이

해상보험증권과 함께 사용할 것을 전제로 한 협회적하약관(Institute Cargo Clauses) (A), (B), (C) 및 협회전쟁약관(적하)[Institute War Clauses(Cargo)], 협회파업약관(적하)[Institute Strikes Clauses(Cargo)] 등 일련의 협회약관을 발표했다.

1982년 로이즈 해상보험증권이 사용되기 전에 사용되던 구 로이즈 해상보험증권은 그 자체에서 담보조건에 관하여 상세한 내용을 담고 있어서, 함께 사용되던 협회약관의 조건과 관련해서 어려운 문제를 야기하였으나, 1982년 로이즈 해상보험증권은 보험자, 피보험자, 보험의 목적, 보험기간, 보험가액, 보험금액 및 보험료 등 매우 기본적인 사항만을 기재하고 있을 뿐, 해상보험계약의 상세한 내용은 협회약관의 조건에 맡기고 있다. 따라서 보험자와 피보험자는 해상보험계약을 체결하면서 합의에 따라 사용할 협회약관을 정하게 된다.

협회약관은 2008년 개정되어 2009년 1월 1일부터 개정된 협회약관이 사용되고 있다.

Ⅰ. 협회적하약관

협회적하약관은 적하보험에 사용되는 약관으로서 협회적하약관 (A)는 이른바 모든 위험에 대한 담보의무를 규정하는 전위험담보조항(all risks clause)을 두고 있어(ICC (A) 제1조), 가장 광범위하게 해상위험을 부보한다.

협회적하약관 (B)와 (C)는 이른바 위험열거주의를 채택하여, 부보하는 해상위험을 구체적으로 열거하고 있으며, 이 중 협회적하약관 (B)가 협회적하약관 (C)보다 넓은 범위의 해상위험을 부보한다.

Ⅱ. 협회전쟁약관(적하) 및 협회파업약관(적하)

협회적하약관은 전쟁위험에 대해서 보험자를 면책하고 있다[ICC (A), (B) 및 (C) 제6조]. 따라서 피보험자가 전쟁위험도 부보하고자 하는 때에는 해상보험계약을 체결할 때에 협회적하약관에 더하여 협회전쟁약관(적하)을 사용해야 한다.

협회적하약관은 파업도 고유한 해상위험이 아니라고 하여 이를 부보하지 않기 때문에(ICC (A), (B) 및 (C) 제7조) 피보험자가 파업의 위험도 부보하고자 하는 경우에는 따로 협회파업약관(적하)을 사용해야 한다.

Ⅲ. 기타 약관

이 외에도 기간선박보험에서 사용하는 협회기간약관(선박)(Institute Time Clauses-Hulls), 항해선박보험에서 사용하는 협회항해약관(선박)(Institute Voyage Clauses-Hulls), 기간운임보험에 사용되는 협회기간약관(운임)(Institute Time Clauses-Freight), 항해운임보험에 사용되는 협회항해약관(운임)(Institute Voyage Clauses-Freight), 그리고 보험의 목적 및 보험의 종류에 따라 협회전쟁 · 파업약관(선박 · 기간)[Institute War and Strikes Clauses(Hulls-Time)], 협회전쟁 · 파업약관(선박 · 항해)[Institute War and Strikes Clauses(Hulls-Voyage)], 협회전쟁 · 파업약관(운임 · 기간)[Institute War and Strikes Clauses(Freight-Time)], 협회전쟁 · 파업약관(운임 · 항해)[Institute War and Strikes Clauses(Freight-Voyage)] 등의 약관이 피보험자의 필요에 따라 사용되고 있다.

제6장

국제대금결제

제1절 서 설

Ⅰ. 국제물품매매거래와 대금결제

국제물품매매거래에서 대금지급에 관한 문제는 매우 중요하다. 매수인의 신용 상태를 잘 알지 못하는 매도인은 대금을 지급받지 못할 위험을 부담하지 않기 위해 계약의 목적인 물품을 인도하기 전에 대금을 선급받기를 선호할 것이고, 매수인은 물품을 인도받지 못할 위험을 부담하지 않기 위해 그 물품을 인도받은 후에 대금을 지급하는 신용거래를 원할 것이다. 국제거래에서 대금결제에 관한 법은 매도인과 매수인의 상충하는 이해관계를 조정함으로써 국제거래의 원활을 꾀하는 것을 주된 취지로 한다.

국제물품매매거래에서 대금결제방법은 다양한데, 대금결제와 관련하여 매도인이나 매수인이 부담하는 위험의 정도는 대금결제방법에 따라 다르다. 구체적으로 사용될 대금결제방법은 거래당사자의 협상력, 수입국 및 수출국의 경제환경이나 정치적 안정성, 그리고 거래당사자의 상대국과 상대방에 대한 신뢰도 등의 요소에 따라 결정된다.[1)]

대금결제방법으로는 현금거래(cash transactions), 서류거래(documentary transactions) 및 신용장거래(letter of credit transactions) 등이 있다. 이 중 매도인과 매수인 간에 존재하는 대금결제와 관련한 상충하는 이해관계를 조정하여 국제거래가

1) Indira Carr, *Principles of International Trade Law* (2nd ed., 1999, Cavendish Publishing Ltd.), p.259.

이루어지도록 해 주는 주된 방법은 서류거래와 신용장거래인바, 이들 거래에서는 매도인과 매수인이 속한 국가의 은행이 관여하고, 화환어음(documentary draft)이 발행되며, 특히 신용장거래의 경우에는 은행에 의해 신용장이 발행된다. 이하에서는 각 대금결제방법을 설명한 후에 건설공사계약 등에서 계약에 따른 이행을 담보하기 위해서 이용되는 독립보증(independent guarantee)을 간략히 살펴본다.

II. 국제대금결제와 관련한 문제

1. 통화위험

국제물품매매거래에서 대금결제를 위한 통화의 종류는 계약체결에서 중요한 고려요소이다. 국제대금결제와 관련하여 생기는 문제 중의 하나가 통화위험(currency risk)인데, 통화위험은 국제매매에서 외국통화로 대금을 지급받음으로써 외국통화를 보유하게 되거나 또는 외국통화로 대금을 지급하고자 할 때 직면하는 위험이다. 통화위험은 다시 환율위험(exchange rate risk)과 통화규제위험(currency control risk)으로 구분될 수 있다. 환율위험은 통화가 국제금융시장에서 매도되거나 매수되는 경우에 그 통화의 상대적 가치, 즉 환율이 변동함으로써 발생하게 되는데, 사실상 모든 국제거래는 특정 통화로 대금지급이 이루어져야 하기 때문에 언제나 환율변동의 영향을 받는다. 이때 상대방의 통화로 거래하는 당사자는 환율위험을 부담하게 되는바, 환율변동을 예측하는 것은 매우 어렵기 때문에 계약을 체결할 때에 통화선도거래(currency forward transactions)나 통화선물거래(currency futures) 등의 방법으로 약정된 환율로 장래에 외환을 조달하는 등 국제거래 종사자는 환율변동으로 인한 위험에 대처하기 위한 다양한 조치를 취한다. 다국적기업(multinational enterprise: MNE)은 환율위험에 비교적 잘 대처하고 있는데, 자회사가 일정 규모 이상의 외환을 보유하는 경우에는 이 외환을 필요로 하는 다른 국가에 있는 자회사에게 언제든지 공급할 수 있도록 하는 등의 환율위험관리방안을 마련해 놓고 있다.

한편 통화규제위험은 대금지급이 이루어질 국가에서 외환거래가 규제되는 경우에 발생한다. 외화, 특히 경화(hard currency)가 부족한 국가는 국제거래에 사용될 외화의 공급을 제한하기도 하고, 특히 비시장경제국가(nonmarket economies)는 경화의 국외 유출을 아예 금지하는 경우도 있는바, 통화규제위험은 매매대금의 지급을 기다리는 매도인에게 예상하지 못한 위험이 될 수 있다.

2. 국제어음 · 수표

어음과 수표는 국제거래에서 지급수단으로 흔히 사용된다. 국제어음 · 수표 거래에 있어서는 여느 국제거래와 마찬가지로 먼저 어느 국가의 법을 적용할 것인지가 결정되어야 하는데, 이러한 준거법 확정의 문제는 각국의 국제사법에 의하여 결정된다(국제사법 제51조 내지 제59조 참조).

당사자의 국제거래에 적용될 법, 즉 준거법이 결정되었다면 그에 따른 어음 · 수표관계의 규율 내용을 파악해야 하는데, 각국의 어음 · 수표법은 어음 · 수표관계 내용 및 그 권리의 행사절차에 있어서 상이한 규정을 두고 있다. 각국의 국내법이 갖는 차이 때문에 발생하는 대금결제의 불확실성을 줄이기 위해 어음 · 수표에 관하여 국제적인 통일규칙을 제정하려는 시도가 있었는바, 그 첫 시도가 1930년 7월 7일에 체결되어 1934년 1월 1일에 발효한 「환어음 및 약속어음 관련 법의 통일에 관한 협약」(Convention on the Unification of the Law Relating to Bills of Exchange and Promissory Notes)이다. 독일과 프랑스법을 기초로 한 이 협약에 미국과 영국 등 영미법계 국가들은 가입하지 않았지만, 우리나라의 어음법은 이 협약에 기초하고 있다. 수표에 관해서는 1931년 3월 19일 체결되어서 1934년 1월 1일 발효한 「수표 관련 법의 통일에 관한 협약」(Convention on the Unification of the Law Relating to Cheques)이 있다.

1930년 어음법통일협약에도 불구하고 어음법체계는 통일법계와 영미법계로 양분되어서 이를 통일시키기 위한 노력이 시도되어 왔으며 그 산물이 1988년 12월에 제정된 「국제환어음 및 약속어음에 관한 UN협약」(UN Convention on International Bills of Exchange and International Promissory Notes)이다. 이 협약은 어음법통일협약과 영미법계어음법을 절충한 것인데, 가봉, 기니아, 혼두라스, 리베리아, 멕시코 등 5개 국이 가입하고 있고, 미국, 캐나다, 러시아 등이 서명국이지만, 체약국 수의 부족으로 아직 발효하지 못하고 있다.

3. 대응구매

대응구매(countertrade)는 구상무역(barter)이 발달된 형태라고 할 수 있는데, 수입국이 수출자에게 수출에 대한 대가로 자국의 물품을 구매하도록 하는 것이다. 대응구매가 행하여지는 이유는 다양한데, 몇 가지 예를 든다면 ① 경화가 부족하거나 경화사용이 제한되는 국가는 대응구매에 의하여 수출자가 원하는 물품을 교환하는 방식으로 무역을 할 수 있고, ② 수입국이 수입가액의 전부 또는 일부에 해당하는 가액의 다른 물품을 구입할 의무를 상대국의 수출자에게 부과하는 방법으로 수입국의 수출을 증진하기 위하여 대응구매가 이용될 수 있으며, ③ 동유럽국가와 같이 최근 시장경제체제로 전환한 국가들은 시장경제가 완전히 정착하지 않았을 뿐만 아니라 그 물품이 서방 선진산업국의 소비자들에게 잘 알려져 있지 않은데, 이러한 경우에 이들 국가들은 대응구매의 방식을 통해서 무역을 할 수 있다는 것 등을 들 수 있다. 또한 이들 국가에 수출하고자 하는 자는 그 국가의 대응구매요구에 응하는 것이 수출의 유일한 방법일 수 있으므로 교역관계를 성립시킬 수 있는 기회를 제공하는 것도 대응구매의 또 다른 장점이다. 이상에서 살펴본 바와 같이, 대응구매는 직 · 간접적으로 대금결제의 한 방법으로 이용됨으로써 국제무역을 촉진하는 효과를 갖는다.

대응구매에는 독립보증이나 보증신용장이 사용되는 경우가 많다. 또한 대응구매에서 수입자는 교역상대국의 수출자가 대응구매의무를 이행하지 못한 경우에 계약가액의 일정 비율, 예를 들어 10%에 해당하는 위약금을 요구하는 조항을 삽입하는 것이 보통이다. 수입자가 위약금지급에 대하여 은행이 보증(guaranty)할 것을 요구하는 때에는 보증신용장(standby L/C)이 발행된 경우와 매우 유사해지게 된다.

대응구매가 행해지는 유형으로는 수출자가 수출을 하고 그 수출품과 관계되지 않는 물품을 일정 기간에 걸쳐 반대로 구매하는 반대구매(counterpurchase), 수출자가 시설이나 기술 또는 공장 전체를 판매하고 이러한 시설 등에 의하여 생산되는 물품의 일부분을 구입하기로 하는 보상구매(compensation or buy-back), 양국간에 수출과 수입을 서로 일정한 기간 균형시키기 위하여 이용되는 균형무역(switch trading)[2] 등을 들 수 있다.

---

2) 균형무역이 행하여지기 위해서는 결제협정(clearing agreement)이 체결된다. 예를 들어 A국과 B국이 이러한 협정을 체결한 경우에 일정한 기간 말에 A국이 B국으로부터 수입한 양이 B국이 A국으로부터 수입한 양보다 더 많은 경우가 있을 수 있다. 이 경우에 B국은 A국으로부터 차이가 나는 부분을 구매할 의무가 있다[이 경우에 B국은 결제구좌(clear account)에서 신용(credit)을 갖는다고 하거나 A국의 결제달러(clearing dollars)의 잉여를 가진다고 한다]. 이때 B국이 A국에서 마땅히 구매하고자 하는 물품이 없는 경우에 문제가 발생한다. 이러한 경우에는 결제협정에 따라서 B국으로 하여금 A국의 물품에 관심이 있는 제3자를 물색하도록 하고, 이 제3자에 의한 A국 물품의 구매로서 B국의 A국에 대한 물품구매의무를 대신하게 된다. 기술적으로 B국은 제3자에게 결제달러를 매도하는 것이고, 제3자는 이 결제달러를 사용해서 A국으로부터 수입하는 물품에 대하여 지급하는 것이다. B국은 결제달러를 보통 30%까지 할인하여 제3자에게 매도하고, 제3자로부터 경화를 받는다. 이 경우에 무역중개상(trading intermediary)이 개입하여 B국이 제3자를 물색하는 것을 도와주게 된다. 이러한 중개상, 즉 균형거래중개상(switch trader)은 중개하는 서비스에 대한 보상으로 할인 부분의 일정 부분을 수수료로 받는다.

국제거래에서 수출자, 곧 매도인은 경화로 지급받는 것을 선호할 것이지만, 최소한 대응구매의 방법에 의하여 수출에 대한 대가를 지급받는 것을 확실히 할 수 있다. 또한 대응구매로 구입한 물품이 수출자가 사용할 수 있는 물품이거나 또는 그 품질이 매우 우수한 것이라면, 대응구매는 훌륭한 교역방법이 될 수 있다. 그러나 대응구매가 언제나 모든 당사자에게 유용한 것은 아니다. 많은 경우에 수출자는 동유럽국가 또는 제3세계로부터 대응구매한 물품을 다른 시장에서 처분하게 되는데, 대응구매된 물품의 품질이 좋지 않다면 그러한 처분은 쉽지 않을 것이다. 또한 대응구매되는 물품의 가격을 확정하는 것이 용이하지 않기 때문에 덤핑 여부를 결정하는 것이 쉽지 않은데, 이러한 문제는 여러 종류의 물품을 대응구매에 의하여 구입하는 경우에 더욱 심각해진다. 또한 대응구매가 WTO 협정의 하나인 GATT의 최혜국대우의무를 위반하는지 여부의 문제도 발생한다. 참고로 WTO 협정은 대응구매에 관한 규정을 두고 있지 않다.

제2절 현금거래

국제거래에서 가장 단순한 형태의 대금지급방식은 현금에 의한 대금지급방식, 즉 송금방식이다. 송금방식에는 매수인이 물품을 인도받기 전에 대금을 먼저 지급하기로 하는 선송금방식(advance payment)과 매수인이 물품을 인도받은 후에 대금을 지급하기로 하는 후송금방식(deferred payment)이 있다. 한편 사용되는 송금수단에는 개인수표(personal check)나 은행수표(cashier's check)를 운송하는 송금수단형태와 우편송금(mail transfer)이나 전신송금(telegraphic transfer)을 사용하는 송금수단형태가 있다.[3)]

선송금방식에서는 매수인이 대금을 지급하고도 물품을 인도받지 못할 위험에 노출되는 반면, 후송금방식에서는 매도인이 물품을 인도하고도 대금을 지급받지 못할 위험에 노출된다. 따라서 국제거래에서 송금방식은 거래당사자가 상대방을 신뢰하거나 거래규모가 작은 경우에 한해 제한적으로 이용된다.

---

3) 최준선, 『국제거래법』(제6판, 삼영사, 2008), 189면.

제3절 서류거래

Ⅰ. 서류거래의 필요성

앞에서 설명한 바와 같이, 국제거래에서 대금지급방식으로 송금방식이 사용되는 경우에 매도인은 매수인이 물품을 인도받고도 대금을 지급하지 않을 위험에 노출되고, 매수인은 매도인이 대금을 지급받고도 물품을 인도하지 않거나 또는 계약에 적합하지 않은 물품을 인도할 위험에 노출된다.

이러한 이유 때문에 매도인은 대금지급에 대한 확신이 없는 한, 물품을 선적하려고 하지 않을 것이다. 이는 일단 물품을 선적하였는데 매수인이 지급을 하지 않으면 매도인은 매수인의 국가에서 대금지급을 위한 소송을 제기해야 하는 불편을 겪을 뿐 아니라, 소송에서 승소하더라도 매수인이 지급불능의 상태에 있거나 파산한 경우에는 대금을 지급받거나 또는 손해를 배상받는 것은 사실상 불가능하기 때문이다. 또한 지급위험으로 인한 손해의 범위도 국제거래에서는 더욱 크다. 왜냐하면 여행비, 외국에서의 판촉활동이나 광고, 외국의 허가획득, 외국변호사의 고용, 대리상이나 독점판매업자의 수수료, 포장과 국제운송으로 인한 보험, 통신비용 및 운송인에 대한 비용 등 제반 거래비용이 국내거래의 경우보다 국제거래의 경우에 훨씬 많이 소요되기 때문이다. 매도인이 이러한 위험을 회피하기 위한 최선의 방법은 매매대금을 현금으로 미리 지급받는 것이겠지만, 물품이 도착하리라는 단순한 기대에 기초해서 매매대금을 선지급하는 매수인은 없을 것이기 때문에 현금에 의한 선지급의 고집은 매도인과 매수인 간의 계약체결을 어렵게 할 수밖에 없다.

한편 매수인이 자기의 위험을 줄이기 위해서 취할 수 있는 최선의 방법은 신용거래를 하는 것이다. 이러한 신용거래는 신용카드가 사용되는 거래와 마찬가지로 매수인은 물품을 구입하여 인도받은 후 일정 기간 내에 대금을 지급하는 것이기 때문에 매도인이 매수인에게 일정한 신용을 제공하는 것과 같은 효과가 발생한다. 신용거래에 의하는 경우에 매도인은 물품을 선적 또는 인도하고 매수인에게 상업송장과 선하증권 등 선적서류를 송부함으로써 대금을 지급받는다. 신용거래는 상대적으로 많은 종류의 서류를 요하지 않고, 대량거래를 용이하게 하며, 선적과 대금지급이 효과적으로 이루어지게 하는 장점이 있다.

신용거래가 이루어지기 위해서는 매도인은 매수인의 신용상태를 잘 알고 있어야 한다. 국내거래인 경우에는 매도인이 매수인에 대한 신용상태를 알고 있는 경우가 많기 때문에 계약이 이루어질 가능성도 그만큼 높다. 그러나 국제거래에서는 매도인과 매수인 간의 장기적인 거래관계가 형성되어 있는 경우를 제외하고는 매도인이 매수인의 신용상태를 잘 알고 있지 못하는 것이 일반적이다. 따라서 예외적인 상황을 제외하고는 매도인은 신용거래를 하지 않으려고 할 것이다. 더구나 외국의 통화로 신용거래를 한 경우에는 매도인은 신용을 제공하는 기간 동안 환율위험에 노출된다.

이상에서 설명한 바와 같이, 선지급방식이나 신용거래에 의한 후지급방식이 국제거래에서 실제적으로 이루어지기 어렵기 때문에 매도인이 계약에서 정한 물품을 선적하는 것과 매수인이 대금을 지급하는 것을 담보함으로써 국제거래가 원활히 이루어질 수 있도록 하는 대금지급방식이 요청되는데, 이러한 방법 중 하나가 서류거래(documentary transactions)이다.

II. 서류거래의 의의

서류거래는 매도인이 선하증권 등 유통할 수 있는 권리증권(document of title)을 제시하면, 이에 대해서 매수인이 대금을 지급하는 대금결제방법이다. 서류거래는 한 당사자가 권리증권을 제시하면 다른 당사자가 대금을 지급하는 것을 보장함으로써 원격지에 있는 매도인과 매수인 간의 거래위험을 상당히 감소시킨다.

서류거래에서 매매대금의 추심은 매도인과 매수인 간에 중개자의 역할을 하는 은행이 관여하게 되는데, 국제상업회의소가 제정한 「추심에 관한 통일규칙」에 의하면 은행은 서류거래에서 중요한 역할을 담당한다.[4] 서류거래에서 추심에 관여하는 은행은 선의로써 행위해야 하며, 합리적 주의 또는 상당한 주의(reasonable care)를 행사해야 한다(규칙 제9조). 주의할 것은 신용장통일규칙과는 달리 「추심에 관한 통일규칙」은 은행에게 서류의 일치 여부를 판단할 의무를 부과하고 있지 않다는 점이다. 또한 은행은 서류가 관련하는 물품에 대해서도 책임을 지지 않는다(규칙 제10조 제c항).

4) 추심에 관한 통일규칙은 추심(collection)을 ① 지급 또는 인수, ② 지급이나 인수와 상환으로 서류의 인도 또는 ③ 다른 조건으로 서류의 인도를 위하여 은행이 ① 환어음, 약속어음이나 수표 또는 ② 상업송장, 운송서류, 권리증권 또는 다른 유사한 서류를 취급하는 것으로 정의한다(규칙 제2조).

Ⅲ. 서류거래에 관한 통일규칙

신용장을 사용하지 않은 서류거래에 적용되는 통일규칙으로는 국제상업회의소(ICC)가 제정한 「추심에 관한 통일규칙」(Uniform Rules for Collections)이 있다. 이 규칙은 1956년에 「상업어음의 추심에 관한 통일규칙」(Uniform Rules for Collections of Commercial Paper)으로 처음 제정되어, 1967년, 1978년 그리고 1995년에 각각 개정되었다.5) 지금의 추심에 관한 통일규칙은 1996년 1월 1일부터 시행되고 있다.

국제상업회의소가 제정한 INCOTERMS나 신용장통일규칙과 마찬가지로 추심에 관한 통일규칙이 규율되기 위해서는 당사자 간에 이에 관한 합의가 있어야 한다.6)

Ⅳ. 서류거래의 과정

서류거래는 대체로 다음의 과정으로 이루어진다.

[그림 1] 서류거래의 과정

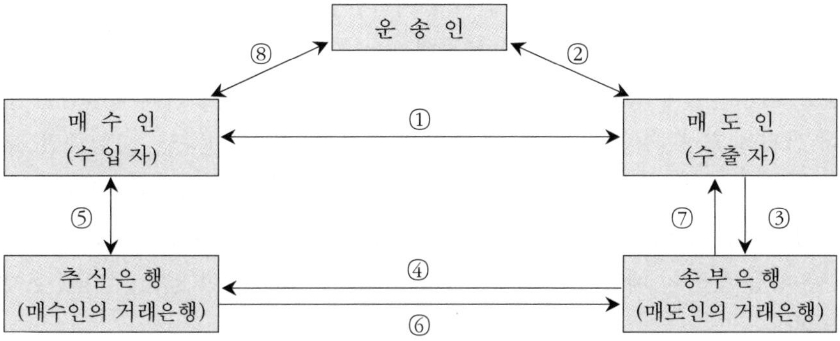

① 거래당사자가 매매계약에서 서류거래에 의할 것을 정한다.

② 매도인은 수출허가서를 획득하는 등 서류를 준비하고 매매의 목적인 물품

5) 최준선(주3), 207면.

6) 이와 같은 준거규칙에 관한 합의는 추심서면에 "Subject to the Uniform Rules for Collections, 1995 Revision, ICC Publication No. 522"라는 문언을 삽입하는 방법으로 이루어진다.

을 운송인에게 인도하고 선하증권(bill of lading: B/L)을 발행받는다.

③ 선하증권, 해상보험증권, 원산지증명서 및 상업송장 등의 서류를 환어음(bill of exchange or draft)과 함께 주로 매도인의 거래은행인 송부은행(remitting bank)에 제시한다. 이때 환어음은 선하증권이나 상업송장 등의 서류와 함께 제시되는 것이므로 흔히 화환어음(documentary draft)으로 불린다.

④ 송부은행은 매도인이 대금을 지급받을 수 있도록 하기 위하여 국제적인 은행체계를 통하여 매수인이 소재하는 지역에서 영업하는 매수인의 거래은행인 추심은행(collecting bank)에 환어음 및 기타 서류를 송부한다. 송부은행은 환어음과 기타 서류를 송달하면서 매수인이 환어음에 대하여 지급한 경우에만 서류를 매수인에게 인도할 것을 지시한다.

⑤ 매수인은 매매대금을 추심은행에 지급하고, 추심은행은 서류를 매수인에게 인도한다.

⑥⑦ 추심은행은 매매대금을 송부은행에게 송부하고, 송부은행은 이를 매도인의 구좌에 입금한다.

⑧ 서류를 인도받은 매수인은 운송인에게 서류를 제시하여 매매의 목적인 물품을 인도받는다.

서류거래에서 매도인은 매수인이 환어음금액을 지급함으로써 물품대금을 지급하거나 환어음을 인수함으로써 물품대금의 지급을 약속할 때까지는 운송인이 물품을 매수인에게 인도하지 못하도록 한다.[7] 매도인은 운송인에게 물품을 인도하여 선적한 후에 은행을 통하여 매수인에게 환어음과 선하증권, 보험증권, 원산지증명서 및 상업송장 등의 서류를 송부한다. 이때 선하증권은 운송인에 의하여 발행되며, 매도인이 이에 배서하여 송부한다. 환어음과 선하증권 등은 매도인의 거래은행을 통하여 매도인의 거래은행과 거래하는 매수인이 있는 국가의 은행에 송부된다.

환어음과 서류는 추심서면(collection letter or instruction)과 함께 송부되는데, 추심서면은 은행에 의한 추심에 대하여 누가 책임을 지는지, 매수인이 환어음에

7) 서류거래에서 환어음이 발행되지 않으면, 매수인이 선적서류와 상환으로 현금을 지급하는 C.A.D.(cash against document)조건이 된다. C.A.D.조건의 거래가 신용거래와 다른 점은 C.A.D.조건의 거래가 추심기관으로서 은행이 개재하는 서류거래인 반면, 신용거래는 추심은행이 개재하지 아니하고 거래당사자 간에 직접 선적서류의 이전이 이루어지는 현금거래라는 점이다.

대하여 지급 또는 인수하지 않는 경우에 어떻게 하여야 하는지, 그리고 이들 서류를 다시 매도인에게 송부하는 것 등에 관한 지시사항을 담고 있다(규칙 제4조). 추심서면은 또한 매수인이 환어음에 대하여 지급 또는 인수하지 않는 경우에 매수인의 국가에 있는 매도인의 대리인에게 통지를 하여야 한다든가 또는 매도인과 매수인 간의 분쟁이 진행되는 동안 물품이 적절하게 창고에 보관되거나 보험에 부보되거나 아니면 다른 당사자에게 판매되도록 하는 등의 사항을 포함할 수도 있다.

매도인의 거래은행, 즉 송부은행으로부터 서류를 송부받은 매수인의 은행, 즉 추심은행은 매수인에게 이를 통지하며, 매수인은 환어음이 일람출급식(sight draft)이면 환어음금액을 지급하고,[8] 일람후정기출급식(time draft)이면 그 환어음을 인수하게 된다(규칙 제6조 및 제7조).[9] 그러면 은행은 선하증권 및 기타 서류를 매수인에게 인도하는데, 선하증권을 소지함으로써 매수인은 운송인으로부터 물품을 인도받을 수 있게 되며, 운송인은 매수인이 선하증권을 제시하는 때에 물품을 인도하게 된다(규칙 제7조).[10]

V. 서류거래에서 사용되는 서류

서류거래의 핵심은 권리증권(document of title)이다(규칙 제2조 참조). 권리증권은 물품

8) 이러한 서류거래방식을 D/P 조건 또는 지급인도조건(document against payment)이라고 한다.

9) 이러한 서류거래방식을 D/A 조건 또는 인수인도조건(document against acceptance)이라고 한다. D/A조건이 사용되는 경우에는 환어음의 만기가 도래할 때까지 매도인이 매수인에게 신용을 제공하는 효과가 발생한다.

10) 서류거래의 진행과정을 구체적 예를 들어 설명한다면, 우리나라의 매도인이 미국의 매수인에게 자동차 1,000대를 판매하는 계약을 체결하였다고 할 때 매수인은 자동차의 인도에 대한 확신이 있을 때까지는 지급하지 않으려고 할 것이며, 매도인도 신용거래에 따라 선적하는 것을 원하지 않을 것이다. 따라서 매도인과 매수인은 그들 간의 자동차매매계약에서 매수인이 서류와 상환하여(against documents) 대금을 지급할 것에 대하여 합의한다. 매도인은 계약의 목적인 자동차 1,000대를 운송인에게 인도하고 운송인은 매도인에게 선하증권을 발행한다. 운송인은 이러한 권리증권의 소지인에게만 물품을 인도하여야 한다. 매도인은 매수인 또는 매수인의 거래은행을 지급인으로 하는 환어음을 발행하게 되는데, 이 환어음에 의하여 매도인은 물품대금에 해당하는 금액을 매수인으로 하여금 지급할 것을 지시한다. 매도인은 환어음과 선하증권을 배서하여 자기의 거래은행에 제출하며, 우리나라에 소재하는 매도인의 거래은행은 대금을 지급받기 위하여 미국에 소재하는 은행에 환어음, 상업송장 및 선하증권 등 선적서류를 송부한다. 미국에 있는 은행은 매도인의 거래은행과 거래관계에 있는 은행으로서 보통 물품이 도착하기 전에 선적서류를 수령한다. 이 은행은 매수인에게 선적서류의 도착을 통지하며, 매수인은 물품이 여전히 운송 중일지라도 환어음에 대하여 지급 또는 인수를 하여야 한다. 지급 또는 인수를 하게 되면 은행은 선하증권을 매수인에게 인도하며, 매수인은 선하증권을 소지함으로써 물품에 대한 권리를 취득하게 된다.

에 대한 권리를 증명하는 법적 서류인데, 그 예로서는 부두수령증, 창고증권 또는 선하증권 등을 들 수 있다.[11] 권리증권은 위탁자(bailor)로부터 물품의 점유를 이전받은 수탁자(bailee)에 의하여 발행되는데, 유통성 또는 비유통성으로 발행될 수 있다. 유통성 권리증권은 물품의 점유 자체를 직접 이전할 필요 없이 단순히 그 증권의 양도를 통해서 한 당사자로부터 다른 당사자에게 물품의 소유권을 이전하기 위하여 이용된다. 즉 유통성 권리증권이 발행된 경우에 수탁자가 물품을 점유하고 있음에도 불구하고, 위탁자는 권리증권에 의하여 물품을 거래에 제공할 수 있다.

서류거래에서 사용되는 서류에는 부두수령증, 창고증권 또는 선하증권 등 권리증권뿐 아니라, 보험증권이나 검사증명서 등 다른 서류도 흔히 사용된다. 이 중 보험증권은 운송 중의 위험으로부터 매수인을 보호하는 역할을 한다. 선하증권과 보험증권은 선적된 물품이 계약에 적합하다는 것을 보장하는 것은 아니기 때문에 물품이 계약에 적합하지 않는 경우에 매수인은 계약위반에 따르는 구제수단에 의존할 수밖에 없다. 이러한 상황을 피하기 위하여 매수인은 보통 선하증권 이외에 매도인의 국가에 있는 신뢰할 만한 검사기관이 발행한 검사증명서(certificate of inspection)나 하중증명서(certificate of weight)도 제출할 것을 요구하기도 한다.

VI. 화환어음

환어음(bill of exchange or draft)은[12] 여러 유형의 국제거래에서 외국에서의 대금지급을 담보하기 위하여 일반적으로 이용되는 유통증권(negotiable instrument)이다. 특히 화환어음(documentary draft)은 서류거래에서 대금지급을 담보하기 위하여 이용되는 환어음을 지칭하는데, 현금대용의 지급수단과 금융을 제공하는 수단으로 이용된다.

환어음은 14세기에서 15세기에 중세시대의 상인들이 원격지거래를 하면서 금이나 현금을 안전하게 운송하기 위해 사용한 데에서 기원한다. 환어음이 상업적

11) 물론 창고증권이나 선하증권이 임치물 또는 운송물에 대한 소유권 자체를 표창하는 것은 아니고, 임치물 또는 운송물의 인도청구권을 표창할 뿐이다. 그러나 창고증권이나 선하증권의 교부는 임치물 또는 운송물 위에 행사하는 권리의 취득에 관하여 임치물 또는 운송물을 인도한 것과 동일한 효력을 갖기 때문에 이들 증권을 권리증권으로서 표현하는 것이다(상법 제157조, 제861조 및 제133조 참조).

12) 미국법과 은행실무에서 주로 이용되는 환어음의 용어는 draft인 데 반하여, 그 외의 국가, 특히 영국에서는 bill of exchange라는 용어가 주로 이용된다.

으로 이용되는 것은 환어음이 양도가능하다는 점에 기인하는 것으로 이에 의하여 환어음은 현금대용수단으로서의 역할을 하게 된다. 초기에 영국법은 환어음을 인정하지 않았으나, 상인들은 이를 현금 대용으로 인정하였고 상인법(*lex mercatoria*)에 따라서 환어음에 표창된 의무를 집행할 수도 있게 되었다. 환어음의 중요성이 커지자 법도 이를 인정하기에 이르렀는데, 이를 최초로 승인한 영국법은 1822년 환어음법(Bills of Exchange Act of 1822)이며, 최초의 미국법은 1896년 통일유통증권법(Uniform Negotiable Instrument Act of 1896)이다.[13]

환어음은 선하증권 등의 권리증권과 함께 서류거래에서 매우 중요한 요소이다(규칙 제2조 참조). 환어음은 신용장거래에서도 중요한 역할을 하는바, 서류거래에서 이용되는 화환어음에 대한 내용은 신용장거래에 있어서도 동일하다.

국제거래에서 매도인(발행인; drawer)은 매수인의 거래은행(지급인; drawee)으로 하여금 매도인 자신(수취인; payee)에게 지급할 것을 지시하는 이른바 자기지시 환어음을 발행한다. 물론 매도인의 은행이나 매수인을 지급인으로 하여 환어음이 발행되는 것도 가능하다. 환어음은 환어음의 조건에 따라 일람출급식 또는 일람후정기출급식으로 발행될 수 있다. 일람후정기출급식 환어음이 발행되는 경우에 매수인은 만기의 도래시까지 대금지급을 늦출 수 있기 때문에 마치 매도인이 매수인에게 신용을 제공한 것과 같은 효과가 발생한다.

매도인에 의하여 발행된 환어음은 선하증권을 비롯한 여러 선적서류와 함께 매도인의 거래은행과 매수인의 거래은행을 통하여 매수인에게 송부된다. 이와 같이 환어음은 추심을 위하여 송부되는데, 이를 화환추심(documentary collection)이라고 한다.

환어음이 매수인에게 제시되었을 때 환어음에 대해서 지급 또는 인수가 있는 것이 일반적이고, 지급된 금액은 환어음과 기타 서류가 송부되었던 반대방향으로 매도인에게 송부된다. 환어음에 대한 지급 또는 인수가 있은 때에만 은행은 선적서류를 매수인에게 인도하며, 선적서류 중 하나인 선하증권을 인도받은 매수인은 이를 제시함으로써 운송인으로부터 물품을 인도받는다.

화환추심이 완료될 때까지 소요되는 시간은 보통 3주일이라고 한다. 그런데 화환추심은 국제적인 은행 간 거래에서 이용되는 SWIFT(Society for Worldwide Interbank Financial Telecommunication) 시스템에 의하여 더욱 신속해졌다(규칙 제4조 제b항 제1호 참조).

13) E. Allan Farnsworth, *Commercial Paper* (1984, Foundation Press, Inc.), p.3.

SWIFT 시스템은 세계적으로 자금을 이동시키기 위한 은행 간의 통신 네트워크인데, 208개국에 소재한 8,300개 이상의 은행, 증권회사 및 일반 기업에서 사용되고 있다.

Ⅶ. 매도인과 매수인의 위험과 방지

매도인이 제시한 서류가 적합한 것이라면 매수인은 대금을 지급하게 되고, 양당사자는 계약에서 목적하던 바를 달성한다. 그러나 서류에 하자가 있는 경우에 예를 들어 물품이 계약에서 정한 기일보다 후에 선적되었거나, 계약에서 정한 선박에 선적되지 않았거나, 물품에 대한 보험의 부보가 충분치 않거나 또는 서류가 문면상 기망에 의한 것이라는 것을 알 수 있는 등의 경우에는 매수인은 그러한 서류의 수령을 거절할 수 있다.

그러나 위의 경우와 같이 정당한 사유에 기하여 매수인이 대금지급을 거절하는 경우와는 별도로 매도인은 그에게 의무 불이행의 사실이 없음에도 불구하고 대금을 지급받지 못할 위험에 처할 수 있다. 예를 들어 매수인이 지급불능이 되거나 가격의 하락으로 인하여 매수인이 대금의 지급을 원하지 않을 수가 있는데, 이때 비록 매도인은 선하증권을 반환받아서 물품에 대한 권리를 행사할 수 있지만 이미 선적되어 외국 항구로 향하고 있는 물품을 처분해야 하거나 또는 매수인의 국가에서 소송을 제기하여야 하는 등의 어려움에 처한다. 따라서 매도인은 매매계약에서 물품선적의 조건으로서 서류가 제시된 때에 지급한다는 내용으로 매수인의 은행이 확약할 것을 요구하는 경우가 있는데, 이 같은 거래가 다음에서 설명하는 신용장거래(letter of credit transactions)이다.

제4절 신용장거래

Ⅰ. 신용장의 의의

신용장(letter of credit: L/C)은 금전적 지급을 하겠다는 은행의 서면 약정(undertaking)이다. 즉 신용장은 한 당사자, 즉 개설은행(issuing bank)이 다른 당사자, 즉 수익자(beneficiary)에 대해서 신용장상의 조건이 충족된 때에는 그의 지급요구를 만족시킬 것을 서면으로 확약하는 것이다. 개설은행은 개설의뢰인의 요청에 따라 개설의뢰인의 신용을 자기의 신용으로 대체할 수 있도록 이러한 약정을 하는데, 신용장의 발행을 통해서 개설의뢰인은 수익자로 하여금 개설은행의 신용을 신뢰하여 자기에게 물품이나 서비스를 제공하도록 유인하는 것이다.

2007년 7월 1일 발효한 국제상업회의소의 개정 신용장통일규칙(Uniform Customs and Practice for Documentary Credits: UCP 600)은 제2조에서 신용장을 그 명칭이나 표현에 상관없이 신용장 조건에 합치하는 제시에 대해서 지급을 이행하겠다는 발행은행의 확약(definite undertaking)을 구성하는 취소불능의 모든 약정(irrevocable arrangement)으로 정의하고 있다.

II. 신용장의 발전

1. 중세시대의 신용장

신용장은 원래 환어음에 대한 지급을 담보하기 위한 목적으로 사용되었다. 서류거래와 관련해서 설명한 바와 같이, 환어음은 통화로서의 기능을 하여 유동성 부족의 문제를 해결하였으며 또한 통화로 이용되었던 교환수단으로서의 금이나 은이 갖는 도난의 위험을 제거하였다. 그러나 발행인의 신용에 따라 환어음은 높은 율로 할인되거나 또는 아예 상거래에서 거절되곤 하였기 때문에 이를 방지하기 위하여 환어음의 실제 인수 또는 지급이 있기 전에 지급인으로 하여금 환어음에 대하여 지급하거나 인수할 것을 선언하도록 하였는데, 그러한 선언이 바로 신용장이었다.

2. 상업신용장

중세시대부터 19세기 중엽까지 신용장은 주로 신용장의 개설인인 상인이나 은행이 자기의 대리인에게 신용장을 줌으로써 그 대리인으로 하여금 매도인과 거래하도록 하는 매수인신용장(buyer's L/C)이었다. 그러나 19세기 후반에 들어와서 매도인에게 제공되는 새로운 형태의 신용장인 상업신용장(commercial L/C)이 나타나면서 매수인신용장은 더 이상 사용되지 않게 되었다.

매도인이 매수인의 신용상태를 잘 알지 못하는 국제거래에서 오직 신용에 의한 거래는 제한된 범위에 그칠 수밖에 없었다. 그러나 매수인의 신용을 은행의 신용으로 대체하는 신용장의 등장으로 국제거래는 획기적인 발전을 이루게 되었다.

3. 보증신용장

신용장의 특수한 형태인 보증신용장(standby L/C)이 사용되기 시작한 것은 제2차 세계대전 이후이다. 상업신용장은 상사매매에서 물품대금의 지급을 담보하기 위한 것이지만, 건설계약 등의 계약에 따른 일정한 이행을 담보하기 위해서도 신용장이 사용되기 시작하였는데, 이것이 보증신용장이다.

보증신용장은 보증의 한 방편으로 사용되었다. 즉 미국 은행들은 일반적으로 보증하는 것이 법적으로 허용되지 않았기 때문에 실제로는 보증을 하면서도 보증(guarantee)이라는 용어를 사용하지 않기 위하여 보증신용장(standby L/C)이라는 용어를 사용한 것이다. 따라서 그 용어에도 불구하고, 보증신용장은 법적 성질에서 후술하는 독립보증이나 요구불보증과 동일하다.

Ⅲ. 신용장의 기능 및 역할

1. 신용장의 기능

앞에서 설명한 바와 같이, 서류거래의 경우에도 매도인이 대금을 지급받지 못할 위험이 완전히 사라지는 것은 아니다. 즉 매도인이 물품을 선적한 후에 매수인이 파산하거나 또는 가격이 하락하는 등의 사정으로 계약을 이행할 수 없거나 또는 그 이행을 원하지 않을 수 있다. 따라서 매수인의 지시에 따라 추심은행이 일람출급식 환어음에 대하여 지급을 거절하거나 일람후정기출급식 환어음에 대한 인수를 거절하고, 계약의 목적인 물품의 인수를 거절할 가능성은 여전히 존재하는 것이다. 물론 매도인은 매수인에게 계약위반에 기한 책임을 물을 수 있지만, 소송비용과 시간적인 지체 그리고 소송 후 대금을 지급받는 것에 대한 불확실성 등으로 인하여 계약위반에 기한 구제수단은 매도인에게 만족스러운 대안이 되지 못한다. 이처럼 서류거래에 있어서도 여전히 존재하는 매수인의 파산이나 불이행을 극복할 필요에서 상인과 은행들은 상업신용장을 발전시키게 된 것이다.

본질적으로 신용장은 매도인이 매매계약에 따라 물품을 선적하였다는 것을 증명하는 서류를 제시하면, 매수인의 은행, 즉 개설은행이 매매대금을 지급하겠다고 매도인에게 약속하는 것이다.[14] 즉 신용장에 의한 거래는 물품이 운송 중에

---

14) 확인신용장(confirmed L/C)에 있어서는 개설은행과는 별도로 확인은행(보통 매도인의 거래은행)도 물품의 선적을 증명하는 서류를 매도인이 제시하면 매도인에게 신용장금액을 지급하겠다는 약속을 하는 것인바, 이는 확인은행이 개설은행의 신용을 담보하는 것을 의미한다(UCP 600 제2조 참조).

또는 목적지에 도착하고 난 후에 매수인에 의하여 거절당할 위험을 회피하기 위한 것으로서 매도인이 선하증권 등과 같은 적절한 서류에 의하여 물품을 선적하였다는 것을 은행에 증명하면 지급을 보장받을 수 있도록 하는 것이다.

신용장의 개설에 의하여 매수인의 신용은 은행의 신용으로 대체되며, 매수인의 은행, 즉 개설은행은 매수인의 파산이나 계약불이행의 위험을 부담한다. 개설은행은 매수인과 거래관계에 있는 은행으로서 매수인의 신용을 평가할 수 있는 지위에 있기 때문에 일단 신용장이 개설되었다는 것만으로도 매도인은 매수인의 신용이 좋다거나 아니면 은행이 매수인에게 신용을 제공했다는 사실을 확신할 수 있다. 따라서 매도인은 물품을 선적함으로써 신용장에서 요구되는 서류를 갖추어 이를 제시하면 지급을 받을 수 있게 되고, 매수인과 개설은행이 모두 파산하거나 지급거절하는 극히 예외적인 경우에만 지급을 받지 못할 뿐이다. 제3세계 국가의 소규모 은행이 신용장을 개설하는 등의 경우에는 매도인은 매수인의 거래은행에 대한 신용을 알지 못하는 까닭에 은행까지도 파산하여 대금을 지급받지 못하는 것을 염려할 수도 있다. 이러한 경우에 매도인은 매수인과의 계약에서 확인신용장(confirmed L/C)을 개설해 줄 것을 요구할 것이다. 확인신용장이 개설된 때에는 확인은행도 요구되는 서류가 제시되면 매도인에게 지급할 것을 확약하는 것이며, 따라서 매수인의 신용은 개설은행과 확인은행의 신용으로 대체된다. 결국 확인은행은 개설은행이 파산하거나 이행을 거절할 위험을 담보하는 것이라고 할 수 있다.

확인신용장에서 확인은행은 개설은행의 재정적인 상황에 관한 정보를 상대적으로 용이하게 취득할 수 있는 지위에 있고 은행 간 거래관계에 따라 자기의 계약상 권리를 행사할 수도 있다. 그러므로 신용장이 확인을 받았다는 것은 확인은행이 개설은행에 대한 신용을 담보하였다는 것을 의미한다. 따라서 매도인은 확인신용장의 경우에 매수인, 개설은행 및 확인은행이 모두 파산하거나 지급을 거절하는 극히 예외적인 경우에만 대금을 지급받지 못하게 된다. 또한 확인은행은 보통 매도인의 거래은행인바, 확인은행이 지급을 거절하는 경우에 매도인은 자국 법원에서 이행을 구하기 위한 소송을 제기할 수 있을 것이므로 외국에서 소송을 제기하는 불편을 감수하지 않아도 된다.

신용장거래에서 매도인에게 지급을 하는 은행은 서류만을 심사하고 물품이 계약에 적합한지 여부를 묻지 않기 때문에 매도인은 사전에 대금을 지급받지 않고도 신용장조건에 적격한 서류만 제시하면 대금지급을 받을 것이라는 사실을 신뢰하여 물품을 선적할 수 있는 것이다. 또한 매도인은 선적을 하지 않으면 선하증권과 같은 신용장에서 요구되는 선적서류를 준비하는 것이 불가능할 것이므로 매도인에 의하여 서류가 제시되었다는 것은 서류 자체가 위조된 경우를 제외하고는 물품이 선적되었다는 것을 의미하고, 따라서 매수인은 물품 자체를 인도받기 전이라도 은행으로부터 선적서류를 인도받으면서 대금을 지급하는 것이다. 요컨대 신용장제도에 의하여 은행의 신용을 매개로 상대방의 신용상태를 알지 못하는 당사자 간에도 계약이 성립되어 이행될 수 있는 것이다.

2. 신용장의 역할

(1) 유동성의 제공

앞에서 설명한 바와 같이, 상업신용장이 등장하기 이전의 중세시대의 신용장은 환어음에 대한 지급을 담보하고 그 유통을 용이하게 함으로써 간접적으로 통화의 역할을 하였는바, 상업신용장도 간접적으로나마 통화의 역할을 여전히 수행한다. 왜냐하면 신용장에 의해서 매도인은 물품을 선적하는 즉시 대금을 지급받을 수 있고, 환어음이 일람후정기출급식인 경우에도 매도인은 어음을 할인받음으로써 즉시 대금을 지급받는 것과 동일한 효과를 누릴 수 있기 때문이다.

보증신용장도 많은 서류를 요구하지 않기 때문에 개설의뢰인의 불이행이 있으면 신용장의 수익자는 즉시 신용장금액을 지급받을 수 있다.

(2) 신용의 대체

국제거래에서 매도인은 매수인의 신용상태를 잘 알지 못하기 때문에 매수인의 지급약속을 신뢰하지 않거나 신용에 의하여 판매하는 것을 주저하는 것은 당연하다. 그러나 상업신용장에 의하여 매수인(개설의뢰인)의 신용을 개설은행의 신용으로 대체하거나 확인신용장의 경우처럼 확인은행의 신용으로 대체하게 된다면 매도인은 주저하지 않고 매수인과 거래를 하게 된다.

보증신용장도 개설의뢰인의 이행약속의 가치를 높여준다. 즉 이행의무자(개설의뢰인)가 이행을 하지 않는다면 개설은행이 지급할 것이라는 개설은행의 약속에 의하여, 즉 신용의 대체에 의하여 수익자는 이행의무자의 신용상태나 선의를 평가할 필요 없이 안심하고 국제거래에 참가할 수 있다.

(3) 비용의 절감

국제거래에서 매수인이나 이행의무자의 지급이나 이행을 담보하거나 또는 그의 신용을 평가하는 데 있어서 신용장이 유일한 수단은 아니다. 왜냐하면 보증에 의해서도 이행이나 지급이 담보될 수 있고 또한 거래당사자가 직접 신용을 평가하는 방법도 있기 때문이다. 그러나 이러한 방법은 신용장보다 많은 비용을 요한다. 개설은행은 일반적으로 개설의뢰인의 거래은행이기 때문에 개설의뢰인에 대하여 충분한 정보를 갖고 있고, 따라서 신용장은 수익자가 개설의뢰인의 신용을 직접 조사하거나 평가하는 경우보다 적은 비용으로 국제거래를 가능하게 한다.

(4) 소송비용의 전가

일반적으로 당사자 중 누가 소송비용을 부담할 것인지에 관한 내용은 계약에 반영되게 마련이다. 예를 들어 매수인이 대금지급 전에 물품을 검사할 것을 요구하는 것이 허용되지 않는 서류거래를 하는 경우에는 매수인은 물품을 조사할 기회를 갖기 전에 미리 대금을 지급해야 하는데, 이는 실제에 있어서 당사자 간에 매수인이 소송비용을 부담한다는 내용의 합의를 한 것과 동일한 효과를 갖는다.

신용장 그 자체는 기본계약과 원칙적으로 독립한 것이며, 수익자가 신용장조건을 준수하는 한, 수익자가 기본계약에 따른 이행을 하지 않았다는 사실이 개설의뢰인의 신용장상 의무의 이행에 영향을 미치지 않는다는 이른바 독립성의 원칙은 신용장거래에서 중요한 원칙이다. 당사자들은 서류매매에 의한 지급에 합의한 것이고, 물품이 계약에 합치하지 않는 경우에도 매수인이 신용장금액을 지급할 것에 합의한 것이기 때문이다. 따라서 당사자 간에 계약에 따른 이행 여부에 관해서 분쟁이 있는 때에도 수익자는 서류의 제시로써 먼저 지급을 받게 되고, 개설의뢰인은 소송을 통해서 수익자가 계약에 따른 이행을 하지 않았음을 주장해서 이미 지급한 신용장금액의 반환을 요구하는 방법에 의존할 수밖에 없다. 이는 신용장에 의한 지급과 관계되는 한도에서 당사자들은 소송에 관한 부담을 수익자, 즉 매도인으로부터 개설의뢰인, 즉 매수인에게 이전하였음을 의미한다.

(5) 법정지의 이전

국제거래에서와 같이 매도인과 매수인이 서로 다른 국가에 소재하는 경우에 신용장의 사용은 기본계약의 이행과 관련하여 소송지 또는 법정지를 이전하는 효과를 갖는다. 예를 들어 우리나라의 매수인이 미국의 매도인을 위하여 상업신용장을 개설하였다면, 계약의 목적인 물품에 하자가 있는 경우에 매수인이 우리나라에서 소송을 제기하는 것은 별 의미가 없을 것이다. 왜냐하면 매수인이 인도된 물품에 하자가 있다는 것을 발견하였을 때에는 이미 매도인은 신용장의 개설은행이나 확인은행으로부터 지급을 받았을 것이고, 따라서 매수인이 계약불이행에 기한 책임을 묻기 위해서는 매도인의 국가, 미국의 법정에서 소송을 제기하여야 할 것이기 때문이다.

(6) 환위험의 이전

신용장은 환율의 급격한 하락이나 제한된 유통성을 갖는 연화(soft currency)를 경화로 환전하는 것이 불가능한 데서 발생하는 위험을 이전하는 데 이용될 수 있다. 통화가 연화인 국가는 자국민의 국제거래에서 미국의 달러화와 같은 경화의 이용에 대한 제한을 가하여 자국의 통화로 지급할 것을 요구하는 경우가 많다. 이 경우에 당사자의 협상에 따라서 연화나 경화로 지급될 것이 신용장에 특정되었다면, 적어도 한 당사자는 환위험에 따르는 위험을 인수한 것이 되고, 따라서 환위험 이전의 효과가 발생하는 것이다.

Ⅳ. 신용장통일규칙

상업신용장의 사용이 증가함에 따라 신용장을 개설하는 은행은 매도인이 지급을 위해 제시하는 서류가 적절한 것인지 여부를 판단해야 하는 문제에 직면했다. 선하증권을 제외하고는 이러한 서류들에 대한 표준적인 형식은 존재하지 않았고, 서류에 사용되는 용어도 다양하였다. 이러한 상황에서 은행들은 신뢰할 수 있는 신용장 개설은행으로서의 평판을 유지하는 동시에 서류에 결함이 있는 경우에 매도인에 대하여 대금지급이 이루어지지 않을 것을 원하는 고객의 요구도 만족시켜야 했다. 이처럼 신용장요건의 정형화가 요청되자 상업신용장에 관한 국제규칙을 제정할 필요성은 매우 커지게 되었고, 1933년에 국제상업회의소에 의해 「화환신용장에 관한 통일관습 및 관행」(Uniform Customs and Practice for Documentary Credits), 즉 신용장통일규칙(UCP) 제1판이 발행되었다. 신용장통일규칙은 1951년, 1962년, 1974년, 1983년, 1993년 그리고 2007년에 각각 개정되었는데,[15] 가장 최근에 발간된 신용장통일규칙인 UCP 600은 2007년 7월 1일부터 발효하였다.

신용장통일규칙이 신용장을 규율하는 법규로서 중요한 지위를 차지하는 이유는 신용장통일규칙이 관습이나 상인과 은행의 관행에 기초하고 있다는 데 있다. 이러한 점은 신용장 자체가 상인 간의 거래관계에서 발생한 상사도구이며, 따라서 상인법의 영향을 매우 강하게 받는다는 사실을 반영하는 것이다. 신용장통일규칙은 「화환신용장에 관한 통일관습 및 관행」이라는 본래의 명칭이 보여주는 바와 같이 신용장과 관련된 관습과 관행을 충실히 반영하고 있기 때문에 신용장

---

15) ICC 발간번호(Publication No.): UCP 222(1962), UCP 290(1974), UCP 400(1983), UCP 500(1993), UCP 600(2007).

을 취급하는 거의 모든 은행들이 신용장통일규칙에 따른다는 의사를 표현하거나 비공식적으로 이를 채택한다.

국제상업회의소는 정부나 입법기관이 아니기 때문에 신용장통일규칙 그 자체가 법은 아니다. 신용장통일규칙이 신용장에 광범위하게 적용되는 이유는 대부분의 신용장들이 신용장통일규칙에 의하여 해석될 것을 신용장 자체에서 정하고 있기 때문이다.[16] 신용장통일규칙은 제1조에서 동 규칙이 신용장이 동 규칙의 적용을 받을 것을 명시한 때에만 그 신용장에 적용될 것을 명시하고 있다. 다만 신용장통일규칙이 은행의 관행을 기초로 했다는 점을 고려할 때, 신용장이 신용장통일규칙의 적용에 관해서 아무런 언급을 하고 있지 않은 경우에도 신용장통일규칙은 그 신용장상의 용어나 조건의 해석에 있어서 보완적 역할을 할 수 있을 것이다.

Ⅴ. 신용장거래의 과정

[그림 2] 신용장거래의 과정

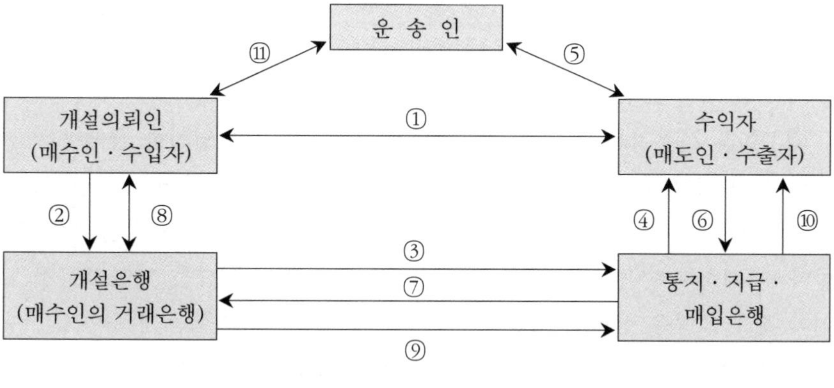

① 거래당사자가 매매계약에서 신용장의 개설에 합의한다.

② 매수인(개설의뢰인)이 개설은행에 대해서 신용장의 개설을 의뢰한다.

③④ 개설된 신용장이 통지은행을 통하여 매도인에게 송부된다.

⑤ 매도인은 신용장조건에 따라서 물품을 운송인에게 인도하고, 선적서류를

16) "Except so far as otherwise expressly stated, this documentary letter of credit is subject to the Uniform Customs and Practice for Documentary Credits, 2007 Revision, ICC Publication no. 600"가 신용장에서 사용되는 문언의 예이다.

발행받는다.

⑥⑦ 환어음의 인수 또는 지급을 위하여 매도인은 서류를 지급은행 또는 매입은행에 제시하고, 동 은행은 이를 개설은행에 송부한다.

⑧ 매수인은 서류가 신용장조건에 일치하는지를 확인한 후 개설은행에게 지급하고, 이에 대해 개설은행은 서류를 매수인에게 인도한다.

⑨⑩ 은행 간 결제시스템에 의한 지급이 이루어진다.

⑪ 매수인은 운송서류를 제시하여 운송인으로부터 목적물을 인도받는다.

1. 신용장의 개설

매수인의 신용상태를 잘 알지 못하는 매도인은 일반적으로 매매계약을 체결하면서 매수인에게 그의 거래은행으로부터 신용장을 개설받을 것을 요구한다. 대금지급을 담보하기 위해서 신용장의 개설을 요구하는 매매계약조건에 따라서 매수인은 자기의 거래은행에 매도인을 위하여 신용장을 개설해 줄 것을 요청한다. 매수인이 그 거래은행과 오랫동안 거래관계를 유지해 왔다면 은행은 매수인의 재정상황을 잘 알고 있고 따라서 별도의 신용조사는 불필요할 것이다. 그러나 매수인이 처음으로 거래하는 은행에 신용장개설을 요청하는 때에는 은행은 매수인의 신용상태를 조사하거나 또는 경우에 따라서는 신용장금액에 해당되는 충분한 자금을 제공할 것을 요구할 것이다.

매수인은 신용장의 개설을 요청하면서 개설은행에게 일정한 금액을[17] 한도로 매도인에 대하여 지급할 것을 요청하며, 특히 매도인의 환어음이 신용장에서 정한 서류를 수반하는 경우에 한해서만 이에 대해서 지급이나 인수를 할 것을 요청한다. 이때 매수인은 어떤 서류가 제시되어야 하며 그 서류는 어떤 내용을 담고 있어야 하는지 등을 상세히 정한다. 예를 들어 매수인은 환어음에 수반될 서류로서 선하증권이나 보험증권 그리고 상업송장이 제시되어야 하며 또한 선하증권이 유통가능한 것이어야 하고 그 증권상에 운임선급(freight prepaid)이라고 표시될 것을 요구할 수 있다.[18] 또한 부분적재(less than full cargo)로 인한 물품의 훼손이나 멸실을 회피하기 위해서 매수인은 신용장의 개설을 요청하면서 부분적재의 경우에는 개설은행이 지급 또는 인수하지 않을 것을 정할 수도 있다. 매수인의 이러한

17) 신용장금액은 일반적으로 계약의 목적인 물품의 가액이다.

18) 매수인은 거래은행에 주문서나 견적송장(*pro forma* invoice)을 제공함으로써 계약이 요구하는 서류가 무엇인지 은행이 알 수 있도록 하는 것이 일반적이다.

요구사항은 신용장에 모두 기재되어야 하며, 매도인은 이러한 신용장조건에 일치하는 서류를 제시하지 못한 때에는 대금을 지급받지 못한다.

주의할 것은 신용장은 그 근거가 되는 매매계약 또는 다른 계약과는 별개의 거래(separate transaction)이며, 은행은 그러한 기본계약과 아무런 관련을 갖지 않고, 따라서 신용장에 따른 은행의 지급, 환어음의 인수 · 지급이나 매입 또는 기타 다른 의무는 개설의뢰인이 개설은행 또는 수익자와 갖는 관계로부터 발생하는 청구나 항변에 구속되지 않는다는 점이다(UCP 600 제4조 제a항). 이것이 이른바 독립성의 원칙이다. 이처럼 신용장거래가 기본계약으로부터 독립되기 때문에 신용장거래에서 모든 당사자는 서류를 취급하는 것이지, 그러한 서류와 관련된 물품, 용역 또는 이행을 취급하는 것이 아니다(UCP 600 제5조).[19)]

매수인이 신용장의 개설을 의뢰하는 것은 매수인과 은행 간의 계약에 따른 것이며, 이 계약에서 매수인은 신용장조건에 따라 적절하게 지급된 금액을 은행에 상환할 것을 합의한다. 여기에서 매수인의 신청에 따라 신용장을 개설한 은행은 개설은행(issuing bank), 신용장의 개설을 의뢰한 매수인은 개설의뢰인(applicant) 그리고 신용장을 통지받는 매도인은 수익자(beneficiary)가 된다(UCP 600 제2조).

[관련판례] 大判 1987.7.21, 86다카1806

피고은행 남대문지점에서 발급하는 자금적립에 의한 내국신용장은 지점장대리의 전결로 발급하도록 되어 있고, 이 사건 신용장도 지점장 대리인이 전결하여 발급한 경우에는 위 신용장이 수급자인 원고에게 교부되기 전에 위 대리인이 그 기재내용의 일부를 직접 정정하거나 또는 제3자로 하여금 정정케 하였다면 이는 신용장 작성권한 있는 자의 정정 행위이므로 그 정정이 비록 부당한 것이라 할지라도 정정한 내용대로 신용장의 효력이 발생하는 것이다.

2. 신용장개설의 통지

신용장이 개설되면 개설은행은 매도인의 국가에 있는 은행을 통하여 매도인에게 신용장이 개설되었다는 사실과 신용장의 상세한 사항을 통지한다. 이 때 매도인의 국가에 있는 은행은 통지은행(advising bank)이 되는데(UCP 600 제2조), 통지은행은 단순히 매도인에게 신용장이 매도인을 위하여 개설되었다는 것과 매도인이 신용장을 이용할 수 있다는 것을 통지할 뿐이며, 지급이행이나 매입 등 다른 의무를 부

---

19) 이를 독립성의 원칙과 구별하여 추상성의 원칙이라고도 한다. 채동헌, 『국제거래와 법』(청림출판, 2004), 188면.

담하지 않는다(UCP 600 제9조 제a항).[20] 통지은행은 일반적으로 개설은행과 거래관계를 갖는 은행(correspondent bank)이다.

3. 매도인의 신용장조건의 확인

신용장의 개설을 통지받은 매도인은 신용장이 개설되었다고 해서 무조건 물품을 선적하는 것이 아니다. 먼저 매도인은 신용장이 요구하는 조건과 기본계약인 매매계약에서 정한 조건을 비교하여야 한다. 만약 조건이 서로 일치하지 않는다면, 매도인은 매수인과 접촉하여 조건이 왜 다른지를 확인하고, 물품의 선적 전에 신용장조건의 변경 또는 수정신용장(amended L/C)의 발행 등 필요한 조치를 취해야 한다(UCP 600 제10조 참조).[21]

또한 매도인은 물품을 선적하기 전에 신용장조건의 내용 자체를 확인하여야 한다. 예를 들어 신용장에서 요구된 기간 내에 선적을 할 수 있는지, 선하증권을 신용장에서 정한 기간 내에 발행받을 수 있는지, 수출을 위해서 허가가 필요하다면 수출허가서를 적기에 발행받을 수 있는지, 신용장에서 정한 금액이 환어음금액보다 적은 것은 아닌지, 신용장에서 정한 통화의 종류가 기본계약인 매매계약이 요구하는 통화와 동일한지, 보험이나 운송비 등에 대한 신용장조건이 매매계약의 조건을[22] 충족하는지, 신용장이 부분적재를 허용하고 있는지 또는 환어음이나 기타 선적서류가 신용장의 유효기간 내에 제시될 수 있는지 등을 살펴보아야 한다. 매도인이 신용장조건을 준수할 수 없다고 판단한 때에는 즉시 매수인과 접촉하여 신용장조건이 변경되거나 또는 수정신용장이 개설되도록 하여야 한다. 신용장은 대금을 지급받기 위하여 매도인이 이행하여야 할 사항을 특정하는 것이며, 매도인이 지급을 받기 위해서는 이른바 엄격일치의 원칙에 따라 신용장조건을 엄격히 준수해야만 하기 때문

20) 신용장통일규칙 제9조에 따르면, 통지은행은 신용장 또는 그 조건변경(amendment)을 통지함으로써 신용장 또는 그 조건변경의 외관상 진정성에 만족하였다는 것과 그의 통지가 신용장 또는 그 조건변경의 모든 조건(terms and conditions)을 정확히 반영하고 있다는 것을 표시할 뿐, 신용장 또는 그 조건변경을 통지함으로써 지급이행이나 매입을 확약하는 것은 아니다.

21) 예를 들어 매매계약은 캐나다산 소맥을 5,000kg 선적할 것을 규정하고 있는 데 반하여 신용장에는 4,000kg이라고 기재되어 있다고 가정하자. 매도인이 만약 계약에 따라 5,000kg을 선적하고 환어음의 발행을 통해서 소맥 5,000kg에 대한 대금지급을 받고자 한다면, 이는 신용장조건의 위반이 될 것이기 때문에 매도인은 대금을 지급받지 못할 것이다. 반면에 매수인이 신용장조건에 따라 소맥 4,000kg만을 인도한다면, 이는 5,000kg의 인도를 정한 매매계약의 위반이 될 것이다. 이러한 경우에 매도인은 즉시 매수인과 연락하여 신용장조건이 변경되도록 하거나 또는 수정신용장이 개설되도록 하여야 하며, 신용장조건의 변경 또는 수정신용장의 개설이 있을 때까지 물품을 인도해서는 안 된다.

22) 정형거래조건이 그 예가 될 수 있다.

이다(UCP 600 제14조 참조).

[관련판례] 大判 1993.12.24, 93다15632

신용장거래에 있어서 신용장개설은행은 상당한 주의로써 그 선적서류가 문면상 신용장의 조건과 일치하는지 여부만 확인하면 되고 그 선적서류에 대한 실질적 심사의무를 부담하지는 아니하나(신용장통일규칙 제17조), 그 선적서류의 문면 자체에 하자가 있거나 또는 그 선적서류가 위조된 문서라는 사실을 사전에 알았거나 위조된 문서라고 의심할 만한 충분한 이유가 있는 경우에는 그 신용장대금을 지급하여서는 안 된다고 할 것이다.

4. 신용장조건에 따른 물품의 선적 등 의무의 이행

계약의 목적인 물품이 해상운송방식에 의해서 운송되는 경우에 신용장과 기본계약의 조건을 확인하고 신용장조건을 충족하였다고 판단한 매도인은 물품을 선적하게 되는데, 실질적으로 물품선적의 준비는 운송주선인(freight forwarder)에 의하여 이루어진다. 이때 매도인은 보통 선적과 관련한 지시와 함께 운송주선인에게 선적지시서(letter of instruction), 상업송장, 포장명세서(packing list) 또는 송하인의 수출명세서(shipper's export declaration) 등과 같은 서류를 송부한다. 또한 매도인은 신용장에서 특별히 언급되어 있다면 국가기관에 의하여 요구되는 서류, 예를 들어 원산지증명서 등을 송부한다.

운송주선인이 선적과 관련한 준비를 마치면, 매도인은 운송인의 선박이 정박해 있거나 또는 정박할 부두에 물품을 운송한다. 이때 운송인은 부두수령증(dock receipt)을 발행하는데, 이것은 지정된 선박에 물품이 선적될 때까지 물품에 대한 권리를 표창하는 기능을 한다. 지정된 선박에 물품이 선적되면, 운송인은 운송물에 대한 권리를 표창하는 선하증권을 발행한다. 운송주선인은 운송인이 작성한 표준화된 서식의 빈칸에 기입함으로써 선하증권의 작성을 위한 준비를 하는데, 운송주선인은 선하증권이 신용장조건에 일치하도록 하기 위하여 물품을 표시하고 송하인의 선적지시서가 지시하는 포장과 컨테이너를 표시하며 그 중량을 적시하는 등 빈칸에 기입한다.

운송인은 운송계약에 따라 물품을 지정된 목적지까지 운송한다. 만약 선하증권이 유통성을 갖지 않는다면, 운송인은 선하증권에 수하인으로 지정된 자 또는 수하인에 의하여 지정된 자에게만 물품을 인도해야 한다. 그러나 선하증권이 유통성을 갖는다면, 운송인은 선하증권을 소지하고 있는 자에게만 인도해야 한다. 이처럼 선하증권은 유통가능한 것으로 발행될 수 있으며, 이때 운송인은 선하증권과 상환으로만 물품을 인도할 것이기 때문에 선하증권을 소지하고 있는 것은 물품 자체를 소지하고 있는 것과 동일한 효과를 갖는다. 신용장거래에서는 일반적으로 물품선적의 장소나 방법에 대하여 예외 없이 그리고 아무런 유보 없이 선적되었거나 물품이 갑판 아래에 안전하고 적절하게 선적되었다는 것을 나타내는 무유보운송서류(무고장 운송서류)(clean transport document)가 요구된다(UCP 600 제26조 및 제27조).

매매계약이 CIF조건인 경우에 매도인은 자기의 비용으로 운송계약을 체결해야 할 뿐 아니라 운송되는 물품을 해상보험에 부보하여야 한다. 이때 신용장조건에 따라 지급받기 위해서는 매도인은 상업송장이나 선하증권 등 다른 선적서류와 함께 보험료가 지급되었음을 적시한 보험증권(insurance policy)이나 보험증명서(insurance certificate)와 같은 보험서류(insurance document)를 인도해야 한다(UCP 600 제28조).

5. 서류의 일치

이른바 독립성의 원칙에 따라 신용장거래가 기본계약으로부터 독립되는 결과, 신용장거래에서 모든 당사자는 서류를 취급하는 것이지, 그러한 서류가 관련된 물품, 용역 또는 이행을 취급하는 것이 아니다(UCP 600 제5조). 따라서 매도인이 신용장거래에서 대금을 지급받기 위해서는 이른바 엄격일치의 원칙에 따라서 신용장조건에 엄격히 일치하는 서류를 제시하여야 한다(UCP 600 제14조 및 제15조). 현재 신용장에 의한 거래에서 분쟁의 상당수가 제시된 서류가 신용장조건에 일치하는지 여부와 관련한 것이라는 사실에서 볼 수 있는 바와 같이, 서류가 신용장조건에 엄격히 일치하는지 여부는 신용장거래에서 매우 중요한 문제이다. 서류의 불일치의 상당수가 단순한 오기(誤記)에서 발생하는 것이 현실이기 때문에 매도인은 상업송장이나 기타 선적서류를 준비함에 있어서 신용장조건에 일치하도록 세심한 주의를 기울여야 한다.

매도인이 제시한 서류가 신용장조건에 일치하지 않는 경우에 개설은행은 일반적으로 매수인으로부터 불일치와 관련한 권리를 포기한다는 서면을 받음으로써 거래는 예정된 대로 계속 진행되도록 하는 것이 실무관행이지만, 물품의 가격이 하락하는 등의 경우에 매수인은 서류의 불일치를 이유로 대금을 지급하지 않으려고 할 수 있기 때문에 매도인은 서류의 일치와 관련하여 언제나 주의해야 한다.

[관련판례] 大判 2003.11.14, 2002다7770

신용장 첨부서류가 신용장조건과 문언대로 엄격하게 합치하여야 한다고 하여 자구 하나도 틀리지 않게 완전히 일치하여야 한다는 뜻은 아니며, 자구에 약간의 차이가 있더라도 은행이 상당한 주의(reasonable care)를 기울이면 그 차이가 경미한 것으로서 문언의 의미에 차이를 가져오는 것이 아니고 또 신용장조건을 전혀 해하는 것이 아님을 문면상 알아차릴 수 있는 경우에는 신용장조건과 합치하는 것으로 보아야 하고, 그 판단은 구체적인 경우에 신용장조건과의 차이가 국제적 표준은행거래관습에 비추어 용인될 수 있는지 여부에 따라야 할 것인데(대법원 1985.5.28. 선고 84다카 696, 697 판결, 1992.2.25. 선고 91다30026 판결, 2002.6.28. 선고 2000다63691 판결 각 참조), 국제상업회의소(International Chamber of Commerce, 줄여서 'ICC'라 한다)가 그 산하 은행위원회(ICC Banking Commission)의 승인하에 결정한 '국제표준은행관행[International Standard Banking Practice (ISBP) for the examination of documents under documentary credits, ICC Publication No. 645(2003)]'은 신용장 선적서류의 심사와 관련하여 선적서류상의 철자오류 또는 타자 실수 등에 대한 국제표준은행관행으로서 선적서류에 단어나 문장에 있어서의 철자 오류 그리고(또는) 타자 실수에 의하여 그 의미에 영향을 주지 않는 기재의 차이가 있는 경우 그러한 오류는 해당 문서를 하자서류로 만들지 않지만, 상품 명세에 대한 기재의 오류(예를 들어 "model 321" 대신 "model 123"이라고 기재되어 있는 경우)는 타자상의 오류로 간주되지 않을 것이고 동 문서는 하자서류로 인정될 것이라고 규정하고 있는바, 위와 같은 국제표준은행관행에 비추어 신용장에 첨부된 선적서류상에서 신용장 조건과 불일치가 있는 경우 그와 같은 기재상의 불일치가 신용장과 해당 서류의 성격상 요구되는 기본적 사항이 아니거나 문서를 작성하는 과정에서 발생한 단순하고 명백한 기재상의 실수로 인정되는 경우에는 선적서류와 신용장 조건의 불일치로 볼 수 없으나, 그와 같은 기재상의 불일치에 대하여 서류심사를 하는 은행의 입장에서 오류임이 명백하지 않거나 그 기재상의 차이로 인하여 의미상의 중요한 변화가 있을 수 있는 경우에는 신용장 조건과 선적서류상의 불일치에 해당한다고 보는 것이 타당하다.

[관련판례] 大判 2002.10.11, 2000다60296

화환신용장에 의한 거래는 본질적으로 서류에 의한 거래이지 상품에 의한 거래가 아니므로, 은행은 상당한 주의로써 그 선적서류가 문면상 신용장의 조건과 일치하는지 여부만 확인하면 되고, 그 선적서류에 대한 실질적인 심사의무까지 부담하지는 아니하나, 그 선적서류가 위조(변조 또는 허위 작성을 포함한다)되었을 경우 은행이 위조에 가담한 당사자이거나 서류의 위조 사실을 사전에 알았거나 또는 그와 같이 의심할 만한 충분한 이유가 있는 경우에는, 이는 신용장거래를 빙자한 사기거래에 지나지 아니하므로 그 은행은 더 이상 이른바 신용장의 독립·추상성의 원칙에 의한 보호를 받을 수 없다.

[관련판례] 서울高判 1999.4.30, 98나36742

신용장의 독립·추상성의 원칙이란 신용장 거래가 서류거래에 한정된다는 것으로부터 신용장개설은행은 신용장이 요구하는 서류가 완벽하게 제시되기만 하면 원인관계나 자금관계의 항변으로부터 차단된 채 그 대금을 무조건 지급하여야 한다는 원칙으로, 추후 실제 사실관계와 서류가 상이하더라도 이를 들어 그 대금지급을 거절할 수 없다는 의미인바, 이 사건의 경우 신용장 개설은행은 지급확인서가 구비되어 있기만 하면 신용장대금을 결제할 것이고, 또한 수익자가 개설의뢰인으로부터 선적 전에 또는 선적과 동시에 지급확인서를 받는다면 신용장 대금의 지급은 용이하고 신속하게 이행될 수 있는 것이므로 지급확인서가 요구되는 결과 비록 사실상 신용장 개설의뢰인의 의사에 따라 대금결제 여부가 좌우되게 되는 사정이 있다 하더라도 그 점만으로 지급확인서를 요구하는 것이 곧바로 독립·추상성의 원칙에 반한다 할 수 없으므로 ….

6. 신용장에서 요구되는 서류

신용장은 매도인이 환어음에 의하여 개설은행으로부터 지급받을 것을 정하면서 이를 위해서 일정한 서류가 제시될 것을 요구한다. 매도인은 선적 후 일정기일 내에 또는 신용장의 유효기간이 종료하기 전에 이러한 서류를 제시해야 하는데, 이는 물품이 적기에 선적되었다는 것을 매수인에게 담보하기 위한 것이다. 신용장에 의하여 요구되는 서류의 종류나 기능에 대해서 매도인과 매수인은 기본계약인 매매계약에서 자유로이 정할 수 있지만, 신용장거래에서 일반적으로 다음과 같은 서류들이 요구된다.

(1) 환어음

신용장은 개설은행이 일정한 조건이 충족되는 경우에 신용장금액을 지급할 것을 확약하는 의미를 갖지만, 신용장 자체가 지급수단은 아니다. 일반적으로 매도인은 신용장조건이 요구하는 서류를 은행에 제시하면서 이와 함께 환어음을 발행하여 제시함으로써 어음금액을 지급받는다. 신용장은 매도인이 지급받기 위하여 제시하여야 하는 서류의 하나로 환어음을 적시하며, 환어음의 조건은 신용장에서 특정된다(UCP 600 제7조 제a항 참조). 환어음의 조건에 따라 일람 즉시 지급되거나 또는 특정한 기일에 환어음금액이 지급되는데, 환어음은 양도가 가능하도록 지시식으로 발행되는 것이 일반적이다.

주의할 것은 신용장거래에서 지급을 받기 위해서 환어음의 발행이 반드시 요구되는 것은 아니라는 점이다. 신용장통일규칙은 개설은행 또는 지정은행(nominated bank)이 환어음 없이 서류와 상환으로 지급을 약정하는 일람지급신용장(sight payment credits)과 역시 환어음의 발행을 요구하지 아니하고 서류의 제시만으로 신용장조건이 정하는 일정한 기일에 지급할 것을 약정하는 연지급신용장(deferred payment credits)의[23] 발행을 허용한다(UCP 600 제7조 제a항).

[관련판례] 大判 1980.1.15, 78다1015

화환어음 매입은행이 그 매입서류를 조사함에 있어서는 제시된 서류가 신용장에 기재된 사항과 문면상으로 일치되는지의 여부 이외에 관계서류가 상태성(常態性)과 정규성(定規性)을 갖추었는지 여부까지도 조사할 의무가 있으나 서류의 실질적 조사의무는 면책되어 있다.

(2) 상업송장

상업송장은 매도인이 작성하는 서류로 계약의 목적인 물품을 기술하고 그 가격을 표시하며, 특히 CIF계약 등의 경우에는 운임과 보험료도 표시한다. 상업송장에서 물품, 용역 또는 이행에 관하여 기술된 내용(description)은 신용장에서 기술된 내용과 합치(correspond)하여야 한다(UCP 600 제18조 제c항). 신용장통일규칙은 상업송장 외의 서류에 있어서 물품, 용역 또는 이행에 관하여 기술된 내용은 신용장에서 기술된 내용과 모순되지 않는(not conflicting) 일반적인 용어(general terms)로 기술될 수 있다고 하고 있는바(UCP 600 제14조 제e항), 이는 신용장통일규칙이 상업송장에 대해서는 후술하는 엄격일치의 원칙을 적용함을 분명히 한 것으로 볼 수 있다. 따라서 상업송장의 기술과 신용장의 기술은 엄격히 일치해야 한다(UCP 600 제18조 제c항 참조).[24]

상업송장은 매도인이 신용장조건을 준수했다는 것을 은행에 대해 담보하지만, 그 자체 매도인이 계약에 적합한 물품을 선적했다는 것을 담보하는 것은 아니다. 신용장의 개설의뢰인이나 개설은행은 물품이 계약에 적합할 것을 분명히 하고자 한다면 매도인이 독립적인 제3자에 의한 검사증명서(inspection certificate)를 획득할 것을 신용장조건에 명시하여야 한다.

[관련판례] 大判 1985.5.28, 84다카697

신용장의 부속서류 중 상업송장(Commercial Invoice)은 매도인인 수익자가 매수인인 신용장개설의뢰인에게 공급하는 매매목적물의 상품명세서 겸 출하안내서와 같은 것으로서 그 상품이 매수인이 제시한 매수조건과 일치하는지의 여부를 가리는 주요한 자료이므로 통일규칙[신용장통일규칙] 제32조 씨(C)항은 상업송장의 상품명세에 관한 기재에 대하여 다른 서류의 상품명세에 관한 기재보다 엄격하게 신용장기재와 일치할 것을 요구하고 "상업송장에 기재된 상품의 명세는 신용장의 명세와 일치(correspond with)하여야 한다. 기타 서

23) 연지급신용장은 환어음의 사용을 회피하고 또한 환어음에 지급하는 인지세(stamp charges)를 절약하기 위해서 사용되기 시작하였다고 한다.

24) 또한 신용장통일규칙은 상업송장이 수익자에 의해서 발행되고 또한 개설의뢰인을 위해서 발행된 것이어야 한다고 규정한다(UCP 600 제18조 제a항).

류의 상품명세는 신용장의 상품명세와 모순되지 않는(not inconsistent with) 일반용어로 기술하여도 무방하다"고 규정하고 있는바, 위 규정에서는 통일규칙 제7조 전단에서 사용한 합치(accordance)라는 용어 대신에 일치(correspondence)라는 용어를 사용하고 있으나 이러한 용어의 차이만 가지고 곧 합치의 정도에 관한 개념의 외연(外延)에 차이가 있다고 단정할 수 없으며, 신용장거래의 성질과 은행의 서류점검의무의 내용에 비추어 볼 때 위 두 용어가 나타내는 합치의 의미에는 별다른 차이가 없다고 보는 것이 타당하다.

다만 서류가 신용장조건과 문언대로 엄격하게 합치하여야 한다고 하여 자구(字句) 하나도 틀리지 않게 완전히 일치하여야 한다는 뜻은 아니며, 자구에 약간의 차이가 있더라도 은행이 상당한 주의(reasonable care)를 기울이면 그 차이가 경미한 것으로서 문언의 의미에 차이를 가져오는 것이 아니고 또 신용장조건을 전혀 해하는 것이 아님을 문면상 알아차릴 수 있는 경우에는 신용장조건과 합치하는 것으로 보아야 할 것이다.

그리고 통일규칙 제7조 후단에서 서류 상호 간에 문면상 모순된다(inconsistent with)고 함은 서류 상호 간에 문면상 연결이 안 되고 그 내용이 상충되는 것을 말하고 위 규칙 제32조 (C)항 후단에서 모순되지 않는다(not inconsistent with)라고 함은 위와 같은 문면상 연결의 결핍이나 내용의 상충이 없는 것을 말하는 것으로서 이와 같이 모순되지 않는다는 개념은 위 규칙 제7조 전단이나 제32조 (C)항 후단에서 규정된 합치 또는 일치의 개념보다 넓은 부합의 의미를 나타내는 것이 분명하다.

(3) 운송서류

신용장통일규칙은 신용장거래에서 사용될 수 있는 운송서류(transport documents)로 복합운송서류(multimodal or combined transport document), 선하증권, 비유통 해상화물운송장(non-negotiable sea waybill), 용선계약 선하증권(charter party bill of lading), 항공운송서류(air transport document), 도로 · 철도 · 내수로운송서류(road, rail or inland waterway transport document), 탁송수령증(courier receipt), 우편수령증(post receipt) 및 우송증명서(certificate of posting) 등에 관해서 규정하면서, 이들 각 운송서류가 인수(accept)되기 위해서 갖추어야 할 요건들을 상세히 정하고 있다(UCP 600 제19조 내지 제25조). 특히 이들 운송서류는 운송물이나 그 포장의 하자를 선언하는 문언이 없는 무유보(clean)이어야 인수된다(UCP 600 제27조).

신용장통일규칙이 정한 인수요건에 의하면 선하증권은 선적선하증권(shipped B/L)이어야 하고(UCP 600 제20조 제a항), 비유통 해상화물운송장과 용선계약 선하증권도 운송물이 적재되었음을 보여주는 것이어야 한다(UCP 제21조 제a항 및 UCP 제22조 제a항). 한편 복합운송서류는 운송물이 발송(dispatched), 수탁(taken in charge) 또는 선적(shipped on board)되었음을(UCP 600 제19조 제a항), 항공운송서류는 물품이 운송을 위해 인수(accepted for carriage)되었음을(UCP 600 제23조 제a항) 그리고 도로 · 철도 · 내수로운송서류는 물품이 선적, 발송 또는 운송을 위해 수령되었음을(UCP 600 제24조 제a항) 보여주는 것이어야 한다. 한편 탁송수령증(courier receipt), 우편수령증(post receipt) 및 우송증명서(certificate of posting)는 운송을 위해 물품이 수령되었음을 증명하는 것이어야 한다(UCP 600 제25조 제a항). 이들 각 운송서류는 모두 운송인의 성명이 기재되고 그의 서명이 있어야 한다.

[관련판례] 大判 2003.11.14, 2002다7770

국제상업회의소(International Chamber of Commerce, 줄여서 'ICC'라 한다)가 그 산하 은행위원회(ICC Banking Commission)의 승인하에 결정한 '국제표준은행관행[International Standard Banking Practice (ISBP) for the examination of documents under documentary credits, ICC Publication No. 645(2003)]'은 신용장 선적서류의 심사와 관련하여 선적서류상의 철자오류 또는 타자 실수 등에 대한 국제표준은행관행으로서 선적서류에 단어나 문장에 있어서의 철자 오류 그리고(또는) 타자 실수에 의하여 그 의미에 영향을 주지 않는 기재의 차이가 있는 경우 그러한 오류는 해당 문서를 하자서류로 만들지 않지만, 상품 명세에 대한 기재의 오류(예를 들어 "model 321" 대신 "model 123"이라고 기재되어 있는 경우)는 타자상의 오류로 간주되지 않을 것이고 동 문서는 하자서류로 인정될 것이라고 규정하고 있는바, 위와 같은 국제표준은행관행에 비추어 신용장에 첨부된 선적서류상에서 신용장 조건과 불일치가 있는 경우 그와 같은 기재상의 불일치가 신용장과 해당 서류의 성격상 요구되는 기본적 사항이 아니거나 문서를 작성하는 과정에서 발생한 단순하고 명백한 기재상의 실수로 인정되는 경우에는 선적서류와 신용장 조건의 불일치로 볼 수 없으나, 그와 같은 기재상의 불일치에 대하여 서류심사를 하는 은행의 입장에서 오류임이 명백하지 않거나 그 기재상의 차이로 인하여 의미상의 중요한 변화가 있을 수 있는 경우에는 신용장 조건과 선적서류상의 불일치에 해당한다고 보는 것이 타당하다.

[관련판례] 大判 2007.6.28. 2007다16113

신용장 개설은행이 선하증권의 소지인으로서 운송인에 대하여 갖게 된 선하증권에 관한 손해배상채권과 신용장 개설은행으로서 신용장 개설의뢰인에 대하여 갖는 신용장 거래상의 채권은 법률상 별개의 권리이므로, 신용장 개설의뢰인의 신용장 개설은행에 대한 신용장 거래상의 채무가 일부 변제 등으로 소멸한다고 하더라도 운송인을 상대로 한 선하증권에 기한 손해배상청구에서 이를 공제하여야 할 것은 아니며, 선하증권의 소지인으로서 운송인에 대하여 가지는 권리가 신용장 개설은행으로서 개설의뢰인에 대하여 가지는 권리를 담보하기 위한 것이라 하여 운송인의 선하증권 소지인에 대한 손해배상채무가 신용장 개설의뢰인의 개설은행에 대한 신용장 거래상의 채무액 범위 내로 제한된다고 할 수도 없다.

[관련판례] 大判 2007.5.10. 2005다57691

제5차 개정 신용장통일규칙 제27조 a항 i호에 의하면, 신용장에서 항공운송서류를 요구한 경우에는, 은행은 신용장에 별도로 명시하고 있지 않는 한 그 명칭에 관계없이 문면상 운송인의 이름이 표시되고 운송인 또는 대리인이 서명하거나 기타 다른 방식으로 인증한 서면을 수리하여야 하며, 운송인의 모든 서명 또는 인증에는 반드시 운송인이라는 확인이 있어야 하고, 운송인을 대신하여 서명하거나 인증한 대리인은 반드시 운송인의 명의와 자격도 명시하여야 한다고 규정하고 있는바, 신용장에서 항공화물운송장의 제시를 요구하고 있는 경우, 신용장개설은행은 위 규정에서 정한 요건을 충족하는 서류만을 신용장조건에 합치하는 서류로서 수리하여야 하고, 항공화물운송장이 위와 같은 요건을 충족하고 있는지 여부는 신용장 관련 다른 서류의 기재를 참고하지 아니하고 해당 항공화물운송장의 문언만을 기준으로 하여 형식적으로 엄격하게 판단하여야 한다.

신용장에 따라 제시된 항공화물운송장의 발행인란에 운송인으로 기재된 자가 운송인의 대리인으로서 서명함으로써 항공화물운송장의 문언만으로는 그 항공화물운송장이 운송인에 의하여 서명·발행되었는지, 운송인의 대리인에 의하여 서명·발행되었는지 신용장개설은행의 입장에서 판단하기 어려운 경우, 항공운송서류에 관한 제5차 개정 신용장통일규칙 제27조 a항 i호의 요건을 충족하는 항공화물운송장이 신용장개설은행에 적법하게 제시되었다고 볼 수 없다.

(4) 보험서류

신용장거래에서 보험서류를 요구하는 것은 매도인이 물품을 보험에 부보했다는 것을 증명하는 한편, 물품이 훼손 또는 멸실된 경우에 매수인 또는 보험서류의 소지인으로 하여금 그 서류를 제시하여 보험금을 지급받도록 하기 위한 것이다.

신용장통일규칙은 보험서류가 보험자 또는 그 대리인에 의해서 발행 및 서명되고, 부보개시일 또는 책임개시일이 운송서류에 표시된 선적일자, 발송일자 또는 인수일자보다 늦지 않을 것을 요구한다(UCP 600 제28조 제a항 및 제e항). 또한 부보금액 또는 보험금액은 신용장에 의해 요구되는 부보금액 이상이어야 하고, 부보금액에 관해서 신용장에 아무런 언급이 없는 때에는 부보금액은 물품의 CIF 또는 CIP 가격의 110% 이상이어야 하며, 서류로부터 CIF 또는 CIP 가격을 확정할 수 없는 때에는 부보금액은 지급이행 또는 매입이 요구되는 금액 또는 상업송장상 물품의 총가액 중 높은 금액을 기초로 산정된다(UCP 600 제28조 제f항).

보험서류는 반드시 보험증권이어야 하는 것은 아니고, 예정보험(open cover)하에서 보험자가 발행하는 보험증명서(insurance certificate)나 보험선언서(declaration)도 인정된다(UCP 600 제28조 제d항).

[관련판례] 大判 2003.11.28, 2001다49302

국제상업회의소(International Chamber of Commerce, 줄여서 'ICC'라 한다)가 그 산하 은행위원회(ICC Banking Commission)의 승인하에 결정한 '국제표준은행관행[International Standard Banking Practice (ISBP) for the examination of documents under documentary credits, ICC Publication No. 645(2003)]'은 신용장 서류 심사시 보험서류의 피보험자와 배서의 필요여부에 대한 국제표준은행관행으로서, 보험서류는 신용장에서 요구하는 형태로 작성되어야 하고 '필요한 경우' 대금지급에 대한 권리를 소유하고 있는 사람에 의하여 배서되어야 하고, 만일 신용장에서 피보험자에 대한 명시가 없고, 보험서류가 송하인 또는 신용장상의 수익자 지시식에 의하여 청구에 대한 보험금 지급이 가능하다는 것을 표시하고 있으면 배서가 되어 있지 않은 한 수리가 가능하지 않다고 하고 있고, 이 사건 기록상 이와 다른 국제적 표준은행관행이 존재한다는 자료는 없는바, 따라서 원심이 인정한 위 사실관계에 이와 같은 관행을 참작하면, 이 사건의 경우와 같이 신용장에서 특별히 필요한 원본의 숫자를 지정함이 없이 보험서류 원본을 필요서류로 요구하면서 비록 보험서류의 피보험자나 배서의 여부에 대하여 명시한 바 없다고 하더라도 수익자가 신용장의 첨부서류로 피보험자로 보험서류를 제시하는 경우에는 해당 서류의 소지인이 그 보험서류상의 권리를 행사할 수 있도록 백지식 배서를 하여 은행에 제시하여야 한다고 보는 것이 타당하다.

(5) 영사증명서

수입국이 매도인의 국가에 소재하는 수입국 영사의 증명 없이는 물품의 수입을 허용하지 않는 경우가 있다. 이러한 경우에 신용장은 제시해야 할 서류로서 수입국 영사의 증명서를 요구하게 되는데, 이러한 증명을 위해 수입국 영사는 상업송장의 복본에 직인을 날인하거나 서명을 하기도 하고 또는 직접 송장을 발행하기도 한다.[25] 이처럼 발행된 영사증명서(consular's certificate)는 물품의 선적이 수입국의 법이나 기타 규정을 충족한다는 것을 확인하는 기능을 한다.

(6) 원산지증명서 및 검사증명서

신용장은 원산지증명서나 품질증명서 또는 검사증명서를 요구하기도 한다. 원산지증명서(certificate of origin)는 매수인 국가의 관세법 또는 수입규제와 관련하여 문제의 물품이 특정 국가 또는 지역의 산물임을 증명하는 서류로서 열등한 품질의 물품으로 대체되는 것을 방지하거나 수입물품이 수입국의 법규를 위반하지 않는다는 것을 증명하는 데 사용된다.

한편 품질증명서(certificate of quality) 또는 검사증명서(certificate of inspection)

25) 수입국 영사가 발행하고 서명한 송장을 영사송장(consular invoice)이라고 한다.

는 일반적으로 계약에서 지정된 개인이나 기관이 물품이 계약에서 정한 품질을 갖추고 있음을 인증하는 서명된 서류이다. 흔히 계약상의 합의에 따라 독립적인 제3자가 발행한 품질증명서는 물품의 품질에 관해서 반증이 허용되지 아니하는 확정적 증거로 된다.

[관련판례] 大判 2004.6.10, 2003다42053

신용장거래에 있어서 대금지급을 위한 필요서류로 흔히 요구되는 검사증명서(Inspection Certificate)는 그 성질상 서명이 요구되는 서류로서, 신용장통일규칙 제20조 b항 및 그에 관한 유권해석인 국제상업회의소 은행기술실무위원회의 '1999.7.12.자 신용장통일규칙 제20조 b항의 원본의 의미에 대한 결정'이라는 제목의 폴리시 스테이트먼트(Policy Statement)에 따르는 한, 발행인의 서명을 포함한 검사증명서의 내용 일체를 복사기를 이용하여 일반 백지에 복사한 다음 그 복사본 위에 스탬프를 이용하여 '원본(ORIGINAL)'이라는 단어만을 잉크로 찍는 방법으로 작성된 경우 신용장통일규칙 제20조 b항에서 인정하는 방식의 추가적인 서명이 없는 이상 그 복사본을 원본으로 볼 수는 없다 할 것이다.

7. 물품대금의 추심

(1) 발행은행, 확인은행 또는 지정은행에 의한 지급이나 환어음의 지급·인수 또는 매입

신용장조건에 따라 수익자는 서류를 제시함으로써 발행은행, 확인은행 또는 지정은행(nominated bank)이 지급하거나 또는 환어음을 지급·인수 또는 매입(negotiate)하도록 함으로써 지급받는다(UCP 600 제7조 제a항 및 제8조 제a항).[26]

신용장이 환어음이 일람후정기출급식으로 발행될 것을 정하고 있는 경우에는 지급은행은 발행된 환어음을 인수하게 된다. 환어음의 인수가 있으면 지급은행은 환어음의 만기가 도래한 때 환어음의 소지인에게 어음금액을 지급하게 된다.

[관련판례] 大判 1984.9.11, 83다카1661

수출자가 선하증권을 첨부한 화환어음을 발행하여 국내거래은행으로부터 할인을 받거나 또는 추심위임을 하고 그 국내은행이 신용장개설은행에 추심하는 방법에 의하여 수출대금이 결제되는 방식의 무역거래에 있어서는 다른 특별한 사정이 없는 한 수입자가 그 수출대금을 결제할 때까지는 선하증권에 의하여 표창된 운송 중인 수출품이 위 화환어음의 담보가 되는 것이며, 수출자가 선하증권을 대신하여 신용장 발행은행을 화물수취인으로 한 운송주선업자의 화물수취증을 첨부하여 환어음을 발행하는 경우에는 신용

26) 이때 환어음의 매입은 어음법상 어음할인으로 이해할 수 있다.

장 발행은행이 운송목적지에서의 수출품의 반환청구권을 가지게 되고 수입자가 신용장 발행은행에 수출대금을 결제하고 그로부터 이러한 반환청구권을 양수받지 않는 한 수출품을 인도받을 수 없게 되고, 신용장 발행은행이 수출대금의 결제를 거절하는 경우에는 수출대금추심을 위하여 수출자가 발행한 환어음의 반환과 함께 위 반환청구권이 국내거래은행 또는 수출자에게 이전되는 것이므로 결과적으로 위 반환청구권이 수출대금을 담보하는 기능을 하게 되는 것이며, 이와 같은 법리는 수출품의 운송이 선적자 혼적운송(shipper's consolidation), 운송주선업자 혼적운송(forwarder's consolidation) 또는 수입자 혼적운송이거나, 당해 운송주선의 의뢰인이 수출자이건 수입자이건 가리지 아니하고 적용된다 할 것이다.

[관련판례] 大判 2003.1.24, 2001다68266

신용장통일규칙 제10조 b항 ii호는 "매입(negotiation)이라고 함은 매입을 수권 받은 은행이 환어음 및/또는 서류(이하 '서류'라 한다)에 대한 대가를 지급하는 것을 의미한다. 대가를 지급하지 않고 단순히 서류만을 점검하는 것은 매입이 아니다"라고 규정하고 있는바, 위 규정의 취지에 비추어 개설은행에 의한 수권이 있는 은행이 서류에 대한 대가를 지급한 경우에 한하여 '매입'으로 인정되는 것이고, 그런 수권이 없는 은행의 경우에는 서류에 대하여 대가를 지급하였더라도 '매입'으로 인정될 수 없는 것이며, 이는 연지급신용장이라 하여 달리 볼 것이 아니다.

[관련판례] 大判 2003.11.28, 2001다49302

신용장통일규칙 제42조 a항은 "모든 신용장은 지급, 인수를 위하여 서류를 제시하여야 할 유효기간(expiry date)과 장소, 또는 일반매입신용장의 경우를 제외하고는 매입을 위한 서류제시의 장소를 명시하여야 한다. 지급, 인수 또는 매입을 위하여 명시된 유효기간은 서류제시를 위한 유효기간(an expiry date for presentation of documents)을 의미하는 것으로 본다"고 규정하고 있고, 위 규칙 제43조 a항은 "서류 제시를 위한 유효기간에 관한 규정에 추가하여, 운송서류의 제시를 요구하는 모든 신용장은 신용장 조건과 일치하는, 선적일 이후부터 기산되는 서류제시를 위한 특정기간을 명시하여야 한다. 이러한 기간이 명시되지 않은 경우 은행은 선적일 이후 21일을 경과하여 은행에 제시된 서류는 이를 수리하지 않는다. 다만, 어떤 경우에도 서류는 신용장의 유효기간 내에 제시되어야 한다"고 규정하고 있는바, 서류제시를 위한 신용장의 유효기간과 운송관련 서류의 제시기간에 관한 신용장통일규칙의 위 각 규정은 일반적인 매입신용장의 경우 그 유효기간과 제시기간의 기준이 되는 신용장에 규정된 서류제시장소(일반적으로 매입은행 소재지가 될 것이다)에서 수익자가 매입은행에게 신용장과 그 관련 서류를 제시하는 기간에 관한 것이고(대법원 2002.10.11. 선고 2000다60296 판결 참조), 개설은행은 위와 같이 신용장에 규정된 서류제시장소에서 신용장이 정한 기간 내에 제시된 서류에 대하여 신용장의 조건과 엄격하게 일치하는지 여부를 심사하는 것으로서 그 서류의 신용장 조건과의 일치 여부에 대한 기준시점은 수익자가 신용장이 정한 정당한 서류제시은행 혹은 지정은행(매입은행)에 선적서류를 제시한 시점이 될 것이고, 수익자가 이와 같이 정당한 기간 내에 서류제시은행에 신용장의 조건에 부합하는 관련 모든 필요서류를 제시한 이상 개설은행으로서는 수익자의 신용장대금청구를 거절할 수 없다고 할 것이다.

[관련판례] 大判 2005.5.27, 2002다3754

신용장통일규칙에는 선적서류가 서류제시를 위한 유효기간 내에 제시되었으나 은행에 의하여 유효기일 경과 후에 선적서류가 개설은행에 송부된 경우, 확인은행, 지정은행이 언제 서류를 접수하였는지 혹은 언제 서류를 매입하였는지에 관한 어떠한 요구도 규정되어 있지 않으므로 선적서류를 제시받은 은행이 그 표지(Covering letter)에 '서류는 유효기일 이내에 제시되었음' 또는 '서류는 신용장 조건과 일치함'이라는 표시를 하고 있는 경우, 다른 특별한 사정이 없는 한 신용장의 선적서류는 신용장 서류제시를 위한 유효기간 내에 제시된 것으로 보는 것이 상당하다.

[관련판례] 大判 2008.11.13. 2006다61567

대금의 지급이 특정 기일로 지정되어 있는 연지급신용장의 경우에도, 개설은행에 의하여 선적서류 매입의 방법으로 대금을 지급할 수 있는 은행이 지정된 때에는, 개설은행의 위 지정은행에 대한 수권 속에는 연지급신용장의 대금지급 만기 전에 지정은행이 선적서류를 매입하더라도 개설은행이 만기에 그 대금을 상환하겠다는 취지가 포함되어 있다고 보아야 하고, 연지급신용장의 개설에 환어음의 발행이 수반되지 아니하였다고 하여 선적서류 등과 함께 신용장을 매입하는 것이 불가능한 것은 아니므로, 연지급신용장도 지정은행이 지정되어 있는 한 그 은행에 의한 매입의 대상이 될 수 있다.
지정은행이 매입에 관한 수권이 없는 비지정은행으로부터 선적서류 등을 제시받고 그 대가를 지급하였으나, 그러한 신용장 거래가 이루어지기 전에 비지정은행과 '수출환어음 등의 재매입을 위한 약정'을 체결하면서, '비지정은행이 고객으로부터 매입하거나 관여한 환어음 등을 비지정은행이 수시로 요청하는 바에 따라 재매입하되, 환어음의 지급인 또는 신용장 개설인이 환어음금을 지급하지 않는 경우 지정은행에 중대한 과실이 없는 한 비지정은행이 그 재매입대금을 반환'하기로 하였다면, 비지정은행이 수익자로부터 서류에 대한 대가 지급이나 추심을 의뢰받고 지정은행에 그 매입을 의뢰하는 등의 방법으로 관여한 경우에도 위 재매입약정이 적용되므로, 지정은행은 위 재매입약정에 따라 비지정은행에 재매입대금의 반환을 구할 수 있고, 이때 지정은행이 선적서류 등을 매입하기 전에 개설은행의 수권 또는 의뢰에 따라 수익자에게 연지급신용장에 지급확약을 한 경우, 확인은행의 지위에서 개설은행과 동일하게 대금지급의 만기일에 신용장대금을 지급할 의무를 부담하나, 대금지급의 만기 전에 신용장대금을 지급할 의무를 부담하는 것은 아니므로, 서류에 대한 대가 지급이 연지급신용장의 만기 전에 이루어졌다면, 양 당사자 사이에 그 대가 지급에 관하여 위 재매입약정을 배제하기로 하는 특별한 약정이 없는 한, 위와 같이 체결한 재매입약정의 적용이 배제되는 것은 아니다.

(2) 개설은행에 대한 송부

지정은행은 매도인 또는 수익자로부터 인도받은 서류를 개설은행 또는 확인은행에 송부한다(UCP 600 제15조 제c항). 즉 지정은행은 개설은행 또는 확인은행에 대해서 상환을 위한 제시를 하는 것이다. 서류를 송부받은 개설은행 또는 확인은행은 지정은행에 상환한다(UCP 600 제13조 참조). 일반적으로 개설은행 또는 확인은행과 지정은행간에는 거래관계(correspondence relationship)가 성립되어 있기 때문에 개설은행 또는 확인은행은 지정은행이 개설한 구좌에 입금하는 방식으로 상환을 하게 된다.

[관련판례] 大判 2008.9.11. 2007다74683

제5차 신용장통일규칙 제13조 (c)항은 "신용장에서 제시되어야 할 서류에 관하여는 명시하지 않으면서 조건만을 명시하고 있을 경우에는 은행은 그러한 조건이 제시되지 않은 것으로 간주하고 이를 무시한다"라고 규정하고 있으나, 신용장 거래에도 원칙적으로 계약자유의 원칙이 적용될 수 있는 이상, 신용장에 기재된 비서류적 특수조건의 내용이 당해 신용장 기재의 문언 자체에 의하여 완전하고 명료한지 여부, 당해 신용장 개설 및 비서류적 특수조건이 삽입된 경위, 비서류적 특수조건의 내용, 수익자가 그 비서류적 특수조건을 응낙하였는지 여부 및 그 특수조건의 성취에 관하여 수익자가 관여할 수 있는 정도 등 여러 사정에 비추어, 신용장에 부가된 이와 같은 비서류적 특수조건이 신용장의 본질에 비추어 바람직하지 않다 하더라도 이를 무효라고 볼 수 없는 경우가 있다. 일단 그 유효성이 인정되는 경우에는 그 후에 그와 같은 조건의 존재를 인식하거나 충분히 인식할 수 있었던 당해 신용장 매입은행에게도 그 특수조건의 효력은 미치므로, 당해 신용장 매입은행이 이와 같은 특수조건이 성취되었다는 사실을 주장·증명하지 못하는 한 신용장 개설은행은 신용장 매입은행에게 신용장 대금을 지급할 의무가 없다.

제5차 신용장통일규칙 제14조 (d)항의 규정에 의하면, 신용장 제시서류에 하자가 있는 경우 신용장 개설은행은 제시된 서류를 제시인을 위하여 보관하든지 혹은 제시인에게 반송할 것이 요구되는바, 신용장 매입은행이 신용장 개설은행에게 선적서류 등의 신용장 서류와 환어음을 제시하였으나 그 신용장에 부가된 특수조건이 불성취되는 것으로 확정되는 등으로 인하여 신용장 대금 지급의무가 발생하지 않는 경우, 신용장 개설은행의 제시서류 반환의무에 관하여 신용장통일규칙 등에 명문의 규정은 없지만 위 규정 등을 유추하여 그 제시된 서류는 원칙적으로 신용장 서류 제시인 등에게 반환되어야 할 것으로 봄이 상당하지만, 그와 같은 경우에도 서류 제시인 등이 그 제시된 서류의 반환청구권을 포기하였다고 볼 만한 특별한 사정이 있는 경우에는 그러하지 아니하다.

제5차 신용장통일규칙 제14조 (e)항이 신용장 개설은행 등이 제시된 서류의 불일치를 이유로 서류의 수리를 거절하고자 하는 경우에 지체없이 제시인에게 그 불일치 사항을 통지하고 서류를 반송하는 등의 조치를 취하지 아니하면 개설은행은 그 서류가 신용장의 조건과 일치하지 않는다는 주장을 할 수 있는 권리를 상실한다는 취지로 규정한 것은, 신용장 제시 서류에 불일치가 있다 하여도 개설은행이 제시인에게 이를 통지하는 등의 조치를 취하지 아니하면 개설은행은 그 불일치를 주장하지 못하고 원래의 신용장 조건에 따른 대금지급의무를 부담한다는 것에 불과하고, 그 불일치 사항을 통지하지 않았다고 하여 신용장 수익자나 그 이후의 신용장 매입은행으로 하여금 종전에 없었던 새로운 권리를 취득하게 하는 것은 아니다.

(3) 매수인에 대한 통지와 서류의 인도

개설은행은 서류가 도착되었다는 것을 개설의뢰인에게 통지한다. 개설은행과 개설의뢰인은 신용장거래의 근거가 되는 상환계약을 체결하는 등 일정한 거래관계에 있기 때문에 개설은행은 보통 지급액에 해당하는 금액을 매수인의 구좌에서 차감한 후 매수인에게 서류를 인도한다. 이처럼 서류는 수익자, 즉 매도인으로부터 지정은행과 개설은행을 통해서 매수인, 즉 개설의뢰인에게 송부되는 일련의 과정을 거치는데, 이 과정에서 각 당사자는 환어음, 운송서류 및 보험증권 등 유통성 유가증권을 다음 당사자에게 배서 · 교부하는 방법으로 양도한다.

8. 매수인에 대한 물품의 인도

기본계약인 매매계약의 목적인 물품이 목적지에 도착하면 매수인은 자기에게 양도된 선하증권 등 운송서류를 제시함으로써 운송인으로부터 물품을 인도받는다.

한편 물품이 운송 중에 멸실 또는 훼손된 때에는 매수인은 인도받은 보험서류를 사용하여 발생한 손해에 해당하는 보험금을 보험자로부터 지급받는다.

[관련판례] 大判 1992.2.14, 91다13571

화물이 이미 수입되어 '보증도'의 방법으로 실수요자에게 인도되었으나 수입업자가 그 대금의 추심을 위하여 새로이 위 화물의 수입을 위한 실수요자의 신용장개설을 통한 대금결제를 허용한 경우, 실수요자가 '보증도'의 방법으로 화물을 인도받아 처분하고도 그 대금을 결제하지 못할 뿐 아니라 부채과다로 신용장개설조차 하지 못하는 형편에 있었고, 수입업자도 이러한 사정을 알고 있었다면 위 화물을 새로이 수입하는 것으로 하여 개설된 신용장이 정상적으로 결제되지 못할 가능성이 있다는 것을 예견하였다고 봄이 상당하고, 이는 수입업자 측의 채권추심방법으로서 용인될 수 있는 한계를 넘는 위법한 것으로서 선하증권 소지인이나 운송인 등에 대하여 불법행위를 구성하는 것이라 할 것이다.

[예시] 취소불능화환신용장의 예

<table>
<tr><td colspan="6">IMPORTER'S BANK CONFIRMATION OF BRIEF CABLE
Irrevocable Documentary Letter of Credit ①</td></tr>
<tr><td colspan="2" rowspan="2">Importer's Bank
Charlotte, NC ②</td><td colspan="4">Date of Issue
February 1, 2005 ③</td></tr>
<tr><td colspan="2">Isssuing Bank Letter of Credit No. 78346</td><td colspan="2">Advising Bank Letter of Credit No.</td></tr>
<tr><td colspan="2">Advising Bank
German Bank ④
F.R.G</td><td colspan="4">Applicant
Downpillow, Inc. ⑤
North Carolina</td></tr>
<tr><td colspan="2" rowspan="2">Beneficiary
Federhaus, GMBH ⑥
F.R.G</td><td colspan="4">Expiratory Date(For Negotiation) ⑦</td></tr>
<tr><td>Day
30</td><td colspan="2">Month
April</td><td>Year
2005</td></tr>
<tr><td>Currency
U.S.A ⑧</td><td>Amount
35,000.00</td><td colspan="4">Thirty-Five Thousand Dollars</td></tr>
<tr><td colspan="6">Gentlemen :
⑨ We hereby issue this documentary Letter of Credit in your favor which is available against your draft at sight drawn on Importer's Bank, Charlotte, North Carolina for 100% of the invoice value bearing the clause "Drawn under documentary letter of Credit Number 78346" Accompanied by the following documents:
⑩ 1. Commercial invoice in triplicate
2. U.S. special customs form #1111 in triplicate
3. Insurance policy/certificate in duplicate covering all risks
4. Certificate of origin "form A" in duplicate
5. Full set 3/3 clean on-board bills of lading issued to the order of Importer's bank, marked "Freight prepaid." notify applicant.
Purporting to cover: 3000 1bs washed white goose down in machine compressed bales,
⑪ CIF Norfolk, Va.</td></tr>
<tr><td colspan="2">Shipment from
F.R.G
To Norfolk, Va.</td><td colspan="2">Partial Shipments
Prohibited ⑫</td><td colspan="2">Transshipments
Prohibited ⑬</td></tr>
<tr><td colspan="6">Special conditions
Documents must be presented to negotiating bank within 10 days of issuance of shipping documents but within the validity of the credit. ⑭
Latest ship date March 15, 2005.</td></tr>
<tr><td colspan="6">Negotiating bank is authorized to forward all documents to us one airmail. All banking charges outside the United States are for account of the beneficiary.</td></tr>
<tr><td colspan="2">We hereby engage with the bona fide holders of all drafts under and in compliance with the terms of this letter of credit that such drafts will be duly honored upon presentation to us. The amount of each drawing must be indorsed on the reverse side of this letter of credit by the negotiating bank. ⑮

Authorized Signature</td><td colspan="4">Indications of the Advising Bank

Place, Date, Name, and Signature of the Advising Bank</td></tr>
<tr><td colspan="6">Except so far as otherwise expressly stated this documentary letter of credit is subject to the Uniform Customs and Practices for Documentary Credits(2007 Revision) the International Chamber of Commerce Document No. 600. ⑯</td></tr>
</table>

[예시에 대한 설명]

① 취소불능화환신용장

② 수입자의 은행(개설은행)

③⑦ 신용장 개설일자 및 신용장의 번호, 신용장의 유효기간 종료일

④ 통지은행

⑤ 개설의뢰인

⑥ 수익자

⑧ 지급될 통화의 종류와 한도

⑨ 화환신용장을 개설한다는 것, 일람출급식 환어음에 의하여 상업송장의 금액을 지급받을 수 있다는 것 및 선적서류가 제시되어야 한다는 것

⑩ 제시되어야 할 선적서류

⑪ 기본계약인 매매계약의 목적인 물품

⑫⑬ 부분선적과 환적을 금지하는 조건

⑭ 서류제시를 위한 기한에 관한 특별조건

⑮ 환어음의 정당한 소지인에게 신용장조건에 따라 환어음이 제시되면 인수 · 지급할 것이라는 약속

⑯ 국제상업회의소의 신용장통일규칙에 의하여 신용장이 규율될 것이라는 것

VI. 신용장거래의 법률관계

신용장거래는 개설의뢰인, 개설은행 그리고 수익자 등 최소한 3당사자를 전제로 하고 있다. 매매계약이 체결되고 물품에 대한 대금의 지급을 담보하기 위하여 신용장이 개설되는 경우에 매도인은 수익자, 매수인은 개설의뢰인 그리고 매수인의 거래은행이 개설은행이 된다.

아래의 그림이 보여주는 바와 같이, 이들 당사자는 ① 매매계약인 기본계약(underlying contract), ② 상환계약(reimbursement contract) 그리고 ③ 신용장 그 자체에 의하여 연결되어 있다. 따라서 신용장거래는 기본적으로 ① 수익자와 개설의뢰인 간의 관계(기본계약), ② 개설의뢰인과 개설은행 간의 관계(상환계약) 그리고 ③ 개설은행과 수익자 간의 관계(신용장관계)로 구성되어 있다.

이 외에도 신용장조건에 따라 통지를 담당할 통지은행, 지급을 위한 지정은행 그리고 확인신용장의 경우의 확인은행 등이 있을 수 있는데, 그러한 경우에는

이들 각 은행 간의 거래관계가 별도로 존재하게 된다.

[그림 3] 신용장거래의 법률관계

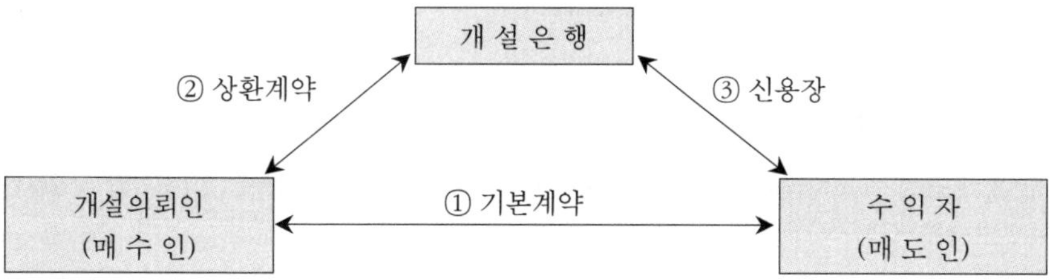

1. 기본계약

신용장의 개설의뢰인은 수익자와 물품매매계약을 체결하는데, 신용장은 매매계약에서 물품대금의 지급을 담보하기 위한 것이다. 이때 물품매매계약은 신용장거래와 관련해서 기본계약 또는 원인계약이 된다.

주의할 것은 신용장은 근거가 되는 매매계약 또는 다른 계약과는 별개의 거래이며 은행은 그러한 기본계약과 아무런 관계를 갖지 않고, 따라서 신용장에 따른 은행의 지급, 매입 또는 기타 다른 의무는 개설의뢰인이 개설은행 또는 수익자와 갖는 관계로부터 발생하는 청구나 항변에 구속되지 않는다는 점이다(UCP 600 제4조 제a항). 이처럼 기본계약과 신용장관계는 서로 독립된 지위에 있다.

한편 보증신용장에서 기본계약은 수익자에 대한 개설의뢰인의 약속의 근거가 되는 계약이다. 개설의뢰인이 기본계약에 따른 의무를 이행하지 않았다고 판단되면 수익자는 신용장조건이 요구하는 서류를 제시함으로써 신용장금액을 지급받는다. 보증신용장의 경우에도 기본계약은 역시 신용장거래와 엄격히 구별된다.

2. 상환계약

개설은행은 신용장에 기하여 지급한 금액을 개설의뢰인으로부터 상환받을 것을 전제로 신용장을 개설한다. 개설의뢰인이 신용장의 개설을 요구하는 경우에 개설은행은 보통 개설의뢰인과 은행 간의 신용장개설에 따른 권리의무관계에 관한 사항이 포함된 양식을 작성하도록 한다. 이러한 양식은 일반적으로 개설의뢰인의 개설은행에 대한 상환의무 및 담보에 관한 사항을 포함한다. 개설의뢰인과 개설은행 간의 이러한 관계는 넓은 의미의 신용장거래에는 포함되는 것이지만,

신용장 또는 신용장관계와는 구별되는 관계이다. 개설의뢰인은 자기의 거래은행에게 신용장의 개설을 요청하는 것이 보통인데, 일반적으로 개설은행은 신용장에 따라 신용장금액을 지급하고 인도받은 서류를 매수인에게 인도하면서 매수인의 구좌에서 은행이 지급한 금액을 차감한다.

[관련판례] 서울高判 1994.7.13, 93나42131

신용장대금의 지급지체가 채무불이행이라는 주장에 대하여 원고는, 피고 은행 서울지점은 원고로부터 위 각 신용장개설약정에 따른 신용장결제대금을 이미 지급 받았으면서도 피고 은행의 위와 같은 불법행위로 인하여 한국은행 은행감독원으로부터 국외자금송출 업무 등의 금지를 받게 됨에 따라 신용장상의 조건에 따른 선적서류를 구비하여 제시한 위 소외 회사들에게 신용장 대금을 지급하지 못함으로써 위 각 신용장개설약정을 이행하지 못하고 있으므로 그 채무불이행을 이유로 이 사건 소장 부본의 송달로써 위 각 신용장개설약정을 해제하고, 원상회복으로 원고가 지급한 위 각 신용장결제대금인 미화 136,500불(38,000불+40,000불+58,500불), 불화 495,000프랑 및 그에 대한 법정이자의 지급을 구한다고 주장하므로 살피건대, 피고 은행 서울지점의 원고에 대한 위 각 신용장개설약정에 따른 의무는 그 약정에 따른 신용장 개설과 이에 따른 수익자의 선적서류 제시 및 원고에의 선적서류 교부로 종결되었고, 피고 은행 서울지점은 수익자인 위 소외 회사들에 대하여 위 각 신용장에 따른 대금지급의무만을 부담하고 있는 상태인바, 신용장 개설은행의 수익자에 대한 신용장대금의 지급지체가 신용장개설의뢰인에 대하여 채무불이행을 구성한다고 볼 수는 없으므로 위 주장은 주장 자체에서 이유 없다고 할 것이다.

3. 신용장관계

신용장에 따라 개설은행 또는 확인은행은 수익자에게 지급할 의무를 지는데(UCP 600 제7조 제a항 및 제8조 제a항), 이 같은 개설은행과 수익자 간의 관계는 전형적으로 신용장조건에 따라 정해진다. 신용장관계의 법적 성질에 관해서는 신용장의 법적 성질의 문제로서 따로 설명한다.

개설은행이 수익자의 환어음을 인수하는 경우에는 개설은행과 수익자 간에는 신용장관계 외에 어음법적 관계도 발생한다. 또한 개설은행과 수익자 간에 계약관계가 존재할 수도 있는데, 예를 들어 수익자가 신용장에 기하여 환어음을 발행하였을 때 이러한 환어음과 상환으로 개설은행이 자기앞수표 또는 은행수표(cashier's check)를 수익자에게 발행하기로 합의하는 경우가 그러한 예이다. 물론 이러한 관계는 당사자 간 계약에서 정한 바에 따라 정해질 것이다.

4. 은행간의 거래관계

국제거래와 관련해서 개설되는 신용장에 있어서는 개설은행 이외에 여러 은행이 관여하게 된다. 통지은행은 흔히 신용장에 의하여 수익자에게 지급하거나 또는 그가 발행하는 환어음을 지급, 인수 또는 매입할 당사자, 즉 지급은행으로 지정된다. 예를 들어 우리나라에 소재하는 개설은행이 뉴욕에 있는 은행을 지급은행으로 지정하였다고 할 때, 수익자는 자기가 발행한 환어음과 기타 서류를 뉴욕은행에 제시할 것이고 뉴욕 은행은 제시된 서류가 신용장조건에 일치하면 환어음에 대하여 지급을 하게 된다. 뉴욕 은행이 우리나라의 은행으로부터 상환받는 것에 관해서는 양 은행 간에 미리 합의되어 있거나 또는 신용장에 정해져 있는데, 일반적으로 우리나라의 은행이 뉴욕 은행에 가지고 있는 구좌에서 차감하거나 우리나라의 은행을 지급인으로 하여 환어음을 발행하거나 또는 기타의 방법에 의하게 된다. 이 같은 양 은행 간의 지급이나 상환 등은 그 성질상 이들 은행 간 거래관계(correspondence relationship)에 따른 것이며, 개설은행이 수익자에게 의무를 부담하는 신용장관계와는 엄격히 구별된다.

환어음의 매입이 이루어지는 경우에는 개설은행은 수익자의 환어음을 매입한 은행에 대하여 지급할 의무를 지게 되는데, 이때 매입은행이 환어음을 사용하여 개설은행에 대하여 지급을 청구하는 것은 어음관계에 기초한 것으로 위에서 언급한 은행 간의 거래관계에 기초한 상환과는 구별된다. 예를 들어 환어음의 매입은행은 개설은행에 만기에 지급제시하거나 만기 전에 인수제시를 함으로써 지급받게 된다. 그러나 환어음소지인인 매입은행이 만기에 개설은행에 지급을 구하였으나 지급이 거절되거나 만기 전에 인수가 거절되는 경우에 어음소지인인 환어음의 매입은행은 소구의무자에 대하여 어음금액 기타 비용을 청구하는 소구권(어음금지급청구권)을 행사하게 된다. 소구의무자는 환어음 발행인(수익자), 배서인 및 이들을 위한 보증인을 포함하는데, 환어음의 주채무자(개설은행)인 지급인이나 인수인과 함께 환어음의 소지인에 대하여 합동하여 어음채무를 부담하게 된다.[27] 따라서 신용장거래에서 지급을 받기 위해서 환어음이 발행된 경우에 환어음의 매입은행은 어음관계에 기초하여 개설은행으로부터 일차적으로 상환 받게 되며 그것이 용이하지 아니한 경우에는 이차적으로 소구의무자인 환어음의 발행인(수익자), 배서인 및 이들을 위한 보증인으로부터 상환받을 수 있다.

---

27) 정찬형, 『상법강의(下)』(제15판, 박영사, 2013), 347면.

Ⅶ. 신용장의 법적 성질

신용장은 개설의뢰인의 신용을 개설은행의 신용으로 대신하기 위한 목적으로 개설의뢰인의 요청에 의해 개설은행이 수익자의 환어음을 인수 또는 지급하거나 또는 그의 지급요구를 만족시킬 것을 서면으로 약정하는 것이다(UCP 600 제2조 참조). 신용장통일규칙이 정의하는 바와 같이, 신용장을 그 명칭이나 표현에 상관없이 일치하는 제시에 대해서 지급을 이행하겠다는 발행은행의 확약을 구성하는 취소불능의 모든 약정으로 이해할 때(UCP 600 제2조), 그 구체적 법적 성질이 무엇인지가 문제이다. 신용장관계의 법적 성질에 관해서는 다양한 주장이 제기되고 있는바,[28] 이를 개설은행과 수익자 간 계약관계로 이해하거나[29] 또는 상사적 특수행위로 이해하기도 한다.

신용장관계를 개설은행과 수익자 간의 계약관계로 이해하는 데는 몇 가지 어려움이 있다. 우선 개설은행과 수익자는 신용장조건을 협상하는 당사자가 아니다. 또한 실제에 있어서 개설의뢰인이 신용장의 개설을 의뢰하기까지 개설은행과 수익자는 서로를 알지 못하기 때문에 그들 간에는 약속의 교환이나 의사의 합치와 같은 계약성립의 요소가 존재하지 않는다. 또한 영미법계 계약법에서는 계약의 유효한 성립을 위해서 일반적으로 약인(consideration)이[30] 존재해야 하지만, 신용장에서는 약인이 요구되지 않는다고 하는 것도 신용장관계를 단순히 개설은행과 수익자 간의 계약관계로 보기 어려운 또 다른 이유이다.[31]

또한 신용장관계를 수익자를 위한 개설의뢰인과 개설은행 간 계약관계로 이

---

28) 신용장의 법적 성질에 관해서 상세한 논의는 김정호, 『국제거래법』(고려대학교 출판부, 2002), 99-103면 참조.

29) 석광현, 『국제사법과 국제소송』(제1권, 박영사, 2001), 152면; *Amoco Oil Co. v. First Bank & Trust Co.*, 759 S.W.2d 877, 7 U.C.C. Rep. Serv. 2d (Callaghan) 1168 (Mo. Ct. App. 1988). 참고로 미국 통일상법전은 신용장을 개설의뢰인의 요청에 의한 발행인의 수익자에 대한 구체적 확약(definite undertaking)으로 정의한다(U.C.C. §5-102(a)(10)).

30) 약인을 요구하는 것은 법적 구속력이 있는 약속과 그렇지 않은 약속을 구별하기 위한 것이다. 약인에 대하여서는 정확한 정의가 있지 않지만, Cardozo 판사는 *Alleghaney College v. National Chautauqua County Bank*, 246 N.Y. 369 (1927) 사건에서 약인이 존재하기 위해서는 약속의 상대방이 반드시 법적 손해(legal detriment)를 부담했어야 하고, 그 손해에 대한 대가로서 약속자가 약속을 했어야 하며, 약속의 상대방이 손해를 부담하는 것은 적어도 부분적으로 약속자의 약속으로 인한 것이어야 한다는 3가지 조건이 충족되어야 한다고 하였다. 따라서 약인은 법적 손해의 측면(legal detriment aspect)과 약속을 하는 자는 상대방이 가치를 포기하거나 자유를 제한하는 것에 대한 교환으로 약속을 한다는 협상의 측면(bargain aspect)을 포함한다.

31) U.C.C. §5-105(2009).

해하는 것도 타당하지 않다. 왜냐하면 신용장을 제3자로서의 수익자를 위한 계약으로 이해한다면, 개설은행은 개설의뢰인에 대해서 갖는 항변으로 수익자에게 대항할 수 있어야 하지만, 신용장거래가 갖는 독립성 때문에 신용장이 일단 발행되면, 개설은행은 개설의뢰인에 대해 갖는 항변에 상관없이 신용장조건에 따라 지급해야 하기 때문이다.[32)]

신용장관계는 오래된 상관습에서 발전한 특수한 법률관계로서[33)] 그로부터 발생하는 의무는 별개의 독립한 의무로서 기본계약 등 다른 계약에 근거하지 아니하고, 오직 신용장조건에 기초하여 해석되어야 하는 것으로 이해해야 할 것이다. 이와 같은 신용장관계의 독립성은 신용장통일규칙 제4조 제a항이 "신용장은 그 성질상 그것이 근거하고 있는 매매계약 또는 다른 계약과는 독립된 거래"이고, "신용장에 그 계약에 대한 언급이 있는 경우에도 은행은 그 계약과 아무런 관계가 없으며 또한 그에 구속되지 아니하기" 때문에 "신용장에 의하여 지급하거나 매입하거나 또는 다른 모든 의무를 이행한다는 은행의 확약은 개설은행 또는 수익자와의 관계로부터 개설의뢰인이 갖는 청구 또는 항변에 구속되지 아니한다"고 규정하고 있는 데서 확인된다.

이처럼 신용장이 기본계약과 구별되는 독립된 약정이기 때문에 신용장관계를 전형적인 형태의 계약관계로 볼 수 없다고 하면, 신용장관계는 계약법과는 구별되는 독립적인 법역을 구성하는 신용장통일규칙이나 미국의 통일상법전 제5편과 같은 신용장에 관한 법규에 의해 우선적으로 규율된다. 따라서 계약법은 신용장에 관한 법규를 보충할 수 있을 뿐이고, 계약법상의 원리는 신용장의 고유한 성질과 충돌하지 않는 한도에서 신용장에 적용되는 것이다.

한편 신용장은 보증채무와도 구별된다. 즉 신용장거래에는 최소한 기본계약, 신용장관계, 그리고 상환계약이 있게 되며, 이러한 관계에서 독특하게 나타나는 것이 이른바 이들 관계의 상호독립성인데, 신용장은 이러한 독립성으로 인하여 보증채무와 구별되는 것이다. 전형적인 보증채무에 있어서는 이른바 부종성의 원칙에 따라 피보증인이 기본계약에 따른 의무를 이행하지 못한 경우에만 보증인에게 보증의무가 발생하며,[34)] 보증채무의 상대방인 채권자(수익자)가 계약을 이행하지 않는 경우에는 보증인의 의무는 일반적으로 발생하지 아니한다. 그러나 신용

---

32) Burton V. McCullough, *Letters of Credit* (1994, Matthew Bender) §4-1[b].
33) 김정호(주28), 103면.
34) 우리나라 민법 제430조 및 제437조 참조.

장거래에서 수익자는 기본계약이 이행되었는지 여부와 상관없이 신용장이 정한 서류를 제시함으로써 신용장금액을 지급받는다. 신용장과 보증채무의 이러한 근본적인 차이점으로부터 다음과 같은 구체적인 2가지 차이점이 나타나는데, 첫째, 보증인의 의무는 채권자에 대한 주채무자의 채무의 존재에 의존하게 되어, 보증인은 채권자에 대하여 주채무자가 가지는 항변을 주장할 수 있다(우리나라 민법 제433조 참조). 그러나 신용장에 있어서는 수익자(채권자)에 대한 개설은행의 지급의무는 주된 의무로 채무자인 개설의뢰인이 채권자인 수익자에 대해 갖는 항변에 의하여 제한되지 않는다. 둘째, 보증인의 의무는 주채무자가 실제로 계약을 이행한다면 발생하지 않지만, 신용장의 경우에는 수익자가 기본계약에서 부담하는 의무를 이행하지 않았다는 사실은 개설은행의 지급의무와 아무런 관련을 갖지 않는다. 왜냐하면 신용장은 본질상 기본계약인 매매 또는 다른 계약과는 별개의 거래이기 때문이다 (UCP 600 제4조 제a항).

[관련판례] 大判 1980.11.11, 80다71

피고가 발급한 지급보증서(Letter of Guarantee)는 원고와 소외 심스메탈 리미티드회사 간의 용선계약상 원고의 채무불이행으로 인한 위 소외회사에 대한 손해배상채무에 관하여 피고가 소외회사에 대하여 보증인이 된다는 내용을 약정한 채무지급의 보증으로 인정되는 이러한 지급보증은 당사자 사이에 일정한 채무를 은행이 일정한 조건하에 확정적으로 보증하는 일종의 은행보증(Bank of Guarantee)으로서 은행이 지급, 어음매입 등 어떠한 확정적 의무부담을 하지 않을 수도 있는 취소가능 화환신용장(Documentary Credits)과는 그 성질이 다른 것이다.

Ⅷ. 독립성의 원칙

1. 의 의

신용장의 독립성의 원칙(independence principle)은 신용장의 원인이 된 계약과 신용장거래는 상호 독립된 것으로 기본계약과 관련한 당사자 간 분쟁은 신용장에 영향을 미치지 않는다는 원칙이다. 이러한 독립성의 원칙을 신용장거래 내용의 측면에서 파악하면, 개설은행이나 확인은행의 의무는 서류와 관련한 것이며, 물품이나 용역 또는 기타 다른 이행과 관련한 것이 아니기 때문에 서류가 신용장조건에 일치 또는 합치하는 한, 은행은 하자 있는 물품의 인도 등과 같은 기본계약상 위반의 사실을 들어 지급의무의 이행을 거절할 수 없다는 추상성의 원칙으로 나타난다.

독립성의 원칙을 구체적으로 살펴보면, 신용장거래에서 개설은행의 지급의무는 신용장의 기초가 되는 기본계약이나 개설의뢰인과 개설은행 간의 상환계약과 구별되는 독립적인 것이다. 첫째, 개설은행의 수익자에 대한 지급의무는 기본계약에 따른 수익자의 이행으로부터 독립되는데, 이것은 비록 수익자가 개설의뢰인과의 기본계약을 위반했다고 할지라도 수익자가 신용장조건에 일치하는 서류를 제시함으로써 지급을 요구한 때에는 개설은행은 신용장금액을 지급해야 한다는 것을 의미한다.

둘째, 개설은행의 수익자에 대한 지급의무는 개설의뢰인이 개설은행에 대하여 부담하는 의무, 즉 상환의무와도 독립된다. 즉 신용장이 개설된 후에 개설의뢰인이 파산해서 개설은행에 지급할 수 없는 경우 또는 개설의뢰인이 상환계약을 이행하려고 하지 않는 경우에도 개설은행은 이러한 사실을 원용하여 수익자에 대한 지급을 거절할 수 없다. 수익자는 바로 이 같은 위험을 회피하기 위하여 신용장의 개설을 요청하는 것이며, 바로 이 점이 신용장거래의 주된 장점인 것이다.

한편 신용장통일규칙은 제4조 제a항에서 "신용장은 그 성질상 그것이 근거하고 있는 매매계약 또는 다른 계약과는 독립된 거래"이고, "신용장에 그 계약에 대한 언급이 있는 경우에도 은행은 그 계약과 아무런 관계가 없으며 또한 그에 구속되지 아니하기" 때문에 "신용장에 의하여 지급하거나 매입하거나 또는 다른 모든 의무를 이행한다는 은행의 확약은 개설은행 또는 수익자와의 관계로부터 개설의뢰인이 갖는 청구 또는 항변에 구속되지 아니한다"고 규정함으로써 신용장의 독립성의 원칙을, 이어서 제5조에서 "은행은 서류를 취급하는 것이지, 그 서류와 관련된 물품, 용역 또는 이행을 취급하지 않는다"고 규정함으로써 신용장의 추상성의 원칙을 명문화하고 있다.

또한 신용장통일규칙은 제4조 제b항에서 "발행은행은 신용장의 필수적 부분으로서 기본계약의 사본이나 견적송장 등을 포함하려는 개설의뢰인의 시도를 저지해야 한다"고 규정함으로써 발행은행이 신용장의 독립성 유지에 노력할 것을 요구한다.

2. 근거 및 기능

신용장의 독립성의 원칙은 신용장거래에서 가장 중요한 원칙 중의 하나이다. 독립성은 기본계약에서 발생하는 문제를 수익자나 개설의뢰인이 신용장거래에서 제기하는 것을 금지하기 위한 것인바, 독립성이 주로 문제되는 것은 개설의뢰인과의 관계에서이다. 즉 개설의뢰인은 신용장에 기한 개설은행의 지급의무를 기본계약에 연계시키려고 시도하는 수가 있는데, 예를 들어 보증신용장에 있어서 개설의뢰인이 개설은행에게 수익자가 신용장이 요구하는 서류를 제시하는 데 더하여 개설의뢰인이 기본계약을 이행하지 않았음을 별도로 증명한 때에 한하여 수익자에게 신용장금액을 지급할 것을 요구하는 경우 등이 그러한 예이다. 이와 같이 신용장에 따른 의무를 기본계약에 연계시키면 신용장은 그 효용을 상실한다. 왜냐하면 신용장이 상거래에서 이용되는 주된 이유는 신속한 지급을 가능하게 한다는 것인데, 신용장에 따른 지급을 기본계약에 연계시키게 되면 신용장금액의 지급이 기본계약상의 분쟁이 해결될 때까지 지체될 것인바, 이는 신용장장금액의 신속한 지급을 담보한다는 신용장거래의 본래 목적을 좌절시키기 때문이다.

신용장의 독립성의 원칙은 원래 수익자를 보호하기 위한 원칙이지만, 이 원칙이 추상성의 원칙으로 표현되는 때에는 개설은행이나 확인은행이 수익자가 제시한 서류가 신용장조건에 일치하는지 여부를 확인한 후 신용장금액을 지급하였다면, 이들 은행으로 하여금 개설의뢰인과 수익자 간 기본계약의 이행 여부에 상관없이 지급한 금액을 개설의뢰인으로부터 상환받을 수 있도록 하기 때문에, 독립성의 원칙은 실제에 있어서는 오히려 신용장거래에 참가하는 은행을 보호하는 기능이 더 크다.

3. 예 외

신용장의 독립성의 원칙은 신용장에서 요구하는 조건에 일치하는 서류를 제시하는 수익자에게 그의 기본계약상의 이행 여부나 개설의뢰인의 상환계약상의 이행 여부와는 상관없이 신속하게 신용장금액을 지급하기 위한 것이다. 그러나 아무런 가치가 없는 물품을 선적한 후에 획득된 선하증권을 제시하거나 서류를 위조하여 제시한 때에도 단순히 신용장조건에 따른 제시가 있었다는 이유로 신용장에 따른 지급이 강제되어야 할 것인지의 문제가 발생한다. 법감정상 이런 경우에는 당연히 지급되어서는 안 될 것으로 이해되지만, 문제는 이러한 지급의 예외사유가 지나치게 넓게 인정되면, 이는 신용장거래에서 관철되어야 하는 독립성의 원칙을 형해화함으로써 신용장의 존재의의를 훼손하는 결과를 초래할 위험이 있다는 것이다. 따라서 신용장의 독립성의 원칙에 대한 예외를 인정한다고 할 때 그 인정 범위를 확정하는 것은 독립성의 원칙에 관한 논의에서 매우 중요한 문제이다.

국제상업회의소의 신용장통일규칙과 요구불보증통일규칙(Uniform Rules for Demand Guarantees)은 독립성의 원칙의 예외에 대하여 규정하고 있지 않으나, 1995년 12월 11일에 제정되고 2000년 1월 1일에 발효한 「독립보증과 보증신용장에 관한 UN협약」(UN Convention on Independent Guarantees and Stand-by Letters of Credit)은 지급의무의 예외에 관하여 규정하고 있다. 즉 UN협약은 ① 서류가 진정한 것이 아니거나 또는 위조되었거나, ② 요구 또는 그를 지지하는 서류(supporting documents)가 주장하는 근거에 의할 때, 지급시기가 도래하지 않았거나 또는 ③ 확약의 형태와 목적에 기초하여 판단할 때, 요구가 합당한 근거(conceivable basis)를 갖고 있지 못한 것 등의 사유가 명백(manifest)하고 확실(clear)한 때에는 독립보증의 보증인이나 보증신용장의 개설은행은 수익자에 대하여 지급을 유보할 권리를 갖는다고 규정하고 있다(UN협약 제19조 제1항).

또한 미국의 통일상법전은 기망(fraud)이 있는 경우나 서류가 위조된 경우 등에는 법원이 지급을 중지할 수 있도록 하여 독립성에 대한 예외로서 기망의 예외(frauds rule)에 관하여 상세하게 규정하고 있다. 즉 통일상법전은 1941년에 독립성에 대한 예외를 인정한 뉴욕주 법원의 판결을[35] 명문화 또는 이를 확대함으로써 최초로 독립성에 대한 예외규정을 성문화하여서[36] 서류가 위조되거나 실질적으로 기망적이거나 수익자가 개설의뢰인이나 개설은행을 실질적으로 기망한 경우를 독립성에 대한 예외사유로 규정하고 있다(U.C.C. §5-109(b)).[37]

독립성의 원칙에 대한 예외로서 기망의 예외를 어떻게 해석할 것인지의 문제는 언제나 논란의 대상이 되어 왔으며, 실제로 많은 소송의 대상이 되었다. 예를 들어 물품이 계약의 내용에 상당한 정도로 적합하지 않는 경우에 이것을 단순히 물품의 하자로 볼 것인지 아니면 매도인이 애초부터 계약의 내용에 따른 물품을 인도할 의사가 없었던 기망의 경우로 볼 것인지의 판단은 언제나 쉬운 것은 아니다. 기망의 존재 여부를 판단하기 위해서는 본질적으로 기본계약을 살펴보아야

35) *Sztejn v. J. Henry Schröder Banking Corp.*, 31 N.Y.S. 2d 631(1941). 이 사건에서는 품질이 열등한 물품이 선적된 것이 아니라, 아예 아무런 가치가 없는 쓰레기가 선적되었다는 주장이 제기되었는데, 법원은 매도인 측에서 적극적인 기망이 있는 경우에 독립성의 원칙이 배척될 수 있다고 판시하였다.

36) John F. Dolan, *The Law of Letters of Credit: Commercial and Standby Credits, (revised ed.*, 1996, Warren, Gorham & Lamont) ¶ 4.03; White & Summers, *Uniform Commercial Code* (4th ed. vol. 3, 1995, West Publishing), p.177.

37) 유럽 국가들, 특히 프랑스나 스위스, 룩셈부르크 등 국가의 법원들도 대체로 위의 경우에 독립성의 원칙에 대한 예외를 인정하고 있다.

할 것이지만, 앞에서 지적한 것처럼 예외의 지나친 허용은 신용장의 독립성의 원칙의 존립 자체를 위협할 것이므로 신의칙이나 권리남용의 법리 등에 따라 독립성에 대한 예외를 인정할 때에도 이것이 남용되지 않도록 신중을 기하여야 할 것이다.

독립성의 원칙의 예외와 관련해서 주의할 것은 독립성의 원칙에 대한 예외가 인정되는 경우에 개설은행이나 확인은행은 수익자에 대한 지급을 거절할 권리를 갖는 것이지, 거절의 의무를 부담하는 것은 아니라는 점이다. 따라서 일응 독립성의 원칙에 대한 예외사유가 존재함에도 불구하고, 개설은행이나 확인은행은 그 판단에 따라 악의 없이 신용장금액을 지급한 때에는 개설의뢰인으로부터 지급한 금액을 상환받는다.

[관련판례] 大判 1997.9.5, 97다17452

원고 은행은 수출물품이 선적되지 아니하였음에도 발행된 선하증권이 정당하게 발행된 선하증권인 것으로 믿고 판시 수출환어음 등을 매입함으로써 그 매입대금인 금 67,236,650원 상당의 손해를 입게 된 경우에, 피고 김○수, 양○생은 공동하여 허위의 선하증권을 발행한 자로서, 피고 E해운은 피고 김○수의 사용자 겸 업무집행인으로 원고 은행에게 손해를 가한 대표이사 피고 양○생을 둔 회사로서 원고 은행이 입은 위 손해를 각자 배상할 책임이 있다고 할 것이고, 피고들은 원고은행의 부주의를 이용하여 허위의 선하증권으로 원고 은행으로부터 수출환어음 등의 매입대금을 편취한 자들의 행위에 적극 가담하여 허위의 선하증권을 발행한 자이거나 피고 양○생을 대표이사로 둔 회사이므로, 피고들은 원고 은행의 부주의를 이유로 그들의 책임을 경감하여 달라고 주장할 수 없다.

[관련판례] 大判 1997.8.29, 96다43713

화환신용장에 의한 거래는 본질적으로 서류에 의한 거래이지 상품에 의한 거래가 아니므로, 은행은 상당한 주의로써 그 선적서류가 문면상 신용장의 조건과 일치하는지 여부만 확인하면 되고, 그 선적서류에 대한 실질적인 심사의무까지 부담하지는 아니하나(제4차 개정 신용장통일규칙 제15조 및 제17조, 大判 1985.5.28. 선고 84다카696 판결 및 1993.12.24. 선고 93다15632 판결 각 참조), 그 선적서류가 위조(변조 또는 허위작성을 포함한다)되었을 경우 은행이 위조에 가담한 당사자이거나 서류의 위조사실을 사전에 알았거나 또는 그와 같이 의심할 만한 충분한 이유가 있는 경우에는, 이는 신용장거래를 빙자한 사기거래에 지나지 아니하므로 그 은행은 더 이상 이른바 신용장의 독립·추상성의 원칙에 의한 보호를 받을 수 없다고 할 것이다. 따라서 선적서류가 위조된 경우에 개설은행이 상환의무를 이행할 당시 그 서류가 위조된 문서임을 알고 있었거나 위조된 문서라고 의심할 만한 충분한 이유가 있었고, 또한 매입은행도 위조행위의 당사자로서 관련이 되어 있거나 매입 당시 서류가 위조된 문서임을 알고 있었거나 또는 위조된 문서라고 의심할 만한 충분한 이유가 있었을 경우에는 신의성실의 원칙상 개설은행은 신용장대금의 상환을 거절함이 마땅하고, 매입은행도 개설은행에게 신용장대금의 상환을 구할 권리가 없으며, 설사 개설은행이 매입은행에게 신용장대금을 지급하였다고 하더라도 개설의뢰인 또는 개설의뢰인의 보증인에 대하여 신용장대금의 결제를 청구할 수 없다고 보아야 할 것이다(大判 1993.12.24, 93다15632 판결 참조).
위와 같이 신용장거래 관여 은행이 선적서류의 위조사실을 알았거나 그와 같이 의심할 만한 충분한 이유가 있었는가 여부를 판단하는 기준시점은 최종적으로 매입은행의 경우에는 매입 당시이고, 개설은행의 경우에는 상환시라고 할 것이므로, 마스터신용장의 매입은행이 마스터신용장을 근거로 하여 백투백신용장을 개설한 후 백투백신용장의 대금결제를 위하여 마스터신용장의 수익자에게 자금을 대출하고 그 대출금의 담보를 위하여 마스터신용장의 서류를 미리 교부받은 경우, 매입은행이 당초 서류를 교부받을 당시에는 위조사실을 알지 못하고 재산적 출연을 하였다고 하더라도 그 후 구좌입금 등의 방법으로 서류의 매입이 이루어질 때까지 사이에 선적서류의 위조사실을 알았거나 그와 같이 의심할 만한 충분한 이유가 있었다면 매입은행은 개설은행에 대하여 신용장대금을 청구할 수 없다 할 것이다.

[관련판례] 大判 2003.1.24, 2001다68266

신용장의 적법한 매입이 있은 후에 그와 같은 신용장 거래가 선적서류의 위조 등으로 인한 사기 거래로 밝혀진다고 하더라도, 그 매입은행은 그 신용장대금의 지급이나 매입 당시 그 은행 자신이 위조 등 사기행위의 당사자로서 관련이 되어 있거나 매입 당시 서류가 위조된 문서라는 등의 사기 사실을 알고 있었거나 또는 의심할 만한 충분한 이유가 있었다고 인정되지 아니하는 한 개설은행에 대하여 신용장대금의 상환을 구할 수 있다고 할 것이나(대법원 1997.8.29. 선고 96다43713 판결, 1997.8.29. 선고 96다37879 판결, 2002.10.11. 선고 2000다60296 판결 참조), 만일 은행에 의한 신용장의 매입이 적법한 것이 아닌 경우에는 그 대가를 지급하였다고 하더라도 이는 신용장통일규칙상의 '매입'이 될 수 없는 것이고, 개설은행으로서는 그 신용장의 만기에 서류를 제시하는 위 은행에 대하여 수익자에게 대항할 수 있는 모든 사유로 대항할 수 있고, 따라서 신용장 거래에 있어 수익자의 사기 행위가 밝혀진 경우 개설은행은 이를 이유로 신용장대금의 지급을 거절할 수 있다고 할 것이다.
신용장 개설은행의 지정은행(확인은행도 마찬가지이다, 이하 같다)에 대한 수권 및 상환의무에 관한 위 신용장통일규칙의 각 규정 취지와, 신용장통일규칙상 지정은행에 의한 연지급신용장대금의 만기 전 지급이나 선적서류 매입을 금하는 취지의 규정이 없는 점, 국제적 거래에서 신용장이라는 독립적이고 추상적인 결제 수단을 사용하는 기본적 취지가 수익자의 대금결제에 대한 불안을 제거하기 위한 것으로 그 독립추상성에서 발생하는 위험은 신용장의 개설의뢰인이 부담하는 것이 공평의 원칙에 부합한다는 점 등에 비추어, 대금의 지급이 특정 기일로 지정되어 있는 연지급신용장의 경우에도, 개설은행에 의하여 선적서류 매입의 방법에 의하여 대금을 지급할 수 있는 은행이 지정된 때에는, 특별한 반대의 약정이 없는 한 개설은행의 위 지정은행에 대한 수권 속에는 연지급신용장의 대금지급 만기 전에 지정은행이 선적서류를 매입하더라도 개설은행이 만기에 그 대금을 상환하겠다는 취지가 포함되어 있다고 보아야 하고(다만, 개설은행은 만기 전까지는 그 대금의 상환을 거절할 수 있을 것이다), 연지급신용장의 개설에 환어음의 발행이 수반되지 아니하였다고 하여 선적서류 등과 함께 신용장을 매입하는 것이 불가능한 것은 아니므로, 연지급신용장도 지정은행이 지정되어 있는 한 그 은행에 의한 매입의 대상이 될 수 있다고 할 것이다.

[관련판례] 大判 2003.10.9, 2002다2249

신용장거래는 직접적 상품의 거래가 아니라 서류에 의한 거래로서 그 기초가 된 상품의 매매계약과는 관계가 없는 전혀 별개의 거래로 취급된다는 원칙을 나타내고 있는바(대법원 1985.5.28. 선고 84다카696, 697 판결 참조), 위와 같은 신용장 거래의 독립 추상성의 원칙에 의하여 매입은행은 그 기초가 된 상품의 거래대금이 실제로 결제되었는지 여부와 상관없이 개설은행에 대하여 그 신용장 대금의 지급을 구할 수 있는 것이고, 나아가 개설은행이 신용장 대금의 지급을 부당하게 거절하였다고 하더라도 매입은행이 개설은행에 대하여 가지는 다른 채권으로써 수익자를 위하여 개설은행을 상대로 반드시 상계를 하여야 할 의무를 부담한다고는 할 수 없다.

[관련판례] 大判 2012.1.27. 2009다93817

제6차 개정 신용장통일규칙(UCP 600) 제2조와 제9조 제a항의 규정 내용에 비추어 보면, 통지은행의 신용장 개설통지란 통지은행이 수익자에게 개설은행의 신용장 개설 사실과 그 내용을 알리는 것에 불과할 뿐 반드시 신용장의 원본 제시나 교부를 필요로 하는 것은 아니며, 또한 매입은 단지 지정은행이 '환어음 및/또는 서류' 자체를 매수하는 것을 의미하므로, 매입을 하면서도 신용장 원본의 제시나 교부가 반드시 필요하다고 할 수 없다. 따라서 통지은행이 수익자에게 신용장 개설통지를 할 때 신용장 원본을 교부하지 않거나 혹은 매입은행이 수익자로부터 신용장 관련 서류를 매입할 때 신용장 원본을 제시받지 않았다 하더라도 그러한 신용장 개설통지나 매입도 여전히 적법 · 유효하다.
'매입(Negotiation)'에 관한 제6차 개정 신용장통일규칙(UCP 600) 제2조의 규정 내용에 비추어 보면, 서류의 매입은 매입을 수권받은 지정은행이 현금, 구좌입금 등의 방법으로 수익자에게 현실적인 대가를 즉시 지급하거나 대금지급 채무를 부담하는 방법 등에 의하여 이루어질 수 있고, 여기서 후자의 방법에 의한 매입은 매입은행이 특정 일자에 수익자에게 대가를 확정적으로 지급하기로 하는 무조건적이고 절대적인 채무를 부담함으로써 현실적인 대가의 즉시 지급에 갈음할 수 있는 경우를 의미한다.
갑 은행이 을 주식회사의 신용장 매입의뢰에 따라 신용장과 요구서류를 제시받은 다음

신용장 매입대금을 을 회사의 별단예금 계좌에 입금하면서, 매입대금을 위 계좌에 입금해 두었다가 신용장 대금이 갑 은행에 지급되면 기존에 지급거절된 신용장 매입대금 중 2건을 위 계좌에서 상계하고 잔액을 을 회사가 인출하여 사용하기로 을 회사와 합의한 사안에서, 갑 은행이 매입대금을 을 회사의 별단예금 계좌에 입금한 이상 신용장 매입에 관하여 현실적인 대가를 즉시 지급하였다고 보아야 하고, 위 합의는 을 회사가 갑 은행에 다른 신용장 매입대금을 상환할 채무를 부담하고 있는 상황에서 별단예금 계좌에 입금된 돈을 상계 대상으로 삼아 다른 신용장 매입대금의 담보로 하기로 하는 별도 합의에 불과하므로, 이로 인하여 갑 은행이 현실적 대가를 즉시 지급한 효력은 부정되지 않는다고 본 원심판단을 수긍한 사례.
화환신용장에 의한 거래는 본질적으로 서류에 의한 거래이지 상품에 의한 거래가 아니므로, 은행은 상당한 주의를 기울여 선적서류가 문면상 신용장의 조건과 일치하는지만 확인하면 되고 선적서류에 대한 실질적인 심사의무까지 부담하지는 않으나, 선적서류가 위조(변조 또는 허위 작성을 포함한다)되었을 경우 은행이 위조에 가담한 당사자이거나 또는 서류의 위조 사실을 사전에 알았거나 그와 같이 의심할 만한 충분한 이유가 있는 경우에는, 이는 신용장거래를 빙자한 사기거래에 지나지 아니하므로 은행은 더 이상 이른바 신용장 독립·추상성의 원칙에 의한 보호를 받을 수 없다.

IX. 엄격일치의 원칙

1. 의 의

신용장거래에서 수익자는 개설은행이나 확인은행 또는 지정은행이나 매입은행에 서류를 제시하는데, 이때 은행에 의한 서류의 인수나 거절은 서류가 문면상 신용장조건에 일치하는지 여부에 좌우된다. 만약 서류가 문면상 신용장조건에 엄격히 일치하지 않는다면, 은행은 그러한 서류를 인수하지 않을 수 있는데, 이처럼 수익자가 제시한 서류가 신용장조건에 엄격히 일치할 것을 요구하면서 제시된 서류가 신용장조건에 일치하지 않는 때에는 은행으로 하여금 이에 대한 지급을 거절할 수 있도록 허용하는 것이 이른바 엄격일치의 원칙(strict compliance rule)이다. 이 원칙에 따라 은행은 신용장에서 요구된 운송서류, 상업송장, 보험서류 기타 모든 서류의 문언과 조건을 상당한 주의로써 확인하며, 이때 제시된 서류가 신용장조건에 엄격히 일치하지 않는 문언이나 조건을 포함하고 있는 경우에는 신용장금액의 지급을 거절할 수 있는 것이다.

신용장이 관련되는 국제거래에서 수익자가 의무를 이행한 후 지급을 받기 위해서는 신용장이 요구하는 서류를 제시하여야 한다. 이 같은 수익자의 서류 제시는 신용장에 있어서 중심이 되는 요소이며, 적절한 제시에 의해서 비로소 개설은행이나 확인은행에게 지급의무가 발생하는 것이다. 신용장의 독립성의 원칙에 관한 부분에서 설명한 바와 같이, 수익자가 제시한 서류에 대하여 지급할 개설은행이나 확인은행의 지급의무는 기본계약과는 완전히 독립되는 것이며, 수익자가 신용장에서 요구되는 서류를 제시하였는지 여부만이 개설은행이나 확인은행의 신용장금액 지급의무의 조건이 된다. 즉 신용장거래는 본질적으로 서류거래인 것이다. 신용장통일규칙이 제5조에서 "은행은 서류를 취급하는 것이지, 그 서류와 관련된 물품, 용역 또는 이행을 취급하지 않는다"고 규정함으로써 신용장거래에서 추상성의 원칙을 정한 것은 바로 이러한 점을 밝힌 것이다.

이러한 일치의 정도에 대해서는 완전하게 일치하여야 한다는 완전일치의 원칙(perfect compliance rule)에서부터 엄격하게 일치하여야 한다는 엄격일치의 원칙(strict compliance rule) 그리고 상당히 또는 합리적으로 일치하여야 한다는 합리적 또는 실질적 일치의 원칙(reasonable or substantial compliance rule) 등이 주장되고 있다. 서류의 일치에 관해서 신용장통일규칙이 어떤 원칙을 채용하고 있는지는 확실하지 않지만, 신용장통일규칙이 은행은 신용장이 요구하는 모든 서류가 문면상(on their face) 신용장조건에 일치하는지(in compliance) 여부를 확인하기 위하여 그 제시를 심사해야 하고(UCP 600 제14조 제a항), 그 일치하는 제시는 신용장조건 및 신용장통일규칙의 적용규정과 국제표준은행관행(international standard banking practice)에 따른 제시를 의미하며(UCP 600 제2조), 서류상의 자료는 신용장, 서류 자체 및 국제표준은행관행의 맥락에서 볼 때, 서류 자체, 다른 서류 또는 신용장상의 자료와 동일할(identical) 필요는 없지만, 그와 모순(conflict)되지 않을 것을(UCP 600 제14조 제d항) 규정하고 있는바, 원칙적으로 엄격일치의 원칙을 채택한 것으로 볼 수 있을 것이다. 특히 신용장통일규칙은 상업송장에서 물품, 용역 또는 이행에 관하여 기술된 상세는 신용장에서 기술(description)된 상세와 합치(correspond)해야 한다고 함으로써 상업송장에 대해서는 엄격일치를 명문으로 요구하고 있다(UCP 600 제18조 제c항). 다만 신용장통일규칙이 제14조 제e항에서 상업송장 외의 서류에 있어서 물품, 용역 또는 이행의 명세는 신용장에서 기술된 명세와 모순되지 않는 일반적인 용어로 기술될 수 있다고 한 데서 볼 수 있는 바와 같이 신용장이 요구하는 서류 중 기본이 되는 상업송장 이외의 서류에 대해서는 엄격일치의 원칙은 어느 정도 완화되어 있다고 할 것이다.

한편 미국의 통일상법전은 제5-108조에서 개설은행은 신용장의 용어와 조건에 문면상 엄격하게 일치하는 것으로 보이는 제시에 응하여야 한다고 하여 엄격일치의 원칙을 명문으로 규정하고 있으며, 이 규정을 해석하는 대부분의 미국 판례들도 대부분 엄격일치의 원칙을 채택하고 있다.[38)]

[관련판례] 大判 1989.3.14, 87다카2968

신용장의 조건은 문언대로 엄격하게 해석하되 객관적이고 보편성 있는 해석을 통하여 그 문언의 진의를 확정하여야 한다. 신용장통일규칙(1974년 제3차개정) 제33조는 신용장에서 요구하고 있는 서류의 개념정의를 신용장문언의 객관적이고 보편성 있는 해석을 통하여 확정할 수 있는 경우에는 적용될 여지가 없고 서류의 개념정의를 확정할 수 없는 경우에 한하여 적용된다고 볼 것이다.

[관련판례] 大判 2002.6.28, 2000다63691

신용장 첨부서류가 신용장조건과 문언대로 엄격하게 합치하여야 한다고 하여 자구 하나도 틀리지 않게 완전히 일치하여야 한다는 뜻은 아니며, 자구에 약간의 차이가 있더라도 은행이 상당한 주의(reasonable care)를 기울이면 그 차이가 경미한 것으로서 문언의 의미에 차이를 가져오는 것이 아니고 또 신용장조건을 전혀 해하는 것이 아님을 문면상 알아차릴 수 있는 경우에는 신용장조건과 합치하는 것으로 보아야 하고(대법원 1985.5.28. 선고 84다카696 판결, 1985.5.28. 선고 84다카697 판결, 1992.2.25. 선고 91다30026 판결 등 참조), 그 판단은 구체적인 경우에 신용장조건과의 차이가 국제적 표준은행거래관습에 비추어 용인될 수 있는지 여부에 따라야 할 것이다.
그런데 이 사건에서 신용장조건으로 검사증명서상에 위해수출입공사의 스탬프를 찍도록 한 취지는 이로써 그 검사증명서가 이 회사를 대표하는 개인에 의하여 진정으로 작성되었다는 점을 서류 심사만으로도 충분히 파악할 수 있도록 하기 위한 데에 있다고 보아야 할 것인데, 이 사건 검사증명서의 경우 그 용지가 우선 레터헤드에 위해수출입공사의 것임이 표시되어 있고, 작성자인 류우웨홍의 서명과 개인인장 이외 류우웨홍의 서명 바로 뒷부분에 'OF WEIHAI IMP. & EXP. CORP. HUATAI BRANCH'라는 문구가 표시되어 류우웨홍이 개인의 자격이 아닌 회사를 대표하여 서명하고 날인한 것임이 표시되어 있는바, 그렇다면 국제적 표준은행거래관습에 비추어 이 사건 검사증명서의 경우 비록 신용장에서 요구하는 회사의 스탬프가 누락되었다고 하더라도, 서류 심사만으로 이 서류가 회사를 대표하는 개인에 의하여 정당하게 작성되었다는 것을 알 수 있고, 따라서 이 사건 검사증명서에 회사의 스탬프가 없다 하여 신용장에서 정한 조건에 위반된 것으로 보지 않는 것이 옳을 것이다.

---

38) 다만 최근 미국의 일부 법원이 엄격일치의 원칙을 일부 수정하거나 완화하여 서류가 신용장조건에 합리적으로 일치하거나 또는 실질적으로 일치하는 경우에 신용장조건을 충족한 것으로 하는 합리적 또는 실질적 일치의 원칙을 적용하고 있지만, 이들 판례는 여전히 소수에 불과하다고 한다(White & Summers, *supra* note 36, p.141).

[관련판례] 大判 2003.11.28, 2001다49302

신용장통일규칙 제42조 a항은 "모든 신용장은 지급, 인수를 위하여 서류를 제시하여야 할 유효기간(expiry date)과 장소, 또는 일반매입신용장의 경우를 제외하고는 매입을 위한 서류제시의 장소를 명시하여야 한다. 지급, 인수 또는 매입을 위하여 명시된 유효기간은 서류제시를 위한 유효기간(an expiry date for presentation of documents)을 의미하는 것으로 본다"고 규정하고 있고, 위 규칙 제43조 a항은 "서류 제시를 위한 유효기간에 관한 규정에 추가하여, 운송서류의 제시를 요구하는 모든 신용장은 신용장 조건과 일치하는, 선적일 이후부터 기산되는 서류제시를 위한 특정기간을 명시하여야 한다. 이러한 기간이 명시되지 않은 경우 은행은 선적일 이후 21일을 경과하여 은행에 제시된 서류는 이를 수리하지 않는다. 다만, 어떤 경우에도 서류는 신용장의 유효기간 내에 제시되어야 한다"고 규정하고 있는바, 서류제시를 위한 신용장의 유효기간과 운송관련 서류의 제시기간에 관한 신용장통일규칙의 위 각 규정은 일반적인 매입신용장의 경우 그 유효기간과 제시기간의 기준이 되는 신용장에 규정된 서류제시장소(일반적으로 매입은행 소재지가 될 것이다)에서 수익자가 매입은행에게 신용장과 그 관련 서류를 제시하는 기간에 관한 것이고(대법원 2002.10.11. 선고 2000다60296 판결 참조), 개설은행은 위와 같이 신용장에 규정된 서류제시장소에서 신용장이 정한 기간 내에 제시된 서류에 대하여 신용장의 조건과 엄격하게 일치하는지 여부를 심사하는 것으로서 그 서류의 신용장 조건과의 일치 여부에 대한 기준시점은 수익자가 신용장이 정한 정당한 서류제시은행 혹은 지정은행(매입은행)에 선적서류를 제시한 시점이 될 것이고, 수익자가 이와 같이 정당한 기간 내에 서류제시은행에 신용장의 조건에 부합하는 관련 모든 필요서류를 제시한 이상 개설은행으로서는 수익자의 신용장대금청구를 거절할 수 없다고 할 것이다.

[관련판례] 大判 2004.7.22, 2001다58269

신용장통일규칙 제42조 a항은 "모든 신용장은 지급, 인수를 위하여 서류를 제시하여야 할 유효기간(expiry date)과 장소 또는 일반매입신용장의 경우를 제외하고는 매입을 위한 서류 제시의 장소를 명시하여야 한다. 지급, 인수 또는 매입을 위하여 명시된 유효기간은 서류 제시를 위한 유효기간(an expiry date for presentation of documents)을 의미하는 것으로 본다"고 규정하고 있고, 제43조 a항은 "서류 제시를 위한 유효기간에 관한 규정에 추가하여, 운송서류의 제시를 요구하는 모든 신용장은 신용장 조건과 일치하는, 선적일 이후부터 기산되는 서류 제시를 위한 특정기간을 명시하여야 한다. 이러한 기간이 명시되지 않은 경우 은행은 선적일 이후 21일을 경과하여 은행에 제시된 서류는 이를 수리하지 않는다. 다만, 어떤 경우에도 서류는 신용장의 유효기간 내에 제시되어야 한다"고 규정하고 있는바, 서류 제시를 위한 신용장의 유효기간과 운송 관련 서류의 제시기간에 관한 신용장통일규칙의 위 각 규정은 수익자가 서류를 매입할 수 있는 지정은행에 신용장과 그 관련 서류를 제시하여야 하는 기간에 관한 것이고, 이 경우 설사 서류를 수령한 지정은행이 그 서류를 매입하지 않고 그 서류를 개설은행에 송부함으로써 수익자를 위하여 신용장대금의 지급을 구하였다 할지라도 신용장 선적서류가 유효한 기간 내에 이루어졌는지 여부는 그 지정은행이 서류를 수령한 때를 기준으로 판단하여야 할 것이다.

[관련판례] 大判 2014.5.29. 2012다113438

신용장이 운송서류로서 무결함선적선하증권(clean on board ocean bill of lading)의 제시를 요구한 경우, 제시된 선하증권에 물품 또는 포장의 하자상태를 명시적으로 선언하는 조항 또는 부기가 없고 물품이 본선에 적재되었다는 기재가 있으면 비록 '무결함(clean)'이라는 기재가 없더라도 '무결함선적'의 요건은 충족된다고 할 것이나, 신용장에서 별도로 용선계약선하증권의 제시를 요구하거나 허용하지 아니하였다면, 그 경우 용선계약선하증권의 제시는 그 자체로 제6차 개정 신용장통일규칙(이하 'UCP 600'이라 한다) 제20조 a항 vi호의 규정에 위반되는 적극적인 불일치에 해당하고, 신용장 개설은행이 이를 이유로 제시자에게 지급거절통지를 하면서 다른 추가적인 기재 없이 '용선계약선하증권이 제시되었다'는 취지만을 기재하더라도 그것은 개설은행이 불일치사항을 명확히 기재한 통지로서 UCP 600 제16조 c항에 부합하는 지급거절통지가 된다.

[관련판례] 大判 2011.1.27. 2009다10249

국제상업회의소(International Chamber of Commerce)의 제5차 개정 신용장통일규칙(The Uniform Customs and Practice for Documentary Credits, 1993 Revision, ICC Publication No. 500) 제9조 제a항 제iv호, 제10조 제d항, 제14조 제a항 등의 규정을 종합하면, 화환신용장에 의한 거래에서 신용장의 제 조건과 문면상 일치하게 표시된 서류와 상환으로 환어음을 매입한 매입은행이 신용장 개설은행에 대하여 신용장대금의 상환을 청구하는 경우에 특별한 사정이 없는 한 신용장 개설은행은 상환의무를 면할 수 없다. 따라서 분할 환어음의 발행이 허용된 신용장거래에서 수익자가 신용장 한도금액을 초과하여 분할 환어음을 발행하고 선적서류 중 일부를 위조하여 서로 다른 은행에게 이를 매도한 경우, 위조된 선적서류를 매입한 선행 매입은행의 신용장대금 청구에 대하여 신용장 개설은행이 선적서류에 상당한 주의를 기울였으면 충분히 발견할 수 있었던 신용장조건과 불일치하는 하자가 있음을 간과하고 신용장대금을 상환하였다면, 신용장 개설은행은, 후행 매입은행이 상당한 주의를 기울였음에도 신용장 한도금액을 초과하여 환어음이 발행되었고 다른 은행이 환어음 일부를 선행하여 매입하였다는 사실 등을 알지 못한 채 신용장의 제 조건과 문면상 일치하게 표시된 서류와 상환으로 환어음 등을 선의로 매입한 후 신용장대금의 상환을 구하는 것에 대하여 선행 매입은행에게 신용장대금을 상환한 점을 내세워 신용장 한도금액이 초과하였다는 이유로 이를 거절하지 못한다. 그리고 여기서 신용장 개설은행과 매입은행에게 요구되는 상당한 주의는 상품거래에 관한 특수한 지식경험이 없는 은행원으로서의 일반적인 지식경험에 의하여 기울여야 할 객관적이고 합리적인 주의를 말하며, 은행원은 이러한 주의를 기울여 신용장과 기타 서류에 기재된 문언을 형식적으로 엄격하게 해석하여 신용장조건과의 합치 여부를 가려낼 의무가 있다.

2. 근 거

엄격일치의 원칙은 다음과 같은 이유에 근거하고 있다. 첫째, 지급은행이나 매입을 하는 은행은 개설은행의 특별대리인이라고 할 수 있고, 또한 개설은행은 개설의뢰인, 즉 매수인의 특별대리인이라고 할 수 있다. 그런데 제한된 대리권만을 갖는 이들 대리인으로서의 은행들이 수권된 권한을 넘는 행위를 하였다면 본인으로서의 개설의뢰인은 대리인의 행위의 효력을 부인할 수 있고, 따라서 대리인은 본인으로부터 상환받을 수 없을 것이므로 거래의 상업적 위험을 부담해야 할 것인바, 엄격일치의 원칙은 이를 분명히 함으로써 은행으로 하여금 제시되는 서류의 조사를 성실히 하도록 요구한다. 둘째, 물품의 시장가격이 하락하는 등의 경우에 매수인이 서류를 거절함으로써 계약관계에서 벗어나려고 하는 것은 당연한데, 엄격일치의 원칙은 신용장에서 요구하는 서류와 제시된 서류를 엄격하게 일치할 것을 요구하되, 일단 서류가 신용장조건에 일치하는 경우에는 은행으로 하여금 지급하도록 함으로써 개설의뢰인이 자기의 필요에 따라 계약관계에서 벗어나려고 하는 충동을 통제할 수 있다. 셋째, 엄격일치의 원칙은 은행업무의 현실을 인정한 것이다. 은행은 기본적으로 물품을 다루는 것이 아니라 금융을 다루는 것을 그 본연의 영업으로 하는 상인인바, 그 영업의 일부로서 수많은 거래분야에서 신용장을 개설하게 되는데, 은행으로 하여금 이 모든 거래분야에서 거래의 관행이나 관습에 대한 전문적인 지식을 갖추고 있을 것을 기대할 수는 없다. 엄격일치의 원칙은 은행으로 하여금 특정 거래에 대한 상세한 지식을 갖출 필요 없이 자기에게 제시한 서류만을 심사하여 지급하도록 함으로써 은행이 특정 거래나 산업을 이해해야 하는 부당한 부담을 지지 않도록 한 것이다.

3. 내 용

엄격일치의 원칙에 따르면 개설은행이나 확인은행 또는 그를 대리하는 지정은행은 서류가 문면상 신용장조건에 일치한다고 판단한 때에는 신용장금액을 지급하거나 환어음을 매입해야 하지만(UCP 600 제15조), 서류가 신용장조건에 일치하지 않는다고 판단한 때에는 지급 또는 매입을 하지 않을 수 있다(UCP 600 제16조 제a항). 이때 주의할 것은 서류가 신용장조건에 일치하지 않는다고 판단한 때, 이들 은행은 지급하지 않을 권리를 갖는 것이지, 지급하지 않을 의무를 부담하는 것은 아니라는 점이다(UCP 600 제16조 제a항).

일반적으로 은행이 지급을 위해 심사해야 하는 서류는 상업송장, 운송서류 또는 보험서류 등 다양하다. 이때 반대의 지시가 없는 한, 모든 서류가 전체로서 신용장이 요구하는 특정 사항을 포함하고 있는 것으로 충분하며, 모든 서류가 각자 제반 특정 사항을 모두 포함하고 있을 것까지 요구되지는 않는다고 보아야 할 것이다(UCP 600 제14조 제d항 및 제e항 참조). 그러나 은행에 제시되는 모든 서류는 동일한 물품이나 용역 또는 기타 다른 이행과 관련을 가져야 하는 것은 물론이다. 만약 서류가 동일한 물품이나 용역 또는 기타 다른 이행에 대한 언급으로 상호연계되어 있지 않거나 문면상 서류 상호 간에 모순된다면, 이들 서류의 제시는 엄격일치의 원칙을 위반한 것이다(UCP 600 제14조 제d항 및 제e항 참조).

그런데 엄격일치의 원칙의 적용과 관련해서 서류가 신용장조건에 구체적으로 어느 정도 일치해야만 엄격일치의 원칙을 충족한 것으로 볼 것인지가 문제된다. 예를 들어 "Company"를 "Co."로 축약한 경우와 같이 신용장이 사용한 단어와는 다르지만 물품을 정확히 표현한 단어가 사용된 경우에 이를 엄격일치의 원칙에 위반한다고 보아야 하는지 또는 일정한 기일 이전에 물품이 도착할 것을 신용장이 요구하는 경우와 같이 서류 이외의 상황이 고려되어야 하는 경우에 이를 어떻게 해결할 것인지 등의 문제가 발생하는 것이다.

[관련판례] 大判 2004.6.11, 2003다63883

신용장 약정서류가 신용장 조건과 문언대로 엄격하게 합치하여야 한다고 하여 자구 하나도 틀리지 않게 완전히 일치하여야 한다는 뜻은 아니며, 자구에 약간의 차이가 있더라도 은행이 상당한 주의를 기울이면 그 차이가 경미한 것으로서 문언의 의미에 차이를 가져오는 것이 아니고 또 신용장 조건을 전혀 해하는 것이 아님을 문면상 알아차릴 수 있는 경우에는 신용장 조건과 합치하는 것으로 보아야 하고, 그 판단은 구체적인 경우에 신용장 조건과의 차이가 국제적 표준은행거래관습에 비추어 용인될 수 있는지 여부에 따라야 할 것이다(대법원 2003.11.14. 선고 2002다7770 판결 등 참조).
이 사건 신용장의 수익자이자 상업송장의 송하인 및 보험증권의 피보험자로 되어 있는 'SIN YOUNG TEXTILE LTD.'와 상업송장의 서명과 보험증권의 백지식 배서에 기재된 'SIN YOUNG TEXTILE CO., LTD.'는 회사 명칭의 기재에 일부 차이가 있기는 하나, 신용장의 요구서류들을 대조하여 보면 같은 주소를 가지는 동일한 회사임을 쉽게 알 수 있으므로, 앞서 본 법리와 기록에 비추어 살펴보면, 원심의 위와 같은 사실인정과 판단은 정당한 것으로 수긍할 수 있고(다만, 이 사건에 있어서 신용장의 요구서류로 '서명된 상업송장'을 요구하고 있는 점은 원심도 인정하고 있는 바이므로, 원심이 신용장의 요구서류로서의 상업송장에는 일반적으로 그 서명을 요건으로 하고 있지 않다는 점을 판단의 근거로 든 부분은 적절하지 아니하다), 거기에 상고이유의 주장과 같이 선적서류상 당사자표시의 불일치 여부를 판단함에 있어서 신용장거래의 서류일치성에 대한 법리를 오해하거나 상업송장에 관한 신용장통일규칙의 규정에 위반한 위법이 있다고 할 수 없다.

[관련판례] 大判 2006.4.28. 2005다6327

신용장통일규칙 제13조 a항에 의하면, 신용장 및 그 관련 서류를 심사하는 은행으로서는 신용장에 약정된 모든 서류가 문면상 신용장 조건과 엄격하게 합치(in accordance with)하는지를 상당한 주의를 기울여(with reasonable care) 심사할 의무가 있고, 신용장통일규칙 제37조 c항에 의하면, 상업송장(commercial invoice)의 상품명세에 관한 기재는 다른 서류의 상품명세와는 달리 엄격하게 신용장기재와 일치하여야 한다(대법원 1985.5.28. 선고 84다카696 판결, 1985.5.28. 선고 84다카697 판결, 2003.11.28. 선고 2001다49302 판결 참조).

원심판결 이유와 기록에 의하면, 이 사건 신용장의 양도통지문과 상업송장 등 나머지 선적서류 사이에 봉천실업의 명칭이 'BONG CHUN'과 'BONG CHEON'으로 서로 다르고, 그 주소도 '1450-14'와 '1450-1'로 서로 다른 점에 비추어 보면 이 사건 신용장의 양도통지문상의 수익자와 상업송장 등 나머지 선적서류의 발행인은 다른 회사로 오인될 가능성이 많으므로, 그 기재상의 차이로 인하여 의미의 중요한 변화가 있을 수 있는 경우에 해당하여 신용장 조건과 상업송장 등 나머지 선적서류의 기재 사이에 불일치가 있다고 보아야 한다.

원심판결 이유와 기록에 의하면, 이 사건 보험증권은 출발지로부터 도착지까지 모든 운송구간에서 물건의 위험을 부보하는 것인데, 이 사건 신용장상의 도착지인 'XINGANG'은 중국 신강항을 가리키고, 보험증권상의 도착지인 'XINJIANG'은 중국 신지앙 자치구 또는 산시성 신지앙현을 가리키는 영문 표기로서, 이 사건 보험증권에 기재된 도착지는 이 사건 신용장에서 요구하는 도착지와 명백히 다른 곳이라고 보아야 하므로 이 사건 보험증권은 이 사건 신용장에서 요구하는 유효한 보험증권이라고 볼 수 없다.

[관련판례] 大判 2006.5.12. 2004다34158

신용장에 의한 거래는 서류에 의한 거래이고 직접적인 상품의 거래가 아니므로 신용장거래는 그 기초가 된 상품의 매매계약과는 관계가 없는 전혀 별개의 거래로 취급되고, 그 거래의 이행은 신용장에 기재된 조건과 형식상 엄격하게 일치함을 요한다. 1993년에 개정된 신용장통일규칙(UCP) 제13조 a항은 "은행은 신용장에 명시된 모든 서류를 상당한 주의를 기울여 심사하여 문면상 신용장 조건과 일치하는가를 검토하여야 한다. 명시된 서류가 문면상 신용장 조건과 일치하는가의 여부는 이 규칙에 반영된 국제표준은행관행에 의해 결정된다. 또한 제출된 서류 상호간에 문면상 일치하지 않으면 그러한 서류는 신용장 조건과 일치하지 않는 것으로 간주한다."고 규정하여 그와 같은 취지를 나타내고 있다. 따라서 신용장 개설은행은 개설의뢰인인 매수인을 대신하여 매도인에게 매매대금을 지급하는 지위에 있는 자로서 은행에 제시된 서류가 형식상 신용장 조건과 엄격하게 합치하는지 여부를 상당한 주의를 기울여(with reasonable care) 심사할 의무가 있고 이러한 의무를 다함으로써 책임을 면하게 되는바, 여기에서 상당한 주의라 함은 상품거래에 관한 특수한 지식경험이 없는 은행원으로서의 일반적인 지식경험에 의하여 기울여야 할 객관적이고 합리적인 주의를 가리킨다. 다만, 신용장 첨부서류가 신용장 조건과 문언대로 엄격하게 합치하여야 한다고 하여 자구 하나도 틀리지 않게 완전히 일치하여야 한다는 뜻은 아니며, 자구에 약간의 차이가 있더라도 그 차이가 경미한 것으로서 문언의 의미에 차이를 가져오는 것이 아니거나 단지 신용장에 표시되어 있는 상품의 기재를 보완하고 특정하기 위한 것으로서 신용장 조건을 전혀 해하는 것이 아님을 문면상 알아차릴 수 있는 경우에는 신용장 조건과 합치하는 것으로 보아야 하고, 그 판단은 구체적인 경우에 신용장 조건과의 차이가 국제표준은행관행(ISBP)에 비추어 용인될 수 있는지 여부에 따라야 한다(대법원 2002.6.28. 선고 2000다63691 판결 등 참조).

원심이 인정한 사실관계를 기초로 하여 이러한 법리에 따라 원고가 상고이유로 다투는 이 사건 제3 신용장(번호: M1412707NS00228)과 이에 터잡아 제시된 제1, 2차 선적분 상업송장을 비교해 보면, ① 제1차 선적분 상업송장의 상품명세에 기재된 "FRESH HAIR TAIL"과 제2차 선적분 상업송장의 상품명세에 기재된 "YELLOW CONVINA, WHITE CONVINA", "CHUB MACKEREL", "COD", "EASTERN FLAT HEAD", "SEA RAVAN", "HAIR TAIL"은 모두 그 단가가 "$2,200"이어서 신용장에 기재된 "OTHER KIND OF FISH" (단가 $2,800)와 일치한다고 볼 수 없고, ② 한편, 위 신용장에 기재된 물품목록 중 단가가 "$2,200"인 것으로는 "TOP SHELLS AND OTHERS"가 있으나, 위 문구를 직역하면 "소라와 그 밖의 것"이 되고, 기타 어류에 대하여는 이미 위 신용장 조건에 "OTHER KIND OF FISH"라는 기재가 있음에 비추어 여기에서 "OTHERS"란 "소라에 준하는 것, 즉 조개류"로 해석함이 상당한바, 이 사건에서 문제된 "HAIR TAIL"(갈치), "YELLOW CONVINA, WHITE CONVINA"(조기), "CHUB MACKEREL"(꽁치), "COD"(대구), "EASTERN FLAT HEAD"(양태) 등은 모두 어류로서 이를 "TOP SHELLS AND OTHERS"의 "OTHERS"에 해당한다고 볼 수 없다.

상품은 선하증권과 상환으로만 인도받을 수 있는데 한 장의 상업송장에 대해서는 한 장의 선하증권이 발행되므로, 신용장 조건과 상업송장의 상품명세가 일부 상품에 대해서는 일치하고 다른 상품에 대해서는 불일치하다고 인정되면 개설은행은 전체 금액에 대하여 지급거절을 하여야 하며, 일부에 대한 지급거절을 할 수 없다.

그리고 제시된 선적서류가 신용장 조건과 일부 일치하지 아니하여 개설은행으로서는 마땅히 신용장 대금의 지급을 전부 거절하였어야 하는데도 이를 간과하고 대금을 지급해 버린 경우, 그 위험은 개설은행이 부담하여야 하고 신용장 개설의뢰인에게 대지급한 신용장 대금의 상환을 청구할 수 없다.

[관련판례] 大判 2009.12.24. 2009다56221

원심이 인용한 제1심이 인정한 사실관계에 의하면, 이 사건 신용장의 물품명세에 'SIZE 0-100 MM 100PCT'라고 기재되어 있는 사실, 이 사건 1차 지급요구시 제시된 상업송장에는 물품명세의 기재가 전혀 없었고, 분석증명서(CERTIFICATE OF ANALYSIS)에 'Size Analysis 0-50 MM 75.21%'라고 기재되어 있는 사실, 피고는 1차 지급요구시 제시된 서류 중 상업송장에 물품명세 자체가 기재되지 않았다는 이유로 신용장대금의 지급을 거절하였고, 이에 외환은행은 분석증명서에 기재된 내용 즉, 'Size Analysis 0-50 MM 75.21%'를 그대로 옮겨 적어 보완한 상업송장을 제시하여 2차 지급요구한 사실을 알 수 있는바, 2차 지급요구시 제시한 상업송장에 기재된 물품명세는 75.21%가 0~50mm 사이에 분포한다는 것일 뿐 나머지 24.79%에 해당하는 물품 크기(SIZE)에 대하여는 아무런 언급이 없으므로, 그 실질적인 내용에 있어서 신용장 조건과 상업송장의 기재가 일치한다고 할 수 없다.

(1) 물품에 관한 명세

엄격일치의 원칙이 적용될 여지가 가장 많은 부분은 물품에 관한 명세 또는 기술(description)이 제시된 서류와 신용장에서 서로 일치하는지 여부에 관한 것이다. 물품은 신용장에서 요구하는 여러 서류에서 기술될 수 있는데, 가장 중요한 서류는 상업송장이다. 상업송장은 수익자가 준비하는 서류이며 수익자가 기본계약에 따른 물품이 제공되었다는 것을 서류로써 표시하는 것이기 때문에 매매계약의 목적인 물품의 기술과 관련해서 기준의 역할을 한다. 따라서 신용장통일규칙은 상업송장에서의 물품에 관한 상세가 신용장에서의 상세와 합치할 것을 요구한다(UCP 600 제18조 제c항). 이 합치의 요건은 매우 엄격한 것으로 예를 들어, 건포도를 "raisins"가 아니라 "shriveled grapes"로 표시한 경우와 같이 사실상 동일한 물품을 표시하지만 상이한 용어로써 표현된 경우에도 엄격일치의 원칙이 위반된 것으로 보아야 한다. 그러나 다른 서류에 있어서는 물품에 관한 상세는 신용장상에서의 상세에 모순(inconsistent)되지 않으면 엄격일치의 원칙을 충족한 것으로 보아야 한다(UCP 600 제14조 제e항).

(2) 신용장이 요구하는 서류의 제출

신용장에서 제시될 것이 요구된 서류 중 하나라도 제시하지 못한다면 엄격일치의 요건을 충족시키지 못할 것은 당연하다. 예를 들어 신용장이 원래 발행된 선하증권 2통을 모두 제시할 것을 요구하였으나 1통만을 제시한 때에는 엄격일치의 원칙을 위반한 것으로 된다. 또한 신용장이 다른 서류와 함께 환어음을 제시할 것을 요구하고 있는데 이를 제시하지 않거나 또는 신용장이 일람후정기출급식 환어음을 요구하고 있는데 일람출급식 환어음을 제시하는 것도 역시 엄격일치의 원칙을 위반한 것이다.

한편 보증신용장은 지급을 위해서 불이행의 사실을 확인하는 서류를 요구하는 것이 보통이다. 상업송장과 마찬가지로 불이행확인서의 내용도 보증신용장이 요구하는 조건에 일치하여야 한다. 예를 들어 보증신용장이 주문번호인 "#0046"을 언급할 것을 요구하고 있다고 할 때, 후에 수익자와 개설의뢰인이 주문번호를 "#0060"과 "#0064"로 변경하기로 합의하였다고 할지라도, 수익자가 "#0046"에 대한 아무런 언급을 하지 않고 새로운 번호만을 언급한 경우에는 엄격일치의 요건을 충족하지 못한 것이 된다.

[관련판례] 大判 2003.3.14, 2002다56178

신용장 첨부서류가 신용장의 조건과 약간의 차이가 있더라도 위와 같은 신용장 첨부서류와 신용장조건의 엄격한 합치를 요구하는 것은 신용장대금을 지급하는 은행 및 신용장개설의뢰인의 보호를 위한 것이므로 그 보호에 지장이 없고, 은행이 상당한 주의(reasonable care)를 기울이면 그 불일치가 경미한 것으로 신용장조건을 전혀 해하는 것이 아님을 알아차릴 수 있는 경우에는 신용장조건과 합치하는 것으로 보아야 하고(대법원 1985.5.28. 선고 84다카696 판결, 1985.5.28. 선고 84다카697 판결, 1992.2.25. 선고 91다30026 판결, 2002.6.28. 선고 2000다63691 판결 등 참조), 그 판단은 구체적인 경우에 신용장조건과의 차이가 국제적 표준은행거래관습에 비추어 용인될 수 있는지 여부에 따라야 할 것이다(대법원 2002.6.28. 선고 2000다63691 판결 참조).
위 법리에 비추어 기록을 살펴보건대, 우선 이 사건 신용장에서 요구한 제조자 발행의 품질검사증명서는 객관성이 결여되어 특별한 의미가 없고, 상품을 통관하거나 기타 업무를 처리하는 데 필수적인 서류도 아니어서, 그 3통 중 사본 2통의 흠결이 있다고 하여 신용장 대금의 지급은행이 부당하게 대금을 지급하였다는 이유로 손해를 입을 위험도 없고, 신용장 개설의뢰인도 그 흠결로 인하여 상품의 인도나 기타 업무처리에 어떠한 불이익을 입을 우려도 없어 보일 뿐만 아니라, 이 사건 신용장에서는 제조자 발행의 품질검사증명서 3통(COPIES)을 요구하고 있는 사실을 알 수 있고, 위 신용장통일규칙 제20조 씨(c)항에 의하면 신용장에서 복본의 서류를 COPIES라고 표현하여 요구하고 있는 경우, 서류 그 자체에 별도의 명시가 없는 한 1통의 원본 이외에는 나머지 통수를 사본으로 제시하여도 무방하고, 그 사본에는 서명을 필요로 하지 아니한다고 규정하고 있으므로, 위 품질검사증명서의 경우에는 이를 수리하는 은행이 제출된 원본을 복사하여 2통의 사본을 쉽게 만들 수도 있는 경우로 보여져 이를 가지고 신용장조건을 해하는 것이라고 보기도 어렵다 할 것이다.

(3) 제시되어야 하는 서류와 관계없는 신용장조건

신용장이 요구하는 조건이 수익자가 제시해야 하는 서류와 관계없는 경우는 다음과 같이 3가지로 나누어 볼 수 있다. 첫째, 신용장이 요구하는 조건이 신용장을 무효로 하는 경우이다. 예를 들어 개설의뢰인이 수익자와의 계약을 불이행한 경우에 한하여 개설은행이 지급하기로 하는 경우가 그러한 경우인데, 이러한 기본계약과의 연계는 독립성의 원칙에 반하고, 신용장을 보증으로 변경하는 것으로 신용장 자체를 무효로 한다고 보아야 하기 때문에 아예 신용장에 적용되는 엄격일치의 원칙의 적용대상이 되지 않는다. 참고로 신용장통일규칙 제4조 제b항은 "발행은행은 신용장의 필수적 부분으로서 기본계약의 사본이나 견적송장 등을 포함하려는 개설의뢰인의 시도를 저지해야 한다"고 규정함으로써 발행은행이 신용장의 독립성 유지에 노력할 것을 요구한다.

둘째, 신용장조건이 서류가 제시되어야 하는 시간과 장소에 관한 것인 경우이다. 이러한 조건은 서류 자체와는 상관없지만 모든 신용장에 존재하는 것으로 당연히 유효하다. 따라서 신용장이 요구한 시간과 장소에 일치하지 않게 제시한다면 그 제시는 일치하는 제시가 되지 못한다(UCP 600 제14조 제c항).

셋째, 시간과 장소 이외의 경우로서 신용장조건이 신용장을 무효로 할 정도의 조건은 아닌 경우이다. 예를 들어 신용장에 물품을 건조된 지 15년 이내의 선박에 선적할 것을 요구하거나 물품이 10월 31일 이전에 도착할 것을 요구하는 조건 등이 포함된 경우가 그러한 예이다. 신용장이 그에 일치하여 제시되어야 할 서류를 적시하지 않은 채 조건을 포함하고 있는 때에는 은행은 이러한 조건을 신용장에 포함되지 않은 것으로 간주하고 무시해야 한다(UCP 600 제14조 제h항). 따라서 은행은 이러한 조건이 존재하지 않은 것처럼 신용장을 처리하고, 조건에 일치하였는지 여부를 고려할 필요가 없다.[39]

[관련판례] 大判 1979.5.8, 78다2006

화환신용장에 관한 통일규칙 제7조 내지 제9조의 각 규정에 의하면 화환신용장 운용에 있어서 관계당사자는 관계서류에 관하여 단지 외관상으로 신용장 조건상의 문면과 서류의 문면이 완전히 합치하고 있는지의 여부에 한하여 신중한 조사를 할 책임이 있는 것이고 그 밖의 모든 서류의 형식, 충분성, 진정성, 위조 또는 법적 효력 등에 관하여 조사할

---

39) 주의할 것은 이러한 경우를 신용장을 무효로 하는 첫 번째의 경우와 구별하는 것이 언제나 용이한 것은 아니라는 점이다.

어떠한 의무나 책임을 지지 아니하며 서류상에 표시된 물질의 수량, 중량, 품질상태, 포장이나 상품의 인도, 상품의 가치 또는 실재 여부나 관련자의 성실성, 지급능력, 이행능력의 유무 등의 사항에 관하여도 조사할 아무런 의무나 책임을 지지 아니하는 것임을 알 수 있고, 위 각 환어음의 매입, 결제 등의 조건을 지시한 당해 각 신용장의 문면 자체가 위 남도산업의 물품수령증을 요구한 외에 작성명의인의 대표자자격에 대한 소명 등의 다른 지시조건이 없는 이 사건에 있어서는 위 각 물품수령증이 원고은행에 인감 및 필적 신고가 되어 있는 대표이사 손○수의 명의로 작성되었음을 확인한 이상 원고은행(수출입계 직원)으로서는 이로써 신용장의 지시조건에 대한 조사의무를 다하였다고 할 것이고, 위 각 물품수령증의 발행연월일이 거래의 편의상 공란으로 되어 있었다거나, 발행회사 또는 수익회사의 실질적 경영주가 그 무렵 구속되는 등 신용이 악화된 사정이 있었다 하여 위와 같은 물품수령증이 동종의 거래상 사용되는 문서로서의 정규성 내지 상태성에 반한다고 볼 수 없고, 따라서 매입은행에게 작성명의인의 대표자자격을 조사하고 실제 그 기재내용과 같은 물품을 수령하였는지의 여부를 조사할 의무가 있었던 것이라고 볼 수 없다.

[관련판례] 서울高判 2001.2.13, 2000나42474

피고는 위 쟁점 조항에서 규정하고 있는 'first due date'는 '조건'(condition)이 아니라 '불확정기한'(term)으로서 통일규칙 제13조 (c)항의 규정은 적용되지 않는다고 주장하므로 살피건대, 이 사건 보증신용장의 위 쟁점 조항은 기왕에 발생하여 현재 확실하게 존재하는 조건(term)이 아닌 소외 에스케이의 채무불이행이라는 장래에 발생할 불확실한 조건(condition)을 규정한 것으로서 'first due date'라는 문구 하나만을 독립하여 이를 불확실기한을 규정한 것이라 해석할 수 없고, 위 쟁점 조항은 신용장에서 제시되어져야 할 서류에 관하여는 명시하지 않으면서 조건만을 명시하고 있는 비서류적 조건(nondocumentary condition)으로서 통일규칙 제13조 (c)항에 의하여 무시되어야 할 것이다.

〈이 사건의 비서류적 조건(nondocumentary condition)이 유효한지 여부〉

그러나 통일규칙 제13조 (c)항에서 무효로 규정하는 비서류적 조건이 모든 경우에 무효로 된다고 할 수는 없고, 그 조건의 내용이 신용장 기재 자체에 의하여 완전하고 명료하며, 그 조건을 수익자를 포함한 신용장의 개설 당시 당사자들 사이에 따르기로 합의가 성립되어 있는 경우에는 위 통일규칙 조항에도 불구하고 유효한 것으로 해석하여야 할 것이다(대법원 2000.5.30. 선고 98다47443 판결, 대법원 2000.6.9. 선고 98다35037 판결, 대법원 2000.11.24. 선고 2000다12983 판결 각 참조－위 각 판결들은 제4차 신용장 통일규칙이 적용된 사안이나 제5차 개정에서 통일규칙 제13조 c항이 신설된 취지에 비추어 이후에도 같은 취지로 해석하여야 할 것이다).

그런데 이 사건 신용장의 위 대금지급조건인 "원고의 청구는 첫 만기일로부터 30일 이내에 피고에 접수되어야 한다(any claims must be presented to our counter within 30 calendar days from your first due date)"는 조항에서 "your first due date"의 의미에 대하여 원고는 소외 에스케이의 채무불이행이 최종적으로 확정된 날을 의미한다고 주장하고, 피고는 위 소외 에스케이가 최초로 기한의 이익을 상실하는 것으로 원고에 의하여 위 소외인에게 통지된 날을 의미한다고 다툰다.
살피건대, 위 "your first due date"의 의미가 위 두 가지 주장의 일자 중 어느 것을 의미하는지 이 사건 보증신용장의 문면 자체에서 완전하고 명료하지 않고, 그 의미를 확정하기 위하여 제시되어져야 할 서류도 명시하지 않고 있는바, 특별한 사정이 없으면 만기를 연장할 수 있는 소위 회전신용계약에 의한 대출금의 지급을 보증하기 위하여 개설한 이 사건 신용장에 피고가 'first due date로부터 30일'이라는 조건을 기재하면서 'first due date'란 어떤 의미인지 신용장 자체에 완전하고 명확히 기재한 바 없다면 이러한 불명확한 조건으로 인한 불이익은 신용장 개설은행인 피고가 부담하여야 할 것이므로 결국 이 사건 위 조건은 무시되어져야 하는 비서류적 조건이라 할 것이다.

[관련판례] 大判 2013.10.31. 2011다16431,16448,16455

신용장에 의한 거래는 서류에 의한 거래이고 직접적인 상품의 거래가 아니므로 신용장 거래의 이행은 신용장에 기재된 조건과 형식상 엄격하게 일치함을 요한다. 그러나 신용장개설은행이 신용장을 개설하면서 신용장통일규칙(UCP)이나 국제표준은행관행(ISBP) 등과 다른 조건을 신용장에 기재하는 경우에는 신용장의 수익자나 매입은행이 그 객관적인 의미나 취지를 인식할 수 있도록 명확하게 신용장조건을 기재하여야 한다. 만일 그 객관적인 의미나 취지가 불분명하거나 모호하여 신용장통일규칙이나 국제표준은행관행과 다르지 않은 조건을 요구하고 있다고 해석될 수 있는 경우에는, 신용장의 수익자나 매입은행이 그에 따라 요구서류를 갖추어 제시하더라도 신용장개설은행으로서는 자신이 내심으로 의도한 신용장조건과 불일치한다는 이유로 신용장대금의 지급을 거절할 수 없다.
제6차 개정 신용장통일규칙은 제14조 a항에서 "지정에 따라 행동하는 지정은행, 확인은행이 있는 경우의 확인은행 그리고 개설은행은 서류에 대하여 문면상 일치하는 제시가 있는지 여부를 단지 서류만에 의해서 심사하여야 한다."고 규정하고, 같은 조 d항에서 "신용장, 서류 그 자체 그리고 국제표준은행관행의 문맥에 따라 읽을 때의 서류상의 정보는 그 서류나 다른 적시된 서류 또는 신용장상의 정보와 반드시 일치될 필요는 없으나, 그들과 저촉되어서는 안 된다."고 규정하고 있다. 따라서 신용장 조건이 운송인의 서명이 있는 선하증권을 운송서류로 요구하고 있는 경우, 신용장개설은행은 앞서 본 신용장통일규칙 제20조 a항 i호 및 국제표준은행관행 제94조의 규정에서 정한 요건을 충족하는 서류만을 신용장조건에 합치하는 서류로서 수리하여야 하고, 선하증권이 위와 같은 요건을 충족하고 있는지는 신용장 관련 다른 서류의 기재를 참고하지 아니하고 해당 선하증권의 문언만을 기준으로 하여 형식적으로 엄격하게 판단하여야 한다. 그런데 신용장의 요구서류로 제시된 선하증권에 운송인 본인을 나타내는 명칭이 기재되어 있고, 대리인이 그 본인을 실제로 대리하여 선하증권에 대리인으로서 서명하였더라도, 선하증권의 문면에 그 본인이 운송인의 지위에 있음이 명시적으로 표시되지 아니한 경우에는, 신용장개설은행의 입장에서는 신용장 관련 다른 서류의 기재를 참고하지 아니하고 해당

선하증권의 문언만을 기준으로 하여 형식적으로 엄격하게 판단하여야 하므로, 그 본인이 운송인의 지위에 있다고 단정하기 어렵다. 따라서 이러한 선하증권은 제6차 개정 신용장통일규칙(UCP 600) 제20조 a항 i호 및 국제표준은행관행 제94조의 규정에 따른 서명 요건을 형식적으로 엄격하게 갖추었다고 보기 어렵다.
비록 신용장거래에서 운송서류 중의 하나로 선하증권을 요구하는 경우가 일반적이고, 그 경우 선하증권의 기재사항이 신용장조건과 일치하기 위해서는 신용장통일규칙 및 국제표준은행관행 등에 따라야 한다 하더라도, 이는 어디까지나 운송계약과는 별개인 송하인과 신용장개설은행 간의 신용장거래에서 요구되는 준수사항이다. 따라서 선하증권의 서명 부분이 신용장통일규칙 및 국제표준은행관행 등에 부합하는지 여부는 원칙적으로 신용장거래의 당사자인 송하인이 스스로의 책임하에 점검하고, 불일치하는 사항이 있으면 운송인 등에게 그 보정을 요구하는 등의 조치를 취하여야 한다.

[관련판례] 大判 2009.10.29. 2007다52911,52928

국제상업회의소 제5차 개정 신용장통일규칙(The Uniform Customs and Practice for Documentary Credits, 1993 Revision, ICC Publication No. 500) 제37조 b항이 "신용장에 달리 명시되지 않은 한 은행은 신용장에서 허용된 금액을 초과한 금액으로 발행한 상업송장을 수리하지 않을 수 있다"고 규정하고 있고, 위 신용장통일규칙이 적용되는 스위프트(SWIFT, 국제은행간 금융통신조직) 방식으로 개설된 신용장이 신용장 금액란에서 신용장 대금의 10% 범위 내의 과부족을 허용하고 있다 하더라도, 화물이 유류와 같이 가격 변동이 심하여 신용장 개설 당시에 단위가격을 정할 수 없는 때에는 신용장에 부가조건으로 가격조항을 두어 신용장 개설 무렵의 일정 기간이나 시점의 국제 유류시장에서의 고시가격에 따라 단위가격을 결정하도록 규정하고, 이러한 가격 변동에 따른 신용장 금액의 증감을 고려하여 신용장 대금 항목의 과부족 규정과 별도로 부가조건에 "신용장 금액은 가격조항에 기한 어떠한 증가 · 감소도 수용될 수 있도록 신용장 조건의 추가적 변경 없이 자동적으로 증감한다"고 규정하게 된다. 이러한 경우 신용장의 금액란에서 정하고 있는 금액은 일응의 기준이 될 뿐 화물의 실제 단위가격과 수량을 반영한 것이라 할 수 없고 신용장 대금은 신용장 개설 후 가격조항에 따른 단위가격의 증감과 실제 선적수량에 의하여 결정되는 것을 예정하고 있는 것이므로, 신용장 개설 후에 위와 같이 가격조항과 실제수량에 의하여 산정된 신용장 대금이 신용장 금액란에서 정한 10%를 초과한다고 하더라도 신용장 조건에 어긋나는 것이라고 할 수 없다.
신용장 첨부서류가 신용장 조건과 문언대로 엄격하게 합치하여야 한다고 하여 자구 하나도 틀리지 않게 완전히 일치하여야 한다는 뜻은 아니며, 자구에 약간의 차이가 있더라도 그 차이가 경미한 것으로서 문언의 의미에 차이를 가져오는 것이 아니거나 단지 신용장에 표시되어 있는 상품의 기재를 보완하고 특정하기 위한 것으로서 신용장 조건을 전혀 해하는 것이 아님을 문면상 알아차릴 수 있는 경우에는 신용장 조건과 합치하는 것으로 보아야 하고, 그 판단은 구체적인 경우에 신용장 조건과의 차이가 국제적 표준은행거래관습에 비추어 용인될 수 있는지 여부에 따라야 한다.

신용장의 상품명세와 송장의 상품명세는 '경유 원산지 대만(gasoil origin Taiwan)' 또는 '경유 원산지 일본(gasoil origin Japan)'으로 상품명세와 원산지의 기재가 모두 일치하고 있으나 반출지시서의 상품명세에는 'Korean gasoil 0.043% Sulphur'라고 기재되어 있는 사안에서, 위 반출지시서의 상품명세의 기재는 신용장의 상품명세와 모순되지 않는 일반 용어로 표시된 것으로 신용장 조건과 일치한다.
신용장 개설은행은 신용장에 관하여 은행에 제시된 서류가 문면상으로 신용장 조건과 엄격하게 합치하는지 여부를 상당한 주의를 기울여 조사하면 되는 것이고 신용장 관련 서류 자체가 다른 신용장의 관련서류와 바뀐 것인지 여부까지 조사·점검할 의무는 없다. 그러나 신용장 개설은행이 여러 건의 신용장 관련서류를 같은 날 송부받아 심사하는 과정에서 신용장의 관련서류 일부가 뒤바뀐 사실을 알았거나, 조금만 주의를 기울이면 쉽게 알 수 있었음에도 불구하고 오히려 신용장의 조건과 바뀐 관련서류의 명세가 불일치한다는 것을 하자로 내세워 신용장 대금의 지급을 거절하는 것은 신의칙상 허용되지 않는다.

4. 엄격일치의 원칙의 완화

앞에서 설명한 바와 같이, 신용장통일규칙은 검사증명서나 포장명세서와 같은 상업송장 이외의 서류에 대해서는 신용장상의 명세와 모순되지 않는 일반적인 용어로 기술될 수 있다고 함으로써(UCP 600 제14조 제e항), 상업송장 이외의 서류에 대해서는 자구에 이르기까지 모두 합치해야 하는 정도의 엄격한 일치를 요구하지는 않는다.[40] 주의할 것은 이러한 경우에도 신용장통일규칙 제14조 제e항에 따라 제시된 서류가 서로 모순되지 않는 경우에 한해서 엄격일치의 원칙의 완화가 인정된다는 점이다.

한편 신용장통일규칙 제14조 제e항이 보여주는 엄격일치의 원칙의 완화의 경향을 들어 신용장통일규칙이 합리적 또는 실질적 일치의 원칙을 채택한 것이라는 주장이 있으나,[41] 신용장통일규칙은 여전히 엄격일치의 원칙을 따르고 있고,

---

40) 예를 들어 신용장에는 "3,000 units of Sonic Camcoder Model. No. CCD-TRV112 manufactured in Japan"라고 물품에 대하여 기술되어 있는데, 상업송장에 "3,000 units of Sonic Camcoder"라고 되어 있는 경우에는 엄격한 일치가 있었다고 볼 수 없을 것이다. 그러나 선하증권에 "3,000 units of Sonic Camcoder"라고 기술되어 있는 경우에는 이러한 표현은 신용장의 표현보다 더 일반적인 용어이기 때문에 신용장통일규칙에 의하면 엄격일치의 원칙을 위반한 것이라고 할 수 없다. 大判 1985.5.28. 선고, 84다카696·697 (packing list의 "Sketch paper, origin Japan"과 상업송장의 "Sketch paper 55cm×40cm"는 일치하지 않는 것으로 판결) 참조.
또한 "Company," "Corporation" 또는 "Incorporated"를 각각 "Co.," "Corp." 또는 "Inc."로 축약하는 경우 또는 "Michael"이 "Michaell"로 잘못 타자된 경우 등에는 엄격일치의 원칙이 위반되지 않은 것으로 보아야 할 것이다.

41) 엄격일치의 원칙의 완화나 합리적 또는 실질적 일치의 원칙은 은행의 자의적인 판단이 개입할 여지를 제공함으로써 신용장제도의 근본취지를 훼손할 수 있다는 비판을 받기도 한다. 채동

다만 경미한 차이가 있는 때에만 그 원칙을 완화할 뿐(de minimus rule)이라고 보는 것이 보다 타당한 태도일 것이다.[42)]

[관련판례] 大判 1992.2.25, 91다30026

화환신용장에 의한 거래에 있어서 선적서류상의 상품명세는 신용장의 명세기재와 합치하여야 하고, 선하증권상의 화물 표시는 신용장조건에 합치되어야 하는 것이나, 선하증권상의 화물 표시가 신용장조건에 합치되어야 한다는 것은 서류상의 자구(字句)가 하나도 틀리지 않게 완전히 일치하여야 한다는 뜻은 아니며, 자구에 약간의 차이가 있다 하더라도 은행이 상당한 주의를 기울이면 그 차이가 경미한 것으로서 문언의 의미에 차이를 가져오는 것이 아니고, 또 신용장조건을 해하는 것이 아님을 문면상 알아차릴 수 있는 경우에는 신용장조건과 합치하는 것으로 보아야 한다(大判 1985.5.28, 84다카696 판결 참조).

X. 신용장의 종류

1. 취소가능 및 취소불능신용장

신용장거래는 기본적으로 개설의뢰인의 신용을 은행의 신용으로 대체하는 것이다. 따라서 신용장거래에서는 일단 신용장이 발행된 경우에 이를 취소하거나 또는 그 조건을 변경하는 것이 허용되지 않는 취소불능신용장(irrevocable L/C)이 일반적으로 사용된다. 2007년에 신용장통일규칙이 개정되기까지 취소불능신용장에 대비해서 개설의뢰인에 의한 취소가 허용되는 취소가능신용장(revocable L/C)의 발행이 허용되었다.[43)] 그러나 2007년 개정을 통해서 신용장통일규칙은 취소가

헌(주19), 444면 참조.

42) 거래의 실제에 있어서는 은행이 서류가 신용장조건에 일치하지 않는다고 판단하는 경우에도 개설은행은 대부분의 경우에 개설의뢰인의 양해를 얻어 신용장금액을 지급하기 때문에 서류의 불일치를 이유로 지급이 거절되는 경우는 많지 않다고 한다. UCP 600 제16조 제b항; 상게서, 446-447면. 그러나 이 역시 거래의 관행이 그렇다는 것이지, 그 관행 자체가 엄격일치의 원칙의 수정이나 포기를 의미하는 것은 아님에 주의해야 한다.

43) 개정전 신용장통일규칙은 예외적으로 취소가능신용장이 발행되는 경우에는 개설은행은 언제든지 그리고 수익자에 대한 사전통지 없이 신용장조건을 변경하거나 신용장상의 확약을 취소할 수 있도록 하였다(UCP 500 제8조). 그러나 취소가능신용장은 수익자가 지급받을 것을 담보하지 못하기 때문에 신용장의 본래 기능을 제대로 수행하지 못한다고 할 것이고, 실제로 국제거래에서 취소가능신용장은 자회사 간에 이용되는 경우를 제외하고는 거의 이용되지 않는다. 개정 신용장통일규칙이 취소가능신용장의 개념을 삭제한 것은 이러한 이유 때문이다.
참고로 1993년 개정 이전의 신용장통일규칙 제7조 제c항은 취소불능이라고 지정되지 않은 모든 신용장은 취소가능한 것으로 간주함으로써 발행되는 신용장의 기본 형태를 취소가능신용장으로 하였다. 또한 수익자로 하여금 취소가능신용장이 취소불능신용장과 동일하다고 오신하게

능신용장의 개념을 삭제하였다. 따라서 신용장은 신용장조건에 일치하는 제시에 대해서 신용장금액을 지급하겠다는 발행은행의 확약이고, 그 확약은 언제나 취소불능이다(UCP 600 제2조). 발행은행의 확약은 신용장에 취소불능의 취지가 표시되지 않은 때에도 취소불능이다(UCP 600 제3조).

[관련판례] 서울高判 1994.7.13, 93나42131

취소불능신용장의 개설약정이 있더라도 관계당사자 전원의 합의가 있으면 이를 취소할 수 있으나, 일단 신용장이 개설된 후 이에 따른 선적서류가 작성되어 제시 또는 매입되면 신용장의 사용은 종결되고 신용장대금의 결제만 남은 상태가 되므로, 취소의 합의는 적어도 개설된 신용장에 따른 선적서류가 제시 또는 매입되기 이전에 있어야 할 것이다.

[관련판례] 大判 2011.1.13. 2008다88337

국제상업회의소(International Chamber of Commerce)의 제5차 개정 신용장통일규칙(The Uniform Customs and Practice for Documentary Credits, 1993 Revision, ICC Publication No. 500, 이하 '신용장통일규칙'이라고 한다) 제9조 d항은 "제48조에 의하여 별도로 규정된 경우를 제외하고는 취소불능신용장은 개설은행, 확인은행(있는 경우) 및 수익자의 합의 없이는 변경되거나 취소되지 아니한다."고 규정하고 있다.
따라서 취소불능신용장에서 규정된 수익자의 권리 또는 권리의 행사요건 등에 영향을 미치는 신용장 조건 등의 변경은 수익자의 동의를 얻지 못하면 효력이 없다. 취소불능신용장의 이러한 조건변경 제한규정은 개설은행이 매입은행 등 지정은행에 대한 지시의 형식을 취하였다고 하더라도 그 지시 내용이 실질적으로 수익자의 권리 또는 권리의 행사요건 등을 변경하는 결과를 초래하는 경우에도 마찬가지로 적용된다고 보아야 하므로 수익자의 동의가 없는 한 그와 같은 지시는 효력이 없다. 왜냐하면 개설은행의 그와 같은 지시가 수익자에 대한 관계에서만 무효이고 매입은행에 대한 관계에서는 그대로 유효하다고 한다면, 매입은행은 개설은행의 지시를 따를 수밖에 없고 그에 따라 수익자는 매입은행에게 변경 지시 전의 권리를 사실상 행사할 수 없게 되는 반면, 개설은행은 수익자의 동의 없이 매입은행에 대한 지시를 통하여 취소불능신용장의 신용장 조건을 임의로 변경할 수 있는 부당한 결과가 초래되기 때문이다. 따라서 이러한 경우 개설은행은 수익자뿐만 아니라 매입은행에 대한 관계에서도 그 지시의 유효를 주장할 수 없다.

하는 위험이 있는 경우에도 취소가능신용장의 개설이 금지되지 않았다. 그러나 취소가능신용장은 수익자를 위하여 지급을 담보하는 신용장 본래의 기능을 하지 못하기 때문에 1993년 개정을 통해 신용장통일규칙 제6조 제c항은 신용장이 취소가능인지 불능인지 명시하지 않은 경우에는 이를 취소불가능한 것으로 간주한다고 규정한 바 있다.

2. 확인신용장

신용장은 개설은행이 그의 신용에 근거해서 지급을 담보하는 것이다. 그러나 개설은행 자체의 신용도가 신용장금액의 지급을 담보하기에 충분하지 않은 때에는 신용장이 발행되었다고 할지라도 수익자는 여전히 지급에 대한 확신을 갖지 못할 것이다. 이러한 경우에 신용이 보다 우수한 다른 은행으로 하여금 개설은행의 신용장에 따른 지급을 확인(confirm) 또는 보증하도록 함으로써 수익자가 지급받는 것을 담보하는 것이 가능하다. 확인신용장(confirmed L/C)은 신용이 더 좋은 은행이 확인해 줌으로써 그 지급가능성을 높인 신용장이다. 확인신용장의 경우에는 개설은행과 함께 확인은행도 매도인에 대한 지급책임을 진다(UCP 600 제8조 제a항). 이때 주의할 것은 수익자는 먼저 개설은행에 지급을 요구한 후에 비로소 확인은행에 지급을 요구할 수 있는 것이 아니라, 바로 확인은행에 지급을 요구할 수 있다는 점이다(UCP 600 제8조 제a항 참조). 즉 확인은행의 확약은 개설은행의 확약에 부종하는 것이 아니라 병존하는 것이다.

확인신용장은 개설은행의 신용을 다른 은행의 신용으로 대신할 뿐만 아니라, 매도인의 국가에 있는 은행이 확인을 해 준 경우에는 지급에 문제가 생긴 때에 매도인으로 하여금 그가 거주하는 지역에서 소송을 제기할 수 있도록 해 줌으로써 소송의 수행이나 판결의 집행을 용이하게 해 준다. 그러나 확인신용장의 경우에는 2개의 은행이 관여하기 때문에 확인수수료 등 추가비용이 소요된다.

3. 양도신용장

신용장은 금융을 얻기 위한 수단으로 이용되기도 하는데, 이때 흔히 사용되는 형태의 신용장이 이른바 양도신용장(transferable L/C)이다. 양도신용장은 수익자, 즉 제1수익자가 다른 수익자, 즉 제2수익자에게 신용장에 기한 권리를 양도할 수 있는 신용장이다. 오늘날 국제거래에 종사하는 자들은 자신이 직접 물품을 소비하기보다는 이를 전매하는 방법으로 이익을 추구하는 것이 보다 일반적이다. 이러한 중간 매개자들은 충분한 자본을 갖고 있지 않기 때문에 한 국가에서 물품을 구입하여 서류(권리증권)에 의하여 물품에 대한 권리를 획득한 후에 일정한 차익을 남기고 이들 서류를 다른 국가에서 다시 판매하는 방식으로 영업활동을 하게 되는데, 양도신용장은 이와 같은 국제거래의 중간 매개자들에 의하여 주로 이용된다. 예를 들어 미국에서 공급업자 B로부터 물품을 구입하기로 매매계약을 체결한 중간매수인 A가 이를 다시 우리나라의 C에게 전매하기로 전매계약을 체결하였고, 이 전매계약에 기초하여 C가 우리나라의 X은행에 중간매수인 A를 위하여 신용장의 개설을 의뢰하였다고 가정할 때, 제1수익자인 A가 지급이나 환어음의 인수 등 신용장에 기한 권리의 전부 또는 일부를 자기의 매도인인 공급업자 B에게 양도할 수 있도록 하는 것이 양도신용장이다. A의 매도인인 B는 제2수익자로서 지급을 위하여 X은행에 서류를 제시한다. 이때 중간매수인인 A와 공급업자인 B 간의 거래내역이 최종매수인인 C에게 노출되는 것이 양도신용장의 단점이다.

신용장통일규칙은 신용장의 수익자, 즉 제1수익자로 하여금 지급 또는 매입을 위임받은 은행, 즉 양도은행(transferring bank)에게 1인 또는 그 이상의 수익자, 즉 제2수익자에게 신용장의 전부 또는 일부가 양도될 것을 요구할 수 있도록 허용한다(UCP 600 제38조 제b항). 이때 신용장통일규칙은 제1수익자와 제2수익자 간의 거래내역이 개설의뢰인에게 노출되는 것을 막기 위해서 제1수익자로 하여금 제2수익자가 제시한 상업송장이나 환어음을 자기의 상업송장이나 환어음으로 대체하는 것을 허용한다(UCP 600 제38조 제h항). 주의할 것은 신용장이 개설은행에 의하여 "양도가능(transferable)"으로 명백히 지정되어 있는 경우에만 양도될 수 있다는 점이다(UCP 600 제38조 제b항).

4. 연쇄신용장

금융을 얻기 위한 수단으로 사용되는 또 다른 형태의 신용장이 연쇄신용장(back-to-back L/C)이다.

연쇄신용장거래는 물품매매계약과 관련하여 신용장이 사용되었다고 할 때, 수익자가 신용장조건을 충족시키기 위해서는 물품을 선적하여야 하는데, 수익자가 이러한 물품을 확보하는 데 필요한 자금을 마련하기 위하여 매수인으로부터 받은 신용장을 이용하는 신용장거래 형태이다. 예를 들어 미국의 중간상인 A가 중국에 소재하는 M에게 철강을 공급하는 매매계약을 체결하였고 A는 이 철강을 우리나라의 철강공급업자 B로부터 구입하기로 하였는데, A가 M으로 하여금 M의 거래은행 X은행에 의하여 신용장을 개설하도록 하였다고 할 때, A가 자기의 거래은행 Y은행에게 X은행이 개설한 신용장을 양도함으로써 B로부터 철강을 구입할 자금을 대출받고자 하는 경우에 A가 X은행이 개설한 신용장이 요구하는 조건을 충족시키지 못한다면 Y은행은 그 신용장에 따른 지급을 받지 못할 위험이 있다. 또한 신용장의 양도의 경우에 공급업자 B가 제시한 서류가 Y은행 및 X은행을 통해서 매수인 M에게 가기 때문에 중간상인 A와 공급업자 B 간의 영업상 비밀이 M에게 노출되게 되는 결과가 발생한다.

이러한 위험을 피하기 위하여 고안된 신용장거래 형태가 연쇄신용장거래인

데, 연쇄신용장거래에 따르면 우선 위의 예의 중간상인 A는 공급업자 B가 충족할 수 있는 조건을 담은 신용장을 최종수요자 M이 개설받도록 요구한다. 동시에 A는 자기의 거래은행인 Y은행에게 M의 거래은행인 X은행이 개설한 신용장을 충족하는 데 필요한 서류를 요구하는 다른 신용장을 B를 위하여 개설해 줄 것을 의뢰한다. 이처럼 X은행이 개설한 신용장의 조건을 충족하는 서류가 Y은행이 개설한 신용장에서 제시되어야 하는 서류로서 포함되어 있기 때문에 Y은행의 위험은 상당히 감소하는 것이다. 또한 중간상인 A로서는 새로운 신용장의 개설을 통해서 공급업자 B가 제시한 서류가 모두 최종수요자 M에게 가는 것을 방지할 수 있다. 이때 Y은행이 개설하는 신용장이 연쇄신용장이다.

연쇄신용장거래에서는 두 번째 은행, 즉 Y은행이 상당한 주의를 할 것이 요구된다. 공급업자 B가 계약에 합치하는 물품을 선적하고 역시 적절한 서류를 제출했을지라도, Y은행은 X은행의 신용장의 조건에 합치하는 서류를 모두 소지하고 있지 않을 수 있기 때문이다. 예를 들어 X은행의 신용장이 요구하는 서류인 A의 상업송장이나 A의 환어음을 갖고 있지 못할 수도 있는 것이다.

5. 회전신용장

개별적인 거래에서 매 거래마다 개설되는 것이 보통의 신용장이라면, 일단 개설된 후에는 수익자로 하여금 일정한 기간 동안 일정한 금액을 한도로 여러 번에 걸쳐 지급을 받거나 환어음을 발행할 수 있도록 하는 신용장이 회전신용장(revolving L/C)이다. 근저당권에 유사한 원리라고 할 수 있다. 개설의뢰인은 정기적으로 개설은행에 대하여 상환을 하는데, 일반적으로 개설은행에 구좌를 개설하여 그 구좌를 통하여 지급한다. 단일 수익자가 아닌 다수의 수익자를 위한 회전신용장의 개설을 허용하는 은행도 있다.

6. 자금대여신용장

개설은행이 신용장을 개설하면서 매도인의 은행으로 하여금 선적할 물품을 위한 자금을 매도인에게 미리 대여하도록 하고 신용장금액으로부터 그 대출자금을 상환받도록 하는 조항을 삽입하는 경우가 있는데, 이러한 조항을 적색조항(red clause)이라고 한다. 자금대여신용장 또는 선대신용장(red clause L/C)은 바로 이러한 적색조항을 그 문면에 명기한 신용장이며, 매도인의 은행의 자금 대여는 바로 신용장에 기한 자금의 대여라고 할 수 있다. 일반적으로 자금대여신용장은 소규모의 매도인에게 물품을 구입하기 위한 자금을 대여하기 위하여 이용되며, 이때 매도인에게 대여된 자금은 신용장에서 정한 바에 따라 원자재를 구입하거나 물품을 생산 및 선적하기 위한 비용으로만 사용될 수 있다.

매도인이 물품을 선적하지 않거나 자금대여신용장에 따라 대여된 자금을 반환하지 않는 경우에도 개설은행은 자금대여신용장에 따라 매도인의 은행에 대여자금을 상환해야 하는데, 이는 매수인, 즉 개설의뢰인의 손해로 귀결될 것이기 때문에 자금대여신용장은 개설의뢰인이나 개설은행에게 위험이 큰 신용장이다. 따라서 자금대여신용장은 개설의뢰인이 매도인, 즉 수익자를 신뢰하는 때에만 개설될 것이다.

7. 보증신용장

(1) 의의 및 이용

상업신용장은 기본적으로 매매된 물품에 대한 대금의 지급을 담보하기 위한 수단이다. 이에 반하여 보증신용장(standby L/C)은 금전적이거나 비금전적인 모든 종류의 의무에 대하여 개설의뢰인의 이행을 담보하기 위한 수단이다. 보증신용장에 있어서는 개설의뢰인의 불이행이 있은 때 신용장에 기하여 수익자가 지급을 요구할 수 있기 때문에 보증신용장은 보증(guarantee)과 동일한 기능을 한다.

보증신용장은 건설계약과 같이 일정한 이행을 요구하는 계약에서 계약에 따른 이행이 되지 않을 위험을 감소시키기 위하여 이용된다. 예를 들어 건설회사 A가 발주자 B와 공장건설을 내용으로 하는 계약을 체결하였다고 할 때, 합의한 공장 건설이 제대로 이행될 것인지를 염려하는 발주자 B는 보증신용장을 이용함으로써 일반적인 보증에 대신하여 건설회사 A가 이행하지 않을 위험에 대한 보호장치를 마련할 수 있다. 즉 B는 A에 대하여 그의 거래은행 C로 하여금 보증신용장을 B 자신을 위하여 발행할 것을 요구할 수 있는데, 이때 건설회사 A는 개설의뢰인, 발주자 B는 수익자, C은행은 개설은행이 된다.

보증신용장은 대규모의 국제거래에서도 흔히 사용된다. 예를 들어 우리나라의 건설회사 D가 리비아 정부와 대규모 토목공사를 위한 계약을 체결했다고 할 때, 토목공사가 계약대로 진행되지 않을 가능성을 우려하는 리비아 정부는 D로 하여금 그의 이행을 담보하기 위하여 보증신용장을 개설할 것을 요구한다. 이때 건설회사 D는 우리나라의 E은행으로부터 보증신용장을 개설받는 방법으로 리비아 정부의 요구를 수용한다. 보증신용장이 개설됨으로써 수익자인 리비아 정부는 건설회사 D가 계약대로 이행하지 않을 때에는 개설은행인 E은행으로부터 보증신용장에 따라 지급받을 수 있고, 나아가 D의 불이행으로 인한 손해를 배상받을 수 있다. 이 예에 있어서 이행의무자인 건설회사 D가 그의 계약상 의무를 이행하지 않은 경우에 수익자인 리비아 정부는 개설은행인 E은행으로부터 지급받기 위하여 D가 이행하지 않았다는 선언을 하거나 또는 확인서를 제시함으로써 E은행에 대해 지급을 요구하게 된다. 보증신용장의 가장 중요한 특징은 이행이 없는 경우에는 즉시 지급이 이루어질 것을 담보하는 데 있다.

보증신용장이 이용되는 거래의 종류에는 사실상 제한이 없으며, 한 당사자의 이행이 있어야 하는 모든 계약에 이용될 수 있다. 보증신용장이 자주 이용되는 경우로는 부동산개발업자의 의무를 담보하는 경우, 택지개발업자가 도로나 보도 등 공공설비를 제공할 의무를 담보하는 경우, 약속어음의 지급에 대하여 담보하는 경우, 보증을 대신하는 경우, 리스계약에서 리스가 종료한 때에 물품의 반환을 담보하기 위한 경우 등이 있다.

[관련판례] 大判 2004.9.24, 2001다69771

보증신용장의 개설의뢰인과 개설은행 사이의 법률관계는 당사자 사이의 개설계약의 내용 및 그 계약의 내용으로 편입되는 신용장통일규칙에 의하여 규율될 것이지만, 그 외에 고도의 신뢰관계를 바탕으로 하는 개설은행과 개설의뢰인 사이의 법률관계의 특성상 사법상의 대원칙인 신의성실의 원칙이 더욱 폭 넓게 적용된다고 할 것이고, 따라서 개설의뢰인이 상대방인 개설은행으로 하여금 보증신용장의 유효기간 만기 이후에 수익자가 보증신용장대금을 청구하여 개설은행이 이를 지급하여도 사후에 이에 대한 이의를 제기하지 않겠다는 취지로 믿게 할 만한 언동을 하였거나 개설의뢰인이 신의성실의 원칙상 요구되는 개설은행에 대한 보호의무를 현저히 위반한 것으로 평가되는 경우 등에는 구체적인 사정에 따라 개설의뢰인이 개설은행의 하자 있는 신용장대금 지급행위를 사전에 묵시적으로 양해하였다고 보거나 혹은 사후에 개설의뢰인의 권리행사가 제한된다고 볼 경우가 있을 수 있다.

(2) 보증신용장에서 요구되는 서류

보증신용장에서 수익자가 제시해야 하는 서류는 보증신용장이 정한 일정 금액의 지급을 요구하는 서류와[44] 개설의뢰인이 계약에서 정한 이행을 하지 않았다는 것을 선언하는 서류이다. 일반적으로 보증신용장에서 요구되는 불이행을 증명

44) 일반적으로 일람출급식 환어음.

하는 서류는 상업신용장에서 요구되는 서류보다 훨씬 단순하다. 일반적으로 보증신용장은 개설의뢰인이 계약에 따른 이행을 하지 않았다는 것, 개설의뢰인이 약속어음에 대하여 지급하지 않았다는 것 또는 일정 금액의 지급일이 되었다는 것 등 개설의뢰인의 불이행을 선언하는 서류 또는 증명서를 요구하는데,[45] 이러한 서류들은 수익자에 의하여 작성되는 것이 일반적이며 개략적인 내용만을 담고 있다. 이것은 개설의뢰인이 실제로 이행하지 않았다는 것을 제3자를 통해 증명할 필요 없이 수익자로 하여금 서류의 단순한 제시로써 보증신용장에 따라 지급받을 수 있도록 하는 효과를 갖는다.

보증신용장에서도 신용장은 기본계약과 독립된다(독립보증과 보증신용장에 관한 UN 협약 제2조 제1항 및 제3조 참조). 따라서 요구되는 서류가 개략적인 내용만을 포함하고 있다고 해서 기본계약과 관련하여 그 내용이 진정한지 여부를 판단하여 기본계약에서 정한 의무의 불이행이 실제로 존재하는 때에만 신용장금액을 지급하도록 하는 것은 보증신용장의 본질에 반하는 것으로 허용되지 않는다.

(3) 보증신용장과 상업신용장의 차이

보증신용장과 상업신용장(commercial L/C) 또는 화환신용장(documentary L/C)은 다음과 같은 차이점을 갖는데, 첫째, 보증신용장은 그 기능에 있어서 상업신용장과 구별된다. 상업신용장은 수익자가 개설의뢰인에게 계약에서 정한 물품을 송부했다는 것을 증명하는 서류를 제시함으로써 수익자가 대금을 지급받는, 수익자를 위한 지급담보수단으로서 기능한다. 반면에 보증신용장은 수익자가 자기의 행위에 관한 서류를 제시하는 것이 아니라 개설의뢰인의 행위에 관한 서류, 즉 개설의뢰인이 수익자에 대한 기본계약상의 의무를 이행하지 않았다는 사실을 적시하는 서류를 제시함으로써 신용장금액을 지급받는, 개설의뢰인에 대한 이행담보수단으로서 기능한다. 이때 개설의뢰인의 불이행을 적시하는 서류는 수익자에 의해 작성되는 것이 일반적이지만, 개설의뢰인이 이행하지 않았다는 수익자의 주장에 대하여 개설의뢰인은 거의 언제나 이의를 제기할 것이기 때문에 제3자에 의하여 작성될 것이 요구되는 경우도 있다.

둘째, 보증신용장과 상업신용장은 개설은행에 대한 위험에서 차이를 갖는다. 상업신용장에 있어서는 개설은행이 신용장에 따라 수익자에게 지급한 후에 선하

45) 예를 들어 무유보보증신용장(clean standby L/C)의 경우에 수익자는 발행한 환어음의 제시만으로 지급받거나 또는 개설의뢰인이 이행하지 않았다는 취지의 일방적 선언을 담은 서류의 제시만으로 지급받는다.

증권과 같이 물품의 처분권을 표창하는 선하증권 등 권리증권을 소지하게 된다. 만약 개설의뢰인이 개설은행이 지급한 금액을 상환하지 않는다면 개설은행은 그 권리증권을 처분하여 보상받을 수 있다. 반면에 보증신용장에 있어서는 개설은행은 아무런 안전장치를 갖고 있지 않으며, 따라서 개설은행이 안전하게 상환받기 위해서는 개설의뢰인으로부터 다른 담보장치를 확보하여야 한다. 대부분의 경우에 보증신용장의 개설은행은 개설의뢰인에게 보증신용장의 개설을 위해 충분한 담보를 요구한다.

셋째, 보증신용장과 상업신용장은 개설은행이 이를 개설할 때 위험분석을 각각 달리 하여야 한다는 점에서 차이를 갖는다. 상업신용장을 개설하는 은행은 개설의뢰인이 신용장금액을 상환할 수 있는 능력이 있는지 여부만을 판단하면 된다. 은행은 대출하는 경우에 언제나 신용평가를 하기 때문에 개설은행은 개설의뢰인의 상환능력과 관련한 신용평가에 있어서 전문성을 갖는다고 할 것이다. 반면에 보증신용장에 있어서 개설은행은 개설의뢰인이 기본계약에 따른 이행을 할 수 있는지 여부를 판단하여야 하는데, 이 같은 이행에 대한 문제는 은행이 잘 알지 못하는 분야이고, 따라서 은행은 개설의뢰인의 이행 여부에 관한 위험을 판단하는 데 있어서 전문성을 갖지 못한다. 이 때문에 보증신용장을 개설하는 경우에 개설은행은 이를 사실상 개설의뢰인에게 자금을 대출하는 것으로 인식하여 별도의 상환계약을 통해서 담보를 확보함으로써 은행이 처할 수 있는 위험을 관리한다.

(4) 보증신용장과 보증채무의 차이

보증신용장과 보증채무는 이행의무자의 불이행에 대하여 보증한다는 점에서 동일한 목적을 갖는다. 그러나 그 거래구조는 상이한데, 즉 보증채무에 있어서는 보증인은 피보증인을 대신하여 이행한다. 보증채무의 상대방은 피보증인이 이행하지 않았다는 것을 증명해야만 비로소 보증인으로부터 이행을 구할 수 있는데, 이 같은 확정을 하기까지에는 상당한 비용과 시간이 소요되는 것이 보통이다. 반면에 보증신용장에 있어서 수익자는 개설의뢰인이 이행하지 않았을 경우에 신용장금액을 신속하게 지급받을 수 있으며, 개설의뢰인의 불이행 여부에 관하여 소송에 의하여 확정되기 전이라도 지급받는다. 곧 수익자는 소송의 부담 없이 신용장에서 요구되는 서류의 제시에 의하여 즉시 지급받을 수 있는 것이다.[46]

---

46) 사실상 이행이 있었는데도 불구하고 수익자가 서류를 제시하는 등의 사유가 있는 경우에 개설의뢰인은 수익자에 대해서 소송을 제기할 수 있지만, 개설의뢰인의 이행 여부를 확정하기 위한 소송이 진행되는 동안 수익자는 이미 보증신용장에 따라 지급을 받은 상태이다. 이처럼 실체적 분쟁이 해결되기 전에 수익자는 미리 지급을 받기 때문에 불이행 여부를 다투는 개설의뢰

(5) 보증신용장과 독립보증

보증신용장은 실제에 있어서 후술하는 독립보증과 동일하다. 보증신용장이 주로 은행에 의한 보증이 금지된 미국에서 사용되는 이행담보수단이라면, 보증신용장과 동일한 기능을 수행하는 보증(guarantee), 이행보증(performance guarantee), 요구불보증(demand guarantee) 또는 독립보증(independent guarantee) 등은 주로 미국 이외의 국가에서 사용되는 이행담보수단이라고 할 수 있다.

보증신용장이나 독립보증은 서류의 제시에 의하여 지급된다는 점과 기본계약과 독립되어 있다는 공통점을 가진다. 이러한 보증신용장이나 독립보증은 국제상업회의소의 「요구불보증통일규칙」이나 「독립보증과 보증신용장에 관한 UN협약」에 의해 규율된다.

제5절 독립보증

Ⅰ. 의 의

독립보증(independent guarantee)은 수익자가 보증의 요건이나 서류에 관한 조건에 따라 단순히 서면에 의해서 지급을 요구하거나 또는 보증에서 요구하는 서류를 제시하여 지급을 요구하는 경우에 은행이나 기타 금융기관 또는 보증인이 수익자에게 일정한 금액을 일정한 기간 내에 지급하도록 하는 독립적인 확약(independent commitment)이다(UN협약 제2조 제1항). 독립보증은 본드(bond), 보증(guarantee), 요구(demand), 은행보증(bank guarantee), 요구불보증(demand guarantee) 또는 보증신용장(standby L/C) 등의 다양한 이름으로 지칭된다. 이를 규율하는 국제규범인 국제상업회의소의 「요구불보증통일규칙」이나 「독립보증과 보증신용장에 관한 UN협약」은 요구불보증, 독립보증 또는 보증신용장 등의 용어를 사용하고 있다.

독립보증이나 요구불보증의 주요 당사자로는 이행의무자로서 개설을 요청하는 본인(principal),[47] 이행의무자 또는 본인이 불이행하는 경우에 지급을 요구할 수 있

인은 자기의 불이행이 없었음을 주장하면서 지급된 신용장금액의 반환을 청구하는 소송을 수익자에 대해 제기해야 한다. 결국 보증신용장은 수익자를 위한 현금예치에 유사한 기능을 하는 것이다. 이러한 점은 독립보증에 있어서도 마찬가지이다. 김정호(주28), 146-147면.

이러한 이유 때문에 무유보보증신용장이 개설된 경우에는 기망의 위험이 크고 또한 기본계약의 이행에 관해서 개설의뢰인과 수익자 간에 다툼이 발생할 여지가 많다.

는 수익자(beneficiary) 그리고 이행의무자의 요청에 의하여 보증을 개설하고, 그가 불이행하는 경우에 지급할 의무를 지는 보증인(guarantor)이[48] 있다. 보증인은 대부분 은행이기 때문에 독립보증은 은행보증이라고 지칭되기도 하지만, 독립보증을 은행만이 할 수 있는 것은 아니다. 실제로 은행 외의 금융기관도 독립보증을 개설하며, 심지어 개인도 독립보증을 할 수 있다(UN협약 제2조 제1항 참조).

II. 국제거래와 독립보증

우리나라의 기업 A가 미국의 기업 B로부터 물품을 구입하거나 또는 공장을 건설하는 것을 내용으로 하는 계약을 체결하고자 하는데, 이들 간에 이전에 아무런 거래관계가 없었다고 하면 A는 B가 계약에 따라 그의 의무를 이행할 것을 확실히 하고자 할 것이고, 나아가 이행의 확실성을 높임과 동시에 불이행의 경우에 대비한 일정한 담보를 원할 것이다. A가 B의 이행을 담보하는 방법으로서는 B로부터 현금예치(cash deposit)를 요구하는 것을 생각할 수 있을 것이나, 현금예치는 상대방, 즉 이행의무자에게 과도한 부담이 된다. 이 때문에 이행보증의 수단으로서 현금예치를 대체하는 방법으로 계약상의 의무가 이행되지 않은 때 매수인이나 공사발주자가 지급요구만 하면 은행이 지급하는 의무를 부담하는 방법이 등장하게 되었는데, 이것이 독립보증이다.

독립보증은 현금예치를 대신하는 것으로서 수익자에게 지급에 의한 신속한 구제를 제공할 수 있어야 하기 때문에 수익자의 단순한 서류의 제시로써 지급이 가능하도록 하였다. 그러므로 기본계약이 실제로 이행되었는지 여부에 상관없이 또는 수익자가 입은 실제 손해금액에 상관없이 독립보증상 금액의 한도 내에서 지급의 요구가 있었다면, 보증인은 반드시 지급해야 한다. 따라서 보증인의 지급의무가 본인의 실제적인 불이행이 증명된 경우에만 발생하거나, 보증인이 서류에 의한 지급요구 이외의 사항을 심사하여 지급하게 하거나 또는 지급액이 실제 손해금액에 한정되는 조건적인 또는 종된 보증은 모두 독립보증이 아니다(UN협약 제2조 제1항 및 제3조).

독립보증은 국제거래에서 이행을 담보하는 유용한 수단으로서 물품의 공급과 같은 계약상 의무의 이행, 대출금상환의 보장, 낙찰자에 의한 계약체결의 담보, 상업신용장의 개설 또는 자금차용자의 신용강화 등 다양한 목적을 위하여 사용된

47) 보증신용장의 경우에는 개설의뢰인.
48) 보증신용장의 경우에는 개설은행(issuer).

다. 그러나 독립보증이 주로 이용되는 것은 건설계약과 같이 일정한 형태의 이행을 내용으로 하는 계약에서이다.

화환신용장, 즉 상업신용장이 매도인이 대금을 지급받는 것을 담보하기 위한 것이라면, 독립보증은 매도인이나 수급자가 이행을 하지 않거나 이행에 하자가 있는 경우에 매수인이나 발주자를 보호하기 위한 것이다.

[관련판례] 서울高判 2001.2.27, 2000나8863

국제적인 표준은행관행에 비추어 독립적 은행보증을 둘러싼 거래의 경우 보증신용장(Standby Letter of Credit)과 유사한 기준과 법리가 적용되어야 함이 상당하고, 위와 같은 은행보증의 유형 중 간접보증의 경우 제1차 보증서의 보증인이 제2차 보증서의 보증인에게 제1차 보증서상 수익자의 청구에 기하여 제2차 보증서의 보증금 지급청구를 한 경우 제2차 보증서의 보증인으로서는 제1차 보증서의 보증인이 정하여 통보한 기간 또는 그 기간이 상당하지 아니하다면 국제적 은행관행에 비추어 상당한 기간 내에 그 청구가 요건을 갖추었는지 여부를 심사하여 만약 하자가 있고 그 하자가 치유될 수 있는 성질의 것이면 그 하자를 보완하도록 요구하고, 보완이 불가능한 것이면 하자의 내용을 적시한 후 즉시 지급을 거절하는 통지를 하여야 할 것이고, 만약 그와 같은 통지를 하지 아니하고 하자도 주장하지 아니한 경우에는 차후에 그와 같은 하자를 이유로 제1차 보증서의 보증인의 청구를 거절할 수는 없다고 봄이 상당하다[은행보증에관한통일규칙(Uniform Rules for Demand Guarantees, 줄여서 'URDG'라 한다, ICC Pub. No. 458, 1992.4.)은 이에 관하여 규정하고 있지 않으나, 제5차 신용장통일규칙(UCP 500: The Uniform Customs and Practice for Documentary Credits, 1993 Revision, ICC Pub. No. 500, Effective January 1, 1994) 제14조는 "신용장 개설은행이 제시된 서류의 불일치를 이유로 서류의 수리를 거절하고자 하는 경우에 지체 없이 제시인에게 그 불일치 사항을 통지하고 서류를 반송하는 등의 조치를 취하지 아니하면 개설은행은 그 서류가 신용장의 조건과 일치하지 않는다는 주장을 할 수 있는 권리를 상실한다"는 취지의 규정을 담고 있고, 국제적인 은행거래에서 이와 같은 표준관행이 자리잡고 있는 것으로 보아 이러한 논리를 독립적 은행보증의 경우에도 원용할 수 있다고 봄이 상당하다].

독립적 은행보증의 경우에도 신의성실의 원칙 내지 권리남용금지의 원칙의 적용까지 배제되는 것은 결코 아니라고 할 것이므로 수익자가 실제에 있어서는 보증의뢰인에게 아무런 권리를 가지고 있지 못함에도 불구하고 위와 같은 은행보증의 추상성 내지 무인성을 악용하여 보증인에게 청구를 하는 것임이 객관적으로 명백할 때에는 이는 권리남용의 경우에 해당하여 허용될 수 없는 것으로 이와 같은 경우에는 보증인으로서도 수익자의 청구에 따른 보증금의 지급을 거절할 수 있다고 보아야 할 것이고, 위와 같은 보증의뢰인과 보증인 사이의 은행보증서의 발행을 위한 보증의뢰계약은 그 보증에 따른 사무처리를 내용으로 하는 민법상의 위임계약에 다름 아닌 것으로서, 보증인은 그 수임인으로서 상대방인 보증의뢰인의 당해 보증서에 관한 이익을 보호하여야 할 의무를 부담하게 되고, 따라서 보증인은 특히 수익자의 보증금 지급청구가 권리남용임이 객관적으로 명백할 때에는 보증의뢰인에 대한 관계에 있어서 마땅히 그 지급을 거절하여야 할 보증의뢰계약상의 의무를 부담하고, 그 반면에 보증의뢰인으로서도 보증인에 대하여 위와 같이 수익자의 청구가 권리남용임이 명백하다는 것을 입증하여 그 보증금의 지급거절을 청구할 수 있는 권리를 가진다고 보아야 할 것이다. 한편, 간접보증에 있어서 위 법리를 적용함에 있어서는 권리남용의 요건이 수익자와 제2은행에 공통적으로 존재하여야 제1은행이 제2은행의 구상권 행사에 대항할 수 있다고 봄이 상당하다. 즉, 수익자가 권리남용의 보증금청구를 하였고 제2은행이 그 청구가 권리남용에 해당한다는 사실을 알면서 수익자의 권리남용적 청구에 가담하였거나 적어도 그렇게 의심할 충분한 이유가 있었음에도 만연히 수익자의 청구에 응하여 보증금을 지급한 경우에는 제1은행은 제2은행의 구상금지급청구를 거절할 수 있다.

Ⅲ. 독립보증에 관한 국제규범

1. 국제상업회의소의 요구불보증통일규칙

1992년 4월에 국제상업회의소는 「요구불보증통일규칙」(Uniform Rules for Demand Guarantees, ICC Pub. No. 458)을 제정하였는데, 이 통일규칙은 1978년 「계약보증통일규칙」(Uniform Rules for Contract Guarantees, ICC Pub. No. 325)이 소기의 목적을 달성하지 못한 데 대한 반성으로서 요구불보증에 관한 관행을 규범화하는 취지에서 만들어졌다. 1978년 통일규칙은 수익자가 지급을 받기 위한 조건으로서 법원판결이나 중재판정 또는 본인이 청구나 청구금액을 승인하는 서면을 요구함으로써 대부분 단순한 지급요구만을 조건으로 하는 거래관행을 반영하지 못하였다. 특히 법원판결이나 중재판정을 요구하는 것은 수익자로 하여금 소송이나 중재에 의하여 본인의 불이행을 증명하도록 한 것이어서 수익자에게 신속한 지급을 목적으로 하는 요구불보증의 목적을 저해하였다. 이에 반해서 1992년 통일규칙은 서면에 의한 지급요구만에 의하여 지급하도록 함으로써 국제거래계에서 은행의 관행을 반영하였다. 그러나 1992년 통일규칙 역시 수익자가 지급을 청구하려면 본인이 기본계약상 의무를 불이행했다는 사실과 그 불이행의 내용을 서면으로 제시할 것을 요구하는 등 실제 국제거래에서 사용되는 요구불보증의 모습과는 거리가 있는 규정을 두고 있어서 각국의 은행으로부터 외면당하고 있다.[49]

---

49) 김정호(주28), 136-137면.

2. 독립보증과 보증신용장에 관한 UN협약

「독립보증과 보증신용장에 관한 UN협약」(UN Convention on Independent Guarantees and Stand-by Letter of Credit)은 UN국제거래법위원회(UNCITRAL)에 의하여 준비되어 1995년 12월 11일에 UN총회에서 채택되어서 2000년 1월 1일 발효하였다. 이 협약은 독립보증과 보증신용장의 이용을 용이하게 하고, 양자에 공통되는 기본원칙과 특징을 성문화한 것이다. 또한 UN협약은 독립보증과 보증신용장에 공통되는 법원칙을 정립함으로써 법적 안정성을 확보하고 양자에 모두 적용되는 단일한 법체제를 확립하고자 하였다.

「독립보증과 보증신용장에 관한 UN협약」의 특징은 보증인의 지급의무에 대한 예외를 처음으로 규정하였다는 점이다(UN협약 제19조). 이러한 지급의무에 대한 예외는 독립보증의 기본원칙인 독립성을 침해할 수 있기 때문에 예외의 인정범위를 명확히 확정하는 것이 중요한데, UN협약은 예외에 관해서 비교적 상세한 규정을 두었다는 점에서 의미를 갖는다.

「독립보증과 보증신용장에 관한 UN협약」은 2000년 1월 1일 발효하여서 2009년 10월 현재 8개 국가가 가입하고 있기는 하지만, 체약국이 많지 않아서 국제거래에서 독립보증을 규율하는 데 별다른 역할을 하고 있지는 못하다.

Ⅳ. 독립보증의 구조 및 유형

1. 직접보증

직접보증(direct or three-party guarantee)은 최소한 3당사자를 포함하는 보증이다. 본인 또는 개설의뢰인은 보통 기본계약의 당사자인 매도인이나 수급자로서 이행을 하도록 요구되는 자이다. 보증인은 고객인 본인을 위하여 보증을 하는 은행 또는 기타의 자이며 은행에 한정되지 않는다. 수익자는 기본계약에서 본인의 상대방인 매수인이나 발주자로서 본인 또는 개설의뢰인의 불이행의 경우에 서류의 제시로써 지급받는 자이다.

국제거래에서 보증인은 본인의 거래은행으로서 본인과 동일한 국가에서 영업을 하는 데 반하여, 수익자는 외국에서 영업을 하는 것이 보통이다. 따라서 일반적으로 독립보증은 수익자의 국가에 있는 은행이 아니라 본인이 있는 국가의 은행에 의하여 행해진다. 예를 들어 우리나라의 건설회사 A가 사우디아라비아의 B와 사우디아라비아에서 공장을 건설하기 위한 계약을 체결하였다고 할 때, B가

A의 건설에 관한 이행을 담보하기 위해서 A에게 독립보증의 개설을 요구할 수 있다. 이때 A가 우리나라에서 영업하는 자기의 거래은행인 X은행에게 B를 위하여 보증을 할 것을 요구하고 X은행이 이에 동의했다면, 기본계약상 의무이행자인 A는 본인 또는 개설의뢰인, X은행은 보증인 또는 개설은행 그리고 B는 기본계약의 발주자로서 수익자가 된다. X은행에 의한 보증은 보통 당사자, 기본계약, 보증의 존속기간, 요구할 수 있는 금액의 최고한도 및 B가 지급을 요구하는 경우에 제시되어야 할 서류 등을 정한다. 이와 같이 성립된 보증은 X은행에 의하여 직접 B에게 송부되거나 사우디아라비아에 있는 X은행의 거래은행인 다른 은행을 통하여 B에게 송부된다. 이때 통지를 담당하는 은행은 상업신용장의 통지은행과 마찬가지로 보증의 서명의 진정성을 조사하는 책임 이외에는 아무런 책임을 지지 않는 통지은행 또는 송부은행에 불과하다. 따라서 통지은행이나 송부은행이 보증에 관여하더라도 여전히 보증의 형태는 직접보증이 되며, 통지은행은 보증을 확인(confirm)해 주는 경우에만 확인은행으로서 별도의 지급책임을 질뿐이다. 상업신용장의 경우와는 달리 독립보증에서 통지은행이 확인을 해주는 경우는 드물다.

[그림 4] 직접보증

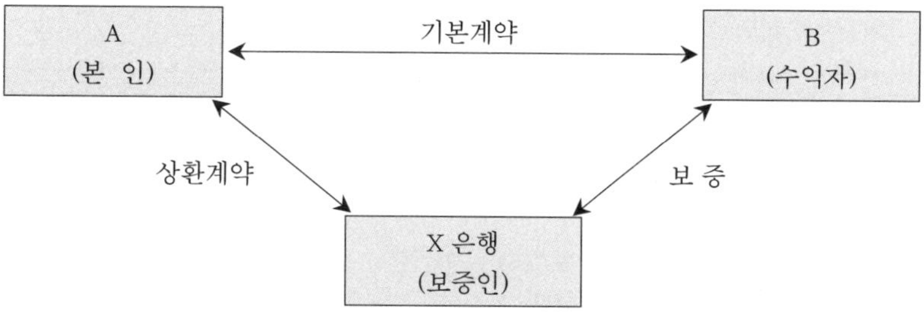

위 그림에서 사우디아라비아의 B는 건설회사 A가 기본계약에 따른 자기의 의무를 이행하지 않았다고 판단한 때에는, 보증인인 X은행에게 보증에서 정한 바에 따라 환어음을 발행하는 방법으로 단순히 지급을 요구하거나 보증에서 요구하는 서류를 제시하면서 지급을 요구한다(UN협약 제7조 제3항 및 제15조 제1항). X은행은 지급요구나 기타 서류가 보증에 따라 적합한 것이고, 보증기간이 종료하거나 취소되기 전에 제시되었다면, 기망이나 기타 면책사유가 존재하지 않는 한 보증에서 정한 기간 내에 지급하여야 한다(UN협약 제17조 제1항). X은행이 B에게 지급한 경우에 동 은행은 A로부터 상환받는다.

위의 예에서 볼 수 있는 바와 같이, 직접보증에는 ① A와 B 간의 기본계약, ② A와 X은행 간의 상환계약, ③ X은행의 보증 등 3개의 계약관계가 존재한다. 이들 계약관계는 상호독립된 계약관계이기 때문에 기본계약이 이행되었는지 여부에 상관없이 보증인은 지급의 요구나 서류의 제시가 있은 때 지급해야 한다. 또한 본인이 보증인에게 보증을 위한 자금을 제공하지 않았다고 할지라도 이는 수익자의 지급받을 권리에 아무런 영향을 미치지 않는다.

2. 간접보증

위의 예에서 수익자 B가 자국 내에 있는 은행 Y에 의하여 보증이 있을 것을 요구하고, 본인 A가 Y은행과 거래관계에 있지 않은 경우에 A는 자기의 거래은행인 X은행에게 Y은행이 B를 위하여 보증을 할 수 있도록 주선해 줄 것을 요청하게 된다. 그러면 X은행(지시당사자: instructing party)은 Y은행으로 하여금 B를 위하여 보증하도록 주선한 다음에 Y은행의 보증에 대하여 다시 보증, 즉 역보증(counter-guarantee)을 하게 되는데, 이러한 보증을 간접보증(indirect or four-party guarantee)이라고 한다.

[그림 5] 간접보증

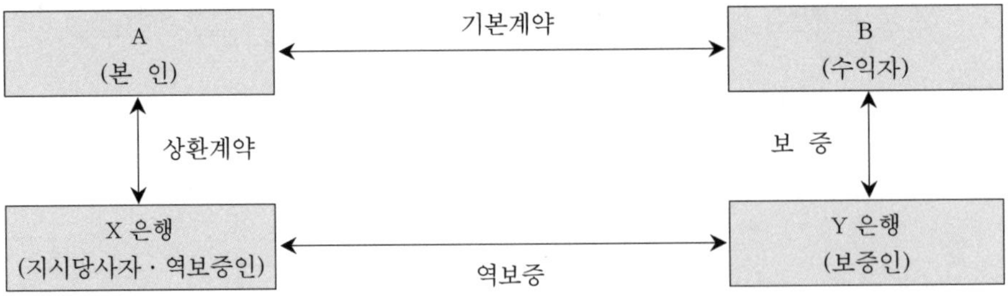

위 그림에서 수익자 B가 Y은행에게 지급을 요구하는 경우에 Y은행은 지급요구가 그의 보증의 내용에 따른 것이라면 지급하여야 한다. 수익자 B에게 지급한 Y은행은 역보증에 기하여 X은행에 지급을 요구할 수 있으며, X은행은 이러한 지급요구에 응하여야 한다. X은행은 다시 고객인 A로부터 상환을 받게 된다.

간접보증에는 ① A와 B 간의 기본계약, ② A와 X은행 간의 상환계약, ③ X은행과 Y은행 간의 역보증, ④ B를 위한 Y은행의 보증 등 4개의 계약관계가 존재한다. 이들 계약관계도 직접보증의 경우와 같이 상호독립된 계약관계이다. 간접보증에 고유한 계약관계는 ③번의 역보증인인 지시당사자와 보증인 간의 계약관계인데, 이 계약관계는 보증의 개설지시와 역보증이라는 2가지 성격을 갖는다. 보증인은 지시당사자로부터의 지시를 일단 인수하기로 하였다면 수익자를 위하여 보증을 확약하여야만 하며, 역보증은 지시당사자의 지시와는 별개로 분리되는 것이다. 한편 간접보증에서 본인은 지시당사자와 계약하는 것이지, 보증인과 계약하는 것이 아니라는 점에 주의해야 한다.

3. 이행단계에 따른 보증의 분류

보증은 위에서 살펴본 바와 같이 직접보증과 간접보증으로 구분되는 것 이외에 보증되는 이행의 단계 또는 부분에 따라 입찰보증, 이행보증, 선급금반환보증, 유보보증 및 하자담보보증 등으로 분류된다. 특정한 이행 부분에 대하여서만 보증하는 것은 본인에게 매우 유리하다. 왜냐하면 이행 전체에 대하여 보증이 있다고 하면 어느 일부만이 이행되지 않은 경우에도 지급이 있어야 하는 반면에 일부에 대해서만 보증하였다면 지급책임을 보증되는 이행 부분에 한정시킬 수 있기 때문이다.

입찰보증(tender or bid guarantee)은 입찰에 응한 자가 낙찰받았음에도 불구하고 계약에 응하지 않거나 입찰시의 조건을 이행하지 않을 것에 대비하여 입찰의 조건으로서 요구되는 보증이다. 협의의 의미에 있어서의 이행보증(performance guarantee)은 이행이 시작되어서 완료되기까지의 계약의 주된 이행을 위한 보증이다. 선급금반환보증(advance payment or repayment guarantee)은 기본계약에 본인이 이행을 시작하기 이전에 일정한 금액을 선급금으로 지급받을 것이 규정된 경우로서 계약이 이행되지 않은 때에 수익자가 선급금을 반환받을 수 있도록 하는 보증이다.

유보보증(retention guarantee)은 건설공사계약과 관련하여 주로 사용된다. 건설공사계약은 일정한 공사단계마다 지급을 하고 일정한 기간 동안 공사의 하자를 담보하기 위해서 각 단계마다 지급된 금액의 일정 비율을 유보하도록 하는 것이 일반적인데, 유보보증은 각 공사단계에서 하자가 발견되거나 공사가 완료되지 못하였음에도 불구하고 발주자가 수급자로부터 유보금을 받지 못하는 경우에 대하여 보증하는 것이다. 하자담보보증(maintenance or warranty guarantee)은 공사가 완료된 후 하자가 발견된 때에 그 하자의 보수가 이행되지 않는 경우에 대한 보증이다.

V. 독립보증의 법률관계

1. 독립보증의 기본요소

독립보증의 형태와 내용은 당사자 간 계약에 따라 달라지겠지만, 다음과 같은 요소를 포함하고 있어야 한다. 즉 독립보증이 되기 위해서는 당사자(본인, 보증인, 수익자 및 간접보증의 경우에 지시당사자), 기본계약에 대한 언급, 보증금액이나 지급될 최대금액 또는 이에 대한 감액이나 증액, 지급될 통화, 단순한 요구만에 의하여 지급되는 것이 아닌 경우에는 지급을 위하여 제시되어야 할 서류, 보증의 종료일자나 기타 종료에 관한 사항이나 보증의 연장, 개설일 등의 사항이 포함되어 있어야 한다. 상업신용장의 경우와 마찬가지로 독립보증도 서류만에 의하기 때문에 보증에 따른 지급에서 보증관계 외의 관계는 고려되지 않으며, 오직 보증의 조건과 보증에 따라 제시된 서류에 의해서만 지급이 결정된다.

2. 독립보증의 독립성 및 추상성

(1) 기본계약으로부터의 독립

독립보증은 보증의 확약만으로 구속력을 갖는 독립적 지급의무이다. 보증이 성립하는 것은 본인과 수익자 간의 기본계약에 의하는 것이지만, 보증의 확약은 보증인이 관여하지 않는 기본계약과는 별개의 관계이며, 보증에 의하여 발생하는 권리와 의무는 기본계약에 의하여 발생하는 권리와 의무로부터 독립되는 것이다. 「독립보증과 보증신용장에 관한 UN협약」은 보증의 확약의 독립성을 정의하면서 이를 기본계약의 존재나 유효성 또는 역보증이 관련하는 다른 독립보증에 의존하지 않는 때 또는 보증의 확약에 나타나지 않는 조건 또는 서류의 제시를 제외한 미래의 불확실한 행위나 사건에 의존하지 않는 때 독립성을 갖는다고 정의한다(UN협약 제3조).

독립보증이 갖는 독립성 때문에 수익자의 기망이 있거나 법에 의하여 인정된 지급예외사유가 존재하지 않는 한, 보증인은 기본계약이 이행되었다는 등의 이유를 내세워 지급을 거부할 수 없다. 또한 본인도 기본계약의 이행에 관하여 수익자와 다툼이 있다는 것 등을 이유로 하여 지급을 정지시킬 수 없다. 그러나 일정한 경우, 예를 들어 본인이 기본계약에 따른 의무를 완전히 이행하였다는 것을 수익자가 알고 있으면서도 지급요구를 하는 경우와 같이 수익자의 기망이 있는 경우에는 지급이 거부될 수도 있기 때문에(협약 제19조 제2항 제c호 참조) 보증의 확약의 독립성이 언제나 절대적인 것은 아니다.

(2) 본인과 보증인 간의 계약으로부터의 독립

독립보증은 본인과 보증인 간의 상환계약관계로부터 독립된다. 따라서 보증인은 고객인 본인이 자금을 보증인에게 제공한다는 계약을 위반했다고 해서 수익자에 대한 지급을 거절할 수 없다.

(3) 역보증의 보증으로부터의 독립

간접보증의 경우에 보증이 본인과 수익자 간의 기본계약으로부터 독립되는 것과 같이, 역보증도 보증으로부터 독립된다. 따라서 역보증에 기한 보증인의 지급요구가 역보증의 조건에 일치한다면, 보증인이 수익자에게 지급을 하였거나 또는 그로부터 지급요구를 받았는지 여부에 상관없이 또는 수익자의 지급요구에 대해 지급의무를 지는지 여부에 상관없이 보증인은 역보증에 따라 역보증인으로부터 지급받는다. 물론 보증인의 기망이나 기타 법률에 의하여 지급하지 않을 사유가 있는 경우에는 역보증인은 지급을 거절할 수 있다.

(4) 역보증의 지시로부터의 독립

간접보증의 경우에 역보증은 지시당사자(역보증인)와 본인 간의 계약관계로부터도 독립된다. 그러므로 본인이 그 계약관계에서 위반을 하였다는 것은 지시당사자와 본인 간의 내부적인 문제에 불과하며, 이를 이유로 역보증인은 보증인의 지급요구를 거절할 수 없다.

3. 서류상의 보증

독립보증에서 지급액, 지급기간, 지급조건이나 지급의무의 종료 등은 보증 그 자체에서 정한 조건, 지급요구 또는 기타 서류만에 의하여 결정되기 때문에 독립보증은 상업신용장이나 보증신용장과 마찬가지로 이른바 서류거래이다. 따라서 지급요구를 받은 보증인의 의무는 지급요구 및 기타 서류가 보증의 확약에서 요구한 조건과 문면상 일치하는지 여부를 조사하는 것에 한정된다(UN협약 제16조 제1항). 보증인은 본인이 기본계약을 이행하였는지 여부나 수익자가 불이행으로 입은 실제 손해금액 등을 고려하지 않고 독립보증에서 정한 금액을 지급한다.

한편 수익자는 지급받기 위해서는 보증의 확약의 조건에 따라 서면으로 지급을 요구하여야 한다(UN협약 제15조 제1항). 그러나 서면에 의한 지급요구 이외에도 수익자나 제3자에게 본인이 기본계약을 위반했다는 증명서(certificate)를 작성할 것을 요구하거나 심지어 판결이나 중재판정과 같은 서류를 요구하는 수도 있다.[50] 후자의 경우에는 독립보증이 아니라 일반 보증채무에 가깝게 된다.

4. 보증조건에 일치

수익자는 오직 보증의 확약에서 정한 조건을 준수함으로써 지급받기 때문에 수익자가 보증에서 정한 서류를 제시하지 못한 경우, 제시는 하였으나 제시된 서류가 보증에서 정한 조건을 충족하지 못한 경우 또는 보증에서 정한 방법이나 기간 내에 지급요구를 하지 못한 경우 등에는 수익자는 지급받지 못한다(UN협약 제15조 및 제17조).

5. 보증인의 의무

보증인은 제시된 서류가 문면상 보증에서 요구하는 요건과 일치하는지 여부를 조사해야 하고, 이때 합리적 주의 또는 상당한 주의를 행사해야 한다(UN협약 제14조 제1항 및 제16조 제1항). 주의할 것은 상업신용장의 경우와 마찬가지로 보증인은 제시된 서류가 문면상 보증의 조건에 일치하는지 여부만을 조사할 뿐, 서류가 실질적으로 진정한 것인지 또는 본인이 실제로 기본계약에 따른 이행을 하지 않았는지 여부 등을 조사할 의무를 지지 않는다는 점이다.

VI. 보증채무 및 화환신용장과의 구별

일반적인 보증채무에서 보증인은 본인이 이행하지 못한 경우에만 책임을 지고,[51] 본인 책임의 한도에서만 책임을 지며,[52] 본인이 갖는 항변을 원용할 수 있다.[53] 한편 상업신용장의 경우에는 기본계약의 당사자인 매수인이 지급하도록 하는 것이 아니라 개설은행이 주된 지급책임을 지도록 한다. 따라서 개설은행이 지급을 하지 못한 경우에만 수익자는 매수인에게 지급의 책임을 물을 수 있다.

독립보증은 일반적인 보증채무와 상업신용장의 중간에 위치한다. 즉 보증인은 원칙적으로 본인이 불이행한 경우에만 지급책임을 지고, 본인이 불이행상태에 있지 않다는 것을 알고서도 수익자가 지급청구를 하는 경우에는 기망에 의한 청

50) 예를 들어, 국제상업회의소의 1978년 계약보증통일규칙은 수익자가 지급을 받기 위한 조건으로서 법원판결이나 중재판정 또는 본인의 청구나 청구금액을 승인하는 서면을 요구하였는바, 이는 단순한 지급요구만을 조건으로 하는 거래관행을 반영하지 못한 것으로서 동 통일규칙이 국제거래계에서 외면당하는 주된 이유가 되었다.

51) 우리나라 민법 제437조.

52) 우리나라 민법 제430조.

53) 우리나라 민법 제433조.

구로서 보증인은 지급을 거절할 수 있기 때문에 실제에 있어서 보증인의 책임은 2차적인 책임의 성질을 갖지만, 일단 수익자가 지급요구를 하면 본인이 이행을 하였는지 여부를 묻지 않고 보증인이 바로 지급하여야 한다는 점에서 법형식적으로는 보증인의 책임은 1차적인 책임인 것이다.

VII. 지급거부사유: 독립성의 원칙의 예외

앞에서 설명한 바와 같이, 독립보증은 본인과 수익자 간의 기본계약이나 보증인과 본인 간의 계약관계로부터 독립된다. 또한 간접보증에 있어서 역보증은 보증인과 수익자 간의 보증관계나 역보증인(지시당사자)과 보증인 간의 계약관계로부터도 독립된다.

상업신용장의 경우와 마찬가지로 독립보증의 경우에서도 이러한 독립성의 원칙에 대한 예외로서 흔히 인정되는 것이 수익자(간접보증의 경우에는 보증인)의 기망이 있는 경우이다. 기망은 일반적으로 본인이 기본계약에 따른 이행을 하였음을 알면서도 수익자가 기망적 방법으로 지급을 요구하는 것이다.

「독립보증과 보증신용장에 관한 UN협약」은 수익자에 의한 기망적인 지급요구나 지급요구의 남용에 법원과 보증인의 대응방식을 통일하기 위해서 독립성의 원칙에 대한 예외를 명문으로 규정하였다. UN협약에 따르면, ① 서류가 진정한 것이 아니거나 또는 위조되었거나, ② 요구 또는 그를 지지하는 서류(supporting documents)가 주장하는 근거에 의할 때, 지급시기가 도래하지 않았거나 또는 ③ 확약의 형태와 목적에 기초하여 판단할 때, 요구가 합당한 근거(conceivable basis)를 갖고 있지 못한 것 등의 사유가 명백(manifest)하고 확실(clear)한 때에는 독립보증의 보증인이나 보증신용장의 발행은행은 수익자에 대하여 지급을 유보할 권리를 갖는다고 규정하고 있다(UN협약 제19조 제1항). 특히 UN협약은 확약의 형태와 목적에 기초하여 판단할 때 요구가 합당한 근거를 갖지 못하는 경우로서 ① 독립보증이 보증하고자 하는 위험이 실현되지 않은 것이 확실한 경우, ② 본인의 기본계약상 의무가 법원이나 중재판정부에 의하여 무효로 선언된 경우, ③ 기본계약상 의무가 수익자를 만족시킬 정도로 이행된 것이 확실한 경우, ④ 기본계약상의 의무의 이행이 수익자의 고의적 불법행위에 의하여 이행되지 못한 것이 확실한 경우, ⑤ 간접보증에서 역보증에 기하여 지급요구가 행하여지는 경우에 역보증의 수익자인 보증인이 보증의 수익자에게 악의로(in bad faith) 지급한 경우 등을 열거하고 있다

(UN협약 제19조 제2항).

UN협약은 지급을 유보할 수 있는 상황이 존재하는 경우에 지급을 막기 위하여 본인이나 지시당사자가 법원에 임시조치를 취하는 것을 허용한다. 즉 법원은 보증인의 청구에 의하여 수익자가 지급받는 것을 봉쇄하기 위한 임시명령을 내릴 수 있다(UN협약 제20조 제1항). 이때 법원은 UN협약 제19조 제1항에 규정된 기망적이거나 남용적인 상황이 존재할 가능성이 높다는 유력한 증거(strong evidence)에 기초하여야 하며 또한 보증인이 임시조치가 없는 경우에는 심각한 손해(serious damage)를 입을 것인지 여부를 고려하여야 한다(UN협약 제20조 제1항). 한편 법원은 임시조치를 구하는 자와 수익자와의 균형을 꾀하기 위하여 임시조치를 요청하는 자에게 일정한 보증금(security)을 예치할 것을 요구할 수 있다(협약 제20조 제2항). UN협약은 법원의 임시조치가 UN협약 제19조 제1항에 규정된 경우와 불법적 목적으로 보증의 확약이 사용되는 경우를 제외하고는 허용되지 않도록 함으로써 법원이 독립보증의 의무이행에 개입하는 것을 최소화하고 있다(협약 제20조 제3항).

제6절 국제어음법 · 수표법

Ⅰ. 의 의

국제거래에서 지급수단으로서 현금이 사용되는 경우는 매우 드물고, 어음이나 수표가 흔히 사용된다. 특히 서류거래나 신용장거래의 경우에는 거의 언제나 환어음이 지급수단으로 사용된다. 그런데 각 국가마다 국내법으로서 어음법이나 수표법을 두고 있기 때문에 국제거래에서 어음이나 수표가 사용되는 경우에 그로 인하여 발생하는 어음관계나 수표관계를 어느 국가의 어음법이나 수표법에 의해서 규율할 것인지의 문제가 발생한다. 즉 어음관계나 수표관계에 적용될 준거법의 확정이라는 국제사법적 문제가 발생하는 것이다.[54]

국제거래에서 어음이나 수표가 지급수단으로서 사용되는 경우에 발생하는 문제는 어느 국가의 국내법이 적용되는가 하는 우연적 사정에 기초해서 동일한 어음이나 수표관계의 내용이 달라진다는 점이다. 이러한 부당한 결과를 막기 위

54) 신창섭, 『국제사법』(제4판, 세창출판사, 2018), 357면.

해서 국제거래에서 어음이나 수표가 사용된 경우에 이를 통일적으로 규율할 수 있는 통일법 제정의 노력이 일찍부터 있었다.[55]

II. 어음 및 수표를 규율하는 조약

1. 환어음 및 약속어음 관련 법의 통일에 관한 협약

국제거래에서 어음이나 수표가 사용된 경우에 이를 통일적으로 규율할 수 있는 통일법 제정의 노력이 일찍부터 있었는바, 1910년과 1912년에 걸쳐 헤이그에서 개최된 어음법통일회의에서 통일어음조례를 제정한 것이 그 예이다. 그러나 이 협정은 제1차 세계대전으로 인하여 각국의 비준을 받지 못하여 시행되지 못하였다.

제1차 세계대전 후 국제연맹의 주관 아래 1930년 5월 13일부터 6월 7일까지 제네바에서 31개국이 참가한 어음법통일회의가 개최되었는데, 이 회의에서 1930년 6월 7일에 「환어음 및 약속어음 관련 법의 통일에 관한 협약」(Convention on the Unification of the Law Relating to Bills of Exchange and Promissory Notes)이 제정되었다. 1934년 1월 1일에 발효한 이 협약의 제1부속서는 통일어음법의 실체법적 규정을 담고 있고, 제2부속서는 유보조항에 관한 규정을 담고 있다. 이 회의에서는 환어음과 약속어음에 관하여 국제사법적 문제를 해결하기 위한 협약 및 환어음과 약속어음의 인지(印紙)에 관한 협약도 함께 제정되었다. 이 협약을 비준하지 아니한 국가들도 이 협약의 본문을 국내법으로 수용하는 경우가 많아서 실제로 이 조약에 의하여 어음법의 통일이 상당 부분 이루어졌다고 할 수 있다.[56] 다만 당시 환어음법(Bills of Exchange Act of 1882)을 두고 있던 영국과 통일유통증권법(Uniform Negotiable Instruments Act of 1896)을 두고 있던 미국은 이 협약에 대하여 소극적인 입장을 취하였고, 그 결과 오늘날 어음법에 관해서는 통일법계와 영미법계로 나뉘게 되었다.[57]

---

55) 상게서.

56) 최준선(주3), 212면.

57) 제네바협약은 독일법과 프랑스법에 기초하고 있으며, 유럽대륙의 모든 국가들과 남미의 일부 국가 그리고 일본에 의해 수용되었다[Hans Van Houtte, *The Law of International Trade* (1995, Sweet & Maxwell), p.336]. 우리나라의 어음법과 수표법도 제네바협약을 수용하였다.

2. 수표 관련법의 통일에 관한 협약

환어음 및 약속어음 관련 법의 통일에 관한 협약에 이어서 1931년에 제네바에서 수표법통일회의가 개최되었는바, 이 회의에서 1931년 3월 19일에 「수표 관련법의 통일에 관한 협약」(Convention on the Unification of the Law Relating to Cheques)이 제정되었다. 이 협약은 1934년 1월 1일에 발효하였다.

3. 국제환어음 및 국제약속어음에 관한 UN협약

어음과 수표의 통일적 규율에 관한 협약이 1930년과 1931년에 각각 성립되었으나, 영미법계 국가들은 이를 채택하지 않았기 때문에 통일법계와 영미법계로 양분된 상황이 계속되었는바, 이를 통일시키기 위한 노력이 시도되어 왔다. 그 결과 UNCITRAL은 1988년 12월에 「국제환어음 및 국제약속어음에 관한 UN협약」(UN Convention on International Bills of Exchange and International Promissory Notes)을 채택하였으나, 체약국 수의 부족으로 아직 발효하지 못하고 있다.

UN협약은 전체적으로는 어음법통일협약과 영미법계어음법을 절충하였다. UN협약은 우리나라 어음법 규정과 많은 점에서 유사하지만, 발행지 또는 지급지 등을 어음요건에서 제외한 점, 분할출급만기를 인정하는 점 및 백지어음요건을 명백히 하여 어음문언과 발행인 또는 인수인의 서명을 요구하는 점, 배서금지어음이나 배서금지배서가 있은 후에는 추심위임배서만이 가능하도록 규정한 점 등에서 차이를 보이고 있다.[58)]

UN협약이 적용되는 국제환어음(international bill of exchange)은 발행지, 발행인의 명칭에 부기한 지(地), 지급인의 명칭에 부기한 지, 수취인의 명칭에 부기한 지 및 지급지 중 2개 이상이 다른 국가에 소재하는 경우로서 표제 및 본문 중에 국제환어음(UNCITRAL협약)이라고 기재된 환어음을 의미한다(UN협약 제1조 제1항 및 제2조 제1항). 또한 UN협약이 적용되는 국제약속어음(international promissory note)은 발행지, 발행인의 명칭에 부기한 지, 수취인의 명칭에 부기한 지 및 지급지 중 2개 이상이 다른 국가에 속하는 경우로서, 표제 및 본문 중에 국제약속어음(UNCITRAL협약)이라고 기재된 약속어음을 의미한다(협약 제1조 제2항 및 제2조 제2항).

58) 최준선(주3), 213-214면.

Ⅲ. 어음 · 수표관계의 준거법 확정

앞에서 설명한 바와 같이, 국제거래에서 어음이나 수표가 사용되어 어음관계 또는 수표관계가 발생한 경우에 이들 관계에 적용되는 국제통일법이 없기 때문에 이에 적용될 국내법, 즉 준거법을 확정해야 한다.[59]

우리나라 국제사법은 어음 및 수표의 국제사법적 법률문제에 대하여 제51조 내지 제59조에서 규정하고 있다. 우선 어음 및 수표행위자의 능력은 그 본국법에 의하지만, 그 본국법이 다른 국가의 법에 의하여야 할 것을 정한 때에는 그 다른 국가의 법을 적용한다(국제사법 제51조 제1항). 그러나 무능력자라 할지라도 다른 국가의 영역에서 서명을 하고, 그 국가의 법에 의하면 능력이 있는 때에는 능력자로서 책임을 진다(국제사법 제51조 제2항).

어음행위의 방식은 서명지법에 의하지만, 수표행위는 지급지법에 규정된 방식에 의하여도 무방하다(국제사법 제53조 제1항). 어음행위의 방식이 무효인 경우에도 그 행위지법에 의하여 적법한 때에는 전행위의 무효로 인하여 후행위의 효력에 영향을 미치지 아니한다(국제사법 제53조 제2항). 한편 우리나라 국민이 외국에서 한 어음 및 수표행위가 우리나라 법에 의하여 적법한 때에 한하여 다른 우리나라 국민에 대하여 효력이 있다(국제사법 제53조 제3항).

어음 및 수표의 효력과 관련해서 환어음의 인수인과 약속어음의 발행인의 채무의 효력은 그 지급지법에 의하고, 수표로부터 생긴 채무의 효력은 서명지법에 의한다(국제사법 제54조 제1항). 그 밖의 경우에 환어음 및 약속어음에 의하여 채무를 지는 자의 서명으로부터 생기는 효력은 그 서명지법에 의한다(국제사법 제54조 제2항). 그러나 어음 · 수표상의 소구권을 행사하는 기간은 모든 서명자에 대하여 발행지법에 의한다(국제사법 제54조 제3항).

어음 및 수표의 상실 또는 도난의 경우에 공시최고와 제권판결절차 및 새로운 수표의 교부청구 등 행하여야 할 절차에 관해서는 지급지법에 의한다(국제사법 제58조). 어음의 일부인수 또는 일부지급에 관해서는 지급지법에 의하며(국제사법 제56조), 거절증서의 작성 등 권리의 행사 또는 보전을 위한 행위의 방식은 그 행위지법에 의한다(국제사법 제57조).

한편 수표에 관한 특칙으로는 수표지급인의 자격과 관련하여 수표지급인이 될 수 있는 자는 지급지법에 의하고, 지급지법에 의하여 지급인이 될 수 없는 자를

59) 신창섭(주54), 357면.

지급인으로 하였기 때문에 수표가 무효가 되었더라도 동일한 규정이 없는 다른 국가에서 한 서명으로부터 생긴 채무는 이로 인하여 그 효력에 영향을 미치지 않는다(국제사법 제52조). 그 밖의 수표에 관한 사항은 대부분 지급지법에 의하여 정한다(국제사법 제59조 제1호 내지 제8호).

제7장

국제거래에 있어서 분쟁해결

제1절 서 설

여느 거래와 마찬가지로 국제거래에서도 분쟁은 발생하게 마련이다. 따라서 국제거래에서 발생하는 분쟁을 어떻게 해결할 것인지에 관한 논의는 국제거래법에서 중요한 분야이다. 국제분쟁의 해결에는 다양한 요소가 고려되어야 한다. 예를 들어 우리나라의 A가 미국의 B를 상대로 우리나라에서 손해배상소송을 제기하였다고 하자. 이때 고려되어야 할 첫째 요소는 과연 우리나라 법원이 미국민인 B에 대하여 재판관할권(jurisdiction)을 갖는지의 문제이다. 이 문제는 예를 들어 우리나라의 서울지방법원과 부산지방법원 중에서 어느 법원이 재판권을 갖는지에 관한 재판적(venue) 또는 토지관할과는 다른 문제이다. 즉 국제거래와 관련한 분쟁에서 재판관할권의 문제는 이른바 국제재판관할권 또는 역외재판관할권(extraterritorial jurisdiction)의 문제인 것이다. 국제재판관할권은 한 국가의 법원이 다른 국가의 국민에 대하여, 또는 다른 국가에서 발생한 사안에 대하여 재판관할권을 갖는지의 문제로서 절차법상 중요한 문제이다.[1] 앞의 예에서 우리나라 법원에 재판관할권이 인정된다면 미국민인 B는 외국의 법정에서, 그리고 외국의 언어로 소송을 수행해야 할 것이기 때문에 소송진행과정에서 매우 불리한 지위에 있게 될 것이다.

둘째 고려요소는 발생한 분쟁에 어느 국가의 법이 적용되어야 하는지의 문제

---

1) 우리나라 국제사법 제2조 제1항은 "법원은 당사자 또는 분쟁이 된 사안이 대한민국과 실질적 관련이 있는 경우에 국제재판관할권을 가진다. 이 경우 법원은 실질적 관련의 유무를 판단함에 있어 국제재판관할 배분의 이념에 부합하는 합리적인 원칙에 따라야 한다"고 규정하고 있다. 이에 관한 상세한 논의는 신창섭, 『국제사법』(제4판, 세창출판사, 2018), 61-70면 참조.

이다. 이것은 이른바 준거법 확정의 문제로서 법의 충돌(conflict of laws) 또는 본래의 국제사법(private international law)의 영역에 속한다.[2] 앞의 예에서 우리나라 법원이 재판관할권을 가진다고 하더라도 그것이 곧 우리나라 법원이 자국법을 적용할 수 있다는 것을 의미하는 것은 아니기 때문에 우리나라 법원은 본안 문제를 해결하기 위하여 적용해야 할 준거법을 정해야 하는 것이다.

셋째 고려요소는 재판과 관련한 서류를 당사자에게 송달하는 것과 외국에 있는 증거를 조사하는 것과 같은 재판상 절차의 문제이다. 일반적으로 재판을 위한 서류의 송달에 관한 요건이 충족되지 않는 경우에 법원은 재판관할권을 행사할 수 없거나 또는 재판을 할 수 있을지라도 그 판결을 외국에서 집행하는 데 중대한 제한을 받을 것이기 때문에 실제에 있어서 소송서류의 적절한 송달은 국제거래분쟁의 소송에 의한 해결에서 중요한 역할을 한다. 또한 외국에 있는 증거의 조사는 한 국가의 법원이 외국에서 증거를 수집하거나 조사하는 것을 의미하기 때문에 재판관할권에 유사한 문제를 야기한다. 뿐만 아니라 앞의 예의 우리나라 법원은 재판에 필요한 미국 내에 있는 증거를 제출할 것을 B에게 강요할 가능성이 있는 한편, 미국민인 B로서는 자기의 통제하에 있는 증거 중에서 유리한 증거만을 제출하려고 할 것이기 때문에 증거조사의 문제는 재판결과에도 상당한 영향을 미친다.

넷째 고려요소는 외국판결의 승인(recognition)과 집행(enforcement)에 관한 문제이다.[3] 즉 앞의 예의 우리나라 법원이 재판관할권을 행사하여 B에 대해 판결을 내렸다면, 이 판결이 미국이나 다른 국가에서 승인되고 집행될 수 있는지의 문제이다. 설사 한 국가에서 원고가 승소판결을 얻었다고 할지라도 이를 피고 또는 그의 자산이 소재하고 있는 국가에서 집행할 수 없다면 원고의 승소판결은 아무런 의미를 갖지 않을 것이기 때문에 외국판결의 승인 및 집행은 국제분쟁의 해결에서 중요한 역할을 한다.

---

2) 우리나라 국제사법 제1조는 "이 법은 외국적 요소가 있는 법률관계에 관하여 국제재판관할에 관한 원칙과 준거법을 정함을 목적으로 한다"고 규정하고 있다.

3) 우리나라 민사소송법 제217조는 외국법원의 확정판결 또는 이와 동일한 효력이 인정되는 재판은 ① 대한민국의 법령 또는 조약에 따른 국제재판관할의 원칙상 그 외국법원의 국제재판관할권이 인정될 것, ② 패소한 피고가 소장 또는 이에 준하는 서면 및 기일통지서나 명령을 적법한 방식에 따라 방어에 필요한 시간여유를 두고 송달받았거나(공시송달이나 이와 비슷한 송달에 의한 경우를 제외한다) 송달받지 아니하였더라도 소송에 응하였을 것, ③ 그 확정재판 등의 내용 및 소송절차에 비추어 그 확정재판 등의 승인이 대한민국의 선량한 풍속이나 그 밖의 사회질서에 어긋나지 아니할 것, ④ 상호보증이 있거나 대한민국과 그 외국법원이 속하는 국가에 있어 확정재판 등의 승인요건이 현저히 균형을 상실하지 아니하고 중요한 점에서 실질적으로 차이가 없을 것의 4가지 요건을 모두 갖추어야 효력이 인정된다고 규정하고 있다.

다섯째 고려요소는 소송 외의 분쟁해결수단(alternative dispute resolution)으로서의 상사중재(commercial arbitration)와 관련된 문제로서 분쟁당사자가 분쟁을 소송이 아닌 중재에 의해서 해결하기로 한 때에 중재를 어떻게 진행할 것인지 또한 중재판정을 어떻게 승인하고 집행할 것인지의 문제이다.

제2절 국제상사재판

Ⅰ. 국제재판관할권의 확정

1. 국내법에 의한 판단과 이에 대한 제한

한 국가의 법원이 국제거래에서 발생한 분쟁을 해결하기 위해서는 우선 법원은 스스로가 재판관할권을 갖고 있는지 여부를 판단하여야 한다. 국제거래에서 발생한 분쟁에 대한 재판관할권이라고 하여 국내 사건에 대한 재판관할권의 문제와 구별하여 이해할 필요는 없다. 따라서 국제거래사건에 대하여 어느 법원이 재판관할권을 갖는지의 문제는 근본적으로 소송이 제기된 국가의 절차법이 규정하고 있는 바에 따라 정해진다.[4] 국제거래와 관련한 국제소송을 담당할 초국가적 법원이 존재하지 않는 현재의 상황에서는 국내 법원이 재판관할권을 행사할 수밖에 없기 때문에 국제재판관할권에 대해서는 분쟁 당사국의 법원이 서로 경쟁하는 상태에 있다고 할 수 있다. 그러나 어떤 국가도 외국인에 대하여 자국 법원이 언제나 재판관할권을 갖는다고 규정하고 있지는 않으며, 대부분 외국인에 대한 자국 법원의 재판관할권에 일정한 제한을 가하고 있다.[5] 예를 들어 우리나라 국제사법은

4) 신창섭(주1), 49-50면.

5) 경쟁적인 재판관할권의 행사를 제한하기 위해 언급되는 중요한 사유로는 국가의 자발적인 제한, 조약에 의한 제한(후술하는 브뤼셀협약이나 브뤼셀규칙은 협정에 특별하게 규정된 재판관할권에 기초하여 행사하도록 규정되어 있다), 미국의 재판관할확대법(long-arm statute)이 적용되는 경우에 미국헌법상의 적법절차(due process)에 의한 제한, 그리고 비편의법정원칙(forum non conveniens)에 의한 제한 등을 들 수 있다.
그러나 재판관할권의 행사가 언제나 제한되는 것은 아니다. 재판관할권 행사의 자발적 제한과 관련하여 각 국가는 자국 법원이 가지는 국제재판관할권의 경계를 설정하는 데 있어서 자발적 제한을 하지 않는 경우도 있다. 예를 들어 프랑스 민법은 피고가 어느 곳에 거주하는지 여부에 상관없이 원고가 프랑스인이면 프랑스 법원이 거의 모든 경우에 재판관할권을 행사할 수 있고, 프랑스인은 프랑스에서만 제소될 수 있다고 규정하고 있다(프랑스 민법 제15조). 이러한 재판관할권은 국적에 기초하고 있는 것으로서 재판관할권이 과도하게 확대되는 예라고 할 수 있다. 또한 영국의 관할규칙은 피고가 영국에 일시 체재하는 동안에 한 소장의 송달을 근거로 재판관

"법원은 당사자 또는 분쟁이 된 사안이 대한민국과 실질적 관련이 있는 경우에 국제재판관할권을 갖는다"고 규정하면서, 법원으로 하여금 실질적 관련의 유무를 판단함에 있어 국제재판관할 배분의 이념에 부합하는 합리적인 원칙에 따를 것을 요구하고 있다(국제사법 제2조 제1항). 여기에서 실질적 관련이라 함은 법정지국가인 우리나라가 국제재판관할권을 행사하는 것을 정당화할 수 있을 정도로 당사자 또는 분쟁 대상이 우리나라와 관련성을 갖는 것, 즉 연결점이 존재하는 것을 의미한다.[6]

2. 국제재판관할권의 근거

국제재판관할권에 관한 각 국가의 국내법은 일정한 공통요소를 갖고 있기 때문에 국제재판관할권의 근거를 유형화하는 것이 가능하다. 일반적으로 국제재판관할권과 관련해서, ① 피고의 주소지에 기초해서 일반재판관할권이 인정되고, ② 계약의 이행지나 불법행위지, ③ 당사자 간 재판관할권에 관한 합의, 그리고 ④ 피고 재산의 소재 등에 의해서 특별재판관할권이 인정되는 것이 그것이다.

국제재판관할권에 관한 각 국가의 국내법 규정을 모두 논의하는 것은 사실상 불가능하기 때문에 국제재판관할권에 관한 영미법계 국가나 대륙법계 국가의 법규가 갖는 공통점을 분석함으로써 국제거래에서 발생하는 분쟁에 대하여 특정 국가의 법원이 국제재판관할권을 갖는지 여부를 판단할 수 있을 것이다.

할권을 인정한다.

지나치게 재판관할권이 확대되는 또 다른 예로는 독일 민사소송법 제23조와 같이 재산권에 기초를 둔 일반재판관할권을 인정하는 경우이다. 이에 의하면 피고의 재산이 법정지에 소재한다는 것만으로도 법원은 제한 없이 재판관할권을 행사할 수 있다. 또한 덴마크법에 의하면 상사분쟁과 관련하여 유럽연합 회원국의 국민이 아닌 자는 소송이 개시되는 시점에 ① 그의 재산이 소재하던 곳 또는 ② 분쟁에 관계되는 재산이 소재하는 곳의 법원에 제소할 수 있다(덴마크 절차법 제246조 제3항). 첫째의 기초는 상사분쟁과 재산 간에 아무런 관계가 있을 것을 요하지 않는다. 한 예로 홍콩회사인 피고가 코펜하겐의 은행에 복수의 통화로 예금한 구좌를 가지고 있는 것도 덴마크에 재산을 두고 있는 것이며, 동 구좌가 소송과 관련되어 있을 필요가 없다고 한 판례가 있다.

한편 1973년 2월 1일에 발효된 「민사 및 상사문제에 있어서 재판관할권 및 판결의 집행에 관한 EC협약」(EC Convention on Jurisdiction and the Enforcement of Judgments in Civil and Commercial Matters: 브뤼셀협약)과 2002년 3월 1일 발효된 「민사 및 상사문제에 있어서 재판관할권 및 판결의 승인과 집행에 관한 유럽연합 이사회규칙」(Council Regulation (EC) No 44/2001 of 22 December 2000 on Jurisdiction and the Recognition and Enforcement of Judgments in Civil and Commercial Matters: 브뤼셀규칙)은 프랑스, 독일 및 덴마크 등과 같은 국가의 재판관할권에 관한 과도한 규정을 유럽연합 회원국의 국민에 대하여 적용하는 것을 명시적으로 금지하고 있다(협약 및 규칙 제3조 참조). 그러나 어느 국가도 유럽연합 회원국의 국민이 아닌 자에 대해서는 재판관할권의 행사를 제한하지 않고 있으므로 유럽연합 회원국 이외의 국가의 국민에 대한 재판관할권의 행사는 여전히 많은 문제점을 갖는다.

6) 신창섭(주1), 61-62면.

(1) 피고의 주소지

피고는 보통 자신의 주소(domicile)가 있는 국가의 법원에서 제소 대상이 된다. 이것은 국내 사건이거나 섭외적 요소를 갖는 사건이거나 동일하다.[7] 대륙법계 국가에서 피고의 주소지에 기초한 재판관할권은 유스티니안 법전에 처음으로 규정되었으며 “피고는 자신의 주소지가 있는 국가에서 제소된다”(actor sequitur forum rei)는 원칙에서 발전되어 왔다. 피고의 주소지를 재판관할권의 일반적 기초로 하는 이 원칙은 피고가 자신이 거주하는 국가의 법원보다 외국의 법원에서 자신을 방어하는 것이 더 어렵다는 사실에 근거해서 피고를 보호하는 취지를 갖는다. 이 원칙은 미국 등 영미법계 국가에서도 성문법이나 판례에 의하여 인정되고 있다.

주소에 대한 정확한 정의는 국가마다 다르지만 일반적으로 자연인을 특정 장소에 연결하는 연결점을 의미한다. 법인의 경우에 그 주소는 법인의 소재지(seat)로서 회사의 주경영진이 소재하고 있거나 회사가 운영되는 중심적인 위치 또는 설립장소 등을 의미한다.

한편 1973년 2월 1일에 발효된 「민사 및 상사문제에 있어서 재판관할권 및 판결의 집행에 관한 EC협약」(EC Convention on Jurisdiction and the Enforcement of Judgments in Civil and Commercial Matters: 브뤼셀협약)과 이를 대체하기 위해서 유럽연합 이사회가 제정하여서 2002년 3월 1일에 발효된 「민사 및 상사문제에 있어서 재판관할권 및 판결의 승인과 집행에 관한 유럽연합 이사회규칙」[Council Regulation (EC) No 44/2001 of 22 December 2000 on Jurisdiction and the Recognition and Enforcement of Judgments in Civil and Commercial Matters: 브뤼셀규칙]은 유럽연합 회원국에 주소를 둔 자에 대해서 다른 회원국의 법원이 일반재판관할권을 가짐을 규정함으로써 피고의 주소지에 기초한 재판관할권을 유럽연합 회원국 모두에게로 확대하고 있다(협약 제2조 및 규칙 제2조).

피고가 법정지국에 잠깐 체류하고 있을 뿐인 때에도 그에 대해서 재판관할권을 인정할 것인지에 대해서는 논란이 있다. 예를 들어 영국이나 미국의 일부 주는 법정지에 일시적으로 체류할 뿐인 자에 대해서도 재판관할권을 인정하고 있는데, 브뤼셀협약이나 브뤼셀규칙은 이러한 경우에 재판관할권을 인정할 수 없도록 하였다(협약 제3조 및 규칙 부속서 I).

---

7) 국제재판관할권을 규율하는 규정이 아니라 토지관할에 관한 규정이기는 하지만, 우리나라 민사소송법 제2조는 “소는 피고의 보통재판적이 있는 곳의 법원이 관할한다”고 규정하고 있다.

[관련판례] 大決 1994.2.21, 92스26

외국인 간의 가사사건에 관하여 우리나라의 법원에 재판관할권이 있는지 여부는, 우리나라 가사소송법상의 국내토지관할에 관한 규정을 기초로 외국인 사이의 소송에서 생기는 특성을 참작하면서 당사자 간의 공평과 함께 소송절차의 적정하고 원활한 운영과 소송경제 등을 고려하여 조리와 정의관념에 의하여 이를 결정하여야 할 것이다.
외국에서 이혼 및 출생자에 대한 양육자지정의 재판이 선고된 외국인 부부 사이의 출생자에 관하여 부부 중 일방인 청구인이 상대방을 상대로 친권을 행사할 자 및 양육자의 변경심판을 청구하고 있는 사건에 있어서, 우리나라의 법원이 재판권을 행사하기 위하여는, 상대방이 우리나라에 주소를 가지고 있을 것을 요하는 것이 원칙이고, 그렇지 않는 한 상대방이 행방불명 또는 이에 준하는 사정이 있거나 상대방이 적극적으로 응소하고 있는 등의 예외적인 경우를 제외하고는, 우리나라의 법원에 재판관할권이 없다고 해석하는 것이 상당하다.

[관련판례] 大判 1992.7.28, 91다41897

원심이 미합중국 하와이주의 법률에 의하여 설립된 외국법인인 피고회사의 사무소가 서울에 있고 여기서 근무하던 외국인인 원고들이 피고회사로부터 부당해고되었음을 이유로 손해배상을 청구하는 이 사건 소송은 민사소송법 제10조(현행법 제12조) 소정의 재판적이 인정되므로 국내에 재판관할권이 있다고 판단한 것은 정당하다.

(2) 계약의 이행지와 불법행위지

계약의 이행지와 불법행위지가 로마법에 의하여 재판관할권의 기초로 인정된 이후, 이들 연결점은 주소지를 보충하는 개념으로서 대륙법계나 영미법계 국가에서 모두 인정되고 있다.[8] 따라서 원고는 계약의 이행지(forum contractus)나 불법행위지(forum delicti commissi)의 법원에서 소송을 제기하는 것이 허용된다.[9]

주소에 의하여 재판관할권이 결정되는 경우에는 피고의 주소와 분쟁의 성질 간에 어떤 관련이 있을 것이 요구되지 않기 때문에 피고의 주소지는 일반재판관할권의 기초가 된다. 그러나 계약이나 불법행위의 경우에는 발생한 분쟁과 소송이 제기된 장소 간에 일정한 관련이 있을 것이 요구되기 때문에 계약의 이행지와 불법행위지는 특별재판관할권의 기초가 된다.

브뤼셀협약과 브뤼셀규칙은 계약에 관한 사건인 경우에는 그로 인한 채무의

8) 신창섭(주1), 54면.
9) 참고로 우리나라 민사소송법 제8조는 "재산권에 관한 소를 제기하는 경우에는 거소지 또는 의무이행지의 법원에 제기할 수 있다"고 규정하고 있고, 동 법 제18조 제1항은 "불법행위에 관한 소를 제기하는 경우에는 행위지의 법원에 제기할 수 있다"고 규정하고 있다.

이행지의 법원이 재판관할권을 갖는다고 규정하면서, 이때 이행지를 물품매매계약의 경우에는 계약에 따라 물품이 인도되었거나 인도되었어야 하는 장소, 그리고 서비스제공계약의 경우에는 계약에 따라 서비스가 제공되었거나 제공되었어야 하는 장소가 이행지라고 규정하고 있다(브뤼셀협약 제5조 제1항 및 브뤼셀규칙 제5조 제1항). 또한 브뤼셀협약과 브뤼셀 규칙은 불법행위로 인한 소송의 경우에는 불법행위지의 법원이 재판관할권을 갖는다고 규정하고 있다(브뤼셀협약 제5조 제3항 및 브뤼셀규칙 제5조 제3항).

참고로 브뤼셀협약과 브뤼셀규칙은 보험계약, 소비자계약 및 근로계약과 관련한 분쟁에 있어서 어느 국가의 법원이 재판관할권을 갖는지에 대해서는 별도의 기준을 두고 있다(브뤼셀협약 제2장 제3절, 제4절 및 브뤼셀규칙 제2장 제3절, 제4절, 제5절 참조). 또한 우리나라 국제사법도 소비자계약과 근로계약의 경우에 별도의 기준에 근거해서 국제재판관할권을 인정한다(국제사법 제27조 및 제28조).[10)]

[관련판례] 大判 1972.4.20, 72다248

이 사건 차관협정과 여기에 따르는 보수금 약정이 일본국내에서 체결되었다 할지라도 이것으로 말미암아 발생된 보수금지급 채무의 이행지는 다른 사정이 없는 한 채권자인 원고의 영업소 소재지인 서울특별시라 할 것이요, 따라서 이 이행지 관할법원에 이 사건에 대한 재판관할권이 있다고 보는 것이 상당하다.

[관련판례] 大決 1973.9.26, 73마815

불법행위에 관한 소는 그 행위지의 법원에 제기할 수 있으므로 본건 재항고인(피고)의 주소가 제주도라 하더라도 불법행위지가 서울이므로 서울민사지방법원에 관할이 있다.

[관련판례] 大判 1983.3.22, 82다카1533

섭외사법 제13조 제1항(현행 국제사법 제32조 제1항)에 규정된 불법행위채권의 원인된 사실이 발생한 곳이라 함은 불법행위를 한 행동지뿐만 아니라 손해의 결과 발생지도 포함하는 개념이라고 풀이함이 타당하므로, 가령 해상운송 중의 화물의 동요와 파손이 계속되어 대한민국의 영역에 도착할 때까지도 손해발생이 계속되었다면 대한민국도 손해의 결과발생지에 포함된다고 보는 것이 타당한바, 이러한 경우에 대한민국의 영역에 이르기 전까지 발생한 손해와 그 영역에 이른 뒤에 발생한 손해는 일련의 계속된 과실행위에 기인한 것으로서 명확히 구분하기 어려우므로 통틀어 그 손해 전부에 대한 배상청구에 관하여 대한민국법을 그 준거법으로 정할 수 있다고 할 것이다.

10) 신창섭(주1), 68-69면.

[관련판례] 大判 1995.11.21, 93다39607

물품을 제조하여 판매하는 제조자의 불법행위로 인한 손해배상 책임에 관한 제조물책임 소송에 있어서 손해발생지의 외국 법원에 국제재판관할권이 있는지 여부는 제조자가 당해 손해발생지에서 사고가 발생하여 그 지역의 외국 법원에 제소될 것임을 합리적으로 예견할 수 있을 정도로 제조자와 손해 발생지와의 사이에 실질적 관련이 있는지 여부에 따라 결정함이 조리상 상당하고, 이와 같은 실질적 관련을 판단함에 있어서는 예컨대 당해 손해발생지의 시장을 위한 제품의 디자인, 그 지역에서의 상품광고, 그 지역 고객들을 위한 정기적인 구매상담, 그 지역 내에서의 판매대리점 개설 등과 같이 당해 손해발생지 내에서의 거래에 따른 이익을 향유하려는 제조자의 의도적인 행위가 있었는지 여부가 고려될 수 있다.

(3) 재판관할권에 관한 당사자 간의 합의

피고가 외국의 법정에서 자신을 방어하겠다고 하는 경우에 이를 굳이 제한할 이유는 없다. 또한 계약의 내용에 법정지의 선택에 관한 조항(choice-of-forum clause)을 포함시킴으로써 미리 외국의 법정에서 방어하겠다는 의사를 명시적으로 표시했다면, 이러한 약속은 계약의 일부로서 집행되어야 할 것이다.[11] 따라서 영미법계 국가와 대륙법계 국가에서 모두 합의에 기초한 국제재판관할권을 인정하고 있다. 대륙법계 국가는 일반적으로 합의관할(consent-based jurisdiction)이 인정되기 위하여 일정한 형식, 예를 들어 서면에 의한 명시적인 증거 등을 요구하는 반면에 영미법계 국가인 미국의 대부분의 주들은 형식을 중요시하지 않는다. 우리나라 국제사법도 소비자계약과 근로계약의 경우에는 일정한 범위 내에서 국제재판관할에 관한 합의를 인정한다(국제사법 제27조 제6항 및 제28조 제5항).[12]

[관련외국판례] 아르헨티나 20/10/1989; Unilex

아르헨티나 매수인과 벨기에 매도인 사이의 물품매매계약에 있어서 매수인이 물품의 하자를 이유로 아르헨티나 법원에 소를 제기하자 매도인은 협상 과정에서 매수인에게 보낸 송장의 서식에 벨기에 법원을 관할법원으로 하는 인쇄된 합의관할 조항이 포함되어 있었으므로 아르헨티나 법원은 이 사건에 대하여 관할권이 없다고 주장하였다. 당사자는 매도인의 인쇄된 서식에 기초하여 협상을 거친 후 합의에 이르게 되었고 서식의 내용에 대하여 매수인이 이의를 제기한 사실이 없으며 합의는 수기한 조항으로 완결되었다. 협약에 의할 때 인쇄된 조항을 포함한 서식을 기초로 한 유효한 합의가 존재한다. 따라

11) 참고로 우리나라 민사소송법 제29조 제1항은 "당사자는 합의로 제1심 관할법원을 정할 수 있다"고 규정하고 있다.

12) 신창섭(주1), 68-70면.

서 계약은 합의관할 조항을 포함하고 있고 아르헨티나 법원의 이 사건에 대한 관할은 인정되지 않는다.

국제재판관할권에 대한 당사자 간 합의에 따라 합의된 법원이 전속적 재판관할권을 갖는지 아니면 부가적 재판관할권을 갖는지 여부는 원칙적으로 당사자들의 의사에 따라 정해질 것이다.[13]

브뤼셀협약과 브뤼셀규칙은 당사자가 일정한 방식에 의해서 특정 회원국의 법원이 자기들의 분쟁에 대해서 재판관할권을 가질 것을 합의한 때에는 그 법원이 재판관할권을 가짐을 규정하고 있다(브뤼셀협약 제17조 및 브뤼셀규칙 제23조 제1항).

한편 외국인인 피고가 법원에 출두하는 것은 일반적으로 법원이 자신에 대해 재판관할권을 가진다는 것에 묵시적으로 동의한 것으로 간주된다.[14] 브뤼셀협약과 브뤼셀규칙은 법원의 절차에 응소하는 경우에 그 응소가 법원의 재판관할권의 흠결을 주장하기 위한 것이 아니라면 법원은 재판관할권을 가진다고 규정하고 있다(브뤼셀협약 제19조 및 브뤼셀규칙 제24조). 브뤼셀협약과 브뤼셀규칙은 피고의 응소에 의한 재판관할권의 인정을 관할의 합의에 관한 부분에서 규정하고 있는바, 이는 브뤼셀협약과 브뤼셀규칙이 피고의 응소를 재판관할권에 관한 묵시적 합의의 한 형태로 보고 있음을 의미한다.

[관련판례] 大判 1992.1.21, 91다14994

외국법인인 운송인의 선하증권에 이 선하증권으로 인한 소송은 운송인의 주소지인 특정의 외국법원의 전속관할에 속한다는 규정이 있다고 하여도 운송인의 국내 선박대리점이 국내에서 불법행위를 하여 그 선하증권의 소지인인 국내의 은행이 이들을 상대로 손해배상청구를 하는 경우까지 이 규정을 적용키로 한 취지라고 볼 수는 없다.

---

13) 석광현, 『국제사법과 국제소송』(제1권 박영사, 2001), 288-289면. 합의된 법원이 전속적 재판관할권을 갖는 경우에는 당사자 간 재판관할권에 관한 합의가 없었더라면 재판관할권을 가졌을 법원은 더 이상 재판관할권을 갖지 못할 것이지만, 합의된 법원이 부가적 재판관할권을 가질 뿐이라면 당사자 간 합의가 없었더라면 재판관할권을 가졌을 법원은 여전히 재판관할권을 가질 것이다.
한편 우리나라 대법원은 우리나라의 재판관할권을 배제하고 외국 법원에 배타적이고 재판관할권을 부여하는 전속적인 국제재판관할권의 합의가 유효하기 위해서는 ① 당해 사건이 우리나라 법원의 전속관할에 속하지 아니하고, ② 지정된 외국 법원이 그 외국법상 당해 사건에 대하여 재판관할권을 가져야 하는 외에, ③ 당해 사건이 그 외국 법원에 대하여 합리적인 관련성을 가질 것이 요구된다고 하고 있다. 大判 1997.9.9, 96다20093; 상게서, 289면.

14) 참고로 우리나라 민사소송법 제30조는 "피고가 제1심 법원에서 관할위반이라고 항변하지 아니하고 본안에 대하여 변론하거나 변론준비기일에서 진술하면 그 법원은 관할권을 가진다"고 규정하고 있다.

(4) 피고 재산의 소재

피고의 재산도 국제재판관할권의 기초가 되는 경우가 있다. 단순히 피고의 재산이 특정 국가에 소재하고 있다는 이유만으로 그 국가에 대해서 일반재판관할권을 인정하는 것은 타당하지 않다. 그러나 부동산에 대한 분쟁과 같이 재산과 원고의 청구 간에 일정한 관계가 존재한다든지 아니면 최소한 재산이 분쟁과 일정한 관련을 갖는 경우에는 재산에 기초한 특별재판관할권을 인정하는 것이 타당하다.[15] 예를 들어 브뤼셀협약과 브뤼셀규칙은 부동산에 대한 물권이나 부동산에 대한 임차권에 관한 소송에 대해서는 그 부동산이 소재하는 회원국의 법원이 전속적 재판관할권을 가짐을 규정하고 있다(브뤼셀협약 제16조 제1항 및 브뤼셀규칙 제22조 제1항).

[관련판례] 大判 1988.10.25, 87다카1728

민사소송법 제9조(현행법 제11조)의 규정의 취지는 재산권상의 소의 피고가 외국인이라 할지라도 압류할 수 있는 재산이 국내에 있을 때에는 그를 상대로 승소판결을 얻으면 이를 집행하여 재판의 실효를 얻을 수 있기 때문에 특히 국내법원에 그 재판관할권을 인정한 것이다.

3. 미국 재판관할확대법과 이에 대한 제한

미국에서 재판관할권에 대한 이해는 연방제도(federalism)에 대한 이해에서 시작한다. 미국의 사법제도는 연방헌법에 의하여 연방법원(federal court)에 명시적으로 재판관할권이 부여된 이외의 모든 사안에 대해서는 주법원(state court)이 재판관할권을 갖도록 하였다.

한편 각 주는 주법원의 재판관할권의 범위와 관련해서 역외재판관할권(extra-territorial jurisdiction)을 행사할 수 있는 기준을 정의한 재판관할확대법(longarm statute)을 두고 있다. 예를 들어 뉴욕주 민사소송법은 "법원은 사람, 재산 및 신분에 대해 재판관할권을 행사할 수 있다"고 규정한 후, 주의 비거주자(non-domiciliaries)의 행위에 대한 대인재판관할권(in personam jurisdiction)의 기초와 관련하여 "법원은 뉴욕주 내에서 어떠한 거래를 하거나 또는 물품이나 서비스를 공급하겠다는 계약을 하는 비거주자에 대하여 재판관할권을 행사할 수 있다"고 규정하고 있다. 미국 내 거의 모든 주는 유사한 재판관할확대법을 갖고 있어서 뉴욕주와 유사한

15) 참고로 우리나라 민사소송법 제11조는 "대한민국에 주소가 없는 사람 또는 주소를 알 수 없는 사람에 대하여 재산권에 관한 소를 제기하는 경우에는 청구의 목적 또는 담보의 목적이나 압류할 수 있는 피고의 재산이 있는 곳의 법원에 제기할 수 있다"고 규정하고 있다.

방법으로 비거주자에 대한 재판관할권을 인정하고 있다.

미국의 재판관할확대법은 재판관할권의 기준에 관하여 사실상 하나의 체제를 이룬다고 할 수 있으며, 브뤼셀협약이나 브뤼셀규칙과는 달리 내·외국인을 차별하지 않는다. 즉 각 주의 재판관할확대법은 상호간 매우 유사하고, 다른 주의 피고나 미국민이 아닌 다른 국가의 피고에 대하여 재판관할확대법을 차별하여 적용하지 않는다.

미국 연방정부는 주정부와 같은 재판관할확대법을 입법하지 않았다. 그러나 연방법원은 연방법원이 주재하는 주의 재판관할확대법을 적용할 수 있기 때문에(연방민사소송법 제4조), 재판관할확대법은 주법원과 연방법원이 그의 재판관할권의 범위를 확대하는 것을 가능하게 한다. 결국 주법원인지 아니면 연방법원인지 또는 주(州)간의 사건인지 아니면 국제적 사건인지 여부에 상관없이 재판관할권을 결정하기 위해서는 문제의 사안에 재판관할확대법을 적용하여 법을 해석하는 과정을 요한다. 그러나 미국의 모든 법은 최고법인 연방헌법에 구속되기 때문에 재판관할권을 최종적으로 결정하기 위해서는 제2단계의 검토가 필요하다.

역외재판관할권의 확정과 관련한 제2단계 절차는 미국 연방헌법상의 적법절차(due process)이다. 즉 역외재판관할권을 행사하는 절차는 적법절차를 위반하지 않아야 한다. 적법절차가 구체적으로 무엇을 의미하는지에 관해서는 연방대법원의 해석에 맡겨져 있는데, 연방대법원은 1878년의 한 판결에서 주가 비거주자인 피고에 대하여 대인재판관할권을 행사하는 것은 적법절차를 위반하는 것이라고 판시하였고, 그에 따라 각 주는 역외재판관할권을 인정하는 법률을 제정할 수 없었다. 그러나 1945년의 International Shoe Co. v. Washington 사건에서[16] 연방대법원은 비거주자인 피고에 대하여 주와 주법원이 대인재판관할권을 행사하는 것이 헌법상의 적법절차요건에 위반되지 않는다고 판시하면서, 적법절차요건은 비거주자인 피고가 최소한의 관련(minimum contacts)을 갖는 경우에 충족된다고 하였다. 이러한 적법절차요건은 이미 언급한 바와 같이 특정한 주의 비거주자인 미국민뿐만 아니라 미국민이 아닌 자에게도 적용된다.

4. 비편의법정원칙

미국의 연방법원이나 주법원이 재판관할확대법에 따라 비거주자인 피고에

---

16) 329 U.S. 310 (1945).

대하여 재판관할권을 행사할 법적 권한이 있다고 해서 반드시 이러한 권한을 행사할 의무를 지는 것은 아니다. 판례에 의하여 발전되어 온 비편의법정원칙(forum non conveniens)에 의하여 미국 법원은 법원에게 부담을 주는 것으로 간주되는 소송을 각하할 권한을 가지고 있다. 미국 연방대법원은 비편의법정원칙의 적용을 통해서 소송을 각하하기 위해서는 다음과 같은 4가지 단계에 의할 것을 요구하는 바,[17] ① 동일한 사건, 즉 동일한 대상과 동일한 당사자에 대하여 다른 법원이 재판관할권을 가지고 있는지 여부가 고려될 것, ② 당사자의 사적인 이익과 관계되는 모든 요소가 고려되어야 하며, 이때 다른 법원에서 소송을 진행하는 것이 공정한 심리를 하는 데 있어서 상대적으로 유리하거나 장애가 되는지 여부가 고려될 것, ③ 당사자의 사적 이익이 동일하거나 유사하다면, 공공이익 또는 공서(public policy)를 고려할 때 다른 법원에서 소송을 진행하여야 할 것인지 여부가 고려될 것, ④ 마지막으로 다른 법원에서 부당한 불편이나 편견이 없이 원고가 소송을 계속 진행해 나갈 수 있는지 여부가 고려될 것 등이 그것이다.

5. 주권면제원칙

국가의 주권은 평등하다는 원칙에 근거해서 한 국가는 다른 국가의 법원에서 제소되지 않는다는 것이 일반적으로 인정되고 있는바, 이것이 주권면제원칙(sovereign immunity doctrine)이다. 그러나 최근 국가 자체의 경제활동이 괄목할 정도로 증가하고 있는 현실에서 이처럼 국가가 사적 당사자로서 거래에 참여해서 사적 거래의 당사자로 된 때에도 주권면제원칙에 의하여 제소대상이 되지 않는다고 하면, 그 거래의 다른 당사자에게 부당한 결과가 초래된다. 이러한 이유로 각 국가는 일정한 상황에서는 주권면제를 인정하지 않는데, 예를 들어 미국은 국가의 행위가 상사행위이거나 또는 국가가 스스로 주권면제를 포기한 경우에는 주권국가도 국제재판관할권에서 면제되지 않을 것을 규정한 외국주권면제법(Foreign Immunity Act of 1978)을 두고 있다.[18]

---

17) *Gulf Oil Corp. v. Gilbert*, 330 U.S. 501 (1947); *Koster v. Lumbermens Mutual Casualty Co.*, 330 U.S. 518 (1947).

18) Andreas F. Lowenfeld, *International Litigation and Arbitration* (2nd. ed., 2002, West Group), pp.628-630.

[관련판례] 大決 1975. 5. 23, 74마281

국가는 국제관례상 외국의 재판권에 복종하지 않게 되어 있으므로 특히 조약에 의하여 예외로 된 경우나 스스로 외교상의 특권을 포기하는 경우를 제외하고는 외국 국가를 피고로 하여 우리나라가 재판권을 행사할 수 없는 것이니 일본국을 상대로 한 소장을 송달할 수 없는 경우에 해당한다고 하여 소장 각하명령을 한 것은 정당하다.

II. 우리나라에서 국제재판관할권의 확정

우리나라 국제사법 제2조 제1항은 "법원은 당사자 또는 분쟁이 된 사안이 대한민국과 실질적 관련이 있는 경우에 국제재판관할권을 가진다. 이 경우 법원은 실질적 관련의 유무를 판단함에 있어 국제재판관할 배분의 이념에 부합하는 합리적인 원칙에 따라야 한다"고 규정하고 있다. 여기서 어떤 경우에 실질적 관련이 존재한다고 볼 것인지, 또한 국제재판관할 배분의 이념에 부합하는 합리적인 원칙은 구체적으로 무엇인지 등이 문제된다.

1. 실질적 관련의 존재

국제사법 제2조 제1항이 요구하는 실질적 관련의 존재 요건은 법정지국인 우리나라 법원이 국제재판관할권을 행사하는 것을 정당화할 수 있을 정도로 당사자 또는 문제된 섭외적 사안이 우리나라와 관련성을 갖는 것을 의미한다.[19] 피고의 주소, 채무이행지, 불법행위지, 영업소소재지 등의 요소들은 일반재판관할 또는 특별재판관할의 존재를 확정하기 위한 요건으로서 실질적 관련의 존재 여부를 판단하는 데 중요한 고려요소가 될 것이다. 반면에 원고의 국적이나 피고의 일시적 체류지에 대한 송달 등은 실질적 관련이 존재한다는 중요한 표지가 되지 않는다고 본다.[20] 왜냐하면 단순히 섭외적 요소 또는 외국적 요소 그 자체가 실질적 관련의 존재를 담보해 주는 것은 아니기 때문이다. 현실에 있어서 실질적 관련의 존재 여부는 법원이 구체적인 경우에 제반 사정을 종합하여 판단해야 할 것이나, 그 판단은 언제나 국제재판관할 배분의 이념에 부합하는 합리적인 원칙에 근거해서 이루어져야 한다.

19) 석광현(주13), 38면; 윤종진, 『개정 현대국제사법』(한올출판사, 2003), 207면.
20) 신창선 · 윤남순, 『신국제사법』(피데스, 2014), 198면.

2. 국제재판관할 배분의 이념과 합리적인 원칙

국제사법 제2조 제1항은 실질적 관련의 유무를 판단함에 있어서 국제재판관할 배분의 이념에 부합하는 합리적인 원칙에 따라야 한다고 규정할 뿐, 국제재판관할 배분의 이념의 구체적 내용은 규정하고 있지 않다. 국제재판관할 배분의 이념은 원칙적으로 당사자 간의 공평성과 재판의 공정, 적정 및 신속 등 민사소송의 기본이념을 포함한다고 볼 것이다. 또한 재판의 경제성 또는 효율성도 중요한 고려요소가 될 것이다. 이때 당사자 간의 공평성을 판단함에 있어서 고려할 것은 법정지가 당해 사안을 공평하게 판단할 가능성뿐만 아니라 법정지의 선택이 원고와 피고의 이익형량의 관점에서 이들 간에 공평할 것까지 포함한다.[21] 또한 재판의 공정, 적정 및 신속을 판단함에 있어서 기준이 되는 요소는 법정지가 당사자 또는 문제된 섭외적 사안 등에 대해 갖는 밀접관련성 등이 될 것이다.[22] 우리나라 대법원도 법원은 당사자 사이의 공평, 재판의 적정, 신속 및 경제를 기한다는 기본이념에 따라 국제재판관할을 결정하여야 하고, 구체적으로는 소송당사자들의 공평, 편의 그리고 예측가능성과 같은 개인적인 이익뿐만 아니라 재판의 적정, 신속, 효율 및 판결의 실효성 등과 같은 법원 내지 국가의 이익도 함께 고려하여야 하며, 이러한 다양한 이익 중 어떠한 이익을 보호할 필요가 있을지는 개별 사건에서 법정지와 당사자의 실질적 관련성 및 법정지와 분쟁이 된 사안과의 실질적 관련성을 객관적인 기준으로 삼아 합리적으로 판단하여야 한다는 입장을 취하고 있다.

한편 국제사법 제2조 제1항은 실질적 관련의 유무를 판단함에 있어서 이들 국제재판관할 배분의 이념만을 고려할 것이 아니라, 그 이념에 부합하는 합리적인 원칙까지 포괄적으로 고려할 것을 요구한다.

3. 재판관할에 관한 국내법 원칙

국제사법 제2조 제2항은 "법원은 국내법의 관할규정을 참작하여 국제재판관할권의 유무를 판단하되, 제1항의 규정의 취지에 비추어 국제재판관할의 특수성을 충분히 고려하여야 한다"고 규정하고 있다. 이는 국내법의 재판관할에 관한 규정을 참작하되, 그에 구속되지 않고 국제재판관할의 특수성을 함께 고려함으로써 구체적 타당성을 기할 것을 요구하는 것이다.

우리나라 국내법의 관할규정은 대체로 민사소송법의 토지관할에 관한 규정

21) 석광현(주13), 41면.
22) 상게서.

을 의미할 것이다. 그러나 민사소송법의 토지관할규정은 국내의 법원 간 사건의 배분을 위한 규정, 즉 재판적에 관한 규정이기 때문에 아무 수정 없이 국제재판관할을 결정하기 위한 규정으로서 원용될 수는 없다.[23] 국제사법 제2조 제2항이 국제재판관할의 특수성을 충분히 고려할 것을 요구한 것은 이 점을 반영한 것이다.

[관련판례] 大判 2015.1.15, 2012다4763

국제사법 제2조 제1항은 "법원은 당사자 또는 분쟁이 된 사안이 대한민국과 실질적 관련이 있는 경우에 국제재판관할권을 가진다. 이 경우 법원은 실질적 관련의 유무를 판단함에 있어 국제재판관할 배분의 이념에 부합하는 합리적인 원칙에 따라야 한다"고 규정하고, 제2항은 "법원은 국내법의 관할 규정을 참작하여 국제재판관할권의 유무를 판단하되, 제1항의 규정의 취지에 비추어 국제재판관할의 특수성을 충분히 고려하여야 한다"고 규정하고 있다. 따라서 법원은 당사자 사이의 공평, 재판의 적정, 신속 및 경제를 기한다는 기본이념에 따라 국제재판관할을 결정하여야 하고, 구체적으로는 소송당사자들의 공평, 편의 그리고 예측가능성과 같은 개인적인 이익뿐만 아니라 재판의 적정, 신속, 효율 및 판결의 실효성 등과 같은 법원 내지 국가의 이익도 함께 고려하여야 하며, 이러한 다양한 이익 중 어떠한 이익을 보호할 필요가 있을지는 개별 사건에서 법정지와 당사자의 실질적 관련성 및 법정지와 분쟁이 된 사안과의 실질적 관련성을 객관적인 기준으로 삼아 합리적으로 판단하여야 한다.

[관련판례] 大判 2014.4.10, 2012다7571

일본국에 주소를 둔 재외동포 갑이 일본국에 주소를 둔 재외동포 을을 상대로 3건의 대여금채무에 대한 변제를 구하는 소를 대한민국 법원에 제기한 사안에서, 이 사건 대여금 청구 중 2003.9.11.자 5백만 엔은 피고가 공동대표이사인 주식회사 원우주택이 추진하던 순천시 문화테마파크 개발 등 사업과 관련하여 지급된 돈으로 채권의 발생 자체가 대한민국 내 개발사업과 직접 관련이 있고, 원고가 가압류집행한 피고 소유의 부동산 역시 위 개발사업의 부지로서 당해 재산과 분쟁의 사안 사이에 실질적 관련도 있음을 알 수 있다. 또한 이 사건 대여금 청구 중 2003.10.9.자 2천만 원은 원고가 대한민국 내 거주자인 소외인 명의의 계좌로 2천만 원에 해당하는 일본국 돈 1,938,699엔을 송금한 후 대한민국 수표로 인출된 돈인 사실을 알 수 있으므로, 돈의 수령 및 사용 장소가 대한민국이고 수령인도 대한민국 내 거주자라는 점에서 위 2천만 원 청구 역시 대한민국과 실질적 관련이 있다고 할 것이다. 따라서 위 5백만 엔 및 2천만 원 청구는 당해 분쟁의 사안과 대한민국 사이에 실질적 관련성이 있어 대한민국 법원에 국제재판관할권을 인정함이 상당하다.

---

23) 정동윤 · 유병현, 『민사소송법』(제4판, 법문사, 2014), 110면.

[관련판례] 大判 2012.5.24, 2009다22549

피고는 일본법에 의하여 설립된 일본 법인으로서 그 주된 사무소를 일본국 내에 두고 있으나, 1987년경 부산 중구 중앙동 4가 53-11 소재 동아일보빌딩 8층에 피고의 대한민국 내 업무 진행을 위한 부산 연락사무소를 설치하여 일본인 직원 1명을 비롯한 5명의 직원을 두었고, 원고 등이 이 사건 소송을 제기할 당시 위 부산 연락사무소가 존재하고 있었던 점, 이 사건 청구 중 불법행위로 인한 손해배상청구는 구 미쓰비시가 일본국과 함께 원고 등을 강제징용한 후 강제노동을 시킨 일련의 행위가 불법행위이고 피고는 구 미쓰비시의 원고 등에 대한 법적 책임을 그대로 부담한다고 주장하는 것인데, 대한민국은 위와 같은 일련의 불법행위 중 일부가 이루어진 불법행위지인 점, 원고들이 이 사건에서 주장하는 사실을 뒷받침하는 일본 내의 물적 증거는 거의 멸실된 반면 피해자인 원고 등이 모두 대한민국에 거주하고 있고, 사안의 내용이 대한민국의 역사 및 정치적 변동 상황 등과 밀접한 관계가 있는 점 등을 알 수 있다.
위와 같은 사정들에 이 사건 청구 중 불법행위로 인한 손해배상청구와 미지급임금 지급청구 사이에는 객관적 관련성이 인정되는 점 등을 더하여 앞서 본 법리에 비추어 살펴보면, 대한민국은 이 사건의 당사자 및 분쟁이 된 사안과 실질적 관련성이 있다고 할 것이고, 따라서 대한민국 법원은 이 사건에 대하여 국제재판관할권을 가진다.

[관련판례] 大判 2010.7.15, 2010다18355

2002년 김해공항 인근에서 발생한 중국 항공기 추락사고로 사망한 중국인 승무원의 유가족이 중국 항공사를 상대로 대한민국 법원에 손해배상청구소송을 제기한 사안에서, 민사소송법상 토지관할권, 소송당사자들의 개인적인 이익, 법원의 이익, 다른 피해유가족들과의 형평성 등에 비추어 위 소송은 대한민국과 실질적 관련이 있다고 보기에 충분하므로, 대한민국 법원의 국제재판관할권을 인정할 수 있다.

[관련판례] 大判 2008.5.29, 2006다71908

대한민국 회사가 일본 회사에게 러시아에서 선적한 냉동청어를 중국에서 인도하고, 인도지인 중국에서 청어 더미의 일정 수량을 해동시켜 최종적으로 검품을 한 결과에 따라 임시가격과 최종가격의 차액을 정산하기로 하였기 때문에, 중국에서 이 사건 청어에 대하여 최종적인 검품이 이루어졌는지 여부 및 그 결과가 무엇인지가 주로 문제되고 있으므로 분쟁이 된 사안과 가장 실질적 관련이 있는 법원은 이 사건 청어의 인도지로서 최종 검품의 예정지였던 중국 법원이었다고 할 것이나, 앞서 본 바와 같이 피고가 원고를 상대로 하여 중국 법원에 제기한 소가 각하되었고, 청어에 포함된 성자(청어알 중 완전한 형태를 갖춘 것)의 비율을 직접 확인할 수 있는 증거인 이 사건 청어가 더 이상 존재하지 않으며, 피고가 이 사건 청어를 인도받고 처분해 버린 시점으로부터 약 5년이 경과하여 이제 와서 대한민국 법원의 국제재판관할을 부정한다면 당사자의 권리구제를 도외시하는 결과를 야기할 수 있는 점, 피고가 이 사건 본소에 대하여 반소를 제기하고 있으므로, 원·피고 사이의 분쟁을 종국적으로 일거에 해결할 필요성이 있는 점, 원고가 대한민국 회사로서 우리나라에서 계약의 체결과 관련된 서류를 팩스로 전송받는 방법으로 이 사건 계약을 체결하였고, 이 사건 정산금을 송금받기로 한 곳이 대한민국인 점 등을 고려할 때, 대한민국에도 당사자 또는 분쟁이 된 사안과 실질적 관련이 있다고 할 것이고, 따라서 대한민국 법원에 국제재판관할권을 인정할 수 있다고 할 것이다.

[관련판례] 大判 2005.1.27, 2002다59788

국제재판관할을 결정함에 있어서는 당사자 간의 공평, 재판의 적정, 신속 및 경제를 기한다는 기본이념에 따라야 할 것이고, 구체적으로는 소송당사자들의 공평, 편의 그리고 예측가능성과 같은 개인적인 이익뿐만 아니라 재판의 적정, 신속, 효율 및 판결의 실효성 등과 같은 법원 내지 국가의 이익도 함께 고려하여야 할 것이며, 이러한 다양한 이익 중 어떠한 이익을 보호할 필요가 있을지 여부는 개별 사건에서 법정지와 당사자와의 실질적 관련성 및 법정지와 분쟁이 된 사안과의 실질적 관련성을 객관적인 기준으로 삼아 합리적으로 판단하여야 할 것이다.
대한민국 내에 주소를 두고 영업을 영위하는 자가 미국의 도메인 이름 등록기관에 등록·보유하고 있는 도메인 이름에 대한 미국의 국가중재위원회의 이전 판정에 불복하여 제기한 소송에 관하여 분쟁의 내용이 대한민국과 실질적 관련성이 있기 때문에 대한민국 법원의 국제재판관할권이 인정된다.

[관련판례] 大判 2000.6.9, 98다35037

섭외사건에 관하여 국내의 재판관할을 인정할지의 여부는 국제재판관할에 관하여 조약이나 일반적으로 승인된 국제법상의 원칙이 아직 확립되어 있지 않고 이에 관한 우리나라의 성문법규도 없는 이상 결국 당사자 간의 공평, 재판의 적정, 신속을 기한다는 기본이념에 따라 조리에 의하여 이를 결정함이 상당하다 할 것이고, 이 경우 우리나라의 민사소송법의 토지관할에 관한 규정 또한 위 기본이념에 따라 제정된 것이므로 기본적으로 위 규정에 의한 재판적이 국내에 있을 때에는 섭외사건에 관한 소송에 관하여도 우리나라에 재판관할권이 있다고 인정함이 상당하다.
우리 민사소송법 제4조[개정 민사소송법 제5조]에 의하면 외국법인 등이 대한민국 내에 사무소, 영업소 또는 업무담당자의 주소를 가지고 있는 경우에는 그 사무소 등에보통재판적이 인정된다고 할 것이므로, 증거수집의 용이성이나 소송수행의 부담 정도 등 구체적인 제반 사정을 고려하여 그 응소를 강제하는 것이 민사소송의 이념에 비추어 보아 심히 부당한 결과에 이르게 되는 특별한 사정이 없는 한, 원칙적으로 그 분쟁이 외국법인의 대한민국 지점의 영업에 관한 것이 아니라 하더라도 우리 법원의 관할권을 인정하는 것이 조리에 맞는다.

[관련판례] 大判 1997.9.9, 96다20093

대한민국 법원의 관할을 배제하고 외국의 법원을 관할법원으로 하는 전속적인 국제관할의 합의가 유효하기 위하여는, 당해 사건이 대한민국 법원의 전속관할에 속하지 아니하고, 지정된 외국법원이 그 외국법상 당해 사건에 대하여 관할권을 가져야 하는 외에, 당해 사건이 그 외국법원에 대하여 합리적인 관련성을 가질 것이 요구된다고 할 것이고, 한편 전속적인 관할 합의가 현저하게 불합리하고 불공정한 경우에는 그 관할 합의는 공서양속에 반하는 법률행위에 해당하는 점에서도 무효이다.

4. 국제재판관할에 관한 특칙

(1) 소비자와 근로자의 재판관할 선택

국제사법은 제27조 제4항에서 소비자계약의 경우에 소비자는 그의 상거소가 있는 국가에서도 상대방에 대하여 소를 제기할 수 있다고 규정하고 또한 제28조 제3항에서 근로계약의 경우에 근로자는 자신이 일상적으로 노무를 제공하거나 또는 최후로 일상적 노무를 제공하였던 국가에서도 사용자에 대하여 소를 제기할 수 있으며, 자신이 일상적으로 어느 한 국가 안에서 노무를 제공하지 아니하거나 아니하였던 경우에는 사업자가 그를 고용한 영업소가 있거나 있었던 국가에서도 사용자에 대하여 소를 제기할 수 있다고 규정함으로써 소비자와 근로자에게 재판관할을 선택할 수 있는 권리를 부여하고 있다. 이는 유럽연합의 브뤼셀협약이나 브뤼셀규칙의 입법례를 따라서 경제적 약자인 소비자와 근로자를 보호하기 위해서 국제재판관할에 대한 특칙을 둔 것이다.[24]

(2) 기업이나 사용자의 소에 대한 재판관할의 제한

국제사법은 제27조 제5항에서 소비자계약의 경우에 소비자의 상대방이 소비자에 대하여 제기하는 소는 소비자의 상거소가 있는 국가에서만 제기할 수 있다고 규정하고 또한 제28조 제4항에서 근로계약의 경우에 사용자가 근로자에 대하여 제기하는 소는 근로자의 상거소가 있는 국가 또는 근로자가 일상적으로 노무를 제공하는 국가에서만 제기할 수 있다고 규정함으로써 기업이나 사용자가 소비자나 근로자에 대하여 소를 제기하는 때에는 그러한 소를 제기할 수 있는 국가의 범위를 제한하였다. 이들 규정에 따라 기업이 소비자에 대해 제기하는 소에 대해서는 소비자의 상거소가 있는 국가가 전속적 재판관할을 갖고, 사용자가 근로자에 대해 제기하는 소에 대해서는 근로자의 상거소가 있는 국가 또는 근로자가 일

24) 윤종진(주19), 210면.

상적으로 노무를 제공하는 국가가 전속적 재판관할권을 갖는다.

(3) 국제재판관할에 관한 합의의 제한적 허용

국제사법 제27조 제6항은 소비자계약의 당사자는 서면에 의하여 국제재판관할에 관한 합의를 할 수 있도록 허용하되, 이러한 합의의 효력을 분쟁이 이미 발생하였거나 소비자에게 합의에 의한 관할법원에 추가하여 다른 법원에 제소하는 것을 허용하는 경우로 제한한다. 또한 국제사법 제28조 제5항도 근로계약의 당사자는 서면에 의하여 국제재판관할에 관한 합의를 할 수 있도록 허용하되, 이러한 합의의 효력을 분쟁이 이미 발생하였거나 근로자에게 합의에 의한 관할법원에 추가하여 다른 법원에 제소하는 것을 허용하는 경우로 제한한다. 이들 규정은 당사자자치의 원칙에 따라 국제재판관할에 관한 합의를 인정하되, 부당한 재판관할합의를 막기 위해서 원칙적으로 사후 합의에 대해서만 효력을 인정하고, 사전 합의의 경우에는 그 합의가 소비자나 근로자에게 원칙적 재판관할에 더하여 추가적으로 재판관할을 허용하는 것일 때에만 인정하는 것이다.

Ⅲ. 소송서류의 역외송달과 외국에 있는 증거의 조사

1. 의 의

소송서류의 역외송달과 외국에 있는 증거의 조사 및 채택에 관한 절차는 헤이그국제사법회의(Hague Conference on Private International Law)의 후원하에 체결된 2개의 조약, 즉 1965년 「민사 및 상사문제에 관한 재판상 및 재판외 서류의 해외송달에 관한 협약」(Convention on Service Abroad of Judicial and Extrajudicial Documents in Civil and Commercial Matters: 헤이그송달협약)과 1970년 「민사 및 상사문제에 관한 해외증거조사에 관한 협약」(Convention on the Taking of Evidence Abroad in Civil or Commercial Matters: 헤이그증거조사협약)에 의해 규율된다.

서류송달의 문제는 국제사법 분야에서도 중요한 의미를 갖는데, 특히 국제재판관할이나 법정지 이외의 국가에서 판결의 집행과 밀접한 관련을 갖는다. 한편 피고는 자신이 통제하고 있는 증거 중에서 자기에게 유리한 증거만 제출하려고 하고, 이러한 경향은 소송의 결과에 직접적인 영향을 미치기 때문에 증거조사의 문제는 국제소송절차에서 매우 중요하게 다루어진다.

2. 소송서류의 역외송달

소송서류송달의 목적은 피고가 방어할 기회를 갖도록 피고에 대하여 소송이 제기되었다는 사실을 통지하는 것이다. 또한 원칙적으로 송달일자는 소송의 개시 시점이 될 뿐만 아니라, 영미법의 제소기간(statute of limitations)이나 대륙법의 소멸시효의 중단과도 직접적 관련을 갖는다. 영미법계나 대륙법계 국가에서 일반적으로 소송서류의 송달에 관한 요건이 충족되지 않는 경우에는 법원이 재판관할권을 행사할 수 없다는 원칙이 공히 인정되고 있는 점도 소송서류의 송달이 갖는 중요성의 한 측면이다.[25]

(1) 유럽에서의 역외송달

유럽 국가에서 서류송달에 관한 절차는 크게 3가지로 유형화될 수 있다. 첫째, 지정된 관리에게 서류를 예치함으로써 외국의 피고에 대한 서류송달을 가능하게 하는 제도이다. 서류를 예치받은 관리는 이 서류를 외국에 있는 피고에게 송부하여야 한다. 다만 답변을 위한 기간과 소송제기를 제한하는 규정의 적용은 서류를 예치하는 시점에 시작한다. 또한 서류를 송부하지 못하더라도 송달의 유효성에 아무런 영향을 주지 아니하며, 그 해태에 대한 제재조치도 존재하지 않는다. 이러한 제도하에서는 피고가 판결의 내용을 알기 전에 이미 진술 또는 상소기간이 종료할 수도 있기 때문에 진술 또는 상소의 권리가 사실상 유명무실하게 되는 경우가 많을 것이다. 따라서 이 송달제도는 외국의 피고에게 매우 불리한 제도라고 할 것이다. 프랑스, 벨기에, 이탈리아, 그리스 및 네덜란드 등의 국가가 채택하고 있다.

둘째, 서류송달이 외국의 피고에 대하여 서류를 송달할 권한이 있는 피고 주소지의 외국기관의 협조에 기초하고 있는 제도이다. 이 제도는 독일과 덴마크가 채택하고 있는 제도인데, 이에 따르면 일반적으로 법원은 서류가 피고에게 적절하게 송달되었다는 것이 증명되지 않으면 판결을 내릴 수 없다. 즉 외국의 피고와 관련해서 외국기관이 동 기관의 관할에서 적용될 수 있는 절차에 따라 서류가 송달되었다는 것을 확인해주지 않으면 법정지의 법원은 외국의 피고에 대하여 판결을 할 수 없는 것이다.

셋째, 스코틀랜드를 제외한 영국에서 적용되는 제도로 서류를 송달하는 것을 원고 변호사의 책임으로 하는 제도이다. 원고 변호사는 피고의 주소나 또는 그의

25) 예를 들어 영국에서는 브뤼셀협약이 적용되지 않는 한도에서 서류송달을 단순히 재판관할권 행사의 전제요건에 그치는 것이 아니라 재판관할권이 존재하는 기초로 보고 있다.

최후 주소로 우편 또는 인편의 방법으로 송달한다. 피고의 변호사가 있는 경우에는 그에게 송달할 수도 있다. 만약 피고가 관할지역 내에 있지 않다면 광고 게재 등의 공시의 방법으로 서류송달이 대체된다.

위에서 언급한 각 국가의 송달제도는 조약에 의하여 상당히 많이 대체되었다. 예를 들어 브뤼셀협약 부속서는 다른 국가에 송달될 소송서류는 회원국간 체결된 협정에 규정된 절차에 따라야 한다고 규정하고 있다(브뤼셀협약 제4조 제1항).

(2) 미국에서의 역외송달

미국에서 서류송달에 관한 법은 연방법과 주법이 혼합되어 있는 상태이다. 더욱이 미국은 헤이그송달협약의 체약국이기 때문에 송달에 관한 미국법은 매우 복잡한 내용을 갖는다. 미국에서도 영국에서와 마찬가지로 대체로 원고가 소송서류를 피고에게 실제로 인도함으로써 소송이 개시된다.

또한 송달은 미국 법원이 외국 사법기관의 자발적인 협조를 요청하는 방법에 의해서도 가능하다. 이러한 요청은 법원 간에 직접 또는 외교적인 경로를 통해서 행해질 수 있는데, 미국과 그 외국이 소송서류의 송달에 관하여 요구하는 요건을 모두 충족하여야 한다.

소송서류의 인도나 자발적인 협조요청 이외의 송달방법은 우편에 의하는 것이다. 또한 미국의 많은 주들은 외국 회사로 하여금 서류를 송달받기 위하여 대리인을 임명할 것을 요구하고 있으며, 외국의 모회사에 대한 서류의 송달을 미국 내 자회사에 대하여 송달하는 것으로 대체하는 것을 허용하는 경우도 있다.

(3) 헤이그송달협약

소송서류의 역외송달과 관련하여 가장 중요한 협약은 헤이그송달협약인데, 우리나라가 2000년 1월 가입함으로써 동 협약은 2000년 8월 1일부터 우리나라에서도 발효하였다.

헤이그송달협약의 가장 중요한 내용은 중앙기관을 통한 송달이다. 헤이그송달협약은 체약국으로 하여금 다른 체약국으로부터 송달요청을 수령하고 이를 처리할 중앙기관(Central Authority)을 지정할 것을 요구한다(협약 제2조).[26] 체약국의 중앙기관은 다른 체약국의 권한 있는 기관이나 사법공무원이 협약이 정한 양식에 따라 발송한 요청서를 받으면 협약의 규정에 일치하지 않거나 또는 그 요청을 이행하는 것이 자국의 주권 또는 안보를 침해한다고 판단하지 않는 한, 송달을 요청받

26) 참고로 우리나라에서 요청받은 송달을 담당할 중앙기관은 법원행정처이다.

은 서류를 스스로 송달하거나 또는 적절한 기관으로 하여금 송달하도록 해야 한다(협약 제5조).

3. 외국에 있는 증거의 조사

증거의 수집이나 채택의 문제는 소송과 관련한 전형적인 절차법적 문제로 소송이 제기된 국가의 절차법이 규율한다. 그러나 법정지국이 아닌 다른 국가에서 증거를 조사하거나 이를 수집해야 하는 경우에 법정지국의 절차법은 원칙적으로 적용되지 않기 때문에 외국에 소재하는 증거를 어떻게 조사하고 수집할 것인지의 문제는 국제소송에서 중요한 의미를 갖는다.

(1) 미국의 증거조사절차

미국은 구두변론 전의 증거조사(pretrial discovery)나 선서증언(deposition)제도와 같은 독특한 제도를 가지고 있다. 미국 연방민사소송법(federal rules of civil procedure)과 각주의 민사소송법은 외국에 있는 증거를 획득하는 여러 가지 방법을 규정하고 있다. 또한 미국 법원은 소송법에 의해서 사전에 외국의 관련 당국의 허가나 협조를 구하지 않고 외국에 있는 문서를 제출할 것을 소송당사자에게 명령할 권한을 부여받고 있다. 법원이 증거제출명령을 내렸는데 소송의 일방 당사자가 이를 따르지 않는 경우에는 다른 당사자가 문서에 포함된 것으로 주장한 사실은 진실한 것으로 간주된다. 미국의 관련 법규에 의한 일방적인 역외증거조사절차는 당연히 관련 국가의 주권을 침해할 가능성을 갖기 때문에 이러한 절차에 의한 외국에 있는 증거의 획득이 제한되는 결과를 초래하지만, 실제에 있어서 외국에 소재하는 증거는 대부분 당사자와 증인 간의 자발적인 합의에 의하여 획득된다.

미국의 일방적 역외증거조사절차는 외교적으로 비난을 받았고, 프랑스, 영국 및 캐나다 등의 국가는 이에 대항하기 위하여 이른바 봉쇄법(blocking statutes)을 제정하기에 이르렀다. 예를 들어 영국이 1980년 입법한 무역이익보호법(Protection of Trading Interests Act)은 제1조 내지 제4조에서 외국 법원의 증거조사요청이 영국의 재판관할권을 침해하거나 영국에게 불리한 경우 또는 영국의 안전보장이나 기타 국가와의 관계에 위해가 된다고 판단되는 경우에는 영국 법원은 이러한 요청을 거부하여야 한다고 규정하고 있다. 프랑스의 봉쇄법은 한 걸음 더 나아가 미국 법원의 증거조사요청에 응하는 프랑스 국민에 대하여 벌금을 부과한다. 이와 같이 외국에 있는 증거의 조사에 대해서는 국가의 이익대립과 주권충돌의 문제가 발생하기 때문에 국제소송에서 이러한 충돌을 회피하기 위해서는 양자간 또는 다자간 조약을 통한 조정이 필요하다.

(2) 헤이그증거조사협약

미국과 대부분의 유럽연합 회원국을 포함한 약 20개 국가가 헤이그증거조사협약에 가입하고 있는데, 이 협약은 체약국의 사법당국이 다른 체약국에 소재하고 있는 증거를 요청할 수 있는 절차를 규정하고 있다. 이 협약은 외국에 있는 증거의 획득에 관하여 2가지 방법을 규정하고 있는바, 우선 제1장에서는 어느 체약국의 사법당국이 증거를 획득하거나 사법행위를 수행하기 위하여 다른 체약국의 당국에게 요청서(letter of request)를 발부할 수 있는 절차를 규정하고 있다. 협약 제2장은 외교관이나 사적인 요청에 의하여 증거를 획득하는 것을 규정하고 있다. 후자의 방법은 주로 외국의 증인이 증언이나 문서의 제공에 자발적으로 협조하도록 하는 취지를 갖는 데 반하여, 전자의 방법은 외국 법원의 강제력을 이용할 필요성이 있는 경우에 사용되는 방법이다. 증거를 획득하는 구체적 절차에 대해서는 요청을 받은 체약국의 증거획득에 관한 절차법규가 적용된다.

Ⅳ. 외국판결의 승인 및 집행

1. 의 의

(1) 판결의 역외적 효력

법원의 판결은 소송당사자에게 구속력을 갖고, 공권력에 의하여 강제집행된다. 이러한 기판력과 강제집행은 판결을 내린 법원의 국가 내에서만 효력을 가질 뿐이고, 다른 국가에서도 당연히 집행력을 갖는 것은 아니다. 그러나 국제거래와 관련한 분쟁의 해결을 위한 판결이 그 판결이 있은 국가에서만 효력을 가질 뿐 분쟁의 다른 당사자가 소재하는 다른 국가에서는 효력을 갖지 못한다고 하면, 국제거래에서 분쟁의 효율적이고 신속한 해결은 불가능하다. 따라서 오늘날 대부분의 국가들은 일정한 요건이 충족된 때에는 외국 법원의 판결이 자국 내에서 효력을 갖는 것을 허용한다.

구체적으로 어떤 요건을 충족하였을 때 외국판결에 대해서 효력을 인정할 것인지의 문제는 당해 국가의 관련 국내법에 의해서 결정될 것이나 유럽연합의 브뤼셀협약이나 브뤼셀규칙의 경우에서 볼 수 있는 바와 같이 조약에 의해서 결정되기도 한다.

(2) 외국판결의 승인 및 집행의 근거

외국판결의 승인 및 집행은 피고나 그의 재산이 소재하는 국가에서 외국판결이 직접 집행되도록 한다면, 끊임없이 소송이 계속되는 불합리한 현상은 사라질 것이고, 따라서 국제사회정의가 증진될 것이라는 인식에 기초하고 있다.[27] 미국 연방대법원은 외국판결의 승인 및 집행의 근거로서 예양(comity)을 강조한다.

이 외에도 외국판결의 승인 및 집행은 국제거래에서 계약위반이나 불법행위에 대한 구제의 가능성을 높임으로써 국제거래가 보다 원활하게 이루어지도록 하는 기능도 수행한다.

(3) 외국판결의 승인 및 집행의 제한

외국판결을 승인하고 집행하는 입장을 취하는 국가들도 그 승인과 집행을 일정한 경우에는 제한한다. 예를 들어 기망하여 구한 판결은 당연히 승인되지 않으며, 또한 외국판결이 승인을 요청받은 국가의 공서에 반하거나 그 선결례(precedents)와 충돌하는 때에도 역시 그 효력이 인정되지 않는다.

기망이나 공서의 위반 또는 선결례와의 충돌 등과 같은 명확한 사유가 아닌 다른 제한사유는 매우 좁게 인정되며, 공서 또는 공공이익의 개념도 대부분의 국가가 이를 좁은 의미로 해석하고 있기 때문에 외국판결이 일단 승인되고 집행되는 체제에서 승인과 집행에 대한 제한은 매우 예외적인 경우에 한해서 인정된다.

2. 유럽연합에서 외국판결의 승인 및 집행

(1) 외국판결의 승인 및 집행에 관한 유럽 국가의 국내법

1) 집행의 불허

외국판결의 승인이나 집행에 관한 유럽 국가들 국내법의 입장은 매우 다양하다. 덴마크는 조약상의 의무나 왕의 칙령이 없는 때에는 외국판결을 집행하지 않는 유일한 국가이다. 따라서 외국의 법정에서 승소한 원고는 덴마크에서 판결의 집행을 위해 새로이 소송을 제기해야 한다.

2) 승인 또는 집행의 일반적인 허용

외국판결의 승인과 집행을 일반적으로 허용하는 국가는 이탈리아와 영국이다. 이탈리아는 민사소송법에 외국판결의 승인과 집행에 관하여 규정하고 있으며, 영국은 판례법에 의하여 외국판결의 승인과 집행을 긍정하고 있다. 이들 국가

---

27) L. Collins *et al.* (eds.), *Dicey and Morris on The Conflict of Laws* (13th ed., 2000, Sweet & Maxwell), pp.69-71.

는 외국판결을 집행하고자 하는 자에 대한 방어를 인정하면서도 자국 법원이 외국판결에 대한 실체적 심사를 하는 것은 허용하지 않는다.

3) 승인 또는 집행의 제한적인 허용

프랑스는 과거 외국판결이 집행되기 위한 조건으로서 프랑스 법원이 본안을 심리할 것을 요구했지만, 1964년 이후부터 일정한 요건을 충족한 때에는 자국 법원의 본안심리를 거치지 않은 외국판결의 집행을 허용하고 있다. 이러한 요건 중 하나는 프랑스 국제사법에 의하여 적용되었어야 할 준거법을 외국 법원이 적용했어야 한다는 요건이다. 또한 프랑스 법원은 피고가 프랑스 국적을 갖고 있는 경우에는 프랑스 법원이 전속재판관할권을 가진다는 것을[28] 극복하기 위해서는 피고가 이를 포기했다는 증거가 있어야 한다는 입장을 취하고 있다. 따라서 프랑스의 입장은 외국판결을 제한적으로 승인하는 것이라고 할 수 있다.

4) 승인 또는 집행의 상호주의에 기한 허용

독일 민사소송법은 외국판결은 본안을 심리함이 없이 집행된다고 규정하고 있다(독일 민사소송법 제722조 및 제723조). 그러나 이 같은 일반원칙에는 5가지 예외가 인정된다(독일 민사소송법 제328조). 이러한 예외 중 하나는 상호주의인데, 독일 민사소송법은 상호주의에 의하여 보장되지 않는 경우에 외국판결은 승인되지 않는다고 하고 있다(독일 민사소송법 제328조 참조). 이러한 상호주의는 1986년 민사소송법의 개정 후에도 여전히 존속하고 있지만, 최근 상호주의의 요구가 일정 부분 완화되고 있다. 즉 독일 민사소송법은 승인받고자 하는 판결을 내린 국가가 독일 법원의 판결을 실질적으로 유사한 요건하에서 승인한다면 상호주의에 관한 요건을 충족한 것으로 간주한다. 그러나 독일에서 완화된 상호주의의 입장에 따라 외국판결이 승인되는 비율은 2~3%에 불과하다고 하며, 실제에 있어서 외국판결이 승인되는 대부분의 경우는 독일이 다른 국가와 체결한 양자 간 또는 다자간 조약에 의한 결과라고 한다.

[관련판례] 大判 1971.10.22, 71다1393

민사소송법 제203조 제4호(현행법 제317조 제4호)에 이른바 상호의 보증이 있는 일이라 함은 당해 외국이 조약에 의하여 또는 그 국내법에 의하여 대한민국 판결의 당부를 조사함이 없이 민사소송법 제203조(현행법 제217조)의 규정과 같든가 또는 이보다도 관대한 조건 아래에서 대한민국의 판결의 효력을 인정하고 있는 경우를 말하는 것이라 할 것인바 원판결은 위 원칙에 비추어서 미합중국은 외국법원의 판결을 일체 승인하지 아니하

28) 프랑스 민법 제15조.

며 그에 대한 보장이 없으므로 우리나라와 미합중국은 민사 및 인사판결의 효력에 대한 상호의 보증이 없다.

[관련판례] 大判 1989.3.14, 88므184

미국 뉴욕주 법원의 판결절차가 공시송달에 의하지 아니하고 진행된 것이고 뉴욕주 법원이 판례로서 상호주의원칙을 배격하고, 다만 외국판결이 사기로 획득된 것이거나 공서에 반한다거나 재판관할권의 흠결이 없으면 실질심사를 하지 않고 외국판결의 효력을 그대로 승인하고 있다면 그 뉴욕주 법원의 판결은 민사소송법 제203조(현행법 제217조) 제2호, 제4호의 승인요건을 구비한 것으로 보아야 한다.

[관련판례] 大判 1987.4.28, 85다카1767

호주국의 보통법상으로는 승인요건이 갖추어진 경우라 하더라도 외국판결 자체를 승인하는 것이 아니라 외국판결에 의하여 확정된 의무의 존재를 인정하는 것이고, 따라서 이를 집행하기 위해서는 단순히 집행판결을 구하는 것이 아니라 그것을 청구원인으로 하여 일반소송절차에 따라 소를 제기하고 새로운 판결을 받아야 하므로, 형식적 심판만으로 외국판결을 승인하고 있는 우리나라와는 상호보증이 존재하지 아니한다.

5) 승인 및 집행에 관한 통일법의 추구

앞에서 설명한 바와 같이, 외국판결의 승인이나 집행에 대해서 유럽 국가들은 서로 다른 입장을 취하고 있는바, 유럽연합이 이에 관한 통일적 입장을 확립하기 위한 노력의 결과가 브뤼셀협약과 브뤼셀규칙이다.

그러나 브뤼셀협약과 유럽연합 이사회가 브뤼셀협약을 대체하기 위해 마련한 브뤼셀규칙은 유럽연합 회원국의 비회원국의 판결에 대한 차별적인 승인관행을 그대로 인정하고 있을 뿐만 아니라, 유럽연합 회원국의 재판관할권을 확립하기 위한 기초를 지나치게 넓게 인정하는 경향이 있다고 비판받고 있다.

(2) 브뤼셀협약과 브뤼셀규칙에 따른 외국판결의 승인 및 집행

브뤼셀협약과 브뤼셀규칙은 재판관할권에 관한 규정을 두고 있을 뿐 아니라(협약 제2장 및 규칙 제2장), 회원국의 판결의 승인과 집행에 관해서도 비교적 상세한 규정을 두고 있다(협약 제3장 및 규칙 제3장).

먼저 브뤼셀협약과 브뤼셀규칙은 유럽연합 회원국의 법원이 선고한 판결이 다른 회원국의 법원에 의하여 승인되고 집행될 것을 규정하고 있는바, 이에 따르면 한 회원국의 판결은 다른 회원국에서 특별한 절차를 요하지 않고 당연히 승인된다(협약 제26조 및 규칙 제33조 제1항). 다만 그 판결의 승인이 승인을 요청받은 국가의 공서에 반하는

경우, 피고에게 소송서류가 그의 방어를 가능하게 하는 방법으로 송달되지 아니하고 피고가 출석하지 아니한 채 판결이 선고된 경우, 그 판결이 판결의 승인을 요청받은 국가에서 동일한 당사자 간에 선고된 판결과 상치되는 경우 또는 그 판결이 다른 회원국 또는 비회원국에서 동일한 당사자 간에 동일한 청구로 인한 법률쟁송에 관하여 선고된 이전의 판결과 상치되는 경우에는 그 판결은 승인되지 않는다(협약 제27조 및 규칙 제34조). 또한 브뤼셀협약과 브뤼셀규칙은 판결의 집행에 대한 신청이 있는 경우에 회원국 법원의 판결은 다른 회원국에서 집행된다고 규정하고 있다(협약 제31조 및 규칙 제38조 제1항).

브뤼셀협약과 브뤼셀규칙의 중요한 특징 중 하나는 한 회원국의 법원이 판결을 선고한 경우에 판결의 승인을 요청받은 다른 회원국의 법원은 판결을 선고한 법원이 재판관할권을 가지고 있는지 여부를 심사할 수 없다는 점이다(협약 제28조 및 규칙 제35조 제3항). 나아가 브뤼셀협약과 브뤼셀규칙은 외국판결은 어느 경우에도 그 실체적 내용에 대해서 심사되지 않는다고 규정하고 있다(협약 제29조 및 규칙 제36조). 따라서 프랑스 국적의 원고가 프랑스 법원에서 일본인 피고에 대하여 궐석재판을 통해서 승소판결을 얻은 경우에 그 판결은 일본인 피고의 자산이 있는 유럽연합 내의 다른 회원국에서 집행될 수 있으며, 집행을 요청받은 국가는 프랑스 법원이 그 사안에 대해서 재판관할권을 가지고 있는지 여부나 프랑스 법원의 판결의 실체적 내용을 심사하지 못하는 것이다.

3. 미국에서 외국판결의 승인 및 집행

(1) 주의 판결

미국에서 기판력의 원칙은 판례법에 의하여 오래 전부터 인정되어 왔다. 따라서 한 주의 법원에서 내려진 판결은 다른 주에서도 승인되고 집행된다. 연방대법원은 연방헌법 제4조의 해석과 관련하여 주법원의 판결을 다른 주에서도 가능한 한 집행하는 것을 허용한다. 그러나 피고가 소송서류를 송달받지 못하였거나 소송에 참가할 기회를 얻지 못한 경우, 판결이 이전의 판결과 충돌하는 경우, 기망에 의하여 판결이 선고된 경우 그리고 판결을 선고한 법원이 재판관할권이 없는 경우 등에는 판결의 승인이나 집행이 거부될 수 있다.

(2) 외국판결

외국판결도 주의 판결과 거의 동일하게 승인되거나 집행될 수 있다.[29)] 즉 기판력의 측면에서 외국의 판결은 모든 주에서 판례법이나 성문법에 의하여 일정한 요건을 충족한 때에는 그 효력이 인정된다. 미국에서의 외국판결의 승인은 예양(comity)의 성격이 매우 강하며, 유럽 국가들의 국내법만큼 차별적이지 않다. 또한 뉴욕주를 비롯한 상당수의 주는 외국판결의 승인이나 집행과 관련해서 독일 민사소송법처럼 상호주의를 요구하지도 않는다.[30]

미국에서도 일정한 경우에는 외국판결의 승인이나 집행이 거절되는데, 그러한 경우로서는 그 판결을 선고한 외국 법원이 재판관할권을 갖지 못하는 경우, 기망에 의하여 판결이 선고된 경우, 피고가 소송서류를 송달받지 못한 경우, 이전의 판결과 충돌하는 경우, 불공정한 제도하에서 판결이 선고된 경우 그리고 그 외국판결이 공공질서에 반하는 경우 등이다. 이때 판결을 선고한 외국 법원이 재판관할권을 갖고 있는지 여부는 미국 법원의 입장에서 판단한다. 따라서 외국 법원이 자국법에 의하여 재판관할권을 갖는 경우에도 미국 법원이 자국법을 적용한 결과 외국 법원이 재판관할권을 갖지 못했으리라고 판단하는 경우에는 미국 법원은 그 외국 법원의 판결을 승인하거나 집행하지 않는다.

4. 우리나라에서 외국판결의 승인 및 집행

(1) 외국판결의 승인

외국판결의 승인은 외국 법원이 내린 외국판결의 효력을 내국에서 적법한 것으로서 확인한 후, 집행을 허용하는 절차를 의미한다. 내국판결의 경우에는 별도의 승인절차 없이 바로 집행이 가능하지만, 외국판결의 경우에는 일반적으로 일정한 요건을 갖춘 때에만 내국에서 강제집행이 허용되기 때문에 외국판결의 승인절차가 필요하다.

우리나라는 외국판결의 승인에 대하여 민사소송법 제217조에서 규정한다. 이 조항은 2014년 5월 20일 개정되었는데, 표제는 “외국판결의 효력”에서 “외국판결의 승인”으로 수정하였고, 제1항의 “외국법원의 확정판결”을 “외국법원의 확정판결 또는 이와 동일한 효력이 인정되는 재판”으로 수정하였다. 이로써 승인대상에는 외국법원의 판결뿐만 아니라 결정 등의 기타 재판도 포함될 수 있음을 명백히 하였으며, 기판력이 있는 판결 이외의 재판에 대해서도 승인이 가능한 것으로

29) Restatement (Third) of Foreign Relations Law sec. 481, comment c.

30) 미국에서 뉴욕주를 포함한 10개 주는 다른 주의 법원의 판결을 자기 주의 법원의 판결의 집행과 동일한 방법에 의하여 집행할 수 있도록 외국판결의 집행에 관한 통일법(Uniform Enforcement of Foreign Judgments Act)을 채택하였기 때문에 외국판결은 간이한 절차에 의하여 집행될 수 있다고 한다[석광현(주13), 327면].

확대하였다. 또한 제2항을 신설하여 외국재판의 승인요건이 직권조사사실임을 명문화하였다.

(2) 우리나라 민사소송법상 외국판결 승인의 요건

1) 국제재판관할권의 존재

우리나라 민사소송법 제217조 제1항 제1호는 "대한민국의 법령 또는 조약에 따른 국제재판관할의 원칙상 그 외국법원의 국제재판관할권이 인정될 것"을 첫째 요건으로서 규정하고 있다. 여기서 의미하는 국제재판관할권은 그 외국의 어느 법원이 재판관할을 갖는지에 관한 특별재판관할권이 아니라, 당해 외국이 재판관할을 갖는지에 관한 일반재판관할권을 의미한다.

외국이 국제재판관할권을 갖는다고 인정될 수 있는 경우로는 판결국에 피고의 주소가 있는 경우, 피고의 응소가 있었던 경우, 피고가 행방불명이었던 경우, 당사자 간에 재판관할에 관한 합의가 있었던 경우 및 피고의 국적이나 주소 또는 영업활동과 청구원인간에 상당한 관련이 있는 경우 등을 들 수 있다.[31]

[관련판례] 大判 1995.11.21, 93다39607

섭외사건의 국제재판관할에 관하여 일반적으로 승인된 국제법상의 원칙이 아직 확립되어 있지 아니하고 이에 관한 우리나라의 성문법규도 없는 이상, 섭외사건에 관한 외국법원의 재판관할권 유무는 당사자 간의 공평, 재판의 적정, 신속을 기한다는 기본이념에 따라 조리에 의하여 결정함이 상당하고, 이 경우 우리나라의 민사소송법의 토지관할에 관한 규정 또한 그 기본이념에 따라 제정된 것이므로, 그 규정에 의한 재판적이 외국에 있을 때에는 이에 따라 외국법원에서 심리하는 것이 조리에 반한다는 특별한 사정이 없는 한 그 외국법원에 재판관할권이 있다고 봄이 상당하다.
물품을 제조하여 판매하는 제조자의 불법행위로 인한 손해배상 책임에 관한 제조물책임 소송에 있어서 손해발생지의 외국법원에 국제재판관할권이 있는지 여부는 제조자가 당해 손해발생지에서 사고가 발생하여 그 지역의 외국법원에 제소될 것임을 합리적으로 예견할 수 있을 정도로 제조자와 손해발생지와의 사이에 실질적 관련이 있는지 여부에 따라 결정함이 조리상 상당하고, 이와 같은 실질적 관련을 판단함에 있어서는 예컨대 당해 손해발생지의 시장을 위한 제품의 디자인, 그 지역에서의 상품광고, 그 지역 고객들을 위한 정기적인 구매상담, 그 지역 내에서의 판매대리점 개설 등과 같이 당해 손해발생지 내에서의 거래에 따른 이익을 향유하려는 제조자의 의도적인 행위가 있었는지 여부가 고려될 수 있다.

---

31) 大判 1988.4.12, 85므71; 윤종진(주19), 250면.

[관련판례] 大判 1988.4.12, 85므71

민사소송법 제203조 제1호(개정 민사소송법 제217조 제1호)의 규정취지는 우리나라에서 외국판결을 승인하기 위하여는 그 판결을 한 외국법원이 당해 사건에 관하여 우리나라의 법률 또는 조약 등에 의한 국제재판관할 원칙에 따라 국제재판관할권을 가지고 있음이 인정되어야 한다는 것으로 풀이되고 위 법조항은 외국법원의 이혼판결에도 적용된다.
우리나라의 법률이나 조약 등에는 섭외 이혼사건의 국제재판관할에 관한 규정을 찾아볼 수 없으므로 섭외이혼사건에 있어서 위 규정에 의한 외국법원의 재판관할권의 유무는 섭외이혼사건의 적정, 공평과 능률적인 해결을 위한 관점과 외국판결 승인제도의 취지 등에 의하여 합리적으로 결정되어야 할 것이므로 섭외이혼사건에 있어서 이혼판결을 한 외국법원에 재판관할권이 있다고 하기 위하여는 그 이혼청구의 상대방이 행방불명 기타 이에 준하는 사정이 있거나 상대방이 적극적으로 응소하여 그 이익이 부당하게 침해될 우려가 없다고 보여지는 예외적인 경우를 제외하고는 상대방의 주소가 그 나라에 있을 것을 요건으로 한다고 하는 이른바 피고주소지 주의에 따름이 상당하다.

2) 적법한 송달 또는 임의응소

민사소송법 제217조 제1항 제2호는 "패소한 피고가 소장 또는 이에 준하는 서면 및 기일통지서나 명령을 적법한 방식에 따라 방어에 필요한 시간여유를 두고 송달받았거나(공시송달이나 이와 비슷한 송달에 의한 경우를 제외한다) 송달받지 아니하였더라도 소송에 응하였을 것"을 규정하고 있다. 이는 공정한 소송이 진행되기 위하여 피고에게 충분한 방어의 기회를 주어야 한다는 이유에서 규정한 것이다.

[관련판례] 大判 2010.7.22, 2008다31089

소장 또는 이에 준하는 서면 및 기일통지서나 명령이라 함은 소장 및 소송개시에 필요한 소환장 등을 말하는 것인데, 패소한 피고가 이러한 소환장 등을 적법한 방식에 따라 송달받았을 것을 요구하는 것은 소송에서 방어의 기회를 얻지 못하고 패소한 피고를 보호하려는 것에 그 목적이 있는 것이므로 법정지인 판결국에서 피고에게 방어할 기회를 부여하기 위하여 규정한 송달에 관한 방식, 절차를 따르지 아니한 경우에는 여기에서 말하는 적법한 방식에 따른 송달이 이루어졌다고 할 수 없다.
미합중국 워싱턴주의 개정법률(Revised Code of Washington) 제4.28.180조 및 민사규칙(Super Court Civil Rules) 제4조 송달규정에서 정한 60일의 응소기간이 아닌 '20일'의 응소기간만을 부여한 소환장을 워싱턴주 밖에 주소를 둔 피고에게 송달한 것은 적법한 방식에 의한 송달로 볼 수 없다.

[관련판례] 大判 1992.7.14, 92다2585

민사소송법 제203조 제2호(개정 민사소송법 제217조 제2호)의 규정에 의하면, 외국판결의 효력을 국내에서 승인하기 위한 구비조건의 하나로서 '패소한 피고가 대한민국 국민인 경우에 공시송달에 의하지 아니하고 소송의 개시에 필요한 소환 또는 명령의 송달을 받은 일 또는 받지 아니하고 응소한 일'을 들고 있는바, 이때의 송달이란 보충송달이나 우편송달이 아닌 통상의 송달방법에 의한 송달을 의미하며, 그 송달은 적법한 것이라야 한다.
「영사관계에 관한 비엔나협약」 제5조 제이(j)항에는 파견국 영사는 파견국 법원을 위하여 소송서류 또는 소송 이외의 서류를 송달할 수 있도록 되어 있으나, 이는 자국민에 대하여서만 가능한 것이고, 우리나라와 영사관계가 있더라도 송달을 받을 자가 자국민이 아닌 경우에는 영사에 의한 직접실시방식을 취하지 않는 것이 국제예양이며, 위 협약에 가입하고 있는 국가라 할지라도 명시적으로 위 방식에 대한 이의를 표시하고 있는 경우에는 이에 의할 수 없는 것이라고 할 것인데 우리나라는 「사법공조업무처리 등에 관한 예규」(송민예규 85-1)에 따라 국제간의 사법공조업무를 처리하여 오다가, 위 예규의 내용을 받아 「국제민사사법공조법」을 제정하여, 외국으로부터의 송달촉탁은 외교상의 경로를 거칠 것을 요건으로 하여 송달장소를 관할하는 제1심 법원이 관할하도록 규정함으로써, 적어도 영사파견국의 국민이 아닌 경우에는 위 비엔나협약에 규정된 영사에 의한 직접실시방식에 대하여 이의를 표시하고 있는 것이라고 볼 것이므로, 영사파견국의 법원이 위와 같은 공조요건인 외교상의 경로를 거치지 아니하고 우리나라 국민이나 법인을 상대로 하여 자국영사에 의한 직접실시방식으로 송달을 한 것이라면, 이는 위 영사파견국이 우리나라와 영사관계가 있다 하더라도 우리나라의 재판사무권을 침해한 것으로서 적법한 송달로서의 효력이 없다고 볼 것이며, 이와 같은 경우에는 민사소송법 제203조 제2호(개정 민사소송법 제217조 제2호)의 송달요건을 갖추지 못한 것이라고 할 것이다.

3) 공서에 반하지 않을 것

민사소송법 제217조 제1항 제3호는 "그 확정재판 등의 내용 및 소송절차에 비추어 그 확정재판 등의 승인이 대한민국의 선량한 풍속이나 그 밖의 사회질서에 어긋나지 아니할 것"이라고 규정하고 있다. 여기서 말하는 공서가 국제사법 제10조의 공서를 의미하는지 아니면 민법 제103조의 공서를 의미하는지가 문제된다. 민사소송법 제217조 제1항 제3호는 대한민국의 공서라고 규정하고 있지만, 이는 국제사법적 공서를 뜻하는 것으로서 민법상의 공서보다는 엄격하게 해석하여야 할 것이다. 왜냐하면 국제사법 제10조의 공서는 "외국법 적용의 결과"와 관련한 것이고, 민사소송법 제217조 제1항 제3호의 공서는 "외국판결의 효력을 승인한 결과"를 부인하기 위한 것이라는 점에서 서로 그 취지를 같이하기 때문이다.[32)]

개정 전에는 "그 판결의 효력을 인정하는 것이 대한민국의 선량한 풍속이나 그 밖의 사회질서에 어긋나지 아니할 것"이라고 규정되어 있어 절차적 공서가 포함되는지 불분명하였으나, 2014년 민사소송법 개정을 통해 실체적 공서와 절차적 공서가 모두 포함된다는 것을 분명히 하였다.

한편, 2014년 민사소송법 개정을 통해 신설된 제217조의2는 '손해배상에 관한 확정재판 등의 승인'이라는 표제 하에 제1항에서 "법원은 손해배상에 관한 확정재판 등이 대한민국의 법률 또는 대한민국이 체결한 국제조약의 기본질서에 현저히 반하는 결과를 초래할 경우에는 해당 확정재판 등의 전부 또는 일부를 승인할 수 없다."고 규정하였다. 이는 우리 손해배상법의 체계에서 인정할 만한 상당한 금액을 현저히 초과하는 손해배상액의 지급을 명하는 외국판결을 우리나라에서 승인하는 것은 공서에 반한다는 점을 분명히 한 것이다. 다만 이를 민사소송법 제217조 제1항 제3호에서 규정하는 '대한민국의 선량한 풍속이나 그 밖의 사회질서'와 분리하여 따로 규정한 이유는 대한민국의 법률 또는 대한민국이 체결한 국제조약의 기본질서, 즉 국내법질서를 '대한민국의 선량한 풍속이나 그 밖의 사회질서'와 동일선상에서 보기 어렵다는 점과 외국재판의 승인요건에 단서규정을 두는 것이 적절하지 않다는 점을 고려한 것이다.[33]

[관련판례] 大判 2012.5.24, 2009다22549

민사소송법 제217조 제3호(개정 민사소송법 제217조 제1항 제3호)는 외국법원의 확정판결의 효력을 인정하는 것이 대한민국의 선량한 풍속이나 그 밖의 사회질서에 어긋나지 아니하여야 한다는 점을 외국판결 승인요건의 하나로 규정하고 있는데, 여기서 외국판결의 효력을 인정하는 것, 즉 외국판결을 승인한 결과가 대한민국의 선량한 풍속이나 그 밖의 사회질서에 어긋나는지는 그 승인 여부를 판단하는 시점에서 외국판결의 승인이 대한민국의 국내법 질서가 보호하려는 기본적인 도덕적 신념과 사회질서에 미치는 영향을 외국판결이 다룬 사안과 대한민국과의 관련성의 정도에 비추어 판단하여야 하고, 이때 그 외국판결의 주문뿐 아니라 이유 및 외국판결을 승인할 경우 발생할 결과까지 종합하여 검토하여야 한다.

일제강점기에 국민징용령에 의하여 강제징용되어 일본국 회사인 미쓰비시중공업 주식회사에서 강제노동에 종사한 대한민국 국민 갑 등이 구 미쓰비시가 해산된 후 새로이 설립된 미쓰비시중공업 주식회사를 상대로 국제법 위반 및 불법행위를 이유로 한 손해배상과 미

32) 신창선 · 윤남순(주20), 206면.
33) 이규호, "외국재판의 승인 등에 관한 개정 민소법 · 민사집행법에 대한 평가", 「법률신문」(2014년 9월 4일 제4252호), 11면.

지급 임금의 지급을 구한 사안에서, 갑 등이 미쓰비시를 상대로 동일한 청구원인으로 일본국에서 제기한 소송의 패소확정판결 이유에는 일본의 한반도와 한국인에 대한 식민지배가 합법적이라는 규범적 인식을 전제로 하여 일제의 국가총동원법과 국민징용령을 한반도와 갑 등에게 적용하는 것이 유효하다고 평가한 부분이 포함되어 있는데, 대한민국 헌법 규정에 비추어 볼 때 일제강점기 일본의 한반도 지배는 규범적인 관점에서 불법적인 강점에 지나지 않고, 일본의 불법적인 지배로 인한 법률관계 중 대한민국의 헌법정신과 양립할 수 없는 것은 그 효력이 배제된다고 보아야 하므로, 일본판결 이유는 일제강점기의 강제동원 자체를 불법이라고 보고 있는 대한민국 헌법의 핵심적 가치와 정면으로 충돌하는 것이어서 이러한 판결 이유가 담긴 일본판결을 그대로 승인하는 결과는 그 자체로 대한민국의 선량한 풍속이나 그 밖의 사회질서에 어긋나는 것임이 분명하므로 우리나라에서 일본판결을 승인하여 효력을 인정할 수 없는데도, 이와 달리 본 원심판결에 법리오해의 위법이 있다.

[관련판례] 大判 2009.6.25, 2009다22952

이 사건 판결의 이혼사유인 결혼의 파탄은 우리 민법이 정한 이혼사유가 아니라는 사정 및 이 사건 판결의 재산분할 방식이 우리나라에서의 그것과 다소 차이가 있으며, 이 사건 판결에서 지급을 명한 배우자 부양료는 우리나라에서는 인정되지 않는다는 사정만으로는 이 사건 판결의 효력을 인정하는 것이 대한민국의 선량한 풍속이나 그 밖의 사회질서에 어긋난다고 할 수 없다.

[관련판례] 大判 1994.5.10, 93므1051

동일 당사자 간의 동일 사건에 관하여 대한민국에서 판결이 확정된 후에 다시 외국에서 판결이 선고되어 확정되었다면 그 외국판결은 대한민국판결의 기판력에 저촉되는 것으로서 대한민국의 선량한 풍속 기타 사회질서에 위반되어 민사소송법 제203조 제3호(개정 민사소송법 제217조 제3호)에 정해진 외국판결의 승인요건을 흠결한 경우에 해당하므로 대한민국에서는 효력이 없다.
피고가 항소심에서 원고의 청구가 인용될 경우에 대비하여 제기한 예비적 반소는, 원고가 반소 제기에 대하여 부동의하고 있을 뿐 아니라 본소와 반소의 각 청구원인이 상이한 만큼 원고의 심급의 이익을 해할 우려가 없다고 할 수 없어 부적법하다.

4) 상호보증이 있을 것

민사소송법 제217조 제1항 제4호는 “상호보증이 있거나 대한민국과 그 외국법원이 속하는 국가에 있어 확정재판 등의 승인요건이 현저히 균형을 상실하지 아니하고 중요한 점에서 실질적으로 차이가 없을 것”이라고 규정한다. 외국판결은 민사집행법 제26조 및 제27조에 따라 집행판결을 얻어 집행하게 되는데, 외국이 우리나라 법원의 판결을 집행하지 않는다면 우리나라도 당해 외국판결을 집행

할 필요가 없다고 하는 관점에서 이 규정이 마련되었다.[34)]

한편 상호보증요건의 범위와 관련해서 모든 종류의 판결 전반에 대해서 상호보증이 요구된다고 볼 필요는 없을 것이므로 승인이나 집행이 문제가 된 종류의 판결 상호간에만 상호보증이 있으면 상호보증의 요건을 만족한 것으로 보는 것이 타당하다.[35)] 독일 민사소송법이 규정하고 있는 바와 같이, 재산권상의 청구에 관한 판결에 대해서는 상호보증을 요구하지만, 신분관계에 관한 사건과 같이 비재산권상의 청구에 관한 판결에 대해서는 상호보증을 요구하지 않는 것도 외국판결의 승인과 집행 가능성을 높인다는 점에서 고려할 만한 해석태도일 것이다.[36)]

[관련판례] 大判 2013.2.15, 2012므66, 73

민사소송법 제217조 제4호(개정 민사소송법 제217조 제1항 제4호)는 우리나라만이 입을 수 있는 불이익을 방지하고 국제관계에서 형평을 도모하기 위하여 외국판결의 승인요건으로서 '상호보증이 있을 것'을 요구하고 있지만, 관결국에 있어서 외국판결의 승인요건이 우리나라의 그것과 모든 항목에 걸쳐 완전히 같거나 오히려 관대할 것을 요구하는 것은 지나치게 외국판결의 승인 범위를 협소하게 하는 결과가 되어 국제적인 교류가 빈번한 오늘날의 현실에 맞지 아니하고, 오히려 외국에서 우리나라의 판결에 대한 승인을 거부하게 하는 불합리한 결과를 가져온다는 점을 고려할 때 우리나라와 외국 사이에 동종 판결의 승인요건이 현저히 균형을 상실하지 아니하고 외국에서 정한 요건이 우리나라에서 정한 그것보다 전체로서 과중하지 아니하며 중요한 점에서 실질적으로 거의 차이가 없는 정도라면 민사소송법 제217조 제4호(개정 민사소송법 제217조 제1항 제4호)에서 정하는 상호보증의 요건을 구비하였다고 봄이 타당하다. 또한 이와 같은 상호의 보증은 외국의 법령, 판례 및 관례 등에 의하여 승인요건을 비교하여 인정되면 충분하고 반드시 당사국과의 조약이 체결되어 있을 필요는 없으며, 당해 외국에서 구체적으로 우리나라의 동종 판결을 승인한 사례가 없더라도 실제로 승인할 것이라고 기대할 수 있는 상태이면 충분하다.

[관련판례] 大判 2004.10.28, 2002다74213

우리나라와 외국 사이에 동종 판결의 승인요건이 현저히 균형을 상실하지 아니하고 외국에서 정한 요건이 우리나라에서 정한 그것보다 전체로서 과중하지 아니하며 중요한 점에서 실질적으로 거의 차이가 없는 정도라면 민사소송법 제217조 제4호(개정 민사소송법 제217조 제1항 제4호)에서 정하는 상호보증의 요건을 구비하였다고 봄이 상당하

34) 신창선 · 윤남순(주20), 206면; 윤종진(주19), 255면.
35) 윤종진(주19), 255면.
36) 신창선 · 윤남순(주20), 207면; 윤종진(주19), 255-256면.

고, 또한 이와 같은 상호의 보증은 외국의 법령, 판례 및 관례 등에 의하여 승인요건을 비교하여 인정되면 충분하고 반드시 당사국과의 조약이 체결되어 있을 필요는 없으며, 당해 외국에서 구체적으로 우리나라의 동종 판결을 승인한 사례가 없더라도 실제로 승인할 것이라고 기대할 수 있는 상태이면 충분하다 할 것이고, 이와 같은 상호의 보증이 있다는 사실은 법원이 직권으로 조사하여야 하는 사항이라 할 것이다.

[관련판례] 大判 1989.3.14, 88므184

미국 뉴욕주 법원의 판결절차가 공시송달에 의하지 아니하고 진행된 것이고, 뉴욕주 법원이 판례로서 상호주의원칙을 배격하고 다만 외국판결이 사기로 획득한 것이거나 공서에 반한다거나 재판관할권의 흠결이 없으면 실질심사를 하지 않고 외국판결의 효력을 그대로 승인하고 있다면, 그 뉴욕주 법원의 판결은 민사소송법 제203조 제2호, 제4호(개정 민사소송법 제217조)의 승인요건을 구비한 것으로 보아야 한다.

[관련판례] 大判 1971.10.22, 71다1393

민사소송법 제203조 제4호(개정 민사소송법 제217조 제1항 제4호)에 이른바 상호의 보증이 있는 일이라 함은 당해 외국이 조약에 의하여 또는 그 국내법에 의하여 대한민국 판결의 당부를 조사함이 없이 민사소송법 제203조 제4호(개정 민사소송법 제217조 제1항 제4호)의 규정과 같든가 또는 이보다도 관대한 조건 아래에서 대한민국의 판결의 효력을 인정하고 있는 경우를 말하는 것이다.

(3) 외국판결의 집행

외국판결이 민사소송법 제217조 제1항의 요건을 충족함으로써 승인된 때에는 우리나라에서 기판력과 형성력을 갖는다.[37] 형성적 효력을 갖는 외국판결의 경우에는 그 판결에 의하여 형성된 효과를 주장함에 별다른 절차가 필요하지 않다. 그러나 강제집행을 필요로 하는 지급판결 등의 경우에는 채무자에 대한 영향이 직접적이고 현실적이기 때문에 재판기관과 집행기관이 분리되어 있고 우리나라와 같이 집행기관이 권리의 존부를 별도로 판단하지 않는 때에는 외국판결이 승인요건을 갖춤으로써 집행력을 갖는지 여부를 재판기관에서 별도로 판단해야 한다. 이러한 이유에서 민사집행법 제26조 제1항은 "외국법원의 확정판결 또는 이와 동일한 효력이 인정되는 재판에 기초한 강제집행은 대한민국 법원에서 집행판결로 그 강제집행을 허가하여야 할 수 있다."고 규정한다. 이와 관련해서 민사집행법 제26조 제2항은 집행판결을 청구하는 소는 채무자의 보통재판적이 있는

37) 정동윤 · 유병현(주23), 763면.

곳의 지방법원이 관할하며, 보통재판적이 없는 때에는 민사소송법 제11조의 규정에 따라 채무자에 대한 소를 관할하는 법원이 관할한다고 규정하고 있다. 집행판결은 재판의 당부를 조사하지 않는 형식적 심사이며(민사집행법 제27조 제1항), 외국법원의 판결이 확정된 것을 증명하지 않거나 민사소송법 제217조의 요건을 구비하지 않은 경우에는 집행판결 청구의 소는 각하된다(민사집행법 제27조 제2항).

제3절 국제상사중재

Ⅰ. 의 의

상사중재(commercial arbitration)는 소송 외 분쟁해결방법, 즉 대체분쟁해결방법(alternative dispute resolution) 중 가장 중요한 분쟁해결방법이다. 국제거래에서 당사자들은 일반적으로 계약과 관련하여 발생하는 분쟁을 소송 대신에 중재에 의하여 해결할 것에 합의한다. 당사자들은 중재합의를 함으로써 합의를 하지 않았더라면 재판관할권을 가졌을 법원에서 소송을 통해서 분쟁을 해결해야 하는 부담을 피할 수 있다.

당사자 간 합의에 의한 대체적 분쟁해결방법의 선택은 국내거래뿐만 아니라 국제거래에서도 그 유효성이 일반적으로 인정되고 있다. 예를 들어 우리나라의 매도인 A가 미국의 매수인 B에게 물품판매를 위한 계약을 체결하면서 계약과 관련된 분쟁은 제3국인 싱가포르에서 중재를 통하여 해결할 것을 정했다고 가정할 때, 이러한 중재합의는 우리나라, 미국 및 싱가포르에서 모두 그 유효성이 긍정된다. 따라서 만약 당사자 간 합의에도 불구하고, A나 B가 중재에 의하지 않고 소송에 의하여 분쟁을 해결하려고 하는 경우에는 이들 국가의 법원은 이에 응하지 않을 것이며, 그 소송을 각하하거나 또는 직권으로 분쟁을 중재에 회부한다.[38)]

---

38) 참고로 우리나라 중재법 제9조 제1항은 "중재합의의 대상인 분쟁에 관하여 소가 제기된 경우에 피고가 중재합의존재의 항변을 하는 때에는 법원은 그 소를 각하하여야 한다"고 규정하고 있고, 우리나라 중재법이 기초하고 있는 국제상사중재에 관한 UNCITRAL 모범법(UNCITRAL Model Law on International Commercial Arbitration) 제8조 제1항도 "중재합의의 대상이 된 사항에 관하여 소가 제기된 법원은 당사자가 늦어도 분쟁의 본안에 관한 최초의 진술서를 제출하기 전까지 요청하며, 중재합의의 부존재나, 무효, 이행불능의 경우를 제외하고, 그 당사자들을 중재에 회부하여야 한다"고 규정하고 있다.

II. 상사중재의 특징

1. 중재와 소송의 비교

분쟁해결방법으로서의 소송은 나름의 단점을 갖고 있고, 따라서 일반적으로 분쟁당사자들은 소송 외의 방법에 의한 해결을 선호하는바, 이 같은 분쟁해결방법을 통칭하여 대체분쟁해결방법(Alternative Dispute Resolution: ADR)이라고 한다. 대체적 분쟁해결방법에는 협상(negotiation), 화해(compromise), 알선(mediation) 및 조정(conciliation) 등이 있지만, 가장 많이 이용되고 있는 대체분쟁해결방법은 중재이다. 중재는 오늘날 국제상사분쟁을 해결하는 데 있어서 매우 중요한 역할을 한다.[39)]

중재와 소송은 ① 분쟁당사자가 서로 대립하는 구조라는 점, ② 사실발견절차와 증거제출을 위한 절차적인 규칙이 있다는 점, ③ 실체법이 적용된다는 점, ④ 중립적인 심리자에 의하여 절차가 진행된다는 점, 그리고 ⑤ 중재판정과 판결은 최종적이고 구속력이 있다는 점 등의 공통점을 갖는다. 반면에 중재는 소송에 비하여 ① 일반적으로 시간과 비용이 절약된다는 점, ② 증거제출에 관한 규칙이 소송절차규칙에 비해 융통성이 있다는 점, ③ 중재절차는 소송절차와는 달리 일반적으로 공개되지 않으므로 비교적 단순하고, 공적(公的)이라기보다는 사적(私的)이며, 또한 당사자가 반드시 대립하는 지위에 있지는 않는 구조라는 점, ④ 중재기관이 비교적 중립적이라는 점, 그리고 ⑤ 흔히 항소가 일반적으로 허용되는 소송절차와는 달리 중재판정에 대하여 기망이나 절차의 형식적 문제 등 극히 예외적인 경우를 제외하고는 당사자가 중재판정에 대해 항소하는 것이 제한된다는 점[40)] 등의 차이점을 갖는다. 이러한 차이점에 더하여 중재가 이용되는 실질적인 이유에는 ① 뉴욕협약과 같이 외국에서 중재판정의 집행을 보장하는 조약 때문에 중재판정이 판결보다도 더 광범위하게 외국에서 집행된다는 점 그리고 ② 분쟁당사자는 자기의 분쟁의 해결을 위한 소송이 상대방 국가의 국내 소송법에 따라서 진행되는

---

39) 그러나 개발도상국들은 국제중재기관의 중재에 관한 규칙이 선진국들에게 유리하다고 판단하는 경우가 많다. 따라서 일부 개발도상국들은 국제계약, 특히 외국투자, 자연자원 그리고 기술이전 등에 관한 계약으로부터 발생하는 분쟁은 자국 법원에서 자국법에 의하여 해결되어야 한다는 입장을 취하기도 한다.

40) 참고로 우리나라 중재법과 UNCITRAL 모범법은 중재합의가 무효이거나 중재판정이 중재합의의 대상이 아닌 분쟁을 다루었거나 또는 중재판정의 승인이나 집행이 공서에 반하는 등 예외적인 경우에만 중재판정에 대한 불복을 허용한다(중재법 제36조 및 UNCITRAL 모범법 제34조 참조).

것을 원하지 않기 때문에 국제거래에서 발생하는 분쟁에 대해서는 국제중재가 분쟁해결에 있어 현실적으로 유일한 대안이 되는 경우가 많다는 점 등이 있다.

한편 위에서 언급한 중재의 장점은 그 반대로 중재의 단점이 될 수도 있다. 예를 들어 국제상사중재에 있어서 한 당사자가 중재절차의 진행을 지체하려고 의도하는 때에는 오히려 중재절차가 소송의 경우보다 더 많은 시간을 초래할 수도 있다. 또한 중재비용은 분쟁가액에 따라 결정되기 때문에 경우에 따라서는 중재비용이 소송비용보다 더 높을 수도 있다. 또한 중재절차가 갖는 융통성이 중재의 장점으로서 언급되고 있지만, 이것은 반대로 중재판정부가 어느 누구도 완전히 패소하게 하는 명확한 판정을 내릴 가능성이 소송의 경우보다 낮다는 것을 의미하고, 따라서 분쟁에서 이길 자신이 있는 분쟁당사자는 중재보다는 오히려 소송을 이용하려고 할 수 있다. 그 외에도 중재절차비공개의 원칙에도 불구하고, 중재합의나 중재판정 자체가 소송대상이 되는 때에는 중재절차내용이 공개되어야 하는 경우도 있다.

2. 중재심리의 범위

원칙적으로 중재인은 사실의 문제(questions of fact)를 판정하지만, 중재과정에서 발생한 법적 문제(questions of law)도 판정한다. 법원이 예외적으로 중재판정을 사법심사하는 경우에 법원은 중재인이 확정한 사실관계를 그대로 받아들이며, 법적 문제만을 그 심사대상으로 한다.[41)]

분쟁의 내용이 물품이 계약에서 요구하는 품질을 갖고 있는지 또는 물품이 견본과 동일한지 등과 같이 순수한 사실 문제인 때에는 중재가 소송에 비해 확실히 우수한 분쟁해결방법이다. 그러나 분쟁이 법적 문서의 해석 등과 같이 순수한 법적 문제인 때에는 이를 소송으로 해결하는 것이 오히려 낫다.

흔히 분쟁은 사실문제뿐 아니라 법적 문제를 동시에 수반한다. 예를 들어 계약의 목적이 좌절되었는지 여부가 분쟁의 내용인 경우에는 계약의 좌절(frustration of contract)을 야기하였다고 주장되는 상황에 대한 판단은 사실 문제이지만, 이처럼 확정된 사실관계가 계약 좌절의 원칙의 요건을 충족하는지 여부는 법적 문제이다. 이러한 경우에 앞에서 설명한 것처럼 법적 문제에 대한 중재판정은 사법심사의 대상이 되지만, 사실 문제에 대한 중재판정은 명백히 부당하지 않는

41) Clive M. Schmitthoff, *Schmitthoff's Export Trade* (9th ed., 1990, Stevens), p.647.

한 사법심사의 대상이 되지 않는다.

3. 중재의 계약적 요소

중재를 통해서 분쟁을 해결하겠다는 당사자 간 합의, 즉 중재합의 없이는 중재가 있을 수 없다. 중재합의는 원계약 내에 중재조항을 두는 사전합의의 형태를 취할 수도 있고 또는 분쟁이 발생한 후 당사자들이 별도의 중재계약을 체결하는 사후합의의 형태를 취할 수도 있다. 중재합의는 중재인 또는 중재판정부의 중재관할권 또는 심리범위를 결정하며, 중재인이나 중재판정부는 그에게 부여된 권한을 넘어서는 안 된다.

중재가 갖는 계약적 성질 때문에 중재인은 당사자가 합의에 의하여 부여한 권한의 범위 내에서만 판정할 권한을 갖는다. 그러나 특정 사안에 대해서 중재인이 심의할 수 있는지 여부에 관하여 당사자 간에 이견이 있는 경우에 중재인은 스스로 중재관할권의 존재 여부에 관하여 판단할 수 있다.[42)]

주의할 것은 원계약 내에 중재조항이 포함되어 있는 경우에 중재조항은 원계약의 다른 조항과는 독립된 합의로 취급되기 때문에[43)] 중재인은 허위표시나 착오를 이유로 원계약이 무효로 되는지 여부 또는 계약이 해제될 수 있는지 여부 등의 문제도 판단할 수 있다는 점이다.

4. 중재의 사법적 요소

중재인은 당사자에 의해서 선임되거나 또는 중재합의에 따라 임명된 사적 재판관(private judge)으로서 국가에 의해서 임명된 법관과 동일한 정신으로 판정해야 하며, 절대적으로 공정해야 한다.

중재인은 적용될 절차규정에 따라 중재해야 할 뿐 아니라, 자연정의(natural justice)의 요건을 엄격히 준수해야 한다. 구체적으로 중재인은 당사자에게 공정한 심리의 기회를 부여해야 하고,[44)] 한 당사자로부터 받은 정보가 상대방에게 전달되지 않은 때에는 이를 그 상대방에게 통지해야 한다. 중재인은 법관과 마찬가지

42) 예를 들어 우리나라 중재법 제17조 제1항은 "중재판정부는 자신의 권한 및 이와 관련된 중재합의의 존부 또는 유효성에 대한 이의에 대하여 결정할 수 있다"고 규정하고 있고, UNCITRAL 모범법 제16조 제1항도 유사한 내용의 규정을 두고 있다.

43) 이는 이른바 분리성의 원칙(doctrine of separability or severability)이 적용되는 결과이다. 우리나라 중재법 제17조 제1항 및 UNCITRAL 모범법 제16조 제1항 참조.

44) 우리나라 중재법 제19조 및 UNCITRAL 모범법 제18조 참조.

로 적하나 선박과 같은 분쟁의 목적물을 조사할 권한을 갖는데, 이때 양 당사자에게 모두 조사과정에 참여할 기회를 제공해야 한다. 또한 당사자가 달리 합의하지 않는 한, 중재인은 일방 당사자의 신청에 따라 분쟁의 본안에 관하여 필요하다고 인정하는 중간처분 또는 임시적 처분을 내릴 수 있고, 중간처분과 관련하여 적절한 담보를 제공할 것을 명할 수 있다.[45]

중재합의 자체에 하자가 있거나 중재인이 그의 관할 또는 심의범위에 속하지 않는 사안에 대하여 판정을 내리는 등의 사유가 있는 때에는 그에 의한 중재판정은 예외적으로 취소의 대상이 된다.[46]

Ⅲ. 상사중재에 관한 국제규칙

중재절차는 당사자 간 중재합의에 의하여 규율되는 것이 원칙이다. 그러나 이러한 중재합의는 중재에 적용되는 중재규칙이나 중재를 행하는 중재기관이 정한 규칙에 따라 중재에 적용될 절차법적 법규, 당사자가 중재합의에서 정한 준거법에 따라 중재에 적용될 실체법적 법규 그리고 중재가 행하여지는 국가의 법 및 중재판정이 집행될 국가의 법에 따라야 한다.

세계적으로 다양한 중재기관과 중재규칙이 있지만, 특정한 중재기관이 정한 중재규칙을 이용한다고 해서 반드시 그 중재기관을 이용할 의무는 없으며, 특정한 국가에 그 본부가 있는 중재기관을 이용한다고 해서 역시 그 국가에서 중재할 의무가 발생하는 것은 아니다.

중재규칙은 주로 중재관할권, 중재인의 선임, 중재지, 적용법규, 중재절차에 사용될 언어, 중재절차, 중재판정 및 비용 등을 규정하고 있다.

1. ICC 중재규칙

국제상업회의소(ICC) 중재는 국제상업회의소 중재법원(ICC Court of Arbitration)에 의하여 집행되고 감독되는데, 국제상업회의소 중재법원은 실제로 중재절차를 진행하거나 중재판정을 내리지는 않으며, 단지 개별적인 중재사건에서 중재절차의 진행을 감독할 뿐이다. 즉 국제상업회의소 중재법원은 중재절차의 개시를 허용하거나 일련의 행정적 조치를 통하여 중재인을 감독하거나 중재판정부를 돕

45) 우리나라 중재법 제18조 및 UNCITRAL 모범법 제17조 참조.
46) 우리나라 중재법 제36조 제2항 및 UNCITRAL 모범법 제34조 제2항 참조.

는다.

국제상업회의소 중재법원의 중재는 ICC가 채택한 규칙, 즉 「ICC 중재규칙」(ICC Rules of Arbitration)에 의하여 규율된다. 현재의 ICC 중재규칙은 2012년 1월 1일 시행된 것이다.

2. UNCITRAL 중재규칙

「UNCITRAL 중재규칙」(UNCITRAL Arbitration Rules)은 1976년 UN총회에서 채택된 것으로서 임시중재에 이용되기 위한 것이지만, 기관중재에서도 이용될 수 있다. UNCITRAL 중재규칙은 대륙법계나 영미법계 국가 또는 자본수입국이나 자본수출국의 입장을 균형 있게 고려한 것이므로 중립적인 규칙으로 평가되고 있다. 여러 중재기관들은 이 규칙을 모범으로 하여 그 중재규칙을 채택하였다.

3. 런던국제중재법원규칙

런던국제중재법원(London Court of International Arbitration: LCIA)은 1892년 설립된 것으로서 국제중재를 담당하기 위한 중재기관인데, 동 기관이 국제중재를 수행하는 데 사용하는 중재규칙이 「런던국제중재법원규칙」(London Court of International Arbitration Rules: LCIA 규칙)이다. 현재 런던국제중재법원이 사용하는 중재규칙은 2014년 10월 1일 개정 발효된 런던국제중재법원규칙(London Court of International Arbitration Rules)이다.

4. 대한상사중재원 국제상사중재규칙

우리나라의 대한상사중재원은 점증하는 국제중재의 수요에 부응할 목적으로 「대한상사중재원 국제중재규칙」(The Rules of International Arbitration for the Korean Commercial Arbitration Board)을 제정하였고, 대법원장의 승인을 받아 2007년 2월 1일부터 이를 시행하고 있다. 이 규칙은 ICC 중재규칙의 영향을 많이 받았으며, 중재인의 선정방법 및 중재인 수당 등의 측면에서 국제적 관행에 부합된다는 평가를 받고 있다.[47)]

---

47) 석광현, "대한상사중재원의 2007년 국제중재규칙의 주요내용과 그에 대한 평가," 『서울대학교 法學』 제49권 제1호(서울대학교 법학연구소, 2008), 105-106면.

Ⅳ. 상사중재계약

1. 중재합의

중재는 소송을 회피하고자 하는 당사자 간의 사적인 분쟁해결의 한 형태이기 때문에 중재절차에 의하는 것은 순전히 당사자 간의 계약, 즉 중재합의(arbitration agreement)에 의한 것이다. 따라서 중재에 의한다는 당사자 간 합의가 없으면 중재는 불가능하다. 이러한 합의는 분쟁이 발생하기 전이나 후에 행하여질 수도 있으며, 중재에 관한 합의는 당사자 간의 매매계약 등과 같은 상사계약에 포함되는 것이 보통이다.

계약에서 분쟁을 중재에 의하여 해결하기로 하는 중재합의는 일종의 법정지 선택조항(forum-selection clause)이다. 다만 일반적으로 법정지에 관한 조항이 특정 국가의 법원에서 소송을 진행한다는 합의임에 반하여, 중재조항은 어느 국가의 법원이 아니라 소송 외의 다른 분쟁해결방법에 의하여 분쟁을 해결하겠다고 하는 합의이다.

특정 국가의 법원의 재판관할권을 배제하는 중재조항이 유효하고 구속력이 있는지 여부는 관련 국내법과 국제조약에 의하여 규율된다. 대부분의 국가의 중재법은 당사자들이 자발적으로 합의에 도달하였다면 그 중재합의에 구속력을 인정하며,[48] 1958년에 체결되어 1959년부터 발효한 「외국중재판정의 승인 및 집행에 관한 UN협약」(UN Convention on the Recognition and Enforcement of Foreign Arbitral Awards: 뉴욕협약)도 당사자들이 자발적으로 합의에 도달하였다면 중재합의가 구속력을 갖는다는 것을 인정하고 있다(협약 제2조 제1항).

상사분쟁을 중재에 의하여 해결하겠다는 당사자 간 합의를 승인하거나 집행하는 것에 대해서는 당사자자치의 원칙이 적용된다. 따라서 합리성과 공정성이라는 일반적인 제한의 범위 내에서 당사자는 직접 분쟁해결절차에 적용될 법규를 선택할 수도 있다.[49] 중재절차에 적용될 법규를 지정하는 방법 중의 하나는 단순히 표준적인 중재규칙에 의하여 분쟁을 해결하겠다고 계약에서 정하는 것이다. 예를 들어, “All disputes arising in connection with the present contract shall be settled by arbitration under the UNCITRAL rules”라고 정할 수 있을 것인데, 이와 같이 정함으로써 당사자 간에 발생하는 분쟁은 중재에 관한 UNCITRAL 중재규칙

---

48) 우리나라 중재법 제9조 및 UNCITRAL 모범법 제8조 참조.
49) 우리나라 중재법 제20조 제1항 및 UNCITRAL 모범법 제19조 제1항 참조.

이 적용되는 것이다. 당사자 간에 적용될 중재규칙에 대한 합의가 없는 때에는 중재인 또는 중재판정부는 중재절차에 적용될 중재규칙을 정할 수 있다.[50)]

2. 중재합의와 중재에 관한 국내법의 관계

각국은 우리나라의 중재법과 같은 중재에 관한 국내법을 가지고 있다. 이 같은 국내 중재법과 합의에 의하여 적용되는 중재규칙과의 관계는 당사자 간 합의에 의하여 작성된 계약과 국내계약법과의 관계와 동일하다. 따라서 국제매매계약을 체결하는 당사자가 계약위반에 대한 구제방법을 상세하게 규정하면, 그 한도에서 계약에 관한 국내법이 적용될 필요가 없듯이, 당사자가 특정한 중재규칙이 적용된다고 합의하였다면 역시 그 한도에서 중재법은 적용되지 않는다. 물론 당사자가 합의한 내용이 국내 중재법의 강행규정을 위반할 수는 없고, 따라서 당사자가 정한 중재규칙이 공정하지 못한 것이 분명하다면, 그러한 중재합의 또는 중재조항은 중재지법에 따라서 유효한 것으로 인정되지 않을 가능성이 높다. 그러나 중재조항에는 UNCITRAL 중재규칙이나 ICC 중재규칙과 같이 공정하고 합리적인 중재규칙의 적용에 대한 합의가 있는 것이 일반적이기 때문에 중재지의 중재법에 의해서 중재조항의 효력이 부인되는 경우는 거의 없다.

3. 중재계약의 내용

당사자들이 중재합의를 하면 중재는 당사자에 의하여 지정된 중재기관이 정한 규칙과 절차, 중재가 행하여지는 곳의 국내법, 중재판정이 집행될 국가의 법 또는 기본계약의 준거법 등에 의하여 진행된다.

[관련판례] 大判 1992.4.14, 91다17146

영업양도계약서의 중재조항에 "본 계약내용에 관하여 당사자 간에 해결할 수 없는 법적 분쟁"을 중재대상으로 규정하고 있는 경우, 본 계약내용에 관한 법적 분쟁이라고 함은 단순히 계약내용의 의미해석에 관한 분쟁만이 아니라 계약 내용의 성립과 그 이행 및 그 효력의 존부에 직접 관련되거나 밀접하게 관련된 분쟁까지도 포함하는 취지라고 보아야 한다.

---

50) 우리나라 중재법 제20조 제2항 및 UNCITRAL 모범법 제19조 제2항 참조.

(1) 중재지

중재합의는 중재장소 또는 중재지를 반드시 명시하여야 한다. 중재지를 선택할 때에는 그 국내법이 중재합의에 따라 중재를 강제하는 것을 허용하는지 여부 또는 중재절차에 법원이 부당하게 간섭하는 것을 불허하는지 여부 등을 고려하여야 한다. 또한 중재를 위한 적합한 기반시설이나 통역을 이용할 수 있는지 그리고 중재인과 당사자를 위한 여행경비나 기타 비용도 고려하여야 할 것이다. 중재지를 선택하는 데 있어서 가장 중요한 점은 중재지의 중립성 여부, 즉 어느 당사자가 중재지의 법이나 관행 등에 대하여 다른 당사자보다 월등하게 잘 알고 있는 등의 사유로 중재지가 그 당사자에게 상대적으로 유리하게 되는지 여부이다. 중재지의 중재인이나 중재기관은 중재지와 관계 있는 당사자에게 호의적일 수 있기 때문이다. 당사자가 중재지를 선정하지 않은 경우에는 중재인이 중재지를 결정할 재량을 가지는 것이 일반적이다.

(2) 중재인의 선정

중재합의는 중재인의 수와 자격, 중재인을 선정하는 방법 그리고 중재인의 권한을 명시하여야 한다. 누가 중재인이 되는가는 중재에 큰 영향을 주기 때문에 중재인의 선정은 매우 중요하다.

일반적으로 국제상사중재에는 1명 또는 3명이 중재인으로 선정된다. 중재인이 1명인 경우에는 시간과 비용면에서 유리하지만, 단독중재인의 선정에 대한 당사자들의 합의는 좀처럼 기대하기 어렵기 때문에 보통 중재기관이 이를 선정한다. 중재인이 3명인 경우에는 각 당사자들이 1명을 선정하고 나머지 중재인은 당사자들이 선정한 2명의 중재인들이 선정하는 것이 보통이다. 3명인 경우에는 당사자들이 중재절차에 더 적극적으로 참여할 수 있으며, 복잡한 사실 문제와 법적 문제가 관련된 경우에 사안을 더 면밀하게 심리할 수 있는 장점이 있다.

당사자들이 중재인에 대하여 요구하는 자격으로는 법률지식, 유사한 분쟁에 대한 중재인으로서의 경험과 능력, 해당 산업에서의 경험이나 기술적인 전문지식, 언어구사 능력, 국적 및 상대 당사자로부터의 독립 또는 중립성 등이다.

당사자들은 징벌적 손해배상(punitive damage)의 배제와 같이 손해배상의 유형을 제한하거나 상인법(*lex mercatoria*)과 같은 관습법적 원칙을 적용해서 판단하지 못하도록 하는 등, 중재인의 권한을 제한할 수 있다.

(3) 기타 사항

당사자들이 중재합의에서 정하고자 하는 기타 사항으로는 중재절차에서 사용될 언어, 손해배상에 대한 이자, 손해배상을 하게 될 통화의 종류 그리고 어느 당사자가 중재비용을 부담하는지 등에 관한 사항이 있다.

V. 상사중재절차 및 중재판정의 준거법

1. 중재절차의 준거법

앞에서 설명한 바와 같이, 국제거래의 당사자는 분쟁을 중재에 의해 해결할 것에 합의하면서 동시에 중재절차에 대해서도 합의할 수 있다. 뉴욕협약은 중재절차는 당사자의 합의에 따르고, 당사자의 합의가 없는 경우에 비로소 중재지의 법에 의하여 정해질 것을 규정하고 있다(협약 제6조 제1항 및 제5조 제1항 제d호). ICC 중재규칙도 중재지법에 우선하여 당사자가 지정하는 법이 중재절차의 준거법으로 적용됨을 규정하고 있고(규칙 제19조), UNCITRAL 중재규칙(규칙 제1조 제1항)이나 UNCITRAL 모범법(모범법 제19조 제1항)도 같은 취지의 규정을 두고 있다.

이처럼 국제상사중재를 규율하는 대부분의 중재 관련 법규들이 중재절차에 있어서 당사자자치의 원칙을 인정하고 있기 때문에 당사자는 중재절차의 준거법으로서 특정국의 국내법을 지정할 수도 있고 또는 특정 중재기관의 중재절차규칙을 준거법으로서 지정할 수도 있다.[51]

중재절차의 준거법에 관하여 당사자 간 명시적 합의가 없는 경우에 중재규칙은 대체로 중재판정부에 포괄적인 재량을 인정한다. 예를 들어 UNCITRAL 모범법은 양 당사자의 합의가 없는 경우에 중재판정부는 동법을 준수하는 한, 스스로 적당하다고 인정하는 방법으로 중재를 진행할 수 있다고 규정하고 있고(모범법 제19조 제2항), UNCITRAL 중재규칙은 중재판정부에 전적인 권한을 부여하여 중재판정부가 적정하다고 인정하는 방법으로 중재를 진행할 수 있다고 규정하고 있다(규칙 제15조 제1항).

2. 중재판정의 준거법

국제거래의 당사자는 분쟁을 중재에 의해 해결할 것에 합의하면서 동시에 분쟁에 적용될 실체법에 대해서도 합의할 수 있다. 예를 들어 ICC 중재규칙(규칙 제21조 제1항)과 UNCITRAL 중재규칙(규칙 제33조 제1항)은 준거법에 관하여 당사자자치의 원칙을 수용하고 있으며, 당사자 간 합의가 없는 경우에는 중재판정부가 적당하다고 인정하는

---

51) 박상조 · 주기종 · 윤종진, 『국제상사중재법론』(한올출판사, 1997), 400-401면.

국제사법원칙에 근거하여 적용될 준거법을 결정하도록 허용한다.

국제거래의 당사자는 특정국의 국내법을 준거법으로서 지정하는 대신 중재인으로 하여금 이른바 상인법(*lex mercatoria*) 등 국제적으로 승인된 계약법원칙에 따라 분쟁을 해결하도록 허용할 수 있다. 또한 준거법의 지정이 없는 경우에 중재인은 그의 재량으로 상인법을 적용하기로 할 수도 있다.[52)]

국제거래의 당사자는 중재인에게 형평법(equity law)의 원칙에 따라 판정을 내릴 수 있는 권한을 부여하기도 한다. 그러나 이것이 중재인이 법을 무시할 수도 있다는 것을 의미하는 것은 아니며, 오히려 법과 당사자 간 계약을 해석함에 있어서 중재인은 상식적 견해를 취해야 하고 법기술적 요소에 구속되어서는 안 된다는 요청으로 이해되어야 한다.[53)]

VI. 상사중재절차의 진행과정

당사자가 UNCITRAL 중재규칙이 계약관계에서 발생하는 분쟁에 적용된다고 합의하였다고 할 때, 그 중재는 임의중재 또는 임시중재(ad hoc arbitration)가 되는데, 그 전형적인 진행절차는 다음과 같다.

1. 중재의 개시: 통지

중재절차는 한 당사자가 다른 당사자에게 통지하는 방식으로 중재를 공식적으로 요구함으로써 시작된다(규칙 제3조). 중재의 통지는 분쟁의 대상이 된 계약과 근거가 되는 중재조항 및 청구의 일반적인 성격 등을 적시하여야 한다.

2. 중재인의 선정

중재의 통지는 중재인의 선정방법에 관한 것을 포함할 수 있다. 중재조항 자체가 중재인의 선정에 관하여 아무런 정함이 없는 채, UNCITRAL 중재규칙이 적용된다고만 규정한 경우에는 당연히 UNCITRAL 중재규칙의 중재인 선정에 관한 규정이 적용된다.

UNCITRAL 중재규칙에 의하면 당사자 간 특별한 합의가 없다면 3명의 중재인의 선정을 규정하고 있다(규칙 제5조). 중재인의 선임은 각 당사자가 1명의 중재인을

52) Schmitthoff, *supra* note 41, p.655.

53) *Ibid.*

선임하고, 선임된 2명의 중재인이 다른 1명의 중재인을 선임하는 방법에 의한다. 2명의 중재인에 의하여 선임된 1명의 중재인이 중재판정부(tribunal)의 의장(umpire)으로서 활동한다(규칙 제5조 및 제7조).

3. 판정권한

중재판정부의 판정권한 또는 판정관할권(jurisdiction), 즉 분쟁을 해결할 수 있는 권한의 범위는 항상 당사자의 합의에 의하여 정해지기 때문에 당사자 간 합의가 유효하다면 문제될 것이 없다. 그러나 한 당사자가 중재판정부의 판정권한을 규정한 중재합의 자체의 유효성이나 중재조항의 범위를 다투는 경우에는 중재합의에서 정한 중재판정부의 판정권한이 어떤 효력을 갖는지의 문제가 생긴다. UNCITRAL 중재규칙에 의하면 중재합의의 유효성이나 범위를 다투는 당사자의 협조 없이도 중재인은 선정될 수 있는데(규칙 제7조), 일단 중재인이 선정되어 중재판정부가 구성되면 중재판정부 스스로 판정권한의 존부에 관하여 결정할 권한을 갖는다(규칙 제21조). 또한 중재에 적용될 법이 분리성의 원칙(doctrine of seperability or separability)을 채택하였다면, 중재조항은 계약의 다른 조항과는 독립한 조항으로 간주되어 별도로 그 유효 여부가 고려된다.[54)]

4. 중재지

중재판정부의 판정권한에 대한 다툼이 없는 경우에 중재인의 우선적 임무는 중재장소 또는 중재지를 정하는 것이다. 물론 이 경우에도 당사자가 중재지를 명확하게 합의하였다면 중재인은 이에 구속된다. 만약 당사자가 계약에서 이를 정하지 않았다면 중재판정부가 중재지를 결정한다(규칙 제16조).

국제상사중재의 경우에 보통 제3국이 중재지로 선택된다. 만약 당사자가 중재지를 선택하지 않은 채 특정 국가의 실체법이 계약에 적용된다고 합의했다고 해서 중재지가 반드시 그 국가이어야 하는 것은 아니다. 이러한 경우에는 당사자는 중재지에 관하여 합의가 없는 것으로 보는 것이 타당하다.

중재가 행해지는 국가의 법이 일반적으로 중재절차에 적용될 중재지법이 되는데, 중재지법은 몇 가지 점에서 중요한 의미를 가진다. 먼저 중재지법은 당사자가 구속력 있는 중재합의를 하였는지 여부를 결정하고, 중재합의에 흠결된 부분

---

54) 우리나라 중재법 제17조 제1항 및 UNCITRAL 모범법 제16조 제1항 참조.

이 있는 경우에 이를 보충한다. 당사자가 합의하거나 중재판정부가 정한 중재절차의 유효 여부는 중재지법의 강행규정에 의한다. 중재지는 중재판정이 법원의 심사를 받는 경우에 특히 중요한 의미를 갖는다.

5. 중재의 진행

당사자들이 공정하고 평등하게 취급되는 한도에서 중재판정부는 적절하다고 인정되는 방법으로 중재를 수행할 수 있으며(규칙 제15조), 정한 방법에 따라 중재판정부는 심리를 진행하고 증인을 심문한다.

어느 언어를 중재절차에서 사용할 것인지는 당사자나 그들의 중재대리인 그리고 중재판정부에 모두 중요하다. 또한 지정된 언어는 구두심리와 서류에서도 사용되기 때문에 어떤 언어를 선택할 것인지는 중재에 있어서 중요한 요소이다. 언어의 선택에 있어서도 당사자의 합의에 따르며, 합의가 없는 경우에는 중재인들이 이를 지정한다(규칙 제17조).

6. 청구와 방어

중재에서도 소송과 마찬가지로 당사자들은 서류, 특히 청구와 이에 대한 방어를 진술한 서류를 교환하게 되는데, 이러한 서류의 교환에 의하여 중재의 초기단계에 분쟁의 쟁점이 구체적으로 드러난다. UNCITRAL 중재규칙은 청구내용의 진술에 사실관계와 쟁점 그리고 구제수단의 성격 등이 포함될 것을 요구한다(규칙 제18조 제2항). 청구내용의 진술은 중재개시의 통지에 포함되는 것이 일반적이지만(규칙 제3조), 사후에 서면으로 제출될 수도 있다(규칙 제18조 제1항). 상대방은 청구의 진술에 포함된 사항에 대하여 답변을 하게 되는데, 만약 정당한 사유를 적시하지 아니한 채 방어 또는 항변을 제출하지 않는 경우에는 절차는 계속 진행되며(규칙 제28조), 궐석중재판정이 선고될 수도 있다.

7. 증거의 수집과 제시

중재의 효율성은 중재인이 분쟁을 적절하게 해결하기 위하여 필요한 증거를 적기에 획득할 수 있는지 여부에 좌우된다. UNCITRAL 중재규칙은 이른바 당사자주의에 따라 청구나 방어를 하기 위하여 필요한 사실의 증명책임을 이를 주장하는 자에게 부과한다(규칙 제24조 제1항). 물론 중재판정부는 당사자에게 서류나 기타 증거를 제출할 것을 명할 수 있다(규칙 제24조 제3항).

UNCITRAL 중재규칙은 중재판정부로 하여금 특별한 쟁점에 관하여 전문가를 선정하여 보고를 받을 수 있도록 할 뿐 아니라, 당사자도 자기의 전문가를 선정할 수 있도록 허용한다(규칙 제27조 제1항 및 제2항).

8. 준거법의 확정

당사자는 중재합의와 함께 일정한 실체법에 따라 분쟁이 해결될 것을 정하는 것이 보통이다. 당사자들은 어떠한 실체법이 적용되어야 할 것인지를 중재합의 자체나 준거법조항에 명시할 수 있다(규칙 제13조). 준거법에 관한 당사자 간 합의는 강행규정이 적용되는 경우를 제외하고는 구속력을 갖는다. 이와 같은 명시적 준거법선택이 없는 경우에도 준거법의 선택은 일정한 상황, 예를 들어 특정 장소에서 중재에 의한다고 정하는 계약으로부터 추단될 수도 있다.

계약에서 분쟁에 적용될 준거법을 정하지 않은 경우에 UNCITRAL 중재규칙은 국제사법 규칙에 의하여 결정된 실체법을 적용하도록 하고 있다(규칙 제13조). 이 규정은 실제 적용에서 어려운 문제를 야기하는데, 이는 국제사법은 국내법이기 때문에 중재인이 특정 국가의 국제사법에 반드시 구속되지 않는 국제상사중재에 있어서 국제사법이 언제나 명확한 기준을 제시하는 것은 아니기 때문이다. 법정지 법원은 자국 국제사법을 적용한 결과 중재지의 법을 준거법으로서 적용하는 경우가 많을 것이다. 중재지는 중재합의의 효력을 결정하는 기준이 될 수 있다는 점에서 중요한 의미를 갖는다.[55] 또한 경우에 따라서는 중재인이 실체법으로서 국내법이나 관련 국제조약뿐 아니라 상인법을 적용하기로 할 수도 있다.

9. 중재판정

중재판정부가 사실관계를 확정하고 적용될 법을 결정하면, 정해진 준거법을 분쟁의 대상이 된 사안에 적용해서 중재판정을 내리는데, 중재인이 복수인 경우에는 다수결에 의한다(규칙 제31조 제1항). 중재판정과 관련하여 생기는 문제 중의 하나는 판정이유(reasons)를 적시하여 판정을 하여야 하는지의 문제인데, UNCITRAL 중재규칙은 당사자가 달리 합의하지 않는 한 판정이유를 기술하도록 요구한다(규칙 제32조 제3항).

---

55) 주기종, "중재판정의 취소와 재심여부에 관한 고찰," 『법학논집』 제14권(청주대학교 법학연구소, 1998), 112면.

Ⅶ. 상사중재판정의 승인 및 집행

1. 뉴욕협약

앞에서 설명한 바와 같이, 중재가 소송에 대해서 갖는 장점 중 하나는 중재판정의 국제적 승인이나 집행이 용이하다는 점이다. 1958년 UN 상사중재회의(UN Conference on Commercial Arbitration)에서 채택된 「외국중재판정의 승인 및 집행에 관한 UN협약」(UN Convention on the Recognition and Enforcement of Foreign Arbitral Awards), 즉 뉴욕협약이 채택됨으로써 국제적인 중재계약 또는 중재판정을 통일적으로 집행하기 위한 국제체제를 확립하려는 양자간 또는 다자간 노력이 결실을 맺었다. 뉴욕협약은 2014년 10월 현재 152개 국가가 가입하고 있어서 매우 광범위하게 수용되고 있는 조약 중의 하나이다. 우리나라는 1973년 2월 8일 뉴욕협약에 가입하여 동 협약은 1973년 5월 9일부터 우리나라에서 발효하였다.

(1) 적용범위

뉴욕협약에는 대부분의 국가가 가입하고 있는데, 그 적용범위와 관련해서 협약 제1조는 협약이 "중재판정의 승인과 집행을 구하려는 국가 이외의 국가에서 내려진 판정"에 적용되며, 또한 "중재판정의 승인과 집행을 구하려는 국가에서 국내판정이라고 여겨지지 않는 중재판정"에도 적용된다고 함으로써 광범위한 적용범위를 규정하고 있다(협약 제1조 제1항). 그러나 뉴욕협약의 적용범위는 제1조 제3항의 유보조항에 의하여 제한될 수 있다. 먼저 "어느 국가든지 상호주의를 근거로 하여 협약을 다른 체약국에서 내려진 판정에 대해서만 적용할 것을 선언할 수 있다"고 규정하고 있다. 우리나라를 비롯한 대부분의 체약국들은 상호주의에 따라 뉴욕협약의 적용을 체약국에서 내려진 중재판정에만 적용한다는 유보선언을 하고 있다. 또한 뉴욕협약은 "어느 국가든지 이 같은 선언을 하는 국가의 법에 따라 상사적이라고 인정되는 법률관계로부터 생기는 분쟁(differences)에 대해서만 협약을 적용한다고 선언할 수 있다"고 규정하고 있다.

뉴욕협약은 중재판정뿐 아니라 중재계약 또는 중재합의에도 적용된다.[56] 따라서 체약국 법원에서 당사자가 중재에 회부하기로 합의한 사안에 대해서 소송이 제기된 경우에 동 법원은 당사자의 요청이 있으면 이를 중재에 회부해야 한다

56) 뉴욕협약 제2조 제1항은 "각 체약국은 중재에 의하여 해결이 가능한 사항에 관하여 계약적 성질의 것이거나 아니거나를 불문하고 일정한 법률관계의 측면에서 당사자 간에 발생하였거나 발생할 수 있는 모든 분쟁을 중재에 회부하기로 약정한 당사자 간의 서면에 의한 합의를 승인하여야 한다"고 규정하고 있다.

(협약 제2조 제3항). 1958년에 뉴욕협약을 채택하기 위해 개최된 UN 상사중재회의는 중재계약도 뉴욕협약에 포함하기로 결정하였는데, 이러한 결정은 중재판정을 효과적으로 집행하기 위해서는 중재합의 자체의 유효성과 그 집행에 관한 규칙도 필요하다는 판단에서 이루어졌다.

(2) 중재판정의 승인 및 집행

뉴욕협약의 체약국은 외국중재판정을 구속력 있는 것으로서 승인해야 하고, 국내판정에 적용될 수 있는 절차에 상응하는 절차를 이용하여 이를 집행해야 한다(협약 제3조). 뉴욕협약 제3조의 기본원칙은 어느 국가에서 내려진 중재판정은 그 국가가 뉴욕협약의 체약국인지 여부에 상관없이 뉴욕협약의 모든 체약국에서 집행되어야 한다는 것이다. 뉴욕협약은 중재판정을 집행하기 위하여 집행을 하고자 하는 당사자가 집행이 있을 국가의 법원에 중재판정과 중재합의의 원본이나 등본을 제공할 것만을 요구하고 있다(협약 제4조 제1항). 이 같은 서류들은 번역이 되어야 하며, 집행을 위한 구체적인 절차는 집행이 있을 국가의 법에 따른다.

(3) 중재판정의 승인 또는 집행의 거부사유

중재판정의 승인 및 집행은 집행을 요구받은 국가의 법원에 의하여 다음과 같은 사유에 의하여서만 거부될 수 있다. 즉 ① 중재합의의 준거법이나 또는 준거법이 특정되지 않은 경우에 중재판정이 이루어진 국가의 법에 의하여 당사자가 중재합의를 체결할 능력이 없거나 중재합의가 무효인 경우, ② 상대방이 중재절차에 참가할 수 없었거나 절차의 통지가 적절하게 이루어지지 않은 경우, ③ 중재인이 권한을 초과하거나 중재에 의하지 않아야 할 사항에 대하여 판정한 경우, ④ 중재판정부의 구성이나 중재절차가 당사자 간 합의 또는 합의가 없는 경우에 중재가 진행된 국가의 법에 따르지 않은 경우 및 ⑤ 중재판정이 이루어진 국가의 법에 따라 중재판정이 당사자에게 아직 구속력이 없거나 배제되거나 또는 중지된 경우에 당사자의 청구로 중재판정의 승인이나 집행은 거부될 수 있다(협약 제5조 제1항). 또한 ① 중재판정을 승인하거나 집행하는 국가의 법에 의하면 중재에 의하여 해결될 수 없는 것이 중재판정의 대상으로 되었거나 또는 ② 중재판정을 승인하고 집행하는 것이 그 국가의 공서에 반하는 경우에는 법원은 직권으로 중재판정의 승인이나 집행을 거부할 수 있다(협약 제5조 제2항). 뉴욕협약이 성공한 중요한 원인은 많은 체약국들의 법원이 위에서 열거한 사유에 기한 항변을 제한적으로 해석함으로써 가급적 중재판정의 승인이나 집행이 부인되는 경우를 줄이기 위해 노력한 데에 있다.

한편 뉴욕협약은 중재판정을 승인하고 집행하기 위한 다른 다자간 또는 양자

간 협약의 유효성에 대해서는 아무런 영향을 미치지 않는다(협약 제7조 제1항).

[관련판례] 大判 1988.2.9, 84다카1003

외국중재판정의 승인 및 집행에 관한 협약(1973.2.17. 조약 제471호) 제1조 제1호, 제2조, 제3조, 제4조, 제5조의 각 규정을 종합해 보면, 외국중재판정이 위 협약에 의하여 승인, 집행될 수 있으려면 우선 당해 중재판정이 위 협약의 적용대상인 동 협약 제1조 제1호 소정의 중재판정이어야 하고, 또한 당해 중재판정이 당사자 간의 서면에 의한 중재합의에 근거한 것이어야 하므로, 위 협약에 의거한 외국중재판정의 승인 및 집행요구를 받은 집행국법원으로서는 신청인이 제출한 중재판정서와 중재합의서를 검토하여 당해 중재판정이 위의 조건에 들어맞는 것이 아니라고 판단되면 집행거부사유의 유무에 대한 판단에 나아갈 것도 없이 이 점에서 당해 중재판정의 승인 및 집행을 거부하여야 한다.

2. 중재판정 이전의 집행

중재판정 이전의 집행에 관한 문제로는 중재합의 자체의 집행에 관한 문제와 중재절차의 효율적 진행을 위해서 가처분조치 같은 임시구제조치가 허용될 수 있는지 여부에 관한 문제가 있다.

(1) 중재합의의 집행

중재에 의하여 분쟁을 해결하거나 제소하지 않기로 하는 당사자 간 합의는 존중되어야 한다. 중재합의와 관련해서 발생하는 첫째 문제는 표준적인 중재조항을 계약에 포함시키는 방법 등에 의하여 실제 중재합의가 존재하는지 여부이고, 둘째 문제는 성립한 중재합의가 중재에 의하여 해결가능한 것이고 공서에 반하지 않는 것으로서 유효한 것인지 여부이며, 셋째 문제는 유효한 중재합의가 존재한다면 그 중재조항에 의해서 문제의 분쟁을 중재에 회부할 수 있는지 여부이다.

1) 중재합의의 성립

뉴욕협약 제2조 제1항은 중재합의는 서면에 의할 것을 요구한다. 이어서 뉴욕협약 제2조 제2항은 서면에 의한 합의(agreement in writing)는 계약 내의 중재조항이나 중재합의이어야 하며, 당사자에 의하여 서명되거나 서신이나 전보에 의하여 교환되어야 한다고 규정하고 있다. "서면에 의한 합의"의 구체적 의미에 대해서는 국제적으로 통일되어 있지 않다.[57] 서명되지 않은 중재합의나 합의와 서명

57) 우리나라 중재법 제8조 제3항은 ① 당사자들이 서명한 문서에 중재합의가 포함되어 있는 경우, ② 서신 · 전보 · 전신 및 모사전송 기타 통신수단에 의하여 교환된 문서에 중재합의가 포함되어 있는 경우, ③ 일방 당사자가 당사자 간에 교환된 문서의 내용에 중재합의가 있는 것을 주장하고 상대방 당사자가 이를 다투지 아니하는 경우에는 이를 서면에 의한 중재합의로 본다.

이 분리되어 있는 경우에 과연 중재합의가 성립하였는지 여부 등의 문제에 대해서는 법정지법에 의하여 해석될 가능성이 많다.[58] 또한 뉴욕협약 제7조 제1항은 동 협약이 중재판정의 승인과 집행에 관한 체약국의 다자간 또는 양자간 협정의 효력에 영향을 미치지 않는다고 규정하고 있는바, 이들 협정에 의해 서면에 의한 합의가 달리 해석될 수도 있을 것이다.

[관련판례] 大判 1990.11.13, 88다카7795

계약당사자들이 계약체결시 중재조항을 두기로 합의한 경우에는 그 중재조항에서 어느 일방 계약당사자의 중재신청권을 배제 또는 제한하기로 명시적으로 규정하지 않는 한 쌍방 계약당사자들은 모두 중재를 신청할 수 있는 권리를 갖는다고 봄이 신속한 분쟁해결을 위하여 중재조항을 둔 계약당사자들의 의사에 합치하는 것인바, 매매계약의 중재조항에서 "계약에 관련된 사항들에 관한 매수인의 모든 결정은 매도인이 30일 내에 중재를 신청하여 이의를 하지 아니하는 한 최종적이고 종국적이다"라고 규정한 경우 그것은 매수인을 보호하기 위하여 매수인에게 상대적으로 유리하게 규정한 조항으로서 매수인의 모든 결정이 매도인의 다른 주장에 우선하도록 하고 만약 매도인이 매수인의 결정에 대해 중재도 신청하지 아니하고 그 이행도 하지 아니하는 경우에는 위 매매계약에 관한 분쟁을 궁극적으로 해결하기 위하여 규정한 것일 뿐, 매도인에게 일방적인 중재신청권을 부여하고 매수인에게는 분쟁해결을 위한 중재신청권을 명시적으로 배제한 것으로는 볼 수 없다.

2) 중재합의의 유효성

중재합의에 따라 중재가 개시되고 진행되기 위해서 그 중재합의가 유효한 것이어야 함은 물론이다. 중재합의가 무효로 판단되는 때에는 그 중재합의에 의한 중재판정은 취소대상이 된다(협약 제5조 제1항). 뉴욕협약은 중재합의의 유효성을 판단함에 있어서 당사자들이 지정한 법을 준거법으로 할 것을 규정하고 있다(협약 제5조 제1항 제a호). 다만 합의된 준거법이 없을 때에는 중재판정이 있는 국가의 법에 의한다(협약 제5조 제1항 제a호).[59]

중재합의의 유효성과 관련하여 주의할 점은 앞에서 설명한 바와 같이 중재조항은 중재조항이 포함된 계약과는 별개의 독자적인 합의라는 사실이다. 이러한 분리성의 원칙에 의하여 일반적으로 중재조항을 포함한 계약이 강박 등의 사유로

58) 참고로 우리나라 중재법 제8조 제4항은 "계약이 중재조항을 포함한 문서를 인용하고 있는 경우에는 중재합의가 있는 것으로 본다. 다만, 그 계약이 서면으로 작성되고 중재조항을 그 계약의 일부로 하고 있는 경우로 한정한다"고 규정하고 있다.

59) 우리나라 중재법과 상사중재에 관한 UNCITRAL 모범법도 같은 내용을 규정하고 있다(중재법 제36조 제2항 및 모범법 제34조 제2항 참조).

무효라고 해서 중재조항도 바로 무효로 되는 것은 아니다.[60)]

[관련판례] 大判 1990.2.13, 88다카23735

중재계약이 유효한지의 여부나 그 효력은 중재가 행하여지는 국가의 법이나 중재조항상의 준거법에 따라 판단되어야 한다.

3) 중재합의와 분쟁의 관계

일단 중재합의가 유효하게 성립되었다고 할 때, 분쟁의 내용으로 된 사항이 그 중재합의에 따라서 중재에 의하기로 예정된 사항에 속하는지 여부를 확정해야 한다. 예를 들어 물품매매계약이 중재조항을 포함하고 있다고 할 때, 제조물책임이나 불법행위와 관련된 분쟁이 이 중재조항에 따라 중재에 의하여야 할 것인지 여부를 판단해야 하는 문제가 생기는 것이다. 이러한 문제는 근본적으로 중재조항의 해석에 관한 문제로서 당사자들이 합의한 준거법에 따라 해결되어야 한다.

[관련판례] 大判 1991.4.23, 91다4813

중재심판을 거쳐야 한다는 주장은, 사건에 관하여 본안의 항변을 제출하기 전에 하여야 하고, 피고가 그러한 항변을 제출함이 없이 본안의 항변을 제출하여 본안의 심리에 들어간 후에는 그러한 방소항변은 제출할 수 없다.

(2) 임시구제조치

당사자 간 중재합의에 의하여 당사자 간의 분쟁은 중재에 의해 해결되고, 법원은 이에 관여하지 않는다. 그런데 중재판정이 있기 전에 법원이 중재절차에 조력하기 위하여 압류나 가압류와 같은 임시구제조치를 취함으로써 중재에 관여하는 것이 가능한지 여부가 문제된다.

뉴욕협약은 이에 관하여 명시적 규정을 두고 있지 않기 때문에 임시구제조치가 가능한지 여부는 일반적으로 법원에 의한 임시조치를 구하고자 하는 국가의 법에 의한다. 국제상사중재에 관한 UNCITRAL 모범법 제9조는 당사자가 중재절차의 이전 또는 그 진행 중에 법원에 대하여 임시조치를 구하는 것과 법원이 그러한 조치를 허용하는 것은 중재합의를 위반하지 않는다고 규정하고 있다.[61)] 이 규

60) 우리나라 중재법 제17조 제1항 및 UNCITRAL 모범법 제16조 제1항 참조.
61) 우리나라 중재법 제10조도 같은 내용을 규정하고 있다.

정에 따르면 중재합의에 의하여 분쟁에 대해서는 법원의 재판관할권이 배제되지만, 법원은 압류나 가처분과 같은 임시조치를 취하는 것은 허용되는 것이다. 이때 법원은 임시구제조치의 허용 여부를 판단함에 있어서 임시조치를 허용하는 것이 중재에 의해 분쟁을 해결한다는 당사자 간 합의에 합치하는지 여부를 고려해야 한다.

3. 중재판정 이후의 집행

(1) 중재판정의 사법적 심사

유효한 중재합의에 따라 진행된 중재절차의 결과로서 내려진 중재판정에 대해서는 법원에서 이의를 제기할 수 없고, 따라서 중재판정은 최종적 효력을 갖는다.[62] 또한 당사자가 그들 간 계약에 일정한 국가에서 중재를 통해서 분쟁을 해결하기로 합의하는 내용의 중재조항을 둔 때에는 동 국가의 법원은 중재합의가 없었더라면 가졌을 재판관할권을 상실한다. 그러나 이러한 원칙이 중재가 있은 국가의 법원에 의한 중재판정의 사법적 심사가 완전히 배제된다는 것을 의미하는 것은 아니다.

일정한 경우에는 중재판정은 당사자의 신청으로 또는 법원의 직권으로 취소될 수 있다. 뉴욕협약과 국제상사중재에 관한 UNCITRAL 모범법은 ① 당사자의 무능력 또는 중재합의의 무효, ② 중재절차의 불충분한 통지, ③ 중재합의의 범위를 벗어난 중재판정, ④ 중재절차가 권한 없이 또는 비합법적으로 행하여진 것 또는 ⑤ 중재판정이 이루어진 국가의 법에 따라 중재판정이 당사자에게 아직 구속력이 없거나 배제되거나 또는 중지된 것 등에 관한 증거를 제시하면서 당사자가 취소를 구하는 때에는 법원은 중재판정을 취소할 수 있도록 하고 있으며 또한 ① 분쟁이 중재의 대상이 될 수 없는 경우 또는 ② 공서에 반한 중재판정의 경우에는 법원은 직권으로 중재판정을 취소할 수 있도록 하였다(협약 제5조 및 모범법 제34조 제2항).[63]

(2) 외국중재판정의 승인 및 집행

뉴욕협약의 핵심은 중재판정, 특히 외국에서 내려진 중재판정의 승인과 집행에 관한 것이다. 뉴욕협약은 제7조 제2항에서 밝히고 있듯이 1923년 「중재조항에 관한 제네바의정서」(Geneva Protocol on Arbitration Clauses of 1923)와 1927년 「외국중재판정의 집행에 관한 제네바협약」(Geneva Convention on the Execution of

62) 우리나라 중재법 제35조, 제36조 및 UNCITRAL 모범법 제34조 참조.
63) 우리나라 중재법 제36조 제2항도 같은 내용을 규정하고 있다.

Foreign Arbitral Awards of 1927)을 대신하는 것으로서 중재판정의 승인과 집행에 관하여 이들 협약에 비하여 상당한 진보를 이룬 것이다. 예를 들어 1927년 제네바 협약은 집행을 위하여 필요한 조건에 대한 증명책임을 집행을 하고자 하는 당사자에게 부과시키고 있음에 반하여, 뉴욕협약은 집행을 막으려는 당사자에게 증명책임을 전환시켰을 뿐만 아니라, 중재판정 무효의 사유도 앞에서 설명한 7가지의 사유로 제한하고 있다(협약 제5조).

뉴욕협약은 판정이 공정한 절차에 의하여 내려졌고 중재에 의하여 해결될 수 있는 분쟁에 대한 구속력 있는 중재합의가 있은 경우에는 사실상 거의 모든 중재판정에 대한 승인과 집행을 요구하고 있다(협약 제3조). 또한 뉴욕협약은 판정을 승인하거나 집행하는 국가가 중재판정의 본안에 대하여 사법적 심사를 하는 것을 허용하지 않고 있다(협약 제5조 참조).

VIII. 임시중재와 기관중재

1. 임시중재와 기관중재

중재는 임의중재 또는 임시중재(ad hoc arbitration)와 기관중재(institutional arbitration)로 구분된다. 임시중재는 당사자가 구체적으로 합의한 바에 따라 절차가 진행되는 형태의 중재이다. 임시중재에 있어서는 당사자들이 스스로 직접 규칙을 정하거나 아니면 UNCITRAL 중재규칙과 같은 임시중재에 사용하기 위한 표준규칙을 이용한다.

기관중재는 당사자가 상설적이고 조직화된 특정 중재기관의 후원하에서 합의 절차가 진행되는 형태의 중재이다. 국제상사중재를 주도하는 이러한 국제상사중재기관으로서는 국제상업회의소 중재법원, 런던국제중재법원, 미국중재협회 국제중재센터 그리고 세계지적재산기구 중재본부(World Intellectual Property Organization Arbitration Center in Geneva) 등을 들 수 있다. 이러한 기관들은 중재를 요구하거나 중재절차를 용이하게 수행하기 위하여 인원과 절차에 관한 규칙을 두고 있다.

기관중재의 주된 장점은 ① 중재를 위한 규칙과 절차를 두고 있다는 점, ② 중재인을 선정하는 데 도움을 제공하고 중재인을 효과적으로 통제한다는 점, ③ 중재절차를 관리한다는 점, ④ 중재시설을 갖추고 있다는 점, ⑤ 번역 등과 같은 부수적인 서비스도 제공한다는 점 및 ⑥ 중재합의와 중재판정을 집행하는 데 도움을 제공한다는 점 등이다. 이에 반하여 기관중재의 단점으로는 ① 기관의 관료

주의나 중재의 지연 그리고 ② 중재비용이 비싸다는 점 등이 지적되고 있다.

임시중재와 기관중재는 나름대로의 장단점이 있으며, 따라서 계약당사자는 중재조항을 계약내용에 삽입하는 데 있어서 이러한 점을 고려하여 선택해야 한다.

2. 국제상업회의소 중재법원

기관중재의 대표적인 예는 국제상업회의소 중재법원(ICC Court of Arbitration)에 의한 기관중재이다. 분쟁을 기관중재에 의하여 해결하기 위해서는 당사자가 분쟁을 국제상업회의소의 중재에 의해 해결한다는 명시적인 합의가 있어야 한다. 예를 들어 "본 계약에서 또는 본 계약과 관련하여 발생하는 모든 분쟁은 국제상업회의소의 중재에 관한 규칙에 따라 선정된 1명 이상의 중재인에 의하여 동 규칙에 따라 해결되어야 한다"[64]라는 조항을 둠으로써 ICC 중재규칙에 규정된 상세한 절차가 분쟁이 발생한 경우에 적용되는 것이다.

국제상업회의소 중재법원에 의한 기관중재의 특징 중 하나는 중재인이 중재를 준비하기 전에 먼저 위임사항(term of references) 또는 심의범위를 준비한다는 것인데, 이러한 위임사항은 중재인이 판단해야 하는 쟁점을 정의하는 것이다.[65]

다른 주요 특징은 국제상업회의소 중재법원의 성격이다. 법원이라는 용어에도 불구하고, 이 기구는 일반적인 의미에서의 법원은 아니고, 그 자체 분쟁을 심의하는 중재판정부도 아니다. 국제상업회의소 중재법원은 중재의 전 과정을 감독하는 행정적 기관이다. 그러나 국제상업회의소 중재법원은 중재판정의 초안을 검토하고, 판정형식을 수정할 수 있을 뿐만 아니라 중재인이 실체적 사안에 집중할 수 있도록 조력하는 등 중재의 진행에서 큰 영향력을 갖는다. 이 때문에 중재인의 독립성은 이 같은 실체적인 감독 요소에 의하여 어느 정도 영향을 받을 수밖에 없고, 이 때문에 어느 당사자도 완전히 승리하거나 패배하지 않는 절충적 판정(compromise award)이 나올 가능성이 높다고 한다. 국제상업회의소 중재법원의 경우와 같이 기관이 통제하고 중재판정을 검토하는 것이 모든 중재기관에 해당되는 것은 아니다. 단순히 중재를 위한 설비를 제공하거나 또는 선정된 2명의 중재인이 제3의 중재인을 선임하는 데 의견이 일치하지 않는 때 이를 선임하는 경우와 같이 부수적인 역할

64) "All disputes arising out of or in connection with the present contract shall be finally settled under the Rules of Arbitration of the International Chamber of Commerce by one or more arbitrators appointed in accordance with the said Rules."

65) ICC 중재규칙 제23(1)(c)조.

만을 하는 중재기관들도 있다.

현재 국제상업회의소 중재법원이 사용하고 있는 중재규칙은 2012년 1월 1일부터 발효되었으며 조정규칙은 2014년 1월 1일부터 발효되었다.

3. 미국중재협회

미국중재협회(American Arbitration Association: AAA)는 1926년 설립되어 뉴욕에 본부를 둔 중재기관이다. 약 60,000명의 중재인이 등재되어 있고 국제중재를 담당하는 중재인은 약 3,000명 정도가 등재되어 있다. 처리하는 중재사건의 숫자로서는 세계 최대의 중재기관이지만, 국제중재보다는 주로 미국 내에서의 국내중재를 위하여 이용된다. 미국중재협회를 국제중재를 위하여 이용하는 것을 주저하게 하는 원인은 중립적인 중재기관이라기보다는 미국의 중재기관이라는 인식이 널리 퍼져 있다는 점, 중재인이 주로 미국인으로 구성되었다는 점, 그리고 1991년까지 국제중재에 적용될 중재규칙을 별도로 두고 있지 않았다는 점 등에 기인한다. 미국중재협회는 국제상업회의소 중재법원보다 당사자와 중재판정부에 비교적 적게 관여하는 것으로 알려져 있으며, 따라서 국제상업회의소 중재법원에 의한 중재보다 비용과 시간이 적게 소요된다.

현재 미국중재협회가 국제중재에 사용하고 있는 중재규칙은 2014년 6월 1일에 개정 발효된 국제분쟁해결절차(International Dispute Resolution Procedures)에 포함되어 있다.

4. 런던국제중재법원

런던국제중재법원(London Court of International Arbitration: LCIA)은 국제중재를 담당하는 가장 오래된 중재기구 중의 하나로 1892년에 런던중재회의소(London Chamber of Arbitration)로 출범하였다. 1903년에 런던중재법원(London Court of Arbitration)으로 그 명칭을 변경하였고, 1981년에 지금의 런던국제중재법원으로 다시 명칭을 변경하였다.

런던국제중재법원은 최초에는 런던시회사(Corporation of the City of London)와 런던상공회의소(London Chamber of Commerce and Industry)의 공동주관하에서 운영되었다. 1975년에 이들 두 기관은 중재인기관(Chartered Institute of Arbitrators)으로 통합되어 공동운영위원회(Joint Committee of Management)를 통해서 런던국제중재법원을 운영하였다. 1983년에 다시 기구개편이 있어서 런던국제중재법원은 회사(LCIA Ltd.)의 형태로 설립되었다.

현재 런던국제중재법원이 사용하는 중재규칙은 2014년 10월 1일 개정 발효된 런던국제중재법원규칙(London Court of International Arbitration Rules)이다.

부록

- 국제물품매매계약에 관한 UN협약
- INCOTERMS 2020
- 해상물품운송에 관한 UN협약
- 국제항공운송에 있어서의 일부 규칙 통일에 관한 협약
- ICC 신용장 통일규칙
- 외국중재판정의 승인 및 집행에 관한 UN협약
- 국제상사중재에 관한 UNCITRAL 모범법

국제물품매매계약에 관한 UN협약(1980)
United Nations Convention on Contracts for the International Sale of Goods (1980) [CISG]

The States Parties to this Convention,

이 협약의 당사국은,

Bearing in mind the broad objectives in the resolutions adopted by the sixth special session of the General Assembly of the United Nations on the establishment of a New International Economic Order,

신국제경제질서의 수립에 관하여 국제연합총회의 제6차 특별회의에서 채택된 결의의 광범한 목적에 유념하고,

Considering that the development of international trade on the basis of equality and mutual benefit is an important element in promoting friendly relations among States,

평등과 상호이익을 기초로 한 국제거래의 발전이 국가 간의 우호관계를 증진하는 중요한 요소임을 고려하며,

Being of the opinion that the adoption of uniform rules which govern contracts for the international sale of goods and take into account the different social, economic and legal systems would contribute to the removal of legal barriers in international trade and promote the development of international trade,

국제물품매매계약을 규율하고 상이한 사회적 · 경제적 및 법적 제도를 고려한 통일규칙을 채택하는 것이 국제거래상의 법적 장애를 제거하는 데 기여하고 국제거래의 발전을 증진하는 것이라는 견해 하에,

Have agreed as follows:

다음과 같이 합의하였다.

PART Ⅰ. SPHERE OF APPLICATION AND GENERAL PROVISIONS

제1편 적용범위와 총칙

Chapter Ⅰ. SPHERE OF APPLICATION

제1장 적용범위

Article 1

(1) This Convention applies to contracts

제1조

(1) 이 협약은 다음의 경우에, 영업소가

of sale of goods between parties whose places of business are in different States:

(a) when the States are Contracting States; or

(b) when the rules of private international law lead to the application of the law of a Contracting State.

(2) The fact that the parties have their places of business in different States is to be disregarded whenever this fact does not appear either from the contract or from any dealings between, or from information disclosed by, the parties at any time before or at the conclusion of the contract.

(3) Neither the nationality of the parties nor the civil or commercial character of the parties or of the contract is to be taken into consideration in determining the application of this Convention.

서로 다른 국가에 있는 당사자 간의 물품매매계약에 적용된다.

㈎ 해당 국가가 모두 체약국인 경우, 또는

㈏ 국제사법 규칙에 의하여 체약국법이 적용되는 경우

(2) 당사자가 서로 다른 국가에 영업소를 가지고 있다는 사실은, 계약으로부터 또는 계약체결 전이나 그 체결시에 당사자 간의 거래나 당사자에 의하여 밝혀진 정보로부터 드러나지 아니하는 경우에는 고려되지 아니한다.

(3) 당사자의 국적 또는 당사자나 계약의 민사적 · 상사적 성격은 이 협약의 적용 여부를 결정하는 데에 고려되지 아니한다.

Article 2

This Convention does not apply to sales:

(a) of goods bought for personal, family or household use, unless the seller, at any time before or at the conclusion of the contract, neither knew nor ought to have known that the goods were bought for any such use;

(b) by auction;

(c) on execution or otherwise by authority of law;

(d) of stocks, shares, investment securities, negotiable instruments or money;

(e) of ships, vessels, hovercraft or aircraft;

(f) of electricity.

제2조

이 협약은 다음의 매매에는 적용되지 아니한다.

㈎ 개인용 · 가족용 또는 가정용으로 구입된 물품의 매매. 다만, 매도인이 계약체결 전이나 그 체결시에 물품이 그와 같은 용도로 구입된 사실을 알지 못하였고, 알았어야 했던 것도 아닌 경우에는 그러하지 아니하다.

㈏ 경매에 의한 매매

㈐ 강제집행 그 밖의 법령에 의한 매매

㈑ 주식, 지분, 투자증권, 유통증권 또는 통화의 매매

㈒ 선박, 소선(小船), 부선(浮船), 또는 항공기의 매매

㈓ 전기의 매매

Article 3

(1) Contracts for the supply of goods to be manufactured or produced are to be considered sales unless the party who orders the goods undertakes to supply a substantial part of the materials necessary

제3조

(1) 물품을 제조 또는 생산하여 공급하는 계약은 이를 매매로 본다. 다만, 물품을 주문한 당사자가 그 제조 또는 생산에 필요한 재료의 중요한 부분을 공급하는 경우에는 그러하지 아니하다.

for such manufacture or production.

(2) This Convention does not apply to contracts in which the preponderant part of the obligations of the party who furnishes the goods consists in the supply of labour or other services.

(2) 이 협약은 물품을 공급하는 당사자의 의무의 주된 부분이 노무 그 밖의 서비스의 공급에 있는 계약에는 적용되지 아니한다.

Article 4

This Convention governs only the formation of the contract of sale and the rights and obligations of the seller and the buyer arising from such a contract. In particular, except as otherwise expressly provided in this Convention, it is not concerned with:

(a) the validity of the contract or of any of its provisions or of any usage;

(b) the effect which the contract may have on the property in the goods sold.

제4조

이 협약은 매매계약의 성립 및 그 계약으로부터 발생하는 매도인과 매수인의 권리의무만을 규율한다. 이 협약에 별도의 명시규정이 있는 경우를 제외하고, 이 협약은 특히 다음과 관련이 없다.

㈎ 계약이나 그 조항 또는 관행의 유효성

㈏ 매매된 물품의 소유권에 관하여 계약이 미치는 효력

Article 5

This Convention does not apply to the liability of the seller for death or personal injury caused by the goods to any person.

제5조

이 협약은 물품으로 인하여 발생한 사람의 사망 또는 상해에 대한 매도인의 책임에는 적용되지 아니한다.

Article 6

The parties may exclude the application of this Convention or, subject to article 12, derogate from or vary the effect of any of its provisions.

제6조

당사자는 이 협약의 적용을 배제할 수 있고, 제12조에 따를 것을 조건으로 하여 이 협약의 어떠한 규정에 대하여도 그 적용을 배제하거나 효과를 변경할 수 있다.

Chapter II. GENERAL PROVISIONS

제2장 총 칙

Article 7

(1) In the interpretation of this Convention, regard is to be had to its international character and to the need to promote uniformity in its application and the observance of good faith in international trade.

(2) Questions concerning matters governed by this Convention which are not expressly settled in it are to be settled in conformity with the general principles on which it is based or, in the absence of such

제7조

(1) 이 협약의 해석에는 그 국제적 성격 및 적용상의 통일과 국제거래상의 신의 준수를 증진할 필요성을 고려하여야 한다.

(2) 이 협약에 의하여 규율되는 사항으로서 협약에서 명시적으로 해결되지 아니하는 문제는, 이 협약이 기초하고 있는 일반원칙, 그 원칙이 없는 경우에는 국제사법 규칙에 의하여 적용되는 법에 따라 해결되어야 한다.

principles, in conformity with the law applicable by virtue of the rules of private international law.

Article 8

(1) For the purposes of this Convention statements made by and other conduct of a party are to be interpreted according to his intent where the other party knew or could not have been unaware what that intent was.

(2) If the preceding paragraph is not applicable, statements made by and other conduct of a party are to be interpreted according to the understanding that a reasonable person of the same kind as the other party would have had in the same circumstances.

(3) In determining the intent of a party or the understanding a reasonable person would have had, due consideration is to be given to all relevant circumstances of the case including the negotiations, any practices which the parties have established between themselves, usages and any subsequent conduct of the parties.

제8조

(1) 이 협약의 적용상, 당사자의 진술 그 밖의 행위는 상대방이 그 당사자의 의도를 알았거나 모를 수 없었던 경우에는 그 의도에 따라 해석되어야 한다.

(2) 제1항이 적용되지 아니하는 경우에 당사자의 진술 그 밖의 행위는, 상대방과 동일한 부류의 합리적인 사람이 동일한 상황에서 이해하였을 바에 따라 해석되어야 한다.

(3) 당사자의 의도 또는 합리적인 사람이 이해하였을 바를 결정함에 있어서는 교섭, 당사자 간에 확립된 관례, 관행 및 당사자의 후속 행위를 포함하여 관련된 모든 사항을 적절히 고려하여야 한다.

Article 9

(1) The parties are bound by any usage to which they have agreed and by any practices which they have established between themselves.

(2) The parties are considered, unless otherwise agreed, to have impliedly made applicable to their contract or its formation a usage of which the parties knew or ought to have known and which in international trade is widely known to, and regularly observed by, parties to contracts of the type involved in the particular trade concerned.

제9조

(1) 당사자는 합의한 관행과 당사자 간에 확립된 관례에 구속된다.

(2) 별도의 합의가 없는 한, 당사자가 알았거나 알 수 있었던 관행으로서 국제거래에서 당해 거래와 동종의 계약을 하는 사람에게 널리 알려져 있고 통상적으로 준수되고 있는 관행은 당사자의 계약 또는 그 성립에 묵시적으로 적용되는 것으로 본다.

Article 10

For the purposes of this Convention:

(a) if a party has more than one place of business, the place of business is that

제10조

이 협약의 적용상,

㈎ 당사자 일방이 둘 이상의 영업소를 가지고 있는 경우에는, 계약체결 전이나 그

which has the closest relationship to the contract and its performance, having regard to the circumstances known to or contemplated by the parties at any time before or at the conclusion of the contract;

(b) if a party does not have a place of business, reference is to be made to his habitual residence.

Article 11

A contract of sale need not be concluded in or evidenced by writing and is not subject to any other requirement as to form. It may be proved by any means, including witnesses.

Article 12

Any provision of article 11, article 29 or Part II of this Convention that allows a contract of sale or its modification or termination by agreement or any offer, acceptance or other indication of intention to be made in any form other than in writing does not apply where any party has his place of business in a Contracting State which has made a declaration under article 96 of this Convention. The parties may not derogate from or vary the effect or this article.

Article 13

For the purposes of this Convention "writing" includes telegram and telex.

PART II. FORMATION OF THE CONTRACT

Article 14

(1) A proposal for concluding a contract addressed to one or more specific persons constitutes an offer if it is sufficiently definite and indicates the intention of the offeror to be bound in case of acceptance. A proposal is sufficiently definite if it

체결시에 당사자 쌍방에 알려지거나 예기된 상황을 고려하여 계약 및 그 이행과 가장 밀접한 관련이 있는 곳이 영업소로 된다.

(나) 당사자 일방이 영업소를 가지고 있지 아니한 경우에는 그의 상거소를 영업소로 본다.

제11조

매매계약은 서면에 의하여 체결되거나 입증될 필요가 없고, 방식에 관한 그 밖의 어떠한 요건도 요구되지 아니한다. 매매계약은 증인을 포함하여 어떠한 방법에 의하여도 입증될 수 있다.

제12조

매매계약, 합의에 의한 매매계약의 변경이나 종료, 청약·승낙 그 밖의 의사표시를 서면 이외의 방법으로 할 수 있도록 허용하는 이 협약 제11조, 제29조 또는 제2편은 당사자가 이 협약 제96조에 따라 유보선언을 한 체약국에 영업소를 가지고 있는 경우에는 적용되지 아니한다. 당사자는 이 조를 배제하거나 그 효과를 변경할 수 없다.

제13조

이 협약의 적용상 "서면"에는 전보와 텔렉스가 포함된다.

제2편 계약의 성립

제14조

(1) 1인 또는 그 이상의 특정인에 대한 계약체결의 제안은 충분히 확정적이고, 승낙시 그에 구속된다는 청약자의 의사가 표시되어 있는 경우에 청약이 된다. 제안이 물품을 표시하고, 명시적 또는 묵시적으로 수량과 대금을 지정하거나 그 결정을 위한 조항을 두

indicates the goods and expressly or implicitly fixes or makes provision for determining the quantity and the price.

(2) A proposal other than one addressed to one or more specific persons is to be considered merely as an invitation to make offers, unless the contrary is clearly indicated by the person making the proposal.

고 있는 경우에, 그 제안은 충분히 확정적인 것으로 한다.

(2) 불특정 다수인에 대한 제안은 제안자가 반대 의사를 명확히 표시하지 아니하는 한, 단지 청약의 유인으로 본다.

Article 15

(1) An offer becomes effective when it reaches the offeree.

(2) An offer, even if it is irrevocable, may be withdrawn if the withdrawal reaches the offeree before or at the same time as the offer.

제15조

(1) 청약은 상대방에게 도달한 때에 효력이 발생한다.

(2) 청약은 철회될 수 없는 것이더라도, 회수의 의사표시가 청약의 도달 전 또는 그와 동시에 상대방에게 도달하는 경우에는 회수될 수 있다.

Article 16

(1) Until a contract is concluded an offer may be revoked if the revocation reaches the offeree before he has dispatched an acceptance.

(2) However, an offer cannot be revoked:

(a) if it indicates, whether by stating a fixed time for acceptance or otherwise, that it is irrevocable; or

(b) if it was reasonable for the offeree to rely on the offer as being irrevocable and the offeree has acted in reliance on the offer.

제16조

(1) 청약은 계약이 체결되기까지는 철회될 수 있다. 다만, 상대방이 승낙의 통지를 발송하기 전에 철회의 의사표시가 상대방에게 도달되어야 한다.

(2) 그러나 다음의 경우에는 청약은 철회될 수 없다.

㈎ 승낙기간의 지정 그 밖의 방법으로 청약이 철회될 수 없음이 청약에 표시되어 있는 경우, 또는

㈏ 상대방이 청약이 철회될 수 없음을 신뢰하는 것이 합리적이고, 상대방이 그 청약을 신뢰하여 행동한 경우

Article 17

An offer, even if it is irrevocable, is terminated when a rejection reaches the offeror.

제17조

청약은 철회될 수 없는 것이더라도, 거절의 의사표시가 청약자에게 도달한 때에는 효력을 상실한다.

Article 18

(1) A statement made by or other conduct of the offeree indicating assent to an offer is an acceptance. Silence or inactivity does not in itself amount to acceptance.

(2) An acceptance of an offer becomes effective at the moment the indication of assent reaches the offeror. An acceptance is

제18조

(1) 청약에 대한 동의를 표시하는 상대방의 진술 그 밖의 행위는 승낙이 된다. 침묵 또는 부작위는 그 자체만으로 승낙이 되지 아니한다.

(2) 청약에 대한 승낙은 동의의 의사표시가 청약자에게 도달하는 시점에 효력이 발생한다. 동의의 의사표시가 청약자가 지정한 기

not effective if the indication of assent does not reach the offeror within the time he has fixed or, if no time is fixed, within a reasonable time, due account being taken of the circumstances of the transaction, including the rapidity of the means of communication employed by the offeror. An oral offer must be accepted immediately unless the circumstances indicate otherwise.

간 내에, 기간의 지정이 없는 경우에는 청약자가 사용한 통신수단의 신속성 등 거래의 상황을 적절히 고려하여 합리적인 기간 내에 도달하지 아니하는 때에는, 승낙은 효력이 발생하지 아니한다. 구두의 청약은 특별한 사정이 없는 한 즉시 승낙되어야 한다.

(3) However, if, by virtue of the offer or as a result of practices which the parties have established between themselves or of usage, the offeree may indicate assent by performing an act, such as one relating to the dispatch of the goods or payment of the price, without notice to the offeror, the acceptance is effective at the moment the act is performed, provided that the act is performed within the period of time laid down in the preceding paragraph.

(3) 청약에 의하여 또는 당사자 간에 확립된 관례나 관행의 결과로 상대방이 청약자에 대한 통지 없이, 물품의 발송이나 대금지급과 같은 행위를 함으로써 동의를 표시할 수 있는 경우에는, 승낙은 그 행위가 이루어진 시점에 효력이 발생한다. 다만, 그 행위는 제2항에서 정한 기간 내에 이루어져야 한다.

Article 19

제19조

(1) A reply to an offer which purports to be an acceptance but contains additions, limitations or other modifications is a rejection of the offer and constitutes a counter-offer.

(1) 승낙을 의도하고 있으나, 부가, 제한 그 밖의 변경을 포함하는 청약에 대한 응답은 청약에 대한 거절이면서 또한 새로운 청약이 된다.

(2) However, a reply to an offer which purports to be an acceptance but contains additional or different terms which do not materially alter the terms of the offer constitutes an acceptance, unless the offeror, without undue delay, objects orally to the discrepancy or dispatches a notice to that effect. If he does not so object, the terms of the contract are the terms of the offer with the modifications contained in the acceptance.

(2) 승낙을 의도하고 있고, 청약의 조건을 실질적으로 변경하지 아니하는 부가적 조건 또는 상이한 조건을 포함하는 청약에 대한 응답은 승낙이 된다. 다만, 청약자가 부당한 지체 없이 그 상위(相違)에 구두로 이의를 제기하거나 그러한 취지의 통지를 발송하는 경우에는 그러하지 아니하다. 청약자가 이의를 제기하지 아니하는 경우에는 승낙에 포함된 변경이 가하여진 청약 조건이 계약 조건이 된다.

(3) Additional or different terms relating, among other things, to the price, payment, quality and quantity of the goods, place and time of delivery, extent of one party's liability to the other or the settlement of

(3) 특히 대금, 대금지급, 물품의 품질과 수량, 인도의 장소와 시기, 당사자 일방의 상대방에 대한 책임범위 또는 분쟁해결에 관한 부가적 조건 또는 상이한 조건은 청약 조건을 실질적으로 변경하는 것으로 본다.

disputes are considered to alter the terms of the offer materially.

Article 20

(1) A period of time for acceptance fixed by the offeror in a telegram or a letter begins to run from the moment the telegram is handed in for dispatch or from the date shown on the letter or, if no such date is shown, from the date shown on the envelope. A period of time for acceptance fixed by the offeror by telephone, telex or other means of instantaneous communication, begins to run from the moment that the offer reaches the offeree.

(2) Official holidays or non-business days occurring during the period for acceptance are included in calculating the period. However, if a notice of acceptance cannot be delivered at the address of the offeror on the last day of the period because that day falls on an official holiday or a non-business day at the place of business of the offeror, the period is extended until the first business day which follows.

Article 21

(1) A late acceptance is nevertheless effective as an acceptance if without delay the offeror orally so informs the offeree or dispatches a notice to that effect.

(2) If a letter or other writing containing a late acceptance shows that it has been sent in such circumstances that if its transmission had been normal it would have reached the offeror in due time, the late acceptance is effective as an acceptance unless, without delay, the offeror orally informs the offeree that he considers his offer as having lapsed or dispatches a notice to that effect.

Article 22

An acceptance may be withdrawn if the withdrawal reaches the offeror before or at

제20조

(1) 청약자가 전보 또는 서신에서 지정 교부된 시점 또는 서신에 표시되어 있는 일자, 서신에 일자가 표시되지 아니한 경우에는 봉투에 표시된 일자로부터 기산한다. 청약자가 전화, 텔렉스 그 밖의 동시적(同時的) 통신수단에 의하여 지정한 승낙기간은 청약이 상대방에게 도달한 시점으로부터 기산한다.

(2) 승낙기간 중의 공휴일 또는 비영업일은 기간의 계산에 산입한다. 다만, 기간의 말일이 청약자의 영업소 소재지의 공휴일 또는 비영업일에 해당하여 승낙의 통지가 기간의 말일에 청약자에게 도달될 수 없는 경우에는, 기간은 그 다음의 최초 영업일까지 연장된다.

제21조

(1) 연착된 승낙은 청약자가 상대방에게 지체 없이 승낙으로서 효력을 가진다는 취지를 구두로 통고하거나 그러한 취지의 통지를 발송하는 경우에는 승낙으로서의 효력이 있다.

(2) 연착된 승낙이 포함된 서신 그 밖의 서면에 의하여, 전달이 정상적이었다면 기간 내에 청약자에게 도달되었을 상황에서 승낙이 발송되었다고 인정되는 경우에는, 그 연착된 승낙은 승낙으로서의 효력이 있다. 다만, 청약자가 상대방에게 지체 없이 청약이 실효되었다는 취지를 구두로 통고하거나 그러한 취지의 통지를 발송하는 경우에는 그러하지 아니하다.

제22조

승낙은 그 효력이 발생하기 전 또는 그와 동시에 회수의 의사표시가 청약자에게 도달하

the same time as the acceptance would have become effective.

는 경우에는 회수될 수 있다.

Article 23

A contract is concluded at the moment when an acceptance of an offer becomes effective in accordance with the provisions of this Convention.

제23조

계약은 청약에 대한 승낙이 이 협약에 따라 효력을 발생하는 시점에 성립된다.

Article 24

For the purposes of this Part of the Convention, an offer, declaration of acceptance or any other indication of intention "reaches" the addressee when it is made orally to him or delivered by any other means to him personally, to his place of business or mailing address or, if he does not have a place of business or mailing address, to his habitual residence.

제24조

이 협약 제2편의 적용상, 청약, 승낙 그 밖의 의사표시는 상대방에게 구두로 통고된 때 또는 그 밖의 방법으로 상대방 본인, 상대방의 영업소나 우편주소에 전달된 때, 상대방이 영업소나 우편주소를 가지지 아니한 경우에는 그의 상거소에 전달된 때에 상대방에게 "도달"된다.

PART III. SALE OF GOODS

제3편 물품의 매매

Chapter I. GENERAL PROVISIONS

제1장 총 칙

Article 25

A breach of contract committed by one of the parties is fundamental if it results in such detriment to the other party as substantially to deprive him of what he is entitled to expect under the contract, unless the party in breach did not foresee and a reasonable person of the same kind in the same circumstances would not have foreseen such a result.

제25조

당사자 일방의 계약위반은, 그 계약에서 상대방이 기대할 수 있는 바를 실질적으로 박탈할 정도의 손실을 상대방에게 주는 경우에 본질적인 것으로 한다. 다만, 위반 당사자가 그러한 결과를 예견하지 못하였고, 동일한 부류의 합리적인 사람도 동일한 상황에서 그러한 결과를 예견하지 못하였을 경우에는 그러하지 아니하다.

Article 26

A declaration of avoidance of the contract is effective only if made by notice to the other party.

제26조

계약해제의 의사표시는 상대방에 대한 통지로 행하여진 경우에만 효력이 있다.

Article 27

Unless otherwise expressly provided in this Part of the Convention, if any notice, request or other communication is given or made by a party in accordance with this Part and by means appropriate in the circumstances, a delay or error in the transmission of the communication or its failure to arrive does not deprive that party of the right to rely on the communication.

제27조

이 협약 제3편에 별도의 명시규정이 있는 경우를 제외하고, 당사자가 이 협약 제3편에 따라 상황에 맞는 적절한 방법으로 통지, 청구 그 밖의 통신을 한 경우에, 당사자는 통신의 전달 중에 지연이나 오류가 있거나 또는 통신이 도달되지 아니하더라도 그 통신을 주장할 권리를 상실하지 아니한다.

Article 28

If, in accordance with the provisions of this Convention, one party is entitled to require performance of any obligation by the other party, a court is not bound to enter a judgement for specific performance unless the court would do so under its own law in respect of similar contracts of sale not governed by this Convention.

제28조

당사자 일방이 이 협약에 따라 상대방의 의무이행을 요구할 수 있는 경우에도, 법원은 이 협약이 적용되지 아니하는 유사한 매매계약에 관하여 자국법에 따라 특정이행을 명하는 판결을 하여야 하는 경우가 아닌 한, 특정이행을 명하는 판결을 할 의무가 없다.

Article 29

(1) A contract may be modified or terminated by the mere agreement of the parties.

(2) A contract in writing which contains a provision requiring any modification or termination by agreement to be in writing may not be otherwise modified or terminated by agreement. However, a party may be precluded by his conduct from asserting such a provision to the extent that the other party has relied on that conduct.

제29조

(1) 계약은 당사자의 합의만으로 변경 또는 종료될 수 있다.

(2) 서면에 의한 계약에 합의에 의한 변경 또는 종료는 서면에 의하여야 한다는 규정이 있는 경우에, 다른 방법으로 합의 변경 또는 합의 종료될 수 없다. 다만, 당사자는 상대방이 자신의 행동을 신뢰한 한도까지는 그러한 규정을 원용할 수 없다.

Chapter II. OBLIGATIONS OF THE SELLER

제2장 매도인의 의무

Article 30

The seller must deliver the goods, hand over any documents relating to them and transfer the property in the goods, as required by the contract and this Convention.

제30조

매도인은 계약과 이 협약에 따라 물품을 인도하고, 관련 서류를 교부하며 물품의 소유권을 이전하여야 한다.

Section Ⅰ. Delivery of the goods and handing over of documents

제1절 물품의 인도와 서류의 교부

Article 31

If the seller is not bound to deliver the goods at any other particular place, his obligation to deliver consists:

(a) if the contract of sale involves carriage of the goods - in handing the goods over to the first carrier for transmission to the buyer;

(b) if, in cases not within the preceding subparagraph, the contract relates to specific goods, or unidentified goods to be drawn from a specific stock or to be manufactured or produced, and at the time of the conclusion of the contract the parties knew that the goods were at, or were to be manufactured or produced at, a particular place - in placing the goods at the buyer's disposal at that place;

(c) in other cases - in placing the goods at the buyer's disposal at the place where the seller had his place of business at the time of the conclusion of the contract.

제31조

매도인이 물품을 다른 특정한 장소에서 인도할 의무가 없는 경우에, 매도인의 인도의무는 다음과 같다.

㈎ 매매계약에 물품의 운송이 포함된 경우에는, 매수인에게 전달하기 위하여 물품을 제1운송인에게 교부하는 것.

㈏ ㈎호에 해당되지 아니하는 경우로서 계약이 특정물에 관련되거나 또는 특정한 재고품에서 인출되는 불특정물이나 제조 또는 생산되는 불특정물에 관련되어 있고, 당사자 쌍방이 계약 체결시에 그 물품이 특정한 장소에 있거나 그 장소에서 제조 또는 생산되는 것을 알고 있었던 경우에는, 그 장소에서 물품을 매수인의 처분하에 두는 것.

㈐ 그 밖의 경우에는, 계약 체결시에 매도인이 영업소를 가지고 있던 장소에서 물품을 매수인의 처분하에 두는 것.

Article 32

(1) If the seller, in accordance with the contract or this Convention, hands the goods over to a carrier and if the goods are not clearly identified to the contract by markings on the goods, by shipping documents or otherwise, the seller must give the buyer notice of the consignment specifying the goods.

(2) If the seller is bound to arrange for carriage of the goods, he must make such contracts as are necessary for carriage to the place fixed by means of transportation appropriate in the circumstances and according to the usual terms for such transportation.

제32조

(1) 매도인이 계약 또는 이 협약에 따라 물품을 운송인에게 교부한 경우에, 물품이 하인(荷印), 선적서류 그 밖의 방법에 의하여 그 계약의 목적물로서 명확히 특정되어 있지 아니한 때에는, 매도인은 매수인에게 물품을 특정하는 탁송통지를 하여야 한다.

(2) 매도인이 물품의 운송을 주선하여야 하는 경우에, 매도인은 상황에 맞는 적절한 운송수단 및 그 운송에서의 통상의 조건으로, 지정된 장소까지 운송하는 데 필요한 계약을 체결하여야 한다.

(3) If the seller is not bound to effect insurance in respect of the carriage of the goods, he must, at the buyer's request, provide him with all available information necessary to enable him to effect such insurance.

(3) 매도인이 물품의 운송에 관하여 부보(附保)할 의무가 없는 경우에도, 매도인은 매수인의 요구가 있으면 매수인이 부보하는데 필요한 모든 가능한 정보를 매수인에게 제공하여야 한다.

Article 33

The seller must deliver the goods:

(a) if a date is fixed by or determinable from the contract, on that date;

(b) if a period of time is fixed by or determinable from the contract, at any time within that period unless circumstances indicate that the buyer is to choose a date; or

(c) in any other case, within a reasonable time after the conclusion of the contract.

제33조

매도인은 다음의 시기에 물품을 인도하여야 한다.

(가) 인도기일이 계약에 의하여 지정되어 있거나 확정될 수 있는 경우에는 그 기일

(나) 인도기간이 계약에 의하여 지정되어 있거나 확정될 수 있는 경우에는 그 기간 내의 어느 시기. 다만, 매수인이 기일을 선택하여야 할 사정이 있는 경우에는 그러하지 아니하다.

(다) 그 밖의 경우에는 계약 체결 후 합리적인 기간 내.

Article 34

If the seller is bound to hand over documents relating to the goods, he must hand them over at the time and place and in the form required by the contract. If the seller has handed over documents before that time, he may, up to that time, cure any lack of conformity in the documents, if the exercise of this right does not cause the buyer unreasonable inconvenience or unreasonable expense. However, the buyer retains any right to claim damages as provided for in this Convention.

제34조

매도인이 물품에 관한 서류를 교부하여야 하는 경우에, 매도인은 계약에서 정한 시기, 장소 및 방식에 따라 이를 교부하여야 한다. 매도인이 교부하여야 할 시기 전에 서류를 교부한 경우에는, 매도인은 매수인에게 불합리한 불편 또는 비용을 초래하지 아니하는 한, 계약에서 정한 시기까지 서류상의 부적합을 치유할 수 있다. 다만, 매수인은 이 협약에서 정한 손해배상을 청구할 권리를 보유한다.

Section II. Conformity of the goods and third party claims

제2절 물품의 적합성과 제3자의 권리주장

Article 35

(1) The seller must deliver goods which are of the quantity, quality and description required by the contract and which are contained or packaged in the manner required by the contract.

제35조

(1) 매도인은 계약에서 정한 수량, 품질 및 종류에 적합하고, 계약에서 정한 방법으로 용기에 담겨지거나 포장된 물품을 인도하여야 한다.

(2) Except where the parties have agreed otherwise, the goods do not conform with the contract unless they:

(a) are fit for the purposes for which goods of the same description would ordinarily be used;

(b) are fit for any particular purpose expressly or impliedly made known to the seller at the time of the conclusion of the contract, except where the circumstances show that the buyer did not rely, or that it was unreasonable for him to rely, on the seller's skill and judgement;

(c) possess the qualities of goods which the seller has held out to the buyer as a sample or model;

(d) are contained or packaged in the manner usual for such goods or, where there is no such manner, in a manner adequate to preserve and protect the goods.

(3) The seller is not liable under subparagraphs (a) to (d) of the preceding paragraph for any lack of conformity of the goods if at the time of the conclusion of the contract the buyer knew or could not have been unaware of such lack of conformity.

Article 36

(1) The seller is liable in accordance with the contract and this Convention for any lack of conformity which exists at the time when the risk passes to the buyer, even though the lack of conformity becomes apparent only after that time.

(2) The seller is also liable for any lack of conformity which occurs after the time indicated in the preceding paragraph and which is due to a breach of any of his obligations, including a breach of any guarantee that for a period of time the goods will remain fit for their ordinary

(2) 당사자가 달리 합의한 경우를 제외하고, 물품은 다음의 경우에 계약에 적합하지 아니한 것으로 한다.

(가) 동종 물품의 통상 사용목적에 맞지 아니한 경우,

(나) 계약 체결시 매도인에게 명시적 또는 묵시적으로 알려진 특별한 목적에 맞지 아니한 경우. 다만, 그 상황에서 매수인이 매도인의 기술과 판단을 신뢰하지 아니하였거나 또는 신뢰하는 것이 불합리하였다고 인정되는 경우에는 그러하지 아니하다.

(다) 매도인이 견본 또는 모형으로 매수인에게 제시한 물품의 품질을 가지고 있지 아니한 경우.

(라) 그러한 물품에 대하여 통상의 방법으로, 통상의 방법이 없는 경우에는 그 물품을 보존하고 보호하는 데 적절한 방법으로 용기에 담겨지거나 포장되어 있지 아니한 경우.

(3) 매수인이 계약 체결시에 물품의 부적합을 알았거나 또는 모를 수 없었던 경우에는, 매도인은 그 부적합에 대하여 제2항의 (가)호 내지 (라)호에 따른 책임을 지지 아니한다.

제36조

(1) 매도인은 위험이 매수인에게 이전하는 때에 존재하는 물품의 부적합에 대하여, 그 부적합이 위험 이전 후에 판명된 경우라도, 계약과 이 협약에 따라 책임을 진다.

(2) 매도인은 제1항에서 정한 때보다 후에 발생한 부적합이라도 매도인의 위무위반에 기인하는 경우에는 그 부적합에 대하여 책임을 진다. 이 의무위반에는 물품이 일정기간 통상의 목적이나 특별한 목적에 맞는 상태를 유지한다는 보증 또는 특정한 품질이나 특성을 유지한다는 보증에 위반한 경우도 포함된다.

purpose or for some particular purpose or will retain specified qualities or characteristics.

Article 37

If the seller has delivered goods before the date for delivery, he may, up to that date, deliver any missing part or make up any deficiency in the quantity of the goods delivered, or deliver goods in replacement of any non-conforming goods delivered or remedy any lack of conformity in the goods delivered, provided that the exercise of this right does not cause the buyer unreasonable inconvenience or unreasonable expense. However, the buyer retains any right to claim damages as provided for in this Convention.

제37조

매도인이 인도기일 전에 물품을 인도한 경우에는, 매수인에게 불합리한 불편 또는 비용을 초래하지 아니하는 한, 매도인은 그 기일까지 누락분을 인도하거나 부족한 수량을 보충하거나 부적합한 물품에 갈음하여 물품을 인도하거나 또는 물품의 부적합을 치유할 수 있다. 다만, 매수인은 이 협약에서 정한 손해배상을 청구할 권리를 보유한다.

Article 38

(1) The buyer must examine the goods, or cause them to be examined, within as short a period as is practicable in the circumstances.

(2) If the contract involves carriage of the goods, examination may be deferred until after the goods have arrived at their destination.

(3) If the goods are redirected in transit or redispatched by the buyer without a reasonable opportunity for examination by him and at the time of the conclusion of the contract the seller knew or ought to have known of the possibility of such redirection or redispatch, examination may be deferred until after the goods have arrived at the new destination.

제38조

(1) 매수인은 그 상황에서 실행가능한 단기간 내에 물품을 검사하거나 검사하게 하여야 한다.

(2) 계약에 물품의 운송이 포함되는 경우에는, 검사는 물품이 목적지에 도착한 후까지 연기될 수 있다.

(3) 매수인이 검사할 합리적인 기회를 가지지 못한 채 운송 중에 물품의 목적지를 변경하거나 물품을 전송(轉送)하고, 매도인이 계약 체결시에 그 변경 또는 전송의 가능성을 알았거나 알 수 있었던 경우에는, 검사는 물품이 새로운 목적지에 도착한 후까지 연기될 수 있다.

Article 39

(1) The buyer loses the right to rely on a lack of conformity of the goods if he does not give notice to the seller specifying the nature of the lack of conformity within a reasonable time after he has discovered it or ought to have discovered it.

(2) In any event, the buyer loses the right

제39조

(1) 매수인이 물품의 부적합을 발견하였거나 발견할 수 있었던 때로부터 합리적인 기간 내에 매도인에게 그 부적합한 성질을 특정하여 통지하지 아니한 경우에는, 매수인은 물품의 부적합을 주장할 권리를 상실한다.

(2) 매수인은 물품이 매수인에게 현실로 교

to rely on a lack of conformity of the goods if he does not give the seller notice thereof at the latest within a period of two years from the date on which the goods were actually handed over to the buyer, unless this time-limit is inconsistent with a contractual period of guarantee.

부된 날부터 늦어도 2년 내에 매도인에게 제1항의 통지를 하지 아니한 경우에는, 물품의 부적합을 주장할 권리를 상실한다. 다만, 이 기간제한이 계약상의 보증기간과 양립하지 아니하는 경우에는 그러하지 아니하다.

Article 40

The seller is not entitled to rely on the provisions of articles 38 and 39 if the lack of conformity relates to facts of which he knew or could not have been unaware and which he did not disclose to the buyer.

제40조

물품의 부적합이 매도인이 알았거나 모를 수 없었던 사실에 관한 것이고, 매도인이 매수인에게 이를 밝히지 아니한 경우에는, 매도인은 제38조와 제39조를 원용할 수 없다.

Article 41

The seller must deliver goods which are free from any right or claim of a third party, unless the buyer agreed to take the goods subject to that right or claim. However, if such right or claim is based on industrial property or other intellectual property, the seller's obligation is governed by article 42.

제41조

매수인이 제3자의 권리나 권리주장의 대상이 된 물품을 수령하는 데 동의한 경우를 제외하고, 매도인은 제3자의 권리나 권리주장의 대상이 아닌 물품을 인도하여야 한다. 다만, 그러한 제3자의 권리나 권리주장이 공업소유권 그 밖의 지적재산권에 기초하는 경우에는, 매도인의 의무는 제42조에 의하여 규율된다.

Article 42

(1) The seller must deliver goods which are free from any right or claim of a third party based on industrial property or other intellectual property, of which at the time of the conclusion of the contract the seller knew or could not have been unaware, provided that the right or claim is based on industrial property or other intellectual property:

(a) under the law of the State where the goods will be resold or otherwise used, if it was contemplated by the parties at the time of the conclusion of the contract that the goods would be resold or otherwise used in that State; or

(b) in any other case, under the law of the State where the buyer has his place of business.

제42조

(1) 매도인은, 계약 체결시에 자신이 알았거나 모를 수 없었던 공업소유권 그 밖의 지적재산권에 기초한 제3자의 권리나 권리주장의 대상이 아닌 물품을 인도하여야 한다. 다만, 제3자의 권리나 권리주장이 다음 국가의 법에 의한 공업소유권 그 밖의 지적재산권에 기초한 경우에 한한다.

(가) 당사자 쌍방이 계약 체결시에 물품이 어느 국가에서 전매되거나 그 밖의 방법으로 사용될 것을 예상하였던 경우에는, 물품이 전매되거나 그 밖의 방법으로 사용될 국가의 법

(나) 그 밖의 경우에는 매수인이 영업소를 가지는 국가의 법

(2) The obligation of the seller under the preceding paragraph does not extend to cases where:

(a) at the time of the conclusion of the contract the buyer knew or could not have been unaware of the right or claim; or

(b) the right or claim results from the seller's compliance with technical drawings, designs, formulae or other such specifications furnished by the buyer.

(2) 제1항의 매도인의 의무는 다음의 경우에는 적용되지 아니한다.

(가) 매수인이 계약 체결시에 그 권리나 권리주장을 알았거나 모를 수 없었던 경우

(나) 그 권리나 권리주장이 매수인에 의하여 제공된 기술설계, 디자인, 방식 그 밖의 지정에 매도인이 따른 결과로 발생한 경우

Article 43

(1) The buyer loses the right to rely on the provisions of article 41 or article 42 if he does not give notice to the seller specifying the nature of the right or claim of the third party within a reasonable time after he has become aware or ought to have become aware of the right or claim.

(2) The seller is not entitled to rely on the provisions of the preceding paragraph if he knew of the right or claim of the third party and the nature of it.

제43조

(1) 매수인이 제3자의 권리나 권리주장을 알았거나 알았어야 했던 때로부터 합리적인 기간 내에 매도인에게 제3자의 권리나 권리주장의 성질을 특정하여 통지하지 아니한 경우에는, 매수인은 제41조 또는 제42조를 원용할 권리를 상실한다.

(2) 매도인이 제3자의 권리나 권리주장 및 그 성질을 알고 있었던 경우에는 제1항을 원용할 수 없다.

Article 44

Notwithstanding the provisions of paragraph (1) of article 39 and paragraph (1) of article 43, the buyer may reduce the price in accordance with article 50 or claim damages, except for loss of profit, if he has a reasonable excuse for his failure to give the required notice.

제44조

제39조 제1항과 제43조 제1항에도 불구하고, 매수인은 정하여진 통지를 하지 못한 데에 합리적인 이유가 있는 경우에는 제50조에 따라 대금을 감액하거나 이익의 상실을 제외한 손해배상을 청구할 수 있다.

Section Ⅲ. Remedies for breach of contract by the seller

제3절 매도인의 계약위반에 대한 구제

Article 45

(1) If the seller fails to perform any of his obligations under the contract or this Convention, the buyer may:

(a) exercise the rights provided in articles 46 to 52;

제45조

(1) 매도인이 계약 또는 이 협약상의 의무를 이행하지 아니하는 경우에 매수인은 다음을 할 수 있다.

(가) 제46조 내지 제52조에서 정한 권리의 행사

(b) claim damages as provided in articles 74 to 77.

(2) The buyer is not deprived of any right he may have to claim damages by exercising his right to other remedies.

(3) No period of grace may be granted to the seller by a court or arbitral tribunal when the buyer resorts to a remedy for breach of contract.

(나) 제74조 내지 제77조에서 정한 손해배상의 청구

(2) 매수인이 손해배상을 청구하는 권리는 다른 구제를 구하는 권리를 행사함으로써 상실되지 아니한다.

(3) 매수인이 계약위반에 대한 구제를 구하는 경우에, 법원 또는 중재판정부는 매도인에게 유예기간을 부여할 수 없다.

Article 46

(1) The buyer may require performance by the seller of his obligations unless the buyer has resorted to a remedy which is inconsistent with this requirement.

(2) If the goods do not conform with the contract, the buyer may require delivery of substitute goods only if the lack of conformity constitutes a fundamental breach of contract and a request for substitute goods is made either in conjunction with notice given under article 39 or within a reasonable time thereafter.

(3) If the goods do not conform with the contract, the buyer may require the seller to remedy the lack of conformity by repair, unless this is unreasonable having regard to all the circumstances. A request for repair must be made either in conjunction with notice given under article 39 or within a reasonable time thereafter.

제46조

(1) 매수인은 매도인에게 의무의 이행을 청구할 수 있다. 다만, 매수인이 그 청구와 양립하지 아니하는 구제를 구한 경우에는 그러하지 아니하다.

(2) 물품이 계약에 부적합한 경우에, 매수인은 대체물의 인도를 청구할 수 있다. 다만, 그 부적합이 본질적 계약위반을 구성하고, 그 청구가 제39조의 통지와 동시에 또는 그 후 합리적인 기간 내에 행하여진 경우에 한한다.

(3) 물품이 계약에 부적합한 경우에, 매수인은 모든 상황을 고려하여 불합리한 경우를 제외하고, 매도인에게 수리에 의한 부적합의 치유를 청구할 수 있다. 수리 청구는 제39조의 통지와 동시에 또는 그 후 합리적인 기간 내에 행하여져야 한다.

Article 47

(1) The buyer may fix an additional period of time of reasonable length for performance by the seller of his obligations.

(2) Unless the buyer has received notice from the seller that he will not perform within the period so fixed, the buyer may not, during that period, resort to any remedy for breach of contract. However, the buyer is not deprived thereby of any right he may have to claim damages for delay in performance.

제47조

(1) 매수인은 매도인의 의무이행을 위하여 합리적인 부가기간을 정할 수 있다.

(2) 매도인으로부터 그 부가기간 내에 이행을 하지 아니하겠다는 통지를 수령한 경우를 제외하고, 매수인은 그 기간 중 계약위반에 대한 구제를 구할 수 없다. 다만, 매수인은 이행지체에 대한 손해배상을 청구할 권리를 상실하지 아니한다.

Article 48

(1) Subject to article 49, the seller may, even after the date for delivery, remedy at his own expense any failure to perform his obligations, if he can do so without unreasonable delay and without causing the buyer unreasonable inconvenience or uncertainty of reimbursement by the seller of expenses advanced by the buyer. However, the buyer retains any right to claim damages as provided for in this Convention.

(2) If the seller requests the buyer to make known whether he will accept performance and the buyer does not comply with the request within a reasonable time, the seller may perform within the time indicated in his request. The buyer may not, during that period of time, resort to any remedy which is inconsistent with performance by the seller.

(3) A notice by the seller that he will perform within a specified period of time is assumed to include a request, under the preceding paragraph, that the buyer make known his decision.

(4) A request or notice by the seller under paragraph (2) or (3) of this article is not effective unless received by the buyer.

Article 49

(1) The buyer may declare the contract avoided:

(a) if the failure by the seller to perform any of his obligations under the contract or this Convention amounts to a fundamental breach of contract; or

(b) in case of non-delivery, if the seller does not deliver the goods within the additional period of time fixed by the buyer in accordance with paragraph (1) of article 47 or declares that he will not deliver within the period so fixed.

제48조

(1) 제49조를 따를 것을 조건으로, 매도인은 인도기일 후에도 불합리하게 지체하지 아니하고 매수인에게 불합리한 불편 또는 매수인의 선급 비용을 매도인으로부터 상환 받는 데 대한 불안을 초래하지 아니하는 경우에는, 자신의 비용으로 의무의 불이행을 치유할 수 있다. 다만, 매수인은 이 협약에서 정한 손해배상을 청구할 권리를 보유한다.

(2) 매도인이 매수인에게 이행의 수령 여부를 알려 달라고 요구하였으나 매수인이 합리적인 기간 내에 그 요구에 응하지 아니한 경우에는, 매도인은 그 요구에서 정한 기간 내에 이행을 할 수 있다. 매수인은 그 기간 중에는 매도인의 이행과 양립하지 아니하는 구제를 구할 수 없다.

(3) 특정한 기간 내에 이행을 하겠다는 매도인의 통지는 매수인이 그 결정을 알려야 한다는 제2항의 요구를 포함하는 것으로 추정한다.

(4) 이 조 제2항 또는 제3항의 매도인의 요구 또는 통지는 매수인에 의하여 수령되지 아니하는 한 그 효력이 발생하지 아니한다.

제49조

(1) 매수인은 다음의 경우에 계약을 해제할 수 있다.

(가) 계약 또는 이 협약상 매도인의 의무 불이행이 본질적 계약위반으로 되는 경우

(나) 인도 불이행의 경우에는, 매도인이 제47조 제1항에 따라 매수인이 정한 부가기간 내에 물품을 인도하지 아니하거나 그 기간 내에 인도하지 아니하겠다고 선언한 경우.

(2) However, in cases where the seller has delivered the goods, the buyer loses the right to declare the contract avoided unless he does so:

(a) in respect of late delivery, within a reasonable time after he has become aware that delivery has been made;

(b) in respect of any breach other than late delivery, within a reasonable time:

(i) after he knew or ought to have known of the breach;

(ii) after the expiration of any additional period of time fixed by the buyer in accordance with paragraph (1) of article 47, or after the seller has declared that he will not perform his obligations within such an additional period; or

(iii) after the expiration of any additional period of time indicated by the seller in accordance with paragraph (2) of article 48, or after the buyer has declared that he will not accept performance.

(2) 그러나 매도인이 물품을 인도한 경우에는, 매수인은 다음의 기간 내에 계약을 해제하지 아니하는 한 계약해제권을 상실한다.

㈎ 인도지체의 경우, 매수인이 인도가 이루어진 것을 안 후 합리적인 기간 내

㈏ 인도지체 이외의 위반의 경우, 다음의 시기로부터 합리적인 기간 내

① 매수인이 그 위반을 알았거나 또는 알 수 있었던 때

② 매수인이 제47조 제1항에 따라 정한 부가기간이 경과한 때 또는 매도인이 그 부가기간 내에 의무를 이행하지 아니하겠다고 선언한 때.

③ 매도인이 제48조 제2항에 따라 정한 부가기간이 경과한 때 또는 매수인이 이행을 수령하지 아니하겠다고 선언한 때

Article 50

If the goods do not conform with the contract and whether or not the price has already been paid, the buyer may reduce the price in the same proportion as the value that the goods actually delivered had at the time of the delivery bears to the value that conforming goods would have had at that time. However, if the seller remedies any failure to perform his obligations in accordance with article 37 or article 48 or if the buyer refuses to accept performance by the seller in accordance with those articles, the buyer may not reduce the price.

제50조

물품이 계약에 부적합한 경우에, 대금의 지급 여부에 관계없이 매수인은 현실로 인도된 물품이 인도 시에 가지고 있던 가액이 계약에 적합한 물품이 그때에 가지고 있었을 가액에 대하여 가지는 비율에 따라 대금을 감액할 수 있다. 다만, 매도인이 제37조나 제48조에 따라 의무의 불이행을 치유하거나 매수인이 동 조항에 따라 매도인의 이행 수령을 거절한 경우에는 대금을 감액할 수 없다.

Article 51

(1) If the seller delivers only a part of the goods or if only a part of the goods delivered is in conformity with the contract, articles

제51조

(1) 매도인이 물품의 일부만을 인도하거나 인도된 물품의 일부만이 계약에 적합한 경우에, 제46조 내지 제50조는 부족 또는 부적합

46 to 50 apply in respect of the part which is missing or which does not conform.

한 부분에 적용된다.

(2) The buyer may declare the contract avoided in its entirety only if the failure to make delivery completely or in conformity with the contract amounts to a fundamental breach of the contract.

(2) 매수인은 인도가 완전하게 또는 계약에 적합하게 이루어지지 아니한 것이 본질적 계약위반으로 되는 경우에 한하여 계약 전체를 해제할 수 있다.

Article 52

제52조

(1) If the seller delivers the goods before the date fixed, the buyer may take delivery or refuse to take delivery.

(1) 매도인이 이행기 전에 물품을 인도한 경우에, 매수인은 이를 수령하거나 거절할 수 있다.

(2) If the seller delivers a quantity of goods greater than that provided for in the contract, the buyer may take delivery or refuse to take delivery of the excess quantity. If the buyer takes delivery of all or part of the excess quantity, he must pay for it at the contract rate.

(2) 매도인이 계약에서 정한 것보다 다량의 물품을 인도한 경우에, 매수인은 초과분을 수령하거나 이를 거절할 수 있다. 매수인이 초과분의 전부 또는 일부를 수령한 경우에는 계약대금의 비율에 따라 그 대금을 지급하여야 한다.

Chapter Ⅲ. OBLIGATIONS OF THE BUYER

제3장 매수인의 의무

Article 53

The buyer must pay the price for the goods and take delivery of them as required by the contract and this Convention.

제53조

매수인은 계약과 이 협약에 따라, 물품의 대금을 지급하고 물품의 인도를 수령하여야 한다.

Section Ⅰ. Payment of the price

제1절 대금의 지급

Article 54

The buyer's obligation to pay the price includes taking such steps and complying with such formalities as may be required under the contract or any laws and regulations to enable payment to be made.

제54조

매수인의 대금지급의무에는 그 지급을 위하여 계약 또는 법령에서 정한 조치를 취하고 절차를 따르는 것이 포함된다.

Article 55

Where a contract has been validly concluded but does not expressly or implicitly fix or make provision for determining the price, the parties are considered, in the absence of any indication to the contrary, to have impliedly made reference to the price gener-

제55조

계약이 유효하게 성립되었으나 그 대금을 명시적 또는 묵시적으로 정하고 있지 아니하거나 이를 정하기 위한 조항을 두지 아니한 경우에는, 당사자는 반대의 표시가 없는 한, 계약 체결시에 당해 거래와 유사한 상황에서 매도되는 그러한 종류의 물품에 대하여 일반

ally charged at the time of the conclusion of the contract for such goods sold under comparable circumstances in the trade concerned.

적으로 청구되는 대금을 묵시적으로 정한 것으로 본다.

Article 56

If the price is fixed according to the weight of the goods, in case of doubt it is to be determined by the net weight.

제56조

대금이 물품의 중량에 따라 정하여지는 경우에, 의심이 있는 때에는 순중량에 의하여 대금을 결정하는 것으로 한다.

Article 57

(1) If the buyer is not bound to pay the price at any other particular place, he must pay it to the seller:

(a) at the seller's place of business; or

(b) if the payment is to be made against the handing over of the goods or of documents, at the place where the handing over takes place.

(2) The seller must bear any increases in the expenses incidental to payment which is caused by a change in his place of business subsequent to the conclusion of the contract.

제57조

(1) 매수인이 다른 특정한 장소에서 대금을 지급할 의무가 없는 경우에는, 다음의 장소에서 매도인에게 이를 지급하여야 한다.

㈎ 매도인의 영업소, 또는

㈏ 대금이 물품 또는 서류의 교부와 상환하여 지급되어야 하는 경우에는 그 교부가 이루어지는 장소

(2) 매도인은 계약 체결 후에 자신의 영업소를 변경함으로써 발생하는 대금지급에 대한 부수비용의 증가액을 부담하여야 한다.

Article 58

(1) If the buyer is not bound to pay the price at any other specific time, he must pay it when the seller places either the goods or documents controlling their disposition at the buyer's disposal in accordance with the contract and this Convention. The seller may make such payment a condition for handing over the goods or documents.

(2) If the contract involves carriage of the goods, the seller may dispatch the goods on terms whereby the goods, or documents controlling their disposition, will not be handed over to the buyer except against payment of the price.

(3) The buyer is not bound to pay the price until he has had an opportunity to examine the goods, unless the procedures for delivery or payment agreed upon by the parties are inconsistent with his having such an opportunity.

제58조

(1) 매수인이 다른 특정한 시기에 대금을 지급할 의무가 없는 경우에는, 매수인은 매도인이 계약과 이 협약에 따라 물품 또는 그 처분을 지배하는 서류를 매수인의 처분하에 두는 때에 대금을 지급하여야 한다. 매도인은 그 지급을 물품 또는 서류의 교부를 위한 조건으로 할 수 있다.

(2) 계약에 물품의 운송이 포함되는 경우에는, 매도인은 대금의 지급과 상환하여서만 물품 또는 그 처분을 지배하는 서류를 매수인에게 교부한다는 조건으로 물품을 발송할 수 있다.

(3) 매수인은 물품을 검사할 기회를 가질 때까지는 대금을 지급할 의무가 없다. 다만, 당사자 간에 합의된 인도 또는 지급절차가 매수인이 검사 기회를 가지는 것과 양립하지 아니하는 경우에는 그러하지 아니하다.

Article 59

The buyer must pay the price on the date fixed by or determinable from the contract and this Convention without the need for any request or compliance with any formality on the part of the seller.

제59조

매수인은 계약 또는 이 협약에서 지정되거나 확정될 수 있는 기일에 대금을 지급하여야 하며, 이 경우 매도인의 입장에서는 어떠한 요구를 하거나 절차를 따를 필요가 없다.

Section Ⅱ. Taking delivery

제2절 인도의 수령

Article 60

The buyer's obligation to take delivery consists:

(a) in doing all the acts which could reasonably be expected of him in order to enable the seller to make delivery; and

(b) in taking over the goods.

제60조

매수인의 수령의무는 다음과 같다.

㈎ 매도인의 인도를 가능하게 하기 위하여 매수인에게 합리적으로 기대될 수 있는 모든 행위를 하는 것, 및

㈏ 물품을 수령하는 것

Section Ⅲ. Remedies for breach of contract by the buyer

제3절 매수인의 계약위반에 대한 구제

Article 61

(1) If the buyer fails to perform any of his obligations under the contract or this Convention, the seller may:

(a) exercise the rights provided in articles 62 to 65;

(b) claim damages as provided in articles 74 to 77.

(2) The seller is not deprived of any right he may have to claim damages by exercising his right to other remedies.

(3) No period of grace may be granted to the buyer by a court or arbitral tribunal when the seller resorts to a remedy for breach of contract.

제61조

(1) 매수인이 계약 또는 이 협약상의 의무를 이행하지 아니하는 경우에 매도인은 다음을 할 수 있다.

㈎ 제62조 내지 제65조에서 정한 권리의 행사

㈏ 제74조 내지 제77조에서 정한 손해배상의 청구

(2) 매도인이 손해배상을 청구하는 권리는 다른 구제를 구하는 권리를 행사함으로써 상실되지 아니한다.

(3) 매도인이 계약위반에 대한 구제를 구하는 경우에, 법원 또는 중재판정부는 매수인에게 유예기간을 부여할 수 없다.

Article 62

The seller may require the buyer to pay the price, take delivery or perform his other obligations, unless the seller has resorted to a remedy which is inconsistent with this requirement.

제62조

매도인은 매수인에게 대금의 지급, 인도의 수령 또는 그 밖의 의무의 이행을 청구할 수 있다. 다만, 매도인이 그 청구와 양립하지 아니하는 구제를 구한 경우에는 그러하지 아니하다.

Article 63

(1) The seller may fix an additional period of time of reasonable length for performance by the buyer of his obligations.

(2) Unless the seller has received notice from the buyer that he will not perform within the period so fixed, the seller may not, during that period, resort to any remedy for breach of contract. However, the seller is not deprived thereby of any right he may have to claim damages for delay in performance.

제63조

(1) 매도인은 매수인의 의무이행을 위하여 합리적인 부가기간을 정할 수 있다.

(2) 매수인으로부터 그 부가기간 내에 이행을 하지 아니하겠다는 통지를 수령한 경우를 제외하고, 매도인은 그 기간 중 계약위반에 대한 구제를 구할 수 없다. 다만, 매도인은 이행지체에 대한 손해배상을 청구할 권리를 상실하지 아니한다.

Article 64

(1) The seller may declare the contract avoided:

(a) if the failure by the buyer to perform any of his obligations under the contract or this Convention amounts to a fundamental breach of contract; or

(b) if the buyer does not, within the additional period of time fixed by the seller in accordance with paragraph (1) of article 63, perform his obligation to pay the price or take delivery of the goods, or if he declares that he will not do so within the period so fixed.

(2) However, in cases where the buyer has paid the price, the seller loses the right to declare the contract avoided unless he does so:

(a) in respect of late performance by the buyer, before the seller has become aware that performance has been rendered; or

(b) in respect of any breach other than late performance by the buyer, within a reasonable time:

(i) after the seller knew or ought to have known of the breach; or

(ii) after the expiration of any additional period of time fixed by the seller in accordance with paragraph

제64조

(1) 매도인은 다음의 경우에 계약을 해제할 수 있다.

㈎ 계약 또는 이 협약상 매수인의 의무 불이행이 본질적 계약위반으로 되는 경우

㈏ 매수인이 제63조 제1항에 따라 매도인이 정한 부가기간 내에 대금지급 또는 물품수령 의무를 이행하지 아니하거나 그 기간 내에 그러한 의무를 이행하지 아니하겠다고 선언한 경우.

(2) 그러나 매수인이 대금을 지급한 경우에는, 매도인은 다음의 기간 내에 계약을 해제하지 아니하는 한 계약해제권을 상실한다.

㈎ 매수인의 이행지체의 경우, 매도인이 이행이 이루어진 것을 알기 전

㈏ 매수인의 이행지체 이외의 위반의 경우, 다음의 시기로부터 합리적인 기간 내

① 매도인이 그 위반을 알았거나 또는 알 수 있었던 때

② 매도인이 제63조 제1항에 따라 정한 부가기간이 경과한 때 또는 매수인이 그 부가기간 내에 의무를 이행하지

(1) of article 63, or after the buyer has declared that he will not perform his obligations within such an additional period.

아니하겠다고 선언한 때.

Article 65

(1) If under the contract the buyer is to specify the form, measurement or other features of the goods and he fails to make such specification either on the date agreed upon or within a reasonable time after receipt of a request from the seller, the seller may, without prejudice to any other rights he may have, make the specification himself in accordance with the requirements of the buyer that may be known to him.

(2) If the seller makes the specification himself, he must inform the buyer of the details thereof and must fix a reasonable time within which the buyer may make a different specification. If, after receipt of such a communication, the buyer fails to do so within the time so fixed, the specification made by the seller is binding.

제65조

(1) 계약상 매수인이 물품의 형태, 규격 그 밖의 특징을 지정하여야 하는 경우에, 매수인이 합의된 기일 또는 매도인으로부터 요구를 수령한 후 합리적인 기간 내에 그 지정을 하지 아니한 경우에는, 매도인은 자신이 보유하는 다른 권리를 해함이 없이, 자신이 알고 있는 매수인의 필요에 따라 스스로 지정할 수 있다.

(2) 매도인은 스스로 지정하는 경우에 매수인에게 그 상세한 사정을 통고하고, 매수인이 그와 다른 지정을 할 수 있도록 합리적인 기간을 정하여야 한다. 매수인이 그 통지를 수령한 후 정하여진 기간 내에 다른 지정을 하지 아니하는 경우에는, 매도인의 지정이 구속력을 가진다.

Chapter IV. PASSING OF RISK

제4장 위험의 이전

Article 66

Loss of or damage to the goods after the risk has passed to the buyer does not discharge him from his obligation to pay the price, unless the loss or damage is due to an act or omission of the seller.

제66조

위험이 매수인에게 이전된 후에 물품이 멸실 또는 훼손되더라도 매수인은 대금지급의무를 면하지 못한다. 다만, 그 멸실 또는 훼손이 매도인의 작위 또는 부작위로 인한 경우에는 그러하지 아니하다.

Article 67

(1) If the contract of sale involves carriage of the goods and the seller is not bound to hand them over at a particular place, the risk passes to the buyer when the goods are handed over to the first carrier for transmission to the buyer in accordance with the

제67조

(1) 매매계약에 물품의 운송이 포함되어 있고, 매도인이 특정한 장소에서 이를 교부할 의무가 없는 경우에, 위험은 매매계약에 따라 매수인에게 전달하기 위하여 물품이 제1운송인에게 교부된 때에 매수인에게 이전한다. 매도인이 특정한 장소에서 물품을 운송

contract of sale. If the seller is bound to hand the goods over to a carrier at a particular place, the risk does not pass to the buyer until the goods are handed over to the carrier at that place. The fact that the seller is authorized to retain documents controlling the disposition of the goods does not affect the passage of the risk.

(2) Nevertheless, the risk does not pass to the buyer until the goods are clearly identified to the contract, whether by markings on the goods, by shipping documents, by notice given to the buyer or otherwise.

인에게 교부하여야 하는 경우에는, 위험은 그 장소에서 물품이 운송인에게 교부될 때까지 매수인에게 이전하지 아니한다. 매도인이 물품의 처분을 지배하는 서류를 보유할 권한이 있다는 사실은 위험의 이전에 영향을 미치지 아니한다.

(2) 제1항에도 불구하고 위험은 물품이 하인(荷印), 선적서류, 매수인에 대한 통지 그 밖의 방법에 의하여 계약상 명확히 특정될 때까지 매수인에게 이전하지 아니한다.

Article 68

The risk in respect of goods sold in transit passes to the buyer from the time of the conclusion of the contract. However, if the circumstances so indicate, the risk is assumed by the buyer from the time the goods were handed over to the carrier who issued the documents embodying the contract of carriage. Nevertheless, if at the time of the conclusion of the contract of sale the seller knew or ought to have known that the goods had been lost or damaged and did not disclose this to the buyer, the loss or damage is at the risk of the seller.

제68조

운송 중에 매도된 물품에 관한 위험은 계약 체결시에 매수인에게 이전한다. 다만, 특별한 사정이 있는 경우에는, 위험은 운송계약을 표창하는 서류를 발행한 운송인에게 물품이 교부된 때부터 매수인이 부담한다. 그럼에도 불구하고, 매도인이 매매계약의 체결시에 물품이 멸실 또는 훼손된 것을 알았거나 알았어야 했고, 매수인에게 이를 밝히지 아니한 경우에는, 그 멸실 또는 훼손은 매도인의 위험으로 한다.

Article 69

(1) In cases not within articles 67 and 68, the risk passes to the buyer when he takes over the goods or, if he does not do so in due time, from the time when the goods are placed at his disposal and he commits a breach of contract by failing to take delivery.

(2) However, if the buyer is bound to take over the goods at a place other than a place of business of the seller, the risk passes when delivery is due and the buyer is aware of the fact that the goods are placed at his

제69조

(1) 제67조와 제68조가 적용되지 아니하는 경우에, 위험은 매수인이 물품을 수령한 때, 매수인이 적시에 이를 수령하지 아니한 경우에는 물품이 매수인의 처분 하에 놓여지고 매수인이 이를 수령하지 아니하여 계약을 위반하는 때에 매수인에게 이전한다.

(2) 매수인이 매도인의 영업소 이외의 장소에서 물품을 수령하여야 하는 경우에는, 위험은 인도기일이 도래하고 물품이 그 장소에서 매수인의 처분하에 놓여진 것을 매수인이 안 때에 이전한다.

disposal at that place.

(3) If the contract relates to goods not then identified, the goods are considered not to be placed at the disposal of the buyer until they are clearly identified to the contract.

(3) 불특정물에 관한 계약의 경우에, 물품은 계약상 명확히 특정될 때까지 매수인의 처분하에 놓여지지 아니한 것으로 본다.

Article 70

If the seller has committed a fundamental breach of contract, articles 67, 68 and 69 do not impair the remedies available to the buyer on account of the breach.

제70조

매도인이 본질적 계약위반을 한 경우에는, 제67조, 제68조 및 제69조는 매수인이 그 위반을 이유로 구할 수 있는 구제를 방해하지 아니한다.

Chapter Ⅴ. PROVISIONS COMMON TO THE OBLIGATIONS OF THE SELLER AND OF THE BUYER

제5장 매도인과 매수인의 의무에 공통되는 규정

Section Ⅰ. Anticipatory breach and instalment contracts

제1절 이행이전의 계약위반과 분할인도계약

Article 71

(1) A party may suspend the performance of his obligations if, after the conclusion of the contract, it becomes apparent that the other party will not perform a substantial part of his obligations as a result of:

(a) a serious deficiency in his ability to perform or in his creditworthiness; or

(b) his conduct in preparing to perform or in performing the contract.

(2) If the seller has already dispatched the goods before the grounds described in the preceding paragraph become evident, he may prevent the handing over of the goods to the buyer even though the buyer holds a document which entitles him to obtain them. The present paragraph relates only to the rights in the goods as between the buyer and the seller.

(3) A party suspending performance, whether before or after dispatch of the goods, must immediately give notice of the

제71조

(1) 당사자는 계약체결 후 다음의 사유로 상대방이 의무의 실질적 부분을 이행하지 아니할 것이 판명된 경우에는, 자신의 의무 이행을 정지할 수 있다.

㈎ 상대방의 이행능력 또는 신용도의 중대한 결함

㈏ 계약의 이행 준비 또는 이행에 관한 상대방의 행위

(2) 제1항의 사유가 명백하게 되기 전에 매도인이 물품을 발송한 경우에는, 매수인이 물품을 취득할 수 있는 증권을 소지하고 있더라도 매도인은 물품이 매수인에게 교부되는 것을 저지할 수 있다. 이 항은 매도인과 매수인 간의 물품에 관한 권리에 대하여만 적용된다.

(3) 이행을 정지한 당사자는 물품의 발송 전후에 관계없이 즉시 상대방에게 그 정지를 통지하여야 하고, 상대방이 그 이행에 관하

suspension to the other party and must continue with performance if the other party provides adequate assurance of his performance.

여 적절한 보장을 제공한 경우에는 이행을 계속하여야 한다.

Article 72

(1) If prior to the date for performance of the contract it is clear that one of the parties will commit a fundamental breach of contract, the other party may declare the contract avoided.

(2) If time allows, the party intending to declare the contract avoided must give reasonable notice to the other party in order to permit him to provide adequate assurance of his performance.

(3) The requirements of the preceding paragraph do not apply if the other party has declared that he will not perform his obligations.

제72조

(1) 계약의 이행기일 전에 당사자 일방이 본질적 계약위반을 할 것이 명백한 경우에는, 상대방은 계약을 해제할 수 있다.

(2) 시간이 허용하는 경우에는, 계약을 해제하려고 하는 당사자는 상대방이 이행에 관하여 적절한 보장을 제공할 수 있도록 상대방에게 합리적인 통지를 하여야 한다.

(3) 제2항의 요건은 상대방이 그 의무를 이행하지 아니하겠다고 선언한 경우에는 적용되지 아니한다.

Article 73

(1) In the case of a contract for delivery of goods by instalments, if the failure of one party to perform any of his obligations in respect of any instalment constitutes a fundamental breach of contract with respect to that instalment, the other party may declare the contract avoided with respect to that instalment.

(2) If one party's failure to perform any of his obligations in respect of any instalment gives the other party good grounds to conclude that a fundamental breach of contract will occur with respect to future instalments, he may declare the contract avoided for the future, provided that he does so within a reasonable time.

(3) A buyer who declares the contract avoided in respect of any delivery may, at the same time, declare it avoided in respect of deliveries already made or of future deliveries if, by reason of their interdependence, those deliveries could not be used for the purpose

제73조

(1) 물품을 분할하여 인도하는 계약에서 어느 분할부분에 관한 당사자 일방의 의무 불이행이 그 분할부분에 관하여 본질적 계약위반이 되는 경우에는, 상대방은 그 분할부분에 관하여 계약을 해제할 수 있다.

(2) 어느 분할부분에 관한 당사자 일방의 의무 불이행이 장래의 분할부분에 대한 본질적 계약위반의 발생을 추단하는 데에 충분한 근거가 되는 경우에는, 상대방은 장래에 향하여 계약을 해제할 수 있다. 다만, 그 해제는 합리적인 기간 내에 이루어져야 한다.

(3) 어느 인도에 대하여 계약을 해제하는 매수인은, 이미 행하여진 인도 또는 장래의 인도가 그 인도와의 상호 의존관계로 인하여 계약 체결시에 당사자 쌍방이 예상했던 목적으로 사용될 수 없는 경우에는, 이미 행하여진 인도 또는 장래의 인도에 대하여도 동시

contemplated by the parties at the time of the conclusion of the contract.

에 계약을 해제할 수 있다.

Section II. Damages

제2절 손해배상액

Article 74

Damages for breach of contract by one party consist of a sum equal to the loss, including loss of profit, suffered by the other party as a consequence of the breach. Such damages may not exceed the loss which the party in breach foresaw or ought to have foreseen at the time of the conclusion of the contract, in the light of the facts and matters of which he then knew or ought to have known, as a possible consequence of the breach of contract.

제74조

당사자 일방의 계약위반으로 인한 손해배상액은 이익의 상실을 포함하여 그 위반의 결과 상대방이 입은 손실과 동등한 금액으로 한다. 그 손해배상액은 위반 당사자가 계약체결시에 알았거나 알 수 있었던 사실과 사정에 비추어, 계약위반의 가능한 결과로서 발생할 것을 예견하였거나 예견할 수 있었던 손실을 초과할 수 없다.

Article 75

If the contract is avoided and if, in a reasonable manner and within a reasonable time after avoidance, the buyer has bought goods in replacement or the seller has resold the goods, the party claiming damages may recover the difference between the contract price and the price in the substitute transaction as well as any further damages recoverable under article 74.

제75조

계약이 해제되고 계약해제 후 합리적인 방법으로, 합리적인 기간 내에 매수인이 대체물을 매수하거나 매도인이 물품을 재매각한 경우에, 손해배상을 청구하는 당사자는 계약대금과 대체거래대금과의 차액 및 그 외에 제74조에 따른 손해액을 배상받을 수 있다.

Article 76

(1) If the contract is avoided and there is a current price for the goods, the party claiming damages may, if he has not made a purchase or resale under article 75, recover the difference between the price fixed by the contract and the current price at the time of avoidance as well as any further damages recoverable under article 74. If, however, the party claiming damages has avoided the contract after taking over the goods, the current price at the time of such taking over shall be applied instead of the current price at the time of avoidance.

(2) For the purposes of the preceding

제76조

(1) 계약이 해제되고 물품에 시가가 있는 경우에, 손해배상을 청구하는 당사자는 제75조에 따라 구입 또는 재매각하지 아니하였다면 계약대금과 계약해제시의 시가와의 차액 및 그 외에 제74조에 따른 손해액을 배상받을 수 있다. 다만, 손해배상을 청구하는 당사자가 물품을 수령한 후에 계약을 해제한 경우에는, 해제시의 시가에 갈음하여 물품 수령시의 시가를 적용한다.

(2) 제1항의 적용상, 시가는 물품이 인도되

paragraph, the current price is the price prevailing at the place where delivery of the goods should have been made or, if there is no current price at that place, the price at such other place as serves as a reasonable substitute, making due allowance for differences in the cost of transporting the goods.

었어야 했던 장소에서의 지배적인 가격, 그 장소에 시가가 없는 경우에는 물품 운송비용의 차액을 적절히 고려하여 합리적으로 대체할 수 있는 다른 장소에서의 가격을 말한다.

Article 77

A party who relies on a breach of contract must take such measures as are reasonable in the circumstances to mitigate the loss, including loss of profit, resulting from the breach. If he fails to take such measures, the party in breach may claim a reduction in the damages in the amount by which the loss should have been mitigated.

제77조

계약위반을 주장하는 당사자는 이익의 상실을 포함하여 그 위반으로 인한 손실을 경감하기 위하여 그 상황에서 합리적인 조치를 취하여야 한다. 계약위반을 주장하는 당사자가 그 조치를 취하지 아니한 경우에는, 위반 당사자는 경감되었어야 했던 손실액만큼 손해배상액의 감액을 청구할 수 있다.

Section III. Interest

제3절 이 자

Article 78

If a party fails to pay the price or any other sum that is in arrears, the other party is entitled to interest on it, without prejudice to any claim for damages recoverable under article 74.

제78조

당사자가 대금 그 밖의 연체된 금액을 지급하지 아니하는 경우에, 상대방은 제74조에 따른 손해배상청구권을 해함이 없이, 그 금액에 대한 이자를 청구할 수 있다.

Section IV. Exemptions

제4절 면 책

Article 79

(1) A party is not liable for a failure to perform any of his obligations if he proves that the failure was due to an impediment beyond his control and that he could not reasonably be expected to have taken the impediment into account at the time of the conclusion of the contract or to have avoided or overcome it or its consequences.

(2) If the party's failure is due to the failure by a third person whom he has engaged to perform the whole or a part of the contract, that party is exempt from liability only if:

제79조

(1) 당사자는 그 의무의 불이행이 자신이 통제할 수 없는 장애에 기인하였다는 것과 계약 체결시에 그 장애를 고려하거나 또는 그 장애나 그로 인한 결과를 회피하거나 극복하는 것이 합리적으로 기대될 수 없었다는 것을 증명하는 경우에는, 그 의무불이행에 대하여 책임이 없다.

(2) 당사자의 불이행이 계약의 전부 또는 일부의 이행을 위하여 사용한 제3자의 불이행으로 인한 경우에는, 그 당사자는 다음의 경우에 한하여 그 책임을 면한다.

(a) he is exempt under the preceding paragraph; and

(b) the person whom he has so engaged would be so exempt if the provisions of that paragraph were applied to him.

(가) 당사자가 제1항의 규정에 의하여 면책되고, 또한

(나) 당사자가 사용한 제3자도 그에게 제1항이 적용된다면 면책되는 경우

(3) The exemption provided by this article has effect for the period during which the impediment exists.

(3) 이 조에 규정된 면책은 장애가 존재하는 기간 동안에 효력을 가진다.

(4) The party who fails to perform must give notice to the other party of the impediment and its effect on his ability to perform. If the notice is not received by the other party within a reasonable time after the party who fails to perform knew or ought to have known of the impediment, he is liable for damages resulting from such non-receipt.

(4) 불이행 당사자는 장애가 존재한다는 것과 그 장애가 자신의 이행능력에 미치는 영향을 상대방에게 통지하여야 한다. 불이행 당사자가 장애를 알았거나 알았어야 했던 때로부터 합리적인 기간 내에 상대방이 그 통지를 수령하지 못한 경우에는, 불이행 당사자는 불수령으로 인한 손해에 대하여 책임이 있다.

(5) Nothing in this article prevents either party from exercising any right other than to claim damages under this Convention.

(5) 이 조는 어느 당사자가 이 협약에 따라 손해배상 청구권 이외의 권리를 행사하는 것을 방해하지 아니한다.

Article 80

A party may not rely on a failure of the other party to perform, to the extent that such failure was caused by the first party's act or omission.

제80조

당사자는 상대방의 불이행이 자신의 작위 또는 부작위에 기인하는 한, 상대방의 불이행을 주장할 수 없다.

Section Ⅴ. Effects of avoidance

제5절 해제의 효력

Article 81

(1) Avoidance of the contract releases both parties from their obligations under it, subject to any damages which may be due. Avoidance does not affect any provision of the contract for the settlement of disputes or any other provision of the contract governing the rights and obligations of the parties consequent upon the avoidance of the contract.

(2) A party who has performed the contract either wholly or in part may claim restitution from the other party of whatever the first party has supplied or paid under the

제81조

(1) 계약의 해제는 손해배상의무를 제외하고 당사자 쌍방을 계약상의 의무로부터 면하게 한다. 해제는 계약상의 분쟁해결조항 또는 해제의 결과 발생하는 당사자의 권리의무를 규율하는 그 밖의 계약조항에 영향을 미치지 아니한다.

(2) 계약의 전부 또는 일부를 이행한 당사자는 상대방에게 자신이 계약상 공급 또는 지급한 것의 반환을 청구할 수 있다. 당사자 쌍방이 반환하여야 하는 경우에는 동시에

contract. If both parties are bound to make restitution, they must do so concurrently.

반환하여야 한다.

Article 82

(1) The buyer loses the right to declare the contract avoided or to require the seller to deliver substitute goods if it is impossible for him to make restitution of the goods substantially in the condition in which he received them.

(2) The preceding paragraph does not apply:

(a) if the impossibility of making restitution of the goods or of making restitution of the goods substantially in the condition in which the buyer received them is not due to his act or omission;

(b) if the goods or part of the goods have perished or deteriorated as a result of the examination provided for in article 38; or

(c) if the goods or part of the goods have been sold in the normal course of business or have been consumed or transformed by the buyer in the course of normal use before he discovered or ought to have discovered the lack of conformity.

제82조

(1) 매수인이 물품을 수령한 상태와 실질적으로 동일한 상태로 그 물품을 반환할 수 없는 경우에는, 매수인은 계약을 해제하거나 매도인에게 대체물을 청구할 권리를 상실한다.

(2) 제1항은 다음의 경우에는 적용되지 아니한다.

㈎ 물품을 반환할 수 없거나 수령한 상태와 실질적으로 동일한 상태로 반환할 수 없는 것이 매수인의 작위 또는 부작위에 기인하지 아니한 경우

㈏ 물품의 전부 또는 일부가 제38조에 따른 검사의 결과로 멸실 또는 훼손된 경우

㈐ 매수인이 부적합을 발견하였거나 발견하였어야 했던 시점 전에, 물품의 전부 또는 일부가 정상적인 거래과정에서 매각되거나 통상의 용법에 따라 소비 또는 변형된 경우

Article 83

A buyer who has lost the right to declare the contract avoided or to require the seller to deliver substitute goods in accordance with article 82 retains all other remedies under the contract and this Convention.

제83조

매수인은, 제82조에 따라 계약해제권 또는 대체물인도청구권을 상실한 경우에도, 계약과 이 협약에 따른 그 밖의 모든 구제권을 보유한다.

Article 84

(1) If the seller is bound to refund the price, he must also pay interest on it, from the date on which the price was paid.

(2) The buyer must account to the seller for all benefits which he has derived from the goods or part of them:

(a) if he must make restitution of the

제84조

(1) 매도인은 대금을 반환하여야 하는 경우에, 대금이 지급된 날부터 그에 대한 이자도 지급하여야 한다.

(2) 매수인은 다음의 경우에는 물품의 전부 또는 일부로부터 발생된 모든 이익을 매도인에게 지급하여야 한다.

㈎ 매수인이 물품의 전부 또는 일부를 반환

goods or part of them; or

(b) if it is impossible for him to make restitution of all or part of the goods or to make restitution of all or part of the goods substantially in the condition in which he received them, but he has nevertheless declared the contract avoided or required the seller to deliver substitute goods.

하여야 하는 경우

(나) 물품의 전부 또는 일부를 반환할 수 없거나 수령한 상태와 실질적으로 동일한 상태로 전부 또는 일부를 반환할 수 없음에도 불구하고, 매수인이 계약을 해제하거나 매도인에게 대체물의 인도를 청구한 경우

Section VI. Preservation of the goods

제6절 물품의 보관

Article 85

If the buyer is in delay in taking delivery of the goods or, where payment of the price and delivery of the goods are to be made concurrently, if he fails to pay the price, and the seller is either in possession of the goods or otherwise able to control their disposition, the seller must take such steps as are reasonable in the circumstances to preserve them. He is entitled to retain them until he has been reimbursed his reasonable expenses by the buyer.

제85조

매수인이 물품 인도의 수령을 지체하거나 또는 대금지급과 물품 인도가 동시에 이루어져야 함에도 매수인이 대금을 지급하지 아니한 경우로서, 매도인이 물품을 점유하거나 그 밖의 방법으로 그 처분을 지배할 수 있는 경우에는, 매도인은 물품을 보관하기 위하여 그 상황에서 합리적인 조치를 취하여야 한다. 매도인은 매수인으로부터 합리적인 비용을 상환 받을 때까지 그 물품을 보유할 수 있다.

Article 86

(1) If the buyer has received the goods and intends to exercise any right under the contract or this Convention to reject them, he must take such steps to preserve them as are reasonable in the circumstances. He is entitled to retain them until he has been reimbursed his reasonable expenses by the seller.

(2) If goods dispatched to the buyer have been placed at his disposal at their destination and he exercises the right to reject them, he must take possession of them on behalf of the seller, provided that this can be done without payment of the price and without unreasonable inconvenience or unreasonable expense. This provision does not apply if the seller or a person authorized

제86조

(1) 매수인이 물품을 수령한 후 그 물품을 거절하기 위하여 계약 또는 이 협약에 따른 권리를 행사하려고 하는 경우에는, 매수인은 물품을 보관하기 위하여 그 상황에서 합리적인 조치를 취하여야 한다. 매수인은 매도인으로부터 합리적인 비용을 상환받을 때까지 그 물품을 보유할 수 있다.

(2) 매수인에게 발송된 물품이 목적지에서 매수인의 처분 하에 놓여지고, 매수인이 그 물품을 거절하는 권리를 행사하는 경우에, 매수인은 매도인을 위하여 그 물품을 점유하여야 한다. 다만, 대금 지급 및 불합리한 불편이나 경비소요 없이 점유할 수 있는 경우에 한한다. 이 항은 매도인이나 그를 위하여 물품을 관리하는 자가 목적지에 있는 경우에는 적용되지 아니한다. 매수인이 이 항에

to take charge of the goods on his behalf is present at the destination. If the buyer takes possession of the goods under this paragraph, his rights and obligations are governed by the preceding paragraph.

따라 물품을 점유하는 경우에는, 매수인의 권리와 의무에 대하여는 제1항이 적용된다.

Article 87

A party who is bound to take steps to preserve the goods may deposit them in a warehouse of a third person at the expense of the other party provided that the expense incurred is not unreasonable.

제87조

물품을 보관하기 위한 조치를 취하여야 하는 당사자는 그 비용이 불합리하지 아니한 한, 상대방의 비용으로 물품을 제3자의 창고에 임치할 수 있다.

Article 88

(1) A party who is bound to preserve the goods in accordance with article 85 or 86 may sell them by any appropriate means if there has been an unreasonable delay by the other party in taking possession of the goods or in taking them back or in paying the price or the cost of preservation, provided that reasonable notice of the intention to sell has been given to the other party.

(2) If the goods are subject to rapid deterioration or their preservation would involve unreasonable expense, a party who is bound to preserve the goods in accordance with article 85 or 86 must take reasonable measures to sell them. To the extent possible he must give notice to the other party of his intention to sell.

(3) A party selling the goods has the right to retain out of the proceeds of sale an amount equal to the reasonable expenses of preserving the goods and of selling them. He must account to the other party for the balance.

제88조

(1) 제85조 또는 제86조에 따라 물품을 보관하여야 하는 당사자는 상대방이 물품을 점유하거나 반환받거나 또는 대금이나 보관비용을 지급하는 데 불합리하게 지체하는 경우에는, 상대방에게 매각의사를 합리적으로 통지하는 한, 적절한 방법으로 물품을 매각할 수 있다.

(2) 물품이 급속히 훼손되기 쉽거나 그 보관에 불합리한 경비를 요하는 경우에는, 제85조 또는 제86조에 따라 물품을 보관하여야 하는 당사자는 물품을 매각하기 위하여 합리적인 조치를 취하여야 한다. 이 경우에 가능한 한도에서 상대방에게 매각의사가 통지되어야 한다.

(3) 물품을 매각한 당사자는 매각대금에서 물품을 보관하고 매각하는 데 소요된 합리적인 비용과 동일한 금액을 보유할 권리가 있다. 그 차액은 상대방에게 반환되어야 한다.

PART IV. FINAL PROVISIONS

Article 89
The Secretary-General of the United Nations is hereby designated as the depositary for this Convention.

Article 90
This Convention does not prevail over any international agreement which has already been or may be entered into and which contains provisions concerning the matters governed by this Convention, provided that the parties have their places of business in States parties to such agreement.

Article 91
(1) This Convention is open for signature at the concluding meeting of the United Nations Conference on Contracts for the International Sale of Goods and will remain open for signature by all States at the Headquarters of the United Nations, New York until 30 September 1981.

(2) This Convention is subject to ratification, acceptance or approval by the signatory States.

(3) This Convention is open for accession by all States which are not signatory States as from the date it is open for signature.

(4) Instruments of ratification, acceptance, approval and accession are to be deposited with the Secretary-General of the United Nations.

Article 92
(1) A Contracting State may declare at the time of signature, ratification, acceptance, bound by Part II of this Convention or approval or accession that it will not be that it will not be bound by Part III of this Convention.

(2) A Contracting State which makes a declaration in accordance with the preceding

제4편 최종규정

제89조
국제연합 사무총장은 이 협약의 수탁자가 된다.

제90조
이미 발효하였거나 또는 앞으로 발효하게 될 국제협정이 이 협약이 규율하는 사항에 관하여 규정을 두고 있는 경우에, 이 협약은 그러한 국제협정에 우선하지 아니한다. 다만, 당사자가 그 협정의 당사국에 영업소를 가지고 있는 경우에 한한다.

제91조
(1) 이 협약은 국제물품매매계약에 관한 국제연합회의의 최종일에 서명을 위하여 개방되고, 뉴욕의 국제연합 본부에서 1981년 9월 30일까지 모든 국가에 의한 서명을 위하여 개방된다.

(2) 이 협약은 서명국에 의하여 비준, 수락 또는 승인되어야 한다.

(3) 이 협약은 서명을 위하여 개방된 날부터 서명하지 아니한 모든 국가의 가입을 위하여 개방된다.

(4) 비준서, 수락서, 승인서 또는 가입서는 국제연합 사무총장에게 기탁되어야 한다.

제92조
(1) 체약국은 서명, 비준, 수락, 승인 또는 가입시에 이 협약 제2편 또는 제3편에 구속되지 아니한다는 취지의 선언을 할 수 있다.

(2) 제1항에 따라 이 협약 제2편 또는 제3편에 관하여 유보선언을 한 체약국은, 그 선

paragraph in respect of Part II or Part III of this Convention is not to be considered a Contracting State within paragraph (1) of article 1 of this Convention in respect of matters governed by the Part to which the declaration applies.

Article 93

(1) If a Contracting State has two or more territorial units in which, according to its constitution, different systems of law are applicable in relation to the matters dealt with in this Convention, it may, at the time of signature, ratification, acceptance, approval or accession, declare that this Convention is to extend to all its territorial units or only to one or more of them, and may amend its declaration by submitting another declaration at any time.

(2) These declarations are to be notified to the depositary and are to state expressly the territorial units to which the Convention extends.

(3) If, by virtue of a declaration under this article, this Convention extends to one or more but not all of the territorial units of a Contracting State, and if the place of business of a party is located in that State, this place of business, for the purposes of this Convention, is considered not to be in a Contracting State, unless it is in a territorial unit to which the Convention extends.

(4) If a Contracting State makes no declaration under paragraph (1) of this article, the Convention is to extend to all territorial units of that State.

Article 94

(1) Two or more Contracting States which have the same or closely related legal rules on matters governed by this Convention may at any time declare that the Convention is not to apply to contracts of sale or to their formation where the parties have their

언이 적용되는 편에 의하여 규율되는 사항에 관하여는 이 협약 제1조 제1항에서 말하는 체약국으로 보지 아니한다.

제93조

(1) 체약국이 그 헌법상 이 협약이 다루고 있는 사항에 관하여 각 영역마다 다른 법체계가 적용되는 2개 이상의 영역을 가지고 있는 경우에, 그 국가는 서명, 비준, 수락, 승인 또는 가입시에 이 협약을 전체 영역 또는 일부영역에만 적용한다는 취지의 선언을 할 수 있으며, 언제든지 새로운 선언을 함으로써 전의 선언을 수정할 수 있다.

(2) 제1항의 선언은 수탁자에게 통고하여야 하며, 이 협약이 적용되는 영역을 명시하여야 한다.

(3) 이 조의 선언에 의하여 이 협약이 체약국의 전체영역에 적용되지 아니하고 하나 또는 둘 이상의 영역에만 적용되며 또한 당사자의 영업소가 그 국가에 있는 경우에는, 그 영업소는 이 협약의 적용상 체약국에 있지 아니한 것으로 본다. 다만, 그 영업소가 이 협약이 적용되는 영역에 있는 경우에는 그러하지 아니하다.

(4) 체약국이 제1항의 선언을 하지 아니한 경우에 이 협약은 그 국가의 전체영역에 적용된다.

제94조

(1) 이 협약이 규율하는 사항에 관하여 동일하거나 또는 밀접하게 관련된 법규를 가지는 둘 이상의 체약국은, 양 당사자의 영업소가 그러한 국가에 있는 경우에 이 협약을 매매계약과 그 성립에 관하여 적용하지 아니한다는 취지의 선언을 언제든지 행할 수 있다.

places of business in those States. Such declarations may be made jointly or by reciprocal unilateral declarations.

그러한 선언은 공동으로 또는 상호간에 단독으로 할 수 있다.

(2) A Contracting State which has the same or closely related legal rules on matters governed by this Convention as one or more non-Contracting States may at any time declare that the Convention is not to apply to contracts of sale or to their formation where the parties have their places of business in those States.

(2) 이 협약이 규율하는 사항에 관하여 하나 또는 둘 이상의 비체약국과 동일하거나 또는 밀접하게 관련된 법규를 가지는 체약국은 양 당사자의 영업소가 그러한 국가에 있는 경우에 이 협약을 매매계약과 그 성립에 대하여 적용하지 아니한다는 취지의 선언을 언제든지 행할 수 있다.

(3) If a State which is the object of a declaration under the preceding paragraph subsequently becomes a Contracting State, the declaration made will, as from the date on which the Convention enters into force in respect of the new Contracting State, have the effect of a declaration made under paragraph (1), provided that the new Contracting State joins in such declaration or makes a reciprocal unilateral declaration.

(3) 제2항에 의한 선언의 대상이 된 국가가 그 후 체약국이 된 경우에, 그 선언은 이 협약이 새로운 체약국에 대하여 효력이 발생하는 날부터 제1항의 선언으로서 효력을 가진다. 다만, 새로운 체약국이 그 선언에 가담하거나 또는 상호간에 단독으로 선언하는 경우에 한한다.

Article 95

Any State may declare at the time of the deposit of its instrument of ratification, acceptance, approval or accession that it will not be bound by subparagraph (1)(b) of article 1 of this Convention.

제95조

어떤 국가든지 비준서, 수락서, 승인서 또는 가입서를 기탁할 때, 이 협약 제1조 제1항 (나)호에 구속되지 아니한다는 취지의 선언을 행할 수 있다.

Article 96

A Contracting State whose legislation requires contracts of sale to be concluded in or evidenced by writing may at any time make a declaration in accordance with article 12 that any provision of article 11, article 29, or Part II of this Convention, that allows a contract of sale or its modification or termination by agreement or any offer, acceptance, or other indication of intention to be made in any form other than in writing, does not apply where any party has his place of business in that State.

제96조

그 국가의 법률상 매매계약의 체결 또는 입증에 서면을 요구하는 체약국은 제12조에 따라 매매계약, 합의에 의한 매매계약의 변경이나 종료, 청약, 승낙 기타의 의사표시를 서면 이외의 방법으로 하는 것을 허용하는 이 협약 제11조, 제29조 또는 제2편의 어떠한 규정도 당사자 일방이 그 국가에 영업소를 가지고 있는 경우에는 적용하지 아니한다는 취지의 선언을 언제든지 행할 수 있다.

Article 97

(1) Declarations made under this Convention

제97조

(1) 서명시에 이 협약에 따라 행한 선언은

at the time of signature are subject to confirmation upon ratification, acceptance or approval.

(2) Declarations and confirmations of declarations are to be in writing and be formally notified to the depositary.

(3) A declaration takes effect simultaneously with the entry into force of this Convention in respect of the State concerned. However, a declaration of which the depositary receives formal notification after such entry into force takes effect on the first day of the month following the expiration of six months after the date of its receipt by the depositary. Reciprocal unilateral declarations under article 94 take effect on the first day of the month following the expiration of six months after the receipt of the latest declaration by the depositary.

(4) Any State which makes a declaration under this Convention may withdraw it at any time by a formal notification in writing addressed to the depositary. Such withdrawal is to take effect on the first day of the month following the expiration of six months after the date of the receipt of the notification by the depositary.

(5) A withdrawal of a declaration made under article 94 renders inoperative, as from the date on which the withdrawal takes effect, any reciprocal declaration made by another State under that article.

Article 98

No reservations are permitted except those expressly authorized in this Convention.

Article 99

(1) This Convention enters into force, subject to the provisions of paragraph (6) of this article, on the first day of the month following the expiration of twelve months

비준, 수락 또는 승인시 다시 확인되어야 한다.

(2) 선언 및 선언의 확인은 서면으로 하여야 하고, 또한 정식으로 수탁자에게 통고하여야 한다.

(3) 선언은 이를 행한 국가에 대하여 이 협약이 발효함과 동시에 효력이 생긴다. 다만, 협약의 발효 후 수탁자가 정식으로 통고를 수령한 선언은 수탁자가 이를 수령한 날부터 6월이 경과된 다음 달의 1일에 효력이 발생한다. 제94조에 따른 상호간의 단독선언은 수탁자가 최후의 선언을 수령한 후 6월이 경과한 다음 달의 1일에 효력이 발생한다.

(4) 이 협약에 따라 선언을 행한 국가는 수탁자에게 서면에 의한 정식의 통고를 함으로써 언제든지 그 선언을 철회할 수 있다. 그러한 철회는 수탁자가 통고를 수령한 날부터 6월이 경과된 다음 달의 1일에 효력이 발생한다.

(5) 제94조에 따라 선언이 철회된 경우에는 그 철회의 효력이 발생하는 날부터 제94조에 따라 다른 국가가 행한 상호간의 선언의 효력이 상실된다.

제98조

이 협약에 의하여 명시적으로 인정된 경우를 제외하고는 어떠한 유보도 허용되지 아니한다.

제99조

(1) 이 협약은 제6항의 규정에 따를 것을 조건으로, 제92조의 선언을 포함하고 있는 문서를 포함하여 10번째의 비준서, 수락서, 승인서 또는 가입서가 기탁된 날부터 12월이

after the date of deposit of the tenth instrument of ratification, acceptance, approval or accession, including an instrument which contains a declaration made under article 92.

(2) When a State ratifies, accepts, approves or accedes to this Convention after the deposit of the tenth instrument of ratification, acceptance, approval or accession, this Convention, with the exception of the Part excluded, enters into force in respect of that State, subject to the provisions of paragraph (6) of this article, on the first day of the month following the expiration of twelve months after the date of the deposit of its instrument of ratification, acceptance, approval or accession.

(3) A State which ratifies, accepts, approves or accedes to this Convention and is a party to either or both the Convention relating to a Uniform Law on the Formation of Contracts for the International Sale of Goods done at The Hague on 1 July 1964 (1964 Hague Formation Convention) and the Convention relating to a Uniform Law on the International Sale of Goods done at The Hague on 1 July 1964 (1964 Hague Sales Convention) shall at the same time denounce, as the case may be, either or both the 1964 Hague Sales Convention and the 1964 Hague Formation Convention by notifying the Government of the Netherlands to that effect.

(4) A State party to the 1964 Hague Sales Convention which ratifies, accepts, approves or accedes to the present Convention and declares or has declared under article 52 that it will not be bound by Part II of this Convention shall at the time of ratification, acceptance, approval or accession denounce the 1964 Hague Sales Convention by notifying the Government of the Netherlands to that effect.

경과된 다음 달의 1일에 효력이 발생한다.

(2) 10번째의 비준서, 수락서, 승인서 또는 가입서가 기탁된 후에 어느 국가가 이 협약을 비준, 수락, 승인 또는 가입하는 경우에, 이 협약은 적용이 배제된 편을 제외하고 제6항에 따를 것을 조건으로 하여 그 국가의 비준서, 수락서, 승인서 또는 가입서가 기탁된 날부터 12월이 경과된 다음 달의 1일에 그 국가에 대하여 효력이 발생한다.

(3) 1964년 7월 1일 헤이그에서 작성된 「국제물품매매계약의 성립에 관한 통일법」(1964년 헤이그성립협약)과 「국제물품매매계약에 관한 통일법」(1964년 헤이그매매협약) 중의 하나 또는 모두의 당사국이 이 협약을 비준, 수락, 승인 또는 이에 가입하는 경우에는 네덜란드 정부에 통고함으로써 1964년 헤이그매매협약 및/또는 1964년 헤이그성립협약을 동시에 폐기하여야 한다.

(4) 1964년 헤이그매매협약의 당사국으로서 이 협약을 비준, 수락, 승인 또는 가입하는 국가가 제92조에 따라 이 협약 제2편에 구속되지 아니한다는 뜻을 선언하거나 또는 선언한 경우에, 그 국가는 이 협약의 비준, 수락, 승인 또는 가입시에 네덜란드 정부에 통고함으로써 1964년 헤이그매매협약을 폐기하여야 한다.

(5) A State party to the 1964 Hague Formation Convention which ratifies, accepts, approves or accedes to the present Convention and declares or has declared under article 92 that it will not be bound by Part III of this Convention shall at the time of ratification, acceptance, approval or accession denounce the 1964 Hague Formation Convention by notifying the Government of the Netherlands to that effect.

(5) 1964년 헤이그성립협약의 당사국으로서 이 협약을 비준, 수락, 승인 또는 가입하는 국가가 제92조에 따라 이 협약 제3편에 구속되지 아니한다는 뜻을 선언하거나 또는 선언한 경우에, 그 국가는 이 협약의 비준, 수락, 승인 또는 가입시 네덜란드정부에 통고함으로서 1964년 헤이그성립협약을 폐기하여야 한다.

(6) For the purpose of this article, ratifications, acceptances, approvals and accessions in respect of this Convention by States parties to the 1964 Hague Formation Convention or to the 1964 Hague Sales Convention shall not be effective until such denunciations as may be required on the part of those States in respect of the latter two Conventions have themselves become effective. The depositary of this Convention shall consult with the Government of the Netherlands, as the depositary of the 1964 Conventions, so as to ensure necessary co-ordination in this respect.

(6) 이 조의 적용상, 1964년 헤이그성립협약 또는 1964년 헤이그매매협약의 당사국에 의한 이 협약의 비준, 수락, 승인 또는 가입은 이들 두 협약에 관하여 당사국에게 요구되는 폐기의 통고가 효력을 발생하기까지 그 효력이 발생하지 아니한다. 이 협약의 수탁자는 이에 관한 필요한 상호조정을 확실히 하기 위하여 1964년 협약들의 수탁자인 네덜란드 정부와 협의하여야 한다.

Article 100

(1) This Convention applies to the formation of a contract only when the proposal for concluding the contract is made on or after the date when the Convention enters into force in respect of the Contracting States referred to in subparagraph (1)(a) or the Contracting State referred to in subparagraph (1)(b) of article 1.

(2) This Convention applies only to contracts concluded on or after the date when the Convention enters into force in respect of the Contracting States referred to in subparagraph (1)(a) or the Contracting State referred to in subparagraph (1)(b) of article 1.

제100조

(1) 이 협약은 제1조 제1항 ㈎호 또는 ㈏호의 체약국에게 협약의 효력이 발생한 날 이후에 계약체결을 위한 제안이 이루어진 경우에 한하여 계약의 성립에 대하여 적용된다.

(2) 이 협약은 제1조 제1항 ㈎호 또는 ㈏호의 체약국에게 협약의 효력이 발생한 날 이후에 체결된 계약에 대하여만 적용된다.

Article 101

(1) A Contracting State may denounce this

제101조

(1) 체약국은 수탁자에게 서면에 의한 정식

Convention, or Part II or Part III of the Convention, by a formal notification in writing addressed to the depositary.

의 통고를 함으로써 이 협약 또는 이 협약 제2편 또는 제3편을 폐기할 수 있다.

(2) The denunciation takes effect on the first day of the month following the expiration of twelve months after the notification is received by the depositary. Where a longer period for the denunciation to take effect is specified in the notification, the denunciation takes effect upon the expiration of such longer period after the notification is received by the depositary.

(2) 폐기는 수탁자가 통고를 수령한 후 12월이 경과한 다음 달의 1일에 효력이 발생한다. 통고에 폐기의 발효에 대하여 보다 장기간이 명시된 경우에 폐기는 수탁자가 통고를 수령한 후 그 기간이 경과되어야 효력이 발생한다.

DONE at Vienna, this day of eleventh day of April, one thousand nine hundred and eighty, in a single original, of which the Arabic, Chinese, English, French, Russian and Spanish texts are equally authentic.

협약의 작성

1980년 4월 11일에 비엔나에서 동등하게 정본인 아랍어, 중국어, 영어, 프랑스어, 러시아어 및 스페인어로 각 1부가 작성되었다.

IN WITNESS WHERE OF the undersigned plenipotentiaries, being duly authorized by their respective Governments, have signed this Convention.

그 증거로서 각국의 전권대표들은 각국의 정부로부터 정당하게 위임을 받아 이 협약에 서명하였다.

ICC 거래조건의 해석에 관한 국제규칙(발췌) INCOTERMS 2020

운송인인도조건 … (지정장소): FCA [FREE CARRIER … (named place): FCA]

A. THE SELLER'S OBLIGATIONS

A.1. General obligations

The seller must provide the goods and the commercial invoice in conformity with the contract of sale and any other evidence of conformity that may be required by the contract.

Any document to be provided by the seller may be in paper or electronic form as agreed or, where there is no agreement, as is customary.

A2 Delivery

The seller must deliver the goods to the carrier or another person nominated by the buyer at the named point, if any, at the named place, or procure goods so delivered.

The seller must deliver the goods

1. on the agreed date or

2. at the time within the agreed period notified by the buyer under B10(b) or,

3. if no such time is notified, then at the end of the agreed period.

Delivery is completed either:

a) If the named place is the seller's premises, when the goods have been loaded on the means of transport provided by the buyer; or

b) In any other case, when the goods are

B. THE BUYER'S OBLIGATIONS

B.1. General obligations

The buyer must pay the price of the goods as provided in the contract of sale.

Any document to be provided by the buyer may be in paper or electronic form as agreed or, where there is no agreement, as is customary.

B.2. Taking delivery

The buyer must take delivery of the goods when they have been delivered under A2.

placed at the disposal of the carrier or another person nominated by the buyer on the seller's means of transport ready for unloading.

If no specific point has been notified by the buyer under B10(d) within the named place of delivery, and if there are several points availabe, the seller may select the point that best suits its purpose.

A.3. Transfer of risks

The seller bears all risks of loss of or damage to the goods until they have been delivered in accordance with A2, with the exception of loss or damage in the circumstances described in B3.

B.3. Transfer of risks

The buyer bears all risks of loss of or damage to the goods from

the time they have been delivered under A2.

If:

a) the buyer fails to nominate a carrier or another person under A2 or to give notice in accordance with B10; or

b) the carrier or person nominated by the buyer under B10(a) fails to take the goods into its charge, then, the buyer bears all risks of loss of or damage to the goods:

(i) from the agreed date, or in the absence of an agreed date,

(ii) from the time selected by the buyer under B10(b); or, if no such time has been notified,

(iii) from the end of any agreed period for delivery, provided that the goods have been clearly identified as the contract goods.

A.4. Carriage

The seller has no obligation to the buyer to make a contract of carriage.

However, the seller must provide the buyer, at the buyer's request, risk and cost, with any information in the possession of the seller, including transport-related

B.4. Carriage

The buyer must contract or arrange at its own cost for the carriage of the goods from the named place of delivery, except when the contract of carriage is made by the seller as provided for in A4.

security requirements, that the buyer needs for arranging carriage. If agreed, the seller must contract for carriage on the usual terms at the buyer's risk and cost.

The seller must comply with any transport-related security requirements up to delivery.

A.5. Insurance

The seller has no obligation to the buyer to make a contract of insurance. However, the seller must provide the buyer, at the buyer's request, risk and cost, with information in the possession of the seller that the buyer needs for obtaining insurance.

A.6. Delivery/transport document

The seller must provide the buyer at the seller's cost with the usual proof that the goods have been delivered in accordance with A2.

The seller must provide assistance to the buyer, at the buyer's request, risk and cost, in obtaining a transport document.

Where the buyer has instructed the carrier to issue to the seller a transport document under B6, the seller must provide any such document to the buyer.

A.7. Export/import clearance

a) Export clearance

Where applicable, the seller must carry out and pay for all export clearance formalities required by the country of export, such as:

- export licence;
- security clearance for export;
- pre-shipment inspection; and
- any other official authorisation.

b) Assistance with import clearance

Where applicable, the seller must assist

B.5. Insurance

The buyer has no obligation to the seller to make a contract of insurance.

B.6. Delivery/transport document

The buyer must accept the proof that the goods have been delivered in accordance with A2.

If the parties have so agreed, the buyer must instruct the carrier to issue to the seller, at the buyer's cost and risk, a transport document stating that the goods have been loaded (such as a bill of lading with an onboard notation).

B.7. Export/import clearance

a) Assistance with export clearance

Where applicable, the buyer must assist the seller at the seller's request, risk and cost in obtaining any documents and/or information related to all export clearance formalities, including security requirements and pre-shipment inspection, needed by the country of export.

b) Import clearance

Where applicable, the buyer must carry out and pay for all formalities required by the buyer, at the buyer's request, risk and cost, in obtaining any documents and/or information related to all transit/import clearance formalities, including security requirements and pre-shipment inspection, needed by any country of transit or the country of import.

any country of transit and the country of import, such as:

- import licence and any licence required for transit;
- security clearance for import and any transit;
- pre-shipment inspection; and
- any other official authorisation.

A.8. Checking/packaging/marking

The seller must pay the costs of those checking operations (such as checking quality, measuring, weighing, counting) that are necessary for the purpose of delivering the goods in accordance with A2.

The seller must, at its own cost, package the goods, unless it is usual for the particular trade to transport the type of goods sold unpackaged.

The seller must package and mark the goods in the manner appropriate for their transport, unless the parties have agreed on specific packaging or marking requirements.

B.8. Checking/packing/marking

The buy has no obligation to the seller.

A.9. Allocation of costs

The seller must pay:

a) all costs relating to the goods until they have been delivered in accordance with A2, other than those payable by the buyer under B9;

b) the costs of providing the usual proof to the buyer under A6 that the goods have been delivered;

c) where applicable, duties, taxes and any other costs related to export clearance under A7(a); and

d) the buyer for all costs and charges related to providing assistance in obtaining documents and information in accordance with B7(a).

B.9. Allocation of costs

The buyer must pay:

a) all costs relating to the goods from the time they have been delivered under A2, other than those payable by the seller under A9;

b) the seller for all costs and charges related to providing assistance in obtaining documents and information in accordance with A4, A5, A6 and A7(b);

c) where applicable, duties, taxes and any other costs related to transit or import clearance under B7(b); and

d) any additional costs incurred, either because:

(i) the buyer fails to nominate a carrier or another person under B10, or

(ii) the carrier or person nominated by the buyer under B10 fails to take the goods into its charge, provided that the goods have been clearly identified as the contract goods.

A.10. Notices

The seller must give the buyer sufficient notice either that the goods have been delivered in accordance with A2 or that the carrier or another person nominated by the buyer has failed to take the goods within the time agreed.

B.10. Notices

The buyer must notify the seller of

a) the name of the carrier or another person nominated within sufficient time as to enable the seller to deliver the goods in accordance with A2;

b) the selected time, if any, within the period agreed for delivery when the carrier or person nominated will receive the goods;

c) the mode of transport to be used by the carrier or the person nominated including any transport-related security requirements; and

d) the point where the goods will be received within the named place of delivery.

본선인도조건 … (지정선적항): FOB
[FREE ON BOARD … (named port of shipment): FOB]

A. THE SELLER'S OBLIGATIONS

A.1. General obligations

The seller must provide the goods and the commercial invoice in conformity with the contract of sale and any other evidence of conformity that may be required by the contract.

Any document to be provided by the seller may be in paper or electronic form as

B. THE BUYER'S OBLIGATIONS

B.1. General obligations

The buyer must pay the price of the goods as provided in the contract of sale.

Any document to be provided by the buyer may be in paper or electronic form as agreed or, where there is no agreement, as is customary.

agreed or, where there is no agreement, as is customary.

A.2. Delivery

The seller must deliver the goods either by placing them on board the vessel nominated by the buyer at the loading point, if any, indicated by the buyer at the named port of shipment or by procuring the goods so delivered.

The seller must deliver the goods

1. on the agreed date or

2. at the time within the agreed period notified by the buyer under B10or,

3. if no such time is notified, then at the end of the agreed periodand

4. in the manner customary at the port.

If no specific loading point has been indicated by the buyer, the seller may select the point within the named port of shipment that best suits its purpose.

B.2. Taking delivery

The buyer must take delivery of the goods when they have been delivered under A2.

A.3. Transfer of risks

The seller bears all risks of loss of or damage to the goods until they have been delivered in accordance with A2, with the exception of loss or damage in the circumstances described in B3.

B.3. Transfer of risks

The buyer bears all risks of loss of or damage to the goods from the time they have been delivered under A2.

If:

a) the buyer fails to give notice in accordance with B10; or

b) the vessel nominated by the buyer fails to arrive on time to enable the seller to comply with A2, fails to take the goods, or closes for cargo earlier than the time notified in accordance with B10;

then the buyer bears all risks of loss of or damage to the goods:

(i) from the agreed date, or in the absence of an agreed date,

(ii) from the date selected by the buyer under B10, or, if no such date has been notified,

(iii) from the end of any agreed period

for delivery, provided that the goods have been clearly identified as the contract goods.

A.4. Carriage

The seller has no obligation to the buyer to make a contract of carriage.

However, the seller must provide the buyer, at the buyer's request, risk and cost, with any information in the possession of the seller, including transport-related security requirements, that the buyer needs for arranging carriage. If agreed, the seller must contract for carriage on the usual terms at the buyer's risk and cost.

The seller must comply with any transport-related security requirements up to delivery.

B.4. Carriage

The buyer must contract at its own cost for the carriage of the goods from the named port of shipment, except when the contract of carriage is made by the seller as provided for in A4.

A.5. Insurance

The seller has no obligation to the buyer to make a contract of insurance.

However, the seller must provide the buyer, at the buyer's request, risk and cost, with information in the possession of the seller that the buyer needs for obtaining insurance.

B.5. Insurance

The buyer has no obligation to the seller to make a contract of insurance.

A.6. Delivery/transport document

The seller must provide the buyer, at the seller's cost, with the usual proof that the goods have been delivered in accordance with A2.

Unless such proof is a transport document, the seller must provide assistance to the buyer, at the buyer's request, risk and cost, in obtaining a transport document.

B.6. Delivery/transport document

The buyer must accept the proof of delivery provided under A6.

A.7. Export/import clearance

a) Export clearance

Where applicable, the seller must carry out and pay for all export clearance

B.7.

a) Assistance with export clearance

Where applicable, the buyer must assist the seller at the seller's request, risk and formalities required by the country of export, such as:

- export licence;
- security clearance for export;
- pre-shipment inspection; and
- any other official authorisation.

b) Assistance with import clearance

Where applicable, the seller must assist the buyer, at the buyer's request, risk and cost, in obtaining any documents and/or information related to all transit/import clearance formalities, including security requirements and pre-shipment inspection, needed by any country of transit or the country of import.

cost in obtaining any documents and/or information related to all export clearance formalities, including security requirements and pre-shipment inspection, needed by the country of export.

b) Import clearance

Where applicable, the buyer must carry out and pay for all formalities required by any country of transit and the country of import, such as:

- import licence and any licence required for transit;
- security clearance for import and any transit;
- pre-shipment inspection; and
- any other official authorisation.

A.8. Checking/packaging/marking

The seller must pay the costs of those checking operations (such as checking quality, measuring, weighing, counting) that are necessary for the purpose of delivering the goods in accordance with A2.

The seller must, at its own cost, package the goods, unless it is usual for the particular trade to transport the type of goods sold unpackaged.

The seller must package and mark the goods in the manner appropriate for their transport, unless the parties have agreed on specific packaging or marking requirements.

B.8. Checking/packaging/marking

The buyer has no obligation to the seller.

A.9. Allocation of costs

The seller must pay:

a) all costs relating to the goods until they have been delivered in accordance with A2, other than those payable by the buyer under B9;

b) proof to the buyer under A6 that the goods have been delivered;

c) where applicable, duties, taxes and

B.9. Allocation of costs

The buyer must pay:

a) all costs relating to the goods from the time they have been delivered under A2, other than those payable by the seller under A9;

b) the seller for all costs and charges related to providing assistance in obtaining documents and information in accordance any other costs related to export clearance under A7(a); and

d) the buyer for all costs and charges related to providing assistance in obtaining documents and information in accordance with B7(a).

with A4, A5, A6 and A7(b);

c) where applicable, duties, taxes and any other costs related to transit or import clearance under B7(b); and

d) any additional costs incurred, either because:

(i) the buyer has failed to give notice under B10, or

(ii) the vessel nominated by the buyer under B10 fails to arrive on time, fails to take the goods, or closes for cargo earlier than the time notified in accordance with B10, provided that the goods have been clearly identified as the contract goods.

A.10. Notices

The seller must give the buyer sufficient notice either that the goods have been delivered in accordance with A2 or that the vessel has failed to take the goods within the time agreed.

B.10. Notices

The buyer must give the seller sufficient notice of any transport- related security requirements, the vessel name, loading point and, if any, the selected delivery date within the agreed period

운임 및 보험료포함인도조건 … (지정선적항): CIF
[COST, INSURANCE AND FREIGHT … (named port ofdestinati): CIF]

A. THE SELLER'S OBLIGATIONS

A.1. General obligations

The seller must provide the goods and the commercial invoice in conformity with the contract of sale and any other evidence of conformity that may be required by the contract.

Any document to be provided by the seller may be in paper or electronic form as agreed or, where there is no agreement, as is customary.

B. THE BUYER'S OBLIGATIONS

B.1. General obligations

The buyer must pay the price of the goods as provided in the contract of sale.

Any document to be provided by the buyer may be in paper or electronic form as agreed or, where there is no agreement, as is customary.

A.2. Delivery

The seller must deliver the goods either by placing them on board the vessel or by procuring the goods so delivered.

In either case, the seller must deliver the goods on the agreed date or within the agreed period and in the manner customary at the port.

B.2. Taking delivery

The buyer must take delivery of the goods when they have been delivered under A2 and receive them from the carrier at the named port of destination.

A.3. Transfer of risks

The seller bears all risks of loss of or damage to the goods until they have been delivered in accordance with A2, with the exception of loss or damage in the circumstance described in B3.

B.3. Transfer of risks

The buyer bears all risks of loss of or damage to the goods from the time they have been delivered under A2.

If the buyer fails to give notice in accordance with B10, then it bears all risks of loss of or damage to the goods from the agreed date or the end of the agreed period for shipment, provided that the goods have been clearly identified as the contract goods.

A.4. Carriage

The seller must contract or procure a contract for the carriage of the goods from the agreed point of delivery, if any, at the place of delivery to the named port of destination or, if agreed, any point at that port.

The contract of carriage must be made on usual terms at the seller's cost and provide for carriage by the usual route in a vessel of the type normally used for the transport of the type of goods sold.

The seller must comply with any transport-related security requirements for transport to the destination.

B.4. Carriage

The buyer has no obligation to the seller to make a contract of carriage.

A.5. A5 Insurance

Unless otherwise agreed or customary in the particular trade, the seller must obtain, at its own cost, cargo insurance complying with the cover provided by Clauses (C) of

B.5. B5 Insurance

The buyer has no obligation to the seller to make a contract of insurance. However, the buyer must provide the seller, upon request, with any information necessary for the Institute Cargo Clauses (LMA/IUA) or any similar clauses. The insurance shall be contracted with underwriters or an insurance company of good repute and entitle the buyer, or any other person having an insurable interest in the goods, to claim directly from the insurer.

When required by the buyer, the seller must, subject to the buyer providing any necessary information requested by the seller, provide at the buyer's cost any additional cover, if procurable, such as cover complying with the Institute War Clauses and/or Institute Strikes Clauses (LMA/IUA) or any similar clauses (unless such cover is already included with the cargo insurance described in the preceding paragraph).

The insurance shall cover, at a minimum, the price provided in the contract plus 10% (i.e. 110%) and shall be in the currency of the contract.

The insurance shall cover the goods from the point of delivery set out in A2 to at least the named port of destination.

The seller must provide the buyer with the insurance policy orcertificate or any other evidence of insurance cover.

Moreover, the seller must provide the buyer, at the buyer's request, risk and cost, with information that the buyer needs to procure any additional insurance.

the seller to procure any additional insurance requested by the buyer under A5.

A.6. Delivery/transport document

The seller must, at its own cost, provide the buyer with the usual transport document for the agreed port of destination.

This transport document must cover the contract goods, be dated within the period agreed for shipment, enable the buyer to claim the goods from the carrier at the port of destination and, unless otherwise agreed,

B.6. Delivery/transport document

The buyer must accept the transport document provided under A6 if it is in conformity with the contract.

enable the buyer to sell the goods in transit by the transfer of the document to a subsequent buyer or by notification to the carrier.

When such a transport document is issued in negotiable form and in several originals, a full set of originals must be presented to the buyer.

A.7. Export/import clearance

a) Export clearance

Where applicable, the seller must carry out and pay for all export clearance formalities required by the country of export, such as:

- export licence;
- security clearance for export;
- pre-shipment inspection; and
- any other official authorisation.

b) Assistance with import clearance

Where applicable, the seller must assist the buyer, at the buyer's request, risk and cost, in obtaining any documents and/or information related to all transit/import clearance formalities, including security requirements and pre-shipment inspection, needed by any country of transit or the country of import.

B.7. Export/import clearance

a) Assistance with export clearance

Where applicable, the buyer must assist the seller at the seller's request, risk and cost in obtaining any documents and/or information related to all export clearance formalities, including security requirements and pre-shipment inspection, needed by the country of export.

b) Import clearance

Where applicable, the buyer must carry out and pay for all formalities required by any country of transit and the country of import, such as:

- import licence and any licence required for transit;
- security clearance for import and any transit;
- pre-shipment inspection; and
- any other official authorisation.

A.8. Checking/packaging/marking

The seller must pay the costs of those checking operations (such as checking quality, measuring, weighing, counting) that are necessary for the purpose of delivering the goods in accordance with A2.

The seller must, at its own cost, package the goods, unless it is usual for the particular trade to transport the type of goods sold unpackaged.

The seller must package and mark the goods in the manner appropriate for their

B.8. Checking/packaging/marking

The buyer has no obligation to the seller.

transport, unless the parties have agreed on specific packaging or marking requirements.

A.9. Allocation of costs

he seller must pay:

a) all costs relating to the goods until they have been delivered in accordance with A2, other than those payable by the buyer under B9;

b) the freight and all other costs resulting from A4, including the costs of loading the goods on board and transport-related security costs;

c) any charges for unloading at the agreed port of discharge that were for the seller's account under the contract of carriage;

d) the costs of transit that were for the seller's account under the contract of carriage;

e) the costs of providing the usual proof to the buyer under A6 that the goods have been deliverd;

f) the costs of insurance resulting from A5;

g) where applicable, duties, taxes and any other costs related to export clearance under A7(a); and

h) the buyer for all costs and charges related to providing assistance in obtaining documents and information in accordance with B7(a).

A.10. Notices

The seller must notify the buyer that the goods have been delivered in accordance with A2.

The seller must give the buyer any notice required to enable the buyer to receive the goods.

B.9. Allocation of costs

The buyer must pay:

a) all costs relating to the goods from the time they have been delivered under A2, other than those payable by the seller under A9;

b) the costs of transit, unless such costs were for the seller's account under the

contract of carriage;

c) unloading costs including lighterage and wharfage charges, unless such costs and charges were for the seller's account under the contract of carriage;

d) the costs of any additional insurance procured at the buyer's request under A5 and B5;

e) the seller for all costs and charges related to providing assistance in obtaining documents and information in accordance with A5 and A7(b);

f) where applicable, duties, taxes and any other costs related to transit or import clearance under B7(b); and

g) any additional costs incurred if it fails to give notice in accordance with B10, from the agreed date or the end of the agreed period for shipment, provided that the goods have been clearly identified as the contract goods.

B.10. Notices

The buyer must, whenever it is agreed that the buyer is entitled to determine the time for shipping the goods and/or the point of receiving the goods within the named port of destination, give the seller sufficient notice.

운송비 및 보험료지급인도조건 … (지정목적지): CIP [CARRIAGE, INSURANCE PAID TO … (named place of destination): CIP]

A. THE SELLER'S OBLIGATIONS

A.1. General obligations

The seller must provide the goods and the commercial invoice in conformity with the contract of sale and any other evidence of conformity that may be required by the contract.

Any document to be provided by the seller may be in paper or electronic form as agreed or, where there is no agreement, as is customary.

A.2. Delivery

The seller must deliver the goods by handing them over to the carrier contracted in accordance with A4 or by procuring the goods so delivered.

In either case the seller must deliver the goods on the agreed date or within the agreed period.

A.3. Transfer or risks

The seller bears all risks of loss of or damage to the goods until they have been delivered in accordance with A2, with the exception of loss or damage in the circumstance described in B3.

B. THE BUYER'S OBLIGATIONS

B.1. General obligations

The buyer must pay the price of the goods as provided in the contract of sale.

Any document to be provided by the buyer may be in paper or electronic form as agreed or, where there is no agreement, as is customary.

B.2. Taking delivery

The buyer must take delivery of the goods when they have been delivered under A2 and receive them from the carrier at the named place of destination or if agreed, at the point within that place.

B.3. Transfer or risks

The buyer bears all risks of loss of or damage to the goods from the time they have been delivered under A2.

If the buyer fails to give notice in accordance with B10, then the buyer bears all risks of loss of or damage to the goods from the agreed date or the end of the agreed period for delivery, provided that the goods have been clearly identified as the contract goods.

A.4. Carriage

The seller must contract or procure a contract for the carriage of the goods from the agreed point of delivery, if any, at the place of delivery to the named place of destination or, if agreed, any point at that place.

The contract of carriage must be made on usual terms at the seller's cost and provide for carriage by the usual route in a customary manner of the type normally used for carriage of the type of goods sold. If a specific point is not agreed or is not determined by practice, the seller may select the point of delivery and the point at the named place of destination that best suit its purpose.

The seller must comply with any transport-related security requirements for transport to the destination.

B.4. Carriage

The buyer has no obligation to the seller to make a contract of carriage.

A.5. A5 Insurance

Unless otherwise agreed or customary in the particular trade, the seller must obtain at its own cost cargo insurance complying with the cover provided by Clauses (A) of the Institute Cargo Clauses (LMA/IUA) or any similar clauses as appropriate to the means of transport used.

The insurance shall be contracted with underwriters or an insurance company of good repute and entitle the buyer, or any other person having an insurable interest in the goods, to claim directly from the insurer.

When required by the buyer, the seller must, subject to the buyer providing any necessary information requested by the seller, provide at the buyer's cost any additional cover, if procurable, such as cover complying with the Institute War Clauses and/or Institute Strikes Clauses

B.5. B5 Insurance

The buyer has no obligation to the seller to make a contract of insurance. However, the buyer must provide the seller, upon request, with any information necessary for the seller to procure any additional insurance requested by the buyer under A5.

(LMA/IUA) or any similar clauses (unless such cover is already included with the cargo insurance described in the preceding paragraph).

The insurance shall cover, at a minimum, the price provided in the contract plus 10% (i.e. 110%) and shall be in the currency of the contract.

The insurance shall cover the goods from the point of delivery set out in A2 to at least the named place of destination.

The seller must provide the buyer with the insurance policy or certificate or any other evidence of insurance cover.

Moreover, the seller must provide the buyer, at the buyer's request, risk and cost, with information that the buyer needs to procure any additional insurance.

A.6. Delivery/transport document

If customary or at the buyer's request, the seller must provide the buyer, at the seller's cost, with the usual transport document[s] for the transport contracted in accordance with A4.

This transport document must cover the contract goods and be dated within the period agreed for shipment. If agreed or customary, the document must also enable the buyer to claim the goods from the carrier at the named place of destination and enable the buyer to sell the goods in transit by the transfer of the document to a subsequent buyer or by notification to the carrier.

When such a transport document is issued in negotiable form and in several originals, a full set of originals must be presented to the buyer.

B.6. Delivery/transport document

The buyer must accept the transport document provided under A6 if it is in conformity with the contract.

A.7. Export/import clearance

a) Export clearance

B.7. Export/import clearance

a) Assistance with export clearance

Where applicable, the seller must carry out and pay for all export clearance formalities required by the country of export, such as:

- export licence;
- security clearance for export;
- pre-shipment inspection; and
- any other official authorisation.

b) Assistance with import clearance

Where applicable, the seller must assist the buyer, at the buyer's request, risk and cost, in obtaining any documents and/or information related to all transit/import clearance formalities, including security requirements and pre-shipment inspection, needed by any country of transit or the country of import.

Where applicable, the buyer must assist the seller at the seller's request, risk and cost in obtaining any documents and/or information related to all export clearance formalities, including security requirements and pre-shipment inspection, needed by the country of export.

b) Import clearance

Where applicable, the buyer must carry out and pay for all formalities required by any country of transit and the country of import, such as:

- import licence and any licence required for transit;
- security clearance for import and any transit;
- pre-shipment inspection; and
- any other afficial authorisation.

A.8. Checking/packaging/marking

The seller must pay the costs of those checking operations (such as checking quality, measuring, weighing, counting) that are necessary for the purpose of delivering the goods in accordance with A2.

The seller must, at its own cost, package the goods, unless it is usual for the particular trade to transport the type of goods sold unpackaged.

The seller must package and mark the goods in the manner appropriate for their transport, unless the parties have agreed on specific packaging or marking requirements.

B.8. Checking/packaging/marking

The buyer has no obligation to the seller.

A.9. Allocation of costs

The seller must pay:

a) all costs relating to the goods until they have been delivered in accordance with A2, other than those payable by the buyer under B9;

b) transport and all other costs resulting from A4, including the costs of loading the

B.9. Allocation of costs

The buyer must pay:

a) all costs relating to the goods from the time they have been delivere d under A2, other than those payable by the seller under A9;

b) the costs of transit, unless such costs were for the seller's account under the goods and transport-related security costs;

c) any charges for unloading at the agreed place of destination but only if those charges were for the seller's account under the contract of carriage;

d) the costs of transit that were for the seller's account under the contract of carriage;

e) the costs of providing the usual proof to the buyer under A6 that the goods have been delivered;

f) the costs of insurance resulting from A5;

g) where applicable, duties, taxes and any other costs related to export clearance under A7(a); and

h) the buyer for all costs and charges related to providing assistance in obtaining documents and information in accordance with B7(a).

A.10. Notices

The seller must notify the buyer that the goods have been delivered in accordance with A2.

The seller must give the buyer any notice required to enable the buyer to receive the goods.

contract of carriage;

c) unloading costs, unless such costs were for the seller's account under the contract of carriage;

d) the costs of any additional insurance procured at the buyer's request under A5 and B5;

e) the seller for all costs and charges related to providing assistance in obtaining documents and information in accordance with A5 and A7(b);

f) where applicable, duties, taxes and any other costs related to transit or import clearance under B7(b); and

g) any additional costs incurred if it fails to give notice in accordance with B10, from the agreed date or the end of the agreed period for shipment, provided that the goods have been clearly identified as the contract goods.

B.10. Notices

The buyer must, whenever it is agreed that the buyer is entitled to determine the time for dispatching the goods and/or the point of receiving the goods within the named place of destination, give the seller sufficient notice

해상물품운송에 관한 UN협약
United Nations Convention on the Carriage of Goods by Sea(1978)

전 문

본 협약의 체약국

은 해상물품운송에 관한 규칙을 합의에 의하여 결정하는 것이 바람직하다고 인정하여, 하나의 협약을 체결하고, 이에 다음과 같이 합의하였다.

제1장 총 칙

제1조 【정의】 본 협약에서

(1) 운송인(carrier)이란, 스스로 또는 그의 명의로 송하인과 해상물품운송계약을 체결하는 자를 말한다.

(2) 실제운송인(actual carrier)이란, 운송인으로부터 물품운송의 전부 또는 일부의 이행을 위탁받은 자를 말하며, 그러한 이행을 위탁받은 그 외의 자를 포함한다.

(3) 송하인(shipper)이란, 스스로 또는 그의 명의로 또는 대리인으로 하여금 운송인과 해상운송계약을 체결하고, 스스로 또는 그의 명의로 또는 대리인으로 하여금 해상운송계약에 따라 물품을 운송인에게 실제로 인도하는 자를 말한다.

(4) 수하인(consignee)이란, 화물을 인도받을 권리를 가진 자를 말한다.

(5) 물품(goods)은 산 동물을 포함한다. 물품이 컨테이너, 팰릿 또는 기타의 유사한 운송용구나 포장용구에 통합되어 있거나 포장되어 있는 경우에 있어서, 그러한 운송용구 또는 포장이 송하인으로부터 공급되었을 경우에 물품은 그와 같은 운송용구 또는 포장을 포함한다.

(6) 해상운송계약(contract of carriage by sea)이란, 운송인이 운임의 지급을 대가로 하여 어느 항구에서 다른 항구까지 물품을 해상으로 운송할 것을 약정하는 계약을 말한다. 그러나 해상운송과 함께 다른 운송수단에 의한 운송도 포함하는 계약은 단지 해상운송과 관련되는 범위 내에서 본 협약의 목적상 해상운송계약으로 간주한다.

(7) 선하증권(bill of lading)이란, 해상운송계약 및 운송인에 의한 물품의 수령 또는 선적을 증명하는 증권으로서, 운송인이 그러한 증권과 상환으로 물품을 인도할 것을 약정하는 증권을 말한다. 물품을 지시인 또는 피배서인 또는 소지인에게 인도되어야 한다는 의미의 증권상의 규정은 그러한 약정을 구성한다.

(8) 서면(writing)에는 전보 또는 텔렉스가 포함된다.

제2조 【적용범위】 (1) 본 협약의 규정은 다음의 경우에 상이한 두 국가 간의 모든 해상운송계약에 적용된다.

(a) 해상운송계약에서 정한 선적항이 체약국 내에 있을 경우, 또는

(b) 해상운송계약에서 정한 양륙항이 체약국 내에 있을 경우, 또는

(c) 해상운송계약에서 정한 양륙항선택권

부항구(one of the optional ports of discharge) 중의 하나가 실제의 양륙항이고, 또 그 항구가 체약국 내에 있을 경우

(d) 선하증권 또는 기타의 해상운송계약을 증명하는 증권이 체약국 내에서 발행될 경우

(e) 선하증권 또는 기타의 해상운송계약을 증명하는 증권이 본 협약의 규정 또는 본 협약의 규정을 시행하고 있는 국가의 법을 당해 해상운송계약에 적용한다는 뜻을 규정하고 있을 경우

(2) 본 협약의 규정은 선박, 운송인, 실제운송인, 송하인, 수하인 및 기타의 모든 이해관계인의 국적에 관계없이 적용된다.

(3) 본 협약의 규정은 용선계약에는 적용하지 아니한다. 그러나 선하증권이 용선계약에 따라서 발행된 경우에 본 협약의 규정은 선하증권이 운송인과 용선자 이외의 선하증권의 소지인과의 관계를 규율하는 때에 적용한다.

(4) 약정기간 중의 일련의 선적에 있어서 미래의 물품운송에 관한 계약조항이 규정되어 있을 때에 본 협약의 규정은 각 선적에 적용된다. 그러나 선적이 용선계약에 의하여 이루어지는 경우에 제2조 제3항의 규정이 적용된다.

제3조【본 협약의 해석】 본 협약의 규정의 해석 및 적용에 있어서는 본 협약의 국제적 성격 및 통일을 추진할 필요성이 고려되어야 한다.

제2장 운송인의 책임

제4조【책임의 기간】 (1) 본 협약에 따른 운송인의 책임은 물품이 선적항에서 운송중, 그리고 양륙항에서 운송인의 관리하에 있는 기간 동안에 걸쳐 적용된다.

(2) 본조 제1항과 관련하여 다음의 기간에는 물품이 운송인의 관리하에 있는 것으로 본다.

(a) 운송인이 다음과 같은 자로부터 물품을 수령한 때로부터

① 송하인 또는 송하인에 갈음하여 행위를 하는 자, 또는

② 선적항에서 적용되는 법령에 따라 선적하기 위하여 물품을 수령해야 할 당국 또는 기타의 제3자

(b) 운송인이 다음과 같은 방법으로 물품을 인도할 때까지

① 수하인에게 물품을 인도함으로써, 또는

② 수하인이 운송인으로부터 물품을 수령하지 아니하는 경우에는 양륙항에서 적용되는 계약 또는 법률이나 당해 거래의 관습에 따라서 물품을 수하인의 처분가능한 상태로 놓음으로써, 또는

③ 양륙항에서 적용되는 법률이나 규칙에 따라 물품을 인도해야 할 당국, 또는 기타의 제3자에게 물품을 인도함으로써

(3) 본조 제1항 및 제2항에서 말하는 운송인 또는 수하인에는 운송인 또는 수하인은 물론이고, 운송인 또는 수하인의 사용인 또는 대리인이 포함된다.

제5조【책임의 근거】 (1) 운송인은 물품의 멸실, 훼손, 또는 인도지체에 기인한 사고가 제4조에 정의된 운송인의 관리하에 있는 동안에 발생한 때에는 그 멸실, 훼손, 또는 인도지체로 인하여 발생한 손실에 대하여 책임을 진다. 그러나 운송인 자신, 그 사용인, 또는 대리인이 그 사고 및 그 결과를 방지하기 위하여 합리적으로 요구되는 모든 조치를 취하였다는 것을 운송인이 증명하는 경우에는 그러하지 아니하다.

(2) 인도지체는 물품이 해상운송계약에 규정된 양륙항에서 명시적으로 합의된 기한 내에, 또 그러한 합의가 없는 경우에는 당해 상황을 고려하여 성실한 운송인에게 요구되는 합리적인 기간 내에 인도되지 아니한 때에 발생한다.

(3) 물품이 본조 제2항의 규정에 따라, 인도기간의 말일을 경과한 후 60일 이내에 제4조

에 의하여 요구되는 대로 인도되지 아니한 경우에, 물품의 멸실에 대하여 배상청구를 할 권리가 있는 자는 물품이 멸실된 것으로 취급할 수 있다.

(4) (a) 운송인은

① 화재가 운송인, 그 사용인 또는 대리인의 과실 또는 부주의로 인하여 발생했다는 것을 청구권자가 증명한 때에는 그 화재로 인하여 야기된 물품의 멸실이나 훼손 또는 인도지체에 대하여, 그리고

② 화재를 진화하고, 화재로 인한 손실을 방지하거나 경감시키기 위하여 합리적으로 요구되는 모든 조치를 취함에 있어서, 운송인 또는 그 사용인이나 대리인의 과실 또는 부주의로 인하여 야기된 것이라고 청구권자가 증명하는 물품의 멸실이나 훼손 또는 인도지체에 대하여 책임을 져야 한다.

(b) 물품에 영향을 미치는 선박상의 화재에 있어서, 청구권자 또는 운송인이 원하는 경우에는, 화재의 원인과 상황을 밝히기 위하여 해운관습에 따라 검사를 실시해야 하고, 운송인과 청구권자의 요청이 있는 때에는 그 검사인의 보고서 사본을 이용할 수 있도록 해야 한다.

(5) 산 동물에 관하여 운송인은 그러한 종류의 운송에 따르는 고유의 특별한 위험으로 인하여 야기된 멸실, 훼손 또는 인도지체에 대하여 책임을 지지 아니한다. 운송인이 산 동물에 관하여 송하인으로부터 받은 특별한 지시에 따랐다는 것, 또는 당해 상황하에서는 그 멸실, 훼손 또는 인도지체가 그러한 위험으로 인하여 발생했다는 것을 증명한 때에는, 그 멸실, 훼손 또는 인도지체의 전부 또는 일부가 운송인이나 그 사용인 또는 대리인의 과실 또는 부주의로 인하여 발생한 것이라는 증거가 없는 한, 그 멸실, 훼손 또는 인도지체는 그러한 위험으로 인하여 발생한 것으로 추정한다.

(6) 운송인은 인명을 구조하기 위한 조치, 또는 해상에서의 재물을 구조하기 위한 합리적인 조치로 인하여 야기된 멸실, 훼손 또는 인도지체에 대하여 책임을 지지 아니한다. 그러나 공동해손의 경우는 예외로 한다.

(7) 운송인 또는 그 사용인이나 대리인의 과실 또는 부주의가 다른 원인과 경합하여 멸실, 훼손 또는 인도지체를 야기시킨 경우에 있어서, 운송인은 그러한 과실 또는 부주의에 기인한 멸실, 훼손 또는 인도지체에 범위 내에서만 책임을 진다. 다만, 이 경우에 운송인은 그러한 과실 또는 부주의의 탓에 기인하지 않은 멸실, 훼손 또는 인도지체에 의한 손해라는 것을 증명해야 한다.

제6조【책임의 한도】 (1) (a) 제5조의 규정에 따라, 물품의 멸실 또는 훼손으로 인하여 발생한 손해에 대한 운송인의 책임은 포장단위당 또는 선적단위당 835계산단위를 초과하지 아니하는 금액과, 멸실 또는 훼손된 화물의 총중량 1킬로그램당 2.5계산단위에 상당하는 금액 중에서 높은 금액으로 제한된다.

(b) 제5조에 규정된 인도지체에 대한 운송인의 책임은 지연된 물품의 대가로 지급되는 운임의 2.5배에 상당하는 금액으로 제한된다. 그러나 이는 해상운송계약에 따라서 지급되는 총운임을 초과하지 못한다.

(c) 어떠한 경우에도, 본항 제a호 및 제b호에 의한 운송인의 책임의 총액은 물품의 전손에 대한 책임이 발생된 경우, 그 전손에 대하여 본항 제a호에 의하여 확정되는 한도액을 초과하지 못한다.

(2) 본조 제1항 제a호의 규정에 따라, 고액을 산정하기 위해서는 다음의 원칙을 적용한다.

(a) 컨테이너, 팰릿 기타 이와 유사한 운송용구가 물품을 집적하기 위하여 사용되는 경우, 이러한 운송용구에 포장된 것으로 선하증권이 발행되었거나, 기타 해상운송계약을 증명하는 증권이 발행된 경우에는 그 증권에 표시되어

있는 포장이나 기타의 선적단위를 포장 또는 그 선적단위로 본다. 앞의 이와 같은 경우를 제외하고는 이러한 운송용구 내의 물품을 하나의 선적단위로 본다.

(b) 운송용구 자체가 멸실 또는 훼손된 경우, 그 운송용구를 운송인이 소유하거나 공급한 것이 아닌 한, 그것은 별개의 적재단위로 간주한다.

(3) 계산단위는 제26조에 언급된 계산단위를 의미한다.

(4) 운송인과 송하인 사이의 합의에 의하여 제1항에 규정된 책임한도를 초과하는 한도를 정할 수 있다.

제7조 【계약에 근거하지 않는 청구에 대한 적용】 (1) 본 협약에서 규정하는 항변 및 책임의 한도는 소송이 계약에 근거한 것이든, 불법행위 또는 기타의 사유에 근거한 것이든 간에 해상운송계약이 적용되는 화물의 멸실, 훼손 또는 인도지체로 인하여 발생한 손해에 관련되는 운송인에 대한 모든 소송에 적용된다.

(2) 이 소송이 운송인의 사용인 또는 대리인에 대하여 제기된 경우에, 그 사용인 또는 대리인이 그 직무의 범위 내에서 행위를 하였음을 입증한 때에는, 그 사용인 또는 대리인은 본 협약하에 운송인이 원용할 수 있는 항변 및 책임의 한도를 원용할 권리를 가지게 된다.

(3) 운송인 및 제7조 제2항에 관련되어 있는 모든 자로부터 배상을 받아야 할 총액은 본 협약에 규정된 책임의 한도를 초과하지 못한다. 그러나 제8조에 규정된 경우에는 예외로 한다.

제8조 【책임한도권리의 상실】 (1) 멸실, 훼손 또는 인도지체가 그러한 멸실, 훼손 또는 인도지체를 발생시킬 의도로써, 또는 그러한 멸실, 훼손 또는 인도지체가 발생할 것을 알면서 무모하게 행한 운송인의 작위 또는 부작위로 인하여 야기된 것이 증명된 경우에는, 운송인은 제6조에 규정된 책임한도의 이익에 대한 권리를 갖지 못한다.

(2) 제7조 제2항의 규정에도 불구하고, 멸실, 훼손 또는 인도지체가 그러한 멸실, 훼손 또는 인도지체를 발생시킬 목적으로, 또는 그러한 멸실, 훼손 또는 인도지체가 발생할 것을 알면서도 무모하게 행한 운송인의 사용인이나 대리인의 작위 또는 부작위로 인하여 야기된 것이 증명된 경우에는, 그 운송인의 사용인이나 대리인은 제6조에 규정된 책임한도의 이익에 대한 권리를 갖지 못한다.

제9조 【갑판적 물품】 (1) 운송인은 송하인과의 합의, 특정상거래의 관습 또는 성문규칙에 따라 이루어지는 경우에 한하여 화물을 갑판적으로 운송할 권리를 가진다.

(2) 운송인과 송하인이 화물을 갑판적으로 운송해야 한다는 것, 또는 갑판적으로 운송할 수 있다는 것을 합의했다면, 운송인은 선하증권 또는 기타의 해상운송계약을 증명하는 증권에 그러한 의미의 내용을 기재해야 한다. 그 내용이 기재되어 있지 아니한 경우에는 운송인은 갑판적운송에 관한 합의가 있었다는 것을 증명할 책임이 있다. 그러나 운송인은 수하인이나 선하증권을 취득한 선의의 제3자에 대해서는 그러한 합의를 원용할 권리가 없다.

(3) 본조 제1항의 규정에 위반하여 물품을 갑판적으로 운송할 경우, 또는 운송인이 본조 제2항에 의하여 갑판적운송에 관한 합의를 원용할 수 없는 경우에 운송인은 제5조 제1항의 규정에도 불구하고, 오로지 갑판적운송으로부터 야기되는 화물의 멸실, 훼손 또는 인도지체에 대하여 책임을 진다. 이 경우에 있어서의 운송인의 책임범위는 본 협약 제6조 또는 제8조의 규정에 의하여 결정된다.

(4) 선창 내에 적재하여 운송한다는 명시적 합의에 위반된 물품의 갑판적운송은 제8조의 의미에 해당되는 작위 또는 부작위로 본다.

제10조 【운송인과 실제운송인의 책임】 (1) 운송의 전부 또는 일부의 이행이 실제운송인에게 위탁된 때에는, 그것이 해상운송계약에 따른 재량의 여하에 관계없이, 운송인은 본 협약의 규정에 따라 전 운송에 대하여

책임을 진다. 운송인은 실제운송인에 의하여 이행된 운송과 관련하여 그들의 직무범위 내에서 행위를 하는 실제운송인 및 실제운송인의 사용인 또는 대리인의 작위 또는 부작위에 대하여 책임을 진다.

(2) 운송인의 책임을 규율하는 본 협약의 모든 규정은 실제운송인이 이행한 운송에 대한 실제운송인의 책임에 관해서도 역시 적용된다. 제7조 제2항과 제3항 및 제8조 제2항의 규정은 실제운송인의 사용인 또는 대리인에 대하여 소송이 제기된 경우에 적용한다.

(3) 운송인이 본 협약에 의하여 부과되지 아니하는 의무를 인수하거나, 또는 본 협약에 의하여 부여된 권리를 포기한다는 특약은 실제운송인이 명시적으로 또는 문서로 합의한 경우에 한하여 실제운송인에 대해서도 그 효력을 미친다. 실제운송인이 그러한 합의를 하였거나 또는 그러한 합의를 하지 아니하였거나를 묻지 않고, 운송인은 그 특약으로부터 생기는 의무 또는 권리의 포기에 구속된다.

(4) 운송인과 실제운송인이 함께 책임을 지는 경우에도 그 한도에서 양자는 연대책임을 지게 된다.

(5) 운송인, 실제운송인 및 그 사용인과 대리인으로부터 배상을 받을 수 있는 총액은 본 협약에 규정된 책임한도액을 초과하지 못한다.

(6) 본조의 규정은 운송인과 실제운송인 간의 구상권에 영향을 미치지 아니한다.

제11조【통운송】(1) 제10조 제1항의 규정에도 불구하고 해상운송계약에서 그 계약이 적용되는 운송의 특정부분이 운송인 이외의 지명된 자에 의하여 이행된다는 것이 명시적으로 규정되어 있는 경우에는 물품이 그 운송부분에서 실제운송인의 관리하에 있는 동안에 일어난 사고에 의하여 야기된 멸실, 훼손 또는 인도지체에 대하여 운송인이 책임을 지지 않는다는 것을 그 계약에 규정할 수 있다. 그럼에도 불구하고, 제21조 제1항과 제2항에 의하여 재판관할권을 가지는 법원에서 실제운송인에 대한 소송을 제기할 수 없는 경우에 그 책임을 제한하거나 면제하는 조항은 효력이 없다. 멸실, 훼손 또는 인도지체가 그러한 사고로 인하여 발생했다는 것을 증명하는 책임은 운송인에게 있다.

(2) 실제운송인은 제10조 제2항의 따라 물품이 자기의 관리하에 있는 동안에 발생된 사고로 인하여 발생한 멸실, 훼손 또는 인도지체에 대하여 책임을 진다.

제3장 송하인의 책임

제12조【일반규정】운송인 또는 실제운송인이 입은 손실, 또는 선박이 입은 훼손이, 송하인 또는 그 사용인이나 대리인의 과실 또는 부주의로 인하여 발생한 것이 아닌 한, 송하인은 그 멸실 또는 훼손에 대하여 책임을 지지 않는다. 송하인의 사용인 또는 대리인도, 그 멸실 또는 훼손이 그 사용인 또는 대리인에 의한 과실 또는 부주의로 인하여 발생한 것이 아닌 한, 그 멸실 또는 훼손에 대하여 책임을 지지 아니한다.

제13조【위험물에 관한 특칙】(1) 송하인은 위험물에 관하여 적절한 방법으로 위험성이 있다는 표시를 하여야 한다.

(2) 송하인이 운송인 또는 실제운송인에게 위험물을 인도한 경우에, 송하인은 물품의 위험성 및 필요한 경우에 취해야 할 예방조치에 관하여 운송인 또는 실제운송인에게 이를 통지해야 한다. 송하인이 그러한 통지를 하지 아니한 상태에서, 운송인 또는 실제운송인이 물품의 위험성에 관하여 인식하지 못한 경우에

(a) 송하인은 그 물품의 적재로 인하여 발생하는 모든 손실에 대하여 운송인 및 실제운송인에게 책임을 져야 한다.

(b) 그 물품은 필요한 상황하에서는 배상금을 지급함이 없이 언제든지 이를 양륙시키거나 파괴시키거나 해가 없도록 처분할 수 있다.

(3) 운송 중에 물품의 위험성에 관하여 인식하고, 그 물품을 자기의 관리하에 수령한 자는 본조 제2항의 규정을 원용할 수 없다.

(4) 본조 제2항 제b호의 규정이 적용되지 아니하고, 또 이를 원용할 수 없는 경우로서, 위험물이 인명 또는 재물에 실제의 위험이 되는 경우에 그 위험물은 필요한 상황하에서, 배상금을 지급함이 없이, 양륙되거나 파괴되거나, 또는 해가 없도록 처분될 수 있다. 그러나, 공동해손분담금을 부담할 의무를 지는 경우, 또는 운송인이 제5조의 규정에 의하여 책임을 지는 경우에는 예외로 한다.

제4장 운송증권

제14조【선하증권의 발행】(1) 운송인 또는 실제운송인이 물품을 인수한 때에는, 운송인은 송하인의 요구에 따라 송하인에게 선하증권을 발행해야 한다.
(2) 선하증권은 운송인으로부터 권리를 부여받은 자가 서명을 할 수 있다. 물품을 운송하는 선박의 선장이 서명한 선하증권은 운송인을 대신하여 서명한 것으로 본다.
(3) 선하증권이 발행되는 국가의 법에 위반되지 않는 한, 선하증권상의 서명은 자필, 팩시밀리에 의한 인쇄, 천공, 압인, 부호 또는 기타의 기계적 또는 전자적 방법으로 할 수 있다.

제15조【선하증권의 내용】(1) 선하증권에는 다음과 같은 사항이 포함되어 있어야 한다.

- (a) 송하인에 의하여 제출된 물품의 일반적인 성질, 물품의 식별에 필요한 주요화인, 해당되는 경우 물품의 위험성에 관한 명시문언, 포장 및 개품의 수, 물품의 총중량 또는 기타의 방법으로 표시된 수량
- (b) 물품의 외관상태
- (c) 운송인의 명칭 및 주된 영업소의 소재지
- (d) 송하인의 명칭
- (e) 송하인이 지명한 수하인
- (f) 해상운송계약상의 선적항 및 선적항에서 물품을 인수받은 날짜
- (g) 해상운송계약상의 양륙항
- (h) 1통 이상이 발행된 경우에는 선하증권의 원본의 수
- (i) 선하증권의 발행지
- (j) 운송인 또는 운송인을 대신하여 행하는 자의 서명
- (k) 수하인이 지급할 범위의 운임, 또는 운임은 수하인이 지급한다는 내용의 기타의 표시
- (l) 제23조 제3항과 관련된 문언
- (m) 해당되는 경우 물품을 갑판적으로 운송해야 한다는 문언, 또는 갑판적으로 운송될 수 있다는 문언
- (n) 당사자 간에 명백히 합의된 경우에는 양륙항에서 물품을 인도한 날짜
- (o) 제6조 제4항에 따라서 합의된 경우에는 증가된 책임의 한도

(2) 물품이 선적된 후 송하인의 요구에 의하여 운송인은 송하인에게, 본조 제1항에 의하여 필요로 하는 기재사항에 추가하여, 물품이 지정된 선박에 선적되었다는 사실 및 선적일자를 기재한 선적선하증권을 발행해야 한다. 운송인이 이미 송하인에게 그 물품에 관한 선하증권 또는 기타의 권리증권을 발행한 경우에 있어서의 송하인은, 운송인의 요구에 의하여, 선적선하증권과 상환으로 그 증권을 반환해야 한다. 이미 발행된 증권을 수정함으로써 선적선하증권에서 요구되는 기재상의 정보가 모두 포함되는 경우에 있어서, 운송인은 이미 발행된 증권을 수정함으로써 선적선하증권을 요구하는 송하인의 청구에 응할 수 있다.
(3) 선하증권에 본조에서 정하는 사항이 하나 이상 결여되어 있더라도, 제1조 제7항의 규정에 의한 요건을 충족하는 한, 선하증권으로서의 법률적 성질에 영향을 미치지 아니한다.

제16조【선하증권: 유보 및 증거력】(1) 선하증권에 기재된 물품의 일반적 성질, 주요화인, 포장 또는 개품의 번호, 중량 또는 수량에 관한 사항이 물품을 정확하게 표시하고 있지 않다는 것을 운송인 또는 운송인을 대신하여 선하증권을 발행한 자가 알고 있거

나, 또는 그렇게 의심할 만한 정당한 이유가 있을 경우, 또는 그러한 사항을 확인할 적당한 방법이 없는 경우에는 운송인 또는 운송인을 대신하여 선하증권을 발행하는 자는 이러한 부정확성, 의심할 만한 근거 또는 적당한 확인방법의 결여에 관하여 명시적 유보사항을 선하증권에 기재하여야 한다.

(2) 운송인 또는 운송인을 대신하여 선하증권을 발행하는 자가 선하증권에 물품이 외관상태를 기재하지 아니한 때에는 물품이 외관상 양호한 상태에 있었다는 것을 선하증권에 기재한 것으로 본다.

(3) 본조 제1항에 의하여 허용되는 유보사항 및 그 유보의 범위를 제외하고,

(a) 선하증권은 운송인이 선하증권에 기재된 대로 물품을 인수했다는 추정증거가 되고, 선적선하증권이 발행된 경우에는 선적되었다는 사실에 대한 추정증거가 된다. 또한

(b) 선하증권이 수하인에게 있거나, 그 물품의 기재사항을 신뢰하고 행한 선의의 제3자에게 양도되어 있는 경우에는 운송인에 의한 반증은 허용되지 아니한다.

(4) 제15조 제1항 제k호에 규정된 바에 따라서 운임을 기재하지 않았거나, 또는 기타의 방법으로 운임을 수하인이 지급한다는 것을 표시하지 않았거나, 수하인이 선적항에서 발생된 체선료를 지급한다는 것을 기재하지 아니한 선하증권은, 수하인이 운임 또는 그러한 체선료를 지급하지 아니한다는 추정적인 증거가 된다. 그러나 수하인을 포함하여, 선하증권에 그러한 표시가 없는 데 대하여 신뢰하고 행한 선의의 제3자에게 선하증권이 양도되어 있는 경우에는 운송인에 의한 반증은 허용되지 아니한다.

제17조 【송하인에 의한 보증】 (1) 송하인은 선하증권에 기재하기 위하여 자기가 제공한 물품의 일반적 성질, 화인, 번호, 중량 및 수량에 관한 사항이 정확하다는 것을 운송인에게 보증한 것으로 본다. 송하인은 그러한 사항의 부정확으로 인하여 발생된 손실을 운송인에게 보상해야 한다. 송하인이 선하증권을 양도한 경우에도 그 책임을 면하지 못한다. 그 보상에 관한 운송인의 권리는 해상운송계약에 의하여 송하인 이외의 자에 대한 운송인의 책임을 제한하지 못한다.

(2) 선하증권에 기재하기 위하여 송하인이 제공한 사항 또는 물품의 외관상태에 관하여 운송인 또는 운송인을 대신하여 행하는 자가 유보조항을 삽입하지 아니하고 선하증권을 발행함으로써 야기된 손실에 대하여 송하인이 운송인에게 보상할 의무를 진다고 약정하는 어떠한 보증서 또는 합의서도 수하인을 포함한, 선하증권의 양도를 받은 제3자에 대해서는 효력이 없다.

(3) 운송인 또는 운송인을 대신하여 행하는 자가 본조 제2항에 규정된 유보조항을 생략함으로써 수하인을 포함한, 선하증권상의 기재사항을 신뢰하는 제3자를 기망할 것을 목적으로 한 경우를 제외하고, 그 보증서 또는 합의서는 송하인에 대해서는 효력이 있다. 이 경우 그 생략된 유보조항이 선하증권에 기재하기 위하여 송하인이 제공한 사항에 관한 것인 경우에는 운송인은 본조 제1항에 의하여 송하인으로부터 보상을 받을 권리를 가지지 못한다.

(4) 본조 제3항에 규정된, 기망하고자 하는 의도가 있는 경우에, 운송인은 수하인을 포함한, 선하증권상의 물품에 관한 기재사항을 신뢰하고 행한 제3자가 입은 손실에 대하여 본 협약에 규정된 책임 한도의 제한도 없이 책임을 진다.

제18조 【선하증권 이외의 증권】 운송인이 운송물품의 인수를 증명하기 위하여 선하증권 이외의 증권을 발행한 경우에 있어서, 그 증권은 해상운송계약의 성립과 운송인이 물품을 그 증권에 기재된 대로 인수하였다는 추정증거가 된다.

제5장 손해배상의 청구 및 소송

제19조 【멸실, 훼손 또는 지체의 통지】 (1) 물품이 수하인에게 인도된 날의 다음 거

래일까지 수하인이 운송인에게 멸실 또는 훼손의 일반적인 성질을 명기한 서면에 의한 통지를 하지 아니한 경우에 있어서, 그러한 인도는 운송인이 물품을 운송증권에 기재된 대로 인도하였다는 추정적인 증거가 되고, 그러한 증권이 발행되지 아니한 때에는 양호한 상태로 인도하였다는 추정적인 증거가 된다.

(2) 멸실 또는 훼손이 외관상으로 확인될 수 없는 경우로서, 물품이 수하인에게 인도된 날로부터 연속한 15일 이내에 서면으로 통지되지 아니한 때에는 본조 제1항의 규정이 그대로 적용된다.

(3) 물품이 수하인에게 인도될 때에 그 물품의 상태가 당사자에 의한 공동조사 또는 공동검사의 대상이 된 때에는, 그 조사 또는 검사 중에 확인된 멸실 또는 훼손에 관하여는 서면에 의한 통지가 요구되지 아니한다.

(4) 멸실 또는 훼손이 실제로 발생하였거나, 발생했을 것이라는 염려가 있을 경우에 있어서, 운송인 및 수하인은 물품의 검사 및 개수의 점검을 위하여 상호간에 상당한 편의를 제공해야 한다.

(5) 물품이 수하인에게 인도된 날로부터 연속한 60일 이내에 운송인에게 서면에 의한 통지를 하지 아니한 경우에는 인도지체로 인하여 발생한 손실에 대한 배상금은 지급되지 아니한다.

(6) 물품을 실제운송인이 인도한 경우에는, 본조에 의하여 실제운송인에게 행한 어떠한 통지도 운송인에게 행한 경우와 동일한 효력을 가지고, 운송인에게 행한 어떠한 통지도 실제운송인에게 행한 경우와 동일한 효력을 가진다.

(7) 멸실 또는 훼손이 발생한 날 또는 물품을 제4조 제2항의 규정에 따라 인도한 날 중 보다 늦은 날로부터 연속한 90일 이내에, 운송인 또는 실제운송인이 송하인에게 서면으로 멸실 또는 훼손의 개황을 명기하여 통지하지 아니하였다면, 그러한 통지의 불이행은 운송인 또는 실제운송인이 송하인 또는 그의 사용인이나 대리인의 과실 또는 부주의로 인하여 멸실이나 훼손을 입지 아니하였다는 추정적인 증거가 된다.

(8) 본조의 적용에 있어서, 선장 및 고급선원을 포함한 운송인 또는 실제운송인을 대신하여 행하는 자, 또는 송하인을 대신하여 행하는 자에 대한 통지는 각각 운송인이나 실제운송인 또는 송하인에 대하여 한 것으로 본다.

제20조【소송의 제한】 (1) 법적 절차 또는 중재절차가 2년 이내에 제기되지 아니하면 본 협약에 의한 해상물품운송에 관한 어떠한 소송도 시효가 소멸한다.

(2) 제소기간은 운송인이 화물의 전부 또는 일부를 인도한 날, 또는 화물이 인도되지 않았을 때에는 화물이 인도되었어야 했을 최종일에 개시한다.

(3) 제소기간이 개시되는 날은 그 기간에 포함되지 아니한다.

(4) 배상청구를 받은 자는 제소기간의 진행 중에 언제라도 배상청구자에 대한 서면통고로서 그 기간을 연장할 수 있다. 이 기간은 그 후의 다른 통지에 의하여 다시 연장될 수 있다.

(5) 손해배상책임을 지는 자에 의한 구상청구소송은 제1항 내지 제4항에 규정된 제소기간의 경과 후에도 소송절차를 개시하는 국가의 법률에 의하여 허용된 기간 내에는 이를 제기할 수 있다. 그러나 그 허용기간은 구상청구소송을 제기하는 자가 자신에 대한 상환청구를 해결한 날 또는 자기에 대한 소송에서 소장의 송달을 받은 날로부터 기산하여 90일 이상이어야 한다.

제21조【재판관할권】 (1) 본 협약상의 해상물품운송에 관한 법적 절차에 있어서, 원고는 자기의 선택에 의하여, 그 법원이 소재하는 국가의 법률에 의하여 정당한 재판관할권을 가지고, 또 다음 장소 중의 어느 하나가 그 관할권 내에 소재하는 법원에 소송을 제기할 수 있다.

(a) 피고의 주된 영업소의 소재지, 또는 그것이 없는 경우에는 피고의 일상거주지

(b) 해상운송계약이 체결된 장소. 다만, 이 경우에는 피고가 그 곳에 계약을 체결한 영업소, 지점 또는 대리점을 가지고 있어야 한다.
(c) 선적항 또는 양륙항
(d) 해상운송계약에서 그 목적을 위하여 지정하고 있는 추가장소

(2) (a) 본조 전항의 규정에 불구하고, 체약국의 법률 및 국제법의 적용가능한 규칙에 따라서 운송선박 또는 이와 같은 소유권하에 있는 다른 선박이 압류되어 있는 체약국 내의 어떠한 항구 또는 장소의 법원에서도 소송을 제기할 수 있다. 그러나 이 경우에는 피고의 신청이 있으면, 청구권자는 자기의 선택에 따라 당해 청구의 결정을 위하여 본조 제1항에 규정된 관할법원 중의 한 곳으로 소송을 이송하여야 한다. 그러나 그 이송 이전에 피고는 당해 소송절차에서 후에 청구권자에게 선고될지도 모르는 판결에 대한 지급을 보장하기 위한 충분한 담보를 제공해야 한다.
(b) 담보의 충분성 또는 기타의 담보에 관한 문제는 압류가 된 항구 또는 장소의 법원이 이를 결정한다.

(3) 본 협약상, 물품운송에 관한 소송절차는 본조 제1항 및 제2항에 명시되어 있지 아니한 곳에서는 이를 제기할 수 없다. 본항의 규정은 예비적 또는 보전적 조치를 위한 체약국의 재판관할권에 대한 장애로 해석되지 아니한다.

(4) (a) 소송이 본조 제1항 및 제2항의 규정에 의하여 정당한 재판관할권을 가지는 법원에 제기되어 있거나 그 법원이 판결을 선고한 경우에는, 처음 소송이 제기된 법원의 판결이 새로운 소송절차가 제기된 국가에서 집행할 수 없는 경우가 아닌 한, 당사자 간에 동일한 사유에 의한 새로운 소송을 제기할 수 없다.
(b) 본조의 적용에 있어서, 판결의 집행을 얻기 위한 수단의 제기는 새로운 소송의 개시로 인정하지 아니한다.
(c) 본조의 적용에 있어서, 동일 국가 내의 다른 법원으로의 소송의 이송 또는 본조 제2항 제a호에 의한 타국법원으로의 이송은 새로운 소송의 개시로 인정되지 아니한다.

(5) 본조 제1항 내지 제4항의 규정에도 불구하고, 해상운송계약에 의한 청구가 발생한 후에 청구권자가 소송을 제기할 수 있는 장소를 지정하는 당사자에 의하여 이루어진 합의는 유효하다.

제22조【중재】 (1) 본조의 규정에 위반되지 않는 한, 당사자는 본 협약에 의한 물품운송에 의하여 발생되는 어떠한 분쟁도 중재에 의하여 해결한다는 것을 서면에 의하여 증명되는 합의로 규정할 수 있다.

(2) 용선계약에 따라 발생하는 분쟁을 중재에 맡겨야 한다는 규정이 용선계약서에 포함되어 있고, 이 용선계약에 따라 발행되는 선하증권에 그 규정이 선하증권의 소지자를 구속한다는 특별한 주기사항이 포함되어 있지 아니한 경우에 운송인은 선의로 선하증권을 취득한 소지인에 대하여 그 규정을 원용할 수 없다.

(3) 중재절차는 신청인의 선택에 따라 다음 장소 중의 하나에서 이를 제기해야 한다.
(a) 일국의 영토 내에 소재하는 다음 장소
① 피신청인의 주된 영업소의 소재지, 또는 그것이 없는 경우에는 피신청인의 일상거주지
② 해상운송계약이 체결된 장소. 다만, 이 경우에는 피신청인이 그곳에서 계약을 체결한 영업소, 지점 또는 대리점을 가진 경우에 한한다.
③ 선적항 또는 양륙항
(b) 중재조항 또는 중재협정에 의하여 지정된 그 밖의 장소

(4) 중재인 또는 중재판정부는 본 협약의 규정을 적용하여야 한다.

(5) 본조 제3항 및 제4항의 규정은 모든 중재조항 또는 중재협정의 일부인 것으로 간주되기 때문에 그러한 규정에 저촉되는 중재조항

또는 중재협정의 규정은 무효로 한다.
(6) 본조의 어떠한 규정도 해상운송계약에 의한 구상청구가 제기된 이후에 당사자에 의하여 이루어진 중재에 관한 합의의 효력에 영향을 미치지 아니한다.

제6장 보 칙

제23조【계약조항】 (1) 해상운송계약에 있는 조항 또는 선하증권 또는 기타의 해상운송계약을 증명하는 증권에 포함된 조항으로서 본 협약의 규정으로부터 직접 또는 간접으로 일탈하는 조항은 이를 무효로 한다. 이 조항의 무효는 그것이 일부를 형성하고 있는 계약 또는 증권의 다른 규정의 효력에 영향을 미치지 아니한다. 물품에 관한 보험의 이익을 운송인을 위하여 양도한다는 조항 또는 이와 유사한 조항은 무효로 한다.
(2) 본조 제1항의 규정에도 불구하고, 운송인은 본 협약상의 자기의 책임 및 의무를 증가시킬 수 있다.
(3) 선하증권 또는 해상운송계약을 증명하는 기타의 증권이 발행되는 경우에는 당해 운송이 송하인 또는 수하인에게 불리하고, 본 협약으로부터 일탈하는 조항은 무효로 한다는 본 협약의 규정에 따른다는 뜻의 기재사항을 포함해야 한다.
(4) 물품에 관한 손해배상청구에 있어서, 본조의 무효조항으로 인하여, 또는 본조 제3항에서 규정한 기재사항의 누락으로 인하여, 청구권자에게 손실이 발생한 경우에는, 운송인은 화물의 멸실, 훼손 또는 인도지체에 대하여 배상을 하기 위하여 요구되는 범위 내에서, 청구권자에게 손해배상을 해야 한다. 또한, 운송인은 청구권자가 그 권리를 행사하기 위하여 지출한 비용을 보상해야 한다. 다만, 위의 규정이 원용되는 소송에서 발생된 비용은 소송이 제기된 국가의 법에 따라 결정된다.

제24조【공동해손】 (1) 본 협약의 어떠한 규정도, 공동해손의 정산에 관한 해상운송계약 또는 국내법의 규정의 적용을 방해하지 아니한다.
(2) 제20조를 제외한 물품의 멸실 또는 훼손에 있어서 운송인의 책임에 관한 본 협약상의 규정은 수하인이 공동해손분담금을 거절할 수 있는가의 여부를 결정하고, 또 수하인이 부담한 그 분담금 또는 지급한 구조료에 관하여 수하인에게 보상할 운송인의 책임도 결정한다.

제25조【다른 협약】 (1) 본 협약은 항해선박소유자의 책임의 한도에 관한 국제협약 또는 국내법에 규정된 운송인, 실제운송인 및 운송인과 실제운송인의 사용인과 대리인의 권리 또는 의무를 변경하지 아니한다.
(2) 본 협약 제21조 및 제22조의 규정은 동조가 규율하는 문제와 관련하여, 본 협약의 발효일에 이미 실시되고 있는 기타 다른 다자간 협약의 강행규정의 적용을 방해하지 않는다. 다만, 분쟁이 전적으로 그 다른 협약의 회원국에 주된 영업소를 가지고 있는 당사자들 간에 발생된 경우에 한한다. 그러나 본항은 본 협약 제22조 제4항의 적용에 영향을 미치지 않는다.
(3) 원자력시설의 운영자가 원자력사고로 야기된 손해에 대하여 다음 법규에 의하여 책임을 지는 경우에는, 본 협약에 의한 책임은 발생하지 아니한다.
 (a) 1964년 1월 28일의 추가의정서에 의하여 개정된 원자력분야에 있어서 제3자 책임에 관한 1960년 7월 29일의 파리협약, 또는 원자력손해에 대한 민사책임에 관한 1963년 5월 21일의 비엔나협약
 (b) 그러한 손해에 대한 책임을 규율하는 국내법. 다만, 국내법이 모든 점에서 파리협약 또는 비엔나협약보다 손해를 입은 자에게 불리하지 않은 경우에 한한다.
(4) 운송인이 해상여객 및 그 수하물의 운송에 관한 국제협약 또는 국내법에 의하여 책임을 지는 수하물의 멸실, 훼손 또는 인도지체에 대한 책임은 본 협약하에서 발생하지 아니한다.

(5) 본 협약에 포함된 어떠한 규정도 체약국이 본 협약의 발효일에 이미 실시되고 있고, 또 주로 해상운송 이외의 운송수단에 의하여 이루어지는 물품운송계약에 대하여 강제적으로 적용되는 모든 다른 국제협약을 적용하는 것을 방해하지 아니한다. 본 규정은 그러한 국제협약의 개정이나 수정에 관하여도 역시 이를 적용한다.

제26조【계산단위】 (1) 본 협약 제6조에 규정된 계산단위는 국제통화기금(IMF)이 정의하는 특별인출권(SDR)으로 한다. 제6조에 규정된 금액은 판결이나 중재판정의 선고일, 또는 당사자 사이에 합의된 날의 국내통화가치에 따라서 그 국가의 국내통화로 이를 환산한다. IMF의 회원국인 체약국의 국내통화가 SDR에 대해 갖는 가치는 SDR의 운영과 거래에 관하여 해당일자에 유효하고, IMF가 적용하는 평가방법에 의해서 이를 산출한다. IMF의 회원국이 아닌 체약국의 국내통화가 SDR에 대해 가지는 가치는 국가가 결정하는 방법에 의해서 이를 산출한다.

(2) 그럼에도 불구하고, IMF의 회원국이 아닌 국가로서, 그 국가의 법률상 본조 제1항의 적용이 허용되지 아니하는 국가는 서명시, 또는 비준 · 승낙 · 승인 · 가입시 또는 그 후 어느 때라도 자국의 영토 내에서 본 협약에 규정된 책임의 한도가 다음과 같이 결정된다는 것을 선언할 수 있다: 포장당 또는 선적단위당 1만 2500화폐단위 또는 물품총중량의 킬로그램당 37.5화폐단위

(3) 본조 제2항에 규정된 화폐단위는 순도 1000분의 900의 금 65.5㎎에 상당하는 것으로 한다. 제2항에 규정된 금액을 국내통화로 환산하는 것은 당해 국가의 법률에 따라서 이루어진다.

(4) 본조 제1항에 규정된 산출 및 본조 제3항에 규정된 환산은 가능한 한, 제6조에 규정된 계산단위로서 표시되어 있는 금액과 동일한 실질가치를 체약국의 국내통화로 표시할 수 있는 방법으로 이루어져야 한다. 체약국은 본조 제1항의 규정에 의한 산출방법, 또는 본조 제3항에 규정된 환산의 결과에 대하여, 각 경우에 따라 서명시, 또는 비준서 · 승낙서 · 승인서 또는 가입서를 기탁할 때, 또는 본조 제2항에 규정된 선택권을 행사한 경우로서 그 산출방법 또는 그 환산의 결과에 변경이 있을 때에는 수탁자에게 이를 통지해야 한다.

제7장 최종조항

제27조【수탁자】 UN사무총장을 본 협약의 수탁자로 임명한다.

제28조【서명, 비준, 승낙, 승인 및 가입】 (1) 본 협약은 1979년 4월 30일까지 모든 국가의 서명을 위해 뉴욕에 있는 UN 본부에서 개방된다.

(2) 본 협약은 서명국에 의한 비준, 승낙 또는 승인이 있어야 한다.

(3) 1979년 4월 30일 이후에는 본 협약은 서명국이 아닌 모든 국가의 가입을 위하여 이를 개방한다.

(4) 비준, 승낙, 승인 및 가입서는 수탁자인 UN사무총장에게 기탁되어야 한다.

제29조【유보】 본 협약에는 어떠한 유보조항도 첨부될 수 없다.

제30조【발효】 (1) 본 협약은 제20번째의 비준, 승낙, 승인 또는 가입서의 기탁일로부터 1년이 경과된 다음달의 1일에 그 효력이 발생한다.

(2) 제20번째의 비준, 승낙, 승인 또는 가입서가 기탁된 날 이후에 본 협약의 체약국이 된 국가에 대해서는, 본 협약은 그 국가를 위하여 적절한 문서가 기탁된 후 1년이 경과된 다음달의 1일에 그 효력이 발생한다.

(3) 각 체약국은 자국에 관하여 본 협약의 발효일 이후에 체결되는 해상운송계약에 대하여 본 협약의 규정을 적용해야 한다.

제31조【다른 협약의 폐기】 (1) 1924년 8월 25일 브뤼셀에서 서명된 선하증권 관련 규정의 통일에 관한 국제협약(1924년 협약)의 당사국은 본 협약의 체약국이 됨과 동시에 동 협약의 수탁국인 벨기에 정부에 대하여 본 협약이 자국에 대하여 효력이 발생하는 날로부터 1924년 협약의 폐기의 효력이

발생한다는 것을 선언함으로써 1924년 협약의 폐기를 통고해야 한다.
(2) 제30조 제1항의 규정에 의하여 본 협약이 발효된 때에는 본 협약의 수탁자가 1924년 협약의 수탁국인 벨기에 정부에 대하여 그 발효일 및 본 협약의 효력이 발생하게 된 체약국명을 통지해야 한다.
(3) 본조 제1항 및 제2항의 규정은 1924년 8월 25일 브뤼셀에서 서명된 선하증권 관련 규정의 통일에 관한 국제협약을 개정하기 위하여 1968년 2월 23일에 서명된 개정의정서의 당사국에 대하여도 마찬가지로 적용된다.
(4) 본 협약 제2조의 규정에도 불구하고, 본조 제1항의 규정을 적용하는 데 있어서 체약국은 그것이 바람직하다고 볼 때에는, 1924년 협약 및 1968년 개정의정서에 의하여 개정된 1924년 협약의 폐기를 본 협약의 효력이 발생하는 날로부터 5년을 최장기간으로 하여 연기할 수 있다. 이 경우에 그 체약국은 벨기에 정부에 그 뜻을 통지해야 한다. 이 잠정기간에는 체약국에 대하여는 다른 모든 협약을 배제하고 본 협약을 적용해야 한다.

제32조【개정】 (1) 본 협약의 체약국의 3분의 1 이상의 요청이 있으면 수탁자는 본 협약을 개정하거나 수정하기 위하여 체약국 회의를 소집해야 한다.
(2) 본 협약의 개정효력이 발생한 후에 기탁된 비준, 승낙, 승인 또는 가입서는 개정된 협약에 적용되는 것으로 본다.

제33조【책임한도액 및 계산단위 또는 화폐단위의 개정】 (1) 제32조의 규정에도 불구하고, 수탁자는 본조 제2항의 규정에 따라서 제6조 및 제26조 제2항에 규정된 금액을 변경하거나, 또는 제26조 제1항과 제3항에서 정의된 단위의 하나 또는 양자를 다른 단위로 대체하는 목적만으로 하는 회의를 소집한다. 금액의 변경은 그 실질가치의 중요한 변경을 이유로 하는 경우에만 할 수 있다.
(2) 수탁자는 체약국의 4분의 1 이상이 요청하는 때에는 개정회의를 소집한다.
(3) 회의의 모든 결정은 참가한 국가의 3분의 2의 다수결에 의하여 이루어진다. 수탁자는 개정사항을, 모든 체약국에 대하여는 그 승낙을 위하여, 모든 서명국에 대하여는 그 정보를 위하여 통지한다.
(4) 채택된 모든 개정사항은 체약국의 3분의 2에 의한 승낙시로부터 1년이 지난 다음달의 1일에 효력이 발생한다. 승낙은 그 취지의 공식문서를 수탁자에게 기탁함으로써 이루어진다.
(5) 개정의 효력이 발생한 후에 개정을 승낙한 체약국은 개정의 채용 후 6월 이내에 수탁자에 대하여, 개정에 의하여 구속받지 않는다는 것을 통지하지 아니한 체약국과의 관계에서 개정된 협약을 적용할 권리가 있다.
(6) 본 협약의 개정의 효력이 발생한 후에 기탁된 비준, 승낙, 승인, 또는 가입서는 개정된 협약에 대하여 적용되는 것으로 간주한다.

제34조【폐기】 (1) 각 체약국은 수탁자에게 서면에 의한 통지를 함으로써 언제라도 본 협약을 폐기할 수 있다.
(2) 폐기는 수탁자가 그 통지를 접수한 날로부터 1년이 경과된 다음달의 1일에 효력을 발생한다. 이보다 더 긴 기간이 통지상에 명시되어 있는 경우의 폐기는 수탁자가 통지를 접수한 날로부터 그 기간이 경과함으로써 폐기의 효력이 발생한다.
1978년 3월 31일 함부르크에서 아랍어, 중국어, 영어, 불어, 러시아어 및 스페인어로 된 동일한 내용의 정본 1통을 작성하였다.

이상의 증인으로서 각자의 정부로부터 정당하게 권한을 부여받은 하기 전권위원이 본 협약에 서명하였다.

국제항공운송에 있어서의 일부 규칙 통일에 관한 협약 (몬트리올협약)

CONVENTION FOR THE UNIFICATION OF CERTAIN RULES FOR INTERNATIONAL CARRIAGE BY AIR

THE STATES PARTIES TO THIS CONVENTION

RECOGNIZING the significant contribution of the Convention for the Unification of Certain Rules relating to International Carriage by Air signed in Warsaw on 12 October 1929, hereinafter referred to as the "Warsaw Convention", and other related instruments to the harmonization of private international air law;

RECOGNIZING the need to modernize and consolidate the Warsaw Convention and related instruments;

RECOGNIZING the importance of ensuring protection of the interests of consumers in international carriage by air and the need for equitable compensation based on the principle of restitution;

REAFFIRMING the desirability of an orderly development of international air transport operations and the smooth flow of passengers, baggage and cargo in accordance with the principles and objectives of the Convention on International Civil Aviation, done at Chicago on 7 December 1944;

이 협약의 당사국은,

1929년 10월 12일 바르샤바에서 서명된 국제항공운송에 있어서의 일부 규칙 통일에 관한 협약(이하 '바르샤바협약'이라 한다) 및 기타 관련 문서들이 국제항공사법의 조화에 지대한 공헌을 하여 왔음을 인식하며,

바르샤바협약 및 관련 문서를 현대화하고 통합하여야 할 필요성을 인식하며,

국제항공운송에 있어서 소비자 이익 보호의 중요성과 원상회복의 원칙에 근거한 공평한 보상의 필요성을 인식하며,

1944년 12월 7일 시카고에서 작성된 국제민간항공협약의 원칙과 목적에 따른 국제항공운송사업의 질서정연한 발전과 승객 · 수하물 및 화물의 원활한 이동이 바람직함을 재확인하며,

CONVINCED that collective State action for further harmonization and codification of certain rules governing international carriage by air through a new Convention is the most adequate means of achieving an equitable balance of interests;

새로운 협약을 통하여 국제항공운송을 규율하는 일부 규칙의 조화 및 성문화를 진작하기 위한 국가의 공동행동이 공평한 이익균형의 달성에 가장 적합한 수단임을 확신하며,

HAVE AGREED AS FOLLOWS:

다음과 같이 합의하였다.

Chapter I General Provisions

제1장 총 칙

Article 1 - Scope of Application

1. This Convention applies to all international carriage of persons, baggage or cargo performed by aircraft for reward. It applies equally to gratuitous carriage by aircraft performed by an air transport undertaking.

2. For the purposes of this Convention, the expression international carriage means any carriage in which, according to the agreement between the parties, the place of departure and the place of destination, whether or not there be a break in the carriage or a transhipment, are situated either within the territories of two States Parties, or within the territory of a single State Party if there is an agreed stopping place within the territory of another State, even if that State is not a State Party. Carriage between two points within the territory of a single State Party without an agreed stopping place within the territory of another State is not international carriage for the purposes of this Convention.

3. Carriage to be performed by several successive carriers is deemed, for the purposes of this Convention, to be one undivided carriage if it has been regarded by the parties as a single operation, whether it had been agreed upon under the form of a

제1조 적용 범위

1. 이 협약은 항공기에 의하여 유상으로 수행되는 승객 · 수하물 또는 화물의 모든 국제운송에 적용된다. 이 협약은 항공운송기업이 항공기에 의하여 무상으로 수행되는 운송에도 동일하게 적용된다.

2. 이 협약의 목적상, 국제운송이라 함은 운송의 중단 또는 환적이 있는지 여부를 불문하고, 당사자간 합의에 따라 출발지와 도착지가 두 개의 당사국의 영역내에 있는 운송, 또는 출발지와 도착지가 단일의 당사국 영역내에 있는 운송으로서 합의된 예정 기항지가 타 국가의 영역내에 존재하는 운송을 말한다. 이때 예정 기항지가 존재한 타 국가가 이 협약의 당사국인지 여부는 불문한다. 단일의 당사국 영역내의 두 지점간 수행하는 운송으로서 타 국가의 영역내에 합의된 예정 기항지가 존재하지 아니하는 것은 이 협약의 목적상 국제운송이 아니다.

3. 2인 이상의 운송인이 연속적으로 수행하는 운송은 이 협약의 목적상, 당사자가 단일의 취급을 한 때에는, 단일의 계약형식 또는 일련의 계약형식으로 합의하였는지 여부를 불문하고 하나의 불가분의 운송이라고 간주되며, 이러한 운송은 단지 단일의 계약 또는

single contract or of a series of contracts, and it does not lose its international character merely because one contract or a series of contracts is to be performed entirely within the territory of the same State.

4. This Convention applies also to carriage as set out in Chapter V, subject to the terms contained therein.

Article 2 - Carriage Performed by State and Carriage of Postal Items

1. This Convention applies to carriage performed by the State or by legally constituted public bodies provided it falls within the conditions laid down in Article 1.

2. In the carriage of postal items, the carrier shall be liable only to the relevant postal administration in accordance with the rules applicable to the relationship between the carriers and the postal administrations.

3. Except as provided in paragraph 2 of this Article, the provisions of this Convention shall not apply to the carriage of postal items.

Chapter II Documentation and Duties of the Parties Relating to the Carriage of Passengers, Baggage and Cargo

Article 3 - Passengers and Baggage

1. In respect of carriage of passengers, an individual or collective document of carriage shall be delivered containing:

(a) an indication of the places of departure and destination;

(b) if the places of departure and destination are within the territory of a single State Party, one or more agreed stopping places being within the territory of another State, an indication

일련의 계약이 전적으로 동일국의 영역내에서 이행된다는 이유로 국제적 성질이 상실되는 것은 아니다.

4. 이 협약은 또한, 제5장의 조건에 따라, 동장에 규정된 운송에도 적용된다.

제2조 국가가 수행하는 운송 및 우편물의 운송

1. 이 협약은 제1조에 규정된 조건에 합치하는 한, 국가 또는 법적으로 설치된 공공기관이 수행하는 운송에도 적용된다.

2. 우편물의 운송의 경우, 운송인은 운송인과 우정당국 간 관계에 적용되는 규칙에 따라 관련 우정당국에 대해서만 책임을 진다.

3. 본조 제2항에서 규정하고 있는 경우를 제외한 이 협약의 규정은 우편물의 운송에 적용되지 아니한다.

제2장 승객 · 수하물 및 화물의 운송과 관련된 증권과 당사자 의무

제3조 승객 및 수하물

1. 승객의 운송에 관하여 다음 사항을 포함한 개인용 또는 단체용 운송증권을 교부한다.

가. 출발지 및 도착지의 표시

나. 출발지 및 도착지가 단일의 당사국 영역내에 있고 하나 또는 그 이상의 예정 기항지가 타 국가의 영역내에 존재하는 경우에는 그러한 예정 기항지 중 최소한 한 곳의 표시

of at least one such stopping place.

2. Any other means which preserves the information indicated in paragraph 1 may be substituted for the delivery of the document referred to in that paragraph. If any such other means is used, the carrier shall offer to deliver to the passenger a written statement of the information so preserved.

2. 제1항에 명시된 정보를 보존하는 다른 수단도 동항에 언급된 증권의 교부를 대체할 수 있다. 그러한 수단이 사용되는 경우, 운송인은 보존된 정보에 관한 서면 신고서의 교부를 승객에게 제안한다.

3. The carrier shall deliver to the passenger a baggage identification tag for each piece of checked baggage.

3. 운송인은 개개의 위탁수하물에 대한 수하물 식별표를 여객에게 교부한다.

4. The passenger shall be given written notice to the effect that where this Convention is applicable it governs and may limit the liability of carriers in respect of death or injury and for destruction or loss of, or damage to, baggage, and for delay.

4. 운송인은 이 협약이 적용가능한 경우 승객의 사망 또는 부상 및 수하물의 파괴 · 분실 또는 손상 및 지연에 대한 운송인의 책임을 이 협약이 규율하고 제한할 수 있음을 승객에게 서면으로 통고한다.

5. Non-compliance with the provisions of the foregoing paragraphs shall not affect the existence or the validity of the contract of carriage, which shall, nonetheless, be subject to the rules of this Convention including those relating to limitation of liability.

5. 전항의 규정에 따르지 아니한 경우에도 운송계약의 존재 및 유효성에는 영향을 미치지 아니하며, 책임의 한도에 관한 규정을 포함한 이 협약의 규정이 적용된다.

Article 4 - Cargo

1. In respect of the carriage of cargo, an air waybill shall be delivered.

2. Any other means which preserves a record of the carriage to be performed may be substituted for the delivery of an air waybill. If such other means are used, the carrier shall, if so requested by the consignor, deliver to the consignor a cargo receipt permitting identification of the consignment and access to the information contained in the record preserved by such other means.

제4조 화 물

1. 화물 운송의 경우, 항공운송장이 교부된다.

2. 운송에 관한 기록을 보존하는 다른 수단도 항공운송장의 교부를 대체할 수 있다. 그러한 수단이 사용되는 경우, 운송인은 송하인의 요청에 따라 송하인에게 운송을 증명하고 그러한 수단에 의하여 보존되는 기록에 포함된 정보를 수록한 화물수령증을 교부한다.

Article 5 - Contents of Air Waybill of Cargo Receipt

The air waybill or the cargo receipt shall

제5조 항공운송장 또는 화물수령증의 기재사항

항공운송장 또는 화물수령증에는 다음의 사

include:

(a) an indication of the places of departure and destination;

(b) if the places of departure and destination are within the territory of a single State Party, one or more agreed stopping places being within the territory of another State, an indication of at least one such stopping place; and

(c) an indication of the weight of the consignment.

Article 6 - Document Relating to the Nature of the Cargo

The consignor may be required, if necessary, to meet the formalities of customs, police and similar public authorities to deliver a document indicating the nature of the cargo. This provision creates for the carrier no duty, obligation or liability resulting therefrom.

Article 7 - Description of Air Waybill

1. The air waybill shall be made out by the consignor in three original parts.

2. The first part shall be marked "for the carrier"; it shall be signed by the consignor. The second part shall be marked "for the consignee"; it shall be signed by the consignor and by the carrier. The third part shall be signed by the carrier who shall hand it to the consignor after the cargo has been accepted.

3. The signature of the carrier and that of the consignor may be printed or stamped.

4. If, at the request of the consignor, the carrier makes out the air waybill, the carrier shall be deemed, subject to proof to the contrary, to have done so on behalf of the consignor.

항을 기재한다.

가. 출발지 및 도착지의 표시

나. 출발지 및 도착지가 단일의 당사국 영역내에 존재하고 하나 또는 그 이상의 예정 기항지가 타 국가의 영역내에 존재하는 경우에는 그러한 예정 기항지의 최소한 한 곳의 표시

다. 화물의 중량 표시

제6조 화물의 성질에 관련된 서류

세관 · 경찰 및 유사한 공공기관의 절차를 이행하기 위하여 필요한 경우, 송하인은 화물의 성질을 명시한 서류를 교부할 것을 요구받을 수 있다. 이 규정은 운송인에게 어떠한 의무 · 구속 또는 그에 따른 책임을 부과하지 아니한다.

제7조 항공운송장의 서식

1. 항공운송장은 송하인에 의하여 원본 3통이 작성된다.

2. 제1의 원본에는 '운송인용'이라고 기재하고 송하인이 서명한다. 제2의 원본에는 '수하인용'이라고 기재하고 송하인 및 운송인이 서명한다. 제3의 원본에는 운송인이 서명하고, 화물을 접수받은 후 송하인에게 인도한다.

3. 운송인 및 송하인의 서명은 인쇄 또는 날인하여도 무방하다.

4. 송하인의 청구에 따라 운송인이 항공운송장을 작성하였을 경우, 반증이 없는 한 운송인은 송하인을 대신하여 항공운송장을 작성한 것으로 간주된다.

Article 8 - Documentation for Multiple Packages

When there is more than one package:

(a) the carrier of cargo has the right to require the consignor to make out separate air waybills;

(b) the consignor has the right to require the carrier to deliver separate cargo receipts when the other means referred to in paragraph 2 of Article 4 are used.

제8조 복수화물을 위한 증권

1개 이상의 화물이 있는 경우,

가. 화물의 운송인은 송하인에게 개별적인 항공운송장을 작성하여 줄 것을 청구할 권리를 갖는다.

나. 송하인은 제4조 제2항에 언급된 다른 수단이 사용되는 경우에는 운송인에게 개별적인 화물수령증의 교부를 청구할 권리를 갖는다.

Article 9 - Non-compliance with Documentary Requirements

Non-compliance with the provisions of Articles 4 to 8 shall not affect the existence or the validity of the contract of carriage, which shall, nonetheless, be subject to the rules of this Convention including those relating to limitation of liability.

제9조 증권상 요건의 불이행

제4조 내지 제8조의 규정에 따르지 아니하는 경우에도 운송계약의 존재 및 유효성에는 영향을 미치지 아니하며, 책임의 한도에 관한 규정을 포함한 이 협약의 규정이 적용된다.

Article 10 - Responsibility for Particulars of Documentation

1. The consignor is responsible for the correctness of the particulars and statements relating to the cargo inserted by it or on its behalf in the air waybill or furnished by it or on its behalf to the carrier for insertion in the cargo receipt or for insertion in the record preserved by the other means referred to in paragraph 2 of Article 4. The foregoing shall also apply where the person acting on behalf of the consignor is also the agent of the carrier.

2. The consignor shall indemnify the carrier against all damage suffered by it, or by any other person to whom the carrier is liable, by reason of the irregularity, incorrectness or incompleteness of the particulars and statements furnished by the consignor or on its behalf.

3. Subject to the provisions of paragraphs 1

제10조 증권의 기재사항에 대한 책임

1. 송하인은 본인 또는 대리인이 화물에 관련하여 항공운송장에 기재한 사항, 본인 또는 대리인이 화물수령증에의 기재를 위하여 운송인에게 제공한 사항, 또는 제4조 제2항에 언급된 다른 수단에 의하여 보존되는 기록에의 기재를 위하여 운송인에게 제공한 사항의 정확성에 대하여 책임진다. 이는 송하인을 대신하여 행동하는 자가 운송인의 대리인인 경우에도 적용된다.

2. 송하인은 본인 또는 대리인이 제공한 기재사항의 불비 · 부정확 또는 불완전으로 인하여 운송인이나 운송인이 책임을 부담하는 자가 당한 모든 손해에 대하여 운송인에게 보상한다.

3. 본조 제1항 및 제2항의 규정을 조건으로,

and 2 of this Article, the carrier shall indemnify the consignor against all damage suffered by it, or by any other person to whom the consignor is liable, by reason of the irregularity, incorrectness or incompleteness of the particulars and statements inserted by the carrier or on its behalf in the cargo receipt or in the record preserved by the other means referred to in paragraph 2 of Article 4.

운송인은 본인 또는 대리인이 화물수령증 또는 제4조 제2항에 언급된 다른 수단에 의하여 보존되는 기록에 기재한 사항의 불비 · 부정확 또는 불완전으로 인하여 송하인이나 송하인이 책임을 부담하는 자가 당한 모든 손해에 대하여 송하인에게 보상한다.

Article 11 - Evidentiary Value of Documentation

1. The air waybill or the cargo receipt is prima facie evidence of the conclusion of the contract, of the acceptance of the cargo and of the conditions of carriage mentioned therein.

2. Any statements in the air waybill or the cargo receipt relating to the weight, dimensions and packing of the cargo, as well as those relating to the number of packages, are prima facie evidence of the facts stated; those relating to the quantity, volume and condition of the cargo do not constitute evidence against the carrier except so far as they both have been, and are stated in the air waybill or the cargo receipt to have been, checked by it in the presence of the consignor, or relate to the apparent condition of the cargo.

제11조 증권의 증거력

1. 항공운송장 또는 화물수령증은 반증이 없는 한, 그러한 증권에 언급된 계약의 체결, 화물의 인수 및 운송의 조건에 관한 증거가 된다.

2. 화물의 개수를 포함한, 화물의 중량 · 크기 및 포장에 관한 항공운송장 및 화물수령증의 기재사항은 반증이 없는 한, 기재된 사실에 대한 증거가 된다. 화물의 수량 · 부피 및 상태는 운송인이 송하인의 입회하에 점검하고, 그러한 사실을 항공운송장이나 화물수령증에 기재한 경우 또는 화물의 외양에 관한 기재의 경우를 제외하고는 운송인에게 불리한 증거를 구성하지 아니한다.

Article 12 - Right of Disposition of Cargo

1. Subject to its liability to carry out all its obligations under the contract of carriage, the consignor has the right to dispose of the cargo by withdrawing it at the airport of departure or destination, or by stopping it in the course of the journey on any landing, or by calling for it to be delivered at the place of destination or in the course of the journey to a person other than the consignee origin-

제12조 화물의 처분권

1. 송하인은 운송계약에 따른 모든 채무를 이행할 책임을 조건으로, 출발공항 또는 도착공항에서 화물을 회수하거나, 운송도중 착륙할 때에 화물을 유치하거나, 최초 지정한 수하인 이외의 자에 대하여 도착지에서 또는 운송도중에 화물을 인도할 것을 요청하거나 또는 출발공항으로 화물을 반송할 것을 청구함으로써 화물을 처분할 권리를 보유한다. 송하인은 운송인 또는 다른 송하인을 해하는

ally designated, or by requiring it to be returned to the airport of departure. The consignor must not exercise this right of disposition in such a way as to prejudice the carrier or other consignors and must reimburse any expenses occasioned by the exercise of this right.

방식으로 이러한 처분권을 행사해서는 아니되며, 이러한 처분권의 행사에 의하여 발생한 어떠한 비용도 변제하여야 한다.

2. If it is impossible to carry out the instructions of the consignor, the carrier must so inform the consignor forthwith.

2. 송하인의 지시를 이행하지 못할 경우, 운송인은 즉시 이를 송하인에게 통보하여야 한다.

3. If the carrier carries out the instructions of the consignor for the disposition of the cargo without requiring the production of the part of the air waybill or the cargo receipt delivered to the latter, the carrier will be liable, without prejudice to its right of recovery from the consignor, for any damage which may be caused thereby to any person who is lawfully in possession of that part of the air waybill or the cargo receipt.

3. 운송인은 송하인에게 교부한 항공운송장 또는 화물수령증의 제시를 요구하지 아니하고 화물의 처분에 관한 송하인의 지시에 따른 경우, 이로 인하여 항공운송장 또는 화물수령증의 정당한 소지인에게 발생된 어떠한 손해에 대하여도 책임을 진다. 단, 송하인에 대한 운송인의 구상권은 침해받지 아니한다.

4. The right conferred on the consignor ceases at the moment when that of the consignee begins in accordance with Article 13. Nevertheless, if the consignee declines to accept the cargo, or cannot be communicated with, the consignor resumes its right of disposition.

4. 송하인에게 부여된 권리는 수하인의 권리가 제13조에 따라 발생할 때 소멸한다. 그럼에도 불구하고 수하인이 화물의 수취를 거절하거나 또는 수하인을 알 수 없는 때에는 송하인은 처분권을 회복한다.

Article 13 - Delivery of the Cargo

제13조 화물의 인도

1. Except when the consignor has exercised its right under Article 12, the consignee is entitled, on arrival of the cargo at the place of destination, to require the carrier to deliver the cargo to it, on payment of the charges due and on complying with the conditions of carriage.

1. 송하인이 제12조에 따른 권리를 행사하는 경우를 제외하고, 수하인은 화물이 도착지에 도착하였을 때 운송인에게 정당한 비용을 지급하고 운송의 조건을 충족하면 화물의 인도를 요구할 권리를 가진다.

2. Unless it is otherwise agreed, it is the duty of the carrier to give notice to the consignee as soon as the cargo arrives.

2. 별도의 합의가 없는 한, 운송인은 화물이 도착한 때 수하인에게 통지를 할 의무가 있다.

3. If the carrier admits the loss of the cargo, or if the cargo has not arrived at the expiration of seven days after the date on which it ought

3. 운송인이 화물의 분실을 인정하거나 또는 화물이 도착되었어야 할 날로부터 7일이 경과하여도 도착되지 아니하였을 때에는 수하

to have arrived, the consignee is entitled to enforce against the carrier the rights which flow from the contract of carriage.

인은 운송인에 대하여 계약으로부터 발생된 권리를 행사할 권리를 가진다.

Article 14 - Enforcement of the Rights of Consignor and Consignee

The consignor and the consignee can respectively enforce all the rights given to them by Articles 12 and 13, each in its own name, whether it is acting in its own interest or in the interest of another, provided that it carries out the obligations imposed by the contract of carriage.

제14조 송하인과 수하인의 권리행사

송하인과 수하인은 운송계약에 의하여 부과된 채무를 이행할 것을 조건으로 하여 자신 또는 타인의 이익을 위하여 행사함을 불문하고 각각 자기의 명의로 제12조 및 제13조에 의하여 부여된 모든 권리를 행사할 수 있다.

Article 15 - Relations of Consignor and Consignee or Mutual Relations of Third Parties

1. Articles 12, 13 and 14 do not affect either the relations of the consignor and the consignee with each other or the mutual relations of third parties whose rights are derived either from the consignor or from the consignee.
2. The provisions of Articles 12, 13 and 14 can only be varied by express provision in the air waybill or the cargo receipt.

제15조 송하인과 수하인의 관계 또는 제3자와의 상호관계

1. 제12조 · 제13조 및 제14조는 송하인과 수하인의 상호관계 또는 송하인 및 수하인과 이들 중 어느 한쪽으로부터 권리를 취득한 제3자와의 상호관계에는 영향을 미치지 아니한다.

2. 제12조 · 제13조 및 제14조의 규정은 항공운송장 또는 화물수령증에 명시적인 규정에 의해서만 변경될 수 있다.

Article 16 - Formalities of Customs, Police or Other Public Authorities

1. The consignor must furnish such information and such documents as are necessary to meet the formalities of customs, police and any other public authorities before the cargo can be delivered to the consignee. The consignor is liable to the carrier for any damage occasioned by the absence, insufficiency or irregularity of any such information or documents, unless the damage is due to the fault of the carrier, its servants or agents.
2. The carrier is under no obligation to enquire into the correctness or sufficiency of such information or documents.

제16조 세관 · 경찰 및 기타 공공기관의 절차

1. 송하인은 화물이 수하인에게 인도될 수 있기 전에 세관 · 경찰 또는 기타 공공기관의 절차를 이행하기 위하여 필요한 정보 및 서류를 제공한다. 송하인은 그러한 정보 및 서류의 부재 · 불충분 또는 불비로부터 발생한 손해에 대하여 운송인에게 책임을 진다. 단, 그러한 손해가 운송인 · 그의 고용인 또는 대리인의 과실에 기인한 경우에는 그러하지 아니한다.

2. 운송인은 그러한 정보 또는 서류의 정확성 또는 충분성 여부를 조사할 의무가 없다.

Chapter Ⅲ Liability of the Carrier and Extent of Compensation for Damage

Article 17 - Death and Injury of Passengers - Damage to Baggage

1. The carrier is liable for damage sustained in case of death or bodily injury of a passenger upon condition only that the accident which caused the death or injury took place on board the aircraft or in the course of any of the operations of embarking or disembarking.

2. The carrier liable for damage sustained in case of destruction or loss of, or of damage to, checked baggage upon condition only that the event which caused the destruction, loss or damage took place on board the aircraft or during any period within which the checked baggage was in the charge of the carrier. However, the carrier is not liable if and to the extent that the damage resulted from the inherent defect, quality or vice of the baggage. In the case of unchecked baggage, including personal items, the carrier is liable if the damage resulted from its fault or that of its servants or agents.

3. If the carrier admits the loss of the checked baggage, or if the checked baggage has not arrived at the expiration of twenty-one days after the date on which it ought to have arrived, the passenger is entitled to enforce against the carrier the rights which flow from the contract of carriage.

4. Unless otherwise specified, in this Convention the term "baggage" means both checked baggage and unchecked baggage.

Article 18 - Damage to Cargo

1. The carrier is liable for damage sustained in the event of the destruction or loss of or damage to, cargo upon condition only that

제3장 운송인의 책임 및 손해배상의 범위

제17조 승객의 사망 및 부상 - 수하물에 대한 손해

1. 운송인은 승객의 사망 또는 신체의 부상의 경우에 입은 손해에 대하여 사망 또는 부상을 야기한 사고가 항공기상에서 발생하였거나 또는 탑승과 하강의 과정에서 발생하였을 때에 한하여 책임을 진다.

2. 운송인은 위탁수하물의 파괴·분실 또는 손상으로 인한 손해에 대하여 파괴·분실 또는 손상을 야기한 사고가 항공기상에서 발생하였거나 또는 위탁수하물이 운송인의 관리하에 있는 기간중 발생한 경우에 한하여 책임을 진다. 그러나 운송인은 손해가 수하물 고유의 결함·성질 또는 수하물의 불완전에 기인하는 경우 및 그러한 범위 내에서는 책임을 부담하지 아니한다. 개인소지품을 포함한 휴대수하물의 경우, 운송인·그의 고용인 또는 대리인의 과실에 기인하였을 때에만 책임을 진다.

3. 운송인이 위탁수하물의 분실을 인정하거나 또는 위탁수하물이 도착하였어야 하는 날로부터 21일이 경과하여도 도착하지 아니하였을 때 승객은 운송인에 대하여 운송계약으로부터 발생되는 권리를 행사할 권한을 가진다.

4. 별도의 구체적인 규정이 없는 한, 이 협약에서 '수하물'이라는 용어는 위탁수하물 및 휴대 수하물 모두를 의미한다.

제18조 화물에 대한 손해

1. 운송인은 화물의 파괴·분실 또는 손상으로 인한 손해에 대하여 손해를 야기한 사고가 항공운송중에 발생하였을 경우에 한하여

the event which caused the damage so sustained took place during the carriage by air.

책임을 진다.

2. However, the carrier is not liable if and to the extent it proves that the destruction, or loss of, or damage to, the cargo resulted from one or more of the following:

(a) inherent defect, quality or vice of that cargo;
(b) defective packing of that cargo performed by a person other than the carrier or its servants or agents;
(c) an act of war or an armed conflict;
(d) an act of public authority carried out in connection with the entry, exit or transit of the cargo.

2. 그러나, 운송인은 화물의 파괴 · 분실 또는 손상이 다음 중 하나 이상의 사유에 기인하여 발생하였다는 것이 입증되었을 때에는 책임을 지지 아니한다.

가. 화물의 고유한 결함 · 성질 또는 화물의 불완전
나. 운송인 · 그의 고용인 또는 대리인이외의 자가 수행한 화물의 결함이 있는 포장
다. 전쟁 또는 무력분쟁행위
라. 화물의 입출국 또는 통과와 관련하여 행한 공공기관의 행위

3. The carriage by air within the meaning of paragraph 1 of this Article comprises the period during which the cargo is in the charge of the carrier.

3. 본조 제1항의 의미상 항공운송은 화물이 운송인의 관리하에 있는 기간도 포함된다.

4. The period of the carriage by air does not extend to any carriage by land, by sea or by inland waterway performed outside an airport. If, however, such carriage takes place in the performance of a contract for carriage by air, for the purpose of loading, delivery or transhipment, any damage is presumed, subject to proof to the contrary, to have been the result of an event which took place during the carriage by air. If a carrier, without the consent of the consignor, substitutes carriage by another mode of transport for the whole or part of a carriage intended by the agreement between the parties to be carriage by air, such carriage by another mode of transport is deemed to be within the period of carriage by air.

4. 항공운송의 기간에는 공항외부에서 행한 육상 · 해상운송 또는 내륙수로운송은 포함되지 아니한다. 그러나, 그러한 운송이 항공운송계약을 이행함에 있어서, 화물의 적재 · 인도 또는 환적을 목적으로 하여 행하여졌을 때에는 반증이 없는 한 어떠한 손해도 항공운송중에 발생한 사고의 결과라고 추정된다. 운송인이 송하인의 동의 없이 당사자간 합의에 따라 항공운송으로 행할 것이 예정되어 있었던 운송의 전부 또는 일부를 다른 운송수단의 형태에 의한 운송으로 대체하였을 때에는 다른 운송수단의 형태에 의한 운송은 항공운송의 기간내에 있는 것으로 간주된다.

Article 19 - Delay

The carrier is liable for damage occasioned by delay in the carriage by air of passengers,

제19조 지 연

운송인은 승객 · 수하물 또는 화물의 항공운송중 지연으로 인한 손해에 대한 책임을 진

baggage or cargo. Nevertheless, the carrier shall not be liable for damage occasioned by delay if it proves that it and its servants and agents took all measures that could reasonably be required to avoid the damage or that it was impossible for it or them to take such measures.

다. 그럼에도 불구하고, 운송인은 본인 · 그의 고용인 또는 대리인이 손해를 피하기 위하여 합리적으로 요구되는 모든 조치를 다하였거나 또는 그러한 조치를 취할 수 없었다는 것을 증명한 경우에는 책임을 지지 아니한다.

Article 20 - Exoneration

If the carrier proves that the damage was caused or contributed to by the negligence or other wrongful act or omission of the person claiming compensation, or the person from whom he or she derives his or her rights, the carrier shall be wholly or partly exonerated from its liability to the claimant to the extent that such negligence or wrongful act or omission caused or contributed to the damage. When by reason of death or injury of a passenger compensation is claimed by a person other than the passenger, the carrier shall likewise be wholly or partly exonerated from its liability to the extent that it proves that the damage was caused or contributed to by the negligence or other wrongful act or omission of that passenger. This Article applies to all the liability provisions in this Convention, including paragraph 1 of Article 21.

제20조 책임 면제

운송인이 손해배상을 청구하는 자 또는 그로부터 권한을 위임받은 자의 과실 · 기타 불법적인 작위 또는 부작위가 손해를 야기하였거나 또는 손해에 기여하였다는 것을 증명하였을 때에는 그러한 과실 · 불법적인 작위 또는 부작위가 손해를 야기하였거나 손해에 기여한 정도에 따라 청구자에 대하여 책임의 전부 또는 일부를 면제받는다. 승객의 사망 또는 부상을 이유로 하여 손해배상이 승객이외의 자에 의하여 청구되었을 때, 운송인은 손해가 승객의 과실 · 불법적인 작위 또는 부작위에 기인하였거나 이에 기여하였음을 증명한 정도에 따라 책임의 전부 또는 일부를 면제받는다. 본조는 제21조 제1항을 포함한 이 협약의 모든 배상책임규정에 적용된다.

Article 21 - Compensation in Case of Death or Injury of Passengers

1. For damages arising under paragraph 1 of Article 17 not exceeding 100,000 Special Drawing Rights for each passenger, the carrier shall not be able to exclude or limit its liability.
2. The carrier shall not be liable for damages arising under paragraph 1 of Article 17 to the extent that they exceed for each passenger 100,000 Special Drawing Rights if the carrier proves that:

제21조 승객의 사망 또는 부상에 대한 배상

1. 운송인은 승객당 100,000 SDR을 초과하지 아니한 제17조 제1항상의 손해에 대한 책임을 배제하거나 제한하지 못한다.

2. 승객당 100,000 SDR을 초과하는 제17조 제1항상의 손해에 대하여, 운송인이 다음을 증명하는 경우에는 책임을 지지 아니한다.

(a) such damage was not due to the negligence or other wrongful act or omission of the carrier or its servants or agents; or

(b) such damage was solely due to the negligence or other wrongful act or omission of a third party.

가. 그러한 손해가 운송인 · 그의 고용인 또는 대리인의 과실 · 기타 불법적인 작위 또는 부작위에 기인하지 아니하였거나,

나. 그러한 손해가 오직 제3자의 과실 · 기타 불법적인 작위 또는 부작위에 기인하였을 경우

Article 22 - Limits of Liability in Relation to Delay, Baggage and Cargo

1. In the case of damage caused by delay as specified in Article 19 in the carriage of persons, the liability of the carrier for each passenger is limited to 4,150 Special Drawing Rights.

2. In the carriage of baggage, the liability of the carrier in the case of destruction, loss, damage or delay is limited to 1,000 Special Drawing Rights for each passenger unless the passenger has made, at the time when the checked baggage was handed over to the carrier, a special declaration of interest in delivery at destination and has paid a supplementary sum if the case so requires. In that case the carrier will be liable to pay a sum not exceeding the declared sum, unless it proves that the sum is greater than the passenger's actual interest in delivery at destination.

3. In the carriage of cargo, the liability of the carrier in the case of destruction, loss, damage or delay is limited to a sum of 17 Special Drawing Rights per kilogram, unless the consignor has made, at the time when the package was handed over to the carrier, a special declaration of interest in delivery at destination and has paid a supplementary sum if the case so requires. In that case the carrier will be liable to pay a sum not exceeding the declared sum, unless it proves that the sum is greater than the consignor's actual interest in delivery at destination.

제22조 지연 · 수하물 및 화물과 관련한 배상책임의 한도

1. 승객의 운송에 있어서 제19조에 규정되어 있는 지연에 기인한 손해가 발생한 경우, 운송인의 책임은 승객 1인당 4,150 SDR로 제한된다.

2. 수하물의 운송에 있어서 수하물의 파괴 · 분실 · 손상 또는 지연이 발생한 경우 운송인의 책임은 승객 1인당 1,000 SDR로 제한된다. 단, 승객이 위탁수하물을 운송인에게 인도할 때에 도착지에서 인도시 이익에 관한 특별신고를 하였거나 필요에 따라 추가요금을 지급한 경우에는 그러하지 아니한다. 이러한 경우, 운송인은 신고가액이 도착지에 있어서 인도시 승객의 실질이익을 초과한다는 것을 증명하지 아니하는 한 신고가액을 한도로 하는 금액을 지급할 책임을 진다.

3. 화물의 운송에 있어서 화물의 파괴 · 분실 · 손상 또는 지연이 발생한 경우 운송인의 책임은 1 킬로그램당 17 SDR로 제한된다. 단, 송하인이 화물을 운송인에게 인도할 때에 도착지에서 인도시 이익에 관한 특별신고를 하였거나 필요에 따라 추가 요금을 지급한 경우에는 그러하지 아니하다. 이러한 경우, 운송인은 신고가액이 도착지에 있어서 인도시 송하인의 실질이익을 초과한다는 것을 증명하지 아니하는 한 신고가액을 한도로 하는 금액을 지급할 책임을 진다.

4. In the case of destruction, loss, damage or delay of part of the cargo, or of any object contained therein, the weight to be taken into consideration in determining the amount to which the carrier's liability is limited shall be only the total weight of the package or packages concerned. Nevertheless, when the destruction, loss, damage or delay of a part of the cargo, or of an object contained therein, affects the value of other packages covered by the same air waybill, or the same receipt or, if they were not issued, by the same record preserved by the other means referred to in paragraph 2 of Article 4, the total weight of such package or packages shall also be taken into consideration in determining the limit of liability.

4. 화물의 일부 또는 화물에 포함된 물건의 파괴 · 분실 · 손상 또는 지연의 경우, 운송인의 책임한도를 결정함에 있어서 고려하여야 할 중량은 관련 화물의 총 중량이다. 그럼에도 불구하고 화물의 일부 또는 화물에 포함된 물건의 파괴 · 분실 · 손상 또는 지연이 동일한 항공운송장 또는 화물수령증에 기재되거나 또는 이러한 증권이 발행되지 아니하였을 때에는 제4조 제2항에 언급된 다른 수단에 의하여 보존되고 있는 동일한 기록에 기재되어 있는 기타 화물의 가액에 영향을 미칠 때에는 운송인의 책임한도를 결정함에 있어 그러한 화물의 총 중량도 고려되어야 한다.

5. The foregoing provisions of paragraphs 1 and 2 of this Article shall not apply if it is proved that the damage resulted from an act or omission of the carrier, its servants or agents, done with intent to cause damage or recklessly and with knowledge that damage would probably result; provided that, in the case of such act or omission of a servant or agent, it is also proved that such servant or agent was acting within the scope of its employment.

5. 손해가 운송인 · 그의 고용인 또는 대리인이 손해를 야기할 의도를 가지거나 또는 무모하게 손해가 야기될 것을 인지하고 행한 작위 또는 부작위로부터 발생되었다는 것이 입증되었을 때에는 본조 제1항 및 제2항에 전술한 규정은 적용되지 아니한다. 단, 고용인 또는 대리인이 작위 또는 부작위를 행한 경우에는 그가 자기의 고용업무의 범위내에서 행하였다는 것이 입증되어야 한다.

6. The limits prescribed in Article 21 and in this Article shall not prevent the court from awarding, in accordance with its own law, in addition, the whole or part of the court costs and of the other expenses of the litigation incurred by the plaintiff, including interest. The foregoing provision shall not apply if the amount of the damages awarded, excluding court costs and other expenses of the litigation, does not exceed the sum which the carrier has offered in writing to the plaintiff within a period of six months from the date of the occurrence causing the damage, or before the commencement of the action, if that is later.

6. 제21조 및 본조에 규정된 책임제한은 자국법에 따라 법원이 원고가 부담하는 소송비용 및 소송과 관련된 기타 비용에 이자를 포함한 금액의 전부 또는 일부를 재정하는 것을 방해하지 아니한다. 앞의 규정은 소송비용 및 소송과 관련된 기타 비용을 제외한, 재정된 손해액이 손해를 야기한 사건의 발생일로부터 6월의 기간내에 또는 소송의 개시가 상기 기간 이후일 경우에는 소송 개시 전에 운송인이 원고에게 서면으로 제시한 액수를 초과하지 아니한 때에는 적용되지 아니한다.

Article 23 - Conversion of Monetary Units

1. The sums mentioned in terms of Special Drawing Right in this Convention shall be deemed to refer to the Special Drawing Right as defined by the International Monetary Fund. Conversion of the sums into national currencies shall, in case of judicial proceedings, be made according to the value of such currencies in terms of the Special Drawing Right at the date of the judgement. The value of a national currency, in terms of the Special Drawing Right, of a State Party which is a Member of the International Monetary Fund, shall be calculated in accordance with the method of valuation applied by the International Monetary Fund, in effect at the date of the judgement, for its operations and transactions. The value of a national currency, in terms of the Special Drawing Right, of a State Party which is not a Member of the International Monetary Fund, shall be calculated in a manner determined by that State.

2. Nevertheless, those States which are not Members of the International Monetary Fund and whose law does not permit the application of the provisions of paragraph 1 of this Article may, at the time of ratification or accession or at any time thereafter, declare that the limit of liability of the carrier prescribed in Article 21 is fixed at a sum of 1,500,000 monetary units per passenger in judicial proceedings in their territories; 62,500 monetary units per passenger with respect to paragraph 1 of Article 22; 15,000 monetary units per passenger with respect to paragraph 2 of Article 22; and 250 monetary units per kilogram with respect to paragraph 3 of Article 22. This monetary unit corresponds to sixty-five and a half milligrams of gold of

제23조 화폐단위의 환산

1. 이 협약에서 특별인출권으로 환산되어 언급된 금액은 국제통화기금이 정의한 특별인출권을 의미하는 것으로 간주된다. 재판절차에 있어서 국내통화로의 환산은 판결일자에 특별인출권의 국내통화환산액에 따라 정한다. 국제통화기금의 회원국의 특별인출권의 국내통화환산금액은 국제통화기금의 운영과 거래를 위하여 적용하는 평가방식에 따라 산출하게 되며, 동 방식은 판결일자에 유효하여야 한다. 국제통화기금의 비회원국인 당사국의 특별인출권의 국내통화환산금액은 동 당사국이 결정한 방식에 따라 산출된다.

2. 그럼에도 불구하고, 국제통화기금의 비회원국이며 자국법에 따라 본조 제1항의 적용이 허용되지 아니하는 국가는 비준·가입시 또는 그 이후에 언제라도 제21조에 규정되어 있는 운송인의 책임한도가 자국의 영역에서 소송이 진행중인 경우 승객 1인당 1,500,000 화폐단위, 제22조 제1항과 관련해서는 승객 1인당 62,500 화폐단위, 제22조 제2항과 관련해서는 승객 1인당 15,000 화폐단위 및 제22조 제3항과 관련해서는 1킬로그램당 250 화폐단위로 고정된다고 선언할 수 있다. 이와 같은 화폐단위는 1000분의 900의 순도를 가진 금 65.5 밀리그램에 해당한다. 국내통화로 환산된 금액은 관계국 통화의 단수가 없는 금액으로 환산할 수 있다. 국내통화로 환산되는 금액은 관련국가의 법률에 따른다.

millesimal fineness nine hundred. These sums may be converted into the national currency concerned in round figures. The conversion of these sums into national currency shall be made according to the law of the State concerned.

3. The calculation mentioned in the last sentence of paragraph I of this Article and the conversion method mentioned in paragraph 2 of this Article shall be made in such manner as to express in the national currency of the State Party as far as possible the same real value for the amounts in Articles 21 and 22 as would result from the application of the first three sentences of paragraph 1 of this Article. States Parties shall communicate to the depositary the manner of calculation pursuant to paragraph 1 of this Article, or the result of the conversion in paragraph 2 of this Article as the case may be, when depositing an instrument of ratification, acceptance, approval of or accession to this Convention and whenever there is a change in either.

3. 본조 제1항 후단에 언급된 계산 및 제2항에 언급된 환산방식은 본조 제1항의 전 3단의 적용에 기인되는 제21조 및 제22조의 가액과 동일한 실질가치를 가능한 한 동 당사국의 국내통화로 표시하는 방법으로 할 수 있다. 당사국들은 본조 제1항에 따른 산출방식 또는, 경우에 따라 본조 제2항에 의한 환산의 결과를 이 협약의 비준서 · 수락서 · 승인서 또는 가입서 기탁시 또는 상기 산출방식이나 환산결과의 변경시 수탁자에 통보한다.

Article 24 - Review of Limits

1. Without prejudice to the provisions of Article 25 of this Convention and subject to paragraph 2 below, the limits of liability prescribed in Articles 21, 22 and 23 shall be reviewed by the Depositary at five-year intervals, the first such review to take place at the end of the fifth year following the date of entry into force of this Convention, or if the Convention does not enter into force within five years of the date it is first open for signature, within the first year of its entry into force, by reference to an inflation factor which corresponds to the accumulated rate of inflation since the previous revision or in the first instance since the date of entry into force of the Convention. The measure of the rate of

제24조 한도의 검토

1. 이 협약 제25조의 규정을 침해하지 아니하고 하기 제2항을 조건으로 하여, 제21조 내지 제23조에 규정한 책임한도는 5년 주기로 수탁자에 의하여 검토되어야 하며, 최초의 검토는 이 협약의 발효일로부터 5년이 되는 해의 연말에 실시된다. 만일 이 협약이 서명을 위하여 개방된 날로부터 5년내에 발효가 되지 못하면 발효되는 해에 협약의 발효일 이후 또는 이전 수정이후 누적 물가상승률에 상응하는 물가상승요인을 참고하여 검토된다. 물가상승요인의 결정에 사용되는 물가상승률의 기준은 제23조 제1항에 언급된 특별인출권을 구성하는 통화를 가진 국가의 소비자물가지수의 상승 또는 하강률의 가중평균치를 부여하여 산정한다.

inflation to be used in determining the inflation factor shall be the weighted average of the annual rates of increase or decrease in the Consumer Price Indices of the States whose currencies comprise the Special Drawing Right mentioned in paragraph 1 of Article 23.

2. If the review referred to in the preceding paragraph concludes that the inflation factor has exceeded 10 percent, the Depositary shall notify States Parties of a revision of the limits of liability. Any such revision shall become effective six months after its notification to the States Parties. If within three months after its notification to the States Parties a majority of the States Parties register their disapproval, the revision shall not become effective and the Depositary shall refer the matter to a meeting of the States Parties. The Depositary shall immediately notify all States Parties of the coming into force of any revision.

2. 전항의 규정에 따라 검토를 행한 결과 인플레이션 계수가 10퍼센트를 초과하였다면 수탁자는 당사국에게 책임한도의 수정을 통고한다. 이러한 수정은 당사국에게 통고된 후 6월이 경과시 효력을 발생한다. 만일 당사국에게 통고된 후 3월 이내에 과반수의 당사국들이 수정에 대한 불승인을 표명한 때에는 수정은 효력을 발생하지 아니하며, 수탁자는 동 문제를 당사국의 회합에 회부한다. 수탁자는 모든 당사국에게 수정의 발효를 즉시 통보한다.

3. Notwithstanding paragraph 1 of this Article, the procedure referred to in paragraph 2 of this Article shall be applied at any time provided that one-third of the States Parties express a desire to that effect and upon condition that the inflation factor referred to in paragraph 1 has exceeded 30 percent since the previous revision or since the date of entry into force of this Convention if there has been no previous revision. Subsequent reviews using the procedure described in paragraph 1 of this Article will take place at five-year intervals starting at the end of the fifth year following the date of the reviews under the present paragraph.

3. 본조 제1항에도 불구하고, 본조 제2항에 언급된 절차는 당사국의 3분의 1 이상이 이전의 수정 또는 이전에 수정이 없었다면 이 협약의 발효일 이래 본조 제1항에 언급된 인플레이션 계수가 30퍼센트를 초과할 것을 조건으로 하여 그러한 효과에 대한 의사를 표시한 경우에는 언제나 적용 가능하다. 본조 제1항에 기술된 절차를 사용한 추가검토는 본항에 따른 검토일로부터 5년이 되는 해의 연말에 개시하여 5년 주기로 한다.

Article 25 - Stipulation on Limits

A carrier may stipulate that the contract of carriage shall be subject to higher limits of

제25조 한도의 규정

운송인은 이 협약이 정한 책임한도보다 높은 한도를 정하거나 어떤 경우에도 책임의 한도

liability than those provided for in this Convention or to no limits of liability whatsoever.

를 두지 아니한다는 것을 운송계약에 규정할 수 있다.

Article 26 - Invalidity of Contractual Provisions

Any provision tending to relieve the carrier of liability or to fix a lower limit than that which is laid down in this Convention shall be null and void, but the nullity of any such provision does not involve the nullity of the whole contract, which shall remain subject to the provisions of this Convention.

제26조 계약조항의 무효

운송인의 책임을 경감하거나 또는 이 협약에 규정된 책임한도보다 낮은 한도를 정하는 어떠한 조항도 무효다. 그러나, 그러한 조항의 무효는 계약 전체를 무효로 하는 것은 아니며 계약은 이 협약의 조항에 따른다.

Article 27 - Freedom to Contract

Nothing contained in this Convention shall prevent the carrier from refusing to enter into any contract of carriage, from waiving any defences available under the Convention, or from laying down conditions which do not conflict with the provisions of this Convention.

제27조 계약의 자유

이 협약의 어떠한 규정도 운송인이 운송계약의 체결을 거절하거나, 이 협약상의 항변권을 포기하거나 또는 이 협약의 규정과 저촉되지 아니하는 운송조건을 설정하는 것을 방해하지 못한다.

Article 28 - Advance Payments

In the case of aircraft accidents resulting in death or injury of passengers, the carrier shall, if required by its national law, make advance payments without delay to a natural person or persons who are entitled to claim compensation in order to meet the immediate economic needs of such persons. Such advance payments shall not constitute a recognition of liability and may be offset against any amounts subsequently paid as damages by the carrier.

제28조 선배상지급

승객의 사망 또는 부상을 야기하는 항공기사고 시, 운송인은 자국법이 요구하는 경우 자연인 또는 배상을 받을 권한이 있는 자의 즉각적인 경제적 필요성을 충족시키기 위하여 지체없이 선배상금을 지급한다. 이러한 선배상지급은 운송인의 책임을 인정하는 것은 아니며, 추후 운송인이 지급한 배상금과 상쇄될 수 있다.

Article 29 - Basis of Claims

In the carriage of passengers, baggage and cargo, any action for damages, however founded, whether under this Convention or in contract or in tort or otherwise, can only be brought subject to the conditions and such limits of liability as are set out in this

제29조 청구의 기초

승객 · 수하물 및 화물의 운송에 있어서, 손해에 관한 어떠한 소송이든지 이 협약 · 계약 · 불법행위 또는 기타 어떠한 사항에 근거하는지 여부를 불문하고, 소를 제기할 권리를 가지는 자와 그들 각각의 권리에 관한 문제를 침해함이 없이, 이 협약에 규정되어

Convention without prejudice to the question as to who are the persons who have the right to bring suit and what are their respective rights. In any such action, punitive, exemplary or any other non-compensatory damages shall not be recoverable.

있는 조건 및 책임한도에 따르는 경우에만 제기될 수 있다. 어떠한 소송에 있어서도, 징벌적 배상 또는 비보상적 배상은 회복되지 아니한다.

Article 30 - Servants, Agents - Aggregation of Claims

제30조 고용인 · 대리인 - 청구의 총액

1. If an action is brought against a servant or agent of the carrier arising out of damage to which the Convention relates, such servant or agent, if they prove that they acted within the scope of their employment, shall be entitled to avail themselves of the conditions and limits of liability which the carrier itself is entitled to invoke under this Convention.

1. 이 협약과 관련된 손해로 인하여 운송인의 고용인 또는 대리인을 상대로 소송이 제기된 경우, 그들이 고용범위 내에서 행동하였음이 증명된다면 이 협약하에서 운송인 자신이 주장할 수 있는 책임의 조건 및 한도를 원용할 권리를 가진다.

2. The aggregate of the amounts recoverable from the carrier, its servants and agents, in that case, shall not exceed the said limits.

2. 그러한 경우, 운송인 · 그의 고용인 및 대리인으로부터 회수가능한 금액의 총액은 전술한 한도를 초과하지 아니한다.

3. Save in respect of the carriage of cargo, the provisions of paragraphs 1 and 2 of this Article shall not apply if it is proved that the damage resulted from an act or omission of the servant or agent done with intent to cause damage or recklessly and with knowledge that damage would probably result.

3. 화물운송의 경우를 제외하고는 본조 제1항 및 제2항의 규정은 고용인 또는 대리인이 손해를 야기할 의도로 무모하게, 또는 손해가 발생할 것을 알고 행한 작위 또는 부작위에 기인한 손해임이 증명된 경우에는 적용되지 아니한다.

Article 31 - Timely Notice of Complaints

제31조 이의제기의 시한

1. Receipt by the person entitled to delivery of checked baggage or cargo without complaint is prima facie evidence that the same has been delivered in good condition and in accordance with the document of carriage or with the record preserved by the other means referred to in paragraph 2 of Article 3 and paragraph 2 of Article 4.

1. 위탁수하물 또는 화물을 인도받을 권리를 가지고 있는 자가 이의를 제기하지 아니하고 이를 수령하였다는 것은 반증이 없는 한 위탁수하물 또는 화물이 양호한 상태로 또한 운송서류 또는 제3조 제2항 및 제4조 제2항에 언급된 기타 수단으로 보존된 기록에 따라 인도되었다는 명백한 증거가 된다.

2. In the case of damage, the person entitled to delivery must complain to the carrier

2. 손상의 경우, 인도받을 권리를 가지는 자는 손상을 발견한 즉시 또한 늦어도 위탁수

forthwith after the discovery of the damage, and, at the latest, within seven days from the date of receipt in the case of checked baggage and fourteen days from the date of receipt in the case of cargo. In the case of delay, the complaint must be made at the latest within twenty-one days from the date on which the baggage or cargo have been placed at his or her disposal.

하물의 경우에는 수령일로부터 7일 이내에 그리고 화물의 경우에는 수령일로부터 14일 이내에 운송인에게 이의를 제기하여야 한다. 지연의 경우, 이의는 인도받을 권리를 가지는 자가 수하물 또는 화물을 처분할 수 있는 날로부터 21일 이내에 제기되어야 한다.

3. Every complaint must be made in writing and given or dispatched within the times aforesaid.

3. 개개의 이의는 서면으로 작성되어야 하며, 전술한 기한 내에 발송하여야 한다.

4. If no complaint is made within the times aforesaid, no action shall lie against the carrier, save in the case of fraud on its part.

4. 전술한 기한 내에 이의가 제기되지 아니한 때에는 운송인에 대하여 제소할 수 없다. 단, 운송인 측의 사기인 경우에는 그러하지 아니한다.

Article 32 - Death of Person Liable

In the case of the death of the person liable, an action for damages lies in accordance with the terms of this Convention against those legally representing his or her estate.

제32조 책임있는 자의 사망

책임있는 자가 사망하는 경우, 손해에 관한 소송은 이 협약의 규정에 따라 동인의 재산의 법정 대리인에 대하여 제기할 수 있다.

Article 33 - Jurisdiction

1. An action for damages must be brought, at the option of the plaintiff, in the territory of one of the States Parties, either before the court of the domicile of the carrier or of its principal place of business, or where it has a place of business through which the contract has been made or before the court at the place of destination.

제33조 재판관할권

1. 손해에 관한 소송은 원고의 선택에 따라 당사국 중 하나의 영역내에서 운송인의 주소지, 운송인의 주된 영업소 소재지, 운송인이 계약을 체결한 영업소 소재지의 법원 또는 도착지의 법원 중 어느 한 법원에 제기한다.

2. In respect of damage resulting from the death or injury of a passenger, an action may be brought before one of the courts mentioned in paragraph 1 of this Article, or in the territory of a State Party in which at the time of the accident the passenger has his or her principal and permanent residence and to or from which the carrier operates services for the carriage of passengers by air, either on its own aircraft

2. 승객의 사망 또는 부상으로 인한 손해의 경우, 소송은 본조 제1항에 언급된 법원 또는 사고발생 당시 승객의 주소지와 주된 거주지가 있고 운송인이 자신이 소유한 항공기 또는 상업적 계약에 따른 타 운송인의 항공기로 항공운송서비스를 제공하는 장소이며, 운송인 자신 또는 상업적 계약에 의하여 타 운송인이 소유하거나 임대한 건물로부터 항공운송사업을 영위하고 있는 장소에서 소송을 제기할 수 있다.

or on another carrier's aircraft pursuant to a commercial agreement, and in which that carrier conducts its business of carriage of passengers by air from premises leased or owned by the carrier itself or by another carrier with which it has a commercial agreement.

3. For the purposes of paragraph 2,

(a) "commercial agreement" means an agreement, other than an agency agreement, made between carriers and relating to the provision of their joint services for carriage of passengers by air;

(b) "principal and permanent residence" means the one fixed and permanent abode of the passenger at the time of the accident. The nationality of the passenger shall not be the determining factor in this regard.

4. Questions of procedure shall be governed by the law of the court seized of the case.

3. 제2항의 목적을 위하여,

가. '상업적 계약'이라 함은 대리점 계약을 제외한, 항공승객운송을 위한 공동서비스의 제공과 관련된 운송인 간의 계약을 말한다.

나. '주소지 및 영구거주지'라 함은 사고발생 당시 승객의 고정적이고 영구적인 하나의 주소를 말한다. 이 경우 승객의 국적은 결정요인이 되지 않는다.

4. 소송절차에 관한 문제는 소송이 계류중인 법원의 법률에 의한다.

Article 34 - Arbitration

1. Subject to the provisions of this Article, the parties to the contract of carriage for cargo may stipulate that any dispute relating to the liability of the carrier under this Convention shall be settled by arbitration. Such agreement shall be in writing.

2. The arbitration proceedings shall, at the option of the claimant, take place within one of the jurisdictions referred to in Article 33.

3. The arbitrator or arbitration tribunal shall apply the provisions of this Convention.

4. The provisions of paragraphs 2 and 3 of this Article shall be deemed to be part of every arbitration clause or agreement, and any term of such clause or agreement which is inconsistent therewith shall be null and void.

제34조 중 재

1. 본조의 규정에 따를 것을 조건으로, 화물운송계약의 당사자들은 이 협약에 따른 운송인의 책임에 관련된 어떠한 분쟁도 중재에 의하여 해결한다고 규정할 수 있다.

2. 중재절차는 청구인의 선택에 따라 제33조에 언급된 재판관할권 중 하나에서 진행된다.

3. 중재인 또는 중재법원은 이 협약의 규정을 적용한다.

4. 본조 제2항 및 제3항의 규정은 모든 중재조항 또는 협정의 일부라고 간주되며, 이러한 규정과 일치하지 아니하는 조항 또는 협정의 어떠한 조건도 무효이다.

Article 35 - Limitation of Actions

1. The right to damages shall be extinguished if an action is not brought within a period of two years, reckoned from the date of arrival at the destination, or from the date on which the aircraft ought to have arrived, or from the date on which the carriage stopped.
2. The method of calculating that period shall be determined by the law of the court seized of the case.

제35조 제소기한

1. 손해에 관한 권리가 도착지에 도착한 날 · 항공기가 도착하였어만 하는 날 또는 운송이 중지된 날로부터 기산하여 2년 내에 제기되지 않을 때에는 소멸된다.
2. 그러한 기간의 산정방법은 소송이 계류된 법원의 법률에 의하여 결정된다.

Article 36 - Successive Carriage

1. In the case of carriage to be performed by various successive carriers and falling within the definition set out in paragraph 3 of Article 1, each carrier which accepts passengers, baggage or cargo is subject to the rules set out in this Convention and is deemed to be one of the parties to the contract of carriage in so far as the contract deals with that part of the carriage which is performed under its supervision.
2. In the case of carriage of this nature, the passenger or any person entitled to compensation in respect of him or her can take action only against the carrier which performed the carriage during which the accident or the delay occurred, save in the case where, by express agreement, the first carrier has assumed liability for the whole journey.
3. As regards baggage or cargo, the passenger or consignor will have a right of action against the first carrier, and the passenger or consignee who is entitled to delivery will have a right of action against the last carrier, and further, each may take action against the carrier which performed the carriage during which the destruction, loss, damage or delay took place. These carriers will be jointly and severally liable to the passenger or to the consignor or consignee.

제36조 순차운송

1. 2인 이상의 운송인이 순차로 행한 운송으로서 이 협약 제1조 제3항에 규정된 정의에 해당하는 운송의 경우, 승객 · 수하물 또는 화물을 인수하는 각 운송인은 이 협약에 규정된 규칙에 따라야 하며, 또한 운송계약이 각 운송인의 관리하에 수행된 운송부분을 다루고 있는 한 동 운송계약의 당사자 중 1인으로 간주된다.
2. 이러한 성질을 가지는 운송의 경우, 승객 또는 승객에 관하여 손해배상을 받을 권한을 가지는 자는, 명시적 합의에 의하여 최초의 운송인이 모든 운송구간에 대한 책임을 지는 경우를 제외하고는, 사고 또는 지연이 발생된 동안에 운송을 수행한 운송인에 대하여 소송을 제기할 수 있다.
3. 수하물 또는 화물과 관련하여, 승객 또는 송하인은 최초 운송인에 대하여 소송을 제기할 수 있는 권리를 가지며, 인도받을 권리를 가지는 승객 또는 수하인은 최종 운송인에 대하여 소송을 제기할 권리를 가지며, 또한 각자는 파괴 · 분실 · 손상 또는 지연이 발생한 기간 중에 운송을 수행한 운송인에 대하여 소송을 제기할 수 있다. 이들 운송인은 여객 · 송하인 또는 수하인에 대하여 연대하거나 또는 단독으로 책임을 진다.

Article 37 - Right of Recourse against Third Parties

Nothing in this Convention shall prejudice the question whether a person liable for damage in accordance with its provisions has a right of recourse against any other person.

제37조 제3자에 대한 구상권

이 협약의 어떠한 규정도 이 협약의 규정에 따라 손해에 대하여 책임을 지는 자가 갖고 있는 다른 사람에 대한 구상권을 행사할 권리가 있는지 여부에 관한 문제에 영향을 미치지 아니한다.

Chapter IV Combined Carriage

제4장 복합운송

Article 38 - Combined Carriage

1. In the case of combined carriage performed partly by air and partly by any other mode of carriage, the provisions of this Convention shall, subject to paragraph 4 of Article 18, apply only to the carriage by air, provided that the carriage by air falls within the terms of Article 1.

2. Nothing in this Convention shall prevent the parties in the case of combined carriage from inserting in the document of air carriage conditions relating to other modes of carriage, provided that the provisions of this Convention are observed as regards the carriage by air.

제38조 복합운송

1. 운송이 항공과 다른 운송형식에 의하여 부분적으로 행하여지는 복합운송의 경우에는 이 협약의 규정들은, 제18조 제4항을 조건으로 하여, 항공운송에 대하여만 적용된다. 단, 그러한 항공운송이 제1조의 조건을 충족시킨 경우에 한한다.

2. 이 협약의 어떠한 규정도 복합운송의 경우 당사자가 다른 운송형식에 관한 조건을 항공운송의 증권에 기재하는 것을 방해하지 아니한다. 단, 항공운송에 관하여 이 협약의 규정이 준수되어야 한다.

Chapter V Carriage by Air Performed by a Person other than the Contracting Carrier

제5장 계약운송인 이외의 자에 의한 항공운송

Article 39 - Contracting Carrier - Actual Carrier

The provisions of this Chapter apply when a person (hereinafter referred to as "the contracting carrier") as a principal makes a contract of carriage governed by this Convention with a passenger or consignor or with a person acting on behalf of the passenger or consignor, and another person (hereinafter referred to as "the actual carrier") performs, by virtue of authority from

제39조 계약운송인 - 실제운송인

본장의 규정은 어떤 사람(이하 '계약운송인'이라 한다)이 승객 또는 송하인 · 승객 또는 송하인을 대신하여 행동하는 자와 이 협약에 의하여 규율되는 운송계약을 체결하고, 다른 사람(이하 '실제운송인'이라 한다)이 계약운송인으로부터 권한을 받아 운송의 전부 또는 일부를 행하지만 이 협약의 의미 내에서 그러한 운송의 일부에 관하여 순차운송인에는 해당되지 않는 경우에 적용된다. 이와 같은 권

the contracting carrier, the whole or part of the carriage, but is not with respect to such part a successive carrier within the meaning of this Convention. Such authority shall be presumed in the absence of proof to the contrary.

한은 반증이 없는 한 추정된다.

Article 40 - Respective Liability of Contracting and Actual Carriers

If an actual carrier performs the whole or part of carriage which, according to the contract referred to in Article 39, is governed by this Convention, both the contracting carrier and the actual carrier shall, except as otherwise provided in this Chapter, be subject to the rules of this Convention, the former for the whole of the carriage contemplated in the contract, the latter solely for the carriage which it performs.

제40조 계약운송인과 실제운송인의 개별적 책임

실제운송인이 제39조에 언급된 계약에 따라 이 협약이 규율하는 운송의 전부 또는 일부를 수행한다면, 본장에 달리 정하는 경우를 제외하고, 계약운송인 및 실제운송인 모두는 이 협약의 규칙에 따른다. 즉, 계약운송인이 계약에 예정된 운송의 전부에 관하여 그리고 실제운송인은 자기가 수행한 운송에 한하여 이 협약의 규칙에 따른다.

Article 41 - Mutual Liability

1. The acts and omissions of the actual carrier and of its servants and agents acting within the scope of their employment shall, in relation to the carriage performed by the actual carrier, be deemed to be also those of the contracting carrier.

2. The acts and omissions of the contracting carrier and of its servants and agents acting within the scope of their employment shall, in relation to the carriage performed by the actual carrier, be deemed to be also those of the actual carrier. Nevertheless, no such act or omission shall subject the actual carrier to liability exceeding the amounts referred to in Articles 21, 22, 23 and 24. Any special agreement under which the contracting carrier assumes obligations not imposed by this Convention or any waiver of rights or defences conferred by this Convention or any special declaration of interest in delivery

제41조 상호 책임

1. 실제운송인이 수행한 운송과 관련하여, 실제운송인 · 자신의 고용업무의 범위 내에서 행동한 고용인 및 대리인의 작위 또는 부작위도 또한 계약운송인의 작위 또는 부작위로 간주된다.

2. 실제운송인이 수행한 운송과 관련하여, 계약운송인, 자신의 고용업무의 범위 내에서 행동한 고용인 및 대리인의 작위 또는 부작위도 또한 실제운송인의 작위 및 부작위로 간주된다. 그럼에도 불구하고, 그러한 작위 및 부작위로 인하여 실제운송인은 이 협약 제21조 내지 제24조에 언급된 금액을 초과하는 책임을 부담하지 아니한다. 이 협약이 부과하지 아니한 의무를 계약운송인에게 부과하는 특별 합의, 이 협약이 부여한 권리의 포기 또는 이 협약 제22조에서 예정된 도착지에서의 인도 이익에 관한 특별신고는 실제운송인이 합의하지 아니하는 한 그에게 영향을 미치지 아니한다.

at destination contemplated in Article 22 shall not affect the actual carrier unless agreed to by it.

Article 42 - Addressee of Complaints and Instructions

Any complaint to be made or instruction to be given under this Convention to the carrier shall have the same effect whether addressed to the contracting carrier or to the actual carrier. Nevertheless, instructions referred to in Article 12 shall only be effective if addressed to the contracting carrier.

제42조 이의제기 및 지시의 상대방

이 협약에 근거하여 운송인에게 행한 이의나 지시는 계약운송인 또는 실제운송인 어느 쪽에 행하여도 동일한 효력이 있다. 그럼에도 불구하고, 이 협약 제12조에 언급된 지시는 계약운송인에게 행한 경우에 한하여 효력이 있다.

Article 43 - Servants and Agents

In relation to the carriage performed by the actual carrier, any servant or agent of that carrier or of the contracting carrier shall, if they prove that they acted within the scope of their employment, be entitled to avail themselves of the conditions and limits of liability which are applicable under this Convention to the carrier whose servant or agent they are, unless it is proved that they acted in a manner that prevents the limits of liability from being invoked in accordance with this Convention.

제43조 고용인 및 대리인

실제운송인이 수행한 운송과 관련하여, 실제운송인 또는 계약운송인의 고용인 또는 대리인은 자기의 고용업무의 범위 내의 행위를 증명할 경우 이 협약하에서 자신이 귀속되는 운송인에게 적용할 이 협약상 책임의 조건 및 한도를 원용할 권리를 가진다. 단, 그들이 책임한도가 이 협약에 따라 원용되는 것을 방지하는 방식으로 행동하는 것이 증명된 경우에는 그러하지 아니한다.

Article 44 - Aggregation of Damages

In relation to the carriage performed by the actual carrier, the aggregate of the amounts recoverable from that carrier and the contracting carrier, and from their servants and agents acting within the scope of their employment, shall not exceed the highest amount which could be awarded against either the contracting carrier or the actual carrier under this Convention, but none of the persons mentioned shall be liable for a sum in excess of the limit applicable to that person.

제44조 손해배상총액

실제운송인이 수행한 운송과 관련하여, 실제운송인과 계약운송인, 또는 자기의 고용업무의 범위 내에서 행동한 고용인 및 대리인으로부터 회수가능한 배상총액은 이 협약에 따라 계약운송인 또는 실제운송인의 어느 한 쪽에 대하여 재정할 수 있는 최고액을 초과하여서는 아니된다. 그러나, 상기 언급된 자 중 누구도 그에게 적용가능한 한도를 초과하는 금액에 대하여 책임을 지지 아니한다.

Article 45 - Addressee of Claims

In relation to the carriage performed by the actual carrier, an action for damages may be brought, at the option of the plaintiff, against that carrier or the contracting carrier, or against both together or separately. If the action is brought against only one of those carriers, that carrier shall have the right to require the other carrier to be joined in the proceedings, the procedure and effects being governed by the law of the court seized of the case.

제45조 피청구자

실제운송인이 수행한 운송과 관련하여, 손해에 관한 소송은 원고의 선택에 따라 실제운송인 또는 계약운송인에 대하여 공동 또는 개별적으로 제기될 수 있다. 소송이 이들 운송인 중 하나에 한하여 제기된 때에는 동 운송인은 다른 운송인에게 소송절차에 참가할 것을 요구할 권리를 가지며, 그 절차와 효과는 소송이 계류되어 있는 법원의 법률에 따른다.

Article 46 - Additional Jurisdiction

Any action for damages contemplated in Article 45 must be brought, at the option of the plaintiff, in the territory of one of the States Parties, either before a court in which an action may be brought against the contracting carrier, as provided in Article 33, or before the court having jurisdiction at the place where the actual carrier has its domicile or its principal place of business.

제46조 추가재판관할권

제45조에 예정된 손해에 대한 소송은 원고의 선택에 따라 이 협약 제33조에 규정된 바에 따라 당사국 중 하나의 영역 내에서 계약운송인에 대한 소송이 제기될 수 있는 법원 또는 실제운송인의 주소지나 주된 영업소 소재지에 대하여 관할권을 가지는 법원에 제기되어야 한다.

Article 47 - Invalidity of Contractual Provisions

Any contractual provision tending to relieve the contracting carrier or the actual carrier of liability under this Chapter or to fix a lower limit than that which is applicable according to this Chapter shall be null and void, but the nullity of any such provision does not involve the nullity of the whole contract, which shall remain subject to the provisions of this Chapter.

제47조 계약조항의 무효

본장에 따른 계약운송인 또는 실제운송인의 책임을 경감하거나 또는 본장에 따라 적용가능한 한도보다 낮은 한도를 정하는 것은 무효로 한다. 그러나, 그러한 조항의 무효는 계약 전체를 무효로 하는 것은 아니며 계약은 이 협약의 조항에 따른다.

Article 48 - Mutual Relations of Contracting and Actual Carriers

Except as provided in Article 45, nothing in this Chapter shall affect the rights and obligations of the carriers between themselves, including any right of recourse or indemnification.

제48조 계약운송인 및 실제운송인의 상호관계

제45조에 규정된 경우를 제외하고는 본장의 여하한 규정도 여하한 구상권 또는 손실보상 청구권을 포함하는, 계약운송인 또는 실제운송인 간 운송인의 권리 및 의무에 영향을 미치지 아니한다.

Chapter VI Other Provisions

Article 49 - Mandatory Application

Any clause contained in the contract of carriage and all special agreements entered into before the damage occurred by which the parties purport to infringe the rules laid down by this Convention, whether by deciding the law to be applied, or by altering the rules as to jurisdiction, shall be null and void.

Article 50 - Insurance

States Parties shall require their carriers to maintain adequate insurance covering their liability under this Convention. A carrier may be required by the State Party into which it operates to furnish evidence that it maintains adequate insurance covering its liability under this Convention.

Article 51 - Carriage Performed in Extraordinary Circumstances

The provisions of Articles 3 to 5, 7 and 8 relating to the documentation of carriage shall not apply in the case of carriage performed in extraordinary circumstances outside the normal scope of a carrier's business.

Article 52 - Definition of Days

The expression "days" when used in this Convention means calendar days, not working days.

Chapter VII Final Clauses

Article 53 - Signature, Ratification and Entry into Force

1. This Convention shall be open for signature in Montreal on 28 May 1999 by States

제6장 기타 규정

제49조 강제적용

적용될 법을 결정하거나 관할권에 관한 규칙을 변경함으로써 이 협약에 규정된 규칙을 침해할 의도를 가진 당사자에 의하여 손해가 발생되기 전에 발효한 운송계약과 모든 특별합의에 포함된 조항은 무효로 한다.

제50조 보 험

당사국은 이 협약에 따른 손해배상책임을 담보하는 적절한 보험을 유지하도록 운송인에게 요구한다. 운송인은 취항지국으로부터 이 협약에 따른 손해배상책임을 담보하는 보험을 유지하고 있음을 증명하는 자료를 요구받을 수 있다.

제51조 비정상적인 상황하에서의 운송

운송증권과 관련된 제3조 내지 제5조 · 제7조 및 제8조의 규정은 운송인의 정상적인 사업범위를 벗어난 비정상적인 상황에는 적용되지 아니한다.

제52조 일의 정의

이 협약에서 사용되는 '일(日)'이라 함은 영업일(營業日)이 아닌 역일(曆日)을 말한다.

제7장 최종 조항

제53조 서명 · 비준 및 발효

1. 이 협약은 1999년 5월 10일부터 28일까지 몬트리올에서 개최된 항공법에 관한 국제회

participating in the International Conference on Air Law held at Montreal from 10 to 28 May 1999. After 28 May 1999, the Convention shall be open to all States for signature at the headquarters of the International Civil Aviation Organization in Montreal until it enters into force in accordance with paragraph 6 of this Article.

의에 참가한 국가의 서명을 위하여 1999년 5월 28일 개방된다. 1999년 5월 28일 이후에는 본조 제6항에 따라 이 협약이 발효하기 전까지 국제민간항공기구 본부에서 서명을 위하여 모든 국가에 개방된다.

2. This Convention shall similarly be open for signature by Regional Economic Integration Organisations. For the purpose of this Convention, a "Regional Economic Integration Organisation" means any organisation which is constituted by sovereign States of a given region which has competence in respect of certain matters governed by this Convention and has been duly authorized to sign and to ratify, accept, approve or accede to this Convention. A reference to a "State Party" or "States Parties" in this Convention, otherwise than in paragraph 2 of Article 1, paragraph 1(b) of Article 3, paragraph (b) of Article 5, Articles 23, 33, 46 and paragraph (b) of Article 57, applies equally to a Regional Economic Integration Organisation. For the purpose of Article 24, the references to "a majority of the States Parties" and "one-third of the States Parties" shall not apply to a Regional Economic Integration Organisation.

2. 이 협약은 지역경제통합기구의 서명을 위하여 동일하게 개방된다. 이 협약의 목적상, '지역경제통합기구'라 함은 이 협약이 규율하는 특정 문제에 관하여 권한을 가진, 일정 지역의 주권국가로 구성된 기구이며, 이 협약의 서명 · 비준 · 수락 · 승인 및 가입을 위한 정당한 권한을 가진 기구를 말한다. 이 협약상의 '당사국'이란 용어는 제1조 제2항 · 제3조 제1항 나목 · 제5조 나목 · 제23조 · 제33조 · 제46조 및 제57조 나목을 제외하고, 지역경제통합기구에도 동일하게 적용된다. 제24조의 목적상, '당사국의 과반수' 및 '당사국의 3분의 1'이란 용어는 지역경제통합기구에는 적용되지 아니한다.

3. This Convention shall be subject to ratification by States and by Regional Economic Integration Organisations which have signed it.

3. 이 협약은 서명한 당사국 및 지역경제통합기구의 비준을 받는다.

4. Any State or Regional Economic Integration Organisation which does not sign this Convention may accept, approve or accede to it at any time.

4. 이 협약에 서명하지 아니한 국가 및 지역경제통합기구는 언제라도 이를 수락 · 승인하거나 또는 이에 가입할 수 있다.

5. Instruments of ratification, acceptance, approval or accession shall be deposited with the International Civil Aviation Organization, which is hereby designated the Depositary.

5. 비준서 · 수락서 · 승인서 또는 가입서는 국제민간항공기구 사무총장에게 기탁된다. 국제민간항공기구 사무총장은 이 협약의 수탁자가 된다.

6. This Convention shall enter into force on the sixtieth day following the date of deposit of the thirtieth instrument of ratification, acceptance, approval or accession with the Depositary between the States which have deposited such instrument. An instrument deposited by a Regional Economic Integration Organisation shall not be counted for the purpose of this paragraph.

6. 이 협약은 30번째 비준서, 수락서, 승인서 및 가입서가 기탁된 날로부터 60일이 되는 날 기탁한 국가 간에 발효한다. 지역경제통합기구가 기탁한 문서는 본항의 목적상 산입되지 아니한다.

7. For other States and for other Regional Economic Integration Organisations, this Convention shall take effect sixty days following the date of deposit of the instrument of ratification, acceptance, approval or accession.

7. 다른 국가 및 지역경제통합기관에 대하여 이 협약은 비준서 · 수락서 · 승인서 및 가입서가 기탁된 날로부터 60일이 경과하면 효력을 발생한다.

8. The Depositary shall promptly notify all signatories and States Parties of:

(a) each signature of this Convention and date thereof;

(b) each deposit of an instrument of ratification, acceptance, approval or accession and date thereof;

(c) the date of entry into force of this Convention;

(d) the date of the coming into force of any revision of the limits of liability established under this Convention;

(e) any denunciation under Article 54.

8. 수탁자는 아래의 내용을 모든 당사국에 지체없이 통고한다.

가. 이 협약의 서명자 및 서명일

나. 비준서 · 수락서 · 승인서 및 가입서의 제출 및 제출일

다. 이 협약의 발효일

라. 이 협약이 정한 배상책임한도의 수정의 효력발생일

마. 제54조에 따른 폐기 통고

Article 54 - Denunciation

1. Any State Party may denounce this Convention by written notification to the Depositary.

2. Denunciation shall take effect one hundred and eighty days following the date on which notification is received by the Depositary.

제54조 폐　기

1. 모든 당사국은 수탁자에 대한 서면통고로써 이 협약을 폐기할 수 있다.

2. 폐기에 관한 통고는 수탁자에게 접수된 날로부터 180일 경과후 효력을 갖는다.

Article 55 - Relationship with other Warsaw Convention Instruments

This Convention shall prevail over any rules which apply to international carriage by air:

1. between States Parties to this Convention by virtue of those States commonly being Party to

(a) the Convention for the Unification of Certain Rules relating to International Carriage by Air signed at Warsaw on 12 October 1929 (hereinafter called the Warsaw Convention);

(b) the Protocol to amend the Convention for the Unification of Certain Rules relating to International Carriage by Air signed at Warsaw on 12 October 1929, done at The Hague on 28 September 1955(hereinafter called The Hague Protocol);

(c) the Convention, Supplementary to the Warsaw Convention, for the Unification of Certain Rules relating to International Carriage by Air Performed by a Person other than the Contracting Carrier, signed at Guadalajara on 18 September 1961 (hereinafter called the Guadalajara Convention);

(d) the Protocol to amend the Convention for the Unification of Certain Rules relating to International Carriage by Air signed at Warsaw on 12 October 1929 as amended by the Protocol done at The Hague on 28 September 1955, signed at Guatemala City on 8 March 1971 (hereinafter called the Guatemala City Protocol);

(e) Additional Protocol Nos. 1 to 3 and Montreal Protocol No. 4 to amend the Warsaw Convention as amended by The Hague Protocol or the Warsaw Convention as amended by both The Hague Protocol and the Guatemala City

제55조 기타 바르샤바 협약문서와의 관계

1. 이 협약은 아래 협약들의 당사국인 이 협약의 당사국 간에 국제항공운송에 적용되는 모든 규칙에 우선하여 적용된다.

가. 1929년 10월 12일 바르샤바에서 서명된 '국제항공운송에 있어서의 일부 규칙의 통일에 관한 협약'(이하 바르샤바 협약이라 부른다.)

나. 1955년 9월 28일 헤이그에서 작성된 '1929년 10월 12일 바르샤바에서 서명된 국제항공운송에 있어서의 일부 규칙의 통일에 관한 협약의 개정의정서' (이하 헤이그의정서라 부른다.)

다. 1961년 9월 18일 과달라하라에서 서명된 '계약운송인을 제외한 자에 의하여 수행된 국제항공운송에 있어서의 일부 규칙의 통일을 위한 협약'(이하 과달라하라협약이라 부른다.)

라. 1971년 3월 8일 과테말라시티에서 서명된 '1955년 9월 28일 헤이그에서 작성된 의정서에 의하여 개정된, 1929년 10월 12일 바르샤바에서 서명된 국제항공운송에 있어서의 일부 규칙의 통일에 관한 협약의 개정의정서'(이하 과테말라시티의정서라 부른다.)

마. 1975년 9월 25일 몬트리올에서 서명된 '헤이그의정서와 과테말라시티의정서 또는 헤이그의정서에 의하여 개정된 바르샤바협약을 개정하는 몬트리올 제1.2.3.4. 추가의정서'(이하 몬트리올 의정서라 부른다.)

Protocol, signed at Montreal on 25 September 1975 (hereinafter called the Montreal Protocols); or

2. within the territory of any single State Party to this Convention by virtue of that State being Party to one or more of the instruments referred to in sub-paragraphs (a) to (e) above.

2. 이 협약은 상기 가목 내지 마목의 협약 중 하나 이상의 당사국인 이 협약의 단일당사국 영역 내에서 적용된다.

Article 56 - States with more than one System of Law

1. If a State has two or more territorial units in which different systems of law are applicable in relation to matters dealt with in this Convention, it may at the time of signature, ratification, acceptance, approval or accession declare that this Convention shall extend to all its territorial units or only to one or more of them and may modify this declaration by submitting another declaration at any time.

2. Any such declaration shall be notified to the Depositary and shall state expressly the territorial units to which the Convention applies.

3. In relation to a State Party which has made such a declaration:

(a) references in Article 23 to "national currency" shall be construed as referring to the currency of the relevant territorial unit of that State; and

(b) the reference in Article 28 to "national law" shall be construed as referring to the law of the relevant territorial unit of that State.

第56조 하나 이상의 법체계를 가진 국가

1. 이 협약에서 다루는 사안과 관련하여 서로 상이한 법체계가 적용되는 둘 이상의 영역단위를 가지는 국가는 이 협약의 서명 · 비준 · 수락 · 승인 및 가입시 이 협약이 모든 영역에 적용되는지 또는 그중 하나 또는 그 이상의 지역에 미치는가를 선언한다. 이는 언제든지 다른 선언을 제출함으로써 변경할 수 있다.

2. 그러한 선언은 수탁자에게 통고되어야 하며, 이 협약이 적용되는 영역단위에 대하여 명시적으로 진술하여야 한다.

3. 그러한 선언을 행한 당사국과 관련하여,

가. 제23조상 '국내통화'라는 용어는 당사국의 관련 영역단위의 통화를 의미하는 것으로 해석된다.

나. 제28조상 '국내법'이라는 용어는 당사국의 관련 영역단위의 법을 의미하는 것으로 해석된다.

Article 57 - Reservations

No reservation may be made to this Convention except that a State Party may at any time declare by a notification addressed to the Depositary that this Convention shall not apply to:

第57조 유 보

이 협약은 유보될 수 없다. 그러나 당사국이 아래의 내용에 대하여 이 협약이 적용되지 않음을 수탁자에 대한 통고로서 선언한 경우에는 그러하지 아니하다.

(a) international carriage by air performed and operated directly by that State Party for non-commercial purposes in respect to its functions and duties as a sovereign State; and/or

(b) the carriage of persons, cargo and baggage for its military authorities on aircraft registered in or leased by that State Party, the whole capacity of which has been reserved by or on behalf of such authorities.

가. 주권국가로서의 기능과 의무에 관하여 비상업적 목적을 위하여 당사국이 직접 수행하거나 운영하는 국제운송

나. 당사국에 등록된 항공기 또는 당사국이 임대한 항공기로서 군당국을 위한 승객·화물 및 수하물의 운송. 그러한 권한전체는 상기 당국에 의하여 또는 상기 당국을 대신하여 보유된다.

IN WITNESS WHEREOF the undersigned Plenipotentiaries, having been duly authorized, have signed this Convention.

이상의 증거로서 아래 전권대표는 정당하게 권한을 위임받아 이 협약에 서명하였다.

DONE at Montreal on the 28th day of May of the year one thousand nine hundred and ninety-nine in the English, Arabic, Chinese, French, Russian and Spanish languages, all texts being equally authentic. This Convention shall remain deposited in the archives of the International Civil Aviation Organization, and certified copies thereof shall be transmitted by the Depositary to all States Parties to this Convention, as well as to all States Parties to the Warsaw Convention, The Hague Protocol, the Guadalajara Convention, the Guatemala City Protocol and the Montreal Protocols.

이 협약은 1999년 5월 28일 몬트리올에서 영어·아랍어·중국어·프랑스어·러시아어 및 서반아어로 작성되었으며, 동등하게 정본이다. 이 협약은 국제민간항공기구 문서보관소에 기탁되며, 수탁자는 인증등본은 바르샤바협약·헤이그의정서·과달라하라협약·과테말라시티의정서 및 몬트리올 추가의정서의 당사국과 이 협약의 모든 당사국에 송부한다.

ICC 신용장 통일규칙
Uniform Customs and Practice for Documentary Credits—ICC Publication No. 600(2007)

Article 1 Application of UCP

The Uniform Customs and Practice for Documentary Credits, 2007 Revision, ICC Publication no. 600 ("UCP") are rules that apply to any documentary credit ("credit") (including, to the extent to which they may be applicable, any standby letter of credit) when the text of the credit expressly indicates that it is subject to these rules. They are binding on all parties thereto unless expressly modified or excluded by the credit.

Article 2 Definitions

For the purpose of these rules:

Advising bank means the bank that advises the credit at the request of the issuing bank.

Applicant means the party on whose request the credit is issued.

Banking day means a day on which a bank is regularly open at the place at which an act subject to these rules is to be performed.

Beneficiary means the party in whose favour a credit is issued.

Complying presentation means a presentation that is in accordance with the terms and conditions of the credit, the applicable provisions of these rules and international standard banking practice.

Confirmation means a definite undertaking of the confirming bank, in addition to that of the issuing bank, to honour or negotiate a complying presentation.

Confirming bank means the bank that adds its confirmation to a credit upon the issuing bank's authorization or request.

Credit means any arrangement, however named or described, that is irrevocable and thereby constitutes a definite undertaking of the issuing bank to honour a complying presentation.

Honour means:

a. to pay at sight if the credit is available by sight payment.

b. to incur a deferred payment undertaking and pay at maturity if the credit is available by deferred payment.

c. to accept a bill of exchange ("draft") drawn by the beneficiary and pay at maturity if the credit is available by acceptance.

Issuing bank means the bank that issues a credit at the request of an applicant or on its own behalf.

Negotiation means the purchase by the nominated bank of drafts (drawn on a bank other than

the nominated bank) and/or documents under a complying presentation, by advancing or agreeing to advance funds to the beneficiary on or before the banking day on which reimbursement is due to the nominated bank.
Nominated bank means the bank with which the credit is available or any bank in the case of a credit available with any bank.
Presentation means either the delivery of documents under a credit to the issuing bank or nominated bank or the documents so delivered.
Presenter means a beneficiary, bank or other party that makes a presentation.

Article 3 Interpretations

For the purpose of these rules:
Where applicable, words in the singular include the plural and in the plural include the singular.
A credit is irrevocable even if there is no indication to that effect.
A document may be signed by handwriting, facsimile signature, perforated signature, stamp, symbol or any other mechanical or electronic method of authentication.
A requirement for a document to be legalized, visaed, certified or similar will be satisfied by any signature, mark, stamp or label on the document which appears to satisfy that requirement.
Branches of a bank in different countries are considered to be separate banks.
Terms such as "first class", "well known", "qualified", "independent", "official", "competent" or "local" used to describe the issuer of a document allow any issuer except the beneficiary to issue that document.
Unless required to be used in a document, words such as "prompt", "immediately" or "as soon as possible" will be disregarded.
The expression "on or about" or similar will be interpreted as a stipulation that an event is to occur during a period of five calendar days before until five calendar days after the specified date, both start and end dates included.
The words "to", "until", "till", "from" and "between" when used to determine a period of shipment include the date or dates mentioned, and the words "before" and "after" exclude the date mentioned.
The words "from" and "after" when used to determine a maturity date exclude the date mentioned.
The terms "first half" and "second half" of a month shall be construed respectively as the 1st to the 15th and the 16th to the last day of the month, all dates inclusive.
The terms "beginning", "middle" and "end" of a month shall be construed respectively as the 1st to the 10th, the 11th to the 20th and the 21st to the last day of the month, all dates inclusive.

Article 4 Credits v. Contracts

a. A credit by its nature is a separate transaction from the sale or other contract on which it may be based. Banks are in no way concerned with or bound by such contract, even if any reference whatsoever to it is included in the credit. Consequently, the undertaking of a bank to honour, to negotiate or to fulfil any other obligation under the credit is not subject to claims or defences by the applicant resulting from its relationships with the issuing bank or the beneficiary.

A beneficiary can in no case avail itself of the contractual relationships existing between banks or between the applicant and the issuing bank.

b. An issuing bank should discourage any attempt by the applicant to include, as an integral part of the credit, copies of the underlying contract, proforma invoice and the like.

Article 5 Documents v. Goods, Services or Performance

Banks deal with documents and not with goods, services or performance to which the documents may relate.

Article 6 Availability, Expiry Date and Place for Presentation

a. A credit must state the bank with which it is available or whether it is available with any bank.

A credit available with a nominated bank is also available with the issuing bank.

b. A credit must state whether it is available by sight payment, deferred payment, acceptance or negotiation.

c. A credit must not be issued available by a draft drawn on the applicant.

d. i. A credit must state an expiry date for presentation. An expiry date stated for honour or negotiation will be deemed to be an expiry date for presentation.

ii. The place of the bank with which the credit is available is the place for presentation. The place for presentation under a credit available with any bank is that of any bank. A place for presentation other than that of the issuing bank is in addition to the place of the issuing bank.

e. Except as provided in sub-article 29 (a), a presentation by or on behalf of the beneficiary must be made on or before the expiry date.

Article 7 Issuing Bank Undertaking

a. Provided that the stipulated documents are presented to the nominated bank or to the issuing bank and that they constitute a complying presentation, the issuing bank must honour if the credit is available by:

i. sight payment, deferred payment or acceptance with the issuing bank;

ii. sight payment with a nominated bank and that nominated bank does not pay;

iii. deferred payment with a nominated bank and that nominated bank does not incur its deferred payment undertaking or, having incurred its deferred payment undertaking, does not pay at maturity;

iv. acceptance with a nominated bank and that nominated bank does not accept a draft drawn on it or, having accepted a draft drawn on it, does not pay at maturity;

v. negotiation with a nominated bank and that nominated bank does not negotiate.

b. An issuing bank is irrevocably bound to honour as of the time it issues the credit.

c. An issuing bank undertakes to reimburse a nominated bank that has honoured or negotiated a complying presentation and forwarded the documents to the issuing bank. Reimbursement for the amount of a complying presentation under a credit available by acceptance or deferred payment is due at maturity, whether or not the nominated bank prepaid or purchased before maturity. An issuing bank's undertaking to reimburse a nominated bank is independent of the issuing bank's undertaking to the beneficiary.

Article 8 Confirming Bank Undertaking

a. Provided that the stipulated documents are presented to the confirming bank or to any other nominated bank and that they constitute a complying presentation, the confirming bank must:

i. honour, if the credit is available by

a) sight payment, deferred payment or acceptance with the confirming bank;

b) sight payment with another nominated bank and that nominated bank does not pay;

c) deferred payment with another nominated bank and that nominated bank does not incur its deferred payment undertaking or, having incurred its deferred payment undertaking, does not pay at maturity;

d) acceptance with another nominated bank and that nominated bank does not accept a draft drawn on it or, having accepted a draft drawn on it, does not pay at maturity;

e) negotiation with another nominated bank and that nominated bank does not negotiate.

ii. negotiate, without recourse, if the credit is available by negotiation with the confirming bank.

b. A confirming bank is irrevocably bound to honour or negotiate as of the time it adds its confirmation to the credit.

c. A confirming bank undertakes to reimburse another nominated bank that has honoured or negotiated a complying presentation and forwarded the documents to the confirming bank. Reimbursement for the amount of a complying presentation under a credit available by acceptance or deferred payment is due at maturity, whether or not another nominated bank prepaid or purchased before maturity. A confirming bank's undertaking to reimburse another nominated bank is independent of the confirming bank's undertaking to the beneficiary.

d. If a bank is authorized or requested by the issuing bank to confirm a credit but is not prepared to do so, it must inform the issuing bank without delay and may advise the credit without confirmation.

Article 9 Advising of Credits and Amendments

a. A credit and any amendment may be advised to a beneficiary through an advising bank. An advising bank that is not a confirming bank advises the credit and any amendment without any undertaking to honour or negotiate.

b. By advising the credit or amendment, the advising bank signifies that it has satisfied itself as to the apparent authenticity of the credit or amendment and that the advice accurately reflects the terms and conditions of the credit or amendment received.

c. An advising bank may utilize the services of another bank ("second advising bank") to advise the credit and any amendment to the beneficiary. By advising the credit or amendment, the second advising bank signifies that it has satisfied itself as to the apparent authenticity of the advice it has received and that the advice accurately reflects the terms and conditions of the credit or amendment received.

d. A bank utilizing the services of an advising bank or second advising bank to advise a credit must use the same bank to advise any amendment thereto.

e. If a bank is requested to advise a credit or amendment but elects not to do so, it must so inform, without delay, the bank from which the credit, amendment or advice has been received.

f. If a bank is requested to advise a credit or amendment but cannot satisfy itself as to the apparent authenticity of the credit, the amendment or the advice, it must so inform, without delay, the bank from which the instructions appear to have been received. If the advising bank or second advising bank elects nonetheless to advise the credit or amendment, it must inform the beneficiary or second advising bank that it has not been able to satisfy itself as to the apparent authenticity of the credit, the amendment or the advice.

Article 10 Amendments

a. Except as otherwise provided by article 38, a credit can neither be amended nor cancelled without the agreement of the issuing bank, the confirming bank, if any, and the beneficiary.

b. An issuing bank is irrevocably bound by an amendment as of the time it issues the amendment. A confirming bank may extend its confirmation to an amendment and will be irrevocably bound as of the time it advises the amendment. A confirming bank may, however, choose to advise an amendment without extending its confirmation and, if so, it must inform the issuing bank without delay and inform the beneficiary in its advice.

c. The terms and conditions of the original credit (or a credit incorporating previously accepted amendments) will remain in force for the beneficiary until the beneficiary communicates its acceptance of the amendment to the bank that advised such amendment. The beneficiary should give notification of acceptance or rejection of an amendment. If the beneficiary fails to give such notification, a presentation that complies with the credit and to any not yet accepted amendment will be deemed to be notification of acceptance by the beneficiary of such amendment. As of that moment the credit will be amended.

d. A bank that advises an amendment should inform the bank from which it received the amendment of any notification of acceptance or rejection.

e. Partial acceptance of an amendment is not allowed and will be deemed to be notification of rejection of the amendment.

f. A provision in an amendment to the effect that the amendment shall enter into force unless rejected by the beneficiary within a certain time shall be disregarded.

Article 11 Teletransmitted and Pre-Advised Credits and Amendments

a. An authenticated teletransmission of a credit or amendment will be deemed to be the operative credit or amendment, and any subsequent mail confirmation shall be disregarded.

If a teletransmission states "full details to follow" (or words of similar effect), or states that the mail confirmation is to be the operative credit or amendment, then the teletransmission will not

be deemed to be the operative credit or amendment. The issuing bank must then issue the operative credit or amendment without delay in terms not inconsistent with the teletransmission.
b. A preliminary advice of the issuance of a credit or amendment ("pre-advice") shall only be sent if the issuing bank is prepared to issue the operative credit or amendment. An issuing bank that sends a pre-advice is irrevocably committed to issue the operative credit or amendment, without delay, in terms not inconsistent with the pre-advice.

Article 12 Nomination
a. Unless a nominated bank is the confirming bank, an authorization to honour or negotiate does not impose any obligation on that nominated bank to honour or negotiate, except when expressly agreed to by that nominated bank and so communicated to the beneficiary.
b. By nominating a bank to accept a draft or incur a deferred payment undertaking, an issuing bank authorizes that nominated bank to prepay or purchase a draft accepted or a deferred payment undertaking incurred by that nominated bank.
c. Receipt or examination and forwarding of documents by a nominated bank that is not a confirming bank does not make that nominated bank liable to honour or negotiate, nor does it constitute honour or negotiation.

Article 13 Bank-to-Bank Reimbursement Arrangements
a. If a credit states that reimbursement is to be obtained by a nominated bank ("claiming bank") claiming on another party ("reimbursing bank"), the credit must state if the reimbursement is subject to the ICC rules for bank-to-bank reimbursements in effect on the date of issuance of the credit.
b. If a credit does not state that reimbursement is subject to the ICC rules for bank-to-bank reimbursements, the following apply:
  i. An issuing bank must provide a reimbursing bank with a reimbursement authorization that conforms with the availability stated in the credit. The reimbursement authorization should not be subject to an expiry date.
  ii. A claiming bank shall not be required to supply a reimbursing bank with a certificate of compliance with the terms and conditions of the credit.
  iii. An issuing bank will be responsible for any loss of interest, together with any expenses incurred, if reimbursement is not provided on first demand by a reimbursing bank in accordance with the terms and conditions of the credit.
  iv. A reimbursing bank's charges are for the account of the issuing bank. However, if the charges are for the account of the beneficiary, it is the responsibility of an issuing bank to so indicate in the credit and in the reimbursement authorization. If a reimbursing bank's charges are for the account of the beneficiary, they shall be deducted from the amount due to a claiming bank when reimbursement is made. If no reimbursement is made, the reimbursing bank's charges remain the obligation of the issuing bank.
c. An issuing bank is not relieved of any of its obligations to provide reimbursement if

reimbursement is not made by a reimbursing bank on first demand.

Article 14 Standard for Examination of Documents

a. A nominated bank acting on its nomination, a confirming bank, if any, and the issuing bank must examine a presentation to determine, on the basis of the documents alone, whether or not the documents appear on their face to constitute a complying presentation.

b. A nominated bank acting on its nomination, a confirming bank, if any, and the issuing bank shall each have a maximum of five banking days following the day of presentation to determine if a presentation is complying. This period is not curtailed or otherwise affected by the occurrence on or after the date of presentation of any expiry date or last day for presentation.

c. A presentation including one or more original transport documents subject to articles 19, 20, 21, 22, 23, 24 or 25 must be made by or on behalf of the beneficiary not later than 21 calendar days after the date of shipment as described in these rules, but in any event not later than the expiry date of the credit.

d. Data in a document, when read in context with the credit, the document itself and international standard banking practice, need not be identical to, but must not conflict with, data in that document, any other stipulated document or the credit.

e. In documents other than the commercial invoice, the description of the goods, services or performance, if stated, may be in general terms not conflicting with their description in the credit.

f. If a credit requires presentation of a document other than a transport document, insurance document or commercial invoice, without stipulating by whom the document is to be issued or its data content, banks will accept the document as presented if its content appears to fulfil the function of the required document and otherwise complies with sub-article 14 (d).

g. A document presented but not required by the credit will be disregarded and may be returned to the presenter.

h. If a credit contains a condition without stipulating the document to indicate compliance with the condition, banks will deem such condition as not stated and will disregard it.

i. A document may be dated prior to the issuance date of the credit, but must not be dated later than its date of presentation.

j. When the addresses of the beneficiary and the applicant appear in any stipulated document, they need not be the same as those stated in the credit or in any other stipulated document, but must be within the same country as the respective addresses mentioned in the credit. Contact details (telefax, telephone, email and the like) stated as part of the beneficiary's and the applicant's address will be disregarded. However, when the address and contact details of the applicant appear as part of the consignee or notify party details on a transport document subject to articles 19, 20, 21, 22, 23, 24 or 25, they must be as stated in the credit.

k. The shipper or consignor of the goods indicated on any document need not be the beneficiary of the credit.

l. A transport document may be issued by any party other than a carrier, owner, master or charterer provided that the transport document meets the requirements of articles 19, 20, 21, 22, 23 or 24 of these rules.

Article 15 Complying Presentation

a. When an issuing bank determines that a presentation is complying, it must honour.

b. When a confirming bank determines that a presentation is complying, it must honour or negotiate and forward the documents to the issuing bank.

c. When a nominated bank determines that a presentation is complying and honours or negotiates, it must forward the documents to the confirming bank or issuing bank.

Article 16 Discrepant Documents, Waiver and Notice

a. When a nominated bank acting on its nomination, a confirming bank, if any, or the issuing bank determines that a presentation does not comply, it may refuse to honour or negotiate.

b. When an issuing bank determines that a presentation does not comply, it may in its sole judgement approach the applicant for a waiver of the discrepancies. This does not, however, extend the period mentioned in sub-article 14 (b).

c. When a nominated bank acting on its nomination, a confirming bank, if any, or the issuing bank decides to refuse to honour or negotiate, it must give a single notice to that effect to the presenter.

The notice must state:

i. that the bank is refusing to honour or negotiate; and

ii. each discrepancy in respect of which the bank refuses to honour or negotiate; and

iii. a) that the bank is holding the documents pending further instructions from the presenter; or

b) that the issuing bank is holding the documents until it receives a waiver from the applicant and agrees to accept it, or receives further instructions from the presenter prior to agreeing to accept a waiver; or

c) that the bank is returning the documents; or

d) that the bank is acting in accordance with instructions previously received from the presenter.

d. The notice required in sub-article 16 (c) must be given by telecommunication or, if that is not possible, by other expeditious means no later than the close of the fifth banking day following the day of presentation.

e. A nominated bank acting on its nomination, a confirming bank, if any, or the issuing bank may, after providing notice required by sub-article 16 (c) (iii) (a) or (b), return the documents to the presenter at any time.

f. If an issuing bank or a confirming bank fails to act in accordance with the provisions of this article, it shall be precluded from claiming that the documents do not constitute a complying presentation.

g. When an issuing bank refuses to honour or a confirming bank refuses to honour or negotiate and has given notice to that effect in accordance with this article, it shall then be entitled to claim a refund, with interest, of any reimbursement made.

Article 17 Original Documents and Copies

a. At least one original of each document stipulated in the credit must be presented.

b. A bank shall treat as an original any document bearing an apparently original signature, mark, stamp, or label of the issuer of the document, unless the document itself indicates that it is not an original.

c. Unless a document indicates otherwise, a bank will also accept a document as original if it:

i. appears to be written, typed, perforated or stamped by the document issuer's hand; or

ii. appears to be on the document issuer's original stationery; or

iii. states that it is original, unless the statement appears not to apply to the document presented.

d. If a credit requires presentation of copies of documents, presentation of either originals or copies is permitted.

e. If a credit requires presentation of multiple documents by using terms such as "in duplicate", "in two fold" or "in two copies", this will be satisfied by the presentation of at least one original and the remaining number in copies, except when the document itself indicates otherwise.

Article 18 Commercial Invoice

a. A commercial invoice:

i. must appear to have been issued by the beneficiary (except as provided in article 38);

ii. must be made out in the name of the applicant (except as provided in sub-article 38 (g));

iii. must be made out in the same currency as the credit; and

iv. need not be signed.

b. A nominated bank acting on its nomination, a confirming bank, if any, or the issuing bank may accept a commercial invoice issued for an amount in excess of the amount permitted by the credit, and its decision will be binding upon all parties, provided the bank in question has not honoured or negotiated for an amount in excess of that permitted by the credit.

c. The description of the goods, services or performance in a commercial invoice must correspond with that appearing in the credit.

Article 19 Transport Document Covering at Least Two Different Modes of Transport

a. A transport document covering at least two different modes of transport (multimodal or combined transport document), however named, must appear to:

i. indicate the name of the carrier and be signed by:

the carrier or a named agent for or on behalf of the carrier, or

the master or a named agent for or on behalf of the master.

Any signature by the carrier, master or agent must be identified as that of the carrier, master or agent.

Any signature by an agent must indicate whether the agent has signed for or on behalf of the carrier or for or on behalf of the master.

ii. indicate that the goods have been dispatched, taken in charge or shipped place stated in the credit, by:

pre-printed wording, or

a stamp or notation indicating the date on which the goods have been dispatched, taken in charge or shipped on board.

The date of issuance of the transport document will be deemed to be the date of dispatch, taking in charge or shipped on board, and the date of shipment. However, if the transport document indicates, by stamp or notation, a date of dispatch, taking in charge or shipped on board, this date will be deemed to be the date of shipment.

iii. indicate the place of dispatch, taking in charge or shipment and the place of final destination stated in the credit, even if:

a) the transport document states, in addition, a different place of dispatch, taking in charge or shipment or place of final destination, or

b) the transport document contains the indication "intended" or similar qualification in relation to the vessel, port of loading or port of discharge.

iv. be the sole original transport document or, if issued in more than one original, be the full set as indicated on the transport document.

v. contain terms and conditions of carriage or make reference to another source containing the terms and conditions of carriage (short form or blank back transport document). Contents of terms and conditions of carriage will not be examined.

vi. contain no indication that it is subject to a charter party.

b. For the purpose of this article, transhipment means unloading from one means of conveyance and reloading to another means of conveyance (whether or not in different modes of transport) during the carriage from the place of dispatch, taking in charge or shipment to the place of final destination stated in the credit.

c. i. A transport document may indicate that the goods will or may be transhipped provided that the entire carriage is covered by one and the same transport document.

ii. A transport document indicating that transhipment will or may take place is acceptable, even if the credit prohibits transhipment.

Article 20 Bill of Lading

a. A bill of lading, however named, must appear to:

i. indicate the name of the carrier and be signed by:

the carrier or a named agent for or on behalf of the carrier, or

the master or a named agent for or on behalf of the master.

Any signature by the carrier, master or agent must be identified as that of the carrier, master or agent.

Any signature by an agent must indicate whether the agent has signed for or on behalf of the carrier or for or on behalf of the master.

ii. indicate that the goods have been shipped on board a named vessel at the port of loading stated in the credit by:

pre-printed wording, or an on board notation indicating the date on which the goods have been shipped on board.

The date of issuance of the bill of lading will be deemed to be the date of shipment unless the bill of lading contains an on board notation indicating the date of shipment, in which case the date stated in the on board notation will be deemed to be the date of shipment.

If the bill of lading contains the indication "intended vessel" or similar qualification in relation to the name of the vessel, an on board notation indicating the date of shipment and the name of the actual vessel is required.

iii. indicate shipment from the port of loading to the port of discharge stated in the credit.

If the bill of lading does not indicate the port of loading stated in the credit as the port of loading, or if it contains the indication "intended" or similar qualification in relation to the port of loading, an on board notation indicating the port of loading as stated in the credit, the date of shipment and the name of the vessel is required. This provision applies even when loading on board or shipment on a named vessel is indicated by pre- printed wording on the bill of lading.

iv. be the sole original bill of lading or, if issued in more than one original, be the full set as indicated on the bill of lading.

v. contain terms and conditions of carriage or make reference to another source containing the terms and conditions of carriage (short form or blank back bill of lading). Contents of terms and conditions of carriage will not be examined.

vi. contain no indication that it is subject to a charter party.

b. For the purpose of this article, transhipment means unloading from one vessel and reloading to another vessel during the carriage from the port of loading to the port of discharge stated in the credit.

c. i. A bill of lading may indicate that the goods will or may be transshipped provided that the entire carriage is covered by one and the same bill of lading.

ii. A bill of lading indicating that transhipment will or may take place is acceptable, even if the credit prohibits transhipment, if the goods have been shipped in a container, trailer or LASH barge as evidenced by the bill of lading.

d. Clauses in a bill of lading stating that the carrier reserves the right to tranship will be disregarded.

Article 21 Non-Negotiable Sea Waybill

a. A non-negotiable sea waybill, however named, must appear to:

i. indicate the name of the carrier and be signed by:

- the carrier or a named agent for or on behalf of the carrier, or
- the master or a named agent for or on behalf of the master.

Any signature by the carrier, master or agent must be identified as that of the carrier, master or agent.

Any signature by an agent must indicate whether the agent has signed for or on behalf of the carrier or for or on behalf of the master.

ii. indicate that the goods have been shipped on board a named vessel at the port of loading stated in the credit by:

pre-printed wording, or

an on board notation indicating the date on which the goods have been shipped on board.

The date of issuance of the non-negotiable sea waybill will be deemed to be the date of shipment unless the non-negotiable sea waybill contains an on board notation indicating the date of shipment, in which case the date stated in the on board notation will be deemed to be the date of shipment.

If the non-negotiable sea waybill contains the indication "intended vessel" or similar qualification in relation to the name of the vessel, an on board notation indicating the date of shipment and the name of the actual vessel is required.

iii. indicate shipment from the port of loading to the port of discharge stated in the credit.

If the non-negotiable sea waybill does not indicate the port of loading stated in the credit as the port of loading, or if it contains the indication "intended" or similar qualification in relation to the port of loading, an on board notation indicating the port of loading as stated in the credit, the date of shipment and the name of the vessel is required. This provision applies even when loading on board or shipment on a named vessel is indicated by pre-printed wording on the non-negotiable sea waybill.

iv. be the sole original non-negotiable sea waybill or, if issued in more than one original, be the full set as indicated on the non-negotiable sea waybill.

v. contain terms and conditions of carriage or make reference to another source containing the terms and conditions of carriage (short form or blank back non-negotiable sea waybill). Contents of terms and conditions of carriage will not be examined.

vi. contain no indication that it is subject to a charter party.

b. For the purpose of this article, transhipment means unloading from one vessel and reloading to another vessel during the carriage from the port of loading to the port of discharge stated in the credit.

c. i. A non-negotiable sea waybill may indicate that the goods will or may be transhipped provided that the entire carriage is covered by one and the same non-negotiable sea waybill.

ii. A non-negotiable sea waybill indicating that transhipment will or may take place is acceptable, even if the credit prohibits transhipment, if the goods have been shipped in a container, trailer or LASH barge as evidenced by the non-negotiable sea waybill.

d. Clauses in a non-negotiable sea waybill stating that the carrier reserves the right to tranship will be disregarded.

Article 22 Charter Party Bill of Lading

a. A bill of lading, however named, containing an indication that it is subject to a charter party (charter party bill of lading), must appear to:

i. be signed by:

the master or a named agent for or on behalf of the master, or

the owner or a named agent for or on behalf of the owner, or

the charterer or a named agent for or on behalf of the charterer.

Any signature by the master, owner, charterer or agent must be identified as that of the master, owner, charterer or agent.

Any signature by an agent must indicate whether the agent has signed for or on behalf of the master, owner or charterer.

An agent signing for or on behalf of the owner or charterer must indicate the name of the owner or charterer.

ii. indicate that the goods have been shipped on board a named vessel at the port of loading stated in the credit by:

pre-printed wording, or

an on board notation indicating the date on which the goods have been shipped on board.

The date of issuance of the charter party bill of lading will be deemed to be the date of shipment unless the charter party bill of lading contains an on board notation indicating the date of shipment, in which case the date stated in the on board notation will be deemed to be the date of shipment.

iii. indicate shipment from the port of loading to the port of discharge stated in the credit. The port of discharge may also be shown as a range of ports or a geographical area, as stated in the credit.

iv. be the sole original charter party bill of lading or, if issued in more than one original, be the full set as indicated on the charter party bill of lading.

b. A bank will not examine charter party contracts, even if they are required to be presented by the terms of the credit.

Article 23 Air Transport Document

a. An air transport document, however named, must appear to:

i. indicate the name of the carrier and be signed by:

the carrier, or

a named agent for or on behalf of the carrier.

Any signature by the carrier or agent must be identified as that of the carrier or agent.

Any signature by an agent must indicate that the agent has signed for or on behalf of the carrier.

ii. indicate that the goods have been accepted for carriage.

iii. indicate the date of issuance. This date will be deemed to be the date of shipment unless the air transport document contains a specific notation of the actual date of shipment, in which case the date stated in the notation will be deemed to be the date of shipment.

Any other information appearing on the air transport document relative to the flight number and date will not be considered in determining the date of shipment.

iv. indicate the airport of departure and the airport of destination stated in the credit.

v. be the original for consignor or shipper, even if the credit stipulates a full set of originals.

vi. contain terms and conditions of carriage or make reference to another source containing the terms and conditions of carriage. Contents of terms and conditions of carriage will not be examined.

b. For the purpose of this article, transhipment means unloading from one aircraft and reloading to another aircraft during the carriage from the airport of departure to the airport of destination stated in the credit.

c. i. An air transport document may indicate that the goods will or may be transhipped, provided that the entire carriage is covered by one and the same air transport document.

ii. An air transport document indicating that transhipment will or may take place is acceptable, even if the credit prohibits transhipment.

Article 24 Road, Rail or Inland Waterway Transport Documents

a. A road, rail or inland waterway transport document, however named, must appear to:

i. indicate the name of the carrier and:

be signed by the carrier or a named agent for or on behalf of the carrier, or

indicate receipt of the goods by signature, stamp or notation by the carrier or a named agent for or on behalf of the carrier.

Any signature, stamp or notation of receipt of the goods by the carrier or agent must be identified as that of the carrier or agent.

Any signature, stamp or notation of receipt of the goods by the agent must indicate that the agent has signed or acted for or on behalf of the carrier.

If a rail transport document does not identify the carrier, any signature or stamp of the railway company will be accepted as evidence of the document being signed by the carrier.

ii. indicate the date of shipment or the date the goods have been received for shipment, dispatch or carriage at the place stated in the credit. Unless the transport document contains a dated reception stamp, an indication of the date of receipt or a date of shipment, the date of issuance of the transport document will be deemed to be the date of shipment.

iii. indicate the place of shipment and the place of destination stated in the credit.

b. i. A road transport document must appear to be the original for consignor or shipper or bear no marking indicating for whom the document has been prepared.

ii. A rail transport document marked "duplicate" will be accepted as an original.

iii. A rail or inland waterway transport document will be accepted as an original whether marked as an original or not.

c. In the absence of an indication on the transport document as to the number of originals issued, the number presented will be deemed to constitute a full set.

d. For the purpose of this article, transhipment means unloading from one means of conveyance and reloading to another means of conveyance, within the same mode of transport, during the carriage from the place of shipment, dispatch or carriage to the place of destination stated in the credit.

e. i. A road, rail or inland waterway transport document may indicate that the goods will or may be transhipped provided that the entire carriage is covered by one and the same transport document.

ii. A road, rail or inland waterway transport document indicating that transhipment will or may take place is acceptable, even if the credit prohibits transhipment.

Article 25 Courier Receipt, Post Receipt or Certificate of Posting

a. A courier receipt, however named, evidencing receipt of goods for transport, must appear to:

i. indicate the name of the courier service and be stamped or signed by the named courier service at the place from which the credit states the goods are to be shipped; and

ii. indicate a date of pick-up or of receipt or wording to this effect. This date will be deemed to be the date of shipment.

b. A requirement that courier charges are to be paid or prepaid may be satisfied by a transport document issued by a courier service evidencing that courier charges are for the account of a party other than the consignee.

c. A post receipt or certificate of posting, however named, evidencing receipt of goods for transport, must appear to be stamped or signed and dated at the place from which the credit states the goods are to be shipped. This date will be deemed to be the date of shipment.

Article 26 "On Deck", "Shipper's Load and Count", "Said by Shipper to Contain" and Charges Additional to Freight

a. A transport document must not indicate that the goods are or will be loaded on deck. A clause on a transport document stating that the goods may be loaded on deck is acceptable.

b. A transport document bearing a clause such as "shipper's load and count" and "said by shipper to contain" is acceptable.

c. A transport document may bear a reference, by stamp or otherwise, to charges additional to the freight.

Article 27 Clean Transport Document

A bank will only accept a clean transport document. A clean transport document is one bearing no clause or notation expressly declaring a defective condition of the goods or their packaging.

The word "clean" need not appear on a transport document, even if a credit has a requirement for that transport document to be "clean on board".

Article 28 Insurance Document and Coverage

a. An insurance document, such as an insurance policy, an insurance certificate or a declaration under an open cover, must appear to be issued and signed by an insurance company, an underwriter or their agents or their proxies.

Any signature by an agent or proxy must indicate whether the agent or proxy has signed for or on behalf of the insurance company or underwriter.

b. When the insurance document indicates that it has been issued in more than one original, all originals must be presented.

c. Cover notes will not be accepted.

d. An insurance policy is acceptable in lieu of an insurance certificate or a declaration under an open cover.

e. The date of the insurance document must be no later than the date of shipment, unless it appears from the insurance document that the cover is effective from a date not later than the date of shipment.

f. i. The insurance document must indicate the amount of insurance coverage and be in the same currency as the credit.

ii. A requirement in the credit for insurance coverage to be for a percentage of the value of the goods, of the invoice value or similar is deemed to be the minimum amount of coverage required.

If there is no indication in the credit of the insurance coverage required, the amount of insurance coverage must be at least 110% of the CIF or CIP value of the goods.

When the CIF or CIP value cannot be determined from the documents, the amount of insurance coverage must be calculated on the basis of the amount for which honour or negotiation is requested or the gross value of the goods as shown on the invoice, whichever is greater.

iii. The insurance document must indicate that risks are covered at least between the place of taking in charge or shipment and the place of discharge or final destination as stated in the credit.

g. A credit should state the type of insurance required and, if any, the additional risks to be covered. An insurance document will be accepted without regard to any risks that are not covered if the credit uses imprecise terms such as "usual risks" or "customary risks".

h. When a credit requires insurance against "all risks" and an insurance document is presented containing any "all risks" notation or clause, whether or not bearing the heading "all risks", the insurance document will be accepted without regard to any risks stated to be excluded.

i. An insurance document may contain reference to any exclusion clause.

j. An insurance document may indicate that the cover is subject to a franchise or excess (deductible).

Article 29 Extension of Expiry Date or Last Day for Presentation

a. If the expiry date of a credit or the last day for presentation falls on a day when the bank to which presentation is to be made is closed for reasons other than those referred to in article 36, the expiry date or the last day for presentation, as the case may be, will be extended to the first following banking day.

b. If presentation is made on the first following banking day, a nominated bank must provide the issuing bank or confirming bank with a statement on its covering schedule that the presentation was made within the time limits extended in accordance with sub-article 29 (a).

c. The latest date for shipment will not be extended as a result of sub-article 29 (a).

Article 30 Tolerance in Credit Amount, Quantity and Unit Prices

a. The words "about" or "approximately" used in connection with the amount of the credit or the quantity or the unit price stated in the credit are to be construed as allowing a tolerance not to exceed 10% more or 10% less than the amount, the quantity or the unit price to which they refer.

b. A tolerance not to exceed 5% more or 5% less than the quantity of the goods is allowed, provided the credit does not state the quantity in terms of a stipulated number of packing units or individual items and the total amount of the drawings does not exceed the amount of the credit.

c. Even when partial shipments are not allowed, a tolerance not to exceed 5% less than the amount of the credit is allowed, provided that the quantity of the goods, if stated in the credit, is shipped in full and a unit price, if stated in the credit, is not reduced or that sub-article 30 (b) is not applicable. This tolerance does not apply when the credit stipulates a specific tolerance or uses the expressions referred to in sub-article 30 (a).

Article 31 Partial Drawings or Shipments

a. Partial drawings or shipments are allowed.

b. A presentation consisting of more than one set of transport documents evidencing shipment commencing on the same means of conveyance and for the same journey, provided they indicate the same destination, will not be regarded as covering a partial shipment, even if they indicate different dates of shipment or different ports of loading, places of taking in charge or dispatch. If the presentation consists of more than one set of transport documents, the latest date of shipment as evidenced on any of the sets of transport documents will be regarded as the date of shipment.

A presentation consisting of one or more sets of transport documents evidencing shipment on more than one means of conveyance within the same mode of transport will be regarded as covering a partial shipment, even if the means of conveyance leave on the same day for the same destination.

c. A presentation consisting of more than one courier receipt, post receipt or certificate of posting will not be regarded as a partial shipment if the courier receipts, post receipts or certificates of posting appear to have been stamped or signed by the same courier or postal service at the same place and date and for the same destination.

Article 32 Instalment Drawings or Shipments

If a drawing or shipment by instalments within given periods is stipulated in the credit and any instalment is not drawn or shipped within the period allowed for that instalment, the credit ceases to be available for that and any subsequent instalment.

Article 33 Hours of Presentation

A bank has no obligation to accept a presentation outside of its banking hours.

Article 34 Disclaimer on Effectiveness of Documents

A bank assumes no liability or responsibility for the form, sufficiency, accuracy, genuineness, falsification or legal effect of any document, or for the general or particular conditions stipulated in a document or superimposed thereon; nor does it assume any liability or responsibility for the description, quantity, weight, quality, condition, packing, delivery, value or existence of the goods, services or other performance represented by any document, or for the good faith or acts or omissions, solvency, performance or standing of the consignor, the carrier, the forwarder, the consignee or the insurer of the goods or any other person.

Article 35 Disclaimer on Transmission and Translation

A bank assumes no liability or responsibility for the consequences arising out of delay, loss in transit, mutilation or other errors arising in the transmission of any messages or delivery of letters or documents, when such messages, letters or documents are transmitted or sent according to the requirements stated in the credit, or when the bank may have taken the initiative in the choice of the delivery service in the absence of such instructions in the credit.

If a nominated bank determines that a presentation is complying and forwards the documents to the issuing bank or confirming bank, whether or not the nominated bank has honoured or negotiated, an issuing bank or confirming bank must honour or negotiate, or reimburse that nominated bank, even when the documents have been lost in transit between the nominated bank and the issuing bank or confirming bank, or between the confirming bank and the issuing bank.

A bank assumes no liability or responsibility for errors in translation or interpretation of technical terms and may transmit credit terms without translating them.

Article 36 Force Majeure

A bank assumes no liability or responsibility for the consequences arising out of the interruption of its business by Acts of God, riots, civil commotions, insurrections, wars, acts of terrorism, or by any strikes or lockouts or any other causes beyond its control.

A bank will not, upon resumption of its business, honour or negotiate under a credit that expired during such interruption of its business.

Article 37 Disclaimer for Acts of an Instructed Party

a. A bank utilizing the services of another bank for the purpose of giving effect to the instructions of the applicant does so for the account and at the risk of the applicant.

b. An issuing bank or advising bank assumes no liability or responsibility should the instructions it transmits to another bank not be carried out, even if it has taken the initiative in the choice of that other bank.

c. A bank instructing another bank to perform services is liable for any commissions, fees, costs or expenses ("charges") incurred by that bank in connection with its instructions.

If a credit states that charges are for the account of the beneficiary and charges cannot be collected or deducted from proceeds, the issuing bank remains liable for payment of charges.

A credit or amendment should not stipulate that the advising to a beneficiary is conditional upon the receipt by the advising bank or second advising bank of its charges.

d. The applicant shall be bound by and liable to indemnify a bank against all obligations and responsibilities imposed by foreign laws and usages.

Article 38 Transferable Credits

a. A bank is under no obligation to transfer a credit except to the extent and in the manner expressly consented to by that bank.

b. For the purpose of this article:

Transferable credit means a credit that specifically states it is "transferable". A transferable

credit may be made available in whole or in part to another beneficiary ("second beneficiary") at the request of the beneficiary ("first beneficiary").
Transferring bank means a nominated bank that transfers the credit or, in a credit available with any bank, a bank that is specifically authorized by the issuing bank to transfer and that transfers the credit.
An issuing bank may be a transferring bank.
Transferred credit means a credit that has been made available by the transferring bank to a second beneficiary.
c. Unless otherwise agreed at the time of transfer, all charges (such as commissions, fees, costs or expenses) incurred in respect of a transfer must be paid by the first beneficiary.
d. A credit may be transferred in part to more than one second beneficiary provided partial drawings or shipments are allowed.
A transferred credit cannot be transferred at the request of a second beneficiary to any subsequent beneficiary. The first beneficiary is not considered to be a subsequent beneficiary.
e. Any request for transfer must indicate if and under what conditions amendments may be advised to the second beneficiary. The transferred credit must clearly indicate those conditions.
f. If a credit is transferred to more than one second beneficiary, rejection of an amendment by one or more second beneficiary does not invalidate the acceptance by any other second beneficiary, with respect to which the transferred credit will be amended accordingly. For any second beneficiary that rejected the amendment, the transferred credit will remain unamended.
g. The transferred credit must accurately reflect the terms and conditions of the credit, including confirmation, if any, with the exception of:
- the amount of the credit,
- any unit price stated therein,
- the expiry date,
- the period for presentation, or
- the latest shipment date or given period for shipment,
any or all of which may be reduced or curtailed.
The percentage for which insurance cover must be effected may be increased to provide the amount of cover stipulated in the credit or these articles.
The name of the first beneficiary may be substituted for that of the applicant in the credit.
If the name of the applicant is specifically required by the credit to appear in any document other than the invoice, such requirement must be reflected in the transferred credit.
h. The first beneficiary has the right to substitute its own invoice and draft, if any, for those of a second beneficiary for an amount not in excess of that stipulated in the credit, and upon such substitution the first beneficiary can draw under the credit for the difference, if any, between its invoice and the invoice of a second beneficiary.
i. If the first beneficiary is to present its own invoice and draft, if any, but fails to do so on first demand, or if the invoices presented by the first beneficiary create discrepancies that did not exist in the presentation made by the second beneficiary and the first beneficiary fails to correct them on first demand, the transferring bank has the right to present the documents as

received from the second beneficiary to the issuing bank, without further responsibility to the first beneficiary.

j. The first beneficiary may, in its request for transfer, indicate that honour or negotiation is to be effected to a second beneficiary at the place to which the credit has been transferred, up to and including the expiry date of the credit. This is without prejudice to the right of the first beneficiary in accordance with sub-article 38 (h).

k. Presentation of documents by or on behalf of a second beneficiary must be made to the transferring bank.

Article 39 Assignment of Proceeds

The fact that a credit is not stated to be transferable shall not affect the right of the beneficiary to assign any proceeds to which it may be or may become entitled under the credit, in accordance with the provisions of applicable law. This article relates only to the assignment of proceeds and not to the assignment of the right to perform under the credit.

외국중재판정의 승인 및 집행에 관한 UN협약(뉴욕협약)
United Nations Convention on the Recognition and Enforcement of Foreign Arbitral Awards(1958)

한국의 유보선언

한국은 이 협약가입에 있어서 A. 한국법상 상사관계의 분쟁에 한해서 이 협약을 적용할 것과 B. 내국중재판정일지라도 그 외국이 이 협약의 체약국인 경우에 한해서 이 협약을 적용할 것을 선언하였다.

제1조 1. 이 협약은 중재판정의 승인 및 집행의 요구를 받은 국가 이외의 국가의 영토 내에서 내려진 판정으로서, 자연인 또는 법인 간의 분쟁으로부터 발생하는 중재판정의 승인 및 집행에 적용한다. 이 협약은 또한 그 승인 및 집행의 요구를 받은 국가에서 내국판정이라고 인정되지 아니하는 중재판정에도 적용한다.
2. "중재판정"이라 함은 개개의 사건을 위하여 선정된 중재인이 내린 판정뿐만 아니라 당사자들이 부탁한 상설중재기관이 내린 판정도 포함한다.
3. 어떠한 국가든지 이 협약에 서명, 비준 또는 가입할 때, 또는 이 협약 제10조에 의하여 확대적용을 통고할 때에, 상호주의의 기초에서 다른 체약국의 영토 내에서 내려진 판정의 승인 및 집행에 한하여 이 협약을 적용할 것이라고 선언할 수 있다.

제2조 1. 각 체약국은 계약적 성질의 것이거나 아니거나를 불문하고 중재에 의하여 해결이 가능한 사항에 관한 일정한 법률관계에 관련하여 당사자 간에 발생하였거나 발생할 수 있는 전부 또는 일부의 분쟁을 중재에 부탁하기로 약정한 당사자 간의 서면에 의한 합의를 승인하여야 한다.
2. "서면에 의한 합의"라 함은 계약문 중의 중재조항 또는 당사자 간에 서명되었거나, 교환된 서신이나 전보에 포함되어 있는 중재의 합의를 포함한다.
3. 당사자들이 본조에서 의미하는 합의를 한 사항에 관한 소송이 제기되었을 때에는 체약국의 법원은 위의 합의를 무효, 실효 또는 이행불능이라고 인정하는 경우를 제외하고, 일방 당사자의 청구에 따라서 중재에 부탁할 것을 당사자에게 명하여야 한다.

제3조 각 체약국은 중재판정을 다음 조항에 규정한 조건하에서 구속력 있는 것으로 승인하고 그 판정이 원용될 영토의 절차규칙에 따라서 그것을 집행하여야 한다. 이 협약이 적용되는 중재판정의 승인 또는 집행에 있어서는 내국중재판정의 승인 또는 집행에 있어서 부과하는 것보다 실질적으로 엄중한 조건이나 고액의 수수료 또는 과징금을 부과하여서는 아니된다.

제4조 1. 전조에서 언급된 승인과 집행을 얻기 위해 승인과 집행을 신청하는 당사자는 신청서에 다음의 서류를 제출하여야 한다.
가. 정당하게 인증된 판정원본 또는 정당하게 증명된 그 등본
나. 제2조에 규정된 합의의 원본 또는 정당하게 증명된 그 등본
2. 위의 판정이나 합의가 원용될 국가의 공용어로 작성되어 있지 아니한 경우에는, 판정의 승인과 집행을 신청하는 당사자는 그 문서의 공용어 · 번역문을 제출하여야 한다.

번역문은 공증인 또는 선서한 번역관, 외교관 또는 영사관에 의하여 증명되어야 한다.

제5조 1. 판정의 승인과 집행은 판정이 불리하게 원용되는 당사자의 청구에 의하여, 그 당사자가 판정의 승인 및 집행의 요구를 받은 국가의 권한 있는 기관에게 다음의 증거를 제출하는 경우에 한하여 거부될 수 있다.

가. 제2조에 규정된 합의의 당사자가 그들에게 적용될 법률에 의하여 무능력자이었든가 또는 당사자들이 준거법으로서 지정한 법령에 의하여 또는 지정이 없는 경우에는 판정을 내린 국가의 법령에 의하여 위의 합의가 무효인 경우, 또는

나. 판정이 불리하게 원용되는 당사자가 중재인의 선정이나 중재절차에 관하여 적절한 통고를 받지 아니하였거나 또는 기타 이유에 의하여 응할 수 없었을 경우, 또는

다. 판정이 중재부탁조항에 규정되어 있지 아니하거나 또는 그 조항의 범위에 속하지 아니하는 분쟁에 관한 것이거나 또는 그 판정이 중재부탁의 범위를 벗어나는 사항에 관한 결정을 포함하는 경우. 다만, 중재에 부탁한 사항에 관한 결정이 부탁하지 아니한 사항과 분리될 수 있는 경우에는 중재부탁사항에 관한 결정을 포함하는 판정부분은 승인되고 집행될 수 있다.

라. 중재기관의 구성이나 중재절차가 당사자 간의 합의와 합치하지 아니하거나 또는 이러한 합의가 없는 경우에는 중재를 행하는 국가법령에 합치하지 아니하는 경우, 또는

마. 판정이 당사자에 대한 구속력을 아직 발생하지 아니하였거나 또는 판정이 내려진 국가의 권한 있는 기관이나 또는 그 국가의 법령에 의거하여 취소 또는 정지된 경우

2. 중재판정의 승인 및 집행이 요구된 국가의 권한 있는 기관이 다음의 사항을 인정하는 경우에도 중재판정의 승인과 집행은 거부할 수 있다.

가. 분쟁의 대상인 사항이 그 국가의 법률하에서는 중재에 의한 해결을 할 수 없는 것일 경우, 또는

나. 판정의 승인이나 집행이 그 국가의 공공의 질서에 반하는 경우

제6조 판정의 취소 또는 정지를 요구하는 신청이 제5조 (1)의 (마)에 규정된 권한 있는 기관에 제기되었을 경우에는, 판정의 원용이 요구된 기관은 그것이 적절하다고 인정될 때에는 판정의 집행에 관한 판결을 연기할 수 있고, 또한 판정의 집행을 요구한 당사자의 신청에 의하여 타방 당사자에 대하여 적당한 보장을 제공할 것을 명할 수 있다.

제7조 1. 이 협약의 규정은 체약국에 의하여 체결된 중재판정의 승인 및 집행에 관한 다자 또는 양자협정의 효력에 영향을 미치지 아니하며, 또한 어떠한 관계당사자가 중재판정의 원용이 요구된 국가의 법령이나 조약에서 인정된 방법과 한도 내에서 그 판정을 원용할 수 있는 권리를 박탈하지도 아니한다.

2. 1923년 중재조항에 관한 제네바 의정서 및 1927년 외국중재판정의 집행에 관한 제네바 협약은 체약국 간에 있어 이 협약에 의한 구속을 받게 되는 때부터 그 구속을 받는 한도 내에서 효력을 종료한다.

제8조 1. 이 협약은 국제연합회원국, 현재 또는 장래의 국제연합전문기구의 회원국, 현재 또는 장래의 국제사법재판소 규정의 당사국, 또는 국제연합총회로부터 초청장을 받은 기타 국가의 서명을 위하여 1958년 12월 31일까지 개방된다.

2. 이 협약은 비준되어야 하며 비준서는 국제연합사무총장에게 기탁되어야 한다.

제9조 1. 이 협약은 제8조에 규정된 모든 국가의 가입을 위하여 개방된다.

2. 가입은 국제연합사무총장에게 가입서를 기탁함으로써 발효한다.

제10조 1. 어떠한 국가든지 서명, 비준 또는 가입시에 국제관계에 있어서 책임을 지

는 전부 또는 일부의 영토에 이 협약을 확대 적용할 것을 선언할 수 있다. 이 선언은 이 협약이 관계국가에 대하여 효력을 발생할 때 발효한다.

2. 이러한 확대적용은 그 이후 어느 때든지 국제연합사무총장 앞으로 통고함으로써 행할 수 있으며, 그 효력은 국제연합사무총장이 통고를 접수한 날로부터 90일 후 또는 관계국가에 대하여 이 협약이 효력을 발생하는 날 중의 늦은 편의 일자에 발생한다.

3. 서명, 비준 또는 가입시에 이 협약이 확대 적용되지 아니한 영토에 관하여는, 각 관계국가는 헌법상의 이유에 의하여 필요한 경우에는 이러한 영토의 정부의 동의를 얻을 것을 조건으로 하고, 이 협약을 이 영토에 확대 적용하기 위하여 조치를 취할 수 있는 가능성을 고려하여야 한다.

第11조 1. 연방국가 또는 비단일국가의 경우에는 다음의 규정이 적용된다.

가. 이 협약은 조항 중 연방정부의 입법관할권 내에 속하는 것에 관하여는 연방정부의 의무는 그 한도 내에서 연방국가 아닌 다른 체약국의 의무와 동일하여야 한다.

나. 이 협약의 조항 중 주 또는 지방의 입법권의 범위 내에 있고 또한 연방의 헌법체제하에서 입법조치를 취할 의무가 없는 것에 관하여는 연방정부는 주 또는 지방의 관계기관에 대하여 가급적 조속히 호의적 권고를 첨부하여 이러한 조항에 대한 주의를 야기시켜야 한다.

다. 이 협약의 당사국인 연방국가는, 국제연합사무총장을 통하여 전달된 기타 체약국의 요청이 있을 때에는, 이 협약의 특정규정에 관한 연방과 그 구성단위의 법령 및 관례와 아울러 입법 또는 기타 조치에 의하여 그 규정이 실시되고 있는 범위를 표시하는 설명서를 제공하여야 한다.

第12조 1. 이 협약은 세 번째의 비준서 또는 가입서의 기탁일자로부터 90일 이후에 발효한다.

2. 세 번째의 비준서 또는 가입서의 기탁일자 후에 이 협약을 비준하는 국가에 대하여는 그 국가의 비준서 또는 가입서의 기탁일자 후에 이 협약을 비준하는 국가에 대하여는 그 국가의 비준서 또는 가입서의 기탁일자로부터 90일 후에 효력을 발생한다.

第13조 1. 어떤 체약국이든지 국제연합사무총장 앞으로의 서면통고로써 이 협약을 폐기할 수 있다. 폐기는 사무총장이 통고를 접수한 일자로부터 1년 후에 발효한다.

2. 제10조에 의하여 선언 또는 통고를 한 국가는, 그 후 어느 때든지 사무총장이 통고를 접수한 일자로부터 1년 후에 관계영토에 대한 확대적용이 종결된다는 것을 선언할 수 있다.

3. 폐기가 발효하기 전에 시작된 판정의 승인이나 집행절차에 관하여는 이 협약이 계속하여 적용된다.

第14조 체약국은, 타 체약국에 대하여 이 협약을 적용하여야 할 의무가 있는 범위를 제외하고는, 이 협약을 원용할 권리를 가지지 못한다.

第15조 국제연합사무총장은 제8조에 규정된 국가에 대하여 다음의 사항에 관하여 통고하여야 한다.

가. 제8조에 의한 서명 또는 비준

나. 제9조에 의한 가입

다. 제1조, 제10조 및 제11조에 의한 선언 및 통고

라. 제12조에 의하여 이 협약이 효력을 발생한 일자

마. 제13조에 의한 폐기 및 통고

第16조 중국어, 영어, 러시아어 및 스페인어로 된 이 협약은 동등한 효력을 가지며 국제연합기록보관소에 기탁 보존되어야 한다.

국제상사중재에 관한 UNCITRAL 모범법
UNCITRAL Model Law on International Commercial Arbitration (2006)

CHAPTER Ⅰ. GENERAL PROVISIONS

Article 1. Scope of application

(1) This Law applies to international commercial arbitration, subject to any agreement in force between this State and any other State or States.

(2) The provisions of this Law, except articles 8, 9, 17 H, 17 I, 17 J, 35 and 36, apply only if the place of arbitration is in the territory of this State.

(3) An arbitration is international if:

(a) the parties to an arbitration agreement have, at the time of the conclusion of that agreement, their places of business in different States; or

(b) one of the following places is situated outside the State in which the parties have their places of business:

(i) the place of arbitration if determined in, or pursuant to, the arbitration agreement;

(ii) any place where a substantial part of the obligations of the commercial relationship is to be performed or the place with which the subject-matter of the dispute is most closely connected; or

(c) the parties have expressly agreed that the subject matter of the arbitration agreement relates to more than one country.

(4) For the purposes of paragraph (3) of this article:

(a) if a party has more than one place of business, the place of business is that which has the closest relationship to the arbitration agreement;

(b) if a party does not have a place of business, reference is to be made to his habitual residence.

(5) This Law shall not affect any other law of this State by virtue of which certain disputes may not be submitted to arbitration or may be submitted to arbitration only according to provisions other than those of this Law.

Article 2. Definitions and rules of interpretation

For the purposes of this Law:

(a) "arbitration" means any arbitration whether or not administered by a permanent arbitral institution;

(b) "arbitral tribunal" means a sole arbitrator or a panel of arbitrators;

(c) "court" means a body or organ of the judicial system of a State;

(d) where a provision of this Law, except article 28, leaves the parties free to determine a certain issue, such freedom includes the right of the parties to authorize a third party, including an institution, to make that determination;

(e) where a provision of this Law refers to the fact that the parties have agreed or that they may agree or in any other way refers to an agreement of the parties, such agreement includes any arbitration rules referred to in that agreement;

(f) where a provision of this Law, other than in articles 25(a) and 32(2) (a), refers to a claim, it also applies to a counter-claim, and where it refers to a defence, it also applies to a defence to such counter-claim.

Article 2 A. International origin and general principles

(1) In the interpretation of this Law, regard is to be had to its international origin and to the need to promote uniformity in its application and the observance of good faith.

(2) Questions concerning matters governed by this Law which are not expressly settled in it are to be settled in conformity with the general principles on which this Law is based.

Article 3. Receipt of written communications

(1) Unless otherwise agreed by the parties:

(a) any written communication is deemed to have been received if it is delivered to the addressee personally or if it is delivered at his place of business, habitual residence or mailing address; if none of these can be found after making a reasonable inquiry, a written communication is deemed to have been received if it is sent to the addressee's last-known place of business, habitual residence or mailing address by registered letter or any other means which provides a record of the attempt to deliver it;

(b) the communication is deemed to have been received on the day it is so delivered.

(2) The provisions of this article do not apply to communications in court proceedings.

Article 4. Waiver of right to object

A party who knows that any provision of this Law from which the parties may derogate or any requirement under the arbitration agreement has not been complied with and yet proceeds with the arbitration without stating his objection to such non-compliance without undue delay or, if a time-limit is provided therefor, within such period of time, shall be deemed to have waived his right to object.

Article 5. Extent of court intervention

In matters governed by this Law, no court shall intervene except where so provided in this Law.

Article 6. Court or other authority for certain functions of arbitration assistance and supervision

The functions referred to in articles 11(3), 11(4), 13(3), 14, 16(3) and 34(2) shall be performed by … [Each State enacting this model law specifies the court, courts or, where referred to therein, other authority competent to perform these functions.]

CHAPTER II. ARBITRATION AGREEMENT

Option I

Article 7. Definition and form of arbitration agreement

(1) "Arbitration agreement" is an agreement by the parties to submit to arbitration all or certain disputes which have arisen or which may arise between them in respect of a defined legal relationship, whether contractual or not. An arbitration agreement may be in the form of an arbitration clause in a contract or in the form of a separate agreement.

(2) The arbitration agreement shall be in writing.

(3) An arbitration agreement is in writing if its content is recorded in any form, whether or not the arbitration agreement or contract has been concluded orally, by conduct, or by other means.

(4) The requirement that an arbitration agreement be in writing is met by an electronic communication if the information contained therein is accessible so as to be useable for subsequent reference; "electronic communication" means any communication that the parties make by means of data messages; "data message" means information generated, sent, received or stored by electronic, magnetic, optical or similar means, including, but not limited to, electronic data interchange (EDI), electronic mail, telegram, telex or telecopy.

(5) Furthermore, an arbitration agreement is in writing if it is contained in an exchange of statements of claim and defence in which the existence of an agreement is alleged by one party and not denied by the other.

(6) The reference in a contract to any document containing an arbitration clause constitutes an arbitration agreement in writing, provided that the reference is such as to make that clause part of the contract.

Option II

Article 7. Definition of arbitration agreement

"Arbitration agreement" is an agreement by the parties to submit to arbitration all or certain disputes which have arisen or which may arise between them in respect of a defined legal relationship, whether contractual or not.

Article 8. Arbitration agreement and substantive claim before court

(1) A court before which an action is brought in a matter which is the subject of an arbitration agreement shall, if a party so requests not later than when submitting his first statement on the

substance of the dispute, refer the parties to arbitration unless it finds that the agreement is null and void, inoperative or incapable of being performed.

(2) Where an action referred to in paragraph (1) of this article has been brought, arbitral proceedings may nevertheless be commenced or continued, and an award may be made, while the issue is pending before the court.

Article 9. Arbitration agreement and interim measures by court

It is not incompatible with an arbitration agreement for a party to request, before or during arbitral proceedings, from a court an interim measure of protection and for a court to grant such measure.

CHAPTER Ⅲ. COMPOSITION OF ARBITRAL TRIBUNAL

Article 10. Number of arbitrators

(1) The parties are free to determine the number of arbitrators.

(2) Failing such determination, the number of arbitrators shall be three.

Article 11. Appointment of arbitrators

(1) No person shall be precluded by reason of his nationality from acting as an arbitrator, unless otherwise agreed by the parties.

(2) The parties are free to agree on a procedure of appointing the arbitrator or arbitrators, subject to the provisions of paragraphs (4) and (5) of this article.

(3) Failing such agreement,

(a) in an arbitration with three arbitrators, each party shall appoint one arbitrator, and the two arbitrators thus appointed shall appoint the third arbitrator; if a party fails to appoint the arbitrator within thirty days of receipt of a request to do so from the other party, or if the two arbitrators fail to agree on the third arbitrator within thirty days of their appointment, the appointment shall be made, upon request of a party, by the court or other authority specified in article 6;

(b) in an arbitration with a sole arbitrator, if the parties are unable to agree on the arbitrator, he shall be appointed, upon request of a party, by the court or other authority specified in article 6.

(4) Where, under an appointment procedure agreed upon by the parties,

(a) a party fails to act as required under such procedure, or

(b) the parties, or two arbitrators, are unable to reach an agreement expected of them under such procedure, or

(c) a third party, including an institution, fails to perform any function entrusted to it under such procedure, any party may request the court or other authority specified in article 6 to take the necessary measure, unless the agreement on the appointment procedure provides other means for securing the appointment.

(5) A decision on a matter entrusted by paragraph (3) or (4) of this article to the court or other

authority specified in article 6 shall be subject to no appeal. The court or other authority, in appointing an arbitrator, shall have due regard to any qualifications required of the arbitrator by the agreement of the parties and to such considerations as are likely to secure the appointment of an independent and impartial arbitrator and, in the case of a sole or third arbitrator, shall take into account as well the advisability of appointing an arbitrator of a nationality other than those of the parties.

Article 12. Grounds for challenge

(1) When a person is approached in connection with his possible appointment as an arbitrator, he shall disclose any circumstances likely to give rise to justifiable doubts as to his impartiality or independence. An arbitrator, from the time of his appointment and throughout the arbitral proceedings, shall without delay disclose any such circumstances to the parties unless they have already been informed of them by him.

(2) An arbitrator may be challenged only if circumstances exist that give rise to justifiable doubts as to his impartiality or independence, or if he does not possess qualifications agreed to by the parties. A party may challenge an arbitrator appointed by him, or in whose appointment he has participated, only for reasons of which he becomes aware after the appointment has been made.

Article 13. Challenge procedure

(1) The parties are free to agree on a procedure for challenging an arbitrator, subject to the provisions of paragraph (3) of this article.

(2) Failing such agreement, a party who intends to challenge an arbitrator shall, within fifteen days after becoming aware of the constitution of the arbitral tribunal or after becoming aware of any circumstance referred to in article 12(2), send a written statement of the reasons for the challenge to the arbitral tribunal. Unless the challenged arbitrator withdraws from his office or the other party agrees to the challenge, the arbitral tribunal shall decide on the challenge.

(3) If a challenge under any procedure agreed upon by the parties or under the procedure of paragraph (2) of this article is not successful, the challenging party may request, within thirty days after having received notice of the decision rejecting the challenge, the court or other authority specified in article 6 to decide on the challenge, which decision shall be subject to no appeal; while such a request is pending, the arbitral tribunal, including the challenged arbitrator, may continue the arbitral proceedings and make an award.

Article 14. Failure or impossibility to act

(1) If an arbitrator becomes de jure or de facto unable to perform his functions or for other reasons fails to act without undue delay, his mandate terminates if he withdraws from his office or if the parties agree on the termination. Otherwise, if a controversy remains concerning any of these grounds, any party may request the court or other authority specified in article 6 to decide on the termination of the mandate, which decision shall be subject to no appeal.

(2) If, under this article or article 13(2), an arbitrator withdraws from his office or a party agrees to the termination of the mandate of an arbitrator, this does not imply acceptance of the

validity of any ground referred to in this article or article 12(2).

Article 15. Appointment of substitute arbitrator

Where the mandate of an arbitrator terminates under article 13 or 14 or because of his withdrawal from office for any other reason or because of the revocation of his mandate by agreement of the parties or in any other case of termination of his mandate, a substitute arbitrator shall be appointed according to the rules that were applicable to the appointment of the arbitrator being replaced.

CHAPTER IV. JURISDICTION OF ARBITRAL TRIBUNAL

Article 16. Competence of arbitral tribunal to rule on its jurisdiction

(1) The arbitral tribunal may rule on its own jurisdiction, including any objections with respect to the existence or validity of the arbitration agreement. For that purpose, an arbitration clause which forms part of a contract shall be treated as an agreement independent of the other terms of the contract. A decision by the arbitral tribunal that the contract is null and void shall not entail ipso jure the invalidity of the arbitration clause.

(2) A plea that the arbitral tribunal does not have jurisdiction shall be raised not later than the submission of the statement of defence. A party is not precluded from raising such a plea by the fact that he has appointed, or participated in the appointment of, an arbitrator. A plea that the arbitral tribunal is exceeding the scope of its authority shall be raised as soon as the matter alleged to be beyond the scope of its authority is raised during the arbitral proceedings. The arbitral tribunal may, in either case, admit a later plea if it considers the delay justified.

(3) The arbitral tribunal may rule on a plea referred to in paragraph (2) of this article either as a preliminary question or in an award on the merits. If the arbitral tribunal rules as a preliminary question that it has jurisdiction, any party may request, within thirty days after having received notice of that ruling, the court specified in article 6 to decide the matter, which decision shall be subject to no appeal; while such a request is pending, the arbitral tribunal may continue the arbitral proceedings and make an award.

CHAPTER IV A. INTERIM MEASURES AND PRELIMINARY ORDERS

Section 1. Interim measures

Article 17. Power of arbitral tribunal to order interim measures

(1) Unless otherwise agreed by the parties, the arbitral tribunal may, at the request of a party, grant interim measures.

(2) An interim measure is any temporary measure, whether in the form of an award or in another form, by which, at any time prior to the issuance of the award by which the dispute is finally decided, the arbitral tribunal orders a party to:

(a) Maintain or restore the status quo pending determination of the dispute;
(b) Take action that would prevent, or refrain from taking action that is likely to cause, current or imminent harm or prejudice to the arbitral process itself;
(c) Provide a means of preserving assets out of which a subsequent award may be satisfied; or
(d) Preserve evidence that may be relevant and material to the resolution of the dispute.

Article 17 A. Conditions for granting interim measures

(1) The party requesting an interim measure under article 17(2)(a), (b) and (c) shall satisfy the arbitral tribunal that:
(a) Harm not adequately reparable by an award of damages is likely to result if the measure is not ordered, and such harm substantially outweighs the harm that is likely to result to the party against whom the measure is directed if the measure is granted; and
(b) There is a reasonable possibility that the requesting party will succeed on the merits of the claim. The determination on this possibility shall not affect the discretion of the arbitral tribunal in making any subsequent determination.
(2) With regard to a request for an interim measure under article 17(2)(d), the requirements in paragraphs (1)(a) and (b) of this article shall apply only to the extent the arbitral tribunal considers appropriate.

Section 2. Preliminary orders

Article 17 B. Applications for preliminary orders and conditions for granting preliminary orders

(1) Unless otherwise agreed by the parties, a party may, without notice to any other party, make a request for an interim measure together with an application for a preliminary order directing a party not to frustrate the purpose of the interim measure requested.
(2) The arbitral tribunal may grant a preliminary order provided it considers that prior disclosure of the request for the interim measure to the party against whom it is directed risks frustrating the purpose of the measure.
(3) The conditions defined under article 17A apply to any preliminary order, provided that the harm to be assessed under article 17A(1)(a), is the harm likely to result from the order being granted or not.

Article 17 C. Specific regime for preliminary orders

(1) Immediately after the arbitral tribunal has made a determination in respect of an application for a preliminary order, the arbitral tribunal shall give notice to all parties of the request for the interim measure, the application for the preliminary order, the preliminary order, if any, and all other communications, including by indicating the content of any oral communication, between any party and the arbitral tribunal in relation thereto.
(2) At the same time, the arbitral tribunal shall give an opportunity to any party against whom a preliminary order is directed to present its case at the earliest practicable time.
(3) The arbitral tribunal shall decide promptly on any objection to the preliminary order.

(4) A preliminary order shall expire after twenty days from the date on which it was issued by the arbitral tribunal. However, the arbitral tribunal may issue an interim measure adopting or modifying the preliminary order, after the party against whom the preliminary order is directed has been given notice and an opportunity to present its case.
(5) A preliminary order shall be binding on the parties but shall not be subject to enforcement by a court. Such a preliminary order does not constitute an award.

Section 3. Provisions applicable to interim measures and preliminary orders

Article 17 D. Modification, suspension, termination

The arbitral tribunal may modify, suspend or terminate an interim measure or a preliminary order it has granted, upon application of any party or, in exceptional circumstances and upon prior notice to the parties, on the arbitral tribunal's own initiative.

Article 17 E. Provision of security

(1) The arbitral tribunal may require the party requesting an interim measure to provide appropriate security in connection with the measure.
(2) The arbitral tribunal shall require the party applying for a preliminary order to provide security in connection with the order unless the arbitral tribunal considers it inappropriate or unnecessary to do so.

Article 17 F. Disclosure

(1) The arbitral tribunal may require any party promptly to disclose any material change in the circumstances on the basis of which the measure was requested or granted.
(2) The party applying for a preliminary order shall disclose to the arbitral tribunal all circumstances that are likely to be relevant to the arbitral tribunal's determination whether to grant or maintain the order, and such obligation shall continue until the party against whom the order has been requested has had an opportunity to present its case. Thereafter, paragraph (1) of this article shall apply.

Article 17 G. Costs and damages

The party requesting an interim measure or applying for a preliminary order shall be liable for any costs and damages caused by the measure or the order to any party if the arbitral tribunal later determines that, in the circumstances, the measure or the order should not have been granted. The arbitral tribunal may award such costs and damages at any point during the proceedings.

Section 4. Recognition and enforcement of interim measures

Article 17 H. Recognition and enforcement

(1) An interim measure issued by an arbitral tribunal shall be recognized as binding and, unless otherwise provided by the arbitral tribunal, enforced upon application to the competent court,

irrespective of the country in which it was issued, subject to the provisions of article 17 I.
(2) The party who is seeking or has obtained recognition or enforcement of an interim measure shall promptly inform the court of any termination, suspension or modification of that interim measure.
(3) The court of the State where recognition or enforcement is sought may, if it considers it proper, order the requesting party to provide appropriate security if the arbitral tribunal has not already made a determination with respect to security or where such a decision is necessary to protect the rights of third parties.

Article 17 I. Grounds for refusing recognition or enforcement

(1) Recognition or enforcement of an interim measure may be refused only:
(a) At the request of the party against whom it is invoked if the court is satisfied that:
(i) Such refusal is warranted on the grounds set forth in article 36(1)(a)(i), (ii), (iii) or (iv); or
(ii) The arbitral tribunal's decision with respect to the provision of security in connection with the interim measure issued by the arbitral tribunal has not been complied with; or
(iii) The interim measure has been terminated or suspended by the arbitral tribunal or, where so empowered, by the court of the State in which the arbitration takes place or under the law of which that interim measure was granted; or
(b) If the court finds that:
(i) The interim measure is incompatible with the powers conferred upon the court unless the court decides to reformulate the interim measure to the extent necessary to adapt it to its own powers and procedures for the purposes of enforcing that interim measure and without modifying its substance; or
(ii) Any of the grounds set forth in article 36(1)(b)(i) or (ii), apply to the recognition and enforcement of the interim measure.
(2) Any determination made by the court on any ground in paragraph (1) of this article shall be effective only for the purposes of the application to recognize and enforce the interim measure. The court where recognition or enforcement is sought shall not, in making that determination, undertake a review of the substance of the interim measure.

Section 5. Court-ordered interim measures

Article 17 J. Court-ordered interim measures

A court shall have the same power of issuing an interim measure in relation to arbitration proceedings, irrespective of whether their place is in the territory of this State, as it has in relation to proceedings in courts. The court shall exercise such power in accordance with its own procedures in consideration of the specific features of international arbitration.

CHAPTER Ⅴ. CONDUCT OF ARBITRAL PROCEEDINGS

Article 18. Equal treatment of parties

The parties shall be treated with equality and each party shall be given a full opportunity of presenting his case.

Article 19. Determination of rules of procedure

(1) Subject to the provisions of this Law, the parties are free to agree on the procedure to be followed by the arbitral tribunal in conducting the proceedings.

(2) Failing such agreement, the arbitral tribunal may, subject to the provisions of this Law, conduct the arbitration in such manner as it considers appropriate. The power conferred upon the arbitral tribunal includes the power to determine the admissibility, relevance, materiality and weight of any evidence.

Article 20. Place of arbitration

(1) The parties are free to agree on the place of arbitration. Failing such agreement, the place of arbitration shall be determined by the arbitral tribunal having regard to the circumstances of the case, including the convenience of the parties.

(2) Notwithstanding the provisions of paragraph (1) of this article, the arbitral tribunal may, unless otherwise agreed by the parties, meet at any place it considers appropriate for consultation among its members, for hearing witnesses, experts or the parties, or for inspection of goods, other property or documents.

Article 21. Commencement of arbitral proceedings

Unless otherwise agreed by the parties, the arbitral proceedings in respect of a particular dispute commence on the date on which a request for that dispute to be referred to arbitration is received by the respondent.

Article 22. Language

(1) The parties are free to agree on the language or languages to be used in the arbitral proceedings. Failing such agreement, the arbitral tribunal shall determine the language or languages to be used in the proceedings. This agreement or determination, unless otherwise specified therein, shall apply to any written statement by a party, any hearing and any award, decision or other communication by the arbitral tribunal.

(2) The arbitral tribunal may order that any documentary evidence shall be accompanied by a translation into the language or languages agreed upon by the parties or determined by the arbitral tribunal.

Article 23. Statements of claim and defence

(1) Within the period of time agreed by the parties or determined by the arbitral tribunal, the claimant shall state the facts supporting his claim, the points at issue and the relief or remedy sought, and the respondent shall state his defence in respect of these particulars, unless the

parties have otherwise agreed as to the required elements of such statements. The parties may submit with their statements all documents they consider to be relevant or may add a reference to the documents or other evidence they will submit.
(2) Unless otherwise agreed by the parties, either party may amend or supplement his claim or defence during the course of the arbitral proceedings, unless the arbitral tribunal considers it inappropriate to allow such amendment having regard to the delay in making it.

Article 24. Hearings and written proceedings
(1) Subject to any contrary agreement by the parties, the arbitral tribunal shall decide whether to hold oral hearings for the presentation of evidence or for oral argument, or whether the proceedings shall be conducted on the basis of documents and other materials. However, unless the parties have agreed that no hearings shall be held, the arbitral tribunal shall hold such hearings at an appropriate stage of the proceedings, if so requested by a party.
(2) The parties shall be given sufficient advance notice of any hearing and of any meeting of the arbitral tribunal for the purposes of inspection of goods, other property or documents.
(3) All statements, documents or other information supplied to the arbitral tribunal by one party shall be communicated to the other party. Also any expert report or evidentiary document on which the arbitral tribunal may rely in making its decision shall be communicated to the parties.

Article 25. Default of a party
Unless otherwise agreed by the parties, if, without showing sufficient cause,
(a) the claimant fails to communicate his statement of claim in accordance with article 23(1), the arbitral tribunal shall terminate the proceedings;
(b) the respondent fails to communicate his statement of defence in accordance with article 23(1), the arbitral tribunal shall continue the proceedings without treating such failure in itself as an admission of the claimant's allegations;
(c) any party fails to appear at a hearing or to produce documentary evidence, the arbitral tribunal may continue the proceedings and make the award on the evidence before it.

Article 26. Expert appointed by arbitral tribunal
(1) Unless otherwise agreed by the parties, the arbitral tribunal
(a) may appoint one or more experts to report to it on specific issues to be determined by the arbitral tribunal;
(b) may require a party to give the expert any relevant information or to produce, or to provide access to, any relevant documents, goods or other property for his inspection.
(2) Unless otherwise agreed by the parties, if a party so requests or if the arbitral tribunal considers it necessary, the expert shall, after delivery of his written or oral report, participate in a hearing where the parties have the opportunity to put questions to him and to present expert witnesses in order to testify on the points at issue.

Article 27. Court assistance in taking evidence

The arbitral tribunal or a party with the approval of the arbitral tribunal may request from a competent court of this State assistance in taking evidence. The court may execute the request within its competence and according to its rules on taking evidence.

CHAPTER VI. MAKING OF AWARD AND TERMINATION OF PROCEEDINGS

Article 28. Rules applicable to substance of dispute

(1) The arbitral tribunal shall decide the dispute in accordance with such rules of law as are chosen by the parties as applicable to the substance of the dispute. Any designation of the law or legal system of a given State shall be construed, unless otherwise expressed, as directly referring to the substantive law of that State and not to its conflict of laws rules.

(2) Failing any designation by the parties, the arbitral tribunal shall apply the law determined by the conflict of laws rules which it considers applicable.

(3) The arbitral tribunal shall decide ex aequo et bono or as amiable compositeur only if the parties have expressly authorized it to do so.

(4) In all cases, the arbitral tribunal shall decide in accordance with the terms of the contract and shall take into account the usages of the trade applicable to the transaction.

Article 29. Decision-making by panel of arbitrators

In arbitral proceedings with more than one arbitrator, any decision of the arbitral tribunal shall be made, unless otherwise agreed by the parties, by a majority of all its members. However, questions of procedure may be decided by a presiding arbitrator, if so authorized by the parties or all members of the arbitral tribunal.

Article 30. Settlement

(1) If, during arbitral proceedings, the parties settle the dispute, the arbitral tribunal shall terminate the proceedings and, if requested by the parties and not objected to by the arbitral tribunal, record the settlement in the form of an arbitral award on agreed terms.

(2) An award on agreed terms shall be made in accordance with the provisions of article 31 and shall state that it is an award. Such an award has the same status and effect as any other award on the merits of the case.

Article 31. Form and contents of award

(1) The award shall be made in writing and shall be signed by the arbitrator or arbitrators. In arbitral proceedings with more than one arbitrator, the signatures of the majority of all members of the arbitral tribunal shall suffice, provided that the reason for any omitted signature is stated.

(2) The award shall state the reasons upon which it is based, unless the parties have agreed that no reasons are to be given or the award is an award on agreed terms under article 30.

(3) The award shall state its date and the place of arbitration as determined in accordance with

article 20(1). The award shall be deemed to have been made at that place.
(4) After the award is made, a copy signed by the arbitrators in accordance with paragraph (1) of this article shall be delivered to each party.

Article 32. Termination of proceedings

(1) The arbitral proceedings are terminated by the final award or by an order of the arbitral tribunal in accordance with paragraph (2) of this article.
(2) The arbitral tribunal shall issue an order for the termination of the arbitral proceedings when:
 (a) the claimant withdraws his claim, unless the respondent objects thereto and the arbitral tribunal recognizes a legitimate interest on his part in obtaining a final settlement of the dispute;
 (b) the parties agree on the termination of the proceedings;
 (c) the arbitral tribunal finds that the continuation of the proceedings has for any other reason become unnecessary or impossible.
(3) The mandate of the arbitral tribunal terminates with the termination of the arbitral proceedings, subject to the provisions of articles 33 and 34(4).

Article 33. Correction and interpretation of award; additional award

(1) Within thirty days of receipt of the award, unless another period of time has been agreed upon by the parties:
 (a) a party, with notice to the other party, may request the arbitral tribunal to correct in the award any errors in computation, any clerical or typographical errors or any errors of similar nature;
 (b) if so agreed by the parties, a party, with notice to the other party, may request the arbitral tribunal to give an interpretation of a specific point or part of the award.
 If the arbitral tribunal considers the request to be justified, it shall make the correction or give the interpretation within thirty days of receipt of the request. The interpretation shall form part of the award.
(2) The arbitral tribunal may correct any error of the type referred to in paragraph (1)(a) of this article on its own initiative within thirty days of the date of the award.
(3) Unless otherwise agreed by the parties, a party, with notice to the other party, may request, within thirty days of receipt of the award, the arbitral tribunal to make an additional award as to claims presented in the arbitral proceedings but omitted from the award. If the arbitral tribunal considers the request to be justified, it shall make the additional award within sixty days.
(4) The arbitral tribunal may extend, if necessary, the period of time within which it shall make a correction, interpretation or an additional award under paragraph (1) or (3) of this article.
(5) The provisions of article 31 shall apply to a correction or interpretation of the award or to an additional award.

CHAPTER Ⅶ. RECOURSE AGAINST AWARD

Article 34. Application for setting aside as exclusive recourse against arbitral award

(1) Recourse to a court against an arbitral award may be made only by an application for setting aside in accordance with paragraphs (2) and (3) of this article.

(2) An arbitral award may be set aside by the court specified in article 6 only if:

(a) the party making the application furnishes proof that:

(i) a party to the arbitration agreement referred to in article 7 was under some incapacity; or the said agreement is not valid under the law to which the parties have subjected it or, failing any indication thereon, under the law of this State; or

(ii) the party making the application was not given proper notice of the appointment of an arbitrator or of the arbitral proceedings or was otherwise unable to present his case; or

(iii) the award deals with a dispute not contemplated by or not falling within the terms of the submission to arbitration, or contains decisions on matters beyond the scope of the submission to arbitration, provided that, if the decisions on matters submitted to arbitration can be separated from those not so submitted, only that part of the award which contains decisions on matters not submitted to arbitration may be set aside; or

(iv) the composition of the arbitral tribunal or the arbitral procedure was not in accordance with the agreement of the parties, unless such agreement was in conflict with a provision of this Law from which the parties cannot derogate, or, failing such agreement, was not in accordance with this Law; or

(b) the court finds that:

(i) the subject-matter of the dispute is not capable of settlement by arbitration under the law of this State; or

(ii) the award is in conflict with the public policy of this State.

(3) An application for setting aside may not be made after three months have elapsed from the date on which the party making that application had received the award or, if a request had been made under article 33, from the date on which that request had been disposed of by the arbitral tribunal.

(4) The court, when asked to set aside an award, may, where appropriate and so requested by a party, suspend the setting aside proceedings for a period of time determined by it in order to give the arbitral tribunal an opportunity to resume the arbitral proceedings or to take such other action as in the arbitral tribunal's opinion will eliminate the grounds for setting aside.

CHAPTER Ⅷ. RECOGNITION AND ENFORCEMENT OF AWARDS

Article 35. Recognition and enforcement

(1) An arbitral award, irrespective of the country in which it was made, shall be recognized as binding and, upon application in writing to the competent court, shall be enforced subject to the provisions of this article and of article 36.

(2) The party relying on an award or applying for its enforcement shall supply the original award or a copy thereof. If the award is not made in an official language of this State, the court may request the party to supply a translation thereof into such language.

Article 36. Grounds for refusing recognition or enforcement

(1) Recognition or enforcement of an arbitral award, irrespective of the country in which it was made, may be refused only:

(a) at the request of the party against whom it is invoked, if that party furnishes to the competent court where recognition or enforcement is sought proof that:

(i) a party to the arbitration agreement referred to in article 7 was under some incapacity; or the said agreement is not valid under the law to which the parties have subjected it or, failing any indication thereon, under the law of the country where the award was made; or

(ii) the party against whom the award is invoked was not given proper notice of the appointment of an arbitrator or of the arbitral proceedings or was otherwise unable to present his case; or

(iii) the award deals with a dispute not contemplated by or not falling within the terms of the submission to arbitration, or it contains decisions on matters beyond the scope of the submission to arbitration, provided that, if the decisions on matters submitted to arbitration can be separated from those not so submitted, that part of the award which contains decisions on matters submitted to arbitration may be recognized and enforced; or

(iv) the composition of the arbitral tribunal or the arbitral procedure was not in accordance with the agreement of the parties or, failing such agreement, was not in accordance with the law of the country where the arbitration took place; or

(v) the award has not yet become binding on the parties or has been set aside or suspended by a court of the country in which, or under the law of which, that award was made; or

(b) if the court finds that:

(i) the subject-matter of the dispute is not capable of settlement by arbitration under the law of this State; or

(ii) the recognition or enforcement of the award would be contrary to the public policy of this State.

(2) If an application for setting aside or suspension of an award has been made to a court referred to in paragraph (1)(a)(v) of this article, the court where recognition or enforcement is sought may, if it considers it proper, adjourn its decision and may also, on the application of the party claiming recognition or enforcement of the award, order the other party to provide appropriate security.

찾아보기

[저자약력]

이기수(李基秀)

고려대 법대(법학사), 서울대 대학원(법학석사), 고려대 대학원(박사과정 이수), 독일 Tübingen 대학교(법학박사, Dr. iur), 일본 와세다대학 명예법학박사, 연세대학교 명예교육학박사, 러시아 상트페테르부르크 국립대학 명예박사, 일본 메이지대학 명예법학박사

University of Tübingen, University of Mainz, Max-Planck Institute, Harvard University Law School, Philipp University of Marburg, University of Wisconsin-Madison Law School, The George Washington University Law School 등 교환교수

사법 · 군법무관 · 행정 · 입법 · 공인회계사 · 변리사 · 세무사 시험 등 시험위원

한국경영법률학회 · 한국지적소유권학회 · 국제거래법학회 · 한국상사법학회 · 한독법률학회 · 한미법학회 · 한국법학교수회 회장, 고려대학교 총장, 한국대학교육협의회 회장, 대법원 양형위원회 위원장, (사)대한중재인협회 협회장

현: 고려대학교 법학전문대학원 명예교수, (사)한국법학원 원장

주요저서 · 논문

Gläubigerschutz bei Unterkapitalisierung der GmbH(Dissertation, Tübingen)

상법총칙 · 상행위법(공저)(박영사) / 회사법(공저)(박영사) / 어음 · 수표법(공저)(박영사)

보험 · 해상법(공저)(박영사) / 경제법(공저)(세창출판사)

기업법(세창출판사) / "상법은 기업법인가?" 등 논문 다수

신창섭(申昌燮)

고려대학교 법과대학, 법학사

고려대학교 대학원 법학과, 법학석사

University of Pennsylvania Law School, LL.M

George Washington University Law Center, J.D.

University of North Carolina Law School 교환교수

Duke University Law School 교환 교수

와세다 대학교 교환교수

Freiburg 대학교 교환교수

미국 뉴욕 주 변호사

국제거래법학회 부회장 / 경영법률학회 부회장 / 안암법학회 부회장

한국중재학회 상임이사 / 한국중재인연합회 상임이사

미국중재협회(AAA) 국제중재센터(ICDR) 중재인(panel member) / 대한상사중재원 중재인

대한상사중재원 국제중재인 / (전) 교육과학기술부 법학교육위원회 위원장

법무부 국제거래법연구단 위원 / 법무부 국제법무자문위원회 위원

고려대학교 법학전문대학원 교수

第8版 國際去來法

1999년 3월 5일 초 판 발행
2023년 3월 2일 제8판 발행

저 자 李基秀 · 申昌燮
발행인 이 방 원
발행처 세창출판사
신고번호 제1990-000013호
주소 03736 서울시 서대문구 경기대로 58 경기빌딩 602호
전화 02-723-8660 팩스 02-720-4579
이메일 edit@sechangpub.co.kr 홈페이지 www.sechangpub.co.kr
블로그 blog.naver.com/scpc1992 페이스북 fb.me/sechangofficial 인스타그램 @sechang-official

ISBN 979-11-6684-168-2 93360